DIREITO PENAL

em tabelas

PARTES GERAL E ESPECIAL

MARTINA CORREIA

DIREITO PENAL

em tabelas

PARTES GERAL E ESPECIAL

8ª edição
revista
atualizada

2025

EDITORA *Jus*PODIVM
www.editorajuspodivm.com.br

EDITORA *Jus*PODIVM
www.editorajuspodivm.com.br

Rua Canuto Saraiva, 131 – Mooca – CEP: 03113-010 – São Paulo – São Paulo
Tel: (11) 3582.5757
• Contato: https://www.editorajuspodivm.com.br/central-de-relacionamento

Diagramação: Maitê Coelho e Cendi Coelho *(cendicoelho@gmail.com)*

Capa: Ana Caquetti

C824d Correia, Martina
Direito Penal em Tabelas - Partes Geral e Especial / Martina Correia – 8.ed., rev., atual. e ampl. - São Paulo: Editora JusPodivm, 2025.

1232 p.

ISBN: 978-85-442-5983-2

1. Direito Penal. I. Correia, Martina. II. Título.

CDD 341.5

BIBLIOTECÁRIA RESPONSÁVEL
Ana Carolina Ribeiro Mois – CRB7 – RJ 007348/0

A todos aqueles
que perseguem
seus sonhos.

APRESENTAÇÃO

Quando concluí a graduação em agosto de 2012, já havia decidido que dedicaria meus próximos anos aos estudos. Mal imaginava o mundo de privações que me aguardava!

O concurso da Defensoria Pública da União já era anunciado e decidi que focaria na carreira de Defensor Público Federal. À época, conhecia pouquíssimos, mas todos pareciam ter um brilho no olhar quando falavam do trabalho que podiam realizar na instituição.

Oscilei. Entrei em desespero. Fiquei calma e recomecei. Passei por fases de profunda concentração, as quais se intercalavam com uma repentina incapacidade de entender uma única linha. Em alguns momentos, senti que o aprendizado estava indo de vento em popa. Em outros, via o edital como uma missão impossível. Respirei. Chorei. Acertei algumas questões.

Todo concurseiro se depara diariamente com um lado bipolar que desconhecia ter. A confiança dá lugar ao desespero, numa montanha-russa que não parece terminar nunca. E é exatamente essa batalha interna que faz a vitória se transformar em poesia.

Depois de muita batalha comigo mesma, chegou a aprovação. Com ela, o desejado tempo livre que eu tanto queria. Mas algo me incomodava: o que farei com todos os resumos que fiz até agora?

Havia constatado que a revisão tinha sido muito rápida com a ajuda do meu material, organizado e objetivo. Havia lido obras extensas, as quais foram fundamentais ao aprendizado. Mas, na hora de revisar, as centenas de páginas davam lugar a poucas linhas e grifos. E como eram valiosas essas linhas! A desordem, causada pelo excesso de informação, precisava ser reduzida. Era necessário organizar as ideias.

A vontade de priorizar a objetividade sem perder a qualidade guiou cada linha da obra **DIREITO PENAL EM TABELAS**. Nem uma extensa obra doutrinária, nem uma sinopse superficial, mas um material atualizado e útil a todas as fases dos certames.

Agradeço pelo voto de confiança e espero, com todo meu coração, colaborar para a sua vitória. Faço, ainda, um pedido: acredite em você! Pense em todas as batalhas que você já enfrentou em sua vida. Certamente essa não é a primeira. Você pode e **vai** conseguir.

Martina Correia

POR QUE TABELAS?

A memória é a principal aliada de todo estudante. A necessidade de aprimorar a memorização está no topo das preocupações de todos aqueles que se preparam para um concurso público. Nessa preparação, cabe a cada um a tarefa de fazer uma avaliação pessoal para descobrir o seu estilo de aprendizagem e, com isso, traçar técnicas de estudo. O aluno, até mesmo intuitivamente, tende a testar em que tipo de memória apresenta maior facilidade e apropriar-se de recursos que levem a bons resultados.

Aqui, faz-se um alerta: aquele que estuda com o objetivo de ser aprovado em concursos públicos jurídicos não deve negligenciar as obras que levam à construção de uma base jurídica sólida. Todavia, diante de um rol interminável de matérias cobradas em um certame, não é raro que o conhecimento adquirido se dissipe em poucos meses.

A obra **DIREITO PENAL EM TABELAS** tem o objetivo de **organizar** o excesso de informações e **simplificar** o Direito Penal através da criação de conexões entre os dados, contribuindo para uma assimilação mais eficiente da matéria.

Martina Correia

DIREITO PENAL EM TABELAS

COMO UTILIZAR?

A obra é voltada aos estudantes de direito e será de grande proveito àqueles que se dedicam a **concursos públicos** que tenham Direito Penal como matéria exigida.

O estudo para concursos públicos exige que o estudante mantenha-se atualizado e focado na doutrina, na lei seca e na jurisprudência (em especial nos informativos recentes do STF e do STJ).

DOUTRINA

A obra nasceu de uma diversificada pesquisa doutrinária, com foco nos autores mais consagrados por aqueles que estudam para concursos.

Cada obra doutrinária, por mais profunda que seja, possui pontos mais detalhados e pontos menos explorados. O objetivo da obra **DIREITO PENAL EM TABELAS** é fazer uma compilação desses pontos e tratá-los de forma objetiva e completa.

As citações e referências estão por toda obra.

LEI

Cabe, inicialmente, uma observação: sempre que um artigo não for acompanhado por sua fonte (ex.: art. 5º da CF/88; art. 386 do CPP), deve-se entender que o dispositivo pertence ao **Código Penal**.

Dada a importância do estudo do Código Penal, todos os capítulos trazem os dispositivos pertinentes no seguinte formato:

►*Art. 2º. Ninguém pode ser punido por fato que lei posterior deixa de considerar crime, cessando em virtude dela a execução e os efeitos penais da sentença condenatória.*

JURISPRUDÊNCIA

É notório que a jurisprudência tem sido cada vez mais cobrada em todas as fases dos concursos públicos. O estudo do Direito Penal não pode negligenciar os entendimentos (e frequentes mudanças) do Supremo Tribunal Federal e do Superior Tribunal de Justiça.

As súmulas pertinentes aos temas abordados estão sempre destacadas neste formato:

■ Súmula 711 do STF: A lei penal mais grave aplica-se ao crime continuado ou ao crime permanente, se a sua vigência é anterior à cessação da continuidade ou da permanência.

A obra está em conformidade com os julgados mais recentes dos referidos Tribunais. No final do tópico, há uma tabela com os informativos do STF e do STJ mais recentes sobre o tema.

Foram analisados os informativos 1079 a 1161 do STF e 762 a 837 do STJ (2022, 2023 e 2024 – até o fechamento da edição).

INFORMATIVOS DO STF
Info. 743: Crime não pode ser absorvido por contravenção penal. HC 121652/SC, Rel. Min. Dias Toffoli, 1ª Turma, j. 22/04/2014.

ABREVIATURAS

ANPP – Acordo de não persecução penal.

CC – Código Civil (Lei 10.406/2002).

CF – Constituição Federal.

CP – Código Penal (Decreto-lei n. 2.848/1940).

CPC – Código de Processo Civil (Lei 13.105/2015).

CPM – Código Penal Militar (Decreto-lei n. 1.001/1969).

CPP – Código de Processo Penal (Decreto-lei n. 3.689/1941).

CTB – Código de Trânsito Brasileiro (Lei 9.503/1997).

ECA – Estatuto da Criança e do Adolescente (Lei 8.069/1990).

LCP – Lei de Contravenções Penais (Decreto-lei n. 3.688/1941).

LEP – Lei de Execução Penal (Lei 7.210/1984).

LICP – Lei de Introdução ao Código Penal (Decreto-lei n. 2.848/1940).

LINDB – Lei de Introdução às Normas do Direito Brasileiro (Decreto-lei n. 4.657/1942).

MP – Ministério Público.

PPE – Prescrição da pretensão executória.

PPL – Pena privativa de liberdade.

PPP – Prescrição da pretensão punitiva.

PRD – Pena(s) restritiva(s) de direito.

STF – Supremo Tribunal Federal.

STJ – Superior Tribunal de Justiça.

SUMÁRIO

PARTE GERAL

PARTE 1

INTRODUÇÃO

PARTE 2

TEORIA GERAL DO CRIME

PARTE 3

PENA

PARTE ESPECIAL

TÍTULO I

DOS CRIMES CONTRA A PESSOA

TÍTULO II

DOS CRIMES CONTRA O PATRIMÔNIO

TÍTULO III

DOS CRIMES CONTRA A PROPRIEDADE IMATERIAL

TÍTULO IV

DOS CRIMES CONTRA A ORGANIZAÇÃO DO TRABALHO

TÍTULO V

DOS CRIMES CONTRA O SENTIMENTO RELIGIOSO E CONTRA O RESPEITO AOS MORTOS

TÍTULO VI

DOS CRIMES CONTRA A DIGNIDADE SEXUAL

TÍTULO VII

DOS CRIMES CONTRA A FAMÍLIA

TÍTULO VIII

DOS CRIMES CONTRA A INCOLUMIDADE PÚBLICA

TÍTULO IX

DOS CRIMES CONTRA A PAZ PÚBLICA

TÍTULO X

DOS CRIMES CONTRA A FÉ PÚBLICA

TÍTULO XI

DOS CRIMES CONTRA A ADMINISTRAÇÃO PÚBLICA

TÍTULO XII

DOS CRIMES CONTRA O ESTADO DEMOCRÁTICO DE DIREITO

PARTE GERAL

PARTE 1

INTRODUÇÃO

1

NOÇÕES GERAIS

NORMAS PENAIS	
Preceito primário	**Preceito secundário**
Ex.: "matar alguém".	Ex.: "Pena – reclusão, de 1 a 4 anos, e multa".

NORMAS PENAIS NÃO INCRIMINADORAS			
Permissiva	**Explicativa ou interpretativa**	**Complementar**	**Integrativa ou de extensão**
Exclui a ilicitude ou a culpabilidade.	Esclarece conceitos. Ex.: o conceito de funcionário público (art. 327 do CP).	Delimita o campo de validade das leis incriminadoras. Ex.: o art. 5º, sobre a territorialidade da lei penal.	Complementa a tipicidade. Ex.: no crime tentado, o tipo penal deve ser conjugado com o art. 14, II.

NORMA PENAL EM BRANCO
Quando o preceito primário é incompleto, temos a norma penal em branco (norma "primariamente remetida"). Prevalece que a norma penal em branco é constitucional: quando prevê o núcleo essencial da conduta, não há ofensa ao princípio da legalidade porque o complemento restringe-se a detalhar algum aspecto do tipo penal. Todavia, é imprescindível que a complementação normativa seja explicitada na denúncia para possibilitar a defesa adequada do denunciado, sob pena de inépcia[1].

1. STJ, RHC 79787/MT, Rel. Min. Reynaldo Soares da Fonseca, 5ª Turma, j. 13/06/2017.

ESPÉCIES DE NORMA PENAL EM BRANCO	
Heterogênea, própria ou em sentido estrito	**Homogênea, imprópria ou em sentido amplo**
Complemento por outra norma de **status normativo distinto**, emanada de **outra fonte de produção**. Ex.: "o conceito de 'droga', para fins penais, é aquele estabelecido no art. 1.º, parágrafo único, c/c o art. 66, ambos da Lei n.º 11.343/2006, norma penal em branco complementada pela Portaria SVS/MS n.º 344, de 12 de maio de 1998"[2].	Complemento por outra norma de **mesmo status normativo**, emanada da **mesma fonte de produção**. Pode ser homovitelina/homóloga ou heterovitelina/heteróloga.

NORMA PENAL EM BRANCO HOMOGÊNEA	
Homovitelina ou homóloga	**Heterovitelina ou heteróloga**
O complemento está no **mesmo diploma legal**.	O complemento está em **diploma legal diverso**.
Ex.: é crime "desenvolver clandestinamente atividades de telecomunicação" (art. 183 da Lei 9.472/1997). O conceito de atividade clandestina está no art. 184, parágrafo único, da mesma Lei[3].	Ex.: o art. 1º, XIII, do Decreto-lei 201/1967 condiciona a adequação típica ao disposto no ordenamento jurídico acerca da investidura em cargo ou emprego público, que varia em cada ordem jurídica que compõe a Federação[4].

OUTROS TEMAS SOBRE A NORMA PENAL EM BRANCO	
Norma penal em branco ao revés, invertida ou ao avesso	O **preceito secundário** é fixado por outro dispositivo, na mesma lei ou em outra lei. São normas "**secundariamente remetidas**". Ex.: o crime de genocídio está previsto na Lei 2.889/1956, mas em vez de fixar as penas para as modalidades do crime, o legislador fez referências a penas previstas para certos crimes que estão no CP.

2. STJ, EREsp 1624564/SP, Rel. Min. Laurita Vaz, 3ª Seção, j. 14/10/2020.
3. STJ, RHC 549940/MG, Rel. Min. Ribeiro Dantas, 5ª Turma, j. 15/10/2015.
4. STJ, AgRg no AREsp 1278108/RS, Rel. Min. Nefi Cordeiro, 6ª Turma, j. 05/09/2019.

OUTROS TEMAS SOBRE A NORMA PENAL EM BRANCO	
Norma penal duplamente incompleta	Ex.: *"**fazer uso de qualquer dos papéis falsificados ou alterados, a que se referem os arts. 297 a 302: Pena - a cominada à falsificação ou à alteração**"* (art. 304 – uso de documento falso).
Norma penal em branco de fundo constitucional	Ex.: no abandono intelectual (art. 246), o conceito de "instrução primária" encontra-se no art. 208, I, da CF/88[5].
Norma penal em branco ao quadrado	O tipo penal do roubo majorado pelo emprego de arma de fogo (art. 157, §2º-A, I) precisa ser complementado pela Lei 10.826/2003, o qual dispõe sobre registro, posse e comercialização de armas de fogo. Esta Lei, por sua vez, é regulamentada por ato do chefe do Poder Executivo, que explicita diversos conceitos nele empregados.

PRINCÍPIOS UTILIZADOS NO CONFLITO APARENTE DE NORMAS	
1. Especialidade	A lei especial afasta a geral (*lex specialis derogat generali*) e elas podem estar situadas no mesmo ou em diferentes diplomas normativos. Exemplos: o infanticídio (art. 123) corresponde ao homicídio (art. 121) com **elementos especializantes** (a influência do estado puerperal, o lapso temporal e os sujeitos envolvidos); a conduta de introduzir munição em território nacional, sem autorização dos órgãos competentes, tem tipificação específica no art. 18 da Lei 10.826/2006, não cabendo a desclassificação para o crime de contrabando (art. 334-A)[6].
2. Subsidiariedade	A lei primária afasta a subsidiária (*lex primaria derogat legi subsidiarie*). "Há subsidiariedade entre duas leis penais quando se trata de **estágios ou graus diversos de ofensa a um mesmo bem jurídico**, de forma que a ofensa mais ampla, contida e dotada de maior gravidade, descrita pela lei primária, engloba a menos ampla, contida na subsidiária, ficando a aplicabilidade desta condicionada à não incidência da outra"[7]. Ex.: o crime de perigo para a vida ou saúde de outrem (art. 132) é subsidiário ("**soldado de reserva**"), pois traz pena de detenção, de 3 meses a 1 ano, "se o fato não constitui crime mais grave".

5. MASSON, Cleber. Direito penal: parte geral (arts. 1º a 120). 14. ed. Rio de Janeiro: Forense; São Paulo: MÉTODO, 2020. p. 102.
6. STJ, AgRg no REsp 1557678/RS, Rel. Min. Rogerio Schietti Cruz, 6ª Turma, j. 13/08/2019.
7. MASSON, Cleber (op. cit. p. 124).

PRINCÍPIOS UTILIZADOS NO CONFLITO APARENTE DE NORMAS	
3. Alternatividade	Segundo o princípio, se o agente praticar mais de um núcleo do mesmo tipo penal no mesmo contexto, responderá por **crime único** (no caso dos **crimes de ação múltipla ou de conteúdo variado**). Ex.: quem pratica estupro e outro ato libidinoso contra a mesma vítima no mesmo contexto fático pratica crime único de estupro (art. 213)[8]. Crítica: embora citado por parte da doutrina como princípio utilizado no conflito aparente de normas, não há conflito de normas a ser resolvido.
4. Consunção	É utilizado "quando um crime menos grave é **meio necessário ou fase de preparação ou de execução** do delito de alcance mais amplo, de tal sorte que o agente só será responsabilizado pelo **último**, desde que se constate uma **relação de dependência** entre as condutas praticadas"[9]. Aplica-se o princípio quando "há uma relação de *minus* e *plus*, de todo e parte, de inteiro e fração"[10]. A lei consuntiva absorve a lei consumida. *Lex consumens derogat legi consumptae*. É aplicado quando há **crime progressivo**, **progressão criminosa** ou **crime-meio absorvido por crime-fim**[11].

CRIME PROGRESSIVO	PROGRESSÃO CRIMINOSA
"O agente, para alcançar o resultado mais grave, pratica outro de natureza menos grave, que fica absorvido por aquele"[12]. Ex.: para concretizar o homicídio, o agente necessariamente comete o crime de lesão corporal (**crime de ação de passagem**). Logo, a lesão deve ser absorvida pelo homicídio.	O agente quer um determinado resultado menos grave. Durante a execução, decide cometer outro crime mais grave. Ex.: inicialmente, o agente quer causar lesões corporais na vítima, mas depois decide matá-la. O crime de homicídio absorverá a lesão.
O dolo do agente não muda (é voltado, desde o início, ao resultado mais grave).	**Há mudança no dolo do agente** (é o chamado **dolo cumulativo**).

8. STJ, HC 212305/DF, Rel. Min. Marilza Maynard (Desembargadora convocada do TJ/SE), 6ª Turma, j. 24/04/2014.
9. STJ, AgRg no AREsp 1515023/GO, Rel. Min. Jorge Mussi, 5ª Turma, j. 24/09/2019.
10. STJ, AgRg no AREsp 1565430/GO, Rel. Min. Nefi Cordeiro, 6ª Turma, j. 18/02/2020.
11. STJ, AgRg no AREsp 1091901/RJ, Rel. Min. Felix Fischer, 5ª Turma, j. 06/02/2018.
12. STJ, RHC 4458/SP, Rel. Min. Jesus Costa Lima, 5ª Turma, j. 29/03/1995.

CRIME MEIO ABSORVIDO POR CRIME-FIM (EXEMPLOS)	
Falso e estelionato	**A aplicação do princípio da consunção sempre depende das particularidades do caso concreto. Não obstante, há algumas situações clássicas em que se verifica a (in)aplicabilidade do princípio.** Ex.: o sujeito efetua a abertura de conta corrente mediante a apresentação de uma cédula de identidade falsa. Nesse caso, aplica-se o princípio. ■ Súmula 17 do STJ: Quando o falso se exaure no estelionato, sem mais potencialidade lesiva, é por este absorvido.
Falsificação e uso de documento	O agente falsifica um documento público para fazer uso desse documento. Nesse caso, o crime-fim (uso de documento falso - art. 304) absorverá o crime-meio (falsificação de documento público - art. 297).
Uso do documento falso e falsidade ideológica	Ocorre quando o sujeito pratica a conduta de inserir declaração falsa em um documento particular, incidindo o tipo penal do art. 299 do CP (falsidade ideológica), e também pratica a conduta de usar esse mesmo documento, incidindo o tipo penal do art. 304 do CP (uso de documento falso).
	Recentemente, a 5ª Turma do STJ destacou que "na relação de consunção, **prevalece o crime de uso de documento falso, crime-fim, sobre a falsidade ideológica, delito-meio**"[13].
Falsificação e exercício ilegal da medicina	"A falsificação de documentos públicos (diploma de conclusão do curso superior de medicina) visando ao exercício ilegal da profissão de médico, consubstanciado no requerimento de exames clínicos, prescrição de medicamentos e realização de plantões médicos em hospital, constitui crime-meio, que deve ser absorvido pelo crime-fim, pois a falsificação em questão se exauriu no exercício ilegal da medicina, sem mais potencialidade lesiva"[14].
Falsidade ideológica e bigamia	"O delito de bigamia exige para se consumar a precedente falsidade, isto é: a declaração falsa, no processo preliminar de habilitação do segundo casamento, de que inexiste impedimento legal. Constituindo-se a falsidade ideológica (crime-meio) etapa da realização da prática do crime de bigamia (crime-fim), não há concurso do crime entre estes delitos"[15].

13. STJ, AgRg no AgRg no AREsp 2077019/RJ, Rel. Min. Daniela Teixeira, red. p/ o ac. Min. Reynaldo Soares da Fonseca, 5ª Turma, j. 19/03/2024.
14. STJ, HC 138221/RS, Rel. Min. Laurita Vaz, 5ª Turma, j. 29/09/2009.
15. STJ, HC 39583/MS, Rel. Min. Laurita Vaz, 5ª Turma, j. 08/03/2005.

CRIME MEIO ABSORVIDO POR CRIME-FIM (EXEMPLOS)	
Porte de arma de fogo e crimes patrimoniais	"Aplica-se o princípio da consunção ao crime de porte ilegal de arma de fogo e aos delitos contra o patrimônio ocorridos no mesmo contexto fático, quando presente nexo de dependência entre as condutas"[16]. Reitera-se: sempre deve ser analisada a situação concreta. Não são raros os julgados em que o princípio não é aplicado por peculiaridades do caso, mormente a autonomia das condutas praticadas.
Crime-meio mais grave	É **possível** que um crime mais grave (crime-meio) seja absorvido por um crime menos grave (crime-fim) quando utilizado como mero instrumento para consecução deste último, sem mais potencialidade lesiva[17]. Ex.: o sujeito usa documento público falso (art. 304 c/c art. 297 – **2 a 6** anos de reclusão) para viabilizar o descaminho (art. 334 – **1 a 4** anos de reclusão)[18].
Tráfico de drogas e porte ou posse ilegal de arma de fogo	Recentemente, o STJ firmou o entendimento de que quando o uso da arma está diretamente ligado ao sucesso dos crimes previstos nos artigos 33 a 37 da Lei de Drogas, ocorre a absorção do crime de porte ou posse de arma de fogo. Esse entendimento parte da premissa de que a posse ou porte de arma de fogo, nesses casos, é apenas um meio instrumental para viabilizar ou facilitar a prática do crime de tráfico de drogas. A arma de fogo, nesse contexto, não é considerada um delito autônomo, mas uma ferramenta essencial para a execução do crime principal, ou seja, o tráfico. A decisão reflete uma visão pragmática sobre o uso de armas no tráfico de drogas, reconhecendo que o porte ou posse é comumente associado à proteção das atividades ilícitas, à intimidação de terceiros ou à própria execução de delitos relacionados.
	Tese fixada sob a sistemática dos recursos repetitivos: "a majorante do art. 40, inciso IV, da Lei n. 11.343/2006 aplica-se **quando há nexo finalístico entre o uso da arma e o tráfico de drogas, sendo a arma usada para garantir o sucesso da atividade criminosa, hipótese em que o crime de porte ou posse ilegal de arma é absorvido pelo tráfico.** Do contrário, o delito previsto no Estatuto do Desarmamento é considerado crime autônomo, em concurso material com o tráfico de drogas"[19].

16. STJ, AgRg no AREsp 1395908/MG, Rel. Min. Nefi Cordeiro, 6ª Turma, j. 05/09/2019.
17. STJ, AgRg no REsp 1578350/SP, Rel. Min. Antonio Saldanha Palheiro, 6ª Turma, j. 06/12/2018.
18. "Conforme precedente firmado em julgamento submetido ao rito dos recursos repetitivos, "**o delito de uso de documento falso, cuja pena em abstrato é mais grave, pode ser absorvido pelo crime-fim de descaminho, com menor pena comparativamente cominada, desde que etapa preparatória ou executória deste, onde se exaure sua potencialidade lesiva**" (STJ, AgRg no REsp 1349157/RS, Rel. Min. Ribeiro Dantas, 5ª Turma, j. 26/06/2018).
19. STJ, REsp 1994424/RS, REsp 2000953/RS, Rel. Min. Reynaldo Soares da Fonseca, 3ª Seção, j. 27/11/2024. (Tema 1259)

CRIME MEIO ABSORVIDO POR CRIME-FIM (EXEMPLOS)	
Prescrição	Ainda que seja reconhecida a consunção, o STJ entende que declarada a prescrição do crime-fim, torna-se necessário o **trancamento da ação penal deflagrada para a apuração do crime-meio**, uma vez que a consunção põe fim à autonomia do crime-meio, não subsistindo a pretensão punitiva do Estado quanto a esse fato delituoso[20].

EXEMPLOS DE NÃO APLICAÇÃO DO PRINCÍPIO DA CONSUNÇÃO	
Por outro lado, quando a conduta típica praticada como meio para a obtenção do principal intento criminoso ultrapassa os limites deste último, sendo apta a continuar atingindo ou ameaçando o bem jurídico tutelado pela norma penal incriminadora, não há falar-se em aplicação do princípio da consunção, mas na configuração do **concurso de crimes**.	
Crime e contravenção	Embora um crime mais grave possa ser seja absorvido por um crime menos grave, **um crime não pode ser absorvido por uma contravenção**[21].
Embriaguez ao volante e homicídio culposo ou lesão corporal culposa	Há reiterados julgados do STJ (sempre à luz dos casos concretos apresentados) que afirmam a **inaplicabilidade** do princípio da consunção aos delitos de **embriaguez ao volante e homicídio culposo ou lesão corporal culposa**. Veja um exemplo: "o fato de o paciente haver dirigido veículo automotor, em via pública, com a capacidade psicomotora alterada em razão da influência de álcool, e de haver, posteriormente, se envolvido em acidente de trânsito que veio a causar lesão corporal na vítima, amolda-se à hipótese de concurso material e não de consunção, pois é despicienda a prática do primeiro crime para que ocorra a consumação do segundo, e vice-versa"[22].
	▪ Súmula 664 do STJ: É inaplicável a consunção entre o delito de embriaguez ao volante e o de condução de veículo automotor sem habilitação.
Roubo e extorsão	"A extorsão não é meio necessário para a prática do crime de roubo, tampouco o inverso, razão pela qual **não se mostra possível** a aplicação do princípio da consunção entre os referidos delitos"[23].

20. STJ, AgRg no REsp 1205167/SC, Rel. Min. Antonio Saldanha Palheiro, 6ª Turma, j. 29/04/2024.
21. STF, HC 121652/SC, Rel. Min. Dias Toffoli, 1ª Turma, j. 22/04/2014; STJ, REsp 1732488/GO, Rel. Min. Jorge Mussi, 5ª Turma, j. 06/11/2018.
22. STJ, AgRg no HC 457838/SC, Rel. Min. Reynaldo Soares da Fonseca, 5ª Turma, j. 20/09/2018.
23. STJ, REsp 1799010/GO, Rel. Min. Sebastião Reis Júnior, 6ª Turma, j. 23/04/2019.

EXEMPLOS DE NÃO APLICAÇÃO DO PRINCÍPIO DA CONSUNÇÃO	
Crime contra a dignidade sexual e ameaça	Na jurisprudência do STJ é possível encontrar uma série de julgados didáticos e bastantes úteis à visualização do tema. Veja este em que 6ª Turma **não** aplicou o princípio entre o crime contra a dignidade sexual e o crime de ameaça: "na situação concreta, não houve relação de subordinação entre o crime contra a dignidade sexual e o de ameaça. [...] O paciente aguardava os filhos da vítima irem dormir e, em posse de um facão, obrigava a ofendida a abaixar suas roupas e a manter com ele conjunção carnal. Além disso, comparecia à residência da vítima para tentar retomar o relacionamento afetivo, mediante ameaças de lhe causar mal injusto e grave, oportunidades em que empregava facas e facões para intimidar a ofendida. Uma dessas investidas, inclusive, foi presenciada pelo policial militar, ocasião em que o paciente, novamente em posse de um facão, ameaçou de morte a vítima. Sendo assim, **embora evidente a utilização do mesmo artefato para a prática de ambos os crimes, as ameaças não foram perpetradas apenas como meio para a consumação do crime contra a dignidade sexual, pois praticadas, também, em momentos completamente diversos, com objetivos diferentes**, notadamente o de reatar com a ofendida o relacionamento amoroso"[24].
Crimes do ECA	Pratica o crime previsto no art. 241-A do ECA o sujeito que oferece, troca, disponibiliza, transmite, distribui, publica ou divulga, por qualquer meio, inclusive por meio de sistema de informática ou telemático, fotografia, vídeo ou outro registro que contenha cena de sexo explícito ou pornográfica envolvendo criança ou adolescente. Já o art. 241-B do mesmo estatuto pune aquele que adquire, possui ou armazena, por qualquer meio, fotografia, vídeo ou outra forma de registro que contenha cena de sexo explícito ou pornográfica envolvendo criança ou adolescente. Sob a sistemática do recurso repetitivo, a 3ª Seção do STJ fixou a seguinte regra: "os tipos penais trazidos nos arts. 241-A e 241-B do Estatuto da Criança e do Adolescente são **autônomos**, com verbos e condutas distintas, sendo que **o crime do art. 241-B não configura fase normal, tampouco meio de execução para o crime do art. 241-A**, o que possibilita o reconhecimento de concurso material de crimes"[25]. O cometimento de um dos crimes não perpassa, necessariamente, pela prática do outro, o que afasta a aplicação do princípio da consunção.

24. STJ, HC 338613/SC, Rel. Min. Antonio Saldanha Palheiro, 6ª Turma, j. 12/12/2017.
25. STJ, REsp 1971049/SP, 1970216/SP e 1976855/MS, Rel. Min. Reynaldo Soares da Fonseca, 3ª Seção, j. 03/08/2023.

<table>
<tr><th colspan="2">PRINCÍPIO DA CONSUNÇÃO - ARTS. 33 E 34 DA LEI DE DROGAS</th></tr>
<tr><td colspan="2">A regra não difere das situações já analisadas: "a prática do art. 33, caput, da Lei de Drogas absorve o delito capitulado no art. 34 da mesma lei, desde que não fique caracterizada a existência de contextos autônomos e coexistentes, aptos a vulnerar o bem jurídico tutelado de forma distinta"[26]. Perceba que o caso concreto pode sinalizar situações bastante distintas:</td></tr>
<tr><th>Exemplo 1: não aplicação</th><th>Exemplo 2: aplicação</th></tr>
<tr><td>"Os condenados, além de terem em depósito certa quantidade de entorpecentes para fins de mercancia, armazenavam, em significativa escala, maquinários e utensílios [...] que não se destinavam somente à preparação dos estupefacientes encontrados no momento da prisão dos réus, compondo, para além disso, laboratório que funcionava de forma autônoma, proporcionando a preparação de número muito maior de substâncias estupefacientes. Desse modo, inviável a incidência do princípio da consunção, porquanto evidenciada a independência entre as condutas, ou seja, a fabricação ou transformação dos materiais tóxicos não operou como meio necessário para o crime de tráfico de entorpecentes"[27].</td><td>"Da leitura da peça acusatória, verifica-se que a droga e os instrumentos foram apreendidos no mesmo local e num mesmo contexto, servindo a balança de precisão e a serra/alicate de unha à associação que se destinava ao tráfico de drogas, não havendo a autonomia necessária a embasar a condenação em ambos os tipos penais simultaneamente, sob pena de bis in idem"[28].</td></tr>
</table>

INFORMATIVOS DO STJ
Info. 835: A majorante do art. 40, inciso IV, da Lei n. 11.343/2006 aplica-se quando há nexo finalístico entre o uso da arma e o tráfico de drogas, sendo a arma usada para garantir o sucesso da atividade criminosa, hipótese em que o crime de porte ou posse ilegal de arma é absorvido pelo tráfico. Do contrário, o delito previsto no Estatuto do Desarmamento é considerado crime autônomo, em concurso material com o tráfico de drogas. REsp 1994424/RS, REsp 2000953/RS, Rel. Min. Reynaldo Soares da Fonseca, 3ª Seção, j. 27/11/2024. (Tema 1259)
Info. 815: Na relação de consunção, prevalece o crime de uso de documento falso, crime-fim, sobre a falsidade ideológica, delito-meio. AgRg no AgRg no AREsp 2077019/RJ, Rel. Min. Daniela Teixeira, red. p/ o ac. Min. Reynaldo Soares da Fonseca, 5ª Turma, j. 19/03/2024.

26. STJ, AgRg no AREsp 303213/SP, Rel. Min. Marco Aurélio Bellizze, 5ª Turma, j. 08/10/2013.
27. STJ, HC 349524/SP, Rel. Min. Antonio Saldanha Palheiro, 6ª Turma, j. 18/05/2017.
28. STJ, REsp 1196334/PR, Rel. Min. Marco Aurélio Bellizze, 5ª Turma, j. 19/09/2013.

INFORMATIVOS DO STJ
Info. 782: Os tipos penais trazidos nos arts. 241-A e 241-B do Estatuto da Criança e do Adolescente são autônomos, com verbos e condutas distintas, sendo que o crime do art. 241-B não configura fase normal, tampouco meio de execução para o crime do art. 241-A, o que possibilita o reconhecimento de concurso material de crimes. REsp 1971049/SP, 1970216/SP e 1976855/MS, Rel. Min. Reynaldo Soares da Fonseca, 3ª Seção, j. 03/08/2023.

2

PROPOSTAS DOUTRINÁRIAS

DIREITO PENAL OBJETIVO	DIREITO PENAL SUBJETIVO
É o conjunto de **normas penais** positivadas pelo Estado.	É o próprio ***jus puniendi*** (direito de punir do Estado[1]).

***JUS PUNIENDI* POSITIVO**	***JUS PUNIENDI* NEGATIVO**
Trata-se do "poder que tem o Estado não somente para criar os tipos penais, como também para executar suas decisões condenatórias"[2].	Expresso na atribuição do STF de declarar a inconstitucionalidade de uma norma penal produzindo eficácia contra todos e efeito vinculante (art. 102, §2º da CF/88)[3].

DIREITO PENAL DE EMERGÊNCIA	DIREITO PENAL SIMBÓLICO	DIREITO PENAL PROMOCIONAL
Pretende proteger a sociedade da alta criminalidade através da hipertrofia do direito penal (aumento de crimes e de penas). Ex.: Lei de Crimes Hediondos.	O direito penal é usado para produzir a sensação de paz pública e a falsa impressão de que a criminalidade está sob controle. Ex.: punição de jogos de azar (art. 50 da LCP).	O Estado utiliza o direito penal com um viés político, como um instrumento de mudança. Ex.: Lei de Crimes Ambientais.

1. Ressalva: "Será tolerada a aplicação, pelos grupos tribais, de acordo com as instituições próprias, de sanções penais ou disciplinares contra os seus membros, desde que não revistam caráter cruel ou infamante, proibida em qualquer caso a pena de morte" (art. 57 da Lei 6.001/73).
2. GRECO, Rogério. Curso de Direito Penal - Parte Geral. Vol. I. 17. ed. Rio de Janeiro: Impetus, 2015. p. 8.
3. Idem.

VELOCIDADES DO DIREITO PENAL[4]			
Primeira	**Segunda**	**Terceira**	**Quarta**
Ênfase na pena privativa de liberdade. Respeito às garantias constitucionais clássicas. Procedimento mais lento.	Ênfase nas penas alternativas. Relativização das garantias clássicas. Procedimento mais célere e flexível.	Conjugam-se as velocidades: aplicação de penas privativas de liberdade e flexibilização de garantias.	Relaciona-se ao neopunitivismo e à prática de crimes que lesam a humanidade, cometidos principalmente por Chefes de Estado. Incidência internacional[5].

DIREITO PENAL DO INIMIGO (TEORIA DE GÜNTHER JAKOBS)
A teoria encontra-se na **terceira velocidade** do direito penal. O Estado deve respeitar as garantias dos cidadãos. Contudo, há sujeitos que ameaçam a convivência em sociedade e violam o contrato social. Esses sujeitos, contumazes e nocivos, devem ser tratados como **inimigos** e, como tal, devem ser enfrentados e vencidos. Ex.: o terrorista, o traficante de drogas, o membro de organização criminosa. Expressão do **direito penal do autor** (punição centrada na personalidade perigosa do agente). O combate ao "inimigo" envolve a supressão de diversas garantias processuais. Desdobramentos: a) Eliminação da ampla defesa e do direito de constituir defensor; b) Flexibilização de princípios; c) Mitigação do princípio da legalidade; d) Possibilidade de incomunicabilidade; e) Ênfase na periculosidade, e não na culpabilidade; f) Penas substituídas por medidas de segurança; g) Punição de atos preparatórios; h) Excesso de cautelares; i) A tortura como meio de prova; j) Criação artificial de delitos; k) Execução penal mais rigorosa; l) Eliminação de direitos e garantias individuais. A Lei de Crimes Hediondos (Lei 8.072/1990) flexibiliza algumas garantias processuais em detrimento de uma punição mais enérgica.

4. Teoria do espanhol Jesús-María Silva Sánchez.
5. Relaciona-se à quarta velocidade a criação do **Tribunal Penal Internacional**.

DIREITO PENAL DO AUTOR	DIREITO PENAL DO FATO
Punição de uma pessoa em virtude de suas condições pessoais. Ex.: "a exasperação da pena-base, lastreada na personalidade do agente, ao argumento de que detém personalidade voltada para o crime, em razão de que já cumpriu medida socioeducativa, é resquício do superado direito penal do autor, em detrimento do direito penal dos fatos"[6].	Ênfase nas condutas tipificadas como crime. O direito penal brasileiro é do fato, e não do autor (ou, ao menos, pretende ser)[7].

6. STJ, HC 437940/SP, Rel. Mi. Felix Fischer, 5ª Turma, j. 19/04/2018.
7. **"O direito penal não se destina a punir meras condutas indesejáveis, mas sim, condutas significativamente perigosas, lesivas a bens jurídicos, sob pena de se configurar um direito penal do autor e não do fato"** (STJ, HC 450012/SP, Rel. Min. Joel Ilan Paciornik, 5ª Turma, j. 04/09/2018).

3

FONTES DO DIREITO PENAL

FONTE MATERIAL	FONTES FORMAIS	
	Imediata	**Mediata**
Apenas a **União** pode legislar sobre Direito Penal (art. 22, I, CF/88) e, excepcionalmente, os **Estados**[1].	**Lei.**	**- Princípios;** **- Constituição Federal;** **- Tratados e convenções internacionais;** **- Jurisprudência;** **- Costumes;** **- Doutrina;** **- Atos administrativos.**

LEI
A lei é a principal fonte formal do direito penal. Sobre o tema, ver comentários sobre o princípio da legalidade (5. PRINCÍPIOS GERAIS DO DIREITO PENAL).

PRINCÍPIOS
Sobre o tema, ver o capítulo 5. PRINCÍPIOS GERAIS DO DIREITO PENAL.

1. O parágrafo único do art. 22 da CF/88 diz: "**Lei complementar** poderá autorizar os **Estados** a legislar sobre **questões específicas** das matérias relacionadas neste artigo".

CONSTITUIÇÃO FEDERAL
Enquanto cabe à lei criar tipos penais e suas penas (fonte formal imediata), a Constituição pode criar **mandados de criminalização**, vinculando o legislador à proteção de determinados bens jurídicos. Para o STF, "pode-se dizer que os direitos fundamentais expressam não apenas uma proibição do excesso (Übermassverbote), como também podem ser traduzidos como proibições de proteção insuficiente ou imperativos de tutela (Untermassverbote). Os mandados constitucionais de criminalização, portanto, impõem ao legislador, para seu devido cumprimento, **o dever de observância do princípio da proporcionalidade como proibição de excesso e como proibição de proteção insuficiente**"[2]. Ex.: "os preceitos constitucionais sobre o tráfico de drogas e o respectivo confisco de bens constituem parte dos mandados de criminalização previstos pelo Poder Constituinte originário a exigir uma atuação enérgica do Estado sobre o tema, sob pena de o ordenamento jurídico brasileiro incorrer em proteção deficiente dos direitos fundamentais"[3].

TRATADOS INTERNACIONAIS
Em matéria penal, prevalece o dogma da reserva constitucional de lei em sentido formal, pois a CF/88 somente admite **a lei interna como única fonte formal e direta de regras de direito penal**. Há duas decisões relevantes nesse sentido.
1. A lavagem de dinheiro exige que os bens, direitos ou valores a serem introduzidos na economia ou no sistema financeiro sejam oriundos de um crime antecedente. Antes do advento da Lei 12.683/2012, a Lei 9.613/1998, em sua redação original, tipificava exaustivamente quais seriam esses possíveis crimes antecedentes. Dentre eles, a organização criminosa (art. 1º, VII). **Na época, o conceito de 'organização criminosa' era extraído da Convenção de Palermo (internalizado no Brasil pelo Decreto nº 5.015/2004), pois o tipo penal da organização criminosa apenas veio a surgir com a Lei 12.850/2013. O STF[4] rechaçou a possibilidade de utilizar a Convenção de Palermo para tipificar ou conceituar o crime**.
2. O STJ entendeu que **não se mostra possível internalizar a tipificação do crime contra a humanidade trazida pelo Estatuto de Roma, mesmo se cuidando de Tratado internalizado por meio do Decreto n. 4.388/2002, porquanto não há lei em sentido formal tipificando referida conduta**[5].

2. STF, HC 102087/MG, Rel. Min. Celso de Mello, 2ª Turma, j. 28/02/2012.
3. STF, RE 638491/PR, Rel. Min. Luiz Fux, Pleno, j. 17/05/2017.
4. STF, HC 121835/PE, Rel. Min. Celso de Mello, 2ª Turma. j. 13/10/2015.
5. STJ, REsp 1798903/RJ, Rel. Min. Reynaldo Soares da Fonseca, 3ª Seção, j. 25/09/2019. (Info 659).

JURISPRUDÊNCIA
É inegável a força da jurisprudência na construção do Direito Penal. Não se pode desprezar o entendimento consolidado nos Tribunais Superiores, sejam eles sumulados ou não. Ex.: as oscilações do STF acerca da execução provisória da pena impactaram todos os processos em andamento em que o réu estava preso por força apenas da confirmação da condenação na segunda instância.

COSTUME		
"Consiste na reiteração constante e uniforme de uma regra de conduta"[6] acrescida pela convicção de sua necessidade jurídica. Não pode ser considerado norma incriminadora ou tampouco abolicionista, mas tem grande valor interpretativo.		
Incriminador	**Abolicionista**	**Interpretativo**
Proibido. Apenas a lei pode criar crimes e cominar penas.	**Proibido**[7].	**Permitido**. Ex.: o horário que se entende por ***"repouso noturno"***[8] tem sido delimitado de acordo com o costume.

DOUTRINA
A doutrina dos estudiosos do Direito Penal não tem força vinculante, mas é um importante norte para o estudo e a interpretação do Direito Penal.

ATOS ADMINISTRATIVOS
"Podem funcionar como complemento de normas penais em branco, produzindo reflexos no sentido e alcance dos tipos penais"[9].

6. BITENCOURT, Cezar Roberto. Tratado de Direito Penal: parte geral. 23. ed. São Paulo: Saraiva, 2019. p. 450.
7. A despeito de opiniões contrárias, o STJ decidiu que manter casa de prostituição (art. 229 do CP) é crime que deve ser punido (HC 99144/RJ, Rel. Min. Og Fernandes, 6ª Turma, j. 04/11/2008). No mesmo sentido, o jogo do bicho continua sendo típico enquanto não for revogado por outra lei. O costume não pode revogar a lei penal.
8. ► ***Art. 155. Subtrair, para si ou para outrem, coisa alheia móvel: Pena - reclusão, de um a quatro anos, e multa.***
§1º - A pena aumenta-se de um terço, se o crime é praticado durante o repouso noturno.
9. ALVES, Jamil Chaim. Manual de Direito Penal - Parte Geral e Parte Especial. São Paulo: Editora Juspodivm, 2020. p. 145.

4

INTERPRETAÇÃO DA LEI PENAL

FORMAS DE INTERPRETAÇÃO	
Origem	1. Autêntica ou legislativa; 2. Doutrinária; e 3. Jurisprudencial.
Modo	1. Gramatical; 2. Teleológica; 3. Histórica; e 4. Sistemática.
Resultado	1. Declarativa; 2. Restritiva; e 3. Extensiva.

INTERPRETAÇÃO EXTENSIVA	INTERPRETAÇÃO ANALÓGICA	ANALOGIA
Ampliação de um conceito legal nos casos em que a lei diz menos do que pretendia (*lex minus dixit quam voluit*). Não há criação de nova norma.	Ampliação de um conceito legal quando há o encerramento do texto de forma genérica, permitindo alcançar outras hipóteses além dos exemplos apresentados. **Interpretação *intra legem*.**	Criação de uma nova norma a partir de outra (analogia *legis*) ou de princípio geral do direito (analogia *iuris*). É forma de **integração**[1], não interpretação.

1. Art. 4º do Decreto-Lei 4.657/1942. Quando a lei for omissa, o juiz decidirá o caso de acordo com a analogia, os costumes e os princípios gerais de direito.

INTERPRETAÇÃO EXTENSIVA	INTERPRETAÇÃO ANALÓGICA	ANALOGIA
Ex.: é "viável a concessão da remição por atividades não expressas na lei, diante de uma interpretação extensiva *in bonam partem* do artigo 126 da LEP"[2].	Ex.: o homicídio qualificado ***"mediante paga ou promessa de recompensa, ou por outro motivo torpe"*** (art. 121, §2°, I). No caso, ***"mediante paga promessa"*** é um exemplo de ***"motivo torpe"*** (fórmula genérica).	Ex.: a Lei 13.964/2019 não estabeleceu um percentual de progressão para o condenado por crime hediondo com resultado morte, reincidente não específico. Impõe-se, assim, a aplicação do inciso VI, a, do art. 112 da LEP, exigindo-se, portanto, o cumprimento de 50% para a progressão[3].

EXEMPLOS JURISPRUDENCIAIS DE INTERPRETAÇÃO EXTENSIVA
A corrente majoritária entende que a interpretação extensiva é **admitida, desde que não seja em prejuízo do réu** (*in malam partem*). Frise-se que a interpretação extensiva é expressamente admitida no Processo Penal (art. 3º do CPP). Exemplos do STJ:
1. "Em se tratando de remição da pena, é, sim, possível proceder à interpretação extensiva em prol do preso e da sociedade, uma vez que o aprimoramento dele contribui decisivamente para os destinos da execução"[4]. Ex.: a remição da pena pelo estudo ao apenado não vinculado a atividade regular de ensino que obtém, por esforço próprio, aprovação em exame nacional (ENEM) que certifique o ensino médio a jovens e adultos[5].
2. "O STJ possui o entendimento de ser taxativo o rol de faltas graves previsto no art. 50 da Lei de Execução Penal, não sendo cabível a realização de interpretação extensiva ou complementar a fim de ampliar o alcance das condutas ali previstas"[6].
3. "A jurisprudência do STJ não entende ser cabível realizar uma interpretação extensiva do art. 117 do CP em prejuízo do réu"[7]. Isto porque o art. 117 trata das causas interruptivas da prescrição, de forma que conferir interpretação extensiva ao rol significa zerar a contagem do prazo prescricional e dificultar a ocorrência da extinção da punibilidade.

2. STJ, AgRg no HC 464802/PR, Rel. Min. Felix Fischer, 5ª Turma, j. 23/10/2018.
3. STJ, HC 581315/PR, Rel. Min. Sebastião Reis Júnior, 6ª Turma, j. 06/10/2020.
4. STJ, HC 460630/RS, Rel. Min. Sebastião Reis Júnior, 6ª Turma, j. 11/04/2019.
5. STJ, HC 420682/SC, Rel. Min. Rogerio Schietti Cruz, 6ª Turma, j. 03/05/2018.
6. STJ, HC 481699/RS, Rel. Min. Sebastião Reis Júnior, 6ª Turma, j. 12/03/2019.
7. STJ, EDcl no AgRg no AREsp 1293564/MA, Rel. Min. Joel Ilan Paciornik, 5ª Turma, j. 21/11/2019.

EXEMPLOS JURISPRUDENCIAIS DE INTERPRETAÇÃO EXTENSIVA
4. "Considerando a proibição de analogia ou de interpretação extensiva em prejuízo do réu, a jurisprudência desta Corte firmou-se no sentido de que, somente foi elencado como sujeito ativo do art. 244-A do ECA o agente que efetivamente sujeita a criança ou adolescente à prostituição, sendo necessária a descrição, na denúncia, de uma conduta que, por meio do emprego de mecanismos de pressão, leve a criança ou adolescente à prostituição. Além disso, os conceitos de prostituição ou de exploração sexual não se coadunam com a ideia de fato isolado, mas sim com a concepção de comportamento que se projeta ou reitera no tempo"[8].
5. "Não se permite interpretação extensiva das restrições contidas no decreto concessivo de comutação/indulto. Em outras palavras, não se pode criar demais restrições à concessão da benesse que não sejam aquelas versadas expressamente na norma presidencial"[9].
6. "Segundo interpretação extensiva dada pelo STJ ao julgado do STF no HC coletivo n. 143.641/SP, autoriza-se a prisão domiciliar de mulheres gestantes ou de mães de crianças menores de 12 anos, conforme prevê o art. 318-A do CPP para a hipótese de prisão preventiva, também quando se trate de execução de condenação definitiva, desde que peculiaridade concreta do caso demonstre sua imprescindibilidade"[10].
7. "Por expressa previsão do art. 115 do CP, são reduzidos pela metade os prazos de prescrição quando o criminoso era, na data da sentença, maior de 70 anos, não se admitindo interpretação extensiva ao réu semi-imputável"[11].
8. Apesar de a jurisprudência do STJ orientar-se pela impossibilidade de interpretação extensiva contra o réu (como se pode ver nos julgados acima), há ressalvas. Ex.: "para fins da Lei Maria da Penha, a palavra "crime" deve ser interpretada como infração penal, ou seja, corresponde aos crimes e às contravenções descritas no Decreto-lei n. 3.688/1941. Ainda, a teor da jurisprudência desta Corte, "seja caso de lesão corporal leve, seja de vias de fato, se praticado em contexto de violência doméstica ou familiar, não há falar em necessidade de representação da vítima para a persecução penal"[12].

8. STJ, HC 347895/GO, Rel. Min. Antonio Saldanha Palheiro, 6ª Turma, j. 13/09/2016.
9. STJ, AgRg no HC 587663/SP, Rel. Min. Nefi Cordeiro, 6ª Turma, j. 08/09/2020.
10. STJ, AgRg no HC 637269/SP, Rel. Min. João Otávio de Noronha, 5ª Turma, j. 18/05/2021.
11. STJ, AgRg no REsp 1844880/DF, Rel. Min. Nefi Cordeiro, 6ª Turma, j. 22/09/2020.
12. STJ, RHC 88515/RJ, Rel. Min. Ribeiro Dantas, 5ª Turma, j. 24/05/2018.

ANALOGIA	
In bonam partem	***In malam partem***
Analogia benéfica ao acusado. É **permitida** e recomendada[13].	Analogia que prejudica o acusado. É **vedada** em virtude do princípio da reserva legal.
Exemplo: "o delito previsto no art. 293, §1º, III, b, do CP não está previsto nas hipóteses de extinção da punibilidade, em razão do pagamento do tributo, trazidas pelos arts. 34 da Lei n. 9.249/1995 e 9º, § 2º, da Lei n. 10.684/2003. [...] Nada obstante, não é justo tratar situações semelhantes de modo distinto sem que exista motivo plausível para tanto. É que onde existir a mesma razão haverá o mesmo direito (*ubi eadem ratio ibi idem jus*). Assim, faz-se necessária a aplicação, ao caso em apreço, de analogia em favor do réu (*in bonam partem*)"[14].	Exemplos: a cassação da aposentadoria não constitui efeito extrapenal da condenação, diante da impossibilidade analogia *in malam partem*[15]; não pode incidir a causa de aumento prevista no art. 327, § 2º, do CP apenas em razão do exercício da função pública, no caso de ocupantes de cargo político-eletivo, uma vez que a norma penal não admite a analogia *in malam partem*"[16]; não se pode reconhecer a união estável, como agravante genérica inserta no art. 61, II, e, do CP, *in malam partem*[17].

INFORMATIVOS DO STJ
Info. 768: Não se enquadra como dano qualificado a lesão a bens das entidades não previstas expressamente no rol do art. 163, parágrafo único, inciso III, do Código Penal, em sua redação originária - anterior à alteração legislativa promovida pela Lei n. 13.531/2017 -, em razão da vedação da analogia *in malam partem* no sistema penal brasileiro. EREsp 1896620/ES, Rel. Ministro Joel Ilan Paciornik, 3ª Seção, j. 02/03/2023.

13. Apenas as leis excepcionais não admitem analogia.
14. STJ, HC 414879/SP, Rel. Min. Ribeiro Dantas, 5ª Turma, j. 24/05/2018.
15. STJ, AgRg no REsp 1743955/SC, Rel. Min. Jorge Mussi, 5ª Turma, j. 28/05/2019.
16. STJ, AgRg no REsp 1743955/SC, Rel. Min. Jorge Mussi, 5ª Turma, j. 28/05/2019.
17. STJ, AgRg no HC 570436/DF, Rel. Min. Felix Fischer, 5ª Turma, j. 08/09/2020.

5

PRINCÍPIOS GERAIS DO DIREITO PENAL

PRINCÍPIO DA LEGALIDADE
Cláusula pétrea (art. 5º, XXXIX da CF/88) e pilar do Estado de Direito: "não há crime sem lei anterior que o defina, nem pena sem prévia cominação legal". O comando é reproduzido no art. 1º do CP (***"Não há crime sem lei anterior que o defina. Não há pena sem prévia cominação legal"***). *Nullum crimen nulla poena sine lege.* O dispositivo conjuga dois princípios: **ANTERIORIDADE + RESERVA LEGAL**[1]. A "lei anterior" deve ser compreendida como **lei ordinária e lei complementar** (lei em sentido estrito). O princípio abrange infrações penais (**crimes e contravenções**) e sanções penais (**penas e medidas de segurança**). É vedada a criação de crimes e penas por lei delegada e resoluções. É vedada a edição de medidas provisórias sobre direito penal (art. 62, §1º, I, b, da CF/88). Embora não possam criar crime, o STF entende que podem beneficiar o agente[2]. Exigência de tipos penais **escritos, claros, precisos e determinados**: a lei deve ser taxativa quanto ao conteúdo do tipo e quanto à sanção a ser aplicada. Como decorrência, o princípio **veda a retroatividade maléfica da lei penal, o costume incriminador e a analogia *in malam partem*.** A **norma penal em branco** e o **tipo aberto**, desde que suficientemente determinados, são admitidos.

1. Parte da doutrina entende que o termo "legalidade" é incorreto, porque se refere a quaisquer das espécies do art. 59 da CF/88, o que incluiria, por exemplo, medidas provisórias e leis delegadas. Mais correto, portanto, o termo "reserva legal", que se refere somente às leis ordinárias e complementares.
2. STF, RHC 117566/SP, Rel. Min. Luiz Fux, 1ª Turma, j. 24/09/2013.

PRINCÍPIO DA LEGALIDADE E CRIMINALIZAÇÃO DA HOMOFOBIA
Na ADO 26/DF e no MI 4733/DF, o STF fixou algumas teses, dentre elas: "até que sobrevenha lei emanada do Congresso Nacional destinada a implementar os mandados de criminalização definidos nos incisos XLI e XLII do art. 5º da Constituição da República, as condutas homofóbicas e transfóbicas, reais ou supostas, que envolvem aversão odiosa à orientação sexual ou à identidade de gênero de alguém, por traduzirem expressões de racismo, compreendido este em sua dimensão social, ajustam-se, por identidade de razão e mediante adequação típica, aos preceitos primários de incriminação definidos na Lei 7.716/1989, constituindo, também, na hipótese de homicídio doloso, circunstância que o qualifica, por configurar motivo torpe (CP, art. 121, § 2º, I, in fine)". A decisão deve ser aplaudida por alertar para a lamentável omissão legislativa. Porém, sob o enfoque do princípio da legalidade, não é imune a críticas. O art. 1º da Lei 7.716/1989 preceitua que "serão punidos, na forma desta Lei, os crimes resultantes de discriminação ou preconceito de **raça, cor, etnia, religião ou procedência nacional**". É visível que a orientação sexual não está elencada pela Lei e sua inclusão configura analogia *in malam partem*.

INTERVENÇÃO MÍNIMA, SUBSIDIARIEDADE E FRAGMENTARIEDADE
Os mecanismos de controle social dos quais o Estado se utiliza para promover o bem estar social possuem grau de severidade. A lei penal não deve ser invocada para atuar em hipóteses desprovidas de significação social[3], devendo intervir apenas nos casos em que a conduta ocasionar **lesão jurídica de certa gravidade**. Portanto, o direito penal deve ser **subsidiário** (*ultima ratio*, invocado apenas quando os outros ramos do direito não defenderem de forma eficaz os bens jurídicos mais relevantes à vida em sociedade[4]) e **fragmentário** (deve proteger somente os bens jurídicos mais relevantes e somente as lesões mais acentuadas a esses bens jurídicos mais relevantes). Ex.: "a desobediência de ordem de parada dada pela autoridade de trânsito ou por seus agentes, ou mesmo por policiais ou outros agentes públicos no exercício de atividades relacionadas ao trânsito, não constitui crime de desobediência, pois há previsão de sanção administrativa específica no art. 195 do CTB, o qual não estabelece a possibilidade de cumulação de sanção penal"[5]. Além da subsidiariedade e da fragmentariedade, o **princípio da insignificância** é o terceiro desdobramento do princípio da intervenção mínima.

3. STJ, AgRg no AREsp 1082958/MG, Rel. Min. Reynaldo Soares da Fonseca, 5ª Turma, j. 27/06/2017.
4. STJ, AgRg no AREsp 615494/MS, Rel. Min. Reynaldo Soares da Fonseca, 5ª Turma, j. 02/06/2015.
5. STJ, AgRg no REsp 1803424/MS, Rel. Min. Joel Ilan Paciornik, 5ª Turma, j. 06/06/2019.

PRINCÍPIO DA INSIGNIFICÂNCIA OU DA BAGATELA PRÓPRIA			
A tipicidade, elemento do fato típico, é composta pela tipicidade formal (juízo de subsunção da conduta ao tipo penal) e pela **tipicidade material**. Esta segunda impõe uma análise materialmente valorativa das circunstâncias, no sentido de se concluir sobre a ocorrência de alguma lesão grave, contundente e penalmente relevante do bem jurídico tutelado[6]. Deve-se excluir do âmbito de incidência do Direito Penal situações em que a ofensa concretamente perpetrada seja de pouca importância. O reconhecimento da insignificância **exclui a tipicidade material (e, portanto, o sujeito será absolvido, pois a conduta será atípica)**. Não há uma regra clara que permita ao aplicador do direito detectar a insignificância penal de uma conduta. O cabimento do princípio deve ser sempre analisado no caso concreto. O STF fixou 4 vetores (propositalmente amplos) para nortear sua aplicação:			
Mínima ofensividade da conduta.	Ausência de periculosidade social da ação.	Reduzido grau de reprovabilidade do comportamento.	Inexpressividade da lesão jurídica.

PRINCÍPIO DA BAGATELA IMPRÓPRIA
"O preceito da irrelevância penal do fato (ou da desnecessidade da pena ou bagatela imprópria), por sua vez, consubstancia-se na desnecessidade excepcional de punição concreta do delito, apesar de sua tipicidade e encontra substrato legal no art. 59, in fine, do CP. A aplicação do aludido princípio não prescinde da análise de vários fatores ligados ao fato e ao autor, como, por exemplo, o ínfimo desvalor da culpabilidade, a ausência de antecedentes criminais, a reparação dos danos ou devolução do objeto, reconhecimento da culpa, a colaboração com a justiça, o fato de o agente ter sido processado, o fato de ter sido preso ou ter ficado preso por um período, etc."[7]. Funciona como uma **causa supralegal de extinção da punibilidade**. Ex.: "A" cometeu o crime de furto privilegiado (CP, art. 155, §2º). Dois anos depois do fato, sem ter ainda se verificado a prescrição, nota-se que ele não apresentou nenhum outro deslize em seu comportamento, razão pela qual a pena quiçá revele-se prescindível para atender às finalidades do Direito Penal"[8].

6. STF, HC 131618/MS, Rel. Min. Cármen Lúcia, 2ª Turma, j. 15/12/2015.
7. TRF4, ACR 5000321-05.2018.4.04.7005, SÉTIMA TURMA, Relator LUIZ CARLOS CANALLI, juntado aos autos em 12/04/2019.
8. MASSON, Cleber (op. cit. p. 42).

BAGATELA PRÓPRIA	BAGATELA IMPRÓPRIA
A lesão ao bem jurídico é insignificante *ab initio*. Refere-se à análise da **tipicidade material**. Se o julgador aplicar o princípio, deverá reconhecer a **atipicidade** da conduta e não prosseguirá na análise da ilicitude e a culpabilidade.	Há um **fato típico e jurídico praticado por um sujeito culpável**. Já foi ultrapassada a análise da tipicidade material e **não** foi aplicado o princípio da insignificância (bagatela própria). Ainda assim, as peculiaridades do caso indicam que a aplicação da pena é desnecessária.

PRINCÍPIO DA INSIGNIFICÂNCIA – STF E STJ	
Pode-se afirmar, como regra, que o STF e o STJ afastam a aplicação do princípio quando há reiteração criminosa. Contudo, em se tratando da aplicação do princípio da insignificância, não há uma regra absoluta. Não é rara a aplicação do princípio a réus reincidentes à luz dos elementos do **caso concreto**, quando o julgador conclui que a medida é socialmente recomendável[9].	
Atos infracionais	O STF e o STJ **admitem** a aplicação do princípio aos atos infracionais. À semelhança do que ocorre com os crimes, a reiteração de atos infracionais também impede, em regra, a aplicação do princípio[10].
Crimes militares	O STF[11] e o STJ[12] **afastam** a aplicação do princípio aos crimes militares. Todavia, há raros julgados antigos do STF que permitem a aplicação do princípio nos casos de posse de quantidade ínfima de maconha[13].
Crimes ambientais	Em regra, o STF[14] e o STJ[15] **admitem** a aplicação do princípio quando a lesão é irrelevante a ponto de não afetar de maneira expressiva o equilíbrio ecológico, mas sempre com muita atenção às circunstâncias específicas do caso concreto.

9. "No caso, a situação retratada nos autos - furto simples de 1 desodorante da marca Axe, bem avaliado em R$ 11,19 - indica a excepcionalidade da medida. Assim, na espécie, é recomendável a aplicação do princípio da insignificância a despeito da existência de outras condenações contra o paciente, reconhecendo-se a atipicidade material da conduta" (STJ, HC 532487/SC, Rel. Min. Reynaldo Soares da Fonseca, 5ª Turma, j. 24/09/2019).
10. STJ, AgRg no AREsp 1550027/SP, Rel. Min. Laurita Vaz, 6ª Turma, j. 26/05/2020.
11. STF, HC 115914/SP, Rel. Min. Marco Aurélio, 1ª Turma, j. 24/10/2017.
12. STJ, AgRg no AREsp 786731/SP, Rel. Min. Reynaldo Soares da Fonseca, 5ª Turma, j. 17/05/2016.
13. "Não constitui crime militar trazer consigo quantidade ínfima de substância entorpecente (4,7 gramas de maconha), em atenção ao princípio da insignificância. Ordem concedida para absolver o paciente" (STF, HC 91074/SP, Rel. Min. Joaquim Barbosa, 2ª Turma, j. 19/08/2008).
14. STF, HC 181235 AgR/SC, Rel. Min. Ricardo Lewandowski, 2ª Turma, j. 29/05/2020.
15. STJ, AgRg no REsp 1850002/MG, Rel. Min. Felix Fischer, 5ª Turma, j. 16/06/2020.

PRINCÍPIO DA INSIGNIFICÂNCIA – STF E STJ	
Furto	Para a aplicação do princípio ao furto simples, a jurisprudência costuma considerar, em regra, o **valor da coisa** e a **reiteração delitiva** em crimes contra o patrimônio. Quanto ao furto qualificado, a regra é afastar a aplicação do princípio. Todavia, a incidência do princípio tem sido analisada cada vez mais de forma casuística[16]. A jurisprudência do STF e do STJ oscila bastante quanto ao tema, mas tende a priorizar o **caso concreto**. Há mais detalhes no capítulo correspondente.
	Sob a sistemática do recurso repetitivo, a 3ª Seção do STJ fixou a seguinte tese: "a restituição imediata e integral do bem furtado **não** constitui, por si só, motivo suficiente para a incidência do princípio da insignificância"[17].
Roubo	O STF[18] e o STJ[19] **afastam** a aplicação do princípio aos crimes perpetrados com violência ou grave ameaça à vítima, ainda que a coisa subtraída seja de valor ínfimo.
Violência doméstica	▪ Súmula 589 do STJ: É inaplicável o princípio da insignificância nos crimes ou contravenções penais praticados contra a mulher no âmbito das relações domésticas. No mesmo sentido, o STF[20].
Crimes contra a fé pública	O STF[21] e o STJ[22] **afastam** a aplicação do princípio aos crimes contra a fé pública.
Crimes contra a administração pública	▪ Súmula 599 do STJ: O princípio da insignificância é inaplicável aos crimes contra a administração pública. A regra é **afastar** o princípio. Todavia, vale registrar que o STF[23], excepcionalmente, já admitiu a aplicação do princípio ao crime de peculato.

16. "Mesmo nos casos de acusados reincidentes e que tenham praticado furto qualificado, esta Corte Superior tem admitido a incidência do princípio da insignificância diante das peculiaridades do caso concreto, como na hipótese, em que o bem subtraído é avaliado em apenas R$70,00" (STJ, AgRg no REsp 2035302/SP, Rel. Min. Ribeiro Dantas, 5ª Turma, j. 27/03/2023).
17. STJ, REsp 2062095/AL e 2062375/AL, Rel. Min. Sebastião Reis Júnior, 3ª Seção, j. 25/10/2023.
18. STF, RHC 106360/DF, Rel. Min. Rosa Weber, 1ª Turma, j. 18/09/2012.
19. STJ, AgRg no AREsp 1450515/PI, Rel. Min. Nefi Cordeiro, 6ª Turma, j. 17/10/2019.
20. STF, RHC 142837/MS, Rel. Min. Marco Aurélio, 1ª Turma, j. 20/10/2020.
21. STF, HC 133226 AgR/SP, Rel. Min. Teori Zavascki, 2ª Turma, j. 29/03/2016.
22. STJ, AgRg no AREsp 1642040/SP, Rel. Min. Ribeiro Dantas, 5ª Turma, j. 02/06/2020.
23. STF, HC 112388/SP, Rel. Min. Ricardo Lewandowski, 2ª Turma, j. 21/08/2012.

PRINCÍPIO DA INSIGNIFICÂNCIA – STF E STJ	
Apropriação indébita previdenciária	O STF[24] e o STJ[25] **afastam** a aplicação do princípio considerando o caráter supraindividual do bem jurídico tutelado (a subsistência financeira da Previdência Social).
Estelionato previdenciário	O STF[26] e o STJ[27] **afastam** a aplicação do princípio, diante das consequências suportadas pela coletividade.
Tráfico de drogas	O STF[28] e o STJ[29] **afastam** a aplicação do princípio ao tráfico de drogas, ainda que a quantidade da droga seja ínfima. O mesmo vale para a posse de drogas para consumo pessoal[30]. Sobre a importação de sementes de maconha, ver o capítulo '10.6 TIPICIDADE'.
Infrações de menor potencial ofensivo	Para o STF, o fato de a CF/88 prever a categoria de infrações de menor potencial ofensivo significa que, embora as condutas sejam atenuadamente danosas para a vítima e a sociedade, ainda assim **possuem lesividade** em grau suficiente para justificar uma reação estatal punitiva[31].
Rádio comunitária clandestina	As Turmas do STF oscilam bastante em relação à aplicação do princípio. O **STJ afasta** a aplicação do princípio. ■ Súmula 606 do STJ: Não se aplica o princípio da insignificância a casos de transmissão clandestina de sinal de internet via radiofrequência, que caracteriza o fato típico previsto no art. 183 da Lei n. 9.472/1997.
Receptação	O **STF afasta** a aplicação do princípio "por se tratar de delito pluriofensivo que tutela, além do patrimônio, a própria administração justiça, pois a ação do receptador embaraça a *persecutio criminis*"[32]. Já **o STJ**[33] **parece aplicar a mesma regra do furto**, admitindo a aplicação do princípio quando verificado o valor insignificante e quando o sujeito não for contumaz na prática de crimes patrimoniais.

24. STF, RHC 132706 AgR/SP, Rel. Min. Gilmar Mendes, 2ª Turma, j. 21/06/2016.
25. STJ, AgRg no REsp 1783334/PB, Rel. Min. Laurita Vaz, 6ª Turma, j. 07/11/2019.
26. STF, HC 119729/DF, Rel. Min. Teori Zavascki, 2ª Turma, j. 10/12/2013.
27. STJ, AgRg no AREsp 1644157/PB, Rel. Min. Nefi Cordeiro, 6ª Turma, j. 04/08/2020.
28. STF, HC 129489/MG, Rel. Min. Marco Aurélio, 1ª Turma, j. 17/09/2019.
29. STJ, AgRg no HC 902634/SC, Rel. Min. Reynaldo Soares da Fonseca, 5ª Turma, j. 23/04/2024.
30. STJ, AgRg no RHC 165570/SP, Rel. Min. Laurita Vaz, 6ª Turma, j. 14/06/2022.
31. STF, HC 111017/RS, Rel. Min. Ayres Britto, 2ª Turma, j. 04/02/2012.
32. STF, HC 159435 AgR/MG, Rel. Min. Edson Fachin, 2ª Turma, j. 28/06/2019.
33. STJ, HC 570838/PR, Rel. Min. Nefi Cordeiro, 6ª Turma, j. 19/05/2020.

PRINCÍPIO DA INSIGNIFICÂNCIA – STF E STJ	
Contrabando de cigarros	Sob a sistemática do recurso repetitivo, a 3ª Seção do STJ fixou a seguinte tese: "o princípio da insignificância é **aplicável** ao crime de contrabando de cigarros quando a quantidade apreendida não ultrapassar **1.000 maços**, seja pela diminuta reprovabilidade da conduta, seja pela necessidade de se dar efetividade à repressão a o contrabando de vulto, **excetuada a hipótese de reiteração da conduta**, circunstância apta a indicar maior reprovabilidade e periculosidade social da ação"[34].
Racismo	Para o STJ, "o delito do art. 20, §2º, da Lei n. 7.716/1989, consiste na expressão de superioridade em contraposição à inferioridade de coletividades humanas. A CADH, ao tratar da liberdade de expressão, dispôs explicitamente no art. 13.5 comando criminalizatório do discurso de ódio que, em nosso ordenamento jurídico, o dispositivo em comento faz as vezes. [...] A forma como estruturado o tipo penal e o bem jurídico tutelado são determinantes na incidência, ou não, do princípio da insignificância. A dignidade da pessoa humana, a igualdade e, concomitantemente, o pluralismo, bem como a paz pública não comportam flexibilização, sob pena de negação integral de tais valores"[35].
	Para o STF e o STJ, aplica-se o princípio da insignificância quando o débito tributário verificado não ultrapassar o limite de **R$ 20.000,00**, a teor do disposto no art. 20 da Lei 10.522/2002, com as atualizações efetivadas pelas Portarias n. 75 e 130, ambas do Ministério da Fazenda. O patamar alcança apenas os **tributos federais** e **ressalva-se a reiteração delitiva.**
Descaminho	Sob a sistemática dos recursos repetitivos, a 3ª Seção do STJ fixou a seguinte tese: "a reiteração da conduta delitiva obsta a aplicação do princípio da insignificância ao crime de descaminho - independentemente do valor do tributo não recolhido -, ressalvada a possibilidade de, no caso concreto, se concluir que a medida é socialmente recomendável. A contumácia pode ser aferida a partir de procedimentos penais e fiscais pendentes de definitividade, sendo inaplicável o prazo previsto no art. 64, I, do CP, incumbindo ao julgador avaliar o lapso temporal transcorrido desde o último evento delituoso à luz dos princípios da proporcionalidade e razoabilidade"[36].

34. STJ, REsp 1971993/SP, 1977652/SP, Rel. Min. Joel Ilan Paciornik, red. p/ o ac Min. Sebastião Reis Junior, 3ª Seção, j. 13/09/2023.
35. STJ, REsp 1580395/DF, Rel. Min. Sebastião Reis Júnior, 6ª Turma, j. 24/04/2018.
36. STJ, REsp 2083701/SP, 2091651/SP e 2091652/MS, Rel. Min. Sebastião Reis Júnior, 3ª Seção, j. 28/02/2024.

OFENSIVIDADE OU LESIVIDADE
O princípio age em dois planos. No primeiro, para "servir de orientação à atividade legiferante, fornecendo substratos político-jurídicos para que o legislador adote, na elaboração do tipo penal, a exigência indeclinável de que a conduta proibida represente ou contenha verdadeiro conteúdo ofensivo a bens jurídicos socialmente relevantes; no segundo plano, servir de critério interpretativo, constrangendo o intérprete legal a encontrar em cada caso concreto indispensável lesividade ao bem jurídico protegido"[37]. Por isso, **é proibida a criminalização de atitudes internas, de estados existenciais, de condutas que se esgotem no âmbito do próprio autor ou de qualquer conduta que não afete nenhum bem jurídico**. Com fundamento no princípio, parte da doutrina entende que os **crimes de perigo abstrato** são inconstitucionais. Todavia, esta não é a posição que prevalece no STF e no STJ.

ADEQUAÇÃO SOCIAL
É um vetor geral de hermenêutica segundo o qual "não se pode reputar como criminosa uma ação ou uma omissão aceita e tolerada pela sociedade, ainda que formalmente subsumida a um tipo legal incriminador"[38].
Todavia, "a aplicação deste princípio no exame da tipicidade deve ser realizada em caráter **excepcional**, porquanto ao legislador cabe precipuamente eleger aquelas condutas que serão descriminalizadas"[39]. Ex.: **não se aplica o princípio à conduta de manter casa de prostituição**[40] (art. 229), **à venda de CDs e DVDs falsificados**[41] (art. 184, §2º), e à conduta de **fornecer bebida alcoólica a menores de idade**[42].

37. BITENCOURT, Cezar Roberto (op. cit. p. 115).
38. STJ, RHC 70141/RJ, Rel. Min. Rogerio Schietti Cruz, 6ª Turma, j. 07/02/2017.
39. STJ, REsp 1435872/MG, Rel. Min. Rogerio Schietti Cruz, 6ª Turma, j. 03/06/2014.
40. Idem.
41. "1. O princípio da adequação social reclama aplicação criteriosa, a fim de se evitar que sua adoção indiscriminada acabe por incentivar a prática de delitos patrimoniais, fragilizando a tutela penal de bens jurídicos relevantes para vida em sociedade. 2. A violação ao direito autoral e seu impacto econômico medem-se pelo valor que os detentores das obras deixam de receber ao sofrer com a "pirataria", e não pelo montante que os falsificadores obtêm com a sua atuação imoral e ilegal. 3. Deveras, a prática não pode ser considerada socialmente tolerável haja vista os expressivos prejuízos experimentados pela indústria fonográfica nacional, pelos comerciantes regularmente estabelecidos e pelo Fisco, fato ilícito que encerra a burla ao pagamento de impostos" (STF, HC 120994/SP, Rel. Min. Luiz Fux, 1ª Turma, j. 29/04/2014). No mesmo sentido, o STJ (STJ, AgRg no REsp 1767921/SP, Rel. Min. Antonio Saldanha Palheiro, 6ª Turma, j. 06/12/2018).
42. STJ, AgRg no AREsp 2004887/DF, Rel. Min. Joel Ilan Paciornik, 5ª Turma, j. 02/08/2022.

CULPABILIDADE
Não há crime sem culpabilidade (*nullum crimen sine culpa*). O princípio da culpabilidade é comumente associado ao princípio da responsabilidade penal subjetiva, segundo o qual não existe responsabilidade penal sem dolo ou culpa. Sobre o tema, ver tabela 'A culpabilidade no direito penal' (capítulo 17. CULPABILIDADE).

RESPONSABILIDADE PENAL SUBJETIVA	
Não existe responsabilidade penal sem dolo ou culpa, elementos subjetivos da conduta. É vedada a responsabilidade penal objetiva. Exceções:	
1) Rixa qualificada (art. 137, parágrafo único);	2) Infrações praticadas em estado de embriaguez voluntária ou culposa (*actio libera in causa*).

RESPONSABILIDADE PENAL PELO FATO
O direito penal deve preocupar-se com fatos, e não com particularidades do autor[43].

ALTERIDADE
O sujeito não pode ser punido por causar mal a si próprio. Ex.: autolesão e tentativa de suicídio.

EXCLUSIVA PROTEÇÃO DO BEM JURÍDICO
O direito penal deve preocupar-se com bens jurídicos dignos de proteção consagrados na CF/88, e não com questões de ordem ética, moral, ideológica, religiosa etc.

43. "**O direito penal não se destina a punir meras condutas indesejáveis, mas sim, condutas significativamente perigosas, lesivas a bens jurídicos, sob pena de se configurar um direito penal do autor e não do fato**" (STJ, HC 450012/SP, Rel. Min. Joel Ilan Paciornik, 5ª Turma, j. 04/09/2018).

INDIVIDUALIZAÇÃO DA PENA		
"A lei regulará a individualização da pena" (art. 5º, XLVI, da CF/88), a qual se dá em 3 momentos:		
1ª fase	**2ª fase**	**3ª fase**
Fase da cominação: o legislador define uma pena abstrata. Ex.: o legislador, à luz dos princípios do direito penal, definiu que o crime de calúnia (art. 138) deve ser punido com pena de detenção, de 6 meses a 2 anos, e multa.	**Fase da aplicação: o juiz aplica uma pena concreta**. Ex.: o juiz, à luz do caso concreto e observando os ditames pertinentes à **dosimetria**, condenou o agente pelo crime de calúnia (art. 138), aplicando-lhe a pena de 1 ano de detenção.	**Fase de execução da pena** aplicada. Nesta fase situa-se o Direito da Execução Penal e o princípio irradia-se por toda a LEP.

VEDAÇÃO DO *BIS IN IDEM*
Uma pessoa não pode ser processada, condenada ou punida duas vezes pelo mesmo fato. O princípio foi consagrado no art. 8º, item 4, da CADH ("o acusado absolvido por sentença transitada em julgado não poderá ser submetido a novo processo pelos mesmos fatos"). Ex.: "o fato de o crime de roubo ter sido praticado em comparsaria com um adolescente, quando o réu já foi condenado pelo delito de corrupção de menores, não pode ser utilizado como fundamento na terceira fase da dosimetria da pena do roubo, sob pena de ofensa ao princípio do *ne bis in idem*"[44].

PROPORCIONALIDADE
A intervenção estatal por meio do Direito Penal deve ser sempre guiada pelo princípio da proporcionalidade, incumbindo também ao legislador o dever de observar esse princípio como proibição de excesso (garantismo negativo) e como proibição de proteção insuficiente[45] (garantismo positivo). Ex.: "é inconstitucional o preceito secundário do art. 273, § 1º-B, V, do CP - "reclusão, de 10 (dez) a 15 (quinze) anos, e multa" -, devendo-se considerar, no cálculo da reprimenda, a pena prevista no *caput* do art. 33 da Lei 11.343/2006 (Lei de Drogas), com possibilidade de incidência da causa de diminuição de pena do respectivo §4º"[46].

44. STJ, AgRg no AREsp 1284925/RS, Rel. Min. Nefi Cordeiro, 6ª Turma, j. 27/11/2018.
45. STJ, AI no HC 239363/PR, Rel. Min. Sebastião Reis Júnior, Corte Especial, j. 26/02/2015. (Info 559).
46. Idem.

<table>
<tr><th colspan="2">PRESUNÇÃO DE INOCÊNCIA OU DE NÃO CULPABILIDADE</th></tr>
<tr><td colspan="2">Segundo o inciso LVII do art. 5º da CF/88, "ninguém será considerado culpado até o trânsito em julgado de sentença penal condenatória". Trata-se do princípio do estado de inocência, de presunção de inocência ou de não culpabilidade, exaltado em diversos diplomas normativos internacionais[47] e no art. 283 do CPP. O princípio se desdobra em duas vertentes:</td></tr>
<tr><td>Regra probatória: a acusação tem o ônus de comprovar a culpabilidade do réu. Se as provas não conduzirem o julgador à certeza, a dúvida deve beneficiar o acusado (in dubio pro reo).</td><td>Regra de tratamento: "impede o Poder Público de agir e de se comportar, em relação ao suspeito, ao indiciado, ao denunciado ou ao réu, como se estes já houvessem sido condenados, definitivamente, por sentença do Poder Judiciário"[48].</td></tr>
</table>

<table>
<tr><th colspan="2">EXECUÇÃO PROVISÓRIA DA PENA</th></tr>
<tr><td colspan="2">A possibilidade de executar a pena antes do trânsito em julgado é o tema mais polêmico relacionado ao princípio da presunção de inocência, em sua vertente de regra de tratamento.</td></tr>
<tr><td>Permissão (17/02/2016 a 07/11/2019)</td><td>No HC 126292/SP[49] (17/02/16), o STF passou a admitir a execução provisória de acórdão condenatório proferido em grau de apelação, ainda que sujeito a recurso especial ou extraordinário (art. 5º, LVII, da CF/88). Com o julgamento da apelação, fica definitivamente exaurido o exame sobre os fatos e provas da causa, com a fixação, se for o caso, da responsabilidade penal do acusado. É ali que se concretiza, em seu sentido genuíno, o duplo grau de jurisdição. Os recursos ainda cabíveis para instâncias extraordinárias do STJ e do STF – REsp e RE – têm, como se sabe, âmbito de cognição estrito à matéria de direito. A retomada da tradicional jurisprudência, de atribuir efeito apenas devolutivo aos recursos especial e extraordinário (como, aliás, está previsto em textos normativos) é, sob esse aspecto, mecanismo legítimo de harmonizar o princípio da presunção de inocência com o da efetividade da função jurisdicional do Estado.</td></tr>
</table>

47. Declaração dos Direitos do Homem e do Cidadão (art. 9º), Declaração Universal de Direitos Humanos (art. 11.1), Pacto Internacional de Direitos Civis e Políticos (art. 14.2), Convenção Americana de Direitos Humanos (art. 8º, 2) etc.
48. STF, HC 92751/SP, Rel. Min. Celso de Mello, 2ª Turma, j. 09/08/2011.
49. STF, HC 126292/SP, Rel. Min. Teori Zavascki, Pleno, j. 17/02/2016.

<table>
<tr><th colspan="2">EXECUÇÃO PROVISÓRIA DA PENA</th></tr>
<tr><td rowspan="2">Permissão (17/02/2016 a 07/11/2019)</td><td>Exemplo de como funcionava a execução provisória: Flávio, réu solto (não estava preso por força de prisão cautelar), foi condenado a 9 anos de reclusão e apelou. No TJ, a sentença condenatória foi mantida. Nesse caso, a mera confirmação da condenação pelo TJ permitia a expedição de mandado de prisão contra Flávio. O acórdão do TJ tinha como efeito automático a possibilidade de execução provisória (ou antecipada) da pena, ainda que a defesa de Flávio venha a interpor REsp e/ou RE (ou seja, ainda que a condenação não tenha transitado em julgado). Assim, ainda que o réu não tenha sido condenado com trânsito em julgado, aguardaria o julgamento preso já em cumprimento da pena, independentemente de estarem presentes ou não os requisitos para a decretação da prisão preventiva ou temporária.</td></tr>
<tr><td>Nesse sentido, a súmula 267 do STJ:
■ Súmula 267 do STJ: A interposição de recurso, sem efeito suspensivo, contra decisão condenatória não obsta a expedição de mandado de prisão.</td></tr>
<tr><td rowspan="3">Vedação (a partir de 07/11/2019)</td><td>Nas ADCs 43, 44 e 54, o STF declarou a constitucionalidade do art. 283 do CPP e voltou a rechaçar a execução provisória da pena de forma automática. O cumprimento da pena depende do trânsito em julgado da condenação. O entendimento, firmado em sede de controle concentrado de constitucionalidade, possui efeito vinculante e eficácia contra todos.</td></tr>
<tr><td>Nada mudou em relação ao investigado ou acusado preso por força de prisão preventiva ou temporária. Essa prisão, que é uma prisão cautelar, deverá estar fundamentada nos artigos 312 ou 313 do CPP (prisão preventiva) ou na Lei 7.960/1989 (prisão temporária). O que o STF vedou, na verdade, foi a execução provisória de forma automática após a confirmação da condenação em 2º grau, sem que estejam presentes os requisitos da prisão cautelar.</td></tr>
<tr><td>Após a decisão do STF nas ADCs 43, 44 e 54, a Lei 13.964/2019 deu nova redação ao art. 492, I, e, do CPP: o juiz presidente do Tribunal do Júri, ao proferir decisão condenatória, decretará a execução provisória da pena caso esta seja superior a 15 anos de reclusão. O dispositivo foi validado pelo STF: "a soberania dos veredictos do Tribunal do Júri autoriza a imediata execução de condenação imposta pelo corpo de jurados, independentemente do total da pena aplicada"[50].</td></tr>
</table>

50. STF, RE 1235340/SC, Rel. Min. Luís Roberto Barroso, Pleno, j. 12/09/2024.

CONFIRMAÇÃO DA CONDENAÇÃO NO TRIBUNAL – RESUMO		
	Réu solto	**Réu preso**
De 17/02/2016 a 07/11/2019	Efeito automático: **expedição do mandado de prisão**. O sujeito era obrigado a dar início ao cumprimento da pena, independentemente de existir ou não fundamento para a prisão cautelar.	O sujeito preso por força de prisão cautelar permanecia preso, mas agora por força do acórdão.
A partir de 07/11/2019	A princípio, **o réu continua solto**, a não ser que passe a existir fundamento que autorize a decretação de prisão cautelar. Ressalva-se a hipótese do art. 492, I, e, do CPP.	O sujeito preso por força de prisão cautelar permanece preso (se inalterado o quadro fático).

LIMITAÇÃO PESSOAL OU INTRANSCENDÊNCIA
É vedada a "aplicação da sanção penal a quem não seja o autor do fato, corolário impositivo do princípio constitucional da personalidade da pena, insculpido no art. 5º, inciso XLV, da Carta Magna"[51]. O princípio aplica-se à multa, que também é pena e, portanto, não deve passar da pessoa do condenado. Ex.: "a imposição de falta grave ao executado, por transgressão realizada por terceiro, deve ser afastada quando não comprovada a autoria do reeducando, através de elementos concretos"[52]. Como a obrigação de reparar o dano é civil, os sucessores podem responder até as forças da herança.
Quanto ao confisco (art. 5º, XLV, CF/88), este não é pena, mas efeito da condenação.
Em julgado recente, o STJ decidiu que o princípio **aplica-se às pessoas jurídicas**: extinta a pessoa jurídica sem indício de fraude, deve-se extinguir a punibilidade (aplicação do art. 107, I, do CP).

51. STJ, HC 361984/MG, Rel. Min. Reynaldo Soares da Fonseca, 5ª Turma, j. 18/08/2016. Dispõe o art. 5º, XLV da CF/88: "nenhuma pena passará da pessoa do condenado, podendo a obrigação de reparar o dano e a decretação do perdimento de bens ser, nos termos da lei, estendidas aos sucessores e contra eles executadas, até o limite do valor do patrimônio transferido".

52. STJ, HC 399047/SP, Rel. Min. Felix Fischer, 5ª Turma, j. 08/08/2017.

LIMITAÇÃO DAS PENAS
Deriva da dignidade da pessoa humana. Não haverá penas de morte (salvo em casos de guerra declarada, nos termos do art. 84, XIX); de caráter perpétuo; de trabalhos forçados; de banimento e cruéis (art. 5º, XLVII).

INFORMATIVOS DO STJ
Info. 837: A apreensão de munições em quantidade não considerada insignificante, aliada a apreensão de droga, petrechos do tráfico e expressivas quantias em dinheiro, perfaz cenário que impede o reconhecimento da atipicidade material da conduta. AgRg no AREsp 2744867/SC, Rel. Min. Antonio Saldanha Palheiro, 6ª Turma, j. 10/12/2024.
Info. 834: A retroatividade de ato administrativo que majora o valor mínimo para execução fiscal não se aplica em benefício do réu, para fins de incidência do princípio da insignificância, pois não se trata de norma penal mais benéfica. AgRg no HC 920735/SC, Rel. Min. Daniela Teixeira, 5ª Turma, j. 24/09/2024.
Info. 802: A reiteração da conduta delitiva obsta a aplicação do princípio da insignificância ao crime de descaminho - independentemente do valor do tributo não recolhido -, ressalvada a possibilidade de, no caso concreto, se concluir que a medida é socialmente recomendável. A contumácia pode ser aferida a partir de procedimentos penais e fiscais pendentes de definitividade, sendo inaplicável o prazo previsto no art. 64, I, do CP, incumbindo ao julgador avaliar o lapso temporal transcorrido desde o último evento delituoso à luz dos princípios da proporcionalidade e razoabilidade. REsp 2083701/SP, 2091651/SP e 2091652/MS, Rel. Min. Sebastião Reis Júnior, 3ª Seção, j. 28/02/2024.
Info. 800: É atípica a tentativa de subtração, sem a prática de violência ou grave ameaça à pessoa, de 08 (oito) shampoos, em valor global aproximado inferior a R$ 100,00 (cem reais), ainda que, eventualmente, haja reiteração de condutas dessa natureza. AgRg no HC 834558/GO, Rel. Min. Messod Azulay Neto, red. p/ o ac. Min. Daniela Teixeira, 5ª Turma, j. 12/12/2023.
Info. 793: A restituição imediata e integral do bem furtado não constitui, por si só, motivo suficiente para a incidência do princípio da insignificância. REsp 2062095/AL e 2062375/AL, Rel. Min. Sebastião Reis Júnior, 3ª Seção, j. 25/10/2023.
Info. 787: O princípio da insignificância é aplicável ao crime de contrabando de cigarros quando a quantidade apreendida não ultrapassar 1.000 (mil) maços, seja pela diminuta reprovabilidade da conduta, seja pela necessidade de se dar efetividade à repressão a o contrabando de vulto, excetuada a hipótese de reiteração da conduta, circunstância apta a indicar maior reprovabilidade e periculosidade social da ação. REsp 1971993/SP, 1977652/SP, Rel. Min. Joel Ilan Paciornik, red. p/ o ac Min. Sebastião Reis Junior, 3ª Seção, j. 13/09/2023.

6

LEI PENAL NO TEMPO

LEI PENAL NO TEMPO – TEORIAS		
Atividade	**Resultado**	**Ubiquidade**
Considera-se praticado o crime no momento da **CONDUTA**. É a teoria adotada pelo CP. ► ***Art. 4º. Considera-se praticado o crime no momento da ação ou omissão, ainda que outro seja o momento do resultado.***	Considera-se praticado o crime no momento do **resultado**. Aplica-se à **prescrição** (data da consumação – art. 111, I).	Considera-se praticado o crime no momento da **conduta** ou do **resultado**.
Para memorizar as teorias aplicadas na lei penal no tempo e no espaço: **LUTA** (Lugar = Ubiquidade; Tempo = Atividade).		

EXTRA-ATIVIDADE DA LEI PENAL	
Retroatividade	**Ultra-atividade**
Ocorre quando a lei alcança fatos ocorridos antes da sua entrada em vigor.	Ocorre quando a lei é revogada e continua a regular fatos que ocorreram enquanto estava vigente.
Pressupõem **sucessão de leis no tempo** e só podem agir **em benefício do réu**, salvo nos casos de lei temporária ou excepcional.	

EXTRA-ATIVIDADE DA LEI PENAL	
Abolitio criminis* e *lex mitior	***Novatio legis* incriminadora e *lex gravior***
Por serem benéficas ao agente, são dotadas de **retroatividade e ultra-atividade**.	Por serem maléficas ao agente, aplicam-se apenas a **fatos posteriores à entrada em vigor**.
O fundamento repousa no **art. 5º, XL, da CF/88**: "a lei penal não retroagirá, salvo para beneficiar o réu".	

LEI AO TEMPO DA CONDUTA *VERSUS* LEI POSTERIOR	
Abolitio criminis	A lei ao tempo da conduta tipifica o fato e a lei posterior **torna o fato atípico**. A lei posterior **retroage** para alcançar os fatos praticados na vigência da lei anterior.
Lex mitior* ou *novatio legis in mellius	O fato já era típico ao tempo da conduta e lei posterior confere tratamento **mais benéfico** ao agente. A lei posterior **retroage**. Ex.: "com o advento da Lei n. 12.850/2013, foi dada nova redação ao art. 288 do CP, ocasião em que também foi reduzido o aumento previsto no parágrafo único"[1].
***Novatio legis* incriminadora**	A lei ao tempo da conduta não tipifica o fato e a lei posterior **torna o fato típico**. Essa lei posterior, por ser prejudicial ao agente, **não retroage**. Ex.: a Lei 13.641/2018, tipificou a conduta de descumprir decisão judicial que defere medidas protetivas de urgência previstas na Lei 11.340/2006 (art. 24-A).
Lex gravior* ou *novatio legis in pejus	O fato já era típico ao tempo da conduta e lei posterior confere um tratamento **mais rigoroso** ao agente. A lei ao tempo da conduta é **ultra-ativa** e continua a regular os fatos praticados durante sua vigência. Ex.: a Lei 13.964/2019 aumentou o limite de cumprimento das penas privativas de liberdade para 40 anos (em vez de 30 anos, conforme a redação original do CP). A Lei é nitidamente gravosa ao acusado e, portanto, não poderá retroagir para alcançar os fatos anteriores à entrada em vigor.

1. STJ, HC 217000/BA, Rel. Min. Rogerio Schietti Cruz, 6ª Turma, j. 16/08/2016.

ABOLITIO CRIMINIS* E *LEX MITIOR
► ***Art. 2º. Ninguém pode ser punido por fato que lei posterior deixa de considerar crime, cessando em virtude dela a execução e os efeitos penais da sentença condenatória. Parágrafo único. A lei posterior, que de qualquer modo favorecer o agente, aplica-se aos fatos anteriores, ainda que decididos por sentença condenatória transitada em julgado.*** Por serem mais benéficas, **não respeitam a coisa julgada**[2].

***ABOLITIO CRIMINIS* E EFEITOS DA CONDENAÇÃO**
A *abolitio criminis* opera a extinção da punibilidade (art. 107, III) e **apaga os efeitos penais da condenação**. Logo, se o agente cometer outro crime, não será considerado reincidente. Todavia, **subsistem os efeitos extrapenais**. Ex.: não é afastada a obrigação de indenizar o dano causado pelo crime (art. 91, I).

LEI MAIS FAVORÁVEL E TRÂNSITO EM JULGADO
Regra: a aplicação da lei mais benéfica deve ser realizada pelo **juízo perante o qual tramita o processo**. Ex.: durante a ação penal e até a prolação da sentença, deve ser aplicada pelo juízo de primeiro grau; na fase recursal, deve ser aplicada pelo Tribunal; durante a execução da pena, deve ser aplicada pelo juiz da execução (segundo o art. 66, I, da LEP, compete ao juiz da execução aplicar aos casos julgados lei posterior que de qualquer modo favorecer o condenado).
No mesmo sentido, a súmula 611 do STF: ■ Súmula 611 do STF: Transitada em julgado a sentença condenatória, compete ao juiz da execução a aplicação de lei mais benigna. A súmula aplica-se apenas aos casos em que a aplicação da lei nova depende de mero cálculo matemático. Contudo, se for necessário juízo de mérito para a aplicação da lei penal mais favorável, o interessado deverá ajuizar revisão criminal para desconstituir o trânsito em julgado e aplicar a lei nova.

2. Ver capítulo **31. EXTINÇÃO DA PUNIBILIDADE**.

LEI POSTERIOR BENÉFICA E *VACATIO LEGIS*	
Corrente 1 (majoritária)	**Corrente 2**
Durante o período de *vacatio legis*, a lei ainda não entrou em vigor e **não pode ser aplicada**[3].	Embora a lei ainda não esteja vigente, **é possível aplicá-la** em respeito ao princípio constitucional da benignidade[4].

ABOLITIO CRIMINIS	CONTINUIDADE TÍPICO-NORMATIVA
O crime é revogado **formal e materialmente**.	O crime é revogado **formalmente**, mas não materialmente.
O fato **não é mais punível** (ocorre **extinção da punibilidade** – art. 107, III).	O fato **continua sendo punível** (a conduta criminosa é **deslocada para outro tipo penal**).
Ex.: houve *abolitio criminis* do crime de **adultério** (era punido no art. 240 do CP e deixou de ser proibido pelo ordenamento).	Exemplos: o crime de atentado violento ao pudor passou a ser tipificado no art. 213, em conjunto com o crime de estupro (Lei 12.015/2009)[5]; a Lei 14.133/2021 (Nova Lei de Licitações e Contratos) inseriu 11 tipos penais no Código Penal (arts. 337-E ao 337-O). Considerando que grande parte das figuras criminosas já existia na Lei 8.666/1993, houve continuidade típico-normativa, pois ocorreu mera migração das figuras típicas de um diploma normativo para outro.

VACATIO LEGIS INDIRETA E ABOLITIO CRIMINIS TEMPORÁRIA
▪ Súmula 513 do STJ: A *abolitio criminis* temporária prevista na Lei n. 10.826/2003 aplica-se ao crime de posse de arma de fogo de uso permitido com numeração, marca ou qualquer outro sinal de identificação raspado, suprimido ou adulterado, praticado somente até 23/10/2005.

3. MASSON, Cleber (op. cit. p. 112).
4. BITENCOURT, Cezar Roberto (op. cit. p. 520).
5. STJ, AgRg nos EDcl no AgRg no AREsp 64728/SP, Rel. Min. Sebastião Reis Júnior, 6ª Turma, j. 04/05/2017.

LEIS INTERMITENTES	
Lei temporária	**Lei excepcional**
O texto da lei indica o seu tempo de vigência. Ex.: a Lei X estabelece que sua vigência durará de 01/05/2017 até 01/06/2017.	A temporariedade deve-se a situações específicas. Ex.: a vigência da Lei Y se inicia no dia 04/05/2017 e perdurará até o fim de uma guerra ou catástrofe.
► ***Art. 3º. A lei excepcional ou temporária, embora decorrido o período de sua duração ou cessadas as circunstâncias que a determinaram, aplica-se ao fato praticado durante sua vigência***. São "**leis intermitentes**" dotadas de ultra-atividade. Em regra, a posterior autorrevogação não caracteriza *abolitio criminis* em relação aos fatos ocorridos durante a vigência da lei temporária ou excepcional. Ex.: a Lei 12.663/2012 (lei temporária) tipifica condutas no contexto das Copa das Confederações 2013 e Copa do Mundo FIFA 2014, com vigência até 31.12.2014.	

CRIMES PERMANENTES E CONTINUADOS	
■ Súmula 711 do STF: A lei penal mais grave aplica-se ao crime continuado ou ao crime permanente, se a sua vigência é anterior à cessação da continuidade ou da permanência.	
Situação 1	**Situação 2**
O agente iniciou a prática do crime de extorsão mediante sequestro (art. 159) enquanto estava vigente a Lei A. Quando a vítima foi libertada, há pouco tempo estava vigente a Lei B, que dobrava a pena pelo crime (*lex gravior*). Embora a Lei A (tempo da conduta) seja mais benéfica, deve ser aplicada a Lei B porque sua vigência é anterior à cessação da continuidade ou da permanência. Aplica-se a súmula 711 do STF.	O agente começou a praticar o crime de extorsão mediante sequestro (art. 159) enquanto estava vigente a Lei X. Quando a vítima foi libertada, há pouco tempo estava vigente a Lei Y, que diminuía a pena do crime pela metade (*novatio legis in mellius*). No caso, o conflito de leis é resolvido com as regras gerais de direito penal: por ser mais benéfica, deve ser aplicada a Lei Y.

COMBINAÇÃO DE LEIS E *LEX TERTIA*
Para o STF[6], em repercussão geral, **não é possível a combinação de leis no tempo**, pois aplica-se a teoria da ponderação unitária, ou seja, a lei mais favorável deve ser aplicada em sua integralidade.
No mesmo sentido, o STJ. ■ Súmula 501 do STJ: É cabível a aplicação retroativa da Lei 11.343/06, desde que o resultado da incidência das suas disposições, na íntegra, seja mais favorável ao réu do que o advindo da aplicação da Lei 6.368/76, sendo vedada a combinação de leis.

ULTRATIVIDADE DA JURISPRUDÊNCIA BENIGNA – CORRENTES	
Exemplo: a Súmula 174 do STJ ("no crime de roubo, a intimidação feita com arma de brinquedo autoriza o aumento da pena") foi cancelada em 2001, deixando a seguinte questão: os réus que já foram condenados com o acréscimo (com base no teor da súmula) fazem jus à redução da pena? Em outros termos: a mudança de entendimento dos Tribunais Superiores, quando benéfica, pode retroagir para alcançar casos pretéritos? No que diz respeito às súmulas vinculantes e decisões em sede de controle concentrado de constitucionalidade, não há divergências. Contudo, em se tratando dos outros casos, a questão está longe de ser pacificada.	
1ª corrente	**2ª corrente**
Aqueles que defendem que o entendimento jurisprudencial não pode retroagir apegam-se ao princípio da legalidade. A CF/88 e a lei permitem a ultra-atividade da lei benéfica, sem mencionar a jurisprudência. Ademais, não é possível requerer a revisão criminal com fundamento na contrariedade à jurisprudência, mas tão somente quando a condenação contraria texto expresso da lei penal (art. 621, I, do CPP). Elevar a jurisprudência ao mesmo nível da lei, nesses casos, seria uma afronta ao princípio da separação de poderes. A posição prevalece na jurisprudência[7].	A jurisprudência revela o direito: lei e interpretação da lei são inseparáveis. A jurisprudência dos Tribunais Superiores cria nos jurisdicionados confiança legítima e expectativa de direito acerca do padrão de conduta a ser seguido. Ademais, não permitir a retroatividade de jurisprudência benéfica é fomentar a insegurança jurídica e prestigiar o acaso, na medida em que o cidadão estará sujeito à velocidade da tramitação processual. Nesse sentido, a existência de decisões diametralmente opostas fere o princípio da igualdade. Posição crescente na doutrina. Há um julgado recente do STJ nesse sentido[8].

6. STF, RE 600817/MS, Rel. Min. Ricardo Lewandowski, Pleno. j. 07/11/2013.
7. STJ, AgRg no HC 779647/SC, Rel. Min. Laurita Vaz, 6ª Turma, j. 06/12/2022.
8. STJ, RvCr 3900/SP, Rel. Min. Reynaldo Soares da Fonseca, 3ª Seção, j. 13/12/2017.

LEI INTERMEDIÁRIA E O ROUBO PRATICADO COM ARMA BRANCA		
Lei A (tempo da conduta)	**Lei B (pode ser aplicada se for mais benéfica que as Leis A e C**[9])	Lei C (tempo da sentença)
1. Redação original	**2. Lei 13.654/2018**	**3. Lei 13.964/2019**
Originalmente, o roubo praticado com emprego de "arma" tinha a pena majorada em 1/3 até metade. No amplo conceito de 'arma' estavam incluídas as armas brancas.	A Lei 13.654/2018 revogou o §2º, I do art. 157 (dispositivo que previa o roubo majorado pelo emprego de arma). O roubo praticado com arma branca deixou de ser majorado, amoldando-se ao roubo simples.	A Lei 13.964/2019 passou a considerar majorado o roubo praticado com emprego de arma branca (pena majorada em 1/3 até metade).
Roubo majorado (1/3 até metade).	Roubo simples. *Novatio legis in mellius.*	Roubo majorado (1/3 até metade). *Novatio legis in pejus.*
Se o sujeito praticou o roubo com o emprego de arma branca ao tempo da redação original (1) e será julgado após a Lei 13.964/2019 (3), o juiz deverá reconhecer o roubo simples (a Lei 13.654/2018 – lei intermediária (2) – é a mais benéfica).		

INFORMATIVOS DO STJ
Info. 834: A retroatividade de ato administrativo que majora o valor mínimo para execução fiscal não se aplica em benefício do réu, para fins de incidência do princípio da insignificância, pois não se trata de norma penal mais benéfica. AgRg no HC 920735/SC, Rel. Min. Daniela Teixeira, 5ª Turma, j. 24/09/2024.

9. STF, RE 418876/MT, Rel. Min. Sepúlveda Pertence, 1ª Turma. j. 30/03/2004.

7

LEI PENAL NO ESPAÇO

LEI PENAL NO ESPAÇO – TEORIAS		
Atividade	**Resultado**	**Ubiquidade**
Considera-se praticado o crime no local da **conduta**.	Considera-se praticado o crime no local da **consumação**.	Considera-se praticado o crime tanto no lugar da **conduta** quanto no da **consumação**. Teoria adotada pelo CP. ► ***Art. 6º. Considera-se praticado o crime no lugar em que ocorreu a ação ou omissão, no todo ou em parte, bem como onde se produziu ou deveria produzir-se o resultado.***

EXCEÇÕES À TEORIA DA UBIQUIDADE
Crimes conexos (teoria da atividade).
Crimes contra a vida (teoria da atividade).
Infrações de menor potencial ofensivo (teoria da atividade).
Atos infracionais (teoria da atividade).
Crimes falimentares (será competente o foro do local em que foi decretada a falência, concedida a recuperação judicial ou homologado o plano de recuperação extrajudicial – art. 183 da Lei 11.101/2005).
Crimes plurilocais*.
Crimes militares**.

CRIMES À DISTÂNCIA OU DE ESPAÇO MÁXIMO	CRIMES PLURILOCAIS*
►***Art. 6º. Considera-se praticado o crime no lugar em que ocorreu a ação ou omissão, no todo ou em parte, bem como onde se produziu ou deveria produzir-se o resultado.***	Art. 70 do CPP. A competência será, de regra, determinada pelo lugar em que se consumar a infração, ou, no caso de tentativa, pelo lugar em que for praticado o último ato de execução.
Teoria da ubiquidade.	**Teoria do resultado.**
O dispositivo aplica-se a crimes que **envolvem o território de dois ou mais países**, ou seja, conflitos internacionais de jurisdição. Ex.: a droga é transportada de San Matias (Bolívia) até Cáceres/MT (Brasil).	O dispositivo aplica-se a crimes que envolvem **duas ou mais comarcas dentro do Brasil**, ou seja, conflitos internos de competência local. Ex.: a droga é transportada de São Paulo até o Rio de Janeiro.

**CRIMES MILITARES	
Comissivos	**Omissivos**
Ubiquidade (local da conduta ou do resultado).	**Atividade** (onde deveria realizar-se a ação)[1].

TERRITÓRIO BRASILEIRO POR EXTENSÃO
►***Art. 5º, §1º - Para os efeitos penais, consideram-se como extensão do território nacional as embarcações e aeronaves brasileiras, de natureza pública ou a serviço do governo brasileiro onde quer que se encontrem, bem como as aeronaves e as embarcações brasileiras, mercantes ou de propriedade privada, que se achem, respectivamente, no espaço aéreo correspondente ou em alto-mar.*** ***§2º - É também aplicável a lei brasileira aos crimes praticados a bordo de aeronaves ou embarcações estrangeiras de propriedade privada, achando-se aquelas em pouso no território nacional ou em voo no espaço aéreo correspondente, e estas em porto ou mar territorial do Brasil.***

1. Art. 6º do CPM: Considera-se praticado o fato, no lugar em que se desenvolveu a atividade criminosa, no todo ou em parte, e ainda que sob forma de participação, bem como onde se produziu ou deveria produzir-se o resultado. Nos crimes omissivos, o fato considera-se praticado no lugar em que deveria realizar-se a ação omitida.

TERRITÓRIO BRASILEIRO POR EXTENSÃO[2]	
Embarcações e aeronaves...	**Será aplicada a lei brasileira...**
Brasileiras, públicas ou a serviço do governo brasileiro	**Onde quer que se encontrem.**
Brasileiras, mercantes ou particulares	**Em alto-mar ou no espaço aéreo correspondente** (extensão do território brasileiro – "lei da bandeira").
Estrangeiras privadas	**Em território brasileiro** (são estrangeiras, mas quando estão no território brasileiro aplica-se a lei brasileira).

TEMAS RELEVANTES SOBRE O TERRITÓRIO NACIONAL	
Embaixadas	Embora as embaixadas sejam invioláveis, **não** são consideradas extensão do território representado.
Mar territorial	É **território brasileiro.** Segundo o art. 1º da Lei 8.617/93, "o mar territorial brasileiro compreende uma faixa de **doze milhas** marítima de largura, medidas a partir da linha de baixa-mar do litoral continental e insular, tal como indicada nas cartas náuticas de grande escala, reconhecidas oficialmente no Brasil".
Zona Exclusiva Econômica	Inicia-se após o mar territorial brasileiro e **não é considerada extensão do território nacional**. Segundo o art. 6º da Lei 8.617/93, "a zona econômica exclusiva brasileira compreende uma faixa que se estende **das doze às duzentas milhas marítimas**, contadas a partir das linhas de base que servem para medir a largura do mar territorial".
Direito de passagem inocente	O art. 3º da Lei 8.617/39 prevê o direito de passagem inocente: "é reconhecido aos **navios** de todas as nacionalidades o direito de passagem inocente no **mar territorial** brasileiro". Contudo, a passagem será considerada inocente desde que não seja prejudicial à paz, à boa ordem ou à segurança do Brasil, devendo ser contínua e rápida (§1º).

2. CUNHA, Rogério Sanches. Manual de direito penal: parte geral (arts. 1º ao 120). 8. ed. rev., ampl. e atual. São Paulo: Juspodivm, 2020. p. 155.

CONCEITOS		
Territorialidade	**Extraterritorialidade**	**Intraterritorialidade**
A territorialidade mitigada é a regra (art. 5º): o crime é **cometido no Brasil** e aplica-se a **lei brasileira**.	O crime é **cometido no exterior** e aplica-se a **lei brasileira**. As hipóteses de extraterritorialidade são excepcionais e estão no **art. 7º**.	O crime é **cometido no Brasil** e aplica-se a **lei estrangeira**. É excepcional. Ex.: imunidade diplomática e crimes a serem julgados pelo Tribunal Penal Internacional.

PRINCÍPIOS APLICÁVEIS	
Territorialidade (regra)	►***Art. 5º. Aplica-se a lei brasileira, sem prejuízo de convenções, tratados e regras de direito internacional, ao crime cometido no território nacional***. O CP adota o princípio da territorialidade mitigada (comporta exceções – "***sem prejuízo de [...]***").
Personalidade ou nacionalidade ativa	►***Art. 7º. Ficam sujeitos à lei brasileira, embora cometidos no estrangeiro:*** ***I, d - Os crimes de genocídio, quando o agente for brasileiro [...];*** ***II, b - Os crimes praticados por brasileiro***.
Personalidade ou nacionalidade passiva	►***Art. 7º. Ficam sujeitos à lei brasileira, embora cometidos no estrangeiro:*** ***§3º - A lei brasileira aplica-se também ao crime cometido por estrangeiro contra brasileiro fora do Brasil, se, reunidas as condições previstas no parágrafo anterior***.
Domicílio	►***Art. 7º. Ficam sujeitos à lei brasileira, embora cometidos no estrangeiro:*** ***I, d - Os crimes de genocídio, quando o agente for [...] domiciliado no Brasil;***
Justiça universal ou cosmopolita	►***Art. 7º. Ficam sujeitos à lei brasileira, embora cometidos no estrangeiro:*** ***II, a - Os crimes que, por tratado ou convenção, o Brasil se obrigou a reprimir***.

PRINCÍPIOS APLICÁVEIS	
Princípio real ou defesa	***►Art. 7º. Ficam sujeitos à lei brasileira, embora cometidos no estrangeiro:*** ***I, a - A vida ou a liberdade do Presidente da República;*** ***I, b - O patrimônio ou a fé pública da União, do Distrito Federal, de Estado, de Território, de Município, de empresa pública, sociedade de economia mista, autarquia ou fundação instituída pelo Poder Público;*** ***I, c - A administração pública, por quem está a seu serviço***.
Representação ou bandeira	***►Art. 7º. Ficam sujeitos à lei brasileira, embora cometidos no estrangeiro:*** ***II, c - Os crimes praticados em aeronaves ou embarcações brasileiras, mercantes ou de propriedade privada, quando em território estrangeiro e aí não sejam julgados.***

HIPÓTESES DE EXTRATERRITORIALIDADE (ART. 7º)	
Incondicionada	**Condicionada**
►Art. 7º. Ficam sujeitos à lei brasileira, embora cometidos no estrangeiro: ***I - Os crimes:*** ***a) contra a vida ou a liberdade do Presidente da República;*** ***b) contra o patrimônio ou a fé pública da União, do Distrito Federal, de Estado, de Território, de Município, de empresa pública, sociedade de economia mista, autarquia ou fundação instituída pelo Poder Público;*** ***c) contra a administração pública, por quem está a seu serviço;*** ***d) de genocídio, quando o agente for brasileiro ou domiciliado no Brasil; [...]***.	***►Art. 7º. Ficam sujeitos à lei brasileira, embora cometidos no estrangeiro:*** ***II - Os crimes:*** ***a) que, por tratado ou convenção, o Brasil se obrigou a reprimir;*** ***b) praticados por brasileiro;*** ***c) praticados em aeronaves ou embarcações brasileiras, mercantes ou de propriedade privada, quando em território estrangeiro e aí não sejam julgados***. Além desses, acrescente-se **os crimes praticados por estrangeiro contra brasileiro fora do Brasil** (extraterritorialidade **HIPERCONDICIONADA**).

HIPÓTESES DE EXTRATERRITORIALIDADE (ART. 7º)	
Incondicionada	**Condicionada**
► ***Art. 7º, §1º - Nos casos do inciso I, o agente é punido segundo a lei brasileira, ainda que absolvido ou condenado no estrangeiro.*** ► ***Art. 8º. A pena cumprida no estrangeiro atenua a pena imposta no Brasil pelo mesmo crime, quando diversas, ou nela é computada, quando idênticas.*** Obs.: o art. 2º da **Lei de Tortura** prevê outro caso de extraterritorialidade incondicionada[3].	► ***Art. 7º, §2º - Nos casos do inciso II, a aplicação da lei brasileira depende do concurso das seguintes condições:*** ***a) entrar o agente no território nacional;*** ***b) ser o fato punível também no país em que foi praticado;*** ***c) estar o crime incluído entre aqueles pelos quais a lei brasileira autoriza a extradição;*** ***d) não ter sido o agente absolvido no estrangeiro ou não ter aí cumprido a pena;*** ***e) não ter sido o agente perdoado no estrangeiro ou, por outro motivo, não estar extinta a punibilidade, segundo a lei mais favorável.***

HIPERCONDICIONADA
► ***Art. 7º, §3º - A lei brasileira aplica-se também ao crime cometido por estrangeiro contra brasileiro fora do Brasil, se, reunidas as condições previstas no parágrafo anterior:*** ***a) Não foi pedida ou foi negada a extradição;*** ***b) Houve requisição do Ministro da Justiça.*** Acrescente-se as condições gerais previstas no §2º (extraterritorialidade condicionada).

3. Art. 2º da Lei 9.455/1997: O disposto nesta Lei aplica-se ainda quando o crime não tenha sido cometido em território nacional, sendo a vítima brasileira ou encontrando-se o agente em local sob jurisdição brasileira.

8

DISPOSIÇÕES FINAIS

<table>
<tr><th colspan="2">EFICÁCIA DA SENTENÇA PENAL ESTRANGEIRA</th></tr>
<tr><td colspan="2">►Art. 9º. A sentença estrangeira, quando a aplicação da lei brasileira produz na espécie as mesmas consequências, pode ser homologada no Brasil para:</td></tr>
<tr><td>I - Obrigar o condenado à reparação do dano, a restituições e a outros efeitos civis;</td><td>II - Sujeitá-lo a medida de segurança.</td></tr>
<tr><td>Parágrafo único. A homologação depende:
a) para os efeitos previstos no inciso I, de pedido da parte interessada;</td><td>Parágrafo único. A homologação depende:
b) para os outros efeitos, da existência de tratado de extradição com o país de cuja autoridade judiciária emanou a sentença, ou, na falta de tratado, de requisição do Ministro da Justiça.</td></tr>
<tr><td colspan="2">Compete ao STJ a homologação de sentenças estrangeiras (art. 105, I, i, da CF/88).
A sentença estrangeira homologada é um título executivo judicial (art. 515, VIII, do CPC).</td></tr>
</table>

SENTENÇA ESTRANGEIRA E TRÂNSITO EM JULGADO
▪ Súmula 420 do STF: Não se homologa sentença proferida no estrangeiro sem prova do trânsito em julgado. O CPC/2015 (posterior à súmula) passou a prever como requisito indispensável à homologação da sentença apenas sua eficácia no país em que foi proferida (art. 963, III). Assim, entende-se que, no âmbito cível, o trânsito em julgado deixou de ser indispensável para a homologação. Nesse sentido, o STJ[1]. No âmbito penal, em respeito ao princípio da presunção de inocência, parece mais acertado exigir o trânsito em julgado.

1. STJ, HDE 818/EX, Rel. Min. Benedito Gonçalves, Corte Especial, j. 04/09/2019.

TRANSFERÊNCIA E EXECUÇÃO DA PENA
É **possível** que uma pessoa seja condenada no exterior e a pena seja executada no Brasil. A transferência de execução penal é instituto processual de cooperação internacional, previsto em tratados internacionais dos quais o Brasil é parte e está positivado na **Lei 13.445/2017**. Cuida de hipótese voltada à aplicação de pena privativa de liberdade, após seu regular reconhecimento pelo **STJ**, que for imposta no exterior a nacionais ou a estrangeiros que aqui tenham residência habitual.
Para que a pena seja executada no Brasil, devem ser cumpridos os seguintes requisitos (art. 100, parágrafo único, da Lei): I - o condenado em território estrangeiro for nacional ou tiver residência habitual ou vínculo pessoal no Brasil; II - a sentença tiver transitado em julgado; III - a duração da condenação a cumprir ou que restar para cumprir for de, pelo menos, 1 ano, na data de apresentação do pedido ao Estado da condenação; V - o fato que originou a condenação constituir infração penal perante a lei de ambas as partes; e V - houver tratado ou promessa de reciprocidade.
O pedido de transferência de execução da pena de Estado estrangeiro será requerido por via diplomática ou por via de autoridades centrais (art. 101 da Lei). O pedido será recebido pelo órgão competente do Poder Executivo (DRCI/SNJ) e, após exame da presença dos pressupostos formais de admissibilidade exigidos na Lei 13.445/2017 ou em tratado, **encaminhado ao STJ para decisão quanto à homologação da sentença estrangeira** (§1º). Não preenchidos os pressupostos, o pedido será arquivado mediante decisão fundamentada, sem prejuízo da possibilidade de renovação do pedido, devidamente instruído, uma vez superado o óbice apontado (§2º).
Nesses casos, a execução penal será de competência da Justiça Federal (art. 102, parágrafo único).
Recentemente, foi noticiado que o Governo da Itália apresentou pedido de transferência de execução da pena imposta a um jogador de futebol brasileiro condenado a 9 anos de prisão por estupro contra uma mulher albanesa, na Itália, em 2013. Nesse contexto, propagou-se a informação (inverídica) de que o retorno do condenado à jurisdição brasileira obstaria o cumprimento da pena por ele ser brasileiro nato. É verdade que a Constituição Federal veda a extradição de brasileiro nato, conforme o art. 5º, LI, o que **não** impede o deferimento do pedido de cooperação internacional, que trata de instituto diverso. Nesse sentido, o próprio governo brasileiro admitiu o processamento do pedido de transferência de pena, formulado pelo Governo da Itália, pois, por meio de tratados internacionais, a rede de proteção de cidadãos brasileiros foi fortalecida com a possibilidade de cumprimento de pena no seu próprio país, com isso, além da transferência de execução da pena, também se possibilita a própria transferência do preso que cumpre pena fora do território nacional.

TRANSFERÊNCIA E EXECUÇÃO DA PENA
Em tal contexto, a Corte Especial do STJ decidiu que "**a transferência da execução de pena de brasileiro nato para ser cumprida no Brasil, imposta em outro país, não viola o núcleo do direito fundamental contido no art. 5º, inciso LI, da Constituição Federal**". Pelo contrário, há um reforço do compromisso internacional do Brasil em adotar instrumentos de cooperação eficientes para assegurar a eficácia da jurisdição criminal. Observou-se também que a homologação da transferência de execução da pena ao efetivar a cooperação internacional, tem o condão de, secundariamente, resguardar os **direitos humanos das vítimas**. A homologação da sentença não é um fim em si mesmo, mas um instrumento efetivação dos direitos fundamentais tanto do condenado como da vítima.

FRAÇÕES NÃO COMPUTÁVEIS DA PENA
► ***Art. 11. Desprezam-se, nas penas privativas de liberdade e nas restritivas de direitos, as frações de dia, e, na pena de multa, as frações de cruzeiro.***

LEGISLAÇÃO ESPECIAL
► ***Art. 12. As regras gerais deste Código aplicam-se aos fatos incriminados por lei especial, se esta não dispuser de modo diverso.***

PRAZO PENAL E PROCESSUAL PENAL	
Prazo penal	**Prazo processual penal**
Conta-se o dia do começo.	Não se conta o dia do começo (a contagem inicia-se no dia útil seguinte).
O prazo pode ter fim em dia não útil. Deve ser o mais curto possível para beneficiar o réu.	O prazo deve ter início e fim em dia útil. Deve ser o mais longo possível para beneficiar a defesa do réu.

CONTAGEM DE PRAZOS	
Penal	►***Art. 10. O dia do começo inclui-se no cômputo do prazo.*** Contam-se os dias, os meses e os anos pelo calendário comum. Ex.: se o prazo é de 5 dias e inicia-se no dia 10, terminará no **dia 14**. Soma-se o número de dias e retira-se um dia: dia 10 + 5 dias = 15 (logo, vence no dia **14**). O prazo é fatal e improrrogável: **pode ter início e vencimento em dia não útil** (sem expediente forense). Exemplos: prescrição, decadência, contagem da pena e da prisão (prazos relacionados ao *jus puniendi*).
Processo penal	"Todos os prazos correrão em cartório e serão contínuos e peremptórios, não se interrompendo por férias, domingo ou dia feriado" (art. 798 do CPP). Não se computará no prazo o dia do começo, incluindo-se, porém, o do vencimento (§1º)". Ex.: se o prazo é de 5 dias e inicia-se no dia 1º, terminará no **dia 6** (considerando-se o dia 02 como primeiro dia útil). Não se iniciam nem vencem em dia não útil (sem expediente forense). Exemplos: prazos para interpor recursos, para o oferecimento de denúncia, para a conclusão do inquérito policial.

INFORMATIVOS DO STJ
Info. 805: A transferência da execução de pena de brasileiro nato para ser cumprida no Brasil, imposta em outro país, não viola o núcleo do direito fundamental contido no art. 5º, inciso LI, da Constituição Federal. HDE 7986-EX, Rel. Min. Francisco Falcão, Corte Especial, j. 20/03/2024.

PARTE 2

TEORIA GERAL DO CRIME

9

O CRIME

9.1 INTRODUÇÃO

INFRAÇÕES PENAIS (GÊNERO)	
Crimes ou delitos	**Contravenções**
A lei comina pena de **RECLUSÃO** ou de **DETENÇÃO**, quer isoladamente, quer cumulativamente com a pena de **MULTA** (art. 1º da LICP).	A lei comina, isoladamente, pena de **PRISÃO SIMPLES** ou **MULTA**, ou ambas, alternativa e cumulativamente (art. 1º da LICP).
Admitem extraterritorialidade.	Territorialidade, apenas.
A tentativa é punível.	A tentativa não é punível.
Podem ser dolosos, culposos ou preterdolosos.	Basta a ação ou omissão voluntária.
Erro de tipo e de proibição.	Ignorância ou errada compreensão da lei, se escusáveis.
Limite de cumprimento da pena: 40 anos.	Limite de cumprimento da pena: 5 anos.
O período de prova do *sursis* é de 2 a 4 anos ou 4 a 6 anos.	O período de prova do *sursis* é de 1 a 3 anos.
O prazo mínimo das medidas de segurança é de 1 a 3 anos.	O prazo mínimo das medidas de segurança é de 6 meses.
Ação penal pública, incondicionada ou condicionada, ou ação penal privada.	Ação penal pública incondicionada, apenas.

CONCEITO DE CRIME		
Material	**Legal**	**Analítico**
Crime é "a conduta que provoca **lesão ou perigo de lesão a um bem jurídico**, merecedora de punição"[1].	Crime é "**a infração penal que a lei comina pena de reclusão ou de detenção, quer isoladamente, quer alternativa ou cumulativamente com a pena de multa** [...]" (art. 1º da LICP).	Crime é um fato típico, ilícito e praticado por agente culpável (teoria **tripartite**) ou um fato típico e ilícito (teoria **bipartite**).

QUAL TEORIA FOI ADOTADA PELO CP?	
1ª corrente: bipartite ou bipartida	**2ª corrente: tripartite ou tripartida**
O CP adotou a teoria bipartida (**crime = fato típico e ilícito**). Sem ilicitude, "***não há crime***" (art. 23). Contudo, diante das causas de exclusão da culpabilidade, o agente é "***isento de pena***" (art. 26 e 28, §1º), o que insinua que a culpabilidade é apenas um pressuposto de aplicação da pena.	O fato de o CP ter utilizado a expressão "***isento de pena***" (art. 26 e 28, §1º) não significa que foi adotada a concepção bipartida. Isto porque "todos os elementos que compõem o conceito analítico do crime são pressupostos para a aplicação da pena, e não somente a culpabilidade [...]"[2]. É a corrente adotada nesta obra.

CONCEITO ANALÍTICO: TEORIA TRIPARTITE		
Fato típico	**Ilícito**	**Agente culpável**
É composto pelos elementos abaixo: 1) Conduta; 2) Resultado; 3) Nexo causal; 4) Tipicidade.	O agente não atua em: 1) Estado de necessidade; 2) Legítima defesa; 3) Estrito cumprimento de dever legal; 4) Exercício regular de direito.	Existe: 1) Imputabilidade; 2) Potencial consciência sobre a ilicitude do fato; 3) Exigibilidade de conduta diversa.

1. ALVES, Jamil Chaim (op. cit. p. 199).
2. GRECO, Rogério (op. cit. p. 155). No mesmo sentido: Cezar Bitencourt, Edgard Magalhães Noronha, Francisco de Assis Toledo, Heleno Fragoso, Anibal Bruno, Frederico Marques, Nelson Hungria, Juarez Tavares, Guilherme Nucci, dentre outros.

CONCEITO DE CRIMES E ART. 28 DA LEI DE DROGAS
As penas constantes do art. 28 da Lei 11.343/2006[3] não trazem a privação da liberdade, requisito que caracteriza o crime de acordo com o art. 1º da LICP. Após intenso debate doutrinário sobre a natureza jurídica do art. 28, o STF entendeu que a norma contida no art. 1º do LICP – que, por cuidar de matéria penal, foi recebida pela CF/88 como de legislação ordinária – limita-se a estabelecer um critério que permite distinguir quando se está diante de um crime ou de uma contravenção. Nada impede, contudo, que lei ordinária superveniente adote outros critérios gerais de distinção, ou estabeleça para determinado crime – como o fez o art. 28 da Lei 11.343/06 – pena diversa da "privação ou restrição da liberdade", a qual constitui somente uma das opções constitucionais passíveis de serem adotadas pela "lei" (CF/88, art. 5º, XLVI e XLVII)[4]. Por fim, o STF concluiu que o art. 28 **configura crime** e que ocorreu a "**despenalização**" (exclusão, para o tipo penal, das penas privativas de liberdade). Rechaçou, portanto, as teses de *abolitio criminis* ou de que o art. 28 configuraria infração penal *sui generis*.
O STJ seguiu a mesma orientação: "o artigo 28 da Lei de Drogas, ainda que não preveja pena privativa de liberdade, permanece como crime. Não houve descriminalização da conduta, mas tão somente sua despenalização, vez que a norma especial conferiu tratamento penal mais brando aos usuários de drogas"[5].
Vale registrar que a **2ª Turma do STF**, em precedente recente, decidiu que "o art. 28 da Lei 11.343/2006, por não cominar pena de reclusão ou detenção, **não configura crime** nos termos da definição contida na Lei de Introdução ao Código Penal, e, assim, não tem a condão de gerar reincidência, instituto disciplinado no Código Penal"[6]. Aparentemente, a 2ª Turma parece ter adotado corrente capitaneada por Luiz Flávio Gomes no sentido de que o art. 28 da Lei de Drogas é um **ilícito penal *sui generis***.

SUJEITO PASSIVO DO CRIME	
Mediato	**Imediato**
Estado, titular do *jus puniendi*.	O titular do bem jurídico tutelado.
Animais e mortos não podem ser sujeito passivo.	

3. Art. 28. [...] I - Advertência sobre os efeitos das drogas; II - Prestação de serviços à comunidade; III - Medida educativa de comparecimento a programa ou curso educativo.
4. STF, RE 430105 QO/RJ, Rel. Min. Sepúlveda Pertence, 1ª Turma. j. 13/02/2007.
5. STJ, AgRg nos EDcl no AREsp 2007599/RJ, Rel. Min. Jesuíno Rissato (Desembargador convocado do TJDFT), 5ª Turma, j. 03/05/2022.
6. STF, RHC 178512 AgR/SP, Rel. Min. Edson Fachin, 2ª Turma, j. 22/03/2022.

SUJEITO ATIVO DO CRIME
É a **pessoa física capaz e maior de 18 anos** que realiza a conduta criminosa. Sobre a atuação do sujeito ativo, ver capítulo '18. CONCURSO DE PESSOAS'.

PESSOA JURÍDICA COMO SUJEITO ATIVO
Não se ignora que há corrente doutrinária que não admite a responsabilidade penal da pessoa jurídica (*societas delinquere non potest*). Contudo, o ordenamento e jurisprudência apontam em sentido oposto. A CF/88 admite duas hipóteses de responsabilização da pessoa jurídica: 1) Crimes contra a ordem econômica e financeira e contra a economia popular (art. 173, §5º); e 2) **Crimes ambientais** (art. 225, §3º). Até hoje não foi criada a lei para estabelecer a responsabilidade da pessoa jurídica na primeira hipótese. Quanto à segunda, o legislador editou a **Lei 9.605/1998**, que, em seu art. 3º, prevê que as pessoas jurídicas serão responsabilizadas penalmente conforme o disposto na Lei. Portanto, **pessoas jurídicas podem praticar crimes ambientais**.
Atualmente, o STF e o STJ[7] concordam que "o art. 225, §3º, da CF/88 **não condiciona a responsabilização penal da pessoa jurídica por crimes ambientais à simultânea persecução penal da pessoa física em tese responsável no âmbito da empresa. A norma constitucional não impõe a necessária dupla imputação**"[8], teoria que era defendida anteriormente. "A adoção de uma ou outra teoria tem relevância nas situações em que a pessoa física tenha atuado sob a incidência de excludente de ilicitude ou de culpabilidade. Exigida a responsabilização conjunta, se a pessoa física praticou o fato típico, por exemplo, em estado de necessidade, ou se o praticou porque lhe era inexigível conduta diversa, a responsabilidade penal da pessoa jurídica desaparece. Cindida, no entanto, a responsabilidade, as excludentes podem beneficiar tão somente a pessoa física[9].
"O **princípio da intranscendência da pena**, previsto no art. 5º, XLV da Constituição Federal, tem aplicação às pessoas jurídicas, de modo que, extinta legalmente a pessoa jurídica - sem nenhum indício de fraude -, aplica-se analogicamente o art. 107, I, do Código Penal, com a consequente extinção de sua punibilidade"[10].

7. STJ, AgRg no AREsp 1465998/DF, Rel. Min. Jorge Mussi, 5ª Turma, j. 04/08/2020.
8. STF, RE 548181/PR, Rel. Min. Rosa Weber, 1ª Turma, j. 06/08/2013.
9. CUNHA, Rogério Sanches (op. cit. p. 205).
10. STJ, REsp 1977172/PR, Rel. Min. Ribeiro Dantas, 3ª Seção, j. 24/08/2022. (Info 746)

SUJEITO ATIVO – NOMENCLATURA	
A cada fase do processo, o sujeito ativo ganha uma nova denominação.	
Custodiado	Audiência de custódia.
Indiciado ou investigado	Fase investigativa.
Denunciado ou acusado	Após o oferecimento da peça acusatória.
Réu	Após o recebimento da peça acusatória.
Sentenciado	Após a prolação da sentença.
Apelante, recorrente ou embargante	Fase recursal.
Condenado	Após o trânsito em julgado da sentença condenatória.
Apenado, detento, recluso ou reeducando	Execução penal.
Egresso	Após o cumprimento da pena.

OBJETO DO CRIME	
Objeto material	**Objeto jurídico**
"É a pessoa ou coisa sobre a qual recai a conduta criminosa"[11].	"É o bem ou interesse protegido pela norma penal. Ex.: vida, patrimônio, dignidade sexual etc."[12].

11. ALVES, Jamil Chaim (op. cit. p. 105).
12. Idem.

9.2 CLASSIFICAÇÃO DE CRIMES

COMUM OU GERAL	PRÓPRIO OU ESPECIAL	DE MÃO PRÓPRIA
Pode ser praticado por **qualquer pessoa**. Ex.: qualquer pessoa pode praticar um homicídio (art. 121). Se puder ser praticado por qualquer e contra qualquer pessoa, será **bicomum**.	Pode ser praticado somente pelo **sujeito que detenha uma situação fática ou jurídica diferenciada**. Ex.: apenas o médico pode praticar o crime de falsidade de atestado médico (art. 302). Se o mesmo se aplicar ao sujeito passivo, o crime será **bipróprio**. Ex.: infanticídio (art. 123).	Pode ser praticado somente pela **pessoa expressamente indicada no tipo penal**. Ex.: apenas a gestante pode praticar o crime de autoaborto (art. 124). Também chamado de crime de atuação pessoal ou de conduta infungível.
Admite **participação e coautoria**.	Admite **participação e coautoria**.	Admite apenas a **participação**.

CRIME PRÓPRIO	
Puro	**Impuro**
Sem a condição diferenciada do sujeito ativo, o fato é **atípico**. Ex.: o crime de abandono de função (art. 323) só existe se for praticado por funcionário público.	Sem a condição diferenciada do sujeito ativo, o fato é **típico com base em outro tipo penal**. Ex.: se o indivíduo não for funcionário público, não poderá responder por peculato (art. 312), mas o mesmo fato pode se subsumir ao crime de furto (art. 155) ou de apropriação indébita (art. 168).

MONO-OFENSIVO	PLURIOFENSIVO
Protege apenas **um bem jurídico**. Ex.: o furto (art. 155) protege apenas o patrimônio.	Protege **mais de um bem jurídico**. Ex.: a extorsão (art. 158) protege o patrimônio, a liberdade individual, a integridade física e até mesmo a vida.

UNISSUBJETIVO	PLURISSUBJETIVO
Pode ser praticado por **uma ou por várias pessoas** (crime de concurso eventual). Ex.: homicídio (art. 121).	O crime **somente pode ser realizado mediante concurso de pessoas** (crime de concurso necessário). Ex.: associação criminosa (art. 288).

PLURISSUBJETIVO		
De condutas paralelas	**De condutas convergentes ou bilaterais**	**De condutas divergentes ou contrapostas**
Os sujeitos se esforçam para um resultado comum. Ex.: associação criminosa (art. 288).	"As condutas partem de pontos opostos e vem a se encontrar, advindo desse encontro de vontades o resultado. Exemplo comumente fornecido pela doutrina é a bigamia"[13] (art. 235).	As condutas se voltam umas contra as outras. Ex.: rixa (art. 137).

SIMPLES	COMPLEXO	ULTRACOMPLEXO
Ajusta-se em **um único tipo penal**. Ex.: dano (art. 163).	Fusão de dois ou mais tipos penais (crime complexo **em sentido estrito**) ou da fusão de um crime e um comportamento irrelevante (crime complexo **em sentido amplo**)[14]. Ex.: a injúria real (art. 140, §2º) é a fusão da injúria com a lesão corporal (ou vias de fato).	"Ocorre quando **um crime complexo é acrescido de outro**, este servindo como qualificadora ou majorante daquele"[15]. Ex.: o roubo (constrangimento ilegal + furto) majorado pelo emprego de arma de fogo (porte ilegal de arma de fogo).

UNISSUBSISTENTE	PLURISSUBSISTENTE
É praticado em um único ato de execução (conduta não fracionável). **Não admite tentativa.** Ex.: omissão de socorro (art. 135 – no momento em que o agente deixa de prestar assistência, o crime já estará consumado).	É praticado mediante dois ou mais atos de execução (conduta fracionável). **Admite tentativa**. Ex.: homicídio (art. 121) com golpes de faca.

13. ALVES, Jamil Chaim (op. cit. p. 215).
14. Cleber Masson (op. cit. p. 175) cita como exemplo de crime complexo em sentido amplo a denunciação caluniosa (art. 339), originária da união da calúnia (art. 138) com a conduta lícita de noticiar à autoridade pública a prática de uma infração penal e sua respectiva autoria.
15. CUNHA, Rogério Sanches (op. cit. p. 224).

INSTANTÂNEO	PERMANENTE	INSTANTÂNEO DE EFEITOS PERMANENTES
Consuma-se em momento determinado (**consumação imediata**). Ex.: furto (art. 155).	Por vontade do agente, a consumação prolonga-se no tempo. Ex.: sequestro (art. 148).	Independentemente da vontade do agente, os efeitos se prolongam após a consumação. Ex.: homicídio (art. 121).

MATERIAL	FORMAL	DE MERA CONDUTA
A consumação depende da ocorrência do **resultado naturalístico**. Ex.: somente ocorre homicídio (art. 121) com o óbito da vítima.	A consumação independe da ocorrência do resultado naturalístico. É um crime de **consumação antecipada**. Ex.: ■ Súmula 96 do STJ: O crime de extorsão consuma-se independentemente da obtenção da vantagem indevida.	**Não há resultado naturalístico** (o tipo somente descreve a conduta). São crimes de simples atividade. Ex.: não há resultado naturalístico no crime de praticar ato obsceno (art. 233). É um crime de simples atividade.

TRANSEUNTE	NÃO TRANSEUNTE
Não deixa vestígio material. Ex.: crimes contra a honra praticados verbalmente.	Deixa vestígio material. Ex.: moeda falsa (art. 121).

DE FORMA LIVRE	DE FORMA VINCULADA
É livre quanto ao meio de execução. Ex.: há várias formas de praticar o crime de aborto.	O tipo penal indica o meio de execução. Ex.: o art. 251 indica que o crime deve ser cometido "***mediante explosão, arremesso ou simples colocação de engenho de dinamite ou de substância de efeitos análogos***".

DE DANO	DE PERIGO
Consuma-se com a efetiva lesão do bem jurídico. Ex.: lesões corporais (art. 129).	Consuma-se com a exposição do bem jurídico a perigo. Ex.: abandono de incapaz (art. 133). O perigo pode ser abstrato ou concreto.

CRIME DE PERIGO	
Abstrato[16]	**Concreto**
"**Não se exige a prova de perigo real**, pois este é presumido pela norma, sendo suficiente a periculosidade da conduta, que é inerente à ação"[17]. Também é chamado de crime presumido ou de simples desobediência. Ex.: o crime de rixa (art. 137) é punido independentemente de suas consequências.	**A situação perigosa deve ser comprovada**. Ex.: no crime de exposição ou abandono de recém-nascido (art. 134), é indispensável a comprovação de que o abandono ou a exposição criaram perigo concreto à vida ou à saúde do recém-nascido.

DE INTENÇÃO OU TENDÊNCIA INTERNA TRANSCENDENTE[18]	
A consumação do crime independe de o agente alcançar o resultado desejado (finalidade transcendente). Há duas espécies:	
De resultado cortado[19]	**Mutilado de dois atos**
O resultado visado pelo agente (dispensável para a consumação do crime) depende de comportamento de terceiro. Ex.: no crime de extorsão mediante sequestro (art. 159), o resgate (finalidade transcendente) depende do pagamento por parte de pessoas ligadas à vítima.	O resultado visado pelo agente (dispensável para a consumação) depende de uma ação complementar por parte do próprio agente. Ex.: no crime de moeda falsa (art. 289), o intuito do agente é colocar a moeda falsificada em circulação (ação complementar). Contudo, o crime consuma-se com a mera falsificação.

16. "Os crimes de perigo abstrato não implicam, em todos os casos, violação ao princípio da ofensividade, pois, tendo como objeto risco juridicamente reprovável criado sob uma perspectiva ex ante, diferenciam-se dos delitos de perigo concreto e dos delitos de lesão tão-somente quanto ao grau de proteção que conferem ao bem jurídico tutelado" (STJ, EREsp 1005300/RS, Rel. Min. Laurita Vaz, 3ª Seção, j. 14/08/2013).
17. STJ, HC 343050/SE, Rel. Min. Jorge Mussi, 5ª Turma, j. 26/09/2017. Atenção à ■ **Súmula 575 do STJ: Constitui crime a conduta de permitir, confiar ou entregar a direção de veículo automotor a pessoa que não seja habilitada, ou que se encontre em qualquer das situações previstas no art. 310 do CTB, independentemente da ocorrência de lesão ou de perigo de dano concreto na condução do veículo.**
18. CUNHA, Rogério Sanches (op. cit. p. 230).
19. **Alguns autores tratam o crime de resultado cortado como sinônimo de crime formal (assim como o crime de consumação antecipada, outro sinônimo)**. Nesse sentido, Cleber Masson.

NATURAL (*MALA PER SE*)	PLÁSTICO (*MALA PROHIBITA*)	VAZIO
"São aqueles que violam valores éticos absolutos e universais, a exemplo do homicídio, o qual atenta contra a vida humana"[20].	"Abrangem condutas que, no passado, configuravam um indiferente penal, porém, em razão do momento histórico e social, passa-se a sentir a necessidade de tipificação, como, por exemplo, os crimes cibernéticos"[21].	Crimes sem conteúdo. "São aqueles que nada tutelam, nem mesmo indiretamente"[22]. O autor da classificação (Maximiliano Roberto Ernesto Führer) exemplifica com os crimes de perigo abstrato.

HABITUAL PRÓPRIO	HABITUAL IMPRÓPRIO
A consumação depende da reiteração uniforme de vários fatos criminosos. Ex.: curandeirismo (art. 284).	Também chamado de '**acidentalmente habitual**'. Configura-se quando "um único ato pode ser suficiente para a configuração do crime, mas a repetição de atos não configura pluralidade de delitos"[23]. Ex.: gestão fraudulenta[24] (art. 4º da Lei 7.492/1986).
Não admitem tentativa.	

INDEPENDENTES	CONEXOS
Não estão vinculados a outro(s) crime(s).	Estão interligados. A conexão pode ser **teleológica** (para assegurar a execução de um crime futuro) ou **consequencial/causal** (para assegurar a ocultação, impunidade ou vantagem de um crime passado).

OUTRAS CLASSIFICAÇÕES	
Gratuito	Ausência de motivo conhecido.

20. MASSON, Cleber (op. cit. p. 183).
21. CUNHA, Rogério Sanches (op. cit. p. 236).
22. ALVES, Jamil Chaim (op. cit. p. 223).
23. STJ, HC 391053/SP, Rel. Min. Sebastião Reis Júnior, 5ª Turma, j. 30/05/2019.
24. "O crime de gestão fraudulenta pode ser visto como crime habitual impróprio, em que uma só ação tem relevância para configurar o tipo, ainda que a sua reiteração não configure pluralidade de crimes. Portanto, a sequência de atos fraudulentos perpetrados já integra o próprio tipo penal, razão pela qual não há falar, na espécie, em crime continuado" (STJ, AgRg no AREsp 608646/ES, Rel. Min. Sebastião Reis Júnior, 6ª Turma, j. 20/10/2015).

OUTRAS CLASSIFICAÇÕES	
Exaurido ou esgotado	Após a consumação do crime, o agente persiste na agressão ao bem jurídico. Os atos posteriores à consumação podem ser penalmente irrelevantes ou podem agravar a pena[25].
De atentado ou empreendimento	A punição do crime tentado é igual à do crime consumado (tentativa sem pena diminuída). Ex.: crime de evasão mediante violência contra a pessoa (art. 352).
Vago	O sujeito passivo não tem personalidade jurídica. Ex.: o tráfico de drogas é um crime contra a coletividade.
À distância ou de espaço máximo	A prática do delito envolve o território de dois ou mais países[26].
Plurilocal	A prática do delito envolve duas ou mais comarcas/seções judiciárias dentro do mesmo país[27].
Progressivo ou de passagem	O agente, para alcançar um determinado resultado mais grave, produz outro resultado menos grave como fase antecedente[28].
Subsidiário	Configura-se somente se a conduta não se amoldar a um crime mais grave (**soldado de reserva**). Ex.: crime de dano (art. 163).
Acessório, de fusão ou parasitário	Pressupõe outro crime anterior. Ex.: receptação (art. 180) e lavagem de capitais (Lei 9.613/1998).
Remetido	O tipo penal remete a outro crime. Ex.: "***fazer uso de qualquer dos papeis falsificados ou alterados, a que se referem os arts. 297 a 302***" (uso de documento falso, art. 304)[29].
Obstáculo	Os atos preparatórios são punidos como crime autônomo ("**delitos de impaciência**"). Ex.: associação criminosa (art. 288).
Multitudinário	É o crime cometido por uma multidão (embora não exista um critério para precisar o número de pessoas que compõe a multidão).

25. Tem-se como exemplo o crime de resistência (art. 329), em que a pena é agravada se o ato, em razão da resistência, não se executa (§1º).
26. Ver capítulo **7. LEI PENAL NO ESPAÇO.**
27. Idem.
28. Ver capítulo **1. NOÇÕES GERAIS.**
29. STJ, HC 300848/DF, Rel. Min. Reynaldo Soares da Fonseca, 5ª Turma, j. 10/05/2016.

OUTRAS CLASSIFICAÇÕES	
De circulação	Crime praticado com o emprego de veículo automotor.
De atuação pessoal ou de conduta infungível	Sinônimo de crime de mão própria.
De ação astuciosa	É praticado por meio de artifício, ardil ou qualquer meio fraudulento. Ex.: estelionato (art. 171).
Quase-crime	Sinônimo de crime impossível[30].
Falho	Sinônimo de tentativa perfeita ou acabada[31].
Crime-anão ou liliputiano	Sinônimo de contravenção penal.
Espúrio ou promíscuo	Sinônimos de crime omissivo impróprio[32].
De conduta mista	É o crime composto por uma parte comissiva e outra omissiva. Ex.: o crime de apropriação de coisa achada (art. 169, II).
De ação múltipla ou de conteúdo variado	O tipo prevê várias condutas, separadas por "ou". Se praticar uma conduta ou várias, haverá **crime único**. Ex.: comete o crime de dano (art. 163) se *"destruir, inutilizar **ou** deteriorar"*.
Achado	É o crime descoberto com a interceptação telefônica no bojo da investigação por outro crime[33].
Putativo	O agente supõe erroneamente estar cometendo um crime, mas este só existe em sua mente[34].

30. Ver capítulo **15. CRIME IMPOSSÍVEL**.
31. Ver capítulo **12. TENTATIVA**.
32. Ver capítulo **10.3.6 CRIMES COMISSIVOS E OMISSIVOS**.
33. "O "**crime achado**", ou seja, a infração penal desconhecida e, portanto, até aquele momento não investigada, sempre deve ser cuidadosamente analisada para que não se relativize em excesso o inciso XII do art. 5º da Constituição Federal. A prova obtida mediante interceptação telefônica, quando referente a infração penal diversa da investigada, deve ser considerada lícita se presentes os requisitos constitucionais e legais" (STF, HC 129678/SP, Rel. Min. Marco Aurélio, 1ª Turma, j. 13/06/2017).
34. Ver capítulos **10.3.7 ERRO DE TIPO** e **17.3.1 ERRO DE PROIBIÇÃO**.

OUTRAS CLASSIFICAÇÕES	
Funcional	Crime praticado por funcionário público. Também chamado de **crime próprio com estrutura inversa**.
Parcelar	Crime que compõe a série de continuidade delitiva[35].
De tendência ou de atitude pessoal	Exige-se uma determinada tendência subjetiva na realização da conduta. Ex.: a depender da atitude pessoal e interna do agente, as palavras proferidas podem configurar o crime de injúria (art. 140) ou apenas uma brincadeira (atipicidade). Também chamado de **crime de tendência intensificada**.
De acumulação	A lesão ao bem jurídico tutelado evidencia-se com a reiteração, o acúmulo de condutas. Ex.: a pesca ilegal de um único peixe pode ser inócua para o meio ambiente. Contudo, se a pesca for reiterada por um grande número de pessoas, haverá efetiva lesão.
A prazo	Crime cuja consumação exige o transcurso de um lapso temporal. Ex.: o crime de apropriação de coisa achada (art. 169) exige a observância do prazo de 15 dias.
De catálogo	Crime cuja investigação comporta interceptação telefônica[36].
Falimentar	Crime constante da Lei 11.101/2005 (Lei de Falências).
De mera suspeita	O agente é punido em razão da mera suspeita despertada. Ex.: art. 25 da LCP[37] ("ter alguém em seu poder, depois de condenado, por crime de furto ou roubo, ou enquanto sujeito à liberdade vigiada ou quando conhecido como vadio ou mendigo, gazuas, chaves falsas ou alteradas ou instrumentos empregados usualmente na prática de crime de furto, desde que não prove destinação legítima").
Do colarinho azul	Crime praticado pelas camadas mais pobres da sociedade. Ex.: furto (art. 155). Os que não são conhecidos ou solucionados pelo Poder Público integram a **cifra negra** do direito penal.

35. Ver capítulo **19. CONCURSO DE CRIMES.**
36. STF, HC 100524/PR, Rel. Min. Joaquim Barbosa, 2ª Turma, j. 27/03/2012.
37. **Não foi recepcionado pela CF/88** (STF, RE 583523/RS, Rel. Min. Gilmar Mendes, Pleno, j. 03/10/2013).

OUTRAS CLASSIFICAÇÕES	
Do colarinho branco	Crime com enfoque econômico, geralmente praticado por pessoas com privilegiada condição financeira e social. Ex.: lavagem de capitais (Lei 9.613/1998) e crimes contra o sistema financeiro nacional (Lei 7.492/1986). Os que não são conhecidos ou solucionados pelo Poder Público integram a **cifra dourada** no direito penal.
De menor potencial ofensivo	A pena máxima em abstrato não é superior a 2 anos. Rito dos Juizados Especiais Criminais (Lei 9.099/1995).
Militar	Crime tipificado no Código Penal Militar (Decreto-lei 1.001/1969). Pode ser **próprio** (apenas existe no CPM) ou **impróprio** (existe um crime correspondente no CP).
Hediondo	Crime que consta no rol do art. 1º da Lei 8.072/1990[38].

38. Art. 1º. São considerados hediondos os seguintes crimes, todos tipificados no Decreto-Lei no 2.848, de 7 de dezembro de 1940 - Código Penal, consumados ou tentados: I – homicídio (art. 121), quando praticado em atividade típica de grupo de extermínio, ainda que cometido por 1 só agente, e homicídio qualificado (art. 121, §2º, incisos I, II, III, IV, V, VII, VIII e IX); I-A – lesão corporal dolosa de natureza gravíssima (art. 129, §2º) e lesão corporal seguida de morte (art. 129, §3º), quando praticadas contra autoridade ou agente descrito nos arts. 142 e 144 da Constituição Federal, integrantes do sistema prisional e da Força Nacional de Segurança Pública, no exercício da função ou em decorrência dela, ou contra seu cônjuge, companheiro ou parente consanguíneo até terceiro grau, em razão dessa condição; I-B – feminicídio (art. 121-A); II - roubo: a) circunstanciado pela restrição de liberdade da vítima (art. 157, §2º, inciso V); b) circunstanciado pelo emprego de arma de fogo (art. 157, §2º-A, inciso I) ou pelo emprego de arma de fogo de uso proibido ou restrito (art. 157, § 2º-B); c) qualificado pelo resultado lesão corporal grave ou morte (art. 157, §3º); III - extorsão qualificada pela restrição da liberdade da vítima, ocorrência de lesão corporal ou morte (art. 158, §3º); IV - extorsão mediante seqüestro e na forma qualificada (art. 159, *caput*, e §§1º, 2º e 3º); V - estupro (art. 213, *caput* e §§1º e 2º); VI - estupro de vulnerável (art. 217-A, *caput* e §§1º, 2º, 3º e 4º); VII - epidemia com resultado morte (art. 267, §1º); VII-A – (vetado); VII-B - falsificação, corrupção, adulteração ou alteração de produto destinado a fins terapêuticos ou medicinais (art. 273, *caput* e §1º, §º-A e §1º-B, com a redação dada pela Lei no 9.677, de 2 de julho de 1998); VIII - favorecimento da prostituição ou de outra forma de exploração sexual de criança ou adolescente ou de vulnerável (art. 218-B, *caput*, e §§1º e 2º); IX - furto qualificado pelo emprego de explosivo ou de artefato análogo que cause perigo comum (art. 155, § 4º-A); X - induzimento, instigação ou auxílio a suicídio ou a automutilação realizados por meio da rede de computadores, de rede social ou transmitidos em tempo real (art. 122, *caput* e §4º); XI - sequestro e cárcere privado cometido contra menor de 18 anos (art. 148, §1º, inciso IV); XII - tráfico de pessoas cometido contra criança ou adolescente (art. 149-A, *caput*, incisos I a V, e §1º, inciso II).
Parágrafo único. Consideram-se também hediondos, tentados ou consumados: I - o crime de genocídio, previsto nos arts. 1º, 2º e 3º da Lei nº 2.889, de 1º de outubro de 1956; II - o crime de posse ou porte ilegal de arma de fogo de uso proibido, previsto no art. 16 da Lei nº 10.826, de 22 de dezembro de 2003; III - o crime de comércio ilegal de armas de fogo, previsto no art. 17 da Lei nº 10.826, de 22 de dezembro de 2003; IV - o crime de tráfico internacional de arma de fogo, acessório ou munição, previsto no art. 18 da Lei nº 10.826, de 22 de dezembro de 2003; V - o crime de organização criminosa, quando direcionado à prática de crime hediondo ou equiparado. VI – os crimes previstos no Decreto-Lei nº 1.001, de 21 de outubro de 1969 (Código Penal Militar), que apresentem identidade com os crimes previstos no art. 1º desta Lei; VII - os crimes previstos no §1º do art. 240 e no art. 241-B da Lei nº 8.069, de 13 de julho de 1990 (Estatuto da Criança e do Adolescente).

OUTRAS CLASSIFICAÇÕES	
Equiparado a hediondo	Tráfico de drogas, terrorismo e tortura (art. 5º, XLIII, da CF/88).
De hermenêutica	Denominação criada no século XIX por Rui Barbosa. Refere-se à responsabilização penal de juízes pela livre interpretação da lei. "Atualmente se fala e se abomina o crime de hermenêutica, porque a tal hipótese penal retira do magistrado a independência própria da função, fulminando seu instrumento básico de trabalho, que é a interpretação, a majoração de fatos e atos normativos, tornando-o refém de situações 'casuisticamente casuístas'"[39]. A expressão ganha relevo no estudo do abuso de autoridade. A respeito, a Lei 13.869/19 dispõe que "a divergência na interpretação de lei ou na avaliação de fatos e provas **não** configura abuso de autoridade" (art. 1º, §2º).
De esquecimento ou de olvido	"São delitos em que o agente é omisso por culpa inconsciente (ou seja, sem a intenção de produzir o resultado, nem prever que ele poderia ocorrer). Ex.: agente causa lesões a terceiros porque esquece o gás aberto, esquece de colocar um aviso que anuncie o perigo ou de acender as luzes para sinalizar um obstáculo"[40].
De expressão	"É o que se caracteriza pela existência de um processo intelectivo interno do autor. Exemplo: falso testemunho (CP, art. 342), no qual a conduta tipificada não se funda na veracidade ou na falsidade objetiva da informação, mas na desconformidade entre a informação e a convicção pessoal do seu autor"[41].
Crime político	É o crime previsto na Lei 14.197/2021. O STF[42] havia assentado que, para a tipificação de crime contra a segurança nacional, não bastava a mera adequação típica da conduta objetivamente considerada. Eram necessários dois requisitos: i) motivação e objetivos políticos do agente, e ii) lesão real ou potencial à integridade territorial, à soberania nacional, ao regime representativo e democrático, à Federação ou ao Estado de Direito. Recentemente, a Lei 14.197/2021 revogou a Lei 7.170/1983 e transferiu os 'crimes contra o Estado Democrático de Direito' para o CP (arts. 359-I a 359-R). Para a configuração do crime político, permanece a necessidade do dolo específico (motivação política).

39. STJ, APn 858/DF, Rel. Min. Maria Thereza de Assis Moura, Corte Especial, j. 24/10/2018.
40. ALVES, Jamil Chaim (op. cit. p. 226).
41. MASSON, Cleber (op. cit. p. 186).
42. STF, RC 1472/MG, Rel. Min. Dias Toffoli, Pleno, j. 25/05/2016.

10

FATO TÍPICO

10.1 O TIPO PENAL

ELEMENTOS DO TIPO PENAL	
"Tipo penal é o modelo legal e abstrato descritivo de uma conduta"[1]. É composto pelo **núcleo** + **elementos** ou **elementares** (objetivos e subjetivos) + eventuais **circunstâncias** que interfiram na pena.	
Núcleo	É o verbo. Ex.: ***"matar"***, ***"subtrair"***, ***"constranger"*** etc.
Elementos objetivos	**Descritivos →** descrevem elementos do mundo exterior, tais como objetos, tempo, lugar, forma de execução etc. **Todos os tipos penais** têm elementos objetivo-descritivos. Ex.: ***"matar alguém"***.
	Normativos → elementos que **demandam uma atividade valorativa** do julgador. Podem ser jurídicos (ex.: ***"funcionário público"***) ou extrajurídicos (ex.: ***"motivo fútil"*** e ***"ato obsceno"***).
Elementos subjetivos	Indicam as **finalidades do agente**. Ex.: praticará extorsão mediante sequestro (art. 159) quem ***"sequestrar pessoa com o fim de obter, para si ou para outrem, qualquer vantagem, como condição ou preço do resgate"***. Nem todos os tipos têm alguma finalidade específica. Na maioria deles, o elemento subjetivo é implícito.

1. ALVES, Jamil Chaim (op. cit. p. 281).

FASES DA EVOLUÇÃO DO TIPO		
1. Independência ou absoluta independência	**2. Indício de ilicitude ou teoria da indiciariedade**	**3. Identidade ou absoluta dependência**
Tipo puramente descritivo (elementos objetivos), sem conteúdo valorativo e **independente** da ilicitude e da culpabilidade.	**Função indiciária do tipo: a tipicidade faz presumir a ilicitude**. É a teoria adotada (tipo penal como ***ratio cognoscendi*** da ilicitude).	Ocorre uma **fusão entre o fato típico e a ilicitude: a tipicidade supõe a ilicitude**. Tipo penal como ***ratio essendi*** da ilicitude.
Teoria de **Ernst Von Beling**.	Teoria de **Max Ernst Mayer**.	Teoria de **Edmund Mezger**.

TEORIA DOS ELEMENTOS NEGATIVOS DO TIPO
Para os que entendem que o tipo é a *ratio essendi* da ilicitude, analisa-se a tipicidade e a ilicitude no **mesmo momento**. O crime é composto pelo fato típico e culpável. Existe um **tipo total de injusto**, que deve conter elementos positivos (devem estar presentes para que o fato seja típico) e **elementos negativos** (excludentes de ilicitude). O tipo seria escrito da seguinte forma: "subtrair coisa alheia móvel, para si ou para outrem (elemento positivo), desde que não agindo em legítima defesa, estado de necessidade, estrito cumprimento do dever legal ou exercício regular de direito (**elemento negativo**)". A doutrina majoritária rechaça a teoria.
Conclusão: cada elemento que compõe a estrutura analítica do crime deve ser analisado em uma etapa própria e é um antecedente da análise do próximo (fato típico → ilícito → culpável).
Desdobramento: considerando que o tipo é a ***ratio cognoscendi*** da ilicitude (função indiciária), cabe à defesa comprovar a presença de uma excludente da ilicitude (ônus da prova). Todavia, se houver fundada dúvida sobre a existência da excludente, o réu deve ser absolvido (art. 386, VI, do CPP).

TIPO SIMPLES	TIPO MISTO
Descreve uma única conduta (**uninuclear**). Ex.: ***"matar alguém"*** (art. 121).	Descreve várias condutas (**plurinuclear**). Pode ser cumulativo ou alternativo.

TIPO FECHADO	TIPO ABERTO
A lei descreve a conduta de forma completa. Ex.: a conduta típica do homicídio (**"*matar alguém*"**) está descrita de forma clara e nítida, sem necessidade de recorrer a outros elementos.	O juiz deve recorrer a outros elementos que estão fora do tipo penal. Ex.: nos **crimes culposos** (salvo na receptação culposa[2]), cabe ao juiz, no caso concreto, valorar se há **"*negligência*"**, **"*imprudência*"** ou **"*imperícia*"**.

<table>
<tr><th colspan="2">TIPO MISTO</th></tr>
<tr><th>Cumulativo</th><th>Alternativo</th></tr>
<tr><td>É crime de abandono material (art. 244) "deixar, sem justa causa, de prover a subsistência do cônjuge, ou de filho menor de 18 anos ou inapto para o trabalho, ou de ascendente inválido ou maior de 60 anos, não lhes proporcionando os recursos necessários ou faltando ao pagamento de pensão alimentícia judicialmente acordada, fixada ou majorada; deixar, sem justa causa, de socorrer descendente ou ascendente, gravemente enfermo". Se o sujeito praticar mais de um núcleo, cometerá mais de um crime.</td><td>Se o agente praticar mais de um núcleo do mesmo tipo penal no mesmo contexto, responderá por crime único (crimes de ação múltipla ou de conteúdo variado[3]). Ex.: "o crime de tráfico de drogas é tipo misto alternativo restando consumado quando o agente pratica um dos vários verbos nucleares inserido no artigo 33, caput, da Lei 11.343/2006"[4].</td></tr>
<tr><td colspan="2">O tipo penal misto também pode ser ao mesmo tempo cumulativo e alternativo. O art. 242 prevê como crime "dar (1) parto alheio como próprio; registrar (2) como seu o filho de outrem; ocultar recém-nascido ou substituí-lo (3), suprimindo ou alterando direito inerente ao estado civil". Se o agente praticar mais de um núcleo, praticará mais de um crime (tipo misto cumulativo). Porém, olhando apenas para os verbos "ocultar recém-nascido ou substituí-lo" (3), temos um tipo misto alternativo, pois o agente que praticar as duas condutas no mesmo contexto será responsabilizado por um único crime.</td></tr>
</table>

2. Exceção: no crime de **receptação culposa** (art. 180, §3º), a lei especifica as formas de manifestação da culpa. São elas: 1) natureza ou desproporção entre o valor e o preço da coisa adquirida ou recebida pelo agente, 2) condição de quem a oferece, ou; 3) no caso de se tratar de coisa que deve presumir-se obtida por meio criminoso.
3. Ainda há quem trate os crimes de ação múltipla ou de conteúdo variado como um mero sinônimo de tipo misto (gênero). Contudo, é mais apropriado associá-los ao **tipo misto alternativo** (espécie de tipo misto).
4. STJ, AgRg no REsp 1807400/RS, Rel. Min. Antonio Saldanha Palheiro, 6ª Turma, j. 15/08/2019.

TIPO NORMAL	TIPO ANORMAL
Só contém elementos **objetivo-descritivos.** É o tipo ideal para os adeptos da **teoria causalista**, para os quais os elementos subjetivos (dolo e culpa) estão alocados na culpabilidade.	Além dos elementos objetivos, contém elementos **objetivo-normativos e subjetivos.** É o tipo ideal para os adeptos da **teoria finalista** (majoritária), para os quais os elementos subjetivos (dolo e culpa) estão alocados no tipo penal.

TIPO BÁSICO OU FUNDAMENTAL	TIPO DERIVADO
É o crime em sua forma mais simples. Ex.: ***"matar alguém"*** (*caput* do art. 121).	Acrescenta particularidades ao tipo básico. Ex.: o §1º do art. 121 traz o homicídio privilegiado.
"Os dados que compõem o tipo básico ou fundamental (inserido no *caput*) são **elementares** (*essentialia delicti*)"[5].	"Aqueles que integram o acréscimo, estruturando o tipo derivado (qualificado ou privilegiado) são **circunstâncias** (*accidentalia delicti*)".
A ausência de uma elementar pode produzir uma **atipicidade absoluta** (a conduta não é crime) ou uma **atipicidade relativa** (desclassificação para outro crime). Ex.: no crime de prevaricação (art. 319), se for retirada a elementar ***"funcionário público"*** a conduta deixará de ser crime (atipicidade absoluta); no crime de peculato (art. 312), se for retirada a elementar ***"funcionário público"***, a conduta será desclassificada para crime de furto (art. 155).	As circunstâncias são as **qualificadoras, agravantes e atenuantes, causas de aumento e de diminuição.** Ex.: se for retirada a circunstância ***"mediante concurso de 2 ou mais pessoas"*** do crime de furto (art. 155, §4º, IV), a pena será diminuída, amoldando-se ao tipo simples (*caput*). De qualquer forma, o crime de furto continuará existindo.

TIPO PREVENTIVO
"Busca minimizar o risco de comportamentos que vêm produzindo efeitos danosos à sociedade, na tentativa de garantir aos cidadãos o exercício do direito à segurança e à própria vida"[6]. Associa-**se ao crime obstáculo ou delito de impaciência** (punição de atos preparatórios como crime autônomo). Ex.: porte ilegal de arma de fogo.

5. STJ, REsp 1415502/MG, Rel. Min. Felix Fischer, 5ª Turma, j. 15/12/2016.
6. STJ, HC 211823/SP, Rel. Min. Sebastião Reis Júnior, 6ª Turma, j. 22/03/2012.

TIPO CONGRUENTE	TIPO INCONGRUENTE
Há simetria entre as partes subjetiva e objetiva da ação. Ex.: nos **crimes dolosos**, o tipo penal é a soma do tipo objetivo (descrição da conduta) com o tipo subjetivo (dolo). O homicídio doloso é congruente porque o agente tem o dolo de matar (elemento subjetivo) e mata alguém (elemento objetivo). O agente fez o que queria fazer: sua vontade alcançou a realização objetiva do tipo.	A parte objetiva da ação não coincide com o dolo do agente. Ocorre nos **crimes formais, tentados e preterdolosos**. Ex.: na extorsão mediante sequestro (art. 159), o agente deseja o resgate (elemento subjetivo), mas o crime pode se consumar apenas com a privação da liberdade (elemento objetivo); na tentativa, o dolo é o mesmo do crime consumado, mas o crime é incompleto do ponto de vista objetivo; no crime preterdoloso, o agente alcança mais do que desejou.

FUNÇÕES DO TIPO PENAL	
Garantia	O sujeito pode fazer tudo que não seja proibido pela lei. O tipo penal é o parâmetro.
Fundamentadora	O Estado fundamenta o seu *jus puniendi* na violação de um tipo penal.
Indiciária da ilicitude	Quando o fato é típico, há uma presunção de que também é ilícito (tipo penal como *ratio cognoscendi* da ilicitude).
Seletiva	O tipo penal seleciona as condutas ilícitas. Relação com os princípios da intervenção mínima, da ofensividade e da adequação social.

10.2 FATO TÍPICO

ELEMENTOS DO TIPO PENAL			
Conduta	**Resultado**	**Nexo causal**	**Tipicidade**
O fato típico é o primeiro elemento que compõe a estrutura analítica do crime (fato típico → ilícito → culpável). Os quatro elementos são verificados nos **crimes materiais consumados**. Os **crimes materiais tentados, formais e de mera conduta** são compostos apenas por **conduta** e **tipicidade**.			

10.3 CONDUTA

10.3.1 Teorias da conduta

TEORIAS DA CONDUTA
A conduta é o primeiro elemento do fato típico (conduta – resultado – nexo causal – tipicidade). O debate doutrinário acerca da definição de conduta é intenso[7].

TEORIA CAUSALISTA, CLÁSSICA OU MECANICISTA (VON LISZT, BELING E RADBRUCH)		
Fato típico	**Ilicitude**	**Culpabilidade**
CONDUTA é "um movimento corporal voluntário que produz uma modificação no mundo exterior perceptível pelos sentidos"[8].	(sem mudanças)	Pressuposto - Imputabilidade. Espécies **- DOLO E CULPA.**
Ação = vontade de fazer ou não fazer algo + movimento corporal que exterioriza essa vontade + resultado dessa atuação. Dolo e culpa estão na culpabilidade, o que implica a adoção necessária da **teoria tripartite.** **Dolo normativo** (consciência + vontade + consciência atual da ilicitude). **Tipo penal normal** (apenas elementos objetivo-descritivos). Adoção da **teoria psicológica da culpabilidade** (que comporta o dolo e a culpa). Falha: não consegue explicar a omissão (conduta é ação, movimento) a culpa inconsciente. Teoria adotada no CPM (art. 33).		

TEORIA NEOKANTISTA (MEZGER)		
Fato típico	**Ilicitude**	**Culpabilidade**
CONDUTA é um comportamento (e, assim, engloba a ação e a omissão).	(sem mudanças)	Elementos - Imputabilidade. - **DOLO E CULPA**. - Exigibilidade de conduta diversa.

7. Essa obra busca trazer um resumo das teorias da conduta mais consagradas para fins de concurso público.
8. CUNHA, Rogério Sanches (op. cit. p. 240).

TEORIA NEOKANTISTA (MEZGER)
Adota a estrutura da teoria causalista, com alterações pontuais. A conduta passa a ser um comportamento (e, assim, engloba a omissão). Teoria **psicológico-normativa da culpabilidade** de Reihnart Frank (a culpabilidade tem elementos psicológicos – dolo e culpa – e o elemento normativo **exigibilidade de conduta diversa**). **Dolo normativo** (consciência + vontade + **consciência atual da ilicitude**).

TEORIA CAUSALISTA	TEORIA NEOKANTISTA
Conduta é **movimento** (ação).	Conduta é **comportamento** (ação e omissão).
Teoria **psicológica** da culpabilidade (dolo e culpa).	Teoria **psicológico-normativa** da culpabilidade (dolo, culpa e **exigibilidade de conduta diversa**).
Ambas são **tripartites** (dolo e culpa estão na culpabilidade, de forma que é impossível desconsiderar a culpabilidade como substrato do crime).	
Em ambas, o dolo é normativo (consciência + vontade + **consciência atual da ilicitude**).	

TEORIA FINALISTA (WELZEL)		
Fato típico	**Ilicitude**	**Culpabilidade**
CONDUTA é "o comportamento humano voluntário psiquicamente dirigido a um fim"[9]. **DOLO E CULPA** são os elementos subjetivos do fato típico.	(sem mudanças)	Pressupostos - Imputabilidade; - Exigibilidade de conduta diversa; - **Potencial consciência da ilicitude**.

9. CUNHA, Rogério Sanches (op. cit. p. 245).

TEORIA FINALISTA (WELZEL)
Segundo Welzel, "ação humana é exercício de atividade final. A ação é, por isso, acontecer 'final', não somente 'causal'. A finalidade ou o caráter final da ação se baseia em que o homem, graças a seu saber causal, pode prever, dentro de certos limites, as consequências possíveis de sua atividade, estabelecendo, portanto, fins diversos e dirigir sua atividade, conforme o seu plano, a consecução desses fins. [...] **Atividade final é um agir orientado conscientemente ao fim, enquanto que o acontecer causal não está dirigido ao fim, senão que é a resultante dos componentes causais existentes em cada caso. Por isso a finalidade é – dito de forma gráfica – vidente, a causalidade, cega"**[10]. Agora, dolo e culpa estão na conduta. Podem ser adotadas as teorias **tripartite ou bipartite.** **Dolo natural** (consciência + vontade). A consciência da ilicitude, que era atual e estava no dolo, passou a ser **potencial** e agora se aloja na culpabilidade. **Teoria normativa da culpabilidade** (apenas elementos normativos, pois os elementos psicológicos – dolo e culpa – migraram para a conduta). **O CP adota a teoria finalista.**

TEORIA CAUSALISTA	TEORIA FINALISTA
É sempre **tripartite** porque o dolo e a culpa estão na culpabilidade. Se a culpabilidade não integrasse o crime, haveria responsabilidade penal objetiva (crime sem dolo ou culpa), o que é vedado.	Pode ser tripartite ou bipartite. Dolo e culpa estão na conduta (fato típico). Logo, a culpabilidade pode ser **elemento do crime** (tripartite) **ou pressuposto de aplicação da pena** (bipartite).

TEORIA SOCIAL DA AÇÃO (WESSELS)
Adota a estrutura do finalismo, mas enxerga a conduta como o "comportamento humano voluntário psiquicamente dirigido a um fim **socialmente reprovável**"[11]. Problema: a vagueza do termo.

10. 1987, p. 39-40 apud GRECO, 2015, p. 442.
11. CUNHA, Rogério Sanches (op. cit. p. 247).

TEORIAS FUNCIONALISTAS	
Para as teorias, o direito penal deve ser estruturado e aplicado com base em suas **finalidades**.	
Teleológica, moderada ou moderna (Roxin)	**Sistêmica ou radical (Jakobs)**
A finalidade do direito penal é **proteger os bens jurídicos essenciais**. Propõe uma reconstrução da teoria do crime com base na política criminal. Substitui a culpabilidade pela **responsabilidade** (imputabilidade + potencial consciência da ilicitude + exigibilidade de conduta diversa + necessidade de pena).	A finalidade do direito penal é **proteger o sistema** e impor consequências ao transgressor da norma vigente. O bem jurídico tutelado é a própria norma. Foco na prevenção geral[12]. O crime continua sendo um fato típico, ilícito e culpável. A partir da teoria sistêmica, Jakobs construiu a teoria do Direito Penal do inimigo[13].

TEORIA DA AÇÃO SIGNIFICATIVA
"A ação não é entendida como "o que a pessoa faz", mas como "o significado do que faz". O fator determinante não é a finalidade da ação, mas o seu significado. A ação somente pode ser compreendida por meio das normas, o seu significado existe somente em virtude das normas, e não é prévio a elas. Somente existe ação humana relevante para o Direito Penal quando se puder relacioná-la a determinado tipo penal (homicídio, furto, corrupção). Fala-se em tipo de ação, não em ação típica"[14].

12. Ver capítulo **20. NOÇÕES GERAIS.**
13. Ver capítulo **2. PROPOSTAS DOUTRINÁRIAS.**
14. ALVES, Jamil Chaim (op. cit. p. 350).

10.3.2 Conceito de conduta e hipóteses de ausência de conduta

CONDUTA	
De acordo com o conceito **FINALISTA** de conduta, é o **comportamento humano, consciente e voluntário, dirigido a um fim**.	
"COMPORTAMENTO" = AÇÃO OU OMISSÃO (formas da conduta).	**"VOLUNTÁRIO" = DOLO E CULPA** (elementos subjetivos do tipo).

HIPÓTESES DE EXCLUSÃO DA CONDUTA	
Caso fortuito ou força maior	A força proveniente da natureza pode gerar fatos imprevisíveis e inevitáveis.
Movimentos reflexos	Reações fisiológicas a determinados impulsos, sem expressão de vontade.
Atos em curto-circuito e reações explosivas	"Nos atos em curto-circuito e nas reações explosivas a velocidade com que surge o elemento volitivo é tão grande que, por vezes, se torna impossível controlá-lo"[15].
Estados de inconsciência	Sonambulismo, ataques epiléticos, hipnose etc.
Coação física irresistível	O coagido, desprovido do domínio de seus movimentos, serve como **instrumento do crime**.

COAÇÃO FÍSICA IRRESISTÍVEL	COAÇÃO MORAL IRRESISTÍVEL
Exclui o **FATO TÍPICO** (ausência de conduta). ***Vis absoluta***.	Exclui a **CULPABILIDADE** (inexigibilidade de conduta diversa). ***Vis compulsiva***.

15. BITENCOURT, Cezar Roberto (op. cit. p. 705).

10.3.3 Crime doloso

ELEMENTOS SUBJETIVOS IMPLÍCITOS DO TIPO PENAL	
Dolo	**Culpa**
O agente **quer** o resultado ou **assume o risco** de produzi-lo.	O agente dá causa ao resultado em virtude de **imprudência, negligência ou imperícia**.
Regra: os crimes são punidos a título de **dolo**. Excepcionalmente, a título de culpa. ► ***Art. 18, parágrafo único. Salvo os casos expressos em lei, ninguém pode ser punido por fato previsto como crime, senão quando o pratica dolosamente.***	

TEORIAS DO DOLO		
Vontade	**Assentimento, consentimento ou anuência**	**Representação**
Dolo é a **vontade consciente** de produzir o resultado criminoso.	Há dolo quando houver a previsão do resultado e o agente optar por **assumir o risco de produzi-lo.**	Há dolo sempre que houver a previsão do resultado, **independentemente da vontade do agente**.
É adotada pelo CP (fundamenta o **dolo direto).**	É adotada pelo CP (fundamenta o **dolo eventual**).	**Não foi adotada pelo CP**. Confunde dolo eventual e culpa consciente.
Dolo é a **VONTADE CONSCIENTE** dirigida a produzir o resultado ou a aceitar sua produção. ► ***Art. 18. Diz-se o crime:*** ***I - Doloso, quando o agente quis ou resultado ou assumiu o risco de produzi-lo.***		

ELEMENTOS DO DOLO	
Cognitivo	**Volitivo**
É o **conhecimento** dos elementos objetivos do tipo.	É a **vontade** de realizar a conduta típica.

DOLO DIRETO, DETERMINADO, INTENCIONAL OU INCONDICIONADO	
O agente quer praticar a conduta descrita no tipo penal, dirigindo-a à produção do resultado.	
De primeiro grau	**De segundo grau**
O agente tem a intenção (vontade consciente) de produzir o resultado e dirige sua conduta para este fim. O dolo abrange o **fim** e os **meios** escolhidos. Ex.: o agente deseja matar um desafeto. Para tanto, dirige sua conduta ao resultado e efetua vários disparos, matando-o.	O agente quer um resultado, mas sabe que a sua produção necessariamente dará causa a outros resultados. É o **dolo de consequências necessárias**[16]. Ex.: com o intuito de matar seu inimigo que acaba de embarcar, o agente posiciona explosivos no avião. Há dolo de 1º grau quanto à morte do desafeto e dolo de 2º grau quanto à morte dos outros passageiros, a qual é **certa** em virtude da escolha dos explosivos como meio de execução.

DOLO INDIRETO OU INDETERMINADO	
O agente não dirige sua vontade a um resultado determinado.	
Alternativo	**Eventual**
O agente quer alcançar **um ou outro resultado**. Se alcançar o resultado menos grave responderá pelo **mais grave**, porque responde de acordo com o seu dolo (teoria da vontade), ainda que de forma tentada. Ex.: para o agente, tanto faz ferir ou matar. Se ferir, responderá por homicídio tentado. Se matar, responderá por homicídio consumado.	O agente não quer o resultado lesivo, apenas **assume o risco de produzi-lo (teoria do assentimento)**. "Quando atua com dolo eventual, o agente não quer o resultado lesivo, não age com a intenção de ofender o bem jurídico tutelado pela norma penal. O resultado, em razão da sua previsibilidade, apenas lhe é indiferente, residindo aí o desvalor da conduta que fez com o que o legislador equiparasse tal indiferença à própria vontade de obtê-lo"[17]. É extraído das **circunstâncias**[18]. Obs.: tanto faz se o crime foi cometido com dolo direto ou eventual para a caracterização do tipo doloso.

16. GRECO, Rogério (op. cit. p. 245).
17. STJ, AgRg no AREsp 1682533/SP, Rel. Min. Reynaldo Soares da Fonseca, 5ª Turma, j. 19/05/2020.
18. STJ, AgRg no AREsp 1166037/PB, Rel. Min. Reynaldo Soares da Fonseca, 5ª Turma, j. 17/12/2019.

DOLO EVENTUAL	DOLO DE SEGUNDO GRAU
É possível que o resultado "indiferente" **sequer ocorra**.	O resultado **certamente** ocorrerá em virtude da escolha do meio de execução.

DOLO EVENTUAL	CULPA CONSCIENTE
O **resultado previsto** não é desejado pelo agente, mas ele **assume o risco de produzi-lo**. Há uma dose de indiferença em relação ao resultado.	O **resultado previsto** não é desejado ou assumido pelo agente porque ele **acredita, sinceramente, que pode evitá-lo**.
"É possível, em crimes de **homicídio na direção de veículo automotor**, o reconhecimento do dolo eventual na conduta do autor, desde que se justifique tal excepcional conclusão com base em circunstâncias fáticas que, subjacentes ao comportamento delitivo, indiquem haver o agente previsto o resultado morte e a ele anuído. Contudo, o que normalmente acontece (*id quod plerunque accidit*), nas situações em que o investigado descumpre regras de conduta do trânsito viário, é concluir-se pela **ausência do dever de cuidado objetivo**, elemento caracterizador da **culpa** (*stricto sensu*), sob uma de suas três possíveis modalidades: a imprudência (falta de cautela e zelo na conduta), a negligência (desinteresse, descuido, desatenção no agir) e a imperícia (inabilidade, prática ou teórica, para o agir)"[19].	
Em se tratando de "**racha**", a lição é a mesma: devem ser analisadas as circunstâncias concretas da conduta. Não obstante, a jurisprudência[20] costuma reconhecer uma tácita anuência a um resultado não desejado, o que caracteriza o **dolo eventual**.	

TEMAS RELEVANTES SOBRE O DOLO EVENTUAL	
Tentativa	O STF[21] e o STJ[22] entendem que a tentativa é **compatível** com o dolo eventual.
Dolo direto exigido	Há casos em que o tipo penal expressamente exige dolo direto. Exemplo disso é a receptação dolosa (art. 180 – "***coisa que sabe ser produto de crime***").

19. STJ, HC 702667/RS, Rel. Min. Rogerio Schietti Cruz, 6ª Turma, j. 02/08/2022.
20. STJ, HC 702667/RS, Rel. Min. Rogerio Schietti Cruz, 6ª Turma, j. 02/08/2022.
21. STF, HC 165200 AgR/MG, Rel. Min. Roberto Barroso, 1ª Turma, j. 29/04/2019.
22. STJ, AgRg no REsp 2001594/SP, Rel. Min. Ribeiro Dantas, 5ª Turma, j. 16/08/2022.

TEMAS RELEVANTES SOBRE O DOLO EVENTUAL	
Aferição	A aferição do dolo eventual requer análise cuidadosa. Nesse sentido, o STJ já julgou que "a presunção de dolo eventual, tão somente pela troca de tiros com a polícia, é contrária a outra presunção constitucionalmente garantida ao acusado, a da inocência. Em um processo penal orientado pelo princípio do *favor rei* não é viável estabelecer tal ilação, sem analisar as outras provas dos autos, deslocando para o acusado o ônus de comprovar sua intenção"[23].
Homicídio doloso e Tribunal do Júri	A competência constitucional do Tribunal do Júri, ao referir-se aos **crimes dolosos contra a vida**, abrange tanto aqueles cometidos com dolo **direto**, como os praticados com dolo **eventual**. Por isso, "a formulação de tese defensiva de negativa de dolo (desclassificatória) autoriza a formulação de quesito referente tanto ao dolo direto quanto ao dolo eventual, consoante redação do art. 482, parágrafo único, do CPP"[24].

DOLO DE PROPÓSITO OU REFLETIDO	DOLO DE ÍMPETO OU REPENTINO
O agente reflete sobre a prática do crime (**crime premeditado**[25]). É mais censurável.	O agente é tomado por uma perturbação violenta do ânimo (ex.: crime passional).

DOLO GENÉRICO	DOLO ESPECÍFICO
O tipo penal não traz nenhuma finalidade específica. Ex.: "***matar alguém***" (art. 121).	O tipo penal acrescenta uma **finalidade especial**. Ex.: "***sequestrar pessoa com o fim de obter, para si ou para outrem, qualquer vantagem, como condição ou preço do resgate***" (art. 159).

23. STJ, AgRg no REsp 1657966/RJ, Rel. Min. Rogerio Schietti Cruz, 6ª Turma, j. 27/06/2017.
24. STJ, AgRg no REsp 1658858/RS, Rel. Min. Reynaldo Soares da Fonseca, 5ª Turma, j. 18/06/2019.
25. "O preparo prévio da conduta criminosa e a **premeditação**, ao contrário do dolo de ímpeto, efetivamente evidenciam uma **conduta mais censurável** do agente, motivo pelo qual autorizam a conclusão pela desfavorabilidade da circunstância judicial relativa à culpabilidade" (STJ, REsp 1365002/MS, Rel. Min. Rogerio Schietti Cruz, 6ª Turma, j. 22/08/2017).

<table>
<tr><th colspan="3">DOLO NORMATIVO, COLORIDO OU VALORADO</th><th colspan="2">DOLO NATURAL, INCOLOR OU NEUTRO</th></tr>
<tr><td colspan="3">É o dolo da teoria causalista, que está alojado na culpabilidade. Elementos:</td><td colspan="2">É o dolo da teoria finalista, que está alojado no fato típico. Elementos:</td></tr>
<tr><td>Consciência</td><td>Vontade</td><td>Consciência atual da ilicitude (normativo).</td><td>Consciência</td><td>Vontade</td></tr>
<tr><td colspan="5">Obs.: com a teoria finalista, a consciência da ilicitude (que era atual), passou a ser potencial e agora se aloja na culpabilidade.</td></tr>
</table>

DOLO DE DANO	DOLO DE PERIGO
O agente quer ou assume o risco de **causar lesão** a um bem jurídico. Está relacionado aos **crimes de dano**.	O agente quer ou assume o risco de **expor a perigo de lesão** um bem jurídico. Está relacionado aos **crimes de perigo**[26].

DOLO PRESUMIDO OU *IN RE IPSA*
Dispensa a comprovação. **Não é admitido** porque é vedada a responsabilidade penal objetiva. "Não se pode simplesmente afirmar que o tal ou qual indivíduo praticou este ou aquele ato previsto objetivamente em lei e por isso merece ser processado criminalmente, sem ao menos indicar o que deixou evidente o dolo de sua ação, nos delitos dolosos, ou a sua negligência, imprudência ou imperícia, nas hipóteses de crimes culposos"[27].

DOLO CUMULATIVO
Está presente na **progressão criminosa**[28]: o agente tem a intenção de causar um determinado resultado menos grave, mas, durante a execução, decide cometer outro crime mais grave (há mudança no dolo do agente). Responderá pelo crime mais grave.

26. Ex.: "em verdade, **o art. 250, *caput*, do CP tipifica a conduta de causar incêndio**, expondo a vida, a integridade física ou o patrimônio das vítimas a perigo. 5. É exigível para a configuração do crime tão somente o **dolo de perigo**, independentemente de qualquer finalidade específica, sendo bastante a consciência da possibilidade de prejudicar terceiro, assim como a comprovação do efetivo risco de expor a vida, a integralidade física e o patrimônio do ofendido a perigo" (STJ, HC 437468/SP, Rel. Min. Ribeiro Dantas, 5ª Turma, j. 19/06/2018).
27. STJ, AgRg no AREsp 1259376/PB, Rel. Min. Rogerio Schietti, 6ª Turma, j. 21/11/2018.
28. Ver capítulo **1. NOÇÕES GERAIS**.

DOLO E ERRO DE TIPO
Como decorrência da vedação da responsabilidade objetiva, o dolo (vontade + consciência) deve abarcar **todas as elementares e circunstâncias do tipo penal**. Se houver ausência de dolo quanto a alguma elementar/circunstância, haverá erro de tipo, isto é, uma falsa percepção da realidade.

DOLO SUBSEQUENTE, SUCESSIVO OU *DOLUS SUBSEQUENS*
O dolo deve ser **contemporâneo** à prática da ação ou omissão. Se o agente pratica uma conduta culposamente e depois aprova o resultado, ainda assim responderá a título de culpa. Ex.: o agente, por imprudência (culpa), atropela um transeunte. Mesmo que depois perceba que se trata de um inimigo e aprove mentalmente sua ação, responderá a título de culpa, pois **o dolo deve ser atual à conduta**. Se, contudo, deixar de socorrer a vítima, responderá por outro crime (omissão de socorro), mas o homicídio não será doloso (o dolo não se transporta no tempo).

DOLO GERAL, *DOLUS GENERALIS*, ERRO SUCESSIVO OU *ABERRATIO CAUSAE*
Ocorre quando o agente, acreditando que o resultado desejado foi produzido, pratica nova conduta com outra finalidade e esta nova conduta vem a produzir o resultado desejado. O agente deve responder pelo crime de acordo com seu dolo, mesmo que o resultado tenha sido causado pela segunda conduta. Para configurar o dolo, basta que o resultado se produza em correspondência com a vontade do agente no momento da prática da conduta. É espécie de **erro sobre o nexo causal**.

INFORMATIVOS DO STJ
Info. 835: Ainda que a pronúncia seja uma fase em que a decisão é tomada com base em um juízo de probabilidade, não se admite que a presença do dolo, elemento essencial para a submissão do acusado a julgamento pelo Tribunal do Júri, seja imputado mediante mera presunção. AgRg no HC 891584/MA, Rel. Min. Antonio Saldanha Palheiro, red. p/ o ac. Min. Sebastião Reis Júnior, 6ª Turma, j. 05/11/2024.
Info. 832: O *animus jocandi*, em contexto de show de *stand up comedy*, exclui o dolo específico de discriminação e afasta a tipicidade da conduta prevista no art. 88 do Estatuto da Pessoa com Deficiência. AgRg no RHC 193928/SP, Rel. Min. Reynaldo Soares da Fonseca, 5ª Turma, j. 16/09/2024.

INFORMATIVOS DO STJ
Info. 825: Para a configuração do crime de perigo abstrato previsto no art. 1º, inciso I, da Lei n. 8.176/1991, é imprescindível a comprovação do dolo, sendo vedada a responsabilização penal objetiva. AgRg no AREsp 2349885/BA, Rel. Min. Joel Ilan Paciornik, red. p/ o ac. Min. Ribeiro Dantas, 5ª Turma, j. 03/09/2024.
Info. 824: A tentativa de fuga após o acidente é posterior aos fatos e não permite concluir que o réu agiu com dolo. AgRg no AREsp 2519852/SC, Rel. Min. Ribeiro Dantas, 5ª Turma, j. 03/09/2024.

10.3.4 Crime culposo

DEFINIÇÃO	
► ***Art. 18. Diz-se o crime:*** ***II - Culposo, quando o agente deu causa ao resultado por imprudência, negligência ou imperícia.*** Crime culposo "é o que se verifica quando o agente, deixando de observar o dever objetivo de cuidado, por imprudência, negligência ou imperícia, realiza voluntariamente uma conduta que produz resultado naturalístico, não previsto nem querido, mas objetivamente previsível, e excepcionalmente previsto e querido, que podia, com a devida atenção, ter evitado"[29].	
No crime **doloso**, o agente **quer** o resultado ou **assume o risco** de produzi-lo.	No crime **culposo**, o agente dá causa ao resultado em virtude de **imprudência, negligência ou imperícia.**

ELEMENTOS DO CRIME CULPOSO	
Conduta voluntária	A ação ou a omissão deve ser voluntária e consciente. Se assim não fosse, teríamos uma hipótese de exclusão da conduta, pois a voluntariedade é um de seus elementos. Mas atenção: a voluntariedade está na prática da ação ou omissão. Se a voluntariedade se relacionar à produção do resultado, o crime será doloso.
Violação do dever objetivo de cuidado	"O fundamento da responsabilidade penal pelo crime culposo reside na violação do dever objetivo de cuidado exigido do agente nas circunstâncias concretas"[30]. Tem como parâmetro o **homem médio** e manifesta-se pela imprudência, negligência e imperícia (modalidades da culpa). A violação deve estar suficientemente descrita na denúncia, sob pena de **inépcia**.

29. MASSON, Cleber (op. cit. p. 254).
30. STJ, REsp 1580438/PR, Rel. Min. Rogerio Schietti Cruz, 6ª Turma, j. 05/04/2016.

ELEMENTOS DO CRIME CULPOSO	
Resultado involuntário	O agente não quis o resultado (ou teríamos dolo), mas este foi causado pela violação do dever objetivo de cuidado. Só há crime culposo se houver um **resultado naturalístico**[31], ou seja, uma modificação no mundo exterior (**crimes culposos são crimes materiais**). Se o agente voluntariamente pratica uma ação ou omissão com violação do dever objetivo de cuidado e não produz nenhum resultado, o fato é penalmente irrelevante.
Nexo causal	Nexo que liga a conduta e o resultado.
Previsibilidade objetiva	Nos crimes culposo, o resultado é sempre previsível, utilizando-se como parâmetro o "**homem médio**" (razão pela qual a previsibilidade é objetiva).
Tipicidade	A conduta deve se subsumir à descrição típica, a qual, por sua vez, deve prever a forma culposa (atentar à **excepcionalidade** do crime culposo).

MODALIDADES DE CULPA		
Imprudência	**Negligência**	**Imperícia**[32]
Conduta positiva (*culpa in agendo*): "ocorre quando há um comportamento **sem a devida cautela**, isto é, há uma atividade positiva e descuidada"[33]. Ex.: "o agente que, em briga de trânsito, golpeia com um soco tão forte o outro indivíduo que o leva a cair ao chão, bater a cabeça e, posteriormente, vir a óbito age, no mínimo, de maneira imprudente"[34].	**Conduta negativa** (*culpa in omitendo*): "o agente assume atitude passiva, por **descuido ou desatenção**, diante de uma situação que demanda ação"[35]. Ex.: o motorista que deixa de fazer a manutenção dos freios do veículo.	É a **culpa profissional**: "decorre de uma inaptidão, de uma falta de habilidade para realizar uma **profissão, arte ou ofício**"[36]. Ex.: o médico, durante a cirurgia, por imperícia, corta uma artéria e leva o paciente a óbito.

PREVISIBILIDADE	PREVISÃO
Há previsibilidade quando o homem médio, em dadas circunstâncias, teria **capacidade de antever o resultado**. Se o fato for imprevisível, deve ser atribuído ao caso fortuito ou à força maior, e não haverá conduta.	É o **efetivo** conhecimento do perigo pelo agente. Está presente na culpa consciente (**CO**nsciente = **CO**m previsão).

31. Exceções: a Lei 8.069/1990 (ECA) prevê dois crimes culposos de mera conduta (arts. 228 e 229).
32. Não confundir a imperícia com o **erro profissional**, o qual atribui-se à falta de capacidade da ciência em seu atual estágio. Atentar ainda que nem todo erro cometido no exercício de arte, ofício ou profissão configurará imperícia. É possível que o erro tenha por causa a negligência ou a imperícia.
33. STJ, HC 100089/SP, Rel. Min. Arnaldo Esteves Lima, 5ª Turma, j. 15/06/2010.
34. STJ, AgRg no RHC 172929/SP, Rel. Min. Ribeiro Dantas, 5ª Turma, j. 13/03/2023.
35. STJ, HC 100089/SP, Rel. Min. Arnaldo Esteves Lima, 5ª Turma, j. 15/06/2010.
36. Idem.

OUTRAS CARACTERÍSTICAS DO CRIME CULPOSO	
Graus	O direito brasileiro **não** divide a culpa em graus (ex.: grave, leve, levíssima).
Crimes materiais	Os crimes culposos são materiais: a consumação depende da ocorrência do **resultado naturalístico**. Exceção: a **prescrição culposa de drogas** (art. 38 da Lei 11.343/2006) é um crime formal[37].
Tipo penal aberto	A lei não especifica o que deve ser entendido por crime culposo. Cabe ao juiz, no caso concreto, verificar a presença de imprudência, negligência ou imperícia na conduta, bem como os demais elementos da culpa. Exceção: no crime de **receptação culposa** (art. 180, §3º), a lei especifica as formas de manifestação da culpa[38].
Compensação de culpas	**Não é admitida** no direito brasileiro. Cada um responde pelo resultado a que deu causa, embora a culpa da vítima deva ser analisada como **circunstância judicial** (art. 59).
Culpa presumida	A culpa não se presume (vedação à responsabilidade objetiva). O elemento subjetivo do tipo penal (dolo ou culpa) sempre deve ser comprovado.
Bis in idem	A **imprudência**, a **negligência** e a **imperícia** compõem o tipo penal culposo. A par disso, a pena deve ser majorada quando há **inobservância de regra técnica de profissão, arte ou ofício**. O STF[39] e o STJ concordam que **não há *bis in idem*** na majoração da pena, pois "atribui-se maior reprovação à conduta culposa que despreza a existência de norma técnica disciplinando a atividade exercida. Isso porque ao profissional que desempenha certas atividades (como o médico e o engenheiro), impõe-se um maior dever objetivo de cuidado. [...] A causa de aumento de pena referente à inobservância de regra técnica de profissão se situa no campo da culpabilidade, demonstrando que o comportamento do agente merece uma maior censurabilidade"[40]. No entanto, **a denúncia deve descrever fatos diversos** (um para caracterizar a culpa e outro para fundamentar a causa de aumento).

37. Art. 38. Prescrever ou ministrar, culposamente, drogas, sem que delas necessite o paciente, ou fazê-lo em doses excessivas ou em desacordo com determinação legal ou regulamentar: Pena - detenção, de 6 meses a 2 anos, e pagamento de 50 a 200 dias-multa.
38. São elas (art. 180, §3º): **(1) natureza ou desproporção entre o valor e o preço da coisa adquirida ou recebida pelo agente, 2) condição de quem a oferece, ou; 3) no caso de se tratar de coisa que deve presumir-se obtida por meio criminoso.**
39. STF, RHC 129946 AgR/SP, Rel. Min. Celso de Mello, 2ª Turma, j. 08/03/2016.
40. STJ, AgRg no AREsp 1097076/SP, Rel. Min. Reynaldo Soares da Fonseca, 5ª Turma, j. 20/02/2018.

OUTRAS CARACTERÍSTICAS DO CRIME CULPOSO	
Tentativa	Se o resultado é produzido, o crime está consumado. Se o resultado não é produzido, tem-se um irrelevante penal. Se o agente não inicia os atos executórios visando à consumação de um crime, não se pode falar em tentativa. **O *iter criminis* se restringe aos crimes dolosos**[41]. **Exceção: os crimes cometidos com culpa imprópria admitem tentativa**.
Finalidade lícita	Em regra, na conduta culposa a finalidade é lícita ou juridicamente irrelevante (os meios não foram utilizados corretamente ou não são adequados, causando uma violação do dever objetivo de cuidado).
Ação ou omissão	O crime culposo depende da prática de uma conduta voluntária, comissiva ou omissiva. Assim, **é possível vislumbrar um crime culposo cometido por omissão.** Ex.: o cabo de sustentação do elevador de um prédio em construção se rompe e operário que estava em seu interior vem a óbito. Nesse caso, se for apurada a negligência/imprudência em relação a diversas regras técnicas de prevenção de acidentes, é possível que o engenheiro responsável seja responsabilizado por homicídio culposo por omissão imprópria[42].

CULPA PRÓPRIA	
O agente não quer o resultado e não assume o risco de produzi-lo. Duas espécies:	
Culpa inconsciente	**Culpa consciente**
É a culpa **SEM PREVISÃO**. O agente, no caso concreto, não prevê o resultado que era previsível de acordo com o parâmetro do **homem médio**. Culpa *ex ignorantia*.	É a culpa **COM PREVISÃO**. O agente prevê o resultado, mas acredita **sinceramente** que ele não ocorrerá. Culpa *ex lascivia*.
Recebem o mesmo tratamento jurídico.	

41. GRECO, Rogério (op. cit. p. 274).
42. STJ, AgRg no AREsp 990037/PR, Rel. Min. Rogerio Schietti Cruz, 6ª Turma, j. 03/10/2019.

CULPA CONSCIENTE[43]	DOLO EVENTUAL
O **resultado previsto** não é desejado ou assumido pelo agente porque ele **acredita, sinceramente, que pode evitá-lo.**	O **resultado previsto** não é desejado pelo agente, mas ele **assume o risco de produzi-lo.** Há uma dose de indiferença em relação ao resultado.

CULPA IMPRÓPRIA, POR EXTENSÃO, ASSIMILAÇÃO OU EQUIPARAÇÃO
O agente, em virtude de **erro evitável quanto aos pressupostos de fato**[44], prevê um resultado e deseja sua produção (dolo) porque supõe estar agindo acobertado por uma excludente de ilicitude. Apesar do dolo, o agente responde por culpa (art. 20, §1º, 2ª parte)[45]. Considerando que a conduta é, na verdade, dolosa, a culpa imprópria **admite tentativa**.

HIPÓTESES DE EXCLUSÃO DA CULPA	
Caso fortuito e força maior	Nesses casos, não há previsibilidade, elemento indispensável do crime culposo.
Erro profissional	"O erro profissional é, em princípio, um acidente escusável, justificável e, de regra, imprevisível, que não depende do uso correto e oportuno dos conhecimentos e regras da ciência"[46].
Risco tolerado	Em praticamente quase toda atividade há um risco. Ex.: há risco na conduta do cientista que, cercado por diversos estudos científicos, realiza o teste de um procedimento cirúrgico experimental em um paciente em estado terminal. Caso algo aconteça ao paciente (ex.: óbito), esse risco deverá ser tolerado e o médico não responderá por homicídio culposo.

43. Sobre a **culpa consciente e o dolo eventual nos crimes contra a vida**: "Consoante reiterados pronunciamentos deste Tribunal de Uniformização Infraconstitucional, o deslinde da controvérsia sobre o elemento subjetivo do crime, especificamente, se o acusado atuou com dolo eventual ou culpa consciente, fica reservado ao Tribunal do Júri, juiz natural da causa, onde a defesa poderá desenvolver amplamente a tese contrária à imputação penal" (STJ, AgRg no REsp 1240226/SE, Rel. Min. Reynaldo Soares da Fonseca, 5ª Turma, j. 26/10/2015).
44. Ver capítulo **10.3.8 DESCRIMINANTES PUTATIVAS.**
45. Exemplo: o sujeito encontra seu inimigo na rua e percebe que ele está colocando a mão na cintura. Por supor que o inimigo vai sacar uma arma e dispará-la em sua direção, saca primeiro sua arma e mata o desafeto. O agente tinha o dolo de matar (dolo direto), mas foi imprudente e agiu com erro inescusável quanto à ilicitude do fato, pois a "agressão injusta", que embasaria a legítima defesa, só existe em sua imaginação. Retomaremos o estudo do caso no tópico pertinente.
46. BITENCOURT, Cezar Roberto (op. cit. p. 898).

HIPÓTESES DE EXCLUSÃO DA CULPA	
Princípio da confiança	"Aquele que cumpre as regras jurídicas impostas pelo Direito pode confiar que o seu semelhante também agirá de forma acertada. Assim agindo, não terá culpa nos crimes eventualmente produzidos pela conduta ilícita praticada por outrem. Exemplo: aquele que conduz seu carro dentro dos limites de velocidade e de forma correta pode confiar que, ao cruzar o sinal verde, terá o trânsito livre, de modo que, se um motociclista desrespeitar o semáforo e colidir com o seu carro, não responderá pelas lesões eventualmente produzidas"[47].

10.3.5 Crime preterdoloso

DEFINIÇÃO		
Conduta DOLOSA visando a determinado resultado.	Nexo causal.	**Resultado CULPOSO mais grave** do que o esperado.
►***Art. 19. Pelo resultado que agrava especialmente a pena, só responde o agente que o houver causado ao menos culposamente.*** O crime preterdoloso ou preterintencional é uma **espécie de crime qualificado pelo resultado** (todo crime preterdoloso é qualificado pelo resultado, mas nem todo crime qualificado pelo resultado é um crime preterdoloso). O dispositivo afasta a responsabilidade penal objetiva, pois o agente só pode responder pelo resultado mais grave culposo se ele era **previsível**[48] (os crimes culposos são sempre previsíveis, utilizando-se como parâmetro o "homem médio").		
Portanto, é imprescindível "que a denúncia impute a previsibilidade e culpa no crime consequente, sob pena de indevida responsabilização objetiva em direito penal, com atribuição de responsabilidade apenas pelo nexo causal"[49]. Exemplo clássico: **lesão corporal seguida de morte** (art. 129, §3º).		
O crime preterdoloso **não admite tentativa** (contém uma parte culposa e os crimes culposos não admitem tentativa).		

47. MASSON, Cleber (op. cit. p. 266).
48. "Em crimes preterdolosos ou preterintencionais, imprescindível é que a denúncia impute **a previsibilidade e culpa no crime consequente**, sob pena de indevida responsabilização objetiva em direito penal, com atribuição de responsabilidade apenas pelo nexo causal" (STJ, RHC 59551/SP, Rel. Min. Nefi Cordeiro, 6ª Turma, j. 09/08/2016).
49. STJ, RHC 59551/SP, Rel. Min. Nefi Cordeiro, 6ª Turma, j. 09/08/2016.

10.3.6 Crimes comissivos e omissivos

CRIMES COMISSIVOS	CRIMES OMISSIVOS
O agente faz o que a lei proíbe (**conduta positiva**), violando um **tipo proibitivo**.	O agente não faz o que a lei manda (**conduta negativa**), violando um **tipo mandamental**.

OMISSÃO PRÓPRIA	OMISSÃO IMPRÓPRIA
O próprio tipo penal transforma a omissão em crime. Ex.: crime de omissão de socorro (art. 135).	**A cláusula geral do art. 13, §2º, ao descrever a omissão penalmente relevante, transforma uma ação em crime omissivo.** Ex.: crime de homicídio (art. 121) cometido por omissão da mãe (garantidora).
Sinônimo: **crime omissivo puro**.	Sinônimos: **crime omissivo qualificado, crime espúrio** e **crime comissivo por omissão.**

OMISSÃO PENALMENTE RELEVANTE (ART. 13, §2º)		
O art. 13, §2º, adotou a teoria normativa ao impor o **DEVER JURÍDICO DE AGIR** e transformar a omissão em um crime omissivo impróprio. ► ***Art. 13, §2º - A omissão é penalmente relevante quando o omitente devia e podia agir para evitar o resultado. O dever de agir incumbe a quem:***		
a) Tenha por lei obrigação de cuidado, proteção ou vigilância; Ex.: os pais em relação aos filhos[50]; policiais em relação à população etc.	***b) De outra forma, assumiu a responsabilidade de impedir o resultado;*** Ex.: o professor de natação em relação ao aluno que não sabe nadar.	***c) Com seu comportamento anterior, criou o risco da ocorrência do resultado.*** Ex.: o "trote" de jogar colegas na piscina.
Obs.: O dispositivo **não se aplica aos crimes omissivos próprios**.		

50. Recentemente, o STJ julgou um caso de atentado violento ao pudor por omissão imprópria, praticado pela genitora da vítima (HC 221706/RJ, Rel. Min. Sebastião Reis Júnior, 6ª Turma, j. 13/09/2016).

OMISSÃO PRÓPRIA	OMISSÃO IMPRÓPRIA
O tipo penal violado descreve uma **omissão**.	O tipo penal violado descreve uma **ação**.
O sujeito tem o **dever geral de proteção**, atribuído a todos, indistintamente, pelo tipo penal.	O sujeito tem o **dever jurídico de proteção, dirigido especificamente aos referidos no art. 13, §2º**.
Tipos fechados: o legislador descreve a conduta criminosa. Qualquer um que cometê-la praticará o crime, em **subsunção direta** ao tipo penal.	**Tipos abertos**: o tipo descreve uma ação sem se referir expressamente à modalidade omissiva. Há uma **subsunção indireta**: combina-se o tipo penal com o art. 13, §2º.
Crimes comuns: qualquer pessoa pode cometer o crime. Ex.[51]: comete o crime de **omissão de socorro** (art. 135) **qualquer um** que "***deixar de prestar assistência, quando possível fazê-lo sem risco pessoal, à criança abandonada ou extraviada, ou à pessoa inválida ou ferida, ao desamparo ou em grave e iminente perigo; ou não pedir, nesses casos, o socorro da autoridade pública***".	**Crimes próprios**: apenas os garantidores do art. 13, §2º podem cometer o crime. Ex.: comete o crime de homicídio (art. 121) por omissão aquele que "***matar alguém***" **e for garantidor**, segundo as hipóteses do art. 13, §2º. Se uma mãe deixa de amamentar um filho causando-lhe a morte, responderá por homicídio por omissão porque tem a obrigação de cuidado em relação aos filhos (art. 13, §2º, *a*).
Não admitem tentativa (crimes **unissubsistentes**).	**Admitem tentativa**.
Em regra, **dolosos**[52].	**Dolosos ou culposos**.
Crimes de mera conduta (não há um resultado naturalístico). Se não existe um resultado naturalístico, **não existe um nexo causal** entre o resultado naturalístico (inexistente) e a conduta.	**Crimes materiais**. O agente não é responsável por ter causado o resultado (nexo naturalístico), mas por não tê-lo evitado (**nexo normativo, de não evitação ou de não impedimento**).

51. Outro exemplo dado pelo STJ: "o delito de **apropriação indébita previdenciária** constitui crime omissivo próprio, que se perfaz com a mera omissão de recolhimento da contribuição previdenciária dentro do prazo e das formas legais, prescindindo, portanto, do dolo específico" (STJ, AgRg no AREsp 899927/SP, Rel. Min. Sebastião Reis Júnior, 6ª Turma, j. 02/06/2016).

52. Existe um caso de **omissão própria culposa**: "deixar de observar as cautelas necessárias para impedir que menor de 18 anos ou pessoa portadora de deficiência mental se apodere de arma de fogo que esteja sob sua posse ou que seja de sua propriedade" (crime de omissão de cautela – art. 13 da Lei 10.826/2003).

NEXO NORMATIVO, DE NÃO EVITAÇÃO OU DE NÃO IMPEDIMENTO

Nos **crimes omissivos impróprios**, há um **nexo normativo, de não evitação ou de não impedimento entre a omissão e o resultado**[53]. O nexo é normativo porque é imposto pelo art. 13, §2º, que transforma a omissão em um fato penalmente relevante e permite que o sujeito responda pelo resultado não porque o causou, mas porque **não o impediu**.

ELEMENTOS DA OMISSÃO IMPRÓPRIA

Devem ser descritos na denúncia[54]:

1) O comportamento omissivo voluntário;

2) A consciência do dever de agir e da situação de risco enfrentada pelo ofendido;

3) A previsão do resultado decorrente de sua omissão;

4) O nexo normativo de evitação do resultado;

5) O resultado material; e

6) A situação de garantidor (art. 13, §2º).

CRIME DE CONDUTA MISTA

É o crime composto por **uma parte comissiva e outra omissiva**. Ex.: crime de apropriação de coisa achada (art. 169, II - ***quem acha coisa alheia perdida e dela se apropria, total ou parcialmente, deixando de restituí-la ao dono ou legítimo possuidor ou de entregá-la à autoridade competente, dentro no prazo de 15 dias***").

53. "Na hipótese, não se vislumbra dos termos da inicial incoativa a demonstração de nexo material, jurídico ou de evitação entre conduta exercida por representante legal de sociedade empresária contratante de empreitada e o desabamento ocorrido em obra sob a supervisão de construtora contratada, que resultou na morte de um de seus funcionários" (STJ, RHC 80142/SP, Rel. Min. Maria Thereza de Assis Moura, 6ª Turma, j. 28/03/2017). Outro julgado do STJ sobre o tema: "em crime de homicídio, é mister que se indique o nexo normativo entre a conduta omissiva e a morte da vítima, porque só se tem por constituída a relação de causalidade se, com lastro em elementos empíricos, for possível concluir-se, com alto grau de probabilidade, que o resultado não ocorreria se a ação devida (no caso vertente, o atendimento imediato pela recorrente) fosse realizada. Se tal liame, objetivo e subjetivo, entre a omissão da médica e a morte da paciente não foi descrito, a denúncia é formalmente inepta, porquanto não é lícito presumir que do simples não comparecimento da médica ao hospital na noite em que fora chamada para o atendimento emergencial tenha resultado, 3 (três) dias depois, o óbito da paciente" (STJ, RHC 39627/RJ, Rel. Min. Rogerio Schietti Cruz, 6ª Turma, j. 08/04/2014).

54. STJ, RHC 46823/MT, Rel. Min. Reynaldo Soares da Fonseca, 5ª Turma, j. 07/04/2016.

EXEMPLOS DE OMISSÃO
1. Um banhista vê um antigo desafeto se afogando e não faz nada para salvá-lo. → O banhista não está na posição de garantidor e responderá por **omissão de socorro com a pena aumentada** (art. 135, parágrafo único).
2. Um salva-vidas vê um antigo desafeto se afogando e não faz nada para salvá-lo. → O salva-vidas é um garantidor (obrigação legal de agir – art. 13, §2º, *a*) e responderá por **homicídio doloso por omissão**.
3. Um salva-vidas vê um antigo desafeto se afogando e imediatamente faz tudo que está ao seu alcance para salvá-lo. Contudo, o desafeto vem a falecer. → O salva-vidas é um garantidor (obrigação legal de agir – art. 13, §2º, *a*) e fez tudo que podia para evitar o resultado. Nesse caso, **não poderá ser responsabilizado** pela morte.
4. Um médico atende uma pessoa que foi baleada e é imperito na cirurgia, causando o óbito da vítima. → O médico é um garantidor (obrigação legal de agir – art. 13, §2º, *a*) e produz o resultado por não ter observado o dever objetivo de cuidado. Responderá por **homicídio culposo**.
5. A mãe abandona o filho recém-nascido sozinho em uma casa com o intuito de matá-lo de fome. Contudo, um vizinho escuta o bebê chorando, entra na casa e o alimenta, evitando a morte. → A mãe é garantidora (obrigação legal de agir – art. 13, §2º, *a*) e responderá por **homicídio doloso tentado por omissão**.
6. Um policial presencia um roubo, mas, por preguiça, nada faz. → O policial é garantidor (obrigação legal de agir – art. 13, §2º, *a*) e deveria agir para evitar o resultado. Responderá como **partícipe** do crime de roubo, uma vez que aderiu subjetivamente à conduta (crimes omissivos por comissão admitem participação).
7. Um estudante, em "trote" universitário, empurra um colega que não sabe nadar na piscina e nada faz para salvá-lo, causando sua morte por afogamento. → O estudante é garantidor (obrigação legal de agir – art. 13, §2º, *c*), pois com a sua atitude assumiu a responsabilidade de salvar o colega. Responderá por **homicídio por omissão, doloso ou culposo** (a depender do seu elemento psíquico).
8. Policiais civis torturam presos na delegacia. O delegado da Polícia Civil, ciente da situação, nada faz para evitar ou apurar os atos de tortura. → Os **policiais** responderão pelo crime de tortura (art. 1º, I, da Lei 9.455/1997), com pena de reclusão, de 2 a 8 anos. → O **delegado**, garantidor, incide na pena do §2º do art. 1º da Lei ("aquele que se omite em face dessas condutas, quando tinha o dever de evitá-las ou apurá-las, incorre na pena de detenção de 1 a 4 anos").

EXEMPLOS DE OMISSÃO
9. Caso concreto julgado pelo STJ[55]: a acusada submeteu sua filha adolescente, com 13 anos de idade, a situação vexatória, obrigando-a a se despir e se submeter, na frente de outros familiares, a exame vaginal a fim de constatar sua virgindade, ante a desconfiança da sua suposta homossexualidade. Tais atitudes levaram a ofendida à tentativa de suicídio, ingerindo grande quantidade medicamentos. A acusada (genitora), mesmo percebendo que a menor necessitava de socorro, não o fez, deixando-a à própria sorte, tendo o óbito sido evitado em razão de o Conselho Tutelar, após denúncia anônima, ter se dirigido para o local e, encontrando a adolescente desacordada, levou-a ao hospital, onde foi socorrida. A genitora foi denunciada por **tentativa de homicídio por omissão**, pois tinha o dever legal de agir e evitar o resultado morte.
10. Um operário manuseia rotineiramente uma máquina para o qual não tem treinamento, sem equipamentos de segurança adequados e com anuência dos seus superiores. Certo dia, ocorre um acidente fatal no manuseio da máquina. Frise-se que a empresa já havia sido autuada diversas vezes por descumprir normas de segurança relacionadas que deram causa ao acidente. Os diretores da empresa responderão por **homicídio culposo por omissão imprópria** porque "possuem, em tese, o dever de agir, haja vista terem, por lei, obrigação de cuidado, proteção ou vigilância, com relação a seus funcionários"[56] (obrigação legal de agir – art. 13, §2º, *a*).
11. A irmã mais velha que se omite quanto aos abusos sexuais praticados por seu marido contra suas irmãs menores pode ser caracterizada como garantidora (art. 13, §2º, *b* e *c*), principalmente quando assume a responsabilidade ao levar as crianças para sua casa sem a companhia da genitora e cria riscos ao não denunciar o agressor, mesmo ciente de suas condutas, bem como ao continuar deixando as meninas sozinhas em casa[57].

EXEMPLOS DE OMISSÃO
Nesse sentido, o enunciado 29 da I Jornada de Direito Penal e Processo Penal CJF/STJ: "a responsabilidade a título de omissão imprópria deve observar a **assunção fática e real** de competências que fundamentam a posição de garantidor".

55. STJ, HC 443740/SP, Rel. Min. Joel Ilan Paciornik, 5ª Turma, j. 02/08/2018.
56. STJ, RHC 53018/CE, Rel. Min. Reynaldo Soares da Fonseca, 5ª Turma, j. 20/06/2017.
57. STJ, HC 603195/PR, Rel. Min. Ribeiro Dantas, 5ª Turma, j. 06/10/2020.

COAUTORIA E CRIMES OMISSIVOS	
Corrente 1	**Corrente 2**
Não é possível coautoria nos crimes omissivos, próprios ou impróprios. Cada agente possui o seu dever de agir, individualmente considerado.	**É possível** coautoria nos crimes omissivos próprios ou impróprios. Ex.: se duas pessoas deixam de prestar socorro de comum acordo, serão coautoras[58].

PARTICIPAÇÃO E CRIMES OMISSIVOS[59]
É possível participação nos crimes omissivos, próprios e impróprios. O partícipe instiga ou induz o autor a deixar de agir. Ex.: Alfredo, paraplégico, instiga Roberto a não salvar um banhista que se afoga. Vale ressaltar que nenhum deles é garantidor do art. 13, §2º. Roberto é autor do crime de omissão de socorro porque podia salvar a vítima. Se Alfredo pudesse evitar o afogamento, seria coautor do crime de omissão de socorro (ou simplesmente autor, a depender da teoria adotada quanto à coautoria). Contudo, como está impossibilitado de agir, Alfredo é partícipe do crime de omissão de socorro. O mesmo pode acontecer com os crimes omissivos impróprios. Ex.: o policial que presencia um furto e nada faz, apesar de ter o dever de agir (garantidor do art. 13, §2º) é partícipe do crime de furto.

10.3.7 Erro de tipo

DEFINIÇÃO
Erro de tipo é "**a falsa representação da realidade sobre elemento constitutivo do tipo penal (elementos objetivos, subjetivos e normativos)**"[60]. O erro pode ser essencial (exclui o dolo e, consequentemente, o crime) ou acidental (a figura típica permanece íntegra).

58. BITENCOURT, Cezar Roberto (op. cit. p. 343).
59. Idem.
60. ALVES, Jamil Chaim (op. cit. p. 351).

ERRO DE TIPO ESSENCIAL	ERRO DE TIPO ACIDENTAL
Recai sobre as **ELEMENTARES** do tipo penal: o sujeito não age com dolo quanto a uma elementar e não sabe que pratica um crime. ► ***Art. 20. O erro sobre elemento constitutivo do tipo legal de crime exclui o dolo, mas permite a punição por crime culposo, se previsto em lei.***	É o erro que recai sobre **DADOS SECUNDÁRIOS** do tipo penal. **Não exclui o crime**. Espécies: 1) ***Error in objecto***; 2) ***Error in persona***; 3) ***Aberratio ictus***; 4) ***Aberratio criminis***; e 5) ***Aberratio causae***.

ERRO DE TIPO ESSENCIAL	
Escusável, inevitável ou invencível	**Inescusável, evitável ou vencível**
Exclui o dolo e a culpa (e, portanto, exclui o crime).	**Exclui o dolo, mas permite a punição por culpa se houver previsão de tipo culposo.**
Nos dois casos, utiliza-se o parâmetro do homem médio (posição amplamente majoritária).	

ERRO DE TIPO ESSENCIAL OU ERRO DE PROIBIÇÃO?	
Erro de tipo essencial	**Erro de proibição**[61]
Há falsa percepção da realidade pelo agente (não sabe o que faz).	O agente conhece a realidade e sabe o que faz, mas não sabe que a conduta é ilícita.
Escusável → exclui o **dolo e a culpa**. **Inescusável** → exclui o **dolo**, mas subsiste a culpa (o agente apenas será punido se for prevista a modalidade culposa).	**Escusável** → exclui a **culpabilidade** (***"isenta de pena"***) por ausência de **potencial consciência da ilicitude**. **Inescusável** → o agente responde pelo crime doloso, com **redução de pena** de 1/6 a 1/3.

61. Ver capítulo **17.3.1 ERRO DE PROIBIÇÃO**.

ERRO DE TIPO ESSENCIAL OU CRIME PUTATIVO POR ERRO DE TIPO?	
Erro de tipo essencial	**Crime putativo por erro de tipo**
O agente acredita que está agindo licitamente, mas está praticando um crime por ignorar a presença de uma elementar (comete um crime sem querer). Ex.: levar para casa celular alheio, acreditando que é próprio (o sujeito ignora a presença de elementar do crime de furto – furta "***coisa alheia***").	É o **erro de tipo invertido**: o agente acredita que está cometendo um crime, mas sua conduta é penalmente irrelevante porque não existe uma elementar que supõe existir. É um **crime impossível por absoluta impropriedade do objeto**[62]. Ex.: mulher não gestante que bebe um chá com propriedades abortivas com o intuito de abortar.

EXEMPLOS DE ERRO DE TIPO ESSENCIAL
1. O caçador José atira contra um arbusto, supondo que ali estava um animal. Contudo, ali estava outro caçador. José não sabia que sua conduta se amoldaria ao crime de homicídio (art. 121) porque desconhecia a presença de uma elementar ("***matar alguém***").
2. Jânio tem conjunção carnal com Clarissa. Jânio não sabia que sua conduta se amoldaria ao crime de estupro de vulnerável (art. 217-A) porque desconhecia a presença de uma elementar ("***menor de 14 anos***"), tendo em vista que Clarissa, de aparência adulta, havia mentido sobre sua idade[63]. Esse é um dos casos mais frequentes de erro de tipo na prática criminal.
3. Jailson comenta com colegas de trabalho que passará suas férias no Rio de Janeiro. Um de seus colegas solicita que leve um presente para sua namorada, que reside na cidade. Antes de embarcar, Jailson é abordado no raio X e os policiais constatam que há cocaína no suposto presente. Jailson não sabia que sua conduta se amoldaria ao crime de tráfico de drogas (art. 33 da Lei 11.343/06) porque desconhecia a presença da elementar "***droga***" em sua bagagem. Jailson realmente acreditou que estava carregando um presente a pedido de seu colega e não verificou o conteúdo da embalagem.

62. Ver capítulo **15. CRIME IMPOSSÍVEL**.

63. "O desconhecimento da idade da vítima pode circunstancialmente excluir o dolo do acusado quanto à condição de vulnerável, mediante a ocorrência do chamado erro de tipo (art. 20 do CP)" (STJ, REsp 1746712/MG, Rel. Min. Jorge Mussi, 5ª Turma, j. 14/08/2018).

EXEMPLOS DE ERRO DE TIPO ESSENCIAL
4. Joaquim adquire o aparelho celular de seu primo por um preço condizente com o estado do produto. Há tempos seu primo comentava que gostaria de vender o aparelho que ganhou de sua mãe para comprar outro mais moderno. Na verdade, seu primo havia roubado o aparelho celular em um assalto. Joaquim não sabia que sua conduta se amoldaria ao crime de receptação (art. 180) porque desconhecia a presença da elementar *"**coisa que sabe ser produto de crime**"*. Joaquim realmente acreditou na origem lícita do objeto.
5. Jota, pedreiro, recebe o pagamento em espécie por uma obra concluída e imediatamente dirige-se a um bar para comemorar com uma cerveja. Ao receber a nota de R$20,00, o proprietário do bar percebe imediatamente que se trata de cédula falsificada. Jota não sabia que sua conduta se amoldaria ao crime equiparado a moeda falsa (art. 289, §1º[64]) porque desconhecia a presença da elementar *"**moeda falsa**"*. Jota, que sequer havia manuseado a cédula, não tinha razões para desconfiar da falsidade.
6. João de Souza, morador de uma pensão, recebe uma carta e abre. Na verdade, a carta havia sido dirigida a João de Sousa, outro morador da mesma pensão. João de Souza não sabia que sua conduta se amoldaria ao crime previsto no art. 40 da Lei 6.538/78 ("devassar indevidamente o conteúdo de correspondência fechada dirigida a outrem"), pois não sabia da presença da elementar "dirigida a outrem". Acreditava que a correspondência era sua, diante da similaridade dos nomes.
7. Jader é um empresário respeitado e proprietário de diversos clubes. Um dia, a polícia descobre que em um estabelecimento de Jader ocorre exploração sexual (prostituição). Jader reprova e desconhece por completo a situação, pois na verdade a mercancia era organizada clandestinamente por um dos garçons, após o horário de encerramento das atividades do clube. Jader não sabia que sua conduta se amoldaria ao crime de casa de prostituição (art. 229), pois não sabia da presença da elementar *"**estabelecimento em que ocorra exploração sexual**"*.
8. Jandir, salva-vidas, "avista um banhista se debatendo em águas rasas de uma praia e imaginando que ele não estava se afogando (e sim dançando, brincando com outra pessoa etc.) nada faz. Posteriormente, tal banhista é retirado do mar sem vida por terceiros"[65]. Nesse caso, o erro recaiu sobre o dever de agir para evitar o resultado, isto é, Jandir **desconhecia o dever de agir para evitar o resultado (omissão penalmente relevante – art. 13, §2º)**. Nesse caso, temos o **erro de tipo em crime omissivo impróprio**.

64. ► ***Art. 289, §1º - Nas mesmas penas incorre quem, por conta própria ou alheia, importa ou exporta, adquire, vende, troca, cede, empresta, guarda ou introduz na circulação moeda falsa.***
65. MASSON, Cleber (op. cit. p. 272).

EXEMPLOS DE ERRO DE TIPO ESSENCIAL
Conclusão: José, Jânio, Jailson, Joaquim, Jota, João de Souza, Jader e Jandir desconheciam a situação fática e não sabiam que praticavam crimes. Se houvessem sido alertados antes, teriam agido de outro modo. No erro de tipo, o sujeito não age com dolo, pois não tem conhecimento dos elementos objetivos do tipo e tampouco vontade de praticar a conduta criminosa.

ERRO SOBRE CIRCUNSTÂNCIA DO TIPO PENAL
Prevalece que o erro que recai sobre circunstâncias do tipo penal (ex.: **qualificadoras, causas de aumento ou de diminuição**) é um **erro essencial**[66]. Contudo, **a exclusão do dolo não impede que o sujeito responda pela modalidade simples.** Ex.: o sujeito danifica um objeto sem saber que é um patrimônio de uma sociedade de economia mista (art. 163, parágrafo único, III). Nesse caso, praticará o crime de dano em seu tipo básico (art. 163), pois não agiu com dolo quanto à qualificadora.

ERRO DE TIPO ACIDENTAL: *ERROR IN OBJECTO*
Criação doutrinária sem previsão legal. O agente equivoca-se quanto ao objeto do crime. Ex.: acredita estar furtando uma bolsa Chanel®, mas está furtando uma falsificação. É irrelevante, pois **subsiste o dolo** de subtrair para si coisa alheia móvel (*animus furandi*). Prevalece que deve ser considerado o objeto efetivamente atacado (**teoria da concretização**).

ERRO DE TIPO ACIDENTAL: *ERROR IN PERSONA*
►Art. 20, §3º - O erro quanto à pessoa contra a qual o crime é praticado não isenta de pena. Não se consideram, neste caso, as condições ou qualidades da vítima, senão as da pessoa contra quem o agente queria praticar o crime. Ex.: o agente, por erro na representação da pessoa, mata seu tio, irmão gêmeo de seu pai (vítima pretendida ou virtual). O erro é irrelevante, pois havia o dolo de matar. Adota-se a **teoria da equivalência** e o agente responde pelo crime considerando as qualidades da **vítima pretendida ou virtual.** No caso, incidiria a agravante genérica relativa ao parricídio (art. 61, II, *e*).

66. ALVES, Jamil Chaim (op. cit. p. 353).

ERRO DE TIPO ACIDENTAL: *ABERRATIO ICTUS*	
Com unidade simples ou resultado único (art. 73, 1ª parte)	**Com unidade complexa ou resultado duplo (art. 73, 2ª parte)**
►Art. 73. Quando, por acidente ou erro no uso dos meios de execução, o agente, ao invés de atingir a pessoa que pretendia ofender, atinge pessoa diversa, responde como se tivesse praticado o crime contra aquela, atendendo-se ao disposto no §3º do art. 20 deste Código. [...]	***►Art. 73. [...] No caso de ser também atingida a pessoa que o agente pretendia ofender, aplica-se a regra do art. 70 deste Código.***
Ex.: com intenção de matar, Geraldo dispara em direção a Luzia (vítima pretendida ou virtual), mas, por erro na execução, erra o alvo e mata Laura (vítima real).	Ex.: com intenção de matar, Geraldo dispara em direção a Luzia, matando Luzia (homicídio **doloso**) e Laura (homicídio **culposo**), que estava atrás de Luzia no momento do disparo.
Adota-se a **teoria da equivalência** e o agente responde pelo crime considerando as qualidades da **vítima pretendida ou virtual**[67] (no caso, Luzia).	Há **concurso formal próprio**: Geraldo responde pelo crime mais grave (homicídio doloso) com a pena aumentada de 1/6 até metade (art. 70, 1ª parte).

ERROR *IN PERSONA* (ART. 20, §3º)	***ABERRATIO ICTUS* (ART. 73)**
O agente confunde a pessoa que quer atingir (erro na identificação da vítima).	O agente sabe exatamente quem quer atingir, mas atinge outra pessoa por **acidente** ou **erro no uso dos meios de execução.**
Envolvidos: o agente e a **vítima real** (que o sujeito acredita ser a vítima pretendida). A vítima pretendida não corre risco.	Envolvidos: o agente, a **vítima pretendida** e a **vítima real** (atingida por erro na execução).
Consideram-se as qualidades da **vítima pretendida ou virtual**, exceto para a fixação da competência[68].	

67. "A norma prevista no art. 73 do CP afasta a possibilidade de se reconhecer a ocorrência de crime culposo quando decorrente de erro na execução na prática de crime doloso" (STJ, HC 210696/MS, Rel. Min. Joel Ilan Paciornik, 5ª Turma, j. 19/09/2017).
68. STJ, CC 27368/SP, Rel. Min. José Arnaldo da Fonseca, 3ª Seção, j. 25/10/2000.

ERRO DE TIPO ACIDENTAL: SOBRE O NEXO CAUSAL (*ABERRATIO CAUSAE*)	
Criação doutrinária sem previsão legal. Para Rogério Sanches[69], há duas espécies:	
Em sentido estrito	**Dolo geral ou *aberratio causae***
O agente, mediante **um só ato**, provoca o resultado desejado, porém com outro nexo causal. Ex.: no intuito de matar a vítima afogada, empurra-a de um precipício (único ato). A morte, contudo, não se deve ao afogamento (nexo desejado), e sim ao fato de a vítima ter batido a cabeça em uma rocha (nexo efetivo).	O agente, mediante **dois ou mais atos**, obtém o resultado desejado, porém com outro nexo causal. Ex.: o agente ministra veneno na vítima (1º ato), que imediatamente cai ao chão. O agente, supondo que a vítima está morta, coloca seu corpo em uma mala e atira no mar (2º ato). Ocorre que a vítima estava viva e foi a óbito devido à asfixia por afogamento.
Em ambos os casos, **o agente responde pela morte da vítima** (congruência entre o dolo e o resultado), mas não há consenso sobre qual nexo causal deve ser considerado (o desejado, o efetivo ou o mais favorável ao agente).	

ERRO DE TIPO ACIDENTAL: RESULTADO DIVERSO DO PRETENDIDO (*ABERRATIO CRIMINIS*)
► ***Art. 74. Fora dos casos do artigo anterior, quando, por acidente ou erro na execução do crime, sobrevém resultado diverso do pretendido, o agente responde por culpa, se o fato é previsto como crime culposo; se ocorre também o resultado pretendido, aplica-se a regra do art. 70 deste Código.*** Ex.: o agente atira uma pedra em direção a um veículo para danificá-lo, mas a pedra atinge um pedestre e causa-lhe lesões corporais. O agente responderá por lesão corporal culposa (art. 129, §6º - resultado produzido a título de culpa). Atenção: quando o resultado pretendido for mais grave do que o produzido, o agente responderá pela tentativa do resultado pretendido. Ex.: o agente pretende matar o motorista (resultado pretendido mais grave), mas só danifica seu veículo (resultado produzido menos grave). Como não existe o crime de dano culposo, o agente ficaria impune. A solução é imputar-lhe o crime de homicídio tentado, em consonância com a teoria da vontade (se teve o dolo de matar e iniciou a execução, deve responder pelo homicídio, o qual só não ocorreu por circunstâncias alheias à sua vontade).

69. CUNHA, Rogério Sanches (op. cit. p. 282).

TEORIA GERAL DO CRIME

ERRO DETERMINADO POR TERCEIRO
► ***Art. 20, §2º - Responde pelo crime o terceiro que determina o erro.***
1. Otoniel, comerciante local, pretende matar Cláudio. Quando Madalena vai à sua loja comprar açúcar, Otoniel maliciosamente troca o açúcar por veneno. Madalena, induzida a erro, prepara o café de Cláudio utilizando a substância, causando-lhe a morte. → Otoniel (**provocador ou autor mediato**) responde por **homicídio doloso**. Madalena (**provocada ou autora imediata**) incide em **erro de tipo** (evitável ou inevitável, a depender das circunstâncias).
2. No exemplo anterior, vamos supor que Madalena é farmacêutica e percebeu com clareza as características de veneno da substância que comprou de Otoniel. Com raiva de seu marido Cláudio, serve a substância em seu café, causando-lhe a morte. → **Otoniel e Madalena respondem por homicídio doloso, em concurso de pessoas**. Não há erro determinado por terceiro.
3. Afrodite pretende comprar uma erva para fazer um chá afrodisíaco para seu marido Hefesto. Hera, funcionária inexperiente e atrapalhada, entrega uma erva com propriedades letais para Afrodite acreditando se tratar da erva solicitada. Afrodite percebe o erro e, na primeira briga, faz o chá com a erva e entrega para Hefesto, causando-lhe a morte. → **Cada um responde pelo crime a que deu causa**: Hera por homicídio culposo e Afrodite por homicídio doloso. Não há erro determinado por terceiro e não há concurso de pessoas.
4. No exemplo anterior, vamos supor que Afrodite não tenha percebido o erro. → Hera (**provocadora ou autora mediata**) responde por **homicídio culposo**. Afrodite (**provocada ou autora imediata**) incide em **erro de tipo** (evitável ou inevitável, a depender das circunstâncias).

ERRO DE SUBSUNÇÃO
Criação doutrinária sem previsão legal. É um erro que recai sobre **interpretações jurídicas**. Ex.: o agente, denunciado por violação de domicílio (art. 150), afirma que sabe que é crime entrar em casa alheia contra a vontade expressa de quem de direito. Contudo, alega não saber que a expressão "casa" compreende compartimento não aberto ao público, onde alguém exerce profissão ou atividade (art. 150, §4º, III). **Não se confunde com erro de tipo ou erro de proibição e não tem repercussão sobre a configuração do crime**.

10.3.8 Descriminantes putativas

DEFINIÇÃO
Descriminar é retirar o caráter de crime, tornar o fato um irrelevante penal. São descriminantes as excludentes de ilicitude previstas no art. 23 (**legítima defesa, estado de necessidade, estrito cumprimento de dever legal e exercício regular de direito**). Putativo é algo imaginário, que só existe na mente do agente. Portanto, as descriminantes putativas expressam **situações em que o agente acredita erroneamente estar acobertado por uma excludente de ilicitude**. Relacionam-se ao erro e, portanto, aplicam-se as consequências jurídicas do erro de tipo ou do erro de proibição.

ESPÉCIES	
1. Erro relativo aos **pressupostos de fato** de uma descriminante.	**2.** Erro relativo à **existência** ou aos **limites** de uma descriminante putativa.

1. ERRO RELATIVO AOS PRESSUPOSTOS DE FATO DE UMA DESCRIMINANTE	
O agente comete o crime por ter uma falsa percepção da realidade (**supõe estar diante de uma agressão ou de um perigo inexistente**). Ex.: Pedro estava almoçando com sua família em um restaurante. Raimundo, desafeto de Pedro, caminha em direção à mesa de Pedro, o qual imagina que será atacado e prontamente saca o revólver e dispara. Na verdade, Raimundo apenas se dirigia ao banheiro. Pedro incidiu em erro de tipo porque desconhecia a situação fática. Há divergências quanto à natureza do erro relativo aos pressupostos de fato de uma descriminante (se é erro de tipo ou erro de proibição).	
Teoria limitada da culpabilidade	**Teoria extremada da culpabilidade**
É a **teoria adotada pelo CP**[70]: o erro relativo aos pressupostos de fato de uma descriminante é uma hipótese de **erro de tipo (ERRO DE TIPO PERMISSIVO)** (art. 20, §1º).	Para os adeptos, o erro relativo aos pressupostos de fato de uma descriminante é uma hipótese de **erro de proibição** (art. 21).

70. Item 17 da Exposição de Motivos da Nova Parte Geral do CP.

2. ERRO RELATIVO À EXISTÊNCIA OU AOS LIMITES DE UMA DESCRIMINANTE	
Existência	**Limites**
Ex.: um posseiro instala-se na fazenda de João. Na defesa do seu patrimônio, João desfere tiros contra o posseiro, por acreditar que está amparado pela legítima defesa. João se equivocou quanto ao limite da descriminante, pois a legítima defesa não permite essa reação desproporcional.	Ex.: Rafael flagra sua esposa em momentos de intimidade com o amante. Por acreditar que está agindo na "legítima defesa da honra", mata os dois. Rafael se equivocou quanto à existência da descriminante, pois não existe a legítima defesa da honra.
Aqui, não há divergências quanto à natureza jurídica: o erro relativo à existência e aos limites de uma descriminante é hipótese de erro de proibição (ERRO DE PROIBIÇÃO INDIRETO OU ERRO DE PERMISSÃO) (art. 21).	

ERRO SOBRE OS PRESSUPOSTOS DE FATO DE UMA DESCRIMINANTE	ERRO SOBRE A EXISTÊNCIA OU OS LIMITES DE UMA DESCRIMINANTE
Erro de tipo permissivo (teoria limitada da culpabilidade).	**Erro de proibição indireto ou erro de permissão.**
►***Art. 20, §1º - É isento de pena quem, por erro plenamente justificado pelas circunstâncias, supõe situação de fato que, se existisse, tornaria a ação legítima. Não há isenção de pena quando o erro deriva de culpa e o fato é punível como crime culposo.***	►***Art. 21. O desconhecimento da lei é inescusável. O erro sobre a ilicitude do fato, se inevitável, isenta de pena; se evitável, poderá diminuí-la de um sexto a um terço.***
Escusável → exclui o dolo e a culpa. Inescusável → exclui o dolo, mas permite a punição por culpa, se houver previsão da modalidade culposa (é a **culpa imprópria**[71]).	Escusável → exclui a culpabilidade (***"isenta de pena"***, embora subsistam o dolo e a culpa). Inescusável → responde pelo crime doloso, com redução de pena, de 1/6 a 1/3.

71. Ver capítulo **10.3.4 CRIME CULPOSO**.

MAIS EXEMPLOS DE DESCRIMINANTES PUTATIVAS
1. Às 3h da manhã, Roberto percebe que alguém entrou em sua residência. No escuro, imaginando que vai ser atacado e no intuito de proteger sua família, Roberto dispara a arma em direção ao vulto. O vulto era seu filho Paulo chegando em casa. → Caso de **legítima defesa putativa**: Roberto acreditou que estava autorizado a agir assim por estar diante de uma "agressão injusta" (requisito da legítima defesa). Contudo, a "agressão injusta" não era concreta e só existia na mente de Roberto.
2. José, um morador da zona rural, é levado pela primeira vez ao cinema, para assistir um filme 3D. Iniciada a sessão, aparece na tela a imagem de um leão faminto. José, por acreditar que vai ser atacado pelo animal, desesperadamente foge e acaba lesionando as pessoas que estavam ao seu lado[72]. → Caso de **estado de necessidade putativo**: José acreditou que estava autorizado a agir assim por estar diante de "perigo atual" (requisito do estado de necessidade). Contudo, o "perigo atual" não era concreto e só existia na mente de José.
3. O policial André, em cumprimento a um mandado de prisão, efetua a prisão de Jorge. Depois, descobre que a pessoa que prendeu era Jonas, o irmão gêmeo de Jorge[73]. → Caso de **estrito cumprimento de dever legal putativo**: André acreditou que estava agindo corretamente.
4. Maria castiga fisicamente uma criança, acreditando que é o seu filho. Todavia, é o filho do vizinho[74]. → Caso de **exercício regular do direito putativo**. Maria acreditou erroneamente estar exercendo regularmente o direito conferido pelo poder familiar.

ERRO DE PROIBIÇÃO	
Direto	**Indireto**
Incide sobre o **conteúdo proibitivo** de uma norma penal. O agente acredita que sua conduta é lícita. Exemplo clássico: o holandês que porta *cannabis sativa* no Brasil por desconhecer que a conduta é ilícita.	Incide sobre a **existência ou os limites de uma excludente de ilicitude**. O agente sabe que pratica um fato típico, mas acredita que está amparado por uma excludente. Refere-se às descriminantes putativas por erro de proibição.

72. GRECO, Rogério (op. cit. p. 362).
73. Idem.
74. BRUNO, Aníbal. 1967, p. 123 apud GRECO, 2015, p. 362.

10.4 RESULTADO

<table>
<tr><th colspan="2">DEFINIÇÃO</th></tr>
<tr><td colspan="2">O resultado é o segundo elemento do fato típico
(conduta – resultado – nexo causal – tipicidade).
O resultado pode ser jurídico (normativo) ou naturalístico.</td></tr>
<tr><th>Resultado jurídico</th><th>Resultado naturalístico</th></tr>
<tr><td>É a violação do tipo penal (lesão ou perigo de lesão ao bem jurídico), presente em todos os crimes: crimes materiais, formais e de mera conduta[75].</td><td>É a modificação no mundo exterior que a conduta do agente provoca, presente apenas nos crimes materiais consumados. Nos crimes formais, a consumação independe do resultado naturalístico, enquanto nos crimes de mera conduta sequer existe resultado naturalístico.</td></tr>
</table>

<table>
<tr><th colspan="2">ART. 13</th></tr>
<tr><td colspan="2">► Art. 13. O resultado, de que depende a existência do crime, somente é imputável a quem lhe deu causa. Considera-se causa a ação ou omissão sem a qual o resultado não teria ocorrido.
A qual resultado o dispositivo se refere?</td></tr>
<tr><th>Corrente 1 (majoritária)</th><th>Corrente 2</th></tr>
<tr><td>Ao resultado naturalístico, presente apenas nos crimes materiais consumados. Nos crimes formais e de mera conduta, o fato típico é composto apenas por conduta e tipicidade (não há resultado e nexo causal ligando-o à conduta), bastando a simples prática da conduta ilícita.</td><td>Ao resultado normativo.
Assim, seja o crime material, formal ou de mera conduta, o fato típico será composto por conduta + nexo + tipicidade + resultado (normativo).</td></tr>
</table>

75. Ver mais detalhes sobre os crimes materiais, formais e de mera conduta no capítulo **9.2 CLASSIFICAÇÃO DE CRIMES**.

10.5 RELAÇÃO DE CAUSALIDADE

DEFINIÇÃO
O nexo causal (ou relação de causalidade, para o CP) é o terceiro elemento do fato típico (conduta – resultado – nexo causal – tipicidade). O estudo da causalidade busca investigar se há um vínculo entre a conduta do agente e o resultado criminoso produzido.

TEORIA DA CAUSALIDADE SIMPLES, DA EQUIVALÊNCIA DOS ANTECEDENTES CAUSAIS, DA CONDIÇÃO SIMPLES OU DA *CONDITIO SINE QUA NON*
É a regra do CP: causa é a condição (ação/omissão) sem a qual o resultado não teria ocorrido tal como ocorreu. ***►Art. 13. [...] Considera-se causa a ação ou omissão sem a qual o resultado não teria ocorrido.***

MÉTODO DA ELIMINAÇÃO HIPOTÉTICA DOS ANTECEDENTES CAUSAIS (THYRÉN)
Problema: para a teoria da causalidade simples, tudo aquilo que efetivamente contribuiu, in concreto, para o resultado, é tido por causa. Por meio do método de Thyrén, deve-se fazer uma regressão para descobrir as causas que influíram na produção do resultado. **Eliminando-se mentalmente uma ação ou omissão, o resultado persistiria do modo como ocorreu?** Se sim, não estamos diante de uma causa. Ex.: o agente comprou veneno (1) → comprou uma torta (2) → misturou o veneno e a torta (3) → foi ao banheiro (4) → serviu bolo para a vítima (5) → a vítima morreu envenenada (6). Suprimindo-se mentalmente (4), o resultado teria ocorrido do mesmo modo. Logo, (4) não é causa. Agregando-se a causalidade simples ao método de Thyrén, tem-se a **CAUSALIDADE OBJETIVA**.

CAUSALIDADE PSÍQUICA
Problema: a causalidade objetiva pode levar a uma regressão ao infinito na investigação do que seja causa, dificultando a responsabilização penal. É uma teoria "cega". Ex.: a fabricação da arma e o nascimento do homicida seriam causas do homicídio. Na perspectiva da teoria finalista, deve-se impor o limite da causalidade psíquica: **a responsabilização penal do agente dependerá de sua voluntariedade (dolo ou culpa) em relação à provocação do resultado**.

CAUSALIDADE PSÍQUICA
Ex.: o químico que produziu o veneno não agiu com dolo ou culpa em relação ao resultado produzido. A cadeia causal deve ser interrompida neste ponto, por ausência do elemento subjetivo. Com a causalidade psíquica pode-se, finalmente, imputar o crime ao agente (*imputatio delicti*)[76].

TEORIAS ADOTADAS	
Causalidade simples (identificação da causa do crime) + **Eliminação hipotética de Thyrén** → **Causalidade objetiva** (identificação da causa efetiva do crime). Problema: a causalidade objetiva não impede o regresso ao infinito.	**Causalidade objetiva** (identificação da causa efetiva do crime). + **Dolo e culpa** → **Causalidade psíquica** (identificação do elemento subjetivo da conduta). → **Imputação do resultado**.

TEORIA DA IMPUTAÇÃO OBJETIVA (KARL LARENZ)
A teoria busca limitar a responsabilidade penal e impedir a regressão *ad infinitum*. O finalismo, apesar de colocar o dolo e a culpa como limites (causalidade psíquica), não evita seu regresso a comportamentos distantes do evento, que continuam sendo considerados causas. Ex.: o fabricante de armas não é responsável porque não agiu com dolo e culpa diante do resultado, mas, de acordo com a causalidade simples, sua conduta continua sendo considerada causa. Assim, **antes mesmo da análise do elemento subjetivo**, deve ser analisado o **NEXO NORMATIVO**.

76. "No Brasil, a relação de causalidade é decifrada pela conjugação entre a **Teoria da Equivalência dos Antecedentes Causais** (art. 13 do CP), o **método de eliminação hipotético** e o filtro de **causalidade psíquica (*imputatio delicti*)**. Em apertada síntese, uma ação poderá ser considerada causa do evento danoso se, suprimida mentalmente do contexto fático, o resultado teria deixado de ocorrer tal como ocorreu. Ainda, de forma a evitar o regresso ao infinito, deve-se sempre perscrutar o elemento subjetivo (dolo ou culpa) que anima a conduta do agente (STJ, RHC 80142/SP, Rel. Min. Maria Thereza de Assis Moura, 6ª Turma, j. 28/03/2017).

NEXO NORMATIVO – IMPUTAÇÃO OBJETIVA[77]	
Vertentes de Roxin	**Vertentes de Jakobs**
1) Criação (ou aumento) de um risco proibido; 2) Realização do risco no resultado; 3) Resultado situado dentro do alcance do tipo.	1) Risco permitido; 2) Princípio da confiança; 3) Proibição de regresso; 4) Competência (ou capacidade) da vítima.

CAUSALIDADE SIMPLES	TEORIA DA IMPUTAÇÃO OBJETIVA
A fabricação de uma faca de cozinha **é causa** da morte da vítima (tem **nexo físico**). O fabricante só não responde pelo resultado porque não agiu com **dolo e culpa**.	Há **nexo físico** entre a fabricação de uma faca de cozinha e um homicídio. Contudo, **a conduta não pode ser considerada causa porque não há nexo normativo**. Não é necessário sequer perquirir se há dolo ou culpa.

CONCAUSAS	
É possível que exista **mais de uma causa** concorrendo para a produção de um resultado.	
Absolutamente independentes	**Relativamente independentes**
Há uma **causa efetiva**, responsável pela produção do resultado, e uma **causa paralela**, que não contribuiu para a produção do resultado. As **causas efetivas** podem ser: - Preexistentes; - Concomitantes; - Supervenientes.	O resultado é causado diretamente pela causa efetiva e indiretamente pela causa paralela. As **causas efetivas** podem ser: - Preexistentes; - Concomitantes; - Supervenientes.

77. GRECO, Rogério (op. cit. p. 298-305).

CAUSAS ABSOLUTAMENTE INDEPENDENTES	
Preexistentes	A causa efetiva antecede o comportamento paralelo. **Maria** coloca veneno no café de Álvaro, seu marido. Horas mais tarde, **Flávio** entra na residência e deflagra um golpe de faca em Álvaro. Todavia, apura-se que Álvaro morreu em virtude do veneno ingerido (causa efetiva e preexistente). **Maria responde por homicídio consumado. Flávio só responderá pelo seu dolo (homicídio tentado)**, pois independentemente de seu comportamento paralelo, Álvaro morreria envenenado.
Concomitantes	A causa efetiva é simultânea ao comportamento paralelo. **Cláudia** coloca veneno no chá de seu marido, Rafael. Enquanto bebe o chá, Rafael vem a óbito. A perícia conclui que a morte deveu-se a um infarto fulminante (causa efetiva concomitante), sem qualquer relação com o veneno. Cláudia não causou o resultado, pois independentemente de sua conduta, Rafael faleceria de qualquer modo. **Cláudia só responderá por seu dolo (homicídio tentado).**
Supervenientes	A causa efetiva é posterior ao comportamento paralelo. **Luiza** coloca veneno no refrigerante de Rogério, seu marido. Antes do veneno fazer efeito, Rogério, por acidente, escorrega no tapete, bate a cabeça no chão e morre (causa efetiva superveniente). Luiza não causou o resultado, pois independentemente do seu comportamento paralelo, Rogério morreria de qualquer modo em virtude do traumatismo craniano. **Luiza só responderá por seu dolo (homicídio tentado)**.
Nas causas absolutamente independentes, adota-se a **CAUSALIDADE SIMPLES**: o autor da causa efetiva responde pelo **resultado produzido** e o autor do comportamento paralelo (não efetivo) responde pela **forma tentada**.	

CAUSAS RELATIVAMENTE INDEPENDENTES	
Preexistentes	A causa preexistente soma-se a um comportamento paralelo e, juntos, produzem o resultado. Paulo dispara sua arma em direção a Fábio. O ferimento, isoladamente, não causaria a morte. Todavia, Fábio é **hemofílico** e a hemorragia o leva a óbito (causa efetiva preexistente). Paulo responderá por **homicídio consumado** (resultado causado). Obs.: no exemplo, supõe-se que Paulo sabia da doença de Fábio e agiu com *animus necandi*.

CAUSAS RELATIVAMENTE INDEPENDENTES	
Concomitantes	A causa (efetiva) e o comportamento paralelo ocorrem no mesmo instante e, juntos, produzem o resultado. Carlos, com intenção de matar, dispara sua arma em direção a João e o atinge "de raspão". João, assustado, tem um **ataque cardíaco** e morre (causa efetiva concomitante). Carlos responderá por **homicídio consumado**, pois se não tivesse atirado, João não teria se assustado a ponto de sofrer um ataque cardíaco.
Nas causas relativamente independentes **preexistentes** e **concomitantes**, adota-se a **CAUSALIDADE SIMPLES** e os agentes respondem pelo **resultado** produzido.	

CAUSAS RELATIVAMENTE INDEPENDENTES SUPERVENIENTES	
O estudo das causas relativamente independentes **supervenientes** merece estudo específico. Primeiro, deve-se perquirir **se a causa efetiva por si só não produziu o resultado** (adoção da causalidade simples) **ou se por si só produziu o resultado** (adoção da causalidade adequada).	
Não produziu por si só o resultado	**A causa efetiva superveniente está na linha de desdobramento causal da conduta inicial do agente (evento previsível, provável, normal).** Vítor dispara contra Marta com a intenção de matá-la. Marta, no hospital, morre em decorrência de **erro médico** durante a cirurgia. Vítor responde por **homicídio consumado** porque **o erro médico está na mesma linha de desdobramento físico de sua ação.** No mesmo sentido: **infecção hospitalar e eventual omissão no atendimento médico**[78]. Assim como ocorre nas duas hipóteses anteriores, adota-se a **CAUSALIDADE SIMPLES** e o agente responde pelo **RESULTADO** causado. No caso, suprimindo-se mentalmente a conduta de Vítor, o resultado não teria ocorrido como ocorreu. Foi a sua conduta que levou Marta aos cuidados médicos necessários. Logo, Vítor deve responder por homicídio consumado.

78. STJ, HC 42559/PE, Rel. Min. Arnaldo Esteves Lima, 5ª Turma. j. 04/04/2006.

CAUSAS RELATIVAMENTE INDEPENDENTES SUPERVENIENTES	
Produziu por si só o resultado	**A causa efetiva superveniente é um evento que sai da linha de desdobramento causal. É como se tivesse causado o resultado sozinha.** Jorge, com o dolo de matar, dispara contra Rui. Em seguida, um grave acidente atinge a ambulância que transportava Rui ao hospital, matando-o (causa efetiva). Se fosse adotada a causalidade simples, Jorge responderia pelo resultado (homicídio consumado) porque quis a morte de Rui e a sua conduta, somada ao acidente, produziu o resultado. Todavia, **o acidente está fora da linha de desdobramento causal do disparo, excluindo a imputação e rompendo a cadeia causal**. O acidente, que **por si só** produziu o resultado, não é uma consequência natural do disparo efetuado por Jorge. Logo, Jorge só responderá pelos atos até então praticados, ou seja, responderá por **tentativa de homicídio**. Adota-se, excepcionalmente, a **TEORIA DA CAUSALIDADE ADEQUADA, DA CONDIÇÃO QUALIFICADA OU INDIVIDUALIZADORA**: ► ***Art. 13, §1º - A superveniência de causa relativamente independente exclui a imputação quando, por si só, produziu o resultado; os fatos anteriores, entretanto, imputam-se a quem os praticou.***

CAUSALIDADE SIMPLES	CAUSALIDADE ADEQUADA
Expressa no art. 13, *caput*, 2ª parte: *"**Considera-se causa a ação ou omissão sem a qual o resultado não teria ocorrido**".* É adotada como **regra** no CP: se a conduta contribuiu de algum modo, é causa.	A causa deve ser **adequada** à produção do resultado, isto é, deve haver um nexo normal entre eles, sem que haja uma ruptura na linha de desdobramento causal. **Exceção adotada no art. 13, §1º.**

ERRO SOBRE O NEXO CAUSAL (*ABERRATIO CAUSAE*)
É uma espécie de erro de tipo acidental. O tema foi explorado no capítulo '10.3.7 ERRO DE TIPO'.

NEXO CAUSAL NOS CRIMES OMISSIVOS	
Omissão própria	**Omissão imprópria**
São **crimes de mera conduta** (não há um resultado naturalístico). Se não existe um resultado naturalístico, **não existe um nexo causal** entre o resultado (inexistente) e a conduta.	São crimes materiais (há um resultado naturalístico). O agente não é responsável por ter causado o resultado (nexo naturalístico), mas por não tê-lo evitado. Há um **nexo normativo, de não evitação ou de não impedimento** entre a omissão e o resultado[79].

INFORMATIVOS DO STJ
Info. 777: A existência de doença cardíaca de que padecia a vítima configura-se como concausa preexistente relativamente independente, não sendo possível afastar o resultado mais grave (morte) e, por consequência, a imputação de latrocínio. HC 704718/SP, Rel. Min. Laurita Vaz, 6ª Turma, j. 16/05/2023.
Info. 770: Verificado que a lesão é o resultado das agressões sofridas, a existência de concausa anterior relativamente independente não impede a condenação pelo crime de lesão corporal grave. Processo em segredo de justiça, Rel. Ministro Antonio Saldanha Palheiro, 6ª Turma, j. 13/03/2023.

10.6 TIPICIDADE

DEFINIÇÃO
A tipicidade é o quarto elemento do fato típico (conduta – resultado – nexo causal – tipicidade).

79. Para a melhor compreensão dos **crimes omissivos impróprios**, recomenda-se a revisão do capítulo **10.3.6 CRIMES COMISSIVOS E OMISSIVOS**.

TIPICIDADE FORMAL	TIPICIDADE MATERIAL
Tradicionalmente, a tipicidade é entendida como o **juízo de subsunção da conduta ao tipo penal**.	A doutrina mais moderna entende que a tipicidade também tem um aspecto material: além da subsunção da conduta ao tipo penal, **é necessária a lesão ou o perigo de lesão** verificada com a conduta.

IMPORTAÇÃO DE SEMENTES DE MACONHA
No estudo da tipicidade, insere-se um grande debate: a importação de sementes de maconha é típica? Em 2020, 3ª Seção do **STJ**[80] pacificou que **a conduta de importar pequena quantidade de sementes de maconha é atípica**. Pontos importantes: 1) Não consta a referência a sementes da planta *cannabis sativum* no rol de "drogas" (Portaria SVS/MS n. 344/1998). 2) O THC (Tetrahidrocanabinol) é a substância psicoativa encontrada na planta *cannabis sativum*, mas ausente na semente, razão pela qual esta não pode ser considerada "droga", para fins penais, o que afasta a subsunção do caso a qualquer uma das hipóteses do art. 33, *caput*, da Lei n.º 11.343/2006. 3) Dos incisos I e II do § 1.º do art. 33 da Lei de Drogas, infere-se que "matéria-prima" ou "insumo" é a substância utilizada "para a preparação de drogas". A semente não se presta a tal finalidade, porque não possui o princípio ativo (THC), tampouco serve de reagente para a produção de droga. 4) No mais, a Lei de Drogas prevê como conduta delituosa o semeio, o cultivo ou a colheita da planta proibida (art. 33, § 1.º, inciso II; e art. 28, §1º). Embora a semente seja um pressuposto necessário para a primeira ação, e a planta para as demais, a importação (ou qualquer dos demais núcleos verbais) da semente não está descrita como conduta típica na Lei de Drogas.

80. STJ, EREsp 1624564/SP, Rel. Min. Laurita Vaz, 3ª Seção, j. 14/10/2020.

IMPORTAÇÃO DE SEMENTES DE MACONHA
Antes mesmo da questão ser pacificada no STJ, a **2ª Turma do STF**[81] já entendia que a semente não possui a substância psicoativa (THC), o que leva à **atipicidade** de sua importação quando em pequena quantidade.
A 1ª Turma do STF ainda não se manifestou de forma colegiada sobre o tema. Contudo, há decisões monocráticas recentes[82] de Ministros que compõem a Turma no mesmo sentido da 2ª Turma e do STJ, ou seja, pela atipicidade da conduta. Portanto, é possível dizer que, atualmente, essa é a posição amplamente majoritária na jurisprudência.
É **cabível a concessão de salvo-conduto** (*habeas corpus* preventivo) para o plantio e o transporte de *Cannabis Sativa* para fins exclusivamente terapêuticos, com base em receituário e laudo subscrito por profissional médico especializado, e chancelado pela Anvisa. O tema foi **pacificado no STJ** (ver Info. 758 e Info. 742 no final do capítulo). Uma vez que é possível, ao menos em tese, que o sujeito tenha sua conduta enquadrada no art. 33, § 1º, da Lei n. 11.343/2006, punível com pena privativa de liberdade, é indiscutível o cabimento de *habeas corpus* para os fins por ele almejados: concessão de salvo-conduto para o plantio e o transporte de *Cannabis Sativa*, da qual se pode extrair a substância necessária para a produção artesanal dos medicamentos prescritos para fins de tratamento de saúde. Também há o risco, pelo menos hipotético, de que as autoridades policiais tentem qualificar a pretendida importação de sementes de *Cannabis* no tipo penal de contrabando (art. 334-A do CP), circunstância que reforça a possibilidade de que o sujeito se socorra do *habeas corpus* para o fim pretendido.

ATIPICIDADE MATERIAL E PRINCÍPIO DA INSIGNIFICÂNCIA
Sobre o tema, ver o capítulo 5. PRINCÍPIOS GERAIS DO DIREITO PENAL.

INFORMATIVOS DO STJ – IMPORTAÇÃO DE SEMENTES DE MACONHA
Info. 794: O plantio e a aquisição das sementes da Cannabis sativa, para fins medicinais, não configuram conduta criminosa, independente da regulamentação da ANVISA. AgRg no HC 783717/PR, Rel. Min. Messod Azulay Neto, red. p/ o ac. Min. Jesuíno Rissato (Desembargador convocado do TJDFT), 3ª Seção, j. 13/09/2023.

81. STF, HC 142987/SP, Rel. Min. Gilmar Mendes, 2ª Turma, j. 11/09/2018; STF, HC 143557 AgR/SP, Rel. Min. Dias Toffoli, red. p/ o ac. Min. Gilmar Mendes, j. 11/09/2018.
82. STF, HC 186654/SP, Rel. Min. Roberto Barroso, j. 01/07/2020; STF, HC 147478/SP, Rel. Min. Roberto Barroso, j. 19/12/2019.

TIPICIDADE CONGLOBANTE
Tipicidade = **tipicidade formal + tipicidade conglobante.** Além da análise da tipicidade formal ou legal, **Zaffaroni** entende que o fato típico se reveste de **antinormatividade**, ou seja, é contrário ao ordenamento jurídico como um todo. Ex.: o oficial de justiça, ao cumprir um mandado de penhora e sequestro regularmente exarado por um juiz competente, sequestra uma obra de arte do devedor executado. Analisando apenas tipicidade **formal**, a conduta do oficial seria **típica**, mas não seria ilícita, pois está amparada por uma descriminante (estrito cumprimento do dever legal)[83]. Para os adeptos da teoria da tipicidade **conglobante**, a conduta do oficial de justiça seria **atípica**, pois ausente a tipicidade conglobante (a conduta não é antinormativa, pois é permitida por outra norma do ordenamento jurídico). Seria desnecessário, portanto, prosseguir na análise da ilicitude. Note que a teoria antecipa para a tipicidade a análise que deve ser feita acerca da ilicitude.

ADEQUAÇÃO TÍPICA	
Imediata ou direta	**Mediata ou indireta**
A conduta amolda-se perfeitamente ao tipo penal incriminador e não necessita de outro dispositivo complementar.	Para completar a tipicidade, é necessário conjugar o tipo penal com uma norma de extensão.
Ex.: se o sujeito ofende a integridade corporal ou a saúde de outrem, comete o crime de lesão corporal (art. 129).	Exemplos: o art. 14, II (tentativa) amplia a figura típica para alcançar períodos anteriores à consumação; participação (art. 29); omissão penalmente relevante (art. 13, §2º).

INFORMATIVOS DO STF – TIPICIDADE
Info. 1143: 1. Não comete infração penal quem adquirir, guardar, tiver em depósito, transportar ou trouxer consigo, para consumo pessoal, a substância cannabis sativa, sem prejuízo do reconhecimento da ilicitude extrapenal da conduta, com apreensão da droga e aplicação de sanções de advertência sobre os efeitos dela (art. 28, I) e medida educativa de comparecimento à programa ou curso educativo (art. 28, III); 2. As sanções estabelecidas nos incisos I e III do art. 28 da Lei 11.343/06 serão aplicadas pelo juiz em procedimento de natureza não penal, sem nenhuma repercussão criminal para a conduta; [...]

83. Ver capítulo **16. ILICITUDE.**

INFORMATIVOS DO STF – TIPICIDADE
[...] 3. Em se tratando da posse de cannabis para consumo pessoal, a autoridade policial apreenderá a substância e notificará o autor do fato para comparecer em Juízo, na forma do regulamento a ser aprovado pelo CNJ. Até que o CNJ delibere a respeito, a competência para julgar as condutas do art. 28 da Lei 11.343/06 será dos Juizados Especiais Criminais, segundo a sistemática atual, vedada a atribuição de quaisquer efeitos penais para a sentença; 4. Nos termos do § 2º do artigo 28 da Lei 11.343/2006, será presumido usuário quem, para consumo próprio, adquirir, guardar, tiver em depósito, transportar ou trouxer consigo, até 40 gramas de cannabis sativa ou seis plantas-fêmeas, até que o Congresso Nacional venha a legislar a respeito; 5. A presunção do item anterior é relativa, não estando a autoridade policial e seus agentes impedidos de realizar a prisão em flagrante por tráfico de drogas, mesmo para quantidades inferiores ao limite acima estabelecido, quando presentes elementos que indiquem intuito de mercancia, como a forma de acondicionamento da droga, as circunstâncias da apreensão, a variedade de substâncias apreendidas, a apreensão simultânea de instrumentos como balança, registros de operações comerciais e aparelho celular contendo contatos de usuários ou traficantes; 6. Nesses casos, caberá ao Delegado de Polícia consignar, no auto de prisão em flagrante, justificativa minudente para afastamento da presunção do porte para uso pessoal, sendo vedada a alusão a critérios subjetivos arbitrários; 7. Na hipótese de prisão por quantidades inferiores à fixada no item 4, deverá o juiz, na audiência de custódia, avaliar as razões invocadas para o afastamento da presunção de porte para uso próprio; 8. A apreensão de quantidades superiores aos limites ora fixados não impede o juiz de concluir que a conduta é atípica, apontando nos autos prova suficiente da condição de usuário. RE 635659/SP, Rel. Min. Gilmar Mendes, Pleno, j. 26/06/2024. (Tema 506)

INFORMATIVOS DO STJ – TIPICIDADE
Info. 834: O mero porte de CRLV falsificada na condução de veículo automotor, sem a apresentação pelo condutor no momento da abordagem, não tipifica o crime de uso de documento falso, previsto no art. 304 do Código Penal. REsp 2175887/GO, Rel. Min. Sebastião Reis Júnior, 6ª Turma, j. 12/11/2024.
Info. 833: O delito previsto no art. 54, *caput*, primeira parte, da Lei n. 9.605/1998 prescinde de prova pericial para constatação de poluição que possa resultar em danos à saúde humana. AgRg no REsp 2130764/MG, Rel. Min. Joel Ilan Paciornik, 5ª Turma, j. 16/09/2024.
Info. 825: A ação fraudulenta, que constitui o Fisco em erro, configura o desvalor da conduta nos crimes tributários do art. 1º da Lei n. 8.137/1990, o que permite a instauração de inquérito policial sem prévia constituição definitiva do crédito tributário. AgRg no RHC 182363/GO, Rel. Min. Daniela Teixeira, 5ª Turma, j. 10/09/2024.
Info. 823: É atípica a conduta de possuir 23 gramas de maconha para consumo pessoal, devendo o ilícito administrativo ser apurado no Juizado Especial Criminal, conforme decidido pelo STF no RE 635.659/SP. AgRg no REsp 2121548/PR, Rel. Min. Sebastião Reis Júnior, 6ª Turma, j. 13/08/2024.
Info. 811: O denominado estelionato judicial é conduta atípica na esfera penal. AgRg no HC 841731/MS, Rel. Min. Sebastião Reis Júnior, 6ª Turma, j. 15/04/2024.

11

ITER CRIMINIS

DEFINIÇÃO
"Há um caminho que o crime percorre, desde o momento em que germina, como ideia, no espírito do agente, até aquele em que se consuma no ato final. A esse itinerário percorrido pelo crime, desde o momento da concepção até aquele em que ocorre a consumação, chama-se *iter criminis*"[1]. É um instituto **exclusivo dos crimes dolosos**.

FASES	
Cogitação (fase interna)	É a fase mental de preparação do crime (idealização, deliberação e resolução). **Ainda não há conduta penalmente relevante**.
Atos preparatórios	O crime começa a se projetar no mundo exterior. Ex.: o agente adquire uma arma. Em regra, os atos preparatórios **não são puníveis**, salvo nos crimes-obstáculo[2].
Atos de execução	O agente começa a realizar o núcleo do tipo penal, de forma **idônea e inequívoca**. A esse ponto, já pode haver punição pela **tentativa**.
Consumação	►***Art. 14. Diz-se o crime:*** ***I - Consumado, quando nele se reúnem todos os elementos de sua definição legal [...].*** Fim do *iter criminis*.

1. BITENCOURT, Cezar Roberto (op. cit. p. 1397).
2. Ver capítulo **9.2 CLASSIFICAÇÃO DE CRIMES**.

ATO PREPARATÓRIO OU ATO DE EXECUÇÃO?	
Teoria subjetiva	Importa a exteriorização da vontade criminosa pelo agente. Não distingue atos preparatórios de atos executórios.
Teoria objetiva-formal	**A execução inicia-se quando o agente começa a praticar o núcleo contido no tipo penal. Antes disso, os atos são preparatórios. É a teoria que prevalece**[3].
Teoria objetiva-material	"São atos executórios aqueles em que se inicia a prática do núcleo do tipo, bem como os atos imediatamente anteriores, com base na visão de terceira pessoa alheia à conduta criminosa"[4].
Teoria objetiva--individual	São atos executórios aqueles em que se inicia a prática do núcleo do tipo, bem como os atos imediatamente anteriores, com base no plano concreto do agente.
Teoria da hostilidade ao bem jurídico	A execução (e, portanto, a possibilidade de punir a tentativa) inicia-se quando o agente ataca o bem jurídico.
Persistindo a dúvida ("o ato é preparatório ou de execução?"), o ato deve ser considerado **preparatório** (mais benéfico ao agente).	

MOMENTO CONSUMATIVO	
Crime material	Ocorre com a produção do resultado naturalístico (modificação do mundo exterior).
Crime formal ou de mera conduta	Ocorre com a prática da conduta. O tipo penal não exige a produção do resultado naturalístico (crime formal) ou sequer há um resultado naturalístico (crime de mera conduta).
Crime permanente	A consumação se protrai no tempo por vontade do agente.
Crime habitual	Depende da reiteração de atos.

3. STJ, AREsp 974254/TO, Rel. Min. Ribeiro Dantas, 5ª Turma, j. 21/09/2021.
4. CUNHA, Rogério Sanches (op. cit. p. 432).

MOMENTO CONSUMATIVO	
Crime omissivo próprio	Ocorre no momento da abstenção da conduta que devia ser praticada.
Crime omissivo impróprio	Ocorre com o resultado naturalístico (são sempre crimes materiais).
Crime qualificado pelo resultado	Ocorre com a produção do resultado agravador.
Crime de perigo concreto	Ocorre com a efetiva exposição do bem jurídico a perigo.
Crime de perigo abstrato	Dispensa a demonstração de potencialidade lesiva da conduta.

CONSUMAÇÃO DO CRIME DE ROUBO (ART. 157)
■ Súmula 582 do STJ: Consuma-se o crime de roubo com a inversão da posse do bem mediante emprego de violência ou grave ameaça, ainda que por breve tempo e em seguida à perseguição imediata ao agente e recuperação da coisa roubada, sendo prescindível a posse mansa e pacífica ou desvigiada.

CONSUMAÇÃO DO CRIME DE LATROCÍNIO (ART. 157, §3º)
Há tentativa de latrocínio quando o sujeito age com **dolo de subtrair** e **dolo de matar,** mas o **resultado morte** não ocorre por circunstâncias alheias à sua vontade[5]. Portanto, o fator determinante para a consumação é a ocorrência do resultado **morte**, sendo despicienda a efetiva inversão da posse do bem[6].   ■ Súmula 610 do STF: Há crime de latrocínio, quando o homicídio se consuma, ainda que não realize o agente a subtração de bens da vítima.

5. STJ, REsp 1525956/MG, Rel. Min. Rogerio Schietti Cruz, 6ª Turma, j. 24/11/2015.
6. STJ, AgRg no REsp 1647962/MG, Rel. Min. Reynaldo Soares da Fonseca, 5ª Turma, j. 09/03/2017.

CONSUMAÇÃO DO CRIME DE LATROCÍNIO (ART. 157, §3º)		
Roubo	**Morte**	**Latrocínio**
Consumado	Consumada	Consumado
Tentado	Tentada	Tentado
Consumado	**Tentada**	**Tentado**
Tentado	**Consumada**	**Consumado**

EXAURIMENTO
Não integra o *iter criminis* e não influi na tipicidade, mas pode influir na **dosimetria** da pena, ser reconhecido como **qualificadora** ou configurar **crime autônomo**.

INFORMATIVOS DO STJ
Info. 794: Flagrado o agente antes do efetivo ingresso no interior do estabelecimento prisional, ainda durante a revista, não há falar em consumação do crime do art. 349-A do Código Penal, mas apenas em tentativa. AREsp 2104638/RJ, Rel. Min. Jesuíno Rissato (Desembargador convocado do TJDFT), 6ª Turma, j. 07/11/2023.
Info. 771: O crime de "obter, mediante fraude, financiamento em instituição financeira" se consuma no momento em que assinado o contrato de obtenção de financiamento mediante fraude. AgRg no REsp 2002450/SE, Rel. Min. Joel Ilan Paciornik, 5ª Turma, j. 17/04/2023.
Info. 770: A mera solicitação do preso, sem a efetiva entrega do entorpecente ao destinatário no estabelecimento prisional, configura ato preparatório, o que impede a sua condenação por tráfico de drogas. AgRg no REsp 1999604/MG, Rel. Ministro Ribeiro Dantas, 5ª Turma, j. 20/03/2023.

12

TENTATIVA

DEFINIÇÃO
►***Art. 14. Diz-se o crime:*** ***II - Tentado, quando, iniciada a execução, não se consuma por circunstâncias alheias à vontade do agente.*** ***Parágrafo único. Salvo disposição em contrário, pune-se a tentativa com a pena correspondente ao crime consumado, diminuída de 1 a 2/3.*** A tentativa (***conatus*****, crime imperfeito, incompleto ou manco**) é uma causa geral de diminuição de pena e, portanto, a redução (de 1 a 2/3) deve operar-se na terceira fase da dosimetria.
O art. 14, II é uma **norma de extensão ou de ampliação** (ampliação temporal): no crime tentado, o tipo penal deve ser conjugado com o art. 14, II. Ex.: o homicídio tentado corresponde ao art. 121 c/c o art. 14, II.
Cuidado para não confundir os institutos: **tentativa inidônea ou inadequada é sinônimo de crime impossível** e **tentativa qualificada ou abandonada é sinônimo de desistência voluntária e arrependimento eficaz.**

ELEMENTOS DA TENTATIVA			
Dolo de consumação.	**Início da execução.**	**Consumação possível.**	**Ausência de consumação por circunstâncias alheias à vontade do agente.**

TEORIAS	
Objetiva, dualista ou realística	**"O CP, em seu art. 14, II, adotou a teoria objetiva quanto à punibilidade da tentativa**, pois, malgrado semelhança subjetiva com o crime consumado, diferencia a pena aplicável ao agente doloso de acordo com o perigo de lesão ao bem jurídico tutelado"[1].
Subjetiva, voluntarística ou monista	A teoria se contenta com a exteriorização da vontade através da prática de atos preparatórios. Não foi aceita pelo CP, o qual exige a prática de atos de execução. É adotada excepcionalmente (*"**salvo disposição em contrário**"*).
Sintomática	Basta a periculosidade subjetiva manifestada. Não é aceita.
Objetivo-subjetiva ou da impressão	"Representa um limite à teoria subjetiva, evitando o alcance desordenado dos atos preparatórios. A punibilidade da tentativa só é admissível quando a atuação da vontade ilícita do agente seja adequada para comover a confiança na vigência do ordenamento normativo e o sentimento de segurança jurídica dos que tenham conhecimento da conduta criminosa"[2].

TEMAS RELEVANTES SOBRE A TENTATIVA	
Coautoria	Pode haver coautoria em crimes tentados.
Contravenção	Não é punível a tentativa na contravenção (art. 4º da LCP).
Dolo eventual	O STF[3] e o STJ[4] entendem que a tentativa é **compatível** com o dolo eventual.
Crimes de atentado	O CP adotou como regra a teoria objetiva, *"**salvo disposição em contrário**"*. Há, portanto, situações em que o crime consumado e crime tentado comportam igual punição (adoção excepcional da teoria subjetiva). Ex.: evasão mediante violência contra a pessoa (art. 352 – *"**evadir-se ou tentar evadir-se**"*).

1. STJ, AgRg no AgRg no AREsp 2213101/PR, Rel. Min. Reynaldo Soares da Fonseca, 5ª Turma, j. 18/04/2023.
2. MASSON, Cleber (op. cit. p. 291).
3. STF, HC 165200 AgR/MG, Rel. Min. Roberto Barroso, 1ª Turma, j. 29/04/2019.
4. STJ, AgRg no REsp 2001594/SP, Rel. Min. Ribeiro Dantas, 5ª Turma, j. 16/08/2022.

TEMAS RELEVANTES SOBRE A TENTATIVA	
Crimes apenas tentado	Em hipóteses raríssimas, é possível a punição de crimes apenas na forma tentada. Ex.: "**Tentar**, com emprego de violência ou grave ameaça, abolir o Estado Democrático de Direito, impedindo ou restringindo o exercício dos poderes constitucionais: Pena - reclusão, de 4 a 8 anos, além da pena correspondente à violência" (art. 359-L do CP).
CPM	O CPM, na primeira parte do art. 30, II, prevê a **teoria objetiva**. Em sua segunda parte, contudo, ao admitir que o juiz, em caso de excepcional gravidade, puna o crime tentado com a mesma pena do consumado, adotou a **teoria subjetiva**.
Crimes de ímpeto	Embora seja difícil o fracionamento dos atos de execução, é **cabível** a tentativa.
Crimes culposos[5]	**Os crimes culposos não admitem a tentativa, salvo se a culpa for imprópria** (trata-se, na verdade, de um crime doloso punido como culposo por questões de política criminal).
Tipo incongruente	Na tentativa, o dolo é o mesmo do crime consumado, mas o crime é incompleto do ponto de vista objetivo.
Tentativa supersticiosa ou irreal	É "aquela em que o agente acredita estar incurso numa situação típica que, na prática, não é realizável. [...] Por exemplo: "A" pretende matar "B" mediante disparos de arma de fogo e, para alcançar seu intento, desfere os tiros contra o alvo, que já está morto: não provoca o resultado porque o objeto é absolutamente impróprio. [...] **O crime é impossível**, mas "A", [...] ao efetuar os disparos, idealizou que o alvo estava vivo"[6].
***Quantum* de redução**	Adota-se o "critério de diminuição do crime tentado de forma inversamente proporcional à aproximação do resultado representado: **quanto maior o *iter criminis* percorrido pelo agente, menor será a fração da causa de diminuição**"[7].

5. Ver capítulo **10.3.4 CRIME CULPOSO**.
6. CUNHA, Rogério Sanches (op. cit. p. 437).
7. STJ, AgRg no HC 804533/PE, Rel. Min. Reynaldo Soares da Fonseca, 5ª Turma, j. 14/03/2023.

TENTATIVA	DESISTÊNCIA VOLUNTÁRIA
"Quero prosseguir, mas não posso" (fórmula de Frank).	**"Posso prosseguir, mas não quero"** (fórmula de Frank).
Não ocorre a consumação por **circunstâncias alheias à vontade** do agente.	Não ocorre a consumação porque **o agente voluntariamente desiste de prosseguir na execução ou impede que o resultado se produza**.
O agente responde pelo crime consumado com a **pena diminuída de 1 a 2/3**.	O agente responde apenas pelos **atos já praticados**.

TENTATIVA BRANCA, INCRUENTA OU IMPROFÍCUA	TENTATIVA VERMELHA OU CRUENTA
O objeto do crime não é atingido pela conduta. Considerando o *iter criminis* percorrido, o *quantum* de redução da tentativa deve se aproximar da fração máxima (**2/3**)[8]. Ex.: "embora os agentes tenham efetuado vários disparos de arma de fogo, certo é que nenhum dos projéteis atingiram as vítimas - tentativa branca -, devendo a pena ser reduzida no percentual máximo (2/3)"[9].	**O objeto do crime é atingido pela conduta.** Considerando o *iter criminis* percorrido, o *quantum* de redução da tentativa deve se aproximar da fração mínima (**1/3**)[10]. Ex.: "os atos de execução ultrapassaram o estágio inicial, tratando-se de tentativa cruenta, uma vez que o agente disparou seis tiros na direção da vítima, sendo que três deles a atingiram, causando-lhes lesões corporais (em ombro, perna e mão) que, felizmente, não atingiram nenhum órgão vital"[11].

8. STJ, AgRg no HC 766841/SP, Rel. Min. Antonio Saldanha Palheiro, 6ª Turma, j. 19/12/2022.
9. STJ, AgRg no REsp 1167481/RS, Rel. Min. Jorge Mussi, 5ª Turma, j. 04/09/2012.
10. "Hipótese na qual a paciente atacou a vítima a golpes de facada, cansando-lhe lesões graves em regiões letais, tratando-se, portanto, de **tentativa cruenta** e perfeita, pois percorrida a totalidade do *iter criminis*, tendo sido realizado o suficiente para alcançar o resultado morte. Por conseguinte, de rigor a manutenção do **redutor mínimo de 1/3** (um terço), pela tentativa de homicídio (art. 14, II, do CP)" (STJ, HC 365398/RS, Rel. Min. Ribeiro Dantas, 5ª Turma, j. 17/11/2016).
11. STJ, HC 180590/RJ, Rel. Min. Gurgel de Faria, 5ª Turma, j. 02/02/2016.

TENTATIVA PERFEITA, ACABADA OU CRIME FALHO	TENTATIVA IMPERFEITA, INACABADA OU PROPRIAMENTE DITA
O agente **esgota todos os meios de execução à sua disposição** e, mesmo assim, a consumação não sobrevém por circunstâncias alheias à sua vontade. Ex.: o sujeito ataca a vítima a golpes de facada, causando-lhe lesões graves em regiões letais. Nesse caso, a tentativa é cruenta e perfeita.	"O agente, por fatores alheios a sua vontade, **não esgota os meios de execução ao seu alcance**, dentro daquilo que considera suficiente, em seu projeto criminoso, para alcançar resultado"[12]. Ex.: o sujeito pretende roubar uma loja mas deixa de prosseguir devido à aglomeração de clientes presentes no estabelecimento e à impossibilidade de a funcionária da empresa vítima abrir o caixa sem a presença de seu supervisor[13].

ADMITEM TENTATIVA	NÃO ADMITEM TENTATIVA
- Crimes dolosos; - Crimes plurissubsistentes (incluindo os formais ou de mera conduta); - Omissivos impróprios; - Crimes de perigo concreto; - Crimes permanentes.	- Culposos (salvo a culpa imprópria); - Contravenções penais; - Habituais; - Omissivos próprios; - Unissubsistentes; - Preterdolosos; - Resultado; - Empreendimento (atentado); - Impossíveis; - Crimes de perigo abstrato; - Crimes subordinados a uma condição objetiva de punibilidade; - Crimes-obstáculo.

INFORMATIVOS DO STJ
Info. 837: Não é cabível a modalidade tentada para o crime de estupro de vulnerável, uma vez que qualquer contato libidinoso com menor de 14 anos já consuma o delito, sendo irrelevante se a conduta foi interrompida ou superficial, pois o bem jurídico da dignidade e liberdade sexual da vítima já se encontra violado. Processo em segredo de justiça, Rel. Min. Daniela Teixeira, 5ª Turma, j. 10/12/2024.

12. STJ, HC 189134/RJ, Rel. Min. Ribeiro Dantas, 5ª Turma, j. 02/08/2016.
13. STJ, HC 391987/SP, Rel. Min. Maria Thereza de Assis Moura, 6ª Turma, j. 22/08/2017.

INFORMATIVOS DO STJ
Info. 794: Flagrado o agente antes do efetivo ingresso no interior do estabelecimento prisional, ainda durante a revista, não há falar em consumação do crime do art. 349-A do Código Penal, mas apenas em tentativa. AREsp 2104638/RJ, Rel. Min. Jesuíno Rissato (Desembargador convocado do TJDFT), 6ª Turma, j. 07/11/2023.
Info. 770: A mera solicitação do preso, sem a efetiva entrega do entorpecente ao destinatário no estabelecimento prisional, configura ato preparatório, o que impede a sua condenação por tráfico de drogas. AgRg no REsp 1999604/MG, Rel. Ministro Ribeiro Dantas, 5ª Turma, j. 20/03/2023.

13

DESISTÊNCIA VOLUNTÁRIA E ARREPENDIMENTO EFICAZ

DEFINIÇÃO
► ***Art. 15. O agente que, voluntariamente, desiste de prosseguir na execução ou impede que o resultado se produza, só responde pelos atos já praticados*****s**. Na primeira parte (*"**desiste de prosseguir na execução**"*) está a desistência voluntária. Na segunda parte (*"**impede que o resultado se produza**"*) está o arrependimento eficaz. Prevalece que a desistência voluntária e o arrependimento eficaz são causas de **exclusão da tipicidade** em relação aos crimes desejados inicialmente.
Atenção: os institutos **não se confundem com a tentativa**, em que a consumação não ocorre por circunstâncias alheias à vontade do agente. Apesar de o agente já ter iniciado os atos de execução (tentativa configurada – punição pelo crime consumado com redução de 1 a 2/3), o legislador estende uma "**ponte de ouro**"[1] para que o sujeito retorne à legalidade e responda apenas pelos atos já praticados. Esses atos podem configurar um crime autônomo ou não, situação em que o agente ficará impune.
Sinônimos: **tentativa qualificada ou abandonada**.

1. STJ, REsp 64384/PR, Rel. Min. Luiz Vicente Cernicchiaro, 6ª Turma, j. 11/09/1995.

PONTOS COMUNS ENTRE OS INSTITUTOS
Os institutos são aplicáveis apenas a **delitos não consumados**[2].
A voluntariedade é um requisito comum. Os atos devem ser **livres de coação física ou moral**[3]. Contudo, **não se exige espontaneidade**: pouco importam as razões que levam o agente a desistir ou se arrepender.
Não cabe desistência voluntária ou arrependimento eficaz em crimes culposos porque o sujeito age com violação do dever objetivo de cuidado, mas não dirige sua atuação para a produção do resultado naturalístico, que é involuntário, não querido pelo agente. Exceção: os crimes cometidos com **culpa imprópria**, porque são praticados com dolo (são considerados culposos por questões de política criminal).
Prevalece que a desistência voluntária e o arrependimento eficaz são **comunicáveis em concurso de pessoas**. Ex.: se o executor do crime desiste de prosseguir com a execução, a desistência voluntária comunica-se ao mandante do crime e ambos responderão apenas pelos atos já praticados.

DESISTÊNCIA VOLUNTÁRIA
"Caracteriza-se pela **interrupção voluntária** do *iter criminis* pelo agente, que, livre de coação física ou moral, deixa de praticar os demais atos necessários à consumação, conquanto estivessem à sua disposição, de modo que essa interrupção seja **capaz de evitar a consumação**"[4]. É similar à **tentativa imperfeita**, mas com ela não se confunde.

TENTATIVA IMPERFEITA	DESISTÊNCIA VOLUNTÁRIA
"Quero prosseguir, mas não posso" (fórmula de Frank).	**"Posso prosseguir, mas não quero"** (fórmula de Frank).
Não ocorre a consumação por **circunstâncias alheias** à vontade do agente.	Não ocorre a consumação porque o agente **voluntariamente** desiste de prosseguir na execução.

2. STJ, AgRg no AgRg no AREsp 1542424/MG, Rel. Min. Joel Ilan Paciornik, 5ª Turma, j. 22/09/2020.
3. STJ, REsp 1500416/SP, Rel. Min. Nefi Cordeiro, 6ª Turma, j. 03/08/2017.
4. STJ, HC 189134/RJ, Rel. Min. Ribeiro Dantas, 5ª Turma, j. 02/08/2016.

TENTATIVA IMPERFEITA	DESISTÊNCIA VOLUNTÁRIA
Dolo de consumação.	**Dolo abandonado.**
Ex.: o sujeito pretende roubar uma loja mas deixa de prosseguir devido à aglomeração de clientes presentes no estabelecimento e à impossibilidade de a funcionária da empresa vítima abrir o caixa sem a presença de seu supervisor[5].	Ex.: Pedro pretende matar Maria e adquire uma arma com 10 munições. Após atingir o ombro de Maria e ainda com 8 munições disponíveis, Pedro desiste voluntariamente de prosseguir na execução e abandona o local, evitando a morte da vítima. Pedro somente responderá pelas lesões corporais praticadas.
O agente responde pelo crime consumado com a **pena diminuída de 1 a 2/3**.	O agente responde apenas pelos **atos já praticados**.

OUTROS TEMAS RELEVANTES SOBRE A DESISTÊNCIA VOLUNTÁRIA	
Crimes unissubsistentes	A desistência voluntária apenas é possível se o sujeito tem a oportunidade de interromper a execução antes que o crime venha a se consumar. Por isso, é **incabível** nos crimes unissubsistentes, em que a conduta não é fracionável.
Adiamento	Prevalece que há desistência voluntária no adiamento da prática do crime (quando o sujeito pensa que o momento não é oportuno, mas decide prosseguir no futuro)[6].

ARREPENDIMENTO EFICAZ
O agente **pratica todos os atos de execução que tinha à disposição**, mas se arrepende e voluntariamente age no sentido de evitar o resultado. Além da voluntariedade, exige-se a **eficácia** na evitação do resultado.
Pressupõe um **crime material**. Os crimes formais se consumam independentemente da ocorrência do resultado naturalístico, enquanto os crimes de mera conduta sequer têm resultado naturalístico. Em ambos os casos a consumação é imediata, ou seja, não há resultado naturalístico a ser evitado pelo agente.

5. STJ, HC 391987/SP, Rel. Min. Maria Thereza de Assis Moura, 6ª Turma, j. 22/08/2017.
6. ALVES, Jamil Chaim (op. cit. p. 379).

ARREPENDIMENTO EFICAZ
Há similaridade com a **tentativa perfeita**, na qual o agente **esgota todos os meios executórios**. A diferença é que, no arrependimento eficaz, o crime não se consuma em virtude de diligências efetuadas pelo agente, enquanto na tentativa o crime não se consuma devido a circunstâncias alheias à vontade do agente.
Sinônimo: **resipiscência**.

DESISTÊNCIA VOLUNTÁRIA	ARREPENDIMENTO EFICAZ
O agente desiste de continuar a executar o crime quando **ainda há meios de execução disponíveis**[7].	O agente **utiliza todos os meios de execução disponíveis**, mas se arrepende e age para impedir que o resultado seja produzido.
Execução em andamento.	**Execução concluída**.
Ex.: o agente que entrou em uma casa para furtar e desiste voluntariamente da execução responde somente pela violação de domicílio (ato já praticado). Atenção: é possível que os atos praticados não configurem crime e o agente fique impune.	Ex.: o agente, com *animus necandi*, desfere tiros contra a vítima e esgota a execução, mas se arrepende e a conduz ao hospital. Se a vítima sobreviver, o agente responderá apenas pelas lesões já praticadas (se houver).

LEI ANTITERRORISMO (LEI 13.260/2016)
O art. 10 da Lei permite a aplicação da desistência voluntária e do arrependimento eficaz mesmo antes de iniciada a execução do crime de terrorismo. Diferentemente do CP, que condiciona a aplicação dos institutos ao início da execução do crime, a Lei 13.260/2016 pune atos preparatórios de terrorismo, justificando-se a diferença.

7. **"A desistência voluntária (CP, art. 15), também denominada "ponte de ouro", caracteriza-se pela interrupção voluntária do iter criminis pelo agente, que, livre de coação física ou moral, deixa de praticar os demais atos necessários à consumação, conquanto estivessem à sua disposição, de modo que essa interrupção seja capaz de evitar a consumação"** (STJ, HC 189.134/RJ, Rel. Min. Ribeiro Dantas, 5ª Turma, j. 12/08/2016).

14

ARREPENDIMENTO POSTERIOR

DEFINIÇÃO
► ***Art. 16. Nos crimes cometidos sem violência ou grave ameaça à pessoa, reparado o dano ou restituída a coisa, até o recebimento da denúncia ou da queixa, por ato voluntário do agente, a pena será reduzida de 1 a 2/3.*** Trata-se de causa geral de diminuição de pena[1]. É a "**ponte de prata**" de Von Liszt[2]: o crime está **consumado** e o agente não pode ser beneficiado com a exclusão da tipicidade, mas pode ter a pena reduzida se minimizar suas consequências.

ARREPENDIMENTO EFICAZ	ARREPENDIMENTO POSTERIOR
O agente consegue impedir a produção do resultado e só responde pelos atos já praticados (causa de exclusão da **tipicidade** quanto ao crime desejado inicialmente).	**O resultado já foi produzido e o agente repara o dano ou restitui a coisa objeto do crime até o recebimento da denúncia ou da queixa** (causa de **diminuição de pena**).

REQUISITOS		
1. Reparação do dano ou restituição da coisa.	**2. Até o recebimento da denúncia ou queixa.**	**3. Crime cometido sem violência ou grave ameaça à pessoa.**

1. Diferentemente da desistência voluntária e do arrependimento eficaz (causas de exclusão da tipicidade do crime desejado inicialmente), o arrependimento posterior é uma **minorante ou causa geral de diminuição da pena.** Seria mais acertado disciplina-lo na parte relativa à **teoria da pena.**
2. CUNHA, Rogério Sanches (op. cit. p. 446).

1. REPARAÇÃO DO DANO OU RESTITUIÇÃO DA COISA
A reparação do dano deve ser **voluntária, pessoal e integral. Não precisa ser espontânea**[3].
O STJ[4] enfatiza a necessidade da reparação do dano ser **integral**. A 1ª Turma do STF[5] já admitiu reparação parcial do dano. Atenção: recentemente, a 1ª Turma do STF[6] entendeu que é possível o reconhecimento do instituto quando o agente paga a **dívida principal** antes do recebimento da denúncia e paga o **restante (juros e correção monetária) durante a tramitação da ação penal.**

2. ATÉ O RECEBIMENTO DA DENÚNCIA OU QUEIXA
Após o recebimento da denúncia, o agente faz jus à aplicação da **atenuante genérica prevista no art. 65, III, *b***.

3. CRIME COMETIDO SEM VIOLÊNCIA OU GRAVE AMEAÇA À PESSOA	
Prevalece que **a violência contra a coisa e a violência culposa não impedem a aplicação do benefício**, mas não há consenso quanto à aplicação do instituto nos casos de **violência imprópria**.	
Corrente 1	**Corrente 2**
"A violência imprópria é uma modalidade de violência e, portanto, incompatível com o arrependimento posterior. Aliás, se o agente subtrai coisa alheia mediante violência imprópria, o crime é de roubo e não de furto"[7].	"O legislador penal, no artigo 16, vedou o benefício somente no caso de violência própria. Logo, no caso de roubo, por exemplo, seria admissível o arrependimento posterior, desde que cometido mediante emprego de meio diverso da força física ou grave ameaça, mas suficiente para reduzir a capacidade de resistência da vítima"[8].

3. STJ, AgRg no HC 436253/AC, Rel. Min. Nefi Cordeiro, 6ª Turma, j. 02/10/2018.
4. STJ, AgInt no AREsp 475098/DF, Rel. Min. Rogerio Schietti Cruz, 6ª Turma, j. 11/09/2018.
5. STF, HC 98658/PR, Rel. Min. Cármen Lúcia, 1ª Turma, j. 09/11/2010.
6. HC 165312/SP, Rel. Min. Marco Aurélio, 1ª Turma, j. 14/04/2020. (Info 973)
7. ALVES, Jamil Chaim (op. cit. p. 382).
8. CUNHA, Rogério Sanches (op. cit. p. 446).

TEMAS RELEVANTES SOBRE O ARREPENDIMENTO POSTERIOR	
Crimes patrimoniais	O STJ consolidou a "**impossibilidade material do reconhecimento de arrependimento posterior nos crimes não patrimoniais ou que não possuam efeitos patrimoniais**[9]. Ex.: o crime de peculato (crime contra a Administração Pública) possui efeitos patrimoniais e é compatível com o instituto.
Circunstância objetiva	Prevalece que o arrependimento posterior é uma **circunstância objetiva que se estende a todos os coautores ou partícipes do crime**[10].
***Quantum* de redução**	O índice de redução da pena deve variar em função a **celeridade** e voluntariedade no ressarcimento do prejuízo à vítima[11].
Recusa da vítima	O agente não pode ser prejudicado pela recusa da vítima em aceitar a reparação do dano ou a restituição da coisa. Se preencher os requisitos, a redução da pena de impõe.
Crimes contra a fé pública	Para o STJ, "os crimes contra a fé pública [...] são **incompatíveis** com o instituto do arrependimento posterior, dada a impossibilidade material de haver reparação do dano causado ou a restituição da coisa subtraída"[12].

REGRAS ESPECIAIS SOBRE A REPARAÇÃO DO DANO	
Juizados Especiais Criminais	"Tratando-se de ação penal de iniciativa privada ou de ação penal pública condicionada à representação, o acordo homologado acarreta a renúncia ao direito de queixa ou representação" (art. 74, parágrafo único, da Lei 9.099/1995).
Peculato culposo	***"[...] a reparação do dano, se precede à sentença irrecorrível, extingue a punibilidade; se lhe é posterior, reduz de metade a pena imposta"*** (art. 312, §3º).

9. STJ, REsp 1.561.276/BA, Rel. Min. Sebastião Reis Júnior, 6ª Turma, j. 28/06/2016.
10. STJ, APn 629/RO, Rel. Min. Nancy Andrighi, Corte Especial, j. 28/06/2018.
11. STJ, AgRg no AREsp 2231252/PR, Rel. Min. Reynaldo Soares da Fonseca, 5ª Turma, j. 28/02/2023.
12. STJ, REsp 1242294/PR, Rel. Min. Sebastião Reis Júnior, 6ª Turma, j. 18/11/2014.

REGRAS ESPECIAIS SOBRE A REPARAÇÃO DO DANO	
Crimes contra a ordem tributária	Nos crimes previstos nos arts. 1º e 2º da Lei 8.137/1990 e nos arts. 168-A (apropriação indébita previdenciária) e 337-A (sonegação de contribuição previdenciária) do CP, o pagamento integral do débito tributário extingue a punibilidade (art. 69 da Lei 11.941/2009).
Emissão de cheque sem fundos	▪ Súmula 554 do STF: O pagamento de cheque emitido sem provisão de fundos, após o recebimento da denúncia, não obsta o prosseguimento da ação penal. Logo, pode-se concluir que, no caso do art. 171, §2º, VI, o pagamento de cheque sem fundos até o recebimento da denúncia impede o prosseguimento da ação penal.

15

CRIME IMPOSSÍVEL

INTRODUÇÃO
►***Art. 17. Não se pune a tentativa quando, por ineficácia absoluta do meio ou por absoluta impropriedade do objeto, é impossível consumar-se o crime.***   Trata-se de uma causa de **exclusão da tipicidade**.
Sinônimos: **tentativa inidônea, tentativa inadequada, tentativa impossível**[1], **tentativa irreal, tentativa supersticiosa, quase-crime** ou **crime oco**.

TEORIAS		
Subjetiva	**Objetiva**	**Sintomática**
Importa a **intenção** do agente de cometer o crime. Segundo a teoria, o crime impossível deveria ser punido com a pena correspondente ao crime tentado.	Importa o **perigo proporcionado ao bem jurídico**: se o bem continua intacto, o agente não deve ser punido (fato atípico). Duas vertentes: **pura** e **temperada**.	Mesmo que o bem jurídico não seja atingido, importa a **periculosidade** manifestada pelo agente. Expressão do direito penal do autor.

1. STJ, HC 351194/SP, Rel. Min. Ribeiro Dantas, 5ª Turma, j. 02/06/2016.

TEORIA OBJETIVA PURA	TEORIA OBJETIVA TEMPERADA OU INTERMEDIÁRIA
No crime impossível, a ineficácia do meio ou a impropriedade do objeto pode ser **absoluta ou relativa**.	No crime impossível, a ineficácia do meio ou a impropriedade do objeto é apenas a **absoluta**, de modo que o bem juridicamente tutelado não sofra qualquer lesão ou ameaça de lesão[2]. A ineficácia e a impropriedade relativas configuram a tentativa. **Teoria adotada pelo CP**.

ESPÉCIES DE CRIME IMPOSSÍVEL	
Por ineficácia absoluta do meio	**Por impropriedade absoluta do objeto**
O meio de execução empregado é inapto para produzir o resultado. Ex.: em relação ao crime de posse ilegal de arma de fogo, "demonstrada por laudo pericial a total ineficácia da arma de fogo (inapta a disparar), deve ser reconhecida a atipicidade da conduta perpetrada, diante da ausência de afetação do bem jurídico incolumidade pública, tratando-se de crime impossível pela ineficácia absoluta do meio"[3].	O bem jurídico não existe ou, pelas circunstâncias do caso, é impossível de ser atingido[4]. Ex.: matar pessoa já falecida (o homicídio só pode recair sobre pessoa viva); tentar causar o aborto em mulher que não está grávida.
Ambas devem ser aferidas **depois** da prática da conduta. **Se forem relativas, haverá tentativa**, e não crime impossível.	

CRIME DE FURTO E SÚMULA 567 DO STJ
Quando há o monitoramento da ação delituosa, mas o agente consegue sair do estabelecimento comercial com o produto da subtração, afasta-se a configuração de crime impossível por ineficácia absoluta do meio ou por absoluta impropriedade do objeto. ▪ Súmula 567 do STJ: Sistema de vigilância realizado por monitoramento eletrônico ou por existência de segurança no interior de estabelecimento comercial, por si só, não torna impossível a configuração do crime de furto.

2. STF, HC 157799 AgR/RJ, Rel. Min. Roberto Barroso, 1ª Turma, j. 22/10/2018.
3. STJ, HC 445564/SP, Rel. Min. Maria Thereza de Assis Moura, 6ª Turma, j. 15/05/2018.
4. STJ, REsp 1340747/RJ, Rel. Min. Maria Thereza de Assis Moura, 6ª Turma, j. 13/05/2014.

ELEMENTOS DO CRIME IMPOSSÍVEL			
Dolo de consumação.	**Início da execução**.	**Consumação impossível** (distinção da tentativa).	**Ausência de consumação por circunstâncias alheias à vontade do agente**.

TENTATIVA	CRIME IMPOSSÍVEL
É **possível** atingir a consumação do crime, seja porque a ineficácia do meio ou a impropriedade do objeto é relativa, seja por outra circunstância alheia à vontade do agente. Ex.: o agente pretende subtrair um objeto numa loja, mas os seguranças, por meio do circuito interno de vídeo, impedem a consumação do furto.	É **impossível** atingir a consumação do crime por ineficácia absoluta do meio ou por impropriedade absoluta do objeto. Ex.: o agente pretende furtar um celular e coloca a mão na bolsa da vítima. Contudo, não existe nenhum objeto dentro da bolsa (o objeto é inexistente e, portanto, não corre perigo).

CRIMES PUTATIVOS	
Crime putativo por erro de tipo	É o erro de tipo invertido: o agente acredita que está cometendo um crime, mas sua conduta é penalmente irrelevante porque não existe uma elementar que supõe existir. É um **crime impossível por absoluta impropriedade do objeto.** Ex.: mulher não gestante que bebe um chá com propriedades abortivas com o intuito de abortar.
Crime putativo por erro de proibição	É um erro de proibição invertido: o agente quer cometer o crime e acredita que realmente viola uma lei penal, mas a sua atuação é penalmente irrelevante. É chamado de '**delito de alucinação**'. Ex.: o pai pensa que comete o crime de incesto por manter relações sexuais consensuais com a filha maior de 18 anos e plenamente capaz. Tal fato, contudo, é atípico. Não existe o crime de incesto no ordenamento brasileiro.
Crime putativo por obra do agente provocador, crime de ensaio, de experiência ou flagrante preparado ou provocado	A polícia provoca o agente a praticar o delito e, ao mesmo tempo, impede a sua consumação (**crime impossível**). ■ Súmula 145 do STF: Não há crime quando a preparação do flagrante pela polícia torna impossível a sua consumação.

FLAGRANTE PREPARADO	FLAGRANTE ESPERADO	FLAGRANTE FORJADO
"A polícia provoca o agente a praticar o delito e, ao mesmo tempo, impede a sua consumação, cuidando-se, assim, de **crime impossível**"[5].	"A polícia tem notícias de que uma infração penal será cometida e **aguarda o momento de sua consumação** para executar a prisão"[5]. Não é crime impossível.	"A conduta do agente é **criada pela polícia**, tratando-se de fato atípico"[7].

SINÔNIMOS	
Tentativa	*Conatus*, crime imperfeito, crime incompleto ou crime manco.
Tentativa branca	Tentativa incruenta ou improfícua.
Tentativa vermelha	Tentativa cruenta.
Tentativa perfeita	Tentativa acabada ou crime falho.
Tentativa imperfeita	Tentativa inacabada ou propriamente dita.
Desistência voluntária e arrependimento eficaz	Tentativa qualificada ou abandonada.
Arrependimento eficaz	Resipiscência.
Crime impossível	Tentativa inidônea, tentativa inadequada, tentativa impossível, tentativa irreal, tentativa supersticiosa, quase-crime ou crime oco.

5. STJ, AgRg no AREsp 1098654/PR, Rel. Min. Reynaldo Soares da Fonseca, 5ª Turma, j. 12/09/2017.
6. Idem.
7. STJ, RHC 103456/PR, Rel. Min. Jorge Mussi, 5ª Turma, j. 06/11/2018.

16

ILICITUDE

16.1 NOÇÕES GERAIS

DEFINIÇÃO
A ilicitude é o segundo elemento que compõe a estrutura analítica do crime (fato típico → ilícito → culpável). **Ilicitude é a contrariedade entre a conduta praticada e o ordenamento jurídico.** Para saber se o fato típico também é ilícito, deve-se investigar se há alguma norma no ordenamento jurídico que permite aquele comportamento. Tal norma permissiva não precisa ser de direito penal, podendo fazer parte de outro ramo do direito (direito civil, administrativo, trabalhista etc.). A análise da ilicitude é posterior à análise da tipicidade. **Em regra, as condutas ilícitas são também típicas.** Sinônimo de **antijuridicidade**.

FASES DA EVOLUÇÃO DO TIPO		
1. Independência ou absoluta independência	**2. Indício de ilicitude ou teoria da indiciariedade**	**3. Identidade ou absoluta dependência**
Tipo puramente descritivo (elementos objetivos), sem conteúdo valorativo e **independente** da ilicitude e da culpabilidade.	**Função indiciária do tipo: a tipicidade faz presumir a ilicitude.** É a teoria adotada (tipo penal como ***ratio cognoscendi*** da ilicitude).	Ocorre uma **fusão entre o fato típico e a ilicitude: a tipicidade supõe a ilicitude.** Tipo penal como ***ratio essendi*** da ilicitude.
Teoria de **Ernst Von Beling**.	Teoria de **Max Ernst Mayer**.	Teoria de **Edmund Mezger**.

TEORIA DOS ELEMENTOS NEGATIVOS DO TIPO
Para os que entendem que o tipo é a *ratio essendi* da ilicitude, analisa-se a tipicidade e a ilicitude no **mesmo momento.** O crime é composto pelo fato típico e culpável. Existe um **tipo total de injusto**, que deve conter elementos positivos (devem estar presentes para que o fato seja típico) e **elementos negativos** (excludentes de ilicitude). O tipo seria escrito da seguinte forma: "subtrair coisa alheia móvel, para si ou para outrem (elemento positivo), desde que não agindo em legítima defesa, estado de necessidade, estrito cumprimento do dever legal ou exercício regular de direito (**elemento negativo**)". A doutrina majoritária rechaça a teoria.
Conclusão: cada elemento que compõe a estrutura analítica do crime deve ser analisado em uma etapa própria e é um antecedente da análise do próximo (fato típico → ilícito → culpável).
Desdobramento: considerando que o tipo é a ***ratio cognoscendi*** da ilicitude (função indiciária), cabe à defesa comprovar a presença de uma excludente da ilicitude (ônus da prova). Todavia, se houver fundada dúvida sobre a existência da excludente, o réu deve ser absolvido (art. 386, VI, do CPP).

ILICITUDE GENÉRICA	ILICITUDE ESPECÍFICA
Está **fora** do tipo penal. Ex.: é típica a conduta de "***ofender a integridade corporal ou a saúde de outrem***" (lesão corporal – art. 129). Não há nada no tipo penal que se refira à ilicitude.	Está **dentro** do tipo penal. Ex.: o "***indevidamente***" no tipo penal da violação de correspondência (art. 151 – "***devassar indevidamente o conteúdo de correspondência fechada, dirigida a outrem***") exprime um juízo de ilicitude.

ILICITUDE FORMAL	ILICITUDE MATERIAL
É o conceito atual de ilicitude: **contrariedade entre a conduta e o ordenamento jurídico**.	É o caráter antissocial e violador de normas do comportamento.
Distinção ultrapassada e redundante. Atualmente, adota-se a concepção **unitária** de ilicitude.	

<table>
<tr><th>ILICITUDE SUBJETIVA[1]</th><th>ILICITUDE OBJETIVA[2]</th></tr>
<tr><td>A proibição apenas se dirige aos imputáveis.</td><td>A imputabilidade do agente não interfere na ilicitude do comportamento.</td></tr>
<tr><td colspan="2">Adota-se a ilicitude objetiva: basta a contrariedade entre a conduta e o ordenamento jurídico. Os inimputáveis praticam fatos típicos e ilícitos, mas não são punidos porque falta a culpabilidade (terceiro elemento do crime).</td></tr>
</table>

<table>
<tr><th colspan="4">CAUSAS GERAIS EXCLUDENTES DA ILICITUDE</th></tr>
<tr><td colspan="4">As causas que excluem a ilicitude também são chamadas de descriminantes, causas de justificação, justificantes. O art. 23 do CP lista as causas gerais.
► Art. 23. Não há crime quando o agente pratica o fato:</td></tr>
<tr><td>I - Em estado de necessidade;</td><td>II - Em legítima defesa;</td><td>III - Em estrito cumprimento de dever legal ou [...]</td><td>III – [...] no exercício regular de direito.</td></tr>
</table>

<table>
<tr><th>CONCEPÇÃO OBJETIVA</th><th>CONCEPÇÃO SUBJETIVA</th></tr>
<tr><td>Está amparado por uma descriminante quem preenche os elementos objetivos traçados pela lei (estado de necessidade ou legítima defesa) ou pela doutrina (estrito cumprimento de dever legal ou exercício regular de direito).</td><td>Além da observância dos elementos objetivos, é necessário que o agente tenha conhecimento da situação justificante e saiba está agindo com o intuito de salvamento ou defesa (animus defendendi).</td></tr>
<tr><td colspan="2">Ex.: Maria dispara uma arma de fogo na direção de Cláudia com o intuito de matá-la. Posteriormente, Maria descobre que Cláudia planejava matar sua filha minutos depois do ocorrido. Maria não agiu amparada por uma descriminante porque apesar da agressão injusta iminente a terceiro (elemento objetivo da legítima defesa), não tinha conhecimento da situação justificante e não agiu com ânimo de salvar sua filha. Maria responderá por homicídio doloso.</td></tr>
</table>

1. MASSON, Cleber (op. cit. p. 332).
2. Idem.

LOCALIZAÇÃO DAS EXCLUDENTES DA ILICITUDE		
Gerais	**Especiais**	**Fora do CP**
São as indicadas no art. 23. São gerais porque estão na **Parte Geral do CP**. Serão analisadas nos próximos capítulos.	Aplicam-se a determinados crimes e estão previstos na **Parte Especial do CP**. Ex.: o art. 150, §3º, I e II traz hipóteses em que a entrada ou permanência em casa alheia ou em suas dependências não constitui crime.	Normas permissivas que estão **fora do CP** (seja em leis penais especiais, seja em leis de outros ramos do direito). Ex.: o art. 10 da Lei 6.538/1978 traz hipóteses em que a abertura de carta pelo serviço postal não constitui violação do sigilo da correspondência.

CONSENTIMENTO DO OFENDIDO (CAUSA SUPRALEGAL)
A doutrina consagrou o consentimento do ofendido como uma **causa supralegal de exclusão da ilicitude**. O consentimento do ofendido, como justificante, deve obedecer a algumas regras: "a) que a manifestação do ofendido seja livre, sem coação, fraude ou outro vício de vontade; b) que o ofendido, no momento de consentir, possua capacidade para fazê-lo, isto é, compreenda o sentido e as consequências de sua aquiescência; c) que se trate de bem jurídico disponível; d) que o fato típico se limite e se identifique com o consentimento do ofendido"[3]. Exemplo: a princípio, o tatuador pratica lesões corporais em seus clientes. O que afasta a ilicitude é o consentimento do ofendido.
Cuidado: **em alguns tipos penais, a ausência de consentimento do ofendido é elementar do crime**. Nesses casos, a ausência do consentimento exclui a tipicidade, não a ilicitude. Ex.: no crime de estupro (art. 213), o consentimento da vítima afasta a própria tipicidade do delito.

EXCESSO NAS DESCRIMINANTES
►***Art. 23, parágrafo único. O agente, ao agir amparado por uma justificante, responde pelo excesso doloso ou culposo.*** O tema será tratado com mais detalhes no capítulo 16.3 LEGÍTIMA DEFESA.

3. BITENCOURT, Cezar Roberto (op. cit. p. 945).

16.2 ESTADO DE NECESSIDADE

DEFINIÇÃO
O estado de necessidade é uma causa excludente da ilicitude. ► ***Art. 24. Considera-se em estado de necessidade quem pratica o fato para salvar de perigo atual, que não provocou por sua vontade, nem podia de outro modo evitar, direito próprio ou alheio, cujo sacrifício, nas circunstâncias, não era razoável exigir-se.*** Os dois bens ou interesses jurídicos em perigo são protegidos pelo ordenamento, mas apenas um poderá se salvar.

REQUISITOS	
Perigo atual	Pode decorrer de **fato da natureza, de comportamento de um ser humano ou de comportamento de um animal**. Apesar de não haver menção expressa, prevalece que o perigo **iminente** também é amparado[4].
Perigo não provocado pela vontade do agente	Prevalece que o trecho ***"[...] que não provocou por sua vontade"*** refere-se ao causador doloso do perigo. Logo, o causador culposo pode se valer do estado de necessidade. Contudo, há corrente minoritária que entende que o causador culposo não pode ser amparado pela justificante, pois também existe vontade na culpa[5].
Ameaça a direito próprio ou alheio	**Qualquer bem jurídico** tutelado pelo direito penal pode ser protegido. Não importa se o bem é de parente, amigo ou desconhecido. Prevalece que o agente **só pode defender bem de terceiro quando este for indisponível**. Sendo disponível, exige-se a autorização do titular do bem.
Ausência do dever legal de enfrentar o perigo	► ***Art. 24, §1º - Não pode alegar estado de necessidade quem tinha o dever legal de enfrentar o perigo.*** Alguns profissionais estão intrinsecamente expostos ao perigo e devem enfrentá-lo (ex.: bombeiros, policiais e salva-vidas). Todavia, a regra vale para as situações de perigo "esperadas". O dever não é ilimitado e desaparece quando a vida do profissional está em risco. Prevalece que o ***"dever legal"*** deve ser interpretado extensivamente para **abranger o dever jurídico** (art. 13, §2º, *a*, *b* e *c*).

4. GRECO, Rogério (op. cit. p. 380).
5. NORONHA, Magalhães. 1980, p. 183-184 apud GRECO, 2015, p. 381.

REQUISITOS	
Inevitabilidade	Considerando que os dois bens ou interesses em conflito são protegidos, o agente sempre deve optar pela alternativa menos danosa ao outro bem (***commodus discessus***). Ex.: se há a opção de fuga, o agente deve fugir, pois assim não será necessário sacrificar o outro bem jurídico.
Sacrifício exigível	Só há estado de necessidade quando o bem jurídico de menor ou igual valor é sacrificado para proteger o bem jurídico de maior ou igual valor (teoria unitária). Princípio da **ponderação de bens**. Ex.: a vida vale mais que o patrimônio, assim como também é reconhecido o estado de necessidade no conflito entre duas vidas (igual valor).
Elemento subjetivo	Elemento sempre presente nas justificantes: o agente deve ter conhecimento de que atua em estado de necessidade (*animus defendendi*).

TEORIA DIFERENCIADORA (CPM)	TEORIA UNITÁRIA (CP)
O CPM adotou a teoria diferenciadora (arts. 39 e 43) e admite dois estados de necessidade: 1) **Estado de necessidade <u>justificante</u>** sacrifício do bem jurídico de menor ou igual valor. Exclui a **ilicitude**. 2) **Estado de necessidade <u>exculpante</u>** sacrifício do bem jurídico de maior valor. Exclui a **culpabilidade** (inexigibilidade de conduta diversa).	O CP adotou a teoria unitária: só existe o estado de necessidade **<u>justificante</u>**, que exclui a ilicitude quando há o sacrifício de bem jurídico de menor ou igual valor. Não há estado de necessidade quando for sacrificado bem jurídico de maior valor, mas a pena deve ser reduzida (direito subjetivo do réu). ► ***Art. 24, §2º - Embora seja razoável exigir-se o sacrifício do direito ameaçado, a pena poderá ser reduzida de a 1 a 2/3***.

TEORIA UNITÁRIA (CP)		
Bem protegido	**Bem sacrificado**	**Conclusão**
Maior valor	Menor valor	Exclui a ilicitude.
Igual valor	Igual valor	Exclui a ilicitude.
Menor valor	**Maior valor**	**O crime subsiste, mas a pena deve ser reduzida (1 a 2/3)**.

TEORIA DIFERENCIADORA (CPM)		
Bem protegido	**Bem sacrificado**	**Conclusão**
Maior valor	Menor valor	Exclui a ilicitude.
Igual valor	Igual valor	Exclui a ilicitude.
Menor valor	**Maior valor**	**Exclui a culpabilidade.**

TEMAS RELEVANTES	
Estado de necessidade recíproco	É **possível**. Exemplo clássico: dois náufragos disputam uma tábua em alto-mar. Essa tábua só comporta uma pessoa. No caso, os dois interesses são igualmente protegidos pelo direito. O sobrevivente não será punido porque agiu em estado de necessidade.
Faculdade e direito	O estado de necessidade "constitui-se em **faculdade entre os titulares** dos bens jurídicos em colisão, uma vez que um deles não está obrigado a suportar a ação alheia, e, simultaneamente, um **direito diante do Estado**, que deve reconhecer os efeitos descritos em lei"[6].
Concurso de pessoas	O estado de necessidade **comunica-se** a todos os coautores e partícipes do crime.
Furto famélico	Em casos excepcionais, a jurisprudência[7] tem reconhecido o estado de necessidade no furto famélico (praticado no intuito de saciar a fome imediata em situação de extrema e comprovada urgência).
Crimes ambientais	Algumas leis trazem previsões específicas de estado de necessidade. Ex.: não é crime o abate de animal, quando realizado "em estado de necessidade, para saciar a fome do agente ou de sua família" (art. 37, I, da Lei 9.605/1998).
Crimes permanentes e habituais	São **incompatíveis** com os requisitos ***"perigo atual"*** e que ***"nem podia de outro modo evitar"***.

6. MASSON, Cleber (op. cit. p. 334).
7. Nesse sentido: STF, HC 119.672/SP, Rel. Min. Luiz Fux, 1ª Turma, j. 06/05/2014.

TEMAS RELEVANTES	
Aberratio ictus[8]	O estado de necessidade é **compatível** com o erro na execução (*aberratio ictus*). Ex.: Pedro é atacado por um cão feroz e, para defender-se, dispara sua arma em direção ao cão. Contudo, por erro na execução, Pedro atinge um pedestre, causando-lhe lesões corporais. Pedro está amparado pelo estado de necessidade e não responderá pelo crime de lesões corporais.
Excesso	► ***Art. 23, parágrafo único. O agente, ao agir amparado por uma justificante, responde pelo excesso doloso ou culposo***. O excesso costuma recair sobre a inevitabilidade, quando o agente não opta por uma alternativa menos gravosa (***commodus discessus***).

ESTADO DE NECESSIDADE REAL	ESTADO DE NECESSIDADE PUTATIVO
O perigo atual existe concretamente.	O perigo atual só existe na mente do agente. É uma descriminante putativa[9] (**erro relativo aos pressupostos de fato de uma descriminante ou erro de tipo permissivo**).

ESTADO DE NECESSIDADE DEFENSIVO	ESTADO DE NECESSIDADE AGRESSIVO
O bem jurídico sacrificado pertence àquele que causou o perigo. Ex.: o agente é atacado por um urso e mata o animal com sua arma. Logo, sacrificou a vida (bem jurídico) do causador do perigo.	Diante da urgência, **o agente precisa sacrificar bem jurídico de um terceiro**. Ex.: para evitar a colisão do seu veículo em um caminhão, Paulo desvia e colide com outro veículo (terceiro não causador do perigo). O agente deve indenizar o dano, mas pode demandar regressivamente o causador do perigo (arts. 929 e 930 do CC).

8. Ver capítulo **10.3.7 ERRO DE TIPO**.
9. Ver capítulo **10.3.8 DESCRIMINANTES PUTATIVAS**.

16.3 LEGÍTIMA DEFESA

DEFINIÇÃO
A legítima defesa é uma causa excludente da ilicitude que ampara os indivíduos quando o Estado não está presente para salvaguardar os bens jurídicos tutelados pelo ordenamento. ► ***Art. 25. Entende-se em legítima defesa quem, usando moderadamente dos meios necessários, repele injusta agressão, atual ou iminente, a direito seu ou de outrem.***

ESTADO DE NECESSIDADE	LEGÍTIMA DEFESA
Os dois bens ou interesses jurídicos são legítimos, amparados pelo ordenamento.	Os interesses do agressor não são legítimos.
Ação.	Reação.
O perigo decorre de fato da natureza, comportamento de animal ou de humano.	O perigo decorre exclusivamente de agressão humana.
O perigo não tem destinatário certo.	A agressão humana é dirigida.
Considerando que os dois bens são protegidos pelo direito, o sujeito deve agir de forma a causar o menor dano ao outro bem (*commodus discessus*).	Considerando que a agressão é injusta, o agredido não é obrigado a optar pela saída mais cômoda.
É possível o estado de necessidade recíproco.	Não é possível a legítima defesa recíproca.

AGRESSÃO	REAÇÃO
Injusta **Atual ou iminente** **Contra direito próprio ou alheio**	**Emprego dos meios necessários** **Uso moderado dos meios**

REQUISITOS	
Agressão injusta	Exige-se uma **agressão humana consciente e voluntária contra um destinatário certo e determinado**. A agressão pode ser **dolosa e culposa**. A **omissão** também pode configurar uma agressão[10]. Ex.: o carcereiro que, por negligência, deixa de soltar o preso que já cumpriu a pena. A agressão de um **sonâmbulo** não é consciente (caso de estado de necessidade). Repelir agressão de **inimputável** configura legítima defesa (há conduta consciente e voluntária, típica e ilícita, mas não culpável). Nesse caso, exige-se maior cautela na reação. **Animal** não pratica agressão consciente e voluntária (caso de estado de necessidade). Todavia, se o animal for utilizado como instrumento do dono, haverá legítima defesa. A agressão injusta é contrária ao direito, mas **não precisa configurar crime** (ex.: o furto de uso, embora atípico, autoriza a legítima defesa do bem).
Agressão atual ou iminente	Repelir **agressão passada** configura mera vingança. O agente que repele **agressão futura**, mesmo que certa, não está amparado pela legítima defesa, embora possa ter a culpabilidade afastada por inexigibilidade de conduta diversa, a depender do caso concreto.
Agressão a direito próprio ou alheio	Qualquer bem jurídico tutelado pelo direito penal pode ser protegido. **Não importa se o bem é de parente, amigo ou desconhecido**. Prevalece que o agente só pode defender bem de terceiro quando este for **indisponível**. Sendo disponível, exige-se a autorização do titular do bem.
Meios necessários usados com moderação	O agente deve utilizar o **meio menos lesivo à sua disposição** de modo moderado, sob risco de configurar excesso. O instituto reclama **proporcionalidade**. Se só existir um meio disponível, o agente pode utilizá-lo, contanto que o faça moderadamente. O agredido não é obrigado a optar pela saída mais cômoda (**não se aplica a regra do *commodus discessus***), embora certas situações imponham maior cautela. Ex.: é de bom senso optar pela fuga diante da agressão de uma criança (inimputável).
Elemento subjetivo	Sempre está presente nas justificantes. O agente deve ter conhecimento de que atua em legítima defesa (*animus defendendi*).

10. MASSON, Cleber (op. cit. p. 347).

AGENTE DE SEGURANÇA PÚBLICA (LEI 13.964/2019)

A Lei 13.964/2019 (Pacote Anticrime) acrescentou o parágrafo único ao art. 25.

► ***Art. 25, parágrafo único. Observados os requisitos previstos no caput deste artigo, considera-se também em legítima defesa o agente de segurança pública que repele agressão ou risco de agressão a vítima mantida refém durante a prática de crimes.***

A previsão é inócua: a situação prevista no parágrafo único (legítima defesa de terceiro por agente de segurança pública) já era amparada pelos requisitos gerais previstos no *caput* do art. 25.

LEGÍTIMA DEFESA DA HONRA

Na ADPF 779 MC-Ref/DF[11], o STF firmou o entendimento de que **a tese da legítima defesa da honra é inconstitucional**, por contrariar os princípios constitucionais da dignidade da pessoa humana (art. 1º, III, da CF), da proteção à vida e da igualdade de gênero (art. 5º, *caput*, da CF). Na oportunidade, assinalou-se que "legítima defesa da honra não é, tecnicamente, legítima defesa. A traição se encontra inserida no contexto das relações amorosas. Seu desvalor reside no âmbito ético e moral, não havendo direito subjetivo de contra ela agir com violência. Quem pratica feminicídio ou usa de violência com a justificativa de reprimir um adultério não está a se defender, mas a atacar uma mulher de forma desproporcional, covarde e criminosa. O adultério não configura uma agressão injusta apta a excluir a antijuridicidade de um fato típico, pelo que qualquer ato violento perpetrado nesse contexto deve estar sujeito à repressão do direito penal. [...] A "legítima defesa da honra" é recurso argumentativo/retórico odioso, desumano e cruel utilizado pelas defesas de acusados de feminicídio ou agressões contra a mulher para imputar às vítimas a causa de suas próprias mortes ou lesões. Constitui-se em ranço, na retórica de alguns operadores do direito, de institucionalização da desigualdade entre homens e mulheres e de tolerância e naturalização da violência doméstica, as quais não têm guarida na Constituição de 1988. [...] A "legítima defesa da honra" não pode ser invocada como argumento inerente à plenitude de defesa própria do tribunal do júri, a qual não pode constituir instrumento de salvaguarda de práticas ilícitas. Assim, devem prevalecer a dignidade da pessoa humana, a vedação a todas as formas de discriminação, o direito à igualdade e o direito à vida, tendo em vista os riscos elevados e sistêmicos decorrentes da naturalização, da tolerância e do incentivo à cultura da violência doméstica e do feminicídio".

11. STF, ADPF 779 MC-Ref/DF, Rel. Min. Dias Toffoli, Pleno, j. 15/03/2021.

TEMAS RELEVANTES	
Pessoa jurídica	A legítima defesa **pode** tutelar agressão a bens de pessoas jurídicas de direito público ou de direito privado. Ex.: a "pessoa vê agente subtraindo materiais de uma escola pública e o detém até a chegada da polícia"[12].
Bens comunitários	A legítima defesa ampara a proteção de bens jurídicos individuais, não comunitários (ex.: saúde pública).
Legítima defesa provocada	Quando o agente provoca uma agressão com a intenção de poder reagir e realizar seu propósito criminoso, não há legítima defesa (caso de abuso de direito).
Aberratio ictus[13]	A legítima defesa é **compatível** com o erro na execução (*aberratio ictus*). Ex.: Daniel, ao reagir contra a agressão injusta praticada por Leonardo, acidentalmente atinge Regina, pedestre que caminhava na rua. O resultado está amparado pela legítima defesa, ainda que produzido em desfavor de Regina. Contudo, subsiste a responsabilidade civil de Daniel em relação a Regina.

LEGÍTIMA DEFESA AGRESSIVA OU ATIVA	LEGÍTIMA DEFESA DEFENSIVA OU PASSIVA
Ao repelir a agressão injusta, o agente pratica um fato previsto como crime.	O agente se limita a repelir a agressão, sem praticar fato previsto como crime.

LEGÍTIMA DEFESA REAL	LEGÍTIMA DEFESA PUTATIVA
A agressão injusta existe concretamente.	A agressão é imaginária. É uma **descriminante putativa (erro relativos aos pressupostos de fato de uma descriminante ou erro de tipo permissivo**).

12. ALVES, Jamil Chaim (op. cit. p. 296).
13. Ver capítulo **10.3.7 ERRO DE TIPO**.

EXCESSO
▶ ***Art. 23, parágrafo único. O agente, em qualquer das hipóteses deste artigo, responderá pelo excesso doloso ou culposo.*** Há excesso quando **a agressão injusta cessa e a reação persiste**. Pode ocorrer excesso na legítima defesa **real** ou na legítima defesa **putativa**. O agente será responsabilizado pelo excesso de acordo com seu elemento subjetivo (excesso **doloso ou culposo**[14]).
O **excesso acidental (legítima defesa subjetiva ou sucessiva)** ocorre quando o sujeito, por erro de tipo escusável, age com excesso.

LEGÍTIMA DEFESA SUCESSIVA
Ocorre quando o excesso na legítima defesa passa a configurar uma "agressão injusta", o que gera para o primeiro agressor o direito de repelir tal agressão e agir em legítima defesa. O agredido passa a ser o agressor e **as duas legítimas defesas são amparadas**. Ex.: Antônio agride injustamente Fernando. Este, com *animus defendendi*, desfere socos até perceber que a agressão de Antônio cessou (limite entre a legítima defesa e o excesso). Ocorre que Fernando saca seu revólver e aponta para a perna de Fernando, que rapidamente, consegue sacar seu revólver e mata Antônio. Fernando agia em legítima defesa, mas passou a agir com excesso doloso. Neste momento, passou a ser o agressor e deu causa à reação defensiva de Antônio.

SITUAÇÕES ADMITIDAS	
Real x putativa	Ex.: João supõe erroneamente uma agressão injusta por parte de Marcos e dispara a arma em sua direção (legítima defesa putativa). Imediatamente, Marcos, com *animus defendendi*, repele a agressão injusta de João e dispara em sua direção (legítima defesa real).
Putativa x putativa	Ex.: Pedro é convencido por seus amigos de que será atacado, em breve, por Paulo. Enquanto isso, Paulo é convencido por seus amigos de que será atacado, em breve, por Pedro. Contudo, os boatos são falsos porque nenhum dos dois tem a intenção de agredir o outro. Quando Pedro e Paulo se encontram, ambos supõem erroneamente a agressão iminente e lutam. Houve defesa putativa recíproca, existente apenas na mente de Pedro e Paulo.

14. "O Plenário do Júri reconheceu a **legítima defesa putativa com excesso culposo**. Mesmo que o réu tenha acreditado que foi o ofendido que o agrediu primeiro, seu erro era vencível e ele criou o risco de resultado ao agir com falta de moderação na repulsa. Cabia a ele evitar o perigo de morte ocasionado por seu comportamento anterior, quando já havia cessado a agressão erroneamente suposta" (STJ, HC 391990/SP, Rel. Min. Rogerio Schietti Cruz, 6ª Turma, j. 18/10/2018).

SITUAÇÕES ADMITIDAS	
Estado de necessidade real x legítima defesa putativa	Rogério Greco traz um exemplo muito didático[15]: 1ª situação: próximo ao local de um acidente, Renata percebe que há um veículo com a chave na ignição e coloca a vítima no banco traseiro, no intuito de levá-la ao hospital (estado de necessidade real). 2ª situação: Lucas, dono do veículo, atira em direção a Renata, pois imaginou que se tratava de um furto (legítima defesa putativa).

LEGÍTIMA DEFESA E ESTADO DE NECESSIDADE SIMULTÂNEOS
É **possível** haver legítima defesa e estado de necessidade simultaneamente. Ex.: Ana, para defender-se da agressão injusta de Carolina (legítima defesa), rapidamente subtrai uma arma de fogo pertencente a Gregório (estado de necessidade).

SITUAÇÕES NÃO ADMITIDAS	
Real x real	**Não é admitida a legítima defesa recíproca**. Se a agressão de um sujeito é injusta, significa que a reação do outro sujeito será justa e, portanto, amparada pelo ordenamento.
Estado de necessidade real x legítima defesa real	Não é admitido. Quando o agente pratica um ato em estado de necessidade (ou amparado por outra excludente de ilicitude) está agindo em conformidade com o direito. Não existirá a "***agressão injusta***" para fundamentar a legítima defesa. Não confundir com a situação (permitida) em que a pessoa age amparada simultaneamente pelo estado de necessidade e pela legítima defesa.

16.4 ESTRITO CUMPRIMENTO DE DEVER LEGAL

DEFINIÇÃO
A lei não define os limites da causa de exclusão da ilicitude. O agente está amparado pela descriminante quando pratica um fato típico para assegurar o cumprimento de um '***dever legal***', conceito a ser complementado por outra norma.

15. GRECO, Rogério (op. cit. p. 412).

DEVER LEGAL
Deve ser interpretado em **sentido amplo**: obrigações que decorram direta ou indiretamente de **lei em sentido genérico, de atos infralegais (decretos e regulamentos), de atos administrativos de caráter geral e de decisões judiciais**. O '***dever legal***' não precisa ter conteúdo penal, mas não abrange o dever que resulte de concepções morais, ideológicas ou religiosas.

ESTRITO CUMPRIMENTO
A justificante retira o caráter ilícito dos atos praticados por agentes públicos e particulares que atuam no cumprimento de um dever imposto por lei. Para tanto, é necessário que os atos sejam praticados **nos exatos termos que manda a lei**. Fora desses limites, haverá excesso ou crime de abuso de autoridade (Lei 13.869/2019). Ex.: um oficial de justiça, ao cumprir um mandado de busca e apreensão em residência de endereço x, não pode se exceder e realizar busca e apreensão em outra residência na mesma rua.

ELEMENTO SUBJETIVO
Sempre está presente nas justificantes: **o agente deve saber que age em estrito cumprimento de dever legal**. Ex.: se o delegado ordena a prisão de um desafeto por vingança e depois descobre que havia um mandado de prisão expedido contra o cidadão, não estará amparado pela descriminante (ausência do elemento subjetivo).

TEMAS RELEVANTES	
Crimes culposos	O estrito cumprimento de dever legal é **incompatível** com os crimes culposos, pois o '***dever legal***' não obriga ninguém a agir com violação do dever objetivo de cuidado (imprudência, negligência e imperícia).
Concurso de pessoas	O estrito cumprimento de dever legal **estende-se** a coautores e partícipes, excluindo o crime em relação a todos.

TEMAS RELEVANTES	
Pessoas em fuga	Para o STJ, "não há falar em estrito cumprimento do dever legal, precisamente porque a lei proíbe à autoridade, aos seus agentes e a quem quer que seja desfechar tiros de revólver ou pistola contra pessoas em fuga, mais ainda contra quem, devida ou indevidamente, sequer havia sido preso efetivamente"[16].
Excesso	►***Art. 23, parágrafo único. O agente, ao agir amparado por uma justificante, responde pelo excesso doloso ou culposo***. Ocorre excesso quando o agente não observa os exatos limites da lei.
Tipicidade conglobante[17]	De acordo com a teoria de Zaffaroni, **a conduta praticada em estrito cumprimento de dever legal não é dotada de antinormatividade**, pois é determinada por outra norma do ordenamento jurídico. Por faltar-lhe a tipicidade conglobante, a conduta é atípica, sendo desnecessário avançar na análise da ilicitude (2º elemento do crime). Embora a teoria tenha reconhecido valor doutrinário, o estrito cumprimento de dever legal exclui a ilicitude, e não o fato típico.

16.5 EXERCÍCIO REGULAR DE DIREITO

DEFINIÇÃO
A lei não define os limites da causa de exclusão da ilicitude. O cidadão está amparado pela descriminante quando pratica um fato típico no exercício de um direito (estabelecido por outra norma).

DIREITO A SER EXERCIDO REGULARMENTE
'Direito', para a justificante, deve ser interpretado de modo amplo. A causa de exclusão de ilicitude dirige-se aos cidadãos em geral e deve ser observada a proporcionalidade. Exemplos:

16. STJ, REsp 402.419/RO, Rel. Min. Hamilton Carvalhido, 6ª Turma. j. 21/10/2003.
17. Ver capítulo **10.6 TIPICIDADE**.

DIREITO A SER EXERCIDO REGULARMENTE
1. É dever dos pais a educação dos filhos (art. 1.634, I do CC), facultando-lhes o uso de meios moderados para correção e disciplina, quando necessário. O abuso desse direito poderá configurar o crime de maus-tratos (art. 136).
2. Qualquer um do povo que executar uma prisão em flagrante, quando presentes seus requisitos, estará exercitando regularmente um direito (art. 301 do CPP). Como as demais justificantes, deve estar presente o elemento subjetivo (o agente deve saber que está agindo em exercício regular do direito).

TEMAS RELEVANTES	
Excesso	► ***Art. 23, parágrafo único. O agente, ao agir amparado por uma justificante, responde pelo excesso doloso ou culposo***. Há excesso no abuso do exercício do direito.
Lesões esportivas	Se as lesões praticadas no desempenho de esportes respeitarem regras regulamentares, serão lícitas, salvo se houver excesso.
Intervenções médicas	Quando o médico age para salvar a vida de uma pessoa, está amparado pelo **estado de necessidade** e pelo **exercício regular de direito**.
Ofendículos	A doutrina diverge quanto a natureza dos ofendículos: exercício regular de direito ou legítima defesa preordenada. Devem ser sempre **visíveis**.
Tipicidade conglobante	De acordo com a teoria de Zaffaroni, a conduta praticada em exercício regular de direito não é dotada de antinormatividade, pois é autorizada por outra norma do ordenamento jurídico. Por faltar-lhe a tipicidade conglobante, a conduta é atípica, sendo desnecessário avançar na análise da ilicitude (2º elemento do crime). Embora a teoria tenha reconhecido valor doutrinário, o exercício regular de direito exclui a ilicitude, e não o fato típico.

17

CULPABILIDADE

17.1 NOÇÕES GERAIS

DEFINIÇÃO
Culpabilidade é o **juízo de reprovação** que recai sobre o autor de um fato típico e ilícito (a culpabilidade **pressupõe a tipicidade e a ilicitude**).
Ao contrário dos dois primeiros elementos do crime, na culpabilidade considera-se o **perfil subjetivo do agente**, abandonando-se o parâmetro do homem médio.

<table>
<tr><th>TEORIA BIPARTITE OU BIPARTIDA</th><th>TEORIA TRIPARTITE OU TRIPARTIDA</th></tr>
<tr><td>Crime é o fato típico e ilícito. A culpabilidade não integra o crime. É um mero pressuposto de aplicação da pena.</td><td>Crime é o fato típico e ilícito praticado por agente culpável. A culpabilidade integra o crime (terceiro substrato).</td></tr>
<tr><td colspan="2">Para a teoria causalista, o crime é sempre tripartido: considerando que o dolo e a culpa estão alojados na culpabilidade, a existência de um crime sem culpabilidade implicaria em responsabilidade objetiva.
Para a teoria finalista (adotada), o crime pode ser tripartido ou bipartido: como o dolo e a culpa se alojam na conduta, pouco importa se a culpabilidade é um elemento do crime ou um mero pressuposto de aplicação da pena.</td></tr>
</table>

PRINCIPAIS TEORIAS SOBRE A CULPABILIDADE	
Psicológica (causalismo)	Pressuposto: imputabilidade. Espécies: dolo e culpa (**elementos psicológicos**). **O dolo é normativo** (vontade + consciência + **consciência atual da ilicitude**).
Psicológica-normativa (neokantismo)	Elementos: imputabilidade, **exigibilidade de conduta diversa (elemento normativo acrescentado)**, dolo e culpa. **O dolo continua normativo** (vontade + consciência + **consciência atual da ilicitude**).
Normativa (finalismo)	Elementos: **imputabilidade, exigibilidade de conduta diversa** e **potencial consciência da ilicitude**. Os três elementos são normativos. O dolo e a culpa (elementos psicológicos) são transportados para a conduta. O dolo é natural (a atual consciência da ilicitude, elemento normativo, passa a ser potencial e se alojar na culpabilidade). Duas variantes: teoria normativa pura/extremada e limitada (adotada pelo CP).

TEORIA NORMATIVA DA CULPABILIDADE	
Nas duas teorias, a culpabilidade tem a mesma configuração. A diferença reside no tratamento conferido às descriminantes putativas[1].	
Pura ou extremada	**Limitada**
Todas as descriminantes putativas (erro sobre os pressupostos fáticos, a existência ou os limites da excludente de ilicitude) são hipóteses de **erro de proibição**.	As descriminantes putativas podem configurar **erro de tipo** (erro sobre os **pressupostos** fáticos) ou **erro de proibição** (erro sobre a existência e os limites). Teoria adotada pelo CP[2].

1. Ver capítulo **10.3.8 DESCRIMINANTES PUTATIVAS**.
2. Item 17 da Exposição de Motivos da Nova Parte Geral do CP.

COCULPABILIDADE
Para Zaffaroni e Pierangeli, "todo sujeito age numa circunstância determinada e com um âmbito de autodeterminação também determinado. Em sua própria personalidade há uma contribuição para esse âmbito de autodeterminação, posto que a sociedade – por melhor organizada que seja – nunca tem a possibilidade de brindar a todos os homens com as mesmas oportunidades. Em consequência, há sujeitos que têm um menor âmbito de autodeterminação, condicionado desta maneira por causas sociais. Não será possível atribuir estas causas sociais ao sujeito e sobrecarregá-lo com elas no momento de reprovação de culpabilidade. Costuma-se dizer que há, aqui, uma "coculpabilidade", com a qual a própria sociedade deve arcar"[3]. A teoria pode embasar a aplicação da **atenuante genérica prevista no art. 66**[4].
Há quem defenda também o contrário: os mais agraciados deveriam ter um tratamento penal mais severo. Seria a **"coculpabilidade às avessas", não admitida em virtude da ausência de previsão legal**.

CULPABILIDADE FORMAL	CULPABILIDADE MATERIAL
"É aquela definida **em abstrato**, que serve ao legislador na edição da lei para cominar os limites máximos e mínimos de pena atribuída a determinada infração penal"[5].	"É estabelecida no **caso concreto**, dirigida a um agente culpável que cometeu um fato típico e ilícito, para a fixação da pena pelo juiz. Este viés da culpabilidade está positivado no artigo 59, *caput*, do Código Penal, que permite considerar 'graus de culpabilidade' do agente"[6].

A CULPABILIDADE NO DIREITO PENAL	
Princípio da culpabilidade	Não há crime sem culpabilidade (*nullum crimen sine culpa*). O princípio da culpabilidade é comumente associado ao princípio da responsabilidade penal subjetiva, segundo o qual **não existe responsabilidade penal sem dolo ou culpa**.

3. 2007, p. 525 apud MASSON, 2013, p. 462.
4. "A atenuante genérica prevista no art. 66 do CP pode se valer da teoria da coculpabilidade como embasamento, pois trata-se de previsão genérica, que permite ao magistrado considerar qualquer fato relevante - anterior ou posterior à prática da conduta delitiva - mesmo que não expressamente previsto em lei, para reduzir a sanção imposta ao réu" (STJ, HC 411243/PE, Rel. Min. Jorge Mussi, 5ª Turma, j. 07/12/2017).
5. CUNHA, Rogério Sanches (op. cit. p. 359).
6. Idem.

A CULPABILIDADE NO DIREITO PENAL	
Princípio da presunção de não culpabilidade	É um sinônimo do princípio da **presunção de inocência**: "ninguém pode ser tratado como culpado, qualquer que seja a natureza do ilícito penal cuja prática lhe tenha sido atribuída, sem que exista, a esse respeito, decisão judicial condenatória transitada em julgado. O princípio constitucional da presunção de inocência, em nosso sistema jurídico, consagra, além de outras relevantes consequências, uma regra de tratamento que impede o Poder Público de agir e de se comportar, em relação ao suspeito, ao indiciado, ao denunciado ou ao réu, como se estes já houvessem sido condenados, definitivamente, por sentença do Poder Judiciário"[7].
Sentido estrito (substrato do crime)	Para os adeptos da teoria **tripartida**, a culpabilidade é **elemento integrante da estrutura do crime**: crime é o fato típico e ilícito praticado por agente culpável (imputável, com potencial consciência da ilicitude e do qual não se poderia exigir conduta diversa). Somente é valorada quando já se concluiu que há fato típico e ilícito. Para os que adotam a teoria **bipartida**, a culpabilidade não integra o crime, mas funciona como um **pressuposto da pena**: praticado o crime (fato típico e ilícito), afere-se se o sujeito é culpável (imputável, com potencial consciência da ilicitude e do qual não se possa exigir conduta diversa) e se a pena deve ser aplicada. Neste capítulo, analisamos essa acepção.
Sentido lato ou culpabilidade material (art. 59)	A culpabilidade é uma **circunstância judicial a ser valorada na primeira fase da dosimetria da pena** (art. 59), ou seja, sempre após a constatação da existência de um crime. "A culpabilidade, para fins do art. 59 do CP, deve ser compreendida como **juízo de reprovabilidade da conduta**, apontando maior ou menor censura do comportamento do réu. Não se trata de verificação da ocorrência dos elementos da culpabilidade, para que se possa concluir pela prática ou não de delito, mas, sim, do grau de reprovação penal da conduta do agente, mediante demonstração de elementos concretos do delito"[8].

7. STF, HC 115613/SP, Rel. Min. Celso de Mello, 2ª Turma, j. 25/06/2013.
8. STJ, HC 443581/SP, Rel. Min. Ribeiro Dantas, 5ª Turma, j. 19/06/2018.

<table>
<tr><th colspan="2">A CULPABILIDADE NO DIREITO PENAL</th></tr>
<tr><td>Limite da pena (art. 29)</td><td>O art. 29 (“quem, de qualquer modo, concorre para o crime incide nas penas a este cominadas, na medida de sua culpabilidade”) está inserido no Título IV (‘Do concurso de pessoas’). Nesse sentido, a culpabilidade é um desdobramento do princípio constitucional da individualização da pena, devendo cada agente ter a pena fixada à luz da reprovabilidade de sua conduta.</td></tr>
<tr><td colspan="2">A diferenciação é importante, pois as acepções (principalmente os sentidos estrito e lato) são frequentemente empregadas como sinônimos. Não confundir: na primeira fase da dosimetria, não se deve aumentar a pena porque o sujeito agiu com potencial consciência da ilicitude, por exemplo. Esse aspecto já integra o crime (ou funciona como pressuposto da pena) e não pode ser novamente considerado. O juízo de culpabilidade do art. 59 refere-se a circunstâncias concretas do crime que denotam maior reprovabilidade.</td></tr>
</table>

<table>
<tr><th colspan="3">EXCLUDENTES DA CULPABILIDADE</th></tr>
<tr><td colspan="3">As excludentes de culpabilidade também são chamadas de dirimentes, exculpantes ou eximentes. Exclui a culpabilidade a ausência de algum de seus elementos:</td></tr>
<tr><td>Imputabilidade.</td><td>Potencial consciência da ilicitude.</td><td>Exigibilidade de conduta diversa.</td></tr>
</table>

<table>
<tr><th colspan="2">SINÔNIMOS</th></tr>
<tr><td>Excludentes de ilicitude</td><td>Excludentes de culpabilidade</td></tr>
<tr><td>Descriminantes;
Justificantes;
Causas de justificação.</td><td>Dirimentes;
Exculpantes;
Eximentes.</td></tr>
</table>

17.2 IMPUTABILIDADE

DEFINIÇÃO
O CP não define imputabilidade. Apenas lista as hipóteses de inimputabilidade. Imputabilidade é a **capacidade mental de, ao tempo da ação ou omissão, entender o caráter ilícito do fato (elemento intelectual) e determinar-se de acordo com esse entendimento (elemento volitivo).**
A partir dos 18 anos todos são presumidamente imputáveis (presunção relativa ou *juris tantum* de culpabilidade).
A imputabilidade deve ser aferida no momento da ação ou omissão (**teoria da atividade**).

CRITÉRIOS DE AFERIÇÃO		
Biológico	**Psicológico**	**Biopsicológico**
Considera apenas o fator biológico. Ex.: o sujeito é inimputável pelo simples fato de ser menor de 18 anos.	Considera apenas a capacidade de entendimento e de autodeterminação do agente no momento da conduta.	Exige-se "além da identificação de um transtorno mental, que o autor do fato criminoso tenha, em consequência, tanto a capacidade de entender como a capacidade de querer reduzida"[9].
Utilizado na **maioridade penal**.	Utilizado na **embriaguez acidental completa**.	Utilizado na **doença mental e no desenvolvimento mental incompleto ou retardado**.

9. STJ, AgRg no AREsp 542798/MG, Rel. Min. Rogerio Schietti Cruz, 6ª Turma, j. 15/12/2016.

HIPÓTESES DE INIMPUTABILIDADE	
Doença mental e Desenvolvimento mental incompleto ou retardado	► ***Art. 26. É isento de pena o agente que, por doença mental ou desenvolvimento mental incompleto ou retardado, era, ao tempo da ação ou da omissão, inteiramente incapaz de entender o caráter ilícito do fato ou de determinar-se de acordo com esse entendimento. Parágrafo único. A pena pode ser reduzida de 1 a 2/3, se o agente, em virtude de perturbação de saúde mental ou por desenvolvimento mental incompleto ou retardado não era inteiramente capaz de entender o caráter ilícito do fato ou de determinar-se de acordo com esse entendimento.*** **Critério biopsicológico**: não basta a existência da doença. Deve-se analisar se no momento da ação ou omissão o agente era inteiramente incapaz de entender o caráter ilícito do fato e determinar-se de acordo com esse entendimento. Logo, há imputabilidade nos intervalos de lucidez. Comprovação por perícia médica. Os silvícolas e os surdos-mudos nem sempre são inimputáveis. Deve-se analisar o caso concreto.
Menoridade	► ***Art. 27. Os menores de 18 anos são penalmente inimputáveis, ficando sujeitos às normas estabelecidas na legislação especial***[10]. **Presunção absoluta** (*juris et de jure*). Adoção do critério **biológico**. Aplicam-se as disposições do ECA. O emancipado continua inimputável. ■ Súmula 74 do STJ: Para efeitos penais, o reconhecimento da menoridade do réu requer prova por documento hábil.
Embriaguez acidental completa	► ***Art. 28, §1º - É isento de pena o agente que, por embriaguez completa, proveniente de caso fortuito ou força maior, era, ao tempo da ação ou da omissão, inteiramente incapaz de entender o caráter ilícito do fato ou de determinar-se de acordo com esse entendimento. §2º - A pena pode ser reduzida de 1 a 2/3, se o agente, por embriaguez, proveniente de caso fortuito ou força maior, não possuía, ao tempo da ação ou da omissão, a plena capacidade de entender o caráter ilícito do fato ou de determinar-se de acordo com esse entendimento.*** Adoção do critério **psicológico**. A embriaguez admite qualquer meio probatório.

10. Art. 228 da CF/88 - "São penalmente inimputáveis os menores de 18 anos, sujeitos às normas da legislação especial".

TIPOS DE EMBRIAGUEZ			
Acidental ou fortuita, completa ou incompleta.	**Não acidental** (voluntária ou culposa).	**Patológica.**	**Preordenada.**

EMBRIAGUEZ ACIDENTAL OU FORTUITA	
Decorrente de **caso fortuito ou de força maior**. Ex.: o agente não conhece o caráter alcoólico da bebida; o agente é forçado a ingerir a bebida. "A colocação em estado de inconsciência decorrente de caso fortuito ou de força maior resulta na atipicidade dos resultados lesivos produzidos pelo agente em tal condição, não havendo que se falar em responsabilização criminal, sob pena de violação ao princípio da culpabilidade"[11]. Adota-se o **critério psicológico**: não basta estar embriagado fortuitamente. Deve-se analisar se ao momento da ação ou omissão o agente era incapaz de entender o caráter ilícito do fato ou de determinar-se de acordo com esse entendimento. A depender do grau da incapacidade, a embriaguez pode ser:	
Completa	**Incompleta**
Isenção de pena (art. 28, §1º).	**Redução de pena de 1 a 2/3** (art. 28, §2º).

EMBRIAGUEZ NÃO ACIDENTAL
►***Art. 28. Não excluem a imputabilidade penal: [...] II - A embriaguez, voluntária ou culposa, pelo álcool ou substância de efeitos análogos.*** O agente quer se embriagar (embriaguez **voluntária**) ou se embriaga por negligência ou imprudência (embriaguez **culposa**).

EMBRIAGUEZ PATOLÓGICA
Deve ser tratada como hipótese de **doença mental** (art. 26).

11. STJ, AgInt no HC 350918/SC, Rel. Min. Antonio Saldanha Palheiro, 6ª Turma, j. 26/04/2016.

EMBRIAGUEZ PREORDENADA
O agente se embriaga para encorajar-se a praticar o crime. Será punido pelo crime doloso cometido e terá a pena aumentada (aplicação da **agravante genérica** - art. 61, II, *l*).

TEORIA DA *ACTIO LIBERA IN CAUSA*
A teoria da "ação livre em sua causa" tenta explicar a punição do agente que comete um crime nos estados de **embriaguez não acidental (voluntária e culposa) e preordenada**. Problema: nesses casos de embriaguez, quando o agente pratica a conduta está privado de sua capacidade de entendimento e autodeterminação. Como justificar sua punição? Solução: **aferir a imputabilidade no momento anterior à embriaguez. Nesse período, deve ser analisado o dolo ou a culpa do agente para que o resultado lhe seja imputado.** "A constatação da imputabilidade + vontade do agente no momento em que ingeria a bebida, evita a responsabilidade penal objetiva: se bebeu prevendo o resultado, querendo a sua produção, haverá crime **doloso**; se bebeu, prevendo o resultado, e aceitou sua produção, temos o **dolo eventual**; se bebeu e previu o resultado, o qual acreditou poder evitar, configura-se a **culpa consciente**; se não previu, mas era previsível, **culpa inconsciente**; se imprevisível, **fato atípico**"[12]. A teoria é **aceita** no direito brasileiro (item 21 da Exposição de Motivos do CP).
A teoria **não se aplica à embriaguez acidental** porque a ação não era livre em sua causa (a embriaguez decorre de caso fortuito ou força maior).

EMOÇÃO	PAIXÃO
Sentimento **transitório**.	Sentimento **duradouro**.
▶ ***Art. 28. Não excluem a imputabilidade penal:*** ***I - A emoção ou a paixão; [...].*** Ressalva: poderá excluir a imputabilidade se configurar doença mental, nos termos do art. 26.	
A pena é atenuada se o agente cometer o crime "[...] ***sob a influência de violenta emoção, provocada por ato injusto da vítima***" (art. 65, III, *c*).	

12. CUNHA, Rogério Sanches (op. cit. p. 368).

NECESSIDADE DE DENÚNCIA	
Se um agente comprovadamente praticar um fato típico e ilícito, deverá ser denunciado, mesmo que durante o inquérito se constate a inimputabilidade ou semi-imputabilidade. A ação penal é necessária para a aplicação da medida de segurança. Situações:	
Inimputabilidade	**Semi-imputabilidade**
Absolvição imprópria (absolvição com aplicação de medida de segurança).	Se a perícia indicar periculosidade, a pena (já reduzida) pode ser substituída por medida de segurança[13].

LEI DE DROGAS
Art. 45. É isento de pena o agente que, em razão da dependência, ou sob o efeito, proveniente de caso fortuito ou força maior, de droga, era, ao tempo da ação ou da omissão, qualquer que tenha sido a infração penal praticada, inteiramente incapaz de entender o caráter ilícito do fato ou de determinar-se de acordo com esse entendimento. Parágrafo único. Quando absolver o agente, reconhecendo, por força pericial, que este apresentava, à época do fato previsto neste artigo, as condições referidas no *caput* deste artigo, poderá determinar o juiz, na sentença, o seu encaminhamento para tratamento médico adequado. Art. 46. As penas podem ser reduzidas de 1 a 2/3 se, por força das circunstâncias previstas no art. 45 desta Lei, o agente não possuía, ao tempo da ação ou da omissão, a plena capacidade de entender o caráter ilícito do fato ou de determinar-se de acordo com esse entendimento.

INFORMATIVOS DO STJ
Info. 737: A semi-imputabilidade, por si só, não afasta o tráfico de drogas e o seu caráter hediondo, tal como a forma privilegiada. AgRg no HC 716210/DF, Rel. Min. Sebastião Reis Júnior, 6ª Turma, j. 10/05/2022.

13. Ver capítulo **26. MEDIDA DE SEGURANÇA.**

17.3 CONSCIÊNCIA POTENCIAL DA ILICITUDE

DEFINIÇÃO
Consciência potencial da ilicitude é a **possibilidade de o agente conhecer o caráter ilícito do seu comportamento**. É afastada pelo **ERRO DE PROIBIÇÃO ESCUSÁVEL** (próximo capítulo). O parâmetro é o **perfil subjetivo** do agente.

TEORIA CAUSALISTA	TEORIA FINALISTA
Considerando que o dolo e a culpa (elementos psicológicos) estão alojados na culpabilidade, adota-se a teoria **psicológica** da culpabilidade.	Considerando que o dolo e a culpa (elementos psicológicos) estão alojados na conduta (fato típico), a culpabilidade contém apenas elementos normativos. Adota-se a **teoria normativa da culpabilidade**.
Culpabilidade - Imputabilidade; - Culpa; - Dolo normativo[14] (consciência + vontade + **consciência atual da ilicitude**).	Culpabilidade - Imputabilidade; - Exigibilidade de conduta diversa; - **Consciência potencial da ilicitude**.

17.3.1 Erro de proibição

DEFINIÇÃO
"O erro de proibição ocorre quando, por erro plenamente justificado, o agente não tem ou não lhe é possível o conhecimento da ilicitude do fato e assim supõe que atua legalmente"[15]. **O erro de proibição escusável exclui a culpabilidade por ausência de potencial consciência da ilicitude, enquanto o inescusável apenas reduz a pena**.
Sinônimo: **erro sobre a ilicitude do fato**.

14. Para entender melhor o dolo normativo e o dolo neutro, ver capítulo **10.3.3 CRIME DOLOSO**.
15. STJ, AgRg no AREsp 901042/BA, Rel. Min. Rogerio Schietti Cruz, 6ª Turma, j. 16/10/2018.

EXISTÊNCIA DA LEI	CONTEÚDO DA LEI
"***O desconhecimento da lei é inescusável***" (art. 21, 1ª parte) e "ninguém se escusa de cumprir a lei, alegando que não a conhece" (art. 3º da LINDB). Quando a lei é publicada no Diário Oficial, há **presunção legal absoluta** quanto ao seu conhecimento. Não obstante, o desconhecimento da lei configura uma **atenuante genérica**[16] (art. 65, II).	O sujeito pode conhecer a existência da lei, mas não conhecer seu conteúdo proibitivo e o caráter ilícito da conduta que pratica. É aqui que reside o erro sobre a ilicitude do fato (art. 21).

<table>
<tr><th colspan="2">CONSEQUÊNCIAS DO ERRO DE PROIBIÇÃO</th></tr>
<tr><td colspan="2">► Art. 21. O desconhecimento da lei é inescusável. O erro sobre a ilicitude do fato, se inevitável, isenta de pena; se evitável, poderá diminuí-la de 1/6 a 1/3.
Parágrafo único. Considera-se evitável o erro se o agente atua ou se omite sem a consciência da ilicitude do fato, quando lhe era possível, nas circunstâncias, ter ou atingir essa consciência.
O parâmetro é o perfil subjetivo do agente[17].</td></tr>
<tr><td>Escusável, inevitável ou invencível</td><td>Inescusável, evitável ou vencível</td></tr>
<tr><td>Exclui a culpabilidade ("isenta de pena").</td><td>Não exclui a culpabilidade, mas reduz a pena (de 1/6 a 1/3).</td></tr>
</table>

<table>
<tr><th colspan="3">ESPÉCIES DE ERRO DE PROIBIÇÃO</th></tr>
<tr><th>Direto</th><th>Indireto</th><th>Mandamental</th></tr>
<tr><td>O agente desconhece o conteúdo da proibição. Exemplo clássico: o holandês que porta cannabis sativa no Brasil, por desconhecer que a conduta é ilícita.</td><td>O agente se equivoca quanto à existência ou aos limites de uma excludente de ilicitude e comete um crime. São as descriminantes putativas por erro de proibição[18].</td><td>O erro recai sobre a norma mandamental: o agente desconhece seu dever de agir e comete um crime por omissão[19].</td></tr>
</table>

16. Art. 8º da LCP - No caso de ignorância ou de errada compreensão da lei, quando escusáveis, a pena pode deixar de ser aplicada.
17. Ex.: "O agravante não pode argumentar desconhecimento quando o grau de discernimento é elevado ante a sua formação acadêmica e o fato de já haver exercido cargo de vice-prefeito em outra oportunidade" (STJ, AgRg no AREsp 901042/BA, Rel. Min. Rogerio Schietti Cruz, 6ª Turma, j. 16/10/2018).
18. Ver capítulo **10.3.8 DESCRIMINANTES PUTATIVAS**.
19. Ver capítulos **10.3.6 CRIMES COMISSIVOS E OMISSIVOS** e **10.3.7 ERRO DE TIPO**.

ERRO DE TIPO	ERRO DE PROIBIÇÃO
Há falsa percepção da realidade pelo agente (não sabe o que faz).	O agente conhece a realidade e sabe o que faz, mas não sabe que a conduta é ilícita.
Afasta a **tipicidade** por ausência de **dolo** na prática da conduta.	Afasta a **culpabilidade** por ausência de **potencial consciência da ilicitude**.
Escusável → exclui o **dolo e a culpa**. Inescusável → exclui o **dolo**, mas subsiste a culpa (se o crime for punido a título de culpa).	Escusável → exclui a **culpabilidade** (*"**isenta de pena**"*). Inescusável → o agente responde pelo crime doloso, com **redução de pena de 1/6 a 1/3**.

ERRO DE PROIBIÇÃO	CRIME PUTATIVO POR ERRO DE PROIBIÇÃO
O agente age acreditando que seu comportamento é lícito. Contudo, por não compreender o caráter ilícito do fato, pratica um crime. Ex.: o agente exporta couro de cobra sem autorização ambiental, sem saber que pratica o crime previsto no art. 30 da Lei 9.605/1998.	O agente acha que viola uma lei penal, mas sua atuação é penalmente irrelevante. É um **delito de alucinação**. Ex.: o pai acha que comete o crime de incesto por manter relações sexuais consensuais com a filha maior de 18 anos e plenamente capaz. Tal fato, contudo, é atípico.

17.4 EXIGIBILIDADE DE CONDUTA DIVERSA

DEFINIÇÃO
"A inexigibilidade de conduta diversa somente funciona como causa de exclusão da culpabilidade quando proceder de forma contrária à lei se mostrar como única alternativa possível diante de determinada situação"[20]. O parâmetro é o **perfil subjetivo** do agente.

20. STJ, REsp 1456633/RS, Rel. Min. Reynaldo Soares da Fonseca, 5ª Turma, j. 05/04/2016.

LOCALIZAÇÃO DOS CASOS DE INEXIGIBILIDADE DE CONDUTA DIVERSA		
Código Penal	**Legislação esparsa**	**Supralegal**
É o caso das dirimentes previstas no art. 22.	É o caso do art. 13, parágrafo único, da Lei 12.850/2013.	Há casos de inexigibilidade de conduta diversa que não estão na lei.

INEXIGIBILIDADE DE CONDUTA DIVERSA NO CÓDIGO PENAL	
Parte Geral	**Parte Especial**
O art. 22 prevê duas hipóteses de inexigibilidade de conduta diversa: **COAÇÃO MORAL IRRESISTÍVEL** e **OBEDIÊNCIA HIERÁRQUICA**.	O art. 128, II prevê que não se pune o aborto "***se a gravidez resulta de estupro e o aborto é precedido de consentimento da gestante ou, quando incapaz, de seu representante legal***" ("aborto sentimental").

INEXIGIBILIDADE DE CONDUTA DIVERSA NA LEGISLAÇÃO ESPARSA
A Lei 12.850/2013, ao tratar da infiltração de agentes, dispõe que "não é punível, no âmbito da infiltração, a prática de crime pelo agente infiltrado no curso da investigação, quando inexigível conduta diversa" (art. 13, parágrafo único).

INEXIGIBILIDADE DE CONDUTA DIVERSA COMO CAUSA SUPRALEGAL DE EXCLUSÃO DA CULPABILIDADE
Para Francisco de Assis Toledo, "a inexigibilidade de outra conduta é, pois, a primeira e mais importante causa de exclusão de culpabilidade. E constitui um verdadeiro princípio do direito penal. Quando aflora em preceitos legislados, é uma causa legal de exclusão. Se não, deve ser reputada causa supralegal, erigindo-se em princípio fundamental que está intimamente ligado com o problema da responsabilidade pessoal e que, portanto, dispensa a existência de normas expressas a respeito"[21]. Ex.: a mãe solteira que deixa seu filho de 5 anos sozinho em casa por não ter com quem deixá-lo enquanto trabalha. Mesmo que a criança se fira sozinha, a mãe não pode responder por lesão corporal culposa por inexigibilidade de conduta diversa. Outro exemplo é a "legítima defesa" praticada por agressão futura e certa.

21. 2020, p. 328 apud MASSON, 2013, p. 418.

17.4.1 Coação moral irresistível e obediência hierárquica

COAÇÃO MORAL IRRESISTÍVEL	OBEDIÊNCIA HIERÁRQUICA
Ocorre quando o coator, visando a prática de um crime, ameaça o coagido. Este, por medo da concretização da ameaça, tem o poder de escolha reduzido ou eliminado e pratica o crime esperado.	Ocorre quando um subordinado pratica um crime em cumprimento a uma ordem não manifestamente ilegal emanada do seu superior hierárquico.
►Art. 22. Se o fato é cometido sob coação irresistível ou em estrita obediência a ordem, não manifestamente ilegal, de superior hierárquico, só é punível o autor da coação ou da ordem.	

REQUISITOS DA COAÇÃO MORAL IRRESISTÍVEL	
Ameaça grave e irresistível	Para que seja excluída a culpabilidade, exige-se uma **promessa de mal grave e iminente**. A ameaça deve se voltar **à pessoa do coagido ou aos seus íntimos e familiares**. A ameaça deve ser **possível de realizar-se** e deve ser **irresistível**, isto é, deve colocar o coagido em situação de não poder suportá-la. O temor reverencial não é ameaça e não afasta a culpabilidade.
Perigo inevitável	A dirimente só existe quando o perigo não puder ser evitado por outro meio.
Presença de pelo menos 3 pessoas	Deve haver pelo menos um coator, um coagido e uma vítima. Admite-se apenas coautor e coagido quando o próprio coagido for a vítima.

EFEITOS DA COAÇÃO MORAL IRRESISTÍVEL	
A coação moral irresistível é um caso de **autoria mediata**: o coator utiliza uma pessoa sem culpabilidade para praticar um crime. **Não há concurso de pessoas** porque não há vínculo subjetivo entre o coator e o coagido. Consequências:	
O **coator** responde pelo crime praticado pelo coagido e pelo crime de tortura (art. 1º, I, *b*, da Lei 9.455/1997).	O **coagido** é isento de pena (inexigibilidade de conduta diversa).

<table>
<tr><th colspan="2">EFEITOS DA COAÇÃO MORAL RESISTÍVEL</th></tr>
<tr><td colspan="2">Se a coação moral for resistível, isto é, suportável, subsiste a culpabilidade. Há, nesse caso, concurso de agentes.</td></tr>
<tr><td>O coator responde pelo crime praticado pelo coagido com a pena agravada (art. 62, II).</td><td>O coagido responde pelo crime que praticou com a pena atenuada (art. 65, III, c).</td></tr>
</table>

COAÇÃO FÍSICA IRRESISTÍVEL	COAÇÃO MORAL IRRESISTÍVEL
O coagido não pratica sequer uma conduta, porque não há dolo ou culpa. Ex.: o indivíduo é coagido a colocar o dedo no gatilho enquanto o coator faz o movimento de disparo.	O coagido pratica um fato típico e ilícito, mas é isento de pena porque atua como mero instrumento do coator. Ex.: o sequestrador ameaça matar o filho do indivíduo caso ele não mate outra pessoa.
Exclui o **FATO TÍPICO** (ausência de conduta). ***Vis absoluta***.	Exclui a **CULPABILIDADE** (inexigibilidade de conduta diversa). ***Vis compulsiva***.

<table>
<tr><th colspan="2">REQUISITOS DA OBEDIÊNCIA HIERÁRQUICA</th></tr>
<tr><td>Ordem não manifestamente ilegal</td><td>A ordem deve aparentar ser legal. Se for manifestamente ilegal, o subordinado não é obrigado a cumpri-la. Ex.: o delegado ordena que o policial torture o preso para obter a confissão. Se a ordem manifestamente ilegal for cumprida, delegado e policial serão responsabilizados em concurso de agentes. Contudo, se o delegado ordenar a um policial que realize uma prisão porque já foi expedido o mandado, e o policial realizar essa prisão, quando na verdade o mandado não tinha sido expedido, somente o delegado responderá, pois a ordem tinha aparência de legalidade.</td></tr>
<tr><td>Ordem de superior hierárquico</td><td>Só existe nas relações de direito público. A dirimente não se aplica aos casos de relações particulares ou temor reverencial. O superior hierárquico que emite a ordem deve ser competente.</td></tr>
<tr><td>Cumprimento estrito de ordem</td><td>A dirimente só se aplica quando o agente se restringe a cumprir a ordem não manifestamente ilegal. Se extrapolar esse limite, não estará amparado pela dirimente.</td></tr>
</table>

EFEITOS DA OBEDIÊNCIA HIERÁRQUICA	
O **superior** responde pelo crime praticado pelo subordinado.	O **subordinado** não pode ser punido (inexigibilidade de conduta diversa).

ORDEM MANIFESTAMENTE ILEGAL	ORDEM LEGAL	ORDEM NÃO MANIFESTAMENTE ILEGAL
O superior e o subordinado serão responsabilizados em **concurso de agentes**. O superior terá a pena **agravada** (art. 62, III) e o subordinado terá a pena **atenuada** (art. 65, III, *c*).	**Estrito cumprimento do dever legal** (art. 23, III).	É a hipótese que exclui a culpabilidade do subordinado por **inexigibilidade de conduta diversa**.

18

CONCURSO DE PESSOAS

DEFINIÇÃO
►***Art. 29. Quem, de qualquer modo, concorre para o crime incide nas penas a este cominadas, na medida de sua culpabilidade***. Há concurso de pessoas quando duas ou mais pessoas concorrem para a prática do mesmo crime ou contravenção.

REQUISITOS DO CONCURSO DE PESSOAS			
Pluralidade de agentes.	Relevância causal da conduta.	Vínculo subjetivo.	Identidade de infração penal.

PLURALIDADE DE AGENTES	
Crimes unissubjetivos (de concurso eventual)	Podem ser praticados por um ou por vários agentes. Quando praticados em concurso, é necessária a adequação típica mediata[1] através da **norma de extensão do art. 29.** Este capítulo dedica-se ao concurso de pessoas nos crimes unissubjetivos. **Todos os agentes devem ser culpáveis**. Se um agente não for culpável, haverá autoria mediata, e não concurso. Ex.: o homicídio (art. 121) pode ser praticado por uma só pessoa ou por várias pessoas. Se um agente imputável encomenda a morte de um desafeto a um menor de idade (inimputável), há autoria mediata, pois o menor serviu como "instrumento" do agente imputável.

1. Ver capítulo **10.6 TIPICIDADE.**

PLURALIDADE DE AGENTES	
Crimes plurissubjetivos (de concurso necessário)	Só podem ser praticados em concurso de agentes (crimes de **concurso necessário**). É o próprio tipo penal que exige a pluralidade de agentes, razão pela qual esses crimes não necessitam da norma de extensão do art. 29. **Basta que um agente seja culpável**. Ex.: o crime de associação criminosa (art. 288) exige 3 ou mais agentes. Se apenas um agente é imputável e dois são inimputáveis, esses dois serão computados para caracterizar o crime.
Crimes eventualmente plurissubjetivos	Podem ser praticados por uma pessoa e têm a **pena aumentada** quando praticados em concurso de pessoas. Há um **pseudoconcurso, concurso impróprio ou concurso aparente**. Também não necessitam da norma de extensão do art. 29. Basta que um agente seja culpável. Ex.: o furto qualificado mediante concurso de duas ou mais pessoas (art. 155, §4º, IV) é um crime de concurso impróprio. Se um dos agentes do furto for menor de idade (inimputável), ainda assim incidirá a qualificadora.

UNISSUBJETIVOS	PLURISSUBJETIVOS	EVENTUALMENTE PLURISSUBJETIVOS
Todos os agentes devem ser culpáveis.	Basta que um agente seja culpável.	Basta que um agente seja culpável.

RELEVÂNCIA CAUSAL DE CADA CONDUTA
No concurso de pessoas, há pelo menos duas condutas relevantes. A contribuição do partícipe deve ter **influência sobre o resultado**. Em regra, a conduta é anterior à consumação, salvo nos casos em que é posterior à consumação mas foi ajustada anteriormente. Ex.: se Joana se compromete a auxiliar Carlos a fugir após a um homicídio, será partícipe do homicídio. Contudo, se Joana não tivesse se comprometido anteriormente com Carlos e só viesse a ajudá-lo após o crime, praticaria o crime autônomo de favorecimento pessoal (art. 348).

VÍNCULO SUBJETIVO

Deve haver um nexo psicológico entre os agentes, uma vontade homogênea voltada à produção do mesmo resultado. **Sem o nexo psicológico, há vários crimes autônomos, e não concurso de agentes. Não existe participação dolosa em crime culposo, nem participação culposa em crime doloso.** "A configuração do concurso de agentes não exige a existência de acordo prévio de vontades, o *pactum sceleris*, bastando que um agente **saiba que está cooperando** na ação comum que resultará na violação do bem jurídico protegido pela norma penal"[2]. Ex.: Paulo, em contato com Renata, afirma que pretende matar Ana às 20h na Rua Imperial. Laura, inimiga de Ana, escuta a conversa e comparece ao local na hora indicada. Paulo ataca Ana, que consegue se soltar e sai correndo. Laura, que estava atrás da árvore, derruba Ana e facilita a ação de Paulo. Ainda que Paulo e Laura não tenham acordado, Laura responderá como partícipe do homicídio porque **aderiu conscientemente** à conduta de Paulo.

UNIDADE DO CRIME

O CP adotou a **teoria monista, unitária ou igualitária**: todos os que concorrem para o mesmo crime devem receber tratamento igualitário no que diz respeito à classificação jurídica do fato. "Havendo diversos agentes, com múltiplas condutas que levam ao mesmo resultado, há um só delito para todos"[3]. Há crime único e pluralidade de agentes[4]. Ex.: se dois agentes, em concurso, praticam um roubo (art. 157), não é possível que um agente responda por roubo tentado e, o outro, por roubo consumado. **A classificação jurídica deve ser a mesma porque o crime é único** (um crime de roubo praticado por vários agentes). Atenção: **isso não significa que os agentes receberão a mesma pena.** A aplicação da pena deve ser individualizada de acordo com a culpabilidade individual. A teoria é **moderada** porque há várias situações de concurso de pessoas em que cada agente responde por um crime diferente. Ex.:

a) Participação em crime menos grave (art. 29, §2º);

b) Crime de corrupção ativa (art. 333) e passiva (art. 317);

c) Crime de falso testemunho (art. 342) e corrupção de testemunha (art. 343);

d) Crime de aborto cometido pela gestante (art. 124) e aquele cometido por terceiro com o consentimento da gestante (art. 126).

2. STJ, APn 629/RO, Rel. Min. Nancy Andrighi, Corte Especial, j. 28/06/2018.
3. STJ, HC 406842/SP, Rel. Min. Reynaldo Soares da Fonseca, 5ª Turma, j. 13/08/2019.
4. "Assim, denunciados em coautoria delitiva, e não sendo as hipóteses de participação de menor importância ou cooperação dolosamente distinta, ambos os réus teriam que receber rigorosamente **a mesma condenação, objetiva e subjetivamente, seja por crime doloso, seja por crime culposo, não sendo possível cindir o delito no tocante à homogeneidade do elemento subjetivo**, requisito do concurso de pessoas, sob pena de violação à teoria monista, razão pela qual mostra-se evidente o constrangimento ilegal perpetrado" (STJ, REsp 1306731/RJ, Rel. Min. Marco Aurélio Bellizze, 5ª Turma, j. 22/10/2013).

TEORIAS SOBRE A CONDUTA	
Teoria objetivo-formal	**Autor é quem realiza o núcleo do tipo penal. Partícipe é quem concorre para o crime sem praticar o núcleo do tipo penal**. Ex.: o autor intelectual. De acordo com a teoria, é autor do crime de homicídio quem "mata" (núcleo do tipo), isto é, por exemplo, aquele que dispara a arma ou executa os golpes de faca. O partícipe contribui de outros modos (ajuda na fuga, empresta a arma, instiga a prática do crime), sem praticar o verbo do tipo penal. Prevalece que é a **teoria adotada pelo CP**, também chamada de **teoria objetiva, restritiva ou dualista do autor**. Deve ser complementada pela teoria da autoria mediata. Isto porque o autor mediato pratica a conduta por meio de outra pessoa, sem realizar o núcleo do tipo. Todavia, deve ser considerado autor, e não partícipe.
Teoria objetivo-material	**Autor** é quem presta a contribuição objetiva mais relevante para a produção do resultado. **Partícipe** é quem concorre de forma menos relevante. Para a teoria, não importa quem realizou o núcleo do tipo penal.
Teoria extensiva	**Todos que colaboraram para a prática do fato são autores**. Para estabelecer uma distinção, é importante a teoria subjetiva da participação: existe a vontade de ser autor (*animus auctoris*) e a vontade ser partícipe (*animus socii*).
Teoria do domínio do fato de Welzel (teoria objetivo-subjetiva)	"Autor é quem possui o controle sobre o **domínio final do fato**: domina finalisticamente o trâmite do crime e decide acerca da sua prática, suspensão, interrupção e condições"[5]. **O autor não precisa realizar atos de execução**[6]. São autores: autor propriamente dito; autor intelectual; autor mediato e coautores. Partícipe é quem concorre para o crime sem possuir o controle final do fato e sem realizar o núcleo do tipo. A teoria só se aplica aos crimes **dolosos e comissivos** e tem crescido na jurisprudência.

5. MASSON, Cleber (op. cit. p. 431).
6. "[...] a autoria pode se revelar de diversas maneiras, não se restringindo à prática do verbo contido no tipo penal. Assim, é possível, por exemplo, que um dos agentes seja o responsável pela idealização da empreitada criminosa; outro, pela arregimentação de comparsas; outro, pela obtenção dos instrumentos e meios para a prática da infração; e, outro, pela execução propriamente dita. Assim, desde cada um deles - ajustados e voltados dolosamente para o mesmo fim criminoso - exerça domínio sobre o fato, responderá na medida de sua culpabilidade" (STJ, HC 191444/PB, Rel. Min. Og Fernandes, 6ª Turma, j. 06/09/2011).

COAUTORIA E CONCURSO DE PESSOAS
Na coautoria, há **mais de um autor** praticando o núcleo do tipo penal, através de atos de execução distintos ou iguais. Ex.: um agente esfaqueia a vítima e o outro a segura (coautoria **parcial**); vários agentes efetuam disparos em direção à vítima (coautoria **direta**). Na visão da teoria do domínio do fato, cada coautor detém o domínio funcional do fato[7].

COAUTORIA E CONCURSO DE PESSOAS	
Crimes próprios	**Crimes de mão própria**
Admitem coautoria. Ex.: dois funcionários públicos, juntos, praticam o crime de peculato (art. 312).	**Não admitem coautoria.** O crime só pode ser praticado pelo agente indicado no tipo penal, e ninguém mais. Exceção: o crime de falsa perícia (art. 342) pode ser praticado em concurso.

TEMAS RELEVANTES SOBRE A COAUTORIA	
Autor intelectual	► ***Art. 62, I - A pena será ainda agravada em relação ao agente que promove, ou organiza a cooperação no crime ou dirige a atividade dos demais agentes.***
Autoria de escritório	Em redes ilícitas e hierarquizadas de poder, a autoria de escritório é atribuída ao "cabeça" do grupo, do qual emanam ordens. Embora parte da doutrina trate os subordinados que cumprem as ordens como autores mediatos, não parece ser o caso. Fala-se em uma **autoria mediata especial**.
Autoria por convicção	O autor comete um crime motivado por convicções pessoais (religiosas, morais, políticas).
Multidão delinquente	O crime é cometido por uma multidão. Há vínculo subjetivo e concurso de agentes.

7. "O acusado que na divisão de trabalho tinha o domínio funcional do fato (a saber, **fuga do local do crime**), é **coautor**, e não mero partícipe, pois seu papel era previamente definido, importante e necessário para a realização da infração penal" (STJ, HC 30503/SP, Rel. Min. Paulo Medina, 6ª Turma, j. 18/10/2005).

TEMAS RELEVANTES SOBRE A COAUTORIA	
Coautoria sucessiva	"A regra é de que todos os coautores iniciem, juntos, a empreitada criminosa. Mas pode acontecer que alguém, ou mesmo o grupo, já tenha começado a percorrer o *iter criminis*, ingressando na fase dos atos de execução, quando outra pessoa adere à conduta criminosa daquele, e agora, unidos pelo vínculo psicológico, passam, juntos, a praticar a infração penal"[8].
Autor por determinação	É "quem se vale de outro, que não realiza conduta punível, por ausência de dolo, em um crime de mão própria, ou ainda o sujeito que não reúne as condições legalmente exigidas para a prática de um crime próprio, quando se utiliza de quem possui tais qualidades e se comporta de forma atípica, ou acobertado por uma causa de exclusão da ilicitude ou da culpabilidade"[9]. Ex.: "uma mulher dá sonífero a outra e depois hipnotiza um amigo, ordenando-lhe que com aquela mantenha relações sexuais durante o transe. O hipnotizado não realiza a conduta, ao passo que a mulher não pode ser autora de estupro, porque é delito de mão própria. Tampouco é partícipe, pois falta o injusto alheio em que cooperar ou a que determinar"[10].
Autoria colateral	Verifica-se a "ausência de vínculo subjetivo entre vários agentes, que, simultaneamente, produzem um resultado típico"[11]. Ex.: Maria e Joana ficam de tocaia numa estrada, uma de cada lado, sem que uma saiba da outra. Quando Paulo passa, ambas atiram. Se a perícia concluir que a morte resultou do disparo de Maria, esta responderá por homicídio consumado, enquanto Joana responderá por homicídio tentado. Se a perícia concluir que o disparo efetuado por Joana atingiu o corpo de Paulo quando ele já estava morto, Joana ficará impune (crime impossível). Se Maria e Joana estivessem ligadas pelo vínculo subjetivo (concurso de agentes), seria irrelevante perquirir quem foi a autora do disparo letal.

8. GRECO, Rogério (op. cit. p. 497).
9. CUNHA, Rogério Sanches. Manual de Direito Penal, 3. ed., cit., p. 532.
10. ZAFFARONI, Eugenio Raúl; PIERANGELI, José Henrique. Manual de direito penal brasileiro. Parte Geral. 7. Ed. São Paulo: RT, 2007. p. 676.
11. STF, Inq 3674/RJ, Rel. Min. Luiz Fux, 1ª Turma, j. 07/03/2017. Ex.: "[...] **os disparos de arma de fogo devem ser examinados em relação a cada um dos responsáveis por esses disparos, caracterizando-se, na espécie, a denominada autoria colateral. Como apenas um desses disparos, com autoria identificada, atingiu a vítima, matando-a, o autor do tiro fatal responde por homicídio consumado, os demais, ante a prova reconhecida pelo acórdão de que também visaram a vítima, sem atingi-la, respondem por tentativa de homicídio**" (STJ, REsp 37280/RS, Rel. Min. Assis Toledo, 5ª Turma, j. 02/03/1996).

TEMAS RELEVANTES SOBRE A COAUTORIA	
Autoria incerta	Há autoria incerta quando não se consegue apurar quem causou o resultado. Ex.: se a perícia não conseguir apontar quem efetuou o disparo letal, Maria e Joana responderão por tentativa de homicídio, pois ambas praticaram atos de execução. Se a perícia concluir que um disparo foi letal e o outro atingiu o corpo de Paulo já morto (crime impossível), a incerteza levará à absolvição de Maria e Joana (aplicação do *in dubio pro reo*, pois não se sabe qual duas praticou o crime impossível).
Autoria desconhecida	Não se sabe quem praticou a conduta.
Individualização e denúncia	É "desnecessária maior pormenorização das condutas dos agentes na peça acusatória, considerando as comuns limitações dos elementos de informação angariados na fase inquisitorial em hipótese de coautoria, admitindo-se, portanto, que a individualização do agir de cada envolvido no crime seja procedida após a formação da culpa, sob pena de inviabilizar a persecução penal nesses crimes"[12]. Contudo, ainda que não se exija uma individualização minudente, é necessária uma descrição mínima da conduta de forma a viabilizar o exercício da ampla defesa e do contraditório pelo réu.
Roubo e latrocínio	Em atendimento à teoria monista ou unitária, "apesar de o réu não ter praticado a violência elementar do crime de roubo, [...] havendo prévia convergência de vontades para a prática de tal delito, a utilização de violência ou grave ameaça, necessárias à sua consumação, comunica-se ao coautor, mesmo não sendo ele o executor direto do gravame"[13].

AUTORIA INDIRETA OU MEDIATA	
Autor direto ou imediato	**Autor indireto ou mediato**
É o executor, a pessoa que realiza o núcleo do tipo penal.	É a pessoa que utiliza um terceiro (o autor imediato) como instrumento para realizar o crime por ele desejado. Apenas ele será responsabilizado.

12. STJ, RHC 89450/GO, Rel. Min. Ribeiro Dantas, 5ª Turma, j. 13/03/2018.
13. STJ, AgRg no AREsp 2285720/GO, Rel. Min. Ribeiro Dantas, 5ª Turma, j. 23/03/2023.

HIPÓTESES DE AUTORIA INDIRETA OU MEDIATA		
O terceiro não tem culpabilidade (inimputabilidade, coação moral irresistível ou obediência hierárquica);	O terceiro não tem dolo ou culpa (coação física irresistível, estados de inconsciência);	Erro determinado por terceiro.
Não há concurso de agentes porque não há vínculo subjetivo.		
A autoria mediata é **incompatível com os crimes culposos**.		
As consequências da ***aberratio ictus*** são aplicáveis ao autor mediato.		

AUTORIA INDIRETA OU MEDIATA	
Crimes próprios	**Crimes de mão própria**
É possível, contanto que o autor mediato possua as condições exigidas pelo tipo penal. Ex.: um funcionário público pode utilizar como autor imediato um subordinado, em obediência hierárquica, para subtrair bens da repartição (peculato – art. 312).	**Não é possível**, porque "os crimes de mão própria estão descritos em figuras típicas necessariamente formuladas de tal forma que só pode ser autor quem esteja em situação de realizar pessoalmente e de forma direta o fato punível"[14]. Ex.: no crime de deserção (art. 187 do CPM), apenas o militar poderá desertar.

PARTICIPAÇÃO
O CP não distingue autoria e participação. De acordo com a **teoria restritiva** (majoritária), "a participação consiste na intervenção de caráter secundário em um fato principal alheio"[15]. Na participação, unem-se o **propósito de colaborar** (elemento subjetivo) e a **colaboração efetiva** (participação moral ou material).

14. STJ, REsp 761354/PR, Rel. Min. Félix Fischer, 5ª Turma. j. 16/10/2006.
15. STJ, APn 629/RO, Rel. Min. Nancy Andrighi, Corte Especial, j. 28/06/2018.

PARTICIPAÇÃO	
Moral	**Material**
Induzimento e instigação. Induzir é fazer surgir a ideia criminosa na mente do autor. Instigar é estimular uma ideia criminosa que já existe na mente do autor.	**Auxílio material**. O partícipe (cúmplice), de algum modo, facilita a prática do crime. Ex.: João empresta seu carro para que Rui encontre um ponto de venda de drogas.

PARTICIPAÇÃO DE MENOR IMPORTÂNCIA
► ***Art. 29, §1º - Se a participação for de menor importância, a pena pode ser diminuída de 1/6 a 1/3.*** Causa geral de diminuição de pena[16]. Atenção: o dispositivo só se aplica à participação. A atuação do coautor é sempre relevante[17]. Também não se aplica ao autor intelectual (que é, a rigor, partícipe).

ACESSORIEDADE DA PARTICIPAÇÃO
► ***Art. 31. O ajuste, a determinação ou instigação e o auxílio, salvo disposição expressa em contrário, não são puníveis, se o crime não chega, pelo menos, a ser tentado.*** Enquanto a autoria é atividade principal, a participação é atividade **acessória**: é necessário que o autor ingresse na fase de execução e pratique, no mínimo, de um crime tentado. É por isso que **não existe a tentativa de participação**: ou o agente induz/instiga uma pessoa e esta pessoa vem a praticar atos executórios (participação configurada) ou esta pessoa não vem a praticar qualquer ato (indiferente penal). Atenção ao trecho "***salvo disposição expressa em contrário***".

16. Ver capítulo **21.4 TERCEIRA FASE DA DOSIMETRIA**.

17. Exemplo recente do STJ: "Não há falar em aplicação da minorante pela participação de menor importância (art. 29, §1º, do CP) na hipótese em que evidenciada a alta **relevância causal** da atuação da recorrida para que concretizados os fatos típicos, bem como a **gravidade da contribuição prestada**, tendo restado inconteste que a ré auxiliou ativamente o condenado na prática dos estupros contra os menores" (STJ, REsp 1.359.411/MG, Rel. Min. Maria Thereza de Assis Moura, 6ª Turma, j. 05/05/2016).

TEORIAS SOBRE A PUNIBILIDADE DA PARTICIPAÇÃO	
Partindo-se do pressuposto de que a participação é sempre **acessória**, quatro teorias buscam delimitar a partir de quando a participação será punível. São elas:	
Acessoriedade mínima	A participação é punida quando o autor realiza uma conduta **típica**.
Acessoriedade limitada	A participação é punida quando o autor realiza uma conduta **típica e ilícita**. É **majoritária** na doutrina e na jurisprudência. Problema: considerando que o agente não precisa ser culpável, torna-se incompatível com a autoria mediata.
Acessoriedade máxima	A participação é punida quando o autor realiza uma conduta **típica, ilícita e é culpável**.
Hiperacessoriedade	A participação é punida quando o autor realiza uma conduta **típica, ilícita, culpável e punível**.

TEMAS RELEVANTES SOBRE A PARTICIPAÇÃO	
Subordinação mediata ou indireta	"A punição do partícipe, portanto, decorre de uma adequação típica de subordinação mediata ou indireta, porquanto, por não praticar diretamente o verbo contido no núcleo do tipo penal incriminador principal, é necessária a incidência de uma norma de extensão, prevista no art. 29 do CP, para que seja verificada a efetiva tipificação da conduta como criminosa"[18].
Participação sucessiva	É possível. Ex.: Cláudia instiga Marta a matar Gustavo. Dias depois, Lúcia, sem saber da instigação de Cláudia, também instiga Marta a matar Gustavo.
Participação em cadeia	É possível. Ex.: Ana induz Carlos a induzir Laura a matar Odorico. É a participação de participação. Atenção: os partícipes só serão punidos se Laura praticar atos de execução.

18. STJ, APn 629/RO, Rel. Min. Nancy Andrighi, Corte Especial, j. 28/06/2018.

TEMAS RELEVANTES SOBRE A PARTICIPAÇÃO	
Momento da participação	Em regra, a participação ocorre antes da consumação do crime. Todavia, em alguns casos é possível que o agente induza/instigue o autor após a consumação. Ex.: após a privação da liberdade da vítima, o partícipe instiga o sequestrador a não libertá-la.
Participação negativa	É a conivência. Conivente é a pessoa que não tem nenhuma relação com o crime, tampouco o dever de evitá-lo. Ex.: Felipe presencia um homicídio na rua e nada faz. Apesar do nome, não é caso de participação.
Incitação ao crime	Na participação, o induzimento e a instigação são direcionados a pessoas determinadas e à prática de um crime determinado. Não confundir o tipo penal de incitação ao crime (art. 286), em que o agente induz ou instiga publicamente pessoas indeterminadas à prática de um delito.
Arrependimento do partícipe	Se o partícipe induz ou instiga o autor e se arrepende, será punido, salvo se conseguir impedir o autor de praticar o crime. Se o partícipe promete auxílio material e antes da prática do crime desiste de prestar o auxílio, não será punido.
Cumplicidade necessária	O bem ou o auxílio material é escasso, de difícil obtenção. Ex.: o partícipe presta auxílio material fornecendo explosivos. Poucas pessoas têm acesso a explosivos. Se a escassez for evidente, a participação não poderá ser considerada de menor importância (art. 29, §1º).
Favorecimento real	Não confundir a participação com o crime de favorecimento real (art. 349): ***"prestar a criminoso, fora dos casos de coautoria ou de receptação, auxílio destinado a tornar seguro o proveito do crime"***.

PARTICIPAÇÃO EM CRIME MENOS GRAVE
► ***Art. 29, §2º - Se algum dos concorrentes quis participar de crime menos grave, ser-lhe-á aplicada a pena deste; essa pena será aumentada até metade, na hipótese de ter sido previsível o resultado mais grave.*** O dispositivo traz a participação em crime menos grave, também chamada de cooperação dolosamente distinta ou desvios subjetivos entre os agentes. Trata-se de exceção à teoria monista, na medida em que cada concorrente responderá por um crime distinto. "***Concorrentes***" engloba coautores e partícipes. Ex.: Carlos e Leo pretendem furtar uma casa supostamente abandonada. Leo aguardava fora da casa em uma moto para que pudessem empreender fuga. Carlos, quando entrou na casa para subtrair os bens, deparou-se com a caseira e utilizou-se de grave ameaça para garantir a detenção das coisas subtraídas (desvio subjetivo da conduta). Carlos e Leo estavam unidos pelo vínculo subjetivo apenas quanto ao furto. Carlos responderá por roubo e Leo responderá por furto (crime menos grave pretendido inicialmente)[19]. Atenção à segunda parte do dispositivo: quando crime mais grave é previsível, a pena do crime menos grave poderá ser aumentada até a metade. Exemplo: se Leo e Carlos sabiam que havia uma pessoa na casa e, logo, podiam prever a possibilidade de ocorrência do resultado mais grave, Leo responderá por furto (crime menos grave) com a pena aumentada até a metade. Muita atenção: o crime de roubo (mais grave) não pode ser imputado a Leo, ante a inexistência de dolo quanto à sua prática. Apenas aumenta-se a pena do crime menos grave.

COMUNICABILIDADE
► ***Art. 30. Não se comunicam as circunstâncias e condições de caráter pessoal, salvo quando elementares do crime***[20]. Elementar é um dado fundamental da figura típica, cuja ausência pode produzir uma atipicidade absoluta ou uma atipicidade relativa (desclassificação para outro tipo penal). Circunstância é um fator que interfere na pena do crime sem alterar a figura típica.

19. O exemplo foi extraído do AgRg no REsp 1.245.570/SP, Rel. Min. Sebastião Reis Júnior, 6ª Turma, j. 20/03/2014.
20. Ver capítulo **10.1 O TIPO PENAL**.

COMUNICABILIDADE	
Comunicáveis	**Incomunicáveis**
São comunicáveis as **circunstâncias objetivas e elementares (subjetivas ou objetivas), desde que os outros agentes tenham conhecimento delas.** Exemplo 1: Eduardo contrata Beto para matar Luiz. Beto avisa a Eduardo que fará uso de meio cruel e Eduardo concorda. Ambos responderão pela qualificadora (circunstância objetiva comunicável). Exemplo 2: Frederico, funcionário público, convida Rafael para subtrair um bem da repartição pública em que trabalha. Rafael conhece a condição de funcionário público de Frederico (elementar). Ambos responderão por peculato (art. 312).	São incomunicáveis as **circunstâncias subjetivas e condições de caráter pessoal.** Exemplo 1: Mévio estuprou a filha de Caio, que, por sua vez, contrata um pistoleiro para matá-lo. Enquanto Caio responderá por homicídio privilegiado (relevante valor moral – art. 121, §1º), o pistoleiro responderá por homicídio qualificado por motivo torpe (art. 121 – §2º, I). Exemplo 2: os antecedentes de um agente não se comunicam ao outro coautor, bem como a menoridade, a inimputabilidade, a personalidade, os motivos do crime, a conduta social etc.

COAUTORIA E CRIMES OMISSIVOS[21]	
Corrente 1	**Corrente 2**
Não é possível coautoria nos crimes omissivos, próprios ou impróprios. Cada agente possui o seu dever de agir, individualmente considerado. Exemplo de Nilo Batista: "dos cinquenta nadadores que assistem passivamente ao afogamento do menino, temos cinquenta autores diretos da omissão de socorro"[22].	**É possível** coautoria nos crimes omissivos próprios ou impróprios. Para Cezar Bitencourt, se duas pessoas deixam de prestar socorro de comum acordo, serão coautoras[23]. O que importa é o liame subjetivo entre os agentes.

21. Ver capítulo **10.3.6 CRIMES COMISSIVOS E OMISSIVOS**.
22. 1979, p. 65 apud GRECO, 2015, p. 554.
23. BITENCOURT, Cezar Roberto (op. cit. p. 343).

PARTICIPAÇÃO E CRIMES OMISSIVOS[24]
É **possível** participação nos crimes omissivos, **próprios e impróprios**. O partícipe instiga ou induz o autor a deixar de agir. Ex.: Alfredo, paraplégico, instiga Roberto a não salvar um banhista que se afoga. Vale ressaltar que nenhum deles é garantidor do art. 13, §2º. Roberto é autor do crime de omissão de socorro porque podia salvar a vítima. Se Alfredo pudesse evitar o afogamento, seria coautor do crime de omissão de socorro (ou simplesmente autor, a depender da teoria adotada quanto à coautoria). Contudo, como está impossibilitado de agir, Alfredo é partícipe do crime de omissão de socorro. O mesmo pode acontecer com os crimes omissivos impróprios. Ex.: o policial que presencia um furto e nada faz, apesar de ter o dever de agir (garantidor do art. 13, §2º) é partícipe do crime de furto.

24. Idem.

19

CONCURSO DE CRIMES

<table>
<tr><th colspan="3">INTRODUÇÃO</th></tr>
<tr><td colspan="3">Há concurso de crimes quando o agente pratica uma pluralidade de crimes, mediante uma ou várias condutas. Há 3 espécies:</td></tr>
<tr><th>Concurso material (art. 69)</th><th>Concurso formal (art. 70)</th><th>Crime continuado (art. 71)</th></tr>
<tr><td>Pluralidade de condutas.</td><td>Uma conduta.</td><td>Pluralidade de condutas.</td></tr>
<tr><td>Pluralidade de resultados.</td><td>Pluralidade de resultados.</td><td>Pluralidade de resultados.</td></tr>
<tr><td>Cúmulo material.</td><td>Próprio, perfeito ou normal: exasperação (1/6 até metade) ou cúmulo material (quando benéfico).
Impróprio ou imperfeito ou anormal: cúmulo material.</td><td>Simples: exasperação (1/6 a 2/3) ou cúmulo material (quando benéfico).
Específico: exasperação (1/6 até o triplo).</td></tr>
<tr><td colspan="2">Podem ser homogêneos (crimes idênticos) ou heterogêneos (crimes distintos).</td><td>Crimes da mesma espécie.</td></tr>
<tr><td colspan="3">Obs.: é possível que o sujeito pratique mais de um crime e responda apenas por um deles. Sobre o princípio da consunção, ver o capítulo 1. NOÇÕES GERAIS.</td></tr>
</table>

CONCURSO MATERIAL OU REAL
►Art. 69. Quando o agente, mediante mais de uma ação ou omissão, pratica dois ou mais crimes, idênticos ou não, aplicam-se cumulativamente as penas privativas de liberdade em que haja incorrido. No caso de aplicação cumulativa de penas de reclusão e de detenção, executa-se primeiro aquela. ***§1º - Na hipótese deste artigo, quando ao agente tiver sido aplicada pena privativa de liberdade, não suspensa, por um dos crimes, para os demais será incabível a substituição de que trata o art. 44 deste Código.*** ***§2º - Quando forem aplicadas penas restritivas de direitos, o condenado cumprirá simultaneamente as que forem compatíveis entre si e sucessivamente as demais.***
No concurso material ou real, há **pluralidade de condutas e pluralidade de crimes**.
Sistema adotado: **CÚMULO MATERIAL** (as penas são somadas).
Pode ser **homogêneo** (crimes idênticos) ou **heterogêneo** (crimes distintos).
Ex.: se o agente pratica um roubo (art. 157) e um estupro (art. 213), o juiz aplicará a pena correspondente a cada crime e, ao final, somará as penas.

CONCURSO FORMAL OU IDEAL
►Art. 70. Quando o agente, mediante uma só ação ou omissão, pratica dois ou mais crimes, idênticos ou não, aplica-se-lhe a mais grave das penas cabíveis ou, se iguais, somente uma delas, mas aumentada, em qualquer caso, de um sexto até metade. [...]. ***Parágrafo único - Não poderá a pena exceder a que seria cabível pela regra do art. 69 deste Código.***
No concurso formal, há **uma conduta (ação ou omissão) e pluralidade de crimes**.
Pode ser **homogêneo** (crimes idênticos) ou **heterogêneo** (crimes distintos).
O concurso formal **perfeito, próprio ou normal** caracteriza-se quando o agente pratica duas ou mais infrações penais mediante uma única ação ou omissão; já o concurso formal **imperfeito, impróprio ou anormal** evidencia-se quando a conduta única (ação ou omissão) é dolosa e os delitos concorrentes resultam de **desígnios autônomos**. A distinção fundamental entre os dois tipos de concurso formal varia de acordo com o elemento subjetivo que animou o agente a iniciar a sua conduta[1].

1. STJ, AgRg no REsp 2026295/SP, Rel. Min. Reynaldo Soares da Fonseca, 5ª Turma, j. 18/10/2022.

CONCURSO FORMAL OU IDEAL	
Próprio, perfeito ou normal	**Impróprio, imperfeito ou anormal**
Não há desígnios autônomos.	**Há** desígnios autônomos.
Dolo + culpa ou **culpa + culpa**.	**Dolo + dolo**.
Exasperação (1/6 até metade) ou **cúmulo material** (quando benéfico).	**Cúmulo material**.

CONCURSO FORMAL PRÓPRIO OU PERFEITO OU NORMAL
"Foi criado com intuito de favorecer o réu nas hipóteses de **pluralidade de resultados <u>não</u> derivados de desígnios autônomos**, afastando-se, pois, os rigores do concurso material (CP, art. 69)"[2]. Na terceira fase da dosimetria da pena, adota-se o critério da **EXASPERAÇÃO**: aplica-se a pena mais grave aumentada em **1/6 até metade**. Contudo, se a exasperação mostrar-se prejudicial ao acusado no caso concreto, adota-se o **CÚMULO MATERIAL**. Exemplos:
1. Paula atira em Maria, com a intenção de matá-la (**dolo**). Maria vem a óbito e, por erro na execução (*aberratio ictus*), o disparo também atinge José, causando-lhe lesões corporais (**culpa**). Paula responderá por homicídio doloso e lesão corporal culposa em concurso formal próprio. Se, por exemplo, for condenada a 10 anos de reclusão pelo homicídio e a 6 meses de detenção pela lesão culposa, *o critério de exasperação (10 anos + 1/6)* será prejudicial. Nesse caso, adota-se o cúmulo material benéfico, com a soma das penas.
2. Um motorista, por acidente (**culpa**), mata 4 pedestres. Haverá 4 homicídios culposos em concurso formal próprio. Nesse caso, será adotada a exasperação e a pena do homicídio será aumentada em 1/4. Note que, diferentemente do primeiro exemplo, o cúmulo material seria bastante prejudicial, pois a pena dos 4 homicídios seria somada.

EXASPERAÇÃO DA PENA (1/6 ATÉ METADE)					
Crimes	2	3	4	5	6 +
Aumento	1/6	1/5	1/4	1/3	1/2

2. STJ, HC 526809/MG, Rel. Min. Ribeiro Dantas, 5ª Turma, j. 07/11/2019.

CONCURSO FORMAL IMPRÓPRIO OU IMPERFEITO OU ANORMAL
►***Art. 70. [...] As penas aplicam-se, entretanto, cumulativamente, se a ação ou omissão é dolosa e os crimes concorrentes resultam de desígnios autônomos, consoante o disposto no artigo anterior.***
Diferentemente do concurso próprio ou perfeito, aqui há **desígnios autônomos** na produção dos resultados, ou seja, a ação criminosa do agente é "dirigida finalisticamente (dolosamente) à produção de todos os resultados, voltada individual e autonomamente contra cada vítima"[3]. **O dolo pode ser direto ou eventual**[4].
Adota-se o **CÚMULO MATERIAL**: se há dolo de produzir mais de um resultado, as penas dos crimes devem ser somadas, sem que haja tratamento diferenciado. Exemplos:
1. O agente que incendeia uma casa com o dolo direto de matar os 4 membros de uma família que ali residem comete 4 homicídios dolosos. As penas serão somadas.
2. João, com a intenção de ceifar a vida de Maria (ciente de que ela estava grávida de 8 meses), desfere várias facadas em sua nuca. Maria e o feto morrem. João praticou homicídio (dolo direto) e aborto provocado por terceiro (dolo eventual) em concurso formal impróprio. As penas serão somadas.
3. Um reeducando escreve uma carta com graves ameaças a determinados agentes penitenciários. A carta continha detalhes sobre a rotina de cada um deles, inclusive mencionando aspectos familiares. Nesse caso, restou configurado o dolo direto em relação a cada agente. Responderá pelo crime de ameaça em relação a cada vítima, em concurso formal impróprio[5]. As penas serão somadas.
4. "Há concurso formal impróprio na prática de latrocínio quando a conduta do agente tenha por escopo mais de um resultado morte, ainda que a subtração recaia sobre os bens de uma única vítima, na medida em que ficam evidenciados desígnios autônomos, atraindo, portanto, o comando legal disposto no art. 70, segunda parte, do Código Penal". Sobre o concurso de crimes no latrocínio, ver tabela específica no capítulo do crime de roubo.

3. STJ, AgRg no AREsp 1635061/MG, Rel. Min. Jorge Mussi, 5ª Turma, j. 23/06/2020.
4. STJ, AgRg no AREsp 2521343/SP, Rel. Min. Reynaldo Soares da Fonseca, 5ª Turma, j. 17/09/2024.
5. STJ, HC 107565/MS, Rel. Min. Jorge Mussi, 5ª Turma, j. 18/02/2010.

CRIME CONTINUADO OU CONTINUIDADE DELITIVA	
Genérico ou simples	**Específico ou qualificado**
► Art. 71. Quando o agente, mediante mais de uma ação ou omissão, pratica dois ou mais crimes da mesma espécie e, pelas condições de tempo, lugar, maneira de execução e outras semelhantes, devem os subsequentes ser havidos como continuação do primeiro, aplica-se-lhe a pena de um só dos crimes, se idênticas, ou a mais grave, se diversas, aumentada, em qualquer caso, de 1/6 a 2/3.	***► Art. 71, parágrafo único - Nos crimes dolosos, contra vítimas diferentes, cometidos com violência ou grave ameaça à pessoa, poderá o juiz, considerando a culpabilidade, os antecedentes, a conduta social e a personalidade do agente, bem como os motivos e as circunstâncias, aumentar a pena de um só dos crimes, se idênticas, ou a mais grave, se diversas, até o triplo, observadas as regras do parágrafo único do art. 70 e do art. 75 deste Código.***

CRIME CONTINUADO GENÉRICO OU SIMPLES					
Pluralidade de condutas	Crimes da mesma espécie.	Mesmas condições de tempo.	Mesmas condições de lugar.	Mesma maneira de execução.	Elemento subjetivo.
Adota-se a **teoria objetivo-subjetiva ou mista**: requisitos objetivos coexistem com um elemento subjetivo. Quanto a este último, deve existir um **elo de continuidade** entre os crimes. "Exige-se, como requisito de ordem subjetiva, o **dolo global ou unitário entre os crimes parcelares**, isto é, para ficar caracterizada a continuidade delitiva, além dos requisitos objetivos, é necessária a demonstração da **unidade de desígnios**. A continuidade delitiva é uma **ficção jurídica** que beneficia o agente, segundo a qual vários delitos cometidos são entendidos como desdobramento do primeiro, conforme o preenchimento dos requisitos objetivos e subjetivos"[6].					
Adota-se o sistema da **EXASPERAÇÃO**: o juiz aplica uma só pena, se idênticas (crime continuado homogêneo), ou a maior, quando não idênticas (crime continuado heterogêneo), aumentada de **1/6 até 2/3**. Se a exasperação mostrar-se prejudicial ao acusado no caso concreto, adota-se o **CÚMULO MATERIAL**. Exemplos:					

6. STJ, AgRg no HC 787656/PR, Rel. Min. Laurita Vaz, 6ª Turma, j. 27/03/2023.

CRIME CONTINUADO GENÉRICO OU SIMPLES
1. Aranha é conhecido por praticar furtos em prédios residenciais mediante escalada. Nos meses de março e abril, Aranha furtou 6 residências do mesmo prédio mediante escalada.
2. Isaura, idosa e aposentada, falece. Após o óbito, sua filha Isabela, em posse do cartão magnético, continua a sacar mensalmente o benefício previdenciário de Isaura. Cada saque indevido constitui um novo delito, em continuidade delitiva[7].
3. Carlos mantém relações sexuais com sua sobrinha, de 7 a 9 anos de idade ao tempo da ação delituosa, sendo impossível precisar a quantidade de conjunções carnais ou atos libidinosos praticados. Nesses casos, o STJ considera adequada a fixação da fração de aumento, referente à continuidade delitiva, em patamar superior ao mínimo legal, com base na longa duração dos sucessivos eventos delituosos[8]. Nesse caso, o *quantum* de aumento seria 2/3.
4. Em Cuiabá, de janeiro a abril do mesmo ano, Rogério comprou da mesma pessoa 5 veículos para vender em sua oficina, ciente de que os veículos haviam sido roubados. Rogério praticou receptação qualificada (art. 180, §1º). Considerando o número de infrações, a pena deve ser aumentada em 1/3.

EXASPERAÇÃO DA PENA (1/6 ATÉ 2/3) DE ACORDO COM A SÚMULA 659 DO STJ						
Crimes	2	3	4	5	6	7 +
Aumento	**1/6**	1/5	1/4	1/3	1/2	**2/3**

REQUISITOS CUMULATIVOS DO CRIME CONTINUADO GENÉRICO OU SIMPLES	
Crimes da mesma espécie	Crimes que **estão no mesmo tipo penal e que afetam o mesmo bem jurídico**. Ex.: atentado violento ao pudor e estupro[9]. Há julgados em que o STJ reconhece a continuidade entre crimes que atingem o mesmo bem jurídico, mas estão em tipos penais distintos. Ex.: estupro (art. 123) e estupro de vulnerável (art. 217-A)[10].

7. STJ, AgRg no REsp 1745532/BA, Rel. Min. Antonio Saldanha Palheiro, 6ª Turma, j. 23/10/2018.
8. STJ, AgRg no REsp 1829308/RS, Rel. Min. Leopoldo de Arruda Raposo, 5ª Turma, j. 22/10/2019.
9. STF, RHC 105916/RJ, Rel. Min. Rosa Weber, 1ª Turma, j. 04/12/2012.
10. STJ, AgRg no REsp 1562088/MG, Rel. Min. Felix Fischer, 5ª Turma, j. 16/10/2018.

REQUISITOS CUMULATIVOS DO CRIME CONTINUADO GENÉRICO OU SIMPLES	
Mesmas condições de tempo	Para a jurisprudência, considera-se o lapso temporal de **até 30 dias**[11]. Todavia, tal parâmetro **não é absoluto**[12].
Mesmas condições de lugar	Para a jurisprudência, considera-se a **mesma comarca ou comarcas vizinhas (região metropolitana)**[13].
Mesma maneira de execução	Mesmo *modus operandi* no cometimento dos crimes, isto é, normalmente o agente segue o mesmo padrão de comportamento. Ex.: em caso concreto, a 6ª Turma do STJ afastou a continuidade delitiva porque "o primeiro furto teve a participação de dois indivíduos, o que caracterizou a forma qualificada pelo concurso de agentes; enquanto o segundo foi praticado apenas pelo paciente, por meio de rompimento de obstáculo, caracterizado pelo arrombamento do veículo. Nesse contexto, havendo os crimes sido cometidos com *modus operandi* diversos, não há como se reconhecer a continuidade delitiva entre eles, mas sim, sua reiteração"[14].
Elemento subjetivo	O STF[15] e o STJ adotam a **teoria mista ou objetivo-subjetiva**: além de preenchidos os requisitos de natureza objetiva, deve existir "**um liame entre os crimes, apto a evidenciar de imediato terem sido esses delitos subsequentes continuação do primeiro, isto é, os crimes parcelares devem resultar de um plano previamente elaborado pelo agente**"[16]. Assim, exige-se "a demonstração do entrelaçamento entre as condutas delituosas, ou seja, evidências no sentido de que a ação posterior é um desdobramento da anterior"[17].

CRIME CONTINUADO ESPECÍFICO OU QUALIFICADO				
Requisitos do crime continuado simples ou genérico (art. 71, *caput*).	Crimes dolosos.	Vítimas diferentes.	Emprego de violência ou grave ameaça à pessoa.	Circunstâncias judiciais favoráveis.

11. STJ, AgRg no HC 808283/MS, Rel. Min. Reynaldo Soares da Fonseca, 5ª Turma, j. 11/04/2023.
12. STJ, AgRg no REsp 1345274/SC, Rel. Min. Nefi Cordeiro, 6ª Turma, j. 12/04/2018.
13. STF, HC 206227/RS, Rel. Min. Gilson Dipp, 5ª Turma, j. 06/10/2011.
14. STJ, AgRg no HC 789716/SC, Rel. Min. Reynaldo Soares da Fonseca, 5ª Turma, j. 07/02/2023.
15. STF, RHC 150666 ED-AgR/PA, Rel. Min. Edson Fachin, 2ª Turma, j. 28/06/2019.
16. STJ, HC 490707/SC, Rel. Min. Ribeiro Dantas, 5ª Turma, j. 21/02/2019.
17. STJ, REsp 1465136/RS, Rel. Min. Nefi Cordeiro, 6ª Turma, j. 06/06/2017.

CRIME CONTINUADO ESPECÍFICO OU QUALIFICADO
Assim como ocorre no crime continuado genérico, adota-se o sistema da **EXASPERAÇÃO**, com uma diferença no *quantum* de aumento: o juiz aplica uma só pena, se idênticas, ou a maior, quando não idênticas, aumentada de **1/6* até 3x**.
*"**A lei somente estipula a exasperação máxima da continuidade delitiva específica (até o triplo), não apontando a fração mínima aplicável**. Contudo, em sintonia com o *caput* do art. 71 do CP, impõe-se a utilização do **parâmetro mínimo de 1/6**, sob pena da continuidade delitiva específica tornar-se inútil, por ser substituída pelo concurso material, cujo critério do cúmulo material é o teto da exasperação da continuidade. Por conseguinte, na quase totalidade das vezes seria a exasperação descartada a adoção do critério do art. 69 do Código Penal"[18].
Em relação ao *quantum* a ser aplicado (1/6 até o triplo), "também devem ser analisados, em conjunto, tanto o aspecto objetivo - **número de infrações cometidas** - como os subjetivos - relativos à verificação da **culpabilidade, dos antecedentes, da conduta social, da personalidade do agente, dos motivos e das circunstâncias do crime**. Assim, tal análise em conjunto permite que a fração de aumento leve em consideração os fatores subjetivos das condutas, e não apenas o número de crimes cometidos e de vetoriais negativadas"[19].

OUTROS TEMAS RELEVANTES SOBRE A CONTINUIDADE DELITIVA	
Lei penal no tempo	■ Súmula 711 do STF: A lei penal mais grave aplica-se ao crime continuado se a sua vigência é anterior à cessação da continuidade ou da permanência.
Unificação posterior das penas	Pode ocorrer de o réu responder a várias ações criminais pelo mesmo crime, o qual fora praticado em continuidade delitiva. Ex.: no processo A, o agente foi denunciado pelo crime de estelionato previdenciário, entre os anos de 2010 e 2014; no processo B, foi denunciado pelo crime de estelionato previdenciário, entre os anos de 2012 e 2015. Nesse caso, "a eventual existência de crime continuado inviabiliza a reunião de ações que se encontrem em etapas diversas"[20], cabendo ao **Juízo da Execução**, posteriormente, avaliar a presença dos requisitos da continuidade delitiva e proceder à **unificação da pena** imposta nos processos distintos, nos termos do art. 66, III, *a*, da LEP[21].

18. STJ, AgRg no HC 518187/SC, Rel. Min. Rogerio Schietti Cruz, 6ª Turma, j. 26/11/2019.
19. STJ, AgRg no HC 759031/SC, Rel. Min. Antonio Saldanha Palheiro, 6ª Turma, j. 28/11/2022.
20. STJ, AgRg no REsp 1630819/SC, Rel. Min. Jorge Mussi, 5ª Turma, j. 14/09/2017.
21. Art. 66 da LEP. Compete ao Juiz da execução: III - decidir sobre: a) soma ou unificação de penas; [...].

OUTROS TEMAS RELEVANTES SOBRE A CONTINUIDADE DELITIVA	
Lei penal no tempo	■ Súmula 605 do STF: Não se admite continuidade delitiva nos crimes contra a vida. Essa súmula está **superada**, pois o art. 71, parágrafo único (posterior à súmula), permite a continuidade delitiva nos crimes dolosos, contra vítimas diferentes, cometidos com violência ou grave ameaça à pessoa (crime continuado específico)[22].
Crimes sexuais contra vulneráveis	Sob a sistemática do recurso repetitivo, a 3ª Seção do STJ fixou a seguinte tese: "no crime de estupro de vulnerável, é possível a aplicação da fração máxima de majoração prevista no art. 71, *caput*, do Código Penal, **ainda que não haja a delimitação precisa do número de atos sexuais praticados**, desde que o longo período de tempo e a recorrência das condutas permita concluir que houve 7 ou mais repetições"[23].
Violência real	Para o STJ, "não incide a regra a continuidade delitiva específica nos crimes de estupro praticados com violência presumida"[24]. De fato, "a violência de que trata a continuidade delitiva especial (art. 71, parágrafo único, do CP) é real, sendo inviável aplicar limites mais gravosos do benefício penal da continuidade delitiva com base, exclusivamente, na ficção jurídica de violência do legislador utilizada para criar o tipo penal de estupro de vulnerável, se efetivamente a conjunção carnal ou ato libidinoso executado contra vulnerável foi desprovido de qualquer violência real"[25]. Nesse sentido, o STJ entende que "nas hipóteses de crimes de estupro ou de atentado violento ao pudor praticados com violência presumida, não incide a regra do concurso material nem da continuidade delitiva específica"[26].

CRIME CONTINUADO	CRIME HABITUAL
O crime continuado é a junção de vários crimes que, por ficção jurídica, são tratados como um para beneficiar o agente na aplicação da pena. Todavia, cada crime que compõe a continuidade **existe isoladamente**.	É um crime **composto pela reiteração** de várias condutas. Contudo, a conduta individualmente considerada é irrelevante.

22. STF, HC 93367/RJ, Rel. Min. Eros Grau, 2ª Turma, j. 11/03/2008.
23. STJ, REsp 2029482/RJ e 2050195/RJ, Rel. Min. Laurita Vaz, 3ª Seção, j. 17/10/2023.
24. STJ, Processo em segredo de justiça, Rel. Min. Reynaldo Soares da Fonseca, 5ª Turma, j. 05/09/2023.
25. STJ, PET no REsp 1659662/CE, Rel. Min. Ribeiro Dantas, 5ª Turma, j. 11/05/2021.
26. STJ, REsp 1602771/MG, Rel. Min. Rogerio Schietti Cruz, 6ª Turma, j. 17/10/2017.

<table>
<tr><th colspan="3">SISTEMAS DE APLICAÇÃO DA PENA - RESUMO</th></tr>
<tr><th>Cúmulo material</th><th>Exasperação</th><th>Absorção</th></tr>
<tr><td>- Concurso material;
- Concurso formal impróprio.</td><td rowspan="2">- Concurso formal próprio;
- Crime continuado (genérico e específico).</td><td rowspan="2">Ver tabela 'Princípios utilizados no conflito aparente de normas' (capítulo '1. NOÇÕES GERAIS').</td></tr>
<tr><td>Quando mais benéfico que a exasperação:
- Concurso formal próprio;
- Crime continuado.</td></tr>
</table>

QUANTUM **DE EXASPERAÇÃO DA PENA**		
Concurso formal próprio	**Crime continuado genérico**	**Crime continuado específico**
1/6 a **1/2**.	1/6 a **2/3**.	1/6 até **3x**.

OUTROS TEMAS RELEVANTES SOBRE O CONCURSO DE CRIMES	
Concurso de crimes moderado ou limitado	***►Art. 75. O tempo de cumprimento das penas privativas de liberdade não pode ser superior a 40 anos.*** ***§1º - Quando o agente for condenado a penas privativas de liberdade cuja soma seja superior a 40 anos, devem elas ser unificadas para atender ao limite máximo deste artigo.*** O dispositivo foi alterado com a Lei 13.964/2019 ("pacote anticrime"). Antes da Lei, o limite das penas era 30 anos (*novatio legis in pejus*).
Crime e contravenção	***►Art. 76. No concurso de infrações, executar-se-á primeiramente a pena mais grave.*** Assim, por exemplo, executa-se primeiro a pena aplicada ao **crime** (reclusão ou detenção) e, depois, a pena aplicada à **contravenção** (prisão simples).
Exasperação e terceira fase	A exasperação da pena ocorre sempre na terceira fase da dosimetria da pena (**causa de aumento de pena**).

OUTROS TEMAS RELEVANTES SOBRE O CONCURSO DE CRIMES	
Suspensão condicional do processo	■ Súmula 243 do STJ: O benefício da suspensão do processo não é aplicável em relação às infrações penais cometidas em concurso material, concurso formal ou continuidade delitiva, quando a pena mínima cominada, seja pelo somatório, seja pela incidência da majorante, ultrapassar o limite de 1 ano.
	■ Súmula 723 do STF: Não se admite a suspensão condicional do processo por crime continuado se a soma da pena mínima da infração mais grave com o aumento mínimo de 1/6 for superior a 1 ano.
Juizados Especiais	Se do concurso de crimes resultar pena superior a 2 anos, ficará afastada a competência do JECrim.
Crime continuado e concurso formal	**Admite-se, no mesmo contexto fático, crime continuado e concurso formal.** Ex.: no dia 01, João rouba passageiros de um ônibus. No dia 03, pratica o mesmo crime. No dia 05, também. Cada roubo aos passageiros do ônibus caracteriza o concurso formal e os crimes praticados em sequência caracterizam a continuidade delitiva, sem que haja *bis in idem*. Sobre a fixação da pena nesse caso, há duas correntes[27]: para a primeira, o concurso formal deve ser desconsiderado, aplicando-se somente a pena do crime continuado; para a segunda, devem incidir os dois aumentos (um do concurso formal e o outro da continuidade delitiva).
Pena de multa	► ***Art. 72. No concurso de crimes, as penas de multa são aplicadas distinta e integralmente.*** Ver tabela MULTA NO CONCURSO DE CRIMES ('24. PENA DE MULTA').

PRESCRIÇÃO NO CONCURSO DE CRIMES
► ***Art. 119. No caso de concurso de crimes, a extinção da punibilidade incidirá sobre a pena de cada um, isoladamente.*** Embora o art. 119 tenha disciplinado a prescrição no concurso de crimes, as consequências serão distintas a depender do sistema adotado para a aplicação de pena.

27. ALVES, Jamil Chaim (op. cit. p. 618).

PRESCRIÇÃO NO CONCURSO DE CRIMES	
Cúmulo material	**Exasperação**
Nos **concursos material** e **formal impróprio** as penas serão somadas. Excepcionalmente e apenas se for mais benéfico ao agente, o cúmulo material também pode ser adotado no concurso **formal próprio** e no **crime continuado**.	No concurso **formal próprio** e no **crime continuado**, o juiz aplica uma só pena, se idênticas, ou a maior, quando não idênticas, a aumenta essa pena (de 1/6 até a 1/2 e de 1/6 até 2/3, respectivamente). **A prescrição deve incidir sobre a pena inicial, sem considerar o acréscimo.** ■ Súmula 497 do STF: Quando se tratar de crime continuado, a prescrição regula-se pela pena imposta na sentença, não se computando o acréscimo decorrente da continuação.
Ex.: o agente praticou o crime A e o crime B em concurso material e foi condenado a 10 anos de reclusão (2 anos pelo crime A e 8 anos pelo crime B). De acordo com o art. 109, o crime A prescreverá em 4 anos e o crime B prescreverá em 12 anos. Cada crime prescreve individualmente.	Ex.: o agente comete 2 furtos em continuidade delitiva e é condenado a 2 anos de reclusão, com o acréscimo de 4 meses em virtude da exasperação (1/6). O crime prescreverá em 4 anos (art. 109, V), e não em 8 anos, o que ocorreria se fosse considerado o acréscimo (art. 109, IV).

JURISPRUDÊNCIA EM TESES DO STJ - CONCURSO FORMAL
1) O roubo praticado contra vítimas diferentes em um único contexto configura o concurso formal e não crime único, ante a pluralidade de bens jurídicos ofendidos.
2) A distinção entre o concurso formal próprio e o impróprio relaciona-se com o elemento subjetivo do agente, ou seja, a existência ou não de desígnios autônomos.
3) É possível o concurso formal entre o crime do art. 2º da Lei n. 8.176/1991 (que tutela o patrimônio da União, proibindo a usurpação de suas matérias-primas), e o crime do art. 55 da Lei n. 9.605/1998 (que protege o meio ambiente, proibindo a extração de recursos minerais), não havendo conflito aparente de normas já que protegem bens jurídicos distintos.
4) O aumento decorrente do concurso formal deve se dar de acordo com o número de infrações.
5) A apreensão de mais de uma arma de fogo, acessório ou munição, em um mesmo contexto fático, não caracteriza concurso formal ou material de crimes, mas delito único.

JURISPRUDÊNCIA EM TESES DO STJ – CONCURSO FORMAL
6) O benefício da suspensão do processo não é aplicável em relação às infrações penais cometidas em concurso material, concurso formal ou continuidade delitiva, quando a pena mínima cominada, seja pelo somatório, seja pela incidência da majorante, ultrapassar o limite de 1 ano. (Súmula n. 243/STJ)
7) No concurso de crimes, o cálculo da prescrição da pretensão punitiva é feito considerando cada crime isoladamente, não se computando o acréscimo decorrente do concurso formal, material ou da continuidade delitiva.
8) No caso de concurso de crimes, a pena considerada para fins de competência e transação penal será o resultado da soma ou da exasperação das penas máximas cominadas ao delito.

JURISPRUDÊNCIA EM TESES DO STJ – CRIME CONTINUADO I
1) Para a caracterização da continuidade delitiva é imprescindível o preenchimento de requisitos de ordem objetiva - mesmas condições de tempo, lugar e forma de execução - e de ordem subjetiva - unidade de desígnios ou vínculo subjetivo entre os eventos (Teoria Mista ou Objetivo-subjetiva).
2) A continuidade delitiva, em regra, não pode ser reconhecida quando se tratarem de delitos praticados em período superior a 30 dias.
3) A continuidade delitiva pode ser reconhecida quando se tratarem de delitos ocorridos em comarcas limítrofes ou próximas.
4) A continuidade delitiva não pode ser reconhecida quando se tratarem de delitos cometidos com modos de execução diversos.
5) Não há crime continuado quando configurada habitualidade delitiva ou reiteração criminosa.
6) Quando se tratar de crime continuado, a prescrição regula-se pela pena imposta na sentença, não se computando o acréscimo decorrente da continuação. (Súmula n. 497/STF)
7) A lei penal mais grave aplica-se ao crime continuado ou ao crime permanente, se a sua vigência é anterior à cessação da continuidade delitiva ou da permanência. (Súmula n. 711/STF)
8) O estupro e atentado violento ao pudor cometidos contra a mesma vítima e no mesmo contexto devem ser tratados como crime único, após a nova disciplina trazida pela Lei n. 12.015/2009.
9) É possível reconhecer a continuidade delitiva entre estupro e atentado violento ao pudor quando praticados contra vítimas diversas ou fora do mesmo contexto, desde que presentes os requisitos do artigo 71 do Código Penal.
10) A Lei n. 12.015/2009, ao incluir no mesmo tipo penal os delitos de estupro e atentado violento ao pudor, possibilitou a caracterização de crime único ou de crime continuado entre as condutas, devendo retroagir para alcançar os fatos praticados antes da sua vigência, por se tratar de norma penal mais benéfica.

JURISPRUDÊNCIA EM TESES DO STJ - CRIME CONTINUADO I
11) No concurso de crimes, a pena considerada para fins de fixação da competência do Juizado Especial Criminal será o resultado da soma, no caso de concurso material, ou da exasperação, na hipótese de concurso formal ou crime continuado, das penas máximas cominadas aos delitos.

JURISPRUDÊNCIA EM TESES DO STJ - CRIME CONTINUADO II
1) Para a caracterização da continuidade delitiva, são considerados crimes da mesma espécie aqueles previstos no mesmo tipo penal.
2) É possível o reconhecimento de crime continuado entre os delitos de apropriação indébita previdenciária (art. 168-A do CP) e de sonegação de contribuição previdenciária (art. 337-A do CP).
3) Presentes as condições do art. 71 do Código Penal, deve ser reconhecida a continuidade delitiva no crime de peculato-desvio.
4) Não é possível reconhecer a continuidade delitiva entre os crimes de roubo (art. 157 do CP) e de latrocínio (art. 157, § 3º, segunda parte, do CP) porque apesar de serem do mesmo gênero não são da mesma espécie.
5) Não é possível reconhecer a continuidade delitiva entre os crimes de roubo (art. 157 do CP) e de extorsão (art. 158 do CP), pois são infrações penais de espécies diferentes.
6) Admite-se a continuidade delitiva nos crimes contra a vida.
7) O entendimento da Súmula n. 605 do STF - "não se admite continuidade delitiva nos crimes contra a vida" - encontra-se superado pelo parágrafo único do art. 71 do Código Penal, criado pela reforma de 1984.
8) Na continuidade delitiva prevista no *caput* do art. 71 do CP, o aumento se faz em razão do número de infrações praticadas e de acordo com a seguinte correlação: 1/6 para duas infrações; 1/5 para três; 1/4 para quatro; 1/3 para cinco; 1/2 para seis; 2/3 para sete ou mais ilícitos.
9) Na continuidade delitiva específica, prevista no parágrafo único do art. 71 do CP, o aumento fundamenta-se no número de infrações cometidas e nas circunstâncias judiciais do art. 59 do CP.
10) Caracterizado o concurso formal e a continuidade delitiva entre infrações penais, aplica-se somente o aumento relativo à continuidade, sob pena de *bis in idem*.
11) No crime continuado, as penas de multa devem ser somadas, nos termos do art. 72 do CP.
12) No crime continuado, a pena de multa deve ser aplicada mediante o critério da exasperação, tendo em vista a inaplicabilidade do art. 72 do CP.

INFORMATIVOS DO STJ
Info. 827: Os desígnios autônomos que caracterizam o concurso formal impróprio referem-se a qualquer forma de dolo, direto ou eventual. AgRg no AREsp 2521343/SP, Rel. Min. Reynaldo Soares da Fonseca, 5ª Turma, j. 17/09/2024.
Info. 829: A continuidade delitiva não impede a celebração de acordo de não persecução penal. AREsp 2406856/SP, Rel. Min. Ribeiro Dantas, 5ª Turma, j. 08/10/2024.
Info. 786: Não incide a regra a continuidade delitiva específica nos crimes de estupro praticados com violência presumida. Processo em segredo de justiça, Rel. Min. Reynaldo Soares da Fonseca, 5ª Turma, j. 05/09/2023.
Info. 782: Nos casos de estupro de vulnerável praticado em continuidade delitiva em que não é possível precisar o número de infrações cometidas, tendo os crimes ocorrido durante longo período de tempo, deve-se aplicar a causa de aumento de pena no patamar máximo de 2/3. Processo em segredo de justiça, Rel. Ministro Jesuíno Rissato (Desembargador convocado do TJDFT), 6ª Turma, j. 08/08/2023.
Info. 782: Os tipos penais trazidos nos arts. 241-A e 241-B do Estatuto da Criança e do Adolescente são autônomos, com verbos e condutas distintas, sendo que o crime do art. 241-B não configura fase normal, tampouco meio de execução para o crime do art. 241-A, o que possibilita o reconhecimento de concurso material de crimes. REsp 1971049/SP, 1970216/SP e 1976855/MS, Rel. Min. Reynaldo Soares da Fonseca, 3ª Seção, j. 03/08/2023.

PARTE 3

PENA

20

NOÇÕES GERAIS

SANÇÃO PENAL	
Pena	**Medida de segurança**
A aplicação da pena tem como pressuposto a **culpabilidade**.	A aplicação da medida de segurança tem como pressuposto a **periculosidade**.

CONCEITO DE PENA
Pena é "a espécie de sanção penal consistente na privação ou restrição de determinados bens jurídicos do condenado, aplicada pelo Estado em decorrência do cometimento de uma infração penal, com as finalidades de castigar seu responsável, readaptá-lo ao convívio e comunidade e, mediante a intimidação endereçada à sociedade, evitar a prática de novos crimes ou contravenções penais"[1].

PENAS PERMITIDAS				
Privação ou restrição da liberdade;	Perda de bens;	Multa;	Prestação social alternativa;	Suspensão ou interdição de direitos.

1. MASSON, Cleber (op. cit. p. 460).

PENAS PROIBIDAS (ART. 5º, XLVII, DA CF/88)				
De morte, salvo em caso de guerra declarada, nos termos do art. 84, XIX.	De caráter perpétuo.	De trabalhos forçados.	De banimento.	Cruéis.

PENAS ADOTADAS PELO CÓDIGO PENAL		
Penas privativas de liberdade	**Penas restritivas de direitos**	**Pena de multa**
1) Reclusão; 2) Detenção; 3) Prisão simples (LCP).	1) Prestação pecuniária; 2) Perda de bens e valores; 3) Prestação de serviços à comunidade; 4) Interdição temporária de direitos; 5) Limitação de fim de semana.	Entre 10 e 360 dias-multa (regra do CP).

FUNDAMENTOS DA PENA[2]
1. **Denúncia**: faz a sociedade desaprovar a prática do crime.
2. **Dissuasão**: desaconselha a prática do crime.
3. **Incapacitação**: protege a sociedade do crime, segregando quem o cometeu.
4. **Reabilitação**: reeduca o delinquente.
5. **Reparação** à vítima.
6. **Retribuição**: impõe um castigo ao sujeito que cometeu o crime.

2. ALVES, Jamil Chaim (op. cit. p. 429).

FINALIDADES DA PENA	
O art. 59 elenca como finalidades da pena a reprovação e a prevenção do crime. Adota-se a teoria mista ou eclética (teoria absoluta e relativa conciliam-se).	
Retribuição	Impor ao condenado um castigo por ter praticado um crime. A **teoria absoluta** está focada na reprovação.
Prevenção geral	A **teoria relativa** está focada na prevenção (geral e especial). Geral positiva → afirmar a existência de um ordenamento jurídico cogente (vigência da lei). Geral negativa desestimular a sociedade a cometer crimes (intimidação).
Prevenção especial	Especial positiva ressocializar o condenado[3]. Especial negativa → busca impedir que o agente pratique novos crimes e, portanto, evitar a reincidência.

MEDIDA DE SEGURANÇA[4]	
Detentiva	**Restritiva**
Internação em hospital de custódia e tratamento psiquiátrico.	Sujeição a tratamento ambulatorial.

3. "O direito penal não é instrumento de vingança, seja individual seja social; nem a Justiça é o meio de efetivá-la. As penas devem visar à reeducação do condenado. **A história da humanidade teve, tem e terá compromisso com a reeducação e com a reinserção social do condenado**" (STJ, HC 383102/PR, Rel. Min. Sebastião Reis Júnior, 6ª Turma, j. 14/03/2017).
4. Ver capítulo **26. MEDIDA DE SEGURANÇA**.

21 APLICAÇÃO DA PENA PRIVATIVA DE LIBERDADE

21.1 NOÇÕES GERAIS

INDIVIDUALIZAÇÃO DA PENA		
"A lei regulará a individualização da pena" (art. 5º, XLVI, da CF/88), a qual se dá em 3 momentos:		
1ª fase	**2ª fase**	**3ª fase**
Fase da cominação: o legislador define uma pena abstrata. Ex.: o legislador, à luz dos princípios do direito penal, definiu que o crime de calúnia (art. 138) deve ser punido com pena de detenção, de 6 meses a 2 anos, e multa.	**Fase da aplicação: o juiz aplica uma pena concreta**. Ex.: o juiz, à luz do caso concreto e observando os ditames pertinentes à **dosimetria**, condenou o agente pelo crime de calúnia (art. 138), aplicando-lhe a pena de 1 ano de detenção.	**Fase de execução da pena** aplicada. Nesta fase situa-se o Direito da Execução Penal e o princípio irradia-se por toda a LEP.

DOSIMETRIA DA PENA (SISTEMA TRIFÁSICO OU NELSON HUNGRIA)
►Art. 68. A pena-base será fixada atendendo-se ao critério do art. 59 deste Código; em seguida serão consideradas as circunstâncias atenuantes e agravantes; por último, as causas de diminuição e de aumento.
Atenção: **na aplicação da pena multa adota-se o critério bifásico**.

<table>
<tr><th colspan="3">DOSIMETRIA – CRITÉRIO TRIFÁSICO</th></tr>
<tr><th>1. Pena-base</th><th>2. Pena intermediária</th><th>3. Pena definitiva</th></tr>
<tr><td>É fixada com base nas circunstâncias judiciais do art. 59.</td><td>Após a fixação da pena-base, serão analisadas as atenuantes e agravantes genéricas.</td><td>Após a fixação da pena intermediária, serão analisadas as causas de aumento e diminuição (majorantes e minorantes).</td></tr>
<tr><td colspan="2">O julgador não pode fixar a pena fora dos limites máximo e mínimo cominados pelo legislador.</td><td>O julgador pode fixar a pena além do limite máximo ou aquém do limite mínimo.</td></tr>
<tr><td colspan="3">Cada etapa deve ser suficientemente fundamentada para viabilizar o contraditório à defesa e à acusação. Não obstante, o STF[1] e o STJ[2] entendem que a aplicação da pena no mínimo legal prescinde a motivação, pois nesse caso não há prejuízo para o réu.</td></tr>
</table>

SEQUÊNCIA A SER OBSERVADA NA SENTENÇA CONDENATÓRIA
1. A condenação (constatação de que o sujeito praticou um fato típico e ilícito e é culpável).
2. Dosimetria da pena (pena-base → pena intermediária → pena definitiva).
3. Fixação do regime inicial (fechado, semiaberto ou aberto).
4. Análise da possibilidade de substituição da pena privativa de liberdade por **pena restritiva de direitos e/ou multa**.
5. Análise do cabimento da **suspensão condicional da pena** – *sursis* (apenas se não for cabível a substituição).
6. Fixação do **valor mínimo** para reparação dos danos (tema de processo penal).
7. Decisão acerca da manutenção ou imposição de **prisão preventiva ou medidas cautelares** diversas da prisão (tema de processo penal).

1. STF, HC 92322/PA, Rel. orig. Min. Cármen Lúcia, red. p/ o ac. Min. Marco Aurélio, 1ª Turma, j. 18/12/2007.
2. STJ, HC 246658/SP, Rel. Min. Laurita Vaz, 5ª Turma, j. 26/08/2014.

21.2 PRIMEIRA FASE DA DOSIMETRIA

PONTO DE PARTIDA

► ***Art. 53. As penas privativas de liberdade têm seus limites estabelecidos na sanção correspondente a cada tipo legal de crime.***

O ponto de partida é a **pena cominada ao crime**, seja em sua modalidade **simples, qualificada ou privilegiada**. Ex.: o legislador cominou ao crime de homicídio (art. 121, *caput*) a pena de reclusão, de 6 a 20 anos. Contudo, se o agente foi condenado pela prática de homicídio qualificado por motivo fútil, o ponto de partida será a pena de reclusão, de 12 a 30 anos (art. 121, §2º, II). Isto porque o tipo qualificado e o tipo privilegiado trazem limites máximos e mínimos a serem respeitados.

ARTIGO 59 DO CP

Após, analise-se as **CIRCUNSTÂNCIAS JUDICIAIS** do art. 59 para fixar a **PENA-BASE**.

► ***Art. 59. O juiz, atendendo à culpabilidade, aos antecedentes, à conduta social, à personalidade do agente, aos motivos, às circunstâncias e consequências do crime, bem como ao comportamento da vítima, estabelecerá, conforme seja necessário e suficiente para reprovação e prevenção do crime:***

I - As penas aplicáveis dentre as cominadas;

II - A quantidade de pena aplicável, dentro dos limites previstos;

III - O regime inicial de cumprimento da pena privativa de liberdade;

IV - A substituição da pena privativa da liberdade aplicada, por outra espécie de pena, se cabível.

FIXAÇÃO DA PENA-BASE

"Para chegar a uma aplicação justa da lei penal, o juiz sentenciante, dentro da **discricionariedade juridicamente vinculada**, deve atentar para as singularidades do caso concreto, guiando-se, na primeira fase da dosimetria, pelos **oito fatores indicativos relacionados no *caput* do art. 59 do Código Penal**, indicando, especificamente, dentro destes parâmetros, os motivos concretos pelos quais as considera favoráveis ou desfavoráveis, pois é justamente a motivação da decisão que oferece garantia contra os excessos e eventuais erros na aplicação da resposta penal"[3].

3. STJ, AgRg no HC 757209/SC, Rel. Min. Messod Azulay Neto, 5ª Turma, j. 06/03/2023.

PENA

FIXAÇÃO DA PENA-BASE	
Culpabilidade	"Deve ser compreendida como juízo de reprovabilidade sobre a conduta, apontando maior ou menor censurabilidade do comportamento do réu"[4]. Ex.: em se tratando do crime de fraude a licitações, a 5ª Turma do STJ[5] majorou a culpabilidade porque a agente era servidora de carreira com ampla bagagem pública no setor de licitações e agiu premeditadamente, estruturando a organização criminosa, o que contribuiu para o enorme prejuízo financeiro ao Município. Obs.: Para entender melhor as diversas acepções do termo 'culpabilidade' no direito penal, ver tabela 'A CULPABILIDADE NO DIREITO PENAL' (capítulo 17.1 NOÇÕES GERAIS).
Antecedentes	São maus antecedentes as condenações anteriores transitadas em julgado que, por alguma razão, não podem ser enquadradas no conceito da reincidência (agravante genérica). Por questões didáticas, o tema será analisado no próximo capítulo, após o estudo da reincidência.
Conduta social	"A conduta social diz respeito à avaliação do comportamento do agente no convívio social, familiar e laboral, perante a coletividade em que está inserido"[6]. Ex.: "O fato de o reeducando praticar novo crime durante o período de prova do livramento condicional anteriormente concedido, constitui circunstância fática que autoriza a valoração negativa de sua conduta social para os fins do art. 59 do Código Penal"[7]. Por outro lado, é "insuficiente para tanto o fato de o acusado não exercer atividade laboral ou não estudar ou ter sido preso anteriormente"[8].
Personalidade do agente	"A personalidade do agente resulta da análise do seu perfil subjetivo, no que se refere a aspectos morais e psicológicos, para que se afira a existência de caráter voltado à prática de infrações penais, com base nos elementos probatório dos autos, aptos a inferir o desvio de personalidade de acordo com o livre convencimento motivado, **independentemente de perícia**"[9].

4. STJ, AgRg no HC 750438/SP, Rel. Min. Messod Azulay Neto, 5ª Turma, j. 24/04/2023.
5. STJ, AgRg no REsp 1954888/SP, Rel. Min. Joel Ilan Paciornik, 5ª Turma, j. 20/03/2023.
6. STJ, HC 704196/SP, Rel. Min. Laurita Vaz, 6ª Turma, j. 14/06/2022.
7. STJ, AgRg no AREsp 2107523/GO, Rel. Min. Jorge Mussi, 5ª Turma, j. 08/11/2022.
8. STJ, AgRg no HC 754663/SP, Rel. Min. Reynaldo Soares da Fonseca, 5ª Turma, j. 02/08/2022.
9. STJ, AgRg no HC 747770/SP, Rel. Min. Ribeiro Dantas, 5ª Turma, j. 06/03/2023.

FIXAÇÃO DA PENA-BASE	
Motivos do crime	"São os fatores psíquicos que levaram o agente a praticar a infração penal"[10].
Circunstâncias do crime	São "os aspectos objetivos e subjetivos de natureza acidental que envolvem o delito"[11].
Consequências do crime	A análise das consequências do crime envolve verificação do resultado da ação do agente. Ex.: o vetor deve ser valorado negativamente quando a extensão dos ferimentos sofridos pelas vítimas extrapolar o necessário para a configuração do delito de lesões corporais; é possível a valoração negativa das consequências do delito, nos crimes de natureza patrimonial, quando o valor econômico suportado pelas vítimas extrapola os parâmetros usuais.
Comportamento da vítima	"Em relação ao comportamento da vítima, a jurisprudência desta Corte Superior de Justiça é no sentido de que esta é uma circunstância judicial ligada à vitimologia, que deve ser necessariamente **neutra ou favorável ao réu**, sendo descabida sua utilização para incrementar a pena-base"[12].

CÁLCULO DA PENA-BASE
"A ponderação das circunstâncias judiciais do art. 59 do CP não é uma operação aritmética em que se dá pesos absolutos a cada uma delas, a serem extraídas de cálculo matemático, levando-se em conta as penas máxima e mínima cominadas ao delito cometido pelo agente, mas sim um exercício de **discricionariedade vinculada** que impõe ao magistrado apontar os fundamentos da consideração negativa, positiva ou neutra das oito circunstâncias judiciais mencionadas no art. 59 do CP e, dentro disso, eleger a reprimenda que melhor servirá para a prevenção e repressão do fato-crime"[13]. Assim, por exemplo, "é possível que o magistrado fixe a pena-base no máximo legal, ainda que tenha valorado tão somente uma circunstância judicial, desde que haja fundamentação idônea e bastante para tanto"[14].

10. STJ, HC 443678/PE, Rel. Min. Ribeiro Dantas, 5ª Turma, j. 21/03/2019.
11. STJ, HC 473769/PE, Rel. Min. Ribeiro Dantas, 5ª Turma, j. 27/11/2018.
12. STJ, AgRg no AREsp 2157484/CE, Rel. Min. Reynaldo Soares da Fonseca, 5ª Turma, j. 13/09/2022.
13. STJ, HC 528037/RJ, Rel. Min. Leopoldo de Arruda Raposo, 5ª Turma, j. 15/10/2019.
14. STJ, AgRg no HC 800181/MS, Rel. Min. Reynaldo Soares da Fonseca, 5ª Turma, j. 21/03/2023.

***QUANTUM* (STJ)**
"Considerando o silêncio do legislador, a doutrina e a jurisprudência estabeleceram dois critérios de incremento da pena-base, por cada circunstância judicial valorada negativamente, sendo o primeiro de **1/6** (um sexto) da mínima estipulada, e outro de **1/8** (um oitavo), a incidir **sobre o intervalo de condenação previsto no preceito secundário do tipo penal incriminador**"[15]. De qualquer forma, frisa-se que não há vinculação a estas frações. O que se exige do julgador é um juízo de coerência e a devida motivação.
Não se ignora que há corrente doutrinária (frequentemente adotada na prática forense) que defende que a fração deve incidir sobre a pena mínima cominada. Contudo, "o problema desse método é igualar crimes cuja pena mínima cominada é idêntica, mas a pena máxima é diferente"[16].
De qualquer forma, **a pena-base não pode ser maior que o limite máximo cominado e nem menor que o limite mínimo**.

TEMAS RELEVANTES SOBRE A PENA-BASE	
Bis in idem	As circunstâncias judiciais que devem ser consideradas na primeira fase são aquelas que **transbordam os elementos ínsitos ao tipo penal**. Considerar elementos inerentes ao crime configura intolerável *bis in idem*. Exemplos: "a referência inespecífica à ocorrência de trauma psicológico não é razão bastante para a valoração negativa das consequências do crime de estupro, uma vez que algum abalo psicológico é elemento ínsito ao tipo penal em comento"[17]; não é correto valorar negativamente as consequências do crime de associação para o tráfico de drogas porque o crime facilita a disseminação do ilícito (consequência inerente ao crime)[18]; não é correto valorar negativamente o intuito de lucro como motivo do crime de corrupção ativa (motivo ínsito ao crime)[19]; "a negativação das consequências nos delitos patrimoniais não pode estar fundada no prejuízo sofrido pela vítima, salvo se demonstrado que o prejuízo extrapola os limites ínsitos aos crimes desta natureza"[20].

15. STJ, AgRg no AREsp 2240104/SP, Rel. Min. Reynaldo Soares da Fonseca, 5ª Turma, j. 14/02/2023.
16. ALVES, Jamil Chaim (op. cit. p. 448).
17. STJ, AgRg no HC 455454/ES, Rel. Min. Reynaldo Soares da Fonseca, 5ª Turma, j. 23/10/2018.
18. STJ, HC 422413/SE, Rel. Min. Maria Thereza de Assis Moura, 6ª Turma, j. 03/04/2018.
19. STJ, REsp 1648924/SP, Rel. Min. Nefi Cordeiro, 6ª Turma, j. 19/03/2019.
20. STJ, HC 456350/SP, Rel. Min. Joel Ilan Paciornik, 5ª Turma, j. 06/06/2019.

TEMAS RELEVANTES SOBRE A PENA-BASE	
Caráter subsidiário ou residual	As circunstâncias judiciais são **residuais ou subsidiárias em relação aos elementos do tipo penal (crime qualificado ou privilegiado), agravantes ou atenuantes genéricas e causas de aumento ou diminuição, todos previstos em lei (circunstâncias legais)**. Ex.: o agente pratica um homicídio por motivo fútil e mediante emboscada. Essas circunstâncias são previstas como qualificadoras (art. 121, §2º, I e IV) e como agravantes genéricas (art. 61, II, *a* e *c*). Uma será utilizada para qualificar o crime (homicídio qualificado – 12 a 30 anos) e a outra será utilizada como agravante genérica. Nesse caso, não poderão ser utilizadas como circunstâncias judiciais. "As qualificadoras só devem ser utilizadas como circunstâncias judiciais desfavoráveis, de forma residual, quando não estão expressamente previstas como agravantes"[21].
Lei de Drogas	Na fixação da pena relativa aos crimes previstos na Lei de Drogas, "o juiz, na fixação das penas, considerará, com preponderância sobre o previsto no art. 59 do Código Penal, a **natureza e a quantidade da substância ou do produto, a personalidade e a conduta social do agente**" (art. 42).
CTB	Na fixação da pena relativa aos crimes previstos no CTB, "o juiz fixará a pena-base segundo as diretrizes previstas no art. 59 do Decreto-Lei nº 2.848, de 7 de dezembro de 1940 (Código Penal), dando especial atenção à **culpabilidade** do agente e às **circunstâncias** e **consequências do crime**" (art. 291, §4º).

JURISPRUDÊNCIA EM TESES DO STJ – APLICAÇÃO DA PENA
1) O aumento da pena-base em virtude das circunstâncias judiciais desfavoráveis (art. 59 CP) depende de fundamentação concreta e específica que extrapole os elementos inerentes ao tipo penal.
2) Não há ilegalidade na análise conjunta das circunstâncias judiciais comuns aos corréus, desde que seja feita de forma fundamentada e com base nas semelhanças existentes.
3) A culpabilidade normativa, que engloba a consciência da ilicitude e a exigibilidade de conduta diversa e que constitui elementar do tipo penal, não se confunde com a circunstância judicial da culpabilidade (art. 59 do CP), que diz respeito à demonstração do grau de reprovabilidade ou censurabilidade da conduta praticada.
4) A premeditação do crime evidencia maior culpabilidade do agente criminoso, autorizando a majoração da pena-base.

21. STJ, REsp 1549571/MG, Rel. Min. Rogerio Schietti Cruz, 6ª Turma, j. 18/04/2017.

JURISPRUDÊNCIA EM TESES DO STJ – APLICAÇÃO DA PENA
5) O prazo de cinco anos do art. 64, I, do Código Penal, afasta os efeitos da reincidência, mas não impede o reconhecimento de maus antecedentes.
6) Os atos infracionais não podem ser considerados maus antecedentes para a elevação da pena-base, tampouco para a reincidência.
7) Os atos infracionais podem ser valorados negativamente na circunstância judicial referente à personalidade do agente.
8) Os atos infracionais não podem ser considerados como personalidade desajustada ou voltada para a criminalidade para fins de exasperação da pena-base.
9) A reincidência penal não pode ser considerada como circunstância agravante e, simultaneamente, como circunstância judicial. (Súmula n. 241/STJ)
10) O registro decorrente da aceitação de transação penal pelo acusado não serve para o incremento da pena-base acima do mínimo legal em razão de maus antecedentes, tampouco para configurar a reincidência.
11) É vedada a utilização de inquéritos policiais e ações penais em curso para agravar a pena-base. (Súmula n. 444/STJ)
12) Havendo diversas condenações anteriores com trânsito em julgado, não há *bis in idem* se uma for considerada como maus antecedentes e a outra como reincidência.
13) Para valoração da personalidade do agente é dispensável a existência de laudo técnico confeccionado por especialistas nos ramos da psiquiatria ou da psicologia.
14) O expressivo prejuízo causado à vítima justifica o aumento da pena-base, em razão das consequências do crime.
15) O comportamento da vítima em contribuir ou não para a prática do delito não acarreta o aumento da pena-base, pois a circunstância judicial é neutra e não pode ser utilizada em prejuízo do réu.

INFORMATIVOS DO STJ
Info. 786: É idônea a mensuração da repercussão internacional do delito na majoração da pena-base pelas consequências do crime. Processo em segredo de justiça, Rel. Min. Rogerio Schietti Cruz, 6ª Turma, j. 22/08/2023.
Info. 770: O intenso envolvimento com o tráfico de drogas constitui fundamento idôneo para valorar negativamente a conduta social do agente na primeira fase da dosimetria da pena no crime de homicídio qualificado. HC 807513/ES, Rel. Ministro Reynaldo Soares da Fonseca, 5ª Turma, j. 11/04/2023.

21.3 SEGUNDA FASE DA DOSIMETRIA

PONTO DE PARTIDA
É a **PENA-BASE**, fixada na primeira fase da dosimetria em obediência aos ditamos do art. 59.

AGRAVANTES E ATENUANTES GENÉRICAS
Na segunda fase, analisa-se a presença de agravantes (arts. 61 e 62) e atenuantes (arts. 65 e 66) genéricas. São **genéricas** porque estão na Parte Geral do CP. Agravantes e atenuantes genéricas são **circunstâncias legais**.

AGRAVANTES	ATENUANTES
O rol de agravantes (arts. 61 e 62) é **taxativo** (vedação à analogia *in malam partem*).	O rol de atenuantes é **exemplificativo** por força da atenuante inominada do art. 66. ► ***Art. 66. A pena poderá ser ainda atenuada em razão de circunstância relevante, anterior ou posterior ao crime, embora não prevista expressamente em lei.***

CRIMES DOLOSOS E CULPOSOS	
Agravantes	**Atenuantes**
Recaem apenas sobre crimes **dolosos, salvo a reincidência**[22].	Recaem sobre crimes **dolosos e culposos.**

TEMAS RELEVANTES SOBRE AS AGRAVANTES E ATENUANTES	
Agravantes específicas	As agravantes genéricas estão previstas na Parte Geral do CP. Há, ainda, **agravantes específicas, previstas em leis penais especiais**. Ex.: o art. 298 do CTB lista agravantes a serem aplicadas nos crimes de trânsito.

22. STF, HC 120165/RS, Rel. Min. Dias Toffoli, 1ª Turma, j. 11/02/2014. (Info 735)

<table>
<tr><th colspan="2">TEMAS RELEVANTES SOBRE AS AGRAVANTES E ATENUANTES</th></tr>
<tr><td>Cálculo</td><td>Ainda à semelhança do que ocorre na primeira fase, não há um quantum fixo de aumento ou diminuição. "Diante disso, a doutrina e a jurisprudência pátrias anunciam que cabe ao magistrado sentenciante, nos termos do princípio do livre convencimento motivado, aplicar a fração adequada ao caso concreto, em obediência aos postulados da razoabilidade e da proporcionalidade"[23]. Na prática forense, é comum adotar a fração de 1/6 e o STJ entende que a aplicação de fração diversa de 1/6 exige motivação concreta[24].</td></tr>
<tr><td>Limites</td><td>À semelhança do que ocorre na primeira fase, o juiz não pode fixar pena intermediária maior que o máximo legal ou menor que o mínimo legal.</td></tr>
<tr><td rowspan="2">Súmula 231 do STJ</td><td>Sobre o tema, o STJ editou a súmula 231:
■ Súmula 231 do STJ: A incidência da circunstância atenuante não pode conduzir à redução da pena abaixo do mínimo legal.
A corrente minoritária critica o entendimento sumulado: o caput do art. 65 preceitua que "são circunstâncias que sempre reduzem a pena". A súmula, ao possibilitar a fixação da mesma pena para condenados com culpabilidades distintas, também afronta os princípios constitucionais da isonomia e da individualização da pena, violando o direito público do condenado a uma pena justa, legal e individualizada.</td></tr>
<tr><td>Apesar das críticas, o Plenário do STF[25], em repercussão geral, reafirmou a vedação contida na súmula. O STJ, por sua vez, chegou a rediscutir a vedação contida na súmula, mas concluiu pela rejeição da proposta de cancelamento do referido enunciado sumular. Portanto, a súmula continua vigente.</td></tr>
<tr><td>Denúncia</td><td>Não ofende o princípio da correlação a condenação por agravantes ou atenuantes não descritas na denúncia. Isto porque o art. 385 do CPP prevê que "nos crimes de ação pública, o juiz poderá proferir sentença condenatória, ainda que o Ministério Público tenha opinado pela absolvição, bem como reconhecer agravantes, embora nenhuma tenha sido alegada".</td></tr>
</table>

23. STJ, AgRg no AREsp 2231683/SP, Rel. Min. Sebastião Reis Júnior, 6ª Turma, j. 27/03/2023.
24. STJ, EDcl nos EDcl no AgRg no HC 507212/MG, Rel. Min. Antonio Saldanha Palheiro, 6ª Turma, j. 12/08/2020.
25. STF, RE 597270-RG-QO/RS, Rel. Min. Cezar Peluso, Pleno, j. 26/03/2009.

TEMAS RELEVANTES SOBRE AS AGRAVANTES E ATENUANTES	
Quesitos e Tribunal do Júri	"Com a nova redação dada ao art. 483 do CPP pela Lei 11.689/2008 não há mais obrigatoriedade de submeter aos jurados quesitos acerca da existência de circunstâncias agravantes ou atenuantes, sendo certo que, somente poderão ser consideradas pelo Juiz presidente, na formulação da dosimetria penal, as agravantes e atenuantes alegadas e **debatidas em plenário**, nos termos da regra constante do artigo 492, I, *b*, do CPP"[26].

AGRAVANTES GENÉRICAS (ART. 61)
►Art. 61. São circunstâncias que sempre agravam a pena, quando não constituem ou qualificam o crime: ***I - A reincidência;*** ***II - Ter o agente cometido o crime:*** ***a) Por motivo fútil ou torpe;*** ***b) Para facilitar ou assegurar a execução, a ocultação, a impunidade ou vantagem de outro crime;*** ***c) À traição, de emboscada, ou mediante dissimulação, ou outro recurso que dificultou ou tornou impossível a defesa do ofendido;*** ***d) Com emprego de veneno, fogo, explosivo, tortura ou outro meio insidioso ou cruel, ou de que podia resultar perigo comum;*** ***e) Contra ascendente, descendente, irmão ou cônjuge;*** ***f) Com abuso de autoridade ou prevalecendo-se de relações domésticas, de coabitação ou de hospitalidade, ou com violência contra a mulher na forma da lei específica;*** ***g) Com abuso de poder ou violação de dever inerente a cargo, ofício, ministério ou profissão;*** ***h) Contra criança, maior de 60 anos, enfermo ou mulher grávida;*** ***i) Quando o ofendido estava sob a imediata proteção da autoridade;*** ***j) Em ocasião de incêndio, naufrágio, inundação ou qualquer calamidade pública, ou de desgraça particular do ofendido;*** ***l) Em estado de embriaguez preordenada.***

REINCIDÊNCIA
►Art. 63. Verifica-se a reincidência quando o agente comete novo crime, depois de transitar em julgado a sentença que, no País ou no estrangeiro, o tenha condenado por crime anterior.

26. STJ, AgRg no REsp 1801201/MS, Rel. Min. Antonio Saldanha Palheiro, 6ª Turma, j. 27/08/2019.

REINCIDÊNCIA
A reincidência (ou **recidiva**) indica que a pena anterior não cumpriu sua finalidade de prevenção **positiva** (não ressocializou o condenado) e **negativa** (não impediu a prática de novos crimes). O STF decidiu que é **constitucional** o agravamento da pena pela reincidência[27].

PRESSUPOSTOS DA REINCIDÊNCIA		
Condenação com trânsito em julgado por um crime.	**Prática de novo crime após o trânsito em julgado.**	**Período depurador de 5 anos.**

CRIMES E CONTRAVENÇÕES		
O *caput* do art. 63 restringe a reincidência à condenação por crime anterior. Já o art. 7º da LCP traz regra específica quanto à reincidência[28]. Conjugando-se os dois dispositivos, tem-se as seguintes hipóteses geradoras de reincidência:		
Infração anterior	**Infração posterior**	**Resultado**
Crime.	Crime.	Reincidência.
Contravenção.	Contravenção.	Reincidência.
Crime.	Contravenção.	Reincidência.
Contravenção.	Crime.	**Não há reincidência**.

CONDENAÇÃO COM TRÂNSITO EM JULGADO POR UM CRIME
O art. 63 é claro: basta uma condenação anterior transitada em julgado. **Não importa se foi aplicada pena privativa de liberdade, restritiva de direito ou até a pena de multa** (atenção: condenação anterior a pena de multa gera reincidência!).

27. STF, RE 453000/RS, Rel. Min. Marco Aurélio, Pleno, j. 04/04/2013.
28. Art. 7º. Verifica-se a reincidência quando o agente pratica uma contravenção depois de passar em julgado a sentença que o tenha condenado, no Brasil ou no estrangeiro, por qualquer crime, ou, no Brasil, por motivo de contravenção.

CONDENAÇÃO COM TRÂNSITO EM JULGADO POR UM CRIME
"O fato de o crime pelo qual o acusado fora anteriormente condenado ser de menor potencial ofensivo não é motivo para afastar os efeitos da reincidência, haja vista que o art. 63 do CP não faz nenhuma referência quanto à natureza do delito anterior"[29].
Sentença condenatória com trânsito em julgado por crime anterior **proferida no estrangeiro** também possibilita a configuração da reincidência, sendo **dispensável** sua homologação no STJ.
Se a sentença condenatória com trânsito em julgado for **desconstituída** em revisão criminal, **desaparece a reincidência**.

NÃO GERAM A REINCIDÊNCIA					
Nesses casos, falta o pressuposto 'sentença condenatória por um crime anterior':					
Absolvição (própria ou imprópria)	**Transação penal**[30]	**Suspensão condicional do processo**[31]	**ANPP**	**Atos infracionais**[32]	**Perdão judicial (art. 120)**[33]

CRIMES MILITARES PRÓPRIOS E CRIMES POLÍTICOS
▶ ***Art. 64. Para efeito de reincidência:***   ***II - Não se consideram os crimes militares próprios e políticos.***   Além das hipóteses acima (em que não há sentença condenatória por um crime anterior), a lei estabelece que os crimes militares próprios e os crimes políticos não geram reincidência.

29. STJ, AgRg no HC 766850/SP, Rel. Min. Jesuíno Rissato (Desembargador convocado do TJDFT), 6ª Turma, j. 27/03/2023.
30. Art. 76, § 4º da Lei 9.099/1995: Acolhendo a proposta do Ministério Público aceita pelo autor da infração, o Juiz aplicará a pena restritiva de direitos ou multa, que não importará em reincidência, sendo registrada apenas para impedir novamente o mesmo benefício no prazo de 5 anos.
31. Na suspensão condicional do processo (Lei n. 9.099/1995, art. 89), após a extinção da punibilidade, não subsiste qualquer efeito penal, não havendo se falar em reincidência, maus antecedentes ou personalidade desabonadora (STJ, HC 541736/SP, Rel. Min. Ribeiro Dantas, 5ª Turma, j. 26/11/2019).
32. STJ, AgRg no RHC 129846/DF, Rel. Min. Antonio Saldanha Palheiro, 6ª Turma, j. 13/10/2020.
33. ▶ ***Art. 120. A sentença que conceder perdão judicial não será considerada para efeitos de reincidência.***

EXTINÇÃO DA PUNIBILIDADE E REINCIDÊNCIA	
Se houver extinção da punibilidade em relação ao crime anterior, a sentença condenatória transitada em julgado poderá, futuramente, gerar reincidência? Depende do momento.	
Se a extinção da punibilidade ocorrer **ANTES** do trânsito em julgado, **NÃO** poderá gerar reincidência, pois não subsistirá o pressuposto da condenação definitiva. Ex.: prescrição da pretensão punitiva (PPP).	Se a extinção da punibilidade ocorrer **DEPOIS** do trânsito em julgado, **PODERÁ** gerar reincidência[34]. **Exceções: anistia e *abolitio criminis*** (a previsão em lei tem o condão de apagar a condenação).

POSSE DE DROGA PARA USO PESSOAL (ART. 28 DA LEI 11.343/2006)
O STJ[35] e a 2ª Turma do STF divergiam a respeito. Porém, recentemente, a 2ª Turma do STF[36] alterou seu entendimento: entende-se que **é desproporcional o reconhecimento da agravante da reincidência ou a valoração negativa dos antecedentes decorrente de condenação anterior pelo delito do art. 28, *caput*, da Lei11.343/2006**. É que, como é cediço, a condenação anterior por contravenção penal não gera reincidência pois o artigo 63 do CP é expresso ao se referir à pratica de novo crime. Assim, **se a contravenção penal, punível com pena de prisão simples, não configura reincidência, resta inequivocamente desproporcional a consideração, para fins de reincidência, da posse de droga para consumo próprio**, que é punida apenas com "advertência sobre os efeitos das drogas", "prestação de serviços à comunidade" e "medida educativa de comparecimento a programa ou curso educativo", mormente se se considerar que em casos tais não há qualquer possibilidade de conversão em pena privativa de liberdade pelo descumprimento, como no caso das penas substitutivas. Portanto, **não se afigura razoável permitir que uma conduta que possui vedação legal quanto à imposição de prisão, a fim de evitar a estigmatização do usuário de drogas, possa dar azo à posterior configuração de reincidência**.

PRÁTICA DE NOVO CRIME APÓS O TRÂNSITO EM JULGADO
Para a configuração da reincidência, é indispensável que o novo crime seja praticado após o trânsito em julgado da condenação pelo crime anterior. Para aferir a presença do requisito temporal, **é indispensável que a peça acusatória indique a data do fato**.

34. STJ, HC 339867/SP, Rel. Min. Nefi Cordeiro, 6ª Turma, j. 06/09/2016.
35. STJ, AgRg no HC 790901/SP, Rel. Min. Messod Azulay Neto, 5ª Turma, j. 24/04/2023.
36. STF, RHC 178512 AgR/SP, Rel. Min. Edson Fachin, 2ª Turma, j. 22/03/2022. (Info 1048)

PRÁTICA DE NOVO CRIME APÓS O TRÂNSITO EM JULGADO
O pressuposto do trânsito em julgado da condenação pelo crime anterior leva à seguinte situação: **é possível que o agente possua várias condenações transitadas em julgado contra si e não seja considerado reincidente**. Ex.: todos os crimes praticados antecederam a primeira condenação transitada em julgado. Nesse caso, a doutrina e a jurisprudência chamam de "tecnicamente primário" aquele que já cometeu outro(s) crime(s), mas que não pode ser considerado reincidente. Para quem utiliza esse termo, o "tecnicamente primário" não se confunde com o "primário", aquele que não ostenta nenhuma outra condenação. Todavia, **a distinção não tem qualquer valor legal**. Para o CP, ou o sujeito é reincidente ou é primário, não existindo um meio termo.

PENA

PÉRIODO DEPURADOR DE 5 ANOS
► Art. 64. Para efeito de reincidência: ***I - Não prevalece a condenação anterior, se entre a data do cumprimento ou extinção da pena e a infração posterior tiver decorrido período de tempo superior a 5 anos, computado o período de prova da suspensão ou do livramento condicional, se não ocorrer revogação;***   ***[...].***   O CP adotou o **SISTEMA DA TEMPORARIEDADE** da reincidência.

PERÍODO DEPURADOR E MOMENTO DA PRÁTICA DO CRIME	
Real, própria ou verdadeira	**Ficta, presumida, imprópria ou falsa**
O sujeito pratica um crime nos 5 anos **após a extinção da pena pelo crime anterior**.	O sujeito pratica um crime nos 5 anos **após o trânsito em julgado da condenação**, independentemente do cumprimento da pena.
Para o CP, basta a prática de crime após o trânsito em julgado da condenação. Assim, admite-se igualmente a reincidência real ou ficta. Exemplos:	
1. Se a sentença do primeiro crime transitar em julgado e o agente praticar outro crime antes do cumprimento ou da extinção da pena, será reincidente (**reincidência ficta, presumida, imprópria ou falsa**). Ex.: Marina foi condenada por apropriação indébita (art. 168) e a condenação transitou em julgado. Dias após o trânsito em julgado, Marina comete o crime de furto (art. 155). No julgamento pelo crime de furto, Marina será considerada reincidente porque houve trânsito em julgado há menos de 5 anos.	

PERÍODO DEPURADOR E MOMENTO DA PRÁTICA DO CRIME
2. Se houver o cumprimento ou a extinção da pena e, antes do período depurador de 5 anos, o agente praticar outro crime, será reincidente (**reincidência real, própria ou verdadeira**). Isto porque "cumprida a pena definitiva anterior, o prazo de extinção dos efeitos da reincidência passa a ser computado da data do cumprimento da pena ou da extinção punibilidade e não mais da data do trânsito em julgado"[37]. Ex.: Joana foi condenada e, anos depois, terminou de cumprir a pena pelo crime de tráfico de drogas. Em liberdade, poucas semanas depois, comete novo crime de tráfico de drogas. Joana será considerada reincidente, pois quando cometeu o segundo crime ainda não havia se passado o prazo de 5 anos após a extinção da pena.
3. Se o agente cometer um crime após o período depurador de 5 anos, será primário. Ex.: Renato praticou um roubo (art. 157), foi condenado e terminou de cumprir pena em 02/02/2010. Em 03/03/2015, Renato pratica um furto (art. 155). No julgamento do crime de furto, Renato será considerado primário. Contudo, Renato será portador de **maus antecedentes** (1ª fase da dosimetria).
4. Quando a pena imposta é suspensa (*sursis*) ou o agente se encontra em livramento condicional, o tempo de *sursis* ou de livramento condicional é computado no período de 5 anos. Ex.: Jonas foi condenado à pena de 2 anos de reclusão e obteve *sursis* pelo prazo de 2 anos (período de prova). Se cometer outro crime no período de 3 anos, será reincidente (os 2 anos de período de prova são abrangidos pelo período depurador de 5 anos). Nesse caso, os 5 anos são contados do início do período de prova, que pode dar-se com a audiência admonitória ou com a cerimônia do livramento condicional.

REINCIDÊNCIA GENÉRICA	REINCIDÊNCIA ESPECÍFICA
O agente comete crimes de **espécies diferentes**. Ex.: após condenação transitada em julgado por crime de roubo, o agente pratica o crime de descaminho dentro do período depurador.	Para o **STJ**, é caracterizada "pela prática de dois ou mais crimes da **mesma espécie**, assim considerados aqueles delitos que tutelam o **mesmo bem jurídico, independentemente de constarem do mesmo tipo penal**"[38]. Ex.: posse irregular de arma de fogo de uso e posse ilegal de arma de fogo de uso restrito[39] (artigos 12 e 16 da Lei 10.862/2003). Atenção: para a doutrina, pressupõe-se que os crimes estejam no mesmo tipo penal[40].

37. STJ, HC 365905/SP, Rel. Min. Ribeiro Dantas, 5ª Turma, j. 11/10/2016.
38. STJ, AgRg no REsp 1873041/SP, Rel. Nefi Cordeiro, 6ª Turma, j. 04/08/2020.
39. STJ, AgRg no AgRg no AREsp 1276547/RS, Rel. Min. Ribeiro Dantas, 5ª Turma, j. 20/09/2018.
40. MASSON, Cleber (op. cit. p. 592).

REINCIDÊNCIA GENÉRICA E ESPECÍFICA (DIFERENÇAS)
1. É vedada a substituição da pena privativa de liberdade por restritiva de direitos se a reincidência houver se operado em virtude da prática do mesmo crime (art. 43, §3º).
2. É vedada a concessão de livramento condicional ao apenado reincidente em crimes hediondos, equiparados e tráfico de pessoas (art. 83, V).
3. No mesmo sentido, a Lei de Drogas veda a concessão do livramento condicional ao reincidente específico em crimes previstos nos arts. 33, *caput* e §1º, e 34 a 37 da Lei.
4. A Lei 13.964/2019 ("Pacote Anticrime") trouxe percentuais diferenciados (e mais gravosos) para reincidentes específicos. Ver capítulo '22. PENA PRIVATIVA DE LIBERDADE'.

REINCIDÊNCIA ESPECÍFICA E *QUANTUM* DE AUMENTO
Sob a sistemática do recurso repetitivo, a 3ª Seção do STJ fixou a seguinte tese: **"a reincidência específica como único fundamento só justifica o agravamento da pena em fração mais gravosa que 1/6 em casos excepcionais e mediante detalhada fundamentação baseada em dados concretos do caso"**[41].

ALGUNS EFEITOS DO RECONHECIMENTO DA REINCIDÊNCIA	
Princípio da insignificância	"A reincidência e a habitualidade delitiva têm sido compreendidas como obstáculo inicial à tese da insignificância, ressalvada excepcional peculiaridade do caso penal"[42].
Fixação do regime inicial	"O art. 33, § 2°, do CP, impõe o **regime fechado** para o início do cumprimento da pena imposta ao condenado reincidente, pois a reincidência tem o condão de afastar a aplicação dos regimes mais benéficos (semiaberto e aberto)"[43].
	O STJ atenua essa regra: ■ Súmula 269 do STJ: É admissível a adoção do regime prisional semiaberto aos reincidentes condenados a pena igual ou inferior a quatro anos se favoráveis as circunstâncias judiciais.

41. STJ, REsp 2003716/RS, Rel. Min. Joel Ilan Paciornik, 3ª Seção, j. 25/10/2023.
42. STJ, HC 527285/SP, Rel. Min. Nefi Cordeiro, 6ª Turma, j. 01/10/2019.
43. STF, RHC 134829/RJ, Rel. Min. Ricardo Lewandowski, 2ª Turma, j. 28/03/2017.

ALGUNS EFEITOS DO RECONHECIMENTO DA REINCIDÊNCIA	
Prescrição da pretensão executória	A reincidência antecedente (reconhecida na condenação) aumenta o prazo de prescrição da pretensão executória em **1/3** (art. 110). Já a reincidência subsequente (posterior ao trânsito em julgado) interrompe a prescrição da pretensão executória (art. 117, VI).
Circunstância preponderante	A reincidência tem caráter preponderante no concurso entre agravantes e atenuantes (art. 67).
Progressão	O condenado reincidente deve cumprir **percentuais de pena mais gravosos** para obter a progressão de regime em comparação ao condenado primário.
Indulto	A extinção da punibilidade pelo indulto não afasta a reincidência. ■ Súmula 631 do STJ: O indulto extingue os efeitos primários da condenação (pretensão executória), mas não atinge os efeitos secundários, penais ou extrapenais.
Penas restritivas de direitos	A princípio, a reincidência em crime doloso impede a substituição da pena privativa de liberdade em restritiva de direito (art. 44, II). Há uma ressalva: ***"se o condenado for reincidente, o juiz poderá aplicar a substituição, desde que, em face de condenação anterior, a medida seja socialmente recomendável e a reincidência não se tenha operado em virtude da prática do mesmo crime"*** (art. 44, §3º).
Concessão de *sursis*	A princípio, a reincidência em crime doloso também **impede** a concessão de *sursis* (art. 77, I). Ressalva: se a condenação anterior for exclusivamente a pena de multa.
Suspensão condicional do processo	**Não será oferecida** ao acusado que esteja sendo processado ou tenha sido condenado por outro crime (art. 89 da Lei 9.099/1995).
Transação penal	**Não será oferecida** a proposta se ficar comprovado ter sido o autor da infração condenado, pela prática de crime, à pena privativa de liberdade, por sentença definitiva (art. 76, §2º, I, da Lei 9.099/1995).
ANPP	O acordo de não persecução penal **não é cabível** "se o investigado for reincidente ou se houver elementos probatórios que indiquem conduta criminal habitual, reiterada ou profissional, exceto se insignificantes as infrações penais pretéritas" (art. 28-A, §2º, II, do CPP).

ALGUNS EFEITOS DO RECONHECIMENTO DA REINCIDÊNCIA	
Livramento condicional	O condenado não reincidente em crime doloso deve cumprir mais de 1/3 da pena, enquanto o reincidente em crime doloso deve cumprir mais de metade da pena. A concessão do livramento é vedada ao reincidente específico em crime hediondo, equiparado e tráfico de pessoas.
Revogação de benefícios	A prática de novo crime pode levar à revogação do ***sursis*** (art. 81, I e §1º), do **livramento condicional** (art. 86, I e II e art. 87) e da **reabilitação** (art. 95).
Prisão preventiva e liberdade provisória	"A preservação da **ordem pública** justifica a imposição da **prisão preventiva** quando o agente ostentar maus antecedentes, reincidência, atos infracionais pretéritos, inquéritos ou mesmo ações penais em curso, porquanto tais circunstâncias denotam sua contumácia delitiva e, por via de consequência, sua periculosidade"[44]. Porém, a análise do cabimento da prisão preventiva deve ser analisada caso a caso. O juiz deve extrair a cautelaridade da prisão no caso concreto.
	Vale registrar que a Lei 13.964/2019 (Pacote Anticrime) acrescentou ao §2º do art. 310 do CPP o seguinte comando: "se o juiz verificar que o agente é **reincidente** ou que integra organização criminosa armada ou milícia, ou que porta arma de fogo de uso restrito, **deverá denegar a liberdade provisória**, com ou sem medidas cautelares". O dispositivo começa a ter a sua constitucionalidade questionada pela doutrina, na medida em que institui uma prisão *ex lege* para os que se enquadram nas situações descritas. Deve-se dispensar especial atenção ao agente reincidente, pois a vedação à liberdade provisória de forma genérica pode se mostrar bastante desarrazoada no caso concreto.
Tráfico privilegiado	A reincidência **afasta** a causa de diminuição de pena prevista no artigo 33, § 4º, da Lei 11.343/2006.
Execução Penal	Sob a sistemática do recurso repetitivo, a 3ª Seção do STJ fixou a seguinte tese: "a reincidência pode ser admitida pelo juízo das execuções penais para análise da concessão de benefícios, ainda que não reconhecida pelo juízo que prolatou a sentença condenatória"[45].

44. STJ, AgRg no HC 802845/SP, Rel. Min. Ribeiro Dantas, 5ª Turma, j. 17/04/2023.
45. STJ, REsp 2049870/MG e 2055920/MG, Rel. Min. Laurita Vaz, 3ª Seção, j. 17/10/2023.

PROVA DA REINCIDÊNCIA
■ Súmula 636 do STJ: A folha de antecedentes criminais é documento suficiente a comprovar os maus antecedentes e a reincidência. O STJ entende que é "desnecessária a prova de certidão cartorária visando atestar a reincidência, sendo possível referida comprovação por intermédio de consulta ao sítio eletrônico adotado pelo Tribunal"[46].

MULTIRREINCIDÊNCIA
É caracterizada quando o sujeito que possui mais de uma condenação criminal com trânsito em julgado (multirreincidência ou **reincidência plúrima**[47]). "As condenações pretéritas, desde que distintas, podem ser utilizadas para justificar o aumento da pena-base ante a consideração desfavorável da circunstância judicial dos antecedentes, bem como para aumentar a pena na segunda fase em vista da reincidência, não havendo que se falar em *bis in idem*"[48].

<table>
<tr><th colspan="5">MAUS ANTECEDENTES</th></tr>
<tr><td colspan="5">Devem ser considerados na primeira fase da dosimetria (circunstâncias judiciais do art. 59). Contudo, por questões didáticas, convém abordar o tema após o estudo da reincidência. O motivo: os maus antecedentes são as <u>condenações com trânsito em julgado</u> que não configuram reincidência. Possíveis hipóteses:</td></tr>
<tr><td>Condenações com trânsito em julgado há mais de 5 anos (período depurador da reincidência);</td><td>Condenação anterior por crime militar próprio ou por crime político (art. 64, II);</td><td>O crime foi praticado antes do trânsito em julgado da condenação pelo crime anterior[49];</td><td>Condenação anterior a contravenção penal[50];</td><td>Mais de uma condenação configuradora de reincidência.</td></tr>
</table>

46. STJ, AgRg no HC 779864/SC, Rel. Min. Laurita Vaz, 6ª Turma, j. 06/03/2023.
47. STF, HC 169738 AgR/SC, Rel. Min. Alexandre de Moraes, 1ª Turma, j. 07/06/2019.
48. STJ, AgRg no AREsp 1573086/SP, Rel. Min. Reynaldo Soares da Fonseca, 5ª Turma, j. 07/11/2019.
49. STJ, AgRg no AREsp 1692505/AC, Rel. Min. Rogerio Schietti Cruz, 6ª Turma, j. 20/10/2020.
50. STJ, AgRg no HC 612700/PR, Rel. Min. Felix Fischer, 5ª Turma, j. 06/10/2020.

A PERPETUIDADE DOS MAUS ANTECEDENTES
Enquanto a reincidência observa o sistema da temporariedade (desaparecem após o período depurador, nos termos do art. 64, I), o legislador não limitou temporalmente a configuração dos maus antecedentes ao período depurador quinquenal. O tema era controvertido nos Tribunais Superiores, mas o STF pacificou o tema com a fixação da seguinte tese em repercussão geral: **"não se aplica ao reconhecimento dos maus antecedentes o prazo quinquenal de prescrição da reincidência, previsto no art. 64, I, do CP"**[51].

NÃO GERAM MAUS ANTECEDENTES
Como o próprio nome do instituto sugere, **fato posterior não pode gerar maus antecedentes**. Ex.: o sujeito praticou o crime 1 e, durante o andamento da ação penal, praticou o crime 2 (não poderá ser considerado como maus antecedentes na sentença pelo crime 1).
À semelhança da reincidência, a configuração dos maus antecedentes depende de uma condenação com trânsito em julgado. Assim, **não geram maus antecedentes: absolvição, transação penal, suspensão condicional do processo, ANPP, atos infracionais**[52] **e perdão judicial**.
Pela mesma razão, não geram maus antecedentes inquéritos e ações penais em curso. ■ Súmula 444 do STJ: É vedada a utilização de inquéritos policiais e ações penais em curso para agravar a pena-base.

MAUS ANTECEDENTES E REINCIDÊNCIA
É possível que exista mais de uma condenação apta a gerar reincidência. Nesse caso, para evitar o *bis in idem*, uma delas deve ser utilizada para configurar a reincidência e as demais devem ser utilizadas como maus antecedentes. ■ Súmula 241 do STJ: A reincidência penal não pode ser considerada como circunstância agravante e, simultaneamente, como circunstância judicial.

51. STF, RE 593818 RG/SC, Rel. Min. Roberto Barroso, Pleno, j. 17/08/2020.
52. STJ, RHC 135396/SC, Rel. Min. Reynaldo Soares da Fonseca, 5ª Turma, j. 13/10/2020.

TEMAS RELEVANTES SOBRE AS DEMAIS AGRAVANTES GENÉRICAS	
Ne bis in idem	Atenção ao *caput* do art. 61 ("***quando não constituem ou qualificam o crime***"). Ex.: no homicídio qualificado por motivo torpe, não será aplicada a agravante prevista no inciso II, alínea *a*, sob pena do mesmo fato ser considerado duas vezes em prejuízo do agente.
Parentesco (alínea *e*)	Em relação aos crimes praticados "***contra ascendente, descendente, irmão ou cônjuge***", exige-se prova documental do parentesco. A união estável não enseja a aplicação da agravante (vedação à analogia in malam partem). Contudo, pode autorizar a aplicação da agravante da alínea *f*.
	Aplica-se a agravante independentemente de a vítima estar ou não sob a guarda, poder ou autoridade do autor do delito[53].
Alínea *f* do inciso II	Em relação aos crimes praticados "***com abuso de autoridade ou prevalecendo-se de relações domésticas, de coabitação ou de hospitalidade, ou com violência contra a mulher na forma da lei específica***", é preciso que haja relação doméstica, de coabitação ou de hospitalidade, mas o crime não precisa ser cometido necessariamente no local onde se dá tal relação.
	Enquanto o §9° do art. 129 qualifica a lesão ocorrida no âmbito das relações domésticas ("***praticada contra ascendente, descendente, irmão, cônjuge ou companheiro, ou com quem conviva ou tenha convivido, ou, ainda, prevalecendo-se o agente das relações domésticas, de coabitação ou de hospitalidade***"), o art. 61, II, *f*, segunda parte, prevê o agravamento da pena quando a violência é praticada contra a mulher ("***com abuso de autoridade ou prevalecendo-se de relações domésticas, de coabitação ou de hospitalidade, ou com violência contra a mulher na forma da lei específica***"). Sob a sistemática dos recursos repetitivos, o STJ consolidou que "a aplicação da agravante prevista no art. 61, II, "f", do Código Penal, em condenação pelo delito do art. 129, §9º, do CP, por si só, **não configura *bis in idem***"[54].

53. STJ, REsp 2096542/MG, Rel. Min. Ribeiro Dantas, 5ª Turma, j. 12/12/2023.
54. STJ, REsp 2027794/MS, REsp 2029515/MS, REsp 2026129/MS, Rel. Min. Jesuino Rissato (Desembargador convocado do TJDFT), 3ª Seção, j. 12/06/2024. (Tema 1197)

TEMAS RELEVANTES SOBRE AS DEMAIS AGRAVANTES GENÉRICAS	
Alínea *f* do inciso II	A causa de aumento do art. 226, II, do CP prevê que as penas dos delitos previstos no Título VI - crimes contra a dignidade sexual - serão aumentadas da metade nas hipóteses em que o agente possui autoridade sobre a vítima. De outro lado, a agravante genérica do art. 61, II, "*f*", do CP tem por finalidade punir mais severamente o agente que pratica o crime "***com abuso de autoridade ou prevalecendo-se de relações domésticas, de coabitação ou de hospitalidade, ou com violência contra a mulher na forma da lei específica***". Sob a sistemática dos recursos repetitivos, o STJ consolidou que "nos crimes contra a dignidade sexual, **não configura *bis in idem*** a aplicação simultânea da agravante genérica do art. 61, II, "*f*", e da majorante específica do art. 226, II, ambos do CP, salvo quando presente apenas a relação de autoridade do agente sobre a vítima, hipótese na qual deve ser aplicada tão somente a causa de aumento"[55].
Alínea *g* do inciso II	A agravante prevista na alínea g do inciso II do art. 61 determina o agravamento da sanção do agente quando este pratica o delito mediante a violação dos deveres profissionais que lhe são impostos por lei ou em estatutos reconhecidos por lei, **inexistindo qualquer menção à necessidade de o ilícito haver sido praticado em razão da profissão, e não apenas por ocasião dela**. Nesse sentido, é suficiente que o acusado cometa a infração penal ao exercer abusivamente a sua profissão, violando os deveres que lhe são inerentes. Exemplo: o "agravante, advogado experiente, que inclusive já chegou a ocupar o cargo de vice-presidente da OAB local, teria se valido de sua condição de advogado para induzir e manter em erro a vítima, fazendo-a crer que pagava as despesas cartorárias relativas à suposta realização de inventário extrajudicial, por meio de emissão de falsos recibos. Tais argumentos revelam-se suficientes para amparar a conclusão de que o agravante teria praticado o crime de estelionato mediante a violação dos deveres éticos inerentes à sua profissão de advogado e não se confundem com as elementares exigidas pelo tipo penal, o qual consubstancia crime comum, afigurando-se idôneos a fim de motivar a incidência da sobredita agravante"[56].

55. STJ, REsp 2038833/MG, REsp 2048768/DF, REsp 2049969/DF, Rel. Min. Joel Ilan Paciornik, 3ª Seção, j. 13/11/2024. (Tema 1215)
56. STJ, AgRg no AgRg no AgRg no REsp 2083182/SP, Rel. Min. Messod Azulay Neto, 5ª Turma, j. 07/11/2023.

TEMAS RELEVANTES SOBRE AS DEMAIS AGRAVANTES GENÉRICAS	
Alínea *h* do inciso II	No tocante ao agravamento da reprimenda quando o ofendido é ascendente, descendente irmão ou cônjuge, a preocupação do legislador foi a de punir com mais rigor aquele que quebra, ou ofende, o natural vínculo de afeto e de cumplicidade mútuo que deve existir nas relações familiares.
	Para o STJ, "a circunstância legal prevista no art. 61, II, "h", do CP é de natureza objetiva e deve incidir sempre que a vítima se enquadrar em alguma categoria prevista na referida agravante - criança, idoso, enfermo ou gestante -, **independentemente do conhecimento dessa circunstância pelo réu**"[57]. Não obstante, o entendimento não é imune a críticas. Há quem entenda que a agravante somente pode ser aplicada se o agente tiver **ciência da condição da vítima**, exigindo-se um nexo entre o crime praticado e a situação de fragilidade.
Embriaguez preordenada	Sobre o tema, ver o capítulo 17.2 IMPUTABIILIDADE.
Interpretação analógica	O legislador valeu-se de interpretação analógica ou *intra legem* nas alíneas *c* (***"à traição, de emboscada, ou mediante dissimulação, ou outro recurso que dificultou ou tornou impossível a defesa do ofendido"***) e *d*[58] (***"com emprego de veneno, fogo, explosivo, tortura ou outro meio insidioso ou cruel, ou de que podia resultar perigo comum"***).

AGRAVANTES EM CONCURSO DE PESSOAS (ART. 62)	
►Art. 62. A pena será ainda agravada em relação ao agente que:	
I - Promove, ou organiza a cooperação no crime ou dirige a atividade dos demais agentes;	A pena do mentor do crime (que é, na realidade, partícipe) deve ser agravada.

57. STJ, AgRg no REsp 2095884/PR, Rel. Min. Rogerio Schietti Cruz, 6ª Turma, j. 12/12/2023.
58. Ver capítulo **4. INTERPRETAÇÃO DA LEI PENAL.**

AGRAVANTES EM CONCURSO DE PESSOAS (ART. 62)	
II - Coage ou induz outrem à execução material do crime;	O coator deve ter a pena agravada, seja na **coação física ou moral, resistível ou irresistível**. Se a coação for irresistível, há autoria mediata, e não concurso de pessoas. Se a coação for resistível, há concurso de pessoas, mas o coagido tem a pena atenuada (art. 65, III, *c*).
III - Instiga ou determina a cometer o crime alguém sujeito à sua autoridade ou não punível em virtude de condição ou qualidade pessoal;	Aqui, há outro caso de autoria mediata, e não concurso de pessoas.
IV - Executa o crime, ou nele participa, mediante paga ou promessa de recompensa.	A atuação do **criminoso mercenário** é mais reprovável, o que justifica a agravante.

ATENUANTES GENÉRICAS (ART. 65)
►Art. 65. São circunstâncias que sempre atenuam a pena: ***I - Ser o agente menor de 21 anos, na data do fato, ou maior de 70 anos, na data da sentença;*** ***II - O desconhecimento da lei;*** ***III - Ter o agente:*** ***a) Cometido o crime por motivo de relevante valor social ou moral;*** ***b) Procurado, por sua espontânea vontade e com eficiência, logo após o crime, evitar-lhe ou minorar-lhe as consequências, ou ter, antes do julgamento, reparado o dano;*** ***c) Cometido o crime sob coação a que podia resistir, ou em cumprimento de ordem de autoridade superior, ou sob a influência de violenta emoção, provocada por ato injusto da vítima;*** ***d) Confessado espontaneamente, perante a autoridade, a autoria do crime;*** ***e) Cometido o crime sob a influência de multidão em tumulto, se não o provocou.***

ATENUANTE INOMINADA (ART. 66)
►Art. 66. A pena poderá ser ainda atenuada em razão de circunstância relevante, anterior ou posterior ao crime, embora não prevista expressamente em lei. Ex.: a teoria da coculpabilidade como circunstância atenuante genérica ou qualquer outra circunstância relevante que denote menor culpabilidade do agente.

PENA

TEMAS RELEVANTES SOBRE AS ATENUANTES GENÉRICAS	
Idade do agente	Muita atenção: menor de **21 anos** na data do **fato** e maior de **70 anos** na data da **sentença**.
	Além da incidência da atenuante, **o prazo prescricional é reduzido pela metade** (art. 115)[59].
	■ Súmula 74 do STJ: Para efeitos penais, o reconhecimento da menoridade do réu requer prova por documento hábil.
	Quanto à senilidade, o agente deve ser maior de 70 anos até a **primeira decisão condenatória (sentença ou acórdão), sendo irrelevante o acórdão confirmatório**[60].
Desconhecimento da lei	O conhecimento da lei "é obtido com a publicação no Diário Oficial e decorre de presunção legal absoluta. Evidentemente, trata-se de uma ficção jurídica, pois existe uma quantidade infindável de leis, sendo difícil o efetivo conhecimento de todas elas. Por isso o legislador, embora estabeleça que ninguém se exime de cumprir a lei alegando que não a conhece (art. 21, *caput*, 1ª parte, do CP, e art. 3º da LINDB), permite ao juiz utilizar esse desconhecimento em favor do acusado como atenuante de pena"[61].
Relevante valor social ou moral	Se o sujeito cometer o crime de **homicídio** impelido por motivo de relevante valor social ou moral, a circunstância deve ser utilizada para compor o **tipo privilegiado** (art. 121, §1º), e não como atenuante genérica.
Reparação do dano	Nos crimes cometidos sem violência ou grave ameaça à pessoa, reparado o dano ou restituída a coisa, até o recebimento da denúncia ou da queixa, por ato voluntário do agente, a pena será reduzida de um a dois terços (ver capítulo '14. ARREPENDIMENTO POSTERIOR'). Se a reparação do dano ocorrer **após o recebimento da denúncia**, o agente faz jus à aplicação da atenuante genérica (art. 65, III, *b*).

59. Ver capítulo **32. PRESCRIÇÃO**.
60. STJ, AgRg nos EDcl nos EDcl no REsp 1968134/MT, Rel. Min. Antonio Saldanha Palheiro, 6ª Turma, j. 26/04/2022.
61. ALVES, Jamil Chaim (op. cit. p. 363).

TEMAS RELEVANTES SOBRE AS ATENUANTES GENÉRICAS	
Coação resistível	A coação física irresistível exclui a conduta (e, portanto, não há fato típico). Já a coação moral irresistível exclui a culpabilidade. Se em qualquer um dos casos a coação for **resistível**, haverá **concurso de pessoas** entre o coator (que terá a pena aumentada – art. 62, II) e o coagido (que terá a pena reduzida – art. 65, III, *c*).
Ordem de autoridade superior	Se o subordinado estiver cumprindo ordem não manifestamente ilegal, não será punido (obediência hierárquica - inexigibilidade de conduta diversa) e apenas o superior responderá pelo crime. Contudo, se a ordem for **manifestamente ilegal**, haverá **concurso de pessoas** entre o superior (que terá a pena aumentada – art. 62, III) e o subordinado (que terá a pena reduzida – art. 65, III, *c*).
Violenta emoção	Atenção: se o sujeito praticar um **homicídio "*sob o domínio de violenta emoção, logo em seguida a injusta provocação da vítima*"**, a circunstância deve ser utilizada para compor o **tipo privilegiado** (art. 121, §1º), e não como atenuante genérica.
Multidão ou tumulto	Trata-se do **crime multitudinário**, quando não provocado pelo agente.

CONFISSÃO ESPONTÂNEA
Para a aplicação da atenuante, a lei exige apenas que o sujeito tenha "***confessado espontaneamente, perante a autoridade, a autoria do crime***" (autoridade policial, juiz e membro do MP).
Contudo, há corrente que sustenta que a confissão deve ser utilizada como atenuante **apenas se for utilizada para formar o convencimento do juiz e embasar a condenação.** É a posição tradicional do STF[62] e do STJ[63]. Nesse sentido: ■ Súmula 545 do STJ: Quando a confissão for utilizada para a formação do convencimento do julgador, o réu fará jus à atenuante prevista no art. 65, III, *d*, do Código Penal.

62. STF, RHC 221318 AgR/MS, Rel. Min. Dias Toffoli, 1ª Turma, j. 06/03/2023.
63. STJ, AgRg no REsp 2037731/MG, Rel. Min. Messod Azulay Neto, 5ª Turma, j. 07/03/2023.

CONFISSÃO ESPONTÂNEA
Porém, vale registrar que há diversos **julgados recentes do STJ**, das duas Turmas criminais, no sentido de que "o art. 65, III, *d*, do CP não exige, para sua incidência, que a confissão do réu tenha sido empregada na sentença como uma das razões da condenação, sendo que **o direito subjetivo à atenuação da pena surge quando o agente confessa e não quando o juiz cita sua confissão na fundamentação da sentença condenatória**"[64]. A atenuante deve ser reconhecida, como forma de proteção à confiança que o réu, de boa-fé, deposita no sistema jurídico ao optar pela confissão.
Em complemento, a jurisprudência do **STJ** entende a confissão de forma bastante ampla. É consolidado na Corte que a atenuante **deve ser considerada mesmo nas hipóteses de confissão informal, extrajudicial, parcial ou qualificada** (é observada quando o sujeito admite a autoria do crime, mas agrega teses defensivas descriminantes ou exculpantes - "matei, mas foi em legítima defesa"). Por outro lado, o STF adota uma concepção mais restritiva.

CONFISSÃO		
	STJ	**STF**
Qualificada	Admite.	Não admite[65].
Retratada em juízo	Admite.	Não admite[66].
Parcial	Admite.	Não admite[67].
Extrajudicial	Admitem.	

OUTROS TEMAS RELEVANTES SOBRE A CONFISSÃO ESPONTÂNEA	
ANPP	A confissão do agente é um **requisito** para a celebração do acordo de não persecução penal (art. 28-A do CPP – redação pela Lei 13.964/2019).

64. STJ, AgRg no REsp 1977941/MA, Rel. Min. Jesuíno Rissato, 6ª Turma, j. 07/03/2023. No mesmo sentido: STJ, HC 769225/SP, Rel. Min. Daniela Teixeira, 5ª Turma, j. 27/11/2024; STJ, AgRg no HC 905712/AL, Rel. Min. Otávio de Almeida Toledo (Desembargador convocado do TJSP), 6ª Turma, j. 16/09/2024.
65. STF, RvC 5548/RS, Rel. Min. Gilmar Mendes, red. p/ o ac. Min. Alexandre de Moraes, Pleno, j. 02/12/2024.
66. STF, HC 213573 AgR/SP, Rel. Min. André Mendonça, 2ª Turma, j. 23/09/2024.
67. Idem.

OUTROS TEMAS RELEVANTES SOBRE A CONFISSÃO ESPONTÂNEA	
Tráfico de drogas	▪ Súmula 630 do STJ: A incidência da atenuante da confissão espontânea no crime de tráfico ilícito de entorpecentes exige o reconhecimento da traficância pelo acusado, não bastando a mera admissão da posse ou propriedade para uso próprio.

CONFISSÃO E COLABORAÇÃO PREMIADA	
Confissão	**Colaboração premiada**
"A aplicação da atenuante da confissão espontânea pressupõe que o réu efetivamente **admita a prática do crime** que lhe é imputado, contribuindo, assim, com o deslinde da persecução criminal"[68].	Exige requisitos mais específicos, não sendo suficiente a mera confissão acerca da prática delituosa, mas o fornecimento de **informações que sejam objetivamente eficazes.**
Como **atenuante genérica**, não pode reduzir a pena aquém do limite mínimo previsto no preceito secundário do tipo penal (súmula 231 do STJ).	Como **causa de diminuição especial**, pode reduzir a pena aquém do limite mínimo previsto no preceito secundário do tipo penal.
Exige-se **espontaneidade** (ato realizado através da livre vontade do agente, sem provocação).	Não se exige espontaneidade.
Ponto comum: o ato do réu no esclarecimento da empreitada criminosa de forma a facilitar a persecução penal.	

CONCURSO DE AGRAVANTES E ATENUANTES
►***Art. 67. No concurso de agravantes e atenuantes, a pena deve aproximar-se do limite indicado pelas circunstâncias preponderantes, entendendo-se como tais as que resultam dos motivos determinantes do crime, da personalidade do agente e da reincidência***. Em outras palavras: a regra é que a agravante e a atenuante se compensem, neutralizando-se. Contudo, se uma for preponderante em relação a outra, terá maior força de aumento/redução. Circunstâncias preponderantes: **MOTIVOS, PERSONALIDADE E REINCIDÊNCIA**.

68. STJ, AgRg nos EDcl no REsp 1867247/SC, Rel. Min. Joel Ilan Paciornik, 5ª Turma, j. 19/05/2020.

CONFISSÃO *VERSUS* REINCIDÊNCIA	
STF	**STJ**
A circunstância agravante da **reincidência**, como preponderante, prevalece sobre a confissão[69].	Sob a sistemática dos **recursos repetitivos**, foi fixada a seguinte tese: "é possível, na segunda fase da dosimetria da pena, a **compensação** integral da atenuante da confissão espontânea com a agravante da reincidência, seja ela específica ou não. Todavia, **nos casos de multirreincidência, deve ser reconhecida a preponderância da agravante** prevista no art. 61, I, do CP, sendo admissível a sua compensação proporcional com a atenuante da confissão espontânea, em estrito atendimento aos princípios da individualização da pena e da proporcionalidade"[70].

JURISPRUDÊNCIA EM TESES DO STJ – AGRAVANTES E ATENUANTES
1) A incidência da circunstância atenuante não pode conduzir à redução da pena abaixo do mínimo legal. (Súmula 231/STJ)
2) Em observância ao critério trifásico da dosimetria da pena estabelecido no art. 68 do Código Penal, não é possível a compensação entre institutos de fases distintas.
3) O aumento na terceira fase de aplicação da pena no crime de roubo circunstanciado exige fundamentação concreta, não sendo suficiente para a sua exasperação a mera indicação do número de majorantes. (Súmula 443/STJ)
4) Incide a atenuante prevista no art. 65, inciso III, alínea *d*, do CP na chamada confissão qualificada, hipótese em que o autor confessa a autoria do crime, embora alegando causa excludente de ilicitude ou culpabilidade.
5) A condenação transitada em julgado pelo crime de porte de substância entorpecente para uso próprio gera reincidência e maus antecedentes, sendo fundamento idôneo para agravar a pena tanto na primeira como na segunda fase da dosimetria.
6) Para efeitos penais, o reconhecimento da menoridade do réu requer prova por documento hábil. (Súmula 74/STJ)
7) Diante do reconhecimento de mais de uma qualificadora, somente uma enseja o tipo qualificado, enquanto as outras devem ser consideradas circunstâncias agravantes, na hipótese de previsão legal, ou, de forma residual, como circunstância judicial do art. 59 do Código Penal.
8) A agravante da reincidência pode ser comprovada com a folha de antecedentes criminais, não sendo obrigatória a apresentação de certidão cartorária.

69. STF, HC 225681 AgR/SP, Rel. Min. Roberto Barroso, 1ª Turma, j. 25/04/2023.
70. STJ, REsp 1931145/SP, Rel. Min. Sebastião Reis Júnior, 3ª Seção, j. 22/06/2022.

JURISPRUDÊNCIA EM TESES DO STJ – AGRAVANTES E ATENUANTES
9) É possível, na segunda fase do cálculo da pena, a compensação da agravante da reincidência com a atenuante da confissão espontânea. (Tese julgada sob o rito do art. 543-C do CPC)
10) Nos casos em que há múltipla reincidência, é inviável a compensação integral entre a reincidência e a confissão.

INFORMATIVOS DO STJ
Info. 834: Nos crimes contra a dignidade sexual, não configura *bis in idem* a aplicação simultânea da agravante genérica do art. 61, II, f, e da majorante específica do art. 226, II, ambos do Código Penal, salvo quando presente apenas a relação de autoridade do agente sobre a vítima, hipótese na qual deve ser aplicada tão somente a causa de aumento. REsp 2038833/MG, REsp 2048768/DF, REsp 2049969/DF, Rel. Min. Joel Ilan Paciornik, 3ª Seção, j. 13/11/2024. (Tema 1215)
Info. 823: A incidência da circunstância atenuante não pode conduzir à redução da pena abaixo do mínimo legal. REsp 1869764/MS, Rel. Min. Rogerio Schietti Cruz, red. p/ o ac. Min. Messod Azulay Neto, 3ª Seção, j. 14/08/2024.
Info. 816: A aplicação da agravante do art. 61, inc. II, alínea f, do Código Penal, em conjunto com as disposições da Lei Maria da Penha (Lei n. 11.340/2006), não configura *bis in idem*. REsp 2027794/MS, REsp 2029515/MS, REsp 2026129/MS, Rel. Min. Jesuíno Rissato (Desembargador convocado do TJDFT), 3ª Seção, j. 12/06/2024. (Tema 1197)
Info. 793: A reincidência específica como único fundamento só justifica o agravamento da pena em fração mais gravosa que 1/6 em casos excepcionais e mediante detalhada fundamentação baseada em dados concretos do caso. REsp 2003716/RS, Rel. Min. Joel Ilan Paciornik, 3ª Seção, j. 25/10/2023.
Info. 792: A reincidência pode ser admitida pelo juízo das execuções penais para análise da concessão de benefícios, ainda que não reconhecida pelo juízo que prolatou a sentença condenatória. REsp 2049870/MG e 2055920/MG, Rel. Min. Laurita Vaz, 3ª Seção, j. 17/10/2023.
Info. 775: A aplicação da agravante prevista no art. 61, II, "f", do Código Penal, em condenação pelo delito do art. 129, § 9º, do CP, por si só, não configura *bis in idem*. AgRg no REsp 1998980/GO, Rel. Min. Joel Ilan Paciornik, 5ª Turma, j. 08/05/2023.

21.4 TERCEIRA FASE DA DOSIMETRIA

PONTO DE PARTIDA
O ponto de partida é a **PENA INTERMEDIÁRIA**, fixada na segunda fase da dosimetria.

CAUSAS DE AUMENTO E DE DIMINUIÇÃO
Na terceira fase, analisa-se a presença de causas de aumento (**majorantes**) e de diminuição (**minorantes**). O *quantum* de aumento/redução pode ser **fixo ou variável**.
Diferentemente do que ocorre na primeira e na segunda fase, o juiz poderá fixar a pena definitiva **acima ou abaixo dos limites** máximo e mínimo cominados pelo legislador.
Após a incidência das causas de aumento e diminuição, a pena torna-se **definitiva**.

LOCALIZAÇÃO		
Parte Geral	**Parte Especial**	**Legislação Especial**
Ex.: reconhecido o arrependimento posterior, a pena será reduzida de 1 a 2/3 (Parte Geral - art. 16). Nesse caso, o *quantum* é variável (1 a 2/3).	Ex.: no homicídio doloso, a pena é aumentada de 1/3 se o crime é praticado contra pessoa menor de 14 anos ou maior de 60 (Parte Especial - art. 121, §4º). Nesse caso, o *quantum* é fixo (1/3).	Ex.: na Lei de Drogas, o "tráfico privilegiado" tem a pena reduzida de 1/6 a 2/3 (art. 33, §4º da Lei 11.343/2006). Nesse caso, o *quantum* é variável (1/6 a 2/3).

CONCURSO DE CAUSAS NA PARTE GERAL	
Duas causas de aumento	**Duas causas de diminuição**
Ambos os aumentos serão aplicados, observando-se a incidência **isolada** (o segundo aumento incide **sobre a pena inicial**).	**Ambas as diminuições serão aplicadas**, observando-se a incidência **cumulativa** (a segunda diminuição incide **sobre a pena já diminuída**, e não sobre a pena inicial).
Ex.: um aumento de 1/3 e um aumento de 1/2 na pena intermediária de 6 anos. 6 anos + 3 anos (1/2 de 6) + 2 anos (1/3 de 6) = **11 anos**.	Ex.: uma diminuição de 1/2 e uma diminuição de 1/3 na pena de 12 anos. 12 anos - 6 anos (1/2 de 12) = 6 anos. 6 anos - 2 anos (1/3 de 6) = **4 anos**.

CONCURSO DE CAUSAS NA PARTE ESPECIAL
► ***Art. 68, parágrafo único. No concurso de causas de aumento ou de diminuição previstas na parte especial, pode o juiz limitar-se a um só aumento ou a uma só diminuição, prevalecendo, todavia, a causa que mais aumente ou diminua.*** Caso o juiz escolha aplicar os dois aumentos ou as duas diminuições, deverá observar a incidência **isolada** (dois **aumentos** – o segundo aumento incide sobre a pena inicial) ou **cumulativa** (duas **diminuições** – a segunda diminuição incide sobre a pena já diminuída, e não sobre a pena inicial). Poderá, todavia, **optar por um só aumento ou diminuição** (o que mais aumente ou diminua).

CONCURSO DE CAUSAS NA PARTE GERAL E ESPECIAL	
Duas causas de aumento	**Duas causas de diminuição**
Se existir uma causa de aumento na Parte Geral e outra na Parte Especial, **ambas serão aplicadas**, observando-se a incidência **isolada** (o segundo aumento incide sobre a pena inicial).	Se existir uma causa de diminuição na Parte Geral e outra na Parte Especial, **ambas serão aplicadas**, observando a incidência **cumulativa** (a segunda diminuição incide sobre a pena já diminuída, e não sobre a pena inicial).

CONCURSO DE CAUSAS DE AUMENTO E DIMINUIÇÃO
Havendo concurso entre causas de aumento e de diminuição, **ambas serão aplicadas, estejam elas na Parte Geral ou Especial**. Deve-se observar a incidência **cumulativa**[71]. Note que, nos casos anteriores, a relação era majorante x majorante ou minorante x minorante. Nesse caso, há uma relação **majorante x minorante**.

INFORMATIVOS DO STJ
Info. 765: Incide a causa especial de aumento de pena prevista no § 3º do art. 334 do Código Penal quando se tratar de descaminho praticado em transporte aéreo, não sendo relevante o fato de o voo ser regular ou clandestino. AgRg no AREsp 2197959/SP, Rel. Min. Reynaldo Soares da Fonseca, 5ª Turma, j. 28/02/2023.

71. CUNHA, Rogério Sanches. Manual de Direito Penal, 3. ed., cit., p. 430.

22

EXECUÇÃO DA PENA PRIVATIVA DE LIBERDADE

INTRODUÇÃO
A execução da pena é disciplinada na Lei de Execução Penal (LEP). Para estudar a disciplina em sua integralidade e com riqueza de detalhes, recomenda-se ao leitor a obra **EXECUÇÃO PENAL EM TABELAS**. Nesta obra de Direito Penal, serão abordados apenas **alguns aspectos** da execução relativos a temas que são disciplinados concomitantemente no CP e na LEP (ou temas muito cobrados em provas, como a remição).

DETRAÇÃO
► ***Art. 42. Computam-se, na pena privativa de liberdade e na medida de segurança, o tempo de prisão provisória, no Brasil ou no estrangeiro, o de prisão administrativa e o de internação em qualquer dos estabelecimentos referidos no artigo anterior.*** A detração penal dá efetividade ao princípio basilar da dignidade da pessoa humana e ao comando máximo do caráter ressocializador das penas, que é um dos principais objetivos da execução da pena no Brasil. Ex.: Paulo ficou preso preventivamente pelo período de 1 ano. Posteriormente, foi condenado à pena de 6 anos de reclusão. Com a detração, restarão 5 anos de pena a cumprir.

TEMAS RELEVANTES SOBRE A DETRAÇÃO	
Prescrição	A prescrição baseia-se na **pena aplicada na sentença sem a detração**[1].
Multa	**Não cabe** detração na pena de multa.

1. STJ, AgInt no AREsp 1428799/SP, Rel. Min. Felix Fischer, 5ª Turma, j. 26/03/2019.

TEMAS RELEVANTES SOBRE A DETRAÇÃO	
Penas restritivas de direitos	É **cabível** a detração nas penas restritivas de direito de prestação de serviços à comunidade, interdição temporária de direitos e limitação de fim de semana[2]. Lado outro, a detração não se aplica à prestação pecuniária[3].
Prisão domiciliar	Qualquer prisão processual deve ser detraída da pena aplicada. Nesse sentido, o STJ entende que **o período em prisão domiciliar deve ser reconhecido como pena efetivamente cumprida** para fins de detração da pena[4].
Recolhimento domiciliar noturno	Recentemente, o STJ[5] fixou as seguintes teses (recurso repetitivo): 1) O período de recolhimento obrigatório noturno e nos dias de folga, por comprometer o *status libertatis* do acusado, deve ser reconhecido como período a ser detraído da pena privativa de liberdade e da medida de segurança, em homenagem aos princípios da proporcionalidade e do non *bis in idem*; 2) O monitoramento eletrônico associado, atribuição do Estado, não é condição indeclinável para a detração dos períodos de submissão a essas medidas cautelares, não se justificando distinção de tratamento ao investigado ao qual não é determinado e disponibilizado o aparelhamento; 3) As horas de recolhimento domiciliar noturno e nos dias de folga devem ser convertidas em dias para contagem da detração da pena. Se no cômputo total remanescer período menor que 24 horas, essa fração de dia deverá ser desprezada".
Outras medidas cautelares	Além do recolhimento domiciliar noturno, o STJ também aplica o instituto da detração ao período em **internação provisória**, "ao passo em que as demais, de regra, por não consistirem em efetiva restrição de liberdade, não devem ser descontadas no tempo de condenação final"[6].

2. MASSON, Cleber. Direito Penal: Parte Geral (arts. 1º ao 120) - vol. 1. 13. ed. Rio de Janeiro: Forense; São Paulo: MÉTODO, 2019. p. 641.
3. STJ, REsp 1853916/PR, Rel. Min. Nefi Cordeiro, 6ª Turma, j. 04/08/2020.
4. STJ, HC 459377/RS, Rel. Min. Reynaldo Soares da Fonseca, 5ª Turma, j. 04/09/2018.
5. STJ, REsp 1977135/SC, Rel. Min. Joel Ilan Paciornik, 3ª Seção, j. 23/11/2022.
6. STJ, AgRg no AREsp 1700717/CE, Rel. Min. Felix Fischer, 5ª Turma, j. 25/08/2020.

TEMAS RELEVANTES SOBRE A DETRAÇÃO	
Regime mais brando	O intuito da detração é a transferência do apenado para regime mais benéfico. Contudo, nem sempre isso ocorrerá. É possível que a pena detraída continue a corresponder ao mesmo regime prisional fixado. Ex.: o sujeito, primário, foi sentenciado a 6 anos em regime inicial semiaberto. Se for considerado o período de 1 ano em prisão provisória, restará a pena de 5 anos a cumprir. O regime ainda será o semiaberto.
Processos distintos	O STJ "admite a detração (art. 42 do CP) por custódia indevidamente cumprida em outro processo, desde que o crime em virtude do qual o condenado executa a pena a ser computada seja anterior ao período pleiteado. Busca-se, com isso, impedir uma espécie de crédito em desfavor do Estado, disponível para utilização no futuro"[7]. Ex.: quando houver absolvição ou declaração de extinção da punibilidade no processo em que cumprido o tempo de prisão provisória[8].

APLICAÇÃO DA DETRAÇÃO (COMPETÊNCIA CONCORRENTE)	
Juízo ou tribunal sentenciante	**Juízo das Execuções**
Quando houver elementos nos autos, cabe ao juízo ou tribunal sentenciante aplicar a detração **no momento da fixação do regime inicial**. Isto porque é possível que a pena detraída corresponda a um regime inicial menos severo do que aquele que seria imposto ao total da pena. Não há sentido em manter o sentenciado em regime mais gravoso quando já é possível reconhecer um período de pena cumprida e fixar o regime correto.	Nos demais casos, a atribuição permanece com o Juízo das Execuções. Exemplos: 1) Se não há elementos nos autos que revelem o tempo em que o condenado permaneceu cautelarmente detido[9]. 2) Após o trânsito em julgado[10]. 3) Sempre que o magistrado sentenciante não houver adotado tal providência[11].

7. STJ, AgRg no HC 506413/SP, Rel. Min. Rogerio Schietti Cruz, 6ª Turma, j. 19/09/2019.
8. STJ, AgRg no HC 709201/SP, Rel. Min. Olindo Menezes, 6ª Turma, j. 09/08/2022.
9. STJ, AgRg no HC 524947/SP, Rel. Min. Leopoldo de Arruda Raposo, 5ª Turma, j. 10/10/2019.
10. STF, HC 203803 AgR/SP, Rel. Min. Roberto Barroso, 1ª Turma, j. 11/10/2021.
11. STJ, AgRg no REsp 1716664/SP, Rel. Min. Felix Fischer, 5ª Turma, j. 17/05/2018.

PENAS PRIVATIVAS DE LIBERDADE
Há 3 espécies de pena privativa de liberdade: **RECLUSÃO**, **DETENÇÃO** e **PRISÃO SIMPLES** (esta última aplicável apenas às contravenções penais). Os tipos penais indicam expressamente a modalidade de pena. Ex.: o legislador cominou ao crime de infanticídio (art. 123) a pena de detenção, de 2 a 6 anos. As penas mais graves são executadas antes das menos graves (art. 69).
►***Art. 33. A pena de reclusão deve ser cumprida em regime fechado, semi-aberto ou aberto. A de detenção, em regime semi-aberto, ou aberto, salvo necessidade de transferência a regime fechado.***

RECLUSÃO	DETENÇÃO	PRISÃO SIMPLES
Regime **fechado**, **semiaberto** ou **aberto**.	Regime **semiaberto** ou **aberto** (salvo a regressão para o regime fechado).	Regime **semiaberto** ou **aberto**. Não admite regime fechado nem por regressão.
Em caso de cumulação (pena de reclusão + detenção), a reclusão é **executada primeiro**.	Em caso de cumulação (pena de reclusão + detenção), é **executada após a reclusão**.	
Pode ter como efeito da condenação a **incapacidade para o exercício do poder familiar, da tutela ou da curatela** na hipótese do art. 92, II.	-	-
Medida de segurança detentiva (internação).	É possível a imposição de medida de segurança restritiva (tratamento ambulatorial).	Internação ou tratamento ambulatorial (art. 13 da LCP).
Comporta interceptação telefônica (Lei 9.296/1996).	-	-
Tempo máximo de cumprimento: 40 anos.	Tempo máximo de cumprimento: 40 anos.	Tempo máximo de cumprimento: 5 anos.

REGIMES PENITENCIÁRIOS (ART. 33, §1º)		
Fechado	**Semiaberto**	**Aberto**
Estabelecimento de segurança máxima ou média.	Colônia agrícola, industrial ou estabelecimento similar.	Casa de albergado ou estabelecimento adequado.
Para um estudo mais aprofundado acerca do cumprimento da pena nos diferentes regimes penitenciários, recomenda-se a leitura da obra **EXECUÇÃO PENAL EM TABELAS**.		

FIXAÇÃO DO REGIME INICIAL
Fixada a pena definitiva e aplicada a detração, o próximo passo é definir o regime inicial de cumprimento da pena privativa de liberdade (**FECHADO, SEMIABERTO** ou **ABERTO**).
A fixação do regime inicial depende da análise de 3 fatores: **QUANTIDADE DE PENA, REINCIDÊNCIA** e **CIRCUNSTÂNCIAS JUDICIAIS**.
▶ Art. 33, §2º - As penas privativas de liberdade deverão ser executadas em forma progressiva, segundo o mérito do condenado, observados os seguintes critérios e ressalvadas as hipóteses de transferência a regime mais rigoroso: ***a) O condenado a pena superior a 8 anos deverá começar a cumpri-la em regime fechado;*** ***b) O condenado não reincidente, cuja pena seja superior a 4 anos e não exceda a 8, poderá, desde o princípio, cumpri-la em regime semi-aberto;*** ***c) O condenado não reincidente, cuja pena seja igual ou inferior a 4 anos, poderá, desde o início, cumpri-la em regime aberto.*** ***§3º - A determinação do regime inicial de cumprimento da pena far-se-á com observância dos critérios previstos no art. 59 deste Código.***
Na hipótese de concurso de crimes, a fixação do regime inicial deve considerar a **pena total**.

REGIME INICIAL NA RECLUSÃO
A princípio, impõe-se ao **reincidente** o regime inicial **fechado**, independentemente da quantidade da pena definitiva. A regra foi flexibilizada com a edição da súmula 269 do STJ. ■ Súmula 269 do STJ: É admissível a adoção do regime prisional semiaberto aos reincidentes condenados a pena igual ou inferior a 4 anos se favoráveis as circunstâncias judiciais.

REGIME INICIAL NA RECLUSÃO			
	Fechado	**Semiaberto**	**Aberto**
Primário	Superior a 8 anos.	Superior a 4 anos e que não exceda 8 anos.	Até 4 anos.
Reincidente	Regra.	Aquele que deveria cumprir em regime aberto, se favoráveis as circunstâncias judiciais (súmula 269 do STJ).	Nunca.

REGIME INICIAL NA DETENÇÃO		
	Semiaberto	**Aberto**
Primário	Superior a 4 anos.	Até 4 anos.
Reincidente	**Regra.**	Nunca.

REGIME INICIAL E CIRCUNSTÂNCIAS JUDICIAIS
Circunstâncias judiciais **desfavoráveis** podem fundamentar a imposição de regime inicial **mais gravoso**. *A contrario sensu*, circunstâncias **favoráveis** podem levar à aplicação de regime inicial **mais benéfico**. É o caso do reincidente condenado a pena de reclusão que deveria cumpri-la em regime fechado, mas, devido à quantidade da pena e às circunstâncias judiciais favoráveis, é beneficiado com o regime inicial semiaberto (aplicação da súmula 269 do STJ).
▪ Súmula 718 do STF: A opinião do julgador sobre a gravidade em abstrato do crime não constitui motivação idônea para a imposição de regime mais severo do que o permitido segundo a pena aplicada.
▪ Súmula 719 do STF: A imposição do regime de cumprimento mais severo do que a pena aplicada permitir exige motivação idônea.
▪ Súmula 440 do STJ: Fixada a pena-base no mínimo legal, é vedado o estabelecimento de regime prisional mais gravoso do que o cabível em razão da sanção imposta, com base apenas na gravidade abstrata do delito.

CONDENAÇÃO POR MAIS DE UM CRIME
O art. 111 da LEP dispõe que "quando houver condenação por mais de um crime, no mesmo processo ou em processos distintos, a determinação do regime de cumprimento será feita pelo resultado da **soma ou unificação das penas**, observada, quando for o caso, a detração ou remição".

RE 641320/RS E SÚMULA VINCULANTE 56
Problema: a impossibilidade de o Estado fornecer vagas para o cumprimento no regime originalmente estabelecido em condenação penal, em especial os regimes semiaberto e aberto. A possibilidade de manutenção de condenado em regime mais gravoso, na hipótese de inexistir vaga em estabelecimento adequado ao seu regime, é uma questão ligada a duas garantias constitucionais em matéria penal da mais alta relevância: a individualização da pena (CF, art. 5º, XLVI) e a legalidade (CF, art. 5º, XXXIX)"[12].
No caso concreto (RE 641.320/RS), foi fixada a prisão domiciliar a condenado ao regime inicial semiaberto em razão da não existência de estabelecimento destinado ao regime semiaberto que atendesse todos os requisitos da LEP. Em sede de **repercussão geral**, o STF assentou que: "a) a falta de estabelecimento penal adequado não autorizaria a manutenção do condenado em regime prisional mais gravoso; b) os juízes da execução penal poderiam avaliar os estabelecimentos destinados aos regimes semiaberto e aberto, para qualificação como adequados a tais regimes. Seriam aceitáveis estabelecimentos que não se qualificassem como "colônia agrícola, industrial" (regime semiaberto) ou "casa de albergado ou estabelecimento adequado" (regime aberto) (art. 33, §1º, "b" e "c"); c) havendo "déficit" de vagas, deveria ser determinada: 1) a saída antecipada de sentenciado no regime com falta de vagas; 2) a liberdade eletronicamente monitorada ao sentenciado que saísse antecipadamente ou fosse posto em prisão domiciliar por falta de vagas; 3) o cumprimento de penas restritivas de direito e/ou estudo ao sentenciado que progredisse ao regime aberto".

12. STF, RE 641320/RS, Rel. Min. Gilmar Mendes, Pleno, j. 11/05/2016.

RE 641320/RS E SÚMULA VINCULANTE 56
Posteriormente, foi aprovada a súmula vinculante 56. ■ Súmula Vinculante 56: A falta de estabelecimento penal adequado não autoriza a manutenção do condenado em regime prisional mais gravoso, devendo-se observar, nessa hipótese, os parâmetros fixados no RE 641.320/RS. Frisa-se que a súmula vinculante é **inaplicável ao preso provisório**.
O **STJ**, em Recurso Especial julgado conforme procedimento previsto para os Recursos Repetitivos, seguiu o entendimento do STF[13].
A decisão do STF repousa na **ausência de vagas** para o cumprimento no regime originalmente estabelecido em condenação penal. O STJ entende que a **precariedade ou a superlotação** do estabelecimento prisional também autoriza a concessão excepcional do cumprimento da pena em regime mais benéfico, segundo as regras traçadas no RE 641.320/RS[14].

O REGIME FECHADO NO CP
►***Art. 34. O condenado será submetido, no início do cumprimento da pena, a exame criminológico de classificação para individualização da execução.*** ***§1º - O condenado fica sujeito a trabalho no período diurno e a isolamento durante o repouso noturno.*** ***§2º - O trabalho será em comum dentro do estabelecimento, na conformidade das aptidões ou ocupações anteriores do condenado, desde que compatíveis com a execução da pena.*** ***§3º - O trabalho externo é admissível, no regime fechado, em serviços ou obras públicas.***

O REGIME SEMIABERTO NO CP
►***Art. 35. Aplica-se a norma do art. 34 deste Código, caput, ao condenado que inicie o cumprimento da pena em regime semiaberto.*** ***§1º - O condenado fica sujeito a trabalho em comum durante o período diurno, em colônia agrícola, industrial ou estabelecimento similar.*** ***§2º - O trabalho externo é admissível, bem como a frequência a cursos supletivos profissionalizantes, de instrução de segundo grau ou superior.***

13. STJ, REsp 1710674/MG, rel. Min. Reynaldo Soares da Fonseca, 3ª Seção, j. 22/08/2018.
14. STJ, AgRg no HC 529615/SC, Rel. Min. Ribeiro Dantas, 5ª Turma, j. 03/12/2019. No mesmo sentido, a 6ª Turma: STJ, AgRg no REsp 1541295/RJ, Rel. Min. Nefi Cordeiro, 6ª Turma, j. 17/10/2017.

REGIME SEMIABERTO	REGIME FECHADO
Cumprimento em colônia penal.	Cumprimento em Penitenciária.
Exame criminológico facultativo.	Exame criminológico obrigatório.
Alojamento coletivo.	Cela individual.
Pode realizar trabalho externo.	Pode realizar trabalho externo excepcionalmente.
Saídas temporárias.	-
Ambos podem ser beneficiados com a permissão de saída e com a remição.	

O REGIME ABERTO NO CP
►Art. 36. O regime aberto baseia-se na autodisciplina e senso de responsabilidade do condenado.   ***§1º - O condenado deverá, fora do estabelecimento e sem vigilância, trabalhar, frequentar curso ou exercer outra atividade autorizada, permanecendo recolhido durante o período noturno e nos dias de folga.***   ***§2º - O condenado será transferido do regime aberto, se praticar fato definido como crime doloso, se frustrar os fins da execução ou se, podendo, não pagar a multa cumulativamente aplicada.***

PRESSUPOSTOS DO REGIME ABERTO (ART. 114 DA LEP)	
Estar trabalhando ou comprovar a possibilidade de fazê-lo imediatamente (observar os casos de dispensa);	II - apresentar, pelos seus antecedentes e pelos resultados do exame criminológico, fundados indícios de que irá ajustar-se, com autodisciplina, baixa periculosidade e senso de responsabilidade, ao novo regime.

PENA

CONDIÇÕES DO REGIME ABERTO (ART. 115 DA LEP)
O juiz poderá estabelecer condições especiais para a concessão de regime aberto, entre as quais, a fiscalização por monitoramento eletrônico, sem prejuízo das seguintes condições gerais e obrigatórias: I - permanecer no local que for designado, durante o repouso e nos dias de folga; II - sair para o trabalho e retornar, nos horários fixados; III - não se ausentar da cidade onde reside, sem autorização judicial; IV - comparecer a Juízo, para informar e justificar as suas atividades, quando for determinado.
Além das condições gerais e obrigatórias, o juiz pode fixar **condições especiais** à luz do caso concreto. Atenção: ▪ Súmula 493 do STJ: É inadmissível a fixação de pena substitutiva (art. 44 do CP) como condição especial ao regime aberto.
O Juiz poderá **modificar as condições estabelecidas**, de ofício, a requerimento do MP, da autoridade administrativa ou do condenado, desde que as circunstâncias assim o recomendem (art. 116 da LEP).

<table>
<tr><th colspan="2">PROGRESSÃO DE REGIME</th></tr>
<tr><td colspan="2">O Brasil adotou o sistema progressivo ou inglês, com adaptações. A progressão de regime atende à exigência de individualização da pena e sofreu diversas alterações com a edição da Lei 13.964/2019 ("Pacote Anticrime"). A LEP impõe dois requisitos cumulativos para a progressão de regime:</td></tr>
<tr><td>Requisito subjetivo: boa conduta carcerária</td><td>Requisito objetivo ou temporal: cumprimento de uma parte da pena (de 16% a 70%).</td></tr>
</table>

PERCENTUAIS PARA A PROGRESSÃO DE REGIME (ART. 112 DA LEP)		
O art. 112 da LEP foi reescrito pela **Lei 13.964/2019** ("Pacote Anticrime"), com acréscimo do inciso VI-A pela **Lei 14.994/2024**. Para melhor visualização dos novos patamares para a progressão:		
Sem violência ou grave ameaça	**Primário**	**16%***
	Reincidente em crime cometido sem violência ou grave ameaça	**20%**

PERCENTUAIS PARA A PROGRESSÃO DE REGIME (ART. 112 DA LEP)		
Com violência ou grave ameaça	**Primário**	**25%**
	Reincidente em crime cometido com violência ou grave ameaça	**30%**
Crime hediondo ou equiparado	**Primário**	**40%***
		Com resultado morte: **50%** Obs.: vedado o livramento condicional.
	Reincidente em crime hediondo ou equiparado	**60%***
		Com resultado morte: **70%** Obs.: vedado o livramento condicional.
Condenado (reincidente ou primário) por exercer o comando, individual ou coletivo, de organização criminosa estruturada para a prática de crime hediondo ou equiparado		**50%**
Condenado (reincidente ou primário) pela prática do crime de constituição de milícia privada		**50%**
Condenado pela prática de feminicídio, se for primário		**55%** Obs.: vedado o livramento condicional.
*Os percentuais de 16%, 40% e 60% correspondem a 1/6, 2/5 e 3/5. Em relação a estes percentuais não houve alteração gravosa ao acusado. Em contrapartida, os outros percentuais previstos no art. 112 são mais gravosos (e, portanto, não podem retroagir).		

TEMAS RELEVANTES SOBRE OS PATAMARES FIXADOS NO ART. 112 DA LEP	
Condenado por crime hediondo ou equiparado reincidente genérico	O STF, em **repercussão geral**, fixou a seguinte tese: "tendo em vista a legalidade e a taxatividade da norma penal (artigo 5º, XXXIX, CF), a alteração promovida pela Lei 13.964/2019 no artigo 112 da LEP não autoriza a incidência do percentual de 60% (inciso VII) aos condenados reincidentes não específicos para o fim de progressão de regime. Diante da omissão legislativa, impõe-se a analogia *in bonam partem*, para aplicação, inclusive retroativa, do inciso V do artigo 112 da LEP (lapso temporal de 40%) ao condenado por **crime hediondo ou equiparado sem resultado morte reincidente não específico**"[15].
Condenado por crime hediondo ou equiparado reincidente genérico	No mesmo sentido, o STJ firmou a seguinte tese sob a sistemática dos recursos repetitivos: "é reconhecida a retroatividade do patamar estabelecido no art. 112, V, da Lei 13.964/2019, àqueles apenados que, embora tenham cometido crime hediondo ou equiparado sem resultado morte, não sejam reincidentes em delito de natureza semelhante"[16].
	Na mesma linha de raciocínio, se o sujeito for condenado por crime hediondo **com resultado morte e for reincidente genérico (reincidente em crime comum)**, aplica-se o percentual de 50% (inciso VI, a). Os percentuais de 60% e 70% foram destinados aos reincidentes específicos[17].
Reincidente em crime cometido com violência ou grave ameaça	Se o sujeito for condenado por **crime praticado com violência ou grave ameaça à pessoa, não reincidente em delito de mesma natureza**, aplica-se o lapso de **25%** da pena (previsto para o primário)[18].
Feminicídio (Lei 14.994/2024)	Atenção ao inciso VI-A (acrescentado ao art. 112 da LEP pela **Lei 14.994/2024**): considera-se o patamar de **55%** da pena "se o apenado for condenado pela prática de feminicídio, se for primário, vedado o livramento condicional". Trata-se de ***novatio legis in pejus***, pois antes da alteração legal aplicava-se o patamar de **50%** (inciso VI, a: condenado por crime hediondo ou equiparado, com resultado morte, se primário).

15. STF, ARE 1327963 RG/SP, Rel. Min. Gilmar Mendes, Pleno, j. 16/09/2021.
16. STJ, REsp 1910240/MG, Rel. Min. Rogerio Schietti Cruz, 3ª Seção, j. 26/05/2021.
17. STJ, AgRg no AREsp 2341249/MG, Rel. Min. Teodoro Silva Santos, 6ª Turma, j. 12/12/2023.
18. STJ, AgRg no HC 664003/SP, Rel. Min. Olindo Menezes (Desembargador convocado do TRF 1ª Região), 6ª Turma, j. 05/10/2021.

<table>
<tr><th colspan="2">TEMAS RELEVANTES SOBRE OS PATAMARES FIXADOS NO ART. 112 DA LEP</th></tr>
<tr><td>Feminicídio (Lei 14.994/2024)</td><td>A Lei 14.994/2024 nada dispôs sobre o condenado por feminicídio que for reincidente. Assim, considerando que o feminicídio é crime hediondo (art. 1º, I-B, da Lei 8.072/1990) e aplicando o raciocínio do STF e do STJ expressado nessa tabela, eis a conclusão: para o reincidente genérico, deve ser aplicado o patamar de 55% (o mesmo aplicável ao primário); para o reincidente específico em crimes hediondos ou equiparados, porém, aplica-se o patamar de 70%. Em todos os casos, é vedado o livramento condicional.</td></tr>
</table>

<table>
<tr><th colspan="3">CONDENADOS POR CRIMES HEDIONDOS OU EQUIPARADOS</th></tr>
<tr><td colspan="3">Conjugando-se os dispositivos da LEP com os entendimentos recentes do STF e do STJ, podem ser traçadas as seguintes regras para os condenados por crimes hediondos ou equiparados:</td></tr>
<tr><td>Primário</td><td>Sem resultado morte</td><td>40% (LEP).</td></tr>
<tr><td>Reincidente genérico</td><td>Sem resultado morte</td><td>40% (interpretação jurisprudencial).</td></tr>
<tr><td>Primário</td><td>Com resultado morte</td><td>50% (LEP).
Vedado o livramento condicional.</td></tr>
<tr><td>Reincidente genérico</td><td>Com resultado morte</td><td>50% (interpretação jurisprudencial).
Vedado o livramento condicional.</td></tr>
<tr><td>Primário</td><td>Feminicídio</td><td>55% (LEP).
Vedado o livramento condicional.</td></tr>
<tr><td>Reincidente específico (em crimes hediondos e equiparados)</td><td>Sem resultado morte</td><td>60% (LEP).</td></tr>
<tr><td>Reincidente específico (em crimes hediondos e equiparados)</td><td>Com resultado morte</td><td>70% (LEP).
Vedado o livramento condicional.</td></tr>
</table>

REINCIDÊNCIA
"A condição de reincidente, uma vez adquirida pelo sentenciado, **estende-se sobre a totalidade das penas somadas, não se justificando a consideração isolada de cada condenação e tampouco a aplicação de percentuais diferentes para cada uma das reprimendas**"[19]. Ex.: o apenado cumpria pena por um crime e ostentava a condição de primário. Se for reconhecida a reincidência em relação a um segundo crime, será considerado reincidente em relação aos dois crimes, aplicando-se fração única.

RETROATIVIDADE DO ART. 112, VI, A (LEP)	
De acordo com a Lei 13.964/2019, deve ser cumprida **50%** da pena para a progressão do condenado pela prática de crime hediondo ou equiparado com resultado morte, se for primário. Porém, a Lei **vedou o livramento condicional**. Questiona-se: é possível manter a retroatividade da Lei 13.964/2019 no que tange à fração para progressão de regime prevista no art. 112, VI, a, da LEP, mas afastando a vedação ao livramento condicional?	
Não (1ª corrente)	**Sim (2ª corrente)**
Há precedentes dos Ministros do STF das duas Turmas no sentido da **necessidade de aplicação integral de apenas uma das leis, vedada a combinação de partes delas**[20]. O entendimento encontra-se alinhado com a longeva jurisprudência do STF em tema de combinação de leis penais. O Pleno do STF, no julgamento do RE 600817/MS, fixou, em sede de repercussão geral, a compreensão no sentido de que "não é possível a conjugação de partes mais benéficas das referidas normas, para criar-se uma terceira lei, sob pena de violação aos princípios da legalidade e da separação de Poderes".	Sob a sistemática dos recursos repetitivos, a 3ª Seção do **STJ** fixou a seguinte tese: "é **válida** a aplicação retroativa do percentual de 50%, para fins de progressão de regime, a condenado por crime hediondo, com resultado morte, que seja reincidente genérico, nos moldes da alteração legal promovida pela Lei n. 13.964/2019 no art. 112, inc. VI, alínea a, da Lei n. 7.210/84 (Lei de Execução Penal), bem como a posterior concessão do livramento condicional, podendo ser formulado posteriormente com base no art. 83, inc. V, do Código Penal, o que **não configura combinação de leis na aplicação retroativa de norma penal material mais benéfica**"[21].
No RE 1464013 RG, o STF reconheceu a **repercussão geral** da questão (Tema 1319), ainda sem julgamento.	

19. STJ, AgRg nos EDcl no HC 588529/PR, Rel. Min. Reynaldo Soares da Fonseca, 5ª Turma, j. 06/10/2020.
20. STF, RE 1464496 AgR/SC, Rel. Min. Luiz Fux, 1ª Turma, j. 05/06/2024; STF, RE 1392782/SC, Rel. Min. Cármen Lúcia, j. 08/08/2022; STF, RE 1394070/SC, Re. Min. Nunes Marques, j. 18/04/2023.
21. STJ, REsp 2012101/MG, REsp 2012112/MG e REsp 2016358/MG, Rel. Min. Jesuíno Rissato (Desembargador convocado Do TJDFT), 3ª Seção, j. 22/05/2024. (Tema 1196).

CRIMES CONTRA A ADMINISTRAÇÃO PÚBLICA (ART. 33, §4º DO CP)
► ***Art. 33, §4º - O condenado por crime contra a administração pública terá a progressão de regime do cumprimento da pena condicionada à reparação do dano que causou, ou à devolução do produto do ilícito praticado, com os acréscimos legais.*** O STF declarou a constitucionalidade do dispositivo[22].

<table>
<tr><th colspan="2">MULHER GESTANTE OU QUE FOR MÃE OU RESPONSÁVEL POR CRIANÇAS OU PESSOAS COM DEFICIÊNCIA (ART. 112, §3º, DA LEP)</th></tr>
<tr><td colspan="2">A Lei 13.769/2018 trouxe regras especiais de progressão para mulher gestante ou que for mãe ou responsável por crianças ou pessoas com deficiência. O dispositivo não foi alterado com a posterior Lei 13.964/2019. São requisitos cumulativos:
I - não ter cometido crime com violência ou grave ameaça a pessoa;
II - não ter cometido o crime contra seu filho ou dependente;
III - ter cumprido ao menos 1/8 da pena no regime anterior;
IV - ser primária e ter bom comportamento carcerário, comprovado pelo diretor do estabelecimento;
V - não ter integrado organização criminosa.</td></tr>
<tr><td colspan="2">Há uma divergência jurisprudencial quanto ao requisito previsto no inciso V ("não ter integrado organização criminosa"):</td></tr>
<tr><th>2ª Turma do STF</th><th>STJ</th></tr>
<tr><td>O inciso V "abrange apenas o tipo penal do art. 2º da Lei 12.850/2013, não cabendo ampliar o alcance da norma, sob uso de analogia in malam partem, para fazer alcançar os crimes de associação criminosa (art. 288 do CP) ou associação para o tráfico (art. 35 da Lei 11.343/2006) sob pena de violação ao princípio da legalidade"[23].</td><td>"Não apenas a condenação pelo delito específico de organização criminosa (art. 2º da Lei 12.850/13) impede a aplicação da fração de 1/8 para a progressão de regime especial, mas também todo aquele crime que enseje o concurso necessário de agentes em união estável e permanente voltada para práticas delitivas - como ocorre justamente com o crime de associação para o tráfico de drogas"[24].</td></tr>
</table>

22. STF, EP 22 ProgReg-AgR/DF, Rel. Min. Roberto Barroso, Pleno, j. 17/12/2014.
23. STF, HC 210667 AgR/SP, Rel. Min. André Mendonça, 2ª Turma, j. 05/12/2022.
24. STJ, AgRg no HC 776818/TO, Rel. Min. Messod Azulay Neto, 5ª Turma, j. 20/06/2023; STJ, AgRg no HC 848866/SP, Rel. Min. Antonio Saldanha Palheiro, 6ª Turma, j. 27/11/2023.

INADIMPLEMENTO DA MULTA E PROGRESSÃO
O STF assentou que "**o inadimplemento deliberado da pena de multa cumulativamente aplicada ao sentenciado impede a progressão no regime prisional**. [...] Tal regra somente é **excepcionada pela comprovação da absoluta impossibilidade econômica** do apenado em pagar a multa, ainda que parceladamente"[25].

COLABORAÇÃO PREMIADA (LEI 12.850/2013)
Segundo o art. 4º, §5º, da Lei 12.850/2013, "se a colaboração for posterior à sentença, a pena poderá ser reduzida até a metade ou **será admitida a progressão de regime ainda que ausentes os requisitos objetivos**".

ORGANIZAÇÃO CRIMINOSA E VÍNCULO ASSOCIATIVO (LEI 12.850/2013)
"O condenado expressamente em sentença por **integrar** organização criminosa ou por crime praticado **por meio de** organização criminosa não poderá progredir de regime de cumprimento de pena ou obter livramento condicional ou outros benefícios prisionais se houver elementos probatórios que indiquem a **manutenção do vínculo associativo**" (art. 2º, §9º da Lei 12.850/2013 – incluído pela **Lei 13.964/19**).

PROGRESSÃO DE CRIMES HEDIONDOS E EQUIPARADOS – HISTÓRICO	
1.	Conforme a redação original da Lei 8.072/1990 (art. 2º, §1º), os condenados a crimes hediondos (ou equiparados: tráfico de drogas, terrorismo e tortura) deveriam cumprir a pena em regime **integralmente** fechado. Posteriormente, a Lei 9.455/1997, em seu art. 2º, §7º, passou a prever o **regime inicialmente fechado para o crime de tortura**. Assim, aplicava-se aos crimes hediondos e equiparados (apenas tráfico de drogas e terrorismo) o regime integralmente fechado, sem possibilidade de progressão. Já a tortura tinha tratamento mais benéfico: regime inicial fechado com possibilidade de progressão.
	■ Súmula 698 do STF: Não se estende aos demais crimes hediondos a admissibilidade de progressão no regime de execução da pena aplicada ao crime de tortura.

25. STF, EP 12 ProgReg-AgR/DF, Rel. Min. Roberto Barroso, Pleno, j. 08/04/2015.

PROGRESSÃO DE CRIMES HEDIONDOS E EQUIPARADOS – HISTÓRICO	
	O STF, no HC 82959/SP (2006), declarou a **inconstitucionalidade** do regime integralmente fechado para os crimes hediondos e equiparados (art. 2º, §1º da Lei 8.072/1990). A progressão de regime passou a ser possível mediante o cumprimento de **1/6** da pena no regime anterior (patamar previsto na redação original do art. 112 da LEP).
2.	Nesse contexto, foram editadas as seguintes súmulas: ▪ Súmula vinculante 26: Para efeito de progressão de regime no cumprimento de pena por crime hediondo, ou equiparado, o juízo da execução observará a inconstitucionalidade do art. 2º da Lei 8.072/1990, sem prejuízo de avaliar se o condenado preenche, ou não, os requisitos objetivos e subjetivos do benefício, podendo determinar, para tal fim, de modo fundamentado, a realização de exame criminológico. ▪ Súmula 471 do STJ: Os condenados por crimes hediondos ou assemelhados cometidos antes da vigência da Lei 11.464/2007 sujeitam-se ao disposto no art. 112 da Lei 7.210/1984 (Lei de Execução Penal) para a progressão de regime prisional.
3.	A **Lei 11.464/2007** estabeleceu o regime **inicialmente** fechado para os crimes hediondos e equiparados e trouxe novos patamares (mais gravosos - *novatio legis in pejus*) para a progressão nos crimes hediondos e equiparados: **2/5 (primários) ou 3/5 (reincidentes)**. Vale ressaltar que quanto ao segundo patamar (3/5), não há diferença se a reincidência é genérica ou específica.
4.	O STF, no HC 111840/ES[26], declarou a **inconstitucionalidade** do regime inicialmente fechado, de forma que o condenado pode iniciar o cumprimento da pena em regime fechado, semiaberto ou aberto, de acordo com as regras ordinárias de fixação do regime inicial.
5.	A **Lei 13.964/2019** ("Pacote Anticrime") promoveu profundas alterações no marco normativo referente aos lapsos exigidos para o alcance da progressão a regime menos gravoso, tendo sido expressamente revogadas as disposições do art. 2º, § 2º, da Lei 8.072/1990 e estabelecidos patamares calcados não apenas na natureza do delito, mas também no caráter da reincidência, seja ela genérica ou específica.

26. STF, HC 111840/ES, Rel. Min. Dias Toffoli, Pleno, j. 27/06/2012.

PROGRESSÃO E "TRÁFICO PRIVILEGIADO"
O Plenário do STF, no julgamento do HC 118533/MS[27] já havia firmado orientação no sentido de que o tráfico privilegiado (art. 33, §4º, da Lei 11.343/2006[28]) **não deve ser considerado crime de natureza hedionda.**
Após a decisão do STF, o STJ aderiu ao entendimento e **cancelou a súmula 512** ("a aplicação da causa de diminuição de pena prevista no art. 33, § 4º, da Lei n. 11.343/2006 não afasta a hediondez do crime de tráfico de drogas").
Portanto, a Lei 13.964/2019 positivou no §5º do art. 112 o entendimento que já era consolidado nos Tribunais Superiores: "não se considera hediondo ou equiparado, para os fins deste artigo, o crime de tráfico de drogas previsto no § 4º do art. 33 da Lei nº 11.343, de 23 de agosto de 2006". Mas atenção: a Lei 13.964/2019 apenas afastou o caráter hediondo ou equiparado do tráfico privilegiado, nada dispondo sobre os demais dispositivos da Lei de Drogas.

CONFLITO DE LEIS NO TEMPO E COMBINAÇÃO DE LEIS

Situação hipotética[29]: Marcos foi condenado por lesão corporal em contexto de violência doméstica (art. 129, §9°, do CP) e por homicídio qualificado tentado (art. 121, §§2°, II e VI, 2°-A, I e 7°, III e IV, c/c o 14, II, do CP). **Os dois crimes foram praticados antes da vigência do Pacote Anticrime**. Considerando a mudança legislativa e os efeitos da reincidência, chegamos aos seguintes patamares:

	Antes da Lei 13.964/2019	Depois da Lei 13.964/2019
Lesão corporal em contexto de violência doméstica	1/6 da pena (aproximadamente **16,66%**).	**30%** da pena (art. 112, inciso IV).
Homicídio qualificado tentado	3/5 da pena (**60%** da pena).	**40%** da pena (Tema 1084 do STJ, que estabeleceu o percentual de 40% para aqueles que cometeram crimes hediondos e são reincidentes genéricos).

27. STF, HC 118533/MS, Rel. Min. Cármen Lúcia, Pleno, j. 23/06/2016.
28. Art. 33, §4º da Lei 11.343/2006 - Nos delitos definidos no *caput* e no § 1º deste artigo, as penas poderão ser reduzidas de um sexto a dois terços, desde que o agente seja primário, de bons antecedentes, não se dedique às atividades criminosas nem integre organização criminosa.
29. STJ, REsp 2026837/SC, Rel. Min. Messod Azulay Neto, 5ª Turma, j. 07/11/2023.

PENA

CONFLITO DE LEIS NO TEMPO E COMBINAÇÃO DE LEIS
A lei vigente à época dos fatos era mais benéfica a Marcos no que diz respeito ao crime comum. Por outro lado, a aplicação retroativa do Pacote Anticrime traz benefícios a Marcos quando se trata do homicídio qualificado tentado. A **controvérsia** reside em determinar se é possível aplicar a redação anterior do art. 112 da LEP para que a progressão de regime atinente à lesão corporal (crime comum) se dê com 1/6 do cumprimento da pena e, **ao mesmo tempo**, aplicar a tese do Tema 1084, decorrente do Pacote Anticrime, para que o requisito objetivo a ser aferido para o homicídio qualificado tentado (crime hediondo) seja de 40%.
Por um período, a 5ª Turma do STJ entendeu que a situação semelhante à retratada importava em combinação de leis (vedada nos termos da súmula 501 do STJ), devendo o julgador aplicar, na íntegra, a norma que fosse mais favorável ao indivíduo. Porém, no REsp 2026837/SC, a 5ª Turma se alinhou ao entendimento da 6ª Turma e passou a entender que **é lícita a aplicação do requisito objetivo para a progressão de regime previsto na antiga redação do art. 112 da LEP, em relação ao crime comum, e a aplicação retroativa do Pacote Anticrime para reger apenas a progressão do crime hediondo, quando ambos os delitos compõem uma mesma execução penal e foram praticados em momento anterior à edição da Lei 13.964/2019**. A incidência retroativa do art. 112 da LEP, somente em relação a incisos mais benéficos à progressão de regime, não importa em cumulação de leis porque cada crime mantém sua natureza na fase de execução da pena.
Vale registrar que o entendimento das duas Turmas do STJ foi adotado pela **1ª Turma do STF**: "a reunião, sob um mesmo dispositivo legal, de todas as normas regentes da progressão de regime de delitos de diferentes modalidades, não anula o fato de que a disciplina conferida a crimes comuns e a crimes hediondos continua a ser autônoma. [...] Por esta razão, não incide, no caso, o óbice jurisprudencial que veda a combinação de normas ou de leis, consistente na criação de uma *lex tertia*. **Trata-se de regimes de progressão de pena que receberam, do legislador, tratamento legal independente, cada qual (crimes comuns e crimes hediondos) com seu conjunto específico de normas de regência**"[30].

OUTROS TEMAS RELEVANTES SOBRE A PROGRESSÃO DE REGIME	
Progressão *per saltum*	▪ Súmula 491 do STJ: É inadmissível a chamada progressão *per saltum* de regime prisional.

30. STF, RHC 221271 AgR/SC, Rel. Min. Luiz Fux, 1ª Turma, j. 09/05/2023.

<table>
<tr><th colspan="2">OUTROS TEMAS RELEVANTES SOBRE A PROGRESSÃO DE REGIME</th></tr>
<tr><td rowspan="2">Marco temporal</td><td>O STF[31] e o STJ concordam que o marco para a progressão de regime é a data em que o apenado preencher o último requisito legal, seja ele o objetivo ou o subjetivo, e não a data do efetivo ingresso do apenado no regime atual ou a data em que deferida a progressão de regime.</td></tr>
<tr><td>Sobre o tema, a 3ª Seção do STJ fixou a seguinte tese sob a sistemática dos recursos repetitivos: "a decisão que defere a progressão de regime não tem natureza constitutiva, senão declaratória. O termo inicial para a progressão de regime deverá ser a data em que preenchidos os requisitos objetivo e subjetivo descritos no art. 112 da Lei 7.210, de 11/07/1984 (LEP), e não a data em que efetivamente foi deferida a progressão. Essa data deverá ser definida de forma casuística, fixando-se como termo inicial o momento em que preenchido o último requisito pendente, seja ele o objetivo ou o subjetivo. Se por último for preenchido o requisito subjetivo, independentemente da anterior implementação do requisito objetivo, será aquele (o subjetivo) o marco para fixação da data-base para efeito de nova progressão de regime"[32].</td></tr>
<tr><td rowspan="2">Prisão cautelar</td><td>■ Súmula 716 do STF: Admite-se a progressão de regime de cumprimento da pena ou a aplicação imediata de regime menos severo nela determinada, antes do trânsito em julgado da sentença condenatória. Sobre a execução provisória da pena, ver os comentários ao art. 105.</td></tr>
<tr><td>Obs.: quando o sujeito está preso cautelarmente, inicia-se a contagem do lapso temporal para a progressão a partir da data da prisão preventiva[33].</td></tr>
<tr><td>Pedido e decisão</td><td>De acordo com o §2º do art. 112 da LEP (com redação alterada pela Lei 13.964/2019), "a decisão do juiz que determinar a progressão de regime será sempre motivada e precedida de manifestação do MP e do defensor [...]".</td></tr>
<tr><td>Prisão especial</td><td>■ Súmula 717 do STF: Não impede a progressão de regime de execução da pena, fixada em sentença não transitada em julgado, o fato de o réu se encontrar em prisão especial.</td></tr>
</table>

31. STF, HC 115254/SP, Rel. Min. Gilmar Mendes, 2ª Turma, j. 15/12/2015.
32. STJ, REsp 1976197/RS, Rel. Min. Jesuíno Rissato (Desembargador convocado do TJDFT), 3ª Seção, j. 14/08/2024.
33. STF, RHC 142463/MG, Rel. Min. Luiz Fux, 1ª Turma, j. 12/09/2017.

OUTROS TEMAS RELEVANTES SOBRE A PROGRESSÃO DE REGIME	
Falta de vagas	O tema foi exaustivamente analisado no art. 82, em especial o RE 641320/RS e a súmula vinculante 56.
Pena superior a 40 anos	O percentual exigido para a progressão deve incidir sobre o **total da pena**, e não sobre o limite de 40 anos. ■ Súmula 715 do STF: A pena unificada para atender ao limite de 30 anos de cumprimento, determinado pelo art. 75 do CP, não é considerada para a concessão de outros benefícios, como o livramento condicional ou regime mais favorável de execução. Com a **Lei 13.964/2019**, deve-se considerar o limite de **40** anos (e não mais de 30 anos, conforme a redação original do CP na qual se baseou a súmula 715 do STF).
Presídio federal	O estabelecimento penal federal, dadas duas peculiaridades, destina-se a presos em regime **fechado.** "A concessão do benefício da progressão de regime ao apenado em presídio federal de segurança máxima fica **condicionada à ausência dos motivos que justificaram a transferência originária para esse sistema** [...]. Tal entendimento jurisprudencial deriva da interpretação sistemática dos dispositivos legais que norteiam o ingresso no Sistema Penitenciário Federal, os quais demonstram a absoluta **incompatibilidade** entre os motivos que autorizam a inclusão do preso e os benefícios liberatórios da execução"[34].
Regime Disciplinar Diferenciado	"Embora não haja proibição legal expressa à progressão de regime durante o período de cumprimento do RDD, não vislumbramos a possibilidade de considerar preenchido o requisito subjetivo da progressão pelo condenado sujeito às restrições desse regime. Isso porque as situações previstas no art. 52, *caput* e §§ 1º e 2º, da LEP, sugerem periculosidade, desajuste carcerário e inadequação à terapêutica penal aplicada, revelando que o apenado está longe de alcançar a reintegração social que se espera com o cumprimento da pena privativa de liberdade. E tais atributos, ao fim e ao cabo, são **incompatíveis** com o reconhecimento do mérito necessário à concessão da progressão"[35].

34. STJ, AgRg no CC 169736/RJ, Rel. Min. Reynaldo Soares da Fonseca, 3ª Seção, j. 12/02/2020.
35. AVENA, Norberto (op. cit.).

OUTROS TEMAS RELEVANTES SOBRE A PROGRESSÃO DE REGIME	
Estrangeiro	Segundo o art. 54, §3º, da Lei 13.445/2017, o processamento da expulsão em caso de crime comum não prejudicará a progressão de regime do estrangeiro. O STF[36] e o STJ[37] entendem que a progressão não deve ser indeferida com fundamento apenas na nacionalidade estrangeira, na ausência de residência no Brasil e na existência de decreto expulsório expedido contra o réu.

<table>
<tr><th colspan="2">NOVA REDAÇÃO DO ART. 112, §1º, DA LEP (EXAME CRIMINOLÓGICO)</th></tr>
<tr><th>Após a Lei 13.964/2019</th><th>Após a Lei 14.843/2024 (redação atual)</th></tr>
<tr><td>"§1º - Em todos os casos, o apenado só terá direito à progressão de regime se ostentar boa conduta carcerária, comprovada pelo diretor do estabelecimento, respeitadas as normas que vedam a progressão".</td><td>"§1º - Em todos os casos, o apenado somente terá direito à progressão de regime se ostentar boa conduta carcerária, comprovada pelo diretor do estabelecimento, e pelos resultados do exame criminológico, respeitadas as normas que vedam a progressão".</td></tr>
<tr><td colspan="2">A partir da Lei 14.843/2024, o requisito subjetivo para a progressão de regime passou a se desdobrar em dois: 1) atestado de bom comportamento carcerário pelo diretor do estabelecimento e; 2) exame criminológico (antes, facultativo).</td></tr>
<tr><td colspan="2">Antes da Lei 14.843/2024, entendia-se que o juiz podia determinar a realização do exame criminológico para avaliar se o apenado fazia jus à progressão de regime, desde que o fizesse de forma fundamentada. Nesse contexto, o final da súmula vinculante 26 ("podendo determinar, para tal fim, de modo fundamentado, a realização de exame criminológico") e a súmula 439 do STJ.
▪ Súmula 439 do STJ: Admite-se o exame criminológico pelas peculiaridades do caso, desde que em decisão motivada.</td></tr>
<tr><td colspan="2">A obrigatoriedade do exame criminológico, como novo requisito para todas as concessões de progressão de regime prisional, representa típico caso de novatio legis in pejus, uma vez que dificulta a concessão do benefício. Portanto, a nova redação apenas pode ser aplicada após a vigência da Lei 14.843/2024, não sendo dotada de retroatividade.</td></tr>
</table>

36. STF, HC 119717/SP, Rel. Min. Luiz Fux, 1ª Turma, j. 22/04/2014.
37. STJ, HC 345726/SP, Rel. Min Joel Ilan Paciornik, 5ª Turma, j. 12/04/2016.

REQUISITO SUBJETIVO: OUTROS TEMAS RELEVANTES	
Gravidade abstrata e longa pena a cumprir	O STJ entende que a gravidade dos delitos pelos quais o paciente foi condenado, bem como a longa pena a cumprir não são fundamentos idôneos para indeferir os benefícios da execução penal, pois devem ser levados em consideração, para a análise do requisito subjetivo, eventuais fatos ocorridos durante o cumprimento da pena[38].

REABILITAÇÃO	
O §7º do art. 112 da LEP havia sido vetado pelo Presidente da República, mas o Congresso Nacional derrubou o veto. O dispositivo prevê duas hipóteses em que o bom comportamento é "readquirido":	
Após 1 ano da ocorrência do fato.	**Antes do mencionado período, quando o sujeito cumprir o requisito temporal exigível para a obtenção do direito**.
Considerando que a doutrina começa a se inclinar pelo acerto do veto, vale registrar a sua justificativa: "a propositura legislativa [...] contraria o interesse público, tendo em vista que a concessão da progressão de regime depende da satisfação de requisitos não apenas objetivos, mas, sobretudo de aspectos subjetivos, consistindo este em bom comportamento carcerário, a ser comprovado, a partir da análise de todo o período da execução da pena, pelo diretor do estabelecimento prisional. Assim, eventual pretensão de objetivação do requisito vai de encontro à própria natureza do instituto, já pré-concebida pela Lei n. 7.210, de 1984, além de poder gerar a percepção de impunidade com relação às faltas e ocasionar, em alguns casos, o cometimento de injustiças em relação à concessão de benesses aos custodiados".	

ALTERAÇÃO DA DATA-BASE
A prática de falta grave **impede** a progressão por ausência de **requisito subjetivo** e **interrompe o prazo** para a obtenção da progressão no regime de cumprimento da pena, caso em que **o reinício da contagem do requisito objetivo terá como base a pena remanescente** (art. 112, §6º, da LEP - redação pela **Lei 13.964/2019**).

38. STJ, HC 683832/SP, Rel. Min. Jesuíno Rissato, 5ª Turma, j. 26/10/2021; STJ, HC 678263/SP, Rel. Min. Sebastião Reis Júnior, 6ª Turma, j. 19/10/2021.

ALTERAÇÃO DA DATA-BASE
Antes da alteração legal, o STF[39] e o STJ já entendiam da mesma forma. ■ Súmula 534 do STJ: A prática de falta grave interrompe a contagem do prazo para a progressão de regime de cumprimento de pena, o qual se reinicia a partir do cometimento dessa infração. Ex.: Paulo foi condenado a 6 anos de reclusão em regime inicial fechado pela prática do crime de constituição de milícia privada, devendo cumprir pelo menos 50% da pena (3 anos) para preencher o requisito temporal da progressão (art. 112, VI, c). Após cumprir 2 anos de pena, Paulo pratica falta grave. A contagem deverá ser reiniciada com base na pena remanescente: deverá cumprir mais 2 anos (50% da pena restante, 4 anos).

DETRAÇÃO E PROGRESSÃO	
Detração	**Progressão**
É o desconto da pena aplicada do tempo de prisão provisória, prisão administrativa e internação.	É a transferência do preso a um regime prisional mais benéfico.
Ex.: Júnior, primário, foi condenado à pena de 5 anos de reclusão (corresponde ao regime inicial **semiaberto**, conforme o art. 33, §2º, *b* do CP). Ocorre que no momento da prolação da sentença, Júnior estava preso preventivamente há 1 ano e 2 meses. Caberá ao juiz sentenciante reconhecer esse período de prisão cautelar e, desde já, fixar o regime **aberto** considerando a pena a cumprir (3 anos e 10 meses de reclusão).	Ex.: Carlos foi condenado à pena de reclusão de 10 anos, em regime inicial fechado. Carlos é reincidente em crime não hediondo cometido sem violência à pessoa ou grave ameaça. Após o cumprimento de 2 anos de pena (20%), Carlos progredirá ao regime semiaberto.
Atribuição do juiz/tribunal sentenciante e do juiz da execução.	Atribuição do juiz da execução.
Nem sempre a detração levará à fixação de um regime brando.	A progressão é a transferência a um regime mais brando.

39. STF, HC 136376/SP, Rel. Min. Ricardo Lewandowski, 2ª Turma, j. 18/04/2017.

TRABALHO DO PRESO NO CP
► ***Art. 39. O trabalho do preso será sempre remunerado, sendo-lhe garantidos os benefícios da Previdência Social.***
► ***Art. 40. A legislação especial regulará a matéria prevista nos arts. 38 e 39 deste Código, bem como especificará os deveres e direitos do preso, os critérios para revogação e transferência dos regimes e estabelecerá as infrações disciplinares e correspondentes sanções.***

TRABALHO DO PRESO NA LEP
Art. 28. O trabalho do condenado, como dever social e condição de dignidade humana, terá finalidade educativa e produtiva. §1º - Aplicam-se à organização e aos métodos de trabalho as precauções relativas à segurança e à higiene. §2º - O trabalho do preso não está sujeito ao regime da Consolidação das Leis do Trabalho.
Art. 29. O trabalho do preso será remunerado, mediante prévia tabela, não podendo ser inferior a 3/4 do salário mínimo. §1° - O produto da remuneração pelo trabalho deverá atender: a) à indenização dos danos causados pelo crime, desde que determinados judicialmente e não reparados por outros meios; b) à assistência à família; c) a pequenas despesas pessoais; d) ao ressarcimento ao Estado das despesas realizadas com a manutenção do condenado, em proporção a ser fixada e sem prejuízo da destinação prevista nas letras anteriores. §2º - Ressalvadas outras aplicações legais, será depositada a parte restante para constituição do pecúlio, em Caderneta de Poupança, que será entregue ao condenado quando posto em liberdade.
Art. 30. As tarefas executadas como prestação de serviço à comunidade não serão remuneradas.
Art. 31. O condenado à pena privativa de liberdade está obrigado ao trabalho na medida de suas aptidões e capacidade. Parágrafo único. Para o preso provisório, o trabalho não é obrigatório e só poderá ser executado no interior do estabelecimento.

PENA

TRABALHO DO PRESO NA LEP
Art. 32. Na atribuição do trabalho deverão ser levadas em conta a habilitação, a condição pessoal e as necessidades futuras do preso, bem como as oportunidades oferecidas pelo mercado. §1º - Deverá ser limitado, tanto quanto possível, o artesanato sem expressão econômica, salvo nas regiões de turismo. §2º - Os maiores de 60 anos poderão solicitar ocupação adequada à sua idade. §3º - Os doentes ou deficientes físicos somente exercerão atividades apropriadas ao seu estado.
Art. 33. A jornada normal de trabalho não será inferior a 6 nem superior a 8 horas, com descanso nos domingos e feriados. Parágrafo único. Poderá ser atribuído horário especial de trabalho aos presos designados para os serviços de conservação e manutenção do estabelecimento penal.
Art. 34. O trabalho poderá ser gerenciado por fundação, ou empresa pública, com autonomia administrativa, e terá por objetivo a formação profissional do condenado. §1º - Nessa hipótese, incumbirá à entidade gerenciadora promover e supervisionar a produção, com critérios e métodos empresariais, encarregar-se de sua comercialização, bem como suportar despesas, inclusive pagamento de remuneração adequada. §2º - Os governos federal, estadual e municipal poderão celebrar convênio com a iniciativa privada, para implantação de oficinas de trabalho referentes a setores de apoio dos presídios.
Art. 35. Os órgãos da Administração Direta ou Indireta da União, Estados, Territórios, Distrito Federal e dos Municípios adquirirão, com dispensa de concorrência pública, os bens ou produtos do trabalho prisional, sempre que não for possível ou recomendável realizar-se a venda a particulares. Parágrafo único. Todas as importâncias arrecadadas com as vendas reverterão em favor da fundação ou empresa pública a que alude o artigo anterior ou, na sua falta, do estabelecimento penal.
Art. 36. O trabalho externo será admissível para os presos em regime fechado somente em serviço ou obras públicas realizadas por órgãos da Administração Direta ou Indireta, ou entidades privadas, desde que tomadas as cautelas contra a fuga e em favor da disciplina. §1º - O limite máximo do número de presos será de 10% do total de empregados na obra. §2º - Caberá ao órgão da administração, à entidade ou à empresa empreiteira a remuneração desse trabalho. §3º - A prestação de trabalho à entidade privada depende do consentimento expresso do preso.
Art. 37. A prestação de trabalho externo, a ser autorizada pela direção do estabelecimento, dependerá de aptidão, disciplina e responsabilidade, além do cumprimento mínimo de 1/6 da pena. Parágrafo único. Revogar-se-á a autorização de trabalho externo ao preso que vier a praticar fato definido como crime, for punido por falta grave, ou tiver comportamento contrário aos requisitos estabelecidos neste artigo.

TRABALHO EXTERNO NOS REGIMES FECHADO E SEMIABERTO	
Regime fechado	**Regime semiaberto**
Regra: trabalho interno. ***"O trabalho será em comum dentro do estabelecimento, na conformidade das aptidões ou ocupações anteriores do condenado, desde que compatíveis com a execução da pena"*** (art. 34, §2º do CP).	**Regra: trabalho interno.** ***"O condenado fica sujeito a trabalho em comum durante o período diurno, em colônia agrícola, industrial ou estabelecimento similar"*** (art. 35, §1º do CP).
Excepcionalmente, o trabalho externo pode ser deferido (art. 34, §3º do CP e art. 36 da LEP).	O trabalho externo **pode ser deferido.**
Somente em serviço ou obras públicas realizadas por órgãos da Administração Direta ou Indireta, ou entidades privadas (art. 36).	Pode ser prestado obras públicas ou em empresas privadas.
Os requisitos são **subjetivos** (condições pessoais favoráveis, aptidão, disciplina e responsabilidade – art. 37) e **temporal** (cumprimento mínimo de **1/6 da pena** – art. 36).	Requisitos **subjetivos**, apenas (STF[40] e STJ[41]).
A permissão para trabalho externo está subordinada à **capacidade e à disponibilidade de vigilância** do Poder Público, considerada a possibilidade de fuga, e, ainda, à **fiscalização estatal**[42].	Desnecessidade de vigilância direta, ressalvada a hipótese do art. 122, §2º, da LEP ("não terá direito à saída temporária de que trata o *caput* deste artigo **ou a trabalho externo sem vigilância direta o condenado que cumpre pena por praticar crime hediondo ou com violência ou grave ameaça contra pessoa"** – acrescentado pela Lei **14.843/2024**).

40. STF, EP 2 TrabExt-AgR/DF, Rel. Min. Roberto Barroso, Pleno, j. 25/06/2014.

41. "A jurisprudência do STJ é firme no sentido de que, para os apenados que cumprem pena em regime semiaberto, afigura-se **prescindível o adimplemento de requisito temporal** para a autorização de trabalho externo, desde que verificadas condições pessoais favoráveis pelo Juizo das Execuções Penais" (STJ, HC 355674/RS, Rel. Min. Joel Ilan Paciornik, 5ª Turma, j. 10/11/2016).

42. STJ, AgRg no HC 876718/RJ, Rel. Min. Otávio de Almeida Toledo (Desembargador convocado do TJSP), 6ª Turma, j. 16/10/2024.

PENA

REMIÇÃO (ARTIGOS 126 A 130 DA LEP)
Art. 126. O condenado que cumpre a pena em regime fechado ou semiaberto poderá remir, por trabalho ou por estudo, parte do tempo de execução da pena. §1º - A contagem de tempo referida no *caput* será feita à razão de: I - 1 dia de pena a cada 12 horas de frequência escolar - atividade de ensino fundamental, médio, inclusive profissionalizante, ou superior, ou ainda de requalificação profissional - divididas, no mínimo, em 3 dias; II - 1 dia de pena a cada 3 dias de trabalho. §2º - As atividades de estudo a que se refere o §1º deste artigo poderão ser desenvolvidas de forma presencial ou por metodologia de ensino a distância e deverão ser certificadas pelas autoridades educacionais competentes dos cursos frequentados. §3º - Para fins de cumulação dos casos de remição, as horas diárias de trabalho e de estudo serão definidas de forma a se compatibilizarem. §4º - O preso impossibilitado, por acidente, de prosseguir no trabalho ou nos estudos continuará a beneficiar-se com a remição. §5º - O tempo a remir em função das horas de estudo será acrescido de 1/3 no caso de conclusão do ensino fundamental, médio ou superior durante o cumprimento da pena, desde que certificada pelo órgão competente do sistema de educação. §6º - O condenado que cumpre pena em regime aberto ou semiaberto e o que usufrui liberdade condicional poderão remir, pela frequência a curso de ensino regular ou de educação profissional, parte do tempo de execução da pena ou do período de prova, observado o disposto no inciso I do §1º deste artigo. §7º - O disposto neste artigo aplica-se às hipóteses de prisão cautelar. §8º - A remição será declarada pelo juiz da execução, ouvidos o Ministério Público e a defesa. Art. 127. Em caso de falta grave, o juiz poderá revogar até 1/3 do tempo remido, observado o disposto no art. 57, recomeçando a contagem a partir da data da infração disciplinar. Art. 128. O tempo remido será computado como pena cumprida, para todos os efeitos. Art. 129. A autoridade administrativa encaminhará mensalmente ao juízo da execução cópia do registro de todos os condenados que estejam trabalhando ou estudando, com informação dos dias de trabalho ou das horas de frequência escolar ou de atividades de ensino de cada um deles. §1º - O condenado autorizado a estudar fora do estabelecimento penal deverá comprovar mensalmente, por meio de declaração da respectiva unidade de ensino, a frequência e o aproveitamento escolar. §2º - Ao condenado dar-se-á a relação de seus dias remidos. Art. 130. Constitui o crime do artigo 299 do Código Penal declarar ou atestar falsamente prestação de serviço para fim de instruir pedido de remição.

TEMAS GERAIS SOBRE A REMIÇÃO	
Prisão domiciliar	Faz jus à remição o apenado em regime semiaberto que cumpre pena em prisão domiciliar (deferida em virtude da falta de vagas e da falência do sistema carcerário)[43].
Medida de segurança	A remição é **incompatível** com a medida de segurança.
Limite de penas	A remição deferida deve recair sobre o **total da pena** imposta, e não sobre o limite de 40 anos previsto no art. 75 do CP.
Falsidade ideológica	Pratica o crime de falsidade ideológica (art. 299 do CP) quem declara ou atesta falsamente prestação de serviço para fim de instruir pedido de remição.
Acidente	O preso impossibilitado, por acidente, de prosseguir no trabalho ou nos estudos **continuará a beneficiar-se** com a remição (art. 126, §4º, da LEP). Inclui-se o acidente *in itinere* (ocorrido no deslocamento para o local de trabalho)[44]. Atenção: aquele que nem sequer iniciara o trabalho para a remição, mesmo que não tenha capacidade laborativa em razão de sua invalidez, não pode obter o benefício de maneira fictícia[45].
Procedimento	A autoridade administrativa encaminhará **mensalmente** ao juízo da execução cópia do registro de todos os condenados que estejam trabalhando ou estudando, com informação dos dias de trabalho ou das horas de frequência escolar ou de atividades de ensino de cada um deles. Ao condenado dar-se-á a relação de seus dias remidos. A remição será declarada pelo **juiz da execução,** ouvidos o MP e a defesa.
Remição entre processos diversos	"É **incabível** a remição entre processos diversos por trabalho realizado antes da prática do delito cuja condenação se executa, sob pena de se permitir espécie de crédito com o Estado, de modo a possibilitar que um indivíduo realize a compensação de saldo de pena na próxima empreitada criminosa, o que não encontra previsão legal e estaria em confronto com as finalidades da pena"[46].

43. STJ, AgRg no REsp 1505182/RS, Rel. Min. Ribeiro Dantas, 5ª Turma, j. 03/05/2018.
44. STJ, REsp 783247/RS, Rel. Min. Felix Fischer, 5ª Turma, j. 12/09/2006.
45. STJ, HC 261514/SP, Rel. Min. Sebastião Reis Júnior, 6ª Turma, j. 19/08/2014.
46. STJ, AgRg no AREsp 2408544/SP, Rel. Min. Rogerio Schietti, 6ª Turma, j. 20/02/2024.

REMIÇÃO	
Por trabalho	**Por estudo**
3 dias de trabalho = 1 dia de pena reduzido.	**12 horas de estudo = 1 dia de pena reduzido.**
Jornada de trabalho de **6 horas** até **8 horas**.	As 12 horas de estudo devem ser **divididas em, no mínimo, 3 dias**.
É indispensável a comprovação do órgão da execução penal, a respeito das especificidades das atividades desempenhadas, seus horários e seu papel ressocializador[47].	O estudo pode ser desenvolvido de forma **presencial** ou por metodologia de **ensino a distância** (art. 126, §2º, da LEP). Tempo a remir acrescido de **1/3** no caso de **conclusão do ensino fundamental, médio ou superior durante o cumprimento da pena** (art. 126, §5º, da LEP).
É cabível nos regimes **fechado** e **semiaberto** (súmula 562 do STJ), mas **não no regime aberto**[48].	É cabível nos regimes **fechado, semiaberto, aberto** e até mesmo em **livramento condicional**. A respeito, a súmula 341 do STJ.
Para fins de cumulação dos casos de remição, as horas diárias de trabalho e de estudo serão definidas de forma a se compatibilizarem.	
É cabível remição na prisão cautelar (art. 126, §7º, da LEP).	

REMIÇÃO FICTA OU VIRTUAL
O STF[49] e o STJ **não admitem a remição ficta.** O benefício "pressupõe que os reeducandos demonstrem a **efetiva** dedicação a trabalho ou estudo, com finalidade, portanto, produtiva ou educativa, dada a sua finalidade ressocializadora. A suposta omissão estatal em propiciar ao apenado padrões mínimos previstos no ordenamento jurídico não pode ser utilizada como causa a ensejar a concessão ficta de um benefício que depende de um real envolvimento da pessoa do apenado em seu progresso educativo e ressocializador"[50].

47. STJ, HC 116840/MG. Rel. Min. Jane Silva, 6ª Turma, j. 06/02/2009.
48. STF, RHC 117075/DF, Rel. Min. Teori Zavascki, 2ª Turma, j. 06/11/2013. No mesmo sentido, o STJ: HC 359072/RS, Rel. Min. Ribeiro Dantas, 5ª Turma, j. 16/08/2016.
49. STF, HC 124520/RO, Rel. Min. Roberto Barroso, 1ª Turma, j. 15/05/2018.
50. STJ, AgRg no HC 434636/MG, Rel. Min. Nefi Cordeiro, 6ª Turma, j. 22/05/2018.

REMIÇÃO FICTA OU VIRTUAL
Há uma **ressalva**: o entendimento não se aplica à hipótese excepcionalíssima da pandemia de COVID-19. Sob a sistemática dos recursos repetitivos, a 3ª Seção do STJ fixou a seguinte tese: "nada obstante a interpretação restritiva que deve ser conferida ao art. 126, §4º, da LEP, os princípios da individualização da pena, da dignidade da pessoa humana, da isonomia e da fraternidade, ao lado da teoria da derrotabilidade da norma e da situação excepcionalíssima da pandemia de covid-19, **impõem o cômputo do período de restrições sanitárias como de efetivo estudo ou trabalho em favor dos presos que já estavam trabalhando ou estudando e se viram impossibilitados de continuar seus afazeres unicamente em razão do estado pandêmico**"[51].

REMIÇÃO PELO TRABALHO		
A contagem de tempo deve ser feita na seguinte proporção: **1 dia de pena a cada 3 dias de trabalho**, sendo a jornada normal de trabalho não inferior a 6 nem superior 8 horas. O STF[52] e o STJ[53] entendem que deve ser contabilizada a quantidade de **dias** efetivamente trabalhados e **não o simples somatório de horas** (ressalvada a jornada de mais de 8 horas).		
Menos de 6 horas	**Entre 6 e 8 horas (jornada normal)**	**Mais de 8 horas**
Se o preso trabalhar menos de 6 horas **por determinação da administração**, deverá ser computado **um dia de trabalho** para fins de remição[54].	Regra: para fins de remição, considera-se o **dia** trabalhado, e não as horas. Se o preso trabalhar entre 6 e 8 horas por dia, deverá ter computado um **dia** de trabalho.	Excepcionalmente, no caso de presos que trabalhem em horário especial e ultrapassem a jornada de 8 horas de trabalho, deverão ser computadas as **horas** trabalhadas, as quais devem ser somadas e divididas por 6 a fim de se calcular a remição[55].

51. STJ, REsp 1953607/SC, Rel. Min. Ribeiro Dantas, 3ª Seção, j. 14/09/2022.
52. STF, HC 136701/MG, Rel. Min. Marco Aurélio, 1ª Turma, j. 19/06/2018.
53. STJ, HC 462464/SP, Rel. Min. Felix Fischer, 5ª Turma, j. 20/09/2018.
54. STF, RHC 136509/MG, Rel. Min. Dias Toffoli, 2ª Turma, j. 04/04/2017; STJ, HC 460630/RS, Rel. Min. Sebastião Reis Júnior, 6ª Turma, j. 11/04/2019.
55. STJ, REsp 1632746/MG, Rel. Min. Joel Ilan Paciornik, 5ª Turma, j. 17/08/2017.

REMIÇÃO PELO TRABALHO	
Menos de 6 horas	Ressalvada a determinação da administração, o STJ não admite a soma de horas trabalhadas em dias com jornada inferior a 6 horas[56].
Comprovação e fiscalização	A consideração da atividade laboral para fins de remição de pena requer a comprovação do exercício do trabalho, com a **prova da atividade laboral e da carga horária** efetivamente desenvolvidas, mediante fiscalização direta pela administração penitenciária[57].
Regime aberto	O condenado que cumpre pena **em regime aberto não faz jus** à remição pelo trabalho.
Regimes fechado e semiaberto	▪ Súmula 562 do STJ: É possível a remição de parte do tempo de execução da pena quando o condenado, em regime fechado ou semiaberto, desempenha atividade laborativa, ainda que *extramuros*.
Prisão domiciliar	Para o STJ, "é possível a remição de pena com base no trabalho exercido durante o período em que o apenado esteve preso em sua residência (prisão domiciliar). A fim de evitar uma interpretação restritiva da norma, impõe-se o reconhecimento dos dias trabalhados, ainda que em prisão domiciliar. Em se tratando de remição da pena é possível fazer uma interpretação extensiva em prol do preso e da sociedade"[58].

REMIÇÃO PELO ESTUDO	
Súmula 341 do STJ	▪ Súmula 341 do STJ: A frequência a curso de ensino formal é causa de remição de parte do tempo de execução de pena sob regime fechado ou semiaberto.
Tempo excedido	Para o STJ, "o tempo excedido, na frequência escolar, ao limite legal de 12 horas a cada 3 dias deve ser considerado para fins de remição da pena"[59]. Não se mostra razoável admitir-se horas extras na remição pelo trabalho e, por outro lado, negá-las quando a remição é feita por meio do estudo.

56. STJ, HC 934691/SP, Rel. Min. Og Fernandes, 6ª Turma, j. 22/10/2024.
57. STJ, AgRg no REsp 1720628/RO, Rel. Min. Sebastião Reis Júnior, 6ª Turma, j. 18/09/2018.
58. STJ, AgRg no REsp 1689353/SC, Rel. Min. Sebastião Reis Júnior, 6ª Turma, j. 06/02/2018; STJ, AgRg no REsp 1685033/SC, Rel. Min. Jorge Mussi, 5ª Turma, j. 22/05/2018
59. STJ, HC 461047/SP, Rel. Min. Laurita Vaz, 6ª Turma, j. 04/08/2020. (Info 677)

REMIÇÃO PELO ESTUDO	
Estudo à distância	"A realização de estudo na modalidade à distância, para fins de remição da pena, deve atender a critérios mínimos, inclusive convênio prévio entre a unidade prisional e o poder público, a fim de demonstrar a sua sintonia e adequação aos propósitos da Lei de Execução Penal, sendo indispensável, ainda, a supervisão pela Unidade Prisional, o acompanhamento pelo Juiz da execução e a fiscalização pelo Ministério Público"[60].
Recomendação n. 44/2013 (CNJ) e Resolução n. 391/2021	O CNJ havia publicado a **Recomendação n. 44/2013**, que dispõe sobre atividades educacionais complementares para fins de remição da pena pelo estudo e estabelece critérios para a admissão pela leitura. Recentemente, **a Recomendação foi revogada pela Resolução n. 391/2021**, a qual estabelece procedimentos e diretrizes a serem observados pelo Poder Judiciário para o reconhecimento do direito à remição de pena por meio de práticas sociais educativas em unidades de privação de liberdade.
Desnecessidade de histórico escolar	A Resolução n. 391/2021 do CNJ prevê a remição de pena para apenados que estudam por conta própria e são aprovados em exames nacionais, sem exigir histórico escolar. Logo, admite-se a remição de pena por aprovação no ENCCEJA e ENEM, mesmo sem vínculo a atividades regulares de ensino, considerando a prescindibilidade do histórico escolar.
ENEM – cômputo de horas	"Quando a Resolução CNJ n. 44/2013 menciona a carga horária de 1.600 horas para o ensino fundamental e 1.200 horas para o ensino médio, refere-se ao percentual de 50% da carga horária definida legalmente para cada nível de ensino. Considerando como base de cálculo 50% da carga horária definida legalmente para o ensino médio, ou seja, 1.200 horas, deve-se dividir esse total por 12, encontrando-se o resultado de 100 dias de remição em caso de aprovação em todos os campos de conhecimento do Enem"[61].
ENEM – aprovação parcial	É possível a remição proporcional pela aprovação parcial no ENEM, nos termos da Resolução CNJ nº 391/21, que concede 20 dias de remição por disciplina. Não é correto afirmar que apenas a aprovação integral no ENEM permite a remição de pena[62].

60. STJ, AgRg no HC 739518/SP, Rel. Min. Ribeiro Dantas, 5ª Turma, j. 07/06/2022.
61. STJ, AgRg no HC 446932/SC, Rel. Min. Sebastião Reis Júnior, 6ª Turma, j. 15/08/2019.
62. STJ, AgRg no HC 942408/SP, Rel. Min. Daniela Teixeira, 5ª Turma, j. 27/11/2024.

REMIÇÃO PELO ESTUDO	
ENEM e ENCCEJA	"A aprovação no ENEM permite remição de pena, mesmo após a conclusão do ensino médio pelo ENCCEJA, **sem configurar *bis in idem***. O ENEM possui complexidade superior ao ENCCEJA, justificando a remição de pena por aprovação parcial"[63].
Remição pela leitura	"O simples fato de o estabelecimento prisional contar com oferta de trabalho e estudo não impede que a leitura seja fonte de remição de dias de pena. [...] Uma vez implementado o projeto de remição por leitura na unidade prisional em que cumpre pena o paciente, não comprovada má-fé do apenado e ausente dúvida fundada a respeito da efetiva leitura e absorção da obra literária pelo sentenciado, impõe-se a concessão do direito ao apenado"[64].
	Acerca da remição pela leitura, "uma vez desvinculadas de qualquer programa oficial, não podem as resenhas - não obstante caracterizem atividade intelectual/recreativa do paciente - servir para fim de remição da pena. Para tanto é imprescindível a vinculação a programa oficial, quando então haverá abatimento da pena"[65].
Acréscimo de 1/3 de tempo remido	É "inviável a concessão do acréscimo de 1/3 de tempo remido, na hipótese de conclusão de cursos profissionalizantes, dado que a norma do art. 126, § 5º, da Lei de Execução Penal traz um rol taxativo de hipóteses em que o deferimento do aumento em questão é possível, elencando apenas as hipóteses de **conclusão do ensino fundamental, médio ou superior**"[66].

PERDA DOS DIAS REMIDOS
A redação original do art. 127 da LEP estabelecia que a prática de falta grave causava a perda de **todo** tempo remido. Sobre o tema, foi editada a súmula vinculante 9.
▪ Súmula Vinculante 9: O disposto no artigo 127 da Lei nº 7.210/1984 (Lei de Execução Penal) foi recebido pela ordem constitucional vigente, e não se lhe aplica o limite temporal previsto no *caput* do artigo 58.

63. STJ, AgRg no HC 928497/SC, Rel. Min. Ribeiro Dantas, 5ª Turma, j. 13/11/2024; STJ, AgRg no REsp 2070298/MG, Rel. Min. Joel Ilan Paciornik, 5ª Turma, j. 13/11/2024.
64. STJ, HC 349239/SP, Rel. Min. Joel Ilan Paciornik, 5ª Turma, j. 04/10/2016.
65. STJ, AgRg no HC 758276/SP, Rel. Min. Ribeiro Dantas, 5ª Turma, j. 18/10/2022.
66. STJ, AgRg no HC 754266/MG, Rel. Min. Rogerio Schietti Cruz, 6ª Turma, j. 27/09/2022.

PERDA DOS DIAS REMIDOS
Entretanto, a súmula vinculante **perdeu o sentido** após a mudança trazida pela Lei **12.433/2011** (*novatio legis in mellius*[67]), que alterou a redação do art. 127 da LEP e limitou a revogação **até 1/3** do tempo remido.
Recentemente, o STF reforçou que **é constitucional o art. 127 da LEP**, conforme a redação atribuída pela Lei 12.433/2011, ao fixar limite temporal à perda de dias remidos, em consequência da prática de falta grave. Na oportunidade, fixou a tese em **repercussão geral**: **"é constitucional a previsão legislativa de perda dos dias remidos pelo condenado que comete falta grave no curso da execução penal"**[68].

TEMAS RELEVANTES SOBRE A PERDA DOS DIAS REMIDOS	
Contraditório	A defesa deve ser ouvida quanto à perda dos dias remidos. Todavia, "é desnecessária a realização de audiência de justificação para homologação de falta grave, caso tenha ocorrido a apuração da falta disciplinar em regular procedimento administrativo, no qual foram assegurados, ao reeducando, **o contraditório e a ampla defesa**, inclusive com a participação da defesa técnica"[69].
Rebus sic stantibus	Para o STJ, "a remição na execução da pena constitui benefício submetido à cláusula *rebus sic stantibus*. Assim, o condenado possui apenas a **expectativa do direito** de abater os dias trabalhados do restante da pena a cumprir, desde que não venha a ser punido com falta grave. Nesse sentido, quanto aos dias de trabalho a serem considerados na compensação, se, por um lado, é certo que **a perda dos dias remidos não pode alcançar os dias trabalhados após o cometimento da falta grave**, sob pena de criar uma espécie de conta-corrente contra o condenado, desestimulando o trabalho do preso, por outro lado, **não se deve deixar de computar os dias trabalhados antes do cometimento da falta grave**, ainda que não tenham sido declarados pelo juízo da execução, sob pena de subverter os fins da pena, culminando por premiar a indisciplina carcerária"[70].

67. STF, RHC 109847/DF, Rel. Min. Dias Toffoli, 1ª Turma, j. 22/11/2011.
68. STF, RE 1116485/RS, Rel. Min. Luiz Fux, Pleno, j. 01/03/2023.
69. STJ, HC 394557/SP, Rel. Min. Felix Fischer, 5ª Turma, j. 13/06/2017.
70. STJ, REsp 1517936/RS, Rel. Min. Maria Thereza de Assis Moura, 6ª Turma, j. 01/10/2015.

PERDA DOS DIAS REMIDOS	
Quantum	O Juízo das Execuções deve aplicar o *quantum* da perda dos dias remidos "levando em conta a natureza, os motivos, as circunstâncias e as consequências do fato, bem como a pessoa do faltoso e seu tempo de prisão"[71].
Decretação	"A decretação da perda dos dias remidos, não obstante posterior ao reconhecimento da falta grave, **não preclui e nem transita em julgado**, na medida em que é efeito legal decorrente da penalidade administrativa"[72].

DIREITOS DO PRESO
►Art. 38. O preso conserva todos os direitos não atingidos pela perda da liberdade, impondo-se a todas as autoridades o respeito à sua integridade física e moral.
No mesmo sentido, o art. 3º da LEP ("ao condenado e ao internado serão assegurados todos os direitos não atingidos pela sentença ou pela lei").

EXECUÇÃO PROVISÓRIA DA PENA
Sobre o tema, ver capítulo 5. PRINCÍPIOS GERAIS DO DIREITO PENAL.

SUPERVENIÊNCIA DE DOENÇA MENTAL
►Art. 41. O condenado a quem sobrevém doença mental deve ser recolhido a hospital de custódia e tratamento psiquiátrico ou, à falta, a outro estabelecimento adequado. Nesse caso, o agente era imputável, mas tornou-se inimputável após o início do cumprimento da pena. No mesmo sentido, o art. 108 da LEP: "o condenado a quem sobrevier doença mental será internado em Hospital de Custódia e Tratamento Psiquiátrico".

71. STJ, HC 338188/SP, Rel. Min. Reynaldo Soares da Fonseca, 5ª Turma, j. 02/06/2016.
72. STJ, HC 366905/PR, Rel. Min. Reynaldo Soares da Fonseca, 5ª Turma, j. 20/10/2016.

JURISPRUDÊNCIA EM TESES DO STJ - REMIÇÃO DE PENA
1) Há remição da pena quando o trabalho é prestado fora ou dentro do estabelecimento prisional, uma vez que o art. 126 da Lei de Execução Penal não faz distinção quanto à natureza do trabalho ou quanto ao local de seu exercício.
2) O tempo remido pelo apenado por estudo ou por trabalho deve ser considerado como pena efetivamente cumprida para fins de obtenção dos benefícios da execução, e não simplesmente como tempo a ser descontado do total da pena.
3) Não há remição da pena na hipótese em que o condenado deixa de trabalhar ou estudar em virtude da omissão do Estado em fornecer tais atividades.
4) Nos regimes fechado e semiaberto, a remição é conferida tanto pelo trabalho quanto pelo estudo, nos termos do art. 126 da Lei de Execução Penal.
5) No regime aberto, a remição somente é conferida se há frequência em curso de ensino regular ou de educação profissional, sendo inviável o benefício pelo trabalho.
6) A remição pelo estudo pressupõe a frequência a curso de ensino regular ou de educação profissional, independentemente da sua conclusão ou do aproveitamento satisfatório.
7) A decisão que reconhece a remição da pena, em virtude de dias trabalhados, não faz coisa julgada nem constitui direito adquirido.
8) Cabe ao juízo da execução fixar a fração aplicável de perda dos dias remidos na hipótese de cometimento de falta grave, observando o limite máximo de 1/3 (um terço) do total e a necessidade de fundamentar a decisão em elementos concretos, conforme o art. 57 da Lei de Execução Penal.
9) A nova redação do art. 127 da Lei de Execução Penal, que prevê a limitação da perda dos dias remidos a 1/3 (um terço) do total no caso da prática de falta grave, deve ser aplicada retroativamente por se tratar de norma penal mais benéfica.

23

PENAS RESTRITIVAS DE DIREITOS

<table>
<tr><th colspan="2">DEFINIÇÃO</th></tr>
<tr><td colspan="2">Na sentença condenatória, aplicada a pena privativa de liberdade e fixado o regime inicial, o julgador deve analisar se é cabível a substituição por penas restritivas de direito. Estando presentes os seus pressupostos, a substituição torna-se imperativa, pois é um direito público subjetivo do réu. O juiz deve fundamentar a não aplicação[1].</td></tr>
<tr><td colspan="2">"As penas restritivas de direitos são, em essência, uma alternativa aos efeitos certamente traumáticos, estigmatizantes e onerosos do cárcere. Não é à toa que todas elas são comumente chamadas de penas alternativas, pois essa é mesmo a sua natureza: constituir-se num substitutivo ao encarceramento e suas sequelas. E o fato é que a pena privativa de liberdade corporal não é a única a cumprir a função retributivo-ressocializadora ou restritivo-preventiva da sanção penal. As demais penas também são vocacionadas para esse geminado papel da retribuição-prevenção-ressocialização, e ninguém melhor do que o juiz natural da causa para saber, no caso concreto, qual o tipo alternativo de reprimenda é suficiente para castigar e, ao mesmo tempo, recuperar socialmente o apenado, prevenindo comportamentos do gênero"[2].</td></tr>
<tr><td colspan="2">São marcadas pela substitutividade e autonomia.</td></tr>
<tr><th>Substitutividade</th><th>Autonomia</th></tr>
<tr><td>Substituem a pena privativa de liberdade aplicada.</td><td>Se houver a substituição, não podem ser cumuladas com a pena privativa de liberdade. Ou uma, ou outra.</td></tr>
</table>

1. STF, RHC 104537, Rel. Min. Celso de Mello, 2ª Turma, j. 21/09/2010.
2. STJ, HC 451127/PB, Rel. Min. Sebastião Reis Júnior, 6ª Turma, j. 26/02/2019.

DURAÇÃO DA PENA RESTRITIVA DE DIREITOS	
►***Art. 55. As penas restritivas de direitos referidas nos incisos III, IV, V e VI do art. 43 terão a mesma duração da pena privativa de liberdade substituída, ressalvado o disposto no §4º do art. 46.***	
Pena superior a 1 ano	►***Art. 46, §4º - Se a pena substituída for superior a um ano, é facultado ao condenado cumprir a pena substitutiva em menor tempo (art. 55), nunca inferior à metade da pena privativa de liberdade fixada.***
Penas restritivas de direitos reais	A prestação pecuniária e a perda de bens e valores são cumpridas assim que efetuado o pagamento.
Estatuto do torcedor	A Lei 10.671/2003 previa uma hipótese em que a pena restritiva poderá ser cumprida em tempo maior do que a pena privativa de liberdade substituída (art. 41-B, §2º[3]). Porém, o diploma normativo foi revogado com a Lei 14.597/2023.
Abuso de autoridade	A Lei 13.869/2019 prevê a pena de "suspensão do exercício do cargo, da função ou do mandato, pelo prazo de 1 a 6 meses, com a perda dos vencimentos e das vantagens" (art. 5º, II), a qual pode vir a ser cumprida em tempo inferior ao fixado na pena.

EXCEÇÕES À AUTONOMIA	
CDC	Art. 78. Além das penas privativas de liberdade e de multa, podem ser impostas, **cumulativa ou alternadamente**, observado o disposto nos arts. 44 a 47, do Código Penal: I - a interdição temporária de direitos; II - a publicação em órgãos de comunicação de grande circulação ou audiência, às expensas do condenado, de notícia sobre os fatos e a condenação; III - a prestação de serviços à comunidade.
CTB	Em diversos tipos penais, o preceito secundário traz a pena alternativa de suspensão do direito de dirigir. Segundo o art. 292, "a suspensão ou a proibição de se obter a permissão ou a habilitação para dirigir veículo automotor pode ser imposta **isolada ou cumulativamente** com outras penalidades".

3. Art. 41-B, §2º - Na sentença penal condenatória, o juiz deverá converter a pena de reclusão em pena impeditiva de comparecimento às proximidades do estádio, bem como a qualquer local em que se realize evento esportivo, **pelo prazo de 3 meses a 3 anos**, de acordo com a gravidade da conduta, na hipótese de o agente ser primário, ter bons antecedentes e não ter sido punido anteriormente pela prática de condutas previstas neste artigo.

ART. 28 DA LEI DE DROGAS
No art. 28 da Lei de Drogas (Lei 11.343/2006), o legislador não comina pena privativa de liberdade, mas **apenas** penas restritivas de direitos (advertência sobre os efeitos das drogas; prestação de serviços à comunidade; e medida educativa de comparecimento a programa ou curso educativo). A regra específica **mitiga a substitutividade** das penas restritivas de direitos.

REQUISITOS CUMULATIVOS PARA A SUBSTITUIÇÃO		
►Art. 44. As penas restritivas de direitos são autônomas e substituem as privativas de liberdade, quando:		
I - Aplicada pena privativa de liberdade não superior a 4 anos e o crime não for cometido com violência ou grave ameaça à pessoa ou, qualquer que seja a pena aplicada, se o crime for culposo;	***II - O réu não for reincidente em crime doloso;***	***III - A culpabilidade, os antecedentes, a conduta social e a personalidade do condenado, bem como os motivos e as circunstâncias indicarem que essa substituição seja suficiente.***
Obs.: a Lei 9.714/1998, ao disciplinar os requisitos para a substituição no art. 44, **derrogou o art. 54**.		

CRIMES DOLOSOS	CRIMES CULPOSOS
Pena privativa de liberdade **não superior a 4 anos**. Obs.: em caso de concurso de crimes, considera-se a pena total.	(Qualquer crime culposo admite a substituição*)
Crime praticado **sem violência ou ameaça à pessoa**.	(Até mesmo os praticados com violência ou ameaça à pessoa)
Não ser reincidente em crime doloso.	(Até mesmo se o agente for reincidente em crime culposo).
Requisito comum: a culpabilidade, os antecedentes, a conduta social e a personalidade do condenado, bem como os motivos e as circunstâncias indicarem que essa substituição é **suficiente (princípio da suficiência)**.	

CRIMES CULPOSOS E LEI 14.071/2020
*Recentemente, a Lei 14.071/2020 inseriu o **art. 312-B no CTB**: "aos crimes previstos no §3º do art. 302 e no §2º do art. 303 deste Código **não se aplica o disposto no inciso I do *caput* do art. 44** do Decreto-Lei nº 2.848, de 7 de dezembro de 1940 (Código Penal)". A intenção do legislador era proibir a substituição para os crimes de homicídio culposo no trânsito qualificado pela embriaguez ou uso de substância psicoativa e lesão corporal culposa no trânsito qualificada. Contudo, houve uma falha: ao vedar a aplicação do inciso I do art. 44, o legislador apenas diz que o requisito não é exigido, sendo possível a aplicação se preenchidos os demais requisitos (no caso, apenas o inciso III do art. 44). Assim, com essa redação, **não é possível dizer que a Lei 14.071/2020 proibiu as penas restritivas de direitos para os crimes mencionados**.

COLABORAÇÃO PREMIADA (LEI 12.850/2013)
É possível que o colaborador tenha a pena privativa de liberdade substituída por pena restritiva de direitos **independentemente** da observância dos requisitos do CP (art. 4º da Lei 12.850/2013).

REINCIDENTE EM CRIME DOLOSO
O art. 44, II, veda a substituição ao reincidente em crime doloso. Há uma **mitigação**: ► ***Art. 44, §3º - Se o condenado for reincidente, o juiz poderá aplicar a substituição, desde que, em face de condenação anterior, a medida seja socialmente recomendável e a reincidência não se tenha operado em virtude da prática do mesmo crime*.**

CABIMENTO DA SUBSTITUIÇÃO EM CRIMES ESPECÍFICOS	
Menor potencial ofensivo	Em se tratando de crime de menor potencial ofensivo **é possível a substituição**[4]**, ainda que haja violência ou ameaça à pessoa**. Ex.: é possível a substituição em se tratando de crime de ameaça (art. 147). Ressalvam-se os crimes praticados com violência doméstica e familiar contra a mulher.

4. STJ, HC 209154/MS, Rel. Min. Og Fernandes, 6ª Turma, j. 11/10/2011.

CABIMENTO DA SUBSTITUIÇÃO EM CRIMES ESPECÍFICOS	
Crimes hediondos	O STF reconheceu a inconstitucionalidade da fixação *ex lege* do regime inicial fechado[5] (prevista no art. 2º, §1º, da Lei 8.072/1990). Considerando, ainda, que não há vedação na Lei 8.072/1990, é **cabível**, em tese, a substituição por penas restritivas de direitos.
Tráfico de drogas	Há dois dispositivos na Lei de Drogas que afastam a possibilidade de substituição: o **art. 44** (aplicável aos arts. 33, *caput* e §1º, e 34 a 37) e o art. **33, §4º** (referente ao "tráfico privilegiado"). O STF[6], em controle difuso, concedeu a ordem para "remover o óbice da parte final do art. 44 da Lei 11.343/2006, assim como da expressão análoga vedada a conversão em penas restritivas de direitos, constante do §4º do art. 33 do mesmo diploma legal". Posteriormente, o Senado Federal editou a Resolução nº. 5, de 2012 para suspender a execução da expressão "vedada a conversão em penas restritivas de direitos" do §4º do art. 33 da Lei de Drogas. Ainda que o Senado nada tenha dito sobre a vedação presente no art. 44, a decisão do STF permite a substituição nos dois casos. Ex.: Cláudio foi condenado por tráfico comum (art. 33) e, por ter colaborado com a investigação e o processo, foi beneficiado com a minorante prevista no art. 41 da Lei, restando a pena fixada em 3 anos e 10 meses de reclusão. Se preenchidos os demais requisitos do art. 44, a pena privativa de liberdade poderá ser substituída por penas restritivas de direitos.

NÃO CABIMENTO DA SUBSTITUIÇÃO EM CRIMES ESPECÍFICOS	
Mulher	▪ Súmula 588 do STJ: A prática de crime ou contravenção penal contra a mulher com violência ou grave ameaça no ambiente doméstico impossibilita a substituição da pena privativa de liberdade por restritiva de direitos.
Crimes militares	Não é possível a substituição, sendo inaplicável a analogia[7].

5. STF, ARE 1052700 RG/MG, Rel. Min. Edson Fachin, Pleno, j. 02/11/2017.
6. STF, HC 97256/RS, Rel. Min. Ayres Britto, Pleno, j. 01/09/2010.
7. STF, HC 127199/BA, Rel. Min. Marco Aurélio, 1ª Turma, j. 25/04/2017. No mesmo sentido, o STJ: HC 286802/RS, Rel. Min. Felix Fischer, 6ª Turma, j. 23/10/2014.

REGRAS DA SUBSTITUIÇÃO	
►***Art. 44, §2º - Na condenação igual ou inferior a 1 ano, a substituição pode ser feita por multa ou por uma pena restritiva de direitos; se superior a 1 ano, a pena privativa de liberdade pode ser substituída por uma pena restritiva de direitos e multa ou por duas restritivas de direitos.***	
Pena de até 1 ano	**Pena superior a 1 ano**
Multa **ou** PRD.	PRD + multa ou 2 PRDs.

MULTA SUBSTITUTIVA OU VICARIANTE
►***Art. 60, §2º - A pena privativa de liberdade aplicada, não superior a 6 meses, pode ser substituída pela de multa, observados os critérios dos incisos II e III do art. 44 deste Código.*** Prevalece que "o art. 44, §2º (com redação dada pela Lei 9.714/1998) é posterior e mais favorável ao acusado. Logo, o art. 60, §2º, foi **revogado**, admitindo-se a multa substitutiva para condenações iguais ou inferiores a 1 ano"[8].

CUMPRIMENTO DE DUAS PENAS RESTRITIVAS DE DIREITOS
►***Art. 69, §2º - Quando forem aplicadas penas restritivas de direitos, o condenado cumprirá simultaneamente as que forem compatíveis entre si e sucessivamente as demais.***

CONDENAÇÃO SUPERVENIENTE A PPL
Sob a sistemática de recursos repetitivos, a 3ª Seção do STJ firmou a seguinte tese: **"sobrevindo condenação por pena privativa de liberdade no curso da execução de pena restritiva de direitos, as penas serão objeto de unificação, com a reconversão da pena alternativa em privativa de liberdade, ressalvada a possibilidade de cumprimento simultâneo aos apenados em regime aberto e vedada a unificação automática nos casos em que a condenação substituída por pena alternativa é superveniente"** (Tema n. 1106).

8. ALVES, Jamil Chaim (op. cit. p. 544).

CONDENAÇÃO SUPERVENIENTE A PPL	
Situação 1	**Situação 2**
O apenado cumpre **pena restritiva de direitos** e sobrevém nova condenação a **pena privativa de liberdade.**	O apenado cumpre **pena privativa de liberdade** e sobrevém nova condenação a **pena restritiva de direitos.**
A pena restritiva de direitos **pode ser reconvertida** em pena privativa de liberdade. É o que determina o art. 44, §5º do CP ("sobrevindo condenação a pena privativa de liberdade, por outro crime, o juiz da execução penal decidirá sobre a conversão, podendo deixar de aplicá-la se for possível ao condenado cumprir a pena substitutiva anterior"). No mesmo sentido, o art. 181, §1º, e, da LEP: "a pena de prestação de serviços à comunidade será convertida quando o condenado: [...] sofrer condenação por outro crime à pena privativa de liberdade, cuja execução não tenha sido suspensa". Em geral, é possível o cumprimento simultâneo quando a pena privativa de liberdade for cumprida no regime aberto. Nos demais casos, a reconversão se impõe.	A pena restritiva de direitos **não deve ser reconvertida** em pena privativa de liberdade. A conversão não conta com amparo legal e ainda ofende a coisa julgada, tendo em vista que o benefício foi concedido em sentença definitiva e somente comporta conversão nas situações expressamente previstas em lei, em especial no art. 44, §§4º e 5º, do CP. A pena restritiva de direitos serve como uma alternativa ao cárcere. Se o julgador reputou adequada a concessão do benefício, a situação do condenado não pode ser agravada por meio de interpretação que amplia o alcance do §5º do art. 44 do CP em seu prejuízo, notadamente à vista da possibilidade de cumprimento sucessivo das penas. Logo, o apenado cumprirá a pena privativa de liberdade que estava já cumprindo e, em seguida, a pena restritiva de direitos.

PENAS RESTRITIVAS DE DIREITO EM ESPÉCIE
►Art. 43. As penas restritivas de direitos são: ***I - Prestação pecuniária;*** ***II - Perda de bens e valores;*** ***III - Limitação de fim de semana.*** ***IV - Prestação de serviço à comunidade ou a entidades públicas;*** ***V - Interdição temporária de direitos;*** ***VI - Limitação de fim de semana.***

PRESTAÇÃO PECUNIÁRIA			
►Art. 45, §1º - A prestação pecuniária consiste no pagamento em dinheiro à vítima, a seus dependentes ou a entidade pública ou privada com destinação social, de importância fixada pelo juiz, não inferior a 1 salário mínimo nem superior a 360 salários mínimos. O valor pago será deduzido do montante de eventual condenação em ação de reparação civil, se coincidentes os beneficiários. ***§2º - No caso do parágrafo anterior, se houver aceitação do beneficiário, a prestação pecuniária pode consistir em prestação de outra natureza.***			
1 a 360 salários mínimos[9].	À vítima, seus dependentes, entidade pública ou privada com destinação social (relação preferencial).	Caráter de indenização civil antecipada.	Se o condenado não pagar, a pena será reconvertida em pena privativa de liberdade.

PRESTAÇÃO PECUNIÁRIA[10]	PENA DE MULTA
Espécie de pena restritiva de direito.	É a própria pena de multa.
Valor destinado à vítima, aos seus dependentes ou a entidade pública ou privada com destinação social.	Valor destinado ao Fundo Penitenciário Nacional.
1 a 360 salários mínimos.	10 a 360 dias-multa.
O valor será deduzido de eventual condenação em ação de reparação civil, se coincidentes os beneficiários.	O valor não será deduzido.
O descumprimento leva à conversão em pena privativa de liberdade.	O descumprimento não leva à reconversão em pena privativa de liberdade.

9. "A fixação da prestação pecuniária, pena restritiva de direito, embora não esteja vinculada aos mesmos critérios formadores da pena privativa de liberdade, **não está dissociada de uma análise acerca da condição econômica do réu**" (STJ, AgRg no REsp 1760446/PR, Rel. Min. Ribeiro Dantas, 5ª Turma, j. 27/11/2018).
10. A tabela utilizou as diferenças apontadas no AgRg no RHC 32328/ES, Rel. Min. Rogerio Schietti Cruz, 6ª Turma, j. 14/03/2017.

TEMAS RELEVANTES SOBRE A PRESTAÇÃO PECUNIÁRIA	
Fixação do valor	"A prestação pecuniária possui caráter sancionatório e visa atingir a finalidade reparadora. A sua fixação não está vinculada ao *quantum* de pena privativa de liberdade, apesar de ser observada a capacidade/razoabilidade de ser cumprida"[11] e a **condição econômica do réu**[12].
Lei Maria da Penha	É **vedada** a aplicação, nos casos de violência doméstica e familiar contra a mulher, de penas de cesta básica ou outras de prestação pecuniária, bem como a substituição de pena que implique o pagamento isolado de multa (art. 17 da Lei 11.340/2006).
Lei Henry Borel	Nos casos de violência doméstica e familiar contra a criança e o adolescente, é **vedada** a aplicação de penas de cesta básica ou de outras de prestação pecuniária, bem como a substituição de pena que implique o pagamento isolado de multa (art. 226, §2º, do ECA, incluído pela Lei 14.344/2022).
Resolução 154 do CNJ	A Resolução n. 154/2012 do CNJ define a política institucional do Poder Judiciário na utilização dos recursos oriundos da aplicação da pena de prestação pecuniária.

PERDA DE BENS E VALORES
►Art. 45, §3º - A perda de bens e valores pertencentes aos condenados dar-se-á, ressalvada a legislação especial, em favor do Fundo Penitenciário Nacional, e seu valor terá como teto – o que for maior – o montante do prejuízo causado ou do provento obtido pelo agente ou por terceiro, em consequência da prática do crime. Aplica-se apenas a **crimes** (e não contravenções) e recai sobre o **patrimônio lícito** do condenado. Apesar do caráter confiscatório, é admitida pela CF/88 (art. 5º, XLVI, b).

PERDA DE BENS E VALORES	CONFISCO
Pena restritiva de direitos.	Efeito genérico e automático da condenação (art. 91, II).
Incide sobre o patrimônio lícito.	Incide sobre os instrumentos ou o produto do crime.

11. STJ, AgRg no AREsp 1449261/RS, Rel. Min. Rogerio Schietti Cruz, 6ª Turma, j. 25/06/2019.
12. STJ, AgRg no REsp 1760446/PR, Rel. Min. Ribeiro Dantas, 5ª Turma, j. 27/11/2018.

PRESTAÇÃO DE SERVIÇOS À COMUNIDADE OU A ENTIDADES PÚBLICAS
► ***Art. 46. A prestação de serviços à comunidade ou a entidades públicas é aplicável às condenações superiores a 6 meses de privação da liberdade.*** ***§1º - A prestação de serviços à comunidade ou a entidades públicas consiste na atribuição de tarefas gratuitas ao condenado.*** ***§2º - A prestação de serviço à comunidade dar-se-á em entidades assistenciais, hospitais, escolas, orfanatos e outros estabelecimentos congêneres, em programas comunitários ou estatais.*** ***§3º - As tarefas a que se refere o §1º serão atribuídas conforme as aptidões do condenado, devendo ser cumpridas à razão de uma hora de tarefa por dia de condenação, fixadas de modo a não prejudicar a jornada normal de trabalho.*** ***§4º - Se a pena substituída for superior a um ano, é facultado ao condenado cumprir a pena substitutiva em menor tempo (art. 55), nunca inferior à metade da pena privativa de liberdade fixada.***

TEMAS RELEVANTES SOBRE A PRESTAÇÃO DE SERVIÇOS	
Vínculo empregatício	As tarefas não serão remuneradas e não haverá vínculo empregatício entre o Estado e o apenado (art. 28, §2º, da LEP).
Início da execução	A execução terá início a partir da data do **primeiro comparecimento** do apenado (art. 149, §2º, da LEP).
Execução	De acordo com o art. 149 da LEP, caberá ao Juiz da execução: I - designar a entidade ou programa comunitário ou estatal, devidamente credenciado ou convencionado, junto ao qual o condenado deverá trabalhar gratuitamente, de acordo com as suas aptidões; II - determinar a intimação do condenado, cientificando-o da entidade, dias e horário em que deverá cumprir a pena; e III - alterar a forma de execução, a fim de ajustá-la às modificações ocorridas na jornada de trabalho.
Relatório	A entidade beneficiada com a prestação de serviços encaminhará mensalmente, ao Juiz da execução, relatório circunstanciado das atividades do condenado, bem como, a qualquer tempo, comunicação sobre ausência ou falta disciplinar (art. 150 da LEP).

A PRESTAÇÃO DE SERVIÇOS EM OUTRAS LEIS PENAIS	
CTB	Art. 312-A. Para os crimes relacionados nos arts. 302 a 312 deste Código, nas situações em que o juiz aplicar a substituição de pena privativa de liberdade por pena restritiva de direitos, esta deverá ser de prestação de serviço à comunidade ou a entidades públicas, em uma das seguintes atividades: I - trabalho, aos fins de semana, em equipes de resgate dos corpos de bombeiros e em outras unidades móveis especializadas no atendimento a vítimas de trânsito; II - trabalho em unidades de pronto-socorro de hospitais da rede pública que recebem vítimas de sinistro de trânsito e politraumatizados; III - trabalho em clínicas ou instituições especializadas na recuperação de sinistrados de trânsito; IV - outras atividades relacionadas a resgate, atendimento e recuperação de vítimas de sinistros de trânsito.
Lei de Drogas	Art. 28, §5º - A prestação de serviços à comunidade será cumprida em programas comunitários, entidades educacionais ou assistenciais, hospitais, estabelecimentos congêneres, públicos ou privados sem fins lucrativos, que se ocupem, preferencialmente, da prevenção do consumo ou da recuperação de usuários e dependentes de drogas.
Lei 9.605/1998 (crimes ambientais)	Art. 9º. A prestação de serviços à comunidade consiste na atribuição ao condenado de tarefas gratuitas junto a parques e jardins públicos e unidades de conservação, e, no caso de dano da coisa particular, pública ou tombada, na restauração desta, se possível.
ECA	Art. 117. A prestação de serviços comunitários consiste na realização de tarefas gratuitas de interesse geral, por período não excedente a seis meses, junto a entidades assistenciais, hospitais, escolas e outros estabelecimentos congêneres, bem como em programas comunitários ou governamentais. Parágrafo único. As tarefas serão atribuídas conforme as aptidões do adolescente, devendo ser cumpridas durante jornada máxima de oito horas semanais, aos sábados, domingos e feriados ou em dias úteis, de modo a não prejudicar a frequência à escola ou à jornada normal de trabalho.

INTERDIÇÃO TEMPORÁRIA DE DIREITOS
► ***Art. 47. As penas de interdição temporária de direitos são:*** ***I - proibição do exercício de cargo, função ou atividade pública, bem como de mandato eletivo;*** ***II - proibição do exercício de profissão, atividade ou ofício que dependam de habilitação especial, de licença ou autorização do poder público;*** ***III - suspensão de autorização ou de habilitação para dirigir veículo.*** ***IV – proibição de frequentar determinados lugares.*** ***V - proibição de inscrever-se em concurso, avaliação ou exame públicos.***

PROIBIÇÕES DOS INCISOS I E II
São penas restritivas de direitos **específicas**. ► ***Art. 56. As penas de interdição, previstas nos incisos I e II do art. 47 deste Código, aplicam-se para todo o crime cometido no exercício de profissão, atividade, ofício, cargo ou função, sempre que houver violação dos deveres que lhes são inerentes.***

PENA RESTRITIVA OU EFEITO DA CONDENAÇÃO?	
Proibição do exercício de cargo, função ou atividade pública (art. 47, I)	**Perda de cargo, função pública ou mandato eletivo (art. 92, I)**
Espécie de interdição temporária de direitos (PRD).	Efeito extrapenal específico da condenação.
Crime cometido no exercício de cargo, função ou atividade pública, quando houver violação dos deveres que lhe são inerentes.	a) Quando aplicada pena privativa de liberdade por tempo igual ou superior a um ano, nos crimes praticados com abuso de poder ou violação de dever para com a Administração Pública; b) Quando for aplicada pena privativa de liberdade por tempo superior a 4 anos nos demais casos.
Temporária (dura o prazo da PPL aplicada).	Permanente.

SUSPENSÃO DE AUTORIZAÇÃO OU DE HABILITAÇÃO PARA DIRIGIR VEÍCULO
►***Art. 57. A pena de interdição, prevista no inciso III do art. 47 deste Código, aplica-se aos crimes culposos de trânsito.*** Revogada tacitamente pelo CTB (Lei 9.503/1997), o qual disciplina os crimes culposos de trânsito. O dispositivo tem aplicação restrita aos crimes culposos que envolvem ciclomotores.

PROIBIÇÃO DE FREQUENTAR DETERMINADOS LUGARES
Diante da dificuldade de fiscalização, é pouco utilizada. Contudo, vale registrar que a **Lei 14.843/2024** alterou o art. 146-B da LEP para prever que o juiz poderá definir a fiscalização por meio da monitoração eletrônica quando "aplicar pena restritiva de direitos que estabeleça limitação de frequência a lugares específicos" (inciso VII).

PROIBIÇÃO DE INSCREVER-SE EM CONCURSO, AVALIAÇÃO OU EXAME PÚBLICOS
Inovação da Lei 12.550/2011. Embora guarde relação com o crime tipificado no art. 311-A (fraudes em certames de interesse público), pode ser aplicada a **qualquer crime**, pois é uma PRD genérica.

LIMITAÇÃO DE FIM DE SEMANA
►***Art. 48. A limitação de fim de semana consiste na obrigação de permanecer, aos sábados e domingos, por 5 horas diárias, em casa de albergado ou outro estabelecimento adequado. Parágrafo único. Durante a permanência poderão ser ministrados ao condenado cursos e palestras ou atribuídas atividades educativas.*** A pena é de rara aplicação, sobretudo diante da inexistência de casas de albergado em muitas localidades. Cabe ao Patronato a fiscalização do seu cumprimento (art. 79, II, da LEP).

OUTROS TEMAS RELEVANTES SOBRE AS PENAS RESTRITIVAS DE DIREITOS	
Suspensão de direitos políticos	O STF fixou a seguinte tese em repercussão geral: "**a suspensão de direitos políticos prevista no art. 15, III, da CF/88 aplica-se no caso de substituição da pena privativa de liberdade pela restritiva de direitos**"[13]. Atenção: a suspensão **não se estende ao preso provisório e aos submetidos a medida de segurança.**

13. STF, RE 601182/MG, Rel. Min. Marco Aurélio, red. p/ o ac. Min. Alexandre de Moraes, Pleno, j. 08/05/2019.

OUTROS TEMAS RELEVANTES SOBRE AS PENAS RESTRITIVAS DE DIREITOS	
Execução provisória	Em respeito à literalidade do art. 147 da LEP, o tema foi sumulado: ■ Súmula 643 do STJ: A execução da pena restritiva de direitos depende do trânsito em julgado da condenação. O **STF** posicionava-se favoravelmente à execução provisória de acórdão penal condenatório proferido em grau de apelação e estendia a possibilidade de execução provisória às penas restritivas de direito[14]. Todavia, nas ADCs 43, 44 e 54 (07/11/2019) alterou o entendimento e passou a rechaçar a execução provisória da pena. Em síntese: **a execução das penas restritivas de direito depende do trânsito em julgado**.
Substituição na Execução Penal	Se a substituição por PRD não ocorrer na prolação da sentença, é **possível** que ocorra na execução penal. O art. 180 da LEP[15] prevê requisitos para a substituição, mas o art. 44 do CP (posterior ao art. 180 da LEP) prevê um requisito temporal mais benéfico para a substituição (pena não superior a 4 anos). Há julgados do STF[16] e do STJ[17] que sinalizam que a ampliação do prazo no CP (Lei 9.714/1998) não teria alterado o lapso temporal de 2 anos previsto no art. 180 da LEP. A doutrina majoritária discorda[18]. De qualquer modo, o dispositivo não traz muitas consequências práticas. Dificilmente o condenado a pena não superior a 2 anos chegaria na fase da execução penal sem um benefício mais vantajoso (ex.: penas restritivas de direitos fixadas na própria sentença, *sursis*, progressão de regime, livramento condicional etc.). Caso essa rara situação se concretize, é possível a conversão da pena privativa de liberdade em restritiva de direito pelo juiz da execução penal.
Abuso de autoridade (Lei 13.869/2019)	Art. 5º. As penas restritivas de direitos substitutivas das privativas de liberdade previstas nesta Lei são: I - prestação de serviços à comunidade ou a entidades públicas; II - suspensão do exercício do cargo, da função ou do mandato, pelo prazo de 1 a 6 meses, com a perda dos vencimentos e das vantagens; III - (vetado). Parágrafo único. As penas restritivas de direitos podem ser aplicadas autônoma ou cumulativamente.

14. STF, RE 1153996 AgR/SP, Rel. Min. Roberto Barroso, 1ª Turma, j. 28/09/2018.
15. Art. 180. A pena privativa de liberdade, não superior a 2 anos, poderá ser convertida em restritiva de direitos, desde que: I - o condenado a esteja cumprindo em regime aberto; II - tenha sido cumprido pelo menos 1/4 da pena; III - os antecedentes e a personalidade do condenado indiquem ser a conversão recomendável.
16. STF, HC 91709/CE, Rel. Min. Cármen Lúcia, 1ª Turma, j. 16/12/2008.
17. STJ, HC 102603/RS, Rel. Min. Laurita Vaz, 5ª Turma, j. 02/12/2010.
18. Nesse sentido, Rogério Sanches Cunha (Execução Penal Para Concursos - p. 281).

OUTROS TEMAS RELEVANTES SOBRE AS PENAS RESTRITIVAS DE DIREITOS	
ANPP	Vale registrar que o art. 28-A do CPP (redação pela Lei 13.964/2019) traz condições para a celebração do acordo de não persecução penal (**apesar da semelhança, as condições não são penas**). São elas: I - reparar o dano ou restituir a coisa à vítima, exceto na impossibilidade de fazê-lo; II - renunciar voluntariamente a bens e direitos indicados pelo MP como instrumentos, produto ou proveito do crime; III - prestar serviço à comunidade ou a entidades públicas por período correspondente à pena mínima cominada ao delito diminuída de 1 a 2/3, em local a ser indicado pelo juízo da execução, na forma do art. 46 do CP; IV - pagar prestação pecuniária, a ser estipulada nos termos do art. 45 do CP, a entidade pública ou de interesse social, a ser indicada pelo juízo da execução, que tenha, preferencialmente, como função proteger bens jurídicos iguais ou semelhantes aos aparentemente lesados pelo delito; ou V - cumprir, por prazo determinado, outra condição indicada pelo MP, desde que proporcional e compatível com a infração penal imputada.

RECONVERSÃO EM PENA PRIVATIVA DE LIBERDADE (ART. 44)	
"A execução das penas restritivas, assim como de modo geral de todas as alternativas à prisão, demanda um mecanismo coercitivo, capaz de assegurar o seu cumprimento e este só pode ser a pena privativa de liberdade"[19]. Atenção: embora o texto legal afirme que a PRD "***converte-se***" em PPL, trata-se, na verdade, de **re**conversão. De acordo com as regras de aplicação da pena, primeiro fixa-se a PPL e, se preenchidos os requisitos legais, converte-se a PPL em PRD.	
Reconversão obrigatória	**Reconversão facultativa**
►Art. 44, §4º - A pena restritiva de direitos converte-se em privativa de liberdade quando ocorrer o descumprimento injustificado da restrição imposta. No cálculo da pena privativa de liberdade a executar será deduzido o tempo cumprido da pena restritiva de direitos, respeitado o saldo mínimo de 30 dias de detenção ou reclusão.	***►Art. 44, §5º - Sobrevindo condenação a pena privativa de liberdade, por outro crime, o juiz da execução penal decidirá sobre a conversão, podendo deixar de aplicá-la se for possível ao condenado cumprir a pena substitutiva anterior.***

19. STJ, REsp 1699665/PR, Rel. Min. Maria Thereza de Assis Moura, 6ª Turma, j. 07/08/2018.

REVOGAÇÃO OBRIGATÓRIA: HIPÓTESES DE DESCUMPRIMENTO NA LEP (ART. 181)	
Prestação de serviços à comunidade (§1º)	A pena de prestação de serviços à comunidade será convertida quando o condenado: a) não for encontrado por estar em lugar incerto e não sabido, ou desatender a intimação por edital; b) não comparecer, injustificadamente, à entidade ou programa em que deva prestar serviço; c) recusar-se, injustificadamente, a prestar o serviço que lhe foi imposto; d) praticar falta grave; e) sofrer condenação por outro crime à pena privativa de liberdade, cuja execução não tenha sido suspensa.
Limitação de fim de semana (§2º)	A pena de limitação de fim de semana será convertida quando o condenado: a) não comparecer ao estabelecimento designado para o cumprimento da pena; b) recusar-se a exercer a atividade determinada pelo Juiz; c) não for encontrado por estar em lugar incerto e não sabido, ou desatender a intimação por edital; d) praticar falta grave; e) sofrer condenação por outro crime à pena privativa de liberdade, cuja execução não tenha sido suspensa.
Interdição temporária de direitos (§3º)	A pena de interdição temporária de direitos será convertida quando o condenado: a) exercer, injustificadamente, o direito interditado; b) não for encontrado por estar em lugar incerto e não sabido, ou desatender a intimação por edital; c) sofrer condenação por outro crime à pena privativa de liberdade, cuja execução não tenha sido suspensa.
Oitiva do apenado	"Em homenagem aos princípios do contraditório e da ampla defesa, faz-se necessária a intimação do sentenciado para, com a presença de defensor, **esclarecer as razões do descumprimento das medidas** restritivas de direito antes da conversão delas em pena privativa de liberdade"[20].

20. STJ, AgRg no HC 549629/SP, Rel. Min. Jorge Mussi, 5ª Turma, j. 04/08/2020.

RECONVERSÃO EM PENA PRIVATIVA DE LIBERDADE (ART. 44)

Diante da pluralidade de penas a cumprir (penas restritivas de direitos e privativas de liberdade), deve-se analisar a possibilidade de cumprimento simultâneo das sanções. Em geral, é **incompatível o cumprimento simultâneo de pena privativa de liberdade em regime fechado ou semiaberto e de penas restritivas de direitos** (somente certas restritivas – prestação pecuniária e perda de bens – se coadunam com os regimes semiaberto e fechado). Constatada a incompatibilidade de cumprimento simultâneo, as penas restritivas de direitos devem ser reconvertidas para penas privativas de liberdades e unificadas, nos termos do art. 111 da LEP[21]. Não se aplica, nesse caso, o art. 76 do CP ("***no concurso de infrações, executar-se-á primeiramente a pena mais grave***").

PENA

RECONVERSÃO A PEDIDO

"Não é possível, em razão de pedido feito por condenado que sequer iniciou o cumprimento da pena, a reconversão de pena de prestação de serviços à comunidade e de prestação pecuniária (restritivas de direitos) em pena privativa de liberdade a ser cumprida em regime aberto. [...] Não cabe ao condenado que sequer iniciou o cumprimento da pena escolher ou decidir a forma como pretende cumprir a condenação que lhe foi imposta. Ou seja, não é possível pleitear a forma que lhe parecer mais cômoda ou conveniente"[22].

PRESCRIÇÃO DA PRETENSÃO PUNITIVA (PPP)

► ***Art. 109, parágrafo único - Aplicam-se às penas restritivas de direito os mesmos prazos previstos para as privativas de liberdade.***

Isso decorre da substitutividade das penas restritivas de direito.

DESCUMPRIMENTO E PRESCRIÇÃO DA PRETENSÃO EXECUTÓRIA

Como calcular a prescrição da pretensão executória (PPE) quando a pena alternativa é descumprida e reconvertida em pena privativa de liberdade? Há duas correntes que divergem sobre a aplicação do art. 113 à hipótese.

► ***Art. 113. No caso de evadir-se o condenado ou de revogar-se o livramento condicional, a prescrição é regulada pelo tempo que resta da pena.***

21. Art. 111. Quando houver condenação por mais de um crime, no mesmo processo ou em processos distintos, a determinação do regime de cumprimento será feita pelo resultado da soma ou unificação das penas, observada, quando for o caso, a detração ou remição.
22. STJ, REsp 1524484/PE, Rel. Min. Reynaldo Soares da Fonseca, 5ª Turma, j. 17/05/2016.

DESCUMPRIMENTO E PRESCRIÇÃO DA PRETENSÃO EXECUTÓRIA	
1ª corrente: interpretação extensiva	**2ª corrente: interpretação restritiva**
O abandono no cumprimento da pena restritiva de direitos pode ser equiparado às hipóteses de "evasão" e da "revogação do livramento condicional" previstas no art. 113, uma vez que as situações se assemelham na medida em que há, em todos os casos, sentença condenatória e o cumprimento de parte da pena pelo sentenciado. Assim, a PPE será calculada pelo **tempo restante** do cumprimento da medida substitutiva imposta. A corrente foi adotada em julgados mais antigos do STJ[23].	O cálculo da prescrição pela pena residual, conforme prevê o art. 113 do CP, limita-se às hipóteses de evasão e de revogação do livramento condicional. Ademais, o art. 44, §4º, ao dispor que "no cálculo da pena privativa de liberdade a executar será deduzido o tempo cumprido da pena restritiva de direitos", não guarda qualquer relação com a prescrição e tem por único fundamento evitar o duplo cumprimento da sanção. Portanto, **o prazo prescricional permanece inalterado, considerando-se a pena integral**. A corrente foi adotada em julgados mais recentes do STJ[24].

23. STJ, HC 232764/RS, Rel. Min. Maria Thereza de Assis Moura, 6ª Turma, j. 25/06/2012. (Info 500); STJ, HC 225878/SP, Rel. Min. Maria Thereza de Assis Moura, 6ª Turma, j. 12/04/2012.
24. STJ, RHC 99969/RS, Rel. Min. Felix Fischer, 5ª Turma, j. 04/09/2018; STJ, RHC 64322/RS, Rel. Min. Maria Thereza de Assis Moura, 6ª Turma, j. 19/04/2016.

24

PENA DE MULTA

DEFINIÇÃO
A **sanção penal** é um gênero que engloba a **pena** e a **medida de segurança**. A pena, por sua vez, pode ser privativa de liberdade, restritiva de direitos ou de **multa** (rol do art. 32). Cuida-se, portanto, de uma pena de cunho patrimonial.

SISTEMA BIFÁSICO E CRITÉRIO DIA-MULTA	
► ***Art. 58. A multa, prevista em cada tipo legal de crime, tem os limites fixados no art. 49 e seus parágrafos deste Código.***	
► ***Art. 49. A pena de multa consiste no pagamento ao fundo penitenciário da quantia fixada na sentença e calculada em dias-multa. Será, no mínimo, de 10 e, no máximo, de 360 dias-multa.*** ***§1º - O valor do dia-multa será fixado pelo juiz não podendo ser inferior a um trigésimo do maior salário mínimo mensal vigente ao tempo do fato, nem superior a 5 vezes esse salário.*** ***§2º - O valor da multa será atualizado, quando da execução, pelos índices de correção monetária.***	
► ***Art. 60. Na fixação da pena de multa o juiz deve atender, principalmente, à situação econômica do réu.***	
1ª fase	**2ª fase**
Fixar a **quantidade** de dias-multa (**10 a 360**), observando as etapas da **dosimetria** da pena (art. 68).	Fixar o **valor** do dia-multa (**1/30 até 5 vezes o salário mínimo**), observando a **condição econômica do réu**.

TEMAS RELEVANTES SOBRE A PENA DE MULTA	
Multa ineficaz	► ***Art. 60, §1º - A multa pode ser aumentada até o triplo, se o juiz considerar que, em virtude da situação econômica do réu, é ineficaz, embora aplicada no máximo.***
Juizados Especiais Criminais	Na hipótese de ser a pena de multa a única aplicável, o juiz poderá **reduzi-la até a metade** (art. 76, §1º, da Lei 9.099/1995).
Crimes contra o sistema financeiro	O valor do dia-multa pode ser estendido **até o décuplo** (art. 33 da Lei 7.492/1986).
Crimes contra a propriedade industrial	A multa poderá ser **aumentada ou reduzida, em até 10 vezes**, em face das condições pessoais do agente e da magnitude da vantagem auferida (art. 197, parágrafo único, da Lei 9.279/1996).
Multa irrisória	Prevalece que a pena de multa **deve ser cobrada**, independentemente de seu valor (inderrogabilidade do cumprimento da pena)[1].
Habeas corpus	■ Súmula 693 do STF: Não cabe *habeas corpus* contra decisão condenatória a pena de multa, ou relativo a processo em curso por infração penal a que a pena pecuniária seja a única cominada.
Lei Maria da Penha	É vedada a aplicação, nos casos de violência doméstica e familiar contra a mulher, de penas de cesta básica ou outras de prestação pecuniária, bem como a substituição de pena que implique o pagamento isolado de multa (art. 17 da Lei 11.340/2006).
Lei Henry Borel	Nos casos de violência doméstica e familiar contra a criança e o adolescente, é vedada a aplicação de penas de cesta básica ou de outras de prestação pecuniária, bem como a substituição de pena que implique o pagamento isolado de multa (art. 226, §2º, do ECA, incluído pela Lei 14.344/2022).
Correção monetária	Para o STJ[2], a **data do fato criminoso** é o termo inicial da correção monetária.

1. STJ, REsp 761268/RS, Rel. Min. Felix Fischer, 5ª Turma, j. 17/08/2006.
2. STJ, REsp 256606/RS, Rel. Min. José Arnaldo da Fonseca, 5ª Turma, j. 17/08/2000.

EXCEÇÕES AO CRITÉRIO DO DIA-MULTA	
Crimes em licitações e contratos administrativos	► ***Art. 337-P. A pena de multa cominada aos crimes previstos neste Capítulo seguirá a metodologia de cálculo prevista neste Código e não poderá ser inferior a 2% do valor do contrato licitado ou celebrado com contratação direta.*** Novidade da Lei 14.133/2021.
Abandono material (art. 244)	A pena de multa é fixa: **de 1 a 10 salários mínimos**.
Lei de Locações (Lei 8.245/1991)	A contravenção penal prevista no art. 43 da Lei é punível "com prisão simples de 5 dias a 6 meses ou multa de **3 a 12 meses do valor do último aluguel atualizado**, revertida em favor do locatário".

DIAS-MULTA NO CÓDIGO PENAL E NA LEI DE DROGAS (LEI 11.346/2006)		
Regra (CP)	**Art. 28 (Lei de Drogas)**	**Arts. 33 a 39 (Lei de Drogas)**
10 a 360 dias-multa.	**40 a 100** dias-multa.	(depende do tipo penal).
1/30 até **5** vezes o salário mínimo.	**1/30** até **3** vezes o salário mínimo.	**1/30** até **5** vezes o salário mínimo.
Pode ser aumentada até o **triplo**.	-	Pode ser aumentada até o **décuplo**.

EXECUÇÃO DA PENA DE MULTA - HISTÓRICO	
1. Redação original do art. 51	Eis a redação original do art. 51 do CP: "a multa converte-se em pena de detenção, quando o condenado solvente deixa de pagá-la ou frustra a sua execução".

EXECUÇÃO DA PENA DE MULTA - HISTÓRICO	
2. Lei 9.268/1996	A Lei conferiu nova redação ao art. 51 do CP: "transitada em julgado a sentença condenatória, a multa será considerada dívida de valor, aplicando-se-lhe as normas da legislação relativa à dívida ativa da Fazenda Pública, inclusive no que concerne às causas interruptivas e suspensivas da prescrição". Atenção: ao considerar expressamente a multa como **dívida de valor, a Lei impediu a conversão em prisão em caso de inadimplemento** (o que permanece válido até hoje).
	Naquele contexto, havia dúvida sobre quem teria atribuição para executar a pena de multa. Prevalecia que deveria ser executada pela Fazenda Pública, perante as Varas de Execução Fiscal. ■ Súmula 521 do STJ: A legitimidade para a execução fiscal de multa pendente de pagamento imposta em sentença condenatória é exclusiva da Procuradoria da Fazenda Pública.
3. ADI 3150/DF	O **STF**, na ADI 3150/DF[3] (13/12/2018), ressaltou que a Lei n. 9.268/1996, ao considerar a multa penal como dívida de valor, não retirou dela o caráter de sanção criminal, que lhe é inerente por força do art. 5º, XLVI, *c*, da CF/88. Fixou as seguintes teses: 1) **O MP é o órgão legitimado para promover a execução da pena de multa, perante a Vara de Execução Criminal, observado o procedimento descrito pelos artigos 164 e seguintes da LEP;** 2) **Caso o titular da ação penal, devidamente intimado, não proponha a execução da multa no prazo de 90 dias, o Juiz da execução criminal dará ciência do feito ao órgão competente da Fazenda Pública (Federal ou Estadual, conforme o caso) para a respectiva cobrança na própria Vara de Execução Fiscal, com a observância do rito da Lei 6.830/1980.** A decisão do STF foi proferida em ADI, possuindo, portanto, eficácia *erga omnes* e efeito vinculante. Embora a súmula 521 ainda não tenha sido formalmente cancelada, o entendimento foi seguido pelo STJ[4].
4. Após a Lei 13.964/2019	A Lei 13.964/2019 ("Pacote Anticrime") alterou a redação do art. 51 do CP: ***"transitada em julgado a sentença condenatória, a multa será executada perante o juiz da execução penal e será considerada dívida de valor, aplicáveis as normas relativas à dívida ativa da Fazenda Pública, inclusive no que concerne às causas interruptivas e suspensivas da prescrição"***.

3. STF, ADI 3150/DF, Rel. Min. Marco Aurélio, Pleno, j. 13/12/2018.
4. STJ, CC 168815/PR, Rel. Min. Joel Ilan Paciornik, 3ª Seção, j. 10/06/2020.

<table>
<tr><th colspan="2">EXECUÇÃO DA PENA DE MULTA - HISTÓRICO</th></tr>
<tr><td rowspan="3">4. Após a Lei 13.964/2019</td><td>Note que a pena de multa ainda é considerada dívida de valor, mas deve ser executada pelo MP, no juízo da execução penal e "o rito a ser seguido é o estabelecido entre os artigos 164 a 170 da LEP, com aplicação da Lei 6.830/80 no que for cabível"[5], isto é, quanto às causas interruptivas e suspensivas da prescrição. Dessa forma, a determinação do pagamento da pena de multa não cabe, de ofício, ao juízo da execução.</td></tr>
<tr><td>Após a alteração do art. 51 do CP com a Lei 13.964/2019, restou a seguinte dúvida: a Fazenda Pública mantém a competência subsidiária para execução da pena de multa? O STJ tem entendido que sim: "a legitimidade do Ministério Público para execução da pena de multa é prioritária, mas não exclusiva, permitindo a atuação subsidiária da Fazenda Pública"[6].</td></tr>
<tr><td>Recentemente, o tema teve a repercussão geral conhecida no RE 1377843/PR.</td></tr>
</table>

EXTINÇÃO DA PUNIBILIDADE
A 3ª Seção do STJ havia firmado o seu entendimento no sentido de que "nos casos em que haja condenação a pena privativa de liberdade e multa, cumprida a primeira (ou a restritiva de direitos que eventualmente a tenha substituído), o inadimplemento da sanção pecuniária não obsta o reconhecimento da extinção da punibilidade"[7] (Tema 931).
O STF, no julgamento da **ADI 3150/DF**, passou a entender que a multa penal, aplicável cumulativamente com pena privativa de liberdade, ou outras substitutas, não perdeu sua natureza de sanção criminal, mesmo após as alterações promovidas pela Lei 9.268/96 ao ordenamento jurídico brasileiro.
Para se adequar ao entendimento acima, o STJ revisou a tese anteriormente firmada (Tema 931), consolidando o entendimento no sentido de que "**na hipótese de condenação concomitante a pena privativa de liberdade e multa, o inadimplemento da sanção pecuniária, pelo condenado que comprovar impossibilidade de fazê-lo, não obsta o reconhecimento da extinção da punibilidade**"[8].

5. CUNHA, Rogério Sanches (op. cit., p. 595).
6. STJ, AgRg no REsp 2141372/RN, Rel. Min. Joel Ilan Paciornik, 5ª Turma, j. 19/11/2024; STJ, AgRg no RMS 71317/RS, Rel. Min. Antonio Saldanha Palheiro, 6ª Turma, j. 18/03/2024.
7. STJ, REsp 1519777/SP, Rel. Min. Rogério Schietti Cruz, 3ª Seção, j. 26/08/2015.
8. STJ, REsp 1785383/SP, Rel. Min. Rogério Schietti Cruz, 3ª Seção, j. 24/11/2021.

<table>
<tr><th colspan="2">EXTINÇÃO DA PUNIBILIDADE</th></tr>
<tr><td colspan="2">Porém, o STJ ressalvava que "a demonstração da incapacidade econômica de pagamento da multa criminal, como requisito para a extinção da punibilidade, deve ser comprovada, exigindo instrução específica. Não pode ser presumida, sob pena de se transformar uma prova acessível à defesa em prova tipicamente diabólica para a sociedade, numa inadmissível inversão do ônus probatório"[9]. Também ressaltava que "o fato de o reeducando ser assistido pela Defensoria Pública não faz presumir, por si só, a sua completa e absoluta impossibilidade de adimplir a sanção pecuniária"[10].</td></tr>
<tr><td colspan="2">Em fevereiro de 2024, a 3ª Seção do STJ reviu novamente a tese anteriormente aventada no Tema 931 e passou a entender que "o inadimplemento da pena de multa, mesmo após o cumprimento da pena de prisão ou da pena restritiva de direitos, não impede a extinção da punibilidade, desde que o condenado alegue hipossuficiência, salvo se o juiz competente, em decisão devidamente fundamentada, entenda de forma diferente, indicando especificamente a capacidade de pagamento da penalidade pecuniária"[11].</td></tr>
<tr><td colspan="2">Recentemente, na ADI 7032/DF[12], o STF conferiu, ao art. 51 do CP, interpretação conforme à Constituição da República, no sentido de que, cominada conjuntamente com a pena privativa de liberdade, o inadimplemento da pena de multa obsta o reconhecimento da extinção da punibilidade, salvo comprovada impossibilidade de seu pagamento, ainda que de forma parcelada. Os entendimentos do STF e do STJ são bastante semelhantes, mas não são iguais:</td></tr>
<tr><th>STJ</th><th>STF</th></tr>
<tr><td>Para o STJ, basta que o condenado alegue hipossuficiência, existindo uma presunção de veracidade da declaração de hipossuficiência. Caberia ao MP o ônus de produzir provas que demonstrem a falsidade dessa declaração ou que comprovem a capacidade financeira do condenado para adimplir a sanção pecuniária.</td><td>Embora o STF não tenha aprofundado o tema, a redação da tese na ADI 7032/DF sugere que o condenado deve comprovar a hipossuficiência, sobre ele recaindo o ônus probatório.</td></tr>
</table>

9. STJ, AgRg no REsp 2092368/SC, Rel. Min. Antonio Saldanha Palheiro, 6ª Turma, j. 13/11/2023.
10. STJ, AgRg no HC 823580/SC, Rel. Min. Ribeiro Dantas, 5ª Turma, j. 21/08/2023.
11. STJ, REsp 2090454/SP e REsp 2024901/SP, Rel. Min. Rogerio Schietti Cruz, 3ª Seção, j. 28/02/2024. (Revisão do Tema 931)
12. STF, ADI 7032/DF, Rel. Min. Flávio Dino, Pleno, j. 22/03/2024.

INADIMPLEMENTO, PROGRESSÃO E REGRESSÃO DE REGIME
Para o **STF**, "como regra, o inadimplemento deliberado da pena de multa cumulativamente aplicada ao sentenciado impede a progressão no regime prisional, exceto se ficar comprovada a absoluta impossibilidade econômica do apenado em quitar a multa, ainda que parceladamente. **Se o juiz autorizar que o condenado pague a pena de multa parceladamente, o apenado poderá progredir de regime, assumindo o compromisso de quitar todas as prestações da multa. Caso deixe de pagar injustificadamente o parcelamento, haverá a regressão de regime. O inadimplemento injustificado das parcelas da pena de multa autoriza a regressão no regime prisional**"[13].
O **STJ** também entende que o não pagamento da pena de multa obsta a progressão de regime, salvo em caso de hipossuficiência do apenado. Sobre o tema, os julgados mais recentes[14] têm aplicado para a progressão de regime o mesmo entendimento expresso no Tema 931 em relação à extinção da punibilidade (ver tabela anterior).

SÚMULA 171 DO STJ
■ Súmula 171 do STJ: Cominadas cumulativamente, em lei especial, penas privativas de liberdade e pecuniária, é defeso a substituição da prisão por multa. Apesar da distinção não ter nenhum fundamento plausível, o STJ[15] continua aplicando a súmula. Ex.: o sujeito foi condenado pelo crime previsto no art. 306 do CTB[16], o qual já prevê, em seu preceito secundário, pena privativa de liberdade e multa. Logo, não é recomendável que a pena privativa de liberdade seja substituída por multa (e, assim, o sujeito seja condenado a duas penas de multa, a principal e a substitutiva), devendo-se privilegiar a incidência de penas restritivas de direitos nessa hipótese. Contudo, a cumulação seria possível se o crime estivesse previsto no CP.

13. STF, EP 16 ProgReg-AgR/DF, Rel. Min. Roberto Barroso, Pleno, j. 01/07/2016.
14. STJ, AgRg no REsp 2069373/MG, Rel. Min. Jesuíno Rissato (Desembargador convocado do TJDFT), red. p/ o ac. Min. Rogerio Schietti Cruz, 6ª Turma, j. 08/10/2024.
15. STJ, AgRg no HC 581887/SC, Rel. Min. Nefi Cordeiro, 6ª Turma, j. 04/08/2020.
16. Art. 306. Conduzir veículo automotor com capacidade psicomotora alterada em razão da influência de álcool ou de outra substância psicoativa que determine dependência:
Penas - detenção, de 6 meses a 3 anos, multa e suspensão ou proibição de se obter a permissão ou a habilitação para dirigir veículo automotor.

MULTA SUBSTITUTIVA
►***Art. 44, §2º - Na condenação igual ou inferior a um ano, a substituição pode ser feita por multa ou por uma pena restritiva de direitos; se superior a um ano, a pena privativa de liberdade pode ser substituída por uma pena restritiva de direitos e multa ou por duas restritivas de direitos.*** No contexto das penas restritivas de direitos, a multa substitutiva prevista no art. 44, §2°, do CP, aplicada isolada ou cumulativamente com PRD, é "uma **espécie de pena de multa**, razão pela qual se submete ao mesmo regramento conferido à pena de multa originária prevista no preceito secundário do tipo penal. Logo, a multa substitutiva constitui dívida de valor, sendo inviável a sua conversão em PPL em caso de inadimplemento, nos termos do art. 51 do CP"[17]. O STJ tem o entendimento consolidado no sentido de que "se ao tipo penal é cominada pena de multa cumulativa com a pena privativa de liberdade substituída, não se mostra socialmente recomendável a aplicação da multa substitutiva prevista no art. 44, §2º, 2ª parte do CP. [...] Hipótese em que a pena restritiva de direitos de prestação pecuniária, de índole reparadora, melhor atenderá ao caráter ressocializador da reprimenda, podendo inclusive ser convertida em pena corporal, se descumprida"[18].

PAGAMENTO DA MULTA
►***Art. 50. A multa deve ser paga dentro de 10 dias depois de transitada em julgado a sentença. A requerimento do condenado e conforme as circunstâncias, o juiz pode permitir que o pagamento se realize em parcelas mensais.*** O requerimento de parcelamento deve se dar antes de esgotado o prazo para pagamento (**10 dias após o trânsito em julgado**). O juiz, antes de decidir, poderá determinar diligências para verificar a real situação econômica do condenado e, ouvido o MP, fixará o número de prestações (art. 169, §1º da LEP). Vale ressaltar que a LEP fixa a **citação do condenado** como termo inicial para o pagamento da multa, precedida por extração de certidão da sentença condenatória e requerimento do MP (art. 164). Por ser mais benéfica ao acusado, **a regra da LEP deve prevalecer sobre a regra do CP**[19].
►***Art. 50, §1º - A cobrança da multa pode efetuar-se mediante desconto no vencimento ou salário do condenado quando:*** ***a) aplicada isoladamente;*** ***b) aplicada cumulativamente com pena restritiva de direitos;*** ***c) concedida a suspensão condicional da pena.*** ***§2º - O desconto não deve incidir sobre os recursos indispensáveis ao sustento do condenado e de sua família.***

17. STJ, HC 387259/SP, Rel. Min. Felix Fischer, 5ª Turma, j. 08/08/2017.
18. STJ, AgRg no HC 415618/SC, Rel. Min. Jorge Mussi, 5ª Turma, j. 15/05/2018.
19. BITENCOURT, Cezar Roberto (op. cit. p. 743-744).

PAGAMENTO DA MULTA
Com fundamento no art. 50, §2º, do CP, e no art. 833 do CPC, discutia-se a impenhorabilidade do pecúlio do condenado. O pecúlio, recebido pelo prisioneiro e previsto no art. 29, *caput*, e §§1º e 2º, da Lei de Execução Penal, consiste em valores monetários ou ativos adquiridos durante o período de cumprimento da pena, seja por meio do trabalho exercido dentro ou fora da instituição prisional, desde que em conformidade com a legislação vigente. A 5ª Turma do STJ decidiu que **"é possível a penhora de até 1/4 do pecúlio obtido pelo condenado para saldar a pena de multa determinada em sentença condenatória"**[20].

<table>
<tr><th colspan="2">PRESCRIÇÃO DA PENA DE MULTA</th></tr>
<tr><td colspan="2">A prescrição da pena de multa está disciplinada no art. 114.
► Art. 114. A prescrição da pena de multa ocorrerá:
I - Em 2 anos, quando a multa for a única cominada ou aplicada;
II - No mesmo prazo estabelecido para prescrição da pena privativa de liberdade, quando a multa for alternativa ou cumulativamente cominada ou cumulativamente aplicada.
É necessário distinguir a prescrição da pretensão punitiva (anterior ao trânsito em julgado) da prescrição da pretensão executória (posterior ao trânsito em julgado).</td></tr>
<tr><th>PPP</th><th>PPE</th></tr>
<tr><td>Prazo prescricional aplicado: art. 114 do CP.</td><td>Prazo prescricional aplicado: há divergência. Para o STJ, deve ser aplicado o art. 114 do CP[21], pois redação do art. 51 (dada pela Lei 9.268/1996) não retirou o caráter penal da multa. Contudo, há corrente (minoritária) que entende ser aplicável o prazo prescricional previsto no art. 174 do CTN (5 anos).</td></tr>
<tr><td>Causas interruptivas e impeditivas previstas no CP (arts. 116 e 117).</td><td>Causas suspensivas: Lei de Execução Fiscal (Lei 6.830/1980).
Causas interruptivas: art. 174 do CTN.</td></tr>
<tr><td colspan="2">Obs.: "no caso de substituição da pena privativa de liberdade por pena de multa, o prazo prescricional será o mesmo que aquele referente à pena privativa"[22].</td></tr>
</table>

20. STJ, REsp 2113000/SP, Rel. Min. Ribeiro Dantas, 5ª Turma, j. 02/04/2024.
21. STJ, REsp 1724316/ES, Rel. Min. Nefi Cordeiro, 6ª Turma, j. 26/05/2020; STJ, HC 394591/AM, Rel. Min. Reynaldo Soares da Fonseca, 5ª Turma, j. 21/09/2017.
22. STJ, AgRg na PET no REsp 1874445/SP, Rel. Min. Felix Fischer, 5ª Turma, j. 18/08/2020.

SUSPENSÃO DA EXECUÇÃO DA MULTA
► ***Art. 52. É suspensa a execução da pena de multa, se sobrevém ao condenado doença mental.*** No mesmo sentido, o art. 167 da LEP: "a execução da pena de multa será suspensa quando sobrevier ao condenado doença mental (artigo 52 do Código Penal)".

MULTA NO CONCURSO DE CRIMES	
► ***Art. 72. No concurso de crimes, as penas de multa são aplicadas distinta e integralmente.***	
Doutrina	**STJ**
Para a doutrina, as penas de multa de cada crime devem ser somadas (**cúmulo material**), seja no concurso material, formal ou no crime continuado.	Para o STJ[23], o art. 72 só se aplica ao concurso material e formal, ao passo que **o crime continuado enseja a aplicação de uma única pena de multa**, em virtude da adoção da teoria da ficção jurídica.

PRESTAÇÃO PECUNIÁRIA[24]	PENA DE MULTA
É uma espécie de pena restritiva de direito.	É uma espécie de pena.
Valor destinado à vítima, aos seus dependentes ou a entidade pública ou privada com destinação social.	Valor destinado ao Fundo Penitenciário Nacional.
1 a 360 salários mínimos.	10 a 360 dias-multa.
O valor será deduzido de eventual condenação em ação de reparação civil, se coincidentes os beneficiários.	O valor não será deduzido.
O descumprimento leva à reconversão em pena privativa de liberdade.	O descumprimento não leva à reconversão em pena privativa de liberdade.

23. STJ, AgRg no REsp 1843797/SP, Rel. Min. Joel Ilan Paciornik, 5ª Turma, j. 05/03/2020.
24. A tabela utilizou as diferenças apontadas no AgRg no RHC 32328/ES, Rel. Min. Rogerio Schietti Cruz, 6ª Turma, j. 14/03/2017.

INFORMATIVOS DO STF
Info. 1129: O adimplemento da pena de multa conjuntamente cominada com a pena privativa de liberdade é condição para o reconhecimento da extinção da punibilidade, salvo na situação de comprovada impossibilidade pelo apenado, ainda que de forma parcelada. ADI 7032/DF, Rel. Min. Flávio Dino, Pleno, j. 22/03/2024.
Info. 1117: A destinação dos recursos provenientes das multas penais é uma competência da legislação federal, sendo de competência privativa da União (art. 22, I, da CF/88). Conforme o art. 49 do Código Penal, a pena de multa consiste no pagamento ao fundo penitenciário da quantia fixada na sentença e calculada em dias-multa. A LC federal 79/94, que criou o Fundo Penitenciário Nacional, também estabelece que os recursos oriundos das multas penais devem ser destinados a este fundo nacional. Portanto, uma lei estadual não pode alterar essa destinação, pois estaria usurpando competência privativa da União. ADI 2935/ES, Rel. Min. Nunes Marques, Pleno, j. 21/11/2023.

INFORMATIVOS DO STJ
Info. 803: O inadimplemento da pena de multa, mesmo após o cumprimento da pena de prisão ou da pena restritiva de direitos, não impede a extinção da punibilidade, desde que o condenado alegue hipossuficiência, salvo se o juiz competente, em decisão devidamente fundamentada, entenda de forma diferente, indicando especificamente a capacidade de pagamento da penalidade pecuniária. REsp 2090454/SP e REsp 2024901/SP, Rel. Min. Rogerio Schietti Cruz, 3ª Seção, j. 28/02/2024. (Revisão do Tema 931)
Info. 806: É possível a penhora de até 1/4 do pecúlio obtido pelo condenado para saldar a pena de multa determinada em sentença condenatória. REsp 2113000/SP, Rel. Min. Ribeiro Dantas, 5ª Turma, j. 02/04/2024.
Info. 779: Não cabe a determinação do pagamento da pena de multa, de ofício, ao juízo da execução AgRg no AREsp 2222146/GO, Rel. Min. Reynaldo Soares da Fonseca, 5ª Turma, j. 09/05/2023.

25

SUSPENSÃO CONDICIONAL DA PENA (*SURSIS*)

DEFINIÇÃO
Após aplicada a pena privativa de liberdade e fixado o seu regime inicial, analisa-se a possibilidade de substituição da pena por penas restritivas de direito. **Caso não seja cabível a substituição**, o julgador deve avançar na análise do cabimento da suspensão condicional da pena (*sursis*). O condenado que preencher os requisitos terá **direito subjetivo**[1] ao *sursis*.

SISTEMAS[2]		
***Probation system* (sistema anglo-americano)**	***Probation of first offenders act***	**Franco-belga**
O agente é reconhecido culpado, mas a pena é suspensa antes mesmo da condenação. Se o agente descumprir algum requisito, o julgamento é retomado.	O agente não é reconhecido culpado e a ação penal é suspensa. Sistema adotado na **suspensão condicional do processo** (art. 89 da Lei 9.099/1995).	O réu é processado e condenado. Considerando as circunstâncias e à luz dos requisitos legais, o julgador suspende a execução da pena durante um período de prova. **Sistema adotado para o *sursis*.**

1. STJ, HC 309535/SP, Rel. Min. Joel Ilan Paciornik, 5ª Turma, j. 22/08/2017.
2. MASSON, Cleber (op. cit. p. 675-676).

REQUISITOS COMUNS
Os requisitos são **cumulativos**[3] e aplicam-se indistintamente ao *sursis* simples, especial, etário ou profilático: ► ***Art. 77. A execução da pena privativa de liberdade, não superior a 2 anos, poderá ser suspensa, por 2 a 4 anos, desde que:*** ***I - O condenado não seja reincidente em crime doloso;*** ***II - A culpabilidade, os antecedentes, a conduta social e personalidade do agente, bem como os motivos e as circunstâncias autorizem a concessão do benefício;*** ***III - Não seja indicada ou cabível a substituição prevista no art. 44 deste Código***[4].

SURSIS **SIMPLES**	***SURSIS*** **ESPECIAL**	***SURSIS*** **ETÁRIO E PROFILÁTICO**
Art. 77 c/c art. 78, **§1º**.	Art. 77 c/c art. 78, **§2º**.	Art. 77 c/c art. 77, §2º.

SURSIS **SIMPLES**	
Pressupostos	**Condições**
► ***Art. 77. A execução da pena privativa de liberdade, não superior a 2 anos, poderá ser suspensa, por 2 a 4 anos [...].*** Pena imposta não superior a **2 anos**. Período de prova variando de **2 a 4 anos**.	► ***Art. 78, §1º - No primeiro ano do prazo, deverá o condenado prestar serviços à comunidade (art. 46) ou submeter-se à limitação de fim de semana (art. 48).*** Obs.: a 6ª Turma do STJ[5] entende que essas condições podem ser estabelecidas no **mesmo prazo da pena corporal imposta**.

3. STJ, HC 350897/RS, Rel. Min. Ribeiro Dantas, 5ª Turma, j. 18/05/2017.
4. "Inviável a suspensão condicional da pena imposta ao paciente, uma vez que a sua reprimenda privativa de liberdade foi substituída por restritiva de direitos, o que impede a incidência da benesse em questão, nos termos do artigo 77, inciso III, do Código Penal" (STJ, AgRg no AREsp 499369/SP, Rel. Min. Jorge Mussi, 5ª Turma, j. 25/10/2016).
5. STJ, AgRg no REsp 2093322/RS, Rel. Min. Sebastião Reis Júnior, 6ª Turma, j. 11/03/2024.

***SURSIS* ESPECIAL**	
Pressupostos	**Condições**
►***Art. 78, §2º - Se o condenado houver reparado o dano, salvo impossibilidade de fazê-lo, e se as circunstâncias do art. 59 deste Código lhe forem inteiramente favoráveis [...].*** - Pena imposta não superior a **2 anos** (= *sursis* simples). - Período de prova variando de **2 a 4 anos** (= *sursis* simples). - **Reparação do dano, salvo impossibilidade de fazê-lo, e circunstâncias do art. 59 totalmente favoráveis**.	►***Art. 78, §2º - [...] o juiz poderá substituir a exigência do parágrafo anterior pelas seguintes condições, aplicadas cumulativamente:*** ***a) proibição de frequentar determinados lugares;*** ***b) proibição de ausentar-se da comarca onde reside, sem autorização do juiz;*** ***c) comparecimento pessoal e obrigatório a juízo, mensalmente, para informar e justificar suas atividades.***

***SURSIS* ETÁRIO OU PROFILÁTICO OU HUMANITÁRIO**
►***Art. 77, §2º - A execução da pena privativa de liberdade, não superior a 4 anos, poderá ser suspensa, por 4 a 6 anos, desde que o condenado seja maior de 70 anos de idade, ou razões de saúde justifiquem a suspensão.*** Diferencia-se do *sursis* simples e especial apenas pela quantidade de pena imposta (até 4 anos) e pelo período de prova (4 a 6 anos). As condições impostas são as mesmas do *sursis* simples ou do *sursis* especial (se houver a reparação do dano, salvo a impossibilidade de fazê-lo, e as circunstâncias do art. 59 forem totalmente favoráveis). Atenção: se a condenação for de até 2 anos, o período de prova será o comum (2 a 4 anos).

***SURSIS* SIMPLES**	***SURSIS* ESPECIAL**
Pena imposta: **até 2 anos** (art. 77).	
Período de prova: **2 a 4 anos** (art. 77).	
Condenado **não reincidente em crime doloso** (art. 77, I).	
Circunstâncias judiciais do art. 59 favoráveis[6] (art. 77, II).	

6. O *sursis* **especial** depende de circunstâncias do art. 59 **inteiramente** favoráveis (art. 78, §2º). Por outro lado, os requisitos subjetivos gerais previstos no art. 77, II (exigidos para a concessão do *sursis* **simples**) coincidem com as circunstâncias judiciais previstas no art. 59. Nesse sentido: STJ, REsp 1.262.591/MG, Rel. Min. Sebastião Reis Júnior, 6ª Turma, j. 07/03/2013.

SURSIS SIMPLES	*SURSIS* ESPECIAL
Substituição por penas restritivas de direito não indicada ou não cabível (art. 77, III).	
É possível a imposição de **condições judiciais** (art. 79).	
-	**O condenado reparou o dano, salvo impossibilidade de fazê-lo** (art. 78, §2º).
Condições a serem cumpridas no primeiro ano: prestação de serviços à comunidade ou limitação de fim de semana.	Condições **cumulativas**: a) **Proibição de frequentar determinados lugares**; b) **Proibição de ausentar-se da comarca onde reside, sem autorização do juiz**; c) **Comparecimento mensal a juízo**.

REGRAS ESPECIAIS SOBRE O PERÍODO DE PROVA	
***Sursis* comum e especial**	2 a 4 anos.
***Sursis* etário e profilático**	4 a 6 anos.
Contravenções	1 a 3 anos.
Crimes ambientais[7]	2 a 4 anos.

TEMAS RELEVANTES	
Subsidiariedade	Só cabe o *sursis* se não for cabível a substituição por penas restritivas de direitos. Ex.: é vedada a substituição nos crimes cometidos com violência à pessoa ou grave ameaça. Contudo, se o réu for condenado a pena de até 2 anos, não for reincidente em crime doloso e se as circunstâncias judiciais permitirem, poderá ser concedido o *sursis*.

7. É possível a concessão do *sursis* para condenações de até **3 anos**.

TEMAS RELEVANTES	
Audiência admonitória	**Transitada em julgado** a sentença condenatória, o juiz a lerá ao condenado, em audiência, advertindo-o das consequências de nova infração penal e do descumprimento das condições impostas (art. 160 da LEP). Marca o **início o período de prova**.
Faculdade	O *sursis* é um benefício **facultativo**[8]. Para, o STJ, a "recusa somente há ser feita no momento adequado (audiência admonitória), cabendo ao juiz sentenciante apenas a análise quanto ao seu cabimento e à sua efetiva aplicação. Dessa forma, não é cabível, neste momento, a revogação do *sursis* concedido pelo magistrado sentenciante, uma vez que, somente após o trânsito em julgado e designada audiência admonitória pelo juízo da execução penal, é que poderá o apenado renunciar ao *sursis*, caso não concorde com as condições estabelecidas e entenda ser mais benéfico o cumprimento da pena privativa de liberdade"[9].
Execução provisória	O art. 160 da LEP determina que a audiência admonitória deve ocorrer **após o trânsito em julgado**. No mesmo sentido, o STJ[10] e, provavelmente, o STF (considerando a mudança de entendimento nas ADCs 43, 44 e 54).
Ausência de defesa técnica	Para o STJ, "a audiência admonitória, para aceitação das condições para suspensão condicional da pena, não constitui atividade jurisdicional, mas sim administrativa, de competência do Juízo da Execução. Dessa forma, **não há que se falar em nulidade pela realização do ato sem a presença de Defesa técnica**, [...] sendo relevante destacar que a Defesa pode formular pedido de revogação do benefício da suspensão condicional da pena, a qualquer tempo"[11].

8. STJ, HC 184.161/MS, Rel. Min. Jorge Mussi, 5ª Turma, j. 31/05/2011.
9. STJ, HC 447662/SP, Rel. Min. Reynaldo Soares da Fonseca, 5ª Turma, j. 18/10/2018.
10. "A 3ª Seção desta Corte, ao julgar o EREsp n.º 1.619.087/SC, Rel. Min. MARIA THEREZA DE ASSIS MOURA, Rel. p/ acórdão Ministro JORGE MUSSI, fixou entendimento de não ser possível a execução provisória de penas restritivas de direitos, conforme disposto no art. 147 da Lei de Execução Penal. **Essa orientação também é aplicável nos casos de suspensão condicional da pena**" (STJ, HC 459554/SC, Rel. Min. Laurita Vaz, 6ª Turma, j. 18/09/2018).
11. STJ, HC 461029/DF, Rel. Min. Felix Fischer, 5ª Turma, j. 18/10/2018.

TEMAS RELEVANTES	
Período de prova	Para o STF[12], a fixação do período de prova acima do mínimo legal pressupõe a indicação de fatos concretos.
Multa anterior	► ***Art. 77, §1º - A condenação anterior a pena de multa não impede a concessão do benefício.*** ■ Súmula 499 do STF: Não obsta à concessão do *sursis* condenação anterior à pena de multa.
Reincidência	**Apenas a reincidência em crime doloso impede o *sursis*** (art. 77, I). Exceção: condenação anterior exclusivamente a pena de multa.
Natureza da pena	► ***Art. 80. A suspensão não se estende às penas restritivas de direitos nem à multa.*** A suspensão condicional é da pena privativa de liberdade (reclusão, detenção ou prisão simples).
Medida de segurança	O *sursis* aplica-se apenas à **pena** privativa de liberdade, jamais à medida de segurança.
Suspensão dos direitos políticos	Durante o curso do período de prova, o condenado permanece com seus direitos políticos suspensos (art. 15, III da CF/88)[13].
Concurso de crimes	Os pressupostos de aplicação do *sursis* (até 2 anos, no simples e especial; até 4 anos no etário ou profilático) consideram sempre a **pena total**[14].
Inquérito, ação penal em curso e transação	Para o STJ, a existência de inquéritos, ações penais em curso ou processo em que foi aceita a proposta de transação penal, por si só, **não obsta** a concessão de *sursis*. Isto porque os requisitos subjetivos exigidos para a concessão do *sursis* coincidem com as circunstâncias judiciais previstas no art. 59. Assim, é perfeitamente aplicável ao caso, por analogia, a súmula 444 do STJ[15].

12. STF, HC 94937/SP, Rel. Min. Cármen Lúcia, 1ª Turma, j. 07/10/2008.
13. STF, ARE 1046939 AgR/MG, Rel. Min. Gilmar Mendes, 2ª Turma, j. 30/08/2019.
14. STJ, HC 197657/MG, Rel. Min. Nefi Cordeiro, 6ª Turma, j. 02/02/2016.
15. STJ, REsp 1262591/MG, Rel. Min. Sebastião Reis Júnior, 6ª Turma, j. 07/03/2013. ■ Súmula 444 do STJ: É vedada a utilização de inquéritos policiais e ações penais em curso para agravar a pena-base.

TEMAS RELEVANTES	
Ausência de condições	O *sursis* é **sempre condicionado** (suspensão 'condicional' da pena). Em regra, o juiz sentenciante deve pronunciar-se fundamentadamente sobre o *sursis* e suas condições (art. 157 da LEP). Caso não o faça, cabe a interposição de embargos de declaração para sanar a omissão.
	Excepcionalmente, o juiz da execução pode fixar as condições (permissão no art. 66, III, d da LEP). Ex.: o benefício foi negado pelo juiz sentenciante e concedido pelo Tribunal[16].
Estrangeiro em situação irregular	É **possível** a concessão de *sursis*. Segundo o STF[17], "o súdito estrangeiro, mesmo aquele sem domicílio no brasil, tem direito a todas as prerrogativas básicas que lhe assegurem a preservação do *status libertatis* e que lhe garantam a observância, pelo poder público, da cláusula constitucional do *due process*".
Indulto	Para o STF[18] e o STJ[19], o período de prova do *sursis* não é cumprimento de pena. Portanto, **é inviável a consideração do período de prova do *sursis* para fins de concessão do indulto**.
Prescrição	**Durante o período de prova não corre prescrição** (art. 77 c/c o art. 112)[20]. Embora o CP não considere, de forma explícita, o *sursis* como causa impeditiva da prescrição, esse efeito deflui da lógica do sistema vigente[21]. A audiência admonitória interrompe a prescrição (art. 117, V), que começará a correr com a eventual revogação do *sursis* (art. 112, I)[22].

16. Exemplo do STJ: "1. O réu foi condenado à pena mínima de 1 ano, sua conduta social foi considerada adequada pelo Juiz de primeiro grau, além de ser tecnicamente primário. 2. O fato de o réu se embriagar nos fins de semana não é, por si só, suficiente para obstar o deferimento do sursis, visto que as outras circunstâncias judiciais pesam favoravelmente à concessão do benefício almejado. [...] 4. Ordem concedida para possibilitar a suspensão condicional da pena ao paciente, mediante as condições a serem estabelecidas pelo Juiz da Execução" (HC 138703/RJ, Rel. Min. Napoleão Nunes Maia Filho, 5ª Turma, j. 29/10/2009).
17. STF, HC 103311/PR, Rel. Min. Luiz Fux, 1ª Turma, j. 07/06/2011.
18. STF, HC 129838/PE, Rel. Min. Alexandre de Moraes, 1ª Turma, j. 16/05/2017.
19. STJ, HC 350345/RS, Rel. Min. Ribeiro Dantas, 5ª Turma, j. 06/10/2016.
20. STF, ARE 758086 AgR/PR, Rel. Min. Gilmar Mendes, 2ª Turma, j, 01/09/2015.
21. STF, HC 91562/PR, Rel. Min. Joaquim Barbosa, 2ª Turma, j. 09/10/2007.
22. STF, ARE 1226881 AgR/GO, Rel. Min. Ricardo Lewandowski, 2ª Turma, j. 18/10/2019.

TEMAS RELEVANTES	
Crimes hediondos	Dificilmente serão preenchidos os requisitos do *sursis*, pois as penas tendem a ser superiores a 2 anos. Contudo, o STF[23] e o STJ[24] entendem que **é possível** a suspensão condicional da pena mesmo em se tratando de crime hediondo. Ressalva-se, contudo, o **tráfico de drogas**, ante a **vedação expressa** no art. 44 da Lei 11.343/2006[25]. O STF[26] e o STJ[27] costumam reafirmar a vedação, mas há precedentes da 1ª Turma do STF[28] e da 6ª Turma do STJ[29] considerando admissível o *sursis* ao tráfico de drogas. Fundamento: se é possível a substituição por PRD, mais benéfica que a concessão de *sursis*, não tem razão para negar o benefício.

CASSAÇÃO		
O *sursis* fica sem efeito **antes do início do período de prova**. Hipóteses:		
Não comparecimento injustificado à audiência.	Recusa do benefício pelo condenado.	Majoração da pena além de 2 anos em grau de recurso.

REVOGAÇÃO
Durante o período de prova, não corre prescrição. Se o *sursis* for revogado, a prescrição da pretensão executória (PPE) retomará o seu curso e o condenado deverá cumprir **integralmente** a pena aplicada na sentença. Em regra, o apenado deve ser ouvido antes da revogação, em respeito ao contraditório e à ampla defesa.

23. STF, HC 86698/SP, Rel. Min. Marco Aurélio, 1ª Turma, j. 19/06/2007.
24. STJ, REsp 1320387/SP, Rel. Min. Nefi Cordeiro, 6ª Turma, 18/02/2016.
25. Art. 44 da Lei 11.343/2006. Os crimes previstos nos arts. 33, *caput* e §1º, e 34 a 37 desta Lei são inafiançáveis e insuscetíveis de *sursis*, graça, indulto, anistia e liberdade provisória, vedada a conversão de suas penas em restritivas de direitos.
26. STF, HC 101919/MG, Rel. Min. Marco Aurélio, 1ª Turma, j. 06/09/2011. (Info 639)
27. "Não tem direito à suspensão condicional da pena quem é condenado por crime de tráfico de drogas, positivado no art. 33, *caput*, da Lei n. 11.343/2006, por expressa vedação do art. 44, *caput*, dessa lei" (STJ, REsp 1373032/DF, Rel. Min. Rogerio Schietti Cruz, 6ª Turma, j. 17/12/2015).
28. STF, HC 119783/RJ, Rel. Min. Marco Aurélio, 1ª Turma, j. 10/11/2015.
29. STJ, REsp 1466069/RS, Rel. Min. Rogério Schietti Cruz, Rel. p/ ac. Min. Nefi Cordeiro, 6ª Turma, j. 06/11/2014.

REVOGAÇÃO	
Obrigatória	**Facultativa**
► ***Art. 81. A suspensão será revogada se, no curso do prazo, o beneficiário:*** ***I - É condenado, em sentença irrecorrível, por crime doloso;*** ***II - Frustra, embora solvente, a execução de pena de multa ou não efetua, sem motivo justificado, a reparação do dano;*** ***III - Descumpre a condição do §1º do art. 78 deste Código.***	► ***Art. 81, §1º - A suspensão poderá ser revogada se o condenado descumpre qualquer outra condição imposta ou é irrecorrivelmente condenado, por crime culposo ou por contravenção, a pena privativa de liberdade ou restritiva de direitos.***

HIPÓTESES DE REVOGAÇÃO OBRIGATÓRIA	
Condenação irrecorrível por crime doloso	Basta a condenação durante o período de prova. Não importa quando o crime foi cometido. Condenação a pena de multa não autoriza a revogação. A sentença que concede perdão judicial, ainda que por crime doloso, não acarreta a revogação obrigatória[30]. Não há razão para a prévia oitiva do apenado (condição objetiva)[31].
Multa ou reparação do dano	Se o condenado pagar a multa, o *sursis* pode ser restabelecido. É preciso observar a falta de justificativa. Para Rogério Greco, "se o condenado, em virtude de sua atual condição econômico-financeira, não tiver recursos suficientes para levar a efeito a reparação dos danos por ele causados, não haverá possibilidade de revogação da suspensão"[32].
Condenação irrecorrível por crime culposo ou contravenção	Atenção: condenação irrecorrível "***a pena privativa de liberdade ou restritiva de direitos***" (art. 81, §1º). Logo, a condenação a multa não enseja a revogação. À semelhança da condenação irrecorrível por crime doloso, não é necessária a oitiva prévia do apenado (condição objetiva). Quando for imposta pena privativa de liberdade, o *sursis* apenas poderá ser mantido se for fixado o regime aberto.

30. ■ Súmula 18 do STJ: A sentença concessiva do perdão judicial é declaratória da extinção da punibilidade, não subsistindo qualquer efeito condenatório.

31. "[...] Sendo assim, se a revogação, na espécie, é medida necessária, decorrente de condição objetiva, não há razão para a prévia audiência do apenado [...]" (STJ, RHC 18521/MG, Rel. Min. Arnaldo Esteves Lima, 5ª Turma, j. 03/04/2007).

32. GRECO, Rogério (op. cit. p. 711).

REVOGAÇÃO DO *SURSIS* – RESUMO	
Obrigatória	**Facultativa**
1) Condenação irrecorrível por crime **doloso**; 2) **Não paga a multa ou não repara o dano**, injustificadamente; 3) Descumprimento da **prestação de serviços ou da limitação de fim de semana**.	1) Condenação irrecorrível por crime **culposo** ou por **contravenção** (desde que tenha sido imposta pena **privativa de liberdade ou restritiva de direitos**); 2) Descumprimento da **proibição de frequentar determinados lugares, de ausentar-se da comarca onde reside sem autorização ou do comparecimento mensal**; 3) Descumprimento de outras **condições judiciais**.
O juiz **deve** revogar o *sursis*. Não há discricionariedade.	O juiz **pode revogar o *sursis* ou prorrogar o período de prova até o máximo**.

PRORROGAÇÃO DO PERÍODO DE PROVA	
►Art. 81, §2º - Se o beneficiário está sendo processado por outro crime ou contravenção, considera-se prorrogado o prazo da suspensão até o julgamento definitivo.	***►Art. 81, §3º - Quando facultativa a revogação, o juiz pode, ao invés de decretá-la, prorrogar o período de prova até o máximo, se este não foi o fixado.***
A prorrogação é automática (independe de decisão judicial).	A prorrogação deve ser decidida pelo julgador.

FISCALIZAÇÃO
►Art. 78. Durante o prazo da suspensão, o condenado ficará sujeito à observação e ao cumprimento das condições estabelecidas pelo juiz. Será atribuída a serviço social penitenciário, Patronato, Conselho da Comunidade ou instituição beneficiada com a prestação de serviços, inspecionados pelo Conselho Penitenciário, pelo MP, ou ambos (art. 158, §3º da LEP).

EXTINÇÃO
► ***Art. 82. Expirado o prazo sem que tenha havido revogação, considera-se extinta a pena privativa de liberdade.*** Se for verificado que o condenado está sendo processado por outro crime ou contravenção (art. 81, §2º), a prorrogação do período de prova é automática, salvo se já houver declaração de extinção da punibilidade transitada em julgado.

DESCOBERTA POSTERIOR DE DESCUMPRIMENTO DE CONDIÇÃO
Para o STF[33], constatado o descumprimento de condição imposta durante o período de prova do *sursis*, é perfeitamente cabível a revogação do benefício, **ainda que a decisão venha a ser proferida após o término do período de prova.**
No mesmo sentido, o STJ[34] entende que se o período de prova já terminou, mas foi descoberta uma condenação irrecorrível por crime doloso durante o seu período, a revogação obrigatória se impõe.

***SURSIS* SUCESSIVOS[35]**	***SURSIS* SIMULTÂNEOS[36]**
O réu já cumpriu *sursis* anteriormente e comete outro crime culposo ou contravenção. Como não é reincidente em crime doloso, não há óbice à concessão de novo *sursis*.	Pode ocorrer em duas hipóteses: 1) O réu, durante o período de prova, é condenado por crime culposo ou contravenção a pena privativa de liberdade de até 2 anos. Pode ser concedido novo *sursis*, havendo cumprimento simultâneo; 2) O réu primário é condenado por crime doloso antes do período de prova e obtém novo *sursis*.

33. STF, HC 114862/SP, Rel. Min. Gilmar Mendes, 2ª Turma, j. 01/10/2013.
34. STJ, AgRg no REsp 1433114/MG, Rel. Min. Sebastião Reis Júnior, 6ª Turma, j. 12/05/2015.
35. MASSON, Cleber (op. cit. p. 686).
36. Idem.

SUSPENSÃO CONDICIONAL DA PENA (*SURSIS* PENAL)	SUSPENSÃO CONDICIONAL DO PROCESSO (*SURSIS* PROCESSUAL)
Há condenação e a pena é suspensa, se preenchidos os requisitos.	Não há condenação e suspende-se a ação penal nos crimes em que a pena mínima cominada for igual ou inferior a 1 ano.
A condenação poderá ser utilizada, futuramente, para caracterizar reincidência ou maus antecedentes.	A ausência de condenação impede que o fato seja considerado, futuramente, para caracterizar reincidência ou maus antecedentes.

INFORMATIVOS DO STJ
Info. 815: As condições do art. 78, § 1º, do Código Penal, para cumprimento da suspensão condicional da pena, podem ser estabelecidas no mesmo prazo da pena corporal imposta. AgRg no REsp 2093322/RS, Rel. Min. Sebastião Reis Júnior, 6ª Turma, j. 11/03/2024.

26

MEDIDA DE SEGURANÇA

MEDIDA DE SEGURANÇA
Medida de segurança é **espécie do gênero sanção penal** destinada ao tratamento de **inimputáveis e semi-imputáveis que apresentem periculosidade.** O instituto tem aspecto **curativo** e finalidade de **prevenção especial** (evitar a prática de delitos futuros).

SANÇÃO PENAL	
Pena	**Medida de segurança**
Pressuposto na **culpabilidade** do agente.	Pressuposto na **periculosidade** do agente.
Aplicada a **imputáveis** e **semi-imputáveis** <u>**sem**</u> **periculosidade**.	Aplicada a **inimputáveis** e **semi-imputáveis** <u>**com**</u> **periculosidade**.
Duração determinada.	Duração máxima indeterminada.
Juízo de **diagnose**: analisa-se o que o agente **fez**.	Juízo de **prognose**: analisa-se o que o agente **pode vir a fazer** no futuro.
Ambas estão submetidas ao princípio da legalidade: apenas a lei pode criar crimes e medidas de segurança.	

REQUISITOS		
Prática de um ilícito penal (crime ou contravenção).	**Periculosidade** do agente (juízo de probabilidade).	**Punibilidade não extinta.** ► ***Art. 96, parágrafo único. Extinta a punibilidade, não se impõe medida de segurança nem subsiste a que tenha sido imposta.***

INIMPUTÁVEL (ART. 26 DO CP)	SEMI-IMPUTÁVEL (ART. 26, PARÁGRAFO ÚNICO, DO CP)
Inimputável é o agente que, por doença mental ou desenvolvimento mental incompleto ou retardado, era, ao tempo da ação ou da omissão, **inteiramente incapaz** de entender o caráter ilícito do fato ou de determinar-se de acordo com esse entendimento.	Semi-imputável é o agente que em virtude de perturbação de saúde mental ou por desenvolvimento mental incompleto ou retardado **não era inteiramente capaz** de entender o caráter ilícito do fato ou de determinar-se de acordo com esse entendimento.
A periculosidade é **presumida**.	A periculosidade é **real**.
Se um **inimputável** praticar um crime, será absolvido (**absolvição imprópria**) e será aplicada a medida de segurança (presunção absoluta de periculosidade).	Se um **semi-imputável** praticar um crime, será condenado (**sentença condenatória**) e sua pena será **reduzida de 1 a 2/3**. Se a perícia atestar a necessidade de tratamento, **a pena (reduzida) poderá ser substituída por medida de segurança**.
Obs.: quando a pena do semi-imputável for substituída por medida de segurança, ele será submetido ao mesmo tratamento do inimputável, sem distinções. Essa substituição tem fundamento no art. 98: ► ***Art. 98. Na hipótese do parágrafo único do art. 26 deste Código e necessitando o condenado de especial tratamento curativo, a pena privativa de liberdade pode ser substituída pela internação, ou tratamento ambulatorial, pelo prazo mínimo de 1 a 3 anos, nos termos do artigo anterior e respectivos §§ 1º a 4º.***	

<table>
<tr><th colspan="2">ESPÉCIES DE MEDIDA DE SEGURANÇA (ART. 96 DO CP)</th></tr>
<tr><td>I - Internação em hospital de custódia e tratamento psiquiátrico ou, à falta, em outro estabelecimento adequado</td><td>II - Sujeição a tratamento ambulatorial</td></tr>
<tr><td>É a medida de segurança detentiva.</td><td>É a medida de segurança restritiva.</td></tr>
<tr><td colspan="2">► Art. 97. Se o agente for inimputável, o juiz determinará sua internação (art. 26). Se, todavia, o fato previsto como crime for punível com detenção, poderá o juiz submetê-lo a tratamento ambulatorial.
O STF[1] e o STJ entendem que "para uma melhor exegese do art. 97 do CP, à luz dos princípios da adequação, da razoabilidade e da proporcionalidade, não deve ser considerada a natureza da pena privativa de liberdade aplicável, mas sim a periculosidade do agente, cabendo ao julgador a faculdade de optar pelo tratamento que melhor se adapte ao inimputável"[2].</td></tr>
</table>

<table>
<tr><th colspan="2">PRAZO MÍNIMO DE DURAÇÃO</th></tr>
<tr><td colspan="2">► Art. 97, §1º - A internação, ou tratamento ambulatorial, será por tempo indeterminado, perdurando enquanto não for averiguada, mediante perícia médica, a cessação de periculosidade. O prazo mínimo deverá ser de 1 a 3 anos.
§2º - A perícia médica realizar-se-á ao termo do prazo mínimo fixado e deverá ser repetida de ano em ano, ou a qualquer tempo, se o determinar o juiz da execução.
Após o prazo mínimo (1 a 3 anos), o condenado deve realizar a primeira perícia. Após esta primeira, a perícia ocorrerá anualmente ou a qualquer tempo (o juízo da execução pode antecipar a perícia, mas não pode adiá-la para além de 1 ano). Pela letra da lei, não há prazo máximo: a medida de segurança persistirá enquanto houver periculosidade.</td></tr>
<tr><th>STF[3]</th><th>STJ</th></tr>
<tr><td>Prazo máximo de 40 anos, à similaridade do prazo máximo de cumprimento de pena.</td><td>■ Súmula 527 do STJ: O tempo de duração da medida de segurança não deve ultrapassar o limite máximo da pena abstratamente cominada ao delito praticado.</td></tr>
</table>

1. STF, HC 85401/RS, Rel. Min. Cezar Peluso, 2ª Turma, j. 04/12/2009.
2. STJ, EREsp 998128/MG, Rel. Min. Ribeiro Dantas, 3ª Seção, j. 27/11/2019.
3. STF, RHC 100383/AP, Rel. Min. Luiz Fux, 1ª Turma, j. 18/10/2011.

TEMAS RELEVANTES SOBRE A MEDIDA DE SEGURANÇA	
Persistência da periculosidade	Se após o prazo de 40 anos a periculosidade do agente persistir, a solução é a internação civil (art. 1.767 c/c art. 1.769, I, do CC).
Sistema vicariante ou unitário	A medida de segurança não pode ser cumulada com a pena privativa de liberdade. **Ou uma, ou outra**[4]. O sistema vicariante **substituiu o duplo binário** (imposição cumulativa de pena e medida de segurança).
Pena privativa de liberdade e medida de segurança	"Durante o cumprimento de pena privativa de liberdade, o fato de ter sido imposta ao réu, em outra ação penal, medida de segurança referente a fato diverso não impõe a conversão da pena privativa de liberdade que estava sendo executada em medida de segurança. [...] No caso em análise, evidencia-se que cada reprimenda imposta corresponde a um fato distinto. Portanto, não há que se falar em ofensa ao sistema vicariante, porquanto a medida de segurança refere-se a um fato específico e a aplicação da pena privativa de liberdade correlaciona-se a outro fato e delito"[5].
Direitos do internado	► ***Art. 99. O internado será recolhido a estabelecimento dotado de características hospitalares e será submetido a tratamento.***
Local de tratamento	A internação e o tratamento ambulatorial deverão ocorrer em **hospital de custódia e tratamento psiquiátrico, ou, na falta, em outro estabelecimento médico adequado** (art. 96, I do CP c/c art. 101 da LEP). Para o STJ, configura "constrangimento ilegal na segregação de (semi)inimputável, submetido à medida de segurança de internação, em estabelecimento prisional comum, enquanto aguarda o surgimento de vaga em instituto psiquiátrico"[6].
Detração	O tempo de internação **deve ser computado** na medida de segurança (art. 42 do CP).
Indulto	O período de cumprimento da medida de segurança **repercute** no tempo exigido para o indulto[7].

4. STJ, HC 275635/SP, Rel. Min. Nefi Cordeiro, 6ª Turma, j. 08/03/2016.
5. STJ, HC 275635/SP, Rel. Min. Nefi Cordeiro, 6ª Turma, j. 08/03/2016.
6. STJ, HC 575762/SP, Rel. Min. Rogerio Schietti Cruz, 6ª Turma, j. 26/05/2020.
7. STF, RE 628658/RS, Rel. Min. Marco Aurélio, Pleno, j. 05/11/2015.

TEMAS RELEVANTES SOBRE A MEDIDA DE SEGURANÇA	
Política antimanicomial	Devem ser observados na execução da medida de segurança os princípios estabelecidos pela **Lei 10.216/2001**, que dispõe sobre a proteção dos direitos das pessoas portadoras de transtornos mentais e redireciona o modelo assistencial de tratamento e cuidado em saúde mental que deve acontecer de modo **antimanicomial**, em serviços substitutivos em meio aberto. No mesmo sentido, a Recomendação n. 35/2011 do CNJ e as Resoluções n. 04/2010 e 05/2004 do Conselho Nacional de Política Criminal e Penitenciária.
Súmula 422 do STF	■ Súmula 422 do STF: A absolvição criminal não prejudica a medida de segurança, quando couber, ainda que importe privação de liberdade.
Lei de Drogas	A Lei de Drogas traz dispositivos específicos para a aplicação de medida de segurança (arts. 45 a 47 da Lei 11.343/2006).
Medidas socioeducativas	Crianças e adolescentes infratores podem ser submetidos à medida socioeducativa de internação, conforme regramento próprio no ECA (arts. 121 ao 125).
Medida de segurança na segunda instância	■ Súmula 525 do STF: A medida de segurança não será aplicada em segunda instância, quando só o réu tenha recorrido. No HC 111.769/SP[8], os Ministros Gilmar Mendes e Ricardo Lewandowski entenderam que a súmula estaria superada, pois a reforma penal de 1984 (posterior à súmula) já admitiria a instauração de incidente de insanidade por iniciativa de Corte de segundo grau quando houver indícios de insanidade. Não foi o entendimento que prevaleceu. Contudo, a 2ª Turma decidiu sugerir o encaminhamento de sugestão à Comissão de Jurisprudência da Suprema Corte para eventual reformulação de seu enunciado.

EXECUÇÃO DA MEDIDA DE SEGURANÇA	
Impossibilidade de execução provisória	Nos termos do art. 171 da LEP, é necessário o **trânsito em julgado** da sentença absolutória imprópria para o início do cumprimento de medida de segurança imposta.

8. STF, HC 111769/SP, Rel. Min. Gilmar Mendes, 2ª Turma, j. 26/06/2012.

EXECUÇÃO DA MEDIDA DE SEGURANÇA	
Guia de internamento ou tratamento ambulatorial	Com o trânsito em julgado, deve ser expedida a guia de internamento ou de tratamento ambulatorial, a qual deve ser instruída com as peças previstas no art. 173 da LEP e, ainda, com os documentos elencados no art. 1º da Resolução n. 113/2010 do CNJ.
Médico de confiança pessoal	O art. 43 da LEP garante a liberdade de contratar médico de confiança pessoal do internado ou do submetido a tratamento ambulatorial, por seus familiares ou dependentes, a fim de orientar e acompanhar o tratamento. As divergências entre o médico oficial e o particular serão resolvidas pelo Juiz da execução.
Exame criminológico	Por força do art. 174 da LEP, os internados devem ser submetidos a exame criminológico. Já para os submetidos a tratamento ambulatorial, o exame criminológico é facultativo.

DESINTERNAÇÃO OU LIBERAÇÃO CONDICIONAL
►***Art. 97, §3º - A desinternação, ou a liberação, será sempre condicional devendo ser restabelecida a situação anterior se o agente, antes do decurso de 1 ano, pratica fato indicativo de persistência de sua periculosidade.*** ***§4º - Em qualquer fase do tratamento ambulatorial, poderá o juiz determinar a internação do agente, se essa providência for necessária para fins curativos.*** Se a periculosidade cessar, o juiz deve determinar a desinternação ou liberação e estipular as **condições do livramento condicional** (art. 178 da LEP). Contra essa decisão, cabe **agravo em execução com efeito suspensivo**[9] (único caso em que o agravo em execução comporta efeito suspensivo, por força do art. 179 da LEP[10]). Há um "ensaio" de um 1 ano e se, nesse período, o sujeito (agora chamado de **egresso**) manifestar periculosidade, a medida será revogada.

DOENÇA MENTAL DURANTE A EXECUÇÃO DA PENA
Pode ocorrer de o agente ser imputável e, **durante** o cumprimento da pena, ser acometido de anomalia psíquica. A depender das circunstâncias, há dois dispositivos aplicáveis:

9. STJ, AgRg no HC 451503/DF, Rel. Min. Sebastião Reis Júnior, 6ª Turma, j. 12/06/2018.
10. Art. 179. Transitada em julgado a sentença, o Juiz expedirá ordem para a desinternação ou a liberação.

DOENÇA MENTAL DURANTE A EXECUÇÃO DA PENA	
Art. 41 do CP c/c art. 108 da LEP	**Art. 183 da LEP**
► ***Art. 41. O condenado a quem sobrevém doença mental deve ser recolhido a hospital de custódia e tratamento psiquiátrico ou, à falta, a outro estabelecimento adequado.*** Com redação semelhante, o art. 108 da LEP: "o condenado a quem sobrevier doença mental será internado em Hospital de Custódia e Tratamento Psiquiátrico".	Segundo o art. 183 da LEP, "quando, no curso da execução da pena privativa de liberdade, sobrevier doença mental ou perturbação da saúde mental, o Juiz, de ofício, a requerimento do Ministério Público, da Defensoria Pública ou da autoridade administrativa, poderá determinar a substituição da pena por medida de segurança".
Há perturbação **temporária** da saúde mental.	Há perturbação **duradoura** da saúde mental
O preso é transferido da prisão para o hospital. Quando se recuperar, **retornará à prisão** para prosseguimento da execução da pena privativa de liberdade.	Opera-se a **conversão** da pena privativa de liberdade em medida de segurança. Para o STJ, "deve perdurar pelo período de cumprimento da reprimenda imposta na sentença penal condenatória, sob pena de ofensa à coisa julgada"[11].

MEDIDA DE SEGURANÇA PREVENTIVA (ART. 319, VII, DO CPP)		
A internação provisória é uma medida cautelar diversa da prisão prevista no CPP (isto é, substitui a prisão preventiva decretada). Requisitos:		
Crimes praticado com violência ou grave ameaça.	**Sujeito inimputável ou semi-imputável (perícia).**	**Risco de reiteração.**

11. STJ, AgRg no HC 531438/GO, Rel. Min. Reynaldo Soares da Fonseca, 5ª Turma, j. 12/05/2020.

CONVERSÕES	
Tratamento ambulatorial → Internação	**Internação → Tratamento ambulatorial**
►***Art. 97, §4º - Em qualquer fase do tratamento ambulatorial, poderá o juiz determinar a internação do agente, se essa providência for necessária para fins curativos.*** No mesmo sentido, o art. 184 da LEP: "o tratamento ambulatorial poderá ser convertido em internação se o agente revelar incompatibilidade com a medida". O parágrafo único estabelece que nesta hipótese, o prazo mínimo de internação será de 1 ano.	É a **desinternação progressiva**, instituto sem previsão legal com a finalidade de adaptar o condenado ao convívio social. Para o STF[12] e o STJ[13], a melhora do quadro psiquiátrico do paciente autoriza o juízo de execução a determinar procedimento de desinternação progressiva, em regime de semi-internação, até que alcance a desinternação condicional.

PRESCRIÇÃO DA MEDIDA DE SEGURANÇA	
Inimputável	**Semi-imputável**
O CP não cuida expressamente da prescrição de medida de segurança, mas essa é considerada uma espécie do gênero sanção penal[14]. Assim, sujeita-se às regras previstas no CP relativas aos prazos prescricionais e às diversas causas interruptivas da prescrição. Se o réu é absolvido (absolvição imprópria), não há pena concretizada na sentença. O STF[15] e o STJ[16] entendem que, nesse caso, a prescrição regula-se pelo **máximo da pena prevista em abstrato para o delito**.	No caso dos semi-imputáveis, considerando que existe uma sentença condenatória e uma pena concreta, **a prescrição segue as regras aplicáveis às penas privativas de liberdade**. São causas interruptivas da prescrição a publicação da sentença que aplica a medida de segurança e o início da submissão ao tratamento (equivalente ao início do cumprimento da pena – art. 117, V)[17].

12. STF, HC 97621/RS, Rel. Min. Cezar Peluso, 2ª Turma, j. 02/06/2009.
13. STJ, HC 113459/RS, Rel. Min. Jane Silva, 5ª Turma, j. 28/10/2008.
14. STF, RHC 86888/SP, Rel. Min. Eros Grau, 1ª Turma, j. 02/12/2005.
15. STF, RHC 86888/SP, Rel. Min. Eros Grau, 1ª Turma, j. 08/11/2005.
16. STJ, AgRg no HC 469698/SP, Rel. Min. Reynaldo Soares da Fonseca, 5ª Turma, j. 12/02/2019.
17. STF, HC 107777/RS, Rel. Min. Ayres Britto, 2ª Turma, j. 07/02/2012.

27

EFEITOS DA CONDENAÇÃO

EFEITOS DA CONDENAÇÃO
São todas as consequências provenientes de uma **SENTENÇA PENAL CONDENATÓRIA TRANSITADA EM JULGADO (pressuposto)**.
Não produzem efeitos da condenação: sentenças absolutórias (próprias ou impróprias); decisões judiciais que homologam a composição, a transação penal, o ANPP e a suspensão condicional do processo e a sentença concessiva de perdão judicial. Em todos esses casos, não há condenação.
Cuidado: a sentença que aplica medida de segurança ao semi-imputável (art. 26, parágrafo único) é condenatória e, portanto, gera efeitos.

EFEITOS PENAIS		EFEITOS EXTRAPENAIS	
Principal	**Secundários**	**Genéricos**	**Específicos**
É a imposição da sanção penal (**pena ou medida de segurança**).	Exemplos: reincidência, maus antecedentes, revogação do *sursis* e do livramento condicional, interrupção da prescrição, revogação da reabilitação, conversão da pena restritiva de direitos em pena privativa de liberdade etc.	**Estão previstos no art. 91, recaem sobre todos os crimes e dispensam motivação na sentença.**	**Estão previstos nos arts. 91-A e 92 e devem ser expressamente decretados pelo juiz sentenciante.**

EFEITOS EXTRAPENAIS GENÉRICOS (ART. 91)
► ***Art. 91. São efeitos da condenação:*** ***I - Tornar certa a obrigação de indenizar o dano causado pelo crime;*** ***II - A perda em favor da União, ressalvado o direito do lesado ou de terceiro de boa-fé:*** ***a) dos instrumentos do crime, desde que consistam em coisas cujo fabrico, alienação, uso, porte ou detenção constitua fato ilícito;*** ***b) do produto do crime ou de qualquer bem ou valor que constitua proveito auferido pelo agente com a prática do fato criminoso.***
Destaca-se: a condenação produz esses efeitos **independentemente de serem expressamente declarados na sentença**.

REPARAÇÃO DO DANO
A sentença penal condenatória transitada em julgado forma um **título executivo judicial** (art. 515, VI, do CPC) que poderá ser executado perante o juízo cível. Essa é a 'ação de execução *ex delicto*' ou 'execução civil *ex delicto*'), com regramento no art. 63 do CPP: "**transitada em julgado a sentença condenatória, poderão promover-lhe a execução, no juízo cível, para o efeito da reparação do dano, o ofendido, seu representante legal ou seus herdeiros**".
Segundo o art. 387, IV, do CPP, o juiz, ao proferir sentença condenatória, fixará **valor mínimo** para reparação dos danos causados pela infração, considerando os prejuízos sofridos pelo ofendido. É possível que o juiz deixe de fazê-lo em alguns casos (ex.: quando a questão cível for excessivamente complexa, quando não houver elementos suficientes para a fixação ou quando a vítima já foi indenizada). Contudo, com ou sem a fixação do valor mínimo, a sentença condenatória transitada em julgado é um título executivo judicial e **torna indiscutível o *an debeatur* (existência da dívida), restando apenas liquidar o *quantum debeatur***[1]. Portanto, transitada em julgado a sentença condenatória, a execução poderá ser efetuada a partir desse valor mínimo fixado (art. 63, parágrafo único, do CPP).
Há, ainda, outro caminho para a reparação do dano: antes do desfecho do processo penal, o ofendido pode buscar a reparação pelo dano causado pelo crime em processo de conhecimento cível, conforme o art. 64 do CPP. É a '**ação civil *ex delicto***'. Essa possibilidade repousa na independência das instâncias civil e penal, o que permite que o legitimado opte por não aguardar a formação do título executivo judicial (sentença condenatória transitada em julgado).

1. O tema foi minuciosamente analisado na obra '**PROCESSO PENAL EM TABELAS**'.

REPARAÇÃO DO DANO (ART. 91, I)
A reparação do dano também pode ser alcançada por meio da fixação da pena de **prestação pecuniária** (espécie de pena restritiva de direitos). ► ***Art. 45, §1º - A prestação pecuniária consiste no pagamento em dinheiro à vítima, a seus dependentes ou a entidade pública ou privada com destinação social, de importância fixada pelo juiz, não inferior a 1 salário mínimo nem superior a 360 salários mínimos. O valor pago será deduzido do montante de eventual condenação em ação de reparação civil, se coincidentes os beneficiários.***
Ademais, a reparação do dano também pode figurar como: 1) **Arrependimento posterior** (art. 16); 2) **Atenuante genérica** (art. 65, III, *b*); 3) **Requisito para a progressão de regime nos crimes contra a Administração Pública** (art. 33, §4º); 4) Requisito para o ***sursis* especial** (art. 78, §2º); 5) Requisito para o **livramento condicional** (art. 83, IV); 6) Condição para a **suspensão condicional do processo** (art. 89, §1º, I, da Lei 9.099/1995); 7) Condição para o **ANPP** (art. 28-A, I, do CPP); e 8) Requisito para a **reabilitação criminal** (art. 94, III).

CONFISCO DOS INSTRUMENTOS DO CRIME (ART. 91, II, A)
São os objetos utilizados na prática do crime (*instrumenta sceleris*). O confisco só recai sobre aqueles que consistam em **coisas cujo fabrico, alienação, uso, porte ou detenção constitua fato ilícito.** Ex.: o agente só perderá a arma utilizada no roubo se não possuir autorização para seu porte.
A perda **não se aplica aos instrumentos de contravenção penal** (interpretação restritiva).
Segundo o art. 243 da CF/88, as propriedades rurais e urbanas de qualquer região do País onde forem localizadas **culturas ilegais de plantas psicotrópicas ou a exploração de trabalho escravo** na forma da lei serão expropriadas e destinadas à reforma agrária e a programas de habitação popular, sem qualquer indenização ao proprietário e sem prejuízo de outras sanções previstas em lei (*caput*). Ademais, todo e qualquer bem de valor econômico apreendido em decorrência do tráfico ilícito de entorpecentes e drogas afins e da exploração de trabalho escravo será confiscado e reverterá a fundo especial com destinação específica, na forma da lei (parágrafo único).

CONFISCO DOS INSTRUMENTOS DO CRIME (ART. 91, II, A)		
O confisco de veículos, embarcações, aeronaves e outros meios de transporte dá-se em 3 hipóteses:		
Quando **a fabricação constituir fato ilícito** (é a hipótese do art. 91, II);	Quando utilizados para a prática de crimes por **organizações criminosas e milícias** (art. 91-A, §5º);	Quando utilizados para a prática de crimes definidos na **Lei de Drogas** (arts. 61 a 63 da Lei 11.343/2006).

CONFISCO DO PRODUTO OU PROVEITO DO CRIME (ART. 91, II, B)
"**Produto do crime** (*producta sceleris*) significa a vantagem direta obtida pelo agente em decorrência da prática do crime. É o caso do relógio roubado. **Proveito do crime**, por outro lado, é a vantagem indireta do crime, resultante da especificação do produto do crime (é o caso do ouro derivado do derretimento do relógio), o bem adquirido pelo agente em razão de alienação do produto do crime (o dinheiro auferido com a venda do relógio roubado), bem como o preço do crime (*pretium sceleris*)"[2].
►***Art. 91, §1º - Poderá ser decretada a perda de bens ou valores equivalentes ao produto ou proveito do crime quando estes não forem encontrados ou quando se localizarem no exterior.*** ***§2º - Na hipótese do §1º, as medidas assecuratórias previstas na legislação processual poderão abranger bens ou valores equivalentes do investigado ou acusado para posterior decretação de perda.***

EFEITOS EXTRAPENAIS ESPECÍFICOS	
Art. 91-A	**Art. 92**
Diferentemente dos efeitos extrapenais genéricos (art. 91), estes apenas serão produzidos se forem expressamente declarados na sentença.	
Atenção: a recente **Lei 14.994/2024** alterou o parágrafo único do art. 92 (agora, renumerado para §1º) para fazer constar a desnecessidade de pedido expresso da acusação. ►***Art. 92, §1º - Os efeitos de que trata este artigo não são automáticos, devendo ser motivadamente declarados na sentença pelo juiz, <u>mas independem de pedido expresso da acusação</u>, observado o disposto no inciso III do §2º deste artigo.***	

2. MASSON, Cleber (op. cit. p. 717).

ADPF 569/DF[3]
O Partido dos Trabalhadores (PT) e o Partido Democrático Trabalhista (PDT), por meio da ADI 569/DF, aduzem que o art. 91, II, "b", do CP tem sido utilizado como pretenso fundamento para que o Ministério Público pratique os atos para os quais carece de competência, em especial, no tocante à destinação de valores provenientes de restituições e multas decorrentes de condenações criminais, colaborações premiadas, além de outras sanções análogas. Defendem que tais atos ignoram que a União, ressalvado o direito do lesado ou terceiro de boa-fé, é a destinatária final desses recursos. Apontam como parâmetro constitucional para a interpretação do art. 91, II, "b", do CP, os princípios da moralidade pública e da legalidade (CF, art. 37, *caput* e §4º), bem como a separação dos Poderes (CF, art. 2º), e destacam que não obstante as funções institucionais do Ministério Público não se limitarem às previsões constitucionais, devem estar todas previstas em texto legal.
No julgamento da ADPF, o STF dispôs que em regra, as receitas provenientes de condenações judiciais por atos ilícitos, apurados com fundamento em sistemas normativos de responsabilização pessoal (penais, civis e administrativos), passam a compor os cofres públicos, à semelhança dos demais ingressos orçamentários, tornando-se aptas ao dispêndio somente na forma das leis autorizadoras do devido processo legislativo. Dentre outros exemplos, no caso da perda em favor da União dos instrumentos do crime, do seu produto e de bens ou valores que constituam proveito auferido pela prática do delito (art. 91, II, "a" e "b", do Código Penal) e do produto e o proveito do crime (art. 91, II, "b", CP, c/c art. 133, §§ 1º e 2º, do CPP, e do art. 2º, IV, da LC 79/1994), **destinam-se ao lesado, ao terceiro de boa-fé e, subsidiariamente, ao FUNPEN**. Nesse sentido, foi dada **interpretação conforme ao art. 91, II, "b", do Código Penal** para assentar que, não havendo previsão legal específica acerca da destinação de receitas derivadas provenientes de sistemas normativos de responsabilização pessoal, a qual vincula os órgãos jurisdicionais no emprego de tais recursos, tais ingressos, como aqueles originados de acordos de colaboração premiada, devem observar os estritos termos do art. 91 do Código Penal, sendo destinados, à míngua de lesados e de terceiros de boa-fé, à União, para sujeitarem-se à apropriação somente após o devido processo orçamentário constitucional, vedando-se sua distribuição de maneira diversa, seja por determinação ou acordo firmado pelo Ministério Público, seja por ordem judicial, excetuadas as previsões legais específicas. O STF observou que a participação do Ministério Público no processo orçamentário constitucional, à semelhança do Poder Judiciário, cinge-se à apresentação de proposta própria ao Poder Executivo e à consulta no tocante às diretrizes orçamentárias, sendo subsequentemente autorizado a executar e a exercer o controle interno sobre as rubricas que lhe cabem. **Não inclui quaisquer iniciativas orçamentárias estranhas à sua própria estrutura institucional**, materializada pela autonomia administrativa e financeira a ele conferida pela Constituição Federal.

3. STF, ADPF 569/DF, Rel. Min. Alexandre de Moraes, Pleno, j. 20/05/2024.

CONFISCO "ALARGADO" OU "AMPLIADO" (ART. 91-A)
Novidade da **Lei 13.964/2019** ("Pacote Anticrime") para combater o enriquecimento ilícito. Trata-se da perda do produto ou proveito do crime com elementos especializantes, não podendo ser confundido com o efeito genérico do art. 91. Este efeito é **específico** e deve ser declarado na sentença. ***►Art. 91-A. Na hipótese de condenação por infrações às quais a lei comine pena máxima superior a 6 anos de reclusão, poderá ser decretada a perda, como produto ou proveito do crime, dos bens correspondentes à diferença entre o valor do patrimônio do condenado e aquele que seja compatível com o seu rendimento lícito.*** ***§1º - Para efeito da perda prevista no caput deste artigo, entende-se por patrimônio do condenado todos os bens:*** ***I - de sua titularidade, ou em relação aos quais ele tenha o domínio e o benefício direto ou indireto, na data da infração penal ou recebidos posteriormente; e*** ***II - transferidos a terceiros a título gratuito ou mediante contraprestação irrisória, a partir do início da atividade criminal.*** ***§2º - O condenado poderá demonstrar a inexistência da incompatibilidade ou a procedência lícita do patrimônio.*** ***§3º - A perda prevista neste artigo deverá ser requerida expressamente pelo Ministério Público, por ocasião do oferecimento da denúncia, com indicação da diferença apurada.*** ***§4º - Na sentença condenatória, o juiz deve declarar o valor da diferença apurada e especificar os bens cuja perda for decretada.***
►Art. 91-A, §5º - Os instrumentos utilizados para a prática de crimes por organizações criminosas e milícias deverão ser declarados perdidos em favor da União ou do Estado, dependendo da Justiça onde tramita a ação penal, ainda que não ponham em perigo a segurança das pessoas, a moral ou a ordem pública, nem ofereçam sério risco de ser utilizados para o cometimento de novos crimes. Diferentemente dos parágrafos anteriores, o §5º parece trazer outro efeito extrapenal (a perda dos instrumentos utilizados para a prática de crimes por organizações criminosas e milícias), **distinto e independente do *caput*.**
Enunciado n. 15 da I Jornada de Direito Penal e Processo Penal CJF/STJ: "para fins de aplicação do art. 91-A do Código Penal, cabe ao Ministério Público, e não à Defesa, a comprovação de incompatibilidade entre o patrimônio e os rendimentos lícitos do réu".

<table>
<tr><th colspan="2">PERDA DE CARGO, FUNÇÃO PÚBLICA OU MANDATO ELETIVO (ART. 92, I)</th></tr>
<tr><td>1) Em crimes praticados com abuso de poder ou violação de dever para com a Administração Pública, quando a pena aplicada for igual ou superior a 1 ano.</td><td>2) Nos demais casos, quando a pena aplicada for superior a 4 anos.</td></tr>
<tr><td colspan="2">Não se trata de pena acessória, mas de efeito da condenação, com caráter autônomo[4].</td></tr>
<tr><td colspan="2">A perda do cargo público não se restringe aos crimes funcionais, aplicando-se a todos os crimes praticados com abuso de poder ou violação de dever para com a Administração Pública[5].</td></tr>
<tr><td colspan="2">O efeito não abrange a cassação da aposentadoria[6], diante da impossibilidade de interpretação analógica in malam partem.</td></tr>
<tr><td colspan="2">O efeito não depende de pedido expresso na denúncia[7].</td></tr>
<tr><td colspan="2">Como efeito extrapenal específico, exige-se a fundamentação concreta na sentença. Contudo, há casos na legislação especial em que o efeito é automático. Exemplos mais relevantes:
1) A condenação pelo crime de tortura acarretará a perda do cargo, função ou emprego público e a interdição para seu exercício pelo dobro do prazo da pena aplicada[8] (art. 1º, §5º, da Lei 9.455/1997);
2) No âmbito da Lei de Organização Criminosa (Lei 12.850/2013), a condenação com trânsito em julgado acarretará ao funcionário público a perda do cargo, função, emprego ou mandato eletivo e a interdição para o exercício de função ou cargo público pelo prazo de 8 anos subsequentes ao cumprimento da pena (art. 2º, §6º, da Lei).</td></tr>
<tr><td colspan="2">Não há incompatibilidade entre o efeito e a substituição da pena privativa de liberdade por restritiva de direitos.</td></tr>
</table>

INCAPACIDADE PARA O EXERCÍCIO DO PODER FAMILIAR (ART. 92, II)
Aplica-se aos **crimes dolosos sujeitos à pena de reclusão cometidos contra outrem igualmente titular do mesmo poder familiar, contra filho, filha ou outro descendente ou contra tutelado ou curatelado, bem como nos crimes cometidos contra a mulher por razões da condição do sexo feminino, nos termos do §1º do art. 121-A do CP (trecho acrescentado pela Lei 14.994/2024)**.

4. STJ, AgRg no AREsp 1582692/RN, Rel. Min. Ribeiro Dantas, 5ª Turma, j. 18/02/2020.
5. STJ, REsp 1710157/RO, Rel. Min. Maria Thereza de Assis Moura, 6ª Turma, j. 08/03/2018.
6. STJ, AgRg no REsp 1743955/SC, Rel. Min. Jorge Mussi, 5ª Turma, j. 28/05/2019.
7. STJ, AgRg nos EDcl no REsp 1775281/SP, Rel. Min. Jorge Mussi, 5ª Turma, j. 22/10/2019.
8. STJ, AgRg no AREsp 1103702/SC, Rel. Min. Rogerio Schietti Cruz, 6ª Turma, j. 02/06/2020.

INABILITAÇÃO PARA DIRIGIR VEÍCULO (ART. 92, III)
Requisitos: **prática de crime doloso** e a **utilização do veículo como meio para a realização do delito**.

<table>
<tr><th colspan="3">CONDENADO POR CRIME PRATICADO CONTRA A MULHER (LEI 14.994/2024)</th></tr>
<tr><td colspan="3">Em relação ao condenado por crime praticado contra a mulher por razões da condição do sexo feminino, a Lei 14.994/2024 trouxe mudanças significativas nos efeitos extrapenais da condenação.
►Art. 92, §2º - Ao condenado por crime praticado contra a mulher por razões da condição do sexo feminino, nos termos do §1º do art. 121-A deste Código serão:
I – aplicados os efeitos previstos nos incisos I e II do caput deste artigo;
II – vedadas a sua nomeação, designação ou diplomação em qualquer cargo, função pública ou mandato eletivo entre o trânsito em julgado da condenação até o efetivo cumprimento da pena;
III – automáticos os efeitos dos incisos I e II do caput e do inciso II do §2º deste artigo.</td></tr>
<tr><td colspan="3">A redação da Lei é confusa. Porém, pode-se extrair que a Lei criou 3 efeitos automáticos para essa categoria de condenados. São eles:</td></tr>
<tr><td>Perda de cargo, função pública ou mandato eletivo;</td><td>Incapacidade de exercer o poder familiar; e</td><td>Proibição de nomeação, designação ou diplomação para qualquer função ou mandato eletivo, até a extinção da pena.</td></tr>
</table>

<table>
<tr><th colspan="2">EFEITOS DA CONDENAÇÃO: OUTRAS REGRAS ESPECÍFICAS</th></tr>
<tr><td>Abuso de autoridade (Lei 13.869/2019)</td><td>Art. 4º. São efeitos da condenação:
I - tornar certa a obrigação de indenizar o dano causado pelo crime, devendo o juiz, a requerimento do ofendido, fixar na sentença o valor mínimo para reparação dos danos causados pela infração, considerando os prejuízos por ele sofridos;
II - a inabilitação para o exercício de cargo, mandato ou função pública, pelo período de 1 a 5 anos;
III - a perda do cargo, do mandato ou da função pública.
Parágrafo único. Os efeitos previstos nos incisos II e III do caput deste artigo são condicionados à ocorrência de reincidência em crime de abuso de autoridade e não são automáticos, devendo ser declarados motivadamente na sentença.</td></tr>
</table>

EFEITOS DA CONDENAÇÃO: OUTRAS REGRAS ESPECÍFICAS	
Suspensão dos direitos políticos	De acordo com a CF/88, ocorre a suspensão de direitos políticos nos casos de condenação criminal transitada em julgado, enquanto durarem seus efeitos (art. 15, III). O efeito é **automático** e independe do crime cometido e da pena aplicada. ■ Súmula 9 do TSE: A suspensão dos direitos políticos decorrentes de condenação criminal transitada em julgado cessa com o cumprimento ou a extinção da pena, independendo de reabilitação ou prova de reparação dos danos.
Rescisão contratual (CLT)	Art. 482. Constituem justa causa para rescisão do contrato de trabalho pelo empregador: [...] d) condenação criminal do empregado, passada em julgado, caso não tenha havido suspensão da execução da pena.
Tortura (Lei 9.455/1997)	Art. 1º, §5º - A condenação acarretará a perda do cargo, função ou emprego público e a interdição para seu exercício pelo dobro do prazo da pena aplicada. Trata-se de **efeito automático**.
Falência (Lei 11.101/2005)	Art. 181. São efeitos da condenação por crime previsto nesta Lei: I – a inabilitação para o exercício de atividade empresarial; II – o impedimento para o exercício de cargo ou função em conselho de administração, diretoria ou gerência das sociedades sujeitas a esta Lei; III – a impossibilidade de gerir empresa por mandato ou por gestão de negócio. §1º - Os efeitos de que trata este artigo **não são automáticos**, devendo ser motivadamente declarados na sentença, e perdurarão até 5 anos após a extinção da punibilidade, podendo, contudo, cessar antes pela reabilitação penal. §2º - Transitada em julgado a sentença penal condenatória, será notificado o Registro Público de Empresas para que tome as medidas necessárias para impedir novo registro em nome dos inabilitados.
Organização criminosa (Lei 12.850/2013)	Art. 2º, §6º - A condenação com trânsito em julgado acarretará ao funcionário público a perda do cargo, função, emprego ou mandato eletivo e a interdição para o exercício de função ou cargo público pelo prazo de 8 anos subsequentes ao cumprimento da pena. O efeito é **automático**.

EFEITOS DA CONDENAÇÃO: OUTRAS REGRAS ESPECÍFICAS	
Lei de Lavagem (Lei 9.613/1998)	Art. 7º. São efeitos da condenação, além dos previstos no Código Penal: I - a perda, em favor da União - e dos Estados, nos casos de competência da Justiça Estadual -, de todos os bens, direitos e valores relacionados, direta ou indiretamente, à prática dos crimes previstos nesta Lei, inclusive aqueles utilizados para prestar a fiança, ressalvado o direito do lesado ou de terceiro de boa-fé; II - a interdição do exercício de cargo ou função pública de qualquer natureza e de diretor, de membro de conselho de administração ou de gerência das pessoas jurídicas referidas no art. 9º, pelo dobro do tempo da pena privativa de liberdade aplicada. §1º - A União e os Estados, no âmbito de suas competências, regulamentarão a forma de destinação dos bens, direitos e valores cuja perda houver sido declarada, assegurada, quanto aos processos de competência da Justiça Federal, a sua utilização pelos órgãos federais encarregados da prevenção, do combate, da ação penal e do julgamento dos crimes previstos nesta Lei, e, quanto aos processos de competência da Justiça Estadual, a preferência dos órgãos locais com idêntica função. §2º - Os instrumentos do crime sem valor econômico cuja perda em favor da União ou do Estado for decretada serão inutilizados ou doados a museu criminal ou a entidade pública, se houver interesse na sua conservação.
Lei de Drogas (Lei 11.343/2006)	Art. 63-F. Na hipótese de condenação por infrações às quais esta Lei comine pena máxima superior a 6 (seis) anos de reclusão, poderá ser decretada a perda, como produto ou proveito do crime, dos bens correspondentes à diferença entre o valor do patrimônio do condenado e aquele compatível com o seu rendimento lícito. §1º - A decretação da perda prevista no *caput* deste artigo fica condicionada à existência de elementos probatórios que indiquem conduta criminosa habitual, reiterada ou profissional do condenado ou sua vinculação a organização criminosa. §2º - Para efeito da perda prevista no *caput* deste artigo, entende-se por patrimônio do condenado todos os bens: I – de sua titularidade, ou sobre os quais tenha domínio e benefício direto ou indireto, na data da infração penal, ou recebidos posteriormente; e II – transferidos a terceiros a título gratuito ou mediante contraprestação irrisória, a partir do início da atividade criminal. §3º - O condenado poderá demonstrar a inexistência da incompatibilidade ou a procedência lícita do patrimônio.

EFEITOS DA CONDENAÇÃO: OUTRAS REGRAS ESPECÍFICAS	
Crimes resultantes de preconceitos de raça e cor (Lei 7.716/1989)	Art. 16. Constitui efeito da condenação a perda do cargo ou função pública, para o servidor público, e a suspensão do funcionamento do estabelecimento particular por prazo não superior a 3 meses. Art. 18. Os efeitos de que tratam os arts. 16 e 17 desta Lei não são automáticos, devendo ser motivadamente declarados na sentença.
Prefeitos e vereadores (Decreto lei 201/1967)	Art. 1º, §2º - A condenação definitiva em qualquer dos crimes definidos neste artigo, acarreta a perda de cargo e a inabilitação, pelo prazo de cinco anos, para o exercício de cargo ou função pública, eletivo ou de nomeação, sem prejuízo da reparação civil do dano causado ao patrimônio público ou particular.
Crimes contra a propriedade imaterial (CPP)	Art. 530-G. O juiz, ao prolatar a sentença condenatória, poderá determinar a destruição dos bens ilicitamente produzidos ou reproduzidos e o perdimento dos equipamentos apreendidos, desde que precipuamente destinados à produção e reprodução dos bens, em favor da Fazenda Nacional, que deverá destruí-los ou doá-los aos Estados, Municípios e Distrito Federal, a instituições públicas de ensino e pesquisa ou de assistência social, bem como incorporá-los, por economia ou interesse público, ao patrimônio da União, que não poderão retorná-los aos canais de comércio.
Art. 218-B, §3º, do CP	Quanto ao crime de favorecimento da prostituição ou de outra forma de exploração sexual de criança ou adolescente ou de vulnerável (art. 218-B), o §3º dispõe que constitui efeito obrigatório da condenação a cassação da licença de localização e de funcionamento do estabelecimento.
ECA	Art. 227-A. Os efeitos da condenação prevista no inciso I do *caput* do art. 92 do Decreto-Lei nº 2.848, de 7 de dezembro de 1940 (Código Penal), para os crimes previstos nesta Lei, praticados por servidores públicos com abuso de autoridade, são condicionados à ocorrência de reincidência. Parágrafo único. A perda do cargo, do mandato ou da função, nesse caso, independerá da pena aplicada na reincidência.

INFORMATIVOS DO STJ
Info. 798: Não há incompatibilidade entre o efeito de perda do cargo previsto no art. 92, I, do Código Penal e a substituição da pena privativa de liberdade por restritiva de direitos. AgRg no REsp 2060059/MG, Rel. Min. Joel Ilan Paciornik, 5ª Turma, j. 30/11/2023.

28

LIVRAMENTO CONDICIONAL

EXECUÇÃO PENAL
O livramento condicional pressupõe o cumprimento de uma parcela da pena e, portanto, insere-se nas atribuições do **juiz da execução penal** (art. 66, III, *e*, da LEP). Considerando que o tema é tratado no CP, serão analisados os aspectos gerais do instituto nesta obra. Para mais detalhes, recomenda-se a leitura da obra **EXECUÇÃO PENAL EM TABELAS**.

REQUISITOS (ART. 83)
►Art. 83. O juiz poderá conceder livramento condicional ao condenado a pena privativa de liberdade igual ou superior a 2 anos, desde que: ***I - cumprida mais de 1/3 da pena se o condenado não for reincidente em crime doloso e tiver bons antecedentes;*** ***II - cumprida mais da metade se o condenado for reincidente em crime doloso;*** ***III - comprovado:*** ***a) bom comportamento durante a execução da pena;*** ***b) não cometimento de falta grave nos últimos 12 meses;*** ***c) bom desempenho no trabalho que lhe foi atribuído; e*** ***d) aptidão para prover a própria subsistência mediante trabalho honesto;*** ***IV - tenha reparado, salvo efetiva impossibilidade de fazê-lo, o dano causado pela infração;*** ***V - cumpridos mais de 2/3 da pena, nos casos de condenação por crime hediondo, prática de tortura, tráfico ilícito de entorpecentes e drogas afins, tráfico de pessoas e terrorismo, se o apenado não for reincidente específico em crimes dessa natureza.*** ***Parágrafo único - Para o condenado por crime doloso, cometido com violência ou grave ameaça à pessoa, a concessão do livramento ficará também subordinada à constatação de condições pessoais que façam presumir que o liberado não voltará a delinquir.***

<table>
<tr><th colspan="3">LIVRAMENTO CONDICIONAL – REQUISITOS (ART. 83 DO CP)</th></tr>
<tr><td colspan="3">Pressuposto: condenação a pena privativa de liberdade igual ou superior a 2 anos.
"As penas que correspondem a infrações diversas devem somar-se para efeito do livramento" (art. 84 do CP).</td></tr>
<tr><td>Não reincidente em crime doloso e portador de bons antecedentes: cumprimento de mais de 1/3 da pena.</td><td>Reincidente em crime doloso: cumprimento de mais da metade da pena.</td><td>Crime hediondo ou equiparado ou tráfico de pessoas (sem reincidência específica em crime dessa natureza): cumprimento de mais de 2/3 da pena.</td></tr>
<tr><td colspan="3">Obs.: se a execução abrange crime hediondo e crime comum, o lapso para obtenção do livramento condicional deve ser calculado separadamente: 2/3 para os crimes hediondos e 1/3 ou 1/2 para o crime comum.</td></tr>
</table>

<table>
<tr><th colspan="3">LIVRAMENTO CONDICIONAL – OUTROS REQUISITOS (ART. 83 DO CP)</th></tr>
<tr><td>Bom comportamento, bom desempenho no trabalho e aptidão para prover a própria subsistência mediante trabalho honesto.</td><td>Não cometimento de falta grave nos últimos 12 meses.</td><td>Reparação do dano, salvo efetiva impossibilidade de fazê-lo.</td></tr>
<tr><td colspan="3">Obs.: para o condenado por crime doloso, cometido com violência ou grave ameaça à pessoa, a concessão do livramento ficará também subordinada à constatação de condições pessoais que façam presumir que o liberado não voltará a delinquir.</td></tr>
</table>

NOVAS VEDAÇÕES AO LIVRAMENTO CONDICIONAL (LEI 13.964/2019)	
1. "O condenado expressamente em sentença por integrar **organização criminosa** ou por crime praticado por meio de organização criminosa não poderá progredir de regime de cumprimento de pena ou obter livramento condicional ou outros benefícios prisionais se houver elementos probatórios que indiquem a manutenção do vínculo associativo" (art. 2º, §9º, da Lei 12.850/2013).	**2.** É vedado o livramento condicional ao condenado pela prática de **crime hediondo ou equiparado com resultado morte**, seja ele primário ou reincidente (art. 112, VI, *a* e VIII da LEP).

LIVRAMENTO CONDICIONAL NA LEI DE DROGAS
A Lei 11.343/2006 traz outra regra: nos crimes previstos nos **arts. 33, *caput* e §1º, e 34 a 37** da Lei, dar-se-á o livramento condicional após o cumprimento de **2/3** da pena, **vedada sua concessão ao reincidente específico** (art. 44, parágrafo único). Note que é a mesma fração exigida para aqueles que praticaram crimes hediondos ou equiparados (sem reincidência específica).
"A Lei 13.964/2019, ao alterar as regras da progressão de regime, não revogou o art. 44 da Lei 11.343/2006, tácita ou expressamente, pois não enunciou ou regulou o livramento condicional na situação de reincidência específica em crime hediondo, ou outro a ele equiparado. Remanesce intangível a formatação do Código Penal e da Lei de Drogas, visto que não houve conflito de normas, as quais, em verdade, são complementares"[1].
Obs.1: O **tráfico privilegiado** (art. 33, **§4º**, da Lei) **não** é crime hediondo e não é alcançado pela regra, aplicando-se o *quantum* mínimo de **1/3**.
Obs. 2: Embora a **associação para o tráfico** (art. 35 da Lei) não seja um crime hediondo[2], é expressamente alcançado pela regra da Lei, devendo ser respeitada a fração exigida (**2/3**).
Obs. 3: "O crime anterior gerador da reincidência não necessariamente precisa estar previsto no mesmo tipo penal do que o praticado posteriormente, pois basta a reincidência específica em crimes dessa natureza. Por outro lado, não se reconhecerá a reincidência específica em crimes que, conquanto figurem em mesmo tipo penal, possuam natureza distinta, de que é exemplo o tráfico privilegiado em face do tráfico comum"[3].

BENEFÍCIO VEDADO	
Crime hediondo ou equiparado ou tráfico de pessoas (reincidente específico)	Benefício **vedado**.
Arts. 33, *caput* e §1º, e 34 a 37 da Lei de Drogas (reincidente específico)	Benefício **vedado**.
Crime hediondo ou equiparado com resultado morte	Benefício **vedado**.
Feminicídio (art. 121-A)	Benefício **vedado**.

1. STJ, AgRg no HC 761742/RS, Rel. Min. Rogerio Schietti Cruz, 6ª Turma, j. 14/11/2022.
2. STJ, AgRg no HC 566686/SP, Rel. Min. Joel Ilan Paciornik, 5ª Turma, j. 18/08/2020.
3. STJ, HC 511850/SP, Rel. Min. Leopoldo de Arruda Raposo, 5ª Turma, j. 01/10/2019.

REQUISITO OBJETIVO – RESUMO	
Não reincidente em crime doloso e portador de bons antecedentes	Mais de **1/3** da pena.
Não reincidente em crime doloso e portador de maus antecedentes	Mais de **1/3** da pena (doutrina e STJ).
Reincidente em crime culposo	Mais de **1/3** da pena (doutrina).
Reincidente em crime doloso	Mais da **metade** da pena.
Crime hediondo ou equiparado ou tráfico de pessoas (**sem** reincidência específica)	Mais de **2/3** da pena.
Arts. 33, *caput* e §1º, e 34 a 37 da Lei de Drogas (**sem** reincidência específica)	Mais de **2/3** da pena.

TEMAS GERAIS SOBRE O LIVRAMENTO CONDICIONAL	
Direito subjetivo	Preenchidos os requisitos objetivos e subjetivos, o livramento condicional é um **direito subjetivo** do apenado[4].
Pena privativa de liberdade	O livramento condicional pressupõe condenação a pena privativa de liberdade. Logo, **incabível** nos casos de penas restritivas de direitos ou multa.
Regime	"**Não há obrigatoriedade de o apenado passar por regime intermediário** para que obtenha o benefício do livramento condicional, ante a inexistência de previsão no art. 83 do CP"[5].
Tempo de duração	O tempo de duração do benefício corresponde ao **tempo que resta da pena privativa de liberdade** imposta. Ex.: se o condenado a 10 anos é reincidente em crime doloso, atingirá metade da pena após 5 anos. Concedido o livramento condicional, o benefício terá a duração de 5 anos.

4. STJ, AgInt no REsp 1651383/MS, Rel. Min. Sebastião Reis Júnior, 6ª Turma, j. 09/05/2017.
5. STJ, AgRg no HC 702072/SP, Rel. Min. Joel Ilan Paciornik, 5ª Turma, j. 23/11/2021.

TEMAS GERAIS SOBRE O LIVRAMENTO CONDICIONAL	
Soma de penas e reincidência	"Havendo pluralidade de condenações, as penas devem ser unificadas, realizando-se o cálculo do livramento condicional sobre o montante obtido, nos termos do art. 84 do CP. Reconhecida a reincidência, passa o apenado a ostentar a condição de reincidente, gerando efeitos, de imediato, no cálculo dos futuros benefícios da execução criminal, inclusive quanto à incidência da fração de 1/2 para a concessão do livramento condicional, não havendo falar em aplicação concomitante do patamar de 1/3 para a execução de pena aplicada ao tempo em que era primário e de 1/2 para as demais execuções"[6].
Limite de penas	■ Súmula 715 do STF: A pena unificada para atender ao limite de 30 anos de cumprimento, determinado pelo art. 75 do Código Penal, não é considerada para a concessão de outros benefícios, como o livramento condicional ou regime mais favorável de execução.
	A súmula foi editada antes da alteração do art. 75 do CP (Lei 13.964/2019), que hoje traz o limite de **40 anos. Aplica-se o novo limite temporal previsto**.
Primário com maus antecedentes	O art. 83 do CP não contemplou a hipótese do primário com maus antecedentes. O STJ[7] e a doutrina majoritária entendem que o primário com maus antecedentes não pode ser equiparado ao reincidente, devendo ser aplicado o prazo de **1/3** (art. 83, I).
Reincidência específica em *"crimes dessa natureza"*	Em caso de crime hediondo ou equiparado ou tráfico de pessoas, o livramento condicional apenas é cabível se o apenado "***não for reincidente específico em crimes dessa natureza***". A doutrina majoritária entende que para configurar a reincidência específica, basta a prática de novo crime hediondo ou equiparado ou tráfico de pessoas, dispensando-se que os crimes tenham a mesma objetividade jurídica ou que se trate da prática do mesmo crime[8].
Reincidente em crime culposo	Ao reincidente em crime culposo deve ser aplicada a norma do art. 83, I, do CP, exigindo-se o cumprimento de no mínimo **1/3** de pena. O mesmo raciocínio tem aplicação à situação do condenado em que o crime anterior é culposo e o posterior é doloso, ou vice-versa[9].

6. STJ, AgRg no HC 509877/MS, Rel. Min. Reynaldo Soares da Fonseca, 5ª Turma, j. 06/06/2019.
7. STJ, HC 102278/RJ, Rel. Min. Jane Silva, 6ª Turma, j. 03/04/2008.
8. ALVES, Jamil Chaim (op. cit. p. 590).
9. AVENA, Norberto (op. cit.).

TEMAS GERAIS SOBRE O LIVRAMENTO CONDICIONAL	
Estrangeiro em situação irregular	Segundo o art. 54, §3º, da Lei 13.445/2017, o processamento da expulsão em caso de crime comum não prejudicará a concessão de quaisquer benefícios concedidos em igualdade de condições ao nacional brasileiro. No mesmo sentido, o STJ entende que "a situação irregular do estrangeiro no País não é circunstância, por si só, capaz de afastar o **princípio da igualdade**[10] entre nacionais e estrangeiros, razão pela qual **a existência de processo ou mesmo decreto de expulsão em desfavor do estrangeiro não impede a concessão dos benefícios** da progressão de regime ou do livramento condicional, tendo em vista que a expulsão poderá ocorrer, conforme o interesse nacional, após o cumprimento da pena, ou mesmo antes disto"[11].
Egresso	O liberado condicional, durante o período de prova, é considerado egresso (art. 26, II).
Reincidência	No período depurador de 5 anos para aferir a reincidência, deve ser computado o período de prova do livramento condicional (art. 64, I do CP).
Reparação do dano	"Demonstrada a **hipossuficiência** do paciente, que foi representado por defensor público, não se justifica a exigência da reparação do dano para a concessão do livramento condicional, em decorrência da impossibilidade de sua realização"[12].

PRÁTICA DE FALTA GRAVE NOS ÚLTIMOS 12 MESES
A Lei 13.964/2019 ("Pacote Anticrime") trouxe um novo requisito: o condenado não pode ter cometido falta grave nos últimos 12 meses. **O STJ entende que se trata de um requisito objetivo** e, sob a sistemática dos recursos repetitivos, fixou a seguinte tese: "a valoração do requisito subjetivo para concessão do livramento condicional - bom comportamento durante da execução da pena (art. 83, inciso III, alínea "a", do Código Penal) - deve considerar **todo o histórico prisional**, não se limitando ao período de 12 meses referido na alínea "b" do mesmo inciso III do art. 83 do CP"[13].

10. Sobre o princípio da igualdade, ver comentários ao art. 3º.
11. STJ, AgRg no HC 321157/SP, Rel. Min. Nefi Cordeiro, 6ª Turma, j. 05/04/2016.
12. STJ, HC 47492/SP, Rel. Min. Felix Fischer, 5ª Turma, j. 01/06/2006.
13. STJ, REsp 1970217/MG, Rel. Min. Ribeiro Dantas, 3ª Seção, j. 24/05/2023.

<table>
<tr><th colspan="2">PRÁTICA DE FALTA GRAVE NOS ÚLTIMOS 12 MESES</th></tr>
<tr><td colspan="2">Nesse sentido, complementa o enunciado n. 12 da I Jornada de Direito Penal e Processo Penal CJF/STJ: "o requisito previsto no art. 83, III, b, do Código Penal, consistente em o agente não ter cometido falta grave nos últimos 12 meses, poderá ser valorado, com base no caso concreto, para fins de concessão de livramento condicional quanto a fatos ocorridos antes da entrada em vigor da Lei 13.964/2019, sendo interpretado como comportamento insatisfatório durante a execução da pena".</td></tr>
<tr><td colspan="2">Possíveis situações:</td></tr>
<tr><td>Falta grave nos últimos 12 meses: não será concedido o benefício, por ausência do requisito objetivo previsto no art. 83, III, b, independentemente da análise do requisito subjetivo.</td><td>Falta grave há mais de 12 meses: em tese, a falta grave macula o mérito do apenado. Contudo, ainda assim o benefício poderá ser concedido se o juiz da execução entender que, por peculiaridades do caso concreto, o apenado apresentou bom comportamento se considerado todo o período de execução da pena.</td></tr>
<tr><td colspan="2">Enunciado n. 5 da I Jornada de Direito Penal e Processo Penal CJF/STJ: "é prescindível a decisão final sobre a prática de falta grave para obstar o livramento condicional com base no art. 83, III, "b" do CP".</td></tr>
</table>

OUTROS TEMAS RELEVANTES SOBRE O LIVRAMENTO CONDICIONAL	
Atestado carcerário	Embora o atestado de bom comportamento carcerário seja de grande relevância para aferir o mérito do reeducando, o juiz da execução penal **não está adstrito a ele**[14].
Exame criminológico	Para o STF[15] e o STJ[16], o juiz **pode exigir** o exame criminológico para avaliar o mérito do apenado, desde que o faça **fundamentadamente**.
Fundamentos	Não são fundamentos idôneos para indeferir o benefício a gravidade abstrata, a longa pena a cumprir e fatos anteriores ao início da execução da pena[17].

14. STJ, AgRg no HC 600011/SC, Rel. Min. Reynaldo Soares da Fonseca, 5ª Turma, j. 06/10/2020.
15. STF, RHC 125279 AgR/SP, Rel. Min. Rosa Weber, 1ª Turma, j. 26/05/2015.
16. STJ, RHC 107872/SP, Rel. Min. Ribeiro Dantas, 5ª Turma, j. 14/05/2019.
17. STJ, AgRg no AgRg no HC 937689/MG, Rel. Min. Rogerio Schietti Cruz, 6ª Turma, j. 04/12/2024.

OUTROS TEMAS RELEVANTES SOBRE O LIVRAMENTO CONDICIONAL	
Crime doloso cometido com violência ou grave ameaça à pessoa	Segundo o parágrafo único do art. 83 do CP, "***para o condenado por crime doloso, cometido com violência ou grave ameaça à pessoa, a concessão do livramento ficará também subordinada à constatação de condições pessoais que façam presumir que o liberado não voltará a delinquir***". A doutrina entende que essa constatação depende da realização do exame criminológico.
Falta grave e alteração da data-base	A falta grave **não interrompe** a contagem do prazo para o deferimento do benefício por ausência de previsão legal. ■ Súmula 441 do STJ: A falta grave não interrompe o prazo para obtenção de livramento condicional.
Atestado carcerário	Embora o atestado de bom comportamento carcerário seja de grande relevância para aferir o mérito do reeducando, o juiz da execução penal **não está adstrito a ele**[18], devendo analisar o comportamento global do reeducando durante todo período de execução da reprimenda[19].
Exame criminológico	Para o STF[20] e o STJ[21], o juiz **pode exigir** o exame criminológico para avaliar o mérito do apenado, desde que o faça fundamentadamente.
Crime doloso cometido com violência ou grave ameaça à pessoa	Segundo o parágrafo único do art. 83 do CP, "para o condenado por crime doloso, cometido com violência ou grave ameaça à pessoa, a concessão do livramento ficará também subordinada à constatação de condições pessoais que façam presumir que o liberado não voltará a delinquir". A doutrina entende que essa constatação depende da realização do exame criminológico.
Causa impeditiva da PPE	Apesar de não estar listado no art. 116, o livramento condicional é uma causa que, pela lógica do sistema, **impede o curso da prescrição da pretensão executória** (PPE).
Regime Disciplinar Diferenciado	Verifica-se a **incompatibilidade** entre as situações que ensejam a inserção no RDD e os requisitos subjetivos para a concessão do livramento condicional.

18. STJ, AgRg no HC 600011/SC, Rel. Min. Reynaldo Soares da Fonseca, 5ª Turma, j. 06/10/2020.
19. STJ, AgRg no AREsp 661937/SC, Rel. Min. Antonio Saldanha Palheiro, 6ª Turma, j. 06/12/2016.
20. STF, HC 239311 AgR/SP, Rel. Min. Flávio Dino, 1ª Turma, j. 24/06/2024.
21. STJ, RHC 107872/SP, Rel. Min. Ribeiro Dantas, 5ª Turma, j. 14/05/2019.

TEMAS GERAIS SOBRE O LIVRAMENTO CONDICIONAL	
Regime aberto	A jurisprudência do STJ "vem se manifestando no sentido da prejudicialidade do pleito de progressão de regime aberto, nos casos em que ao apenado já foi deferido o benefício do livramento condicional, pois se trata de situação que lhe é mais favorável"[22].

RETROATIVIDADE DO ART. 112, VI, A	
De acordo com a Lei 13.964/2019, deve ser cumprida **50%** da pena para a progressão do condenado pela prática de crime hediondo ou equiparado com resultado morte, se for primário. Porém, a Lei **vedou o livramento condicional**. Questiona-se: é possível manter a retroatividade da Lei 13.964/2019 no que tange à fração para progressão de regime prevista no art. 112, VI, a, da LEP, mas afastando a vedação ao livramento condicional?	
Não (1ª corrente)	**Sim (2ª corrente)**
Há precedentes dos Ministros do STF das duas Turmas no sentido da **necessidade de aplicação integral de apenas uma das leis, vedada a combinação de partes delas**[23]. O entendimento encontra-se alinhado com a longeva jurisprudência do STF em tema de combinação de leis penais. O Pleno do STF, no julgamento do RE 600817/MS, fixou, em sede de repercussão geral, a compreensão no sentido de que "não é possível a conjugação de partes mais benéficas das referidas normas, para criar-se uma terceira lei, sob pena de violação aos princípios da legalidade e da separação de Poderes".	Sob a sistemática dos recursos repetitivos, a 3ª Seção do **STJ** fixou a seguinte tese: "é **válida** a aplicação retroativa do percentual de 50%, para fins de progressão de regime, a condenado por crime hediondo, com resultado morte, que seja reincidente genérico, nos moldes da alteração legal promovida pela Lei n. 13.964/2019 no art. 112, inc. VI, alínea a, da Lei n. 7.210/84 (Lei de Execução Penal), bem como a posterior concessão do livramento condicional, podendo ser formulado posteriormente com base no art. 83, inc. V, do Código Penal, o que **não configura combinação de leis na aplicação retroativa de norma penal material mais benéfica**"[24].
No RE 1464013 RG, o STF reconheceu a **repercussão geral** da questão (Tema 1319), ainda sem julgamento.	

22. STJ, AgRg no HC 849953/PE, Rel. Min. Jesuíno Rissato (Desembargador convocado do TJDFT), 6ª Turma, j. 28/11/2023.
23. STF, RE 1464496 AgR/SC, Rel. Min. Luiz Fux, 1ª Turma, j. 05/06/2024; STF, RE 1392782/SC, Rel. Min. Cármen Lúcia, j. 08/08/2022; STF, RE 1394070/SC, Re. Min. Nunes Marques, j. 18/04/2023.
24. STJ, REsp 2012101/MG, REsp 2012112/MG e REsp 2016358/MG, Rel. Min. Jesuíno Rissato (Desembargador convocado Do TJDFT), 3ª Seção, j. 22/05/2024. (Tema 1196).

CONDIÇÕES DO LIVRAMENTO CONDICIONAL (ART. 132 DA LEP)	
Condições obrigatórias (§1º)	**Condições facultativas (§2º)**
- Obter ocupação lícita, dentro de prazo razoável se for apto para o trabalho; - Comunicar periodicamente ao Juiz sua ocupação; - Não mudar do território da comarca do Juízo da execução, sem prévia autorização deste.	- Não mudar de residência sem comunicação ao Juiz e à autoridade incumbida da observação cautelar e de proteção; - Recolher-se à habitação em hora fixada; - Não frequentar determinados lugares; - **Utilizar equipamento de monitoração eletrônica (acrescentado pela Lei 14.843/2024)**. Obs.: é possível que o juiz imponha outras condições.
Com a cerimônia do livramento condicional, a sentença será lida ao liberando, que declarará se aceita as condições (art. 137 da LEP)	
Obs.: cabe **agravo** contra a decisão que conceder, negar ou revogar o livramento condicional (art. 197 da LEP).	

REVOGAÇÃO OBRIGATÓRIA DO LIVRAMENTO CONDICIONAL	
► ***Art. 86. Revoga-se o livramento, se o liberado vem a ser condenado a pena privativa de liberdade, em sentença irrecorrível:***	
I - por crime cometido durante a vigência do benefício;	***II - por crime anterior, observado o disposto no art. 84 deste Código.***
O período de prova cumprido **não será computado** como tempo de cumprimento da pena.	O período de prova cumprido **será computado** como tempo de cumprimento da pena.
Não é permitida a concessão de novo livramento em relação à mesma pena.	**É permitida** nova concessão de livramento, mediante a soma das condenações, nos termos do art. 84.
Não é permitido somar o restante da pena à nova pena para a concessão de novo livramento.	**É permitido** somar o restante da pena à nova pena para a concessão de novo livramento, nos termos do art. 84.

REVOGAÇÃO OBRIGATÓRIA DO LIVRAMENTO CONDICIONAL
Nas duas hipóteses, exige-se **condenação definitiva (com trânsito em julgado) a pena privativa de liberdade.** Porém, é possível que o juiz, após ouvir o Conselho Penitenciário e o MP, **suspenda** o livramento condicional enquanto se aguarda o desfecho da ação penal, com fundamento no art. 145 da LEP ("praticada pelo liberado outra infração penal, o Juiz poderá ordenar a sua prisão, ouvidos o Conselho Penitenciário e o Ministério Público, suspendendo o curso do livramento condicional, cuja revogação, entretanto, ficará dependendo da decisão final").

REVOGAÇÃO FACULTATIVA DO LIVRAMENTO CONDICIONAL	
►***Art. 87. O juiz poderá, também, revogar o livramento, se o liberado deixar de cumprir qualquer das obrigações constantes da sentença, ou for irrecorrivelmente condenado, por crime ou contravenção, a pena que não seja privativa de liberdade.*** Em síntese:	
Descumprimento de condições	**Condenação irrecorrível por crime ou contravenção, a pena que não seja privativa de liberdade**
Mesmas consequências (mais gravosas) de "crime cometido durante a vigência do benefício" (tabela anterior).	As consequências dependem do momento em que o crime ou contravenção foi cometido, conforme a tabela anterior.
"Antes de decidir pela revogação do livramento condicional respaldada no art. 87 do CP, é dever do juiz da execução, em observância ao art. 93, IX, da CF, combinado com o art. 140, parágrafo único, da LEP, a apresentação de fundamentação calcada em **elementos concretos que justifiquem não ser o caso de apenas advertir ou então agravar as condições anteriormente fixadas**"[25].	

REVOGAÇÃO DO LIVRAMENTO CONDICIONAL
►***Art. 88. Revogado o livramento, não poderá ser novamente concedido, e, salvo quando a revogação resulta de condenação por outro crime anterior àquele benefício, não se desconta na pena o tempo em que esteve solto o condenado.***
A audiência prévia do apenado é indispensável quando for o caso de revogação definitiva do livramento condicional[26].

25. STF, HC 127709/SP, Rel. Min. Marco Aurélio, 1ª Turma, j. 29/03/2016.
26. STF, HC 204033 AgR/SP, Rel. Min. Dias Toffoli, 1ª Turma, j. 23/08/2021.

REVOGAÇÃO E PRESCRIÇÃO DA PRETENSÃO EXECUTÓRIA
►***Art. 113. No caso de evadir-se o condenado ou de revogar-se o livramento condicional, a prescrição é regulada pelo tempo que resta da pena.*** Fundamenta-se na lição de que pena cumprida é pena extinta.

PRORROGAÇÃO
►***Art. 89. O juiz não poderá declarar extinta a pena, enquanto não passar em julgado a sentença em processo a que responde o liberado, por crime cometido na vigência do livramento.*** "Se o liberado vier a praticar uma infração penal no curso do livramento condicional, o juiz da execução não poderá declarar extinta a pena privativa de liberdade enquanto não houver o trânsito em julgado da sentença desse outro crime. Até que isso ocorra, prorroga-se o período de prova do livramento condicional"[27].

ENTENDIMENTOS DO STF E DO STJ SOBRE A REVOGAÇÃO
1. O juiz da execução deve revogar o benefício de forma **expressa**. Não há revogação automática[28].
2. A revogação deve ocorrer **durante o período de prova. Decorrido o período de prova sem suspensão ou revogação, a pena deverá ser extinta.** ►***Art. 90. Se até o seu término o livramento não é revogado, considera-se extinta a pena privativa de liberdade.*** ▪ Súmula 617 do STJ: A ausência de suspensão ou revogação do livramento condicional antes do término do período de prova enseja a extinção da punibilidade pelo integral cumprimento da pena. Ex.: "o paciente foi beneficiado com o livramento condicional, com término previsto para 19/6/2014, tendo cometido novo delito durante o período de prova. Todavia, a revogação do livramento condicional somente ocorreu em 7/8/2014, sem sua prévia suspensão cautelar. Nesse contexto, verificada a existência de flagrante ilegalidade"[29].

27. ALVES, Jamil Chaim (op. cit. p. 598).
28. STJ, HC 507145/SP, Rel. Min. Joel Ilan Paciornik, 5ª Turma, j. 17/09/2019.
29. STJ, HC 389653/SP, Rel. Min. Joel Ilan Paciornik, 5ª Turma, j. 14/03/2017.

SUSPENSÃO DO PERÍODO DE PROVA	
Cabimento	O art. 145 da LEP prevê que "praticada pelo liberado outra infração penal, o Juiz poderá ordenar a sua prisão, ouvidos o Conselho Penitenciário e o Ministério Público, **suspendendo** o curso do livramento condicional, cuja revogação, entretanto, ficará dependendo da decisão final". Logo, a prática de nova infração penal **durante o período de prova** viabiliza a suspensão do benefício, como medida cautelar, "até o desfecho da ação penal em que se apura a prática do ilícito penal imputado ao condenado"[30].
Oitiva do liberado	A oitiva prévia do liberando "somente constitui providência indispensável quando for o caso de **revogação definitiva** do livramento condicional"[31].
Decisão expressa e no período de prova	À semelhança da revogação, a suspensão do benefício deve ocorrer de forma **expressa** e **durante o período de prova**, caso contrário a pena será extinta. ■ Súmula 617 do STJ: A ausência de suspensão ou revogação do livramento condicional antes do término do período de prova enseja a extinção da punibilidade pelo integral cumprimento da pena.

INFORMATIVOS DO STJ
Info. 776: A valoração do requisito subjetivo para concessão do livramento condicional – bom comportamento durante a execução da pena (art. 83, inciso III, alínea a, do Código Penal) – deve considerar todo o histórico prisional, não se limitando ao período de 12 meses referido na alínea b do mesmo inciso III do art. 83 do Código Penal. REsp 1970217/MG, Rel. Min. Ribeiro Dantas, 3ª Seção, j. 24/05/2023.

30. STF, HC 172632 AgR/SC, Rel. Min. Alexandre de Moraes, 1ª Turma, j. 23/08/2019.
31. STF, HC 163096/PR, Rel. Min. Marco Aurélio, 1ª Turma, j. 03/09/2019.

29

REABILITAÇÃO

REABILITAÇÃO
É o instituto destinado à **reinserção social do apenado**, garantindo-lhe o **sigilo dos registros sobre seu processo e a suspensão condicional dos efeitos da condenação extrapenais específicos**.
Pressuposto: **SENTENÇA CONDENATÓRIA COM TRÂNSITO EM JULGADO**.
► Art. 93. A reabilitação alcança quaisquer penas aplicadas em sentença definitiva, assegurando ao condenado o sigilo dos registros sobre o seu processo e condenação. O acesso a tais dados "é condicionado a requerimento fundamentado dirigido ao juiz criminal, única autoridade habilitada a autorizar o acesso aos antecedentes penais daqueles protegidos pelo manto da reabilitação"[1].
► Art. 93, parágrafo único. A reabilitação poderá, também, atingir os efeitos da condenação, previstos no art. 92 deste Código, vedada reintegração na situação anterior, nos casos dos incisos I e II do mesmo artigo. São eles (art. 92): 1) Perda de cargo, função pública ou mandato eletivo (I); 2) Incapacidade para o exercício do poder familiar, tutela ou curatela (II); e 3) Inabilitação para dirigir veículo (III).

1. STJ, RMS 52714/SP, Rel. Min. Reynaldo Soares da Fonseca, 5ª Turma, j. 07/03/2017.

<table>
<tr><th colspan="2">REQUISITOS CUMULATIVOS</th></tr>
<tr><td colspan="2">► Art. 94. A reabilitação poderá ser requerida, decorridos 2 anos do dia em que for extinta, de qualquer modo, a pena ou terminar sua execução, computando-se o período de prova da suspensão e o do livramento condicional, se não sobrevier revogação, desde que o condenado:
I - Tenha tido domicílio no País no prazo acima referido;
II - Tenha dado, durante esse tempo, demonstração efetiva e constante de bom comportamento público e privado;
III - Tenha ressarcido o dano causado pelo crime ou demonstre a absoluta impossibilidade de o fazer, até o dia do pedido, ou exiba documento que comprove a renúncia da vítima ou novação da dívida.</td></tr>
<tr><th>Objetivos</th><th>Subjetivos</th></tr>
<tr><td>1) A pena deve ter sido extinta há pelo menos 2 anos;
2) Reparação do dano.</td><td>3) Domicílio no país;
4) Bom comportamento público e privado.</td></tr>
</table>

<table>
<tr><th colspan="2">TEMAS RELEVANTES</th></tr>
<tr><td>Direito ao esquecimento</td><td>"A perenização do estigma de criminoso para fins de aplicação da reprimenda não se coaduna com o princípio tempus omnia solvet e a teoria do direito ao esquecimento, cuja essência pode ser invocada, com temperamentos, em benefício daqueles sobre quem recai o peso de uma condenação penal há muito transitada em julgado"[2].</td></tr>
<tr><td>Pedido</td><td>O pedido de reabilitação deve ser feito pelo condenado, assistido por advogado, perante o juízo em que tramitou a ação penal. Se o condenado falecer, seus herdeiros e sucessores não podem fazer o pedido (intransferível).</td></tr>
<tr><td>Interesse de agir</td><td>"Remanescendo os efeitos penais secundários da condenação transitada em julgado, resta inequívoco o interesse de agir do condenado em obter reabilitação criminal"[3].</td></tr>
</table>

2. STJ, AgRg no REsp 1720446/PR, Rel. Min. Rogerio Schietti Cruz, 6ª Turma, j. 30/04/2019.
3. STJ, REsp 1580644/SP, Rel. Min. Maria Thereza de Assis Moura, 6ª Turma, j. 24/05/2016.

TEMAS RELEVANTES	
Rebus sic stantibus	***► Art. 94, parágrafo único. Negada a reabilitação, poderá ser requerida, a qualquer tempo, desde que o pedido seja instruído com novos elementos comprobatórios dos requisitos necessários.***
Revogação	***► Art. 95. A reabilitação será revogada, de ofício ou a requerimento do Ministério Público, se o reabilitado for condenado, como reincidente, por decisão definitiva, a pena que não seja de multa.***
Reincidência	A reabilitação **não impede o reconhecimento da reincidência** se o condenado, reabilitado, praticar outro crime no período depurador de 5 anos.
Prescrição	Se a punibilidade foi extinta pela prescrição, o requisito de 2 anos começa a contar da data em que ocorreu a prescrição, sendo irrelevante o momento do reconhecimento judicial.
Multa	É "desarrazoado que o réu, tendo cumprido a pena privativa de liberdade, fique impossibilitado de obter sua reabilitação, após o prazo estabelecido em lei, enquanto não comprovar o pagamento da multa, submetida a procedimento de cobrança cível"[4].
Sigilo	"Operada a reabilitação, aparenta vício de ilegalidade o livre acesso aos terminais de identificação por agentes públicos que não o juiz criminal, visto que a LEP, bem como o CPP, atentos à disciplina do CP, fixaram o caráter sigiloso das informações penais acerca do reabilitado e daquele em favor de quem se tenha operado a extinção da punibilidade"[5].
Aplicabilidade	De acordo com o art. 202 da LEP, cumprida ou extinta a pena, não constarão da folha corrida, atestados ou certidões fornecidas por autoridade policial ou por auxiliares da Justiça, qualquer notícia ou referência à condenação, salvo para instruir processo pela prática de nova infração penal ou outros casos expressos em lei. "Verifica-se, portanto, que a orientação contida no *caput* do art. 93 do CP cairá no vazio, pois o art. 202 da LEP regula a mesma hipótese, só que de forma mais benéfica e menos burocrática para o condenado"[6].

4. STJ, REsp 1166566/MS, Rel. Min. Assusete Magalhães, 6ª Turma, j. 20/08/2013.
5. STJ, RMS 52714/SP, Rel. Min. Reynaldo Soares da Fonseca, 5ª Turma, j. 07/03/2017.
6. GRECO, Rogério (op. cit. p. 740).

TEMAS RELEVANTES	
Certidão negativa	"Se o cidadão foi reabilitado, tem o direito de obter, perante a vara criminal, certidão negativa, para o fim de posse em concurso público, na qual não conste nenhuma referência à prévia existência de processo(s) no qual tenha sido reabilitado, já que nem sempre o destinatário da certidão consegue ler o seu conteúdo com o mesmo valor que aquela que informa 'Nada Consta', o que pode colocar em risco o exercício de direitos constitucionalmente garantidos, tais como o trabalho e a livre participação em certame público de provas e títulos"[7].
Inaplicabilidade	Não é possível reabilitação nas hipóteses do art. 92, I e II. O cargo, função pública ou mandato eletivo perdido não pode ser recuperado.
Reabilitação parcial	Se houver mais de uma condenação, o condenado só pode requerer a reabilitação se preencher os requisitos em relação a todas elas. Não existe reabilitação parcial.
Recurso	Contra a sentença que concede ou nega a reabilitação cabe apelação.

INFORMATIVOS DO STJ
Info. 797: O fato de o acordo de não persecução penal não gerar reincidência ou maus antecedentes não necessariamente implica o reconhecimento de "bom comportamento público e privado", para fins de reabilitação criminal, conforme estabelecido no art. 94, II, do Código Penal. REsp 2059742/RS, Rel. Ministro Ribeiro Dantas, 5ª Turma, j. 28/11/2023.

7. STJ, RMS 52714/SP, Rel. Min. Reynaldo Soares da Fonseca, 5ª Turma, j. 07/03/2017.

30

AÇÃO PENAL

TEMA PROCESSUAL
O assunto está disciplinado nos arts. 100 a 106 do CP. ► ***Art. 100. A ação penal é pública, salvo quando a lei expressamente a declara privativa do ofendido.*** ***§1º A ação pública é promovida pelo Ministério Público, dependendo, quando a lei o exige, de representação do ofendido ou de requisição do Ministro da Justiça.*** ***§2º A ação de iniciativa privada é promovida mediante queixa do ofendido ou de quem tenha qualidade para representá-lo.*** ***§3º A ação de iniciativa privada pode intentar-se nos crimes de ação pública, se o Ministério Público não oferece denúncia no prazo legal.*** ***§4º No caso de morte do ofendido ou de ter sido declarado ausente por decisão judicial, o direito de oferecer queixa ou de prosseguir na ação passa ao cônjuge, ascendente, descendente ou irmão.*** ***Art. 101. Quando a lei considera como elemento ou circunstâncias do tipo legal fatos que, por si mesmos, constituem crimes, cabe ação pública em relação àquele, desde que, em relação a qualquer destes, se deva proceder por iniciativa do Ministério Público.*** O instituto é analisado com mais detalhes na disciplina Processo Penal, para a qual se remete o leitor.

31

EXTINÇÃO DA PUNIBILIDADE

DEFINIÇÃO
A punibilidade é mera **consequência jurídica** da prática de um crime (fato típico, ilícito e culpável). Praticado o ilícito, nasce para o Estado o direito de punir. Todavia, em algumas situações, o Estado perde esse direito de exercitar o *ius puniendi* e aplicar a sanção penal.
▶ Art. 107. Extingue-se a punibilidade: ***I - Pela morte do agente;*** ***II - Pela anistia, graça ou indulto;*** ***III - Pela retroatividade de lei que não mais considera o fato como criminoso;*** ***IV - Pela prescrição, decadência ou perempção;*** ***V - Pela renúncia do direito de queixa ou pelo perdão aceito, nos crimes de ação privada;*** ***VI - Pela retratação do agente, nos casos em que a lei a admite;*** ***VII - (Revogado)*** ***VIII - (Revogado)*** ***IX - Pelo perdão judicial, nos casos previstos em lei.***
O rol do art. 107 é **exemplificativo**, pois há várias outras causas de extinção da punibilidade previstas na legislação. Ex.: cumprido o acordo de não persecução penal, o juiz decretará a extinção de punibilidade (art. 28-A, §13, do CPP)[1].
Admite-se **causa supralegal de extinção da punibilidade**. Exemplo: ■ Súmula 554 do STF: O pagamento de cheque emitido sem provisão de fundos, após o recebimento da denúncia, não obsta ao prosseguimento da ação penal.

1. Outros exemplos: término do período de prova, sem revogação, do *sursis*, do livramento condicional e da suspensão condicional do processo; pagamento do tributo ou contribuição social nos crimes contra a ordem tributária; reparação do dano, no peculato culposo, antes do trânsito em julgado (art. 312, §3º); anulação do primeiro casamento no crime de bigamia (235, §2º) etc.

MOMENTO DA EXTINÇÃO DA PUNIBILIDADE	
A extinção da punibilidade pode ser declarada **de ofício** em **qualquer fase do processo** (art. 61 do CPP). A depender do momento, há uma consequência distinta.	
Antes do trânsito em julgado	**Após o trânsito em julgado**
Atacam a **pretensão punitiva** e não subsiste **nenhum efeito** da condenação, penal ou extrapenal.	Atacam a **pretensão executória** e **apagam apenas o efeito penal principal da condenação** (a imposição da sanção penal), mas **subsistem os demais efeitos** (penais secundários e extrapenais)*.
Atacam apenas a pretensão punitiva: decadência, perempção, renúncia do direito de queixa, perdão aceito, retratação do agente e perdão judicial.	Atacam apenas a pretensão executória: graça e indulto[2].
Algumas causas extintivas podem atacar a **pretensão punitiva ou a pretensão executória**, a depender do momento em que ocorrem: morte do agente, anistia, *abolitio criminis* e prescrição.	
*Atenção à exceção: **a *abolitio criminis* e a anistia, após o trânsito em julgado, apagam todos os efeitos penais (primário e secundários), subsistindo apenas os efeitos extrapenais**.	

CRIMES ACESSÓRIOS, COMPLEXOS E CONEXOS
► ***Art. 108. A extinção da punibilidade de crime que é pressuposto, elemento constitutivo ou circunstância agravante de outro não se estende a este. Nos crimes conexos, a extinção da punibilidade de um deles não impede, quanto aos outros, a agravação da pena resultante da conexão.*** Ex.: ainda que tenha sido declarada a extinção da punibilidade quanto ao crime antecedente, subsiste a punibilidade pelo crime de lavagem de capitais (Lei 9.613/1998).

2. Como regra, entende-se que a graça e o indulto pressupõem o trânsito em julgado da condenação antes da publicação do decreto. Contudo, vale registrar que há um precedente antigo da 1ª Turma do STF que dispensou o trânsito em julgado da condenação como requisito (HC 87801/SP, Rel. Min. Sepúlveda Pertence, 1ª Turma, j. 02/05/2006).

DISTINÇÕES RELEVANTES[3]		
Causa extintiva da punibilidade	**Condição negativa de punibilidade**	**Condição objetiva de punibilidade**
O direito de punir nasce, mas é fulminado por motivo superveniente. Ex.: agente pratica o crime e falece posteriormente.	Também chamadas de **escusas absolutórias ou causas de exclusão da punibilidade**. O direito de punir sequer nasce. São escusas de caráter pessoal, fundadas na existência de laços sentimentais entre os envolvidos. Ex.: cônjuge que furta dinheiro do outro na constância da sociedade conjugal é isento de pena.	Condições externas à conduta do agente, não abrangidas pelo seu dolo, cujo advento é imprescindível para a punibilidade. Ex.: sentença declaratória de falência, em regra, é condição objetiva de punibilidade nos crimes falimentares.

MORTE DO AGENTE
A morte tudo resolve (*mors omnia solvit*). A ressalva está no art. 5º, XLV, da CF/88: "nenhuma pena passará da pessoa do condenado, podendo a **obrigação de reparar o dano e a decretação do perdimento de bens** ser, nos termos da lei, estendidas aos sucessores e contra eles executadas, até o limite do valor do patrimônio transferido".
O juiz, somente à vista da **certidão de óbito**, e depois de ouvido o MP, declarará extinta a punibilidade (art. 62 do CPP).
Para o STF, **"a decisão que, com base em certidão de óbito falsa, julga extinta a punibilidade do réu pode ser revogada, dado que não gera coisa julgada em sentido estrito"**[4].
A morte do agente **impede a reabilitação, mas não impede a revisão criminal** (art. 623 do CPP).
A causa é **personalíssima** e **não se comunica** em concurso de pessoas.

3. ALVES, Jamil Chaim (op. cit. p. 674).
4. STF, HC 104998/SP, Rel. Min. Dias Toffoli, 1ª Turma, j. 14/12/2010.

ANISTIA
Renúncia do *jus puniendi* em relação a **crimes políticos**. Apenas excepcionalmente estende-se a crimes comuns, pois para estes há o indulto e a graça[5].
A concessão, ato discricionário, compete à União (art. 21, XVII, da CF/88), através de **lei ordinária editada pelo Congresso Nacional** (art. 48, VIII), com sanção presidencial.
Pode ser concedida antes ou depois do trânsito em julgado. De qualquer modo, **apaga os efeitos penais da condenação, mas subsistem os extrapenais.**
São **insuscetíveis de anistia os crimes hediondos e equiparados** (art. 5º, XLIII da CF/88, dispositivo regulamentado pelo art. 2º, I da Lei 8.072/1990; art. 1º, §6º da Lei 9.455/1997; e art. 44 da Lei 11.343/2006).

ANISTIA ESPECIAL	ANISTIA COMUM
Crimes políticos (regra).	Crimes comuns (exceção).

ANISTIA INCONDICIONADA	ANISTIA CONDICIONADA
A lei não impõe requisitos para sua concessão. É a regra, pois a anistia refere-se a **fatos criminosos**[6].	A lei impõe requisitos para a concessão[7]. **Apenas nesse caso a anistia pode ser recusada pelo agente.**

ANISTIA GERAL OU IRRESTRITA	ANISTIA PARCIAL OU RESTRITA
Concedida em termos gerais.	Faz ressalvas a crimes e/ou pessoas.

5. STF, ADI 1231/DF, Rel. Min. Carlos Velloso, Pleno, j. 15/12/2005.
6. Exemplo: a Lei 6.683/1979 concede anistia a todos aqueles que, no período compreendido entre 02.09.1961 e 15.08.1979, cometeram crimes políticos ou conexo com estes, crimes eleitorais, aos que tiveram seus direitos políticos suspensos e aos servidores da Administração Direta e Indireta, de fundações vinculadas ao poder público, aos Servidores dos Poderes Legislativo e Judiciário, aos Militares e aos dirigentes e representantes sindicais, punidos com fundamento em Atos Institucionais e Complementares.
7. Exemplo: a Lei 8.985/1995 concede anistia aos candidatos às eleições de 1994, processados ou condenados com fundamento na legislação eleitoral em vigor, nos casos que especifica. Vê-se que a anistia está centrada em fatos criminosos. No entanto, a Lei condiciona a anistia ao ressarcimento dos serviços individualmente prestados (art. 2º).

ANISTIA PRÓPRIA	ANISTIA IMPRÓPRIA
Anterior à condenação.	Posterior à condenação.

GRAÇA E INDULTO
A graça e o indulto são **benefícios discricionários concedidos pelo Presidente da República**, via **decreto presidencial**[8] (art. 84, XII da CF/88).
Enquanto **a graça é individual (também chamada de "indulto individual"), o indulto é coletivo ("indulto coletivo"), mas os institutos devem receber tratamento uniforme.** Ex. 1: embora o art. 84, XII, da CF/88 afirme que compete ao Presidente da República conceder **indulto** e comutar penas, deve-se entender que o dispositivo também engloba a **graça**[9]. Ex. 2: embora o art. 5º, XLIII da CF/88 afirme que os crimes hediondos e equiparados são insuscetíveis de **graça** ou anistia, deve-se entender que o dispositivo também engloba o **indulto**[10].
A graça e o indulto **fulminam a pretensão executória**: apagam apenas o efeito penal principal da condenação (a imposição da sanção penal), mas **subsistem os demais efeitos (penais secundários e extrapenais).** Nesse sentido: ■ Súmula 631 do STJ: O indulto extingue os efeitos primários da condenação (pretensão executória), mas não atinge os efeitos secundários, penais ou extrapenais.
Por fulminarem a pretensão executória, entende-se que a graça e o indulto pressupõem o **trânsito em julgado** da condenação antes da publicação do decreto. Contudo, vale registrar que há um precedente antigo da 1ª Turma do STF[11] que dispensou o trânsito em julgado da condenação como requisito.
A graça ("indulto **individual**") depende de **provocação** do condenado, do MP, do Conselho Penitenciário, ou da autoridade administrativa (art. 188 da LEP). O indulto (ou "indulto **coletivo**") **independe** de provocação.

8. A atribuição pode ser delegada ao Procurador Geral da República, ao Advogado Geral da União ou a Ministros de Estado (art. 84, parágrafo único).
9. STF, HC 96431/RJ, Rel. Min. Cezar Peluso, 2ª Turma, j. 14/04/2009.
10. STF, HC 115099/RS, Rel. Min. Cármen Lúcia, 2ª Turma, j. 19/02/2013. No mesmo sentido: STJ, AgRg no HC 486603/SP, Rel. Min. Joel Ilan Paciornik, 5ª Turma, j. 20/08/2019.
11. HC 87801/SP, Rel. Min. Sepúlveda Pertence, 1ª Turma, j. 02/05/2006.

PENA

GRAÇA E INDULTO
Após a concessão de indulto/graça via decreto presidencial, é necessário que o **Juízo das Execuções Penais** analise se o condenado preenche os requisitos constantes do decreto e declare a extinção da punibilidade[12].
Para o STF[13] e o STJ, "a sentença concessiva de indulto possui **natureza declaratória** e não constitutiva, não sendo o juiz que o concede, pois tal direito já fora constituído no decreto presidencial, com o preenchimento das condições ali fixadas, razão pela qual **a extinção da punibilidade deve retroagir à data da publicação do aludido decreto**"[14].
Em geral, **só podem ser recusados se submetidos a condições.**
O indulto natalino de 2017, assinado pelo então Presidente Michel Temer, trouxe requisitos bastante amplos para a concessão do benefício. A PGR ajuizou ADI para questionar a constitucionalidade do decreto, alegando que "a competência do Presidente da República para conceder indulto deve adequar-se às finalidades constitucionais de prevenção, repressão e proteção o de bens jurídicos relevantes, não lhe sendo legítimo editar norma descriminalizante". Para o STF, "compete ao Presidente da República definir a concessão ou não do indulto, bem como seus requisitos e a extensão desse verdadeiro ato de clemência constitucional, a partir de critérios de conveniência e oportunidade. [...] **A concessão de indulto não está vinculada à política criminal estabelecida pelo legislativo, tampouco adstrita à jurisprudência formada pela aplicação da legislação penal, muito menos ao prévio parecer consultivo do Conselho Nacional de Política Criminal e Penitenciária, sob pena de total esvaziamento do instituto, que configura tradicional mecanismo de freios e contrapesos na tripartição de poderes.** [...] Possibilidade de o Poder Judiciário analisar somente a constitucionalidade da concessão da *clementia principis*, e não o mérito, que deve ser entendido como juízo de conveniência e oportunidade do **Presidente da República, que poderá, entre as hipóteses legais e moralmente admissíveis, escolher aquela que entender como a melhor para o interesse público no âmbito da Justiça Criminal**"[15].

12. "Para a análise do pedido de indulto, o magistrado deve restringir-se ao exame do preenchimento dos requisitos taxativamente previstos no decreto presidencial, uma vez que os pressupostos para a concessão da benesse são da competência privativa do Presidente da República" (STJ, HC 456119/RS, Rel. Min. Felix Fischer, 5ª Turma, j. 04/10/2018).
13. STF, HC 114664/SP, Rel. Min. Teori Zavascki, 2ª Turma, j. 05/05/2015.
14. STJ, REsp 1824396/CE, Rel. Min. Gurgel de Faria, 1ª Turma, j. 06/10/2020.
15. STF, ADI 5874/DF, Rel. Min. Roberto Barroso, Pleno, j. 09/05/2019.

GRAÇA E INDULTO
A despeito da orientação tradicional, no sentido de o indulto ser um benefício discricionário concedido pelo Presidente da República, é importante observar a decisão do STF nas recentes **ADPFs 964/DF, 965/DF, 966/DF e 967/DF**[16]. Em 21/04/2022, o Presidente da República concedeu graça ao deputado federal D. L. da S, recém condenado pelo STF à pena de 8 anos e 9 meses, em regime fechado, pela prática dos crimes previstos no inciso IV do *caput* do art. 23, combinado com o art. 18 da Lei 7.170/1983, e no art. 344 do CP. Contra esse Decreto, quatro partidos políticos ajuizaram ADPFs. O STF decidiu que "**é inconstitucional decreto presidencial que, ao conceder indulto individual (graça em sentido estrito), visa atingir objetivos distintos daqueles autorizados pela Constituição Federal de 1988, eis que observa interesse pessoal ao invés do público. Há, no caso, violação aos princípios da impessoalidade e da moralidade administrativa (art. 37, "*caput*", CF/88), além de desvio de finalidade**". Para o STF, o benefício foi concedido de modo absolutamente desconectado do interesse público, tendo sido conferido ao condenado em razão do mero vínculo de afinidade político-ideológico existente entre o chefe do Poder Executivo e o beneficiário. Desse modo, a Corte entendeu que houve evidente desrespeito aos princípios norteadores da Administração Pública, principalmente o da impessoalidade e da moralidade administrativa.

OUTROS TEMAS RELEVANTES SOBRE A GRAÇA E O INDULTO	
Comutação	**É um indulto parcial, em que há apenas a redução da pena**[17]. Contrapõe-se ao indulto pleno, em que há extinção da punibilidade. Logo, tudo que foi exposto sobre o indulto também se aplica à comutação, inclusive a vedação referente aos crimes hediondos e equiparados[18].
Indulto humanitário	Em regra, é aquele concedido a apenados com doenças graves e "requer, para sua concessão, a necessária **comprovação**, por meio de 'laudo médico oficial' ou 'por médico designado pelo juízo da execução', de que a enfermidade que acomete o sentenciado é **grave, permanente e exige cuidados que não podem ser prestados no estabelecimento prisional**"[19].

16. STF, ADPF 964/DF, ADPF 965/DF, ADPF 966/DF e ADPF 967/DF, Rel. Min. Rosa Weber, Pleno, j. 10/05/2023.
17. STF, HC 103618/RS, Rel. Min. Dias Toffoli, 1ª Turma, j. 24/08/2010.
18. STJ, AgRg no HC 434071/SC, Rel. Min. Rogerio Schietti, 6ª Turma, j. 18/10/2018.
19. STJ, AgRg no HC 421877/SP, Rel. Min. Jorge Mussi, 5ª Turma, j. 24/04/2018.

OUTROS TEMAS RELEVANTES SOBRE A GRAÇA E O INDULTO	
Indulto humanitário e crimes hediondos	O STF[20] se mantém firme quanto à impossibilidade da concessão de indulto em relação aos crimes hediondos e equiparados, em qualquer hipótese. O STJ costuma seguir a regra, mas tem sido mais flexível em se tratando do indulto humanitário[21].
Pena aplicada	Para fins de verificação do requisito temporal previsto no decreto de indulto, considera-se a **pena aplicada na sentença penal condenatória transitada em julgado**[22], **sem se considerar a detração.** "O instituto da detração não pode tangenciar o benefício do indulto porque, enquanto o período compreendido entre a publicação do Decreto Presidencial e a decisão que reconhece o indulto, decretando-se a extinção da punibilidade do agente, refere-se à uma prisão pena, a detração somente se opera em relação à medida cautelar, o que impede a sua aplicação no referido período"[23].
Sursis	**O período de prova não é computado, para fins de concessão de indulto, como efetivo tempo de cumprimento da sanção penal**[24].
Multa e PRD	É **possível** a concessão de indulto em relação à pena de multa e aos casos em que a pena privativa de liberdade é substituída por penas restritivas de direitos. Tudo depende de previsão no decreto presidencial[25].
Medida de segurança	**É possível a concessão de indulto aos submetidos à medida de segurança.** Em **repercussão geral**, o STF fixou a seguinte tese: "reveste-se de legitimidade jurídica a concessão, pelo Presidente da República, do benefício constitucional do indulto (CF, art. 84, XII), que traduz expressão do poder de graça do Estado, mesmo se se tratar de indulgência destinada a favorecer pessoa que, em razão de sua inimputabilidade ou semi-imputabilidade, sofre medida de segurança, ainda que de caráter pessoal e detentivo"[26]. No mesmo sentido, o STJ[27].

20. STF, HC 118213/SP, Rel. Min. Gilmar Mendes, 2ª Turma, j. 06/05/2014.
21. STJ, AgRg no HC 419354/SP, Rel. Min. Maria Thereza de Assis Moura, 6ª Turma, j. 20/02/2018; STJ, HC 117689/SP, Rel. Min. Napoleão Nunes Maia Filho, 5ª Turma, j. 09/03/2010.
22. STF, HC 186822 AgR/RS, Rel. Min. Alexandre de Moraes, 1ª Turma, j. 24/08/2020.
23. STJ, HC 410500/DF. Rel. Min. Felix Fischer, 5ª Turma, j. 19/04/2018.
24. STJ, HC 350345/RS, Rel. Min. Ribeiro Dantas, 5ª Turma, j. 06/10/2016; STF, HC 129838/PE, Rel. Min. Marco Aurélio, 1ª Turma, j. 16/05/2017.
25. Exemplo: o Decreto 7.420/2010, em seu art. 1º, prevê que é concedido indulto às pessoas condenadas à **pena de multa aplicada cumulativamente com pena privativa de liberdade** (inciso VIII); e condenadas à pena privativa de liberdade substituída por **pena restritiva de direitos** (inciso XI).
26. STF, RE 628658/RS, Rel. Min. Marco Aurélio, Pleno, j. 05/11/2016.
27. STJ, HC 321432/MG, Rel. Min. Ribeiro Dantas, 5ª Turma, j. 23/08/2016.

OUTROS TEMAS RELEVANTES SOBRE A GRAÇA E O INDULTO	
Falta grave	■ Súmula 535 do STJ: A prática de falta grave não interrompe o prazo para fim de comutação de pena ou indulto.

ANISTIA	GRAÇA E INDULTO
Lei federal ordinária.	Decreto presidencial.
Em regra, crimes políticos.	Em regra, crimes comuns.
Extingue os efeitos penais, subsistindo os efeitos extrapenais.	Extingue apenas o cumprimento da pena (efeito executório), subsistindo os demais efeitos.
Pode ser concedida antes ou depois do trânsito em julgado.	Pressupõem condenação, mas não é necessário o trânsito em julgado.
Após concedidos (por lei ou decreto presidencial), é necessária uma decisão judicial que declare a extinção da punibilidade.	

ABOLITIO CRIMINIS
O tema é explorado com detalhes no tópico '6. LEI PENAL NO TEMPO'.

PRESCRIÇÃO
O tema será tratado com detalhes no próximo tópico (32. PRESCRIÇÃO).

DECADÊNCIA
►***Art. 103. Salvo disposição expressa em contrário, o ofendido decai do direito de queixa ou de representação se não o exerce dentro do prazo de 6 meses, contado do dia em que veio a saber quem é o autor do crime, ou, no caso do §3º do art. 100 deste Código, do dia em que se esgota o prazo para oferecimento da denúncia.*** O instituto é afeto ao estudo da ação penal (tema do direito processual penal)[28].

28. O tema foi minuciosamente analisado na obra '**PROCESSO PENAL EM TABELAS**'.

PEREMPÇÃO
Segundo o art. 60 do CPP, "nos casos em que somente se procede mediante queixa, considerar-se-á perempta a ação penal: I - Quando, iniciada esta, o querelante deixar de promover o andamento do processo durante 30 dias seguidos; II - Quando, falecendo o querelante, ou sobrevindo sua incapacidade, não comparecer em juízo, para prosseguir no processo, dentro do prazo de 60 dias, qualquer das pessoas a quem couber fazê-lo, ressalvado o disposto no art. 36; III - Quando o querelante deixar de comparecer, sem motivo justificado, a qualquer ato do processo a que deva estar presente, ou deixar de formular o pedido de condenação nas alegações finais; IV - Quando, sendo o querelante pessoa jurídica, esta se extinguir sem deixar sucessor". O instituto é afeto ao estudo da ação penal (tema do direito processual penal)[29].

PERDÃO ACEITO, NOS CRIMES DE AÇÃO PRIVADA
►***Art. 105. O perdão do ofendido, nos crimes em que somente se procede mediante queixa, obsta ao prosseguimento da ação.*** ***Art. 106. O perdão, no processo ou fora dele, expresso ou tácito:*** ***I - Se concedido a qualquer dos querelados, a todos aproveita;*** ***II - Se concedido por um dos ofendidos, não prejudica o direito dos outros;*** ***III - Se o querelado o recusa, não produz efeito.*** ***§1º - Perdão tácito é o que resulta da prática de ato incompatível com a vontade de prosseguir na ação.*** ***§2º - Não é admissível o perdão depois que passa em julgado a sentença condenatória.*** O instituto é afeto ao estudo da ação penal (tema do direito processual penal).

RETRATAÇÃO DO AGENTE, NOS CASOS QUE A LEI ADMITE
►***Art. 102. A representação será irretratável depois de oferecida a denúncia.*** O instituto é afeto ao estudo da ação penal (tema do direito processual penal).
No tocante ao direito material, ora estudado, é relevante destacar que "***o querelado que, antes da sentença, se retrata cabalmente da calúnia ou da difamação, fica isento de pena***" (art. 143).
Já no crime de falso testemunho ou falsa perícia (art. 342), "***o fato deixa de ser punível se, antes da sentença no processo em que ocorreu o ilícito, o agente se retrata ou declara a verdade***" (§2º).

29. Idem.

RENÚNCIA AO DIREITO DE QUEIXA
► ***Art. 104. O direito de queixa não pode ser exercido quando renunciado expressa ou tacitamente.*** ***Parágrafo único. Importa renúncia tácita ao direito de queixa a prática de ato incompatível com a vontade de exercê-lo; não a implica, todavia, o fato de receber o ofendido a indenização do dano causado pelo crime.*** O instituto é afeto ao estudo da ação penal (tema do direito processual penal).

PERDÃO JUDICIAL, NOS CASOS PREVISTOS EM LEI
O perdão judicial é ato de clemência do Estado, que, em **hipóteses expressamente previstas em lei**, deixa de aplicar a pena, afastando, assim a punibilidade. Prevalece que a decisão que concede o perdão judicial não é condenatória e nem absolutória, mas declaratória da extinção da punibilidade. ■ Súmula 18 do STJ: A sentença concessiva do perdão judicial é declaratória da extinção da punibilidade, não subsistindo qualquer efeito condenatório.
O perdão judicial **não precisa ser aceito pela vítima e não se comunica em concurso de pessoas**.
O perdão judicial, como causa extintiva da punibilidade que fulmina a **pretensão punitiva**, afasta quaisquer efeitos (penais e extrapenais). Nesse sentido: ► ***Art. 120. A sentença que conceder perdão judicial não será considerada para efeitos de reincidência.***

MOMENTO DE APLICAÇÃO	
1ª corrente: a qualquer tempo	**2ª corrente: na sentença ou no acórdão**
Considerando que o perdão judicial é uma causa extintiva da punibilidade, o juiz pode concedê-la a qualquer tempo, como preceitua o art. 61 do CPP, desde que evidenciados os requisitos legais[30].	"O perdão judicial somente se justifica quando o réu deveria ser condenado (há prova da autoria e da materialidade do fato), mas a lei autoriza o juiz a declarar a extinção da punibilidade. Além disso, a prova segura do seu cabimento somente pode ser produzida durante a instrução criminal em juízo, sob o crivo do contraditório"[31].

30. Nesse sentido: ALVES, Jamil Chaim (op. cit. p. 687).
31. MASSON, Cleber (op. cit. p. 794).

HOMICÍDIO E LESÕES CORPORAIS CULPOSOS
►***Art. 121, §5º - Na hipótese de homicídio culposo, o juiz poderá deixar de aplicar a pena, se as consequências da infração atingirem o próprio agente de forma tão grave que a sanção penal se torne desnecessária.***
►***Art. 129, §8º - Aplica-se à lesão culposa o disposto no § 5º do art. 121.***
O STJ, em julgado didático, explica que "não há empecilho a que se aplique o perdão judicial nos casos em que o agente do homicídio culposo - mais especificamente nas hipóteses de crime de trânsito - sofra sequelas físicas gravíssimas e permanentes, como, por exemplo, ficar tetraplégico, em estado vegetativo, ou incapacitado para o trabalho. [...] A análise do grave sofrimento, apto a ensejar, também, a inutilidade da função retributiva da pena, deve ser aferido de acordo com o estado emocional de que é acometido o sujeito ativo do crime, em decorrência da sua ação culposa. [...] A melhor doutrina, quando a avaliação está voltada para o sofrimento psicológico do agente, enxerga no §5º a exigência de um vínculo, de **um laço prévio de conhecimento entre os envolvidos**, para que seja "tão grave" a consequência do crime ao agente. A interpretação dada, na maior parte das vezes, é no sentido de que só sofre intensamente o réu que, de forma culposa, matou alguém conhecido e com quem mantinha laços afetivos"[32].

DISPOSITIVOS SOBRE O PERDÃO JUDICIAL NO CP	
Injúria (art. 140, §1º, do CP)	►***Art. 140, §1º - O juiz pode deixar de aplicar a pena:*** ***I - quando o ofendido, de forma reprovável, provocou diretamente a injúria;*** ***II - no caso de retorsão imediata, que consista em outra injúria.***
Art. 176 do CP	►***Art. 176. Tomar refeição em restaurante, alojar-se em hotel ou utilizar-se de meio de transporte sem dispor de recursos para efetuar o pagamento:*** ***Pena - detenção, de 15 dias a 2 meses, ou multa.*** ***Parágrafo único - Somente se procede mediante representação, e o juiz pode, conforme as circunstâncias, deixar de aplicar a pena.***

32. STJ, REsp 1871697/MA, Rel. Min. Rogerio Schietti Cruz, 6ª Turma, j. 25/08/2020.

DISPOSITIVOS SOBRE O PERDÃO JUDICIAL NO CP	
Receptação culposa (art. 180, §5º)	***►Art. 180, §5º - Na hipótese do §3º, se o criminoso é primário, pode o juiz, tendo em consideração as circunstâncias, deixar de aplicar a pena. Na receptação dolosa aplica-se o disposto no §2º do art. 155.***
Subtração de incapazes (art. 149, §2º)	***►Art. 149, §2º - No caso de restituição do menor ou do interdito, se este não sofreu maus-tratos ou privações, o juiz pode deixar de aplicar pena.***
Apropriação indébita previdenciária (art. 168-A, §3º)	***►Art. 168-A, §3º - É facultado ao juiz deixar de aplicar a pena ou aplicar somente a de multa se o agente for primário e de bons antecedentes, desde que: I – tenha promovido, após o início da ação fiscal e antes de oferecida a denúncia, o pagamento da contribuição social previdenciária, inclusive acessórios; ou II – o valor das contribuições devidas, inclusive acessórios, seja igual ou inferior àquele estabelecido pela previdência social, administrativamente, como sendo o mínimo para o ajuizamento de suas execuções fiscais.***
Art. 242	***►Art. 242. Dar parto alheio como próprio; registrar como seu o filho de outrem; ocultar recém-nascido ou substituí-lo, suprimindo ou alterando direito inerente ao estado civil: Pena - reclusão, de 2 a 6 anos. Parágrafo único - Se o crime é praticado por motivo de reconhecida nobreza: Pena - detenção, de 1 a 2 anos, podendo o juiz deixar de aplicar a pena.***
Sonegação de contribuição previdenciária	***►Art. 337-A, §2º - É facultado ao juiz deixar de aplicar a pena ou aplicar somente a de multa se o agente for primário e de bons antecedentes, desde que: I – (Vetado) II – o valor das contribuições devidas, inclusive acessórios, seja igual ou inferior àquele estabelecido pela previdência social, administrativamente, como sendo o mínimo para o ajuizamento de suas execuções fiscais.***

DISPOSITIVOS SOBRE O PERDÃO JUDICIAL NAS LEIS PENAIS ESPECIAIS	
LCP	Art. 8º. No caso de ignorância ou de errada compreensão da lei, quando escusáveis, a pena pode deixar de ser aplicada.
	Art. 39. Participar de associação de mais de cinco pessoas, que se reúnam periodicamente, sob compromisso de ocultar à autoridade a existência, objetivo, organização ou administração da associação: Pena – prisão simples, de 1 a 6 meses, ou multa, de trezentos mil réis a três contos de réis. §1º - Na mesma pena incorre o proprietário ou ocupante de prédio que o cede, no todo ou em parte, para reunião de associação que saiba ser de caráter secreto. §2º - O juiz pode, tendo em vista as circunstâncias, deixar de aplicar a pena, quando lícito o objeto da associação.
Lei de organização criminosa (Lei 12.850/2013)	Art. 4º. O juiz poderá, a requerimento das partes, conceder o perdão judicial, reduzir em até 2/3 a pena privativa de liberdade ou substituí-la por restritiva de direitos daquele que tenha colaborado efetiva e voluntariamente com a investigação e com o processo criminal, desde que dessa colaboração advenha um ou mais dos seguintes resultados: I - a identificação dos demais coautores e partícipes da organização criminosa e das infrações penais por eles praticadas; II - a revelação da estrutura hierárquica e da divisão de tarefas da organização criminosa; III - a prevenção de infrações penais decorrentes das atividades da organização criminosa; IV - a recuperação total ou parcial do produto ou do proveito das infrações penais praticadas pela organização criminosa; V - a localização de eventual vítima com a sua integridade física preservada. §1º - Em qualquer caso, a concessão do benefício levará em conta a personalidade do colaborador, a natureza, as circunstâncias, a gravidade e a repercussão social do fato criminoso e a eficácia da colaboração. §2º - Considerando a relevância da colaboração prestada, o Ministério Público, a qualquer tempo, e o delegado de polícia, nos autos do inquérito policial, com a manifestação do Ministério Público, poderão requerer ou representar ao juiz pela concessão de perdão judicial ao colaborador, ainda que esse benefício não tenha sido previsto na proposta inicial, aplicando-se, no que couber, o art. 28 do Decreto-Lei nº 3.689, de 3 de outubro de 1941 (Código de Processo Penal).

DISPOSITIVOS SOBRE O PERDÃO JUDICIAL NAS LEIS PENAIS ESPECIAIS	
Código Eleitoral	Art. 326. Injuriar alguém, na propaganda eleitoral, ou visando a fins de propaganda, ofendendo-lhe a dignidade ou o decôro: Pena - detenção até seis meses, ou pagamento de 30 a 60 dias-multa. §1º - O juiz pode deixar de aplicar a pena: I - se o ofendido, de forma reprovável, provocou diretamente a injúria; II - no caso de retorsão imediata, que consista em outra injúria.
Lei de crimes ambientais (Lei 9.605/98)	Art. 29. Matar, perseguir, caçar, apanhar, utilizar espécimes da fauna silvestre, nativos ou em rota migratória, sem a devida permissão, licença ou autorização da autoridade competente, ou em desacordo com a obtida: Pena - detenção de 6 meses a 1 ano, e multa. §2º - No caso de guarda doméstica de espécie silvestre não considerada ameaçada de extinção, pode o juiz, considerando as circunstâncias, deixar de aplicar a pena.
Lei de lavagem (Lei 9.613/1998)	Art. 1º, §5º - A pena poderá ser reduzida de 1 a 2/3 e ser cumprida em regime aberto ou semiaberto, facultando-se ao juiz deixar de aplicá-la ou substituí-la, a qualquer tempo, por pena restritiva de direitos, se o autor, coautor ou partícipe colaborar espontaneamente com as autoridades, prestando esclarecimentos que conduzam à apuração das infrações penais, à identificação dos autores, coautores e partícipes, ou à localização dos bens, direitos ou valores objeto do crime.
Lei de proteção a vítimas e testemunhas (Lei 9.807/1999)	Art. 13. Poderá o juiz, de ofício ou a requerimento das partes, conceder o perdão judicial e a consequente extinção da punibilidade ao acusado que, sendo primário, tenha colaborado efetiva e voluntariamente com a investigação e o processo criminal, desde que dessa colaboração tenha resultado: I - a identificação dos demais coautores ou partícipes da ação criminosa; II - a localização da vítima com a sua integridade física preservada; III - a recuperação total ou parcial do produto do crime. Parágrafo único. A concessão do perdão judicial levará em conta a personalidade do beneficiado e a natureza, circunstâncias, gravidade e repercussão social do fato criminoso.

JURISPRUDÊNCIA EM TESES DO STJ – DO INDULTO E DA COMUTAÇÃO DE PENA
1) O instituto da graça, previsto no art. 5º, XLIII, da Constituição Federal, engloba o indulto e a comutação de pena, estando a competência privativa do Presidente da República para a concessão desses benefícios limitada pela vedação estabelecida no referido dispositivo constitucional.
2) A sentença que concede o indulto ou a comutação de pena tem natureza declaratória, não havendo como impedir a concessão dos benefícios ao sentenciado, se cumpridos todos os requisitos exigidos no decreto presidencial.
3) O deferimento do indulto e da comutação das penas deve observar estritamente os critérios estabelecidos pela Presidência da República no respectivo ato de concessão, sendo vedada a interpretação ampliativa da norma, sob pena de usurpação da competência privativa disposta no art. 84, XII, da Constituição e, ainda, ofensa aos princípios da separação entre os poderes e da legalidade.
4) A análise do preenchimento do requisito objetivo para a concessão dos benefícios de indulto e de comutação de pena deve considerar todas as condenações com trânsito em julgado até a data da publicação do decreto presidencial, sendo indiferente o fato de a juntada da guia de execução penal ter ocorrido em momento posterior à publicação do referido decreto.
5) A superveniência de condenação, seja por fato anterior ou posterior ao início do cumprimento da pena, não altera a data-base para a concessão da comutação de pena e do indulto.
6) O indulto e a comutação de pena incidem sobre as execuções em curso no momento da edição do decreto presidencial, não sendo possível considerar na base de cálculo dos benefícios as penas já extintas em decorrência do integral cumprimento.
7) Para a concessão de indulto, deve ser considerada a pena originalmente imposta, não sendo levada em conta, portanto, a pena remanescente em decorrência de comutações anteriores.
8) O cumprimento da fração de pena prevista como critério objetivo para a concessão de indulto deve ser aferido em relação a cada uma das sanções alternativas impostas, consideradas individualmente.
9) Compete ao Juízo da Execução Fiscal a apreciação do pedido de indulto em relação à pena de multa convertida em dívida de valor.
10) Não dispondo o decreto autorizador de forma contrária, os condenados por crimes de natureza hedionda têm direito aos benefícios de indulto ou de comutação de pena, desde que as infrações penais tenham sido praticadas antes da vigência da Lei n. 8.072/1990 e suas modificadoras.
11) É possível a concessão de comutação de pena aos condenados por crime comum praticado em concurso com crime hediondo, desde que o apenado tenha cumprido as frações referentes aos delitos comum e hediondo, exigidas pelo respectivo decreto presidencial.
12) É possível a concessão de indulto aos condenados por crime de tráfico de drogas privilegiado (§4º do art. 33 da Lei n. 11.343/2006), por estar desprovido de natureza hedionda.

JURISPRUDÊNCIA EM TESES DO STJ - DO INDULTO E DA COMUTAÇÃO DE PENA
13) O indulto humanitário requer, para sua concessão, a necessária comprovação, por meio de laudo médico oficial ou por médico designado pelo juízo da execução, de que a enfermidade que acomete o sentenciado é grave, permanente e exige cuidados que não podem ser prestados no estabelecimento prisional.
14) O indulto extingue os efeitos primários da condenação (pretensão executória), mas não atinge os efeitos secundários, penais ou extrapenais. (Súmula n. 631/STJ)

INFORMATIVOS DO STF
Info. 1094: É inconstitucional decreto presidencial que, ao conceder indulto individual (graça em sentido estrito), visa atingir objetivos distintos daqueles autorizados pela Constituição Federal de 1988, eis que observa interesse pessoal ao invés do público. Há, no caso, violação aos princípios da impessoalidade e da moralidade administrativa (art. 37, "*caput*", CF/88), além de desvio de finalidade. ADPF 964/DF, ADPF 965/DF, ADPF 966/DF e ADPF 967/DF, Rel. Min. Rosa Weber, Pleno, j. 10/05/2023.

INFORMATIVOS DO STJ
Info. 770: Independentemente da extinção de punibilidade do autor, a vítima de violência doméstica deve ser ouvida para que se verifique a necessidade de prorrogação/concessão das medidas protetivas. REsp 1775341/SP, Rel. Ministro Sebastião Reis Júnior, 3ª Seção, j. 12/4/2023.

32

PRESCRIÇÃO

INTRODUÇÃO
Com o decurso do tempo e a inércia estatal, as circunstâncias do crime são esquecidas, o conjunto probatório se enfraquece e as finalidades da pena fracassam. Prescrição é a **"perda da pretensão punitiva ou da pretensão executória em face da inércia do Estado durante determinado tempo legalmente previsto"**[1]. A limitação temporal ao *jus puniendi* é tema afeto do direito material e traduz **garantia fundamental implícita do cidadão contra o Estado**.
A prescrição é **matéria de ordem pública** que pode ser reconhecida **de ofício em qualquer fase do processo** (art. 61 do CPP).

IMPRESCRITIBILIDADE NA LEI INTERNA
O art. 5º da CF/88 trouxe dois casos de imprescritibilidade: a prática do **racismo** (XLII) e a **ação de grupos armados, civis ou militares, contra a ordem constitucional e o Estado Democrático** (XLIV). Prevalece[2] que **a legislação ordinária não pode estabelecer outras hipóteses de imprescritibilidade além dessas duas previstas na CF/88**, pois a prescritibilidade dos crimes é um direito fundamental. Há, contudo, um precedente antigo do STF em sentido contrário[3].
A **injúria racial** era prevista no art. 140, §3º do CP. Com a Lei 14.523/2023, a figura típica foi deslocada para a Lei 7.716/1989. Com a mudança, deixou de existir dúvida quanto à **imprescritibilidade** do crime, que agora se insere no cenário do racismo.

1. MASSON, Cleber (op. cit. p. 798).
2. Com fundamento na impossibilidade de outras hipóteses de imprescritibilidade, o STJ interpretou o art. 366 do CPP para limitar o prazo máximo de suspensão do prazo prescricional. ■ Súmula 415 do STJ: O período de suspensão do prazo prescricional é regulado pelo máximo da pena cominada.
3. STF, RE 460971, Rel. Min. Sepúlveda Pertence, 1ª Turma, j. 13/02/2007.

IMPRESCRITIBILIDADE NO DIREITO INTERNACIONAL
No âmbito internacional, o Estatuto de Roma do Tribunal Penal Internacional (promulgado pelo Decreto n. 4.388/2002) prevê, em seu artigo 29, que "**os crimes da competência do Tribunal não prescrevem**", ou seja, os crimes de genocídio, os crimes contra a humanidade, os crimes de guerra e os crimes de agressão.
Ademais, o Brasil aderiu ao Pacto de San José da Costa Rica (CADH - Decreto n. 678/1992) e reconheceu a competência da Corte Interamericana de Direitos Humanos em todos os casos relativos à interpretação ou à aplicação do ato normativo (Decreto n. 4463/2002). A Corte IDH, em reiterados julgados, vem reafirmando **a imprescritibilidade dos crimes que envolvam grave violação aos direitos humanos**, elevando-a à categoria de norma de *jus cogens*, isto é, uma norma imperativa, "aceita e reconhecida pela comunidade internacional dos Estados como um todo, como norma da qual nenhuma derrogação é permitida e que só pode ser modificada por norma ulterior de Direito Internacional geral da mesma natureza" (art. 53 da Convenção de Viena sobre o Direito dos Tratados). Nesse sentido, o enunciado 27 da I Jornada de Direito Penal e Processo Penal do CJF: são imprescritíveis e insuscetíveis de anistia, graça ou indulto **crimes que caracterizem graves violações de direitos humanos**, praticados por agentes públicos ou particulares, diante da Convenção Americana de Direitos Humanos e da pacífica jurisprudência da Corte Interamericana de Direitos Humanos, de observância obrigatória por todos os órgãos e poderes do Estado brasileiro.
Contudo, ao tratar dos crimes de guerra e dos crimes contra a humanidade, o STF decidiu que "**apenas lei interna pode dispor sobre prescritibilidade ou imprescritibilidade da pretensão estatal de punir**"[4]. No mesmo sentido, com fundamento na inexistência de lei formal, o STJ entendeu que "não é possível tornar inaplicável o disposto no art. 107, IV, do CP (norma violadora e não violada), em face do disposto na Convenção sobre a Imprescritibilidade dos Crimes de Guerra e dos Crimes contra a Humanidade, sob pena de se vulnerar o princípio constitucional da legalidade e da irretroatividade, bem como a própria segurança jurídica, com consequências igualmente graves, em virtude da mitigação de princípios relevantes à própria consolidação do Estado Democrático de Direito"[5].
Conclusão: **apenas as duas hipóteses de imprescritibilidade previstas na CF/88 são aceitas.** A imprescritibilidade é excepcional e "ameaça as garantias fundamentais de segurança jurídica e até mesmo da ampla defesa, pois submete o cidadão à eterna ameaça da repressão estatal, sem preocupar-se com os efeitos do tempo sobre os elementos probatórios que envolvem os fatos criminosos, sobre o acusado e sobre a repercussão social do crime"[6].

4. STF, Ext 1362/DF, Rel. Min. Teori Zavascki, Pleno, j. 09/11/2016.
5. STJ, REsp 1798903/RJ, Rel. Min. Reynaldo Soares da Fonseca, 3ª Seção, j. 25/09/2019.
6. Idem.

ESPÉCIES DE PRESCRIÇÃO	
Prescrição da pretensão punitiva (PPP)	**Prescrição da pretensão executória (PPE)**
Ainda não há trânsito em julgado para ambas as partes.	**Há trânsito em julgado para ambas as partes.**
Subespécies: 1) Em abstrato (PPPA); 2) Superveniente ou intercorrente (PPPS); e 3) Retroativa (PPPR).	Não há subespécies.
Apaga **todos os efeitos da condenação** (penais e extrapenais). Ultimado o termo prescricional, elimina-se do plano jurídico todo título executivo de que se poderiam extrair efeitos condenatórios penais ou extrapenais.	Apaga apenas o efeito penal principal (a imposição da sanção penal), mas **subsistem os efeitos penais secundários e extrapenais**.

PRAZOS PRESCRICIONAIS (ART. 109)	
Para calcular a prescrição, faz-se um cotejo da pena (que pode ser a pena máxima prevista em abstrato ou a pena aplicada em concreto, a depender da espécie de prescrição, conforme estudaremos em seguida) com os prazos do art. 109. Os prazos prescricionais previstos no art. 109 aplicam-se às duas espécies de prescrição (**PPP e PPE**). São eles:	
Pena	**Prazo prescricional**
Superior a 12 anos	20 anos.
Superior a 8 e até 12 anos	16 anos.
Superior a 4 e até 8 anos	12 anos.
Superior a 2 anos e até 4 anos	8 anos.
Igual a 1 e até 2 anos.	4 anos.
Inferior a 1 ano	3 anos*.
* Novidade da Lei 12.234/2010 (*novatio legis in pejus*). Antes, o prazo era de 2 anos.	

PENA

REGRAS ESPECÍFICAS SOBRE OS PRAZOS PRESCRICIONAIS
Aplica-se o prazo prescricional de 2 anos para o crime previsto no **art. 28 da Lei de Drogas**.
No **CPM**, aplica-se o prazo prescricional de 2 anos, se o **máximo da pena é inferior a 1 ano** (art. 125, VII).
Se a pena de multa for a única cominada ou aplicada, prescreve em 2 anos (art. 114, I).
A pena de morte sempre prescreve em 30 anos (art. 125, I, do CPM).

REDUÇÃO DOS PRAZOS PRESCRICIONAIS
►***Art. 115. São reduzidos de metade os prazos de prescrição quando o criminoso era, ao tempo do crime, menor de 21 anos, ou, na data da sentença, maior de 70 anos.*** Assim como os prazos do art. 109, essa redução **aplica-se à PPP e à PPE**. Vale lembrar que essas circunstâncias também configuram **atenuantes genéricas** (art. 65, I).
Quanto à menoridade relativa ao tempo do crime (maior de 18 anos e menor de 21 anos), não há complicações. A idade deve ser comprovada por documento apto. ■ Súmula 74 do STJ: Para efeitos penais, o reconhecimento da menoridade do réu requer prova por documento hábil.
Quanto ao maior de 70 anos, a orientação majoritária no STF[7] e no STJ é no sentido de que o termo "***data da sentença***" deve ser compreendido como a **primeira decisão condenatória, seja a prolação da sentença ou a sessão de julgamento do Tribunal (acórdão)**[8], **e não na data em que o título condenatório se torna imutável ou é confirmado em grau de recurso**.
Ainda assim, há julgados do STF[9] e do STJ[10] que admitem a redução se o acusado atingir 70 anos **até o julgamento dos embargos de declaração**, desde que tempestivos e admissíveis.
Para o STF[11], o Estatuto da Pessoa Idosa, ao prever a idade de 60 anos, não revogou tacitamente o art. 115 do CP. Portanto, prevalece a idade de **70 anos**, e não 60 anos.

7. STF, RHC 233423 AgR/SP, Rel. Min. Luiz Fux, 1ª Turma, j. 12/12/2023.
8. STJ, EREsp 749912/PR, Rel. Min. Maria Thereza de Assis Moura, 3ª Seção, j. 10/02/2010.
9. STF, AP 516 ED/DF, Rel. Min. Ayres Britto, red. p/ o ac. Min. Luiz Fux, Pleno, j. 05/12/2013; STF, HC 197018 AgR/PR, Rel. Min. Ricardo Lewandowski, 2ª Turma, j. 24/02/2021.
10. STJ, AgRg no AREsp 2167515/PR, Rel. Min. Messod Azulay Neto, 5ª Turma, j. 09/05/2023; STJ, EDcl no AgRg no REsp 1877388/CE, Rel. Min. Antonio Saldanha Palheiro, 6ª Turma, j. 02/05/2023.
11. STF, HC 149253 AgR/RJ, Rel. Min. Ricardo Lewandowski, 2ª Turma, j. 24/08/2018.

<table>
<tr><th colspan="3">ESPÉCIES DE PPP</th></tr>
<tr><td colspan="3">Considerando que não houve o trânsito em julgado para ambas as partes (ou estaremos diante da PPE), o raciocínio é o seguinte: é possível que o sujeito seja condenado à pena mínima, mas também é possível que seja condenado à pena máxima. Concede-se ao Estado o benefício da dúvida: deve-se trabalhar com o prazo prescricional máximo para que exerça sua pretensão punitiva. Assim, se tiver ocorrido o trânsito em julgado para a acusação no tocante à pena (isto é, se a pena não puder ser majorada), utiliza-se a pena concreta (PPPS e PPPR). Contudo, se ainda não houver pena aplicada ou se a pena aplicada ainda puder ser majorada, trabalha-se com a pena máxima cominada ao crime (PPPA).</td></tr>
<tr><th>Abstrata ou propriamente dita (PPPA)</th><th>Superveniente ou intercorrente (PPPS)</th><th>Retroativa (PPPR)</th></tr>
<tr><td>Ainda não houve trânsito em julgado para nenhuma parte. Logo, na ausência de uma pena aplicada, deve ser regulada pela pena máxima abstrata cominada ao crime.</td><td colspan="2">Em regra, operou-se o trânsito em julgado para a acusação no tocante à pena e, considerando a proibição do reformatio in pejus, isso significa que a pena poderá ser mantida ou reduzida, mas nunca majorada. Assim, utiliza-se como parâmetro a pena concreta aplicada.</td></tr>
<tr><td>Ex.: Paulo está sendo processado pelo crime de furto. Durante o inquérito e a ação penal, enquanto não há uma pena aplicada, deve-se trabalhar com o prazo prescricional de 8 anos (pois o furto tem a pena máxima de 4 anos).</td><td colspan="2">Ex. 1: João foi condenado à pena de 6 anos. Houve trânsito em julgado para a acusação. A defesa recorreu. Assim, deve-se trabalhar com o prazo prescricional de 12 anos.
Ex. 2: Pedro foi condenado à pena de 3 anos. A acusação recorreu apenas para alterar a fixação do regime inicial. Nesse caso, embora não tenha havido trânsito em julgado para a acusação, a pena não poderá ser majorada. Assim, utiliza-se o prazo prescricional de 8 anos.</td></tr>
</table>

A PENA MÁXIMA COMINADA AO CRIME (PPPA)

Para fins de cálculo da PPPA, considera-se a pena máxima cominada abstratamente. A operação costuma ser simples, mas há alguns pontos que devem ser considerados. O primeiro deles é que se deve **observar se o tipo é qualificado ou privilegiado**. Ex.: o homicídio simples tem a pena máxima de 20 anos (art. 121), o privilegiado (§1º) tem pena a reduzida em 1/3 a 1/6 (nesse caso, como estamos procurando a pena máxima, utilizamos o menor *quantum* de redução, ou seja, 1/6) e o qualificado do §2º tem a pena máxima de 30 anos.

A PENA MÁXIMA COMINADA AO CRIME (PPPA)
Circunstâncias judiciais, agravantes e atenuantes são irrelevantes, pois não podem elevar a pena acima do limite máximo abstratamente previsto.
Causas de aumento e de diminuição devem ser consideradas. Quando o *quantum* for variável, considera-se o *quantum* que mais aumente ou o que menos diminua a pena. Ex.: se o homicídio simples é tentado, reduz-se a pena de 1 a 2/3 (utiliza-se o *quantum* que menos reduz, ou seja, 1/3); se o tráfico de pessoas (art. 149-A) é cometido por funcionário público, aumenta-se a pena de 1/3 até metade (utiliza-se o *quantum* que mais aumenta, ou seja, metade).

TERMO INICIAL DA PPP (ART. 111)	
Para analisar se houve PPP (em suas 3 espécies), é importante saber, antes de tudo, quando a prescrição começa a correr. ► ***Art. 111. A prescrição, antes de transitar em julgado a sentença final, começa a correr:***	
Regra (I)	Do dia em que o crime se consumou (adoção da **teoria do resultado** para a prescrição).
Tentativa (II)	Do dia em que cessou a atividade criminosa.
Crimes permanentes (III)	Do dia em que cessou a permanência.
Bigamia e falsificação ou alteração de assentamento do registro civil (IV)	Da data em que o fato se tornou conhecido.
Crimes contra a dignidade sexual de crianças e adolescentes, previstos no CP ou em legislação especial (V)	Da data em que a vítima completar 18 anos, salvo se a esse tempo já houver sido proposta a ação penal. O inciso V foi inserido pela Lei 12.650/2012 (conhecida como "Lei Joanna Maranhão") e, depois, modificado pela Lei 14.344/2022 ("Lei Henry Borel").
Obs.: nos crimes previstos na **Lei de Falências** (Lei 11.101/2005), a PPP começa a correr do dia da decretação da falência, da concessão da recuperação judicial ou da homologação do plano de recuperação extrajudicial (art. 182).	

CAUSAS INTERRUPTIVAS DA PPP (ART. 117)
► ***Art. 117. O curso da prescrição interrompe-se:*** ***I - Pelo recebimento da denúncia ou da queixa;*** ***II - Pela pronúncia;*** ***III - Pela decisão confirmatória da pronúncia;*** ***IV - Pela publicação da sentença ou acórdão condenatórios recorríveis; [...].*** O rol do art. 117 é **taxativo**. Obs.: os incisos V e VI são causas interruptivas da PPE e serão analisados posteriormente.
► ***Art. 117, §2º - Interrompida a prescrição, salvo a hipótese do inciso V deste artigo, todo o prazo começa a correr, novamente, do dia da interrupção.*** Tendo em vista os prazos prescricionais fixados no art. 109 e o termo inicial da PPP (art. 111), resta saber até quando este prazo correrá. As causas interruptivas são **marcos em que a contagem é zerada**. Afere-se se transcorreu o lapso prescricional entre uma causa e a próxima. Ex.: antes do trânsito em julgado para a defesa e para a acusação, o crime de roubo (art. 157 – pena de 4 a 10 anos) prescreve em 16 anos (cotejo da pena abstrata máxima de 10 anos com os prazos do art. 109). Não sendo o roubo tentado, o prazo inicia-se na data da consumação (art. 111, I – regra). Iniciada a contagem, observar se transcorreram 16 anos até o implemento da primeira causa interruptiva que, no caso, é o recebimento da denúncia. A partir de então, a contagem será reiniciada até a próxima causa interruptiva. Considerando que o roubo não é um crime doloso contra a vida, não haverá pronúncia, tampouco decisão confirmatória. A próxima interrupção da PPP ocorrerá com a sentença condenatória ou com o acórdão condenatório (caso o agente tenha sido absolvido).
► ***Art. 117, §1º - Excetuados os casos dos incisos V e VI deste artigo, a interrupção da prescrição produz efeitos relativamente a todos os autores do crime. Nos crimes conexos, que sejam objeto do mesmo processo, estende-se aos demais a interrupção relativa a qualquer deles.*** Ex.: no mesmo processo, o sujeito foi condenado pelo crime de falsidade ideológica e absolvido pelo crime de apropriação indébita (crimes conexos). A acusação e a defesa apelaram. O Tribunal mantém a condenação pelo crime de falsidade ideológica e reforma a sentença para condenar pelo crime de apropriação indébita. Para verificar se houve prescrição, deve-se considerar que a sentença condenatória quanto à falsidade ideológica interrompeu o lapso prescricional também para o crime de apropriação indébita, ainda que tenha havido absolvição pelo crime.

PRIMEIRA CAUSA INTERRUPTIVA: RECEBIMENTO DA DENÚNCIA OU QUEIXA
A interrupção ocorre com a decisão de recebimento da peça acusatória (denúncia ou queixa-crime).
Para o STJ, "o acolhimento dos embargos de declaração opostos pela defesa contra a decisão de recebimento da denúncia desloca o marco interruptivo da prescrição, que passa a ser a data de **julgamento dos aclaratórios**"[12]. Isto porque a análise dos embargos de declaração tempestivos e considerados admissíveis integra a decisão.
O recebimento do aditamento é o marco interruptivo da prescrição quando há **alteração substancial dos fatos, passando a descrever novo fato criminoso**[13].
O recebimento da denúncia por juiz **absolutamente** incompetente **não interrompe** o prazo prescricional[14]. Já o recebimento por juiz **relativamente** incompetente tem o condão de **interromper** o prazo prescricional[15].
Se a decisão de recebimento da peça acusatória for anulada, o primeiro marco interruptivo da prescrição é a nova decisão que recebe a denúncia[16].
É possível que o recebimento da peça acusatória ocorra no Tribunal. Ex.: o juiz rejeita a denúncia e a acusação interpõe recurso, que vem a ser provido no Tribunal. ■ Súmula 709 do STF: Salvo quando nula a decisão de primeiro grau, o acórdão que provê o recurso contra a rejeição da denúncia vale, desde logo, pelo recebimento dela.

SEGUNDA CAUSA INTERRUPTIVA: PRONÚNCIA
Aplica-se apenas aos **crimes dolosos contra a vida.**
Se o réu for impronunciado e a acusação recorrer, o provimento do recurso pelo Tribunal vale como pronúncia e interrompe a prescrição na data de sessão de julgamento do recurso.
■ Súmula 191 do STJ: A pronúncia é causa interruptiva da prescrição, ainda que o Tribunal do Júri venha a desclassificar o crime.

12. STJ, APn 878/DF, Rel. Min. Benedito Gonçalves, rev. Min. Raul Araújo, Corte Especial, j. 15/12/2021.
13. STJ, RHC 89527/SP, Rel. Min. Felix Fischer, 5ª Turma, j. 03/04/2018.
14. STF, RC 1472/MG, Rel. Min. Dias Toffoli, Pleno, j. 25/05/2016.
15. STJ, EDcl no AgRg no AREsp 1625783/RJ, Rel. Min. Joel Ilan Paciornik, 5ª Turma, j. 17/11/2020.
16. STF, HC 121285/RJ, Rel. Min. Dias Toffoli, 1ª Turma, j. 11/11/2014; STJ, AgRg no REsp 2017961/PE, Rel. Min. Ribeiro Dantas, 5ª Turma, j. 27/09/2022.

TERCEIRA CAUSA INTERRUPTIVA: DECISÃO CONFIRMATÓRIA DA PRONÚNCIA
Se o réu recorre da pronúncia e o Tribunal nega provimento ao recurso, a pronúncia será confirmada e a prescrição interrompida com a decisão confirmatória da pronúncia.
O vocábulo "decisão" possui, de fato, significado genérico e, portanto, abrangente. No entanto, o STJ entende que não é possível considerar que a generalidade do vocábulo autoriza a interrupção da prescrição a cada decisão proferida após a pronúncia, sob pena de se desvirtuar a própria sistemática trazida no art. 117 do CP. Nesse sentido, a 5ª Turma concluiu que "**as decisões proferidas pelo Superior Tribunal Justiça, em recurso interposto contra o acórdão confirmatório da pronúncia, não se inserem no conceito do art. 117, inciso III, do CP como causa interruptiva da prescrição**"[17] (entendimento aparentemente seguido pela 6ª Turma[18]). Na decisão, observou-se que os recursos extraordinários *lato sensu* (Recurso Extraordinário e Recurso Especial) têm a finalidade de impedir que as decisões judiciais contrariem a Constituição Federal ou as leis federais, mantendo-se a uniformidade de interpretação, em todo país. Tais recursos não são vocacionados ao reexame do conjunto fático-probatório e limitam-se apenas às questões de direito. Destarte, **os recursos interpostos para o STJ não confirmam, propriamente, uma decisão de pronúncia ou mesmo uma sentença condenatória, porquanto incabível o reexame fático-probatório**. As causas interruptivas da prescrição da pretensão punitiva listadas no art. 117 guardam íntima relação com o curso da ação penal em primeira e segunda instâncias, que são as instâncias nas quais, em regra, é formada a culpa.
Na próxima tabela, está em destaque a lógica interpretativa adotada pelo STF no julgamento do **HC 176473/RR**. Em síntese: ao analisar a extensão do significado dos vocábulos constantes do **inciso IV**, o STF considerou que não haveria justificativa para tratamentos díspares entre acórdão condenatório e acórdão confirmatório, sendo ambos pronunciamentos do Tribunal Estadual a demonstrar a ausência de inércia estatal. Porém, em relação a este inciso III, a 5ª Turma do STJ esclareceu que "em nenhum momento o STF avançou no tema para considerar que as decisões proferidas pelo STJ, também deveriam ser considerados acórdão condenatório ou confirmatório recorrível. De fato, **a discussão se limitou aos pronunciamentos judiciais de primeiro e segundo graus**, destacando-se que a alteração legislativa apenas confirmou a jurisprudência do Pretório Excelso no sentido de que o anterior vocábulo "decisão" já albergava as espécies sentença e acórdão. [...] Tem-se que **as decisões proferidas pelos Tribunais Superiores não foram contempladas como causas interruptivas da prescrição, mas apenas as decisões proferidas pelas instâncias ordinárias**".

17. STJ, HC 826977/SP, Rel. Min. Ribeiro Dantas, red. p/ ac. Min. Reynaldo Soares da Fonseca, 5ª Turma, j. 05/12/2023.
18. STJ, REsp 2092578/SP, Rel. Min. Sebastião Reis Júnior, 6ª Turma, j. 05/03/2024.

QUARTA CAUSA INTERRUPTIVA: PUBLICAÇÃO DA SENTENÇA OU ACÓRDÃO CONDENATÓRIOS RECORRÍVEIS
Quanto à sentença, considera-se a **data da publicação em cartório, ou seja, de sua entrega ao escrivão, e não da intimação das partes ou publicação no órgão oficial**[19]. Quanto ao **acórdão**, considera-se publicado na **sessão de julgamento** pelo Tribunal[20].
A sentença que impõe **medida de segurança ao semi-imputável** é condenatória (e, portanto interrompe a prescrição). Já a que impõe medida de segurança ao inimputável é absolutória imprópria e não interrompe a prescrição.
Havia uma divergência jurisprudencial quanto ao acórdão que confirma a condenação, mas hoje a questão está pacificada. O Plenário do STF, no **HC 176473/RR**, firmou a seguinte tese: "nos termos do inciso IV do artigo 117 do CP, **o acórdão condenatório sempre interrompe a prescrição, inclusive quando confirmatório da sentença de 1º grau, seja mantendo, reduzindo ou aumentando a pena anteriormente imposta**"[21]. O STF considerou que a ideia de prescrição está vinculada à inércia estatal e o que existe na confirmação da condenação é a atuação do Tribunal. Consequentemente, se o Estado não está inerte, há necessidade de se interromper a prescrição para o cumprimento do devido processo legal. Registra-se que esse novo posicionamento somente se aplica aos crimes praticados após a alteração legislativa do inciso (Lei 11.596/2007).
O STJ curvou-se ao entendimento do STF e fixou a tese sob a sistemática dos recursos repetitivos: "**o acórdão condenatório de que trata o inciso IV do art. 117 do Código Penal interrompe a prescrição, inclusive quando confirmatório de sentença condenatória, seja mantendo, reduzindo ou aumentando a pena anteriormente imposta**"[22].
Portanto, somente não haverá o efeito interruptivo se a insurgência defensiva for acolhida, por exemplo, para absolver ou declarar extinta a punibilidade pela prescrição da pretensão punitiva, pois nessas hipóteses, não há confirmação da condenação.
Observa-se que a interpretação dada pelo STF ao inciso IV do art. 117 **não** alcança o art. 115 do CP (***"são reduzidos de metade os prazos de prescrição quando o criminoso era, ao tempo do crime, menor de 21 anos, ou, na data da sentença, maior de 70 anos"***).

19. STJ, AgRg no AREsp 2424670/SC, Rel. Min. Reynaldo Soares da Fonseca, 5ª Turma, j. 24/10/2023.
20. Registre-se que a publicação do acórdão nos veículos de comunicação oficial deflagra o prazo recursal, mas não influencia na contagem do prazo da prescrição (STF, RHC 125078/SP, Rel. Min. Dias Toffoli, 1ª Turma, j. 03/03/2015). No mesmo sentido, o STJ (AgRg no REsp 1284572/SP, Rel. Min. Rogerio Schietti Cruz, 6ª Turma, j. 27/09/2016).
21. STF, HC 176473/RR, Rel. Min. Alexandre de Moraes, Pleno, j. 27/04/2020.
22. STJ, REsp 1920091/RJ, Rel. Min. João Otávio de Noronha, 3ª Seção, j. 10/08/2022.

INTERRUPÇÃO - REGRA		
Data do fato (termo inicial).	Recebimento da denúncia ou queixa.	Publicação da sentença ou acórdão condenatórios recorríveis.

INTERRUPÇÃO - CRIMES DOLOSOS CONTRA A VIDA				
Data do fato.	Recebimento da denúncia ou queixa.	**Pronúncia.**	**Confirmação da pronúncia.**	Publicação da sentença ou acórdão condenatórios recorríveis.

CAUSAS IMPEDITIVAS DA PRESCRIÇÃO (ART. 116)	
►***Art. 116. Antes de passar em julgado a sentença final, a prescrição não corre:***	
I - enquanto não resolvida, em outro processo, questão de que dependa o reconhecimento da existência do crime;	"O exemplo clássico é o do réu que, processado por bigamia, questiona no juízo cível a validade do primeiro casamento"[23].
II - enquanto o agente cumpre pena no exterior;	A **Lei 13.964/2019** apenas alterou a redação do dispositivo: de "no estrangeiro" passou a ser "***no exterior***".
III - na pendência de embargos de declaração ou de recursos aos Tribunais Superiores, quando inadmissíveis; e	Novidade da **Lei 13.964/2019**, com o objetivo de evitar a ocorrência da prescrição na pendência do julgamento de recursos meramente protelatórios. O dispositivo não se aplica ao recurso (embargos de declaração, recurso extraordinário ou recurso especial) que for conhecido, provido ou improvido.
IV - enquanto não cumprido ou não rescindido o acordo de não persecução penal.	Novidade da **Lei 13.964/2019**, que também acrescentou o art. 28-A ao CPP, passando a disciplinar o acordo de não persecução penal. Assim, durante o período de cumprimento das condições do ANPP, não corre a prescrição.

23. CUNHA, Rogério Sanches (op. cit. p. 402).

CAUSAS IMPEDITIVAS E SUSPENSIVAS FORA DO CP
a) Na **suspensão condicional do processo** (Lei 9.099/1995), a prescrição também é suspensa; b) Quando o réu, citado por edital, não comparecer ao interrogatório nem constituir defensor, suspende-se o processo e a prescrição (**art. 366 do CPP**); c) Estando o acusado no estrangeiro, em lugar sabido, será citado mediante **carta rogatória***, suspendendo-se o curso da prescrição até o seu cumprimento (art. 368 do CPP); d) A sustação pela Câmara dos Deputados ou pelo Senado Federal, dos processos criminais contra deputado ou senador, suspende a prescrição, enquanto durar o mandato (art. 53, §5º, da CF/88); e) Nos crimes contra a ordem econômica, a celebração de acordo de leniência suspende o prazo prescricional (art. 35-C da Lei 8.884/1994); f) Nos crimes contra a ordem tributária, a prescrição pode ser suspensa com o parcelamento do débito tributário (art. 83, §§2º e 3º da Lei 9.430/1996). Para o STF, nos crimes materiais contra a ordem tributária, o lançamento do tributo pendente de decisão definitiva do processo administrativo importa na falta de justa causa para a ação penal, suspendendo, porém, o curso da prescrição enquanto obstada a sua propositura pela falta do lançamento definitivo.
* "O termo final da suspensão do prazo prescricional pela expedição de carta rogatória para citação do acusado no exterior é a data da efetivação da comunicação processual no estrangeiro, ainda que haja demora para a juntada da carta rogatória cumprida aos autos"[24].
Obs.: As causas suspensivas da prescrição demandam **expressa previsão legal**, o que não ocorre, por exemplo, no caso de instauração de incidente de insanidade mental, em que não há previsão normativa de suspensão do curso da prescrição.

EFEITOS DO RECONHECIMENTO DA PPP[25]			
O Estado perde seu direito de punir. O reconhecimento da PPP impede a continuação da persecução penal.	A sentença será rescindida em todos os seus efeitos. É como se o crime nunca tivesse existido.	O réu não será responsabilizado pelas custas processuais.	Se o réu é afiançado, a fiança será restituída integralmente.

24. STJ, REsp 1882330/SP, Rel. Min. Ribeiro Dantas, 5ª Turma, j. 06/04/2021. (Info 691)
25. CUNHA, Rogério Sanches (op. cit. p. 399).

ASPECTOS COMUNS DA PPPS E PPPR
Condição: **deve ter sido revelada a pena máxima que poderá ser concretizada.** Em regra, isso ocorre com o trânsito em julgado para a acusação, situação em que a pena poderá ser mantida ou reduzida, mas nunca aumentada (proibição da *reformatio in pejus*). Contudo, é possível que a pena máxima seja revelada sem o trânsito em julgado da acusação na hipótese em que a acusação recorre sem pleitear o aumento da pena (ex.: busca apenas a alteração do regime inicial). Por isso, em vez de "trânsito em julgado para a acusação", lista-se como pressuposto o "**trânsito em julgado para a acusação no tocante à pena**".
Logo, ambas têm por parâmetro a **PENA CONCRETA** e são disciplinadas no art. 110, §1º e na súmula 146 do STJ. ► ***Art. 110, §1º - A prescrição, depois da sentença condenatória com trânsito em julgado para a acusação ou depois de improvido seu recurso, regula-se pela pena aplicada, não podendo, em nenhuma hipótese, ter por termo inicial data anterior à da denúncia ou queixa.*** ■ Súmula 146 do STF: A prescrição da ação penal regula-se pela pena concretizada na sentença, quando não há recurso da acusação.
Ambas têm como termo inicial a **DECISÃO CONDENATÓRIA RECORRÍVEL** (publicação da sentença ou sessão de julgamento em que exarado o acórdão), último marco interruptivo anterior ao trânsito em julgado para ambas as partes.

PRESCRIÇÃO SUPERVENIENTE, INTERCORRENTE OU SUBSEQUENTE (PPPS)
É contada da **publicação da sentença ou acórdão condenatórios recorríveis até o trânsito em julgado final (para ambas as partes).** Exemplos:
1. A sentença condenatória aplicou a pena de 3 anos. A acusação não recorreu e a defesa recorreu (houve trânsito em julgado para a acusação no tocante à pena). Se entre a publicação da sentença condenatória e o julgamento do recurso da defesa transcorrer mais de 8 anos, a PPPS se consumará.
2. A sentença condenatória aplicou a pena de 5 anos. A acusação recorreu (apenas para afastar a concessão de *sursis* – portanto, houve trânsito em julgado para a acusação no tocante à pena) e a defesa não recorreu. Se entre e publicação da sentença condenatória e o julgamento do recurso da acusação transcorrer mais de 12 anos, a PPPS se consumará.

PRESCRIÇÃO RETROATIVA (PPPR)
É contada da publicação da sentença ou acórdão condenatórios recorríveis até a causa interruptiva anterior. Nos crimes dolosos contra a vida, a causa anterior é a **pronúncia ou a decisão confirmatória da pronúncia.** Nos demais casos, é o **recebimento da denúncia ou queixa.** É uma contagem feita para trás (retroativa). Ex. 1: a denúncia foi recebida em 01/03/2015 e a sentença condenatória, que aplicou a pena de 1 ano, foi publicada em 01/02/2011. A acusação não recorreu e a defesa recorreu (portanto, houve trânsito em julgado para a acusação no tocante à pena). Considerando que transcorreu mais de 4 anos entre a publicação da sentença condenatória e o recebimento da denúncia, operou-se a PPPR. Ex. 2: a denúncia foi recebida em 20/09/2012 e, em 21/09/2014, foi prolatada sentença absolutória própria. A acusação recorreu e o Tribunal, em 22/09/2017, reformou a sentença e condenou o agente à pena de 2 anos. A decisão transitou em julgado para a acusação (portanto, houve trânsito em julgado para a acusação no tocante à pena). Considerando que transcorreu mais de 4 anos entre a sessão de julgamento (acórdão condenatório) e o recebimento da denúncia, operou-se a PPPR. Note que a sentença absolutória não interrompe a prescrição.
A Lei 12.234/2010, declarada constitucional pelo STF[26], aboliu a prescrição retroativa em relação período compreendido entre a data do fato e o recebimento da denúncia ou queixa (***art. 110, §1º - [...] não podendo, em nenhuma hipótese, ter por termo inicial data anterior à da denúncia ou queixa***). Por ser mais gravosa (*novatio legis in pejus*), a Lei é irretroativa para não prejudicar autores de crimes cometidos antes de sua entrada em vigor (05/05/2010).

PPPS	PPPR
Publicação da sentença ou acórdão condenatórios recorríveis → trânsito em julgado final.	Recebimento da denúncia ou queixa ← **publicação da sentença ou acórdão condenatórios recorríveis.** (Crimes não dolosos contra a vida)

26. STF, HC 122694/SP, Rel. Min. Dias Toffoli, Pleno, j. 10/12/2014. (Info 771)

PRESCRIÇÃO VIRTUAL, PROJETADA, ANTECIPADA OU RETROATIVA EM PERSPECTIVA
Modalidade de PPP **sem amparo legal.** Trata-se do reconhecimento antecipado da prescrição. Ex.: Carlos praticou o crime de prevaricação (art. 319-A – detenção, de 3 meses a 1 ano) em 01/01/2014 (termo inicial). A denúncia foi recebida em 01/04/2014. O juiz, ao retomar a análise do processo 3 anos depois, percebe que diante das circunstâncias do caso, Carlos muito dificilmente seria condenado à pena máxima de 1 ano (prescrição em 4 anos). O mais provável (quase certo) seria a fixação de pena em concreto em patamar inferior a 1 ano. Logo, tudo indica que o crime prescreverá em 3 anos (PPPR). Ocorre que já se passaram 3 anos. Portanto, na condenação, seria inevitável o reconhecimento da prescrição retroativa.
A PPPR prestigia a economia processual evita o prosseguimento de processos inúteis, fadados à extinção da punibilidade. Não obstante, é rechaçada pelos Tribunais Superiores. O STF[27] fixou a seguinte tese em sede de **repercussão geral: "é inadmissível a extinção da punibilidade em virtude de prescrição da pretensão punitiva com base em previsão da pena que hipoteticamente seria aplicada, independentemente da existência ou sorte do processo criminal"**.
O STJ editou súmula com a mesma redação: ▪ Súmula 438 do STJ: É inadmissível a extinção da punibilidade pela prescrição da pretensão punitiva com fundamento em pena hipotética, independentemente da existência ou sorte do processo penal.

PPE
O pressuposto para sua ocorrência é o **trânsito em julgado para ambas as partes**. Não é mais necessário adotar-se como parâmetro a pena máxima cominada ao delito (PPPA), pois agora já existe uma **PENA CONCRETA** definitiva a guiar a prescrição. ▪ Súmula 604 do STF: A prescrição pela pena em concreto é somente da pretensão executória da pena privativa de liberdade.
Os prazos prescricionais continuam a observar o art. 109.
Também se aplica o art. 115 (redução dos prazos de prescrição: menoridade relativa e senilidade).

27. STF, RE 602.527 QO-RG/RS, Rel. Min. Cezar Peluso, Pleno, j. 19/11/2009. O entendimento permanece firme no STF (Inq 3574 AgR/MT, Rel. Min. Marco Aurélio, 1ª Turma, j. 02/06/2015, noticiado no informativo 788).

<table>
<tr><th colspan="3">PPP</th><th rowspan="2">PPE</th></tr>
<tr><th>PPPA</th><th>PPPS</th><th>PPPR</th></tr>
<tr><td>Pena máxima cominada ao tipo penal (art. 109).</td><td colspan="2">Pena aplicada na decisão condenatória recorrível para a defesa (art. 110, §1º).</td><td>Pena aplicada definitiva (art. 110).</td></tr>
</table>

<table>
<tr><th colspan="2">PPE</th></tr>
<tr><td colspan="2">► Art. 110. A prescrição depois de transitar em julgado a sentença condenatória regula-se pela pena aplicada e verifica-se nos prazos fixados no artigo anterior, os quais se aumentam de um terço, se o condenado é reincidente.
A reincidência aumenta o prazo de PPE em 1/3. Mas atenção: o aumento aplica-se somente à PPE, e não à PPP. Há uma súmula sobre o tema:
▪ Súmula 220 do STJ: A reincidência não influi no prazo da prescrição da pretensão punitiva.</td></tr>
<tr><td><u>Situação 1</u>: se a reincidência já existia (antecedente) e foi reconhecida na condenação, a PPE será aumentada em 1/3. O art. 110 refere-se a essa situação.</td><td><u>Situação 2</u>: a reincidência posterior ao trânsito em julgado (subsequente) interrompe a PPE em curso (art. 117, VI). Nesse caso, não haverá o aumento de 1/3, restrito à reincidência antecedente.</td></tr>
</table>

TERMO INICIAL DA PPE (ART. 112)
► ***Art. 112. No caso do art. 110 deste Código, a prescrição começa a correr:*** ***I - do dia em que transita em julgado a sentença condenatória, para a acusação, ou a que revoga a suspensão condicional da pena ou o livramento condicional;*** ***II - do dia em que se interrompe a execução, salvo quando o tempo da interrupção deva computar-se na pena.***

TERMO INICIAL DA PPE (ART. 112, I, 1ª PARTE)
De acordo com a literalidade do inciso I (1ª parte), a prescrição da pretensão executória começa a correr "***do dia em que transita em julgado a sentença condenatória, para a acusação***". Por muito tempo, a interpretação desse trecho foi objeto de intensa discussão doutrinária e de preocupante oscilação jurisprudencial. O tema ganhou novos contornos após o julgamento das ADCs 43, 44 e 54, quando o STF passou a exigir o trânsito em julgado da condenação para o início da execução da pena.

TERMO INICIAL DA PPE (ART. 112, I, 1ª PARTE)
Tradicionalmente, o **STJ** entendia que o termo *a quo* para contagem do prazo (para fins de prescrição da pretensão executória) é a data do trânsito em julgado para a **acusação**, e não para ambas as partes, prevalecendo a interpretação literal mais benéfica ao condenado.
No **AI 794971 AGR/RJ** (j. 19/04/2021), o STF concluiu que "a prescrição da pretensão executória, no que pressupõe quadro a revelar a possibilidade de execução da pena, tem como marco inicial o trânsito em julgado, **para ambas as partes**, da condenação"[28]. A conclusão é coerente com a interpretação atual sobre o princípio da presunção de inocência. Considerou-se que a prescrição é um limite temporal que ocorre em face da inação estatal, razão pela qual não se pode iniciar a contagem da prescrição enquanto não puder ser exercida a pretensão executória – o que somente ocorre com o trânsito em julgado para ambas as partes. Do contrário estar-se-ia punindo o Estado pela inação quando não poderia agir.
Em 26/10/2022, a 3ª Seção do **STJ**[29] curvou-se ao posicionamento do STF e passou a entender que a prescrição da pretensão executória tem como marco inicial o trânsito em julgado da condenação para **ambas as partes.** Com a alteração, a questão foi **pacificada** nos Tribunais Superiores.
O Plenário do STF, apreciando o Tema 788 da **repercussão geral** (ARE 848.107/DF[30]), julgado em 03/07/2023, declarou a não recepção pela Constituição Federal da locução "para a acusação", contida na primeira parte do inciso I do artigo 112 do CP, conferindo-lhe interpretação conforme a Constituição, de forma a se entender que a prescrição começa a correr do dia em que transita em julgado a sentença condenatória para **ambas as partes.** Contudo, determinou a modulação dos efeitos do julgado, a fim de restringir a aplicação da tese fixada no paradigma à situação em que a pena não tenha sido declarada extinta pela prescrição em qualquer tempo e grau de jurisdição; e cujo trânsito em julgado para a acusação tenha ocorrido após 12/11/20 (data do julgamento das ADCs n. 43, 44 e 53). Reiterou-se que o Estado não pode determinar a execução da pena contra condenado com base em título executivo não definitivo, dada a prevalência do princípio da não culpabilidade ou da presunção de inocência. Assim, a constituição definitiva do título judicial condenatório é condição de exercício da pretensão executória do Estado. Ademais, a aplicação da literalidade do dispositivo impugnado, além de contrária à ordem jurídico-normativa, apenas fomenta a interposição de recursos com fins meramente procrastinatórios, frustrando a efetividade da jurisdição penal.

28. STF, AI 794971 AgR/RJ, Rel. Min. Roberto Barroso, red. p. o ac. Min. Marco Aurélio, Pleno, j. 19/04/2021.
29. STJ, AgRg no REsp 1983259/PR, Rel. Min. Sebastião Reis Júnior, 3ª Seção, j. 26/10/2022.
30. STF, ARE 848107/DF, Rel. Min. Dias Toffoli, Pleno, j. 01/07/2023.

TERMO INICIAL DA PPE (ART. 112, I, 2ª PARTE)
A prescrição da pretensão executória começa a correr do dia da revogação da suspensão condicional da pena (sursis) ou do livramento condicional.
Se o ***sursis*** for revogado, a PPE retomará o seu curso e o condenado **deverá cumprir integralmente a pena aplicada na sentença**.
Quanto ao **livramento condicional**, a prescrição é calculada pelo tempo que resta da pena (art. 113).

TERMO INICIAL DA PPE (ART. 112, II)		
A prescrição da pretensão executória começa a correr: "***do dia em que se interrompe a execução, salvo quando o tempo da interrupção deva computar-se na pena***". Hipóteses:		
a) **Fuga do regime fechado ou semiaberto e abandono do regime aberto**: a PPE começa a correr da data da fuga (considera-se o **restante** da pena).	b) **Descumprimento de PRD**: a PPE começa a correr da data do descumprimento, havendo divergência quanto à pena a ser considerada (se a pena restante ou a pena integral[31]).	c) **Superveniência de doença mental**: excepcionalmente, o período interrompido é computado como cumprimento da pena.

CÁLCULO DA PPE PELA PENA RESIDUAL
►Art. 113. No caso de evadir-se o condenado ou de revogar-se o livramento condicional, a prescrição é regulada pelo tempo que resta da pena.

CAUSAS INTERRUPTIVAS DA PPE	
►Art. 117. O curso da prescrição interrompe-se:	
V - Pelo início ou continuação do cumprimento da pena;	A PPE, iniciada com o trânsito em julgado para a acusação, é interrompida com o efetivo início do cumprimento da pena. No caso de pena alternativa, a interrupção ocorre com o efetivo comparecimento do condenado ao local destinado para o exercício das atividades estabelecidas.

31. Ver tabela 'DESCUMPRIMENTO E PRESCRIÇÃO DA PRETENSÃO EXECUTÓRIA' (capítulo 23. PENAS RESTRITIVAS DE DIREITOS).

CAUSAS INTERRUPTIVAS DA PPE	
VI - Pela reincidência.	Se o condenado, após o trânsito em julgado, cometer outro crime, a PPE será interrompida na **data da prática do novo crime**[32].

INCOMUNICABILIDADE DAS CAUSAS INTERRUPTIVAS DA PPE
►Art. 117, §1º - Excetuados os casos dos incisos V e VI deste artigo, a interrupção da prescrição produz efeitos relativamente a todos os autores do crime. Nos crimes conexos, que sejam objeto do mesmo processo, estende-se aos demais a interrupção relativa a qualquer deles. Diferentemente do que ocorre na PPP, em que as causas interruptivas são comunicáveis em concurso de pessoas, na PPE as causas interruptivas têm natureza personalíssima.

CAUSA IMPEDITIVA DA PPE (ART. 116, PARÁGRAFO ÚNICO)
►Art. 116, parágrafo único. Depois de passada em julgado a sentença condenatória, a prescrição não corre durante o tempo em que o condenado está preso por outro motivo. Quando o sujeito está preso por outro motivo, o Estado não pode executar a pena (e, portanto, não deve correr prescrição nesse período). Além do art. 116, o ***sursis*** e o **livramento condicional** também são causas que, pela lógica do sistema, impedem o curso da PPE.

RECONHECIMENTO DA PPE
"A análise do pleito de extinção da punibilidade pela prescrição da pretensão executória cabe ao **juízo da execução**, uma vez que demanda a verificação de diversas informações, não apenas quanto ao trânsito em julgado para a acusação e início da execução da pena, como também acerca da ocorrência de incidentes que interferem diretamente na contagem do prazo prescricional, nos termos do disposto nos arts. 116, parágrafo único e 117, incisos V e VI, ambos do CP"[33]. Uma vez reconhecida a PPE, **o único efeito é a extinção da pena**. Os **efeitos penais secundários e extrapenais da condenação subsistem** (reincidência, maus antecedentes, título executivo cível etc.). O condenado pode, por exemplo, requerer a reabilitação[34].

32. STJ, HC 360940/SC, Rel. Min. Jorge Mussi, 5ª Turma, j. 15/09/2016.
33. STJ, AgRg no AgRg no HC 721326/SC, Rel. Min. Olindo Menezes (Desembargador convocado do TRF 1ª Região), 6ª Turma, j. 25/10/2022.
34. STJ, REsp 1580644/SP, Rel. Min. Maria Thereza de Assis Moura, 6ª Turma, j. 24/05/2016.

PRESCRIÇÃO E DETRAÇÃO
A prescrição baseia-se na **pena aplicada na sentença sem a detração**[35].

ABSORÇÃO DE PENAS
► ***Art. 118. As penas mais leves prescrevem com as mais graves.*** "Este dispositivo é de aplicação reduzida. Afinal, a prescrição das penas restritivas de direitos substitutivas é disciplinada pelo artigo 109, parágrafo único do Código Penal ("***aplicam-se às penas restritivas de direito os mesmos prazos previstos para as privativas de liberdade***"). Já a prescrição da pena de multa aplicada cumulativamente com a pena privativa de liberdade é regulada pelo artigo 114, II, do Código Penal (a prescrição se dá "***no mesmo prazo estabelecido para a prescrição da pena privativa de liberdade***"). Assim, o art. 118 serve para as hipóteses em que é aplicada pena restritiva de direitos cumulativamente com a pena privativa de liberdade. É o que se dá, por exemplo, no crime previsto no art. 302 do CTB"[36].

PRESCRIÇÃO NAS PENAS RESTRITIVAS DE DIREITOS
Quanto ao descumprimento da PRD e a PPE, o tema foi analisado no capítulo 23. PENAS RESTRITIVAS DE DIREITOS.

PRESCRIÇÃO DAS MEDIDAS DE SEGURANÇA
O tema foi analisado no capítulo 26. MEDIDA DE SEGURANÇA.

PRESCRIÇÃO E CONCURSO DE CRIMES
O tema foi analisado no capítulo 24. PENA DE MULTA.

35. STJ, AgInt no AREsp 1428799/SP, Rel. Min. Felix Fischer, 5ª Turma, j. 26/03/2019.
36. ALVES, Jamil Chaim (op. cit. p. 720).

PRESCRIÇÃO DAS FALTAS GRAVES (EXECUÇÃO PENAL)
A LEP não prevê o prazo prescricional para a apuração de faltas graves (art. 50 da LEP). Diante da lacuna, o STF[37] e o STJ[38] entendem que deve ser utilizado, por analogia, o menor prazo prescricional do CP (**3 anos**).

MEDIDAS SOCIOEDUCATIVAS
■ Súmula 338 do STJ: A prescrição penal é aplicável nas medidas socioeducativas. Para o STJ, "somente na hipótese em que for reconhecida a prática de ato infracional análogo a crime que possua pena máxima *in abstrato* inferior a 3 anos (como delitos de menor potencial ofensivo), o julgador, para evitar a criação de situação mais gravosa ao adolescente, deve adotar o prazo prescricional aplicável ao imputável em idêntica situação". Ademais, "uma vez aplicada medida socioeducativa sem termo final, deve ser considerado o **período máximo de 3 anos de duração da medida de internação, para o cálculo do prazo prescricional da pretensão socioeducativa, e não o tempo da medida que poderá efetivamente ser cumprida até que a envolvida complete 21 anos de idade**"[39].

DECADÊNCIA[40]	PRESCRIÇÃO
Ocorre antes da propositura da ação penal.	Pode ocorrer durante antes ou durante a ação penal (antes ou depois do trânsito em julgado).
Ação penal privada ou pública condicionada à representação.	Qualquer espécie de ação penal.
Extingue o direito de queixa ou representação.	Extingue o direito de punir ou a pena.
É improrrogável, não se suspende nem se interrompe.	É improrrogável, mas pode ser suspensa ou interrompida.

37. STF, HC 114422/RS, Rel. Min. Gilmar Mendes, 2ª Turma, j. 06/05/2014.
38. STJ, HC 527625/SP, Rel. Min. Reynaldo Soares da Fonseca, 5ª Turma, j. 12/11/2019.
39. STJ, AgRg no REsp 1870407/SC, Rel. Min. Sebastião Reis Júnior, 6ª Turma, j. 27/10/2020.
40. Tabela extraída da obra de Cleber Masson (op. cit. p. 802).

PENA

INFORMATIVOS DO STF
Info. 1101: O STF declarou a não recepção pela Constituição Federal da locução "para a acusação", contida art. 112, inciso I (primeira parte), do Código Penal, conferindo-lhe interpretação conforme a Constituição no sentido de que a prescrição começa a correr do dia em que transita em julgado a sentença condenatória para ambas as partes. Modulação dos efeitos. Esse entendimento se aplica aos casos em que: i) a pena não foi declarada extinta pela prescrição; e ii) cujo trânsito em julgado para a acusação tenha ocorrido após 12/11/2020. ARE 848107/DF, Rel. Min. Dias Toffoli, Pleno, j. 01/07/2023.

INFORMATIVOS DO STJ
Info. 798: As decisões proferidas pelo Superior Tribunal Justiça, em recurso interposto contra o acórdão confirmatório da pronúncia, não se inserem no conceito do art. 117, inciso III, do Código Penal como causa interruptiva da prescrição. HC 826977/SP, Rel. Min. Ribeiro Dantas, red. p/ o ac. Min. Reynaldo Soares da Fonseca, 5ª Turma, j. 05/12/2023.
Info. 773: É cabível a redução do prazo prescricional pela metade (art. 115 do CP) se, entre a sentença condenatória e o julgamento dos embargos de declaração, o réu atinge a idade superior a 70 anos, tendo em vista que a decisão que julga os embargos integra a própria sentença condenatória. EDcl no AgRg no REsp 1877388/CE, Rel. Min. Antonio Saldanha Palheiro, 6ª Turma, j. 02/05/2023.

PARTE ESPECIAL

TÍTULO I

DOS CRIMES CONTRA A PESSOA

INTRODUÇÃO AOS CRIMES CONTRA A PESSOA

DOS CRIMES CONTRA A PESSOA (TÍTULO I)	
DOS CRIMES CONTRA A VIDA (I)	**DAS LESÕES CORPORAIS (II)**
DA PERICLITAÇÃO DA VIDA E DA SAÚDE (III)	**DA RIXA (IV)**
DOS CRIMES CONTRA A HONRA (V)	**DOS CRIMES CONTRA A LIBERDADE INDIVIDUAL (VI)**

DOS CRIMES CONTRA A VIDA (I)	
Homicídio (art. 121).	Feminicídio (art. 121-A).
Induzimento, instigação ou auxílio a suicídio ou a automutilação (art. 122).	Infanticídio (art. 123).
Aborto (arts. 124 a 128).	

DAS LESÕES CORPORAIS (II)
Lesão corporal (art. 129).

DA PERICLITAÇÃO DA VIDA E DA SAÚDE (III)	
Perigo de contágio venéreo (art. 130).	Perigo de contágio de moléstia grave (art. 131).
Perigo para a vida ou saúde de outrem (art. 132).	Abandono de incapaz (art. 133).
Exposição ou abandono de recém-nascido (art. 134).	Omissão de socorro (art. 135).
Condicionamento de atendimento médico-hospitalar emergencial (art. 135-A).	Maus-tratos (art. 136).

DA RIXA (IV)
Rixa (art. 137).

DOS CRIMES CONTRA A HONRA (V)		
Calúnia (art. 138)	Difamação (art. 139)	Injúria (art. 140)

DOS CRIMES CONTRA A LIBERDADE INDIVIDUAL (VI)	
DOS CRIMES CONTRA A LIBERDADE PESSOAL (Seção I)	**DOS CRIMES CONTRA A INVIOLABILIDADE DO DOMICÍLIO (Seção II)**
DOS CRIMES CONTRA A INVIOLABILIDADE DE CORRESPONDÊNCIA (Seção III)	**DOS CRIMES CONTRA A INVIOLABILIDADE DOS SEGREDOS (Seção IV)**

DOS CRIMES CONTRA A LIBERDADE INDIVIDUAL (VI)	
DOS CRIMES CONTRA A LIBERDADE PESSOAL (Seção I)	
Constrangimento ilegal (art. 146).	Ameaça (art. 147).
Sequestro e cárcere privado (art. 148).	Redução a condição análoga à de escravo (art. 149).

DOS CRIMES CONTRA A LIBERDADE INDIVIDUAL (VI)
DOS CRIMES CONTRA A INVIOLABILIDADE DO DOMICÍLIO (Seção II)
Violação de domicílio (art. 150).

DOS CRIMES CONTRA A LIBERDADE INDIVIDUAL (VI)	
DOS CRIMES CONTRA A INVIOLABILIDADE DE CORRESPONDÊNCIA (Seção III)	
Violação de correspondência (art. 151).	Sonegação ou destruição de correspondência (art. 151, §1º).
Violação de comunicação telegráfica, radioelétrica ou telefônica (art. 151, §1º, II a IV).	Correspondência comercial (art. 152).

DOS CRIMES CONTRA A LIBERDADE INDIVIDUAL (VI)		
DOS CRIMES CONTRA A INVIOLABILIDADE DOS SEGREDOS (Seção IV)		
Divulgação de segredo (art. 153).	Violação do segredo profissional (art. 154).	Invasão de dispositivo informático (art. 154-A).

1

DOS CRIMES CONTRA A VIDA

HOMICÍDIO (ART. 121) – MODALIDADES			
DOLOSO			CULPOSO
Simples	Privilegiado	Qualificado	
Caput.	§1º.	§2º, I a IX.	§3º.
Reclusão. 6 a 20 anos.	Reclusão. 6 a 20 anos (com redução de 1/3 a 1/6).	Reclusão. 12 a 30 anos.	Detenção. 1 a 3 anos.
São aplicáveis as causas de aumento do §4º (2ª parte) e do §6º. Há causas de aumento específicas para o homicídio contra menor de 14 anos (§2º-B).			São aplicáveis as causas de aumento do §4º (1ª parte) e o perdão judicial (§5º).

HOMICÍDIO	
► ***Art. 121. Matar alguém:*** ***Pena - reclusão, de 6 a 20 anos.***	
Tipicidade	Iniciado o parto e não estando presentes as circunstâncias do infanticídio (art. 123), a conduta de tirar a vida de alguém se amolda ao homicídio. Antes disso, o crime será o aborto (arts. 124 a 128).
Bem jurídico	A vida humana extrauterina.

HOMICÍDIO	
Sujeito ativo	Qualquer pessoa (crime **comum**).
Sujeito passivo	Qualquer pessoa: "***alguém***" é um ser humano nascido vivo. Se for mulher por razões da condição do sexo feminino, a conduta amolda-se ao feminicídio (art. 121-A), tipo penal autônomo após a Lei 14.994/2024.
Elemento subjetivo	Dolo (*animus necandi*), direto ou eventual. Não há finalidade especial. A modalidade culposa está prevista no §3º.
Consumação	Ocorre com a morte da vítima (crime **material** e **instantâneo**), o que ocorre com a morte encefálica (art. 3º da Lei 9.434/1997). Admite tentativa (crime **plurissubsistente**).
Omissão	Pode ser praticado na forma omissiva (omissão **imprópria**).
Execução	Crime de forma livre.
Concurso de pessoas	Crime de concurso eventual (**unissubjetivo**).
Competência	Tribunal do Júri (art. 5º, XXXVIII, d), salvo o homicídio culposo (§3º), de competência do juízo singular.
Lei 9.099/1995	Apenas o homicídio culposo (§3º) admite a suspensão condicional do processo.
Ação penal	Pública incondicionada.
ANPP	É incabível o acordo de não persecução penal para o homicídio doloso, pois a pena mínima cominada não é inferior a 4 anos e o crime é cometido com violência ou grave ameaça (art. 28-A, *caput*, do CPP). Em se tratando de homicídio culposo, o acordo é possível, considerando a sanção mínima prevista em lei (1 ano). A meu ver, a violência culposa não obsta a sua celebração.

HOMICÍDIO SIMPLES (ART. 121, *CAPUT*)
Categoria **residual**: o homicídio será simples quando não for privilegiado (§1º), qualificado (§2º, I a IX) ou culposo (§3º).
Homicídio simples **não é crime hediondo, salvo quando praticado em atividade típica de grupo de extermínio, ainda que cometido por um só agente** (art. 1º, I, da Lei 8.072/1990).

HOMICÍDIO SIMPLES (TEMAS RELEVANTES)	
Início da vida extrauterina	Tradicionalmente, a respiração – aferida por perícia (docimasia respiratória) – era o marco do início da vida. Todavia, o STJ considera desnecessário que o nascituro tenha respirado quando existem outros elementos para demonstrar a vida, como os batimentos cardíacos[1].
Sujeito passivo	O homicídio configura-se ainda que a vítima seja um recém-nascido com baixíssima probabilidade de sobreviver ou uma pessoa que está na iminência da morte. A viabilidade da vida da vítima é desnecessária.
Materialidade	A morte da vítima pode ser provada com o **exame de corpo delito, direto ou indireto**, pois o homicídio é um crime não transeunte.
Gêmeos xifópagos (vítima)	Matar gêmeo xifópago configura duplo homicídio doloso em concurso formal, pois matar um implica, necessariamente, matar o outro (consequência necessária).
Gêmeos xifópagos (sujeito ativo)	Se apenas um dos gêmeos pratica um homicídio e é condenado a pena privativa de liberdade, a prisão será inviabilizada em virtude de o outro gêmeo não poder ser punido.
Crime impossível	Cadáver não é "***alguém***" (crime impossível por impropriedade absoluta do objeto).
Continuidade delitiva	É possível o reconhecimento, pois a súmula 605 do STF ("não se admite continuidade delitiva nos crimes contra a vida") foi superada.

1. STJ, HC 228998/MG, Rel. Min. Marco Aurélio Bellizze, 5ª Turma, j. 23/10/2012.

HOMICÍDIO SIMPLES (TEMAS RELEVANTES)	
Competência	Em regra, a competência é determinada pelo lugar em que se consumou o crime, pois o art. 70 do CPP consagra a teoria do resultado). Em situações excepcionais, o STF e o STJ têm entendido possível a flexibilização da teoria do resultado ao definir-se a competência para o conhecimento e o julgamento do crime de homicídio admitindo que, excepcionalmente, seja ela fixada não com base no lugar onde ocorreu a morte da vítima, mas, sim, no **local que mais facilite a coleta de provas e melhor sirva para a formação da verdade real**. Busca-se, ainda, realizar a prevenção geral e restaurar a paz social no local onde a ordem jurídica foi efetivamente lesada pelo delito. Ex.: a vítima foi esfaqueada na Comarca A, onde ficou internada por um período. Após, foi transferida para hospital da comarca B, onde veio a falecer (local da consumação). Aplicando-se o art. 70, a competência deveria ser fixada na comarca B. Todavia, considerando que os atos foram praticados na Comarca A, local onde está grande parte das provas e onde residem as testemunhas, admite-se a fixação da competência na comarca A.
Indígenas e competência federal	Em regra, o crime praticado por índio ou contra ele será processado e julgado pela **Justiça Estadual**, salvo comprovação efetiva de que a motivação se refere a disputa de direitos (coletivos) indígenas, situação em que a competência será da Justiça Federal com fundamento no inciso XI do art. 109 da CF/88.
Transmissão de HIV	Não há consenso jurisprudencial sobre a tipificação da transmissão dolosa do vírus HIV. Sabe-se, a princípio, que a conduta não se enquadra no art. 130 (crime de perigo de contágio venéreo), pois a AIDS não é moléstia venérea e não se transmite apenas sexualmente. No HC 98712/SP[2], o STF afastou a configuração de homicídio doloso ou de perigo de contágio de moléstia grave (art. 131). Hoje, prevalece na jurisprudência que a conduta de praticar ato sexual com a finalidade de transmitir o vírus configura lesão corporal gravíssima por resultar enfermidade incurável (art. 129, §2º, II). Há um julgado do STJ nesse sentido[3].

2. STF, HC 98712/SP, Rel. Min. Marco Aurélio, 1ª Turma, j. 05/10/2010.
3. STJ, HC 160982/DF, Rel. Min. Laurita Vaz, 5ª Turma, j. 17/05/2012.

HOMICÍDIO SIMPLES (TEMAS RELEVANTES)	
Homicídio por omissão	O homicídio pode ser praticado mediante ação ou omissão (que, no caso, é a omissão imprópria). Ex.: a mãe que deixa de alimentar seu filho e causa-lhe o óbito por inanição[4]. Nesse caso, é "necessária a descrição do comportamento omissivo voluntário, a consciência de seu dever de agir e da situação de risco enfrentada pelo ofendido, a previsão do resultado decorrente de sua omissão, o nexo normativo de evitação do resultado, o resultado material e a situação de garantidor nos termos do art. 13, §2º, do CP"[5].

HOMICÍDIO PRIVILEGIADO (ART. 121, §1º)
►***Art. 121, §1º - Se o agente comete o crime impelido por motivo de relevante valor social ou moral, ou sob o domínio de violenta emoção, logo em seguida a injusta provocação da vítima, o juiz pode reduzir a pena de 1/6 a 1/3.*** O "privilégio", na verdade, é uma **causa especial de diminuição da pena.**
O homicídio privilegiado **não** é crime hediondo.
As causas de diminuição são circunstâncias **subjetivas**, e, portanto, **incomunicáveis em concurso de pessoas** (art. 30).
Para o STJ, "a escolha do *quantum* de diminuição relativo à privilegiadora prevista no art. 121, § 1º, do CP, entre os patamares de 1/6 a 1/3, deve se basear nas circunstâncias concretas evidenciadas nos autos, considerando os elementos caracterizadores do homicídio privilegiado, ou seja, a relevância social ou moral da motivação do crime, ou o grau emotivo do réu, além da intensidade da injusta provocação realizada pela vítima"[6].

4. **Exemplo interessantíssimo do STJ de homicídio por omissão imprópria**: "as instâncias ordinárias, soberanas na análise dos fatos, entenderam que restou demonstrada a maior periculosidade da paciente que, juntamente com a corré, submeteu a vítima - sua filha adolescente, com 13 anos de idade - à situação vexatória, obrigando-a a se despir e se submeter, na frente de outros familiares, a exame vaginal a fim de constatar sua virgindade, ante a desconfiança da sua suposta homossexualidade. Tais atitudes levaram a ofendida à tentativa de suicídio, ingerindo grande quantidade medicamentos, sendo que **a paciente, mesmo percebendo que a menor necessitava de socorro, não o fez, deixando-a à própria sorte, tendo o óbito sido evitado em razão de o Conselho Tutelar**, após denúncia anônima, ter se dirigido para o local e, encontrando a adolescente desacordada, levou-a ao hospital, onde foi socorrida. Tais circunstâncias demonstram risco ao meio social, uma vez que a paciente, além de ter submetido sua filha a situação tão vexatória a ponto de levá-la à tentativa de suicídio, tinha, como genitora, o dever legal de agir e evitar o resultado morte" (STJ, HC 443740/SP, Rel. Min. Joel Ilan Paciornik, 5ª Turma, j. 02/08/2018).
5. STJ, RHC 46823/MT, Rel. Min. Reynaldo Soares da Fonseca, 5ª Turma, j. 07/04/2016.
6. STJ, AgRg no HC 758946/GO, Rel. Min. Jesuíno Rissato (Desembargador convocado do TJDFT), 5ª Turma, j. 22/11/2022.

HOMICÍDIO PRIVILEGIADO (ART. 121, §1º)	
Motivo de relevante valor social ou moral	Exemplos: amor à pátria (valor social) e eutanásia (valor moral). O motivo de valor social ou moral deve ser **relevante**, ou seja, expressivo, importante, notável e também configura **atenuante genérica** (art. 65, III, *a*). Contudo, reconhecida a minorante do homicídio, a atenuante não será aplicada para evitar o *bis in idem*.
Sob o domínio de violenta emoção, logo em seguida a injusta provocação da vítima	O domínio de violenta emoção deve ocorrer **logo após** a injusta provocação da vítima (impulso imediato). Por isso, a minorante é incompatível com a premeditação. O art. 65, III, *c*, 2ª parte, também traz uma atenuante genérica com requisitos semelhantes. Contudo, reconhecida a minorante, a atenuante não será aplicada, para evitar o *bis in idem*. Se, todavia, não forem preenchidos os requisitos da minorante, será aplicada a atenuante genérica.

CAUSA ESPECIAL DE DIMINUIÇÃO DE PENA (ART. 121, §1º)	ATENUANTE GENÉRICA (ART. 65, III, C, 2ª PARTE)
Sob o **domínio** de violenta emoção, **logo em seguida** a **injusta provocação** da vítima.	Sob a **influência** de violenta emoção, provocada por **ato injusto** da vítima
A intensidade é maior ("***domínio***").	A intensidade é menor ("***influência***").
Reação imediata ("***logo em seguida***").	Dispensa o requisito temporal "***logo em seguida***".
Aplica-se ao homicídio doloso.	Aplica-se a qualquer crime.

HOMICÍDIO QUALIFICADO (ART. 121, §2º, I A IX)
►***Art. 121, §2º - Se o homicídio é cometido:*** ***[...] Pena - reclusão, de 12 a 30 anos.*** O homicídio qualificado é **crime hediondo** (art. 1º, I, da Lei 8.072/1990). As qualificadoras **objetivas** (incisos III, IV, exceto a traição, VIII e IX) **comunicam-se em concurso de pessoas**, contanto que o agente tenha conhecimento delas (devem ser abrangidas pelo dolo).

HOMICÍDIO QUALIFICADO (ART. 121, §2º, I A IX)	
I - Mediante paga ou promessa de recompensa, ou por outro motivo torpe;	Interpretação analógica ('***mediante paga ou promessa de recompensa***' é um exemplo de '***motivo torpe***'). O crime é de **concurso necessário.** É irrelevante o efetivo recebimento de recompensa, e esta não precisa ser em dinheiro[7]. Motivo torpe é aquele que suscita a aversão ou repugnância geral[8]. A valoração sempre deve ser feita no caso concreto. Por ser circunstância **subjetiva** (motivo do crime), é **incomunicável** em concurso de pessoas (art. 30).
II - Por motivo fútil;	Corresponde a uma reação desproporcional do agente a uma ação ou omissão da vítima. Por ser circunstância **subjetiva** (motivo do crime), é **incomunicável** em concurso de pessoas (art. 30).
III - Com emprego de veneno, fogo, explosivo, asfixia, tortura ou outro meio insidioso ou cruel, ou de que possa resultar perigo comum;	**Interpretação analógica** (veneno, fogo, explosivo, asfixia e tortura são exemplos de '***meio insidioso ou cruel***'[9]). Por serem circunstâncias **objetivas** (meios de execução), são **comunicáveis** em concurso de pessoas (art. 30).
IV - À traição, de emboscada, ou mediante dissimulação ou outro recurso que dificulte ou torne impossível a defesa do ofendido;	**Interpretação analógica** (traição, emboscada e dissimulação são exemplos de recursos que dificultam ou impossibilitam a defesa do ofendido). **Na traição, há uma prévia relação de confiança entre o agente e a vítima (circunstância subjetiva).** Nos demais casos do inciso, temos circunstâncias objetivas **comunicáveis** em concurso de pessoas (art. 30).
V - Para assegurar a execução, a ocultação, a impunidade ou vantagem de outro crime;	Por serem circunstâncias **subjetivas**, são **incomunicáveis** em concurso de pessoas (art. 30). O inciso trata da conexão **teleológica** (para assegurar a execução) e **consequencial** (para assegurar a ocultação, a impunidade ou vantagem de outro crime).

7. BITENCOURT, Cezar Roberto. Tratado de Direito Penal - 17. ed. rev., ampl. e atual. São Paulo: Saraiva, 2017. p. 79.
8. Item 38 da Exposição de Motivos da Parte Especial.
9. Segundo o item 38 da Exposição de Motivos da Parte Especial, meio insidioso é o dissimulado na sua eficiência maléfica e meio cruel é aquele que aumenta inutilmente o sofrimento da vítima, ou revela uma brutalidade fora do comum ou em contraste com o mais elementar sentimento de piedade.

HOMICÍDIO QUALIFICADO (ART. 121, §2º, I A IX)	
VI - Contra a mulher por razões da condição de sexo feminino (Feminicídio);	A qualificadora foi incluída com a Lei 13.104/2015, que também passou a prever 3 causas de aumento específicas para essa figura qualificada no §7º. Porém, **a Lei 14.994/2024 revogou os dispositivos mencionados e tornou o feminicídio um crime autônomo, com previsão no art. 121-A.**
VII - Contra autoridade ou agente descrito nos arts. 142 e 144 da CF/88, integrantes do sistema prisional e da força nacional de segurança pública, no exercício da função ou em decorrência dela, ou contra seu cônjuge, companheiro ou parente consanguíneo até 3º grau, em razão dessa condição;	Inciso acrescentado pela **Lei 13.142/2015**. Trata-se de uma norma penal em branco de fundo constitucional. Sujeitos passivos: 1) Membros das Forças Armadas (Marinha, Exército ou Aeronáutica); 2) Polícia Federal; 3) Polícia Rodoviária Federal; 4) Polícia Ferroviária Federal; 5) Polícia Civil; 6) Polícia Militar e corpo de bombeiros militares; 7) Integrantes do sistema prisional; 8) Integrantes da Força Nacional de Segurança Pública; 9) Cônjuge, companheiro ou parente **consanguíneo** até o 3º grau das autoridades ou agentes listados. Também podem ser vítimas os **guardas municipais e os agentes de segurança viária**, pois foram mencionados no art. 144 da CF/88 (§8º e 10). Em qualquer caso, é imprescindível o nexo (**no exercício da função ou em decorrência dela**), razão pela qual devem ser excluídos os aposentados[10]. Parentes por afinidades também são excluídos por ausência de previsão legal. Não há consenso quanto à natureza dessa qualificadora (se objetiva ou subjetiva).
VIII - com emprego de arma de fogo de uso restrito ou proibido;	Qualificadora **objetiva** acrescentada ao §2º com a Lei 13.964/2019 ("Pacote Anticrime"). É **comunicável** em concurso de pessoas (art. 30). Havia sido vetada pelo Presidente da República, mas o veto foi rejeitado pelo Congresso Nacional. Trata-se de **norma penal em branco**, pois o conceito de arma de fogo de uso restrito ou proibido é encontrado no Decreto 10.030/2019 (art. 3º, parágrafo único, do Anexo I – próxima tabela). Atenção: o homicídio qualificado com emprego de arma de fogo de uso restrito ou proibido é um crime hediondo, pois a Lei 13.964/2019 acrescentou a hipótese no art. 1º, I, da Lei 8.072/1990.

10. Há corrente minoritária que admite se o homicídio ocorrer em razão da função que exercia anteriormente. Ex.: GRECO, Rogério. Curso de Direito Penal: parte especial, volume II. 14. ed. Niterói, RJ: Impetus, 2017. P. 85.

HOMICÍDIO QUALIFICADO (ART. 121, §2º, I A IX)	
IX - contra menor de 14 anos.	Dispositivo incluído pela **Lei 14.344/2022** (Lei Henry Borel). Por ser uma circunstância **objetiva**, é comunicável em concurso de pessoas (art. 30). O §2º-B traz **causas de aumento específicas** para o homicídio cometido contra menor de 14 anos.

ARMA DE FOGO DE USO RESTRITO	ARMA DE FOGO DE USO PROIBIDO
As armas de fogo automáticas, de qualquer tipo ou calibre, semiautomáticas ou de repetição que sejam: a) não portáteis; b) de porte, cujo calibre nominal, com a utilização de munição comum, atinja, na saída do cano de prova, energia cinética superior a mil e duzentas libras-pé ou mil seiscentos e vinte joules; ou c) portáteis de alma raiada, cujo calibre nominal, com a utilização de munição comum, atinja, na saída do cano de prova, energia cinética superior a 1200 libras-pé ou 1620 joules.	a) as armas de fogo classificadas como de uso proibido em acordos ou tratados internacionais dos quais a República Federativa do Brasil seja signatária; e b) as armas de fogo dissimuladas, com aparência de objetos inofensivos.

HOMICÍDIO QUALIFICADO PELA TORTURA (ART. 121, §2º, III)	TORTURA COM RESULTADO MORTE (ART. 1º, §3º DA LEI 9.455/1997)
O agente tem **dolo de matar** e faz da tortura o meio de execução para obter o resultado desejado. 12 a 30 anos de reclusão. Competência do Tribunal do Júri.	O agente tem **dolo de torturar** e a morte é um resultado advindo a título de culpa (**crime preterdoloso**). 8 a 16 anos de reclusão. Competência do Juízo singular.

HOMICÍDIO QUALIFICADO – TEMAS RELEVANTES	
Concurso de qualificadoras	Para o STJ, "havendo pluralidade de qualificadoras, uma delas indicará o tipo qualificado, enquanto as demais poderão indicar uma circunstância agravante, desde que prevista no art. 61 do CP, ou, residualmente, majorar a pena-base, como circunstância judicial"[11].

11. STJ, HC 399866/DF, Rel. Min. Reynaldo Soares da Fonseca, 5ª Turma, j. 20/06/2017.

HOMICÍDIO QUALIFICADO – TEMAS RELEVANTES	
Homicídio qualificado e majorado	Ao homicídio qualificado são aplicáveis as majorantes previstas nos §§4º e 6º, pois estas aplicam-se ao homicídio doloso.
Homicídio mercenário e comunicabilidade	Não há consenso em relação à aplicação da qualificadora da "***paga ou promessa de recompensa***" ao **mandante** do crime. Nos julgados mais recentes, a **5ª Turma** do STJ[12] entende que a qualificadora **não** é aplicável aos mandantes do homicídio porque o pagamento é, para eles, a conduta que os integra no concurso de pessoas, mas não o motivo do crime. Já a **6ª Turma** tem julgados no sentido de que a qualificadora é elementar do tipo qualificado, **comunicando-se** ao mandante do delito[13].
Dolo eventual – qualificadoras de meio	Em relação às qualificadoras de meio previstas nos incisos III e IV, não há consenso sobre a compatibilidade com o dolo eventual. Ainda assim, parece prevalecer nos julgados mais recentes que há **compatibilidade**. "Em resumo, as referidas qualificadoras serão devidas quando constatado que o autor delas se utilizou dolosamente como meio ou como modo específico mais reprovável para agir e alcançar outro resultado, mesmo sendo previsível e tendo admitido o resultado morte"[14].
Dolo eventual - motivo torpe ou fútil	O motivo torpe e o motivo fútil são **compatíveis** com o dolo eventual. O fato de o réu ter assumido o risco de produzir o resultado morte (dolo eventual), não exclui a possibilidade de o crime ter sido praticado por motivo fútil ou torpe, uma vez que o dolo do agente, direto ou indireto, não se confunde com o motivo que ensejou a conduta.
Ausência de motivo	Surpreendentemente, o CP não elenca a ausência de motivo no rol das qualificadoras. Assim, diante do desconhecimento do motivo do homicídio, este será **simples** (*caput*).
Ciúme	A depender do caso concreto, o ciúme pode caracterizar motivo fútil ou motivo torpe[15].

12. STJ, AgRg no AREsp 2447687/MG, Rel. Min. Daniela Teixeira, 5ª Turma, j. 09/09/2024.
13. STJ, AgInt no REsp 1681816/GO, Rel. Min. Nefi Cordeiro, 6ª Turma, j. 03/05/2018.
14. STJ, REsp 1903295/SP, Rel. Min. Sebastião Reis Júnior, 6ª Turma, j. 28/02/2023.
15. STJ, AgRg no REsp 2013658/GO, Rel. Min. Reynaldo Soares da Fonseca, 5ª Turma, j. 06/09/2022.

HOMICÍDIO PRIVILEGIADO-QUALIFICADO (HÍBRIDO)
É admitido, **desde que a qualificadora seja objetiva**, ou seja, relativa aos **meios e modos** de execução do crime. Ex.: homicídio praticado por relevante valor moral (circunstância subjetiva) com o emprego de veneno (circunstância objetiva). Deve prevalecer a **redução** de pena, pois preponderam os motivos determinantes (art. 67).
O homicídio privilegiado-qualificado **não é crime hediondo**.

<table>
<tr><th colspan="2">CAUSAS ESPECIAIS DE AUMENTO DE PENA APLICÁVEIS AO HOMICÍDIO DOLOSO (ART. 121, §4º, 2ª PARTE E §6º)</th></tr>
<tr><td colspan="2">Os §§4º (2ª parte) e 6º trazem majorantes aplicáveis ao homicídio doloso, seja ele simples, privilegiado ou qualificado.
► Art. 121, §4º - [...] Sendo doloso o homicídio, a pena é aumentada de 1/3 se o crime é praticado contra pessoa menor de 14 ou maior de 60 anos. [...]
§6º - A pena é aumentada de 1/3 até a metade se o crime for praticado por milícia privada, sob o pretexto de prestação de serviço de segurança, ou por grupo de extermínio.</td></tr>
<tr><td rowspan="2">Crime praticado contra menor de 14 ou maior de 60 anos</td><td>Majorante objetiva: basta o cotejo com o documento público indicador da idade da vítima. Além disso, o sujeito deve saber que pratica a conduta contra menor de 14 ou maior de 60 anos. Reconhecida a majorante, não será aplicada a agravante genérica do art. 61, II, h.</td></tr>
<tr><td>Com a Lei 14.344/2022, o homicídio contra menor de 14 anos passou a ser qualificado, mas não houve alteração legal na majorante. Considerando que as qualificadoras têm prioridade sobre as majorantes, o homicídio praticado contra menor de 14 anos será qualificado, sem a aplicação da majorante. Porém, se o homicídio for praticado contra menor de 14 anos e for qualificado por outra circunstância, a qualificadora sobressalente deve ser utilizada como causa de aumento de pena (terceira fase da dosimetria).
Se não for possível enquadrá-la como tal, deve-se utilizá-la como agravante (segunda fase da dosimetria) e, não sendo possível, como circunstância judicial desfavorável (primeira fase da dosimetria).
Ex.: nada impede que outra circunstância seja empregada como qualificadora do homicídio (a exemplo do próprio feminicídio) e a idade da vítima como causa de aumento de pena.</td></tr>
</table>

CAUSAS ESPECIAIS DE AUMENTO DE PENA APLICÁVEIS AO HOMICÍDIO DOLOSO (ART. 121, §4º, 2ª PARTE E §6º)	
Crime praticado por milícia privada, sob pretexto de prestação de serviço de segurança, ou por grupo de extermínio	A majorante, incluída pela Lei 12.720/2012. A milícia privada é o "grupo paramilitar organizado por particulares com finalidades de segurança pública"[16]. O grupo de extermínio é o "agrupamento de pessoas voltado a eliminar seres humanos por razões variadas"[17]. Se o agente for punido pelo crime de constituição de milícia privada (art. 288-A), deverá ser punido pelo homicídio cometido, mas não incidirá essa majorante (haveria *bis in idem*)[18].

CAUSAS ESPECIAIS DE AUMENTO DE PENA APLICÁVEIS AO HOMICÍDIO CONTRA MENOR DE 14 ANOS (ART. 121, §2º, IX)		
A **Lei 14.344/2022** incluiu duas causas especiais de aumento ao §2º-B (incisos I e II). Posteriormente, a **Lei 14.811/2024** incluiu o inciso III. ***►Art. 121, §2º-B. A pena do homicídio contra menor de 14 anos é aumentada de:***		
I - 1/3 até a metade se a vítima é pessoa com deficiência ou com doença que implique o aumento de sua vulnerabilidade;	***II - 2/3 se o autor é ascendente, padrasto ou madrasta, tio, irmão, cônjuge, companheiro, tutor, curador, preceptor ou empregador da vítima ou por qualquer outro título tiver autoridade sobre ela.***	***III - 2/3 se o crime for praticado em instituição de educação básica pública ou privada.***

HOMICÍDIO CULPOSO (ART. 121, §3º)
►Art. 121, §3º - Se o homicídio é culposo: Pena - detenção, de 1 a 3 anos.
A denúncia deve descrever precisamente o fato correspondente à imprudência, negligência ou imperícia. O homicídio culposo pode ser praticado por **ação ou omissão**[19] e é **incompatível com a tentativa**.

16. NUCCI, Guilherme de Souza (op. cit., vol. 2, p. 73).
17. Idem.
18. BITENCOURT, Cezar Roberto (op. cit. p. 133).
19. Exemplo: "os recorrentes foram denunciados por homicídio culposo por omissão, em razão de negligência ao permitir ambiente de trabalho inseguro e omissão relacionada ao descumprimento das diversas Normas Regulamentadoras de observância obrigatória descritas na inicial" (STJ, RHC 53018/CE, Rel. Min. Reynaldo Soares da Fonseca, 5ª Turma, j. 20/06/2017).

HOMICÍDIO CULPOSO (ART. 121, §3º)
Atenção: o homicídio culposo na direção de veículo automotor é punido nas regras do art. 302 do CTB.
É cabível a suspensão condicional do processo (se preenchidos os requisitos do art. 89 da Lei 9.099/1995).

<table>
<tr><th colspan="2">CAUSAS ESPECIAIS DE AUMENTO DE PENA APLICÁVEIS AO HOMICÍDIO CULPOSO (ART. 121, §4º, 1ª PARTE)</th></tr>
<tr><td colspan="2">É o homicídio culposo agravado.
► Art. 121, §4º - No homicídio culposo, a pena é aumentada de 1/3, se o crime resulta de inobservância de regra técnica de profissão, arte ou ofício, ou se o agente deixa de prestar imediato socorro à vítima, não procura diminuir as consequências do seu ato, ou foge para evitar prisão em flagrante [...].</td></tr>
<tr><td>Inobservância de regra técnica de profissão, arte ou ofício</td><td>Diferentemente da imperícia[20], o agente tem o necessário conhecimento para o exercício de sua ocupação, mas não o utiliza adequadamente.</td></tr>
<tr><td rowspan="3">Deixar de prestar imediato socorro à vítima ou não procura diminuir as consequências do seu ato</td><td>A majorante prioriza a solidariedade nas relações sociais e só incide quando o agente possui condições de realizar a conduta exigida, sem comprometer a preservação de sua vida ou integridade física[21].</td></tr>
<tr><td>Reconhecida a majorante (deixar de prestar imediato socorro à vítima ou não procura diminuir as consequências do seu ato), o agente não deve ser punido pelo crime de omissão de socorro (art. 135).</td></tr>
<tr><td>Para o STJ, "a morte instantânea da vítima não afasta a majorante, a não ser que o óbito seja evidente"[22].</td></tr>
</table>

20. **Imperícia é a inaptidão técnica para o exercício de arte, ofício ou profissão: o agente não domina a regra técnica.**
21. STJ, HC 269038/RS, Rel. Min. Felix Fischer, 5ª Turma, j. 02/12/2014.
22. STJ, HC 269038/RS, Rel. Min. Felix Fischer, 5ª Turma, j. 02/12/2014.

CAUSAS ESPECIAIS DE AUMENTO DE PENA APLICÁVEIS AO HOMICÍDIO CULPOSO (ART. 121, §4º, 1ª PARTE)	
Bis in idem	A **imprudência, a negligência e a imperícia** compõem o tipo penal culposo. A par disso, a pena deve ser majorada quando há **inobservância de regra técnica de profissão, arte ou ofício.** O STF[23] e o STJ concordam que **não há *bis in idem*** na majoração da pena, pois "atribui-se maior reprovação à conduta culposa que despreza a existência de norma técnica disciplinando a atividade exercida. Isso porque ao profissional que desempenha certas atividades (como o médico e o engenheiro), impõe-se um maior dever objetivo de cuidado. [...] A causa de aumento de pena referente à inobservância de regra técnica de profissão se situa no campo da culpabilidade, demonstrando que o comportamento do agente merece uma maior censurabilidade"[24]. No entanto, a denúncia deve descrever fatos diversos (um para caracterizar a culpa e outro para fundamentar a causa de aumento)[25].

PERDÃO JUDICIAL (ART. 121, §5º)
► ***Art. 121, §5º - Na hipótese de homicídio culposo, o juiz poderá deixar de aplicar a pena, se as consequências da infração atingirem o próprio agente de forma tão grave que a sanção penal se torne desnecessária.*** Causa de extinção da punibilidade (art. 107, IX).
■ Súmula 18 do STJ: A sentença concessiva do perdão judicial é declaratória da extinção da punibilidade, não subsistindo qualquer efeito condenatório.

23. STF, RHC 129946 AgR/SP, Rel. Min. Celso de Mello, 2ª Turma, j. 08/03/2016.
24. "[...] O acusado foi negligente, ao não se preocupar com a segurança dos trabalhadores da obra por cuja fiscalização era responsável, desrespeitando também, com essa conduta, norma específica da profissão, incide a causa de aumento de inobservância de regra técnica de profissão prevista no §4º do art. 121 do CP" (AgRg no AREsp 1097076/SP, Rel. Min. Reynaldo Soares da Fonseca, 5ª Turma, j. 20/02/2018).
25. Ex.: "Se a caracterização da culpa está lastreada na negligência (omissão no dever de cuidado) e a aplicação da causa de aumento da inobservância de regra técnica se assenta em outros fatos (prescrição de medicamento inadequado), inexiste o alegado *bis in idem* na incidência da aludida majorante" (STJ, REsp 1385814/MG, Rel. Min. Sebastião Reis Júnior, 6ª Turma, j. 21/06/2016).

PERDÃO JUDICIAL (ART. 121, §5º)
"Não há empecilho a que se aplique o perdão judicial nos casos em que o agente do homicídio culposo - mais especificamente nas hipóteses de crime de trânsito - sofra sequelas físicas gravíssimas e permanentes, como, por exemplo, ficar tetraplégico, em estado vegetativo, ou incapacitado para o trabalho. [...] A análise do grave sofrimento, apto a ensejar, também, a inutilidade da função retributiva da pena, deve ser aferido de acordo com o estado emocional de que é acometido o sujeito ativo do crime, em decorrência da sua ação culposa. [...] A melhor doutrina, quando a avaliação está voltada para o sofrimento psicológico do agente, enxerga no §5º a exigência de um vínculo, de **um laço prévio de conhecimento entre os envolvidos**, para que seja "tão grave" a consequência do crime ao agente. A interpretação dada, na maior parte das vezes, é no sentido de que só sofre intensamente o réu que, de forma culposa, matou alguém conhecido e com quem mantinha laços afetivos. [...] O que se pretende é conferir à lei interpretação mais razoável e humana, sem jamais perder de vista o desgaste emocional (talvez perene) que sofrerá o acusado dessa espécie de delito, uma vez que era irmão da vítima"[26].

CRIMES SIMILARES	
CPM	Art. 205. Matar alguém: Pena - reclusão, de 6 a 20 anos.
CTB	Art. 302. Praticar homicídio culposo na direção de veículo automotor: Penas - detenção, de 2 a 4 anos, e suspensão ou proibição de se obter a permissão ou a habilitação para dirigir veículo automotor.
Crime de genocídio (Lei 2.889/1956)	Quem, com a intenção de destruir, no todo ou em parte, grupo nacional, étnico, racial ou religioso, mata membros do grupo, responde por genocídio (art. 1º, *a*, da Lei 2.889/1956).
Lei 9.434/1997	Art. 14. Remover tecidos, órgãos ou partes do corpo de pessoa ou cadáver, em desacordo com as disposições desta Lei: Pena - reclusão, de dois a seis anos, e multa, de 100 a 360 dias-multa. [...] §4º - Se o crime é praticado em pessoa viva e resulta morte: Pena - reclusão, de 8 a 20 anos, e multa de 200 a 360 dias-multa.

26. STJ, REsp 1871697/MA, Rel. Min. Rogerio Schietti Cruz, 6ª Turma, j. 25/08/2020.

INFORMATIVOS DO STJ
Info. 770: O intenso envolvimento com o tráfico de drogas constitui fundamento idôneo para valorar negativamente a conduta social do agente na primeira fase da dosimetria da pena no crime de homicídio qualificado. HC 807513/ES, Rel. Ministro Reynaldo Soares da Fonseca, 5ª Turma, j. 11/04/2023.
Info. 764: A confirmação pelo tribunal do júri da dissimulação e do uso de meio que dificultou a defesa da vítima deve ensejar uma única elevação em decorrência da qualificadora contida no art. 121, § 2º, inciso IV, do Código Penal, ainda que quesitadas individualmente e não guardem relação de interdependência entre si. Processo sob segredo de justiça, Rel. Ministra Laurita Vaz, Sexta Turma, por unanimidade, julgado em 07/02/2023.

FEMINICÍDIO	
► ***Art. 121-A. Matar mulher por razões da condição do sexo feminino:*** ***Pena – reclusão, de 20 a 40 anos.***	
Tipicidade	O feminicídio era uma modalidade de homicídio qualificado (art. 121, §2º, VI). Com a **Lei 14.994/2024**, passou a ser um crime autônomo.
Bem jurídico	A vida humana extrauterina.
Sujeito ativo	Qualquer pessoa (crime **comum**).
Sujeito passivo	Pessoa do sexo feminino.
Elemento subjetivo	Dolo (*animus necandi*), direto ou eventual. Não há finalidade especial, embora o próprio tipo penal já preveja uma motivação especial para o crime ("***por razões da condição do sexo feminino***"). Não há modalidade culposa.
Consumação	Ocorre com a morte da vítima (crime **material** e **instantâneo**), o que ocorre com a morte encefálica (art. 3º da Lei 9.434/1997). Admite tentativa (crime **plurissubsistente**).
Omissão	Pode ser praticado na forma omissiva (omissão **imprópria**).
Execução	Crime de forma livre.
Concurso de pessoas	Crime de concurso eventual (**unissubjetivo**).
Competência	Tribunal do Júri (art. 5º, XXXVIII, d).

FEMINICÍDIO	
Lei 9.099/1995	Não é infração de menor potencial ofensivo.
Ação penal	Pública incondicionada.
ANPP	É incabível o acordo de não persecução penal por 3 razões: a pena mínima cominada não é inferior a 4 anos, o crime é cometido com violência ou grave ameaça e contra a mulher por razões da condição de sexo feminino (art. 28-A, *caput* e IV, do CPP).

NORMA EXPLICATIVA (ART. 121-A, §1º)	
► Art. 121-A, §1º - Considera-se que há razões da condição do sexo feminino quando o crime envolve:	
I – violência doméstica e familiar*;	***II – menosprezo ou discriminação à condição de mulher.***
* O conceito de "**violência doméstica e familiar**" contra a mulher encontra-se no art. 5º da **Lei 11.340/2006.** Convém a transcrição: "Art. 5º. Para os efeitos desta Lei, configura violência doméstica e familiar contra a mulher qualquer ação ou omissão baseada no gênero que lhe cause morte, lesão, sofrimento físico, sexual ou psicológico e dano moral ou patrimonial: I - no âmbito da unidade doméstica, compreendida como o espaço de convívio permanente de pessoas, com ou sem vínculo familiar, inclusive as esporadicamente agregadas; II - no âmbito da família, compreendida como a comunidade formada por indivíduos que são ou se consideram aparentados, unidos por laços naturais, por afinidade ou por vontade expressa; III - em qualquer relação íntima de afeto, na qual o agressor conviva ou tenha convivido com a ofendida, independentemente de coabitação. Parágrafo único. As relações pessoais enunciadas neste artigo independem de orientação sexual".	

PACOTE ANTIFEMINICÍDIO (LEI 14.994/2024)
Em **09/10/2024**, entrou em vigor a Lei 14.994/2024, denominada "Pacote Antifeminicídio". A Lei fortaleceu a resposta punitiva estatal e buscou alinhar a legislação brasileira aos tratados internacionais de proteção aos direitos humanos das mulheres. Foram alterados o CP, a LCP, a LEP, a Lei dos Crimes Hediondos, a Lei Maria da Penha e o CPP.

PACOTE ANTIFEMINICÍDIO (LEI 14.994/2024)	
Antes da Lei 14.994/2024	**Após a Lei 14.994/2024 (redação atual)**
Art. 121, §2º - Se o homicídio é cometido: [...] VI - Contra a mulher por razões da condição de sexo feminino; [...] Pena - reclusão, de 12 a 30 anos.	***►Art. 121-A. Matar mulher por razões da condição do sexo feminino: Pena – reclusão, de 20 a 40 anos.***
Art. 121, §7º - A pena do feminicídio é aumentada de 1/3 até a metade se o crime for praticado: I - Durante a gestação ou nos 3 meses posteriores ao parto; II - contra pessoa maior de 60 anos, com deficiência ou com doenças degenerativas que acarretem condição limitante ou de vulnerabilidade física ou mental; III - Na presença física ou virtual de descendente ou de ascendente da vítima; IV - Em descumprimento das medidas protetivas de urgência previstas nos incisos I, II e III do *caput* do art. 22 da Lei 11.340/2006.	***►Art. 121-A, §2º - A pena do feminicídio é aumentada de 1/3 até a metade se o crime é praticado: I – durante a gestação, nos 3 meses posteriores ao parto ou se a vítima é a mãe ou a responsável por criança, adolescente ou pessoa com deficiência de qualquer idade; II – contra pessoa menor de 14 anos, maior de 60 anos, com deficiência ou portadora de doenças degenerativas que acarretem condição limitante ou de vulnerabilidade física ou mental; III – na presença física ou virtual de descendente ou de ascendente da vítima; IV – em descumprimento das medidas protetivas de urgência previstas nos incisos I, II e III do caput do art. 22 da Lei nº 11.340, de 7 de agosto de 2006 (Lei Maria da Penha); V – nas circunstâncias previstas nos incisos III, IV e VIII do §2º do art. 121 deste Código.***
-	***►Art. 121-A, §3º - Comunicam-se ao coautor ou partícipe as circunstâncias pessoais elementares do crime previstas no §1º deste artigo.***
Não há dúvidas quanto à **irretroatividade** dos novos dispositivos, que configuram *novatio legis in pejus*. Por serem mais gravosos ao réu, eles apenas podem ser aplicados aos fatos cometidos após a vigência da Lei.	

OUTRAS ALTERAÇÕES PROMOVIDAS PELA LEI 14.994/2024	
Violência doméstica	A Lei aumentou a pena cominada ao crime de violência doméstica: de "**detenção, de 6 meses a 1 ano**" (redação anterior), passou a ser "**reclusão, de 2 a 5 anos**" (art. 129, §9º, do CP).
Lesão corporal	A Lei aumentou a pena cominada à lesão praticada contra a mulher, por razões da condição do sexo feminino: de "**reclusão, de 1 a 4 anos**" (redação anterior), passou a ser "**reclusão, de 2 a 5 anos**" (art. 129, §13, do CP).
Crimes contra a honra	A Lei **dobrou** a pena para os crimes contra a honra cometido contra a mulher por razões da condição do sexo feminino (art. 141, §3º, do CP).
Ameaça	A Lei **dobrou** a pena para o crime de ameaça cometido contra a mulher por razões da condição do sexo feminino (art. 147, §1º, do CP). Esse crime será processado mediante ação penal pública **incondicionada** (§2º).
Contravenção penal	A Lei **triplicou** a pena para as contravenções penais praticadas contra a mulher por razões da condição do sexo feminino (art. 21, §2º, da LCP).
Descumprimento de medidas protetivas	A Lei aumentou a pena cominada ao crime de descumprimento de medidas protetivas de urgência: de "**detenção, de 3 meses a 2 anos**" (redação anterior), passou a ser "**reclusão, de 2 a 5 anos, e multa**" (art. 24-A da Lei 11.340/2006).
Efeitos da condenação (art. 92, §2º)	A Lei criou 3 efeitos extrapenais da condenação automáticos para os condenados por crime praticado contra a mulher por razões da condição do sexo feminino. São eles: perda de cargo, função pública ou mandato eletivo; incapacidade de exercer o poder familiar; e proibição de nomeação, designação ou diplomação para qualquer função ou mandato eletivo, até a extinção da pena.
Crime hediondo	Nesse ponto, não houve alteração. O feminicídio **já era crime hediondo** por ser homicídio qualificado (art. 1º, I, da Lei 8.072/1990). A nova Lei apenas acrescentou o crime (que agora passou a compor tipo penal autônomo) ao rol dos crimes hediondos (art. 1º, **I-B**, da Lei 8.072/1990).
Visita íntima	A Lei proibiu o preso condenado por crime contra a mulher por razões da condição do sexo feminino de usufruir de visita íntima ou conjugal (art. 41, §2º, da LEP).

DOS CRIMES CONTRA A PESSOA

OUTRAS ALTERAÇÕES PROMOVIDAS PELA LEI 14.994/2024	
Progressão de regime	A Lei incluiu o inciso VI-A ao art. 112 da LEP: para progredir de regime, é exigido o cumprimento de pelo menos "**55%** da pena, se o apenado for condenado pela prática de feminicídio, se for primário, vedado o livramento condicional". Trata-se de *novatio legis in pejus*. Antes da alteração, aplicava-se o patamar de 50% da pena, com fundamento no inciso VI, a (condenado por crime hediondo ou equiparado, com resultado morte, se primário).
Transferência prisional	A Lei determinou que "será transferido para estabelecimento penal distante do local de residência da vítima, ainda que localizado em outra unidade federativa, inclusive da União, o condenado ou preso provisório que, tendo cometido crime de violência doméstica e familiar contra a mulher, ameace ou pratique violência contra a vítima ou seus familiares durante o cumprimento da pena" (art. 86, §4º, da LEP).
Monitoração eletrônica	A Lei prevê que o condenado por crime contra a mulher por razões da condição do sexo feminino, nos termos do §1º do art. 121-A do CP, ao usufruir de qualquer benefício em que ocorra a sua saída de estabelecimento penal, será fiscalizado por meio de monitoração eletrònica (art. 146-E da LEP).
Prioridade de tramitação	A Lei confere prioridade em todas as instâncias aos processos que apurem a prática de crime hediondo ou violência contra a mulher (art. 394-A do CPP). Prevê, ainda, que esses processos independerão do pagamento de custas, taxas, ou despesas processuais, salvo em caso de má-fé (§1º). Essa isenção aplica-se apenas à vítima e, em caso de morte, ao cônjuge, ascendente, descendente ou irmão, quando a estes couber o direito de representação ou de oferecer queixa ou prosseguir com a ação (§2º).

CAUSAS ESPECIAIS DE AUMENTO DE PENA	
I – durante a gestação, nos 3 meses posteriores ao parto ou se a vítima é a mãe ou a responsável por criança, adolescente ou pessoa com deficiência de qualquer idade;	Se o agente praticar feminicídio contra gestante (1ª parte), **responderá pelo crime de aborto** (consumado ou tentado), em concurso de crimes. Para o STJ[27], **não há *bis in idem*** na imputação simultânea da majorante e do crime de aborto (art. 125).

27. STJ, REsp 1860829/RJ, Rel. Min. Nefi Cordeiro, 6ª Turma, j. 15/09/2020.

CAUSAS ESPECIAIS DE AUMENTO DE PENA	
I – durante a gestação, nos 3 meses posteriores ao parto ou se a vítima é a mãe ou a responsável por criança, adolescente ou pessoa com deficiência de qualquer idade;	Quanto à 2ª parte, a majorante "está alicerçada na opinião de especialistas no sentido de que aos 3 meses a criança está preparada para o desmame, já podendo ser alimentada por meio da mamadeira [...]"[28].
	A Lei 14.994/2024 inovou ao estender a majorante aos casos em que "***a vítima é a mãe ou a responsável por criança, adolescente ou pessoa com deficiência de qualquer idade***".
II – contra pessoa menor de 14 anos, maior de 60 anos, com deficiência ou portadora de doenças degenerativas que acarretem condição limitante ou de vulnerabilidade física ou mental;	A majorante teve a redação alterada algumas vezes, ora incluindo, ora excluindo a vítima menor de 14 anos. Atualmente, com a Lei 14.994/2024, o feminicídio praticado contra **pessoa menor de 14 anos voltou a ser majorado**. Sobre as alterações legais, ver próxima tabela.
III – na presença física ou virtual de descendente ou de ascendente da vítima;	Antes, havia discussão doutrinária sobre a necessidade de presença física. A controvérsia terminou com a alteração promovida pela **Lei 13.771/2018**. A Lei 14.994/2024 manteve a mesma redação.
IV – em descumprimento das medidas protetivas de urgência previstas nos incisos I, II e III do caput do art. 22 da Lei 11.340/2006;	Dispositivo incluído pela **Lei 13.771/2018 e mantido com a Lei 14.224/2024**. Ex.: o agente ignora medida protetiva decretada e mata a vítima.
V – nas circunstâncias previstas nos incisos III, IV e VIII do §2º do art. 121 deste Código.	Antes da alteração legal, a qualificadora do feminicídio podia coexistir com outras qualificadoras previstas no §2º do art. 121. Ex.: feminicídio cometido com emprego de tortura. Atualmente, com a Lei 14.994/2024, o feminicídio tem a pena aumentada de 1/3 até a metade nas circunstâncias previstas nos incisos III, IV e VIII.

28. GOMES, Luiz Flávio. Feminicídio: entenda as questões controvertidas da Lei 13.104/2015. Disponível em: <https://professorlfg.jusbrasil.com.br/artigos/173139525/feminicidio-entenda-as-questoes-controvertidas-da-lei-13104-2015>

<table>
<tr><th colspan="2">CAUSAS ESPECIAIS DE AUMENTO DE PENA</th></tr>
<tr><td rowspan="2">V – nas circunstâncias previstas nos incisos III, IV e VIII do §2º do art. 121 deste Código.</td><td>São elas: "com emprego de veneno, fogo, explosivo, asfixia, tortura ou outro meio insidioso ou cruel, ou de que possa resultar perigo comum" (III), "à traição, de emboscada, ou mediante dissimulação ou outro recurso que dificulte ou torne impossível a defesa do ofendido" (IV) e "com emprego de arma de fogo de uso restrito ou proibido" (VIII).</td></tr>
<tr><td>Enquanto essas qualificadoras objetivas do homicídio foram transformadas em causas de aumento de pena do feminicídio, as qualificadoras subjetivas relativas ao motivo torpe ou fútil não incidem no novo tipo penal.</td></tr>
</table>

<table>
<tr><th colspan="3">EVOLUÇÃO LEGAL DA MAJORANTE PREVISTA NO ART. 121-A, §2º, II</th></tr>
<tr><th>Lei 13.771/2018</th><th>Lei 14.344/2022</th><th>Lei 14.994/2024</th></tr>
<tr><td>"Contra pessoa menor de 14 anos, maior de 60 anos, com deficiência ou portadora de doenças degenerativas que acarretem condição limitante ou de vulnerabilidade física ou mental" (art. 121, §7º, II).</td><td>"Contra pessoa maior de 60 anos, com deficiência ou com doenças degenerativas que acarretem condição limitante ou de vulnerabilidade física ou mental" (art. 121, §7º, II).
Obs.: com a Lei, o homicídio contra menor de 14 anos passou a ser qualificado (art. 121, §2º, IX).</td><td>"Contra pessoa menor de 14 anos, maior de 60 anos, com deficiência ou portadora de doenças degenerativas que acarretem condição limitante ou de vulnerabilidade física ou mental" (art. 121-A, §2º, II).</td></tr>
<tr><td colspan="3">De qualquer forma, o quantum de aumento não foi alterado: de 1/3 até metade.</td></tr>
</table>

<table>
<tr><th colspan="2">TEMAS RELEVANTES SOBRE O FEMINICÍDIO</th></tr>
<tr><td>Femicídio e feminicídio</td><td>Femicídio significa praticar homicídio contra mulher (matar mulher). Feminicídio significa praticar homicídio contra mulher por "por razões da condição do sexo feminino". Quando ausente essa motivação, a conduta se enquadra no tipo penal de homicídio (art. 121).</td></tr>
</table>

TEMAS RELEVANTES SOBRE O FEMINICÍDIO	
Sujeito ativo	O crime é comum: pode ser cometido por qualquer pessoa, homem ou mulher. Assim, é possível que uma mulher que mata sua companheira homoafetiva ***"por razões da condição do sexo feminino"*** (nos termos do §1º) responda pelo crime de feminicídio (art. 121-A).
Vítima trans	O sujeito passivo do crime é a "mulher", **compreendida** a mulher trans[29].
Legítima defesa da honra	Na ADPF 779 MC-Ref/DF[30], o STF firmou o entendimento de que **a tese da legítima defesa da honra é inconstitucional**, por contrariar os princípios constitucionais da dignidade da pessoa humana (art. 1º, III, da CF), da proteção à vida e da igualdade de gênero (art. 5º, *caput*, da CF). Na oportunidade, assinalou-se que "legítima defesa da honra não é, tecnicamente, legítima defesa. A traição se encontra inserida no contexto das relações amorosas. Seu desvalor reside no âmbito ético e moral, não havendo direito subjetivo de contra ela agir com violência. Quem pratica feminicídio ou usa de violência com a justificativa de reprimir um adultério não está a se defender, mas a atacar uma mulher de forma desproporcional, covarde e criminosa. O adultério não configura uma agressão injusta apta a excluir a antijuridicidade de um fato típico, pelo que qualquer ato violento perpetrado nesse contexto deve estar sujeito à repressão do direito penal. [...] A "legítima defesa da honra" é recurso argumentativo/retórico odioso, desumano e cruel utilizado pelas defesas de acusados de feminicídio ou agressões contra a mulher para imputar às vítimas a causa de suas próprias mortes ou lesões. Constitui-se em ranço, na retórica de alguns operadores do direito, de institucionalização da desigualdade entre homens e mulheres e de tolerância e naturalização da violência doméstica, as quais não têm guarida na Constituição de 1988. [...] A "legítima defesa da honra" não pode ser invocada como argumento inerente à plenitude de defesa própria do tribunal do júri, a qual não pode constituir instrumento de salvaguarda de práticas ilícitas. Assim, devem prevalecer a dignidade da pessoa humana, a vedação a todas as formas de discriminação, o direito à igualdade e o direito à vida, tendo em vista os riscos elevados e sistêmicos decorrentes da naturalização, da tolerância e do incentivo à cultura da violência doméstica e do feminicídio".
Feminicídio privilegiado	Além da inconstitucionalidade da tese de legítima defesa da honra, **não há mais previsão jurídica** para o feminicídio privilegiado, uma vez que o art. 121, §1º é uma causa de diminuição de pena específica para o crime de homicídio.

29. STJ, HC 541237/DF, Rel. Min. Joel Ilan Paciornik, 5ª Turma, j. 15/12/2020.
30. STF, ADPF 779 MC-Ref/DF, Rel. Min. Dias Toffoli, Pleno, j. 15/03/2021.

TEMAS RELEVANTES SOBRE O FEMINICÍDIO	
Concurso de pessoas	A Lei 14.994/2024 acrescentou uma regra especial sobre o concurso de agentes: ► ***Art. 121-A, §3º - Comunicam-se ao coautor ou partícipe as circunstâncias pessoais elementares do crime previstas no §1º deste artigo.*** Na realidade, a previsão está de acordo com a regra prevista no art. 30 do CP ("***não se comunicam as circunstâncias e as condições de caráter pessoal, salvo quando elementares do crime***").
Lei 14.717/2023	A Lei "institui pensão especial aos filhos e dependentes crianças ou adolescentes, órfãos em razão do crime de feminicídio tipificado no inciso VI do §2º do art. 121 do Decreto-Lei nº 2.848, de 7 de dezembro de 1940 (Código Penal), cuja renda familiar mensal per capita seja igual ou inferior a 1/4 do salário mínimo".

INDUZIMENTO, INSTIGAÇÃO OU AUXÍLIO A SUICÍDIO OU A AUTOMUTILAÇÃO (ART. 122)	
► ***Art. 122. Induzir ou instigar alguém a suicidar-se ou a praticar automutilação ou prestar-lhe auxílio material para que o faça:*** ***Pena - reclusão, de 6 meses a 2 anos.***	
Tipicidade	**Tipo misto alternativo ou crime de ação múltipla ou de conteúdo variado**: se o agente praticar mais de um núcleo do art. 122 no mesmo contexto, responderá por **crime único**.
Bem jurídico	A vida humana extrauterina e a integridade física.
Sujeito ativo	Qualquer pessoa (crime **comum**).
Sujeito passivo	Qualquer pessoa, contanto que seja pessoa **determinada**.
Elemento subjetivo	Dolo, direto ou eventual. Não há finalidade especial. Não há modalidade culposa.
Consumação	Ocorre com o induzimento, a instigação ou o auxílio material (crime **formal e instantâneo**), independentemente da prática de qualquer ato por parte da vítima. Admite tentativa (**plurissubsistente**).

INDUZIMENTO, INSTIGAÇÃO OU AUXÍLIO A SUICÍDIO OU A AUTOMUTILAÇÃO (ART. 122)	
Omissão	Pode ser praticado na forma omissiva (omissão **imprópria**) quando houver o dever jurídico de impedir o suicídio[31].
Execução	Crime de forma livre.
Concurso de pessoas	Crime de concurso eventual (**unissubjetivo**)[32].
Lei 9.099/1995	A forma simples (*caput*) é infração de menor potencial ofensivo.
Ação penal	Pública incondicionada.
ANPP	É possível o acordo de não persecução penal, apenas se não for cabível a transação penal e restarem preenchidos os demais requisitos do art. 28-A do CPP. Na hipótese do § 2º, se incidir majorante que eleve a pena ao dobro, o acordo não é cabível, pois a pena mínima não é inferior a 4 anos. Nas hipóteses dos §§ 6º e 7º, também não é admissível, pois os crimes descritos no art. 129 § 2º e no art. 121 envolvem violência contra pessoa.

COMPETÊNCIA	
Induzimento, instigação ou auxílio a suicídio	**Induzimento, instigação ou auxílio a automutilação**
Tribunal do Júri (art. 5º, XXXVIII, d, da CF/88).	Juízo singular.

31. Exemplo: o médico psiquiatra que, ciente que um paciente do manicômio tem intenção de enforcar-se e de que há uma corda em seu quarto, nada faz para retirar o objeto de sua disposição. Nesse sentido: MASSON, Cleber. Direito penal esquematizado: parte especial - vol. 2. 7. ed. rev., atual. e ampl. Rio de Janeiro: Forense; São Paulo: Método, 2015. p. 81.
32. "Assim, se alguém induz outrem a suicidar-se, aquele será **autor** do crime; se, no entanto, duas pessoas, de comum acordo, praticarem essa mesma atividade, serão **coautoras**; se, porém, alguém induzir outrem a instigar uma terceira pessoa a suicidar-se, o "indutor" será **partícipe** (teve uma atividade meramente acessória) e o "instigador" será autor da participação em suicídio, pois realizou a atividade descrita no modelo legal" (BITENCOURT, Cezar Roberto. Op. cit. p. 149/150).

FORMAS DE COMETER O DELITO		
Induzimento	**Instigação**	**Auxílio**
Induzir é **fazer surgir** a ideia de suicídio ou automutilação na mente do autor.	Instigar é **estimular** uma ideia de suicídio ou automutilação que já existe na mente do autor.	Prestar auxílio é **facilitar**, de algum modo, a prática do suicídio ou da automutilação por terceiro.

FORMAS QUALIFICADAS (ART. 122, §§ 1º E 2º)	
A Lei 13.968/2019 trouxe duas formas qualificadas[33] (crimes qualificados pelo resultado):	
►***Art. 122, §1º - Se da automutilação ou da tentativa de suicídio resulta lesão corporal de natureza grave ou gravíssima, nos termos dos §§1º e 2º do art. 129 deste Código: Pena - reclusão, de 1 a 3 anos.***	►***Art. 122, §2º - Se o suicídio se consuma ou se da automutilação resulta morte: Pena - reclusão, de 2 a 6 anos.***

NORMAS PENAIS EXPLICATIVAS (ART. 122, §§6º E 7º)
►***Art. 122, §6º - Se o crime de que trata o §1º deste artigo resulta em lesão corporal de natureza gravíssima e é cometido contra menor de 14 anos ou contra quem, por enfermidade ou deficiência mental, não tem o necessário discernimento para a prática do ato, ou que, por qualquer outra causa, não pode oferecer resistência, responde o agente pelo crime descrito no §2º do art. 129 deste Código.***
►***Art. 122, §7º - Se o crime de que trata o §2º deste artigo é cometido contra menor de 14 anos ou contra quem não tem o necessário discernimento para a prática do ato, ou que, por qualquer outra causa, não pode oferecer resistência, responde o agente pelo crime de homicídio, nos termos do art. 121 deste Código.***

33. Obs.: antes da Lei 13.968/2019, a configuração do crime dependia da ocorrência do resultado (morte ou lesão grave/gravíssima). Sem esses resultados, a conduta era atípica. Atualmente, o crime é formal (independe de resultado naturalístico) e a ocorrência dos resultados apenas qualifica o crime.

CAUSAS ESPECIAIS DE AUMENTO DE PENA (ART. 122, §§3º A 5º)
►***Art. 122, §3º - A pena é duplicada:*** ***I - se o crime é praticado por motivo egoístico, torpe ou fútil;*** ***II - se a vítima é menor ou tem diminuída, por qualquer causa, a capacidade de resistência.***
§4º - A pena é aumentada até o dobro se a conduta é realizada por meio da rede de computadores, de rede social ou transmitida em tempo real. Com a Lei **14.811/2024**, a conduta passou a figurar no rol de **crimes hediondos** (art. 1º, X, da Lei 8.072/1990).
§5º - Aplica-se a pena em dobro se o autor é líder, coordenador ou administrador de grupo, de comunidade ou de rede virtual, ou por estes é responsável. A **Lei 14.811/2024** (*novatio legis in pejus*) deu nova redação à majorante para recrudescer a pena (antes, aumentava-se a pena em metade) e para acrescentar "***de comunidade***" e "***ou por estes é responsável***".

CRIME COMETIDO CONTRA MENOR DE 14 ANOS OU CONTRA QUEM, POR ENFERMIDADE OU DEFICIÊNCIA MENTAL, NÃO TEM O NECESSÁRIO DISCERNIMENTO PARA A PRÁTICA DO ATO, OU QUE, POR QUALQUER OUTRA CAUSA, NÃO PODE OFERECER RESISTÊNCIA			
Resultado: no máximo, lesão corporal leve	**Resultado: lesão corporal grave**	**Resultado: lesão corporal gravíssima**	**Resultado: morte**
O sujeito responde pelo art. 122 (forma **simples**), com a majorante do **§3º, II**.	O sujeito responde pelo art. 122, §1º (forma **qualificada**), com a majorante do **§3º, II**.	O sujeito responde por **lesão corporal gravíssima** (art. 129, §2º).	O sujeito responde por **homicídio** (art. 121).

CRIME COMETIDO CONTRA MENOR (ENTRE 14 ANOS E 18 ANOS INCOMPLETOS) OU VÍTIMA COM A CAPACIDADE DE RESISTÊNCIA DIMINUÍDA, POR QUALQUER CAUSA			
Resultado: no máximo, lesão corporal leve	**Resultado: lesão corporal grave**	**Resultado: lesão corporal gravíssima**	**Resultado: morte**
O sujeito responde pelo art. 122 (forma **simples**), com a majorante do **§3º, II**.	O sujeito responde pelo art. 122, **§1º** (forma **qualificada**), com a majorante do **§3º, II**.	O sujeito responde pelo art. 122, **§1º** (forma **qualificada**), com a majorante do **§3º, II**.	O sujeito responde pelo art. 122, **§2º** (forma **qualificada**), com a majorante do **§3º, II**.

CRIME COMETIDO CONTRA VÍTIMA MAIOR DE 18 ANOS DOTADA DE CAPACIDADE DE DISCERNIMENTO E RESISTÊNCIA			
Resultado: no máximo, lesão corporal leve	**Resultado: lesão corporal grave**	**Resultado: lesão corporal gravíssima**	**Resultado: morte**
O sujeito responde pelo art. 122 (forma simples).	O sujeito responde pelo art. 122, **§1º** (forma **qualificada**).	O sujeito responde pelo art. 122, **§1º** (forma **qualificada**).	O sujeito responde pelo art. 122, **§2º** (forma **qualificada**).

PARTICIPAÇÃO EM SUICÍDIO (ART. 122)	**HOMICÍDIO (ART. 121)**
João induz/instiga/auxilia Paulo a cometer suicídio. Ex.: convence; incentiva, empresta a arma, fornece veneno. Paulo se suicida.	Ana, sem coragem para tirar a própria vida, pede que sua irmã Laura dispare arma de fogo em sua direção. Laura atende o pedido de Ana.
João não cometeu homicídio, pois não executou o núcleo do art. 121 ("***matar***"). Os atos de execução couberam integralmente a Paulo.	Laura cometeu homicídio, pois executou o núcleo do art. 121 ("***matar***"). Sua conduta ultrapassou a mera participação.

ALTERAÇÃO LEGAL (LEI 13.968/2019)	
Antes da Lei 13.968/2019	**Após a Lei 13.968/2019**
Art. 122. Induzir ou instigar alguém a suicidar-se ou prestar-lhe auxílio para que o faça:	***Art. 122. Induzir ou instigar alguém a suicidar-se ou a praticar automutilação ou prestar-lhe auxílio material para que o faça:***
Pena - reclusão, de 2 a 6 anos, se o suicídio se consuma; ou reclusão, de 1 a 3 anos, se da tentativa de suicídio resulta lesão corporal de natureza grave.	***Pena - reclusão, de 6 meses a 2 anos.*** ***§1º - Se da automutilação ou da tentativa de suicídio resulta lesão corporal de natureza grave ou gravíssima, nos termos dos §§ 1º e 2º do art. 129 deste Código:*** ***Pena - reclusão, de 1 a 3 anos.*** ***§2º - Se o suicídio se consuma ou se da automutilação resulta morte:*** ***Pena - reclusão, de 2 a 6 anos.***
Parágrafo único - A pena é duplicada: ***I - se o crime é praticado por motivo egoístico;*** ***II - se a vítima é menor ou tem diminuída, por qualquer causa, a capacidade de resistência.***	***§3º - A pena é duplicada:*** ***I - se o crime é praticado por motivo egoístico, torpe ou fútil;*** ***II - se a vítima é menor ou tem diminuída, por qualquer causa, a capacidade de resistência.***
–	***§4º - A pena é aumentada até o dobro se a conduta é realizada por meio da rede de computadores, de rede social ou transmitida em tempo real.*** ***§5º - Aumenta-se a pena em metade se o agente é líder ou coordenador de grupo ou de rede virtual.***
–	***§6º - Se o crime de que trata o § 1º deste artigo resulta em lesão corporal de natureza gravíssima e é cometido contra menor de 14 anos ou contra quem, por enfermidade ou deficiência mental, não tem o necessário discernimento para a prática do ato, ou que, por qualquer outra causa, não pode oferecer resistência, responde o agente pelo crime descrito no § 2º do art. 129 deste Código.***

ALTERAÇÃO LEGAL (LEI 13.968/2019)	
Antes da Lei 13.968/2019	**Após a Lei 13.968/2019**
-	***§7º - Se o crime de que trata o § 2º deste artigo é cometido contra menor de 14 anos ou contra quem não tem o necessário discernimento para a prática do ato, ou que, por qualquer outra causa, não pode oferecer resistência, responde o agente pelo crime de homicídio, nos termos do art. 121 deste Código.***

INDUZIMENTO, INSTIGAÇÃO OU AUXÍLIO A SUICÍDIO OU A AUTOMUTILAÇÃO – TEMAS RELEVANTES	
Crime hediondo	Passou a figurar no rol de crimes hediondos o "induzimento, instigação ou auxílio a suicídio ou a automutilação realizados **por meio da rede de computadores, de rede social ou transmitidos em tempo real** (art. 122, *caput* e §4º)" (art. 1º, X, da Lei 8.072/1990).
Princípio da alteridade	Cometer suicídio ou automutilar-se não é crime (princípio da alteridade). Contudo, concorrer para o suicídio ou a automutilação alheia é crime. Note que induzir, instigar ou auxiliar são **atividades típicas de participação**. Todavia, a participação *stricto sensu* depende da prática de uma conduta típica e ilícita (teoria da acessoriedade limitada), o que não ocorre no caso – pois o ato de matar-se ou automutilar-se não é típico e ilícito. Ainda assim, a proteção da vida humana e da integridade física ensejou a criminalização da conduta, típica de participação, como crime principal. Portanto, o agente que induzir, instigar ou prestar auxílio ao suicídio ou à automutilação de terceiro responderá como **autor** do crime contido no art. 122.
Participação	Embora o agente que induza, instigue ou preste auxílio ao suicídio ou à automutilação de terceiro responda como **autor** do crime, também é possível a participação. Ex.: Marcos instiga Joana a instigar Ana a suicidar-se. No caso, Joana será autora do crime e Marcos será **partícipe**.
Constrangimento ilegal	A coação exercida para impedir suicídio não configura constrangimento ilegal (art. 146, §3º, II).

PARTICIPAÇÃO EM SUICÍDIO – SITUAÇÕES POSSÍVEIS
1. Um grupo de amigos decide apostar **roleta russa.** Os que sobreviverem responderão pelo crime de participação em suicídio (**art. 122**), pois houve induzimento ou instigação em relação ao suicídio alheio.
2. Marcelo e Juliana fazem um **pacto de morte** segundo o qual cada um ministrará uma dose de substância letal no outro. Marcelo sobrevive e Juliana morre. Marcelo deve ser responsabilizado por homicídio (**art. 121**), pois foi ele que ministrou a dose letal em Juliana (ato de execução). Juliana não se suicidou.
3. Marcelo e Juliana fazem um **pacto de morte** segundo o qual cada um ministrará uma dose de substância letal no outro. Marcelo e Juliana sobrevivem. Cada um responderá por homicídio tentado (**art. 121**) em relação ao outro.
4. Francisco e Carla fazem um **pacto de morte**: ficarão trancados em um quarto fechado e juntos abrirão a torneira de gás. Se ambos sobreviverem, responderão por homicídio tentado (**art. 121**), um em relação ao outro.
5. Francisco e Carla fazem um **pacto de morte**: ficarão trancados em um quarto fechado e Francisco abrirá a torneira de gás. Francisco sobrevive e Carla morre. Francisco deve ser responsabilizado por homicídio (**art. 121**), pois realizou os atos de execução que levaram Carla a óbito. Se ocorresse o contrário (o óbito de Francisco e a sobrevivência de Carla), Carla responderia pelo crime de participação em suicídio (**art. 122**), pois houve induzimento ou instigação em relação ao suicídio de Francisco.
6. Fábio e Nelson participam de um grupo de *WhatsApp* chamado "jogo da Baleia Azul". Nelson, curador do grupo, desafia Fábio, de 16 anos, a cortar parte de sua orelha como um desafio para continuar no jogo. Fábio decide não aceitar o desafio e sai do grupo. Nelson responderá pelo art. 122 com as majorantes previstas no §3º, II, §4º e §5º.
7. Carla e Nelson participam de um grupo de *WhatsApp* chamado "jogo da Baleia Azul". Nelson, curador do grupo, desafia Carla, de 12 anos, a pular do último andar de um prédio para continuar no jogo. Carla pula e vem a óbito. Nelson responderá pelo crime de homicídio (art. 121).

CRIMES SIMILARES	
CPM	Art. 207. Instigar ou induzir alguém a suicidar-se, ou prestar-lhe auxílio para que o faça, vindo o suicídio consumar-se: Pena - reclusão, de 2 a 6 anos.

INFANTICÍDIO (ART. 123)	
►***Art. 123. Matar, sob a influência do estado puerperal, o próprio filho, durante o parto ou logo após:*** ***Pena - detenção, de 2 a 6 anos.***	
Tipicidade	Trata-se do mesmo núcleo do homicídio ("***matar***") acrescido de circunstâncias especiais. A doutrina refere-se ao infanticídio como uma hipótese **homicídio privilegiado, ainda que autônomo**. Antes do início do parto, o crime será o aborto (arts. 124 a 128). Após iniciado o parto, a conduta pode se subsumir ao infanticídio ou ao homicídio, a depender da influência do estado puerperal e do aspecto temporal ("***logo após***"), os quais devem ser analisados à luz do caso concreto.
Bem jurídico	A vida humana extrauterina.
Sujeito ativo	Apenas a **mãe** (crime **próprio**).
Sujeito passivo	O nascente ou o recém-nascido.
Elemento subjetivo	Dolo, direto ou eventual. Não há finalidade especial. Não há modalidade culposa.
Consumação	A consumação ocorre com a morte da vítima (crime **material** e **instantâneo**), o que ocorre com a morte encefálica (art. 3º da Lei 9.434/1997). Admite tentativa (crime **plurissubsistente**).
Omissão	O crime pode ser praticado por omissão (ex.: a mãe, na posição de garante – art. 13, §2º – deixa de alimentar o neonato).
Execução	Crime de forma livre.
Concurso de pessoas	Prevalece que o estado puerperal é **elementar** do crime e, portanto, comunicável em concurso de pessoas. Logo, o agente que pratica o crime com a mãe também responderá pelo art. 123, na condição de coautor ou partícipe.
Competência	Tribunal do Júri (art. 5º, XXXVIII, *d*).

INFANTICÍDIO (ART. 123)	
Lei 9.099/1995	Não é infração de menor potencial ofensivo.
Ação penal	Pública incondicionada.
ANPP	É incabível o acordo de não persecução penal, pois o crime é praticado com violência ou grave ameaça (art. 28-A, *caput*, do CPP).

INFANTICÍDIO – TEMAS RELEVANTES	
Infanticídio culposo	Se a mãe matar o filho sob influência do estado puerperal culposamente, a doutrina majoritária entende que a conduta se amolda ao homicídio culposo (art. 121, §3º). Há corrente minoritária que entenda que o fato é atípico[34].
Infanticídio *honoris causa*	O CP **não** leva em consideração o infanticídio *honoris causa*, isto é, aquele praticado para preservação da honra. Para o CP, importa a presença da influência do estado puerperal, durante o parto ou logo após.
Estado puerperal	Para Cezar Bitencourt, "o estado puerperal pode determinar, embora nem sempre determine, a alteração do psiquismo da mulher dita normal. Em outros termos, esse estado existe sempre, durante ou logo após o parto, mas nem sempre produz as perturbações emocionais que podem levar a mãe a matar o próprio filho. O CP, que adota o **critério fisiológico**, considera fundamental a perturbação psíquica que o estado puerperal pode provocar na parturiente. É exatamente essa perturbação decorrente do puerpério que transforma a morte do filho em um *delitum exceptum* [35] nas legislações que adotam o critério fisiológico"[36].

34. JESUS, Damásio. Direito Penal - vol. 2. 22. ed. São Paulo: Saraiva, 1999. P. 103.
35. "O infanticídio é considerado um *delictum exceptum* quando praticado pela parturiente sob a influência do estado puerperal. Esta cláusula, como é óbvio, não quer significar que o puerpério acarrete sempre uma perturbação psíquica: é preciso que fique averiguado ter esta realmente sobrevindo em consequência daquele, de modo a diminuir a capacidade de entendimento ou de autoinibição da parturiente. Fora daí, não há por que distinguir entre infanticídio e homicídio. Ainda quando ocorra a honoris causa (considerada pela lei vigente como razão de especial abrandamento da pena), a pena aplicável e a de homicídio" (Item 40 da Exposição de Motivos da Parte Especial).
36. BITENCOURT, Cezar Roberto (op. cit. p. 168).

INFANTICÍDIO – TEMAS RELEVANTES	
Inimputabilidade	Se no momento da conduta a parturiente estiver **inteiramente** incapaz de entender o caráter ilícito do fato ou de determinar-se de acordo com esse entendimento, será tratada como **inimputável** (art. 26).
Agravante genérica	Reconhecido o infanticídio, não deve incidir a agravante prevista no art. 61, II, *e* (crime praticado contra descendente).

ABORTO (ARTS. 124 A 128)		
Autoaborto ou aborto com o consentimento da gestante (art. 124)	**Aborto provocado por terceiro, sem ou com consentimento da gestante (arts. 125 e 126)**	**Aborto necessário ou no caso de gravidez resultante de estupro (art. 128, I e II)**
Detenção. **1 a 3 anos**.	Reclusão. Sem consentimento: **3 a 10 anos**. Com consentimento: 1 a 4 anos. Observar as causas de aumento de pena (art. 127).	Não são punidos.

ABORTO (ARTS. 124 A 128) – ASPECTOS COMUNS	
Tipicidade	A vida intrauterina é protegida desde a **nidação** (implantação do óvulo fecundado no útero) até o **início do parto** (início da vida extrauterina). Aborto é a interrupção da gestação com a remoção ou expulsão prematura do produto da concepção (feto ou embrião), resultando em sua morte.
Bem jurídico	A vida humana **intrauterina**. Protege-se não apenas a vida do feto, mas também do embrião ou óvulo fecundado. É irrelevante o estágio de desenvolvimento: basta estar vivo no útero materno.

ABORTO (ARTS. 124 A 128) – ASPECTOS COMUNS	
Sujeito ativo	Pode ser a gestante (art. 124 – **crime de mão própria**) ou qualquer pessoa (arts. 125 e 126 – **crime comum**).
Sujeito passivo	O produto da concepção alojado no útero materno (feto ou embrião). A gestante também pode figurar como vítima (art. 125).
Elemento subjetivo	Dolo, direto ou eventual. Não há finalidade especial. Não há modalidade culposa.
Consumação	Ocorre com a morte do produto da concepção (crime **material** e **instantâneo**), a qual pode ocorrer **dentro ou fora do útero**. Admite a tentativa (crime **plurissubsistente**).
Omissão	O crime pode ser praticado por **omissão**[37].
Execução	Crime de forma livre.
Concurso de pessoas	Em regra, crime de concurso eventual (**unissubjetivo**).
Competência	Tribunal do Júri (art. 5º, XXXVIII, d).
Lei 9.099/1995	Em alguns casos, é cabível a suspensão condicional do processo (se preenchidos os requisitos do art. 89 da Lei 9.099/1995).
Ação penal	Pública incondicionada.
ANPP	É cabível o acordo de não persecução penal, se preenchidos os requisitos do art. 28-A do CPP.

37. "Imagine-se a hipótese em que a gestante perceba um sangramento vaginal. Almejando o aborto, não se dirige ao posto de saúde próximo à sua casa, a fim de verificar o porquê do sangramento, que acaba culminando com a expulsão do feto, o que teria sido evitado se a gestante tivesse sido orientada e medicada corretamente. Embora não tenha praticado qualquer manobra abortiva, deverá a gestante responder pelo crime de aborto, dada sua particular condição de garante" GRECO, Rogério (op. cit. p. 180).

AUTOABORTO OU ABORTO COM O CONSENTIMENTO DA GESTANTE (ART. 124)
►***Art. 124. Provocar aborto em si mesma ou consentir que outrem lho provoque:*** ***Pena - detenção, de 1 a 3 anos.*** Esse é o dispositivo aplicável à gestante que realiza (autoaborto) ou consente na realização do aborto. É um **crime de mão própria** e, como tal, **não admite coautoria, mas admite participação**. Ex.: Frida instiga Fátima, sua amiga, a praticar o autoaborto. Frida é partícipe do crime contido no art. 124. O crime é de **múltipla ação ou conteúdo variado**: pratica crime único a gestante que consente que terceiro lhe provoque o aborto e, após, passa a auxiliá-lo na execução das manobras abortivas. É cabível a suspensão condicional do processo (se preenchidos os requisitos do art. 89 da Lei 9.099/1995).

AUTOABORTO OU ABORTO COM O CONSENTIMENTO DA GESTANTE (ART. 124)	
Autoaborto (1ª parte)	O autoaborto é realizado pela própria gestante, **com ou sem a participação**[38] de terceiros. Se a gestante, ciente de sua gravidez, tenta se suicidar e a manobra suicida causa o aborto, responderá pelo autoaborto (consumado). Se, a despeito das manobras, o aborto não ocorrer, responderá pelo autoaborto tentado, pois essa possibilidade era abrangida por seu dolo.
Aborto consentido (2ª parte)	A gestante não realiza em si as manobras abortivas, mas consente para que terceiro o faça. Crime de **concurso necessário**: a gestante responderá pelo art. 124 e o terceiro pelo art. 126 (**exceção à teoria unitária ou monista** do art. 29). Também admite a participação. Ex.: a mãe da gestante, revoltada com a perspectiva de a filha ser mãe solteira, passa a induzi-la a consentir que o aborto seja realizado por médico de confiança da família. Se o aborto se consumar, a filha e a mãe responderão pelo art. 124 (como autora e partícipe, respectivamente) e o médico pelo art. 126. Nesse exemplo considera-se que a gestante é capaz e tem discernimento para consentir.

38. Atenção aos conceitos de participação ou coautoria. O autoaborto somente admite a participação, nunca a coautoria.

SITUAÇÃO 1	SITUAÇÃO 2
Raíssa deseja interromper a gravidez com a ingestão de medicamento abortivo fornecido por sua amiga Ana. Raíssa e Ana responderão pelo autoaborto (**art. 124**), (autora e partícipe, respectivamente). A conduta de Ana foi acessória, típica da **participação** (auxílio material).	Raíssa deseja interromper a gravidez e, para tanto, pede que sua amiga Zélia, enfermeira, ministre medicamento venoso abortivo. Raíssa, por ter consentido, responderá pelo **art. 124**. Zélia responderá pelo **art. 126 ou pela forma qualificada do art. 127** (se sobrevier lesão grave ou morte a Raíssa), pois sua atuação foi além da participação no autoaborto.

ABORTO PROVOCADO POR TERCEIRO SEM O CONSENTIMENTO DA GESTANTE (ART. 125)

► ***Art. 125. Provocar aborto, sem o consentimento da gestante:***
Pena - reclusão, de 3 a 10 anos.

► ***Art. 126, parágrafo único - Aplica-se a pena do artigo anterior, se a gestante não é maior de 14 anos, ou é alienada ou débil mental, ou se o consentimento é obtido mediante fraude, grave ameaça ou violência.***

O feto e a gestante são vítimas (dupla subjetividade passiva).
Qualquer pessoa pode ser sujeito ativo (crime comum).
Admite coautoria e participação.

Situação 1	Situação 2	Situação 3
O terceiro provoca o aborto **sem o consentimento** da gestante.	A gestante, apesar de haver consentido com o aborto, é **menor de 14 anos, alienada ou débil mental**.	O consentimento da gestante foi obtido mediante **fraude, grave ameaça ou violência**.

ABORTO PROVOCADO POR TERCEIRO COM O CONSENTIMENTO DA GESTANTE (ART. 126)

► ***Art. 126. Provocar aborto com o consentimento da gestante:***
Pena - reclusão, de 1 a 4 anos.

Qualquer pessoa pode ser sujeito ativo (crime **comum**).

ABORTO PROVOCADO POR TERCEIRO COM O CONSENTIMENTO DA GESTANTE (ART. 126)
Exceção à teoria unitária ou monista do art. 29: a gestante que consentiu responderá pelo art. 124 e o terceiro que realizou o aborto responderá pelo art. 126.
É cabível a suspensão condicional do processo (se preenchidos os requisitos do art. 89 da Lei 9.099/1995).

CAUSA ESPECIAL DE AUMENTO DE PENA (ART. 127)
►***Art. 127. As penas cominadas nos dois artigos anteriores são aumentadas de 1/3, se, em consequência do aborto ou dos meios empregados para provocá-lo, a gestante sofre lesão corporal de natureza grave; e são duplicadas, se, por qualquer dessas causas, lhe sobrevém a morte.*** Atecnia do CP: a morte e a lesão grave são **causas especiais de aumento de pena**, e não qualificadoras. Aplicam-se ao aborto provocado **por terceiro, com ou sem** o consentimento da gestante (arts. 125 e 126). Não se aplicam ao autoaborto (art. 124). A lesão leve é absorvida pelo aborto. São crimes qualificados pelo resultado: dolo no antecedente (aborto) e culpa quanto ao resultado mais grave (lesão grave ou morte). As majorantes aplicam-se ainda que o aborto não tenha se consumado, bastando que ocorra lesão grave ou morte "***em consequência do aborto ou dos meios empregados para provocá-lo***". Nesse caso, o agente responderá por aborto tentado majorado.

ABORTO PERMITIDO (ART. 128)	
►***Art. 128. Não se pune o aborto praticado por médico***:	
Aborto necessário ou terapêutico	***I - se não há outro meio de salvar a vida da gestante; [...]***. Nesse caso, o **médico** pode realizar o aborto **independentemente de autorização judicial ou do consentimento da gestante**. Se um enfermeiro (ou quem não tenha a qualidade de médico) não vislumbrar outra hipótese para salvar a vida da gestante a não ser realizar o aborto, não poderá se valer dessa hipótese (art. 128, I), mas poderá invocar o estado de necessidade (art. 24).

ABORTO PERMITIDO (ART. 128)	
Aborto sentimental, humanitário ou ético	***II - se a gravidez resulta de estupro e o aborto é precedido de consentimento da gestante ou, quando incapaz, de seu representante legal.*** O **médico** pode realizar o aborto **independentemente de autorização judicial**, desde que disponha de elementos para crer na veracidade da ocorrência do estupro. Se a gestante faltar com a verdade, somente ela responderá pelo crime (art. 124), pois o médico estará acobertado pelo erro de proibição indireto. Diferentemente do aborto necessário, **é imprescindível o prévio consentimento da gestante e o aborto não poderá ser realizado por quem não tenha qualidade de médico**. Configurará crime se realizado, por exemplo, por um enfermeiro. Todavia, nada impede a consideração da menor culpabilidade na dosimetria da pena.

ABORTO – TEMAS RELEVANTES	
Portaria MS/ GM n° 2.282	A Portaria MS/GM n° 2.282, do Ministério da Saúde, de 27 de agosto de 2020, estabelece o procedimento de justificação e autorização da interrupção da gravidez nos casos de violência sexual no âmbito do Sistema Único de Saúde
Crime impossível	Para a configuração do aborto, deve haver comprovação de que a mulher **estava grávida de feto/embrião/óvulo vivo**. Em algumas situações, a conduta pode configurar crime impossível. Ex.: tentar provocar aborto em mulher que não está grávida; tentar matar feto que não está mais vivo; tentar realizar o aborto com substâncias absolutamente inócuas.
Exame de corpo de delito	O aborto é um crime que deixa vestígios (**não transeunte**). Imprescindível, portanto, o exame de corpo de delito, direto ou indireto.
Aborto econômico e *honoris causa*	O aborto motivado pela precária situação financeira da gestante ou da família, a princípio, **não exclui o crime**. Todavia, nada impede que as circunstâncias sejam consideradas na dosimetria da pena. No mesmo sentido, o aborto *honoris causa* (praticado para preservação da honra).
Anencefalia	Na **ADPF 54/DF**, o STF pacificou que "mostra-se inconstitucional interpretação de a interrupção da gravidez de feto anencéfalo ser conduta tipificada nos artigos 124, 126 e 128, incisos I e II, do CP"[39].

39. STF, ADPF 54/DF, Rel. Min. Marco Aurélio, Pleno, j. 12/04/2012.

ABORTO – TEMAS RELEVANTES	
Vida fora do útero	Recentemente, a 5ª Turma do STJ entendeu que "não é possível a concessão de salvo-conduto autorizando a realização de procedimento de interrupção da gravidez, em aplicação, por analogia, do entendimento firmado no julgamento da ADPF n. 54/STF, quando, embora o feto esteja acometido de condição genética com prognóstico grave (Síndrome de Edwards e cardiopatia grave), com alta probabilidade de letalidade, **não for possível extrair da documentação médica a impossibilidade de vida fora do útero**"[40].
Gêmeos	Se o agente, ciente da gravidez gemelar da mulher, atua no sentido de causar-lhe o (duplo) aborto, responderá por **concurso formal impróprio.** Em contrapartida, deverá responder por crime único se não tiver conhecimento da gravidez gemelar.
	Em julgado recente, a 2ª Turma do STF decidiu que "a interrupção terapêutica da gestação de gêmeos siameses, pela atestada possível inviabilidade de vida extrauterina, não encontra previsão legal nem aderência ao objeto da APDF Nº 54/DF, relativo à tutela de direitos fundamentais diante da condição clínica de feto anencéfalo"[41].
Homicídio e aborto	Para o STJ, "não há *bis in idem* quanto à incidência da agravante do art. 61, II, h, do CP no crime de homicídio contra gestante e a condenação pelo crime de aborto, porquanto as duas normas visam tutelar bens jurídicos diferentes: a agravante tutela pessoas em maior grau de vulnerabilidade e o aborto diz respeito ao feto"[42]. O mesmo se aplica ao novo tipo penal de feminicídio (art. 121-A).
Gravidez molar e extrauterina	Nessas situações, a interrupção da gravidez representa um fato **atípico,** pois não há condições de desenvolvimento e de vida própria.
Gravidez resultante de estupro	Para a aplicação do art. 128, II (aborto sentimental), é **prescindível a existência de condenação ou mesmo ação penal em andamento pelo crime de estupro**. "Basta o registro de um boletim de ocorrência e a apresentação do documento ao médico, que não necessita nem mesmo da autorização judicial"[43].

40. STJ, HC 932495/SC, Rel. Min. Messod Azulay Neto, 5ª Turma, j. 06/08/2024.
41. STF, HC 220431 AgR/RS, Rel. Min. André Mendonça, 2ª Turma, j. 13/10/2022.
42. STJ, HC 141701/RJ, Rel. Min. Rogerio Schietti Cruz, 6ª Turma, j. 01/12/2016.
43. NUCCI, Guilherme de Souza (op. cit., vol. 2, p. 124).

ABORTO – TEMAS RELEVANTES	
Denúncia do médico	"Médico **não pode** acionar a polícia para investigar paciente que procurou atendimento médico-hospitalar por ter praticado manobras abortivas, uma vez que se mostra como confidente necessário, estando proibido de revelar segredo do qual tem conhecimento, bem como de depor a respeito do fato como testemunha"[44].

ABORTO – SITUAÇÕES POSSÍVEIS		
1. Fabiano deseja interromper a gestação de sua namorada Carla e aplica-lhe medicamento abortivo. O feto morre. Se não ocorrer nada a Carla (ou sofrer apenas lesões leves), Fabiano responderá pelo art. 125 ou 126, a depender do consentimento de Carla. Esta, por sua vez, só responderá pelo art. 124 (2ª parte) se houver consentido. Outras situações:		
	Carla sofre lesões graves	**Carla vem a óbito**
2. Carla não consente	Fabiano: art. 125, com o aumento de pena de 1/3 (art. 127).	Fabiano: art. 125, com a pena duplicada (art. 127).
3. Carla consente	Fabiano: art. 126, com o aumento de pena de 1/3 (art. 127). Carla: art. 124, 2ª parte.	Fabiano: art. 126, com a pena duplicada (art. 127).

INFORMATIVOS DO STJ
Info. 820: Não é possível a concessão de salvo-conduto autorizando a realização de procedimento de interrupção da gravidez, em aplicação, por analogia, do entendimento firmado no julgamento da ADPF n. 54/STF, quando, embora o feto esteja acometido de condição genética com prognóstico grave (Síndrome de Edwards e cardiopatia grave), com alta probabilidade de letalidade, não for possível extrair da documentação médica a impossibilidade de vida fora do útero. HC 932495/SC, Rel. Min. Messod Azulay Neto, 5ª Turma, j. 06/08/2024.
Info. 767: Médico não pode acionar a polícia para investigar paciente que procurou atendimento médico-hospitalar por ter praticado manobras abortivas, uma vez que se mostra como confidente necessário, estando proibido de revelar segredo do qual tem conhecimento, bem como de depor a respeito do fato como testemunha. Processo em segredo de justiça, Rel. Ministro Sebastião Reis Júnior, 6ª Turma, j. 14/03/2023.

44. Processo em segredo de justiça, Rel. Ministro Sebastião Reis Júnior, 6ª Turma, j. 14/03/2023. (Info 767)

2

DAS LESÕES CORPORAIS

LESÃO CORPORAL (ART. 129)			
Leve (*caput*)	**Grave (§1º)**	**Gravíssima (§2º)**	**Seguida de morte (§3º)**
Detenção. 3 meses a 1 ano.	Reclusão. 1 a 5 anos.	Reclusão. 2 a 8 anos.	Reclusão. 4 a 12 anos.
Podem ser aplicadas as causas de **diminuição** (§4º) e de **aumento** (§§7º e 12) de pena.			
No caso da lesão **leve**, também é possível a **substituição** da pena (§5º).			

LESÃO CORPORAL (ART. 129)	
Violência doméstica (§9º)	**Culposa (§6º)**
Reclusão. De 2 a 5 anos (Lei 14.994/2024). A pena aumenta em 1/3 se a lesão for grave, gravíssima ou seguida de morte (§10) ou se praticada contra deficiente (§11).	Detenção. 2 meses a 1 ano. Causas de aumento de pena (§7º). Possibilidade de perdão judicial (§8º).
Obs.: as mudanças promovidas pela Lei 14.994/2024 ("Pacote Antifeminicídio") serão aprofundadas a parte.	

AÇÃO PENAL PÚBLICA	
Condicionada à representação	**Incondicionada**
Lesão **culposa** ou **leve** (art. 88 da Lei 9.099/95), salvo se praticada em contexto de violência doméstica contra a mulher.	Lesão **grave, gravíssima, seguida de morte** ou **leve decorrente de violência doméstica contra a mulher**[1].

COMPETÊNCIA	
Juizado Especial Criminal	**Juízo comum**
- **Lesões culposas e leves (infrações de menor potencial ofensivo)**, ressalvada a lesão leve praticada contra a mulher no contexto de violência doméstica (§9º), por força do art. 41[2] da Lei 11.340/2006.	- Lesão **leve praticada contra a mulher no contexto de violência doméstica**; - **Lesão grave**[3]; - **Lesão gravíssima**; - **Lesão seguida de morte**.

LESÃO CORPORAL (ART. 129)	
►***Art. 129. Ofender a integridade corporal ou a saúde de outrem:*** ***Pena - detenção, de 3 meses a 1 ano.***	
Tipicidade	"O crime de lesão corporal é definido como ofensa à integridade corporal ou saúde, isto é, como todo e qualquer dano ocasionado à normalidade funcional do corpo humano, quer do ponto de vista anatômico, quer do ponto de vista fisiológico ou mental"[4]. A autolesão não é punida (princípio da alteridade).
Bem jurídico	A integridade corporal ou saúde.
Sujeito ativo	Qualquer pessoa (crime **comum**).

1. ■ **Súmula 542 do STJ: A ação penal relativa ao crime de lesão corporal resultante de violência doméstica contra a mulher é pública incondicionada.**
2. Art. 41. Aos crimes praticados com violência doméstica e familiar contra a mulher, independentemente da pena prevista, não se aplica a Lei 9.099, de 26 de setembro de 1995.
3. **Embora não seja infração de menor potencial ofensivo, admite a suspensão condicional do processo, se preenchidos os requisitos (se preenchidos os requisitos do art. 89 da Lei 9.099/1995).**
4. Item 42 da Exposição de Motivos da Parte Especial do CP.

LESÃO CORPORAL (ART. 129)	
Sujeito passivo	Qualquer pessoa. No inciso IV do §1º e V do §2º, apenas a mulher grávida.
Elemento subjetivo	No *caput* e §§9º e 13, dolo (*animus laedendi*), direto ou eventual. No §6º, culpa e, nos §§1º, 2º e 3º, preterdolo.
Consumação	Ocorre com a efetiva lesão à integridade corporal ou à saúde de outrem (crime **material** e **instantâneo**). Admite a tentativa (crime **plurissubsistente**), exceto nas modalidades culposa e preterdolosa.
Omissão	Pode ser praticado na forma omissiva (omissão **imprópria**).
Execução	Crime de forma livre.
Concurso de pessoas	Crime de concurso eventual (**unissubjetivo**).
ANPP	É incabível o acordo de não persecução penal, pois o crime é praticado com violência (art. 28-A, *caput*, do CPP). Nos casos previstos nos §§9º a 11 e 13, também incide o óbice previsto no art. 28-A, § 2º, IV, do CPP (crimes praticados no âmbito de violência doméstica ou familiar, ou praticados contra a mulher por razões da condição de sexo feminino).

LESÃO CORPORAL LEVE (ART. 129, *CAPUT*)
Conceito por exclusão: não se encaixa nas hipóteses de lesão grave, gravíssima, seguida de morte ou culposa.
Se o emprego da violência caracterizar outro crime, a lesão leve é por ele absorvido. Ex.: o estupro absorve a lesão leve.
A doutrina entende que a violência doméstica (§9º) é uma modalidade *sui generis* de lesão leve. Ressalva: a lesão em contexto de violência doméstica (§9º) não é infração de menor potencial ofensivo (pena máxima cominada superior a 2 anos), afastando-se o rito da Lei 9.099/1995 e os seus institutos.
É possível a substituição da pena (§5º).
Ação penal pública condicionada à representação (art. 88 da Lei 9.099/1995), salvo se a lesão leve for praticada em contexto de violência doméstica contra a mulher (pública incondicionada).

LESÃO CORPORAL – TEMAS RELEVANTES	
Pluralidade de lesões	Se o agente produz várias lesões na vítima no mesmo contexto fático, haverá crime único, ressalvada a presença de desígnios autônomos para a execução de cada uma das lesões.
Vias de fato	O sujeito ativo da contravenção (vias de fato) não deseja ferir a vítima ou provocar-lhe dano à integridade corporal ou à saúde, mas apenas causar-lhe um mal físico. Ex.: um empurrão.
Equimoses, hematomas e eritemas	"A equimose (roxidão resultante do rompimento de pequenos vasos sanguíneos sob a pele ou sob as mucosas) e o hematoma (equimose com inchaço) constituem lesões corporais, ao contrário dos eritemas (vermelhidão decorrente de uma bofetada, por exemplo), que não ingressam no conceito do delito"[5].
Consentimento do ofendido	O consentimento do ofendido, como **causa excludente da ilicitude**, deve obedecer a algumas regras: o ofendido deve ser capaz; o bem jurídico deve ser disponível e próprio; o consentimento deve ser válido (livre de coação e fraude), expresso e anterior à consumação.
Abuso de autoridade	O sujeito pode responder por um crime previsto na Lei 13.869/2019 em concurso com o crime de lesão corporal. Ex.: a autoridade que constrange o preso, mediante violência, a produzir prova contra si mesmo (art. 13, III), ofendendo-lhe a integridade corporal.

LESÃO CORPORAL GRAVE (ART. 129, §1º)
► ***Art. 129, §1º - Se resulta: [...]*** ***Pena - reclusão, de 1 a 5 anos.*** É cabível a suspensão condicional do processo (se preenchidos os requisitos do art. 89 da Lei 9.099/1995). Ação penal pública incondicionada.

5. MASSON, Cleber (op. cit. p. 108).

LESÃO CORPORAL GRAVE (ART. 129, §1º)	
I - Incapacidade para as ocupações habituais por mais de 30 dias	Qualquer atividade, desde que seja lícita. Não precisa ser lucrativa. Ex.: a vítima é uma criança que ficou incapaz de caminhar ou brincar por mais de 30 dias em virtude da lesão.
II - Perigo de vida	O perigo de vida deve ser concreto e atestado por perícia.
III - Debilidade permanente de membro, sentido ou função	A debilidade deve ser permanente ou, ao menos, por prazo indeterminado. Ex.: a perda de dentes[6] e a amputação de um dedo[7].
IV - Aceleração de parto	O sujeito deve ter conhecimento da gravidez da vítima. A lesão grave supõe a aceleração do parto, mas **o feto deve nascer com vida**. Se, a despeito de nascer vivo, falecer como consequência da lesão, esta será gravíssima devido ao aborto (§2º, V).

LESÃO CORPORAL GRAVE – TEMAS RELEVANTES	
Comunicabilidade	Todas as circunstâncias do §1º são **objetivas**. Logo, comunicáveis em concurso de agentes (art. 30).
Pluralidade de qualificadoras	Quando presente mais de uma qualificadora, uma deve ser utilizada para compor o tipo qualificado e a outra deve ser utilizada como circunstância judicial desfavorável
Crime qualificado pelo resultado	A doutrina e a jurisprudência[8] costumam dizer que a lesão grave é sempre um **crime qualificado pelo resultado, na medida em que o resultado agravador é produzido a título de culpa**. Ex.: se o resultado '***perigo de vida***' foi causado a título de culpa, configura-se a lesão grave. Todavia, se o agente agiu com ânimo de matar (dolo quanto ao resultado), responderá por homicídio tentado. Não obstante, em alguns incisos do §1º, percebe-se que o resultado pode ser causado dolosamente sem que esteja configurado outro crime. Ex.: se o sujeito deseja incapacitar a vítima para o trabalho por mais de 30 dias, ainda assim responderá por lesão grave.

6. STJ, AgRg no REsp 1882609/MS, Rel. Min. Antonio Saldanha Palheiro, 6ª Turma, j. 13/03/2023.
7. STJ, AgRg no AREsp 1895015/TO, Rel. Min. Reynaldo Soares da Fonseca, 5ª Turma, j. 17/08/2021.
8. STJ, HC 325961/RJ, Rel. Min. Ribeiro Dantas, 5ª Turma, j. 18/08/2016.

LESÃO CORPORAL GRAVE – TEMAS RELEVANTES	
Exame complementar	Nos casos de lesão qualificada pela '***incapacidade para as ocupações habituais por mais de 30 dias***' (inciso I), é necessário um exame complementar para aferir a incapacidade, a ser realizado **após 30 dias**[9]. Note que, ainda assim, o exame não é indispensável quando a incapacidade for incontroversa diante das provas coletadas e não precisa estar acostado aos autos no momento em que iniciado o processo[10].

LESÃO CORPORAL GRAVÍSSIMA (ART. 129, §2°)	
► ***Art. 129, §2° - Se resulta: [...]*** ***Pena - reclusão, de 2 a 8 anos.*** A expressão "gravíssima" é doutrinária. A ação penal é pública incondicionada.	
I - Incapacidade permanente para o trabalho	Para o STJ, a "incapacidade pressupõe qualquer atividade desempenhada pela vítima – a prática de atos do cotidiano, o trabalho ou o esporte, indistintamente – e, por óbvio, implica mudança compulsória e indesejada de vida do indivíduo, ocasionando-lhe dissabor, dor e sofrimento"[11].
II - Enfermidade incurável	Para Cezar Bitencourt, "enfermidade incurável é a doença cuja curabilidade não é conseguida no atual estágio da medicina, pressupondo um processo patológico que afeta a saúde geral. A incurabilidade deve ser confirmada com dados da ciência atual, com um juízo de probabilidade. Incurável deve ser entendido em sentido relativo, sendo suficiente o prognóstico pericial para caracterizá-la, pois em termos de ciência médica nada é certo [...]"[12].
III - Perda ou inutilização do membro, sentido ou função	Ex.: a vítima tem um braço amputado (perda de membro) ou paralisado (inutilização de membro).

9. CPP, art. 168, §2° - Se o exame tiver por fim precisar a classificação do delito no art. 129, §1°, I, do CP, deverá ser feito logo que decorra o prazo de 30 dias, contado da data do crime.
§3° - A falta de exame complementar poderá ser suprida pela prova testemunhal.
10. STJ, RHC 37872/MS, Rel. Min. Jorge Mussi, 5ª Turma, j. 18/09/2014.
11. STJ, REsp 876102/DF, Rel. Min. Luis Felipe Salomão, 5ª Turma, j. 22/11/2011.
12. BITENCOURT, Cezar Roberto (op. cit. p. 224).

LESÃO CORPORAL GRAVÍSSIMA (ART. 129, §2º)	
IV - Deformidade permanente	O STJ entende que a qualificadora abrange somente lesões corporais que resultam em **danos físicos**. A deformidade permanente precisa representar "lesão estética de certa monta, capaz de produzir desgosto, desconforto a quem vê ou humilhação ao portador, não sendo qualquer dano estético ou físico"[13].
V - Aborto	O sujeito deve ter conhecimento da gravidez da vítima.

LESÃO CORPORAL GRAVÍSSIMA – TEMAS RELEVANTES	
Pluralidade de qualificadoras	Quando presente mais de uma qualificadora, uma deve ser utilizada para compor o tipo qualificado e a outra deve ser utilizada como circunstância judicial desfavorável.
Comunicabilidade	Todas as circunstâncias do §2º são **objetivas**. Logo, **comunicáveis** em concurso de agentes (art. 30).
Previsibilidade	Considerando que o resultado mais grave é culposo, exige-se, ao menos, que seja **previsível**[14].
Crime qualificado pelo resultado	A doutrina e a jurisprudência[15] costumam dizer que a lesão gravíssima é sempre um **crime qualificado pelo resultado, na medida em que o resultado agravador é produzido a título de culpa**. Ex.: se o resultado '***aborto***' foi causado a título de culpa, configura-se a lesão gravíssima. Todavia, se o agente agiu com ânimo de causá-lo (dolo quanto ao resultado), responderá pelo crime de aborto. Não obstante, em alguns incisos do §2º, percebe-se que o resultado pode ser causado dolosamente sem que esteja configurado outro crime. Ex.: se o sujeito deseja causar a inutilização de membro da vítima, ainda assim responderá por lesão gravíssima.

13. STJ, REsp 1220094/MG, Rel. Min. Gilson Dipp, 5ª Turma, j. 22/02/2011.
14. **Nos crimes culposos, o resultado é sempre previsível, utilizando-se como parâmetro o "homem médio".** Nesse sentido, o STJ: "em crimes preterdolosos ou preterintencionais, imprescindível é que a denúncia impute a previsibilidade e culpa no crime consequente, sob pena de indevida responsabilização objetiva em direito penal, com atribuição de responsabilidade apenas pelo nexo causal" (RHC 59.551/SP, Rel. Min. Nefi Cordeiro, 6ª Turma, j. 09/08/2016).
15. STJ, HC 325961/RJ, Rel. Min. Ribeiro Dantas, 5ª Turma, j. 18/08/2016.

LESÃO CORPORAL GRAVÍSSIMA – TEMAS RELEVANTES	
Deformidade permanente e cirurgia estética	Para o STJ, "a realização de cirurgia estética posteriormente à prática do delito não afeta a caracterização, no momento do crime constatada, de lesão geradora de deformidade permanente, seja porque providência não usual (tratamento cirúrgico custoso e de risco), seja porque ao critério exclusivo da vítima"[16].
Transmissão de HIV	Não há consenso jurisprudencial sobre a tipificação da transmissão dolosa do vírus HIV. Sabe-se, a princípio, que a conduta não se enquadra no art. 130 (crime de perigo de contágio venéreo), pois a AIDS não é moléstia venérea e não se transmite apenas sexualmente. No HC 98712/SP[17], o STF afastou a configuração de homicídio doloso ou de perigo de contágio de moléstia grave (art. 131). Hoje, prevalece na jurisprudência que a conduta de praticar ato sexual com a finalidade de transmitir o vírus configura lesão corporal gravíssima por resultar enfermidade incurável (art. 129, §2º, II). Há um julgado do STJ nesse sentido[18].
Crime hediondo	A lesão corporal gravíssima é crime hediondo quando praticada **contra autoridade ou agente descrito nos arts. 142 e 144 da CF/88, integrantes do sistema prisional e da Força Nacional de Segurança Pública, no exercício da função ou em decorrência dela, ou contra seu cônjuge, companheiro ou parente consanguíneo até 3º grau, em razão dessa condição** (art. 1º, I-A, da Lei 8.072/1990).
Laudo pericial	Em regra, as qualificadoras do §2º são comprovadas por meio de laudo pericial. Contudo, admite-se a comprovação por outros meios.

LESÃO CORPORAL GRAVÍSSIMA QUALIFICADA PELO ABORTO (ART. 129, §2º, V)	ABORTO MAJORADO PELA LESÃO CORPORAL GRAVE (ART. 127)
Dolo quanto à lesão corporal. Resultado (aborto) causado culposamente.	Dolo quanto ao aborto. Resultado (lesão grave) causada culposamente.
Ambos são crimes qualificados pelo resultado.	

16. STJ, HC 306677/RJ, Rel. Min. Nefi Cordeiro, 6ª Turma, j. 19/05/2015.
17. STF, HC 98712/SP, Rel. Min. Marco Aurélio, 1ª Turma, j. 05/10/2010.
18. STJ, HC 160982/DF, Rel. Min. Laurita Vaz, 5ª Turma, j. 17/05/2012.

LESÃO GRAVE (§1º)	LESÃO GRAVÍSSIMA (§2º)
Incapacidade para as **ocupações habituais por mais de 30 dias** (I).	Incapacidade **permanente para o trabalho** (I).
Perigo de vida (II).	-
Debilidade permanente de membro, sentido ou função (III).	**Perda ou inutilização** do membro, sentido ou função (III) ou **enfermidade incurável** (II) ou, ainda, **deformidade permanente** (IV).
Aceleração do parto (IV).	Aborto (V).
Reclusão, de 1 a 5 anos.	Reclusão, de 2 a 8 anos.

LESÃO CORPORAL SEGUIDA DE MORTE (ART. 129, §3º)
►***Art. 129, §3º - Se resulta morte e as circunstâncias evidenciam que o agente não quis o resultado, nem assumiu o risco de produzi-lo:*** ***Pena - reclusão, de 4 a 12 anos.*** É o **homicídio preterdoloso**: dolo quanto à lesão corporal e culpa quanto ao resultado mais grave (morte). Se houver dolo quanto à morte, o agente deve responder por homicídio (art. 121). Se houver culpa quanto à lesão e quanto à morte, o agente deve responder por homicídio culposo. A ação penal é pública incondicionada.

LESÃO CORPORAL SEGUIDA DE MORTE – TEMAS RELEVANTES	
Previsibilidade	Considerando que o resultado mais grave é culposo, exige-se, ao menos, que seja **previsível**.
Tentativa	Crimes preterdolosos **não** admitem tentativa.
Crime hediondo	A lesão corporal seguida de morte é crime hediondo quando praticada contra autoridade ou agente descrito nos arts. 142 e 144 da CF/88, integrantes do sistema prisional e da Força Nacional de Segurança Pública, no exercício da função ou em decorrência dela, ou contra seu cônjuge, companheiro ou parente consanguíneo até 3º grau, em razão dessa condição (art. 1º, I-A da Lei 8.072/1990). Ademais, a pena também será aumentada de 1 a 2/3 (art. 129, §12).

LESÃO CORPORAL SEGUIDA DE MORTE – TEMAS RELEVANTES	
Competência	Apesar do resultado (morte), a competência é do juízo singular, e não do Tribunal do Júri. Não se trata de crime doloso contra a vida.

CAUSAS ESPECIAIS DE AUMENTO DE PENA APLICÁVEIS À LESÃO DOLOSA E PRETERDOLOSA (§§ 7º E 12)	
No que diz respeito à lesão **leve, grave, gravíssima e seguida de morte**, a pena pode ser majorada nas seguintes hipóteses:	
►***Art. 129, §7º - Aumenta-se a pena de 1/3 se ocorrer qualquer das hipóteses dos §§4º e 6º do art. 121 deste Código.*** 1. Lesão praticada contra menor de 14 ou maior de 60 anos (art. 121, §4º). 2. Lesão praticada por milícia privada, sob o pretexto de prestação de serviço de segurança, ou por grupo de extermínio (art. 121, §6º).	►***Art. 129, §12 - Se a lesão for praticada contra autoridade ou agente descrito nos arts. 142 e 144 da Constituição Federal, integrantes do sistema prisional e da Força Nacional de Segurança Pública, no exercício da função ou em decorrência dela, ou contra seu cônjuge, companheiro ou parente consanguíneo até 3º grau, em razão dessa condição, a pena é aumentada de 1 a 2/3.*** Majorante acrescentada pela Lei 13.142/15.

CAUSAS ESPECIAIS DE DIMINUIÇÃO DE PENA APLICÁVEIS À LESÃO DOLOSA (ART. 129, §4º)
►***Art. 129, §4º - Se o agente comete o crime impelido por motivo de relevante valor social ou moral ou sob o domínio de violenta emoção, logo em seguida a injusta provocação da vítima, o juiz pode reduzir a pena de 1/6 a 1/3.*** A majorante aplica-se à lesão **leve, grave, gravíssima e seguida de morte** (*caput*, §§1º, 2º e 3º).
Não se aplica à lesão culposa e à resultante de violência doméstica (incompatibilidade lógica).
As causas de diminuição são circunstâncias **subjetivas**, e, portanto, são **incomunicáveis** em concurso de pessoas (art. 30).

<table>
<tr><th colspan="3">SUBSTITUIÇÃO DA PENA APLICÁVEL ÀS LESÕES LEVES (ART. 129, §5º)</th></tr>
<tr><td colspan="3">► Art. 129, §5º - O juiz, não sendo graves as lesões, pode ainda substituir a pena de detenção pela de multa, de duzentos mil réis a dois contos de réis:
I - se ocorre qualquer das hipóteses do parágrafo anterior;
II - se as lesões são recíprocas.
Em suma, 3 situações admitem a substituição:</td></tr>
<tr><td>1. Lesões LEVES praticadas por motivo de relevante valor social ou moral.</td><td>2. Lesões LEVES praticadas sob o domínio de violenta emoção, logo em seguida a injusta provocação da vítima.</td><td rowspan="2">3. Lesões LEVES recíprocas.</td></tr>
<tr><td colspan="2">O juiz, à luz do que entender mais adequado ao caso concreto, poderá reduzir a pena de 1/6 a 1/3 (§4º) ou substituí-la por pena de multa (§5º).</td></tr>
</table>

LESÃO CORPORAL CULPOSA (ART. 129, §6º)
► ***Art. 129, §6º - Se a lesão é culposa:*** ***Pena - detenção, de 2 meses a 1 ano.*** É infração de menor potencial ofensivo (Lei 9.099/1995) e a ação penal é pública condicionada à representação (art. 88 da Lei 9.099/1995).
Diferentemente da lesão praticada com dolo, a lesão culposa não é dividida em leve, grave ou gravíssima.
Se for praticada na direção de veículo automotor, aplica-se o crime tipificado no art. 303 do CTB.

<table>
<tr><th colspan="3">CAUSAS ESPECIAIS DE AUMENTO DE PENA APLICÁVEIS À LESÃO CULPOSA (ART. 129, §7º)</th></tr>
<tr><td colspan="3">► Art. 129, §7º - Aumenta-se a pena de 1/3 se ocorrer qualquer das hipóteses dos §§4º e 6º do art. 121 deste Código.</td></tr>
<tr><td>Lesão culposa resultante de inobservância de regra técnica de profissão, arte ou ofício (art. 121, §4º).</td><td>Lesão culposa em que o agente deixa de prestar imediato socorro à vítima ou não procura diminuir as consequências do seu ato (art. 121, §4º).</td><td>Lesão culposa em que o agente foge para evitar prisão em flagrante (art. 121, §4º).</td></tr>
</table>

LESÃO CULPOSA E PERDÃO JUDICIAL (ART. 129, §8º)
► ***Art. 129, §8º - Aplica-se à lesão culposa o disposto no §5º do art. 121.***
► ***Art. 121, §5º - Na hipótese de homicídio culposo, o juiz poderá deixar de aplicar a pena, se as consequências da infração atingirem o próprio agente de forma tão grave que a sanção penal se torne desnecessária.***
Causa de extinção da punibilidade (art. 107, IX). Só pode ser concedido na sentença e não precisa ser aceito pela vítima. Exige-se um **insuportável abalo físico ou emocional**. O STJ, preocupado com a banalização do instituto, principalmente nos crimes de trânsito, exige a existência de um **vínculo afetivo prévio** entre os envolvidos.
■ Súmula 18 do STJ: A sentença concessiva do perdão judicial é declaratória da extinção da punibilidade, não subsistindo qualquer efeito condenatório.

LESÃO CORPORAL LEVE QUALIFICADA (ART. 129, §9º)	
► ***Art. 129, §9º - Se a lesão for praticada contra ascendente, descendente, irmão, cônjuge ou companheiro, ou com quem conviva ou tenha convivido, ou, ainda, prevalecendo-se o agente das relações domésticas, de coabitação ou de hospitalidade:*** ***Pena – reclusão, de 2 a 5 anos.*** O dispositivo só se aplica à lesão **leve** praticada em situação de violência doméstica. Se o agente praticar lesão grave, gravíssima ou seguida de morte em contexto de violência doméstica, incidirá nas penas previstas nos §§1º a 3º, com a pena aumentada em 1/3 (§10).	
Atenção: recentemente, a Lei 14.994/2024 ("Pacote Antifeminicídio") alterou a pena cominada à violência doméstica.	
Antes da Lei 14.994/2024	**Após a Lei 14.994/2024 (redação atual)**
Detenção, de 3 meses a 3 anos (redação pela Lei 11.340/2006).	**Reclusão, de 2 a 5 anos.** A alteração, por ser mais gravosa ao acusado, aplica-se apenas aos crimes cometidos após a vigência da Lei.

CAUSAS ESPECIAIS DE AUMENTO DE PENA APLICÁVEIS À VIOLÊNCIA DOMÉSTICA (ART. 129, §§10 E 11)	
►***Art. 129, §10 - Nos casos previstos nos §§ 1º a 3º deste artigo, se as circunstâncias são as indicadas no §9º deste artigo, aumenta-se a pena em 1/3.*** Em caso de lesão **grave, gravíssima ou seguida de morte** praticada em situação de **violência doméstica** (§9º), o agente será punido de acordo com as penas previstas no §§1º ao 3º com o aumento de **1/3** (§10).	►***Art. 129, §11 - Na hipótese do §9º deste artigo, a pena será aumentada de 1/3 se o crime for cometido contra pessoa portadora de deficiência.*** Em caso de lesão em situação de **violência doméstica** (§9º) **praticada contra pessoa portadora de deficiência**, o agente será punido de acordo com a pena prevista no §9º com o aumento de **1/3** (§11).

LESÃO CORPORAL E VIOLÊNCIA DOMÉSTICA – TEMAS RELEVANTES	
Violência doméstica e Lei 9.099/1995	O art. 129, §9º, foi criado pela Lei 10.886/2004 e **não se aplica apenas à mulher**, visando "tutelar as demais desigualdades encontradas nas relações domésticas". A Lei 11.340/2006 (Lei Maria da Penha) apenas alterou a redação original dada pela Lei 10.886/2004 para aumentar o máximo da pena cominada ao tipo penal de 1 para 3 anos, **afastando o rito dos Juizados** (Lei 9.099/1995) e, consequentemente, a possibilidade de transação penal, a composição civil dos danos e a suspensão condicional do processo nos casos de violência doméstica. Posteriormente, a Lei 14.994/2024 conferiu nova redação ao preceito secundário e a pena abstrata foi sensivelmente aumentada (reclusão, de 2 a 5 anos).
Exame de corpo de delito	É pacífico que "o exame de corpo de delito é **prescindível** para a configuração do delito de lesão corporal ocorrido no âmbito doméstico, podendo a materialidade ser comprovada por outros meios"[19]. Nesse sentido, o STJ destaca a **palavra da vítima**, considerando que normalmente inexistem testemunhas para tais crimes[20].
Agravante genérica	Para o STJ, a aplicação da agravante prevista no art. 61, II, *f*, em condenação pelo delito do art. 129, § 9º, do CP, por si só, **não** configura *bis in idem*.

19. STJ, AgRg no AREsp 1009886/MS, Rel. Min. Reynaldo Soares da Fonseca, 5ª Turma, j. 21/02/2017.
20. STJ, AgRg no AREsp 962903/DF, Rel. Min. Reynaldo Soares da Fonseca, 5ª Turma, j. 15/09/2016.

<table>
<tr><th colspan="2">LESÃO CORPORAL E VIOLÊNCIA DOMÉSTICA – TEMAS RELEVANTES</th></tr>
<tr><td rowspan="2">Ação penal</td><td>Na ADI 4424/DF[21], o STF pacificou que "a ação penal relativa a lesão corporal resultante de violência doméstica contra a mulher é pública incondicionada". No mesmo sentido, o STJ.
▪ Súmula 542 do STJ: A ação penal relativa ao crime de lesão corporal resultante de violência doméstica contra a mulher é pública incondicionada.</td></tr>
<tr><td>No entanto, é importante perceber que o STF e o STJ referem-se à violência doméstica contra a mulher. No caso da violência doméstica não praticada contra a mulher (outras hipóteses compreendidas no §9º do art. 129), não há unanimidade quanto a natureza da ação penal. Se se considerar o §9º como uma modalidade de lesão leve, a ação penal deve ser condicionada à representação (art. 88 da Lei 9.099/1995), ressalvado apenas o caso da vítima ser mulher. Todavia, os julgados mais recentes do STJ não parecem fazer essa distinção[22].</td></tr>
</table>

<table>
<tr><th colspan="2">LESÃO CORPORAL LEVE QUALIFICADA PRATICADA CONTRA MULHER, POR RAZÕES DA CONDIÇÃO DO SEXO FEMININO (ART. 129, §13)</th></tr>
<tr><td colspan="2">► Art. 129, §13 - Se a lesão é praticada contra a mulher, por razões da condição do sexo feminino, nos termos do §1º do art. 121-A deste Código:
Pena – reclusão, de 2 a 5 anos.
O §13 foi incluído pela Lei 14.188/2021 e recentemente teve a pena alterada com a Lei 14.994/2024 ("Pacote Antifeminicídio").</td></tr>
<tr><th>Antes da Lei 14.994/2024</th><th>Após a Lei 14.994/2024 (redação atual)</th></tr>
<tr><td>Reclusão, de 1 a 4 anos (redação pela Lei 14.188/2021).</td><td>Reclusão, de 2 a 5 anos. A alteração, por ser mais gravosa ao acusado, aplica-se apenas aos crimes cometidos após a vigência da Lei.</td></tr>
<tr><td colspan="2">Trata-se de uma qualificadora aplicável na hipótese de lesão corporal leve praticada contra mulher, por razões da condição do sexo feminino. Não incide se a lesão praticada for grave, gravíssima ou seguida de morte (figuras mais graves dos §§ 1º a 3º, eventualmente, com a majorante do §10).</td></tr>
</table>

21. STF, ADI 4424/DF, Rel. Marco Aurélio, Pleno, j. 09/02/2012.
22. Exemplo: "seja caso de lesão corporal leve, seja de vias de fato, se praticado em contexto de violência doméstica ou familiar, não há falar em necessidade de representação da vítima para a persecução penal" (STJ, HC 302387/RS, Rel. Min. Nefi Cordeiro, 6ª Turma, j. 28/06/2016).

LESÃO CORPORAL LEVE QUALIFICADA PRATICADA CONTRA MULHER, POR RAZÕES DA CONDIÇÃO DO SEXO FEMININO (ART. 129, §13)
Quando é praticada uma lesão corporal **grave** (§1º), **gravíssima** (§2º) ou **seguida de morte** (§3º) e essa lesão é praticada nos termos do art. 129, §9º (**violência doméstica**), o agente deve responder pela lesão grave/gravíssima/seguida de morte **majorada de 1/3**. É o que diz o §10 (*"**nos casos previstos nos §§1º a 3º deste artigo, se as circunstâncias são as indicadas no §9º deste artigo, aumenta-se a pena em 1/3**"*). Por outro lado, em se tratando da figura prevista no §13 (lesão praticada contra a mulher, por razões da condição do sexo feminino) que se enquadra como lesão corporal grave, gravíssima ou seguida de morte, não há a mesma previsão de aumento de pena do §10. A Lei 14.994/2024 perdeu a oportunidade de desfazer essa incongruência.

LEI 14.994/2024 E AUMENTO DAS PENAS (§§9º E 13)	
§9º - Se a lesão for praticada contra ascendente, descendente, irmão, cônjuge ou companheiro, ou com quem conviva ou tenha convivido, ou, ainda, prevalecendo-se o agente das relações domésticas, de coabitação ou de hospitalidade:	***§13 - Se a lesão é praticada contra a mulher, por razões da condição do sexo feminino, nos termos do §1º do art. 121-A deste Código:***
Pena - reclusão, de 2 a 5 anos (note que a Lei 14.994/2024 igualou as duas penas cominadas).	

CRIMES SIMILARES	
CPM	Art. 209. Ofender a integridade corporal ou a saúde de outrem: Pena - detenção, de 3 meses a 1 ano.
CTB	Art. 303. Praticar lesão corporal culposa na direção de veículo automotor: Penas - detenção, de 6 meses a 2 anos e suspensão ou proibição de se obter a permissão ou a habilitação para dirigir veículo automotor. Parágrafo único. Aumenta-se a pena de 1/3 à metade, se ocorrer qualquer das hipóteses do §1º do art. 302.
Lei 13.260/2016	Art. 2º, §1º - São atos de terrorismo: [...] V - atentar contra a vida ou a integridade física de pessoa: Pena - reclusão, de 12 a 30 anos, além das sanções correspondentes à ameaça ou à violência.

INFORMATIVOS DO STJ
Info. 777: O exame de corpo de delito poderá, em determinadas situações, ser dispensado para a configuração de lesão corporal ocorrida em âmbito doméstico, na hipótese de subsistirem outras provas idôneas da materialidade do crime. AgRg no AREsp 2078054/DF, Rel. Min. Messod Azulay Neto, 5ª Turma, j. 23/05/2023.
Info. 775: A aplicação da agravante prevista no art. 61, II, "f", do Código Penal, em condenação pelo delito do art. 129, § 9º, do CP, por si só, não configura *bis in idem*. AgRg no REsp 1998980/GO, Rel. Min. Joel Ilan Paciornik, 5ª Turma, j. 08/05/2023.
Info. 770: Verificado que a lesão é o resultado das agressões sofridas, a existência de concausa anterior relativamente independente não impede a condenação pelo crime de lesão corporal grave. Processo em segredo de justiça, Rel. Ministro Antonio Saldanha Palheiro, 6ª Turma, j. 13/3/2023.

3

DA PERICLITAÇÃO DA VIDA E DA SAÚDE

DA PERICLITAÇÃO DA VIDA E DA SAÚDE (III)			
Perigo de contágio venéreo (art. 130).	Perigo de contágio de moléstia grave (art. 131).	Perigo para a vida ou saúde de outrem (art. 132).	Abandono de incapaz (art. 133).
Exposição ou abandono de recém-nascido (art. 134).	Omissão de socorro (art. 135).	Condicionamento de atendimento médico-hospitalar emergencial (art. 135-A).	Maus-tratos (art. 136).
Os bens jurídicos tutelados são a vida e a saúde. Em todos eles, "o elemento subjetivo é a vontade consciente referida exclusivamente à produção do perigo"[1] (são **crimes de perigo**). Todos são punidos apenas a título de **dolo**.			
Em regra, a ação penal é pública incondicionada. Única exceção: no crime de perigo de contágio venéreo (art. 130), a ação penal é pública condicionada à representação.			

PERIGO DE CONTÁGIO VENÉREO (ART. 130)
► ***Art. 130. Expor alguém, por meio de relações sexuais ou qualquer ato libidinoso, a contágio de moléstia venérea, de que sabe ou deve saber que está contaminado:*** ***Pena - detenção, de 3 meses a 1 ano, ou multa.***

1. Item 43 da Exposição de Motivos da Parte Especial do CP.

PERIGO DE CONTÁGIO VENÉREO (ART. 130)	
Tipicidade	"A doença venérea é uma lesão corporal e de consequências gravíssimas, notadamente quando se trata da sífilis. O mal da contaminação (evento lesivo) não fica circunscrito a uma pessoa determinada. O indivíduo que, sabendo se portador de moléstia venérea, não se priva do ato sexual, cria conscientemente a possibilidade de um contágio extensivo. Justifica se, portanto, plenamente, não só a incriminação do fato, como o critério de declarar se suficiente para a consumação do crime a produção do perigo de contaminação"[2] (**crime de perigo**).
Bem jurídico	A vida e a saúde.
Sujeito ativo	Apenas a pessoa que está contaminada por moléstia venérea (crime **próprio**).
Sujeito passivo	Qualquer pessoa.
Elemento subjetivo	Dolo, direto ou eventual. Não há finalidade especial. Há divergências quanto à modalidade culposa.
Consumação	Ocorre com a prática da relação sexual ou outro ato libidinoso, **ainda que não ocorra o contágio** (crime **formal** e **instantâneo**). Admite tentativa[3] (crime **plurissubsistente**).
Omissão	Pode ser praticado na forma omissiva (omissão **imprópria**), embora seja de rara configuração.
Execução	Crime de forma vinculada: '***por meio de relações sexuais ou qualquer ato libidinoso***'. Logo, é indispensável o contato físico.
Concurso de pessoas	Crime de concurso eventual (**unissubjetivo**).

2. Item 44 da Exposição de Motivos da Parte Especial do CP.
3. "Imagine-se a hipótese, mesmo que de laboratório, em que alguém, sabendo-se portador de uma doença venérea, vá até um bordel com a finalidade de manter relação sexual com uma prostituta. Quando está no quarto, já despido, ao deitar-se na cama com a vítima, ainda não iniciado o ato, uma colega de "profissão" da prostituta ingressa no quarto e impede a prática do ato sexual, relevando que o agente está contaminado por uma moléstia venérea" GRECO, Rogério (op. cit. p. 253).

PERIGO DE CONTÁGIO VENÉREO (ART. 130)	
Competência	Juizado Especial Criminal.
Lei 9.099/1995	Infração de menor potencial ofensivo.
Ação penal	Pública condicionada à representação. ► ***Art. 130, §2º - Somente se procede mediante representação.***
ANPP	Admitida transação penal no *caput*, é incabível o acordo de não persecução penal (art. 28-A, § 2º, I, do CPP). Na figura qualificada (§ 1º), é possível o acordo se preenchidos os requisitos do art. 28-A do CPP.

FORMA QUALIFICADA (ART. 130, §1º)
► ***Art. 130, §1º - Se é intenção do agente transmitir a moléstia:*** ***Pena - reclusão, de 1 a 4 anos, e multa.*** Diferentemente da forma simples, trata-se de um **crime de perigo com dolo de dano** (intenção de transmitir a doença)[4].
Também é um crime formal, pois é desnecessário o efetivo contágio.
É cabível a suspensão condicional do processo (se preenchidos os requisitos do art. 89 da Lei 9.099/1995).

MODALIDADE SIMPLES (*CAPUT*)	FORMA QUALIFICADA (§1º)
Dolo de perigo: o sujeito não deseja transmitir a doença, mas cria a situação de perigo de contágio para a vítima (dolo **direto**) ou aceita o risco de criá-la (dolo **eventual**).	**Dolo de dano**: o sujeito sabe (dolo **direto**) que porta a doença e deseja contaminar a vítima.

4. "É possível que o rigor técnico exigisse a inclusão de tal hipótese no capítulo das lesões corporais, desde que seu elemento subjetivo é o dolo de dano, mas como se trata, ainda nessa modalidade, de um crime para cuja consumação basta o dano potencial, pareceu à Comissão revisora que não havia despropósito em classificar o fato entre os crimes de perigo contra a pessoa. No caso de dolo de dano, a incriminação é extensiva à criação do perigo de contágio de qualquer moléstia grave" (Item 45 da Exposição de Motivos da Parte Especial do CP).

PERIGO DE CONTÁGIO VENÉREO – TEMAS RELEVANTES	
Casamento	O marido e a esposa podem figurar como sujeito ativo ou passivo.
Crime impossível	Não há crime se a vítima já estava contaminada ou é imune (crime impossível por impropriedade absoluta do objeto).
Crime de perigo	A doutrina diverge quanto ao crime ser de perigo **concreto ou abstrato**.
Modalidade culposa (*caput*)	Quanto ao agente que ***'sabe'*** que está contaminado, é evidente que age com **dolo direto**. Há controvérsia doutrinária quanto ao elemento subjetivo do agente que ***'deve saber que está contaminado'***. A Exposição de Motivos da Parte Especial do CP (item 44) afirma se tratar da modalidade **culposa** do crime. Todavia, parece ter razão a doutrina majoritária, para a qual o elemento subjetivo em questão é o **dolo eventual**[5].
Concurso de crimes	O crime pode ser praticado em concurso formal (próprio ou impróprio) com um crime contra a dignidade sexual.
Coautoria e participação	O art. 130 traz um crime próprio: apenas o sujeito que está contaminado pode praticá-lo. Por isso, inviável a coautoria. Já a participação é cabível. Ex.: Caetano instiga Flávio a expor sua namorada a contágio de moléstia venérea.
HIV	"A AIDS, que não é moléstia venérea e que não se transmite somente por atos sexuais, poderá tipificar o crime do art. 131, lesão corporal seguida de morte ou até mesmo homicídio, dependendo da intenção do agente, mas nunca o crime de perigo de contágio venéreo"[6].
Contaminação efetiva (§1º)	Parte (expressiva) da doutrina entende que o sujeito que deseja transmitir a doença venérea e obtém êxito na contaminação deve responder pelo crime de **lesões corporais** (art. 129). Todavia, parece mais acertado considerar a efetiva contaminação como um mero **exaurimento** da forma qualificada do crime de perigo de contágio venéreo (art. 130, §1º). Ocorrendo a contaminação, há perfeita subsunção do fato à norma contida no art. 130, §1º (*lex specialis*).

5. Nesse sentido, Nucci: "a expressão "deve saber" consiste no dolo eventual, querendo dizer que o agente, diante do estado de saúde que apresenta, deveria ter noção de que está contaminado e, consequentemente, assume o risco de transmitir a doença à pessoa com quem mantém relação sexual" (p. 169).
6. BITENCOURT, Cezar Roberto (op. cit. p. 248).

PERIGO DE CONTÁGIO VENÉREO – TEMAS RELEVANTES	
Morte da vítima	Se a doença venérea transmitida à vítima causa o seu óbito, o agente pode responder por **lesão corporal seguida de morte** (art. 129, §3º) ou **homicídio** (art. 121), a depender de seu dolo e das circunstâncias do caso concreto.

PERIGO DE CONTÁGIO DE MOLÉSTIA GRAVE (ART. 131)	
► ***Art. 131. Praticar, com o fim de transmitir a outrem moléstia grave de que está contaminado, ato capaz de produzir o contágio:*** ***Pena - reclusão, de 1 a 4 anos, e multa.***	
Tipicidade	**Crime de perigo.** O tipo penal restringe-se às doenças comprovadamente contagiosas.
Bem jurídico	A vida e a saúde.
Sujeito ativo	Apenas a pessoa que está contaminada por moléstia grave contagiosa (crime **próprio**).
Sujeito passivo	Qualquer pessoa.
Elemento subjetivo	**Dolo direto**, apenas. Finalidade especial: '***com o fim de transmitir a outrem moléstia grave de que está contaminado***' (**dolo de dano**[7]). Não há modalidade culposa.
Consumação	Ocorre com a prática do ato capaz de produzir o contágio, ainda que este não ocorra (crime **formal** e **instantâneo**). Admite tentativa (crime **plurissubsistente**).
Omissão	Pode ser praticado na forma omissiva (omissão **imprópria**).
Execução	Crime de forma livre: pode ser praticado mediante qualquer ato capaz de produzir o contágio. É desnecessário o contato físico.

7. STF, HC 98712/SP, Rel. Min. Marco Aurélio, 1ª Turma, j. 27/04/2010.

PERIGO DE CONTÁGIO DE MOLÉSTIA GRAVE (ART. 131)	
Concurso de pessoas	Crime de concurso eventual (**unissubjetivo**).
Competência	Juízo comum.
Lei 9.099/1995	Não é infração de menor potencial ofensivo, mas admite suspensão condicional do processo (se preenchidos os requisitos do art. 89 da Lei 9.099/1995).
Ação penal	Pública incondicionada.
ANPP	É cabível o acordo de não persecução penal, se preenchidos os requisitos do art. 28-A do CPP.

PERIGO DE CONTÁGIO VENÉREO (ART. 130)	PERIGO DE CONTÁGIO DE MOLÉSTIA GRAVE (ART. 131)
Moléstia **venérea**.	Moléstia **grave contagiosa**.
Forma **vinculada**: a exposição a risco de transmissão deve ocorrer por meio de **relação sexual ou qualquer ato libidinoso**.	Forma **livre**: a exposição a risco de transmissão pode ocorrer mediante **qualquer ato capaz de produzir o contágio** (ex.: espirro, saliva no copo, aperto de mão).
Dolo direcionado à prática da relação sexual ou ato libidinoso. No §1º, há o dolo de transmitir a moléstia venérea.	Dolo de transmitir a moléstia grave.
Obs.: se o agente quer transmitir uma doença grave e venérea mediante outra forma que não a sexual, sua conduta poderá configurar o crime do art. 131.	

PERIGO DE CONTÁGIO DE MOLÉSTIA GRAVE – TEMAS RELEVANTES	
Perigo ou dano	A doutrina oscila: uma parcela entende que o crime é de perigo, a outra entende que o crime é de dano. Há consenso apenas quanto ao dolo (dolo de dano).

PERIGO DE CONTÁGIO DE MOLÉSTIA GRAVE - TEMAS RELEVANTES	
Crime impossível	Não há crime se a vítima já estava contaminada ou é imune (crime impossível por impropriedade absoluta do objeto).
Transmissão de HIV	Não há consenso jurisprudencial sobre a tipificação da transmissão dolosa do vírus HIV. Sabe-se, a princípio, que a conduta não se enquadra no art. 130 (crime de perigo de contágio venéreo), pois a AIDS não é moléstia venérea e não se transmite apenas sexualmente. No HC 98712/SP[8], o STF afastou a configuração de homicídio doloso ou de perigo de contágio de moléstia grave (art. 131). Hoje, prevalece na jurisprudência que a conduta de praticar ato sexual com a finalidade de transmitir o vírus configura lesão corporal gravíssima por resultar enfermidade incurável (art. 129, §2º, II). Há um julgado do STJ nesse sentido[9].
Concurso de crimes	O crime pode ser praticado em concurso formal (próprio ou impróprio) com o crime de epidemia (art. 267).
Contaminação efetiva	Parte (expressiva) da doutrina entende que o sujeito que deseja transmitir a doença e obtém êxito na contaminação deve responder pelo crime de **lesões corporais** (art. 129). Todavia, parece mais acertado considerar a efetiva contaminação como um mero **exaurimento** do crime de perigo de contágio de moléstia grave (art. 131). Ocorrendo a contaminação, há perfeita subsunção do fato à norma contida no art. 131 (*lex specialis*).
Morte da vítima	Se a doença grave transmitida à vítima causa o seu óbito, o agente pode responder por **lesão corporal seguida de morte** (art. 129, §3º) ou **homicídio** (art. 121), a depender de seu dolo e das circunstâncias do caso concreto.

PERIGO PARA A VIDA OU SAÚDE DE OUTREM (ART. 132)
►Art. 132. Expor a vida ou a saúde de outrem a perigo direto e iminente: ***Pena - detenção, de 3 meses a 1 ano, se o fato não constitui crime mais grave.***

8. STF, HC 98712/SP, Rel. Min. Marco Aurélio, 1ª Turma, j. 05/10/2010.
9. STJ, HC 160982/DF, Rel. Min. Laurita Vaz, 5ª Turma, j. 17/05/2012.

PERIGO PARA A VIDA OU SAÚDE DE OUTREM (ART. 132)	
Tipicidade	**Crime de perigo concreto e subsidiário** (*'se o fato não constitui crime mais grave'*).
Bem jurídico	A vida e a saúde.
Sujeito ativo	Qualquer pessoa (crime **comum**).
Sujeito passivo	Qualquer pessoa.
Elemento subjetivo	Dolo (de perigo), direto ou eventual. Não há finalidade especial. Não há modalidade culposa.
Consumação	Ocorre com a produção do perigo direto e iminente (crime **formal** e **instantâneo**). Admite tentativa apenas na modalidade comissiva (**plurissubsistente**).
Omissão	Pode ser praticado na forma omissiva (omissão **imprópria**).
Execução	Crime de forma livre.
Concurso de pessoas	Crime de concurso eventual (**unissubjetivo**).
Competência	Juizado Especial Criminal.
Lei 9.099/1995	Infração de menor potencial ofensivo.
Ação penal	Pública incondicionada.
ANPP	Admitida transação penal, é incabível o acordo de não persecução penal (art. 28-A, § 2º, I, do CPP).

CAUSA ESPECIAL DE AUMENTO (ART. 132, PARÁGRAFO ÚNICO)
►***Art. 132, parágrafo único - A pena é aumentada de 1/6 a 1/3 se a exposição da vida ou da saúde de outrem a perigo decorre do transporte de pessoas para a prestação de serviços em estabelecimentos de qualquer natureza, em desacordo com as normas legais.***

CRIMES SIMILARES	
Lei 10.826/2003	Art. 15. Disparar arma de fogo ou acionar munição em lugar habitado ou em suas adjacências, em via pública ou em direção a ela, desde que essa conduta não tenha como finalidade a prática de outro crime: Pena – reclusão, de 2 a 4 anos, e multa.
Estatuto da Pessoa Idosa	Art. 99. Expor a perigo a integridade e a saúde, física ou psíquica, do idoso, submetendo-o a condições desumanas ou degradantes ou privando-o de alimentos e cuidados indispensáveis, quando obrigado a fazê-lo, ou sujeitando-o a trabalho excessivo ou inadequado: Pena – detenção de 2 meses a 1 ano e multa.

ABANDONO DE INCAPAZ (ART. 133)	
►Art. 133. Abandonar pessoa que está sob seu cuidado, guarda, vigilância ou autoridade, e, por qualquer motivo, incapaz de defender-se dos riscos resultantes do abandono: Pena - detenção, de 6 meses a 3 anos.	
Tipicidade	Abandonar o incapaz significa deixá-lo sozinho, temporária ou definitivamente, colocando sua vida ou saúde em situação de **perigo concreto**. A incapacidade não se confunde com a civil e deve ser avaliada no caso concreto.
Bem jurídico	A vida e a saúde.
Sujeito ativo	Aquele que tem pessoa incapaz sob seu **cuidado, guarda, vigilância ou autoridade** (crime **próprio**).
Sujeito passivo	É o incapaz abandonado, ligado ao sujeito ativo por um vínculo de guarda, vigilância ou autoridade. Se não houver essa relação de guarda, vigilância ou autoridade entre os sujeitos, a conduta pode configurar o crime de omissão de socorro (art. 135).
Elemento subjetivo	Dolo, direto ou eventual. **O dolo é de perigo**: "vontade e consciência de abandonar a vítima, expondo-a aos riscos do abandono, consciente de sua incapacidade para enfrentar tais riscos"[10]. Não há finalidade especial. Não há modalidade culposa.

10. BITENCOURT, Cezar Roberto (op. cit. p. 296).

ABANDONO DE INCAPAZ (ART. 133)	
Consumação	Ocorre com o abandono do incapaz e a exposição a perigo concreto (crime **formal** e **instantâneo de efeitos permanentes**), ainda que por curto período. Admite tentativa apenas na modalidade comissiva (**plurissubsistente**).
Omissão	Pode ser praticado na forma omissiva (omissão **imprópria**)[11].
Execução	Crime de forma livre.
Concurso de pessoas	Crime de concurso eventual (**unissubjetivo**).
Competência	Juízo comum.
Lei 9.099/1995	Não é infração de menor potencial ofensivo, mas admite suspensão condicional do processo (se preenchidos os requisitos do art. 89 da Lei 9.099/1995).
Ação penal	Pública incondicionada.
ANPP	Em princípio, é cabível o acordo de não persecução penal, se preenchidos os requisitos do art. 28-A do CPP. Na hipótese do § 2º, não é possível, pois a pena mínima não é inferior a 4 anos.

FORMAS QUALIFICADAS (ART. 133, §§1º E 2º)	
►Art. 133, §1º - Se do abandono resulta lesão corporal de natureza grave: ***Pena - reclusão, de 1 a 5 anos.***	***►Art. 133, §2º - Se resulta a morte:*** ***Pena - reclusão, de 4 a 12 anos.***
São **crimes preterdolosos**: dolo no antecedente (abandono de incapaz) e culpa quanto ao resultado mais grave (lesão grave ou morte). "Lesão corporal de natureza grave" abrange a gravíssima (art. 129, §2º).	
O §1º admite a suspensão condicional do processo (se preenchidos os requisitos do art. 89 da Lei 9.099/1995).	

11. Pode ser praticado por ação (exemplo: levar a vítima a um local distante e perigoso e ali abandoná-la) e também por omissão (exemplo: deixar o ofendido só, abandonando-o no lar em que conviviam). MASSON, Cleber. (op. cit. p. 143).

CAUSAS ESPECIAIS DE AUMENTO DE PENA (ART. 133, §3º)		
A majoração aplica-se à forma simples e qualificada. ► ***Art. 133, §3º - As penas cominadas neste artigo aumentam-se de 1/3:***		
I - se o abandono ocorre em lugar ermo;	***II - se o agente é ascendente ou descendente, cônjuge, irmão, tutor ou curador da vítima.***	***III – se a vítima é maior de 60 anos.***

ABANDONO DE INCAPAZ (ART. 133)	EXPOSIÇÃO OU ABANDONO DE RECÉM-NASCIDO (ART. 134)
► ***Art. 133. Abandonar pessoa que está sob seu cuidado, guarda, vigilância ou autoridade, e, por qualquer motivo, incapaz de defender-se dos riscos resultantes do abandono:*** ***Pena - detenção, de 6 meses a 3 anos.***	► ***Art. 134. Expor ou abandonar recém-nascido, para ocultar desonra própria:*** ***Pena - detenção, de 6 meses a 2 anos.***

ABANDONO DE INCAPAZ (ART. 133)	ABANDONO MATERIAL (ART. 244)
► ***Art. 133. Abandonar pessoa que está sob seu cuidado, guarda, vigilância ou autoridade, e, por qualquer motivo, incapaz de defender-se dos riscos resultantes do abandono:*** ***Pena - detenção, de 6 meses a 3 anos.***	► ***Art. 244. Deixar, sem justa causa, de prover a subsistência do cônjuge, ou de filho menor de 18 anos ou inapto para o trabalho, ou de ascendente inválido ou maior de 60 anos, não lhes proporcionando os recursos necessários ou faltando ao pagamento de pensão alimentícia judicialmente acordada, fixada ou majorada; deixar, sem justa causa, de socorrer descendente ou ascendente, gravemente enfermo:*** ***Pena - detenção, de 1a 4 anos e multa, de uma a dez vezes o maior salário mínimo vigente no País.***

EXPOSIÇÃO OU ABANDONO DE RECÉM-NASCIDO (ART. 134)	
► ***Art. 134. Expor ou abandonar recém-nascido, para ocultar desonra própria: Pena - detenção, de 6 meses a 2 anos.***	
Tipicidade	Embora previsto em tipo penal autônomo, trata-se de **modalidade especial de abandono de incapaz** (*delictum exceptum*). É indispensável a comprovação de que o abandono ou a exposição criaram **perigo concreto** à vida ou à saúde do recém-nascido.
Bem jurídico	A vida e a saúde.
Sujeito ativo	Apenas o pai[12] e a mãe[13] (crime **próprio**).
Sujeito passivo	Apenas o recém-nascido.
Elemento subjetivo	Dolo direto. Finalidade especial: ***'para ocultar desonra própria'*** (*honoris causa*). Se a exposição ou abandono decorrer de outro motivo, o agente responderá pelo crime de abandono de incapaz (art. 133). Não há modalidade culposa.
Consumação	Ocorre com a exposição ou abandono do recém-nascido e a exposição a perigo concreto (crime **formal** e **instantâneo de efeitos permanentes**), ainda que por curto período. Admite tentativa apenas na modalidade comissiva (**plurissubsistente**).
Omissão	Pode ser praticado na forma omissiva (omissão **imprópria**).
Execução	Crime de forma livre.
Concurso de pessoas	Crime de concurso eventual (**unissubjetivo**).
Competência	Juizado Especial Criminal.
Lei 9.099/1995	Infração de menor potencial ofensivo.
Ação penal	Pública incondicionada.

12. Ainda há certa divergência sobre o pai. Bitencourt, por exemplo, entende que "o pai adúltero, incestuoso ou, a qualquer título, "imoral" que expuser ou abandonar seu filho recém-nascido responderá pelo crime do art. 133, como abandono de incapaz, sem qualquer privilégio" (p. 307). No mesmo sentido, Rogério Greco entende que apenas a mãe pode ser considerada sujeito ativo (p. 291).
13. Quanto à mãe, a doutrina tradicional ressalta que deve se tratar de "mulher honrada". Contudo, é mais prudente priorizar a análise do caso concreto em detrimento de conceitos morais rígidos.

EXPOSIÇÃO OU ABANDONO DE RECÉM-NASCIDO (ART. 134)	
ANPP	Admitida transação penal no *caput*, é incabível o acordo de não persecução penal (art. 28-A, § 2º, I, do CPP). Nas figuras dos §§ 1º e 2º, é possível o acordo se preenchidos os requisitos do art. 28-A do CPP.

FORMAS QUALIFICADAS (ART. 134, §§1º E 2º)	
►Art. 134, §1º - Se do fato resulta lesão corporal de natureza grave: Pena - detenção, de 1 a 3 anos.	***►Art. 134, §2º - Se resulta a morte: Pena - detenção, de 2 a 6 anos.***
São **crimes preterdolosos**: dolo no antecedente (exposição ou abandono de recém-nascido) e culpa quanto ao resultado mais grave (lesão grave ou morte). "Lesão corporal de natureza grave" abrange a gravíssima (art. 129, §2º).	
O §1º admite a suspensão condicional do processo (se preenchidos os requisitos do art. 89 da Lei 9.099/1995).	

OMISSÃO DE SOCORRO (ART. 135)	
►Art. 135. Deixar de prestar assistência, quando possível fazê-lo sem risco pessoal, à criança abandonada ou extraviada, ou à pessoa inválida ou ferida, ao desamparo ou em grave e iminente perigo; ou não pedir, nesses casos, o socorro da autoridade pública: Pena - detenção, de 1 a 6 meses, ou multa.	
Tipicidade	Clássico exemplo de **omissão própria**[14], pois o tipo penal descreve uma omissão ("***deixar de***"). Fundamento no dever de **solidariedade** entre as pessoas na vida em sociedade.

14. Nos crimes omissivos próprios, o próprio tipo penal transforma a omissão em crime. Diferem, portanto, dos crimes omissivos impróprios, em que o tipo penal descreve uma ação e o sujeito só responde pelo crime por ter o dever jurídico de proteção (garantidores do art. 13, §2º).

OMISSÃO DE SOCORRO (ART. 135)	
Bem jurídico	A vida e a saúde.
Sujeito ativo	Qualquer pessoa (crime **comum**). Não é necessário qualquer vínculo jurídico específico entre o sujeito ativo e a vítima. O omitente não precisa estar na posição de garantidor (art. 13, §2º) pois o **dever geral de proteção** é atribuído a todos, indistintamente, pelo tipo penal.
Sujeito passivo	1) Criança abandonada ou extraviada; ou 2) Pessoa inválida ou ferida, ao desamparo; ou 3) Pessoa (qualquer uma) em grave e iminente perigo.
Elemento subjetivo	Dolo, direto ou eventual. Não há finalidade especial. Não há modalidade culposa.
Consumação	Ocorre no momento em que o sujeito deixa de prestar assistência à vítima, expondo-a a perigo concreto (crime de **mera conduta** e **instantâneo**). Não admite tentativa (crime **unissubsistente**): no momento em que o agente deixa de prestar assistência, o crime já estará consumado.
Execução	Crime de forma livre.
Concurso de pessoas	Crime de concurso eventual (**unissubjetivo**).
Competência	Juizado Especial Criminal.
Lei 9.099/1995	Infração de menor potencial ofensivo.
Ação penal	Pública incondicionada.
ANPP	Admitida transação penal, é incabível o acordo de não persecução penal (art. 28-A, § 2º, I, do CPP).

CAUSAS ESPECIAIS DE AUMENTO (ART. 135, PARÁGRAFO ÚNICO)
► ***Art. 135, parágrafo único - A pena é aumentada de metade, se da omissão resulta lesão corporal de natureza grave, e triplicada, se resulta a morte.*** São crimes **preterdolosos**: dolo no antecedente (omissão de socorro) e culpa quanto ao resultado mais grave (lesão grave ou morte). "Lesão corporal de natureza grave" abrange a gravíssima (art. 129, §2º).

OMISSÃO DE SOCORRO – TEMAS RELEVANTES	
Risco pessoal e tipicidade	Atenção ao elemento normativo '***quando possível fazê-lo sem risco pessoal***' (possibilidade real de agir). Se houver risco pessoal, será atípica a conduta de "***não pedir, nesses casos, o socorro da autoridade pública***" (atuação subsidiária). A doutrina frisa que o pedido de socorro à autoridade pública deve ser **imediato**.
Criança	A "***criança abandonada ou extraviada***" deve ter idade inferior a 12 anos (art. 2º do ECA).
Dolo	A condição da criança (abandonada ou extraviada) ou da pessoa inválida ou ferida, ao desamparo ou em grave e iminente perigo deve integrar o dolo do sujeito. Ex.: se a criança apresenta feições adultas e o agente não tem ciência de sua idade, poderá configurar-se o erro de tipo.
Recusa da vítima	A princípio, a recusa da vítima à assistência **não impede** a consumação do delito, pois os bens jurídicos (vida e saúde) são indisponíveis. Ressalva: se a recusa da vítima for capaz de impedir a assistência.
Criação do perigo	Cezar Bitencourt explica que "é indiferente quem criou a situação de perigo, se a própria vítima, terceiros ou fenômenos naturais etc. No entanto, **se a situação de perigo foi criada pelo próprio omitente, dolosa ou culposamente, este transforma-se em garantidor** e responderá não simplesmente por crime de perigo, mas por eventual resultado que advier da situação que criara, nos termos do art. 13, §2º do CP"[15] (crime omissivo impróprio).
Morte instantânea	A morte instantânea da vítima **impede** a consumação do crime, desde que a morte seja evidente.

15. BITENCOURT, Cezar Roberto (op. cit. p. 319).

OMISSÃO DE SOCORRO – TEMAS RELEVANTES	
Homicídio culposo e lesão corporal culposa	No homicídio culposo e na lesão corporal culposa, a omissão de socorro configura uma causa especial de aumento de pena (aumenta 1/3, de acordo com os arts. 121, §4º e 129, §7º), afastando-se a responsabilização autônoma pelo art. 135.
Agravante genérica e *bis in idem*	Se o crime for praticado contra criança, maior de 60 anos, enfermo ou mulher grávida, não incidirá a agravante genérica do art. 61, II, *h*, para evitar *bis in idem*.

OMISSÃO DE SOCORRO (ART. 135)	ABANDONO DE INCAPAZ (ART. 133)
►Art. 135. Deixar de prestar assistência, quando possível fazê-lo sem risco pessoal, à criança abandonada ou extraviada, ou à pessoa inválida ou ferida, ao desamparo ou em grave e iminente perigo; ou não pedir, nesses casos, o socorro da autoridade pública: Pena - detenção, de 1 a 6 meses, ou multa.	***►Art. 133. Abandonar pessoa que está sob seu cuidado, guarda, vigilância ou autoridade, e, por qualquer motivo, incapaz de defender-se dos riscos resultantes do abandono: Pena - detenção, de 6 meses a 3 anos.***
Crime comum: qualquer um que estiver na situação descrita pode ser o sujeito ativo. Ex.: um transeunte, um banhista, um médico etc.	**Crime próprio**: exige-se uma relação jurídica específica entre o sujeito ativo e o sujeito passivo (cuidado, guarda, vigilância ou autoridade).

CRIMES SIMILARES	
CTB	Art. 304. Deixar o condutor do veículo, na ocasião do acidente, de prestar imediato socorro à vítima, ou, não podendo fazê-lo diretamente, por justa causa, deixar de solicitar auxílio da autoridade pública: Penas - detenção, de 6 meses a 1 ano, ou multa, se o fato não constituir elemento de crime mais grave.
CPM	Art. 201. Deixar o comandante de socorrer, sem justa causa, navio de guerra ou mercante, nacional ou estrangeiro, ou aeronave, em perigo, ou náufragos que hajam pedido socorro: Pena - suspensão do exercício do pôsto, de 1 a 3 anos ou reforma.

CRIMES SIMILARES	
Estatuto da Pessoa Idosa	Art. 97. Deixar de prestar assistência à pessoa idosa, quando possível fazê-lo sem risco pessoal, em situação de iminente perigo, ou recusar, retardar ou dificultar sua assistência à saúde, sem justa causa, ou não pedir, nesses casos, o socorro de autoridade pública: Pena – detenção de 6 meses a 1 ano e multa.

CONDICIONAMENTO DE ATENDIMENTO MÉDICO--HOSPITALAR EMERGENCIAL (ART. 135-A)	
►***Art. 135-A. Exigir cheque-caução, nota promissória ou qualquer garantia, bem como o preenchimento prévio de formulários administrativos, como condição para o atendimento médico-hospitalar emergencial:*** ***Pena - detenção, de 3 meses a 1 ano, e multa.***	
Tipicidade	A tipificação da conduta com a Lei 12.653/2012 é bastante criticada por ferir o princípio da intervenção mínima: já existe proibição na esfera **administrativa** (Resolução normativa 44/2003 da ANS), **civil** (anulabilidade do negócio jurídico por vício resultante de estado de perigo – art. 171, II do CC) e até mesmo **penal** (crime de omissão de socorro – art. 135).
Bem jurídico	A vida e a saúde.
Sujeito ativo	Qualquer pessoa (crime **comum**).
Sujeito passivo	Qualquer pessoa que necessite do atendimento médico-hospitalar emergencial.
Elemento subjetivo	Dolo, direto ou eventual. Não há finalidade especial. Não há modalidade culposa.
Consumação	Ocorre com a exigência de cheque-caução, nota promissória ou qualquer garantia, bem como o preenchimento prévio de formulários administrativos (crime **formal** e **instantâneo**), desde que seja comprovada a exposição da vida ou da saúde da vítima a risco (crime de **perigo concreto**). Não admite tentativa (crime **unissubsistente**).

CONDICIONAMENTO DE ATENDIMENTO MÉDICO--HOSPITALAR EMERGENCIAL (ART. 135-A)	
Omissão	Pode ser praticado na forma omissiva (omissão **imprópria**).
Execução	Crime de forma **vinculada**.
Concurso de pessoas	Crime de concurso eventual (**unissubjetivo**).
Competência	Juizado Especial Criminal.
Lei 9.099/1995	Infração de menor potencial ofensivo.
Ação penal	Pública incondicionada.
ANPP	Admitida transação penal, é incabível o acordo de não persecução penal (art. 28-A, § 2º, I, do CPP).

CAUSAS ESPECIAIS DE AUMENTO (ART. 135-A, PARÁGRAFO ÚNICO)
►***Art. 135-A, parágrafo único. A pena é aumentada até o dobro se da negativa de atendimento resulta lesão corporal de natureza grave, e até o triplo se resulta a morte.*** São **crimes preterdolosos**: dolo no antecedente (negativa de atendimento) e culpa quanto ao resultado mais grave (lesão grave ou morte). "Lesão corporal de natureza grave" abrange a gravíssima (art. 129, §2º).

CAUSAS ESPECIAIS DE AUMENTO - COMPARAÇÃO (ARTIGOS 135 E 135-A)	
►***Art. 135, parágrafo único - A pena é aumentada de metade, se da omissão resulta lesão corporal de natureza grave, e triplicada, se resulta a morte.***	► ***Art. 135-A, parágrafo único - A pena é aumentada até o dobro se da negativa de atendimento resulta lesão corporal de natureza grave, e até o triplo se resulta a morte.***
Lesão grave: metade. Morte: triplicada.	Lesão grave: **até** o dobro. Morte: **até** o triplo.

CONDICIONAMENTO DE ATENDIMENTO MÉDICO--HOSPITALAR EMERGENCIAL – TEMAS RELEVANTES	
Sujeito ativo	A doutrina oscila quanto à possibilidade de responsabilização de funcionários do hospital sem poder de decisão[16]. Todavia, parece mais prudente analisar a culpabilidade do funcionário no caso concreto. Há casos em que a ordem emanada dos superiores pode caracterizar a inexigibilidade de conduta diversa por parte dos funcionários. Em contrapartida, há casos em que a ordem emana do próprio funcionário, ensejando sua responsabilização pelo art. 135-A.
Tipo misto alternativo	**Tipo misto alternativo ou crime de ação múltipla ou de conteúdo variado**: se o agente praticar mais de um núcleo do art. 135-A no mesmo contexto, responderá por crime único.
Aspecto temporal	O tipo penal tem a finalidade de evitar que a exigência (de garantia ou de preenchimento de formulário) retarde o atendimento emergencial. Portanto, a conduta deve ser **prévia** ao atendimento (***'como condição para'***).
Emergência e urgência	A Lei 9.656/1998 diferencia os casos de emergência e urgência[17]. Parte da doutrina entende que ambos estão abrangidos pelo tipo penal, em virtude da vulnerabilidade a que a vítima está sujeita. Todavia, considerando que o conceito de "caso de emergência" tem sede legal, ampliar o tipo penal para abranger os casos de urgência implicaria em analogia in malam partem, o que não impede que a conduta configure o crime de omissão de socorro (art. 135).
Indicação do tipo penal ao público	Por força do art. 2º da Lei 12.653/2012, os hospitais que realizam atendimento médico-hospitalar são obrigados a afixar cartaz ou equivalente em lugar visível com a indicação do tipo penal.

16. Cezar Bitencourt, por exemplo, entende que "deve figurar como sujeito ativo desta infração penal quem determina a necessidade de atendimento das condições relacionadas no tipo penal *sub examine*, **seja diretor do estabelecimento de saúde, seja gestor, gerente ou encarregado do departamento responsável**. Temos dificuldade em admitir que o empregado, encarregado ou atendente (simples funcionário administrativo), que cumpre as ordens determinadas pela direção, responda como coautor desse crime. Na verdade, esse simples funcionário não passa de *longa manus* de quem detém o poder de decisão, isto é, daquele que tem o domínio do fato, que mantém o controle final; ora, **o funcionário-atendente não passa de mero executor de ordem superior**, ou cumpre as ordens ou perde o emprego!" (p. 331).
17. Art. 35-C. É obrigatória a cobertura do atendimento nos casos:
I - de **emergência**, como tal definidos os que implicarem risco imediato de vida ou de lesões irreparáveis para o paciente, caracterizado em declaração do médico assistente;
II - de **urgência**, assim entendidos os resultantes de acidentes pessoais ou de complicações no processo gestacional; [...].

MAUS-TRATOS (ART. 136)	
► ***Art. 136. Expor a perigo a vida ou a saúde de pessoa sob sua autoridade, guarda ou vigilância, para fim de educação, ensino, tratamento ou custódia, quer privando-a de alimentação ou cuidados indispensáveis, quer sujeitando-a a trabalho excessivo ou inadequado, quer abusando de meios de correção ou disciplina:*** ***Pena - detenção, de 2 meses a 1 ano, ou multa.***	
Tipicidade	O tipo penal descreve várias condutas: 1) Privar a vítima de alimentação ou de cuidados indispensáveis (crime **permanente**); 2) Sujeitar a vítima a trabalho excessivo ou inadequado (crime **permanente**); ou 3) Abusar dos meios de correção ou disciplina (crime **instantâneo**). Se o sujeito, no mesmo contexto, praticar mais de uma conduta, praticará um **único crime** (crime de **ação múltipla ou de conteúdo variado**).
Bem jurídico	A vida e a saúde.
Sujeito ativo	Apenas aquele que detém a autoridade, guarda ou vigilância da vítima para fim de educação, ensino, tratamento ou custódia (crime **próprio**).
Sujeito passivo	Qualquer pessoa que esteja subordinada à autoridade, guarda ou vigilância de outrem para fim de educação, ensino, tratamento ou custódia.
Elemento subjetivo	Dolo, direto ou eventual. Finalidade especial: '***para fim de educação, ensino, tratamento ou custódia***'. Não há modalidade culposa.
Consumação	Ocorre com a exposição da vida ou da saúde da vítima a risco (crime **formal** e de **perigo concreto**). A configuração da tentativa depende da possibilidade de fracionar o iter criminis no caso concreto (**unissubsistente ou plurissubsistente**).
Omissão	Pode ser praticado na forma omissiva (omissão **imprópria**[18]).

18. Exemplo: privar de alimentos ou de cuidados indispensáveis é uma conduta omissiva.

MAUS-TRATOS (ART. 136)	
Execução	Crime de forma **vinculada**.
Concurso de pessoas	Crime de concurso eventual (**unissubjetivo**).
Competência	Juizado Especial Criminal.
Lei 9.099/1995	Infração de menor potencial ofensivo.
Ação penal	Pública incondicionada.
ANPP	É admissível o acordo de não persecução penal apenas se não for cabível a transação penal, o crime for praticado sem violência ou grave ameaça e forem preenchidos os demais requisitos do art. 28-A do CPP. Contudo, na hipótese do § 2º, não é possível, pois a pena mínima não é inferior a 4 anos.

MEIOS DE EXECUÇÃO	FINALIDADE	CONSUMAÇÃO
Privação de alimentação ou cuidados indispensáveis; sujeição a trabalho excessivo ou inadequado; abuso de meios de correção ou disciplina.	Educação, ensino, tratamento ou custódia do subordinado (relação de autoridade, guarda ou vigilância).	Comprovação de que a conduta expôs a vida ou a saúde do subordinado a risco (perigo concreto).

FORMAS QUALIFICADAS (ART. 136, §1º E §2º)	
►Art. 136, §1º - Se do fato resulta lesão corporal de natureza grave: Pena - reclusão, de 1 a 4 anos.	***►Art. 136, §2º - Se resulta a morte: Pena - reclusão, de 4 a 12 anos.***
São **crimes preterdolosos**: dolo no antecedente (maus-tratos) e culpa quanto ao resultado mais grave (lesão grave ou morte). "Lesão corporal de natureza grave" abrange a gravíssima (art. 129, §2º).	

CAUSA ESPECIAL DE AUMENTO DE PENA (ART. 136, §3º)
►***Art. 136, §3º - Aumenta-se a pena de 1/3, se o crime é praticado contra pessoa menor de 14 anos.*** Majorante acrescentada pelo ECA (Lei 8.069/1990).

MAUS-TRATOS – TEMAS RELEVANTES	
Dolo de perigo	O crime de maus-tratos é **de perigo, e não de dano**. Para consumar-se, basta a exposição da vida ou da saúde da vítima a risco. Contudo, se a conduta ultrapassar a mera exposição a risco e o sujeito agir com dolo de dano, deverá ser responsabilizado por outro tipo penal mais grave (ex.: homicídio, lesão corporal).
Agravantes genéricas e *bis in idem*	Não se aplicam as agravantes genéricas previstas no art. 61, II, *e*, *f*, *g*, *h*, e *i*.
"Lei da palmada"	A Lei 13.010/2014 alterou o ECA para conferir tratamento legal mais rígido ao castigo físico e ao tratamento cruel ou degradante como formas de correção. A Lei, no art. 18-B, prevê medidas a serem aplicadas pelo Conselho Tutelar e não se reveste de natureza penal.
Sujeito passivo	É necessário que o sujeito ativo detenha a autoridade, guarda ou vigilância da vítima para fim de educação, ensino, tratamento ou custódia (**vínculo de subordinação**). Assim, a esposa não se enquadra nessa situação em relação ao seu marido. Do mesmo modo, o tipo penal não se aplica ao filho maior de 18 anos em relação aos seus genitores, pois a incapacidade cessa com 18 anos.
"Lei Sansão"	A Lei 14.064/2020 ("Lei Sansão") alterou a Lei 9.605/1998 para aumentar as penas cominadas ao crime de maus-tratos aos animais quando se tratar de cão ou gato (art. 32, §1º-A).

MAUS-TRATOS (ART. 136)	CRIME DE TORTURA (ART. 1º, II, LEI 9.455/1997)
► ***Art. 136. Expor a perigo a vida ou a saúde de pessoa sob sua autoridade, guarda ou vigilância, para fim de educação, ensino, tratamento ou custódia, quer privando-a de alimentação ou cuidados indispensáveis, quer sujeitando-a a trabalho excessivo ou inadequado, quer abusando de meios de correção ou disciplina:*** ***Pena - detenção, de 2 meses a 1 ano, ou multa.***	Art. 1º. Constitui crime de tortura: II - submeter alguém, sob sua guarda, poder ou autoridade, **com emprego de violência ou grave ameaça, a intenso sofrimento físico ou mental**, como forma de aplicar castigo pessoal ou medida de caráter preventivo. Pena - reclusão, de 2 a 8 anos.
Dolo de perigo: o agente deseja repreender uma indisciplina e, para tanto, age com excesso nos meios de correção[19].	**Dolo de dano**: o agente deseja causar o "intenso sofrimento físico ou mental".

CRIMES SIMILARES	
Lei 9.605/1998	Art. 32. Praticar ato de abuso, maus-tratos, ferir ou mutilar animais silvestres, domésticos ou domesticados, nativos ou exóticos: Pena - detenção, de três meses a um ano, e multa. §1º - Incorre nas mesmas penas quem realiza experiência dolorosa ou cruel em animal vivo, ainda que para fins didáticos ou científicos, quando existirem recursos alternativos. §1º-A - Quando se tratar de cão ou gato, a pena para as condutas descritas no *caput* deste artigo será de reclusão, de 2 a 5 anos, multa e proibição da guarda. §2º - A pena é aumentada de um sexto a um terço, se ocorre morte do animal.

19. "I. A figura do inc. II do art. 1.º, da Lei n.º 9.455/1997 implica na existência de vontade livre e consciente do detentor da guarda, do poder ou da autoridade sobre a vítima de causar sofrimento de ordem física ou moral, como forma de castigo ou prevenção. II. O tipo do art. 136, do Código Penal, por sua vez, se aperfeiçoa com a simples exposição a perigo a vida ou a saúde de pessoa sob sua autoridade, guarda ou vigilância, em razão de excesso nos meios de correção ou disciplina. III. Enquanto na hipótese de maus-tratos, a finalidade da conduta é a repreensão de uma indisciplina, na tortura, o propósito é causar o padecimento da vítima. IV. Para a configuração da segunda figura do crime de tortura é indispensável a prova cabal da intenção deliberada de causar o sofrimento físico ou moral, desvinculada do objetivo de educação" (STJ, REsp 610395/SC, Rel. Min. Gilson Dipp, 5ª Turma, j. 25/05/2004).

CRIMES SIMILARES	
Estatuto da Pessoa Idosa	Art. 99. Expor a perigo a integridade e a saúde, física ou psíquica, da pessoa idosa, submetendo-o a condições desumanas ou degradantes ou privando-o de alimentos e cuidados indispensáveis, quando obrigado a fazê-lo, ou sujeitando-o a trabalho excessivo ou inadequado: Pena - detenção de 2 meses a 1 ano e multa.
ECA	Art. 232. Submeter criança ou adolescente sob sua autoridade, guarda ou vigilância a vexame ou a constrangimento: Pena - detenção de 6 meses a 2 anos.
CPM	Art. 213. Expor a perigo a vida ou saúde, em lugar sujeito à administração militar ou no exercício de função militar, de pessoa sob sua autoridade, guarda ou vigilância, para o fim de educação, instrução, tratamento ou custódia, quer privando-a de alimentação ou cuidados indispensáveis, quer sujeitando-a a trabalhos excessivos ou inadequados, quer abusando de meios de correção ou disciplina: Pena - detenção, de 2 meses a 1 ano.

4

DA RIXA

RIXA (ART. 137)	
► ***Art. 137. Participar de rixa, salvo para separar os contendores:*** ***Pena - detenção, de 15 dias a 2 meses, ou multa.***	
Tipicidade	Rixa é a luta corporal entre **3 pessoas ou mais**. É um conflito generalizado que pressupõe **violência física** entre os agentes: uns atuam contra os outros, de forma que cada um é sujeito ativo e passivo ao mesmo tempo (**condutas contrapostas**). Na rixa, não há "grupos": todos atuam contra todos e se defendem de todos. O crime é de **perigo abstrato**.
Bem jurídico	A incolumidade pessoal[1].
Sujeito ativo	Qualquer pessoa (crime **comum**).
Sujeito passivo	Qualquer pessoa.
Elemento subjetivo	Dolo (*animus rixandi*), direto ou eventual. O dolo expressa-se como a vontade de participar da rixa (dolo de perigo). Não há finalidade especial. Não há modalidade culposa.

1. "A *ratio essendi* da incriminação é dupla: a rixa concretiza um perigo à incolumidade pessoal (e nisto se assemelha aos "crimes de perigo contra a vida e a saúde") e é uma perturbação da ordem e disciplina da convivência civil" (Item 48 da Exposição de Motivos da Parte Especial do CP).

RIXA (ART. 137)	
Consumação	Ocorre com a mera participação na rixa, independentemente das consequências[2] (crime **instantâneo** e **formal**). Admite-se a tentativa (crime **plurissubsistente**), embora seja de difícil configuração[3].
Omissão	Pode ser praticado na forma omissiva (omissão **imprópria**)[4].
Execução	Crime de forma livre.
Concurso de pessoas	Crime de concurso necessário (**plurissubjetivo**).
Competência	Juizado Especial Criminal.
Lei 9.099/1995	Infração de menor potencial ofensivo.
Ação penal	Pública incondicionada.
ANPP	É incabível o acordo de não persecução penal, pois o crime é praticado com violência (art. 28-A, *caput*, do CPP).

FORMA QUALIFICADA (ART. 137, PARÁGRAFO ÚNICO)
► ***Art. 137, parágrafo único - Se ocorre morte ou lesão corporal de natureza grave, aplica-se, pelo fato da participação na rixa, a pena de detenção, de 6 meses a 2 anos.*** **Responsabilidade penal objetiva**: é irrelevante saber quem efetivamente matou ou lesionou e se o resultado foi produzido a título de dolo ou culpa. Todos aqueles que participaram da rixa até o momento da produção do resultado responderão pela forma qualificada, até mesmo o agente que sofreu a lesão grave. Diferentemente do *caput*, a forma qualificada é um **crime material**, pois depende do resultado (morte ou lesão grave) para consumar-se.

2. Item 48 da Exposição de Motivos da Parte Especial do CP.
3. Poder-se-ia vislumbrar a tentativa quando a rixa é "planejada" e não ocorre por circunstâncias alheias à vontade dos rixosos. Contudo, nesse caso, é difícil imaginar um caso em que o "plano" não seja de um ataque definido entre grupos. Nessa situação, não haveria rixa, pois a rixa supõe agressões recíprocas (todos contra todos). Por isso, é difícil configurar-se a tentativa.
4. Exemplo bastante comum na doutrina: **o policial que assiste à rixa e nada faz para apaziguá-la**. O policial é garantidor (obrigação legal – art. 13, §2º, a) e deveria agir para evitar o resultado. Diante de sua omissão, responderá como partícipe do crime de rixa, uma vez que aderiu subjetivamente à conduta.

FORMA QUALIFICADA (ART. 137, PARÁGRAFO ÚNICO)
A pluralidade de lesões ou mortes deve ser sopesada na dosimetria. Em contrapartida, **não deve ser punido o sujeito que ingressou no conflito após a ocorrência do resultado (lesão grave ou morte).**

1ª SITUAÇÃO	2ª SITUAÇÃO
A rixa resulta na morte ou lesão grave para um dos rixosos, sem que se consiga especificar quem produziu o resultado. Caso de responsabilidade objetiva: **todos eles responderão pelo crime de rixa qualificada**.	A rixa resulta na morte ou lesão grave para um dos rixosos, sendo possível fixar a autoria. **O agente causador responderá pelo homicídio ou lesão grave em concurso material com a rixa qualificada**[5]. **Os demais responderão pela rixa qualificada**.

RIXA – TEMAS RELEVANTES	
Agressões verbais	A rixa pressupõe violência **física**, não podendo ser cometida por meio de agressões verbais.
Contato físico	A violência física "poderá configurar-se a distância, através de tiros, arremesso de pedras, porretes e quaisquer outros objetos, pois não é indispensável o contato físico entre os rixosos"[6].
Concurso necessário	Basta a comprovação de que havia 3 ou mais rixosos, independentemente da efetiva identificação dessas pessoas. Nesse sentido, **é possível a punição de uma única pessoa pelo crime**, nos casos em que a acusação não tem êxito na identificação dos demais participantes.
Imputabilidade	Para a configuração do crime de rixa, basta que um participante seja imputável.

5. Foi a opção manifestada no Item 48 Exposição de Motivos da Parte Especial do CP: "a pena cominada à rixa em si mesma é aplicável separadamente da pena correspondente ao resultado lesivo (homicídio ou lesão corporal), mas serão ambas aplicadas cumulativamente (como no caso de concurso material) em relação aos contendores que concorrerem para a produção desse resultado".
6. BITENCOURT, Cezar Roberto (op. cit. p. 349).

RIXA – TEMAS RELEVANTES	
Perigo abstrato	Se não existisse o crime de rixa, dificilmente haveria punição em casos de conflito violento entre 3 ou mais pessoas, diante da confusão para apurar, na prática, quem agrediu quem. Na rixa, **basta que fique comprovada a mera participação do sujeito na violência**. Pune-se o perigo abstrato causado com a "perturbação da ordem e disciplina da convivência civil"[7].
Participação	É crime ***"participar de rixa"***, ou seja, envolver-se nela. Não confundir com o conceito de participação em sentido estrito[8]: aquele que participa de rixa é **coautor** do crime, já aquele que induz, instiga ou auxilia materialmente outrem a participar de rixa será punido na condição de **partícipe**.
Concurso de crimes	O crime de rixa **absorve apenas as vias de fato** (art. 21 da LCP). Se os rixosos praticarem outros crimes no conflito (**inclusive lesões leves**), devem responder por eles em **concurso material** com o crime de rixa. A dificuldade, nesse caso, reside na efetiva identificação da autoria em relação aos outros crimes.
Concurso de crimes (rixa qualificada)	O mesmo raciocínio aplica-se à rixa qualificada: todos os rixosos respondem pela rixa qualificada, mas aqueles que comprovadamente causaram as lesões graves ou a morte devem responder por esses crimes em **concurso material** com a rixa qualificada.
Rixa simulada	**Não é crime**, pois ausente o dolo de participar de rixa.

CRIMES SIMILARES	
CPM	Art. 211. Participar de rixa, salvo para separar os contendores: Pena - detenção, até 2 meses. Parágrafo único. Se ocorre morte ou lesão grave, aplica-se, pelo fato de participação na rixa, a pena de detenção, de 6 meses a 2 anos.

7. Item 48 da Exposição de Motivos da Parte Especial do CP.
8. De acordo com a teoria restritiva (majoritária), o partícipe concorre para o crime sem realizar o núcleo do tipo penal.

5

DOS CRIMES CONTRA A HONRA

DOS CRIMES CONTRA A HONRA (CAPÍTULO V)		
Calúnia (art. 138)	**Difamação (art. 139)**	**Injúria (art. 140)**
Imputação falsa de **fato definido como crime**.	Imputação de **fato determinado** que, embora sem se revestir de caráter criminoso, é **ofensivo** à reputação da pessoa a quem se atribui.	Imputação de **ofensa/insulto** à pessoa determinada, capaz de ferir sua dignidade ou decoro.
Detenção, de 6 meses a 2 anos, e multa.	Detenção, de 3 meses a 1 ano, e multa.	Detenção, de 1 a 6 meses, ou multa.

HONRA OBJETIVA		HONRA SUBJETIVA
"É vulnerada pela atribuição da autoria de fatos certos que sejam ofensivos ao bom nome do ofendido, sua fama e sua reputação no meio social em que atua"[1].		"É atingida pela atribuição de qualificações, atributos, que ofendam a dignidade e o decoro"[2].
Calúnia.	**Difamação.**	**Injúria.**
A proteção da honra é direito fundamental (art. 5º, X da CF/88).		

1. STJ, REsp 1650725/MG, Rel. Min. Nancy Andrighi, 3ª Turma, j. 18/05/2017.
2. Idem.

CLASSIFICAÇÃO COMUM AOS CRIMES CONTRA A HONRA	
Tipicidade	Para o STJ, "a mera intenção de caçoar (*animus jocandi*), de narrar (*animus narrandi*), de defender (*animus defendendi*), de informar ou aconselhar (*animus consulendi*), de criticar (*animus criticandi*) ou de corrigir (*animus corrigendi*) **exclui o elemento subjetivo e, por conseguinte, afasta a tipicidade desses crimes**"[3].
Bem jurídico	A honra **objetiva** ou **subjetiva**.
Sujeito ativo	Qualquer pessoa (crime **comum**).
Sujeito passivo	Qualquer pessoa.
Elemento subjetivo	Dolo, direto ou eventual. O art. 138, §1º só admite o dolo direto. Finalidade específica: intenção de macular a honra alheia (***animus caluniandi, animus diffamandi*** **ou** ***animus injuriandi***). **Não existe crime culposo contra a honra**.
Consumação	Ocorre quando a imputação chega ao conhecimento de **terceira pessoa** (calúnia e difamação) **ou da vítima** (injúria). São crimes **instantâneos** e **formais**. Admite-se a tentativa, principalmente quando são praticados por escrito (crime **plurissubsistente**).
Omissão	Apenas a **injúria** pode ser praticada por omissão.
Execução	Crimes de forma livre.
Concurso de pessoas	Crimes de concurso eventual (unissubjetivos).
Competência e Lei 9.099/1995	À exceção da injúria qualificada (art. 140, §3º), os crimes contra a honra são delitos de **menor potencial ofensivo** e obedecem ao rito do Juizado Especial (Lei 9.099/1995).
Ação penal	Em regra, privada e, excepcionalmente, pública (incondicionada, condicionada à representação ou condicionada à requisição do Ministro da Justiça – art. 145, parágrafo único).
ANPP	Admitida transação penal, é incabível o acordo de não persecução penal (art. 28-A, § 2º, I, do CPP).

3. STJ, RHC 56482/SC, Rel. Min. Felix Fischer, 5ª Turma, j. 05/05/2015.

<table>
<tr><th colspan="2">CALÚNIA (ART. 138)</th></tr>
<tr><td colspan="2">► Art. 138. Caluniar alguém, imputando-lhe falsamente fato definido como crime:
Pena - detenção, de 6 meses a 2 anos, e multa.</td></tr>
<tr><td>Tipicidade</td><td>Tutela a honra objetiva. Caluniar é atribuir a uma pessoa determinada um fato determinado correspondente a um crime, sabendo que a imputação é falsa. O fato determinado deve estar situado no tempo e no espaço, sendo insuficiente alegações genéricas e de cunho abstrato. Não há crime se a imputação é verdadeira ou se o sujeito ativo acredita sinceramente em sua veracidade (erro de tipo). É indispensável o animus caluniandi.</td></tr>
</table>

CONDUTAS EQUIPARADAS (ART. 138, §1º)
► ***Art. 138, §1º - Na mesma pena incorre quem, sabendo falsa a imputação, a propala ou divulga***. Só pode ser praticado com dolo direto.

CALÚNIA CONTRA OS MORTOS (ART. 138, §2º)
► ***Art. 138, §2º - É punível a calúnia contra os mortos***. São partes legítimas para ajuizar a ação penal privada o cônjuge, ascendente, descendente ou irmão (art. 24, §1º, do CPP).

CALÚNIA – EXCEÇÃO DA VERDADE (ART. 138, §3º)
Em regra, admite-se que o sujeito comprove a veracidade do crime cometido por outrem por meio da **ação declaratória incidental** da *exceptio veritatis*. Comprovando-se a veracidade da imputação, inexistente o elemento normativo do tipo "***falsamente***". Todavia, há casos em que a exceção da verdade é vedada (rol taxativo). Nessas situações, ainda que a imputação seja verdadeira subsistirá o crime de calúnia. ► ***Art. 138, §3º - Admite-se a prova da verdade, salvo***:

CALÚNIA – EXCEÇÃO DA VERDADE (ART. 138, §3º)	
I - Se, constituindo o fato imputado crime de ação privada, o ofendido não foi condenado por sentença irrecorrível;	Se o fato imputado é crime de ação privada, a persecução penal depende de queixa do ofendido. Permitir a um terceiro comprovar o crime por meio da exceção da verdade violaria essa regra. Nesses casos, só se admite a exceção da verdade se houver **condenação por sentença irrecorrível**.
II - Se o fato é imputado a qualquer das pessoas indicadas no art. 141, I;	Não cabe exceção da verdade quando os fatos são imputados ao Presidente da República ou a chefe de governo estrangeiro.
III - Se do crime imputado, embora de ação pública, o ofendido foi absolvido por sentença irrecorrível.	Se houve absolvição, a questão já foi discutida pelo Judiciário de forma definitiva. Incabível, portanto, a exceção de verdade.

EXCEÇÃO DA VERDADE – TEMAS RELEVANTES	
Natureza jurídica	A exceção da verdade é, ao mesmo tempo, **um incidente processual e um instituto de defesa indireta do réu**. Destina-se a viabilizar a prova da veracidade do fato imputado.
Momento processual	Deve ser apresentado na primeira oportunidade em que a defesa se manifestar nos autos, **após o efetivo início da ação penal**.
Sustentação oral	Não é possível, por ausência de previsão legal.
Competência	Se o ofendido for autoridade com **prerrogativa de foro**, a exceção da verdade deverá ser julgada pelo **Tribunal** a quem competiria apreciar ação penal condenatória contra a autoridade (art. 85 do CPP). Ex.: se João imputa ao Governador do Estado um crime, a exceção da verdade para comprovar a veracidade do fato imputado deve ser julgada pelo STJ (art. 105, I, *a*, da CF/88).

EXCEÇÃO DA VERDADE – TEMAS RELEVANTES	
CPP	"Quando for oferecida a exceção da verdade ou da notoriedade do fato imputado, o querelante poderá contestar a exceção no prazo de 2 dias, podendo ser inquiridas as testemunhas arroladas na queixa, ou outras indicadas naquele prazo, em substituição às primeiras, ou para completar o máximo legal" (art. 523 do CPP).
Processamento	É pacífico que "**o juízo de admissibilidade, o processamento e a instrução da exceção da verdade oposta em face de autoridades públicas com prerrogativa de foro devem ser feitos pelo próprio juízo da ação penal originária que, após a instrução dos autos, admitida a *exceptio veritatis*, deve remetê-los à Instância Superior para julgamento do mérito**"[4]. Logo, o incidente deve seguir para o Tribunal pronto para julgamento.
Ônus da prova	Cabe ao excipiente, a quem se aplicam as normas relativas a disciplina legal da prova. Se, por qualquer razão, o excipiente não conseguir comprovar a veracidade "das alegações, impõe-se a rejeição da *exceptio veritatis*, prevalecendo, em consequência, a presunção juris tantum de falsidade"[5].

CALÚNIA (ART. 138)	DENUNCIAÇÃO CALUNIOSA (ART. 339)
► Art. 138. Caluniar alguém, imputando-lhe falsamente fato definido como crime [...].	***► Art. 339. Dar causa à instauração de investigação policial, de processo judicial, instauração de investigação administrativa, inquérito civil ou ação de improbidade administrativa contra alguém, imputando-lhe crime de que o sabe inocente [...].***
Crime contra a honra.	Crime contra a administração da justiça.
Ação penal privada.	Ação penal pública incondicionada.

4. STJ, Rcl 6595/MT, Rel. Min. Laurita Vaz, Corte Especial, j. 19/06/2013. No mesmo sentido, o STF (HC 92618/SP, Rel. Min. Ellen Gracie, 2ª Turma, j. 24/11/2009).
5. STF, HC 69270/RS, Rel. Min. Ilmar Galvão, 1ª Turma, j. 19/05/1992.

CALÚNIA – CRIMES SIMILARES	
Código Eleitoral	Art. 324. Caluniar alguém, na propaganda eleitoral, ou visando fins de propaganda, imputando-lhe falsamente fato definido como crime: Pena - detenção de seis meses a dois anos, e pagamento de 10 a 40 dias-multa. §1º - Nas mesmas penas incorre quem, sabendo falsa a imputação, a propala ou divulga. §2º - A prova da verdade do fato imputado exclui o crime, mas não é admitida: I - se, constituindo o fato imputado crime de ação privada, o ofendido, não foi condenado por sentença irrecorrível; II - se o fato é imputado ao Presidente da República ou chefe de governo estrangeiro; III - se do crime imputado, embora de ação pública, o ofendido foi absolvido por sentença irrecorrível.
CPM	Art. 214. Caluniar alguém, imputando-lhe falsamente fato definido como crime: Pena - detenção, de 6 meses a 2 anos. §1º - Na mesma pena incorre quem, sabendo falsa a imputação, a propala ou divulga. §2º - A prova da verdade do fato imputado exclui o crime, mas não é admitida: I - se, constituindo o fato imputado crime de ação privada, o ofendido não foi condenado por sentença irrecorrível; II - se o fato é imputado a qualquer das pessoas indicadas no nº I do art. 218; III - se do crime imputado, embora de ação pública, o ofendido foi absolvido por sentença irrecorrível.

DIFAMAÇÃO (ART. 139)	
►Art. 139. Difamar alguém, imputando-lhe fato ofensivo à sua reputação: Pena - detenção, de 3 meses a 1 ano, e multa.	
Tipicidade	Tutela a **honra objetiva**. Há crime de difamação **ainda que o fato ofensivo imputado à vítima seja verdadeiro**. A imputação de fato definido como contravenção penal pode configurar difamação. É indispensável o ***animus diffamandi***. Expressões utilizadas de caráter genérico, sem se referir objetivamente a nenhum fato concreto, tornam impossível a adequação típica dos delitos de difamação. Aquele que propala ou divulga a difamação também pratica nova difamação.

DIFAMAÇÃO – EXCEÇÃO DA VERDADE (ART. 139, PARÁGRAFO ÚNICO)
Diferentemente do que ocorre com a calúnia, **a imputação não precisa ser falsa,** bastando que seja ofensiva à honra objetiva. Portanto, em regra, **incabível a exceção da verdade**.
Exceção: ► ***Art. 139, parágrafo único - A exceção da verdade somente se admite se o ofendido é funcionário público e a ofensa é relativa ao exercício de suas funções.*** Se o excepto não exercer mais função pública, torna-se inadmissível o processamento da exceção da verdade.

CALÚNIA (ART. 138)	DIFAMAÇÃO (ART. 139)
Imputação de um **crime**.	Imputação de um **fato ofensivo** à reputação.
A imputação deve ser **falsa**.	A imputação não precisa ser falsa.
Em regra, é **cabível** a exceção da verdade (não é permitida nos casos do §3º do art. 138).	Em regra, **não é cabível** a exceção da verdade (é permitida apenas no caso do parágrafo único do art. 139).
Ambos os crimes tutelam a **honra objetiva** e a consumação ocorre quando a imputação chega ao conhecimento de terceira pessoa.	

DIFAMAÇÃO – CRIMES SIMILARES	
Código Eleitoral	Art. 325. Difamar alguém, na propaganda eleitoral, ou visando a fins de propaganda, imputando-lhe fato ofensivo à sua reputação: Pena - detenção de 3 meses a 1 ano, e pagamento de 5 a 30 dias-multa. Parágrafo único. A exceção da verdade somente se admite se ofendido é funcionário público e a ofensa é relativa ao exercício de suas funções.
CPM	Art. 215. Difamar alguém, imputando-lhe fato ofensivo à sua reputação: Pena - detenção, de 3 meses a 1 ano. Parágrafo único. A exceção da verdade somente se admite se a ofensa é relativa ao exercício da função pública, militar ou civil, do ofendido.

INJÚRIA (ART. 140)		
Injúria simples (art. 140, *caput*).	Injúria real (art. 140, §2º).	Injúria preconceituosa (art. 140, §3º).

INJÚRIA (ART. 140)	
►***Art. 140. Injuriar alguém, ofendendo-lhe a dignidade ou o decoro: Pena - detenção, de 1 a 6 meses, ou multa.***	
Tipicidade	Tutela a **honra subjetiva**. Diferentemente da calúnia e da difamação (imputação de fatos), na injúria pune-se a **ofensa à dignidade ou ao decoro** (qualidades negativas, ofensas ou xingamentos "que importem menoscabo, ultraje ou vilipêndio de alguém"[6]). **A consumação ocorre quando a imputação chega ao conhecimento da vítima e é indispensável o *animus injuriandi*.** Pode ser praticada por omissão. A injúria **não admite a exceção de verdade**, pois não há a imputação de fato para provar a veracidade.

INJÚRIA – PERDÃO JUDICIAL (ART. 140, §1º)	
►***Art. 140, §1º - O juiz pode deixar de aplicar a pena:***	
I - quando o ofendido, de forma reprovável, provocou diretamente a injúria;	***II - no caso de retorsão imediata, que consista em outra injúria.***
Causa de extinção da punibilidade (art. 107, IX). ■ Súmula 18 do STJ: A sentença concessiva do perdão judicial é declaratória da extinção da punibilidade, não subsistindo qualquer efeito condenatório.	

INJÚRIA (ART. 140)	DESACATO (ART. 331)
Ofender a dignidade ou o decoro de **qualquer pessoa**.	Ofender a dignidade ou o decoro de **funcionário público, no exercício da função ou em razão dela**.
Crime contra a honra.	Crime contra a Administração Pública.
Detenção, de 1 a 6 meses, ou multa.	Detenção, de 6 meses a 2 anos, ou multa.

6. STJ, APn 813/DF, Rel. Min. Felix Fischer, Corte Especial, j. 02/03/2016.

INJÚRIA REAL (ART. 140, §2º)
► *Art. 140, §2º - Se a injúria consiste em violência ou vias de fato, que, por sua natureza ou pelo meio empregado, se considerem aviltantes:*   ***Pena - detenção, de 3 meses a 1 ano, e multa, além da pena correspondente à violência.***   Forma qualificada da injúria caracterizada pela humilhação imposta à vítima. Ex.: arremessar urina da vítima, rasgar seu vestido em público etc. As vias de fato são absorvidas pela injúria real. Já as lesões corporais eventualmente produzidas não serão absorvidas (***"além da pena correspondente à violência"***). Se inexistente o *animus injuriandi*, o sujeito responderá apenas pela violência (vias de fato ou lesões corporais), e não pela injúria.

INJÚRIA PRECONCEITUOSA (ART. 140, §3º)	
Redação anterior (Lei 9.459/1997)	**Após a Lei 14.532/2023**
► Art. 140, §3º - Se a injúria consiste na utilização de elementos referentes a raça, cor, etnia, religião, origem ou a condição de pessoa idosa ou portadora de deficiência: ***Pena - reclusão de 1 a 3 anos e multa.***	***► Art. 140, §3º - Se a injúria consiste na utilização de elementos referentes a religião ou à condição de pessoa idosa ou com deficiência:*** ***Pena - reclusão, de 1 a 3 anos, e multa.***
Com a **Lei 14.532/2023**, a injúria que consiste na utilização de elementos referentes a raça, cor, etnia e origem deixou de figurar no art. 140, §3º. Contudo, não houve *abolitio criminis*. A mesma Lei incluiu o art. 2º-A na **Lei 7.716/1989** com a seguinte redação: "Art. 2º-A Injuriar alguém, ofendendo-lhe a dignidade ou o decoro, em razão de raça, cor, etnia ou procedência nacional. Pena: reclusão, de 2 a 5 anos, e multa. Parágrafo único. A pena é aumentada de metade se o crime for cometido mediante concurso de 2 ou mais pessoas".	
Note que a pena da injúria racial foi aumentada (1 a 3 anos → 2 a 5 anos), o que caracteriza ***novatio legis in pejus***. Portanto, a lei nova é irretroativa: aplica-se apenas aos crimes praticados após a sua vigência. Com a majoração da pena mínima cominada, **deixou de caber suspensão condicional do processo**. Outro aspecto gravoso consiste na alteração da ação penal, que passou a ser **pública incondicionada**.	
Deixou de existir qualquer dúvida quanto à **imprescritibilidade** do crime de injúria racial.	
Recentemente, a 6ª Turma do STJ rejeitou o conceito de racismo reverso e decidiu que a injúria racial não se configura em ofensas dirigidas a pessoas brancas exclusivamente por esta condição.	

DOS CRIMES CONTRA A PESSOA

INJÚRIA – CRIMES SIMILARES	
Portadores de HIV (Lei 12.984/2014)	Art. 1º. Constitui crime punível com reclusão, de 1 a 4 anos, e multa, as seguintes condutas discriminatórias contra o portador do HIV e o doente de Aids, em razão da sua condição de portador ou de doente: I - recusar, procrastinar, cancelar ou segregar a inscrição ou impedir que permaneça como aluno em creche ou estabelecimento de ensino de qualquer curso ou grau, público ou privado; II - negar emprego ou trabalho; III - exonerar ou demitir de seu cargo ou emprego; IV - segregar no ambiente de trabalho ou escolar; V - divulgar a condição do portador do HIV ou de doente de aids, com intuito de ofender-lhe a dignidade; VI - recusar ou retardar atendimento de saúde.
CPM	Art. 216. Injuriar alguém, ofendendo-lhe a dignidade ou o decôro: Pena - detenção, até 6 meses. Art. 217. Se a injúria consiste em violência, ou outro ato que atinja a pessoa, e, por sua natureza ou pelo meio empregado, se considera aviltante: Pena - detenção, de 3 meses a 1 ano, além da pena correspondente à violência.
Código Eleitoral	Art. 326. Injuriar alguém, na propaganda eleitoral, ou visando a fins de propaganda, ofendendo-lhe a dignidade ou o decôro: Pena - detenção até 6 meses, ou pagamento de 30 a 60 dias-multa. §1º O juiz pode deixar de aplicar a pena: I - se o ofendido, de forma reprovável, provocou diretamente a injúria; II - no caso de retorsão imediata, que consista em outra injúria. § 2º Se a injúria consiste em violência ou vias de fato, que, por sua natureza ou meio empregado, se considerem aviltantes: Pena - detenção de 3 meses a 1 ano e pagamento de 5 a 20 dias-multa, além das penas correspondentes à violência prevista no Código Penal.
Estatuto da Pessoa Idosa	Art. 96. Discriminar pessoa idosa, impedindo ou dificultando seu acesso a operações bancárias, aos meios de transporte, ao direito de contratar ou por qualquer outro meio ou instrumento necessário ao exercício da cidadania, por motivo de idade: Pena – reclusão de 6 meses a 1 ano e multa. §1º - Na mesma pena incorre quem desdenhar, humilhar, menosprezar ou discriminar pessoa idosa, por qualquer motivo. §2º - A pena será aumentada de 1/3 se a vítima se encontrar sob os cuidados ou responsabilidade do agente. §3º - Não constitui crime a negativa de crédito motivada por superendividamento da pessoa idosa.

CRIMES CONTRA A HONRA – SUJEITO ATIVO	
Estatuto da OAB (art. 7º, §2º)	De acordo com o art. 7º, §2º, "o advogado tem imunidade profissional, não constituindo injúria, difamação ~~ou desacato~~ puníveis qualquer manifestação de sua parte, no exercício de sua atividade, em juízo ou fora dele, sem prejuízo das sanções disciplinares perante a OAB, pelos excessos que cometer"[7]. O STF havia declarado a inconstitucionalidade da expressão "ou desacato". Porém, em 2022, a Lei 14.365 revogou o dispositivo inteiro, não subsistindo qualquer imunidade.
Imunidades parlamentares (art. 53 da CF/88)	Segundo o art. 53 da CF/88, "os **Deputados e Senadores** são invioláveis, civil e penalmente, por quaisquer de suas opiniões, palavras e votos". "Os deputados federais e os senadores gozam de imunidade parlamentar material, o que afasta a tipicidade de eventuais condutas, em tese, ofensivas à honra praticadas no âmbito de suas atuações político-legislativas (art. 53 da CF/1988), prerrogativa estendida aos deputados estaduais, a teor do disposto no art. 27, § 1º, da CF/1988"[8].

CRIMES CONTRA A HONRA – SUJEITO PASSIVO	
Inimputáveis	Podem ser vítimas de crimes contra a honra, contanto que compreendam o caráter ofensivo à honra.
Mortos	O CP pune a **calúnia** contra os mortos (art. 138, §2º). Não obstante, os sujeitos passivos serão os familiares do morto.
Pessoa jurídica	Embora não seja pacífico, prevalece que a pessoa jurídica possui honra objetiva[9], **podendo ser vítima de calúnia** (podem ser-lhe imputados crimes ambientais, contra a ordem econômica e financeira e contra a economia popular) **e difamação**. Contudo, **não pode ser vítima de injúria**, pois não possui honra subjetiva[10].

7. Segundo o STJ, "da leitura do disposto no artigo 7º, § 2º, da Lei 8.906/1994, percebe-se que a imunidade dos advogados restringe-se aos crimes de injúria e difamação, e pressupõe que as manifestações sejam proferidas no exercício de sua atividade, ainda que fora do juízo" (RHC 82030/MS, Rel. Min. Jorge Mussi, 5ª Turma, j. 22/08/2017).
8. STJ, HC 443385/GO, Rel. Min. Ribeiro Dantas, 5ª Turma, j. 06/06/2019.
9. STJ, EREsp 1208852/SP, Rel. Min. Og Fernandes, Corte Especial, j, 04/05/2016.
10. "A pessoa jurídica, por não ser uma pessoa natural, não possui honra subjetiva, estando, portanto, imune às violências a esse aspecto de sua personalidade, não podendo ser ofendida com atos que atinjam a sua dignidade, respeito próprio e autoestima" (STJ, REsp 1650725/MG, Rel. Min. Nancy Andrighi, 3ª Turma, j. 18/05/2017).

DISPOSIÇÕES COMUNS AOS CRIMES CONTRA A HONRA – CAUSAS DE AUMENTO (ART. 141)			
►***Art. 141. As penas cominadas neste Capítulo aumentam-se de 1/3, se qualquer dos crimes é cometido:***			
I - contra o Presidente da República, ou contra chefe de governo estrangeiro;	***II - contra funcionário público, em razão de suas funções, ou contra os Presidentes do Senado Federal, da Câmara dos Deputados ou do Supremo Tribunal Federal;***	***III - na presença de várias pessoas, ou por meio que facilite a divulgação da calúnia, da difamação ou da injúria.***	***IV - contra criança, adolescente, pessoa maior de 60 anos ou pessoa com deficiência, exceto na hipótese prevista no §3º do art. 140 deste Código.***
O inciso **II** teve a redação alterada pela **Lei 14.197/2021**. Antes, a pena era majorada se o crime era cometido "contra funcionário público, em razão de suas funções".			
O inciso **IV** teve a redação alterada pela **Lei 14.344/2022**. Antes, a pena era majorada se o crime era cometido "contra pessoa maior de 60 anos ou portadora de deficiência, exceto no caso de injúria".			

DISPOSIÇÕES COMUNS AOS CRIMES CONTRA A HONRA – CAUSA DE AUMENTO PREVISTA NO §1º DO ART. 141
►***Art. 141, §1º - Se o crime é cometido mediante paga ou promessa de recompensa, aplica-se a pena em dobro.***

DISPOSIÇÕES COMUNS AOS CRIMES CONTRA A HONRA – CAUSA DE AUMENTO PREVISTA NO §2º DO ART. 141
►***Art. 141, §2º - Se o crime é cometido ou divulgado em quaisquer modalidades das redes sociais da rede mundial de computadores, aplica-se em triplo a pena.*** A redação foi dada pela Lei 13.964/2019 (Pacote Anticrime). O dispositivo havia sido vetado e o voto foi derrubado pelo Congresso Nacional, o que trouxe relevantes desdobramentos práticos.

DISPOSIÇÕES COMUNS AOS CRIMES CONTRA A HONRA – CAUSA DE AUMENTO PREVISTA NO §2º DO ART. 141			
A doutrina começa a discutir a proporcionalidade da pena imposta em cotejo com o bem jurídico tutelado. Registra-se, ainda, que os crimes contra a honra praticados em redes sociais **já eram majorados em 1/3 com base no inciso III do art. 141** (crimes cometidos por meio que facilite a divulgação).			
	Calúnia	**Difamação**	**Injúria**
Pena sem a majorante	Detenção, de 6 meses a 2 anos, e multa.	Detenção, de 3 meses a 1 ano, e multa.	Detenção, de 1 a 6 meses, ou multa.
Pena com a majorante	Detenção, de 18 meses a 6 anos.	Detenção, de 9 meses a 3 anos.	Detenção, de 3 a 18 meses, ou multa.
Infração de menor potencial ofensivo	Deixa de ser.	Deixa de ser.	Não deixa de ser.
Competência do JECrim	É afastada.	É afastada.	Não é afastada.
***Sursis* processual**	Deixa de ser cabível.	Continua cabível.	Continua cabível.

DISPOSIÇÕES COMUNS AOS CRIMES CONTRA A HONRA – CAUSA DE AUMENTO PREVISTA NO §3º DO ART. 141 (LEI 14.994/2024)
A Lei 14.994/2024 ("Pacote Antifeminicídio") acrescentou o §3º ao art. 141 e passou a prever mais uma causa de aumento de pena para os crimes contra a honra. ► ***Art. 141, §3º - Se o crime é cometido contra a mulher por razões da condição do sexo feminino, nos termos do §1º do art. 121-A deste Código, aplica-se a pena em dobro.***
Considerando que a mudança é gravosa para o réu (*novatio legis in pejus*), a majorante apenas pode ser aplicada aos fatos praticados após o início de sua vigência.

DOS CRIMES CONTRA A PESSOA

<table>
<tr><th colspan="3">DISPOSIÇÕES COMUNS AOS CRIMES CONTRA A HONRA
– EXCLUSÃO DO CRIME (ART. 142)</th></tr>
<tr><td colspan="3">Por ausência de previsão legal, o dispositivo não se aplica à calúnia.
► Art. 142. Não constituem injúria ou difamação punível:</td></tr>
<tr><td>I - a ofensa irrogada em juízo, na discussão da causa, pela parte ou por seu procurador;</td><td>II - a opinião desfavorável da crítica literária, artística ou científica, salvo quando inequívoca a intenção de injuriar ou difamar;</td><td>III - o conceito desfavorável emitido por funcionário público, em apreciação ou informação que preste no cumprimento de dever do ofício.</td></tr>
<tr><td colspan="3">Parágrafo único - Nos casos dos ns. I e III, responde pela injúria ou pela difamação quem lhe dá publicidade.</td></tr>
</table>

<table>
<tr><th>DISPOSIÇÕES COMUNS AOS CRIMES CONTRA A HONRA
– RETRATAÇÃO (ART. 143)</th></tr>
<tr><td>► Art. 143. O querelado que, antes da sentença, se retrata cabalmente da calúnia ou da difamação, fica isento de pena.
Parágrafo único. Nos casos em que o querelado tenha praticado a calúnia ou a difamação utilizando-se de meios de comunicação, a retratação dar-se-á, se assim desejar o ofendido, pelos mesmos meios em que se praticou a ofensa.
Por ausência de previsão legal, o dispositivo não se aplica à injúria.</td></tr>
<tr><td>Causa de extinção da punibilidade subjetiva (não se comunica aos coautores).</td></tr>
<tr><td>Não se aplica aos casos de calúnia e difamação de ação penal pública (o dispositivo menciona "o querelado").</td></tr>
<tr><td>Não surte efeito após a sentença.</td></tr>
</table>

<table>
<tr><th>DISPOSIÇÕES COMUNS AOS CRIMES CONTRA A HONRA
– PEDIDO DE EXPLICAÇÕES (ART. 144)</th></tr>
<tr><td>► Art. 144. Se, de referências, alusões ou frases, se infere calúnia, difamação ou injúria, quem se julga ofendido pode pedir explicações em juízo. Aquele que se recusa a dá-las ou, a critério do juiz, não as dá satisfatórias, responde pela ofensa.</td></tr>
</table>

<table>
<tr><th colspan="2">DISPOSIÇÕES COMUNS AOS CRIMES CONTRA A HONRA – AÇÃO PENAL</th></tr>
<tr><td colspan="2">► Art. 145. Nos crimes previstos neste Capítulo somente se procede mediante queixa, salvo quando, no caso do art. 140, § 2º, da violência resulta lesão corporal.
Parágrafo único. Procede-se mediante requisição do Ministro da Justiça, no caso do inciso I do caput do art. 141 deste Código, e mediante representação do ofendido, no caso do inciso II do mesmo artigo, bem como no caso do §3º do art. 140 deste Código.</td></tr>
<tr><td>Privada</td><td>Regra.</td></tr>
<tr><td rowspan="3">Pública condicionada à representação</td><td>1) Crime contra funcionário público, em razão de suas funções (art. 141, II); e
2) Injúria preconceituosa (art. 140, §3º).</td></tr>
<tr><td>Obs.: apesar da clareza do CP quanto à ação penal relativa ao crime praticado contra funcionário público, há uma súmula do STF:
■ Súmula 714 do STF: É concorrente a legitimidade do ofendido, mediante queixa, e do Ministério Público, condicionada à representação do ofendido, para a ação penal por crime contra a honra de servidor público em razão do exercício de suas funções.</td></tr>
<tr><td>O STF reconhece que se o ofendido opta pela representação ao MP, fica-lhe preclusa a ação penal privada[11]. Em contrapartida, se o ofendido opta pela queixa-crime, não poderá valer-se da representação posteriormente[12]. Em síntese: ou uma, ou outra. Por essa razão, enquanto a súmula refere-se à legitimidade concorrente, o próprio STF descreve características de uma legitimidade alternativa.</td></tr>
<tr><td>Pública condicionada à requisição do Ministro da Justiça</td><td>Crime contra o Presidente da República ou contra chefe de governo estrangeiro (art. 141, I).</td></tr>
<tr><td>Pública incondicionada</td><td>Injúria real, se da violência empregada resulta lesão corporal (art. 145).</td></tr>
</table>

11. STF, Inq 1939/BA, Rel. Min. Sepúlveda Pertence, Pleno, j. 03/03/2004.
12. STJ, HC 187090/MG, Rel. Min. Adilson Vieira Macabu, 5ª Turma, j. 01/03/2011.

EXEMPLOS ILUSTRATIVOS		
Calúnia	**Difamação**	**Injúria**
"Jaime, mês passado, entrou na casa de Maria e, enquanto ela dormia, furtou suas joias".	"Carlos nunca paga suas contas e sempre deve a seus amigos".	"Ladrão", "bêbado", "caloteiro", "burro", "corno".

QUADRO COMPARATIVO		
Calúnia	**Difamação**	**Injúria**
Honra **objetiva**.		Honra **subjetiva**.
Consumam-se quando a imputação chega ao conhecimento de terceira pessoa.		Consuma-se quando a ofensa chega ao conhecimento da vítima.
Exceção da verdade como regra. Exceções no art. 138, §3º.	Exceção da verdade como exceção, apenas no caso do art. 139, parágrafo único.	Incompatível com a exceção da verdade.
-	Causas de exclusão do crime (art. 142).	
Retratação (art. 143)		-
Causas de aumento (art. 141).		
Pedido de explicações (art. 144).		

CRIMES CONTRA A HONRA – TEMAS RELEVANTES	
Consentimento do ofendido	A doutrina concorda que a honra é um bem jurídico **disponível**. Portanto, o consentimento prévio do ofendido (pessoa capaz) exclui o crime.
Lei de Imprensa	A Lei de Imprensa (Lei 5.250/1967) não foi recepcionada pela CF/88 (ADPF 130/DF). Logo, aos crimes contra a honra praticados pela imprensa **aplicam-se as disposições do CP**.

CRIMES CONTRA A HONRA – TEMAS RELEVANTES	
Exaltação	"Expressões eventualmente contumeliosas, quando proferidas em momento de exaltação, bem assim no exercício do direito de crítica ou de censura profissional, ainda que veementes, atuam como fatores de descaracterização do elemento subjetivo peculiar aos tipos penais definidores dos crimes contra a honra"[13].
Denúncia	Os Tribunais Superiores são bastante atentos à necessidade de individualização das circunstâncias de crimes contra a honra na denúncia, sob pena de inépcia. Além da descrição de fato específico e definido (nos casos de calúnia e difamação), é imprescindível a "demonstração mínima do intento positivo e deliberado de lesar a honra alheia"[14], pois os crimes contra a honra não se contentam com afirmações genéricas e de cunho abstrato[15].
Sujeito passivo indeterminado	Para o STJ, "nos crimes de calúnia, difamação e injúria **há necessidade de se demonstrar, concretamente, a quem foram endereçadas as expressões ditas ofensivas**, porque a conduta delituosa, no caso dos tipos penais em exame, é assim considerada pelo fato de atingir a honra da pessoa enquanto membro individual e partícipe de uma dada comunidade. Por essa razão, havendo indeterminação ou dúvidas quanto ao sujeito ofendido, caberá ao interessado propor a medida judicial adequada para o fim de esclarecer o sentido e o alcance das expressões ofensivas, já que não se pode pressupor a agressão sofrida nem o sujeito atingido"[16].
Consumação, prescrição ou decadência	A **consumação** dos crimes de calúnia e difamação ocorre quando a imputação chega ao conhecimento de terceira pessoa. A partir desse momento, começará a correr a **prescrição** (art. 111, I). Contudo, o **prazo decadencial** começa a correr no dia em que o ofendido vem a saber quem é o autor do crime (art. 38 do CPP[17]).

13. STJ, QC 6/DF, Rel. Min. Herman Benjamin, Corte Especial, j. 10/06/2024.
14. STJ, APn 724/DF, Rel. Min. Og Fernandes, Corte Especial, j. 20/08/2014.
15. STJ, RHC 77243/RJ, Rel. Min. Maria Thereza de Assis Moura, j. 06/12/2016.
16. STJ, APn 734/DF, Rel. Min. Maria Thereza de Assis Moura, Corte Especial, j. 15/10/2014.
17. Art. 38. Salvo disposição em contrário, o ofendido, ou seu representante legal, decairá no direito de queixa ou de representação, se não o exercer dentro do prazo de 6 meses, contado do dia em que vier a saber quem é o autor do crime, ou, no caso do art. 29, do dia em que se esgotar o prazo para o oferecimento da denúncia.

CRIMES CONTRA A HONRA – TEMAS RELEVANTES	
Competência	A competência segue a regra geral do art. 70 do CPP (local da **consumação**). Ex.: "na hipótese de crime contra a honra praticado por meio de publicação impressa de periódico, deve-se fixar a competência do Juízo onde ocorreu a impressão, tendo em vista ser o primeiro local onde as matérias produzidas chegaram ao conhecimento de outrem, nos moldes do art. 70 do CPP"[18].
Competência – crimes contra a honra praticados na internet	No caso de delitos contra a honra praticados por meio da internet, o local da consumação do delito é aquele **onde incluído o conteúdo ofensivo na rede mundial de computadores**. Esse entendimento diz respeito aos casos em que a publicação é possível de ser visualizada por terceiros, indistintamente, a partir do momento em que veiculada por seu autor. Contudo, em caso concreto, a 3ª Seção do STJ[19] fez uma importante distinção. Quando o envio de mensagem com conteúdo ofensivo ocorre por meio de aplicativo de troca de mensagens entre usuários em caráter privado (ex.: "Instagram direct"), no qual somente o autor e o destinatário têm acesso ao seu conteúdo, há outra regra: a consumação ocorre no local onde a vítima toma conhecimento do conteúdo ofensivo.
Crimes autônomos	"Quando várias pessoas denigrem a imagem de alguém, via internet, cada uma se utilizando de um comentário, não há coautoria ou participação, mas vários delitos autônomos, unidos no máximo por conexão probatória"[20].
Exceção de notoriedade	Tem lugar apenas no que diz respeito à **calúnia**, pois "a finalidade da exceção da notoriedade do fato é demonstrar que, para o agente, o fato que atribuía à vítima era verdadeiro, segundo foi induzido a crer. Atua, portanto, em erro de tipo, afastando-se o dolo e, consequentemente, eliminando a infração penal"[21].
	"Quando for oferecida a exceção da verdade ou da notoriedade do fato imputado, o querelante poderá contestar a exceção no prazo de 2 dias, podendo ser inquiridas as testemunhas arroladas na queixa, ou outras indicadas naquele prazo, em substituição às primeiras, ou para completar o máximo legal" (art. 523 do CPP).

18. STJ, CC 106625/DF, Rel. Min. Arnaldo Esteves Lima, 3ª Seção, j. 12/05/2010.
19. STJ, CC 184269/PB, Rel. Min. Laurita Vaz, 3ª Seção, j. 09/02/2022.
20. STJ, APn 895/DF, Rel. Min. Nancy Andrighi, Corte Especial, j. 15/05/2019.
21. GRECO, Rogério (op. cit. p. 386).

CRIMES CONTRA A HONRA – TEMAS RELEVANTES	
Concurso de crimes e *bis in idem*	Se o agente, no mesmo contexto, pratica calúnia, difamação e injúria, não há *bis in idem* na imputação dos três crimes, os quais tutelam **bens jurídicos diversos**.
Ação indenizatória cível	"A mera tramitação concomitante de ação penal, em sede da qual se discute se os mesmos fatos imputados aos recorridos configuram o crime de difamação, não retiram, de plano, a **viabilidade** da ação indenizatória na esfera civil, podendo, no entanto, a sentença proferida no âmbito penal influir no julgamento do seu mérito, ou mesmo provocar a extinção do processo, conforme as previsões específicas do CPP (arts. 65 a 67)"[22].
Exposição pública	O STF "admite critérios particulares para aferir a ofensa à honra baseados na maior ou menor exposição pública da pessoa ofendida"[23].
Ação penal privada	Nas hipóteses de ação penal de iniciativa privada (regra nos crimes contra a honra) é possível haver **decadência, renúncia, perdão e perempção.**

JURISPRUDÊNCIA EM TESES DO STJ – DOS CRIMES CONTRA A HONRA
1) Para a configuração dos crimes contra a honra, exige-se a demonstração mínima do intento positivo e deliberado de ofender a honra alheia (dolo específico), o denominado *animus caluniandi, diffamandi vel injuriandi.*
2) Nos casos em que a inexistência da intenção específica de ofender a honra alheia é flagrante, admite-se, excepcionalmente, em sede de *habeas corpus*, a análise da presença do dolo específico exigido para a caracterização dos crimes contra a honra.
3) Para a caracterização do crime de calúnia, é indispensável que o agente que atribui a alguém fato definido como crime tenha conhecimento da falsidade da imputação.
4) O crime de calúnia não se contenta com afirmações genéricas e de cunho abstrato, devendo a inicial acusatória conter a descrição de fato específico, marcado no tempo, que teria sido falsamente praticado pela pretensa vítima.
5) O juízo de admissibilidade, o processamento e a instrução da exceção da verdade oposta em face de autoridades públicas com prerrogativa de foro devem ser feitos pelo próprio juízo da ação penal originária que, após a instrução dos autos, admitida a *exceptio veritatis*, deve remetê-los à instância decorrente da prerrogativa de função para julgamento do mérito.
6) Não se admite a exceção da verdade quando o excipiente não consegue demonstrar a veracidade da prática de conduta criminosa do excepto.

22. STJ, REsp 1324430/SP, Rel. Min. Nancy Andrighi, 3ª Turma, j. 19/11/2013.
23. STF, Inq 3546/BA, Rel. Min. Rosa Weber, 1ª Turma, j. 15/09/2015.

JURISPRUDÊNCIA EM TESES DO STJ - DOS CRIMES CONTRA A HONRA
7) Expressões eventualmente contumeliosas, quando proferidas em momento de exaltação, bem assim no exercício do direito de crítica ou de censura profissional, ainda que veementes, atuam como fatores de descaracterização do elemento subjetivo peculiar aos tipos penais definidores dos crimes contra a honra.
8) A ampla liberdade de informação, opinião e crítica jornalística reconhecida constitucionalmente à imprensa não é um direito absoluto, encontrando limitações, tais como a preservação dos direitos da personalidade, nestes incluídos os direitos à honra, à imagem, à privacidade e à intimidade, sendo vedada a veiculação de críticas com a intenção de difamar, injuriar ou caluniar.
9) A não recepção pela Constituição Federal de 1988 da Lei de Imprensa (Lei n. 5. 250/1967) não implicou na *abolitio criminis* dos delitos contra a honra praticados por meio da imprensa, pois tais ilícitos permanecem tipificados na legislação penal comum.
10) É concorrente a legitimidade do ofendido, mediante queixa, e do Ministério Público, condicionada à representação do ofendido, para a ação penal por crime contra a honra de servidor público em razão do exercício de suas funções. (Súmula n. 714/STF)
11) Os deputados federais e os senadores gozam de imunidade parlamentar material, o que afasta a tipicidade de eventuais condutas, em tese, ofensivas à honra praticadas no âmbito de suas atuações político-legislativas (art. 53 da CF/1988), prerrogativa estendida aos deputados estaduais, a teor do disposto no art. 27, § 1º, da CF/1988.
12) A imunidade em favor do advogado, no exercício da sua atividade profissional, insculpida no art. 7º, § 2º, do Estatuto da OAB (Lei n. 8.906/1994), não abrange o crime de calúnia, restringindo-se aos delitos de injúria e difamação.
13) A parte não responde por crime contra a honra decorrente de peças caluniosas, difamatórias ou injuriosas apresentadas em juízo por advogado credenciado.

INFORMATIVOS DO STJ
Info. 832: O *animus jocandi*, em contexto de show de *stand up comedy*, exclui o dolo específico de discriminação e afasta a tipicidade da conduta prevista no art. 88 do Estatuto da Pessoa com Deficiência. AgRg no RHC 193928/SP, Rel. Min. Reynaldo Soares da Fonseca, 5ª Turma, j. 16/09/2024.
Info. 819: Expressões eventualmente contumeliosas, quando proferidas em momento de exaltação, bem assim no exercício do direito de crítica ou de censura profissional, ainda que veementes, atuam como fatores de descaracterização do elemento subjetivo peculiar aos tipos penais definidores dos crimes contra a honra. QC 6/DF, Rel. Min. Herman Benjamin, Corte Especial, j. 10/06/2024.
Info. 814: Independentemente da orientação sexual da vítima, o delito de injúria se caracteriza pela utilização de insultos preconceituosos e homofóbicos que ofendem a honra subjetiva do ofendido. AgRg no HC 844274/DF, Rel. Min. Ribeiro Dantas, 5ª Turma, j. 13/05/2024.

6

DOS CRIMES CONTRA A LIBERDADE INDIVIDUAL

DOS CRIMES CONTRA A LIBERDADE PESSOAL (SEÇÃO I)		
Constrangimento ilegal (art. 146).	Intimidação sistemática (*bullying*) (art. 146-A).	Ameaça (art. 147).
Perseguição (art. 147-A) e violência psicológica contra a mulher (art. 147-B).	Sequestro e cárcere privado (art. 148).	Redução a condição análoga à de escravo (art. 149).
Tráfico de pessoas (art. 149-A).		

DOS CRIMES CONTRA A INVIOLABILIDADE DO DOMICÍLIO (SEÇÃO II)
Violação de domicílio (art. 150).

DOS CRIMES CONTRA A INVIOLABILIDADE DE CORRESPONDÊNCIA (SEÇÃO III)	
Violação de correspondência (art. 151).	Sonegação ou destruição de correspondência (art. 151, §1º, I).
Violação de comunicação telegráfica, radioelétrica ou telefônica (art. 151, §1º, II a IV, §§3º e 4º).	Correspondência comercial (art. 152).

DOS CRIMES CONTRA A INVIOLABILIDADE DOS SEGREDOS (SEÇÃO IV)		
Divulgação de segredo (art. 153).	Violação do segredo profissional (art. 154).	Invasão de dispositivo informático (art. 154-A).

CONSTRANGIMENTO ILEGAL (ART. 146)	
► ***Art. 146. Constranger alguém, mediante violência ou grave ameaça, ou depois de lhe haver reduzido, por qualquer outro meio, a capacidade de resistência, a não fazer o que a lei permite, ou a fazer o que ela não manda:*** ***Pena - detenção, de 3 meses a 1 ano, ou multa.***	
Tipicidade	De acordo com o art. 5º, II, da CF/88, "ninguém será obrigado a fazer ou deixar de fazer alguma coisa senão em virtude de lei". O agente deve constranger a vítima a fazer ou deixar de fazer algo **determinado**, não importando sua finalidade. O crime é **subsidiário**: apenas se configura se o fato não se amoldar a outro tipo penal mais específico (ex.: extorsão, estupro etc.).
Bem jurídico	A liberdade pessoal.
Sujeito ativo	Qualquer pessoa (crime **comum**).
Sujeito passivo	Qualquer pessoa (com o mínimo de discernimento para compreender o constrangimento).
Elemento subjetivo	Dolo, direto ou eventual. Não há finalidade especial. Não há modalidade culposa.
Consumação	Ocorre no momento em que o sujeito passivo faz ou deixa de fazer algo (crime **instantâneo** e **material**). Admite tentativa (crime **plurissubsistente**).
Omissão	Pode ser praticado na forma omissiva (omissão **imprópria**).
Execução	Crime de forma livre.

CONSTRANGIMENTO ILEGAL (ART. 146)	
Concurso de pessoas	Crime de concurso eventual (**unissubjetivo**).
Competência	Juizado Especial Criminal.
Lei 9.099/1995	Infração de menor potencial ofensivo.
Ação penal	Pública incondicionada.
ANPP	É incabível o acordo de não persecução penal, pois o crime é praticado com violência ou grave ameaça (art. 28-A, *caput*, do CPP).

MODALIDADES	MEIOS DE EXECUÇÃO
1) Fazer o que a lei não obriga; ou 2) Não fazer o que a lei permite.	1) Violência; 2) Grave ameaça; ou 3) Qualquer outro meio que reduza a capacidade de resistência da vítima (violência imprópria).

CAUSAS ESPECIAIS DE AUMENTO DA PENA (ART. 146, §1º)
►Art. 146, §1º - As penas aplicam-se cumulativamente e em dobro, quando, para a execução do crime, se reúnem mais de 3 pessoas, ou há emprego de armas.

CAUSAS DE EXCLUSÃO DO CRIME (ART. 146, §3º)	
O legislador elencou como causas de exclusão do crime duas hipóteses que se identificam com o **estado de necessidade**. ***►Art. 146, §3º - Não se compreendem na disposição deste artigo:***	
I - a intervenção médica ou cirúrgica, sem o consentimento do paciente ou de seu representante legal, se justificada por iminente perigo de vida;	***II - a coação exercida para impedir suicídio.***

CONSTRANGIMENTO ILEGAL (ART. 146)	EXERCÍCIO ARBITRÁRIO DAS PRÓPRIAS RAZÕES (ART. 345)
►Art. 146. Constranger alguém, mediante violência ou grave ameaça, ou depois de lhe haver reduzido, por qualquer outro meio, a capacidade de resistência, a não fazer o que a lei permite, ou a fazer o que ela não manda: Pena - detenção, de 3 meses a 1 ano, ou multa.	***►Art. 345. Fazer justiça pelas próprias mãos, para satisfazer pretensão, embora legítima, salvo quando a lei o permite: Pena - detenção, de 15 dias a 1 mês, ou multa, além da pena correspondente à violência.***
Crime contra a liberdade pessoal.	Crime contra a Administração da Justiça.
O constrangimento é para que a vítima não faça o que a lei permite ou faça o que ela não manda.	O constrangimento é para satisfazer pretensão legítima. Ex.: o sujeito aponta uma arma para a vítima, obrigando-lhe a executar o serviço de jardinagem pelo qual já pagou.

CONSTRANGIMENTO ILEGAL – TEMAS RELEVANTES	
Resistência do ofendido	É irrelevante se o ofendido tenta resistir à coação, sendo "suficiente que, mediante violência ou grave ameaça, tenha-se violentado sua liberdade interna, constrangendo-o, assim, a realizar o que lhe foi imposto, sem amparo legal"[1].
Consentimento do ofendido	Exclui o crime, pois a liberdade é um bem jurídico **disponível**.
Crime de tortura	É crime de tortura constranger alguém, com emprego de violência ou grave ameaça, causando-lhe sofrimento físico ou mental, para provocar ação ou omissão de natureza criminosa (art. 1º, I, *b*, da Lei 9.455/1997). **O torturador responderá pela tortura e pelo crime eventualmente praticado pelo torturado, em concurso material.** Cleber Masson assevera que "se, entretanto, a violência ou grave ameaça dirigir-se à prática de contravenção penal, estará caracterizado o concurso material entre a contravenção cometida e o crime de constrangimento ilegal, pois a Lei 9.455/1997 refere-se unicamente à coação para a prática de crime"[2].

1. BITENCOURT, Cezar Roberto (op. cit. p. 441).
2. Op. cit. (2015) p. 216.

CONSTRANGIMENTO ILEGAL – TEMAS RELEVANTES	
Concurso de crimes	► ***Art. 146, §2º - Além das penas cominadas, aplicam-se as correspondentes à violência.*** Assim, as lesões corporais eventualmente praticadas serão punidas em concurso material[3] com o crime de constrangimento ilegal.
Abuso de autoridade	Atenção ao princípio da especialidade: a Lei 13.869/2019 traz, em diversos dispositivos, crimes que trazem o núcleo "constranger". Ex.: artigos 13[4], 15[5] e 24[6].

CRIMES SIMILARES	
ECA	Art. 232. Submeter criança ou adolescente sob sua autoridade, guarda ou vigilância a vexame ou a constrangimento: Pena - detenção de 6 meses a 2 anos.
Estatuto da Pessoa Idosa	Art. 107. Coagir, de qualquer modo, a pessoa idosa a doar, contratar, testar ou outorgar procuração: Pena – reclusão de 2 a 5 anos.
CDC	Art. 71. Utilizar, na cobrança de dívidas, de ameaça, coação, constrangimento físico ou moral, afirmações falsas incorretas ou enganosas ou de qualquer outro procedimento que exponha o consumidor, injustificadamente, a ridículo ou interfira com seu trabalho, descanso ou lazer: Pena – detenção de 3 meses a 1 ano e multa.

3. Se há emprego da *vis corporalis*, com resultado lesivo à pessoa da vítima, dá se um concurso material de crimes" (Item 51 da Exposição de Motivos da Parte Especial).
4. Art. 13. Constranger o preso ou o detento, mediante violência, grave ameaça ou redução de sua capacidade de resistência, a:
I - exibir-se ou ter seu corpo ou parte dele exibido à curiosidade pública;
II - submeter-se a situação vexatória ou a constrangimento não autorizado em lei;
III - produzir prova contra si mesmo ou contra terceiro:
Pena - detenção, de 1 a 4 anos, e multa, sem prejuízo da pena cominada à violência.
5. Art. 15. Constranger a depor, sob ameaça de prisão, pessoa que, em razão de função, ministério, ofício ou profissão, deva guardar segredo ou resguardar sigilo:
Pena - detenção, de 1 a 4 anos, e multa.
6. Art. 24. Constranger, sob violência ou grave ameaça, funcionário ou empregado de instituição hospitalar pública ou privada a admitir para tratamento pessoa cujo óbito já tenha ocorrido, com o fim de alterar local ou momento de crime, prejudicando sua apuração:
Pena - detenção, de 1 a 4 anos, e multa, além da pena correspondente à violência.

CRIMES SIMILARES	
CPM	Art. 222. Constranger alguém, mediante violência ou grave ameaça, ou depois de lhe haver reduzido, por qualquer outro meio, a capacidade de resistência, a não fazer o que a lei permite, ou a fazer ou a tolerar que se faça, o que ela não manda: Pena - detenção, até 1 ano, se o fato não constitui crime mais grave. §1º - A pena aplica-se em dobro, quando, para a execução do crime, se reúnem mais de três pessoas, ou há emprego de arma, ou quando o constrangimento é exercido com abuso de autoridade, para obter de alguém confissão de autoria de crime ou declaração como testemunha. §2º - Além da pena cominada, aplica-se a correspondente à violência. §3º - Não constitui crime: I - Salvo o caso de transplante de órgãos, a intervenção médica ou cirúrgica, sem o consentimento do paciente ou de seu representante legal, se justificada para conjurar iminente perigo de vida ou de grave dano ao corpo ou à saúde; II - a coação exercida para impedir suicídio.

INTIMIDAÇÃO SISTEMÁTICA (*BULLYING*) (ART. 146-A)	
►Art. 146-A. Intimidar sistematicamente, individualmente ou em grupo, mediante violência física ou psicológica, uma ou mais pessoas, de modo intencional e repetitivo, sem motivação evidente, por meio de atos de intimidação, de humilhação ou de discriminação ou de ações verbais, morais, sexuais, sociais, psicológicas, físicas, materiais ou virtuais. Pena - multa, se a conduta não constituir crime mais grave.	
Tipicidade	Novidade da **Lei 14.811/2024** (*novatio legis* incriminadora - irretroativa). O tipo penal é bastante criticado por sua redação confusa e inconsistente. O crime é **subsidiário**: só se configura se o fato não se amoldar a outro tipo penal mais específico.
Bem jurídico	A liberdade pessoal.
Sujeito ativo	Qualquer pessoa (crime **comum**).
Sujeito passivo	Qualquer pessoa.
Elemento subjetivo	Dolo, direto ou eventual. Não há finalidade especial. Não há modalidade culposa.

INTIMIDAÇÃO SISTEMÁTICA (*BULLYING*) (ART. 146-A)	
Consumação	Ocorre com a prática da intimidação **de forma sistemática e reiterada** (crime **habitual**), independentemente da ocorrência de resultado naturalístico (crime **formal**). Por ser crime habitual, **não admite tentativa**.
Omissão	Pode ser praticado na forma omissiva (omissão **imprópria**).
Execução	Crime de forma vinculada (***"por meio de atos de intimidação, de humilhação ou de discriminação ou de ações verbais, morais, sexuais, sociais, psicológicas, físicas, materiais ou virtuais"***).
Concurso de pessoas	Crime de concurso eventual (**unissubjetivo**).
Competência	Juizado Especial Criminal.
Lei 9.099/1995	Infração de menor potencial ofensivo.
Ação penal	Pública incondicionada.
ANPP	É incabível o acordo de não persecução penal, pois o crime é praticado com violência ou grave ameaça (art. 28-A, *caput*, do CPP).

FORMA QUALIFICADA: *CYBERBULLYING* (ART. 146-A, PARÁGRAFO ÚNICO)
►Art. 146-A, parágrafo único. Se a conduta é realizada por meio da rede de computadores, de rede social, de aplicativos, de jogos on-line ou por qualquer outro meio ou ambiente digital, ou transmitida em tempo real: ***Pena - reclusão, de 2 anos a 4 anos, e multa, se a conduta não constituir crime mais grave.*** Diante da péssima redação da Lei, questiona-se a aplicabilidade do parágrafo único. Isto porque a figura criminosa do *caput*, punida de forma mais branda, também pune a conduta da intimidação sistemática ***"por meio de atos [...] virtuais"***.

DOS CRIMES CONTRA A PESSOA

INTIMIDAÇÃO SISTEMÁTICA (*BULLYING*)	
Contravenção penal	É interessante notar que a nova infração penal **não prevê pena privativa de liberdade** e, por não ser punida com pena de reclusão ou detenção, não se amolda ao conceito de crime. Deveria ter sido incluída na Lei de Contravenções Penais, e não no CP.
Lei 13.185/2015	Anteriormente, a Lei 13.185/2015 instituiu o Programa de Combate à Intimidação Sistemática (*Bullying*) em todo o território nacional. Para fins daquela Lei, considerou intimidação sistemática (*bullying*) todo ato de violência física ou psicológica, intencional e repetitivo que ocorre sem motivação evidente, praticado por indivíduo ou grupo, contra uma ou mais pessoas, com o objetivo de intimidá-la ou agredi-la, causando dor e angústia à vítima, em uma relação de desequilíbrio de poder entre as partes envolvidas. O art. 146-A aproveitou-se parcialmente desse conceito.

AMEAÇA (ART. 147)	
►Art. 147. Ameaçar alguém, por palavra, escrito ou gesto, ou qualquer outro meio simbólico, de causar-lhe mal injusto e grave: ***Pena - detenção, de 1 a 6 meses, ou multa.***	
Tipicidade	A ameaça pode ser **explícita ou implícita** (velada). O mal injusto e grave deve ser **passível de realização** pelo sujeito ativo e **não precisa ser um crime**[7]. Além da ameaça verbal ou por escrito, incrimina-se também "a ameaça **real** (isto é, por gestos, v. g.: apontar uma arma de fogo contra alguém) ou **simbólica** (ex.: afixar à porta da casa de alguém o emblema ou sinal usado por uma associação de criminosos)"[8]. Porém, "a contratação de serviços espirituais para provocar a morte de autoridades não configura crime de ameaça"[9]. O crime é **subsidiário**: só se configura se o fato não se amoldar a outro tipo penal mais específico (ex.: extorsão, roubo etc.).
Bem jurídico	A liberdade pessoal.

7. "**Não é preciso que o "mal prometido" constitua crime, bastando que seja injusto e grave**. Não se justifica o critério restritivo do direito vigente, pois a ameaça de um mal injusto e grave, embora penalmente indiferente, pode ser, às vezes, mais intimidante que a ameaça de um crime" (Item 51 da Exposição de Motivos da Parte Especial).
8. Idem.
9. STJ, HC 697581/GO, Rel. Min. Laurita Vaz, 6ª Turma, j. 07/03/2023.

AMEAÇA (ART. 147)	
Sujeito ativo	Qualquer pessoa (crime **comum**).
Sujeito passivo	Qualquer pessoa (com o mínimo de discernimento para compreender a ameaça). Se o crime for cometido contra a mulher por razões da condição do sexo feminino, incide a majorante do §1º.
Elemento subjetivo	Dolo, direto ou eventual. Não há finalidade especial. Não há modalidade culposa.
Consumação	Ocorre "no momento em que a vítima toma conhecimento da ameaça"[10] (crime **formal** e **instantâneo**). **É irrelevante a intenção do agente de concretizar o mal injusto e grave**. Basta que a ameaça possa causar temor na vítima. Admite tentativa, principalmente quando a ameaça for por escrito (crime **plurissubsistente**).
Omissão	Pode ser praticado na forma omissiva (omissão **imprópria**).
Execução	Crime de forma livre (***"por palavra, escrito ou gesto, ou qualquer outro meio simbólico"***).
Concurso de pessoas	Crime de concurso eventual (**unissubjetivo**).
Competência	Juizado Especial Criminal.
Lei 9.099/1995	Infração de menor potencial ofensivo.
Ação penal	Pública condicionada à representação, salvo quando praticada contra a mulher por razões da condição do sexo feminino, quando será pública incondicionada. O dispositivo foi alterado com a **Lei 14.994/2024**: ► ***Art. 147, §2º - Somente se procede mediante representação, exceto na hipótese prevista no § 1º deste artigo.***
ANPP	É incabível o acordo de não persecução penal, pois o crime é praticado com grave ameaça (art. 28-A, *caput*, do CPP).

10. STJ, CC 156284/PR, Rel. Min. Ribeiro Dantas, 3ª Seção, j. 28/02/2018.

CAUSA ESPECIAL DE AUMENTO DA PENA (ART. 147, §1º)
►***Art. 147, §1º - Se o crime é cometido contra a mulher por razões da condição do sexo feminino, nos termos do §1º do art. 121-A deste Código, aplica-se a pena em dobro.*** Majorante acrescentada pela Lei 14.994/2024 ("Pacote Antifeminicídio").

CRIMES SIMILARES	
CPM	Art. 223. Ameaçar alguém, por palavra, escrito ou gesto, ou qualquer outro meio simbólico, de lhe causar mal injusto e grave: Pena - detenção, até 6 meses, se o fato não constitui crime mais grave.
Lei 13.869/2019	Diversos crimes previstos na Lei 13.869/2019 trazem a ameaça na figura típica. Ex.: artigos 13, 15, 22, 24.
Lei 11.340/2006	Se praticada no contexto de violência doméstica familiar contra a mulher, poderá enquadrar-se no conceito de violência (art. 5º da Lei 11.340/06).
CDC	Art. 71. Utilizar, na cobrança de dívidas, de ameaça, coação, constrangimento físico ou moral, afirmações falsas incorretas ou enganosas ou de qualquer outro procedimento que exponha o consumidor, injustificadamente, a ridículo ou interfira com seu trabalho, descanso ou lazer: Pena: detenção de 3 meses a 1 ano e multa.

INFORMATIVOS DO STJ
Info. 771: A contratação de serviços espirituais para provocar a morte de autoridades não configura crime de ameaça. HC 697581/GO, Rel. Min. Laurita Vaz, 6ª Turma, j. 07/03/2023.

PERSEGUIÇÃO (ART. 147-A)
►***Art. 147-A. Perseguir alguém, reiteradamente e por qualquer meio, ameaçando-lhe a integridade física ou psicológica, restringindo-lhe a capacidade de locomoção ou, de qualquer forma, invadindo ou perturbando sua esfera de liberdade ou privacidade.*** ***Pena – reclusão, de 6 meses a 2 anos, e multa.***

PERSEGUIÇÃO (ART. 147-A)	
Tipicidade	Crime acrescentado no CP pela **Lei 14.132/2021** (*novatio legis in pejus*). O delito de perseguição, descrito no art. 147-A do CP, popularmente denominado crime de "*stalking*" ou de assédio persistente, criminaliza a conduta reiterada e obstinada, a perseguição incessante, ávida e à espreita. A novel previsão pune a prática do ***stalking***, da importunação excessiva ou contumaz que traz nefastos desdobramentos ao estado psicológico da vítima. Não muitas vezes, a prática do *stalking* antecede a prática de outros crimes mais graves, razão pela qual a conduta atraiu a atenção do legislador.
Bem jurídico	A liberdade pessoal e a privacidade.
Sujeito ativo	Qualquer pessoa (crime **comum**).
Sujeito passivo	Qualquer pessoa, mas será majorado se praticado contra criança, adolescente, idoso ou contra mulher por razões da condição de sexo feminino (§1º).
Elemento subjetivo	Dolo, direto ou eventual. Não há finalidade especial. Não há modalidade culposa.
Consumação	Ocorre com a prática da perseguição **de forma reiterada** (crime **habitual**), independentemente da ocorrência de resultado naturalístico (crime **formal**). Por ser crime habitual, **não admite tentativa.**
Omissão	Pode ser praticado na forma omissiva (omissão **imprópria**).
Execução	Crime de forma livre (*"**por qualquer meio**"*). A perseguição pode ser presencial, por telefone, e-mail, carta, gestos e, ainda, praticada no ambiente virtual (é o *"cyberstalking"*).
Concurso de pessoas	Crime de concurso eventual (**unissubjetivo**). O concurso de pessoas majora o crime (§1º).
Competência	Juizado Especial Criminal.
Lei 9.099/1995	Infração de menor potencial ofensivo. É cabível a suspensão condicional do processo se preenchidos os seus requisitos legais.

PERSEGUIÇÃO (ART. 147-A)	
Ação penal	► ***Art. 147, §3º - Somente se procede mediante representação.*** Ação penal pública condicionada à representação.
ANPP	Se cabível a transação penal, não será cabível o acordo de não persecução penal (art. 28-A, § 2º, I, do CPP).

FORMAS DE PRATICAR O CRIME		
Perceba que a perseguição reiterada pode se realizar por 3 formas:		
Ameaça à integridade física ou psicológica;	Restrição da capacidade de locomoção; ou	Invasão ou perturbação à esfera de liberdade ou privacidade de qualquer forma.

CONTINUIDADE TÍPICO-NORMATIVA OU *ABOLITIO CRIMINIS*?	
Antes da Lei 14.132/2021	**Após a Lei 14.132/2021**
Existia a contravenção penal prevista no **art. 65 da LCP** (perturbação da tranquilidade).	**O art. 65 da LCP foi revogado** e, paralelamente, foi incluído o art. 147-A ao CP (crime de perseguição).
Art. 65. Molestar alguém ou perturbar-lhe a tranquilidade, por acinte ou por motivo reprovável: Pena - prisão simples, de 15 dias a 2 meses, ou multa, de duzentos mil réis a dois contos de réis.	Art. 147-A. Perseguir alguém, reiteradamente e por qualquer meio, ameaçando-lhe a integridade física ou psicológica, restringindo-lhe a capacidade de locomoção ou, de qualquer forma, invadindo ou perturbando sua esfera de liberdade ou privacidade. Pena – reclusão, de 6 meses a 2 anos, e multa.
Não exigia a reiteração.	Exige a reiteração.
Perceba que não há uma identidade integral entre as condutas típicas. Em outras palavras: é possível que uma conduta se amolde à descrição da contravenção e não se amolde à do crime, e vice-versa. Assim, apenas a análise do caso concreto permite concluir se houve continuidade típico-normativo ou *abolitio criminis*.	

CAUSAS ESPECIAIS DE AUMENTO DE PENA (ART. 147-A, §1º)		
► ***Art. 147-A, §1º - A pena é aumentada de metade se o crime é cometido:***		
I – contra criança, adolescente ou idoso;	***II – contra mulher por razões da condição de sexo feminino, nos termos do §2º-A do art. 121 deste Código;***	***III – mediante concurso de 2 ou mais pessoas ou com o emprego de arma.***
Quando presente uma das majorantes, o crime deixa de ser infração de menor potencial ofensivo. Não obstante, ainda comporta suspensão condicional do processo se preenchidos os requisitos legais (art. 89 da Lei 9.099/1995).		

TEMAS RELEVANTES SOBRE O CRIME DE PERSEGUIÇÃO	
Cúmulo material obrigatório	► ***Art. 147-A, §2º - As penas deste artigo são aplicáveis sem prejuízo das correspondentes à violência***.
Paparazzi	Em tese, o *paparazzi* que fotografa uma celebridade em local público não comete o crime. Contudo, em situações extremas de reiteração, é possível a configuração do delito.
Idade da vítima (§1º, I)	Considera-se criança a pessoa até 12 anos de idade incompletos (art. 2º do ECA) e idoso a pessoa com 60 anos ou mais (art. 1º do Estatuto da Pessoa Idosa). Em ambos os casos e para que não se configure a responsabilidade objetiva, a majorante apenas incide se o sujeito ativo tem ciência da idade da vítima.
Contra mulher (§1º, II)	O art. 121, no §2º-A, considera que há razões de condição de sexo feminino quando o crime envolve violência doméstica e familiar ou menosprezo ou discriminação à condição de mulher.
Emprego de arma (§1º, III)	Note que a majorante não está restrita à arma de fogo, mas à "arma", em sua **concepção ampla** (ex.: faca).

EMPREGO DE ARMA DE FOGO		
Situação 1	**Situação 2**	**Situação 3**
O sujeito tem porte de arma de fogo e a utiliza na prática do crime de perseguição.	O sujeito **não** tem porte de arma de fogo e a utiliza apenas como um **meio** para a prática do crime de perseguição.	O sujeito **não** tem porte de arma de fogo e a utiliza também em **outros contextos** e para outras finalidades além do crime de perseguição.
Responderá apenas pela figura majorada (art. 147-A, §1º, III).	Responderá apenas pela figura majorada (art. 147-A, §1º, III). O crime relativo ao porte ilegal da arma será absorvido.	Responderá pela figura majorada (art. 147-A, §1º, III) e pelo crime relativo ao porte ilegal da arma, em concurso.

VIOLÊNCIA PSICOLÓGICA CONTRA A MULHER	
►***Art. 147-B. Causar dano emocional à mulher que a prejudique e perturbe seu pleno desenvolvimento ou que vise a degradar ou a controlar suas ações, comportamentos, crenças e decisões, mediante ameaça, constrangimento, humilhação, manipulação, isolamento, chantagem, ridicularização, limitação do direito de ir e vir ou qualquer outro meio que cause prejuízo à sua saúde psicológica e autodeterminação: Pena - reclusão, de 6 meses a 2 anos, e multa, se a conduta não constitui crime mais grave.***	
Tipicidade	O crime é **subsidiário**: só se configura se o fato não se amoldar a outro tipo penal mais específico.
Bem jurídico	A liberdade individual da mulher.
Sujeito ativo	Qualquer pessoa (crime **comum**).
Sujeito passivo	Apenas a mulher.
Elemento subjetivo	Dolo, direto ou eventual. Não há finalidade especial. Não há modalidade culposa.

VIOLÊNCIA PSICOLÓGICA CONTRA A MULHER	
Consumação	A consumação ocorre com a efetiva provocação do dano emocional à vítima (crime **material** e **instantâneo**). Admite tentativa (crime **plurissubsistente**).
Omissão	Pode ser praticado na forma omissiva (omissão **imprópria**).
Execução	Crime de forma livre.
Concurso de pessoas	Crime de concurso eventual (**unissubjetivo**).
Competência	Juizado Especial Criminal.
Lei 9.099/1995	Infração de menor potencial ofensivo.
Ação penal	Pública incondicionada.
ANPP	Admitida transação penal, é incabível o acordo de não persecução penal (art. 28-A, § 2º, I, do CPP).

SEQUESTRO E CÁRCERE PRIVADO (ART. 148)	
► ***Art. 148. Privar alguém de sua liberdade, mediante sequestro ou cárcere privado:*** ***Pena - reclusão, de 1 a 3 anos.***	
Tipicidade	O crime é **subsidiário**: só se configura se o fato não se amoldar a outro tipo penal mais específico (ex.: extorsão).
Bem jurídico	A liberdade de locomoção.
Sujeito ativo	Qualquer pessoa (crime **comum**).
Sujeito passivo	Qualquer pessoa.
Elemento subjetivo	Dolo, direto ou eventual. Não há finalidade especial. Não há modalidade culposa.

SEQUESTRO E CÁRCERE PRIVADO (ART. 148)	
Consumação	Ocorre com a privação da liberdade da vítima e prolonga-se no tempo até a cessação (crime **material** e **permanente**). Admite tentativa (crime **plurissubsistente**).
Omissão	Pode ser praticado na forma omissiva (omissão **imprópria**).
Execução	Crime de forma livre.
Concurso de pessoas	Crime de concurso eventual (**unissubjetivo**).
Competência	Juízo comum.
Lei 9.099/1995	Não é infração de menor potencial ofensivo, mas admite a suspensão condicional do processo (se preenchidos os requisitos do art. 89 da Lei 9.099/1995).
Ação penal	Pública incondicionada.
ANPP	É incabível o acordo de não persecução penal, pois o crime é praticado com violência ou grave ameaça (art. 28-A, *caput*, do CPP).

FORMAS QUALIFICADAS (ART. 148, §§1º E 2º)	
►Art. 148, §1º - A pena é de reclusão, de 2 a 5 anos: ***I – se a vítima é ascendente, descendente, cônjuge ou companheiro do agente ou maior de 60 anos***[11]***;*** ***II - se o crime é praticado mediante internação da vítima em casa de saúde ou hospital;*** ***III - se a privação da liberdade dura mais de 15 dias***[12]***;*** ***IV – se o crime é praticado contra menor de 18 anos;*** ***V – se o crime é praticado com fins libidinosos***[13].	***►Art. 148, §2º - Se resulta à vítima, em razão de maus-tratos ou da natureza da detenção, grave sofrimento físico ou moral:*** ***Pena - reclusão, de 2 a 8 anos.***
Não comportam suspensão condicional do processo.	

11. Afasta-se a aplicação das agravantes genéricas previstas no art. 61, II, *e* e *h*.
12. **Prazo de natureza penal.**
13. O sujeito responde pelo crime ainda que não venha a praticar ato libidinosos com a vítima. **Se praticar, responde pelo crime contra a dignidade sexual, em concurso de crimes.**

SEQUESTRO E CÁRCERE PRIVADO – TEMAS RELEVANTES	
Crime hediondo	A **Lei 14.811/2024** incluiu o inciso XI ao art. 1º da Lei 8.072/1990. Passou a ser crime hediondo o "sequestro e cárcere privado **cometido contra menor de 18 anos** (art. 148, § 1º, inciso IV)".
Modalidades	Os crimes "podem ser cometidos mediante **detenção** (exemplo: levar a vítima a um cativeiro) ou **retenção** (exemplo: impedir a saída da vítima de sua residência)"[14].
Sequestro e cárcere privado	A distinção é de pouca utilidade. Rogério Greco, por exemplo, ressalta que "majoritariamente, entende-se que sequestro e cárcere privado significam a mesma coisa. A única diferença que se pode apontar entre eles, para que se possa aproveitar todas as letras da lei, é no sentido de que, quando se cuida de sequestro, existe maior liberdade ambulatorial; ao contrário, quando a liberdade ambulatorial é menor, ou seja, o espaço para que a vítima possa se locomover é pequeno, reduzido, trata-se de cárcere privado"[15].
Privação parcial	Basta "que a vítima não tenha a faculdade de dirigir sua liberdade, sendo desnecessária a privação total de sua liberdade, ou seja, que fique totalmente impossibilitada de se retirar do local em que foi confinada"[16].
Consentimento da vítima	Prevalece que a liberdade de locomoção é um bem jurídico **disponível.** Logo, se prévio, emanado de pessoa capaz e livre de qualquer tipo de coação ou fraude, o consentimento da vítima exclui o crime.
Crime permanente	Enquanto a vítima não recupera a liberdade, é possível a prisão em flagrante.

14. MASSON, Cleber (op. cit. 2015 p. 225).
15. GRECO, Rogério (op. cit. p. 474).
16. No mesmo julgado, um exemplo didático: "2. No presente caso, ficou comprovado que a vítima, apesar de possuir a chave do portão de sua residência, estava impedida de sair de casa em razão da violência física e psicológica exercida pelo seu marido, ora réu, uma vez que, conforme constatado pelos depoimentos presentes no acórdão recorrido, tinha um temor absoluto e insuperável do que poderia acontecer se desobedecesse às ordens do acusado. 3. **O dolo do réu encontra-se configurado na vontade de privar a vítima de sua liberdade de se locomover, empregando violência psicológica e física para impedi-la de sair de sua residência, anulando sua a capacidade de autodeterminação, mesmo esta tendo a chave do local.** Assim, o constrangimento, exercido mediante violência e ameaças, tinha como objetivo privar sua liberdade de locomoção e de autodeterminação, o que configura o delito previsto no art. 148 do CP" (STJ, REsp 1622510/MS, Rel. Min. Reynaldo Soares da Fonseca, 5ª Turma, j. 01/06/2017).

SEQUESTRO E CÁRCERE PRIVADO – TEMAS RELEVANTES	
Lei penal no tempo	■ Súmula 711 do STF: A lei penal mais grave aplica-se ao crime continuado ou ao crime permanente, se a sua vigência é anterior à cessação da continuidade ou da permanência.
Prescrição	A prescrição começa a correr do dia em que cessou a permanência (art. 111, III) e não da data do início do sequestro ou cárcere privado.
Exercício regular de direito	O sujeito que age conforme o art. 301 do CPP ("qualquer do povo poderá e as autoridades policiais e seus agentes deverão prender quem quer que seja encontrado em flagrante delito") não comete o crime, pois pratica a retenção de outrem em exercício regular de direito.
Maus-tratos	Se os pais colocam o filho de castigo e abusam do meio de correção, a conduta pode se amoldar ao crime de maus-tratos (art. 136).

SEQUESTRO E CÁRCERE PRIVADO (ART. 148)	ROUBO MAJORADO (ART. 157, §2º, V)
►***Art. 148. Privar alguém de sua liberdade, mediante sequestro ou cárcere privado:*** ***Pena - reclusão, de 1 a 3 anos.***	►***Art. 157. Subtrair coisa móvel alheia, para si ou para outrem, mediante grave ameaça ou violência a pessoa, ou depois de havê-la, por qualquer meio, reduzido à impossibilidade de resistência:*** ***§2º - A pena aumenta-se de 1/3 até metade:*** ***V - se o agente mantém a vítima em seu poder, restringindo sua liberdade.***
O dolo do agente é direcionado à restrição da liberdade da vítima.	O dolo do agente é direcionado à subtração violenta do bem. **A privação da liberdade é um meio utilizado para garantir o êxito do roubo[17].**

17. "A retenção do condutor do veículo roubado, com deslocamento a lugar ermo e posterior liberação, longe fica de configurar o crime de sequestro e cárcere privado. Exsurge, ao primeiro exame, fim único, ou seja, evitar a comunicação, pela vítima, do crime de roubo à polícia, e a perseguição imediata. O tipo do artigo 148 do Código Penal pressupõe a vontade livre e consciente de privar o ofendido da liberdade de locomoção" (STF, HC 74594/SP, Rel. Min. Marco Aurélio, 2ª Turma, j. 12/11/1996).

SEQUESTRO E CÁRCERE PRIVADO (ART. 148)	CONSTRANGIMENTO ILEGAL (ART. 146)
► Art. 148. Privar alguém de sua liberdade, mediante sequestro ou cárcere privado: Pena - reclusão, de 1 a 3 anos.	***► Art. 146. Constranger alguém, mediante violência ou grave ameaça, ou depois de lhe haver reduzido, por qualquer outro meio, a capacidade de resistência, a não fazer o que a lei permite, ou a fazer o que ela não manda: Pena - detenção, de 3 meses a 1 ano, ou multa.***
Sem finalidade especial.	**Finalidade especial: obrigar a vítima a fazer ou não fazer algo**.
A privação da liberdade prolonga-se no tempo.	A privação da liberdade é rápida.

SEQUESTRO E CÁRCERE PRIVADO (ART. 148)	EXTORSÃO MEDIANTE SEQUESTRO (ART. 159)
► Art. 148. Privar alguém de sua liberdade, mediante sequestro ou cárcere privado: Pena - reclusão, de 1 a 3 anos.	***► Art. 159. Sequestrar pessoa com o fim de obter, para si ou para outrem, qualquer vantagem, como condição ou preço do resgate: Pena - reclusão, de 8 a 15 anos.***
Sem finalidade especial.	**Finalidade especial: obtenção de vantagem**.

CRIMES SIMILARES	
CPM	Art. 225. Privar alguém de sua liberdade, mediante sequestro ou cárcere privado: Pena - reclusão, até 3 anos.
ECA	Art. 230. Privar a criança ou o adolescente de sua liberdade, procedendo à sua apreensão sem estar em flagrante de ato infracional ou inexistindo ordem escrita da autoridade judiciária competente: Pena - detenção de 6 meses a 2 anos. Parágrafo único. Incide na mesma pena aquele que procede à apreensão sem observância das formalidades legais.

CRIMES SIMILARES	
ECA	Art. 234. Deixar a autoridade competente, sem justa causa, de ordenar a imediata liberação de criança ou adolescente, tão logo tenha conhecimento da ilegalidade da apreensão: Pena - detenção de 6 meses a 2 anos.
	Art. 235. Descumprir, injustificadamente, prazo fixado nesta Lei em benefício de adolescente privado de liberdade: Pena - detenção de 6 meses a 2 anos.

REDUÇÃO A CONDIÇÃO ANÁLOGA À DE ESCRAVO (ART. 149)	
►Art. 149. Reduzir alguém a condição análoga à de escravo, quer submetendo-o a trabalhos forçados ou a jornada exaustiva, quer sujeitando-o a condições degradantes de trabalho, quer restringindo, por qualquer meio, sua locomoção em razão de dívida contraída com o empregador ou preposto: ***Pena - reclusão, de 2 a 8 anos, e multa, além da pena correspondente à violência.***	
Tipicidade	Pune-se "o fato de reduzir alguém, por qualquer meio, à condição análoga à de escravo, isto é, suprimir lhe, de fato, o *status libertatis*, sujeitando-o o agente ao seu completo e discricionário poder. É o crime que os antigos chamavam *plagium*"[18].
Bem jurídico	A liberdade pessoal.
Sujeito ativo	Qualquer pessoa (crime **comum**).
Sujeito passivo	Qualquer pessoa.
Elemento subjetivo	Dolo, direto ou eventual. Não há finalidade especial. Não há modalidade culposa.
Consumação	Ocorre com a redução à condição análoga à de escravo, através da prática de uma das condutas indicadas no tipo penal (crime **material** e **permanente**). Admite tentativa (crime **plurissubsistente**).
Omissão	Pode ser praticado na forma omissiva (omissão **imprópria**).

18. Item 51 da Exposição de Motivos da Parte Especial.

REDUÇÃO A CONDIÇÃO ANÁLOGA À DE ESCRAVO (ART. 149)	
Execução	Crime de forma **vinculada**.
Concurso de pessoas	Crime de concurso eventual (**unissubjetivo**).
Competência	Juízo comum.
Lei 9.099/1995	Não é infração de menor potencial ofensivo.
Ação penal	Pública incondicionada.
ANPP	É cabível o acordo de não persecução penal, se o crime não for praticado violência ou grave ameaça e restarem preenchidos os demais requisitos do art. 28-A do CPP.

FORMA VINCULADA		
Eis a redação original do art. 149: "reduzir alguém a condição análoga à de escravo". A vagueza inerente ao elemento normativo "***escravo***" era incompatível com a necessidade de tipos penais precisos e determinados. A **Lei 10.803/2003** limitou as formas pelas quais o crime pode ser cometido:		
Submeter o trabalhador a **trabalhos forçados ou a jornada exaustiva** (*caput*);	Sujeitar o trabalhador a **condições degradantes de trabalho** (*caput*);	**Restringir, por qualquer meio, a locomoção** do trabalhador em razão de dívida contraída com o empregador ou preposto (*caput*).

CONDUTAS EQUIPARADAS (ART. 149, §1º)
► ***Art. 148, §1º - Nas mesmas penas incorre quem:*** ***I – cerceia o uso de qualquer meio de transporte por parte do trabalhador, com o fim de retê-lo no local de trabalho;*** ***II – mantém vigilância ostensiva no local de trabalho ou se apodera de documentos ou objetos pessoais do trabalhador, com o fim de retê-lo no local de trabalho.*** Ambos têm a mesma finalidade especial: "***com o fim de retê-lo no local de trabalho***".

FORMA QUALIFICADA (ART. 149, §2º)	
▶ ***Art. 149, §2º - A pena é aumentada de metade, se o crime é cometido:***	
I - contra criança ou adolescente;	***II - por motivo de preconceito de raça, cor, etnia, religião ou origem.***

REDUÇÃO A CONDIÇÃO ANÁLOGA À DE ESCRAVO - TEMAS RELEVANTES	
Standard probatório	Foi admitida a **repercussão geral** do tema "constitucionalidade da diferenciação das condições de trabalho necessárias à tipificação do trabalho como degradante em razão da realidade local em que realizado e o standard probatório para condenação pelo crime de redução a condição análoga à de escravo"[19] (Tema 1158). Aguarda-se o julgamento do mérito.
Tipo misto alternativo	Se o agente praticar mais de um núcleo do art. 149 no mesmo contexto e em relação a uma vítima, responderá por crime único.
Vontade da vítima	"É imprescindível a supressão da vontade da vítima. Nesse contexto, cumpre destacar que, se é o próprio trabalhador quem busca a jornada exaustiva, seja para aumentar sua renda, seja para alcançar qualquer outro tipo de vantagem, o fato é atípico, pois não há redução da vítima, pelo empregador, a condição análoga à de escravo. **O tipo exige seja o ofendido submetido, isto é, colocado por outrem, contra sua vontade, em jornada exaustiva de trabalho**"[20].
Competência	É da **Justiça Federal**, pois a conduta viola todo o sistema de organização do trabalho (art. 109, VI da CF/88).
Violência	É **desnecessário** haver violência física para a configuração do delito[21]. Contudo, a violência eventualmente praticada deve ser punida de forma autônoma, em concurso de crimes (*'**além da pena corresponde à violência**'*).
Vínculo de trabalho	Da leitura do tipo penal, extrai-se que é **indispensável** que haja um vínculo de trabalho. A relação de trabalho pode ser formal ou informal.

19. STF, RE 1323708 RG/PA, Rel. Min. Presidente, Pleno, 06/08/2021.
20. MASSON, Cleber (op. cit. 2015 p. 232).
21. Nesse sentido, o STF: "a jurisprudência do Supremo Tribunal Federal entende ser desnecessário haver violência física para a configuração do delito de redução à condição análoga à de escravo. É preciso apenas a coisificação do trabalhador, com a reiterada ofensa a direitos fundamentais, vulnerando a sua dignidade como ser humano (Inq 3564/MG, Rel. Min. Ricardo Lewandowski, 2ª Turma, j. 19/08/2014).

REDUÇÃO A CONDIÇÃO ANÁLOGA À DE ESCRAVO – TEMAS RELEVANTES	
Liberdade de locomoção	Para o STJ, é apenas "**uma das formas de cometimento do delito, mas não é a única**. O referido tipo penal prevê outras condutas que podem ofender o bem juridicamente tutelado, isto é, a liberdade de o indivíduo ir, vir e se autodeterminar, dentre elas submeter o sujeito passivo do delito a condições degradantes de trabalho"[22]. No mesmo sentido, o STF[23].
EC 81/2014	Segundo o art. 243 da CF/88, "todo e qualquer **bem de valor econômico apreendido** em decorrência do tráfico ilícito de entorpecentes e drogas afins e da exploração de trabalho escravo será **confiscado** e reverterá a fundo especial com destinação específica, na forma da lei".
Lei 6.454/1977	Art. 1º. É proibido, em todo o território nacional, atribuir nome de pessoa viva ou que tenha se notabilizado pela defesa ou exploração de mão de obra escrava, em qualquer modalidade, a bem público, de qualquer natureza, pertencente à União ou às pessoas jurídicas da administração indireta.
ECA	Art. 239. Promover ou auxiliar a efetivação de ato destinado ao envio de criança ou adolescente para o exterior com inobservância das formalidades legais ou com o fito de obter lucro: Pena - reclusão de 4 a 6 anos, e multa.

INFORMATIVOS DO STJ
Info. 787: A efetiva restrição de liberdade das vítimas é prescindível para a configuração do crime de redução a condição análoga à de escravo. REsp 1969868/MT, Rel. Min. Messod Azulay Neto, 5ª Turma, j. 12/09/2023.

22. STJ, REsp 1223781/MA, Rel. Min. Reynaldo Soares da Fonseca, 5ª Turma, j. 23/08/2016. (Info. 543).
23. "Para configuração do crime do art. 149 do Código Penal, **não é necessário que se prove a coação física da liberdade de ir e vir ou mesmo o cerceamento da liberdade de locomoção**, bastando a submissão da vítima "a trabalhos forçados ou a jornada exaustiva" ou "a condições degradantes de trabalho", condutas alternativas previstas no tipo penal. A "escravidão moderna" é mais sutil do que a do século XIX e o cerceamento da liberdade pode decorrer de diversos constrangimentos econômicos e não necessariamente físicos. **Priva-se alguém de sua liberdade e de sua dignidade tratando-o como coisa e não como pessoa humana, o que pode ser feito não só mediante coação, mas também pela violação intensa e persistente de seus direitos básicos, inclusive do direito ao trabalho digno**. A violação do direito ao trabalho digno impacta a capacidade da vítima de realizar escolhas segundo a sua livre determinação. Isso também significa "reduzir alguém a condição análoga à de escravo". Não é qualquer violação dos direitos trabalhistas que configura trabalho escravo. Se a violação aos direitos do trabalho é intensa e persistente, se atinge níveis gritantes e se os trabalhadores são submetidos a trabalhos forçados, jornadas exaustivas ou a condições degradantes de trabalho, é possível, em tese, o enquadramento no crime do art. 149 do Código Penal, pois os trabalhadores estão recebendo o tratamento análogo ao de escravos, sendo privados de sua liberdade e de sua dignidade" (STF, Inq 3412/AL, Rel. Min. Marco Aurélio, Pleno, j. 29/03/2012).

<table>
<tr><th colspan="2">TRÁFICO DE PESSOAS (ART. 149-A)</th></tr>
<tr><td colspan="2">► Art. 149-A. Agenciar, aliciar, recrutar, transportar, transferir, comprar, alojar ou acolher pessoa, mediante grave ameaça, violência, coação, fraude ou abuso, com a finalidade de:
I - remover-lhe órgãos, tecidos ou partes do corpo;
II - submetê-la a trabalho em condições análogas à de escravo;
III - submetê-la a qualquer tipo de servidão;
IV - adoção ilegal; ou
V - exploração sexual.
Pena - reclusão, de 4 a 8 anos, e multa.</td></tr>
<tr><td>Tipicidade</td><td>Anteriormente, os arts. 231 e 231-A tratavam da matéria apenas no âmbito da exploração sexual. Ao ratificar o Protocolo de Palermo[24] (promulgado pelo Decreto 5.017/2004) surgiu a necessidade de adaptar a legislação criminal interna à ampla abordagem do Protocolo. A Lei 13.344/2016 revogou os arts. 231 e 231-A e inseriu o art. 149-A no CP (continuidade típico-normativa), conferindo ao tráfico de pessoas uma abordagem mais global[25].</td></tr>
<tr><td>Bem jurídico</td><td>A liberdade pessoal.</td></tr>
<tr><td>Sujeito ativo</td><td>Qualquer pessoa (crime comum).</td></tr>
<tr><td>Sujeito passivo</td><td>Qualquer pessoa.</td></tr>
<tr><td>Elemento subjetivo</td><td>Dolo, direto ou eventual.
Há finalidade específica (incisos I a V).
Não há modalidade culposa.</td></tr>
<tr><td>Consumação</td><td>Ocorre com a mera prática dos núcleos previstos no tipo penal, independentemente da efetiva exploração da vítima (crime formal). A maioria dos núcleos exprime um crime permanente (ex.: 'alojar' e 'acolher'). Admite tentativa (crime plurissubsistente).</td></tr>
</table>

24. Protocolo Adicional à Convenção das Nações Unidas contra o Crime Organizado Transnacional Relativo à Prevenção, Repressão e Punição do Tráfico de Pessoas, em Especial Mulheres e Crianças.

25. Artigo 3 - Para efeitos do presente Protocolo: a) A expressão "tráfico de pessoas" significa o recrutamento, o transporte, a transferência, o alojamento ou o acolhimento de pessoas, recorrendo à ameaça ou uso da força ou a outras formas de coação, ao rapto, à fraude, ao engano, ao abuso de autoridade ou à situação de vulnerabilidade ou à entrega ou aceitação de pagamentos ou benefícios para obter o consentimento de uma pessoa que tenha autoridade sobre outra para fins de exploração. A exploração incluirá, no mínimo, a exploração da prostituição de outrem ou outras formas de exploração sexual, o trabalho ou serviços forçados, escravatura ou práticas similares à escravatura, a servidão ou a remoção de órgãos.

TRÁFICO DE PESSOAS (ART. 149-A)	
Omissão	Pode ser praticado na forma omissiva (omissão **imprópria**).
Execução	Crime de forma vinculada.
Concurso de pessoas	Crime de concurso eventual (**unissubjetivo**).
Competência	Juízo comum.
Lei 9.099/1995	Não é infração de menor potencial ofensivo.
Ação penal	Pública incondicionada.
ANPP	Nas figuras simples (*caput*) e majorada (§ 1º), é incabível o acordo de não persecução penal, pois a pena mínima cominada não é inferior a 4 anos (art. 28-A, *caput*, do CPP). Na forma privilegiada (§ 2º), é possível o acordo, se o crime não for praticado com violência ou grave ameaça e restarem preenchidos os demais requisitos do art. 28-A do CPP.

CAUSAS ESPECIAIS DE AUMENTO DE PENA (ART. 149-A, §1º)			
►Art. 149-A, §1º - A pena é aumentada de 1/3 até a metade se:			
I - o crime for cometido por funcionário público no exercício de suas funções ou a pretexto de exercê-las;	***II - o crime for cometido contra criança, adolescente ou pessoa idosa ou com deficiência;***	***III - o agente se prevalecer de relações de parentesco, domésticas, de coabitação, de hospitalidade, de dependência econômica, de autoridade ou de superioridade hierárquica inerente ao exercício de emprego, cargo ou função; ou***	***IV - a vítima do tráfico de pessoas for retirada do território nacional.***

CAUSA ESPECIAL DE DIMINUIÇÃO DE PENA (ART. 149-A, §2º)
►Art. 149-A, §2º - A pena é reduzida de 1 a 2/3 se o agente for primário e não integrar organização criminosa. É o tráfico de pessoas "privilegiado".

CONDUTAS	MEIOS DE EXECUÇÃO	FINALIDADES ESPECÍFICAS
- Agenciar; - Aliciar; - Recrutar; - Transportar; - Transferir; - Comprar; - Alojar; e - Acolher.	- Grave ameaça; - Violência; - Coação; - Fraude; e - Abuso.	- Remoção de órgãos, tecidos ou partes do corpo; - Submissão a trabalho em condições análogas à de escravo; - Submissão a servidão; - Adoção ilegal; e - Exploração sexual.

TRÁFICO DE PESSOAS – FINALIDADES ESPECÍFICAS	
Remoção de órgãos, tecidos ou partes do corpo	A Lei 9.434/1997 disciplina a doação de órgãos, tecidos ou partes do corpo. Se além do tráfico de pessoas ocorrer o resultado (remoção de órgãos, tecidos ou partes do corpo), haverá **concurso material**: o tipo penal do art. 149-A e o crime previsto na referida Lei (arts. 14 a 20).
Submissão a trabalho em condições análogas à de escravo	Se além do tráfico de pessoas ocorrer o resultado (redução a condição análoga à de escravo), haverá concurso material de crimes: o tipo penal do art. 149-A e o crime de redução a condição análoga à de escravo (art. 149).
Submissão a qualquer tipo de servidão	Dispositivo de pouca aplicação prática, tendo em vista que a submissão a servidão configura, em regra, submissão a trabalho em condições análogas à de escravo.
Adoção ilegal	Aquele que registra como seu filho o filho de outrem ("adoção à brasileira") incide nas penas do art. 242.
Exploração sexual	Representa a finalidade mais comum de tráfico de pessoas. Aqui, pune-se aquele que trafica uma pessoa com esta finalidade, mas nada impede que esteja configurado, no caso concreto, algum delito contra a dignidade sexual (concurso material de crimes).

TRÁFICO DE PESSOAS – TEMAS RELEVANTES	
Crime hediondo	A **Lei 14.811/2024** incluiu o inciso XII ao art. 1º da Lei 8.072/1990. Passou a ser crime hediondo o "tráfico de pessoas cometido **contra criança ou adolescente** (art. 149-A, *caput*, incisos I a V, e §1º, inciso II)".
Tipo misto alternativo	Se o agente praticar mais de um núcleo do art. 149-A no mesmo contexto, responderá por crime único.
Finalidade específica	Sem o dolo específico (incisos I a V), a conduta pode se amoldar a outro crime. Ex.: sequestro ou cárcere privado ou constrangimento ilegal.
Novatio legis in pejus	O art. 231 cominava pena de **3 a 8 anos** de reclusão, enquanto o art. 231-A estabelecia uma pena de **2 a 6 anos** de reclusão. A Lei 13.344/2016 é mais severa ao estabelecer as penas de **4 a 8 anos** de reclusão, razão pela qual não deve retroagir.
Consentimento da vítima	Prevalece que o consentimento da vítima **não exclui o crime** "pois que o requisito central do tráfico é a presença do engano, da coerção, da dívida e do propósito de exploração. É comum que as mulheres, quando do deslocamento, tenham conhecimento de que irão exercer a prostituição, mas não têm elas consciência das condições em que, normalmente, se vêem coagidas a atuar ao chegar no local de destino. Nisso está a fraude"[26]. O aliciador costuma obter o consentimento da vítima mediante a falsa promessa de uma vida de luxo. A vítima (iludida) consente e, ao chegar no destino, é submetida a trabalho forçado com privação da liberdade. Muitas vezes, são drogadas e agredidas. Não podemos esquecer que o tráfico de pessoas é um atentado contra a **dignidade da pessoa humana**, fundamento da República Federativa do Brasil e valor constitucional supremo. Ademais, o Protocolo de Palermo reconhece a irrelevância do consentimento da vítima em caso de fraude ou engano (artigo 3). No ordenamento interno, o Decreto 5.948/2006 que trata da Política Nacional de Enfrentamento ao Tráfico de Pessoas preceitua que "o consentimento dado pela vítima é irrelevante para a configuração do tráfico de pessoas" (art. 1º, §7º).

26. TRF - PRIMEIRA REGIÃO, ACR 0001188-98.2011.4.01.3000. Des. Federal Tourinho Neto. 3ª Turma, j. 26/03/2013.

TRÁFICO DE PESSOAS – TEMAS RELEVANTES	
Competência	Em caso de **transnacionalidade**, a **Justiça Federal** é competente para o processamento e o julgamento do crime (crime previsto em tratado ou convenção internacional – art. 109, V, da CF/88).

VIOLAÇÃO DE DOMICÍLIO (ART. 150)	
► ***Art. 150. Entrar ou permanecer, clandestina ou astuciosamente, ou contra a vontade expressa ou tácita de quem de direito, em casa alheia ou em suas dependências: Pena - detenção, de 1 a 3 meses, ou multa.***	
Tipicidade	Pratica o crime aquele que: 1) Entra na casa sem o consentimento do morador (crime **comissivo**) ou; 2) Apesar de ter ingressado na casa com o consentimento do morador, nela permanece contra sua vontade (crime **omissivo**).
Bem jurídico	A inviolabilidade do domicílio.
Sujeito ativo	Qualquer pessoa (crime **comum**).
Sujeito passivo	Qualquer pessoa.
Elemento subjetivo	Dolo **direto**[27]. Não há finalidade especial. Não há modalidade culposa.
Consumação	Ocorre com a entrada (crime **instantâneo**) ou com a permanência (crime **permanente**) na casa, quando o agente tem ciência da discordância da vítima (crime de **mera conduta**). Admite tentativa apenas quanto ao núcleo "***entrar***" (crime **plurissubsistente**).

27. Entendimento da doutrina majoritária. Ex.: "deve-se ressaltar que a existência no tipo da expressão 'contra a vontade de que de direito' faz com que o dolo eventual torne-se figura incompatível. Não se pode assumir o risco de estar ingressando no lar alheio contra a vontade do morador: ou quem ingressa sabe que não pode fazê-lo ou tem dúvida, o que é suficiente para afastar o dolo" (NUCCI, Guilherme, vol. 2, p. 306). Merece registro a posição do brilhante Rogério Greco, o qual entende ser admissível o dolo eventual se o agente "tem dúvida com relação ao seu consentimento para tanto e, ainda assim, diz para si mesmo que isso não importa, pois entrará de qualquer modo, assumindo o risco de produzir o resultado, que aqui traduz-se na perturbação da tranquilidade alheia, deverá ser responsabilizado pela violação de domicílio, levando-se em consideração o seu dolo eventual" (p. 531).

VIOLAÇÃO DE DOMICÍLIO (ART. 150)	
Omissão	Pode ser praticado na forma omissiva ("***permanecer***").
Execução	Crime de forma livre.
Concurso de pessoas	Crime de concurso eventual (**unissubjetivo**).
Competência	Juizado Especial Criminal.
Lei 9.099/1995	Infração de menor potencial ofensivo.
Ação penal	Pública incondicionada.
ANPP	Admitida transação penal, é incabível o acordo de não persecução penal (art. 28-A, § 2º, I, do CPP).

FORMAS QUALIFICADAS (ART. 150, §1º)
►Art. 150, §1º - Se o crime é cometido durante a noite, ou em lugar ermo, ou com o emprego de violência ou de arma, ou por duas ou mais pessoas: ***Pena - detenção, de 6 meses a 2 anos, além da pena correspondente à violência.*** Não havia um parâmetro legal sobre a duração do dia e da noite, até que a Lei 13.869/2019 tipificou a conduta da autoridade que cumpre mandado de busca e apreensão **domiciliar após as 21h ou antes das 5h** (art. 22, §1º, III). A "noite" deve ser compreendida nesse intervalo.

"CASA" COMPREENDE (§4º)	"CASA" NÃO COMPREENDE (§5º)
►Art. 150, §4º - A expressão "casa" compreende: ***I - qualquer compartimento habitado;*** ***II - aposento ocupado de habitação coletiva;*** ***III - compartimento não aberto ao público, onde alguém exerce profissão ou atividade.***	***►Art. 150, §5º - Não se compreendem na expressão "casa":*** ***I - hospedaria, estalagem ou qualquer outra habitação coletiva, enquanto aberta, salvo a restrição do n.º II do parágrafo anterior;*** ***II - taverna, casa de jogo e outras do mesmo gênero.***

DOS CRIMES CONTRA A PESSOA

CAUSAS ESPECIAIS DE AUMENTO DE PENA (ART. 150, §2º)
► ~~***Art. 150, §2º - Aumenta-se a pena de 1/3, se o fato é cometido por funcionário público, fora dos casos legais, ou com inobservância das formalidades estabelecidas em lei, ou com abuso do poder***~~. Dispositivo **revogado** pela Lei 13.869/2019 (Lei de Abuso de Autoridade).

CAUSAS EXCLUDENTES DA ILICITUDE (ART. 150, §3º)
► ***Art. 150, §3º - Não constitui crime a entrada ou permanência em casa alheia ou em suas dependências:*** ***I - durante o dia, com observância das formalidades legais, para efetuar prisão ou outra diligência;*** ***II - a qualquer hora do dia ou da noite, quando algum crime está sendo ali praticado ou na iminência de o ser***.

CAUSAS EXCLUDENTES DA ILICITUDE	
"A casa é asilo inviolável do indivíduo, ninguém nela podendo penetrar sem consentimento do morador, salvo em caso de flagrante delito ou desastre, ou para prestar socorro, ou, durante o dia, por determinação judicial" (art. 5º, XI, da CF/88).	
Com o consentimento do morador	**Sem o consentimento do morador**
A qualquer hora.	1) Flagrante delito, desastre, para prestar socorro (**a qualquer hora e independente de mandado judicial**); 2) Por determinação judicial (apenas durante o **dia**).

VIOLAÇÃO DE DOMICÍLIO – TEMAS RELEVANTES	
Tipo misto alternativo	Se o agente "***entrar***" e "***permanecer***", haverá crime único (**crime de ação múltipla ou de conteúdo variado**).
Consentimento do morador	Em outros crimes, normalmente figura como excludente de ilicitude. No crime de violação de domicílio, exclui a própria **tipicidade** (ausência da elementar "***contra a vontade expressa ou tácita***").

VIOLAÇÃO DE DOMICÍLIO – TEMAS RELEVANTES	
"De quem de direito"	A proteção penal destina-se ao espaço de **intimidade doméstica**, e não à propriedade[28], posse ou detenção em si consideradas. A expressão diz respeito ao **morador** da casa (em sentido amplo). Ex.: na ausência do morador, o hóspede pode impedir a entrada de estranhos.
Pluralidade de moradores	Em caso de pluralidade de moradores, deve ser observada uma hierarquia entre eles. Ex.: a vontade dos pais prevalece sobre a vontade dos filhos menores. Se os moradores de igual hierarquia divergirem quanto à autorização para o ingresso ou para a permanência, prevalece a vontade daquele que a denega.
Casa abandonada e desabitada	Entrar em casa abandonada não configura o crime. Todavia, comete o delito aquele que ingressa em casa quando os moradores momentaneamente não se encontram (ex.: quando a família está viajando).
Conceito de "casa"	Delimitado o conceito de casa nos §§4º e 5º do art. 150, são exemplos de "casa": motorhome; quarto de hotel, pensão, república, pousada; um barco; cabine de navio; dependências da casa, desde que de alguma forma cercados (jardim, varanda, terraço, garagem); orfanato; locais de acesso restrito em repartições públicas (gabinete de delegado, consulado estrangeiro) etc.
Crime permanente e flagrância	Tratando-se de **flagrante por crime permanente**, "não há ilegalidade na busca e apreensão por violação de domicílio, uma vez que a própria CF autoriza a entrada da autoridade policial seja durante o dia, seja durante a noite, independente da expedição de mandado judicial"[29]. Todavia, o STJ faz uma ressalva: "se é verdade que o art. 5º, XI, da CF, num primeiro momento, parece exigir a emergência da situação para autorizar o ingresso em domicílio alheio sem prévia autorização judicial - ao elencar hipóteses excepcionais como o flagrante delito, casos de desastre ou prestação de socorro –, também é certo que nem todo crime permanente denota essa emergência".

28. "O consentimento do morador é apto a excepcionar a regra da inviolabilidade do domicílio, **não exigindo o texto constitucional que a autorização seja feita somente pelo proprietário do imóvel**" (STJ, RHC 81339/MG, Rel. Min. Maria Thereza de Assis Moura, 6ª Turma, j. 16/05/2017).
29. STJ, HC 471650/SC, Rel. Min. Felix Fischer, 5ª Turma, j. 23/10/2018.

VIOLAÇÃO DE DOMICÍLIO – TEMAS RELEVANTES	
Entrada forçada sem mandado judicial	Em atenção aos abusos advindos da permissão contida no art. 5º, XI da CF/88, o STF, em **repercussão geral**, fixou a seguinte tese: "a entrada forçada em domicílio sem mandado judicial só é lícita, mesmo em período noturno, quando amparada em **fundadas razões**, devidamente justificadas a posteriori, que indiquem que dentro da casa ocorre situação de flagrante delito, sob pena de responsabilidade disciplinar, civil e penal do agente ou da autoridade, e de nulidade dos atos praticados"[30].
Princípio da consunção	Se o ingresso na casa alheia for meio de execução da prática de outro crime (ex.: furto), o crime de violação de domicílio será absorvido.
Violência (art. 150, §1º)	O legislador não especificou se se trata de violência contra a coisa ou contra a pessoa. A violência é punida de forma autônoma, em concurso de crimes ("além da pena correspondente à violência").

CRIMES SIMILARES	
CPM	Art. 226. Entrar ou permanecer, clandestina ou astuciosamente, ou contra a vontade expressa ou tácita de quem de direito, em casa alheia ou em suas dependências: Pena - detenção, até 3 meses.

INFORMATIVOS DO STJ
Info. 798: O galpão destinado para atividades comerciais não se enquadra no conceito de domicílio, ainda que por extensão. AgRg no HC 845545/SP, Rel. Min. Laurita Vaz, 6ª Turma, j. 17/10/2023.

VIOLAÇÃO DE CORRESPONDÊNCIA (ART. 151)
►~~***Art. 151. Devassar indevidamente o conteúdo de correspondência fechada, dirigida a outrem: Pena - detenção, de 1 a 6 meses, ou multa***~~. **Dispositivo revogado pelo art. 40 da Lei 6.538/1978** (lei posterior e especial): "devassar indevidamente o conteúdo de correspondência fechada dirigida a outrem: Pena: detenção, até 6 meses, ou pagamento não excedente a 20 dias-multa".

30. STF, RE 603616/RO, Rel. Min. Gilmar Mendes, Pleno, j. 05/11/2015.

VIOLAÇÃO DE CORRESPONDÊNCIA (ART. 151)	
Tipicidade	Correspondência é "toda comunicação de pessoa a pessoa, por meio de carta, através da via postal, ou por telegrama" (art. 47 da Lei 6.538/1978), contanto que esteja **fechada** e que o destinatário seja **indicado**.
Bem jurídico	O sigilo da correspondência.
Sujeito ativo	Qualquer pessoa (crime **comum**).
Sujeito passivo	Dupla subjetividade passiva: o **remetente** (até a entrega ao destinatário[31]) e o **destinatário**.
Elemento subjetivo	Dolo, direto ou eventual. Não há finalidade especial. Não há modalidade culposa.
Consumação	Ocorre quando o **agente toma conhecimento do conteúdo de correspondência fechada** (crime de **mera conduta** e **instantâneo**). Admite tentativa (crime **plurissubsistente**).
Omissão	Pode ser praticado na forma omissiva (omissão imprópria).
Execução	Crime de forma livre.
Concurso de pessoas	Crime de concurso eventual (**unissubjetivo**).
Competência	Juizado Especial Criminal.
Lei 9.099/1995	Infração de menor potencial ofensivo.
Ação penal	**Pública condicionada à representação.** ▶ ***Art. 151, §4º - Somente se procede mediante representação, salvo nos casos do §1º, IV, e do §3º.***
ANPP	É possível o acordo de não persecução penal apenas se não for cabível a transação penal e forem preenchidos os demais requisitos do art. 28-A do CPP.

31. Art. 11 da Lei 6.538/1978: os objetos postais pertencem ao remetente até a sua entrega a quem de direito.

VIOLAÇÃO DE CORRESPONDÊNCIA – TEMAS RELEVANTES	
Consentimento do ofendido	Por óbvio, exclui o crime (ausência do elemento normativo do tipo *"**indevidamente**"*).
Erro de tipo	Se o sujeito acreditar que a correspondência é sua, estará configurado o erro de tipo (ausência de dolo quanto à elementar '***endereçada a outrem***').
Art. 10 da Lei 6.538/1978	Art. 10. **Não constitui violação de sigilo da correspondência postal a abertura de carta**: I - endereçada a homônimo, no mesmo endereço; II - que apresente indícios de conter objeto sujeito a pagamento de tributos; III - que apresente indícios de conter valor não declarado, objeto ou substância de expedição, uso ou entrega proibidos; IV - que deva ser inutilizada, na forma prevista em regulamento, em virtude de impossibilidade de sua entrega e restituição. Parágrafo único - Nos casos dos incisos II e III a abertura será feita obrigatoriamente na presença do remetente ou do destinatário.
Sigilo da correspondência e LEP	Embora o preso tenha direito ao contato com o mundo exterior por meio de correspondência escrita (art. 41, XV, da LEP), **este direito poderá ser suspenso ou restringido mediante ato motivado do diretor do estabelecimento** (parágrafo único).
Interesse público	O STF assentou que "o princípio constitucional da inviolabilidade das comunicações (art. 5º, XII, da CF) não é absoluto, podendo o interesse público, em situações excepcionais, sobrepor-se aos direitos individuais para evitar que os direitos e garantias fundamentais sejam utilizados para acobertar condutas criminosas"[32].
Agravante genérica (Lei 6.538/1978)	Art. 43. Os crimes contra o serviço postal, ou serviço de telegrama quando praticados por pessoa prevalecendo-se do cargo, ou em abuso da função, terão pena agravada.
Causa de aumento (Lei 6.538/1978 e art. 151, §2º)	A mesma causa de aumento é prevista no art. 40, §2º, da Lei 6.538/1978 e no art. 151, §2º do CP: **as penas aumentam-se da metade se há dano para outrem**.

32. STF, RHC 115983/RJ, Rel. Min. Ricardo Lewandowski, 2ª Turma, j. 16/04/2013.

SONEGAÇÃO OU DESTRUIÇÃO DE CORRESPONDÊNCIA (ART. 151, §1º, I)	
▶ ~~***Art. 151, §1º - Na mesma pena incorre:***~~ ~~***I - quem se apossa indevidamente de correspondência alheia, embora não fechada e, no todo ou em parte, a sonega ou destrói;***~~ **Dispositivo revogado pelo art. 40, §1º da Lei 6.538/1978** (lei posterior e especial): "incorre nas mesmas penas quem se apossa indevidamente de correspondência alheia, embora não fechada, para sonegá-la ou destruí-la, no todo ou em parte".	
Tipicidade	Trata-se de **modalidade do crime de violação de correspondência** (*caput*). A principal diferença é que **a correspondência não precisa estar fechada**.
Elemento subjetivo	Dolo, direto ou eventual. Finalidade especial: ***"para sonegá-la ou destruí-la"***. Não há modalidade culposa.
Consumação	Ocorre quando o sujeito se apossa da correspondência, independentemente da efetiva sonegação ou destruição (crime **instantâneo** e **formal**). Admite tentativa (crime **plurissubsistente**).

VIOLAÇÃO DE COMUNICAÇÃO TELEGRÁFICA, RADIOELÉTRICA OU TELEFÔNICA (ART. 151, §1º, II A IV)	
▶ ***Art. 151, §1º - Na mesma pena incorre:***	
II - quem indevidamente divulga, transmite a outrem ou utiliza abusivamente comunicação telegráfica ou radioelétrica dirigida a terceiro, ~~ou conversação telefônica entre outras pessoas;~~	A parte final do inciso II ("ou conversação telefônica entre pessoas") foi revogada pelo art. 10 da Lei 9.296/1996 ("constitui crime realizar interceptação de comunicações telefônicas, de informática ou telemática, ou quebrar segredo da Justiça, sem autorização judicial ou com objetivos não autorizados em lei").
III - quem impede a comunicação ou a conversação referidas no número anterior;	

VIOLAÇÃO DE COMUNICAÇÃO TELEGRÁFICA, RADIOELÉTRICA OU TELEFÔNICA (ART. 151, §1º, II A IV)	
IV - quem instala ou utiliza estação ou aparelho radioelétrico, sem observância de disposição legal.	Revogado pelo art. 70 da Lei 4.117/1962 ("constitui crime punível com a pena de detenção de 1 a 2 anos, aumentada da metade se houver dano a terceiro, a instalação ou utilização de telecomunicações, sem observância do disposto nesta Lei e nos regulamentos"). Ação penal pública incondicionada.

CAUSA ESPECIAL DE AUMENTO DE PENA (ART. 151, §2º)
►***Art. 151, §2º - As penas aumentam-se de metade, se há dano para outrem.*** A Lei 6.538/1978 (art. 40, §2º) prevê causa de aumento idêntica, devendo ser aplicada aos crimes previstos no art. 40, *caput* e §1º da Lei (violação, sonegação ou destruição de correspondência).

FORMA QUALIFICADA (ART. 151, §3º)
►***Art. 151, §3º - Se o agente comete o crime, com abuso de função em serviço postal, telegráfico, radioelétrico ou telefônico:*** ***Pena - detenção, de 1 a 3 anos.*** Nesse caso, a ação será **pública incondicionada**. A Lei 6.538/1978 (art. 43) prevê **agravante genérica** quando os crimes contra o serviço postal, ou serviço de telegrama forem "**praticados por pessoa prevalecendo-se do cargo, ou em abuso da função**". A agravante aplica-se aos crimes previstos no art. 40, *caput* e §1º (violação, sonegação ou destruição de correspondência).

AÇÃO PENAL	
►***Art. 151, §4º - Somente se procede mediante representação, salvo nos casos do § 1º, IV, e do §3º.***	
Incondicionada	**Condicionada à representação**
1) ~~Quem instala ou utiliza estação ou aparelho radioelétrico, sem observância de disposição legal~~ (§1º, IV) (revogado); 2) Se o agente comete o crime, com **abuso de função** em serviço postal, telegráfico, radioelétrico ou telefônico (§3º).	Demais casos.

<table>
<tr><th colspan="2">CORRESPONDÊNCIA COMERCIAL (ART. 152)</th></tr>
<tr><td colspan="2">► Art. 152. Abusar da condição de sócio ou empregado de estabelecimento comercial ou industrial para, no todo ou em parte, desviar, sonegar, subtrair ou suprimir correspondência, ou revelar a estranho seu conteúdo:
Pena - detenção, de 3 meses a 2 anos.</td></tr>
<tr><td>Tipicidade</td><td>Proteção da correspondência comercial (contas da empresa, perícias, ofícios, cartas etc.). Trata-se de tipo misto alternativo ou crime de ação múltipla ou de conteúdo variado (se o agente praticar mais de um núcleo do art. 152 no mesmo contexto, responderá por crime único).</td></tr>
<tr><td>Bem jurídico</td><td>O sigilo da correspondência.</td></tr>
<tr><td>Sujeito ativo</td><td>Apenas o sócio ou empregado de estabelecimento comercial ou industrial (crime próprio).</td></tr>
<tr><td>Sujeito passivo</td><td>É o estabelecimento comercial ou industrial.</td></tr>
<tr><td>Elemento subjetivo</td><td>Dolo, direto ou eventual.
Finalidade especial: "para, no todo ou em parte, desviar, sonegar, subtrair ou suprimir correspondência, ou revelar a estranho seu conteúdo".
Não há modalidade culposa.</td></tr>
<tr><td>Consumação</td><td>Ocorre com o desvio, sonegação, subtração ou supressão da correspondência, ou, ainda, com a revelação de seu conteúdo a terceiro, independentemente da ocorrência do resultado naturalístico (crime instantâneo e formal).
Admite tentativa (crime plurissubsistente).</td></tr>
<tr><td>Omissão</td><td>Pode ser praticado na forma omissiva (omissão imprópria).</td></tr>
<tr><td>Execução</td><td>Crime de forma livre.</td></tr>
<tr><td>Concurso de pessoas</td><td>Crime de concurso eventual (unissubjetivo).</td></tr>
<tr><td>Competência</td><td>Juizado Especial Criminal.</td></tr>
<tr><td>Lei 9.099/1995</td><td>Infração de menor potencial ofensivo.</td></tr>
</table>

CORRESPONDÊNCIA COMERCIAL (ART. 152)	
Ação penal	**Pública condicionada à representação.** **► *Art. 152, parágrafo único - Somente se procede mediante representação.***
ANPP	Admitida transação penal, é incabível o acordo de não persecução penal (art. 28-A, § 2º, I, do CPP).

DIVULGAÇÃO DE SEGREDO (ART. 153)	
► *Art. 153. Divulgar alguém, sem justa causa, conteúdo de documento particular ou de correspondência confidencial, de que é destinatário ou detentor, e cuja divulgação possa produzir dano a outrem:* ***Pena - detenção, de 1 a 6 meses, ou multa.***	
Tipicidade	**Os segredos obtidos por confidência oral não são protegidos**. "Sem justa causa" é um elemento normativo do tipo a ser valorado pelo julgador no caso concreto.
Bem jurídico	A inviolabilidade dos segredos.
Sujeito ativo	O destinatário ou detentor do documento particular ou de correspondência confidencial (crime **próprio**).
Sujeito passivo	Qualquer pessoa.
Elemento subjetivo	Dolo, direto ou eventual. Não há finalidade especial. Não há modalidade culposa.
Consumação	Ocorre com a divulgação do segredo. É desnecessário o efetivo dano a outrem, pois o tipo penal reclama a simples possibilidade de dano (crime **instantâneo** e **formal**). Admite tentativa (crime **plurissubsistente**).
Omissão	Pode ser praticado na forma omissiva (omissão **imprópria**).
Execução	Crime de forma livre.

DIVULGAÇÃO DE SEGREDO (ART. 153)	
Concurso de pessoas	Crime de concurso eventual (**unissubjetivo**).
Competência	Juizado Especial Criminal.
Lei 9.099/1995	Infração de menor potencial ofensivo.
ANPP	É possível o acordo de não persecução penal apenas se não for cabível a transação penal e forem preenchidos os demais requisitos do art. 28-A do CPP.

FORMA QUALIFICADA (ART. 153, § 1º-A)
►Art. 153, §1º-A - Divulgar, sem justa causa, informações sigilosas ou reservadas, assim definidas em lei[33], contidas ou não nos sistemas de informações ou banco de dados da Administração Pública: ***Pena – detenção, de 1 a 4 anos, e multa.***

AÇÃO PENAL PÚBLICA CONDICIONADA À REPRESENTAÇÃO	AÇÃO PENAL PÚBLICA INCONDICIONADA
Regra geral. ***►Art. 153, §1º - Somente se procede mediante representação.***	**Exceção.** ***►Art. 153, §2º - Quando resultar prejuízo para a Administração Pública, a ação penal será incondicionada.***

VIOLAÇÃO DO SEGREDO PROFISSIONAL (ART. 154)
►Art. 154. Revelar alguém, sem justa causa, segredo, de que tem ciência em razão de função, ministério, ofício ou profissão, e cuja revelação possa produzir dano a outrem: ***Pena - detenção, de 3 meses a 1 ano, ou multa.***

33. Exemplo: segundo o art. 202 da LEP, "cumprida ou extinta a pena, não constarão da folha corrida, atestados ou certidões fornecidas por autoridade policial ou por auxiliares da Justiça, qualquer notícia ou referência à condenação, salvo para instruir processo pela prática de nova infração penal ou outros casos expressos em lei". Fora das hipóteses descritas, a informação é sigilosa.

VIOLAÇÃO DO SEGREDO PROFISSIONAL (ART. 154)	
Tipicidade	"***Sem justa causa***" é um elemento normativo do tipo a ser valorado pelo julgador no caso concreto.
Bem jurídico	A inviolabilidade do segredo profissional.
Sujeito ativo	Apenas aquele que tem ciência do segredo em razão de função, ministério, ofício ou profissão (crime **próprio**).
Sujeito passivo	Qualquer pessoa.
Elemento subjetivo	Dolo, direto ou eventual. Não há finalidade especial. Não há modalidade culposa.
Consumação	Ocorre com a revelação do segredo a alguém (basta uma pessoa), desde que possa causar dano à vítima (crime **instantâneo** e **formal**). Admite tentativa[34] (crime **plurissubsistente**).
Omissão	Pode ser praticado na forma omissiva (omissão **imprópria**[35]).
Execução	Crime de forma livre.
Concurso de pessoas	Crime de concurso eventual (**unissubjetivo**).
Competência	Juizado Especial Criminal.
Lei 9.099/1995	Infração de menor potencial ofensivo.
Ação penal	**Pública condicionada a representação.** ***► Art. 154, parágrafo único - Somente se procede mediante representação.***
ANPP	Admitida transação penal, é incabível o acordo de não persecução penal (art. 28-A, § 2º, I, do CPP).

34. Exemplo: o sujeito tenta de revelar o segredo por meio de carta, a qual vem a ser interceptada pela vítima.
35. Exemplo: o sujeito passivo envia ao seu advogado, por carta, informações sigilosas que podem prejudicá-lo em uma ação penal. O advogado deixa a carta em cima da mesa da sala, ciente de que outras pessoas transitam na sala e podem ler o conteúdo.

VIOLAÇÃO DO SEGREDO PROFISSIONAL – TEMAS RELEVANTES	
Código de Ética Médica (Resolução CFM nº. 1931/2009)	É vedado ao médico: Art. 73. Revelar fato de que tenha conhecimento em virtude do exercício de sua profissão, salvo por motivo justo, dever legal ou consentimento, por escrito, do paciente. Parágrafo único. Permanece essa proibição: a) mesmo que o fato seja de conhecimento público ou o paciente tenha falecido; b) quando de seu depoimento como testemunha. Nessa hipótese, o médico comparecerá perante a autoridade e declarará seu impedimento; c) na investigação de suspeita de crime o médico estará impedido de revelar segredo que possa expor o paciente a processo penal.
Sigilo profissional no CPP	Art. 207. São proibidas de depor as pessoas que, em razão de função, ministério, ofício ou profissão, devam guardar segredo, salvo se, desobrigadas pela parte interessada, quiserem dar o seu testemunho.
Sigilo profissional no CPC	Art. 448. A testemunha não é obrigada a depor sobre fatos: [...] II - a cujo respeito, por estado ou profissão, deva guardar sigilo.
Erro de tipo e de proibição	Para Cezar Bitencourt, "por exemplo, se o profissional revelar um segredo de um cliente (ou paciente) acreditando, sinceramente, que não lhe causará nenhum dano, mas que, a despeito dessa convicção, se produz. Nessa hipótese, erra sobre uma condição do tipo - possibilidade de dano; logo, incorre em **erro de tipo**. Se, no entanto, acredita, piamente, que a revelação que faz realiza-a corretamente, como, por exemplo, para cobrar honorários; nem pensa que age com justa causa, acredita apenas que tem o direito de fazê-lo, nessa hipótese não erra sobre elementar do tipo - sem justa causa, mas sobre a ilicitude da conduta; logo, incorre em **erro de proibição**"[36].

CRIMES SIMILARES	
Violação de sigilo funcional (art. 325)	Art. 325. Revelar fato de que tem ciência em razão do cargo e que deva permanecer em segredo, ou facilitar-lhe a revelação: Pena - detenção, de 6 meses a 2 anos, ou multa, se o fato não constitui crime mais grave.
Patrocínio infiel (art. 355)	Art. 355. Trair, na qualidade de advogado ou procurador, o dever profissional, prejudicando interesse, cujo patrocínio, em juízo, lhe é confiado: Pena - detenção, de 6 meses a 3 anos, e multa.

36. BITENCOURT, Cezar Roberto (op. cit. p. 574).

CRIMES SIMILARES	
Fraudes em certame de interesse público (art. 311-A)	Art. 311-A. Utilizar ou divulgar, indevidamente, com o fim de beneficiar a si ou a outrem, ou de comprometer a credibilidade do certame, conteúdo sigiloso de: I - concurso público; II - avaliação ou exame públicos; III - processo seletivo para ingresso no ensino superior; ou IV - exame ou processo seletivo previstos em lei: Pena - reclusão, de 1 a 4 anos, e multa.
Lei 7.492/1986	Art. 18. Violar sigilo de operação ou de serviço prestado por instituição financeira ou integrante do sistema de distribuição de títulos mobiliários de que tenha conhecimento, em razão de ofício: Pena - Reclusão, de 1 a 4 anos, e multa.
CPM	Art. 230. Revelar, sem justa causa, segredo de que tem ciência, em razão de função ou profissão, exercida em local sob administração militar, desde que da revelação possa resultar dano a outrem: Pena - detenção, de 3 meses a 1 ano.

INVASÃO DE DISPOSITIVO INFORMÁTICO (ART. 154-A)	
► Art. 154-A. Invadir dispositivo informático de uso alheio, conectado ou não à rede de computadores, com o fim de obter, adulterar ou destruir dados ou informações sem autorização expressa ou tácita do usuário do dispositivo ou de instalar vulnerabilidades para obter vantagem ilícita: Pena – reclusão, de 1 a 4 anos, e multa.	
Tipicidade	A **Lei 14.155/2021** promoveu alterações no *caput* (ampliando o alcance da conduta) e na pena (majorando-a significativamente).
Bem jurídico	A privacidade individual.
Sujeito ativo	Qualquer pessoa (crime **comum**).
Sujeito passivo	Qualquer pessoa.
Elemento subjetivo	Dolo, direto ou eventual. Há finalidade especial: "***com o fim de obter, adulterar ou destruir dados ou informações sem autorização expressa ou tácita do usuário do dispositivo ou de instalar vulnerabilidades para obter vantagem ilícita***". Não há modalidade culposa.
Consumação	Ocorre com a efetiva invasão do dispositivo informático de uso alheio, independentemente da obtenção de vantagem (crime **instantâneo** e **formal**). Admite tentativa (crime **plurissubsistente**).

INVASÃO DE DISPOSITIVO INFORMÁTICO (ART. 154-A)	
Omissão	Pode ser praticado na forma omissiva (omissão **imprópria**).
Execução	Crime de forma livre.
Concurso de pessoas	Crime de concurso eventual (**unissubjetivo**).
Competência	Juízo comum.
Lei 9.099/1995	Com a Lei 14.155/2021, deixou de ser infração de menor potencial ofensivo. Contudo, comporta suspensão condicional do processo se preenchidos os requisitos legais (art. 89 da Lei 9.099/1995).
ANPP	Em princípio, é cabível o acordo de não persecução penal, se preenchidos os requisitos do art. 28-A do CPP.

LEI 14.155/2021	
Redação original (Lei 12.737/12)	**Após a Lei 14.155/2021**
Art. 154-A. Invadir dispositivo informático alheio, conectado ou não à rede de computadores, mediante violação indevida de mecanismo de segurança e com o fim de obter, adulterar ou destruir dados ou informações sem autorização expressa ou tácita do titular do dispositivo ou instalar vulnerabilidades para obter vantagem ilícita: Pena - detenção, de 3 meses a 1 ano, e multa.	***► Art. 154-A. Invadir dispositivo informático de uso alheio, conectado ou não à rede de computadores, com o fim de obter, adulterar ou destruir dados ou informações sem autorização expressa ou tácita do usuário do dispositivo ou de instalar vulnerabilidades para obter vantagem ilícita: Pena – reclusão, de 1 a 4 anos, e multa.***
O dispositivo devia ser "alheio".	Basta que o dispositivo esteja sendo utilizado por outra pessoa.
Não havia crime quando o dispositivo informático estava desprotegido ou quando o mecanismo de segurança não estava acionado.	Não existe mais essa restrição.

CONDUTA EQUIPARADA (ART. 154-A, §1º)
►***Art. 154-A, §1º - Na mesma pena incorre quem produz, oferece, distribui, vende ou difunde dispositivo ou programa de computador*[37] *com o intuito de permitir a prática da conduta definida no caput*.** Neste ponto, a Lei 14.155/2021 não promoveu qualquer alteração.

CAUSA ESPECIAL DE AUMENTO DE PENA (ART. 154-A, §2º)	
►***Art. 154-A, §2º - Aumenta-se a pena de 1/3 a 2/3 se da invasão resulta prejuízo econômico*.** O *quantum* de aumento foi alterado (e majorado) pela Lei 14.155/2021:	
Redação original (Lei 12.737/12)	**Após a Lei 14.155/2021**
Aumenta-se a pena de **1/6 a 1/3** se da invasão resulta prejuízo econômico.	Aumenta-se a pena de **1/3 a 2/3** se da invasão resulta prejuízo econômico. ***Novatio legis in pejus*.**

FORMA QUALIFICADA (ART. 154-A, §3º)	
►***Art. 154-A, §3º - Se da invasão resultar a obtenção de conteúdo de comunicações eletrônicas privadas, segredos comerciais ou industriais, informações sigilosas, assim definidas em lei, ou o controle remoto não autorizado do dispositivo invadido: Pena – reclusão, de 2 a 5 anos, e multa*.** A Lei 14.155/2021 aumentou sensivelmente a pena da forma qualificada:	
Antes da Lei 14.155/2021	**Após a Lei 14.155/2021**
Reclusão, de **6 meses a 2 anos**, e multa, se a conduta não constitui crime mais grave.	Reclusão, de **2 a 4 anos**, e multa. ***Novatio legis in pejus*.**

37. Art. 1º da Lei 9.609/1998 - Programa de computador é a expressão de um conjunto organizado de instruções em linguagem natural ou codificada, contida em suporte físico de qualquer natureza, de emprego necessário em máquinas automáticas de tratamento da informação, dispositivos, instrumentos ou equipamentos periféricos, baseados em técnica digital ou análoga, para fazê-los funcionar de modo e para fins determinados.

FORMA QUALIFICADA (ART. 154-A, §4º)
► ***Art. 154-A, §4º - Na hipótese do §3º, aumenta-se a pena de 1 a 2/3 se houver divulgação, comercialização ou transmissão a terceiro, a qualquer título, dos dados ou informações obtidos.*** Neste ponto, a Lei 14.155/2021 não promoveu qualquer alteração.

CAUSAS ESPECIAIS DE AUMENTO DE PENA (ART. 154-A, §5º)
► ***Art. 154-A, §5º - Aumenta-se a pena de 1/3 à metade se o crime for praticado contra:*** ***I - Presidente da República, governadores e prefeitos;*** ***II - Presidente do Supremo Tribunal Federal;*** ***III - Presidente da Câmara dos Deputados, do Senado Federal, de Assembleia Legislativa de Estado, da Câmara Legislativa do Distrito Federal ou de Câmara Municipal; ou*** ***IV - dirigente máximo da administração direta e indireta federal, estadual, municipal ou do Distrito Federal.***

AÇÃO PENAL	
► ***Art. 154-B. Nos crimes definidos no art. 154-A, somente se procede mediante representação, salvo se o crime é cometido contra a administração pública direta ou indireta de qualquer dos Poderes da União, Estados, Distrito Federal ou Municípios ou contra empresas concessionárias de serviços públicos.***	
Regra: ação penal pública condicionada à representação.	**Exceção: ação penal pública incondicionada (crime cometido contra a Administração Pública).**

TÍTULO II

DOS CRIMES CONTRA O PATRIMÔNIO

INTRODUÇÃO AOS CRIMES CONTRA O PATRIMÔNIO

DOS CRIMES CONTRA O PATRIMÔNIO (TÍTULO II)	
DO FURTO (I)	**DO ROUBO E DA EXTORSÃO (II)**
DA USURPAÇÃO (III)	**DO DANO (IV)**
DA APROPRIAÇÃO INDÉBITA (V)	**DO ESTELIONATO E OUTRAS FRAUDES (VI)**
DA RECEPTAÇÃO (VII)	

DO FURTO (I)	
Furto (art. 155).	Furto de coisa comum (art. 156).

DO ROUBO E DA EXTORSÃO (II)	
Roubo (art. 157).	Extorsão (art. 158).
Extorsão mediante sequestro (art. 159).	Extorsão indireta (art. 160).

DA USURPAÇÃO (III)	
Alteração de limites (art. 161).	Usurpação de águas (art. 161, §1º, I).
Esbulho possessório (art. 161, §1º, II).	Supressão ou alteração de marca em animais (art. 162).

DO DANO (IV)	
Dano (art. 163).	Introdução ou abandono de animais em propriedade alheia (art. 164).
Dano em coisa de valor artístico, arqueológico ou histórico (art. 165).	Alteração de local especialmente protegido (art. 166).

DA APROPRIAÇÃO INDÉBITA (V)	
Apropriação indébita (art. 168).	Apropriação indébita previdenciária (art. 168-A).
Apropriação de coisa havida por erro, caso fortuito ou força da natureza (art. 169).	Apropriação de tesouro (art. 169, I).
Apropriação de coisa achada (art. 169, II).	

DO ESTELIONATO E OUTRAS FRAUDES (VI)	
Estelionato (art. 171).	Disposição de coisa alheia como própria (art. 171, §2º, I).
Alienação ou oneração fraudulenta de coisa própria (art. 171, §2º, II).	Defraudação de penhor (art. 171, §2º, III).
Fraude na entrega de coisa (art. 171, §2º, IV).	Fraude para recebimento de indenização ou valor de seguro (art. 171, §2º, V).

DO ESTELIONATO E OUTRAS FRAUDES (VI)	
Fraude no pagamento por meio de cheque (art. 171, §2º, VI).	Duplicata simulada (art. 172).
Abuso de incapazes (art. 173).	Induzimento à especulação (art. 174).
Fraude no comércio (art. 175).	Outras fraudes (art. 176).
Fraudes e abusos na fundação ou administração de sociedade por ações (art. 177).	Emissão irregular de conhecimento de depósito ou "*warrant*" (art. 178).
Fraude à execução (art. 179).	

DA RECEPTAÇÃO (VII)	
Receptação (art. 180).	Receptação de animal (art. 180-A).

ESCUSAS ABSOLUTÓRIAS	
►Art. 181. É isento de pena quem comete qualquer dos crimes previstos neste título, em prejuízo:	
I - do cônjuge, na constância da sociedade conjugal;	***II - de ascendente ou descendente, seja o parentesco legítimo ou ilegítimo, seja civil ou natural.***

ESCUSAS RELATIVAS		
►Art. 182. Somente se procede mediante representação, se o crime previsto neste título é cometido em prejuízo:		
I - do cônjuge desquitado ou judicialmente separado;	***II - de irmão, legítimo ou ilegítimo;***	***III - de tio ou sobrinho, com quem o agente coabita.***

INAPLICABILIDADE DAS ESCUSAS		
►***Art. 183. Não se aplica o disposto nos dois artigos anteriores:***		
I - se o crime é de roubo ou de extorsão, ou, em geral, quando haja emprego de grave ameaça ou violência à pessoa;	***II - ao estranho que participa do crime.***	***III – se o crime é praticado contra pessoa com idade igual ou superior a 60 anos.***

1

DO FURTO

DO FURTO (I)	
Furto (art. 155).	Furto de coisa comum (art. 156).

DO FURTO (ART. 155)			
Simples (*caput*).	**Majorado** (§1º).	**Privilegiado** (§2º).	**Qualificado** (§§4º, 4º-A, 5º, 6º e 7º).

FURTO (ART. 155)	
► ***Art. 155. Subtrair, para si ou para outrem, coisa alheia móvel: Pena - reclusão, de 1 a 4 anos, e multa.***	
Tipicidade	A coisa móvel deve ser **alheia**. Não é possível a subtração de coisa própria. Tampouco é possível a subtração de coisa **abandonada, sem dono** ou de **uso comum** (ausente a elementar "***alheia***").
Bem jurídico	O patrimônio.
Sujeito ativo	Qualquer pessoa (crime **comum**), inclusive a pessoa jurídica. Ressalva-se, por óbvio, o proprietário da coisa, pois a coisa móvel deve ser "***alheia***".
Sujeito passivo	Apenas o **proprietário e o possuidor legítimo** (pessoa física ou pessoa jurídica).

FURTO (ART. 155)	
Elemento subjetivo	Dolo (*animus furandi*), direto ou eventual. Finalidade especial: "***para si ou para outrem***" (*animus rem sibi habendi*). **Não se exige o *animus lucrandi*.** Não há modalidade culposa.
Consumação	O STF[1] e o STJ adotam a teoria da **inversão da posse** (também chamada de ***apprehensio*** ou ***amotio***): "consuma-se o crime de furto com a posse de fato da res furtiva, ainda que por breve espaço de tempo e seguida de perseguição ao agente, sendo prescindível a posse mansa e pacífica ou desvigiada"[2] (crime **instantâneo** e **material**). Admite tentativa (crime **plurissubsistente**).
Omissão	Pode ser praticado na forma omissiva (omissão **imprópria**).
Execução	Crime de forma livre.
Concurso de pessoas	Crime de concurso eventual (**unissubjetivo**).
Competência	Juízo comum.
Lei 9.099/1995	Não é infração de menor potencial ofensivo, mas admite suspensão condicional do processo (se preenchidos os requisitos do art. 89 da Lei 9.099/1995).
Ação penal	Pública incondicionada (ressalva-se a disposição geral contida no art. 182).
ANPP	Em princípio, é cabível o acordo de não persecução penal, se preenchidos os requisitos do art. 28-A do CPP. Porém, nas hipóteses dos §§ 4º-A e 7º o acordo não é possível, pois a pena mínima não é inferior a 4 anos.

1. STF, HC 135674/PE, Rel. Min. Ricardo Lewandowski, 2ª Turma, j. 27/09/2016.
2. STJ, Rcl 32872/RS, Rel. Min. Maria Thereza de Assis Moura, 3ª Seção, j. 24/05/2017.

FURTO – TEMAS RELEVANTES	
Furto de energia elétrica	►***Art. 155, § 3º - Equipara-se à coisa móvel a energia elétrica ou qualquer outra que tenha valor econômico***[3]. O furto de energia elétrica, diferentemente do *caput*, é **crime permanente**. Para o STJ, "o furto de energia elétrica não pode receber o mesmo tratamento dado ao inadimplemento tributário, de modo que **o pagamento do débito antes do recebimento da denúncia não configura causa extintiva de punibilidade, mas causa de redução de pena relativa ao arrependimento posterior**"[4].
Consentimento do ofendido	O patrimônio é bem jurídico disponível. Logo, o consentimento da vítima **exclui** o crime.
Coisa móvel	Cezar Bitencourt explica que "coisa móvel, para o direito penal, é todo e qualquer objeto passível de deslocamento, de remoção, apreensão, apossamento ou transporte de um lugar para outro. [...] Assim, os imóveis, somente se, por qualquer meio, forem mobilizados poderão ser objeto do furto. Os acessórios do imóvel (árvores, arbustos, casas, madeira, plantas - que forem mobilizados também podem ser objeto de furto)"[5].
Usurpação de águas (art. 161, §1º, I)	Aquele que desvia ou represa, em proveito próprio ou de outrem, águas alheias, comete o crime previsto no art. 161, §1º, I.
Peculato (art. 312)	Comete o crime de peculato o funcionário público que se apropriar de dinheiro, valor ou qualquer outro bem móvel, público ou particular, de que tem a posse em razão do cargo, ou desviá-lo, em proveito próprio ou alheio (art. 312).
Apropriação indébita (art. 168)	Se o agente subtrai coisa pensando ser sua e, posteriormente, toma ciência de que a coisa é alheia e ainda assim decide não restituí-la, a conduta amolda-se ao crime de apropriação indébita (art. 168).

3. "Toda energia economicamente utilizável é suscetível de incidir no poder de disposição material e exclusiva de um indivíduo (como, por exemplo, a eletricidade, a radioatividade, a energia genética dos reprodutores etc.) pode ser incluída, mesmo do ponto de vista técnico, entre as coisas móveis, a cuja regulamentação jurídica, portanto, deve ficar sujeita" (Item 56 da Exposição de Motivos da Parte Especial do CP).
4. STJ, HC 412.208/SP, Rel. Min. Felix Fischer, 5ª Turma, j. 20/03/2018. (Info. 622)
5. BITENCOURT, Cezar Roberto. Tratado de Direito Penal - 17. ed. rev., ampl. e atual. São Paulo: Saraiva, 2017.

FURTO – TEMAS RELEVANTES	
Exercício arbitrário das próprias razões (art. 345)	A apropriação também pode configurar o crime de exercício arbitrário das próprias razões (art. 345).
Apropriação de coisa achada (art. 169, parágrafo único, II)	Comete o crime de apropriação de coisa achada (art. 169, parágrafo único, II) aquele que acha coisa alheia perdida e dela se apropria, total ou parcialmente, deixando de restituí-la ao dono ou legítimo possuidor ou de entregá-la à autoridade competente, dentro no prazo de 15 dias.
Crime ambiental (art. 44 da lei 9.605/1998)	Comete o crime previsto no art. 44 da Lei 9.605/1998 aquele que extrai de florestas de domínio público ou consideradas de preservação permanente, sem prévia autorização, pedra, areia, cal ou qualquer espécie de minerais.
Subtração de cadáver	Se o objeto subtraído for um cadáver, a conduta amolda-se ao crime previsto no art. 211 (destruição, subtração ou ocultação de cadáver). Ressalva: possibilidade de subtração de cadáver configurar furto. Ex.: subtração de cadáver de faculdade de medicina.
Tecidos, órgãos ou partes do corpo (art. 14 da Lei 9.434/1997)	Pratica o crime previsto no art. 14 da Lei 9.434/1997 aquele que remove tecidos, órgãos ou partes do corpo de pessoa ou cadáver, em desacordo com as disposições legais.
Famulato	Cleber Masson explica que "denomina-se famulato o furto cometido por pessoas que têm a detenção da coisa alheia móvel, especialmente os empregados domésticos, razão pela qual este crime é também rotulado de furto doméstico"[6].
Furto de uso	"O chamado furto de uso se caracteriza pela ausência de ânimo de permanecer na posse do bem subtraído, que se demonstra com a rápida, voluntária e integral restituição da coisa, antes que a vítima perceba a subtração do bem. No Direito Penal comum, a conduta é considerada **atípica**, diante da ausência do ânimo de assenhoramento"[7].

6. MASSON, Cleber (op. cit. 2015 p. 313).
7. STJ, AgRg no AREsp 1894699/SP, Rel. Min. Reynaldo Soares da Fonseca, 5ª Turma, j. 19/10/2021.

FURTO – TEMAS RELEVANTES	
Princípio da insignificância	Para a aplicação do princípio ao **furto simples**, a jurisprudência costuma considerar, em regra, o **valor da coisa** (apenas se inferior a **10% do salário mínimo da época dos fatos**) e a **reiteração delitiva**. Todavia, a incidência do princípio tem sido analisada cada vez mais de forma casuística.
	Sob a sistemática do recurso repetitivo, a 3ª Seção do STJ assentou que "a restituição imediata e integral do bem furtado **não** constitui, por si só, motivo suficiente para a incidência do princípio da insignificância"[8].
Valor sentimental	A doutrina oscila quanto à punição do furto de objetos de estimação **sem** valor econômico. Ex.: um origami de papel presenteado pela mãe da vítima, quando era viva. Para Nucci, é indispensável o conteúdo econômico nos crimes contra o patrimônio, devendo a dor moral ser resolvida na esfera cível[9]. Por outro lado, a jurisprudência do STJ parece caminhar no sentido oposto quando conjuga o valor sentimental da coisa à análise da insignificância do furto[10].
Furto famélico	É praticado com o exclusivo intuito de debelar a fome. Em tese, identifica-se com o **estado de necessidade** (causa excludente de ilicitude) ou com a **inexigibilidade de conduta diversa** (causa supralegal de exclusão da culpabilidade). Todavia, na prática, é mais comum a aplicação do **princípio da insignificância**[11].
Continuidade delitiva (roubo)	Não é possível reconhecer a continuidade delitiva entre os crimes de furto e roubo, pois são infrações penais de espécies diferentes.
Arrebatamento	Em julgados mais recentes, o STJ tem reconhecido a possibilidade de furto por arrebatamento quando o emprego de força ocorre sobre o bem subtraído[12] (ex.: furto de corrente presa ao corpo da vítima).

8. STJ, REsp 2062095/AL e 2062375/AL, Rel. Min. Sebastião Reis Júnior, 3ª Seção, j. 25/10/2023.
9. NUCCI, Guilherme de Souza (op. cit., vol. 2, p. 361).
10. "O pequeno valor da *res furtiva* não se traduz, automaticamente, na aplicação do princípio da insignificância. **Há que se conjugar a importância do objeto material para a vítima**, levando-se em consideração a sua condição econômica, **o valor sentimental do bem**, como também as circunstâncias e o resultado do crime, tudo de modo a determinar, subjetivamente, se houve relevante lesão" (STJ, REsp 1155395/PR, Rel. Min. Raul Araújo, 4ª Turma, j. 01/10/2013).
11. STJ, AgRg no AREsp 2216975/RN, Rel. Min. Ribeiro Dantas, 5ª Turma, j. 14/02/2023.
12. STJ, AgRg no AREsp 1604296/MG, Rel. Min. Nefi Cordeiro, 6ª Turma, j. 16/06/2020; STJ, AgRg no REsp 1483754/MG, Rel. Min. Ribeiro Dantas, 5ª Turma, j. 10/04/2018.

FURTO MAJORADO OU "CIRCUNSTANCIADO" (ART. 155, §1º)
► ***Art. 155, §1º - A pena aumenta-se de 1/3, se o crime é praticado durante o repouso noturno.***
A 3ª Seção do STJ, sob a sistemática do Recurso Repetitivo, fixou a seguinte tese: "**a causa de aumento prevista no § 1° do art. 155 do Código Penal (prática do crime de furto no período noturno) não incide no crime de furto na sua forma qualificada (§4°)**"[13].
Outras teses fixadas sob a sistemática do Recurso Repetitivo[14]: "1. Nos termos do § 1º do art. 155 do Código Penal, se o crime de furto é praticado durante o repouso noturno, a pena será aumentada de um terço. 2. O repouso noturno compreende o período em que a população se recolhe para descansar, devendo o julgador atentar-se às características do caso concreto. 3. A situação de repouso está configurada quando presente a condição de sossego/tranquilidade do período da noite, caso em que, em razão da diminuição ou precariedade de vigilância dos bens, ou, ainda, da menor capacidade de resistência da vítima, facilita-se a concretização do crime. 4. **São irrelevantes os fatos das vítimas estarem ou não dormindo no momento do crime, ou o local de sua ocorrência, em estabelecimento comercial, via pública, residência desabitada ou em veículos, bastando que o furto ocorra, obrigatoriamente, à noite e em situação de repouso**".
Não se aplica o princípio da insignificância[15].

FURTO TENTADO	CRIME IMPOSSÍVEL
É possível atingir a consumação do crime, seja porque a ineficácia do meio ou a impropriedade do objeto é relativa, seja por outra circunstância alheia à vontade do agente. Exemplo: ■ Súmula 567 do STJ: Sistema de vigilância realizado por monitoramento eletrônico ou por existência de segurança no interior de estabelecimento comercial, por si só, não torna impossível a configuração do crime de furto.	É impossível atingir a consumação do crime por ineficácia absoluta do meio ou por impropriedade absoluta do objeto. Exemplo: o agente pretende furtar um celular e coloca a mão na bolsa da vítima. Contudo, não existe nenhum celular dentro da bolsa (o objeto é inexistente e, portanto, não corre perigo).

13. STJ, REsp 1888756/SP, Rel. Min. João Otávio de Noronha, 3ª Seção, j. 25/05/2022.
14. STJ, REsp 1979989/RS, Rel. Min. Joel Ilan Paciornik, 3ª Seção, j. 22/06/2022.
15. STJ, AgRg no AREsp 2317004/SP, Rel. Min. Ribeiro Dantas, 5ª Turma, j. 09/05/2023.

FURTO PRIVILEGIADO (ART. 155, §2º)
► ***Art. 155, §2º - Se o criminoso é primário, e é de pequeno valor a coisa furtada, o juiz pode substituir a pena de reclusão pela de detenção, diminuí-la de 1 a 2/3, ou aplicar somente a pena de multa.*** "O art. 155, § 2º, do Código Penal impõe a aplicação do benefício penal na hipótese de adimplemento dos requisitos legais da primariedade e do pequeno valor do bem furtado, assim considerado aquele inferior ao **salário mínimo ao tempo do fato.** Trata-se, em verdade, de **direito subjetivo do réu**, não configurando mera faculdade do julgador a sua concessão, embora o dispositivo legal empregue o verbo 'poder'"[16]. **A faculdade reside na aplicação da pena** ("substituir a pena de reclusão pela de detenção, diminuí-la de 1 a 2/3, ou aplicar somente a pena de multa") e requer fundamentação concreta, como exige o princípio do livre convencimento fundamentado.

INSIGNIFICÂNCIA E FURTO PRIVILEGIADO	
"É necessário distinguir o 'furto insignificante' daquele referente à subtração de bem de pequeno valor, **de modo a não estimular a prática de condutas criminosas e obstar a aplicação da figura do 'furto privilegiado'**, previsto no art. 155, §2°, do CP"[17]. **Primeiro, afere-se a insignificância**. Sendo afastada, analisa-se se o furto é privilegiado[18].	
Furto insignificante	**Furto privilegiado**
O julgador deve fazer uma análise global das circunstâncias do caso concreto: ofensividade da conduta, periculosidade social da ação, grau reduzido de reprovabilidade do comportamento e inexpressividade da lesão jurídica provocada.	Análise dos dois **requisitos objetivos** previstos em lei: **primariedade e pequeno valor da coisa furtada.** Nada mais. Não cabe ao julgador acrescentar outros requisitos[19].
O STJ considera insignificante o valor de até **10% do salário mínimo** ao tempo do fato.	O STJ considera de "pequeno valor" o montante de até **um salário mínimo** ao tempo do fato.
O fato é atípico (atipicidade material) e o sujeito é **absolvido**.	O sujeito é condenado, mas recebe reprimenda mais branda.

16. STJ, AgRg no HC 724176/SC, Rel. Min. Ribeiro Dantas, 5ª Turma, j. 17/04/2023.
17. STF, HC 118264/MG, Rel. Min. Teori Zavascki, 2ª Turma, j. 05/08/2014.
18. STJ, HC 375220/SP, Rel. Min. Joel Ilan Paciornik, 5ª Turma, j. 13/12/2016.
19. STJ, HC 396785/SC, Rel. Min. Ribeiro Dantas, 5ª Turma, j. 20/06/2017.

FURTO MAJORADO E PRIVILEGIADO
É possível que o furto seja praticado durante o **repouso noturno**, que a coisa seja de **pequeno valor** e que o agente seja **primário**. Não há incompatibilidade.

FURTO QUALIFICADO (ART. 155, §4º)	
►*Art. 155, §4º - A pena é de reclusão de 2 a 8 anos, e multa, se o crime é cometido:*	
I - com destruição ou rompimento de obstáculo à subtração da coisa	A destruição ou o rompimento deve ser o **meio de execução** do furto. Após a subtração, configurará crime autônomo. Se a violência for praticada contra pessoa, o crime será de roubo.
II - com abuso de confiança	**Qualificadora subjetiva**, pois supõe uma relação prévia de confiança.
II - ou mediante fraude	"A fraude tem o escopo de reduzir/burlar a vigilância da vítima para que, em razão dela, não perceba que a coisa lhe está sendo subtraída"[20].
II - escalada	A escalada é "a transposição de um obstáculo encontrado pelo agente que apresenta uma **dificuldade** a ser superada para que adentre um recinto"[21]. **Nem sempre a escalada representa a subida**.
II - ou destreza;	Para o STJ, "somente a **excepcional, incomum, habilidade do agente**, que com movimento das mãos consegue subtrair a coisa que se encontra na posse da vítima sem despertar-lhe a atenção, é que caracteriza, revela, a '*destreza*'"[22].
III - com emprego de chave falsa;	"***Chave***" é todo e qualquer instrumento ou dispositivo apto a "abrir fechadura ou imprimir funcionamento em aparelhos e máquinas"[23], **ainda que sem a forma de chave**. Ex.: alfinetes, gazuas e mixas. A qualificadora não incide quando o agente utiliza chave verdadeira[24].

20. STJ, RHC 21412/SP, Rel. Min. Rogerio Schietti Cruz, 6ª Turma, j. 06/05/2014.
21. STJ, HC 354046/SP, Rel. Min. Nefi Cordeiro, 6ª Turma, j. 13/09/2016.
22. STJ, REsp 1478648/PR, Rel. Min. Newton Trisotto, 5ª Turma, j. 16/12/2014.
23. STJ, HC 119524/MG, Rel. Min. Og Fernandes, 6ª Turma, j. 26/10/2010.
24. **A depender de como a chave verdadeira tenha sido obtida, poderá incidir a qualificadora "*mediante fraude*".**

FURTO QUALIFICADO (ART. 155, §4º)	
IV - mediante concurso de duas ou mais pessoas.	O crime de furto é **eventualmente plurissubjetivo**: pode ser praticado por uma pessoa e tem a pena aumentada quando praticado em concurso de pessoas. Incapazes podem integrar o concurso de pessoas.

FURTO QUALIFICADO (ART. 155, §4º-A)
►Art. 155, §4º-A - A pena é de reclusão de 4 a 10 anos e multa, se houver emprego de explosivo ou de artefato análogo que cause perigo comum. Qualificadora incluída pela Lei 13.654/2018. Com a Lei 13.964/2019 ("Pacote Anticrime"), passou a ser crime hediondo (art. 1º, IX da Lei 8.072/1990).

FURTO QUALIFICADO (ART. 155, §4º-B)
►Art. 155, §4º-B. A pena é de reclusão, de 4 a 8 anos, e multa, se o furto mediante fraude é cometido por meio de dispositivo eletrônico ou informático, conectado ou não à rede de computadores, com ou sem a violação de mecanismo de segurança ou a utilização de programa malicioso, ou por qualquer outro meio fraudulento análogo. Antes da **Lei 14.155/2021**, a figura criminosa era punida como furto mediante fraude (reclusão de 2 a 8 anos - art. 155, §4º, II). A nova qualificadora acrescentada pela Lei é uma reação ao aumento brusco de furtos praticados por meios eletrônicos durante a pandemia COVID-19.

CAUSAS ESPECIAIS DE AUMENTO DE PENA APLICÁVEIS AO §4º-B (ART. 155, §4º-C)	
A **Lei 14.155/2021** também trouxe causas de aumento aplicáveis à qualificadora. ***►Art. 155, § 4º-C. A pena prevista no § 4º-B deste artigo, considerada a relevância do resultado gravoso***:	
I – aumenta-se de 1/3 a 2/3, se o crime é praticado mediante a utilização de servidor mantido fora do território nacional;	***II – aumenta-se de 1/3 ao dobro, se o crime é praticado contra idoso ou vulnerável.***

FURTO QUALIFICADO (ART. 155, §5º)
►***Art. 155, §5º - A pena é de reclusão de 3 a 8 anos, se a subtração for de veículo automotor que venha a ser transportado para outro Estado ou para o exterior.*** É necessário que o veículo automotor efetivamente seja transportado para outro Estado ou para o exterior ("***veículo automotor que venha a ser transportado***").

FURTO QUALIFICADO (ART. 155, §6º)
►***Art. 155, §6º - A pena é de reclusão de 2 a 5 anos se a subtração for de semovente domesticável de produção, ainda que abatido ou dividido em partes no local da subtração.*** "No caso da Lei 13.330/2016, denota-se que o objetivo é exasperar a punição do conhecido crime de abigeato, ou seja, o furto de animais (boi, vaca, ovelha etc.), nas propriedades rurais de nosso imenso Brasil. [...] Trata-se, em outros termos, da subtração de animais destinados ao abate, animais de carga ou leiteiros, os quais são criados no campo e nas fazendas, ou seja, em locais que se caracterizam por certa clandestinidade em razão da grande dificuldade de sua proteção e vigilância"[25].

FURTO QUALIFICADO (ART. 155, §7º)
►***Art. 155, §7º - A pena é de reclusão de 4 a 10 anos e multa, se a subtração for de substâncias explosivas ou de acessórios que, conjunta ou isoladamente, possibilitem sua fabricação, montagem ou emprego.*** Qualificadora incluída pela **Lei 13.654/2018**.

FURTO QUALIFICADO – PENAS ABSTRATAS					
§4º	§4º-A	§4º-B	§5º	§6º	§7º
2 a 8 anos.	4 a 10 anos.	4 a 8 anos.	3 a 8 anos.	2 a 5 anos.	4 a 10 anos.

25. BITENCOURT, Cezar Roberto (p. 57).

LEI 13.654/2018
A Lei 13.654/2018 acrescentou duas qualificadoras ao art. 155. Agora, comete furto qualificado aquele que **furtar explosivo** ou **com o emprego de explosivo**. Em ambos os casos (§§4º-A e 7º), coincidem as penas: 4 a 10 anos de reclusão. Atenção: a nova Lei, por ser ***novatio legis in pejus*** nesse ponto, aplica-se somente aos furtos cometidos após a sua entrada em vigor, ou seja, após 23/04/2018.

NECESSIDADE DE LAUDO PERICIAL		
As qualificadoras ***"destruição ou rompimento de obstáculo"*** e ***"escalada"***, em regra, deixam vestígios.	A qualificadora ***"com emprego de chave falsa"*** pode ou não deixar vestígios.	As demais (***"abuso de confiança"***, ***"fraude"***, ***"destreza"*** e ***"mediante concurso de duas ou mais pessoas"***), em regra, não deixam vestígios.
Regra: exige-se exame pericial para a comprovação da presença das qualificadoras, substituível por outros elementos probatórios **somente quando os vestígios desaparecerem, não existirem ou o exame técnico não for passível de implementação**[26].		

DESTRUIÇÃO OU ROMPIMENTO DE OBSTÁCULO E *RES FURTIVA*	
É pacífico no STF e no STJ que "a incidência da qualificadora do art. 155, § 4º, inciso I, do CP, pressupõe conduta praticada pelo réu objetivada à destruição ou ao rompimento do **óbice** que dificulta a obtenção da coisa. **Se o dano é contra o próprio objeto do furto, sendo o obstáculo peculiar à *res furtiva*, não incide a majorante**"[27].	
1ª situação	**2ª situação**
Se o sujeito quebra o vidro do carro para furtar o aparelho de som que está dentro dele, **incide** a qualificadora, pois o vidro era o obstáculo para subtrair a *res furtiva*[28].	Se o sujeito quebra o vidro do carro para furtar o próprio carro, **não incide** a qualificadora, pois a violência foi dirigida contra parte integrante da própria *res furtiva*.

26. STJ, AgRg no REsp 1581047/RS, Rel. Min. Jorge Mussi, 5ª Turma, j. 01/06/2017.
27. STJ, AgRg no AREsp 230117/DF, Rel. Min. Felix Fischer, 5ª Turma, j. 24/02/2015.
28. STF, HC 98606/RS, Rel. Min. Marco Aurélio, 1ª Turma, j. 04/05/2010.

FURTO QUALIFICADO – TEMAS RELEVANTES	
Pluralidade de qualificadoras	Se presente mais de uma qualificadora do §4º, é possível a utilização de uma delas para compor o tipo penal qualificado e as demais como circunstâncias judiciais negativas.
	Os §§4º, 5º e 6º trazem penas distintas. Havendo pluralidade de qualificadoras de parágrafos diferentes, deve prevalecer a mais grave, enquanto as demais serão utilizadas como circunstâncias judiciais.
Furto qualificado majorado	Havia consenso no STF[29] e na 3ª Seção do STJ quanto à plena possibilidade de aplicação da causa de aumento do repouso noturno ao furto qualificado. Porém, no julgamento do REsp 1.888.756/SP, o **STJ** passou a compreender que a majorante do repouso noturno é **incompatível** com a forma qualificada do delito de furto. O primeiro fundamento é a posição topográfica do §1º do art. 155 do CP, que se refere apenas ao furto simples. O furto qualificado apenas aparece 3 parágrafos depois. Sob o viés do princípio da proporcionalidade, evita-se o excesso de punição. Lado outro, nada impede que o fato de ter sido cometido durante o repouso noturno seja considerado circunstância judicial negativa na primeira fase da dosimetria (art. 59 do CP).
Princípio da insignificância	A princípio, o STJ **nega** a aplicação do princípio da insignificância ao furto qualificado. Ex.: "a prática do delito de furto qualificado por **escalada**, **arrombamento** ou **rompimento de obstáculo** ou **concurso de agentes**, caso dos autos, indica" a especial reprovabilidade do comportamento e afasta a aplicação do princípio da insignificância"[30]. No mesmo sentido, o furto com **abuso de confiança**[31] ou **mediante fraude**[32]. Essa é a regra. Contudo, tem sido analisada cada vez mais a reprovabilidade presente no caso concreto, razão pela qual não são raros os julgados em sentido contrário. Ex.: "Mesmo nos casos de acusados reincidentes e que tenham praticado furto qualificado, esta Corte Superior tem admitido a incidência do princípio da insignificância diante das peculiaridades do caso concreto, como na hipótese, em que o bem subtraído é avaliado em apenas R$70,00"[33].

29. STF, HC 130952/MG, Rel. Min. Dias Toffoli, 2ª Turma, j. 13/12/2016.
30. STJ, AgRg no AgRg no AREsp 2213101/PR, Rel. Min. Reynaldo Soares da Fonseca, 5ª Turma, j. 18/04/2023.
31. STJ, AgRg no HC 713130/SP, Rel. Min. Olindo Menezes (Desembargador convocado do TRF 1ª Região), 6ª Turma, j. 29/03/2022.
32. STJ, AgRg no HC 705654/SP, Rel. Min. Rogerio Schietti Cruz, 6ª Turma, j. 07/12/2021.
33. STJ, AgRg no REsp 2035302/SP, Rel. Min. Ribeiro Dantas, 5ª Turma, j. 27/03/2023.

FURTO QUALIFICADO – TEMAS RELEVANTES	
Concurso de pessoas no crime de roubo	O **furto** é **qualificado** pelo concurso de pessoas (reclusão de 2 a 8 anos). Já a pena do **roubo** é **majorada** pelo concurso de pessoas (art. 157, §2º, II - aumento de 1/3 até metade). Para beneficiar o réu, muitas vezes os julgadores utilizavam a majorante do roubo no furto cometido em concurso de pessoas, em detrimento da forma qualificada (analogia *in bonam partem*). Todavia, o STF e STJ posicionam-se **contrariamente** à prática. ■ Súmula 442 do STJ: É inadmissível aplicar, no furto qualificado, pelo concurso de agentes, a majorante do roubo.
Furto mediante fraude e "chupa-cabra"	A utilização de equipamento coletor de dados ("chupa-cabra") para copiar os dados bancários relativos a cartões inseridos no caixa eletrônico bancário **subsume-se** ao furto qualificado por fraude (§4º, II)[34].
Furto mediante fraude e instituições bancárias	"A subtração de valores de conta corrente, mediante transferência fraudulenta, utilizada para ludibriar o sistema informatizado de proteção de valores, mantidos sob guarda bancária, sem consentimento da vítima, configura crime de furto mediante fraude"[35]. A vítima é a instituição bancária "na medida em que, sendo ela a responsável pela implementação de mecanismos de proteção dos valores e bens sob sua guarda, será dela o ônus de arcar com o prejuízo advindo de eventual falha em tais mecanismos"[36].
Furto mediante fraude eletrônica	O STJ pacificou que "a competência para o julgamento de furtos mediante fraude eletrônica (via internet) se define pelo **local onde o bem foi subtraído da vítima**, nos termos do art. 70, *caput*, do CPP"[37].

34. "No caso, o agente se valeu de fraude - clonagem do cartão – para retirar indevidamente valores pertencentes ao titular da conta bancária, o que ocorreu, por certo, sem o consentimento da vítima, o Banco. A fraude, de fato, foi usada para burlar o sistema de proteção e de vigilância do Banco sobre os valores mantidos sob sua guarda, configurando o delito de furto qualificado" (STJ, REsp 1412971/PE, Rel. Min. Laurita Vaz, 5ª Turma, j. 07/11/2013).

35. STJ, CC 145576/MA, Rel. Min. Joel Ilan Paciornik, 3ª Seção, j. 13/04/2016.

36. "**Nas situações em que o cartão furtado traz a senha anotada junto a ele, não há como se vislumbrar o emprego de meio fraudulento para ludibriar o sistema de segurança da instituição bancária no saque efetuado pelo investigado sem o consentimento da vítima.** Isso porque a instituição bancária adverte expressamente seus correntistas da importância de manter as senhas de suas contas bancárias e cartões em sigilo e em locais de difícil acesso" (STJ, CC 149752/PI, Rel. Min. Reynaldo Soares da Fonseca, 3ª Seção, j. 14/12/2016).

37. STJ, RHC 84622/PR, Rel. Min. Ribeiro Dantas, 5ª Turma, j. 17/08/2017.

DOS CRIMES CONTRA O PATRIMÔNIO

FURTO QUALIFICADO – TEMAS RELEVANTES	
Furto mediante escalada e perícia	É **dispensável** a perícia quando a escalada for comprovada por meio de **filmagem, fotos e testemunhos**[38], eis que legalmente comprovada a materialidade.
Chave falsa e perícia	Em regra, a perícia é indispensável para a comprovação da qualificadora "***chave falsa***". Todavia, "o emprego de chave falsa pode, a depender da hipótese, não deixar vestígios, como, por exemplo, quando se emprega grampo, arame ou chave de feitio especial para a abertura de fechaduras, sem dano ou arrombamento, de modo que, nesses casos, é dispensável o exame pericial para a caracterização da qualificadora do crime de furto"[39].
Furto em concurso de pessoas	A participação de um inimputável na ação delituosa de furto não afasta a qualificadora do concurso de agentes[40]. Se o inimputável for menor de 18 anos, o agente também deve responder pelo crime de **corrupção de menores**[41].

FURTO MEDIANTE FRAUDE (ART. 155, §4º, II)	ESTELIONATO (ART. 171)
A fraude é utilizada pelo agente com o fim de **burlar a vigilância** da vítima que, desatenta, tem seu bem subtraído, sem que se aperceba.	A fraude é usada como meio de obter o consentimento da vítima que, iludida, entrega **voluntariamente** o bem ao agente.
A competência é firmada no local onde ocorreu o efetivo prejuízo à vítima, que ocorre no local onde a vítima possui conta bancária e o dinheiro sai da sua esfera de disponibilidade[42].	A competência é firmada no local da obtenção da vantagem ilícita.

38. STJ, REsp 1392386/RS, Rel. Min. Marco Aurélio Bellizze, 5ª Turma, j. 03/09/2013.
39. "Hipótese em que restou demonstrado que o delito em tela não deixou vestígios, pois, além do fato de o acusado ter afirmado que usou uma chave réplica, a qual, em regra, não gera danos, o veículo objeto do furto já se encontrava com diversas avarias, sendo desnecessária a perícia, portanto". (STJ, HC 394886/SC, Rel. Min. Reynaldo Soares da Fonseca, 5ª Turma, j. 17/08/2017).
40. STJ, HC 143700/MS, Rel. Min. Maria Thereza de Assis Moura, 6ª Turma, j. 03/03/2011.
41. Art. 244-B do ECA - Corromper ou facilitar a corrupção de menor de 18 anos, com ele praticando infração penal ou induzindo-o a praticá-la: Pena - reclusão, de 1 a 4 anos.
42. STJ, CC 183754/GO, Rel. Min. Laurita Vaz, 3ª Seção, j. 14/12/2022.

FURTO PRIVILEGIADO-QUALIFICADO
É compatível, desde que a qualificadora seja **objetiva.** Logo, apenas a qualificadora subjetiva ***"abuso de confiança"*** inviabiliza o benefício[43].
■ Súmula 511 do STJ: É possível o reconhecimento do privilégio previsto no §2º do art. 155 do CP nos casos de crime de furto qualificado, se estiverem presentes a primariedade do agente, o pequeno valor da coisa e a qualificadora for de ordem objetiva.

FURTO PRIVILEGIADO, MAJORADO E QUALIFICADO	
1. Furto privilegiado e majorado	Ex.: furto cometido durante o **repouso noturno**, agente **primário** e coisa de **pequeno valor**.
2. Furto qualificado e majorado	Ex.: furto cometido durante e **repouso noturno** e mediante **escalada**.
3. Furto privilegiado e qualificado	Ex.: furto cometido com **rompimento de obstáculo** (qualificadora objetiva), agente **primário** e coisa de **pequeno valor**. Aplica-se a súmula 511 do STJ.
4. Furto privilegiado, majorado e qualificado	Ex.: furto cometido durante o **repouso noturno**, mediante utilização de **chave falsa**, agente **primário** e coisa de **pequeno valor**.

DISPOSIÇÕES GERAIS (ARTS. 181 A 183)
Ao furto aplicam-se as **causas de isenção de pena** previstas no art. 181. Também são válidas as hipóteses em que a ação penal é **pública condicionada à representação** (art. 182). Todavia, **as disposições dos arts. 181 e 182 não se aplicarão se o furto for cometido contra pessoa com idade igual ou superior a 60 anos** (art. 183, III).

43. STJ, HC 396785/SC, Rel. Min. Ribeiro Dantas, 5ª Turma, j. 20/06/2017. Em alguns julgados, o STJ também inclui a "fraude", ante a identificação com o "abuso de confiança". Ex.: STJ, AgRg no AREsp 395916/MG, Rel. Min. Sebastião Reis Júnior, 6ª Turma, j. 11/02/2014.

CRIMES SIMILARES	
CPM	Art. 240. Subtrair, para si ou para outrem, coisa alheia móvel: Pena - reclusão, até 6 anos. O CPM ainda prevê o furto **atenuado** (§§1º e 2º), **qualificado** (§§4º ao 6º) e o **furto de uso** (§6º).

JURISPRUDÊNCIA EM TESES DO STJ - FURTO
1) Consuma-se o crime de furto com a posse de fato da res furtiva, ainda que por breve espaço de tempo e seguida de perseguição ao agente, sendo prescindível a posse mansa e pacífica ou desvigiada. (Tese Julgada sob o rito do art. 543-C do CPC/1973 - TEMA 934)
2) Não há continuidade delitiva entre roubo e furto, porquanto, ainda que possam ser considerados delitos do mesmo gênero, não são da mesma espécie.
3) O rompimento ou destruição do vidro do automóvel com a finalidade de subtrair objetos localizados em seu interior qualifica o furto.
4) Todos os instrumentos utilizados como dispositivo para abrir fechadura são abrangidos pelo conceito de chave falsa, incluindo as mixas.
5) É possível o reconhecimento do privilégio previsto no § 2º do art. 155 do CP nos casos de crime de furto qualificado, se estiverem presentes a primariedade do agente, o pequeno valor da coisa e a qualificadora for de ordem objetiva. (Súmula n. 511/STJ) (Tese julgada sob o rito do Art. 543-C/1973 - TEMA 561)
6) A prática do delito de furto qualificado por escalada, destreza, rompimento de obstáculo ou concurso de agentes indica a reprovabilidade do comportamento do réu, sendo inaplicável o princípio da insignificância.
7) O princípio da insignificância deve ser afastado nos casos em que o réu faz do crime o seu meio de vida, ainda que a coisa furtada seja de pequeno valor.
8) Para reconhecimento do crime de furto privilegiado é indiferente que o bem furtado tenha sido restituído à vítima, pois o critério legal para o reconhecimento do privilégio é somente o pequeno valor da coisa subtraída.
9) Para efeito da aplicação do princípio da bagatela, é imprescindível a distinção entre valor insignificante e pequeno valor, uma vez que o primeiro exclui o crime e o segundo pode caracterizar o furto privilegiado.
10) É inadmissível aplicar, no furto qualificado, pelo concurso de agentes, a majorante do roubo. (Súmula n. 442/STJ)

JURISPRUDÊNCIA EM TESES DO STJ - FURTO
11) Para a caracterização do furto privilegiado, além da primariedade do réu, o valor do bem subtraído não deve exceder à importância correspondente ao salário mínimo vigente à época dos fatos.
12) O reconhecimento das qualificadoras da escalada e rompimento de obstáculo - previstas no art. 155, § 4º, I e II, do CP - exige a realização do exame pericial, salvo nas hipóteses de inexistência ou desaparecimento de vestígios, ou ainda se as circunstâncias do crime não permitirem a confecção do laudo.
13) Reconhecido o privilégio no crime de furto, a fixação de um dos benefícios do § 2º do art. 155 do CP exige expressa fundamentação por parte do magistrado.
14) A lesão jurídica resultante do crime de furto não pode ser considerada insignificante quando o valor dos bens subtraídos perfaz mais de 10% do salário mínimo vigente à época dos fatos.
15) Nos casos de continuidade delitiva o valor a ser considerado para fins de concessão do privilégio (artigo 155, § 2º, do CP) ou do reconhecimento da insignificância é a soma dos bens subtraídos.

INFORMATIVOS DO STJ
Info. 800: É atípica a tentativa de subtração, sem a prática de violência ou grave ameaça à pessoa, de 08 (oito) shampoos, em valor global aproximado inferior a R$ 100,00 (cem reais), ainda que, eventualmente, haja reiteração de condutas dessa natureza. AgRg no HC 834558/GO, Rel. Min. Messod Azulay Neto, red. p/ o ac. Min. Daniela Teixeira, 5ª Turma, j. 12/12/2023.
Info. 793: A restituição imediata e integral do bem furtado não constitui, por si só, motivo suficiente para a incidência do princípio da insignificância. STJ, REsp 2062095/AL e 2062375/AL, Rel. Min. Sebastião Reis Júnior, 3ª Seção, j. 25/10/2023.
Info. 777: No crime de furto contra empresa de segurança e transporte de valores, o prejuízo está inserido no risco do negócio e não autoriza a exasperação da pena basilar, porquanto ínsito ao tipo penal. AgRg no REsp 2322175/MG, Rel. Min. Reynaldo Soares da Fonseca, 5ª Turma, j. 30/05/2023.

FURTO DE COISA COMUM (ART. 156)	
►***Art. 156. Subtrair o condômino, co-herdeiro ou sócio, para si ou para outrem, a quem legitimamente a detém, a coisa comum:*** ***Pena - detenção, de 6 meses a 2 anos, ou multa.***	
Tipicidade	Em geral, aplicam-se as disposições relativas ao furto (art. 155). Aqui serão tratadas apenas as peculiaridades do tipo penal.

FURTO DE COISA COMUM (ART. 156)	
Bem jurídico	O patrimônio.
Sujeito ativo	Apenas o **condômino, coerdeiro ou sócio** da coisa comum (crime **próprio**).
Sujeito passivo	O **condômino, coerdeiro ou sócio** da coisa comum, ou qualquer outro possuidor legítimo.
Competência	Juizado Especial Criminal.
Lei 9.099/1995	É infração de menor potencial ofensivo.
Ação penal	**Pública condicionada à representação**. ►***Art. 156, §1º - Somente se procede mediante representação.***
ANPP	Admitida transação penal no *caput*, é incabível o acordo de não persecução penal (art. 28-A, § 2º, I, do CPP).

CAUSA ESPECIAL DE EXCLUSÃO DA ILICITUDE (ART. 156, §2º)
Art. 156, §2º - Não é punível a subtração de coisa comum fungível, cujo valor não excede a quota a que tem direito o agente. Se o sujeito passivo apropriar-se de coisa fungível cujo valor não excede sua cota, estará se apropriando do que é seu. Exemplo: Lucas e Gabriel são os únicos herdeiros de João, o qual deixou uma mala com R$100.000 de herança. Se Lucas apropriar-se de R$50.000, não haverá crime.

2

DO ROUBO E DA EXTORSÃO

DO ROUBO E DA EXTORSÃO			
Roubo (art. 157).	Extorsão (art. 158).	Extorsão mediante sequestro (art. 159).	Extorsão indireta (art. 160).

ROUBO (ART. 157)		
Simples Próprio (*caput*) e impróprio (§1º).	**Majorado** (§§2º, 2º-A e 2º-B).	**Qualificado** (§3º).
Reclusão. 4 a 10 anos.	Reclusão. 4 a 10 anos Aumento de 1/3 até metade (§2º) ou 2/3 (§2º-A) ou duas vezes (§2º-B).	Reclusão. Lesão grave: 7 a 18 anos. Morte (latrocínio): 20 a 30 anos.

ROUBO (ART. 157)
►***Art. 157. Subtrair coisa móvel alheia, para si ou para outrem, mediante grave ameaça ou violência a pessoa, ou depois de havê-la, por qualquer meio, reduzido à impossibilidade de resistência:*** ***Pena - reclusão, de 4 a 10 anos, e multa.***

ROUBO (ART. 157)	
Tipicidade	Crime **complexo**: o roubo é a fusão de tipos penais (furto + constrangimento ilegal, lesão corporal ou vias de fato[1]). A coisa móvel deve ser **alheia**. Não é possível a subtração de coisa própria. Tampouco é possível a subtração de coisa **abandonada** ou **sem dono** (ausente a elementar "***alheia***").
Bem jurídico	O patrimônio, a integridade física e a liberdade individual (crime **pluriofensivo**).
Sujeito ativo	Qualquer pessoa (crime **comum**).
Sujeito passivo	Qualquer pessoa, inclusive a pessoa jurídica.
Elemento subjetivo	Dolo (*animus furandi*), direto ou eventual. Finalidade especial: "***para si ou para outrem***" (*animus rem sibi habendi*). **Não se exige o *animus lucrandi*.** Não há modalidade culposa.
Consumação	O STF[2] e o STJ adotam a teoria da **inversão da posse** (***apprehensio*** ou ***amotio***): ■ Súmula 582 do STJ: Consuma-se o crime de roubo com a inversão da posse do bem mediante emprego de violência ou grave ameaça, ainda que por breve tempo e em seguida à perseguição imediata ao agente e recuperação da coisa roubada, sendo prescindível a posse mansa e pacífica ou desvigiada. Crime **instantâneo** e **material**. Admite tentativa (crime **plurissubsistente**).
Omissão	Pode ser praticado na forma omissiva (omissão **imprópria**).
Execução	Crime de forma livre.
Concurso de pessoas	Crime de concurso eventual (**unissubjetivo**).
Competência	Juízo comum.

1. STJ, HC 320873/SP, Rel. Min. Reynaldo Soares da Fonseca, 5ª Turma, j. 21/06/2016.
2. STF, HC 135674/PE, Rel. Min. Ricardo Lewandowski, 2ª Turma, j. 27/09/2016.

ROUBO (ART. 157)	
Lei 9.099/1995	Não é infração de menor potencial ofensivo.
Ação penal	Pública incondicionada.
ANPP	É incabível o acordo de não persecução penal, pois o crime é praticado com violência ou grave ameaça e a pena mínima não é inferior a 4 anos (art. 28-A, *caput*, do CPP).

MEIOS DE EXECUÇÃO		
Grave ameaça[3] (*vis compulsiva*).	Violência à pessoa (*vis corporalis* – **violência própria**).	Qualquer meio que reduza a vítima à impossibilidade de resistência (**violência imprópria**).
Acrescente-se ao modo de execução o núcleo do furto (*"**subtrair coisa alheia móvel**"*).		

VIOLÊNCIA DIRETA	VIOLÊNCIA INDIRETA
"É exercida contra a pessoa de quem se quer subtrair os bens (exemplo: "A" agride "B" para subtrair seu tênis)"[4].	"É dirigida contra pessoas ligadas à vítima da subtração por laços de parentesco ou amizade (exemplo: o agente espanca o filho do ofendido para lhe mostrar que é perigoso), ou mesmo contra coisas (exemplo: quebrar o vidro do automóvel da vítima e, em seguida, ir ao seu encontro para roubar sua bolsa)"[5].

3. Exemplos: o agente simula portar uma arma; o agente porta uma arma de brinquedo ou desmuniciada; o agente grita com a vítima.
4. MASSON, Cleber (op. cit. 2015 p. 349).
5. Idem.

ROUBO – TEMAS RELEVANTES	
Sujeito(s) passivo(s)	"Não apenas o **proprietário** ou o **possuidor** da coisa subtraída é sujeito passivo do delito de roubo, mas também **aquele que sofre a violência**, direta ou indireta, ou a grave ameaça, considerando que o objeto jurídico protegido não é apenas o patrimônio, mas também a liberdade e a integridade física da vítima"[6].
Violência à pessoa	No roubo simples (*caput* e §1º), a ***"violência à pessoa"*** pode corresponder a **lesão leve ou vias de fato**. Se a lesão for grave, o furto será qualificado (§3º).
Princípio da insignificância	O STF[7] e o STJ[8] **afastam** a aplicação do princípio aos crimes perpetrados com violência ou grave ameaça à vítima, ainda que a coisa subtraída seja de valor ínfimo.
Roubo de uso	É **típica** a conduta denominada "roubo de uso"[9], pois a grave ameaça ou a violência empregada para a realização do ato criminoso não se compatibilizam com a intenção de restituição.
Roubo de coisa comum	Diferentemente do furto (art. 156), não há um tipo penal específico para o roubo de coisa comum. Todavia, a despeito de particularidades, a conduta é punida com fulcro no tipo penal do art. 157.
Arrebatamento	Tem prevalecido no STJ o entendimento de que "o arrebatamento de coisa presa ao corpo da vítima tem o condão de comprometer a integridade sua física, tipificando, assim, o crime de roubo e não de furto"[10].
Arrependimento posterior	**Não se aplica ao roubo** (crime cometido com violência ou grave ameaça à pessoa).

6. STJ, REsp 1248800/DF, Rel. Min. Maria Thereza de Assis Moura, 6ª Turma, j. 17/12/2013. Exemplo: "na hipótese dos autos, não obstante a vítima direta do roubo haja sido o **carteiro dos Correios** - no desempenho de suas atribuições - eventual prejuízo decorrente da utilização fraudulenta dos cheques seria do particular, **titular do talonário**, e por consectário lógico, do **banco emitente**, à época Banco Bradesco, pessoa jurídica de direito privado" (STJ, CC 112108/SP, Rel. Min. Marco Aurélio Bellizze, 3ª Seção, j. 12/02/2014).
7. STF, RHC 106360/DF, Rel. Min. Rosa Weber, 1ª Turma, j. 18/09/2012.
8. STJ, AgRg no AREsp 2015691/TO, Rel. Min. Antonio Saldanha Palheiro, 6ª Turma, j. 19/12/2022.
9. STJ, REsp 1323275/GO, Rel. Min. Laurita Vaz, 5ª Turma, j. 24/04/2014. (Info. 539)
10. STJ, AgRg no AREsp 2491656/SP, Rel. Min. Ribeiro Dantas, 5ª Turma, j. 06/02/2024.

ROUBO – TEMAS RELEVANTES	
Ausência de patrimônio e crime impossível	"Para que se configure o crime impossível pela absoluta impropriedade do objeto é necessário que o bem jurídico protegido pela norma penal não sofra qualquer risco"[11]. Logo, "tratando-se o crime de roubo de delito complexo, tem-se por **iniciada a execução tão logo praticada a violência ou grave ameaça à vítima**. O fato de inexistir bens materiais em poder da vítima, não desnatura a ocorrência do crime em sua modalidade **tentada**"[12]. No mesmo sentido, o STF[13].
Disposições gerais (arts. 181 a 183)	Por força do art. 183, ao roubo **não se aplicam** os arts. 181 (causas de isenção de pena) e 182 (hipóteses em que a ação é pública condicionada à representação).
Continuidade delitiva	O STJ **afasta** a possibilidade de reconhecimento da continuidade delitiva entre o roubo e o **latrocínio**[14], o roubo e o **furto**[15] e o roubo e a **extorsão**[16], pois, em qualquer caso, os crimes são de espécies distintas.

CONCURSO DE CRIMES E PLURALIDADE DE PATRIMÔNIOS	
Crime único	**Concurso formal**
"Se a **intenção do agente** é direcionada à subtração de um **único patrimônio**, estará configurado apenas **um crime**, ainda que, no *modus operandi*, seja utilizada violência ou grave ameaça contra mais de uma pessoa para a consecução do resultado pretendido"[17]. Ex.: o sujeito entra no ônibus e subtrai apenas os bens que estavam em posse do cobrador[18].	"Praticado o crime de roubo mediante uma só ação, contra vítimas diferentes, não há se falar em crime único, mas sim em **concurso formal**, visto que violados **patrimônios distintos**"[19]. Ex.: se o sujeito entra no ônibus e rouba 7 smartphones de 7 vítimas distintas, responderá pelo concurso formal **próprio** de crimes.

11. STJ, HC 199613/SP, Rel. Min. Jorge Mussi, 5ª Turma, j. 12/03/2013.
12. STJ, HC 201677/DF, Rel. Min. Laurita Vaz, 5ª Turma, j. 20/11/2012.
13. STF, HC 99808/RS, Rel. Min. Gilmar Mendes, 2ª Turma, j. 21/09/2010.
14. STJ, AgInt no AREsp 908786/PB, Rel. Min. Felix Fischer, 5ª Turma, j. 06/12/2016.
15. STJ, HC 390463/SP, Rel. Min. Ribeiro Dantas, 5ª Turma, j. 13/06/2017.
16. STJ, AgRg no HC 765098/SP, Rel. Min. Ribeiro Dantas, 5ª Turma, j. 25/10/2022.
17. STJ, AgRg no REsp 1490894/DF, Rel. Min. Sebastião Reis Júnior, 6ª Turma, j. 10/02/2015.
18. **"Em roubo praticado no interior de ônibus, o fato de a conduta ter ocasionado violação de patrimônios distintos - o da empresa de transporte coletivo e o do cobrador - não descaracteriza a ocorrência de crime único se todos os bens subtraídos estavam na posse do cobrador"** (STJ, AgRg no REsp 1396144/DF, Rel. Min. Walter de Almeida Guilherme, 5ª Turma, j. 23/10/2014).
19. STJ, HC 275122/SP, Rel. Min. Maria Thereza de Assis Moura, 6ª Turma, j. 04/08/2014.

TENTATIVA E CONSUMAÇÃO	
Tentativa	**Consumação**
A execução do roubo tem início com a **violência ou grave ameaça**. A partir desse momento, há tentativa de roubo.	Iniciada a execução, o roubo é consumado com **a inversão da posse** (subtração), ainda que por breve tempo e em seguida à perseguição imediata ao agente e recuperação da coisa roubada, sendo prescindível a posse mansa e pacífica ou desvigiada.

ROUBO IMPRÓPRIO (ART. 157, §1º)
►***Art. 157, §1º - Na mesma pena incorre quem, logo depois de subtraída a coisa, emprega violência contra pessoa ou grave ameaça, a fim de assegurar a impunidade do crime ou a detenção da coisa para si ou para terceiro***. O crime consuma-se no momento em que, logo após o agente se tornar possuidor da coisa, **a violência é empregada** para assegurar a impunidade do crime. Há uma **progressão criminosa**: inicialmente, a conduta amolda-se ao furto (sem violência), só passando a configurar o roubo quando o sujeito, logo após, emprega a violência ou grave ameaça para assegurar a impunidade do crime ou a detenção da coisa subtraída para si ou para terceiro. **Não admite a tentativa**[20].

ROUBO PRÓPRIO E IMPRÓPRIO	
Próprio (*caput*)	**Impróprio (§1º)**
A grave ameaça ou a violência (própria ou imprópria) são empregadas **antes ou durante a subtração** (meios de execução do crime).	A grave ameaça ou violência (própria) são **posteriores à subtração** e visam assegurar a **impunidade do crime ou a detenção da coisa para si ou para terceiro**.
Admite a violência imprópria.	**Não admite a violência imprópria**[21].
Ambos recebem a mesma pena: reclusão, de 4 a 10 anos, e multa.	

20. STJ, REsp 1025162/SP, Rel. Min. Felix Fischer, 5ª Turma, j. 11/09/2008.
21. Inaplicável a analogia *in malam partem*.

<table>
<tr><th colspan="2">ROUBO MAJORADO (ART. 157, §2º)</th></tr>
<tr><td colspan="2">O roubo majorado (ou "circunstanciado") equivale ao roubo próprio ou impróprio com a incidência de uma causa especial de aumento (incisos I a VII).
► Art. 157, §2º - A pena aumenta-se de 1/3 até metade:</td></tr>
<tr><td><s>I - se a violência ou ameaça é exercida com emprego de arma;</s></td><td>Revogado pela Lei 13.654/2018. Sobre o tema, é importante conferir o histórico recente de alterações legislativas acerca do roubo praticado com armas.</td></tr>
<tr><td>II - se há o concurso de duas ou mais pessoas;</td><td>O roubo circunstanciado pelo concurso de pessoas é o exemplo clássico de crime eventualmente plurissubjetivo, isto é, crime que pode ser cometido por uma pessoa e que tem a pena aumentada quando praticado em concurso.</td></tr>
<tr><td>III - se a vítima está em serviço de transporte de valores e o agente conhece tal circunstância;</td><td>A vítima deve transportar valores de terceiro e o dolo do agente deve abranger essa circunstância. O termo "valores" não se restringe a dinheiro em espécie[22].</td></tr>
<tr><td>IV - se a subtração for de veículo automotor que venha a ser transportado para outro estado ou para o exterior;</td><td>A redação do dispositivo ("que venha a ser transportado") indica que é imprescindível a efetiva transposição da fronteira do Estado ou país[23].</td></tr>
<tr><td>V - se o agente mantém a vítima em seu poder, restringindo sua liberdade.</td><td>A privação da liberdade tem o "fim de assegurar a concretização ou o exaurimento do delito de roubo"[24]. Se o agente visar deliberadamente privar a vítima de sua liberdade, a conduta se amoldará ao crime de sequestro (art. 148). A Lei 13.964/2019 transformou o roubo circunstanciado pela restrição de liberdade da vítima em crime hediondo (art. 1º, II, a da Lei 8.072/1990 – novatio legis in pejus).</td></tr>
</table>

22. STJ, REsp 1309966/RJ, Rel. Min. Laurita Vaz, 5ª Turma, j. 26/08/2014. (Info. 548)
23. STJ, AgRg no REsp 1549809/DF, Rel. Min. Maria Thereza de Assis Moura, 6ª Turma, j. 02/02/2016.
24. STJ, HC 35536/MG, Rel. Min. Nefi Cordeiro, 6ª Turma, j. 25/11/2014.

ROUBO MAJORADO (ART. 157, §2º)	
VI – se a subtração for de substâncias explosivas ou de acessórios que, conjunta ou isoladamente, possibilitem sua fabricação, montagem ou emprego;	Incluído pela **Lei 13.654/2018**. Atenção: a nova lei, por ser ***novatio legis in pejus*** nesse ponto, aplica-se somente aos roubos cometidos após a sua entrada em vigor, ou seja, após 23/04/2018.
VII - se a violência ou grave ameaça é exercida com emprego de arma branca.	Incluído pela **Lei 13.964/2019** (*novatio legis in pejus*). Sobre o tema, é importante conferir o histórico recente de alterações legislativas acerca do roubo praticado com armas.

ART. 155, §4º-A	ART. 157, §2º-A
►***Art. 155, §4º-A - A pena é de reclusão de 4 a 10 anos e multa, se houver emprego de explosivo ou de artefato análogo que cause perigo comum.***	►***Art. 157, §2º-A - A pena aumenta-se de 2/3: II – se há destruição ou rompimento de obstáculo mediante o emprego de explosivo ou de artefato análogo que cause perigo comum.***
O furto qualificado pelo emprego de explosivo ou de artefato análogo que cause perigo comum passou a ser **crime hediondo** com a Lei 13.964/2019 ("Pacote Anticrime").	Apesar de ser mais grave que o furto, o roubo majorado pelo emprego de explosivo ou de artefato análogo que cause perigo comum **não é crime hediondo** (por lapso, não foi acrescentado ao rol dos crimes hediondos – art. 1º da Lei 8.072/1990).
Ambos foram incluídos no CP pela Lei 13.654/2018.	

ROUBO MAJORADO (ART. 157, §2º, V)	EXTORSÃO MEDIANTE SEQUESTRO (ART. 159)
►***Art. 157, §2º - A pena aumenta-se de 1/3 até metade: [...] V - se o agente mantém a vítima em seu poder, restringindo sua liberdade.***	►***Art. 159. Sequestrar pessoa com o fim de obter, para si ou para outrem, qualquer vantagem, como condição ou preço do resgate: Pena - reclusão, de 8 a 15 anos.***

ROUBO MAJORADO (ART. 157, §2º, V)	EXTORSÃO MEDIANTE SEQUESTRO (ART. 159)
A privação da liberdade da vítima é o meio de **assegurar o êxito da subtração**, verdadeiro desiderato do sujeito. Ex.: um grupo de criminosos especializado no roubo de cargas aborda um caminhoneiro mediante grave ameaça e o mantém refém durante o tempo em que realiza o descarregamento das mercadorias[25].	A privação da liberdade da vítima é o meio de concretizar o **recebimento de uma vantagem econômica**, o verdadeiro desiderato do sujeito. Ex.: um grupo de criminosos sequestra a filha de um empresário e exige R$1.000.000 de seu genitor para colocá-la em liberdade.

ROUBO MAJORADO (ART. 157, §2º-A)	
I – se a violência ou ameaça é exercida com emprego de arma de fogo;	O dispositivo, assim como todo o §2º-A, foi incluído pela Lei 13.654/2018. Posteriormente, com as alterações promovidas pela **Lei 13.964/2019** ("Pacote Anticrime") o dispositivo passou a abarcar apenas as armas de fogo de **uso permitido**[26]. Para as armas de uso proibido ou restrito, vale o art. §2º-B (pena dobrada). Para as armas brancas, válido o §2º, VII (aumento de 1/3 até metade). Ademais, a Lei 13.964/2019 transformou o roubo circunstanciado pelo emprego de arma de fogo em **crime hediondo** (art. 1º, II, *b*, da Lei 8.072/1990).
II – se há destruição ou rompimento de obstáculo mediante o emprego de explosivo ou de artefato análogo que cause perigo comum.	Atenção: a Lei 13.654/2018, por ser ***novatio legis in pejus*** nesse ponto, aplica-se somente aos roubos cometidos após a sua entrada em vigor, ou seja, após 23/04/2018.

25. STJ, RHC 88309/BA, Rel. Min. Antonio Saldanha Palheiro, 6ª Turma, j. 20/03/2018.
26. Art. 2º do **Decreto 9.847/2019** - Para fins do disposto neste Decreto, considera-se:
I - **arma de fogo de uso permitido** - as armas de fogo semiautomáticas ou de repetição que sejam:
a) de porte, cujo calibre nominal, com a utilização de munição comum, não atinja, na saída do cano de prova, energia cinética superior a mil e duzentas libras-pé ou mil seiscentos e vinte joules;
b) portáteis de alma lisa; ou
c) portáteis de alma raiada, cujo calibre nominal, com a utilização de munição comum, não atinja, na saída do cano de prova, energia cinética superior a mil e duzentas libras-pé ou mil seiscentos e vinte joules; [...].

ROUBO MAJORADO (ART. 157, §2º-B)
►***Art. 157, §2º-B - Se a violência ou grave ameaça é exercida com emprego de arma de fogo de uso restrito ou proibido, aplica-se em dobro a pena prevista no caput deste artigo.*** Dispositivo incluído pela **Lei 13.964/2019** (***novatio legis in pejus***), que também passou a prever que o roubo circunstanciado pelo emprego de arma de fogo de uso proibido ou restrito é **crime hediondo** (art. 1º, II, *b*, da Lei 8.072/1990). Antes da referida Lei, o tema era disciplinado pela Lei **13.654/2018**: o roubo praticado com o emprego de arma de fogo (de uso permitido, proibido ou restrito) tinha a pena majorada em 2/3; já o roubo cometido com outras armas (ex.: armas brancas) não tinha a pena majorada e amoldava-se ao roubo simples. Com a Lei 13.964/2019, o panorama foi bastante alterado. Sobre o tema, é importante conferir o histórico recente de alterações legislativas acerca do roubo praticado com armas.

TEMAS RELEVANTES - ROUBO MAJORADO	
Roubo qualificado	As majorantes (§§2º, 2º-A e 2º-B) **não se aplicam** ao roubo qualificado (§3º).
Pluralidade de causas de aumento	**A presença de mais de uma majorante não é causa obrigatória de aumento da pena acima do mínimo legal.** É necessário que o julgador aponte a presença de circunstâncias que indiquem a necessidade da exasperação.
	▪ Súmula 443 do STJ: O aumento na terceira fase de aplicação da pena no crime de roubo circunstanciado exige fundamentação concreta, não sendo suficiente para a sua exasperação a mera indicação do número de majorantes.
Regime inicial	O STF e o STJ exigem que a imposição de regime inicial mais gravoso seja fundamentada em **circunstâncias concretas**. Exemplo: "o emprego de arma de fogo não autoriza, por si só, a imposição do regime inicial fechado se, primário o réu, a pena-base foi fixada no mínimo legal"[27]. Ainda a respeito, valem as lições extraídas das súmulas 718[28] e 719[29] do STF e 440[30] do STJ.

27. STJ, HC 309939/SP, Rel. Min. Newton Trisotto, 5ª Turma, j. 28/04/2015. (Info. 562)
28. ▪ **Súmula 718 do STF**: A opinião do julgador sobre a gravidade em abstrato do crime não constitui motivação idônea para a imposição de regime mais severo do que o permitido segundo a pena aplicada.
29. ▪ **Súmula 719 do STF**: A imposição do regime de cumprimento mais severo do que a pena aplicada permitir exige motivação idônea.
30. ▪ **Súmula 440 do STJ**: Fixada a pena-base no mínimo legal, é vedado o estabelecimento de regime prisional mais gravoso do que o cabível em razão da sanção imposta, com base apenas na gravidade abstrata do delito.

ROUBO COM EMPREGO DE ARMA - HISTÓRICO	
Antes da Lei 13.654/2018	Originalmente, o roubo praticado com emprego de "arma" tinha a pena majorada em 1/3 até metade. No amplo conceito de 'arma' estavam incluídas as armas de fogo e as armas brancas.
Após a Lei 13.654/2018 e antes da Lei 13.964/2019	A Lei 13.654/2018 conferiu tratamento distinto aos roubos praticados com armas de fogo e com outras armas. 1) O roubo praticado com emprego de **arma de fogo** passou a ter a pena majorada em 2/3 (em vez de 1/3 até metade - ***novatio legis in pejus***). 2) O roubo cometido com **outras armas** (ex.: armas brancas) não tinha a pena majorada e amoldava-se ao **roubo simples** (***novatio legis in mellius***).
Após a Lei 13.964/2019	Agora, passamos a ter 3 categorias: armas brancas, armas de fogo de uso restrito ou proibido e armas de fogo de uso permitido. 1) O roubo praticado com emprego de **arma branca** (roubo simples para a Lei 13.654/2018) passou a ter a pena majorada em 1/3 até a metade (§2º, VII - ***novatio legis in pejus***). 2) O roubo praticado com emprego de arma de fogo (entendendo-se a arma de fogo de uso **permitido**) continua a ter a pena majorada em 2/3 (§2º-A, I - redação pela Lei 13.654/2018) e passou a ser **crime hediondo** (***novatio legis in pejus***). 3) O roubo praticado com emprego de arma de fogo de uso **restrito ou proibido** passou a ter a pena aplicada em dobro (§2º-B - ***novatio legis in pejus***) e também passou a ser **crime hediondo** (***novatio legis in pejus***).

LEI 13.964/2019 E ROL DE CRIMES HEDIONDOS		
Ainda sobre as alterações promovidas com a Lei 13.964/2019, convém esquematizar as novas hipóteses de crime hediondo:		
Roubo circunstanciado pela **restrição de liberdade da vítima** (art. 157, §2º, inciso V);	Roubo circunstanciado pelo emprego de **arma de fogo** (art. 157, § 2º-A, inciso I) ou pelo emprego de arma de fogo de **uso proibido ou restrito** (art. 157, § 2º-B);	Roubo qualificado pelo resultado **lesão corporal grave ou morte** (art. 157, § 3º); [...].

EMPREGO DE ARMA E POTENCIALIDADE LESIVA
O **simulacro**, a arma **desmuniciada, inidônea** ou de **brinquedo**, quando comprovadamente utilizados para a subtração, caracterizam a *"**grave ameaça ou violência a pessoa**"* (elementares do roubo), mas não servem para majorá-lo como emprego de arma. A antiga súmula 174 do STJ[31] foi cancelada. Ocorre que, para o STF e o STJ, a potencialidade lesiva da arma é *in re ipsa* e é **prescindível** que a arma seja apreendida e periciada se por outros meios de prova restar evidenciado o seu emprego. Todavia, se o acusado alegar o contrário ou sustentar a ausência de potencial lesivo da arma empregada para intimidar a vítima, será dele o ônus de produzir tal prova, nos termos do art. 156 do CPP. **Comprovada a ausência de potencialidade lesiva por perícia, deve ser afastada a majorante**.
Quanto ao simulacro, a 3ª Seção do STJ fixou a seguinte tese em recurso repetitivo: "a utilização de simulacro de arma configura a elementar grave ameaça do tipo penal do roubo, subsumindo à hipótese legal que veda a substituição da pena"[32].

TEMAS RELEVANTES – EMPREGO DE ARMA	
Porte de arma e princípio da consunção	O crime de roubo absorve o crime de **porte de arma** quando ficar comprovado "o nexo de dependência ou de subordinação entre as duas condutas e que os delitos foram praticados em um mesmo contexto fático, incidindo, assim, o princípio da consunção"[33].
Porte de arma simulado e furto	Para o STJ, "quando o agente, no crime de roubo, simula o porte de arma, colocando a mão por baixo da camisa, **descabe falar em desclassificação para o furto**, porquanto 'o temor do mal injusto que foi impingido à vítima foi suficiente para a consumação do delito'"[34].
Aplicação da majorante no crime de furto	■ Súmula 442 do STJ: É inadmissível aplicar, no furto qualificado, pelo concurso de agentes, a majorante do roubo.

31. ■ ~~Súmula 174 do STJ: no crime de roubo, a intimidação feita com arma de brinquedo autoriza o aumento da pena.~~
32. STJ, REsp 1994182/RJ, Rel. Min. Sebastião Reis Júnior, 3ª Seção, j. 13/12/2023.
33. STJ, AgRg no AREsp 1007586/SP, Rel. Min. Rogerio Schietti Cruz, 6ª Turma, j. 23/05/2017. Caso julgado pelo STJ: "na situação concreta, não houve relação de subordinação entre o porte de arma de fogo e o roubo circunstanciado. Esclareceu o Tribunal de Justiça que, embora inequívoca a utilização do artefato para a prática do crime patrimonial, **a acusada foi encontrada com a arma em local totalmente diverso de onde o crime contra o patrimônio fora praticado, quando a execução deste já estava exaurida, ocasião em que foram localizadas, inclusive, munições de calibre diferente do da arma apreendida**" (STJ, HC 241666/SP, Rel. Min. Antonio Saldanha Palheiro, 6ª Turma, j. 09/03/2017).
34. STJ, HC 204102/MG, Rel. Min. Marco Aurélio Bellizze, 5ª Turma, j. 11/10/2011.

TEMAS RELEVANTES – CONCURSO DE PESSOAS	
Coautores não identificados	Ainda que apenas um dos coautores tenha sido identificado, a majorante será aplicada se for comprovado que o roubo foi praticado em concurso.
Coautoria	"Havendo **prévia convergência de vontades** para a prática de tal delito, a utilização de violência ou grave ameaça, necessárias à sua consumação, se comunica ao coautor, mesmo quando não seja este executor direto do gravame"[35]. Ex.: "A" empregou violência, "B" subtraiu o objeto e "C" aguardou fora da residência dentro do veículo. Os três responderão pelo roubo majorado pelo concurso de pessoas, pois o CP adotou a teoria monista (art. 29).
Corrupção de menores	"O fato de o roubo ter sido praticado junto com agente inimputável **não afasta** a causa de aumento referente ao concurso de pessoas"[36]. Além de responder pelo roubo circunstanciado, o agente que cometer o crime em concurso com um menor de 18 anos também responderá crime de corrupção de menores (art. 244-B do ECA).
	▪ Súmula 500 do STJ: A configuração do crime do art. 244-B do ECA independe da prova da efetiva corrupção do menor, por se tratar de delito formal.
Associação criminosa	**Não há *bis in idem*** na condenação simultânea pelos crimes de roubo e associação criminosa (art. 288), pois os tipos penais tutelam bens jurídicos diversos[37].

ROUBO QUALIFICADO (ART. 157, §3º)	
►***Art. 157, §3º - Se da violência resulta:***	
I – lesão corporal grave, a pena é de reclusão de 7 a 18 anos;	***II – morte, a pena é de reclusão de 20 a 30 anos, e multa.***

35. STJ, HC 343601/SC, Rel. Min. Ribeiro Dantas, 5ª Turma, j. 01/03/2016.
36. STJ, HC 150849/DF, Rel. Min. Sebastião Reis Júnior, 6ª Turma, j. 16/08/2011.
37. STJ, HC 113413/SP, Rel. Min. Ricardo Lewandowski, 2ª Turma, j. 16/10/2012.

ROUBO QUALIFICADO (ART. 157, §3º)
Trata-se de "**crime qualificado pelo resultado, cujo resultado agravador, morte ou lesão corporal grave, pode ter sido provocado dolosa ou culposamente, contudo, a violência que causa o resultado deve ser necessariamente dolosa**[38]".
Não se aplicam as majorantes dos §§2º e 2º-A.
A violência pode ser praticada contra a vítima da subtração ou contra terceiros.
O roubo qualificado pelo resultado lesão corporal grave ou morte é **crime hediondo** (novidade da Lei 13.964/2019 – art. 1º, II, *c*, da Lei 8.072/1990).

ELEMENTO SUBJETIVO		
Violência contra a pessoa	**Subtração**	**Lesão grave ou morte**
Sempre **dolosa**[39].	Sempre há o **dolo** de subtrair.	Pode ser **dolosa ou culposa**.

NEXO CAUSAL	
É essencial a existência de relação de causalidade entre a subtração patrimonial e a violência empregada[40].	
1ª hipótese	**2ª hipótese**
A violência possibilita a **subtração** do bem (**conexão teleológica**).	A violência destina-se a assegurar a **posse** do bem já subtraído ou a **impunidade** do agente (**conexão consequencial**).

38. STJ, HC 226359/DF, Rel. Min. Ribeiro Dantas, 5ª Turma, j. 02/08/2016.
39. Sobre o **emprego culposo de violência (não é latrocínio!)** Cleber Masson exemplifica: ""A", valendo-se de arma de fogo, aborda "B" e ingressa em seu automóvel para roubá-lo. Sua conduta é percebida por policiais, que passam a persegui-lo. Durante a fuga, "A", agindo com imprudência, consistente na direção com excesso de velocidade, capota o veículo, daí resultando a morte de "B". **A violência que provocou a morte da vítima foi culposamente empregada pelo agente**. Não há latrocínio, mas roubo circunstanciado pelo emprego de arma em concurso material com homicídio culposo" (2015, p. 378).
40. STJ, HC 226359/DF, Rel. Min. Ribeiro Dantas, 5ª Turma, j. 02/08/2016.

ROUBO QUALIFICADO PELA LESÃO CORPORAL GRAVE (ART. 157, §3º, I)
A lesão corporal grave abrange o §§1º e 2º do art. 129. **A Lei 13.654/2018 aumentou a pena máxima** (antes, era 15 anos). As lesões leves são absorvidas pelo roubo (modalidade simples). O fator determinante para a consumação é a ocorrência do resultado (**lesão grave**), ainda que o agente não tenha êxito na subtração. Passou a ser **crime hediondo** com a Lei 13.964/2019 (*novatio legis in pejus*).

ROUBO QUALIFICADO PELA MORTE ("LATROCÍNIO" - ART. 157, §3º, II)
O roubo qualificado pela morte é conhecido por **latrocínio**. A denominação não existe no CP, mas foi acolhida pela Lei 8.072/1990 em sua redação anterior à Lei 13.964/2019. O latrocínio, fusão do roubo com o homicídio (**crime complexo**), ofende o patrimônio e a vida (**crime pluriofensivo**). Não obstante, o legislador optou por classificá-lo como **crime contra o patrimônio**, de competência do juízo singular. ▪ Súmula 603 do STF: A competência para o processo e julgamento de latrocínio é do juiz singular e não do tribunal do júri.
O latrocínio é **crime hediondo**, ainda que na forma tentada.

SUBTRAÇÃO DE UM PATRIMÔNIO E PLURALIDADE DE MORTES
A posição tradicional do **STF** é no sentido de que o latrocínio é um "delito complexo, cuja unidade não se altera em razão da existência de mais de uma vítima fatal"[41]. Por isso, violado apenas patrimônio de um titular, ainda que ceifadas vidas de diversas vítimas, há um **único crime** de latrocínio e a pluralidade de mortes deve ser sopesada na individualização da pena. O STF retoma o raciocínio do roubo: haverá concurso de crimes apenas se a intenção do agente for direcionada à subtração de mais de um patrimônio.
O **STJ** divergia e entendia que a situação configuraria **concurso formal impróprio.** Porém, no AgRg no AREsp 2119185/RS[42], a 3ª Seção do STJ curvou-se ao entendimento do STF no sentido da ocorrência de **crime único** de latrocínio nas situações em que, embora o *animus necandi* seja dirigido a mais de uma pessoa, apenas um patrimônio tenha sido atingido.

41. STF, RHC 133575/PR, Rel. Min. Marco Aurélio, 1ª Turma, j. 21/02/2017. (Info. 855)
42. STJ, AgRg no AREsp 2119185/RS, Rel. Min. Laurita Vaz, 3ª Seção, j. 13/09/2023.

ELEMENTO SUBJETIVO	
No latrocínio, a **morte** pode derivar de **dolo ou culpa** e disso depende a possibilidade de configuração da tentativa.	
Dolo	**Culpa**
"Havendo dolo de roubar e dolo de matar para assegurar o roubo, está configurado o delito de latrocínio na **forma tentada no caso de a morte não se consumar por circunstâncias alheias à vontade do agente**"[43].	Se a morte deriva de culpa, **não há falar em tentativa**[44] e o latrocínio estará consumado, pois a morte decorreu da violência (dolosa) empregada na subtração. Se a morte da vítima não ocorre, a conduta se amoldará ao crime de roubo simples ou circunstanciado.

TENTATIVA (APENAS SE PRESENTE O *ANIMUS NECANDI*)
Há tentativa de latrocínio quando o sujeito age com **dolo de subtrair** e **dolo de matar**, mas o **resultado morte** não ocorre por circunstâncias alheias à sua vontade[45]. Portanto, o fator determinante para a consumação é a ocorrência do resultado **morte**, sendo despicienda a efetiva inversão da posse do bem[46].
▪ Súmula 610 do STF: Há crime de latrocínio, quando o homicídio se consuma, ainda que não realize o agente a subtração de bens da vítima.

ROUBO	MORTE	LATROCÍNIO
Consumado	Consumada	Consumado
Tentado	Tentada	Tentado
Consumado	**Tentada**	**Tentado**
Tentado	**Consumada**	**Consumado**

43. STJ, AgRg no REsp 1529686/MG, Rel. Min. Joel Ilan Paciornik, 5ª Turma, j. 14/08/2018.
44. Lembre-se que **os crimes culposos não comportam tentativa**, à exceção dos cometidos com culpa imprópria.
45. STJ, AgRg no REsp 1657966/RJ, Rel. Min. Rogerio Schietti Cruz, 6ª Turma, j. 27/06/2017.
46. STJ, AgRg no REsp 1647962/MG, Rel. Min. Reynaldo Soares da Fonseca, 5ª Turma, j. 09/03/2017.

LATROCÍNIO – TEMAS RELEVANTES	
Grave ameaça e morte	O resultado (morte ou lesão grave) **deve decorrer da violência** (*"se da violência resulta"*), e não de grave ameaça.
Crime continuado	**Não há como reconhecer** a continuidade delitiva entre o latrocínio e o **roubo**[47] ou entre o latrocínio e a **extorsão**[48]. Em ambos os casos, os crimes são de espécies diversas.
Concurso de pessoas	Regra: "aquele que se associa a comparsas para a prática de roubo, sobrevindo a morte da vítima, responde pelo crime de latrocínio, **ainda que não tenha sido o autor do disparo fatal** ou a participação se revele de menor importância"[49]. Contudo, se um comparsa tinha o dolo apenas de roubar, sem causar a morte da vítima, configura-se o desvio subjetivo entre os agentes (art. 29, §2º[50]). Nesse caso, ele deve responder pelo crime menos grave (roubo circunstanciado).
Prioridade de tramitação	Segundo o art. 394-A do CPP, "os processos que apurem a prática de crime hediondo ou violência contra a mulher terão prioridade de tramitação em todas as instâncias".
Roubo e consunção	Para o STF, "só é possível a consunção do crime de roubo pelo de latrocínio (infração mais grave) quando as ações criminosas (subtração do patrimônio e lesão à vida) forem praticadas contra uma mesma vítima. Não havendo homogeneidade de execução na prática dos delitos de roubo e latrocínio, inviável falar-se em crime único quando a ação delituosa atinge bens jurídicos distintos de diferentes vítimas, devendo incidir, à hipótese, a regra do concurso material [...]"[51].
Latrocínio tentado e lesões	Para o STJ, "para a tipificação da conduta como latrocínio **tentado** mostra-se **despicienda a existência de lesão corporal**, de qualquer natureza, bastando a comprovação do *animus necandi* e que o resultado agravador não tenha sido alcançado por circunstâncias alheias à vontade do agente"[52].

47. AgInt no AREsp 908786/PB, Rel. Min. Felix Fischer, 5ª Turma, j. 06/12/2016.
48. STJ, HC 240390/DF, Rel. Min. Maria Thereza de Assis Moura, 6ª Turma, j. 27/05/2014.
49. STF, RHC 133575/PR, Rel. Min. Marco Aurélio, 1ª Turma, j. 21/02/2017. (Info. 855)
50. Art. 29, §2º - Se algum dos concorrentes quis participar de crime menos grave, ser-lhe-á aplicada a pena deste; essa pena será aumentada até metade, na hipótese de ter sido previsível o resultado mais grave.
51. STF, HC 115580/PR, Rel. Min. Ricardo Lewandowski, 2ª Turma, j. 05/11/2013.
52. STJ, HC 327110/SP, Rel. Min. Ribeiro Dantas, 5ª Turma, j. 12/12/2017.

CRIMES SIMILARES	
CPM	Art. 242. Subtrair coisa alheia móvel, para si ou para outrem, mediante emprego ou ameaça de emprego de violência contra pessoa, ou depois de havê-la, por qualquer modo, reduzido à impossibilidade de resistência: Pena - reclusão, de 4 a 15 anos. **O CPM ainda prevê o roubo qualificado (§2º) e o latrocínio (§3º).**

JURISPRUDÊNCIA EM TESES DO STJ - ROUBO
1) Consuma-se o crime de roubo com a inversão da posse do bem, mediante emprego de violência ou grave ameaça, ainda que por breve tempo e em seguida a perseguição imediata ao agente e recuperação da coisa roubada, sendo prescindível a posse mansa e pacífica ou desvigiada (Tese julgada sob o rito do art. 543-C do CPC/1973 - TEMA 916)
2) O aumento na terceira fase de aplicação da pena no crime de roubo circunstanciado exige fundamentação concreta, não sendo suficiente para a sua exasperação a mera indicação do número de majorantes. (Súmula n. 443/STJ)
3) Há concurso material entre os crime de roubo e extorsão quando o agente, após subtrair bens da vítima, mediante emprego de violência ou grave ameaça, a constrange a entregar o cartão bancário e a respectiva senha para sacar dinheiro de sua conta corrente.
4) Não é possível reconhecer a continuidade delitiva entre os crimes de roubo e de extorsão, pois são infrações penais de espécies diferentes.
5) O roubo praticado em um mesmo contexto fático, mediante uma só ação, contra vítimas diferentes, enseja o reconhecimento do concurso formal de crimes, e não a ocorrência de crime único.
6) É prescindível a apreensão e perícia da arma de fogo para a caracterização de causa de aumento de pena prevista no art. 157, § 2º, I, do CP, quando evidenciado o seu emprego por outros meios de prova.
7) Cabe a defesa o ônus da prova de demonstrar que a arma empregada para intimidar a vítima é desprovida de potencial lesivo.
8) A utilização de arma sem potencialidade lesiva, atestada por perícia, como forma de intimidar a vítima no delito de roubo, caracteriza a elementar grave ameaça, porém, não permite o reconhecimento da majorante de pena.
9) O crime de porte de arma é absorvido pelo de roubo quando restar evidenciado o nexo de dependência ou de subordinação entre as duas condutas e que os delitos foram praticados em um mesmo contexto fático, o que caracteriza o princípio da consunção.
10) A gravidade do delito de roubo circunstanciado pelo concurso de pessoas e/ou emprego de arma de fogo não constitui motivação suficiente, por si só, para justificar a imposição de regime prisional mais gravoso, na medida em que constituem circunstâncias comuns à espécie.

JURISPRUDÊNCIA EM TESES DO STJ - ROUBO
11) Não há continuidade delitiva entre roubo e furto, porquanto, ainda que possam ser considerados delitos do mesmo gênero, não são da mesma espécie.
12) Não é possível o reconhecimento da continuidade delitiva entre os crimes de roubo e latrocínio pois, apesar de se tratarem de delitos do mesmo gênero, não são da mesma espécie, devendo incidir a regra do concurso material.
13) Há tentativa de latrocínio quando a morte da vítima não se consuma por razões alheias à vontade do agente.
14) Há crime de latrocínio, quando o homicídio se consuma, ainda que não realize o agente a subtração de bens da vítima. (Súmula n. 610/STF)
15) Há concurso formal impróprio no crime de latrocínio nas hipóteses em que o agente, mediante uma única subtração patrimonial provoca, com desígnios autônomos, dois ou mais resultados morte.
16) Nos crimes de roubo praticados em detrimento da Empresa Brasileira de Correios e Telégrafos a fixação da competência é verificada de acordo com a natureza econômica do serviço prestado: na forma de agência própria, cuja competência é da Justiça Federal; ou na forma de franquia, explorada por particulares, hipótese em que a Justiça Estadual terá competência para julgamento dos processos.

INFORMATIVOS DO STJ
Info. 799: A utilização de simulacro de arma configura a elementar grave ameaça do tipo penal do roubo, subsumindo à hipótese legal que veda a substituição da pena. REsp 1994182/RJ, Rel. Min. Sebastião Reis Júnior, 3ª Seção, j. 13/12/2023.
Info. 789: Subtraído um só patrimônio, a pluralidade de vítimas da violência não impede o reconhecimento de crime único de latrocínio. AgRg no AREsp 2119185/RS, Rel. Min. Laurita Vaz, 3ª Seção, j. 13/09/2023.
Info. 777: A existência de doença cardíaca de que padecia a vítima configura-se como concausa preexistente relativamente independente, não sendo possível afastar o resultado mais grave (morte) e, por consequência, a imputação de latrocínio. HC 704718/SP, Rel. Min. Laurita Vaz, 6ª Turma, j. 16/05/2023.

EXTORSÃO (ART. 158)
►***Art. 158. Constranger alguém, mediante violência ou grave ameaça, e com o intuito de obter para si ou para outrem indevida vantagem econômica, a fazer, tolerar que se faça ou deixar de fazer alguma coisa:*** ***Pena - reclusão, de 4 a 10 anos, e multa.***

EXTORSÃO (ART. 158)	
Tipicidade	***"Indevida vantagem econômica"*** é um elemento normativo do tipo, isto é, cabe ao juiz valorá-lo no caso concreto.
Bem jurídico	O patrimônio, a liberdade individual, a integridade física e a vida nos casos do §§2º e 3º (crime **pluriofensivo**).
Sujeito ativo	Qualquer pessoa (crime **comum**).
Sujeito passivo	Qualquer pessoa.
Elemento subjetivo	Dolo, direto ou eventual. Finalidade especial: ***"com o intuito de obter para si ou para outrem indevida vantagem econômica"***. Não há modalidade culposa.
Consumação	Ocorre "no momento em que a vítima, submetida a violência ou grave ameaça, submete-se ao comando do criminoso"[53] (crime **formal** e **instantâneo**). ■ Súmula 96 do STJ: O crime de extorsão consuma-se independentemente da obtenção da vantagem indevida. Admite tentativa (crime **plurissubsistente**).
Omissão	Pode ser praticado na forma omissiva (omissão **imprópria**).
Execução	Crime de forma livre.
Concurso de pessoas	Crime de concurso eventual (**unissubjetivo**).
Competência	Juízo comum.
Lei 9.099/1995	Não é infração de menor potencial ofensivo.
Ação penal	Pública incondicionada.
ANPP	É incabível o acordo de não persecução penal, pois o crime é praticado com violência ou grave ameaça e a pena mínima não é inferior a 4 anos (art. 28-A, *caput*, do CPP).

53. STJ, HC 410220/PB, Rel. Min. Reynaldo Soares da Fonseca, 5ª Turma, j. 08/02/2018.

EXTORSÃO (ART. 158)	
Simples (*caput*).	Qualificada (§§2º e 3º).
Em ambos os casos, aplicam-se as causas especiais de aumento de pena (§1º)[54].	

CAUSA ESPECIAL DE AUMENTO DE PENA (ART. 158, §1º)
► ***Art. 158, §1º - Se o crime é cometido por duas ou mais pessoas, ou com emprego de arma, aumenta-se a pena de 1/3 até metade.*** Valem as lições sobre o roubo majorado pelo concurso de pessoas. No tocante ao emprego de arma, não houve alteração para restringir a majorante à utilização de arma de fogo, como ocorreu com o crime de roubo (alterado pela Lei 13.654/2018). Portanto, a extorsão será majorada pelo **emprego de arma no sentido amplo** (arma de fogo, arma branca[55] ou quaisquer armas impróprias).

EXTORSÃO QUALIFICADA (ART. 158, §§2º E 3º)		
Pela lesão corporal grave (§2º).	Pela morte (§2º).	Pela restrição da liberdade da vítima (§3º).

EXTORSÃO QUALIFICADA PELA LESÃO CORPORAL GRAVE OU PELA MORTE (ART. 158, §2º)
► ***Art. 158, §2º - Aplica-se à extorsão praticada mediante violência o disposto no §3º do artigo anterior.*** Norma penal em branco ao revés ou secundariamente remetida: à extorsão qualificada pela lesão grave ou pela morte aplicam-se as penas previstas para o roubo qualificado (art. 158, §3º). Atentar às alterações promovidas pela **Lei 13.654/2018** no crime de roubo.

54. STJ, REsp 1353693/RS, Rel. Min. Reynaldo Soares da Fonseca, 5ª Turma, j. 13/09/2016. (Info. 590)

55. "O paciente e corréu, ambos transsexuais, praticaram extorsão, com o uso de arma branca (faca), contra vítima que as deixara entrar em seu carro com intuito de praticar um programa sexual, tendo esta sua liberdade restrita e sendo obrigada, sob ameaças de morte, a entregar todo seu dinheiro e dirigir-se a um caixa eletrônico para sacar mais (STJ, HC 413829/SP, Rel. Min. Reynaldo Soares da Fonseca, 5ª Turma, j. 21/11/2017).

EXTORSÃO QUALIFICADA PELA RESTRIÇÃO DA LIBERDADE DA VÍTIMA (ART. 158, §3º)
▶ ***Art. 158, §3º - Se o crime é cometido mediante a restrição da liberdade da vítima, e essa condição é necessária para a obtenção da vantagem econômica, a pena é de reclusão, de 6 a 12 anos, além da multa; se resulta lesão corporal grave ou morte, aplicam-se as penas previstas no art. 159, §§2º e 3º, respectivamente.***
"A Lei 11.923/2009 não cria um novo delito autônomo, chamado de '**sequestro relâmpago**', sendo apenas um desdobramento do tipo do crime de extorsão, uma vez que o legislador apenas definiu um *modus operandi* do referido delito"[56]. Na 2ª parte, temos uma norma penal em branco ao revés ou secundariamente remetida ("***aplicam-se as penas previstas no art. 159, §§2º e 3º, respectivamente***").
A extorsão qualificada pela restrição da liberdade da vítima, com ocorrência de **lesão corporal ou morte** (art. 158, §3º), passou a ser **crime hediondo** com a **Lei 13.964/2019**.

EXTORSÃO QUALIFICADA PELA LESÃO CORPORAL GRAVE (§2º)	EXTORSÃO QUALIFICADA PELA MORTE (§2º)
Pena (art. 157, §3º, I): reclusão de **7 a 18 anos**, e multa.	Pena (art. 157, §3º, II): reclusão de **20 a 30 anos**, e multa.

EXTORSÃO QUALIFICADA PELA RESTRIÇÃO DA LIBERDADE DA VÍTIMA (§3º)		
§3º	**§3º (com resultado lesão grave)**	**§3º (com resultado morte)**
Pena: reclusão de **6 a 12 anos**, além da multa.	Pena (art. 159, §2º): reclusão, de **16 a 24 anos**.	Pena (art. 159, §3º): reclusão, de **24 a 30 anos**[57].

56. STJ, REsp 1353693/RS, Rel. Min. Reynaldo Soares da Fonseca, 5ª Turma, j. 13/09/2016. (Info. 590)
57. **É a maior pena prevista no Código Penal!**

EXTORSÃO QUALIFICADA PELA MORTE (ART. 158, §2º)	EXTORSÃO QUALIFICADA PELA MORTE (ART. 158, §3º)
Se da violência empregada na extorsão resulta morte, aplica-se a pena do latrocínio.	Se a extorsão é cometida **mediante a restrição da liberdade da vítima** e resulta morte, aplica-se a pena da extorsão mediante sequestro com resultado morte.
Reclusão, de **20 a 30 anos**, e multa (pena do art. **157**, §3º, II).	Reclusão, de **24 a 30 anos** (pena do art. **159**, §3º, 2ª parte).
Era crime hediondo antes da Lei 13.964/2019. A Lei, ao alterar o rol de crimes hediondos (art. 1º da Lei 8.072/1990), deixou de fazer menção ao art. 158, §2º.	É **crime hediondo**. A Lei 13.964/2019 incluiu expressamente o art. 158, §3º no rol de crimes hediondos.

TENTATIVA E CONSUMAÇÃO
A execução do crime inicia-se no momento em que o sujeito emprega a violência ou a grave ameaça. Se a vítima não se submete à vontade do criminoso, há **extorsão tentada**. Se a vítima atende à imposição, há **extorsão consumada**. Ex.: o sujeito envia uma mensagem para o celular da vítima ("se você não transferir R$10.000 para minha conta corrente, vou matar o seu cachorro").

TENTATIVA E CONSUMAÇÃO	
Extorsão tentada	**Extorsão consumada**
A vítima, amedrontada, procura a delegacia de Polícia e não realiza a transferência.	A vítima, amedrontada, submete-se ao comando do criminoso e realiza a transferência[58]. Mas atenção: o efetivo recebimento da vantagem é mero exaurimento e não influi na consumação do crime.

58. "A vítima, ameaçada pelos recorridos, lavrou boletim de ocorrência, mas não confiou, de forma absoluta, na intervenção da polícia, uma vez que **compareceu ao local e entregou envelope com dinheiro aos recorridos, presos em flagrante, logo depois, na posse do numerário**. 4. A ação positiva da vítima, resultante da coação exercida, se concretizou e, até a prisão dos recorridos, ela estava subjugada pelo temor. **A ação policial não impediu que o ofendido cedesse ao constrangimento ilegal, mas apenas a obtenção da indevida vantagem econômica, o que caracterizaria o mero exaurimento da extorsão**. 5. Houve simples tendência da autoridade policial de, informada do propósito criminoso, dar aos agentes o ensejo de agir, tomadas as devidas precauções. 6. Recurso especial provido para reconhecer a violação do art. 14, II, do CP e a **consumação** do crime de extorsão" (STJ, REsp 1467129/SC, Rel. Min. Rogerio Schietti Cruz, 6ª Turma, j. 02/05/2017).

EXTORSÃO – TEMAS RELEVANTES	
Sujeito(s) passivo(s)	Pode haver mais de um sujeito passivo: a vítima da violência ou grave ameaça, a pessoa que faz, deixa de fazer ou tolera que se faça algo ou, ainda, a pessoa que suporta o prejuízo econômico.
Grave ameaça	O crime pode ser praticado mediante violência ou grave ameaça, "entendendo-se esta como a intimidação, coação psicológica, que pode ser exercida de forma direta ou indireta, implícita ou explícita, de um castigo ou malefício, devendo-se, para tanto, analisar diversos outros fatores, tais como, fragilidade da vítima, condição físicas e profissionais do agente, etc."[59]. A considerar todos esses fatores subjetivos, a conduta do réu deve se apresentar como hábil a constranger a vítima[60]. Por essa razão, a ameaça espiritual pode ser idônea a coagir a vítima no caso concreto[61].
Roubo e crime continuado	**Não é possível** reconhecer a continuidade delitiva, pois o roubo e a extorsão são crimes de **espécies diferentes**.
Roubo e concurso material	Para o STF[62] e o STJ, "ficam configurados os crimes de roubo e extorsão, em concurso material, se o agente, após subtrair bens da vítima, mediante emprego de violência ou grave ameaça, a constrange a entregar o cartão bancário e a respectiva senha, para sacar dinheiro de sua conta corrente"[63].
Princípio da insignificância	O STF[64] e o STJ[65] **negam** a aplicação do princípio aos crimes praticados violência ou grave ameaça.
Crime impossível e monitoramento	"O monitoramento pelos policiais federais de encontro entre a vítima e réu após a consumação do crime de extorsão **não configura crime impossível**"[66].

59. "No caso, **as instâncias ordinárias reconheceram o emprego de grave ameaça tendo em vista a utilização, pelo agente, de sua condição de policial rodoviário federal, e ainda pelas inúmeras ligações telefônicas nas quais afirmava conhecer o endereço do ofendido, bem como seus familiares e respectivos endereços, e que, se quisesse, poderia encontrá-los, constrangendo, assim, a vítima a efetuar o pagamento de certa quantia em dinheiro (R$ 2.000,00) para que tivesse seu notebook devolvido**" (STJ, HC 353818/RS, Rel. Min. Reynaldo Soares da Fonseca, 5ª Turma, j. 21/02/2017).
60. STJ, AgRg no REsp 1327749/RS, Rel. Min. Nefi Cordeiro, 6ª Turma, j. 10/04/2018.
61. STJ, REsp 1299021/SP, Rel. Min. Rogerio Schietti Cruz, 6ª Turma, j. 14/02/2017. (Info. 598)
62. STF, HC 114667/SP, Rel. Min. Marco Aurélio, 1ª Turma, j. 24/04/2018.
63. STJ, AgRg no REsp 1702185/SP, Rel. Min. Nefi Cordeiro, 6ª Turma, j. 13/03/2018.
64. STF, RHC 106360/DF, Rel. Min. Rosa Weber, 1ª Turma, j. 18/09/2012.
65. STJ, HC 395469/SP, Rel. Min. Ribeiro Dantas, 5ª Turma, j. 20/06/2017.
66. STJ, HC 353818/RS, Rel. Min. Reynaldo Soares da Fonseca, 5ª Turma, j. 21/02/2017.

EXTORSÃO – TEMAS RELEVANTES	
Crime impossível e ausência de saldo	"A ausência de saldo no banco **não torna impossível** a prática do crime de extorsão nem prejudica sua consumação, pois o constrangimento já foi sofrido pela vítima"[67].
Disposições gerais (arts. 181 a 183)	Por força do art. 183, à extorsão **não se aplicam** os arts. 181 (causas de isenção de pena) e 182 (hipóteses em que a ação é pública condicionada à representação).
Aplicação das majorantes à extorsão qualificada	As **majorantes** do §1º (concurso de agentes e emprego de arma) **aplicam-se** tanto à extorsão **simples** (*caput*) quanto à forma **qualificada** (§§2º e 3º)[68].
Extorsão qualificada e pena proporcional	O STJ já decidiu que a pena cominada ao art. 158, §3º **não viola o princípio da proporcionalidade**, "uma vez que a extorsão qualificada atenta não apenas contra o patrimônio, mas também contra a liberdade individual, razão pela qual o legislador previu pena mais severa"[69].

EXTORSÃO (ART. 158)	CONSTRANGIMENTO ILEGAL (ART. 146)
► Art. 158. Constranger alguém, mediante violência ou grave ameaça, e com o intuito de obter para si ou para outrem indevida vantagem econômica, a fazer, tolerar que se faça ou deixar de fazer alguma coisa: Pena - reclusão, de 4 a 10 anos, e multa.	***► Art. 146. Constranger alguém, mediante violência ou grave ameaça, ou depois de lhe haver reduzido, por qualquer outro meio, a capacidade de resistência, a não fazer o que a lei permite, ou a fazer o que ela não manda: Pena - detenção, de 3 meses a 1 ano, ou multa.***
O crime de extorsão equivale ao crime de constrangimento ilegal com uma **finalidade especial** ("***com o intuito de obter para si ou para outrem indevida vantagem econômica***").	

67. STJ, HC 177676/SP, Rel. Min. Marco Aurélio Bellizze, 5ª Turma, j. 07/03/2013.
68. STJ, AgInt no HC 439716/SP, Rel. Min. Rogerio Schietti Cruz, 6ª Turma, j. 21/06/2018.
69. STJ, HC 343976/SP, Rel. Min. Felix Fischer, 5ª Turma, j. 23/08/2016.

EXTORSÃO (ART. 158)	ROUBO (ART. 157)
Núcleo: "***constranger***".	Núcleo: "***subtrair***".
"O mal prometido é "futuro" e "futura" a vantagem a que se visa"[70].	"O mal é iminente, e o proveito é contemporâneo"[71].
O agente necessita que a vítima colabore (faça, tolere que se faça ou deixe de fazer algo) para que possa obter a vantagem econômica.	O agente não necessita da colaboração da vítima, pois pode, por si só, subtrair a coisa.
Traditio: "a vítima pode optar entre acatar a ordem ou oferecer resistência"[72].	***Contrectatio***: "o agente toma a coisa, ou obriga a vítima (sem opção) a entregá-la"[73].
Proteção mais ampla ("***indevida vantagem econômica***").	Proteção da propriedade e posse ("***coisa móvel alheia***").
Não compreende a violência imprópria.	Compreende a violência imprópria ("***ou depois de havê-la, por qualquer meio, reduzido a impossibilidade de resistência***").

EXTORSÃO (ART. 158)	ESTELIONATO (ART. 171)
►Art. 158. Constranger alguém, mediante violência ou grave ameaça, e com o intuito de obter para si ou para outrem indevida vantagem econômica, a fazer, tolerar que se faça ou deixar de fazer alguma coisa: ***Pena - reclusão, de 4 a 10 anos, e multa***.	***►Art. 171. Obter, para si ou para outrem, vantagem ilícita, em prejuízo alheio, induzindo ou mantendo alguém em erro, mediante artifício, ardil, ou qualquer outro meio fraudulento: Pena - reclusão, de 1 a 5 anos, e multa, de quinhentos mil réis a dez contos de réis***.
"A entrega do bem ocorre mediante o emprego de violência ou de grave ameaça. A vítima não age iludida: faz ou deixa de fazer alguma coisa **motivada pelo constrangimento** a que é exposta"[74].	O prejuízo resulta de **artifício, ardil, ou qualquer outro meio fraudulento capaz de induzir em erro** a vítima.
Em ambos os casos, a própria vítima entrega o bem ao agente.	

70. STJ, REsp 90097/PR, Rel. Min. Luiz Vicente Cernicchiaro, 6ª Turma, j. 25/11/1997.
71. Idem.
72. Idem.
73. Idem.
74. STJ, CC 129275/RJ, Rel. Min. Laurita Vaz, 3ª Seção, j. 11/12/2013.

EXTORSÃO (ART. 158)	CONCUSSÃO (ART. 316)
► ***Art. 158. Constranger alguém, mediante violência ou grave ameaça, e com o intuito de obter para si ou para outrem indevida vantagem econômica, a fazer, tolerar que se faça ou deixar de fazer alguma coisa:*** ***Pena - reclusão, de 4 a 10 anos, e multa.***	► ***Art. 316. Exigir, para si ou para outrem, direta ou indiretamente, ainda que fora da função ou antes de assumi-la, mas em razão dela, vantagem indevida:*** ***Pena - reclusão, de 2 a 12 anos, e multa.***
Qualquer um pode ser sujeito ativo (crime comum).	Apenas o **funcionário público** pode ser sujeito ativo (crime próprio).
O agente emprega **violência ou grave ameaça** para obter a vantagem.	Não há emprego de violência ou grave ameaça para obter a vantagem.

EXTORSÃO (ART. 158)	EXERCÍCIO ARBITRÁRIO DAS PRÓPRIAS RAZÕES (ART. 345)
► ***Art. 158. Constranger alguém, mediante violência ou grave ameaça, e com o intuito de obter para si ou para outrem indevida vantagem econômica, a fazer, tolerar que se faça ou deixar de fazer alguma coisa:*** ***Pena - reclusão, de 4 a 10 anos, e multa.***	► ***Art. 345. Fazer justiça pelas próprias mãos, para satisfazer pretensão, embora legítima, salvo quando a lei o permite:*** ***Pena - detenção, de 15 dias a 1 mês, ou multa, além da pena correspondente à violência.***
O intuito do agente é obter vantagem **indevida**.	O intuito do agente é obter vantagem **devida** (pretensão legítima).

CRIMES SIMILARES	
CPM	Art. 243. Obter para si ou para outrem indevida vantagem econômica, constrangendo alguém, mediante violência ou grave ameaça: a) a praticar ou tolerar que se pratique ato lesivo do seu patrimônio, ou de terceiro; b) a omitir ato de interesse do seu patrimônio, ou de terceiro: Pena - reclusão, de 4 a 15 anos.

EXTORSÃO MEDIANTE SEQUESTRO (ART. 159)	
► ***Art. 159. Sequestrar pessoa com o fim de obter, para si ou para outrem, qualquer vantagem, como condição ou preço do resgate: Pena - reclusão, de 8 a 15 anos.***	
Tipicidade	"***Sequestrar***" significa privar a pessoa de sua liberdade de locomoção, em qualquer ambiente. A **grave ameaça** e a **violência** estão implícitas no núcleo do verbo ("***sequestrar***").
Bem jurídico	O patrimônio, a liberdade individual, a integridade física e a vida nos casos dos §§2º e 3º (crime **pluriofensivo**).
Sujeito ativo	Qualquer pessoa (crime **comum**).
Sujeito passivo	Qualquer pessoa.
Elemento subjetivo	Dolo, direto ou eventual. Finalidade especial: "***com o fim de obter, para si ou para outrem, qualquer vantagem, como condição ou preço do resgate***"[75]. Não há modalidade culposa.
Consumação	Ocorre com "a simples privação da liberdade de locomoção da vítima, por **tempo juridicamente relevante**"[76] (crime **formal** e **permanente**). A obtenção da vantagem é mero exaurimento. Admite tentativa (crime **plurissubsistente**).
Omissão	Pode ser praticado na forma omissiva (omissão **imprópria**).
Execução	Crime de forma livre.
Concurso de pessoas	Crime de concurso eventual (**unissubjetivo**).
Competência	Juízo comum.
Lei 9.099/1995	Não é infração de menor potencial ofensivo.

75. "A extorsão mediante sequestro exige, para sua consumação, a prova do especial fim de obter vantagem indevida, 'comprovado nos autos, especialmente pela palavra da vítima, das testemunhas e inclusive pelos próprios acusados, que confessam ter praticado tal delito com o fim de obterem vantagem financeira" (STJ, AgRg no AREsp 542798/MG, Rel. Min. Rogerio Schietti Cruz, 6ª Turma, j. 15/12/2016).

76. STJ, HC 113978/SP, Rel. Min. Og Fernandes, 6ª Turma, j. 16/09/2010.

EXTORSÃO MEDIANTE SEQUESTRO (ART. 159)	
Ação penal	Pública incondicionada.
ANPP	É incabível o acordo de não persecução penal, pois a pena mínima cominada não é inferior a 4 anos e o crime é cometido com violência ou grave ameaça (art. 28-A, *caput*, do CPP).

EXTORSÃO MEDIANTE SEQUESTRO (ART. 159)	
Forma simples (*caput*).	Formas qualificadas (§§1º a 3º).
Causa especial de diminuição de pena (§4º).	

FORMAS QUALIFICADAS (ART. 159, §§1º A 3º)		
O sequestro dura mais de **24 horas** (§1º).	O sequestrado é **menor de 18 anos** ou **maior de 60 anos** (§1º).	O crime é cometido por **bando ou quadrilha** (§1º).
Resulta **lesão corporal grave** (§2º).	Resulta **morte** (§3º).	

FORMA QUALIFICADA (ART. 159, §1º)	
►***Art. 159, §1º - Se o sequestro dura mais de 24 horas, se o sequestrado é menor de 18 ou maior de 60 anos, ou se o crime é cometido por bando ou quadrilha.*** ***Pena - reclusão, de 12 a 20 anos.***	
Execução	A qualificadora considera os efeitos psicológicos causados à vítima e aos seus familiares em sequestros mais longos.
Vítima menor de 18 anos ou maior de 60 anos	A vítima deve ser menor de 18 anos no momento do sequestro, **ainda que venha a ser libertada após a maioridade**[77]. No mesmo sentido, a vítima pode ser sequestrada com idade inferior a 60 anos, **desde que a idade seja atingida antes da libertação**.

77. STJ, HC 169510/SP, Rel. Min. Marco Aurélio Bellizze, 5ª Turma, j. 07/02/2012.

FORMA QUALIFICADA (ART. 159, §1º)	
Associação criminosa	Para o STJ, é **possível** a coexistência do crime de extorsão mediante sequestro majorado e do crime de formação de quadrilha ou bando (atualmente nomeado **associação criminosa**), pois os tipos penais são autônomos e independentes[78].

FORMAS QUALIFICADAS (ART. 159, §§2 E 3º)	
► ***Art. 159, §2º - Se do fato resulta lesão corporal de natureza grave: Pena - reclusão, de 16 a 24 anos.***	► ***Art. 159, §3º - Se resulta a morte: Pena - reclusão, de 24 a 30 anos.***
A lesão grave ou a morte deve resultar do "***fato***", e não necessariamente do emprego de violência. Assim como ocorre no roubo qualificado (art. 157, §3º), o **resultado agravador**, morte ou lesão corporal grave, pode ter sido provocado **dolosa ou culposamente**.	

"DELAÇÃO PREMIADA" (ART. 159, §4º)
► ***Art. 159, §4º - Se o crime é cometido em concurso, o concorrente que o denunciar à autoridade, facilitando a libertação do sequestrado, terá sua pena reduzida de 1 a 2/3.*** Causa especial de diminuição da pena aplicável à modalidade **simples ou qualificada.** É de incidência **obrigatória** quando os autos demonstram que as informações prestadas pelo agente foram eficazes, possibilitando ou facilitando a libertação da vítima[79].

EXTORSÃO MEDIANTE SEQUESTRO – TEMAS RELEVANTES	
Sujeito(s) passivo(s)	São sujeitos passivos a pessoa que teve a liberdade privada e a pessoa que sofreu o prejuízo econômico para pagar o resgate.
"Qualquer vantagem"	Prevalece que "***qualquer vantagem***" deve ser uma vantagem **econômica**.
Crime hediondo	**É crime hediondo, em todas as modalidades** (forma simples ou qualificada)[80].

78. STJ, HC 289885/SP, Rel. Min. Maria Thereza de Assis Moura, 6ª Turma, j. 27/05/2014.
79. STJ, HC 35198 / SP, Rel. Min. Gilson Dipp, 5ª Turma, j. 28/09/2004.
80. O art. 1º, IV da Lei 8.072/1990 cita todas as formas: "extorsão mediante sequestro e na forma qualificada (art. 159, *caput*, e §§ 1º, 2º e 3º)".

EXTORSÃO MEDIANTE SEQUESTRO – TEMAS RELEVANTES	
Lapso temporal	"A privação de liberdade, **ainda que por lapso temporal exíguo**, não descaracteriza o delito de extorsão mediante sequestro"[81].
Dosimetria	Para o STJ, "o trauma ocasionado em uma família, o fato de uma criança estar recebendo assistência psicológica em face da violência sofrida, o modo cruel e atroz empregado para a prática criminosa, o longo período do cativeiro, bem como o fato de ter o réu liderado o sequestro, justificam a valoração negativa das vetoriais consubstanciadas nas circunstâncias e nas consequências do cometimento do crime, por não constituírem elementos inerentes ao tipo penal de extorsão mediante sequestro"[82].
Roubo e crime continuado	**Não é possível** reconhecer a continuidade delitiva, pois o roubo e a extorsão mediante sequestro são crimes de **espécies diferentes**[83].
Crime permanente e menoridade	A consumação perdura enquanto durar a privação da liberdade da vítima. Logo, "se o menor atingir a idade de 18 (dezoito) anos enquanto os delitos se encontrarem em plena consumação, será por eles responsabilizado"[84], em obediência à súmula 711 do STF[85].
Disposições gerais (arts. 181 a 183)	Por força do art. 183, à extorsão mediante sequestro **não se aplicam** os arts. 181 (causas de isenção de pena) e 182 (hipóteses em que a ação é pública condicionada à representação).

CRIMES SIMILARES	
CPM	Art. 244. Extorquir ou tentar extorquir para si ou para outrem, mediante sequestro de pessoa, indevida vantagem econômica: Pena - reclusão, de 6 a 15 anos. **Formas qualificadas nos §§1º ao 3º**.

81. STJ, HC 262054/RJ, Rel. Min. Jorge Mussi, 5ª Turma, j. 02/04/2013.
82. STJ, HC 106054/RJ, Rel. Min. Nefi Cordeiro, 6ª Turma, j. 27/10/2015.
83. STJ, HC 240930/SP, Rel. Min. Gurgel de Faria, 5ª Turma, j. 03/12/2015.
84. STJ, HC 169510/SP, Rel. Min. Marco Aurélio Bellizze, 5ª Turma, j. 07/02/2012.
85. ■ **Súmula 711 do STF: A lei penal mais grave aplica-se ao crime continuado ou ao crime permanente, se a sua vigência é anterior à cessação da continuidade ou da permanência.**

EXTORSÃO INDIRETA (ART. 160)	
► ***Art. 160. Exigir ou receber, como garantia de dívida, abusando da situação de alguém, documento que pode dar causa a procedimento criminal contra a vítima ou contra terceiro: Pena - reclusão, de 1 a 3 anos, e multa.***	
Tipicidade	"Destina-se o novo dispositivo a coibir os torpes e opressivos expedientes a que recorrem, por vezes, os agentes de usura, para garantir-se contra o risco do dinheiro mutuado. São bem conhecidos esses recursos, como, por exemplo, o de induzir o necessitado cliente a assinar um contrato simulado de depósito ou a forjar no título de dívida a firma de algum parente abastado, de modo que, não resgatada a dívida no vencimento, ficará o mutuário sob a pressão da ameaça de um processo por apropriação indébita ou falsidade"[86].
Bem jurídico	O patrimônio e a liberdade individual (crime **pluriofensivo**).
Sujeito ativo	Qualquer pessoa (crime **comum**).
Sujeito passivo	Qualquer pessoa.
Elemento subjetivo	Dolo, direto ou eventual. Finalidade especial: "***abusando da situação de alguém***". Não há modalidade culposa.
Consumação	Ocorre com a exigência de documento ("***exigir***" – crime **material**) ou com o recebimento do documento ("***receber***" – crime **formal**), como garantia de dívida. Em qualquer hipótese, o crime é **instantâneo**. Admite tentativa (crime **plurissubsistente**).
Omissão	Pode ser praticado na forma omissiva (omissão **imprópria**).
Execução	Crime de forma livre.
Concurso de pessoas	Crime de concurso eventual (**unissubjetivo**).
Competência	Juízo comum.
Lei 9.099/1995	Não é infração de menor potencial ofensivo, mas admite suspensão condicional do processo (se preenchidos os requisitos do art. 89 da Lei 9.099/1995).
Ação penal	Pública incondicionada.
ANPP	É possível o acordo de não persecução penal apenas se não for cabível a transação penal, o crime não envolver grave ameaça e restarem preenchidos os demais requisitos do art. 28-A do CPP.

86. Item 57 da Exposição de Motivos da Parte Especial.

3

DA USURPAÇÃO

NORMAS PENAIS	
Alteração de limites e outras figuras típicas (art. 161).	Supressão ou alteração de marca em animais (art. 162).

OS CRIMES DO ART. 161		
Alteração de limites (*caput*).	**Usurpação de águas** (§1º, I).	**Esbulho possessório** (§1º, II).
Pena - detenção, de 1 a 6 meses, e multa.		

DISPOSIÇÕES COMUNS SOBRE OS CRIMES DO ART. 161	
Bem jurídico	A inviolabilidade da propriedade **imóvel**.
Elemento subjetivo	Dolo, direto ou eventual. Não há modalidade culposa.
Consumação	Os três são crimes **instantâneos** e **formais**. Admitem tentativa (crimes **plurissubsistentes**).
Omissão	Pode ser praticado na forma omissiva (omissão **imprópria**).
Execução	Crime de forma livre.

DISPOSIÇÕES COMUNS SOBRE OS CRIMES DO ART. 161	
Concurso de pessoas	Crime de concurso eventual (**unissubjetivo**).
Competência	Juizado Especial Criminal.
Lei 9.099/1995	Infrações de menor potencial ofensivo.
ANPP	Admitida transação penal, é incabível o acordo de não persecução penal (art. 28-A, § 2º, I, do CPP).

EMPREGO DE VIOLÊNCIA
► ***Art. 161, §2º - Se o agente usa de violência, incorre também na pena a esta cominada.*** "O emprego de violência contra a pessoa, na modalidade da invasão possessória, é condição de punibilidade, mas, se dele resulta outro crime, haverá um **concurso material** de crimes [...]"[1].

AÇÃO PENAL	
► ***Art. 161, §3º - Se a propriedade é particular, e não há emprego de violência, somente se procede mediante queixa.***	
Privada	**Pública incondicionada**
Propriedade particular e sem violência.	Propriedade pública (com ou sem violência) ou propriedade particular com violência.

ALTERAÇÃO DE LIMITES (ART. 161)
► ***Art. 161. Suprimir ou deslocar tapume, marco, ou qualquer outro sinal indicativo de linha divisória, para apropriar-se, no todo ou em parte, de coisa imóvel alheia: Pena - detenção, de 1 a 6 meses, e multa.***
Apenas o proprietário do imóvel vizinho pode praticar o crime (crime **próprio**).

1. Item 58 da Exposição de Motivos da Parte Especial.

ALTERAÇÃO DE LIMITES (ART. 161)
Finalidade especial: *"**para apropriar-se, no todo ou em parte, de coisa alheia móvel**".*
Deve existir o sinal indicativo de linha divisória, o qual deve ser suprimido ou deslocado pelo sujeito ativo. Se, todavia, o sujeito limita-se a criar novo sinal indicativo, não há crime.
A consumação ocorre com a supressão ou o deslocamento do tapume, marco ou qualquer sinal indicativo. **É desnecessária a efetiva apropriação do patrimônio alheio** (crime **formal**).

USURPAÇÃO DE ÁGUAS (ART. 161, §1º, I)
►Art. 161, §1º - Na mesma pena incorre quem: ***I - desvia ou represa, em proveito próprio ou de outrem, águas[2] alheias; [...].***
Qualquer pessoa pode ser sujeito ativo (crime **comum**).
Finalidade especial: *"**em proveito próprio ou de outrem**".*
A consumação ocorre com o desvio (crime **instantâneo**) ou represamento (crime **permanente**) de águas. **É desnecessário o efetivo proveito por parte do sujeito ativo** (crime **formal**).

ESBULHO POSSESSÓRIO (ART. 161, §1º, II)
►Art. 161, §1º - Na mesma pena incorre quem: ***II - invade, com violência a pessoa ou grave ameaça, ou mediante concurso de mais de duas pessoas, terreno ou edifício alheio, para o fim de esbulho possessório.***
Qualquer pessoa pode ser sujeito ativo (crime **comum**).
Finalidade especial: *"**para o fim de esbulho possessório**"* (fim de ocupação).
A consumação ocorre com a **invasão**[3], ainda que o esbulho não se verifique (crime **formal**). Se houver prejuízo ao INCRA (ente público federal), será competente a Justiça Federal[4].

DOS CRIMES CONTRA O PATRIMÔNIO

2. Segundo o art. 79 do Código Civil, "são bens imóveis o solo e tudo quanto se lhe incorporar natural ou artificialmente".
3. STJ, RHC 12970/TO, Rel. Min. Jorge Scartezzini, 5ª Turma, j. 17/12/2002.
4. STJ, CC 121147/PR, Rel. Min. Marilza Maynard, 3ª Seção, j. 26/02/2014.

MEIOS DE EXECUÇÃO DA INVASÃO		
Violência contra a pessoa[5].	Grave ameaça.	Concurso de mais de 2 pessoas.

CRIMES SIMILARES	
CPM	Art. 257. Suprimir ou deslocar tapume, marco ou qualquer outro sinal indicativo de linha divisória, para apropriar-se, no todo ou em parte, de coisa imóvel sob administração militar: Pena - detenção, até 6 meses. § 1º Na mesma pena incorre quem: **Usurpação de águas** I - desvia ou represa, em proveito próprio ou de outrem, águas sob administração militar; **Invasão de propriedade** II - invade, com violência à pessoa ou à coisa, ou com grave ameaça, ou mediante concurso de duas ou mais pessoas, terreno ou edifício sob administração militar. **Pena correspondente à violência** § 2º Quando há emprego de violência, fica ressalvada a pena a esta correspondente.
Lei 5.741/1971	Art. 9º. Constitui crime de ação pública, punido com a pena de detenção de 6 meses a 2 anos e multa de 5 a 20 salários mínimos, invadir alguém, ou ocupar, com o fim de esbulho possessório, terreno ou unidade residencial, construída ou em construção, objeto de financiamento do Sistema Financeiro da Habitação.

SUPRESSÃO OU ALTERAÇÃO DE MARCA EM ANIMAIS (ART. 162)
► ***Art. 162. Suprimir ou alterar, indevidamente, em gado ou rebanho alheio, marca ou sinal indicativo de propriedade:*** ***Pena – detenção, de 6 meses a 3 anos, e multa.***

5. No caso de **violência à pessoa**, vale lembrar que o agente incorre também na **pena a esta cominada** e, ainda, que a ação penal é **pública incondicionada**.

SUPRESSÃO OU ALTERAÇÃO DE MARCA EM ANIMAIS (ART. 162)	
Tipicidade	"***Gado***" e "***rebanho***" indicam o **coletivo** de animais de grande porte e animais de pequeno porte. A supressão ou alteração relativa a **um único animal não tipifica o crime**, salvo se o animal for parte de um gado ou rebanho. Também não há crime se o gado ou rebanho não ostenta marca ou sinal.
Bem jurídico	O patrimônio, especialmente os **semoventes**.
Sujeito ativo	Qualquer pessoa (crime **comum**).
Sujeito passivo	Qualquer pessoa.
Elemento subjetivo	Dolo, direto ou eventual. Não há finalidade especial. Não há modalidade culposa.
Consumação	Ocorre com a efetiva supressão ou alteração de marca ou sinal indicativo de propriedade, independentemente do resultado (crime **formal**, e **instantâneo**). Admite tentativa (crime **plurissubsistente**).
Omissão	Pode ser praticado na forma omissiva (omissão **imprópria**).
Execução	Crime de forma livre.
Concurso de pessoas	Crime de concurso eventual (**unissubjetivo**).
Competência	Juízo comum.
Lei 9.099/1995	Não é infração de menor potencial ofensivo, mas admite suspensão condicional do processo (se preenchidos os requisitos do art. 89 da Lei 9.099/1995).
Ação penal	Pública incondicionada.
ANPP	É cabível o acordo de não persecução penal, se preenchidos os requisitos do art. 28-A do CPP.

CRIMES SIMILARES	
CPM	Art. 258. Apor, suprimir ou alterar, indevidamente, em gado ou rebanho alheio, sob guarda ou administração militar, marca ou sinal indicativo de propriedade: Pena - detenção, de 6 meses a 3 anos.

4

DO DANO

DO DANO			
Dano simples (art. 163) e qualificado (art. 163, parágrafo único).	Introdução ou abandono de animais em propriedade alheia (art. 164).	Dano em coisa de valor artístico, arqueológico ou histórico (art. 165).	Alteração de local especialmente protegido (art. 166).

DO DANO – AÇÃO PENAL	
► ***Art. 167. Nos casos do art. 163, do inciso IV do seu parágrafo e do art. 164, somente se procede mediante queixa.***	
Privada	**Pública incondicionada**
- **Dano simples** (art. 163, *caput*); - **Dano qualificado por motivo egoístico ou com prejuízo considerável para a vítima** (art. 163, parágrafo único, IV); e - **Introdução ou abandono de animais em propriedade alheia** (art. 164).	Demais casos.

DANO (ART. 163)
► ***Art. 163. Destruir, inutilizar ou deteriorar coisa alheia:*** ***Pena - detenção, de 1 a 6 meses, ou multa.***

DANO (ART. 163)	
Tipicidade	A coisa deve ser **alheia**. O crime não recai sobre a destruição, inutilização ou deterioração de coisa própria. Tampouco recai sobre coisa abandonada ou sem dono.
Bem jurídico	O patrimônio.
Sujeito ativo	Qualquer pessoa (crime **comum**).
Sujeito passivo	Qualquer pessoa.
Elemento subjetivo	Dolo, direto ou eventual. Há controvérsias quanto à exigência do dolo específico (***animus nocendi***). Não há modalidade culposa.
Consumação	Ocorre com a destruição, inutilização ou deterioração da coisa alheia (crime **material**, e **instantâneo**). Admite tentativa (crime **plurissubsistente**).
Omissão	Pode ser praticado na forma omissiva (omissão **imprópria**).
Execução	Crime de forma livre.
Concurso de pessoas	Crime de concurso eventual (**unissubjetivo**).
Competência	Juizado Especial Criminal.
Lei 9.099/1995	Infração de menor potencial ofensivo.
Ação penal	► ***Art. 167. Nos casos do art. 163, do inciso IV do seu parágrafo e do art. 164, somente se procede mediante queixa.***
ANPP	Admitida transação penal no *caput*, é incabível o acordo de não persecução penal (art. 28-A, § 2º, I, do CPP). Na figura qualificada (p. único), é possível o acordo se preenchidos os requisitos do art. 28-A do CPP.

DANO QUALIFICADO (ART. 163, PARÁGRAFO ÚNICO)	
► ***Art. 163, parágrafo único - Se o crime é cometido:***	
I - com violência à pessoa ou grave ameaça;	Ação penal **pública incondicionada.** A violência à pessoa ou grave ameaça devem ser **meios de execução** do dano. Se for posterior, o agente responderá pelo dano simples em concurso com o crime posterior (ex.: dano e lesão corporal).
II - com emprego de substância inflamável ou explosiva, se o fato não constitui crime mais grave;	Ação penal **pública incondicionada.** ***"Se o fato não constitui crime mais grave"*** indica a subsidiariedade. Ex.: crimes contra a incolumidade pública (arts. 250 a 259).
III - contra o patrimônio da União, de Estado, do Distrito Federal, de Município ou de autarquia, fundação pública, empresa pública, sociedade de economia mista ou empresa concessionária de serviços públicos;	Ação penal **pública incondicionada**. O dispositivo "cuida de conduta que provoca lesão a bem jurídico de relevante valor social e afeta toda a coletividade, razão pela qual não cabe a aplicação do princípio da insignificância"[1].
IV - por motivo egoístico ou com prejuízo considerável para a vítima.	**Ação penal privada.**
Pena - detenção, de 6 meses a 3 anos, e multa, além da pena correspondente à violência.	

ANTES DA LEI 13.531/2017	APÓS A LEI 13.531/2017
III - contra o patrimônio da união, estado, município, empresa concessionária de serviços públicos ou sociedade de economia mista.	***III - contra o patrimônio da União, de Estado, do Distrito Federal, de Município ou de autarquia, fundação pública, empresa pública, sociedade de economia mista ou empresa concessionária de serviços públicos.***
Antes da Lei, o STJ entendia que o dano praticado contra patrimônio do **Distrito Federal** e das **empresas públicas** era simples (vedação à analogia *in malam partem*). A Lei corrigiu a lacuna legislativa.	

1. STJ, AgRg no HC 462482/SC, Rel. Min. Rogerio Schietti Cruz, 6ª Turma, j. 07/05/2019.

DANO – TEMAS RELEVANTES	
Tipo misto alternativo	Se o agente, no mesmo contexto, praticar mais de uma das condutas descritas no tipo penal (destruir, inutilizar ou deteriorar), praticará um **único crime** (crime de **ação múltipla ou de conteúdo variado**).
Perícia	Para o STJ, o crime de dano "é crime material que sempre deixa vestígios, sendo **indispensável o exame de corpo de delito** para comprovar a materialidade delitiva"[2].
Diminuição da utilidade	Cezar Bitencourt, com precisão, ensina que "como o dano é um crime contra o patrimônio, o resultado danoso deve sempre ser de natureza patrimonial, representado pela perda ou diminuição de valor econômico ou de utilidade. No entanto, é suficiente que a coisa alheia tenha **valor de uso**, independentemente de eventual valor pecuniário. **A diminuição da utilidade da coisa, a despeito da ausência de valor comercial, será o bastante para caracterizar o dano** penalmente criminalizado. Fora dessas hipóteses, isto é, se não houver prejuízo para o ofendido, não se pode falar em crime de dano"[3].
Tentativa	A respeito do dano tentado, Cleber Masson comenta: "cumpre destacar, no entanto, que **muitas vezes, em que pese o sujeito desejar a destruição total do bem, o crime já estará consumado com o resultado parcial**. Deveras, na prática a destruição parcial pode acarretar a imprestabilidade da coisa, ou no mínimo, é capaz de representar a inutilização ou a deterioração da coisa alheia. [...] A tentativa só estará delineada, portanto, quando não se produzir estrago significativo para o bem (exemplo: o fogo é apagado sem causar prejuízo ao automóvel), ou então na tentativa branca, é dizer, quando o objeto material não for atingido (exemplo: 'A' atira uma pedra contra a vidraça da residência de 'B', mas não a acerta)"[4].
Dolo específico	Para o STJ, o crime de dano exige o ***animus nocendi*** (vontade deliberada de causar prejuízo patrimonial ao erário). Ex.: é atípico o dano ao patrimônio público quando praticado por preso para facilitar a fuga do presídio, pois ausente o *animus nocendi*[5]. Todavia, prevalece na doutrina a desnecessidade do dolo específico.

2. STJ, HC 274431/SE, Rel. Min. Laurita Vaz, 5ª Turma, j. 18/06/2014.
3. BITENCOURT, Cezar Roberto (op. cit. p. 218).
4. MASSON, Cleber (op. cit. 2015 p. 435/436).
5. STJ, AgRg no HC 409417/SC, Rel. Min. Antonio Saldanha Palheiro, 6ª Turma, j. 24/10/2017.

DANO – TEMAS RELEVANTES	
Prejuízo considerável e dosimetria	Para o STJ, "no crime de dano o prejuízo patrimonial da vítima não pode ser considerado como consequência do crime, nos moldes previstos no art. 59 do CP, uma vez que constitui o próprio resultado naturalístico da ação, sem o qual, inclusive, a conduta seria atípica. [...] Somente se demonstrado que o objeto danificado teria um **valor especial** - aqui entendido não apenas o aspecto econômico -, é que seria autorizado o agravamento da pena-base pelo prejuízo sofrido pela vítima"[6].
Dano qualificado e insignificância	O STJ já decidiu que "nas hipóteses de dano qualificado, independente do valor patrimonial do bem, havendo transcendência do bem jurídico patrimonial, atingindo bens jurídicos outros, de relevância social, **incabível** a aplicação da bagatela, diante da evidente periculosidade social da ação e maior grau de reprovabilidade da conduta"[7].
Terras indígenas	Para o STF, a destruição de acessões em terras indígenas configura dano qualificado (terra da União)[8].
Pichação	Há um tipo penal específico para a pichação de edificação ou monumento urbano (art. 65 da Lei 9.605/1998).

CRIMES SIMILARES	
CPM	Art. 259. Destruir, inutilizar, deteriorar ou fazer desaparecer coisa alheia: Pena - detenção, até 6 meses. Parágrafo único. Se se trata de bem público: Pena - detenção, de 6 meses a 3 anos. **Este é o dano simples. Há, ainda, diversas modalidades de dano nos arts. 260 a 266**.

INFORMATIVOS DO STJ
Info. 768: Não se enquadra como dano qualificado a lesão a bens das entidades não previstas expressamente no rol do art. 163, parágrafo único, inciso III, do Código Penal, em sua redação originária - anterior à alteração legislativa promovida pela Lei n. 13.531/2017 -, em razão da vedação da analogia *in malam partem* no sistema penal brasileiro. EREsp 1896620/ES, Rel. Ministro Joel Ilan Paciornik, 3ª Seção, j. 02/03/2023.

6. STJ, HC 119995/MG, Rel. Min. Laurita Vaz, 5ª Turma, j. 22/06/2010.
7. STJ, HC 324550/MT, Rel. Min. Ribeiro Dantas, 5ª Turma, j. 16/06/2016.
8. STF, Inq 3670/RR, Rel. Min. Gilmar Mendes 2ª Turma, j. 23/09/2014. (Info. 760)

INTRODUÇÃO OU ABANDONO DE ANIMAIS EM PROPRIEDADE ALHEIA (ART. 164)	
► ***Art. 164. Introduzir ou deixar animais em propriedade alheia, sem consentimento de quem de direito, desde que o fato resulte prejuízo:*** ***Pena - detenção, de 15 dias a 6 meses, ou multa.***	
Tipicidade	"***Sem consentimento de quem de direito***" é um elemento normativo do tipo. Pode ser praticado em área rural ou urbana. Se o agente introduzir os animais em propriedade alheia e, depois, deixá-los, praticará crime único (crime de **ação múltipla ou de conteúdo variado**).
Bem jurídico	O **patrimônio**.
Sujeito ativo	Qualquer pessoa (crime **comum**).
Sujeito passivo	Qualquer pessoa.
Elemento subjetivo	Dolo, direto ou eventual. Não há finalidade especial. Não há modalidade culposa.
Consumação	Ocorre com o prejuízo do proprietário ("***desde que o fato resulte de prejuízo***"). O crime é **material** e **instantâneo**. Considerando que o tipo penal pressupõe o prejuízo, é **inadmissível a tentativa**. Se o ocorrer prejuízo, o crime estará consumado; se não ocorrer, o fato será atípico.
Omissão	Pode ser praticado na forma comissiva ("***introduzir***") ou omissiva **própria** ("***deixar***").
Execução	Crime de forma livre.
Concurso de pessoas	Crime de concurso eventual (**unissubjetivo**).
Competência	Juizado Especial Criminal.
Lei 9.099/1995	Infração de menor potencial ofensivo.
Ação penal	**Privada.** ► ***Art. 167. Nos casos do art. 163, do inciso IV do seu parágrafo e do art. 164, somente se procede mediante queixa.***
ANPP	Admitida transação penal, é incabível o acordo de não persecução penal (art. 28-A, § 2º, I, do CPP).

DANO EM COISA DE VALOR ARTÍSTICO, ARQUEOLÓGICO OU HISTÓRICO (ART. 165)

▶ ~~***Art. 165. Destruir, inutilizar ou deteriorar coisa tombada pela autoridade competente em virtude de valor artístico, arqueológico ou histórico:***~~

~~***Pena - detenção, de 6 meses a 2 anos, e multa***~~.

Dispositivo tacitamente revogado pelo art. 62 da Lei 9.605/98:

Art. 62. Destruir, inutilizar ou deteriorar:

I - bem especialmente protegido por lei, ato administrativo ou decisão judicial;

II - arquivo, registro, museu, biblioteca, pinacoteca, instalação científica ou similar protegido por lei, ato administrativo ou decisão judicial:

Pena - reclusão, de 1 a 3 anos, e multa.

Parágrafo único. Se o crime for culposo, a pena é de 6 meses a 1 ano de detenção, sem prejuízo da multa.

ALTERAÇÃO DE LOCAL ESPECIALMENTE PROTEGIDO (ART. 166)

▶ ~~***Art. 166. Alterar, sem licença da autoridade competente, o aspecto de local especialmente protegido por lei:***~~

~~***Pena - detenção, de 1 mês a 1 ano, ou multa***~~.

Dispositivo tacitamente revogado pelo art. 63 da Lei 9.605/98:

Art. 63. Alterar o aspecto ou estrutura de edificação ou local especialmente protegido por lei, ato administrativo ou decisão judicial, em razão de seu valor paisagístico, ecológico, turístico, artístico, histórico, cultural, religioso, arqueológico, etnográfico ou monumental, sem autorização da autoridade competente ou em desacordo com a concedida:

Pena - reclusão, de 1 a 3 anos, e multa.

5

DA APROPRIAÇÃO INDÉBITA

DO DANO		
Apropriação indébita (art. 168).	Apropriação indébita previdenciária (art. 168-A).	Apropriação de coisa havida por erro, caso fortuito ou força da natureza (art. 169).

Apropriação de tesouro (art. 169, parágrafo único, I).	Apropriação de coisa achada (art. 169, parágrafo único, II).

APROPRIAÇÃO INDÉBITA "PRIVILEGIADA"
►***Art. 170. Nos crimes previstos neste Capítulo, aplica-se o disposto no art. 155, §2º.*** Logo, aplica-se às modalidades de apropriação indébita (arts. 168 e 169) a regra do furto privilegiado: ►***Art. 155, §2º - Se o criminoso é primário, e é de pequeno valor a coisa furtada, o juiz pode substituir a pena de reclusão pela de detenção, diminuí-la de 1 a 2/3, ou aplicar somente a pena de multa.***
Ainda assim, é possível a aplicação do **princípio da insignificância** a excluir a tipicidade do delito.

APROPRIAÇÃO INDÉBITA (ART. 168)
►***Art. 168. Apropriar-se de coisa alheia móvel, de que tem a posse ou a detenção: Pena - reclusão, de 1 a 4 anos, e multa.***

APROPRIAÇÃO INDÉBITA (ART. 168)	
Tipicidade	O sujeito ativo deve ter a **posse**[1] ou a **detenção**[2] legítima e **desvigiada** da coisa alheia **móvel**, até o momento em que "livre e conscientemente, inverte o domínio da coisa que se encontra na sua posse, passando a dela dispor como se fosse o proprietário"[3].
Bem jurídico	O patrimônio.
Sujeito ativo	Apenas o possuidor ou detentor da coisa (crime **próprio**[4]).
Sujeito passivo	Qualquer pessoa.
Elemento subjetivo	Dolo, direto ou eventual. No dolo de ***"apropriar-se"*** está compreendido o ***animus rem sibi habendi***. Não há modalidade culposa.
Consumação	Para o STF e o STJ[5], "ocorre no momento em que o agente, de forma livre e consciente, inverte o seu *animus* em relação à res alheia, que recebera de boa-fé, passando a dela dispor como dono"[6] (crime **material**[7] e **instantâneo**). Admite tentativa (crime plurissubsistente).
Omissão	Pode ser praticado na forma omissiva (omissão **imprópria**).
Execução	Crime de forma livre.
Concurso de pessoas	Crime de concurso eventual (**unissubjetivo**).
Competência	Juízo comum.

1. Para o Código Civil, "**considera-se possuidor todo aquele que tem de fato o exercício, pleno ou não, de algum dos poderes inerentes à propriedade**" (art. 1.196).
2. Para o Código Civil, "**considera-se detentor aquele que, achando-se em relação de dependência para com outro, conserva a posse em nome deste e em cumprimento de ordens ou instruções suas**" (art. 1.198).
3. STJ, HC 200939/RS, Rel. Min. Jorge Mussi, 5ª Turma, j. 25/09/2012.
4. STJ, REsp 1218043/GO, Rel. Min. Sebastião Reis Júnior, 6ª Turma, j. 07/05/2013.
5. Para a 3ª Seção do STJ, "o delito de apropriação indébita se consuma no momento em que ocorre a inversão da posse do bem, ou seja, no momento em que o agente decide se apossar da coisa com *animus domini*" (CC 133495/PI, Rel. Min. Ericson Maranho, 3ª Seção, j. 25/02/2015).
6. STJ, HC 412356/SP, Rel. Min. Ribeiro Dantas, 5ª Turma, j. 17/10/2017.
7. STJ, HC 233585/SP, Rel. Min. Maria Thereza de Assis Moura, 6ª Turma, j. 05/08/2014.

APROPRIAÇÃO INDÉBITA (ART. 168)	
Lei 9.099/1995	Não é infração de menor potencial ofensivo, mas admite a suspensão condicional do processo (se preenchidos os requisitos do art. 89 da Lei 9.099/1995).
Ação penal	Pública incondicionada.
ANPP	É cabível o acordo de não persecução penal, se preenchidos os requisitos do art. 28-A do CPP.

CAUSAS ESPECIAIS DE AUMENTO DE PENA (ART. 168, §1º)		
▶ ***Art. 168, §1º - A pena é aumentada de 1/3, quando o agente recebeu a coisa:***		
I - em depósito necessário.	***II - na qualidade de tutor, curador, síndico, liquidatário, inventariante, testamenteiro ou depositário judicial;***	***III - em razão de ofício, emprego ou profissão***[8].
Disciplinado nos arts. 647 a 652 do CC.	Rol taxativo.	Circunstância pessoal, logo, **incomunicável** em concurso de pessoas[9].

APROPRIAÇÃO INDÉBITA – TEMAS RELEVANTES	
Princípio da insignificância	A princípio, não há óbice à aplicação do princípio[10], salvo nos casos de apropriação indébita majorada (§1º), diante da maior reprovabilidade.

8. Ex.: o acusado, por ser corretor e intermediar a contratação de seguros, apropria-se de cheques da vítima que deveriam ser repassados à seguradora, depositando o valor em sua conta pessoal (STJ, RHC 50491/SP, Rel. Min. Rogerio Schietti Cruz, 6ª Turma, j. 07/03/2017).
9. STJ, HC 385475/SP, Rel. Min. Maria Thereza de Assis Moura, 6ª Turma, j. 09/03/2017.
10. Exemplo: "no caso dos autos, os bens objetos de apropriação indébita e receptação - seis frangos abatidos inteiros e seis peitos de frango - foram avaliados em R$ 100,00 (cem reais), valor equivalente a menos de 20% do salário-mínimo vigente à época dos fatos. Além disso, consta do Auto de Prisão em Flagrante que a *res furtiva* foi recuperada pela vítima" (STJ, HC 278453/RJ, Rel. Min. Ribeiro Dantas, 5ª Turma, j. 01/12/2015).

APROPRIAÇÃO INDÉBITA – TEMAS RELEVANTES	
Apropriação indébita de uso	Como bem observa Nucci, "**não existe essa possibilidade**, como há no furto, pois, na apropriação, o agente já se encontra usando a coisa que lhe foi confiada pela vítima. Portanto, no momento em que esta pede o que é seu de volta, deve ser imediatamente restituído, nos termos do acordo que ambos fizeram"[11].
Consumação	"A data de consumação é de difícil demonstração, porquanto não se pode afirmar, com segurança, o momento em que surgiu no agente a vontade de ter a coisa para si, como se fosse dono, invertendo a posse"[12].
Reparação do dano e arrependimento posterior	É pacífico no STJ que "a restituição do bem ou o ressarcimento do dano antes do oferecimento da denúncia **não excluem a tipicidade do crime ou extinguem a punibilidade do agente**, sendo apenas causa de redução da pena, nos termos do artigo 16 do CP"[13].
Prestação de contas	Para a configuração do crime, **não é necessária** a prévia prestação de contas, salvo em casos excepcionais[14].
Desnecessidade de perícia	O STF e o STJ pacificaram que "embora o crime de apropriação indébita seja material, necessitando da ocorrência de resultado naturalístico para a sua configuração, [...] para a comprovação da disponibilidade da coisa alheia móvel pelo possuidor e detentor como se proprietário fosse é **desnecessária a realização de perícia**, notadamente nos casos em que a infração não deixa vestígios"[15].
Bem fungível	Para o STJ, o crime **pode recair** sobre bem fungível[16]. Os bens fungíveis são aqueles que podem ser substituídos por outros de mesma espécie, qualidade e quantidade. Ex.: dinheiro.

11. NUCCI, Guilherme de Souza (op. cit., vol. 2, p. 463).
12. STJ, HC 343555/PR, Rel. Min. Ribeiro Dantas, 5ª Turma, j. 17/11/2016.
13. STJ, RHC 93195/SP, Rel. Min. Jorge Mussi, 5ª Turma, j. 24/04/2018.
14. STJ, HC 74965/RS, Rel. Min. Moreira Alves, 1ª Turma, j. 18/03/1997.
15. STJ, RHC 49497/SP, Rel. Min. Jorge Mussi, 5ª Turma, j. 07/10/2014.
16. STJ, AgRg no REsp 1853281/PR, Rel. Min. Antonio Saldanha Palheiro, 6ª Turma, j. 13/03/2023.

APROPRIAÇÃO INDÉBITA (ART. 168)	PECULATO-APROPRIAÇÃO (ART. 312, 1ª PARTE)
►Art. 168. Apropriar-se de coisa alheia móvel, de que tem a posse ou a detenção: Pena - reclusão, de 1 a 4 anos, e multa.	***►Art. 312. Apropriar-se o funcionário público de dinheiro, valor ou qualquer outro bem móvel, público ou particular, de que tem a posse em razão do cargo, [...], em proveito próprio ou alheio: Pena - reclusão, de 2 a 12 anos, e multa.***

APROPRIAÇÃO INDÉBITA (ART. 168)	ESTELIONATO (ART. 171)
►Art. 168. Apropriar-se de coisa alheia móvel, de que tem a posse ou a detenção: Pena - reclusão, de 1 a 4 anos, e multa.	***►Art. 171. Obter, para si ou para outrem, vantagem ilícita, em prejuízo alheio, induzindo ou mantendo alguém em erro, mediante artifício, ardil, ou qualquer outro meio fraudulento: Pena - reclusão, de 1 a 5 anos, e multa, de quinhentos mil réis a dez contos de réis.***
O sujeito recebe a coisa alheia móvel licitamente e **depois** decide se apropriar.	O sujeito quer se apropriar da coisa alheia móvel de forma ilícita desde o **início**.

CRIMES SIMILARES	
Estatuto da Pessoa Idosa	Art. 102. Apropriar-se de ou desviar bens, proventos, pensão ou qualquer outro rendimento da pessoa idosa, dando-lhes aplicação diversa da de sua finalidade: Pena – reclusão de 1 a 4 anos e multa.
Lei 7.492/1986	Art. 5º. Apropriar-se, quaisquer das pessoas mencionadas no art. 25 desta lei, de dinheiro, título, valor ou qualquer outro bem móvel de que tem a posse, ou desviá-lo em proveito próprio ou alheio: Pena - Reclusão, de 2 a 6 anos, e multa.
CPM	Art. 248. Apropriar-se de coisa alheia móvel, de que tem a posse ou detenção: Pena - reclusão, até 6 anos. Parágrafo único. A pena é agravada, se o valor da coisa excede 20 vezes o maior salário mínimo, ou se o agente recebeu a coisa: I - em depósito necessário; II - em razão de ofício, emprego ou profissão.

APROPRIAÇÃO INDÉBITA PREVIDENCIÁRIA (ART. 168-A)	
►***Art. 168-A. Deixar de repassar à previdência social as contribuições recolhidas dos contribuintes, no prazo e forma legal ou convencional:*** ***Pena – reclusão, de 2 a 5 anos, e multa.***	
Tipicidade	Considerando que as contribuições, inclusive as previdenciárias, têm **natureza tributária**[17], a apropriação indébita previdenciária é um **crime contra a ordem tributária**. O crime é **omissivo próprio**, pois o tipo penal descreve uma omissão (***"deixar de repassar"***). **Norma penal em branco homogênea**: necessita de complemento da legislação previdenciária (em especial, a Lei 8.212/1991[18]).
Bem jurídico	O crime "protege, de forma imediata, o bem jurídico da subsistência financeira da **previdência social** e, de forma mediata, a própria **ordem tributária**"[19] (crime **pluriofensivo**).
Sujeito ativo	O **substituto tributário**, a quem cabe recolher as contribuições e repassá-las (crime **próprio**).
Sujeito passivo	É a União.
Elemento subjetivo	Dolo, direto ou eventual. Para o STF[20] e o STJ[21], o tipo penal previsto no art. 168-A **prescinde de dolo específico**, diferentemente do crime de apropriação indébita (art. 168). Não há modalidade culposa.

17. STF, RE 560626/RS, Rel. Min. Gilmar Mendes, Pleno, j. 12/06/2008.
18. Art. 31. A empresa contratante de serviços executados mediante cessão de mão de obra, inclusive em regime de trabalho temporário, deverá reter 11% do valor bruto da nota fiscal ou fatura de prestação de serviços e recolher, em nome da empresa cedente da mão de obra, a importância retida até o dia 20 do mês subsequente ao da emissão da respectiva nota fiscal ou fatura, ou até o dia útil imediatamente anterior se não houver expediente bancário naquele dia, observado o disposto no §5º do art. 33 desta Lei. (Redação dada pela Lei nº 11.933, de 2009).
19. STJ, RHC 63273/ES, Rel. Min. Ribeiro Dantas, 5ª Turma, j. 26/09/2017.
20. "A jurisprudência deste Supremo Tribunal Federal é firme no sentido de que para a configuração do delito de apropriação indébita previdenciária não é necessário um fim específico, ou seja, o *animus rem sibi habendi*, bastando para nesta incidir a vontade livre e consciente de não recolher as importâncias descontadas dos salários dos empregados da empresa pela qual responde o agente" (STF, HC 122766 AgR/SP, Rel. Min. Cármen Lúcia, 2ª Turma, j. 28/10/2014).
21. STJ, AgRg no REsp 2033059/PB, Rel. Min. Joel Ilan Paciornik, 5ª Turma, j. 24/04/2023.

APROPRIAÇÃO INDÉBITA PREVIDENCIÁRIA (ART. 168-A)	
Consumação	Para o STF[22] e o STJ[23], ocorre na data da **constituição definitiva do crédito tributário, com o exaurimento da via administrativa** (crime **material** e **instantâneo**). Por se tratar de crime omissivo próprio, **não admite a tentativa** (crime **unissubsistente**).
Execução	Crime de forma livre.
Concurso de pessoas	Crime de concurso eventual (**unissubjetivo**).
Competência	Juízo comum.
Lei 9.099/1995	Não é infração de menor potencial ofensivo.
Ação penal	Pública incondicionada.
ANPP	É cabível o acordo de não persecução penal, se preenchidos os requisitos do art. 28-A do CPP.

CONDUTAS EQUIPARADAS (ART. 168-A, §1º)
►Art. 168-A, §1º - Nas mesmas penas incorre quem deixar de: ***I - recolher, no prazo legal, contribuição ou outra importância destinada à previdência social que tenha sido descontada de pagamento efetuado a segurados, a terceiros ou arrecadada do público;*** ***II – recolher contribuições devidas à previdência social que tenham integrado despesas contábeis ou custos relativos à venda de produtos ou à prestação de serviços;*** ***III - pagar benefício devido a segurado, quando as respectivas cotas ou valores já tiverem sido reembolsados à empresa pela previdência social.***

22. STF AgRg no Inq 2537/GO, Rel. Min. Marco Aurélio, Plenário, j. 10/03/2008.
23. STJ, AgRg nos EDcl no REsp 1806096/SP, Rel. Min. Nefi Cordeiro, 6ª Turma, j. 03/10/2019.

EXTINÇÃO DA PUNIBILIDADE (ART. 168-A, §2º)
▶ ~~***Art. 168-A, §2º - É extinta a punibilidade se o agente, espontaneamente, declara, confessa e efetua o pagamento das contribuições, importâncias ou valores e presta as informações devidas à previdência social, na forma definida em lei ou regulamento, antes do início da ação fiscal***~~. Atualmente, a suspensão da pretensão punitiva estatal e a extinção da punibilidade são disciplinadas no art. 83 da Lei 9.430/1996, com alterações promovidas pela **Lei 12.382/2011**[24].

SUSPENSÃO DA PRETENSÃO PUNITIVA	EXTINÇÃO DA PUNIBILIDADE
Parcelamento do crédito tributário, desde que o pedido de parcelamento tenha sido formalizado **antes do recebimento da denúncia**. Durante a suspensão, não corre prescrição.	**Pagamento integral** dos débitos, **a qualquer tempo** (até mesmo após o trânsito em julgado).

PERDÃO JUDICIAL (ART. 168-A, §3º)
▶ ***Art. 168-A, §3º - É facultado ao juiz deixar de aplicar a pena ou aplicar somente a de multa se o agente for primário e de bons antecedentes, desde que:***

24. Art. 83. A representação fiscal para fins penais relativa aos crimes contra a ordem tributária previstos nos arts. 1º e 2º da Lei 8.137/1990, e aos crimes contra a Previdência Social, previstos nos arts. 168-A e 337-A do CP, será encaminhada ao Ministério Público depois de proferida a decisão final, na esfera administrativa, sobre a exigência fiscal do crédito tributário correspondente.
§1º - Na hipótese de concessão de parcelamento do crédito tributário, a representação fiscal para fins penais somente será encaminhada ao Ministério Público após a exclusão da pessoa física ou jurídica do parcelamento.
§2º - É suspensa a pretensão punitiva do Estado referente aos crimes previstos no *caput*, durante o período em que a pessoa física ou a pessoa jurídica relacionada com o agente dos aludidos crimes estiver incluída no parcelamento, desde que o pedido de parcelamento tenha sido formalizado antes do recebimento da denúncia criminal.
§3º - A prescrição criminal não corre durante o período de suspensão da pretensão punitiva.
§4º - Extingue-se a punibilidade dos crimes referidos no *caput* quando a pessoa física ou a pessoa jurídica relacionada com o agente efetuar o pagamento integral dos débitos oriundos de tributos, inclusive acessórios, que tiverem sido objeto de concessão de parcelamento.
§5º - O disposto nos §§1º a 4º não se aplica nas hipóteses de vedação legal de parcelamento.
§6º - As disposições contidas no *caput* do art. 34 da Lei no 9.249, de 26 de dezembro de 1995, aplicam-se aos processos administrativos e aos inquéritos e processos em curso, desde que não recebida a denúncia pelo juiz.

PERDÃO JUDICIAL (ART. 168-A, §3º)	
I – tenha promovido, após o início da ação fiscal e antes de oferecida a denúncia, o pagamento da contribuição social previdenciária, inclusive acessórios; ou	Revogado tacitamente pelo art. 9º da Lei 10.684/2003[25].
II – o valor das contribuições devidas, inclusive acessórios, seja igual ou inferior àquele estabelecido pela previdência social, administrativamente, como sendo o mínimo para o ajuizamento de suas execuções fiscais.	O dispositivo voltou a ser relevante com a mudança de entendimento do STF e do STJ, que passaram a inadmitir a aplicação do princípio da insignificância à apropriação indébita previdenciária.

PERDÃO JUDICIAL – INAPLICABILIDADE (ART. 168-A, §4º)
► ***Art. 168-A, §4º - A faculdade prevista no §3º deste artigo não se aplica aos casos de parcelamento de contribuições cujo valor, inclusive dos acessórios, seja superior àquele estabelecido, administrativamente, como sendo o mínimo para o ajuizamento de suas execuções fiscais.*** Dispositivo incluído pela **Lei 13.606/18.** No âmbito federal, o valor mínimo para ajuizamento de execução fiscal é **R$ 20.000** (Portaria MF 75/2002).

APROPRIAÇÃO INDÉBITA PREVIDENCIÁRIA – TEMAS RELEVANTES	
Conduta individualizada	A denúncia é inepta quando fundada apenas na circunstância de ser o sujeito ativo acionista, sócio ou representante legal da pessoa jurídica. Para possibilitar o contraditório e a ampla defesa, "é necessário o mínimo de **individualização da conduta** e a indicação do nexo de causalidade entre esta e o delito de que se trata"[26].
Dosimetria da pena	Se o montante não recolhido for elevado, o STJ admite o aumento da pena-base (consequências do crime)[27].

25. Art. 9º, §2º - **Extingue-se a punibilidade** dos crimes referidos neste artigo quando a pessoa jurídica relacionada com o agente efetuar o pagamento integral dos débitos oriundos de tributos e contribuições sociais, inclusive acessórios.
26. STJ, HC 254328/SP, Rel. Min. Sebastião Reis Júnior, 6ª Turma, j. 17/08/2017.
27. STJ, AgRg no AREsp 961344/SP, Rel. Min. Rogerio Schietti Cruz, 6ª Turma, j. 22/08/2017.

APROPRIAÇÃO INDÉBITA PREVIDENCIÁRIA – TEMAS RELEVANTES	
Continuidade normativo-típica	A conduta era tipificada no art. 95 da Lei 8.212/1991. O art. 3º da Lei 9.983/2000 "apenas transmudou a base legal de imputação do crime de apropriação indébita previdenciária para o CP (art. 168-A), não tendo havido alteração na descrição da conduta anteriormente incriminada na Lei 8.212/1990"[28]. A lei mais nova, por ser **mais benéfica**, retroage[29].
Contribuições recolhidas ou descontadas	"O simples não recolhimento aos cofres da previdência social das contribuições devidas pelos empregados sob o encargo da empresa não é suficiente à configuração da conduta típica de apropriação indébita previdenciária (art. 168-A, CP), a qual exige, além disso, **a comprovação de que tais contribuições foram recolhidas ou descontadas dos contribuintes**, pressupostos fático-jurídicos indispensáveis para caracterização da apropriação"[30].
Crime material	A apropriação indébita previdenciária é um crime tributário **material**. Logo, **aplica-se** a súmula vinculante 24. ■ Súmula Vinculante 24: Não se tipifica crime material contra a ordem tributária, previsto no art. 1º, incisos I a IV, da Lei nº 8.137/90, antes do lançamento definitivo do tributo.
	No mesmo sentido, a 3ª Seção do STJ fixou a seguinte tese sob a sistemática do recurso repetitivo: "o crime de apropriação indébita previdenciária, previsto no art. 168-A, § 1º, I, do Código Penal, possui natureza de delito material, que só se consuma com a constituição definitiva, na via administrativa, do crédito tributário, consoante o disposto na Súmula Vinculante n. 24 do Supremo Tribunal Federal".
Prescrição suspensa	Considerando que o crime pressupõe o lançamento tributário definitivo, "permanece **suspensa enquanto a exigibilidade do crédito tributário estiver suspensa em razão de decisão de antecipação dos efeitos da tutela no juízo cível**"[31].

28. STF, AI 804466 AgR/SP, Rel. Min. Dias Toffoli, 2ª Turma, j. 13/12/2011.
29. STJ, RHC 66437/SP, Rel. Min. Felix Fischer, 5ª Turma, j. 28/06/2016.
30. "[...] No caso, conforme afirmou a sentença, não há provas de que o acusado efetivamente descontou dos salários de seus empregados" (TRF5. ACR nº 15056/PE. Des. Federal Edilson Pereira Nobre Júnior. j. 28/11/2017).
31. STJ, RHC 51.596/SP, Rel. Min. Felix Fischer, 5ª Turma, j. 03/02/2015. (Info. 556)

APROPRIAÇÃO INDÉBITA PREVIDENCIÁRIA – TEMAS RELEVANTES	
Prova da materialidade	"A íntegra do procedimento administrativo fiscal não constitui peça obrigatória para o oferecimento da denúncia nos crimes de apropriação indébita previdenciária, que pode se embasar em **quaisquer documentos que comprovem a constituição definitiva do débito**"[32].
Crime continuado e grupo empresarial	Para o STJ, "a prática de crimes de apropriação indébita previdenciária em que o agente estiver à frente de empresas distintas, mas pertencentes ao mesmo grupo empresarial, **não afasta** o reconhecimento da continuidade delitiva"[33].
Conduta individualizada	A denúncia é inepta quando fundada apenas na circunstância de ser o sujeito ativo acionista, sócio ou representante legal da pessoa jurídica. Para possibilitar o contraditório e a ampla defesa, "é necessário o mínimo de **individualização da conduta** e a indicação do nexo de causalidade entre esta e o delito de que se trata"[34].
Extinção da punibilidade	Atualmente, o STF[35] e o STJ[36] concordam que **o pagamento integral do débito tributário, a qualquer tempo, até mesmo após o trânsito em julgado da condenação, é causa de extinção da punibilidade do agente**.
Princípio da insignificância	O STF[37] e o STJ[38] **afastam** a aplicação do princípio devido ao caráter supraindividual do bem jurídico tutelado (a subsistência financeira da Previdência Social).
Prisão civil	Para o STF, "a norma penal incriminadora da omissão no recolhimento de contribuição previdenciária - art. 168-A do CP - é perfeitamente válida. Aquele que o pratica não é submetido à prisão civil por dívida, mas sim responde pela prática do delito em questão"[39].

32. STJ, RHC 51729/SP, Rel. Min. Leopoldo de Arruda Raposo, 5ª Turma, j. 23/06/2015.
33. STJ, REsp 859050/RS, Rel. Min. Rogerio Schietti Cruz, 6ª Turma, j. 03/12/2013.
34. STJ, HC 254328/SP, Rel. Min. Sebastião Reis Júnior, 6ª Turma, j. 17/08/2017.
35. STF, RHC 128245, Rel. Min. Dias Toffoli, 2ª Turma, j. 23/08/2016.
36. STJ, RHC 91237/SP, Rel. Min. Reynaldo Soares da Fonseca, 5ª Turma, j. 20/02/2018.
37. STF, RHC 132706 AgR/SP, Rel. Min. Gilmar Mendes, 2ª Turma, j. 21/06/2016.
38. STJ, AgRg na RvCr 4881/RJ, Rel. Min. Felix Fischer, 3ª Seção, j. 22/05/2019.
39. STF, HC 91704/PR, Rel. Min. Joaquim Barbosa, 2ª Turma, j. 06/05/2008.

APROPRIAÇÃO INDÉBITA PREVIDENCIÁRIA – TEMAS RELEVANTES	
Crime continuado	**Cada vez que é ultrapassado o prazo legal sem o recolhimento das contribuições, há um novo crime.** Logo, "em razão da natureza jurídica da apropriação indébita previdenciária, crime omissivo próprio, instantâneo e unissubsistente, **a falta do regular recolhimento da contribuição, implica no reconhecimento da continuidade delitiva**"[40].
Sonegação previdenciária e continuidade delitiva	Para o STJ, **não é possível reconhecer a continuidade delitiva** entre os crimes, pois "os delitos de apropriação indébita previdenciária e de sonegação de contribuição previdenciária, previsto nos arts. 168-A e 337-A, ambos do CP, embora sejam do mesmo gênero, são de **espécies diversas**, porquanto os tipos penais descrevem condutas absolutamente distintas"[41].
Desnecessidade de perícia	"Para a comprovação da materialidade delitiva nos crimes de apropriação indébita previdenciária, é **desnecessária** a realização do exame pericial, notadamente quando se tratar de denúncia amparada em procedimento administrativo ou fiscal"[42].
Inexigibilidade de conduta diversa	O STF já decidiu que "a inexigibilidade de conduta diversa consistente na precária condição financeira da empresa, **quando extrema** ao ponto de não restar alternativa socialmente menos danosa do que o não recolhimento das contribuições previdenciárias, **pode ser admitida** como causa supralegal de exclusão da culpabilidade do agente"[43]. No mesmo sentido, o STJ[44].
Adesão ao REFIS	Para o STF[45] e o STJ[46], **o parcelamento (ex.: adesão ao REFIS) não extingue a punibilidade. É necessária a quitação integral do débito.** Na verdade, o parcelamento **suspende** a pretensão punitiva do Estado, desde que o pedido de parcelamento tenha sido formalizado **antes do recebimento da denúncia**. Durante o período de suspensão, **não corre prescrição.**

40. STJ, AgRg no REsp 1315984/SP, Rel. Min. Jorge Mussi, 5ª Turma, j. 16/02/2016.
41. STJ, AgRg no AREsp 1172428/SP, Rel. Min. Felix Fischer, 5ª Turma, j. 12/06/2018.
42. STJ, AgRg no AREsp 584842/SP, Rel. Min. Jorge Mussi, 5ª Turma, j. 20/02/2018.
43. STF, HC 113418/PB, Rel. Min. Luiz Fux, 1ª Turma, j. 24/09/2013.
44. STJ, REsp 761907/MG, Rel. Min. Arnaldo Esteves Lima, 5ª Turma, j. 03/04/2007.
45. STF, HC 99943/RS, Rel. Min. Joaquim Barbosa, 2ª Turma, j. 08/02/2011.
46. STJ, HC 394228/MG, Rel. Min. Ribeiro Dantas, 5ª Turma, j. 05/10/2017.

APROPRIAÇÃO INDÉBITA PREVIDENCIÁRIA – TEMAS RELEVANTES	
Lei 14.112/2020	De acordo com a nova Lei de Falência (Lei 14.112/2020), o empresário ou a sociedade empresária que pleitear ou tiver deferido o processamento da recuperação judicial, nos termos dos 51, 52 e 70 da Lei 11.101/2005, poderá liquidar os seus débitos para com a Fazenda Nacional existentes, ainda que não vencidos até a data do protocolo da petição inicial da recuperação judicial, de natureza tributária ou não tributária, constituídos ou não, inscritos ou não em dívida ativa. O pagamento pode ser realizado mediante parcelamento da dívida consolidada, nos moldes dos artigos 10-A, 10-B e 10-C da Lei 10.522/2002 (introduzidos pela Lei 14.112/2020). A adesão ao parcelamento enseja a suspensão da pretensão punitiva, podendo gerar extinção da punibilidade do crime tributário (caso haja a quitação do débito) ou a retomada da persecução penal (se descumpridos os seus termos).

COMPETÊNCIA	
Justiça Federal	**Justiça Estadual**
Regra geral, pois se trata de crime detrimento de interesse da União[47].	Contribuição para custeio do regime previdenciário dos servidores dos Estados, DF e Municípios[48].

APROPRIAÇÃO DE COISA HAVIDA POR ERRO, CASO FORTUITO OU FORÇA DA NATUREZA (ART. 169)
► ***Art. 169. Apropriar-se alguém de coisa alheia vinda ao seu poder por erro, caso fortuito ou força da natureza:***   ***Pena - detenção, de 1 mês a 1 ano, ou multa.***

47. Art. 149 da CF/88: "compete exclusivamente à União instituir contribuições sociais, de intervenção no domínio econômico e de interesse das categorias profissionais ou econômicas, como instrumento de sua atuação nas respectivas áreas, observado o disposto nos arts. 146, III, e 150, I e III, e sem prejuízo do previsto no art. 195, § 6º, relativamente às contribuições a que alude o dispositivo".
48. Art. 149, §1º da CF/88: "os Estados, o Distrito Federal e os Municípios instituirão contribuição, cobrada de seus servidores, para o custeio, em benefício destes, do regime previdenciário de que trata o art. 40, cuja alíquota não será inferior à da contribuição dos servidores titulares de cargos efetivos da União".

APROPRIAÇÃO DE COISA HAVIDA POR ERRO, CASO FORTUITO OU FORÇA DA NATUREZA (ART. 169)	
Tipicidade	Bastante similar à apropriação indébita. Diferença: "enquanto na apropriação indébita a vítima (ou alguém em seu nome) entrega a coisa sem estar em erro, na apropriação de coisa havida por erro (CP, art. 169, *caput*) é imprescindível que a vítima (ou quem a representa) tenha uma falsa percepção da realidade, a qual, no caso concreto, funciona como motivo determinante para a entrega do bem"[49].
Bem jurídico	O patrimônio.
Sujeito ativo	Qualquer pessoa (crime **comum**).
Sujeito passivo	Qualquer pessoa.
Elemento subjetivo	Dolo, direto ou eventual. Não há finalidade específica. Não há modalidade culposa.
Consumação	Ocorre com a apropriação da coisa alheia (crime **material** e **permanente**[50]). Admite tentativa (crime **plurissubsistente**).
Execução	Crime de forma livre.
Concurso de pessoas	Crime de concurso eventual (**unissubjetivo**).
Competência	Juizado Especial Criminal.
Lei 9.099/1995	Infração de menor potencial ofensivo.
Ação penal	Pública incondicionada.
ANPP	Admitida transação penal, é incabível o acordo de não persecução penal (art. 28-A, § 2º, I, do CPP).

49. MASSON, Cleber (op. cit. 2015 p. 474).
50. STJ, HC 15403/SP, Rel. Min. Gilson Dipp, 5ª Turma, j. 25/09/2001.

CONDUTAS EQUIPARADAS (ART. 169, PARÁGRAFO ÚNICO, I)	
► ***Art. 169, parágrafo único - Na mesma pena incorre:***	
I - quem acha tesouro em prédio alheio e se apropria, no todo ou em parte, da quota a que tem direito o proprietário do prédio; [...].	**Norma penal em branco homogênea**: cabe ao CC a definição de "***tesouro***"[51].
II - quem acha coisa alheia perdida e dela se apropria, total ou parcialmente, deixando de restituí-la ao dono ou legítimo possuidor ou de entregá-la à autoridade competente, dentro no prazo de 15 dias.	**Não incide sobre coisa abandonada**. **Crime de conduta mista**: é composto por uma parte comissiva (apropriar-se) e outra omissiva (deixar de restituir). **Crime a prazo**: a consumação exige o transcurso do lapso temporal de 15 dias.

51. Art. 1.264. O depósito antigo de **coisas preciosas, oculto e de cujo dono não haja memória**, será dividido por igual entre o proprietário do prédio e o que achar o tesouro casualmente.
Art. 1.265. O tesouro pertencerá por inteiro ao proprietário do prédio, se for achado por ele, ou em pesquisa que ordenou, ou por terceiro não autorizado.
Art. 1.266. Achando-se em terreno aforado, o tesouro será dividido por igual entre o descobridor e o enfiteuta, ou será deste por inteiro quando ele mesmo seja o descobridor.

6

DO ESTELIONATO E OUTRAS FRAUDES

DO DANO		
Estelionato (art. 171).	**Disposição de coisa alheia como própria** (art. 171, §2º, I).	**Alienação ou oneração fraudulenta de coisa própria** (art. 171, §2º, II).
Defraudação de penhor (art. 171, §2º, III).	**Fraude na entrega de coisa** (art. 171, §2º, IV).	**Fraude para recebimento de indenização ou valor de seguro** (art. 171, §2º, V).
Fraude no pagamento por meio de cheque (art. 171, §2º, VI).	**Fraude eletrônica** (art. 171, §2º-A).	**Duplicata simulada** (art. 172).
Abuso de incapazes (art. 173).	**Induzimento à especulação** (art. 174).	**Fraude no comércio** (art. 175).
Outras fraudes (art. 176).	**Fraudes e abusos na fundação ou administração de sociedade por ações** (art. 177).	**Emissão irregular de conhecimento de depósito ou "*warrant*"** (art. 178).
Fraude à execução (art. 179).		

ESTELIONATO (ART. 171)	
►***Art. 171. Obter, para si ou para outrem, vantagem ilícita, em prejuízo alheio, induzindo ou mantendo alguém em erro, mediante artifício, ardil, ou qualquer outro meio fraudulento: Pena - reclusão, de 1 a 5 anos, e multa, de quinhentos mil réis a dez contos de réis.***	
Tipicidade	Estelionato deriva de *stellio* (camaleão, animal que muda de cor para enganar a presa). A principal característica do crime é o emprego de **fraude**.
Bem jurídico	O patrimônio.
Sujeito ativo	Qualquer pessoa (crime **comum**).
Sujeito passivo	Qualquer pessoa, inclusive a pessoa jurídica.
Elemento subjetivo	Dolo, direto ou eventual. Finalidade especial: "***para si ou para outrem***". Não há modalidade culposa.
Consumação	Ocorre "no momento e lugar em que o agente aufere proveito econômico em prejuízo da vítima"[1], ou seja, **é imprescindível a obtenção da vantagem indevida** (crime **material**[2] e **instantâneo**). Admite tentativa[3] (crime **plurissubsistente**).
Omissão	Pode ser praticado na forma omissiva, quando a fraude é praticada pelo silêncio.
Execução	Crime de forma livre.
Concurso de pessoas	Crime de concurso eventual (**unissubjetivo**).
Competência	Juízo comum.
Lei 9.099/1995	Não é infração de menor potencial ofensivo. Ressalvado o §3º, é cabível a suspensão condicional do processo (se preenchidos os requisitos do art. 89 da Lei 9.099/1995).
ANPP	É cabível o acordo de não persecução penal, se preenchidos os requisitos do art. 28-A do CPP.

1. STJ, CC 161087/BA, Rel. Min. Nefi Cordeiro, 3ª Seção, j. 24/10/2018.
2. STJ, AgRg no RHC 110369/RS, Rel. Min. Leopoldo de Arruda Raposo, 5ª Turma, j. 10/10/2019.
3. STJ, HC 342918/MG, Rel. Min. Jorge Mussi, 5ª Turma, j. 12/04/2016.

ALTERAÇÕES DA LEI 13.964/2019 (AÇÃO PENAL)	
Antes da Lei	**Após a Lei**
Regra: ação penal pública incondicionada.	A regra passou a ser a ação penal pública **condicionada à representação**, com ressalvas (casos em que a ação penal será pública incondicionada). ► ***Art. 171, §5º - Somente se procede mediante representação, salvo se a vítima for:*** ***I - a Administração Pública, direta ou indireta;*** ***II - criança ou adolescente;*** ***III - pessoa com deficiência mental; ou*** ***IV - maior de 70 anos de idade ou incapaz.***

RETROATIVIDADE DA REPRESENTAÇÃO (ART. 171, §5º - LEI 13.964/2019)	
STJ e 1ª Turma do STF	**2ª Turma do STF**
É "inaplicável a retroatividade do §5º do art. 171 do CP às hipóteses em que o Ministério Público tiver **oferecido a denúncia** antes da entrada em vigor da Lei 13.964/2019, uma vez que, naquele momento, a norma processual em vigor definia a ação para o delito de estelionato como pública incondicionada, não exigindo qualquer condição de procedibilidade para a instauração da persecução penal em juízo"[4].	O §5º do art. 171 do CP é norma de conteúdo processual-penal ou híbrido, porque ao mesmo tempo em que cria condição de procedibilidade para ação penal, modifica o exercício do direito de punir do Estado ao introduzir hipótese de extinção de punibilidade (a decadência). "Essa inovação legislativa, ao obstar a aplicação da sanção penal, é norma penal de caráter mais favorável ao réu e, nos termos do art. 5º, XL, da Constituição Federal, deve ser aplicada de forma retroativa a **atingir tanto investigações criminais quanto ações penais em curso até o trânsito em julgado**"[5].

4. STF, RE 1407993 AgR/MT, Rel. Min. Alexandre de Moraes, 1ª Turma, j. 28/11/2022. No mesmo sentido: STJ, HC 610201/SP, Rel. Min. Ribeiro Dantas, 3ª Seção, j. 24/03/2021.
5. STF, RHC 224844 AgR/SP, Rel. Min. Edson Fachin, 2ª Turma, j. 27/03/2023.

A CONSUMAÇÃO EXIGE...			
Emprego de fraude.	Indução da vítima em erro.	Obtenção da vantagem ilícita, para si ou para outrem.	Prejuízo alheio.

ESTELIONATO PRIVILEGIADO (ART. 171, §1º)
►***Art. 171, §1º - Se o criminoso é primário, e é de pequeno valor o prejuízo, o juiz pode aplicar a pena conforme o disposto no art. 155, §2º.*** A jurisprudência interpreta o prejuízo "***de pequeno valor***" como aquele inferior a **um salário mínimo**[6].

CONDUTAS EQUIPARADAS (ART. 171, §2º)	
►***Art. 171, §2º - Nas mesmas penas incorre quem:***	
Disposição de coisa alheia como própria	►***I - vende, permuta, dá em pagamento, em locação ou em garantia coisa alheia como própria;***
Alienação ou oneração fraudulenta de coisa própria	►***II - vende, permuta, dá em pagamento ou em garantia coisa própria inalienável, gravada de ônus ou litigiosa, ou imóvel que prometeu vender a terceiro, mediante pagamento em prestações, silenciando sobre qualquer dessas circunstâncias;***
Defraudação de penhor	►***III - defrauda, mediante alienação não consentida pelo credor ou por outro modo, a garantia pignoratícia, quando tem a posse do objeto empenhado;***
Fraude na entrega de coisa	►***IV - defrauda substância, qualidade ou quantidade de coisa que deve entregar a alguém;***

6. O STJ entende que "não há como reconhecer o estelionato privilegiado (art. 171, §1º do Código Penal) se o montante referente à lesão, ao tempo do crime, era maior que um salário mínimo, critério que vem sendo adotado pela jurisprudência para aferição da benesse, com aval de abalizada doutrina" (RHC 30225/MA, Rel. Min. Maria Thereza de Assis Moura, 6ª Turma, j. 17/09/2013).

CONDUTAS EQUIPARADAS (ART. 171, §2º)	
Fraude para recebimento de indenização ou valor de seguro	► ***V - destrói, total ou parcialmente, ou oculta coisa própria, ou lesa o próprio corpo ou a saúde, ou agrava as consequências da lesão ou doença, com o intuito de haver indenização ou valor de seguro;*** Atenção à finalidade especial: ***"com o intuito de haver indenização ou valor de seguro"***. Diferentemente das hipóteses anteriores, é um **crime formal**[7] (a obtenção da indenização ou valor de seguro é prescindível).
Fraude no pagamento por meio de cheque	► ***VI - emite cheque, sem suficiente provisão de fundos em poder do sacado, ou lhe frustra o pagamento.*** O agente emite cheque ciente de que não há fundos no momento da emissão ou, apesar de haver fundos, pratica ato com o objetivo de frustrar o pagamento (ex.: retira todo dinheiro da sua conta).

ESTELIONATO QUALIFICADO (ART. 171, §2º-A)
A **Lei 14.155/2021** criou uma nova figura criminosa, a **fraude eletrônica**: ► ***Art. 171, §2º-A. A pena é de reclusão, de 4 a 8 anos, e multa, se a fraude é cometida com a utilização de informações fornecidas pela vítima ou por terceiro induzido a erro por meio de redes sociais, contatos telefônicos ou envio de correio eletrônico fraudulento, ou por qualquer outro meio fraudulento análogo.*** De forma proporcional, a Lei cominou a mesma pena para a fraude eletrônica e para o furto mediante fraude cometido por meio de dispositivo eletrônico ou informático (art. 155, §4º-B).

CAUSA ESPECIAL DE AUMENTO DE PENA APLICÁVEL AO §2º-A (ART. 171, §2º-B)
► ***Art. 171, §2º-B. A pena prevista no §2º-A deste artigo, considerada a relevância do resultado gravoso, aumenta-se de 1/3 a 2/3, se o crime é praticado mediante a utilização de servidor mantido fora do território nacional.***

7. STJ, AgRg no AREsp 780326/SP, Rel. Min. Jorge Mussi, 5ª Turma, j. 28/03/2017.

CAUSA ESPECIAL DE AUMENTO (ART. 171, §3º)
►***Art. 171, §3º - A pena aumenta-se de 1/3, se o crime é cometido em detrimento de entidade de direito público ou de instituto de economia popular, assistência social ou beneficência.*** Também conhecido por "estelionato circunstanciado". Quando cometido em detrimento da Previdência Social (entidade de direito público), é conhecido por "**estelionato previdenciário**", um dos mais relevantes crimes federais.

NATUREZA JURÍDICA DO ESTELIONATO PREVIDENCIÁRIO (ART. 171, §3º)
Para o STF[8] e o STJ[9], o estelionato **previdenciário** é um crime **binário**, podendo ser permanente ou instantâneo de efeitos permanentes a depender de quem pratica a conduta.

NATUREZA JURÍDICA DO ESTELIONATO PREVIDENCIÁRIO (ART. 171, §3º)	
Crime permanente	**Crime instantâneo de efeitos permanentes**
O crime é praticado pelo **próprio beneficiário**.	O crime é praticado **por terceiro** para que outrem obtenha o benefício.
Ex.: Fátima, servidora do INSS, facilita indevidamente o recebimento de um benefício para si própria.	Ex.: Fátima, servidora do INSS, facilita indevidamente o recebimento de um benefício para uma amiga.
O crime consuma-se a cada saque do benefício e a prescrição corre **do dia em que cessou o recebimento** indevido do benefício (art. 111, III).	A prescrição começa a correr a partir do **recebimento da primeira prestação** do benefício indevido.

ESTELIONATO MAJORADO (ART. 171, §4º)
A Lei 13.228/2015 acrescentou o §4º ao art. 171 para majorar o crime cometido contra idoso. A **Lei 14.155/2021** ampliou a majorante para incluir também os vulneráveis. ►***Art. 171, §4º - A pena aumenta-se de 1/3 ao dobro, se o crime é cometido contra idoso ou vulnerável, considerada a relevância do resultado gravoso.***

8. STF, ARE 663735 AgR/ES, Rel. Min. Ayres Britto, 2ª Turma, j. 07/02/2012.
9. STJ, RvCr 3900/SP, Rel. Min. Reynaldo Soares da Fonseca, 3ª Seção, j. 13/12/2017.

ESTELIONATO MAJORADO (ART. 171, §4º)	
Antes da Lei 14.155/21	**Após a Lei 14.155/21**
Contra idoso. Pena em dobro.	Contra idoso **ou vulnerável**. Aumento de **1/3 ao dobro**. ***Novatio legis in mellius*.**

COMPETÊNCIA TERRITORIAL
A **Lei 14.155/2021** acrescentou o §4º ao art. 70 do CPP, nos seguintes termos: "nos crimes previstos no art. 171 do Código Penal, **quando praticados mediante depósito, mediante emissão de cheques sem suficiente provisão de fundos em poder do sacado ou com o pagamento frustrado ou mediante transferência de valores**, a competência será definida pelo **local do domicílio da vítima**, e, em caso de pluralidade de vítimas, a competência firmar-se-á pela prevenção". O dispositivo encerra a controvérsia jurisprudencial sobre o tema.
Perceba que o dispositivo é restritivo e não se refere a todas as modalidades de estelionato. Para os casos não abrangidos, continua válida a regra geral de fixação de competência prevista no *caput* do art. 70 do CPP ("a competência será, de regra, determinada pelo lugar em que se consumar a infração, ou, no caso de tentativa, pelo lugar em que for praticado o último ato de execução").
Com o dispositivo, perderam a eficácia (*overruling*) as súmulas **521 do STF** ("o foro competente para o processo e julgamento dos crimes de estelionato, sob a modalidade da emissão dolosa de cheque sem provisão de fundos, é o do local onde se deu a recusa do pagamento pelo sacado") e **244 do STJ** ("compete ao foro do local da recusa processar e julgar o crime de estelionato mediante cheque sem provisão de fundos").
Já a súmula 48 do STJ, por não versar sobre as hipóteses previstas no novel dispositivo, permanece **válida**. ■ Súmula 48 do STJ: Compete ao Juízo do local da obtenção da vantagem ilícita processar e julgar crime de estelionato cometido mediante falsificação de cheque.
As ações penais em andamento no momento da entrada em vigor da Lei não sofrerão qualquer modificação. Aplica-se a regra *perpetuatio jurisdictionis* (fixada a competência, esta se perpetua até o final).

ESTELIONATO (ART. 171)	FURTO MEDIANTE FRAUDE (ART. 155, §4º, II)
A fraude é "usada como meio de obter o consentimento da vítima que, iludida, entrega voluntariamente o bem ao agente"[10].	A fraude "tem o escopo de reduzir/burlar a vigilância da vítima para que, em razão dela, não perceba que a coisa lhe está sendo subtraída"[11].
Ex.: compra, via *call center*, de produtos da empresa vítima, situada em São Paulo, utilizando-se de cartão de crédito. Os produtos foram encaminhados aos compradores no estado do Pará, no entanto as compras não foram reconhecidas pelos proprietários dos cartões de crédito, gerando prejuízo à vítima" [12]. Outro exemplo: alteração do medidor de energia.	Ex.: "a realização de saques indevidos (ou transferências bancárias) na conta corrente da vítima sem o seu consentimento, seja por meio de clonagem de cartão e/ou senha, seja por meio de furto do cartão, seja via internet, configuram o delito de furto mediante fraude"[13]. Outro exemplo: "gato" de energia.

ESTELIONATO (ART. 171)	APROPRIAÇÃO INDÉBITA (ART. 168)
► ***Art. 171. Obter, para si ou para outrem, vantagem ilícita, em prejuízo alheio, induzindo ou mantendo alguém em erro, mediante artifício, ardil, ou qualquer outro meio fraudulento: Pena - reclusão, de 1 a 5 anos, e multa, de quinhentos mil réis a dez contos de réis.***	► ***Art. 168. Apropriar-se de coisa alheia móvel, de que tem a posse ou a detenção: Pena - reclusão, de 1 a 4 anos, e multa.***
O sujeito quer se apropriar da coisa alheia móvel desde o **início**.	O sujeito recebe a coisa alheia móvel e **depois** decide se apropriar.

10. STJ, REsp 1046844/RS, Rel. Min. Laurita Vaz, 5ª Turma, j. 06/10/2009.
11. STJ, RHC 21412/SP, Rel. Min. Rogerio Schietti Cruz, 6ª Turma, j, 06/05/2014.
12. STJ, CC 113947/PA, Rel. Min. Marco Aurélio Bellizze, 3ª Seção, j. 26/02/2014.
13. STJ, CC 149752/PI, Rel. Min. Reynaldo Soares da Fonseca, 3ª Seção, j. 14/12/2016.

ESTELIONATO (ART. 171)	EXTORSÃO (ART. 158)
► ***Art. 171. Obter, para si ou para outrem, vantagem ilícita, em prejuízo alheio, induzindo ou mantendo alguém em erro, mediante artifício, ardil, ou qualquer outro meio fraudulento:*** ***Pena - reclusão, de 1 a 5 anos, e multa, de quinhentos mil réis a dez contos de réis.***	► ***Art. 158. Constranger alguém, mediante violência ou grave ameaça, e com o intuito de obter para si ou para outrem indevida vantagem econômica, a fazer, tolerar que se faça ou deixar de fazer alguma coisa:*** ***Pena - reclusão, de 4 a 10 anos, e multa.***
O prejuízo resulta de artifício, ardil, ou qualquer outro meio fraudulento capaz de induzir em erro a vítima.	"A entrega do bem ocorre mediante o emprego de violência ou de grave ameaça. A vítima não age iludida: faz ou deixa de fazer alguma coisa motivada pelo constrangimento a que é exposta"[14].
Em ambos os casos, a própria vítima entrega o bem ao agente.	

ESTELIONATO – TEMAS RELEVANTES	
Interpretação analógica	Caso de **interpretação analógica** ou *intra legem* (*'erro'*, *'artifício'* e *'ardil'* são exemplos de *'meio fraudulento'*).
Meio fraudulento omissivo	"O meio fraudulento pode ocorrer de forma omissiva e se dá, dentre outras hipóteses, quando o autor do estelionato, apesar de ter obrigação legal de comunicar a vítima sobre determinado fato, **silencia**, fazendo-a permanecer em erro"[15].

14. STJ, CC 129275/RJ, Rel. Min. Laurita Vaz, 3ª Seção, j. 11/12/2013. Exemplo do julgado: "O caso em apreço melhor se subsume, em princípio, ao crime de extorsão, pois o interlocutor teria, por meio de ligação telefônica, simulado o sequestro da irmã da vítima, exigindo o depósito de determinada quantia em dinheiro sob o pretexto de matá-la, tudo a revelar que o sujeito passivo do delito em momento algum agiu iludido, mas sim em razão da grave ameaça suportada".

15. "Hipótese em que, segundo o acórdão recorrido, o recorrente, intencionalmente, omitiu-se da sua obrigação legal de determinar a comunicação da vítima acerca da existência do processo contra ela instaurado e da liminar deferida. 16. A vítima, por não ter ciência da medida judicial deferida, permaneceu em erro (falsa percepção da realidade), qual seja, o de que as dívidas continuavam garantidas pelas hipotecas, quando estas não mais existiam, por terem sido judicialmente desconstituídas, bem assim o de que os bens ainda estavam em propriedade dos executados quando, na verdade, já haviam sido alienados. Além disso, a omissão que levou ao desconhecimento da liminar pela vítima fez com que esta permanecesse inerte, enquanto a fraude era consumada. 17. O fato de o Juiz ter tornado sem efeito a decisão, quando a vítima, por meios extrajudiciais, finalmente tomou ciência do processo, não retira a tipicidade das condutas, tendo em vista que, quando o fez, já havia a medida judicial cumprido seu propósito fraudulento, com a consumação da baixa dos gravames e a alienação dos imóveis que estavam antes hipotecados" (STJ, REsp 1384899/PE, Rel. Min. Sebastião Reis Júnior, 6ª Turma, j. 18/08/2015). **No mesmo sentido, a Exposição de Motivos da Parte Especial do CP, no item 61 ("não haverá dúvida de que o próprio silêncio, quando malicioso ou intencional, acerca do preexistente erro da vítima, constitui meio fraudulento característico do estelionato").**

ESTELIONATO – TEMAS RELEVANTES	
Vantagem ilícita	A doutrina diverge quanto à natureza da vantagem ilícita. Todavia, prevalece que a vantagem deve ser **econômica**[16].
Dolo	Para o STF, "o dolo de obtenção de vantagem, mediante indução ou manutenção da vítima em erro, deve ser **inicial**. O intento lesivo deve coexistir com o início da execução, não se caracterizando o delito do art. 171 do CP quando, como no caso concreto, a teórica intenção lesiva tenha nascido *a posteriori*, na busca de proveito indevido antes não visado [...]"[17].
Resultado duplo	Cezar Bitencourt explica que "a duplicidade de nexo causal está representada por dupla relação de causa e efeito; num primeiro momento, funciona a fraude como causa, e o engano decorrente do ardil, como efeito; no momento subsequente, o erro consequente do dano, como causa, e a obtenção da vantagem indevida e o dano patrimonial correspondente (esses dois representando a segunda duplicidade). Trata-se, com efeito, de crime de **resultado duplo, uma vez que para se consumar exige a obtenção de vantagem ilícita, de um lado, e a ocorrência de um prejuízo para a vítima, de outro**. A ausência de qualquer desses resultados descaracteriza o estelionato consumado, restando, em princípio, a figura da tentativa"[18]. No mesmo sentido, o STJ[19].
Arrependimento posterior	"O crime de estelionato se consuma no momento em que os bens ou valores ingressam na esfera de disponibilidade do agente, sendo que eventual ressarcimento ou devolução não elidem a prática criminosa, podendo acarretar arrependimento posterior"[20].

16. Nesse sentido, o STJ: "Para a configuração do crime de estelionato não se exige que o agente tenha ganhos patrimoniais, mas sim que aufira alguma **vantagem econômica ilícita, ou seja, algum benefício de tal natureza**" (STJ, HC 284168/PE, Rel. Min. Leopoldo de Arruda Raposo, 5ª Turma, j. 15/09/2015).
17. STF, HC 87441/PE, Rel. Min. Gilmar Mendes, 2ª Turma, j. 16/12/2008.
18. BITENCOURT, Cezar Roberto (op. cit. p. 298).
19. STJ, HC 36760/RJ, Rel. Min. Paulo Medina, 6ª Turma, j. 01/03/2005.
20. STJ, HC 322758/SP, Rel. Min. Leopoldo de Arruda Raposo, 5ª Turma, j. 25/08/2015.

ESTELIONATO – TEMAS RELEVANTES	
Reparação do dano	**A súmula 554 do STF aplica-se apenas ao §2º, VI, do art. 171, e não ao *caput*[21].**
Crime impossível – não configuração	"O fato de as instituições financeiras possuírem sistemas internos de pesquisa de dados e treinarem os funcionários para o combate à fraude não impedem, por si sós, a consumação do crime de estelionato. Esses mecanismos são tentativas das instituições de minimizarem os prejuízos com o aumento exponencial das fraudes, todavia, **não ilidem, de forma absolutamente eficaz, a consumação** do delito"[22].
Estelionato judicial ou judiciário	"Consiste no uso do processo judicial para auferir lucros ou vantagens indevidas, mediante fraude, ardil ou engodo, ludibriando a Justiça, com ciência da inidoneidade da demanda"[23]. A conduta pode configurar infração civil aos deveres processuais das partes ou outros crimes mais específicos (ex.: coação no curso do processo), mas **não o crime de estelionato** "desde que o magistrado, durante o curso do processo tenha condições de acesso às informações que caracterizam a fraude"[24].
"Cola eletrônica"	Para o STF[25] e o STJ, fraudar concurso público ou vestibular através de cola eletrônica **não configura estelionato** "pois não há como definir se esta conduta seria apta a significar algum prejuízo de ordem patrimonial, nem reconhecer quem teria suportado o revés"[26]. A conduta era **atípica até o advento da Lei 12.550/2011** (criação do crime previsto no art. 311-A - **'fraudes em certames de interesse público'**).

21. ■ Súmula 554 do STF: O pagamento de cheque emitido sem provisão de fundos, após o recebimento da denúncia, não obsta ao prosseguimento da ação penal. STJ, HC 280089/SP, Rel. Min. Jorge Mussi, 5ª Turma, j. 18/02/2014. (Info. 537)
22. STJ, HC 361555/SP, Rel. Min. Felix Fischer, 5ª Turma, j. 27/09/2016.
23. Julgado bastante didático: "Desse modo, **verifica-se atipicidade penal da conduta de invocar causa de pedir remota inexistente para alcançar consequências jurídicas pretendidas, mesmo que a parte ou seu procurador tenham ciência da ilegitimidade da demanda** (STJ, HC 419242/MA, Rel. Min. Ribeiro Dantas, 5ª Turma, j. 12/12/2017).
24. STJ, HC 393890/RS, Rel. Min. Reynaldo Soares da Fonseca, 5ª Turma, j. 13/06/2017.
25. STF, Inq 1145/PB, Rel. Min. Maurício Corrêa, Plenário, j. 19/12/2006.
26. STJ, PExt no HC 208977/SP, Rel. Min. Gurgel de Faria, 5ª Turma, j. 11/11/2014.

ESTELIONATO – TEMAS RELEVANTES	
Competência – falsificação de cheque	▪ Súmula 48 do STJ: Compete ao juízo do local da obtenção da vantagem ilícita processar e julgar crime de estelionato cometido mediante falsificação de cheque.
Competência – guias de recolhimento das contribuições previdenciárias	▪ Súmula 107 do STJ: Compete à Justiça Comum Estadual processar e julgar crime de estelionato praticado mediante falsificação das guias de recolhimento das contribuições previdenciárias, quando não ocorrente lesão à autarquia federal.
Estelionato e moeda falsa	▪ Súmula 73 do STJ: A utilização de papel moeda grosseiramente falsificado configura, em tese, o crime de estelionato, da competência da Justiça Estadual.
Falso – princípio da consunção	▪ Súmula 17 do STJ: Quando o falso se exaure no estelionato, sem mais potencialidade lesiva, é por este absorvido. Aplicação do princípio da consunção, em que o crime-meio é absorvido pelo crime-fim.
Sonegação fiscal – princípio da consunção	Não raras vezes, o crime de estelionato e é praticado com a finalidade de concretizar o crime de sonegação fiscal, sendo por ele absorvido[27].
"Venda premiada"	Para o STJ, "a venda premiada - ainda que levada a efeito sem autorização do Banco Central do Brasil e mesmo não caracterizando um consórcio puro - trata-se de um simulacro de consórcio, que capta e administra recursos de terceiros, de modo a se enquadrar no tipo penal previsto do art. 16 da Lei n. 7492/1986"[28], e não no tipo penal previsto no art. 171 do CP (estelionato).

27. STJ, RHC 37268/RJ, Rel. Min. Felix Fischer, 5ª Turma, j. 04/08/2016.

28. "O fato de o indivíduo contemplado não precisar mais arcar com prestações demonstra apenas o alto risco do negócio, diante da possibilidade de não se conseguir o ingresso de outra pessoa para sustentar a viabilidade de aquisição dos bens. 4. Ademais, ainda que não haja identidade perfeita entre a venda premiada e o consórcio, é evidente de que não se trata de venda comum, na medida em que a pessoa jurídica capta recursos de terceiros, podendo, portanto, ser considerada instituição financeira a teor do art. 1º da Lei n. 7.492/2006" (STJ, CC 160077/PA, Rel. Min. Joel Ilan Paciornik, 3ª Seção, j. 10/10/2018).

MOEDA FALSA	ESTELIONATO	CRIME IMPOSSÍVEL
A falsificação do papel-moeda não é constatável a olho nu e é **capaz de ludibriar o homem médio** (*imitatio veri*).	A falsificação do papel-moeda é **grosseira**, isto é, **incapaz de ludibriar o homem médio**. Todavia, algumas pessoas (abaixo da "média" por condições pessoais específicas) podem ser ludibriadas.	A falsificação do papel-moeda é **incapaz de ludibriar qualquer pessoa**, por absoluta ineficácia do meio.
Competência da **Justiça Federal**.	Competência da **Justiça Estadual** (súmula 73 do STJ).	

FRAUDE NO PAGAMENTO POR MEIO DE CHEQUE – TEMAS RELEVANTES	
Competência	▪ Súmula 521 do STF: O foro competente para o processo e julgamento dos crimes de estelionato, sob a modalidade da emissão dolosa de cheque sem provisão de fundos, é o do local onde se deu a recusa do pagamento pelo sacado.
	▪ Súmula 244 do STJ: Compete ao foro do local da recusa processar e julgar o crime de estelionato mediante cheque sem provisão de fundos.
Dolo de fraudar	▪ Súmula 246 do STF: Comprovado não ter havido fraude, não se configura o crime de emissão de cheque sem fundos.
Cheque pós-datado	Para o STJ, "a emissão de cheques pós-datados pode caracterizar o crime previsto no artigo 171 do CP quando restar comprovado que as cártulas não foram fornecidas como garantia de dívida, mas sim com o intuito de fraudar"[29].
Pagamento do cheque e súmula 554 do STF	▪ Súmula 554 do STF: O pagamento de cheque emitido sem provisão de fundos, após o recebimento da denúncia, não obsta ao prosseguimento da ação penal. Logo, pode-se concluir que, **no caso do art. 171, §2º, VI, o pagamento de cheque sem fundos até o recebimento da denúncia impede o prosseguimento da ação penal**.

29. STJ, RHC 76364/CE, Rel. Min. Sebastião Reis Júnior, 6ª Turma, j. 07/12/2017. O STF tem um julgado muito antigo no mesmo sentido (STF, RHC 63783/PA, Rel. Carlos Madeira, 2ª Turma, j. 29/04/1986).

FRAUDE NO PAGAMENTO POR MEIO DE CHEQUE – TEMAS RELEVANTES	
Continuidade delitiva	É possível reconhecer a continuidade delitiva, pois "cada saque de benefício previdenciário realizado por terceiro, utilizando cartão magnético de segurado falecido, constitui novo delito"[30].
Princípio da insignificância	O STF[31] e o STJ[32] **afastam** a aplicação do princípio, diante das consequências suportadas pela coletividade.
Independência das instâncias	O STF[33] e o STJ[34] concordam que a instauração da ação penal **independe da conclusão do procedimento administrativo**, pois as esferas administrativa e penal são independentes.
Benefício restabelecido por decisão judicial	Para o STJ, "deve ser afastado o estado de permanência delitiva quando o pagamento do benefício é restabelecido por força de decisão judicial, na medida em que ausentes os elementos essenciais do tipo penal - fraude e a indução a erro -; o que afasta a ilicitude do recebimento e, portanto, o próprio crime"[35].
Tempo de percepção do benefício e dosimetria	O STJ entende que "o tempo pelo qual o agravante percebeu indevidamente o benefício previdenciário [...] constitui fundamento concreto distinto das elementares do crime e demonstra um maior grau de reprovabilidade da conduta, autorizando a **negativação das circunstâncias**"[36].
Atestado médico falso e dosimetria	O STJ já decidiu que "não autoriza a negativação da culpabilidade o fato de o estelionato ter sido praticado por meio da apresentação de atestado médico falso, se a comprovação da incapacidade laboral era pressuposto para o benefício previdenciário que se tentou obter mediante a fraude, mostrando-se indispensável, para a prática delitiva, a apresentação de documento daquele gênero"[37].

30. STJ, AgRg no REsp 1745532/BA, Rel. Min. Antonio Saldanha Palheiro, 6ª Turma, j. 23/10/2018.
31. STF, HC 119729/DF, Rel. Min. Teori Zavascki, 2ª Turma, j. 10/12/2013.
32. STJ, AgRg no AREsp 1476284/PE, Rel. Min. Ribeiro Dantas, 5ª Turma, j. 25/06/2019.
33. STF, RHC 105761/PA, Rel. Min. Ricardo Lewandowski, 1ª Turma, j. 02/12/2010.
34. STJ, RHC 30604/RJ, Rel. Min. Nefi Cordeiro, 6ª Turma, j. 17/12/2015.
35. STJ, AgRg no REsp 1271901/RJ, Rel. Min. Laurita Vaz, 5ª Turma, j. 18/02/2014.
36. STJ, AgRg no REsp 1456847/RJ, Rel. Min. Sebastião Reis Júnior, 6ª Turma, j. 23/06/2015.
37. STJ, AgRg no REsp 1486747/PE, Rel. Min. Sebastião Reis Júnior, 6ª Turma, j. 17/09/2015.

FRAUDE NO PAGAMENTO POR MEIO DE CHEQUE – TEMAS RELEVANTES	
Arrependimento posterior	"A reparação do dano à Previdência Social com a devolução dos valores recebidos indevidamente a título de benefício previdenciário não afasta a subsunção dos fatos à hipótese normativa prevista no art. 171, §3º, do CP"[38], podendo configurar apenas caracterizar arrependimento posterior (art. 16 do CP).

JURISPRUDÊNCIA EM TESES DO STJ – ESTELIONATO
1) Quando o falso se exaure no estelionato, sem mais potencialidade lesiva, é por este absorvido. (Súmula n. 17/STJ)
2) O princípio da insignificância é inaplicável ao crime de estelionato quando cometido contra a administração pública, uma vez que a conduta ofende o patrimônio público, a moral administrativa e a fé pública, possuindo elevado grau de reprovabilidade.
3) Compete à Justiça Comum Estadual processar e julgar crime de estelionato praticado mediante falsificação das guias de recolhimento das contribuições previdenciárias, quando não ocorrente lesão à autarquia federal. (Súmula n. 107/STJ)
4) O delito de estelionato previdenciário (art. 171, § 3º do CP), praticado pelo próprio beneficiário, tem natureza de crime permanente uma vez que a ofensa ao bem jurídico tutelado é reiterada, iniciando-se a contagem do prazo prescricional com o último recebimento indevido da remuneração.
5) O delito de estelionato previdenciário, praticado para que terceira pessoa se beneficie indevidamente, é crime instantâneo com efeitos permanentes, iniciando-se a contagem do prazo prescricional a partir da primeira parcela do pagamento relativo ao benefício indevido.
6) Aplica-se a regra da continuidade delitiva (art. 71 do CP) ao crime de estelionato previdenciário praticado por terceiro, que após a morte do beneficiário segue recebendo o benefício regularmente concedido ao segurado, como se este fosse, sacando a prestação previdenciária por meio de cartão magnético todos os meses.
7) A devolução à Previdência Social da vantagem percebida ilicitamente, antes do recebimento da denúncia, não extingue a punibilidade do crime de estelionato previdenciário, podendo, eventualmente, caracterizar arrependimento posterior, previsto no art. 16 do CP.
8) O ressarcimento integral do dano no crime de estelionato, na sua forma fundamental (art. 171, *caput*, do CP), não enseja a extinção da punibilidade, salvo nos casos de emissão de cheque sem fundos, em que a reparação ocorra antes do oferecimento da denúncia (art. 171, § 2º, VI, do CP).

38. STJ, AgRg no AgRg no AREsp 992285/RJ, Rel. Min. Joel Ilan Paciornik, 5ª Turma, j. 20/06/2017.

JURISPRUDÊNCIA EM TESES DO STJ – ESTELIONATO
9) O delito de estelionato é consumado no local em que se verifica o prejuízo à vítima.
10) Compete ao foro do local da recusa processar e julgar o crime de estelionato mediante cheque sem provisão de fundos. (Súmula n. 244/STJ)
11) A emissão de cheques pré-datados, como garantia de dívida e não como ordem de pagamento à vista, não constitui crime de estelionato previsto no art. 171, § 2°, VI, do CP, uma vez que a matéria deixa de ter interesse penal quando não há fraude, conforme a Súmula n. 246/STF.
12) O pagamento de cheque emitido sem provisão de fundos, após o recebimento da denúncia, não obsta ao prosseguimento da ação penal. (Súmula n. 554/STF)
13) A utilização de papel moeda grosseiramente falsificado configura, em tese, o crime de estelionato, da competência da Justiça Estadual. (Súmula n. 73/STJ)

CRIMES SIMILARES	
CPM	Art. 251. Obter, para si ou para outrem, vantagem ilícita, em prejuízo alheio, induzindo ou mantendo alguém em erro, mediante artifício, ardil ou qualquer outro meio fraudulento: Pena - reclusão, de 2 a 7 anos. **O §1° traz condutas equiparadas**.
Lei 7.492/1986	Art. 6°. Induzir ou manter em erro, sócio, investidor ou repartição pública competente, relativamente a operação ou situação financeira, sonegando-lhe informação ou prestando-a falsamente: Pena - Reclusão, de 2 a 6 anos, e multa.
Lei 11.101/2005	Art. 168. Praticar, antes ou depois da sentença que decretar a falência, conceder a recuperação judicial ou homologar a recuperação extrajudicial, ato fraudulento de que resulte ou possa resultar prejuízo aos credores, com o fim de obter ou assegurar vantagem indevida para si ou para outrem. Pena – reclusão, de 3 a 6 anos, e multa.

FRAUDE COM A UTILIZAÇÃO DE ATIVOS VIRTUAIS, VALORES MOBILIÁRIOS OU ATIVOS FINANCEIROS (ART. 171-A)
►***Art. 171-A. Organizar, gerir, ofertar ou distribuir carteiras ou intermediar operações que envolvam ativos virtuais, valores mobiliários ou quaisquer ativos financeiros com o fim de obter vantagem ilícita, em prejuízo alheio, induzindo ou mantendo alguém em erro, mediante artifício, ardil ou qualquer outro meio fraudulento.*** ***Pena - reclusão, de 4 a 8 anos, e multa.***
A **Lei 14.478/2022** dispõe sobre diretrizes a serem observadas na prestação de serviços de ativos virtuais e na regulamentação das prestadoras de serviços de ativos virtuais (**criptomoedas**). Para os efeitos da Lei, considera-se **ativo virtual** a representação digital de valor que pode ser negociada ou transferida por meios eletrônicos e utilizada para realização de pagamentos ou com propósito de investimento.
Por outro lado, **não são ativos virtuais**: a moeda nacional e moeda estrangeiras; a moeda eletrônica, nos termos da Lei 12.865/2013; os instrumentos que provejam ao seu titular acesso a produtos ou serviços especificados ou a benefício proveniente desses produtos ou serviços, a exemplo de pontos e recompensas de programas de fidelidade; e representações de ativos cuja emissão, escrituração, negociação ou liquidação esteja prevista em lei ou regulamento, a exemplo de valores mobiliários e de ativos financeiros.
A Lei foi promulgada para coibir a prática de golpes financeiros envolvendo ativos virtuais, as chamadas "pirâmides financeiras" e os conhecidos "golpes dos bitcoins". Cuida-se de novo tipo de estelionato com pena sensivelmente aumentada em relação ao tipo penal previsto no caput do art. 171: reclusão, **4 a 8 anos**. Note que a pena abstrata impede o oferecimento de Acordo de Não Persecução Penal, composição civil de danos, transação penal e a suspensão condicional do processo.
Na Lei de Lavagem de Dinheiro, a Lei inclui os crimes realizados por meio da utilização de ativo virtual entre aqueles com agravante de 1/3 a 2/3 a mais da pena de reclusão de 3 a 10 anos, quando praticados de forma reiterada.
Além disso, as prestadoras de serviços de ativos virtuais foram equiparadas às instituições financeiras para fins de crimes contra o Sistema Financeiro Nacional previstos na Lei 7.492/1986.

DUPLICATA SIMULADA (ART. 172)	
►***Art. 172. Emitir fatura, duplicata ou nota de venda que não corresponda à mercadoria vendida, em quantidade ou qualidade, ou ao serviço prestado. Pena - detenção, de 2 a 4 anos, e multa.***	
Tipicidade	**Norma penal em branco homogênea**: cabe à Lei 5.474/1968 disciplinar a "***duplicata***". A duplicata é título de crédito causal que, pela sua lei de regência (Lei 5.474/1968) só pode ser emitida, para circulação como efeito comercial, no ato de extração de fatura ou conta decorrente de compra e venda mercantil ou de prestação de serviços. Além de corresponder a um efetivo **negócio de compra e venda mercantil ou prestação de serviços**, a duplicata deve refletir, com precisão, a qualidade e quantidade da mercadoria vendida ou do serviço prestado, sob pena de irregularidade apta a justificar a recusa do aceite (art. 8º da Lei 5.474/1968), podendo configurar, ainda, no âmbito penal, o crime de duplicata simulada (art. 172 do CP).
Bem jurídico	O patrimônio.
Sujeito ativo	É o comerciante que realiza um dos núcleos do tipo penal (crime **próprio**[39]).
Sujeito passivo	Qualquer pessoa.
Elemento subjetivo	Dolo, direto ou eventual. Não há finalidade especial. Não há modalidade culposa.
Consumação	Ocorre "quando o agente emite duplicata que não corresponde à efetiva transação comercial, sendo típica a conduta **ainda que não haja qualquer venda de mercadoria ou prestação de serviço**"[40] (crime **formal**, **instantâneo** e **de perigo**). Não admite tentativa (crime **unissubsistente**).
Omissão	Pode ser praticado na forma omissiva (**omissão imprópria**).
Execução	Crime de forma livre.

39. "O delito de duplicata simulada (art. 172 do CP) exige que o agente emita duplicata que não corresponda à efetiva transação comercial e, por se tratar de **crime próprio ou especial**, admite coautoria ou participação" (STJ, REsp 975962/CE, Rel. Min. Felix Fischer, 5ª Turma, j. 19/02/2009).
40. STJ, REsp 1267626/PR, Rel. Min. Maria Thereza de Assis Moura, 6ª Turma, j. 05/12/2013. (Info. 534)

DUPLICATA SIMULADA (ART. 172)	
Concurso de pessoas	Crime de concurso eventual (**unissubjetivo**).
Competência	Juízo comum.
Lei 9.099/95	Não é infração de menor potencial ofensivo.
Ação penal	Pública incondicionada.
ANPP	É cabível o acordo de não persecução penal, se preenchidos os requisitos do art. 28-A do CPP.

DUPLICATA SIMULADA – TEMAS RELEVANTES	
Adequação típica	"O delito relativo à duplicata simulada consiste na emissão de fatura, duplicata ou nota de venda que não corresponda à mercadoria efetivamente vendida ou ao serviço prestado, ou seja, o documento **pode se referir tanto a um negócio inexistente, como ao que tenha sido realizado de forma diversa da descrita pelo emissor**"[41].
Protesto	Para o STJ, "embora, em regra, o protesto permita que o portador exerça o direito de regresso contra os endossantes e avalistas da duplicata, na hipótese de duplicata simulada, o protesto deve ser sustado com o resguardo dos direitos do endossatário em relação ao endossante, pois, com esse procedimento, evita-se o dano que poderia sofrer o sacado e resguarda-se o interesse legítimo de ressarcimento junto a emitente da cártula"[42].
Negativação do nome da vítima	Para o STJ, a negativação do nome da vítima junto ao comércio é consequência que ultrapassa as comuns ao delito de duplicata simulada[43].

41. STJ, AgRg no REsp 1482745/SP, Rel. Min. Jorge Mussi, 5ª Turma, j. 22/05/2018.
42. STJ, REsp 1634859/SP, Rel. Min. Nancy Andrighi, 3ª Turma, j. 09/03/2017.
43. STJ, HC 159292/MG, Rel. Min. Nefi Cordeiro, 6ª Turma, j. 03/11/2015.

CONDUTA EQUIPARADA (ART. 172, PARÁGRAFO ÚNICO)
►***Art. 172, parágrafo único - Nas mesmas penas incorrerá aquele que falsificar ou adulterar a escrituração do Livro de Registro de Duplicatas.*** Segundo o art. 19 da Lei 5.474/1968[44], o vendedor é obrigado a ter e escriturar o Livro de Registro de Duplicatas.

ABUSO DE INCAPAZES (ART. 173)	
►***Art. 173. Abusar, em proveito próprio ou alheio, de necessidade, paixão ou inexperiência de menor, ou da alienação ou debilidade mental de outrem, induzindo qualquer deles à prática de ato suscetível de produzir efeito jurídico, em prejuízo próprio ou de terceiro: Pena - reclusão, de 2 a 6 anos, e multa.***	
Tipicidade	Se o sujeito ativo desconhecer as qualidades do sujeito passivo (menoridade, alienação ou debilidade mental) praticará estelionato (art. 171).
Bem jurídico	O patrimônio.
Sujeito ativo	Qualquer pessoa (crime **comum**).
Sujeito passivo	É o menor de idade[45], o alienado ou o débil mental.
Elemento subjetivo	Dolo, direto ou eventual. Finalidade específica: *"em proveito próprio ou alheio"*. Não há modalidade culposa.
Consumação	Ocorre quando a vítima, ludibriada pelo sujeito ativo, pratica algum ato tendente a lesar o seu patrimônio ou o de terceiro (crime **formal** e **instantâneo**). Admite tentativa (crime **plurissubsistente**).

44. Art. 19. A adoção do regime de vendas de que trata o art. 2º desta Lei obriga o vendedor a ter e a escriturar o Livro de Registro de Duplicatas.
§1º No Registro de Duplicatas serão escrituradas, cronologicamente, todas as duplicatas emitidas, com o número de ordem, data e valor das faturas originárias e data de sua expedição; nome e domicílio do comprador; anotações das reformas; prorrogações e outras circunstâncias necessárias.
§2º Os Registros de Duplicatas, que não poderão conter emendas, borrões, rasuras ou entrelinhas, deverão ser conservados nos próprios estabelecimentos.
3º O Registro de Duplicatas poderá ser substituído por qualquer sistema mecanizado, desde que os requisitos deste artigo sejam observados.
45. O emancipado não pode ser sujeito passivo (deixou de ser incapaz).

ABUSO DE INCAPAZES (ART. 173)	
Omissão	Pode ser praticado na forma omissiva (**omissão imprópria**).
Execução	Crime de forma livre.
Concurso de pessoas	Crime de concurso eventual (**unissubjetivo**).
Competência	Juízo comum.
Lei 9.099/95	Não é infração de menor potencial ofensivo.
Ação penal	Pública incondicionada.
ANPP	É cabível o acordo de não persecução penal, se preenchidos os requisitos do art. 28-A do CPP.

CRIMES SIMILARES	
CPM	Art. 252. Abusar, em proveito próprio ou alheio, no exercício de função, em unidade, repartição ou estabelecimento militar, da necessidade, paixão ou inexperiência, ou da doença ou deficiência mental de outrem, induzindo-o à prática de ato que produza efeito jurídico, em prejuízo próprio ou de terceiro, ou em detrimento da administração militar: Pena - reclusão, de 2 a 6 anos.
Estatuto da Pessoa Idosa	Art. 102. Apropriar-se de ou desviar bens, proventos, pensão ou qualquer outro rendimento da pessoa idosa, dando-lhes aplicação diversa da de sua finalidade: Pena – reclusão de 1 a 4 anos e multa.

INDUZIMENTO À ESPECULAÇÃO (ART. 174)	
►***Art. 174. Abusar, em proveito próprio ou alheio, da inexperiência ou da simplicidade ou inferioridade mental de outrem, induzindo-o à prática de jogo ou aposta, ou à especulação com títulos ou mercadorias, sabendo ou devendo saber que a operação é ruinosa:*** ***Pena - reclusão, de 1 a 3 anos, e multa***.	
Bem jurídico	O patrimônio.
Sujeito ativo	Qualquer pessoa (crime **comum**).
Sujeito passivo	É a pessoa inexperiente, simples ou com inferioridade mental.

DOS CRIMES CONTRA O PATRIMÔNIO

INDUZIMENTO À ESPECULAÇÃO (ART. 174)	
Elemento subjetivo	Dolo, direto ou eventual. Finalidades específicas: "***em proveito próprio ou alheio***" e "***sabendo ou devendo saber que a operação é ruinosa***". Não há modalidade culposa.
Consumação	Ocorre com a prática do jogo ou aposta pela vítima, ainda que não resulte em proveito para o agente (crime **formal**, **instantâneo** e **de perigo**). Admite tentativa (crime **plurissubsistente**).
Omissão	Pode ser praticado na forma omissiva (**omissão imprópria**).
Execução	Crime de forma **vinculada**.
Concurso de pessoas	Crime de concurso eventual (**unissubjetivo**).
Competência	Juízo comum.
Lei 9.099/95	Não é infração de menor potencial ofensivo, mas admite a suspensão condicional do processo (se preenchidos os requisitos do art. 89 da Lei 9.099/95).
Ação penal	Pública incondicionada.
ANPP	É cabível o acordo de não persecução penal, se preenchidos os requisitos do art. 28-A do CPP.

FRAUDE NO COMÉRCIO (ART. 175)	
►***Art. 175. Enganar, no exercício de atividade comercial, o adquirente ou consumidor:*** ***I - vendendo, como verdadeira ou perfeita, mercadoria falsificada ou deteriorada;*** ***II - entregando uma mercadoria por outra:*** ***Pena - detenção, de 6 meses a 2 anos, ou multa.***	
Tipicidade	Para parte da doutrina, o tipo penal foi tacitamente revogado pela Lei 8.137/1990 (lei posterior que regula os crimes contra a ordem tributária, econômica e contra as relações de consumo).

FRAUDE NO COMÉRCIO (ART. 175)	
Bem jurídico	O patrimônio.
Sujeito ativo	O comerciante (crime **próprio**).
Sujeito passivo	Qualquer pessoa.
Elemento subjetivo	Dolo, direto ou eventual. Não há finalidade específica. Não há modalidade culposa.
Consumação	Ocorre com a entrega da mercadoria (crime **material** e **instantâneo**). Admite tentativa (crime **plurissubsistente**).
Omissão	Pode ser praticado na forma omissiva (**omissão imprópria**).
Execução	Crime de forma **vinculada**.
Concurso de pessoas	Crime de concurso eventual (**unissubjetivo**).
Competência	Juizado Especial Criminal.
Lei 9.099/95	É infração de menor potencial ofensivo.
Ação penal	Pública incondicionada.
ANPP	É possível o acordo de não persecução penal apenas se não for cabível a transação penal e forem preenchidos os demais requisitos do art. 28-A do CPP.

FORMA QUALIFICADA (ART. 175, §1º)
►Art. 175, §1º - Alterar em obra que lhe é encomendada a qualidade ou o peso de metal ou substituir, no mesmo caso, pedra verdadeira por falsa ou por outra de menor valor; vender pedra falsa por verdadeira; vender, como precioso, metal de ou outra qualidade: ***Pena - reclusão, de 1 a 5 anos, e multa.*** É cabível a suspensão condicional do processo (se preenchidos os requisitos do art. 89 da Lei 9.099/1995).

DOS CRIMES CONTRA O PATRIMÔNIO

FRAUDE NO COMÉRCIO "PRIVILEGIADA" (ART. 175, §2º)
►***Art. 175, §2º - É aplicável o disposto no art. 155, §2º.*** O art. 155, §2º dispõe sobre o furto privilegiado. ►***Art. 155, §2º - Se o criminoso é primário, e é de pequeno valor a coisa furtada, o juiz pode substituir a pena de reclusão pela de detenção, diminuí-la de 1 a 2/3, ou aplicar somente a pena de multa.***

OUTRAS FRAUDES (ART. 176)	
►***Art. 176. Tomar refeição em restaurante, alojar-se em hotel ou utilizar-se de meio de transporte sem dispor de recursos para efetuar o pagamento:*** ***Pena - detenção, de 15 dias a 2 meses, ou multa.***	
Tipicidade	Não há crime quando o sujeito acredita dispor de recursos (erro de tipo) ou quando pratica a conduta em estado de necessidade. Comporta **perdão judicial** (parágrafo único).
Bem jurídico	O patrimônio.
Sujeito ativo	Qualquer pessoa (crime **comum**).
Sujeito passivo	Qualquer pessoa.
Elemento subjetivo	Dolo, direto ou eventual. Não há finalidade específica. Não há modalidade culposa.
Consumação	Ocorre no momento em que o agente toma refeição, aloja-se em hotel ou utiliza-se de meio de transporte (crime **material** e **instantâneo**). Admite tentativa (crime **plurissubsistente**).
Omissão	Pode ser praticado na forma omissiva (**omissão imprópria**).
Execução	Crime de forma livre.
Concurso de pessoas	Crime de concurso eventual (**unissubjetivo**).
Competência	Juizado Especial Criminal.
Lei 9.099/95	É infração de menor potencial ofensivo.

OUTRAS FRAUDES (ART. 176)	
Ação penal	**Pública condicionada à representação.** ► ***Art. 176, parágrafo único - Somente se procede mediante representação, e o juiz pode, conforme as circunstâncias, deixar de aplicar a pena.***
ANPP	Admitida transação penal, é incabível o acordo de não persecução penal (art. 28-A, § 2º, I, do CPP).

FRAUDES E ABUSOS NA FUNDAÇÃO OU ADMINISTRAÇÃO DE SOCIEDADE POR AÇÕES (ART. 177)	
►***Art. 177. Promover a fundação de sociedade por ações, fazendo, em prospecto ou em comunicação ao público ou à assembleia, afirmação falsa sobre a constituição da sociedade, ou ocultando fraudulentamente fato a ela relativo:*** ***Pena - reclusão, de 1 a 4 anos, e multa, se o fato não constitui crime contra a economia popular.***	
Tipicidade	Crime **subsidiário**: ***"se o fato não constitui crime contra a economia popular"***.
Bem jurídico	O patrimônio.
Sujeito ativo	Apenas aquele que funda sociedade por ações (crime **próprio**).
Sujeito passivo	Qualquer pessoa.
Elemento subjetivo	Dolo, direto ou eventual. Não há finalidade específica. Não há modalidade culposa.
Consumação	Ocorre quando o sujeito faz afirmação falsa ou oculta (crime **formal, instantâneo** e **de perigo**). Admite tentativa (crime **plurissubsistente**).
Omissão	**Se praticado mediante ocultação fraudulenta, será omissivo próprio.**
Execução	Crime de forma livre.

FRAUDES E ABUSOS NA FUNDAÇÃO OU ADMINISTRAÇÃO DE SOCIEDADE POR AÇÕES (ART. 177)	
Concurso de pessoas	Crime de concurso eventual (**unissubjetivo**).
Competência	Juízo comum.
Lei 9.099/95	Não é infração de menor potencial ofensivo, mas admite a suspensão condicional do processo (se preenchidos os requisitos do art. 89 da Lei 9.099/95).
Ação penal	Pública incondicionada.
ANPP	No *caput* e no § 1º, é cabível o acordo de não persecução penal, se preenchidos os requisitos do art. 28-A do CPP. Admitida transação penal no § 2º, é incabível o acordo (art. 28-A, § 2º, I, do CPP).

CONDUTAS EQUIPARADAS (ART. 177, §1º)
►Art. 177, §1º - Incorrem na mesma pena, se o fato não constitui crime contra a economia popular: ***I - o diretor, o gerente ou o fiscal de sociedade por ações, que, em prospecto, relatório, parecer, balanço ou comunicação ao público ou à assembleia, faz afirmação falsa sobre as condições econômicas da sociedade, ou oculta fraudulentamente, no todo ou em parte, fato a elas relativo;*** ***II - o diretor, o gerente ou o fiscal que promove, por qualquer artifício, falsa cotação das ações ou de outros títulos da sociedade;*** ***III - o diretor ou o gerente que toma empréstimo à sociedade ou usa, em proveito próprio ou de terceiro, dos bens ou haveres sociais, sem prévia autorização da assembleia geral;*** ***IV - o diretor ou o gerente que compra ou vende, por conta da sociedade, ações por ela emitidas, salvo quando a lei o permite;*** ***V - o diretor ou o gerente que, como garantia de crédito social, aceita em penhor ou em caução ações da própria sociedade;*** ***VI - o diretor ou o gerente que, na falta de balanço, em desacordo com este, ou mediante balanço falso, distribui lucros ou dividendos fictícios;*** ***VII - o diretor, o gerente ou o fiscal que, por interposta pessoa, ou conluiado com acionista, consegue a aprovação de conta ou parecer;*** ***VIII - o liquidante, nos casos dos ns. I, II, III, IV, V e VII;*** ***IX - o representante da sociedade anônima estrangeira, autorizada a funcionar no País, que pratica os atos mencionados nos ns. I e II, ou dá falsa informação ao Governo.***

NEGOCIAÇÃO DE VOTO (ART. 177, §2º)
►***Art. 177, §2º - Incorre na pena de detenção, de 6 meses a 2 anos, e multa, o acionista que, a fim de obter vantagem para si ou para outrem, negocia o voto nas deliberações de assembleia geral.***

EMISSÃO IRREGULAR DE CONHECIMENTO DE DEPÓSITO OU WARRANT (ART. 178)	
►***Art. 178. Emitir conhecimento de depósito ou warrant, em desacordo com disposição legal:*** ***Pena - reclusão, de 1 a 4 anos, e multa.***	
Tipicidade	**Norma penal em branco homogênea**: cabe ao Decreto 1.102/1903 complementar o tipo penal (***"em desacordo com disposição legal"***).
Bem jurídico	O patrimônio.
Sujeito ativo	Apenas aquele que pode emitir conhecimento de depósito ou *warrant* (crime **próprio**).
Sujeito passivo	É o portador ou o endossatário dos títulos.
Elemento subjetivo	Dolo, direto ou eventual. Não há finalidade específica. Não há modalidade culposa.
Consumação	Ocorre com a emissão, independente de prejuízo (crime **formal** e **instantâneo**). Não admite tentativa (crime **unissubsistente**).
Omissão	Pode ser praticado na forma omissiva (**omissão imprópria**).
Execução	Crime de forma livre.
Concurso de pessoas	Crime de concurso eventual (**unissubjetivo**).
Competência	Juízo comum.
Lei 9.099/95	Não é infração de menor potencial ofensivo, mas admite a suspensão condicional do processo (se preenchidos os requisitos do art. 89 da Lei 9.099/1995).
Ação penal	Pública incondicionada.
ANPP	É cabível o acordo de não persecução penal, se preenchidos os requisitos do art. 28-A do CPP.

FRAUDE À EXECUÇÃO (ART. 179)	
► ***Art. 179. Fraudar execução, alienando, desviando, destruindo ou danificando bens, ou simulando dívidas:*** ***Pena - detenção, de 6 meses a 2 anos, ou multa.***	
Tipicidade	▪ Súmula 375 do STJ: O reconhecimento da fraude à execução depende do registro da penhora do bem alienado ou da prova de má-fé do terceiro adquirente.
Bem jurídico	O patrimônio.
Sujeito ativo	É o devedor (crime **próprio**).
Sujeito passivo	É o credor.
Elemento subjetivo	Dolo, direto ou eventual. Não há finalidade específica. Não há modalidade culposa.
Consumação	Ocorre quando o agente aliena, desvia, destrói ou danifica bens, ou ainda quando simula dívidas (crime **material** e **instantâneo**). Admite tentativa (crime **plurissubsistente**).
Omissão	Pode ser praticado na forma omissiva (**omissão imprópria**).
Execução	Crime de forma livre.
Concurso de pessoas	Crime de concurso eventual (**unissubjetivo**).
Competência	Juizado Especial Criminal.
Lei 9.099/95	É infração de menor potencial ofensivo.
Ação penal	**Privada.** ► ***Art. 179, parágrafo único - Somente se procede mediante queixa.***
ANPP	Admitida transação penal, é incabível o acordo de não persecução penal (art. 28-A, § 2º, I, do CPP).

7

DA RECEPTAÇÃO

DA RECEPTAÇÃO	
Receptação (art. 180).	Receptação de animal (art. 180-A).

NORMA PENAL EXPLICATIVA (ART. 180, §4º)
► ***Art. 180, §4º - A receptação é punível, ainda que desconhecido ou isento de pena o autor do crime de que proveio a coisa.***   A norma aplica-se a todas modalidades de receptação. Embora a receptação dependa de crime anterior (é um crime **acessório**), há autonomia em relação a este crime.   É imprescindível a comprovação da **existência do crime anterior**, mas é **desnecessário o trânsito em julgado ou a ação penal em curso.** Não obstante, em caso de **absolvição** pelo crime anterior, deve-se analisar qual o seu fundamento. Se lastreada nos incisos I, II e III do art. 386[1] do CPP, restará prejudicada a persecução do crime de receptação ou, caso já tenha ocorrido a condenação, caberá revisão criminal[2]. A extinção da punibilidade do crime anterior também não influi na persecução do crime de receptação, com **duas exceções: *abolitio criminis*** **e anistia**.

1. Art. 386. O juiz absolverá o réu, mencionando a causa na parte dispositiva, desde que reconheça: **I** - estar provada a inexistência do fato; **II** - não haver prova da existência do fato; **III** - não constituir o fato infração penal; [...] **V** – não existir prova de ter o réu concorrido para a infração penal.
2. STJ, CC 146049/DF, Rel. Min. Reynaldo Soares da Fonseca, 3ª Seção, j. 25/05/2016.

RECEPTAÇÃO (ART. 180)	
►***Art. 180. Adquirir, receber, transportar, conduzir ou ocultar, em proveito próprio ou alheio, coisa que sabe ser produto de crime, ou influir para que terceiro, de boa-fé, a adquira, receba ou oculte:*** ***Pena - reclusão, de 1 a 4 anos, e multa.***	
Tipicidade	A receptação é um **crime derivado, acessório ou parasitário**, pois pressupõe a ocorrência de um delito anterior.
Bem jurídico	O patrimônio.
Sujeito ativo	Qualquer pessoa (crime **comum**).
Sujeito passivo	Qualquer pessoa.
Elemento subjetivo	**Dolo direto**: ("*coisa que **sabe** ser produto de crime*"). Finalidade especial: "*em proveito próprio ou alheio*". A modalidade culposa está no §3º.
Consumação	Ocorre com a efetiva aquisição, recebimento, transporte, condução ou ocultação da coisa (**receptação própria, crime material**[3]) ou com a mera atitude de influir (**receptação imprópria, crime formal**). Pode ser **instantâneo** ("***adquirir***" e "***receber***") ou **permanente** (demais núcleos). A receptação **própria** admite tentativa (crime plurissubsistente), ao contrário da receptação **imprópria** (crime unissubsistente).
Omissão	Pode ser praticado na forma omissiva **própria** (na modalidade **ocultar**) ou omissiva **imprópria**.
Execução	Crime de forma livre.
Concurso de pessoas	Crime de concurso eventual (**unissubjetivo**).
Competência	Juízo comum.
Lei 9.099/95	Não é infração de menor potencial ofensivo, mas admite a suspensão condicional do processo (se preenchidos os requisitos do art. 89 da Lei 9.099/1995).
Ação penal	Pública incondicionada.

3. "Na receptação - **crime material** (positivação necessária do resultado como característica do tipo penal) - sua consumação ocorre com a efetiva aquisição, recebimento ou ocultação da coisa, produto de crime anterior" (STJ, CC 20753/SP, Rel. Min. Jorge Scartezzini, 3ª Seção, j. 10/05/2000).

RECEPTAÇÃO (ART. 180)	
ANPP	É possível o acordo de não persecução penal apenas se não for cabível a transação penal e forem preenchidos os demais requisitos do art. 28-A do CPP.

RECEPTAÇÃO PRÓPRIA	RECEPTAÇÃO IMPRÓPRIA
Art. 180, 1ª parte: *"**adquirir**, **receber**, **transportar**, **conduzir** ou **ocultar**, em proveito próprio ou alheio, coisa que sabe ser produto de crime [...]"*	Art. 180, 2ª parte: *"[...] ou influir para que terceiro, de boa-fé, a **adquira**, **receba** ou **oculte**"*.

RECEPTAÇÃO (ART. 180)			
Simples (*caput*)	**Qualificada (§1º e §6º)**		**Culposa (§3º)**
Pode ser própria ou imprópria. Reclusão, de **1 a 4 anos**, e multa.	§1º. Reclusão, de **3 a 8 anos**, e multa.	§6º. Reclusão, de **2 a 8 anos**, e multa.	Detenção, de **1 mês a 1 ano**, ou multa, ou ambas as penas.
Aplica-se a **causa especial de diminuição de pena** (§5º, 2ª parte).			Perdão judicial (§5º, 1ª parte).

FORMA QUALIFICADA (ART. 180, §1º)
►Art. 180, §1º - Adquirir, receber, transportar, conduzir, ocultar, ter em depósito, desmontar, montar, remontar, vender, expor à venda, ou de qualquer forma utilizar, em proveito próprio ou alheio, no exercício de atividade comercial ou industrial, coisa que deve saber ser produto de crime: ***Pena - reclusão, de 3 a 8 anos, e multa.***
►Art. 180, §2º - Equipara-se à atividade comercial, para efeito do parágrafo anterior, qualquer forma de comércio irregular ou clandestino, inclusive o exercício em residência. A figura do §1º foi introduzida para punir mais severamente os proprietários de **"desmanches" de carros**[4]. Diferentemente da forma simples (*caput*), a receptação qualificada é **crime próprio** (podem ser sujeito ativo apenas o comerciante ou industrial) e o elemento subjetivo é o **dolo eventual** (*"deve saber"*). Pode ser **permanente** (*"**transportar**"*, *"**conduzir**"*, *"**ocultar**"*, *"**ter em depósito**"* e *"**expor à venda**"*) ou **instantâneo** (demais núcleos). O §2º é uma **norma penal explicativa**.

4. STJ, REsp 1743514/RS, Rel. Min. Jorge Mussi, 5ª Turma, j. 14/08/2018.

FORMA PRIVILEGIADA (ART. 180, §5º, 2ª PARTE)
► ***Art. 180, §5º - [...] Na receptação dolosa aplica-se o disposto no §2º do art. 155.***
O §2º do art. 155 trata do **furto privilegiado**:
► ***Art. 155, §2º - Se o criminoso é primário, e é de pequeno valor a coisa furtada, o juiz pode substituir a pena de reclusão pela de detenção, diminuí-la de 1 a 2/3, ou aplicar somente a pena de multa.***
O privilégio aplica-se a todas as modalidades **dolosas**: simples (*caput*) e qualificada (§§1º e 6º).

RECEPTAÇÃO CULPOSA (ART. 180, §3º)
► ***Art. 180, §3º - Adquirir ou receber coisa que, por sua natureza ou pela desproporção entre o valor e o preço, ou pela condição de quem a oferece, deve presumir-se obtida por meio criminoso:***
Pena - detenção, de 1 mês a 1 ano, ou multa, ou ambas as penas.
Único crime culposo contra o patrimônio.
Tipo culposo fechado: o dispositivo indica as formas de manifestação da culpa.
Infração de menor potencial ofensivo (rito da Lei 9.099/1995).

PERDÃO JUDICIAL (ART. 180, §5º, 1ª PARTE)
► ***Art. 180, §5º - Na hipótese do §3º, se o criminoso é primário, pode o juiz, tendo em consideração as circunstâncias, deixar de aplicar a pena.***

FORMA MAJORADA (ART. 180, §6º)
► ***Art. 180, §6º - Tratando-se de bens do patrimônio da União, de Estado, do Distrito Federal, de Município ou de autarquia, fundação pública, empresa pública, sociedade de economia mista ou empresa concessionária de serviços públicos, aplica-se em dobro a pena prevista no caput deste artigo.***
Redação alterada pela **Lei 13.531/2017**.
Aplica-se apenas à receptação simples, própria ou imprópria ("***a pena prevista do caput***"). O dispositivo poderia ter previsto a pena "de 2 a 8 anos".

RECEPTAÇÃO – TEMAS RELEVANTES	
Produto de contravenção	Não é possível a receptação de coisa produto de contravenção (analogia *in malam partem*).
Sujeito ativo e passivo	O sujeito ativo do crime anterior responde apenas por ele, e não pela receptação. Já o sujeito passivo é o mesmo do crime anterior.
Tipo misto alternativo	Se o agente praticar mais de um núcleo do art. 180 no mesmo contexto, responderá por **crime único** (**crime de ação múltipla ou de conteúdo variado**).
Exaurimento	**Não é possível a condenação simultânea** pelo crime anterior e a receptação em relação ao mesmo bem, pois a receptação é mero exaurimento do crime anterior[5].
Autonomia da receptação em relação ao crime anterior	► ***Art. 180, §4º - A receptação é punível, ainda que desconhecido ou isento de pena o autor do crime de que proveio a coisa.*** Ex.: o fato de o autor do crime antecedente ser isento de pena, por força da escusa absolutória prevista no art. 181, II, do CP, não afasta a punibilidade do terceiro que pratica a receptação do bem objeto desse delito[6].
Crime anterior	O tipo penal não faz exigências quanto ao crime antecedente, **basta ser compatível** com a receptação. Ex.: produto de roubo, descaminho, peculato etc.
Receptação em cadeia	É **admitida** a receptação da receptação[7].
Receptação de imóvel	Na doutrina, prevalece que os imóveis **não** podem ser receptados[8].
Receptação imprópria e participação	Na receptação imprópria, a conduta do agente é "*influir*". Embora tal conduta se assemelhe ao conceito de participação em sentido estrito (induzimento ou instigação), quem comete o crime é **autor** do crime de receptação, e não partícipe.

5. STJ, HC 380817/SP, Rel. Min. Sebastião Reis Júnior, 6ª Turma, j. 01/06/2017.
6. STJ, REsp 1419146/SC, Rel. Min. Sebastião Reis Júnior, 6ª Turma, j. 19/08/2014.
7. Exemplo: Carla compra um aparelho celular que sabe ser roubado e, com isso, incide nas penas da receptação. Tempos depois, revende o aparelho a Clovis, contando-lhe sobre sua origem ilícita. Clovis também pratica receptação (a receptação da receptação).
8. Nesse sentido: NUCCI, Guilherme de Souza (op. cit., vol. 2, p. 563).

RECEPTAÇÃO – TEMAS RELEVANTES	
Prisão em flagrante e busca e apreensão	A receptação é um **crime permanente** em relação a vários núcleos. Nesses casos, é possível a prisão em flagrante enquanto a consumação perdurar no tempo[9]. No mesmo sentido, é desnecessário mandado judicial de busca e apreensão enquanto houver permanência[10].
Ônus probatório	"No crime de receptação, se o bem houver sido apreendido em poder do [acusado], caberia à defesa apresentar **prova da origem lícita do bem ou de sua conduta culposa**, nos termos do disposto no art. 156 do CPP, sem que se possa falar em inversão do ônus da prova"[11].
Princípio da insignificância	O **STF**[12] não admite a aplicação do princípio. Já o **STJ** tem julgados nos dois sentidos, ora negando a aplicação do princípio ao crime de receptação[13], ora permitindo a aplicação a depender das circunstâncias do caso concreto[14], notadamente do valor da coisa receptada e da reiteração delitiva. No entanto, é necessário ponderar: se a receptação tem como crime antecedente um furto insignificante (fato atípico), impõe-se a aplicação do princípio, tendo em vista que não existe mais o "*crime anterior*", elementar da receptação.
Receptação qualificada (§1º) e habitualidade	A receptação qualificada "**não exige, para sua configuração, que haja habitualidade** na prática do delito, sendo mais severamente apenada que a forma simples do mesmo crime pelo fato de o agente receptar a coisa no exercício de atividade comercial ou industrial"[15].

9. "De qualquer forma, impende destacar que "a receptação, na modalidade ocultar, é crime permanente. Assim enquanto o agente estiver guardando ou escondendo o objeto que sabe ser produto de crime, consuma-se a infração penal, perdurando o flagrante delito" (STJ, RHC 80559/RS, Rel. Min. Reynaldo Soares da Fonseca, 5ª Turma, j. 26/04/2017).
10. "A jurisprudência desta Corte Superior admite **a possibilidade da busca e apreensão, ainda que não precedida de mandado judicial, nos casos de flagrante de crime permanente, assim como no de receptação**" (STJ, AgRg no AREsp 565476/DF, Rel. Min. Rogerio Schietti Cruz, 6ª Turma, j. 12/04/2016).
11. STJ, AgRg no REsp 1529699/SP, Rel. Min. Ribeiro Dantas, 5ª Turma, j. 19/06/2018.
12. "[...] O crime de receptação não comporta a aplicação do princípio da insignificância, por se tratar de delito pluriofensivo que tutela, além do patrimônio, a própria administração justiça, pois a ação do receptador embaraça a *persecutio criminis*" (STF, HC 159435 AgR/MG, Rel. Min. Edson Fachin, 2ª Turma, j. 28/06/2019).
13. "Na espécie, não é insignificante a conduta narrada nos autos, não pelo valor do bem, que foi avaliado em R$ 57,00, mas em virtude das características do caso concreto, porquanto **mostra-se reprovável a conduta de receptar coisa sabidamente furtada, por preço ínfimo**. Em tais circunstâncias, não há como reconhecer o caráter bagatelar do comportamento imputado, havendo suficiente reprovação apta a caracterizar tipicidade material" (STJ, HC 407596/MS, Rel. Min. Maria Thereza de Assis Moura, j. 21/09/2017).
14. "No caso dos autos, os bens objetos de apropriação indébita e receptação - seis frangos abatidos inteiros e seis peitos de frango - foram avaliados em R$ 100,00 (cem reais), valor equivalente a menos de 20% do salário-mínimo vigente à época dos fatos. Além disso, consta do Auto de Prisão em Flagrante que a res furtiva foi recuperada pela vítima. 4. A conduta praticada pelos pacientes, possuidores de bons antecedentes, insere-se na concepção de crime de bagatela, **atraindo a incidência do mencionado princípio da insignificância** (STJ, HC 278453/RJ, Rel. Min. Ribeiro Dantas, 5ª Turma, j. 01/12/2015).
15. STJ, RHC 37548/ES, Rel. Min. Laurita Vaz, 5ª Turma, j. 03/04/2014.

RECEPTAÇÃO – TEMAS RELEVANTES	
Dolo subsequente	O dolo deve ser contemporâneo à prática do crime. O agente deve desconhecer a origem ilícita do produto no momento em que pratica a conduta.
Receptação qualificada (§1º) e dolo direto	A receptação qualificada (art. 180, §1º) é praticada com **dolo eventual** (*"coisa que **deve saber** ser produto de crime"*). Para o STF[16] e o STJ[17], o comerciário ou industrial que pratica uma conduta descrita no §1º do art. 180 com **dolo direto** também **incide** nas penas do dispositivo. Seria desarrazoado punir pelo §1º aquele que *"deve saber"* e não punir aquele que *"sabe"* que a coisa é produto criminoso.
Dolo e pena cominada à receptação qualificada	A receptação simples (*caput*) é praticada com dolo **direto** e punida com pena de reclusão, de **1 a 4 anos**. Em contrapartida, a receptação qualificada (§1º) é praticada com **dolo eventual** e punida com reclusão, de **3 a 8 anos**. Parte da doutrina sustentava a inconstitucionalidade da pena cominada à receptação qualificada. Não obstante, o STF e o STJ[18] pacificaram que **não há ofensa aos princípios da proporcionalidade e da razoabilidade**, pois "a ideia é exatamente a de apenar mais severamente aquele que, em razão do exercício de sua atividade comercial ou industrial, pratica alguma das condutas descritas no referido §1°, valendo-se de sua maior facilidade para tanto devido à infraestrutura que lhe favorece"[19].
Perdão judicial e ato infracional	O STJ já decidiu que a hipótese de perdão judicial (art. 180, §5º) para a receptação culposa **pode abranger o ato infracional equiparado** ao referido crime praticado por adolescente[20].
Dosimetria da pena	"O **alto valor econômico do bem** pode ser considerado desfavoravelmente na primeira fase da dosimetria da pena"[21].

16. "A lei expressamente pretendeu também punir o agente que, ao praticar qualquer uma das ações típicas contempladas no § 1°, do art. 180, agiu com dolo eventual, mas tal medida **não exclui, por óbvio, as hipóteses em que o agente agiu com dolo direto (e não apenas eventual)**" (STF, RE 443388/SP, Rel. Min. Ellen Gracie, 2ª Turma, j. 18/08/2009).
17. STJ, HC 193391/SP, Rel. Min. Laurita Vaz, 5ª Turma, j. 25/06/2013.
18. STJ, AgRg no AREsp 807154/RJ, Rel. Min. Nefi Cordeiro, 6ª Turma, j. 08/08/2017.
19. STF, RHC 117143/RS, Rel. Min. Rosa Weber, 1ª Turma, j. 25/06/2013. (Info. 712)
20. STJ, HC 387703/SC, Rel. Min. Maria Thereza de Assis Moura, 6ª Turma, j. 28/03/2017.
21. STJ, AgRg no REsp 1529699/SP, Rel. Ribeiro Dantas, 5ª Turma, j. 19/06/2018.

RECEPTAÇÃO (ART. 180)	FAVORECIMENTO REAL (ART. 349)
►Art. 180. Adquirir, receber, transportar, conduzir ou ocultar, em proveito próprio ou alheio, coisa que sabe ser produto de crime, ou influir para que terceiro, de boa-fé, a adquira, receba ou oculte: ***Pena - reclusão, de 1 a 4 anos, e multa.***	***►Art. 349. Prestar a criminoso, fora dos casos de coautoria ou de receptação, auxílio destinado a tornar seguro o proveito do crime:*** ***Pena - detenção, de 1 a 6 meses, e multa.***
O receptador tem a finalidade especial de lucro (*"**em proveito próprio ou alheio**"*).	O agente deseja apenas auxiliar o sujeito ativo do crime anterior a tornar seguro o proveito do crime.

CRIMES SIMILARES	
Lei 10.826/2003	Art. 14. Portar, deter, adquirir, fornecer, receber, ter em depósito, transportar, ceder, ainda que gratuitamente, emprestar, remeter, empregar, manter sob guarda ou ocultar arma de fogo, acessório ou munição, de uso permitido, sem autorização e em desacordo com determinação legal ou regulamentar: Pena – reclusão, de 2 a 4 anos, e multa.
	Art. 16. Possuir, deter, portar, adquirir, fornecer, receber, ter em depósito, transportar, ceder, ainda que gratuitamente, emprestar, remeter, empregar, manter sob sua guarda ou ocultar arma de fogo, acessório ou munição de uso proibido ou restrito, sem autorização e em desacordo com determinação legal ou regulamentar: Pena – reclusão, de 3 a 6 anos, e multa.
Lei 11.101/2005	Art. 174. Adquirir, receber, usar, ilicitamente, bem que sabe pertencer à massa falida ou influir para que terceiro, de boa-fé, o adquira, receba ou use: Pena – reclusão, de 2 a 4 anos, e multa.

INFORMATIVOS DO STJ
Info. 771: A receptação, em sua forma qualificada, demanda especial qualidade do sujeito ativo, que deve ser comerciante ou industrial.   AgRg no AREsp 2259297/MG, Rel. Min. Ribeiro Dantas, 5ª Turma, j. 18/04/2023.

RECEPTAÇÃO DE ANIMAL (ART. 180-A)	
► ***Art. 180-A. Adquirir, receber, transportar, conduzir, ocultar, ter em depósito ou vender, com a finalidade de produção ou de comercialização, semovente domesticável de produção, ainda que abatido ou dividido em partes, que deve saber ser produto de crime: Pena - reclusão, de 2 a 5 anos, e multa.***	
Tipicidade	Dispositivo criado pela **Lei 13.330/2016**. **Tipo misto alternativo ou crime de ação múltipla ou de conteúdo variado**: se o agente praticar mais de um núcleo do art. 180-A no mesmo contexto, responderá por **crime único**.
Bem jurídico	O patrimônio.
Sujeito ativo	Qualquer pessoa (crime **comum**).
Sujeito passivo	Qualquer pessoa.
Elemento subjetivo	**Dolo direto**: (***"que deve saber ser produto de crime"***). Finalidade especial: ***"com a finalidade de produção ou de comercialização"***. Não há modalidade culposa.
Consumação	Ocorre com a aquisição, recebimento, transporte, condução, ocultação, depósito ou venda de semovente domesticável de produção, ainda que abatido ou dividido em partes (crime **material**). Pode ser **instantâneo** (***"adquirir"***, ***"receber"*** e ***"vender"***) ou **permanente** (demais núcleos). Admite tentativa (crime **plurissubsistente**).
Omissão	Pode ser praticado na forma omissiva **própria** (na modalidade **ocultar**) ou omissiva **imprópria**.
Execução	Crime de forma livre.
Concurso de pessoas	Crime de concurso eventual (**unissubjetivo**).
Competência	Juízo comum.
Lei 9.099/95	Não é infração de menor potencial ofensivo.
Ação penal	Pública incondicionada.
ANPP	É cabível o acordo de não persecução penal, se preenchidos os requisitos do art. 28-A do CPP.

8

DISPOSIÇÕES GERAIS

DISPOSIÇÕES GERAIS	
O capítulo traz regras comuns aos **crimes contra o patrimônio**, com exceção dos previstos no art. 183.	
Causas de imunidade absoluta (art. 181)	**Causas de imunidade relativa (art. 182)**
►Art. 181. É isento de pena quem comete qualquer dos crimes previstos neste título, em prejuízo: ***I - do cônjuge, na constância da sociedade conjugal;*** ***II - de ascendente ou descendente, seja o parentesco legítimo ou ilegítimo, seja civil ou natural.***	***►Art. 182. Somente se procede mediante representação, se o crime previsto neste título é cometido em prejuízo:*** ***I - do cônjuge desquitado ou judicialmente separado;*** ***II - de irmão, legítimo ou ilegítimo;*** ***III - de tio ou sobrinho, com quem o agente coabita.***
Isenção de pena.	Se a ação penal for pública incondicionada, passará a ser pública condicionada à representação.

RESSALVAS DO ART. 183
►Art. 183. Não se aplica o disposto nos dois artigos anteriores: ***I - se o crime é de roubo ou de extorsão, ou, em geral, quando haja emprego de grave ameaça ou violência à pessoa;*** ***II - ao estranho que participa do crime.*** ***III – se o crime é praticado contra pessoa com idade igual ou superior a 60 anos.***

CAUSA ESPECIAL DE AUMENTO DE PENA (ART. 183-A)
► ***Art. 183-A. Nos crimes de que trata este Título, quando cometidos contra as instituições financeiras e os prestadores de serviço de segurança privada, de que trata o Estatuto da Segurança Privada e da Segurança das Instituições Financeiras, as penas serão aumentadas de 1/3 até o dobro.*** Dispositivo acrescentado pela **Lei 14.967/2024**.

TÍTULO III

DOS CRIMES CONTRA A PROPRIEDADE IMATERIAL

1

DOS CRIMES CONTRA A PROPRIEDADE INTELECTUAL

DOS CRIMES CONTRA A PROPRIEDADE INTELECTUAL	
Violação de direito autoral (art. 184).	~~Usurpação de nome ou pseudônimo alheio (art. 185)~~ (revogado pela Lei 10.695/2003).

VIOLAÇÃO DE DIREITO AUTORAL (ART. 184)	
► ***Art. 184. Violar direitos de autor e os que lhe são conexos:*** ***Pena - detenção, de 3 meses a 1 ano, ou multa***.	
Tipicidade	**Norma penal em branco homogênea**: cabe à **Lei 9.610/1998** complementar o tipo penal ("***direitos de autor e os que lhe são conexos***").
Bem jurídico	A propriedade intelectual.
Sujeito ativo	Qualquer pessoa (crime **comum**).
Sujeito passivo	É o autor da obra ou o titular dos direitos conexos.
Elemento subjetivo	Dolo, direto ou eventual. Não há finalidade específica. Não há modalidade culposa.

VIOLAÇÃO DE DIREITO AUTORAL (ART. 184)	
Consumação	Ocorre no momento da violação do direito autoral (crime **permanente**[1] e **material**). Admite tentativa (crime **plurissubsistente**).
Omissão	Pode ser praticado na forma omissiva (omissão **imprópria**).
Execução	Crime de forma livre.
Concurso de pessoas	Crime de concurso eventual (**unissubjetivo**).
Competência	Juizado Especial Criminal.
Lei 9.099/95	Infração de menor potencial ofensivo.
ANPP	Admitida transação penal no *caput*, é incabível o acordo de não persecução penal (art. 28-A, § 2º, I, do CPP).

FORMAS QUALIFICADAS (ART. 184, §§1º E 2º)
Requisito comum às formas qualificadas (e razão da maior reprovabilidade): são praticadas ***"com intuito de lucro direto ou indireto"*** (o ***animus lucrandi***, finalidade especial).
►***Art. 184, §1º - Se a violação consistir em reprodução total ou parcial, com intuito de lucro direto ou indireto, por qualquer meio ou processo, de obra intelectual[2], interpretação, execução ou fonograma[3], sem autorização expressa do autor, do artista intérprete ou executante, do produtor, conforme o caso, ou de quem os represente:*** ***Pena – reclusão, de 2 a 4 anos, e multa.***

1. **"O crime de violação de direito autoral classifica-se como permanente; sua consumação estende-se por todo o intervalo em que, de qualquer modo, seu autor persiste na implementação de qualquer dos verbos nucleares do tipo penal"** (STJ, CC 107001/PR, Rel. Min. Napoleão Nunes Maia Filho, 3ª Seção, j. 28/10/2009).
2. Exemplos no art. 7º da Lei 9.610/1998.
3. Art. 5º, IX da Lei 9.610/1998: fonograma - toda fixação de sons de uma execução ou interpretação ou de outros sons, ou de uma representação de sons que não seja uma fixação incluída em uma obra audiovisual.

FORMAS QUALIFICADAS (ART. 184, §§1º E 2º)
► ***Art. 184, §2º - Na mesma pena do § 1º incorre quem, com o intuito de lucro direto ou indireto, distribui, vende, expõe à venda, aluga, introduz no País, adquire, oculta, tem em depósito, original ou cópia de obra intelectual ou fonograma reproduzido com violação do direito de autor, do direito de artista intérprete ou executante ou do direito do produtor de fonograma, ou, ainda, aluga original ou cópia de obra intelectual ou fonograma, sem a expressa autorização dos titulares dos direitos ou de quem os represente***[4].

FORMAS QUALIFICADAS (ART. 184, §3º)
► ***Art. 184, §3º - Se a violação consistir no oferecimento ao público, mediante cabo, fibra ótica, satélite, ondas ou qualquer outro sistema que permita ao usuário realizar a seleção da obra ou produção para recebê-la em um tempo e lugar previamente determinados por quem formula a demanda, com intuito de lucro, direto ou indireto, sem autorização expressa, conforme o caso, do autor, do artista intérprete ou executante, do produtor de fonograma, ou de quem os represente:*** ***Pena – reclusão, de 2 a 4 anos, e multa.***

LIMITAÇÕES ÀS FORMAS QUALIFICADAS (ART. 184, §4º)
► ***Art. 184, §4º - O disposto nos §§ 1º, 2º e 3º não se aplica quando se tratar de exceção ou limitação ao direito de autor ou os que lhe são conexos, em conformidade com o previsto na Lei nº 9.610, de 19 de fevereiro de 1998, nem a cópia de obra intelectual ou fonograma, em um só exemplar, para uso privado do copista, sem intuito de lucro direto ou indireto.***

AÇÃO PENAL (ART. 186)
► ***Art. 186. Procede-se mediante:*** ***I – queixa, nos crimes previstos no caput do art. 184;*** ***II – ação penal pública incondicionada, nos crimes previstos nos §§ 1º e 2º do art. 184;*** ***III – ação penal pública incondicionada, nos crimes cometidos em desfavor de entidades de direito público, autarquia, empresa pública, sociedade de economia mista ou fundação instituída pelo Poder Público;*** ***IV – ação penal pública condicionada à representação, nos crimes previstos no §3º do art. 184.***

4. "Basta que o agente exponha à venda cópia de fonograma reproduzido com violação do direito de artista, de intérprete ou do direito do produtor de fonograma" (STJ, HC 280026/SP, Rel. Min. Rogerio Schietti Cruz, 6ª Turma, j. 24/02/2015).

AÇÃO PENAL (ART. 186)		
Pública incondicionada	**Pública condicionada à representação**	**Privada**
Art. 184, **§§1º e 2º** e crimes cometidos em desfavor de entidades de direito público, autarquia, empresa pública, sociedade de economia mista ou fundação instituída pelo Poder Público.	Art. 184, **§3º**.	Art. 184, ***caput***.

VIOLAÇÃO DE DIREITO AUTORAL – TEMAS RELEVANTES	
Adequação social	O STF[5] pacificou que **a conduta de expor à venda CDs e DVDs "piratas" é típica, formal e materialmente, afastando a aplicação do princípio da adequação social**. No mesmo sentido, o STJ: ▪ Súmula 502 do STJ: Presentes a materialidade e a autoria, afigura-se típica, em relação ao crime previsto no artigo 184, parágrafo 2º, do Código Penal, a conduta de expor à venda CDs e DVDs piratas.
Princípio da insignificância	No mesmo sentido do princípio da adequação social, o STF[6] e o STJ[7] também **afastam** a aplicação do princípio da insignificância ao crime de violação de direito autoral.
Materialidade e perícia	▪ Súmula 574 do STJ: Para a configuração do delito de violação de direito autoral e a comprovação de sua materialidade, é suficiente a perícia realizada por amostragem do produto apreendido, nos aspectos externos do material, e é desnecessária a identificação dos titulares dos direitos autorais violados ou daqueles que os representem. No mesmo sentido, o STF[8].

5. STF, HC 120994/SP, Rel. Min. Luiz Fux, 1ª Turma, j. 29/04/2014.
6. STF, HC 118322/MS, Rel. Min. Luiz Fux, 1ª Turma, j. 22/10/2013.
7. STJ, HC 415061/RS, Rel. Min. Reynaldo Soares da Fonseca, 5ª Turma, j. 17/10/2017.
8. STF, HC 124124/MG, Rel. Min. Marco Aurélio, 1ª T., j. 19/06/2018.

VIOLAÇÃO DE DIREITO AUTORAL – TEMAS RELEVANTES	
Irregularidade	A realização do laudo pericial **prescinde de maiores formalidades** e eventual inobservância às exigências prescritas caracteriza mera **irregularidade**, não sendo suficiente para afastar a materialidade do crime[1]. Permite-se a realização da perícia com base apenas nas **características externas** do material apreendido[2].
Exclusão da tipicidade	Há causas de exclusão da tipicidade nos arts. 46 a 48 da Lei 9.610/98.
Busca e apreensão	O STJ entende que "nos crimes contra a propriedade imaterial que se processam mediante **ação penal de iniciativa pública**, a busca e a apreensão podem ser efetuadas pela autoridade policial, nos termos da **regra geral do art. 240, §1º, do CPP**, como normalmente ocorre na apuração das demais infrações criminais. Todavia, nos crimes sujeitos à **ação penal de iniciativa privada**, a medida preparatória criminal deverá ser realizada por dois peritos nomeados pelo juiz, que verificarão a existência de fundamento para a constrição do material a ser submetido à perícia, consoante o disposto nos **arts. 527 e 530-A do CPP**"[3].

1. STJ, HC 336842/RS, Rel. Min. Jorge Mussi, 5ª Turma, j. 01/12/2015.
2. STJ, AgRg no REsp 1606247/MG, Rel. Min. Reynaldo Soares da Fonseca, 5ª Turma, j. 15/12/2016.
3. STJ, RMS 31050/RS, Rel. Min. Og Fernandes, 6ª Turma, j. 28/06/2011.

2

DOS CRIMES CONTRA O PRIVILÉGIO DA INVENÇÃO

DOS CRIMES CONTRA O PRIVILÉGIO DE INVENÇÃO
Os arts. 187 a 191 foram revogados pela Lei 9.279/1996.

3

DOS CRIMES CONTRA AS MARCAS DE INDÚSTRIA E COMÉRCIO

DOS CRIMES CONTRA AS MARCAS DE INDÚSTRIA E COMÉRCIO
Os arts. 192 a 195 foram revogados pela Lei 9.279/1996.

4

DOS CRIMES DE CONCORRÊNCIA DESLEAL

DOS CRIMES DE CONCORRÊNCIA DESLEAL
O art. 196 foi revogado pela Lei 9.279/1996.

TÍTULO IV

DOS CRIMES CONTRA A ORGANIZAÇÃO DO TRABALHO

DOS CRIMES CONTRA A ORGANIZAÇÃO DO TRABALHO

DOS CRIMES CONTRA A ORGANIZAÇÃO DO TRABALHO	
Atentado contra a liberdade de trabalho (art. 197).	Atentado contra a liberdade de contrato de trabalho e boicotagem violenta (art. 198).
Atentado contra a liberdade de associação (art. 199).	Paralisação de trabalho, seguida de violência ou perturbação da ordem (art. 200).
Paralisação de trabalho de interesse coletivo (art. 201).	Invasão de estabelecimento industrial, comercial ou agrícola. Sabotagem (art. 202).
Frustração de direito assegurado por lei trabalhista (art. 203).	Frustração de lei sobre a nacionalização do trabalho (art. 204).
Exercício de atividade com infração de decisão administrativa (art. 205).	Aliciamento para o fim de emigração (art. 206).
Aliciamento de trabalhadores de um local para outro do território nacional (art. 207).	

COMPETÊNCIA[1]	
Justiça Federal	**Justiça Estadual**
Crimes que tenham por objeto a organização geral do trabalho ou direitos dos trabalhadores considerados **coletivamente**.	A infringência dos direitos dos trabalhadores **individualmente** considerados.

ATENTADO CONTRA A LIBERDADE DE TRABALHO (ART. 197)	
►***Art. 197. Constranger alguém, mediante violência ou grave ameaça:*** ***I - a exercer ou não exercer arte, ofício, profissão ou indústria, ou a trabalhar ou não trabalhar durante certo período ou em determinados dias:*** ***Pena - detenção, de 1 mês a 1 ano, e multa, além da pena correspondente à violência;*** ***II - a abrir ou fechar o seu estabelecimento de trabalho, ou a participar de parede ou paralisação de atividade econômica:*** ***Pena - detenção, de 3 meses a 1 ano, e multa, além da pena correspondente à violência.***	
Bem jurídico	A liberdade de trabalho.
Sujeito ativo	Qualquer pessoa (crime **comum**)[2].
Sujeito passivo	Qualquer pessoa.
Elemento subjetivo	Dolo, direto ou eventual. Não há finalidade específica. Não há modalidade culposa.
Consumação	Ocorre quando a vítima, constrangida mediante violência ou grave ameaça, realiza uma das condutas previstas nos incisos I e II (crime **material**). O crime pode ser **instantâneo ou permanente**, a depender do caso concreto. Admite tentativa (crime **plurissubsistente**).
Omissão	Pode ser praticado na forma omissiva (omissão **imprópria**).

1. Tema pacificado há muito tempo no **STF** (ARE 706368 AgR/SP, Rel. Min. Gilmar Mendes, 2ª Turma, j. 30/10/2012) e no **STJ** (CC 131319/SP, Rel. Min. Newton Trisotto, 3ª Seção, j. 26/08/2015).
2. Ressalvada a pessoa jurídica, pois o tipo penal exige que a vítima seja uma pessoa natural ("***alguém***").

ATENTADO CONTRA A LIBERDADE DE TRABALHO (ART. 197)	
Execução	Crime de forma livre.
Concurso de pessoas	Crime de concurso eventual (**unissubjetivo**).
Competência	Juizado Especial Criminal.
Lei 9.099/95	Infração de menor potencial ofensivo.
Ação penal	Pública incondicionada.
ANPP	É incabível o acordo de não persecução penal, pois o crime admite transação e é praticado com violência ou grave ameaça (art. 28-A, *caput* e § 2º, I, do CPP).

ATENTADO CONTRA A LIBERDADE DE TRABALHO (ART. 197)	CONSTRANGIMENTO ILEGAL (ART. 146)
►Art. 197. Constranger alguém, mediante violência ou grave ameaça: ***I - a exercer ou não exercer arte, ofício, profissão ou indústria, ou a trabalhar ou não trabalhar durante certo período ou em determinados dias:*** ***Pena - detenção, de 1 mês a 1 ano, e multa, além da pena correspondente à violência;*** ***II - a abrir ou fechar o seu estabelecimento de trabalho, ou a participar de parede ou paralisação de atividade econômica:*** ***Pena - detenção, de 3 meses a 1 ano, e multa, além da pena correspondente à violência.***	***►Art. 146. Constranger alguém, mediante violência ou grave ameaça, ou depois de lhe haver reduzido, por qualquer outro meio, a capacidade de resistência, a não fazer o que a lei permite, ou a fazer o que ela não manda:*** ***Pena - detenção, de 3 meses a 1 ano, ou multa.***

ATENTADO CONTRA A LIBERDADE DE CONTRATO DE TRABALHO E BOICOTAGEM VIOLENTA (ART. 198)	
► ***Art. 198. Constranger alguém, mediante violência ou grave ameaça, a celebrar contrato de trabalho, ou a não fornecer a outrem ou não adquirir de outrem matéria-prima ou produto industrial ou agrícola:*** ***Pena - detenção, de 1 mês a 1 ano, e multa, além da pena correspondente à violência.***	
Tipicidade	**Norma penal em branco homogênea**: cabe à CLT definir o que é "***contrato de trabalho***"[3].
Bem jurídico	A liberdade de trabalho.
Sujeito ativo	Qualquer pessoa (crime **comum**)[4].
Sujeito passivo	Qualquer pessoa.
Elemento subjetivo	Dolo, direto ou eventual. Não há finalidade específica. Não há modalidade culposa.
Consumação	Ocorre no momento da celebração do contrato de trabalho (1ª parte) ou no momento em que a vítima se abstém de fornecer a outrem ou não adquirir de outrem matéria-prima ou produto industrial ou agrícola (2ª parte). Pode ser **instantâneo** (celebrar contrato de trabalho) ou **permanente** (boicotagem violenta). Em qualquer caso, é **crime material**. Admite tentativa (crime **plurissubsistente**).
Omissão	Pode ser praticado na forma omissiva (omissão **imprópria**).
Execução	Crime de forma livre.
Concurso de pessoas	Crime de concurso eventual (**unissubjetivo**).
Competência	Juizado Especial Criminal.
Lei 9.099/95	Infração de menor potencial ofensivo.
Ação penal	Pública incondicionada.

3. Art. 442 da CLT - **Contrato individual de trabalho é o acordo tácito ou expresso, correspondente à relação de emprego.**
4. Ressalvada a pessoa jurídica, pois o tipo penal exige que a vítima seja uma pessoa natural ("***alguém***").

ATENTADO CONTRA A LIBERDADE DE CONTRATO DE TRABALHO E BOICOTAGEM VIOLENTA (ART. 198)	
ANPP	É incabível o acordo de não persecução penal, pois o crime admite transação penal e é praticado com violência ou grave ameaça (art. 28-A, *caput* e § 2º, I, do CPP).

ATENTADO CONTRA A LIBERDADE DE ASSOCIAÇÃO (ART. 199)	
►***Art. 199. Constranger alguém, mediante violência ou grave ameaça, a participar ou deixar de participar de determinado sindicato ou associação profissional:*** ***Pena - detenção, de 1 mês a 1 ano, e multa, além da pena correspondente à violência.***	
Tipicidade	Segundo o art. 8º, V da CF/88, "ninguém será obrigado a filiar-se ou a manter-se filiado a sindicato". **Norma penal em branco homogênea**: cabe à CLT e ao Decreto-lei 1.402/1939 a definição de "***sindicato***" e "***associação profissional***".
Bem jurídico	A liberdade de associação.
Sujeito ativo	Qualquer pessoa (crime **comum**)[5].
Sujeito passivo	Qualquer pessoa.
Elemento subjetivo	Dolo, direto ou eventual. Não há finalidade específica. Não há modalidade culposa.
Consumação	Ocorre no momento em que a vítima, constrangida mediante violência ou grave ameaça, efetivamente participa ou deixa de participar de sindicato ou associação profissional (crime **material**). O crime pode ser **instantâneo ou permanente**, a depender do caso concreto. Admite tentativa (crime **plurissubsistente**).
Omissão	Pode ser praticado na forma omissiva (omissão **imprópria**).
Execução	Crime de forma livre.
Concurso de pessoas	Crime de concurso eventual (**unissubjetivo**).

5. Ressalvada a pessoa jurídica, pois o tipo penal exige que a vítima seja uma pessoa natural ("***alguém***").

ATENTADO CONTRA A LIBERDADE DE ASSOCIAÇÃO (ART. 199)	
Competência	Juizado Especial Criminal.
Lei 9.099/95	Infração de menor potencial ofensivo.
Ação penal	Pública incondicionada.
ANPP	É incabível o acordo de não persecução penal, pois o crime admite transação penal e é praticado com violência ou grave ameaça (art. 28-A, *caput* e § 2º, I, do CPP).

PARALISAÇÃO DE TRABALHO, SEGUIDA DE VIOLÊNCIA OU PERTURBAÇÃO DA ORDEM (ART. 200)	
► ***Art. 200. Participar de suspensão ou abandono coletivo de trabalho, praticando violência contra pessoa ou contra coisa:*** ***Pena - detenção, de 1 mês a 1 ano, e multa, além da pena correspondente à violência.*** ***Parágrafo único - Para que se considere coletivo o abandono de trabalho é indispensável o concurso de, pelo menos, 3 empregados.***	
Tipicidade	Segundo o art. 9º da CF/88, "é assegurado o direito de greve, competindo aos trabalhadores decidir sobre a oportunidade de exercê-lo e sobre os interesses que devam por meio dele defender". A **Lei 7.783/1989** dispõe sobre o exercício do direito de greve. O tipo penal compreende a greve e o *lockout* (a "greve patronal").
Bem jurídico	A liberdade de trabalho.
Sujeito ativo	O empregado ou o empregador (crime **próprio**).
Sujeito passivo	Qualquer pessoa.
Elemento subjetivo	Dolo, direto ou eventual. Não há finalidade específica. Não há modalidade culposa.
Consumação	Ocorre com a prática da violência contra pessoa ou contra coisa no contexto da greve ou do *lockout* (crime **material** e **instantâneo**). Admite tentativa (crime **plurissubsistente**).
Omissão	Pode ser praticado na forma omissiva (omissão **imprópria**).

PARALISAÇÃO DE TRABALHO, SEGUIDA DE VIOLÊNCIA OU PERTURBAÇÃO DA ORDEM (ART. 200)	
Execução	Crime de forma livre.
Concurso de pessoas	**Crime de concurso necessário** (**plurissubjetivo**).
Competência	Juizado Especial Criminal.
Lei 9.099/95	Infração de menor potencial ofensivo.
Ação penal	Pública incondicionada.
ANPP	Admitida transação penal, é incabível o acordo de não persecução penal (art. 28-A, § 2º, I, do CPP).

PARALISAÇÃO DE TRABALHO DE INTERESSE COLETIVO (ART. 201)	
► ***Art. 201. Participar de suspensão ou abandono coletivo de trabalho, provocando a interrupção de obra pública ou serviço de interesse coletivo***[1]***:*** ***Pena - detenção, de 6 meses a 2 anos, e multa.***	
Tipicidade	Segundo o art. 9º da CF/88, "é assegurado o direito de greve, competindo aos trabalhadores decidir sobre a oportunidade de exercê-lo e sobre os interesses que devam por meio dele defender". A **Lei 7.783/1989** dispõe sobre o exercício do direito de greve. Entende-se que o tipo penal compreende a greve e o *lockout* (a "greve patronal").
Bem jurídico	É "o interesse comum inerente às obras públicas e aos serviços voltados ao benefício coletivo"[2].
Sujeito ativo	O empregado ou o empregador (crime **próprio**).
Sujeito passivo	É a coletividade (**crime vago**).
Elemento subjetivo	Dolo, direto ou eventual. Não há finalidade específica. Não há modalidade culposa.

1. Art. 10 da Lei 7.783/89 - **São considerados serviços ou atividades essenciais**: I - tratamento e abastecimento de água; produção e distribuição de energia elétrica, gás e combustíveis; II - assistência médica e hospitalar; III - distribuição e comercialização de medicamentos e alimentos; IV - funerários; V - transporte coletivo; VI - captação e tratamento de esgoto e lixo; VII - telecomunicações; VIII - guarda, uso e controle de substâncias radioativas, equipamentos e materiais nucleares; IX - processamento de dados ligados a serviços essenciais; X - controle de tráfego aéreo; XI compensação bancária.
2. CUNHA, Rogério Sanches (op. cit. p. 453).

PARALISAÇÃO DE TRABALHO DE INTERESSE COLETIVO (ART. 201)	
Consumação	Ocorre com a efetiva interrupção de obra pública ou serviço de interesse coletivo (crime **material** e **instantâneo**). Admite tentativa (crime **plurissubsistente**).
Omissão	Pode ser praticado na forma omissiva (omissão **imprópria**).
Execução	Crime de forma livre.
Concurso de pessoas	**Crime de concurso necessário** (**plurissubjetivo**).
Competência	Juizado Especial Criminal.
Lei 9.099/95	Infração de menor potencial ofensivo.
Ação penal	Pública incondicionada.
ANPP	Admitida transação penal no *caput*, é incabível o acordo de não persecução penal (art. 28-A, § 2º, I, do CPP).

INVASÃO DE ESTABELECIMENTO INDUSTRIAL, COMERCIAL OU AGRÍCOLA. SABOTAGEM (ART. 202)	
► ***Art. 202. Invadir ou ocupar estabelecimento industrial, comercial ou agrícola, com o intuito de impedir ou embaraçar o curso normal do trabalho, ou com o mesmo fim danificar o estabelecimento ou as coisas nele existentes ou delas dispor: Pena - reclusão, de 1 a 3 anos, e multa.***	
Tipicidade	**Tipo misto alternativo ou crime de ação múltipla ou de conteúdo variado**: se o agente praticar mais de um núcleo do art. 202 no mesmo contexto, responderá por **crime único**.
Bem jurídico	A organização do trabalho e a propriedade (crime **pluriofensivo**).
Sujeito ativo	Qualquer pessoa (crime **comum**).
Sujeito passivo	Qualquer pessoa.
Elemento subjetivo	Dolo, direto ou eventual. Finalidade específica: "*com o intuito de impedir ou embaraçar o curso normal do trabalho*". Não há modalidade culposa.

INVASÃO DE ESTABELECIMENTO INDUSTRIAL, COMERCIAL OU AGRÍCOLA. SABOTAGEM (ART. 202)	
Consumação	Ocorre com a invasão ou ocupação de estabelecimento industrial, comercial ou agrícola, ainda que não consiga impedir ou embaraçar o curso normal do trabalho (1ª parte, crime **formal**) ou com a efetiva danificação do estabelecimento ou as coisas nele existentes, ou, ainda, a disposição de tais coisas (2ª parte, crime **material**). O crime pode ser **instantâneo ou permanente**, a depender do caso concreto. Admite tentativa (crime **plurissubsistente**).
Omissão	Pode ser praticado na forma omissiva (omissão **imprópria**).
Execução	Crime de forma livre.
Concurso de pessoas	Crime de concurso eventual (**unissubjetivo**).
Competência	Juízo comum.
Lei 9.099/95	Não é infração de menor potencial ofensivo, mas admite a suspensão condicional do processo (se preenchidos os requisitos do art. 89 da Lei 9.099/1995).
Ação penal	Pública incondicionada.
ANPP	É cabível o acordo de não persecução penal, se preenchidos os requisitos do art. 28-A do CPP.

FRUSTRAÇÃO DE DIREITO ASSEGURADO POR LEI TRABALHISTA (ART. 203)	
►*Art. 203. Frustrar, mediante fraude ou violência, direito assegurado pela legislação do trabalho:* *Pena - detenção de um 1 a 2 anos, e multa, além da pena correspondente à violência.*	
Tipicidade	**Norma penal em branco homogênea**: cabe à CLT a complementação da tipicidade ("*direito assegurado pela legislação do trabalho*"). A depender da gravidade da violação de direitos trabalhistas, a conduta pode se amoldar ao crime de redução a condição análoga à de escravo (art. 149).
Bem jurídico	Os direitos assegurados pelas leis trabalhistas.

FRUSTRAÇÃO DE DIREITO ASSEGURADO POR LEI TRABALHISTA (ART. 203)	
Sujeito ativo	Qualquer pessoa (crime **comum**).
Sujeito passivo	Qualquer pessoa.
Elemento subjetivo	Dolo, direto ou eventual. Não há finalidade específica. Não há modalidade culposa.
Consumação	Ocorre com a efetiva frustração do direito trabalhista mediante fraude ou violência (crime **material**). O crime pode ser **instantâneo ou permanente**, a depender do caso concreto. Admite tentativa (crime **plurissubsistente**).

FRUSTRAÇÃO DE DIREITO ASSEGURADO POR LEI TRABALHISTA (ART. 203)	
Omissão	Pode ser praticado na forma omissiva (omissão **imprópria**).
Execução	Crime de forma livre.
Concurso de pessoas	Crime de concurso eventual (**unissubjetivo**).
Competência[1]	Juizado Especial Criminal.
Lei 9.099/95	Infração de menor potencial ofensivo.
Ação penal	Pública incondicionada.
ANPP	Admitida transação penal no *caput* e no § 1º, é incabível o acordo de não persecução penal (art. 28-A, § 2º, I, do CPP). Na figura majorada (§ 2º), admite-se o acordo se preenchidos os requisitos do art. 28-A do CPP.

1. No mesmo sentido do que já foi exposto sobre a competência, decidiu o STJ recentemente: "1. Com base na orientação contida no verbete n. 115 da Súmula do extinto Tribunal Federal de Recursos, a jurisprudência deste Superior Tribunal de Justiça consagrou-se no sentido de que o julgamento pela prática do delito do art. 203 do Código Penal, consistente em frustração de direito assegurado por lei trabalhista, **somente compete à Justiça Federal quando o interesse em questão afetar órgãos coletivos do trabalho ou a organização geral do trabalho**. [...] 3. No caso concreto, são facilmente identificáveis os trabalhadores eventualmente prejudicados pelo não recolhimento e/ou apropriação indevida de valores descontados em folha de pagamento e não repassados ao órgão gestor do FGTS, limitado o seu número ao dos funcionários das duas empresas investigadas, razão pela qual não há que se falar em ofensa ao sistema de órgãos e institutos destinados a preservar, coletivamente, os direitos e deveres dos trabalhadores. Afasta-se, assim, a competência da Justiça Federal para o julgamento do feito" (STJ, CC 137045/SP, Rel. Min. Reynaldo Soares da Fonseca, 3ª Seção, j. 24/02/2016).

CONDUTAS EQUIPARADAS (ART. 203, §1º)
▶Art. 203, §1º- Na mesma pena incorre quem: ***I - obriga ou coage alguém a usar mercadorias de determinado estabelecimento, para impossibilitar o desligamento do serviço em virtude de dívida;*** ***II - impede alguém de se desligar de serviços de qualquer natureza, mediante coação ou por meio da retenção de seus documentos pessoais ou contratuais.***

CAUSAS ESPECIAIS DE AUMENTO DE PENA (ART. 203, §2º)
▶Art. 203, §2º - A pena é aumentada de 1/6 a 1/3 se a vítima é menor de 18 anos, idosa, gestante, indígena[1] ou portadora de deficiência física ou mental.

FRUSTRAÇÃO DE LEI SOBRE A NACIONALIZAÇÃO DO TRABALHO (ART. 204)	
▶Art. 204. Frustrar, mediante fraude ou violência, obrigação legal relativa à nacionalização do trabalho: ***Pena - detenção, de 1 mês a 1 ano, e multa, além da pena correspondente à violência.***	
Tipicidade	**Norma penal em branco homogênea**: cabe à CLT (arts. 352 a 371) dispor sobre a proporcionalidade de empregados brasileiros.
Bem jurídico	O mercado de trabalho nacional.
Sujeito ativo	Qualquer pessoa (crime **comum**).
Sujeito passivo	É o Estado.
Elemento subjetivo	Dolo, direto ou eventual. Não há finalidade específica. Não há modalidade culposa.
Consumação	Ocorre com a efetiva frustração de obrigação legal relativa à nacionalização do trabalho (crime **material** e **instantâneo**). Admite tentativa (crime **plurissubsistente**).
Omissão	Pode ser praticado na forma omissiva (omissão **imprópria**).
Execução	Crime de forma livre.

1. Art. 3º da Lei 6.001/1973 - Para os efeitos de lei, ficam estabelecidas as definições a seguir discriminadas: I - Índio ou Silvícola - É todo indivíduo de origem e ascendência pré-colombiana que se identifica e é identificado como pertencente a um grupo étnico cujas características culturais o distinguem da sociedade nacional; [...].

FRUSTRAÇÃO DE LEI SOBRE A NACIONALIZAÇÃO DO TRABALHO (ART. 204)	
Concurso de pessoas	Crime de concurso eventual (**unissubjetivo**).
Competência	Juizado Especial Criminal.
Lei 9.099/95	Infração de menor potencial ofensivo.
Ação penal	Pública incondicionada.
ANPP	Admitida transação penal, é incabível o acordo de não persecução penal (art. 28-A, § 2º, I, do CPP).

EXERCÍCIO DE ATIVIDADE COM INFRAÇÃO DE DECISÃO ADMINISTRATIVA (ART. 205)	
►***Art. 205. Exercer atividade, de que está impedido por decisão administrativa: Pena - detenção, de 3 meses a 2 anos, ou multa.***	
Tipicidade	O desrespeito a decisão judicial (e não administrativa) amolda-se ao crime de desobediência (art. 330).
Bem jurídico	As decisões administrativas do Estado.
Sujeito ativo	Apenas a pessoa impedida de exercer atividade por decisão administrativa (crime **próprio**).
Sujeito passivo	É o Estado.
Elemento subjetivo	Dolo, direto ou eventual. Não há finalidade específica. Não há modalidade culposa.
Consumação	Ocorre com a prática da atividade proibida com **reiteração** (crime de **mera conduta** e **habitual**). **Não admite tentativa** (crime **unissubsistente**).
Omissão	Pode ser praticado na forma omissiva (omissão **imprópria**).
Execução	Crime de forma livre.
Concurso de pessoas	Crime de concurso eventual (**unissubjetivo**).
Competência	Juizado Especial Criminal.
Lei 9.099/95	Infração de menor potencial ofensivo.

EXERCÍCIO DE ATIVIDADE COM INFRAÇÃO DE DECISÃO ADMINISTRATIVA (ART. 205)	
Ação penal	Pública incondicionada.
ANPP	Admitida transação penal, é incabível o acordo de não persecução penal (art. 28-A, § 2º, I, do CPP).

ALICIAMENTO PARA O FIM DE EMIGRAÇÃO (ART. 206)	
▶ ***Art. 206. Recrutar trabalhadores, mediante fraude, com o fim de levá-los para território estrangeiro.*** ***Pena - detenção, de 1 a 3 anos e multa.***	
Tipicidade	Por "***trabalhadores***" entende-se **no mínimo 3 pessoas**.
Bem jurídico	É o interesse estatal em manter os trabalhadores em seu território.
Sujeito ativo	Qualquer pessoa (crime **comum**).
Sujeito passivo	O Estado (mediato) e o trabalhador recrutado (imediato).
Elemento subjetivo	Dolo, direto ou eventual. Finalidade específica: *"com o fim de levá-los para território estrangeiro"*. Não há modalidade culposa.
Consumação	Ocorre com o recrutamento mediante fraude, ainda que não haja a efetiva saída dos trabalhadores (crime **formal** e **instantâneo**). Admite tentativa (crime **plurissubsistente**).
Omissão	Pode ser praticado na forma omissiva (omissão **imprópria**).
Execução	Crime de forma livre.
Concurso de pessoas	Crime de concurso eventual (**unissubjetivo**).
Competência	Juízo comum.
Lei 9.099/95	Não é infração de menor potencial ofensivo, mas admite a suspensão condicional do processo (se preenchidos os requisitos do art. 89 da Lei 9.099/1995).
Ação penal	Pública incondicionada.

ALICIAMENTO PARA O FIM DE EMIGRAÇÃO (ART. 206)	
ANPP	É cabível o acordo de não persecução penal, se preenchidos os requisitos do art. 28-A do CPP.

ALICIAMENTO DE TRABALHADORES DE UM LOCAL PARA OUTRO DO TERRITÓRIO NACIONAL (ART. 207)	
► ***Art. 207. Aliciar trabalhadores, com o fim de levá-los de uma para outra localidade do território nacional:*** ***Pena - detenção de 1 a 3 anos, e multa.***	
Tipicidade	Por "*trabalhadores*" entende-se **no mínimo 3 pessoas**.
Bem jurídico	É o "interesse do Estado em evitar o êxodo de trabalhadores no território nacional"[1].
Sujeito ativo	Qualquer pessoa (crime **comum**).
Sujeito passivo	O Estado (mediato) e o trabalhador aliciado (imediato).
Elemento subjetivo	Dolo, direto ou eventual. Finalidade específica: "*com o fim de levá-los de uma para outra localidade do território nacional*". Não há modalidade culposa.
Consumação	Ocorre com o recrutamento mediante fraude, ainda que não haja o efetivo deslocamento dos trabalhadores (crime **formal** e **instantâneo**). Admite tentativa (crime **plurissubsistente**).
Omissão	Pode ser praticado na forma omissiva (omissão **imprópria**).
Execução	Crime de forma livre.
Concurso de pessoas	Crime de concurso eventual (**unissubjetivo**).

1. BITENCOURT, Cezar Roberto (op. cit. p. 488).

ALICIAMENTO DE TRABALHADORES DE UM LOCAL PARA OUTRO DO TERRITÓRIO NACIONAL (ART. 207)	
Competência[1]	Juízo comum.
Lei 9.099/95	Não é infração de menor potencial ofensivo, mas admite a suspensão condicional do processo (se preenchidos os requisitos do art. 89 da Lei 9.099/1995).
Ação penal	Pública incondicionada.
ANPP	É cabível o acordo de não persecução penal, se preenchidos os requisitos do art. 28-A do CPP.

FIGURA EQUIPARADA (ART. 207, §1º)
►***Art. 207, § 1º - Incorre na mesma pena quem recrutar trabalhadores fora da localidade de execução do trabalho, dentro do território nacional, mediante fraude ou cobrança de qualquer quantia do trabalhador, ou, ainda, não assegurar condições do seu retorno ao local de origem.*** "Não assegurar condições do seu retorno ao local de origem" é um **crime omissivo próprio**.

CAUSA ESPECIAL DE AUMENTO DE PENA (ART. 207, §2º)
►***Art. 207, §2º - A pena é aumentada de 1/6 a 1/3 se a vítima é menor de 18 anos, idosa, gestante, indígena ou portadora de deficiência física ou mental.***

1. "I. Hipótese em que a denúncia descreve a suposta prática do delito de **aliciamento para o fim de emigração perpetrado contra 3 (três) trabalhadores individualmente considerados**. II. Compete à Justiça Federal o julgamento dos crimes contra a organização do trabalho desde que demonstrada a lesão a direito dos trabalhadores coletivamente considerados ou à organização geral do trabalho. III. Conflito conhecido para declarar a competência da **Justiça Estadual**" (STJ, CC 107391/MG, Rel. Min. Gilson Dipp, 3ª Seção, j. 13/10/2010).

TÍTULO V

DOS CRIMES CONTRA O SENTIMENTO RELIGIOSO E CONTRA O RESPEITO AOS MORTOS

1

DOS CRIMES CONTRA O SENTIMENTO RELIGIOSO

ULTRAJE A CULTO E IMPEDIMENTO OU PERTURBAÇÃO DE ATO A ELE RELATIVO (ART. 208)	
►***Art. 208. Escarnecer de alguém publicamente, por motivo de crença ou função religiosa; impedir ou perturbar cerimônia ou prática de culto religioso; vilipendiar publicamente ato ou objeto de culto religioso:*** ***Pena - detenção, de 1 mês a 1 ano, ou multa.*** ***Parágrafo único - Se há emprego de violência, a pena é aumentada de 1/3, sem prejuízo da correspondente à violência.***	
Tipicidade	De acordo com o art. 5º, VI da CF/88, "é inviolável a liberdade de consciência e de crença, sendo assegurado o livre exercício dos cultos religiosos e garantida, na forma da lei, a proteção aos locais de culto e a suas liturgias". **Tipo misto cumulativo**: se o agente praticar mais de um núcleo do art. 208, responderá pelo **concurso de crimes**.
Bem jurídico	É o sentimento religioso.
Sujeito ativo	Qualquer pessoa (crime **comum**).
Sujeito passivo	Há controvérsias doutrinárias. Pode ser uma pessoa determinada (especialmente quanto ao primeiro núcleo – "*escarnecer de alguém*"), as pessoas presentes na cerimônia ou no culto religioso ou até mesmo a coletividade (crime vago).
Elemento subjetivo	Dolo, direto ou eventual. Finalidade específica: "*por motivo de crença ou função religiosa*". Não há modalidade culposa.

ULTRAJE A CULTO E IMPEDIMENTO OU PERTURBAÇÃO DE ATO A ELE RELATIVO (ART. 208)	
Consumação	Ocorre quando o agente escarnece de alguém publicamente (crime **formal**), impede ou perturba cerimônia ou prática de culto religioso (crime **material**), ou, ainda, vilipendia (menospreza) publicamente ato ou objeto de culto religioso (crime **formal**). Em qualquer caso, o crime é **instantâneo**. Admite tentativa (crime **plurissubsistente**).
Omissão	Pode ser praticado na forma omissiva (omissão **imprópria**).
Execução	Crime de forma livre.
Concurso de pessoas	Crime de concurso eventual (**unissubjetivo**).
Competência	Juizado Especial Criminal.
Lei 9.099/95	Infração de menor potencial ofensivo.
Ação penal	Pública incondicionada.
ANPP	Admitida transação penal, é incabível o acordo de não persecução penal (art. 28-A, § 2º, I, do CPP).

CRIMES SIMILARES	
Estatuto do Índio (Lei 6.001/1973)	Art. 58. Constituem crimes contra os índios e a cultura indígena: I - escarnecer de cerimônia, rito, uso, costume ou tradição culturais indígenas, vilipendiá-los ou perturbar, de qualquer modo, a sua prática. Pena - detenção de 1 a 3 meses.

2

DOS CRIMES CONTRA O RESPEITO AOS MORTOS

IMPEDIMENTO OU PERTURBAÇÃO DE CERIMÔNIA FUNERÁRIA (ART. 209)	
► ***Art. 209. Impedir ou perturbar enterro ou cerimônia funerária:*** ***Pena - detenção, de 1 mês a 1 ano, ou multa.*** ***Parágrafo único - Se há emprego de violência, a pena é aumentada de 1/3, sem prejuízo da correspondente à violência.***	
Tipicidade	**Tipo misto alternativo**: se o agente, no mesmo contexto, impedir e perturbar enterro ou cerimônia funerária, praticará **crime único**.
Bem jurídico	É o respeito aos mortos.
Sujeito ativo	Qualquer pessoa (crime **comum**).
Sujeito passivo	O sujeito passivo principal ou imediato é a coletividade (crime **vago**), mas podem figurar como sujeitos passivos secundários as pessoas presentes no enterro ou na cerimônia funerária".
Elemento subjetivo	Dolo, direto ou eventual. A doutrina tradicional defende a presença de uma **finalidade especial implícita**, consistente na finalidade de violar o sentimento de respeito ao morto. Não há modalidade culposa.
Consumação	Ocorre com o impedimento ou a perturbação do enterro ou da cerimônia funerária (crime **instantâneo** e **material**[1]). Admite tentativa (crime **plurissubsistente**).

1. A doutrina parece concordar quanto ao momento de consumação do crime (a qual ocorre quando o enterro ou a cerimônia funerária é **efetivamente** impedida ou perturbada), **mas diverge quanto à sua classificação (crime material, formal ou de mera conduta?)**. Todavia, a dependência de um resultado naturalístico denota um crime material.

IMPEDIMENTO OU PERTURBAÇÃO DE CERIMÔNIA FUNERÁRIA (ART. 209)	
Omissão	Pode ser praticado na forma omissiva (omissão **imprópria**).
Execução	Crime de forma livre.
Concurso de pessoas	Crime de concurso eventual (**unissubjetivo**).
Competência	Juizado Especial Criminal.
Lei 9.099/95	Infração de menor potencial ofensivo.
Ação penal	Pública incondicionada.
ANPP	Admitida transação penal, é incabível o acordo de não persecução penal (art. 28-A, § 2º, I, do CPP).

VIOLAÇÃO DE SEPULTURA (ART. 210)	
► ***Art. 210. Violar ou profanar sepultura ou urna funerária:*** ***Pena - reclusão, de 1 a 3 anos, e multa.***	
Tipicidade	**Tipo misto alternativo**: se o agente violar e profanar sepultura no mesmo contexto, praticará **crime único**.
Bem jurídico	É o respeito aos mortos.
Sujeito ativo	Qualquer pessoa (crime **comum**).
Sujeito passivo	O sujeito passivo principal ou imediato é a coletividade (crime **vago**) e, ainda, a família do morto (sujeito passivo secundário ou mediato).
Elemento subjetivo	Dolo, direto ou eventual. É necessária a presença de uma **finalidade especial implícita** quanto ao núcleo "*profanar*", consistente na finalidade de macular a sepultura ou urna funerária. Não há modalidade culposa.
Consumação	Ocorre quando a sepultura ou urna funerária é violada ou profanada (crime **instantâneo** e **material**). Admite tentativa (crime **plurissubsistente**).
Omissão	Pode ser praticado na forma omissiva (omissão **imprópria**).
Execução	Crime de forma livre.

VIOLAÇÃO DE SEPULTURA (ART. 210)	
Concurso de pessoas	Crime de concurso eventual (**unissubjetivo**).
Competência	Juízo comum.
Lei 9.099/95	Não é infração de menor potencial ofensivo, mas admite a suspensão condicional do processo (se preenchidos os requisitos do art. 89 da Lei 9.099/95).
Ação penal	Pública incondicionada.
ANPP	É cabível o acordo de não persecução penal, se preenchidos os requisitos do art. 28-A do CPP.

VIOLAÇÃO DE SEPULTURA – TEMAS RELEVANTES	
Túmulo vazio	Se a sepultura ou urna funerária estiver vazia, o bem jurídico (respeito aos mortos) não será atingido pela conduta (**crime impossível** por absoluta impropriedade do objeto).
Furto de objetos	Se o agente viola a sepultura com a finalidade de subtrair objetos que estão em seu interior, a violação de sepultura (crime-meio) deve ser **absorvida pelo crime de furto** (crime-fim).
Destruição, subtração ou ocultação de cadáver	Se o sujeito destruir, subtrair ou ocultar o cadáver, responderá apenas pelo crime previsto no art. 211.
Exumação de cadáver	A exumação de cadáver com infração das disposições legais é **contravenção** penal (art. 67 da LCP).

DESTRUIÇÃO, SUBTRAÇÃO OU OCULTAÇÃO DE CADÁVER (ART. 211)	
► ***Art. 211. Destruir, subtrair ou ocultar cadáver ou parte dele:*** ***Pena - reclusão, de 1 a 3 anos, e multa.***	
Tipicidade	**Tipo misto alternativo**: se o agente destruir, subtrair e ocultar o cadáver, no mesmo contexto, praticará **crime único**.
Bem jurídico	É o respeito aos mortos.

DESTRUIÇÃO, SUBTRAÇÃO OU OCULTAÇÃO DE CADÁVER (ART. 211)	
Sujeito ativo	Qualquer pessoa (crime **comum**).
Sujeito passivo	O sujeito passivo principal ou imediato é a coletividade (crime **vago**) e, ainda, a família do morto (sujeito passivo secundário ou mediato).
Elemento subjetivo	Dolo, direto ou eventual. Não há finalidade específica. Não há modalidade culposa.
Consumação	Ocorre com a efetiva destruição, subtração ou ocultação de cadáver, parcial ou total (crime **material**). Pode ser **instantâneo** (*'destruir'* ou *'subtrair'*) ou **permanente** (*'ocultar'*). Admite tentativa (crime **plurissubsistente**).
Omissão	Pode ser praticado na forma omissiva (omissão **imprópria**).
Execução	Crime de forma livre.
Concurso de pessoas	Crime de concurso eventual (**unissubjetivo**).
Competência	Juízo comum.
Lei 9.099/95	Não é infração de menor potencial ofensivo, mas admite a suspensão condicional do processo (se preenchidos os requisitos do art. 89 da Lei 9.099/95).
Ação penal	Pública incondicionada.
ANPP	É cabível o acordo de não persecução penal, se preenchidos os requisitos do art. 28-A do CPP.

DESTRUIÇÃO, SUBTRAÇÃO OU OCULTAÇÃO DE CADÁVER – TEMAS RELEVANTES	
Lei 9.434/1997	É crime previsto no art. 14 da Lei 9.434/1997 "remover tecidos, órgãos ou partes do corpo de pessoa ou cadáver, em desacordo com as disposições desta Lei. Pena - reclusão, de 2 a 6 anos, e multa, de 100 a 360 dias-multa". Vale ressaltar que a Lei 9.434/97 dispõe sobre a remoção de órgãos, tecidos e partes do corpo humano para fins de transplante e tratamento.

VILIPÊNDIO A CADÁVER (ART. 212)	
► ***Art. 212. Vilipendiar[1] cadáver ou suas cinzas:*** ***Pena - detenção, de 1 a 3 anos, e multa.***	
Bem jurídico	É o respeito aos mortos.
Sujeito ativo	Qualquer pessoa (crime **comum**).
Sujeito passivo	O sujeito passivo principal ou imediato é a coletividade (crime **vago**) e, ainda, a família do morto (sujeito passivo secundário ou mediato).
Elemento subjetivo	Dolo, direto ou eventual. Não há finalidade específica[2]. Não há modalidade culposa.
Consumação	Ocorre no momento em que o agente vilipendia o cadáver ou suas cinzas (crime **instantâneo**). O crime pode ser **material** (ex.: urinar sobre o cadáver) ou **formal** (ex.: quando praticado oralmente). Admite tentativa (crime **plurissubsistente**), salvo quando praticado oralmente.
Omissão	Pode ser praticado na forma omissiva (omissão **imprópria**).
Execução	Crime de forma livre.
Concurso de pessoas	Crime de concurso eventual (**unissubjetivo**).
Competência	Juízo comum.
Lei 9.099/95	Não é infração de menor potencial ofensivo, mas admite a suspensão condicional do processo (se preenchidos os requisitos do art. 89 da Lei 9.099/1995).
Ação penal	Pública incondicionada.
ANPP	É cabível o acordo de não persecução penal, se preenchidos os requisitos do art. 28-A do CPP.

1. Se o agente, ao vilipendiar o cadáver, imputa falsamente ao morto fato definido como crime, responderá pelo crime de **calúnia** (art. 138) em **concurso formal**.
2. A doutrina diverge sobre a existência de uma **finalidade específica implícita**, consistente no propósito de ultrajar a memória do falecido. Todavia, parece ser mais correto considerar apenas o dolo genérico de vilipendiar.

TÍTULO VI

DOS CRIMES CONTRA A DIGNIDADE SEXUAL

INTRODUÇÃO AOS CRIMES CONTRA A DIGNIDADE SEXUAL

DOS CRIMES CONTRA A DIGNIDADE SEXUAL[1] (TÍTULO VI)	
DOS CRIMES CONTRA A LIBERDADE SEXUAL (capítulo I).	**DA EXPOSIÇÃO DA INTIMIDADE SEXUAL** (capítulo I-A)
DOS CRIMES SEXUAIS CONTRA VULNERÁVEL (capítulo II).	**DO LENOCÍNIO E DO TRÁFICO DE PESSOA PARA FIM DE PROSTITUIÇÃO OU OUTRA FORMA DE EXPLORAÇÃO SEXUAL** (capítulo V).
DO ULTRAJE PÚBLICO AO PUDOR (capítulo VI).	

DOS CRIMES CONTRA A LIBERDADE SEXUAL (I)	
Estupro (art. 213).	Violação sexual mediante fraude (art. 215).
Importunação sexual (art. 215-A).	Assédio sexual (art. 216-A).
DA EXPOSIÇÃO DA INTIMIDADE SEXUAL (I-A)	
Registro não autorizado da intimidade sexual (art. 216-B).	

1. Os capítulos e crimes faltantes foram revogados.

DOS CRIMES SEXUAIS CONTRA VULNERÁVEL (II)	
Estupro de vulnerável (art. 217-A).	Corrupção de menores (art. 218).
Satisfação de lascívia mediante presença de criança ou adolescente (art. 218-A).	Favorecimento da prostituição ou de outra forma de exploração sexual de criança ou adolescente ou de vulnerável (art. 218-B).
Divulgação de cena de estupro ou de cena de estupro de vulnerável, de cena de sexo ou de pornografia (art. 218-C).	

DISPOSIÇÕES GERAIS APLICÁVEIS AOS CAPÍTULOS I E II (ARTS. 213 A 218-C) AÇÃO PENAL (ART. 225)
Ação penal **pública incondicionada**. ► ***Art. 225. Nos crimes definidos nos Capítulos I e II deste Título, procede-se mediante ação penal pública incondicionada.*** Dispositivo alterado pela **Lei 13.718/2018**.

DISPOSIÇÕES GERAIS APLICÁVEIS AOS CAPÍTULOS I E II (ARTS. 213 A 218-C) CAUSAS ESPECIAIS DE AUMENTO DE PENA (ART. 226)	
►Art. 226. A pena é aumentada:	
I – de quarta parte, se o crime é cometido com o concurso de 2 ou mais pessoas; [...].	***II - de metade, se o agente é ascendente, padrasto ou madrasta, tio, irmão, cônjuge, companheiro, tutor, curador, preceptor ou empregador da vítima ou por qualquer outro título tiver autoridade sobre ela;***
IV - de 1/3 a 2/3, se o crime é praticado: a) mediante concurso de 2 ou mais agentes; b) para controlar o comportamento social ou sexual da vítima.	

DISPOSIÇÕES GERAIS APLICÁVEIS AOS CAPÍTULOS I E II (ARTS. 213 A 218-C) CAUSAS ESPECIAIS DE AUMENTO DE PENA (ART. 226)
Sob a sistemática dos recursos repetitivos, o STJ fixou a seguinte tese: "nos crimes contra a dignidade sexual, não configura *bis in idem* a aplicação simultânea da agravante genérica do art. 61, II, f, e da majorante específica do art. 226, II, ambos do Código Penal, salvo quando presente apenas a relação de autoridade do agente sobre a vítima, hipótese na qual deve ser aplicada tão somente a causa de aumento"1.

DO LENOCÍNIO E DO TRÁFICO DE PESSOA PARA FIM DE PROSTITUIÇÃO OU OUTRA FORMA DE EXPLORAÇÃO SEXUAL (V)	
Mediação para servir a lascívia de outrem (art. 227).	Favorecimento da prostituição ou outra forma de exploração sexual (art. 228).
Casa de prostituição (art. 229).	Rufianismo (art. 230).

DO ULTRAJE PÚBLICO AO PUDOR (VI)	
Ato obsceno (art. 233).	Escrito ou objeto obsceno (art. 234).

DISPOSIÇÕES GERAIS APLICÁVEIS A TODOS OS CRIMES CONTRA A DIGNIDADE SEXUAL (ARTS. 213 A 234) CAUSAS ESPECIAIS DE AUMENTO DE PENA (ART. 234-A)	
► ***Art. 234-A. Nos crimes previstos neste Título a pena é aumentada:***	
III - de metade a 2/3, se do crime resulta gravidez;	***IV - de 1/3 a 2/3, se o agente transmite à vítima doença sexualmente transmissível de que sabe ou deveria saber ser portador, ou se a vítima é idosa ou pessoa com deficiência.***

1. STJ, REsp 2038833/MG, REsp 2048768/DF, REsp 2049969/DF, Rel. Min. Joel Ilan Paciornik, 3ª Seção, j. 13/11/2024. (Tema 1215)

DISPOSIÇÕES GERAIS APLICÁVEIS A TODOS OS CRIMES CONTRA A DIGNIDADE SEXUAL (ARTS. 213 A 234) SEGREDO DE JUSTIÇA
►Art. 234-B. Os processos em que se apuram crimes definidos neste Título correrão em segredo de justiça.   ***§1º - O sistema de consulta processual tornará de acesso público o nome completo do réu, seu número de inscrição no Cadastro de Pessoas Físicas (CPF) e a tipificação penal do fato a partir da condenação em primeira instância pelos crimes tipificados nos arts. 213, 216-B, 217-A, 218-B, 227, 228, 229 e 230 deste Código, inclusive com os dados da pena ou da medida de segurança imposta, ressalvada a possibilidade de o juiz fundamentadamente determinar a manutenção do sigilo.***   ***§2º - Caso o réu seja absolvido em grau recursal, será restabelecido o sigilo sobre as informações a que se refere o §1º deste artigo.***   ***§3º - O réu condenado passará a ser monitorado por dispositivo eletrônico.***
Trata-se de importante novidade legislativa: a **Lei 15.035/2024** acrescentou os parágrafos ao art. 234-B. A mesma Lei determinou a criação do **Cadastro Nacional de Pedófilos e Predadores Sexuais**, sistema desenvolvido a partir dos dados constantes do Cadastro Nacional de Pessoas Condenadas por Crime de Estupro, que permitirá a consulta pública do nome completo e do número de inscrição no Cadastro de Pessoas Físicas (CPF) das pessoas condenadas por esse crime (art. 2º-A da Lei 14.069/2020).

CAUSA DE AUMENTO PREVISTA NO ESTATUTO DO ÍNDIO (LEI 6.001/1973)
O Estatuto do Índio prevê que "no caso de crime contra a pessoa, o patrimônio ou os costumes, em que o ofendido seja índio não integrado ou comunidade indígena, **a pena será agravada de 1/3**" (art. 59). Por crime contra "os costumes", leia-se "crime contra a dignidade sexual" (modificação da Lei 12.015/2009).

INFORMATIVOS DO STJ
Info. 834: Nos crimes contra a dignidade sexual, não configura bis in idem a aplicação simultânea da agravante genérica do art. 61, II, f, e da majorante específica do art. 226, II, ambos do Código Penal, salvo quando presente apenas a relação de autoridade do agente sobre a vítima, hipótese na qual deve ser aplicada tão somente a causa de aumento. REsp 2038833/MG, REsp 2048768/DF, REsp 2049969/DF, Rel. Min. Joel Ilan Paciornik, 3ª Seção, j. 13/11/2024. (Tema 1215)

1

DOS CRIMES CONTRA A LIBERDADE SEXUAL

CAUSAS DE AUMENTO (APLICÁVEIS A TODOS OS CRIMES CONTRA A LIBERDADE SEXUAL – CAPÍTULO I)		
Art. 226	**Art. 234-A**	**Estatuto do Índio**
►Art. 226. A pena é aumentada: I – de quarta parte, se o crime é cometido com o concurso de 2 ou mais pessoas; II - de metade, se o agente é ascendente, padrasto ou madrasta, tio, irmão, cônjuge, companheiro, tutor, curador, preceptor ou empregador da vítima ou por qualquer outro título tiver autoridade sobre ela; IV - de 1/3 a 2/3, se o crime é praticado: a) mediante concurso de 2 ou mais agentes; b) para controlar o comportamento social ou sexual da vítima.	***► Art. 234-A. Nos crimes previstos neste Título a pena é aumentada: III - de metade a 2/3, se do crime resulta gravidez; IV - de 1/3 a 2/3, se o agente transmite à vítima doença sexualmente transmissível de que sabe ou deveria saber ser portador, ou se a vítima é idosa ou pessoa com deficiência.***	Art. 59. No caso de crime contra a pessoa, o patrimônio ou os costumes, em que o ofendido seja índio não integrado ou comunidade indígena, a pena será agravada de 1/3.

AÇÃO PENAL PÚBLICA INCONDICIONADA
► ***Art. 225. Nos crimes definidos nos Capítulos I e II deste Título, procede-se mediante ação penal pública incondicionada.*** Dispositivo alterado pela **Lei 13.718/2018**.

SEGREDO DE JUSTIÇA
► ***Art. 234-B. Os processos em que se apuram crimes definidos neste Título correrão em segredo de justiça.***

ESTUPRO (ART. 213)		
Simples (*caput*)	**Qualificado (§§1º e 2º)**	
Reclusão, de 6 a 10 anos.	**Lesão grave ou vítima menor de 18 anos e maior de 14 anos** (§1º): Reclusão, de 8 a 12 anos.	**Morte** (§2º): Reclusão, de 12 a 30 anos.

ESTUPRO (ART. 213)	
► ***Art. 213. Constranger alguém, mediante violência ou grave ameaça, a ter conjunção carnal ou a praticar ou permitir que com ele se pratique outro ato libidinoso:*** ***Pena - reclusão, de 6 a 10 anos.***	
Tipicidade	A **Lei 12.015/2009** unificou as figuras de estupro e atentado violento ao pudor (antes previsto no art. 214). Assim, o art. 213 passa a punir a conjunção carnal ou qualquer outro ato libidinoso, entendido como "toda ação atentatória contra o pudor praticada com o propósito lascivo, seja sucedâneo da conjunção carnal ou não, evidenciando-se com o contato físico entre o agente e a vítima durante o apontado ato voluptuoso"[1]. Todavia, vale ressaltar que a doutrina e a jurisprudência também admitem a configuração do crime sem o contato físico[2].

1. STJ, HC 610682/MS, Rel. Min. Ribeiro Dantas, 5ª Turma, j. 20/10/2020.
2. STJ, AgRg no REsp 1824358/MG, Rel. Min. Ribeiro Dantas, 5ª Turma, j. 03/11/2020.

ESTUPRO (ART. 213)	
Bem jurídico	A liberdade sexual[1].
Sujeito ativo	Qualquer pessoa (crime **comum**).
Sujeito passivo	Qualquer pessoa, ressalvada a hipótese de estupro de vulnerável (tipificada no art. 217-A).
Elemento subjetivo	Dolo, direto ou eventual. Não há finalidade especial. Não há modalidade culposa.
Consumação	Ocorre com qualquer ação atentatória contra o pudor praticada com o propósito lascivo[2], (crime **instantâneo** e **material**). Admite tentativa (crime **plurissubsistente**).
Omissão	Pode ser praticado na forma omissiva (omissão **imprópria**).
Execução	Crime de forma livre.
Concurso de pessoas	Crime de concurso eventual (**unissubjetivo**).
Competência	Juízo comum.
Lei 9.099/95	Não é infração de menor potencial ofensivo.
Ação penal	**Pública incondicionada** (art. 225)[3].
ANPP	É incabível o acordo de não persecução penal, pois a pena mínima cominada não é inferior a 4 anos e o crime é cometido com violência ou grave ameaça (art. 28-A, *caput*, do CPP).

FORMAS QUALIFICADAS (ART. 213, §§1º E 2º)	
§1º	**§2º**
►Art. 213, §1º - Se da conduta resulta lesão corporal de natureza grave ou se a vítima é menor de 18 ou maior de 14 anos: ***Pena - reclusão, de 8 a 12 anos.***	***►Art. 213, §2º - Se da conduta resulta morte:*** ***Pena - reclusão, de 12 a 30 anos.***

1. Nas hipóteses de estupro qualificado (§§1º e 2º), protege-se, além da liberdade sexual, a **integridade física** e a **vida**.
2. STJ, AgRg nos EREsp 1583228/MG, Rel. Min. Nefi Cordeiro, 3ª Seção, j. 22/02/2018.
3. Antes da Lei 13.718/18, a ação penal **era** pública condicionada à representação (regra geral do *caput*). Antigas ressalvas: a) Vítima menor de 18 anos ou vulnerável (parágrafo único); ou b) Estupro praticado mediante violência real (súmula 608 do STF).

IDADE DA VÍTIMA		
Estupro simples (*caput* do art. 213)	**Estupro qualificado (art. 213, §1º)**	**Estupro de vulnerável (art. 217-A)**
A vítima é **maior de 18 anos.**	A vítima tem **mais de 14 anos e menos de 18 anos**.	A vítima é **menor de 14 anos**.
Reclusão, de 6 a 10 anos.	Reclusão, de 8 a 12 anos.	Reclusão, de 8 a 15 anos.

ESTUPRO – TEMAS RELEVANTES	
Crime comum	Antes da Lei 12.015/2009, o crime de estupro (conjunção carnal) só podia ser cometido por um homem (crime próprio). Com a unificação dos tipos penais, o crime pode ser praticado **por** homens ou mulheres e **contra** homens ou mulheres, independentemente de orientação sexual e identidade de gênero.
Lei 15.035/2024	Para os condenados em primeira instância pelo crime de estupro, **passa a ser de acesso público o nome completo do réu, seu número de CPF e a tipificação penal do fato**, inclusive com os dados da pena ou da medida de segurança imposta, ressalvada a possibilidade de o juiz fundamentadamente determinar a manutenção do sigilo (art. 234-B, §1º). Caso o réu seja absolvido em grau recursal, será restabelecido o sigilo sobre as informações (§2º). O réu condenado passará a ser monitorado por dispositivo eletrônico (§3º).
Consentimento e matrimônio	Por óbvio, o matrimônio **não afasta a necessidade de consentimento** para a realização de atos sexuais.
Lesões leves e vias de fato	As vias de fato e lesões leves são **absorvidas** pelo crime de estupro. Já as lesões graves e a morte qualificam o crime (§§1º 2º).

ESTUPRO – TEMAS RELEVANTES	
Tipo misto alternativo	O STF[4] e o STJ concordam que "com a entrada em vigor da Lei n. 12.015/2009, o crime de estupro passou a ser de conduta múltipla ou de conteúdo variado. Desse modo, praticando o agente mais de um núcleo do tipo, dentro de um **mesmo contexto fático**, imperioso o reconhecimento de **crime único**, sendo facultado ao magistrado sentenciante valorar eventual pluralidade de condutas na fixação da reprimenda básica, a título de culpabilidade do acusado"[5]. Tal compreensão, por ser mais benéfica, deve **retroagir** para alcançar os fatos anteriores[6].
Continuidade delitiva – estupro e atentado violento ao pudor	A unificação dos crimes de estupro e de atentado violento ao pudor no mesmo tipo penal (Lei 12.015/2009) **possibilita** o reconhecimento da continuidade delitiva[7], desde que preenchidos, cumulativamente, os requisitos de ordem objetiva e o de ordem subjetiva"[8].
Continuidade delitiva – estupro de vulnerável	É **possível** o reconhecimento da continuidade delitiva entre o estupro (art. 213) e o estupro de vulnerável (art. 217-A). Embora em tipos penais diversos, os delitos são da mesma espécie, eis que protegem o mesmo bem jurídico[9].
Continuidade típico-normativa	O STF[10] e o STJ concordam que "**não há que se falar em *abolitio criminis*** em relação ao delito do art. 214 do CP, após a edição da Lei n. 12.015/2009. Os crimes de estupro e de atentado violento ao pudor foram reunidos em um único dispositivo"[11].

4. STF, HC 118284/RS, Rel. Min. Marco Aurélio, 1ª Turma, j. 04/08/2015.
5. STJ, HC 218148/SP, Rel. Min. Antonio Saldanha Palheiro, 6ª Turma, j. 07/03/2017. Exemplo: "No caso em desfile, o magistrado sentenciante afirmou ser acentuada a culpabilidade do paciente, tendo em vista que, no mesmo contexto fático, praticou contra a vítima, além da conjunção carnal, coito anal e sexo oral. Tal fundamentação extrapola os elementos inerentes ao tipo incriminador, anunciado o maior grau de reprovabilidade da conduta perpetrada e menosprezo especial ao bem jurídico tutelado pela norma." (STJ, HC 218148/SP, Rel. Min. Antonio Saldanha Palheiro, 6ª Turma, j. 07/03/2017).
6. STF, HC 118285/SP, Rel. Min. Marco Aurélio, 1ª Turma, j. 03/10/2017.
7. STF, HC 100612/SP, Rel. Min. Marco Aurélio, 1ª Turma, j. 13/10/2015.
8. STJ, HC 325120/SP, Rel. Min. Reynaldo Soares da Fonseca, 5ª Turma, j. 27/09/2016. Ex.: "Na espécie, a pena-base foi fixada no mínimo legal, aplicando-se a exasperação decorrente da **continuidade delitiva, tendo em vista que com relação a quatro vítimas, individualmente, as condutas criminosas foram praticadas por várias vezes ao longo do tempo, não havendo falar em crime único, no que diz respeito a cada uma das vítimas**" (STJ, HC 385327/SP, Rel. Min. Maria Thereza de Assis Moura, 6ª Turma, j. 28/03/2017).
9. STJ, AgRg no REsp 1562088/MG, Rel. Min. Felix Fischer, 5ª Turma, j. 16/10/2018.
10. STF, Ext 1402/DF, Rel. Min. Dias Toffoli, 2ª Turma, j. 24/11/2015.
11. STJ, REsp 1320924/MG, Rel. Min. Rogerio Schietti Cruz, 6ª Turma, j. 16/08/2016.

ESTUPRO – TEMAS RELEVANTES	
Crime hediondo (Lei 8.072/1990)	**O estupro e o atentado violento ao pudor são crimes hediondos na modalidade simples ou qualificada[12], ainda que praticados antes da edição da Lei 12.015/2009[13].**
Contato físico e consumação	Para o STJ[14], é necessário o contato físico entre o autor e a vítima para a consumação dos atos libidinosos. Em sentido contrário, a doutrina majoritária entende que o contato é desnecessário. Ex.: o agente obriga a vítima a masturbar a si própria.
Dosimetria	Há circunstâncias inerentes ao delito que não podem ser valoradas negativamente na dosimetria (ex.: a satisfação da lascívia[15]). Todavia, há circunstâncias que extrapolam a reprovabilidade e ensejam a exasperação da pena-base. Ex.: a relação de amizade do agressor com a família da vítima[16]; o trauma que leva ao abandono de ocupação habitual[17]; o fato de o crime ter sido praticado na frente de crianças[18]; o fato de ser a primeira experiência sexual da vítima[19] etc.
Causas especiais de aumento de pena	Atenção às alterações promovidas pela **Lei 13.718/2018** nas majorantes aplicáveis aos capítulos I e II (**art. 226**) e a todos os crimes contra a dignidade sexual (**art. 234-A**).
Tentativa e consumação	Com a unificação do estupro e do atentado violento ao pudor no mesmo tipo penal, tornou-se mais rara a configuração da tentativa. O crime é consumado quando o sujeito apalpa a vítima[20], ainda que por cima da roupa, ou até mesmo com um beijo[21], bastando o contato físico com propósito lascivo[22]. Pode-se cogitar a tentativa quando o sujeito é impedido de praticar conjunção carnal por circunstâncias alheias à sua vontade, sem que tenha realizado qualquer outro ato libidinoso.

12. STJ, REsp 1110520/SP, Rel. Min. Maria Thereza de Assis Moura, 3ª Seção, j. 26/09/2012. **Recurso repetitivo.**
13. STJ, RHC 70488/BA, Rel. Min. Joel Ilan Paciornik, 5ª Turma, j. 02/08/2016.
14. STJ, AgRg no AREsp 675698/GO, Rel. Min. Antonio Saldanha Palheiro, 6ª Turma, j. 26/09/2017.
15. STJ, REsp 1094793/PR, Rel. Min. Sebastião Reis Júnior, 6ª Turma, j. 04/06/2013.
16. STJ, HC 343779/MG, Rel. Min. Rogerio Schietti Cruz, 6ª Turma, j. 08/03/2016.
17. STJ, AgRg no HC 369242/SP, Rel. Min. Felix Fischer, 5ª Turma, j. 07/03/2017.
18. STJ, HC 329933/SC, Rel. Min. Ribeiro Dantas, 5ª Turma, j. 08/11/2016.
19. STJ, HC 325895/MG, Rel. Min. Reynaldo Soares da Fonseca, 5ª Turma, j. 18/10/2016.
20. STJ, AgRg no AREsp 860008/MG, Rel. Min. Joel Ilan Paciornik, 5ª Turma, j. 12/12/2017.
21. STJ, REsp 1470165/MG, Rel. Min. Gurgel de Faria, 5ª Turma, j. 04/08/2015.
22. STJ, AgRg no REsp 1371413/DF, Rel. Min. Rogerio Schietti Cruz, 6ª Turma, j. 26/08/2014.

ESTUPRO – TEMAS RELEVANTES	
Crime impossível e impotência momentânea	O STJ já decidiu que "a momentânea impotência do réu não caracteriza absoluta impossibilidade de consumação do delito, de modo que não há falar em hipótese de crime impossível"[23]. No caso, se a conjunção carnal não ocorre por circunstância alheia à vontade a agente, deve ser reconhecida a **tentativa**. Todavia, se a despeito da ausência de conjunção carnal fossem praticados outros atos libidinosos, o crime estaria consumado.
Comportamento da vítima	Para o STJ, "é **irrelevante** para a configuração do delito de estupro averiguar, por meio de estudo social da vítima, seu comportamento, se era ou não virgem ou se já havia tido relações sexuais com outros homens, porquanto o bem jurídico tutelado é a liberdade sexual, assegurado a toda e qualquer mulher"[24].
Aborto sentimental, humanitário ou ético	► ***Art. 128. Não se pune o aborto praticado por médico:*** ***II - se a gravidez resulta de estupro e o aborto é precedido de consentimento da gestante ou, quando incapaz, de seu representante legal.*** O **médico** pode realizar o aborto **independentemente de autorização judicial**, desde que disponha de elementos para crer na veracidade da ocorrência do estupro. Se a gestante faltar com a verdade, somente ela responderá pelo crime (art. 124), pois o médico estará acobertado pelo erro de proibição indireto. É **imprescindível o prévio consentimento da gestante e o aborto não poderá ser realizado por quem não tenha qualidade de médico.** A conduta configurará crime se realizada, por exemplo, por um enfermeiro. Todavia, nada impede a consideração da menor culpabilidade na dosimetria da pena.
Palavra da vítima	Os crimes contra a liberdade sexual normalmente são praticados sem testemunhas oculares e com possibilidade de desaparecimento de vestígios, razão pela qual a palavra da vítima tem **valor probante diferenciado**[25].
Estupro qualificado pela idade da vítima	O desconhecimento da idade da vítima pode descaracterizar a qualificadora (**erro de tipo**)[26].

23. STJ, AgRg no REsp 715892/SC, Rel. Min. Arnaldo Esteves Lima, 5ª Turma, j. 14/08/2007.
24. STJ, HC 379879/PR, Rel. Min. Joel Ilan Paciornik, 5ª Turma, j. 19/09/2017.
25. STJ, HC 308598/RJ, Rel. Min. Ribeiro Dantas, 5ª Turma, j. 14/09/2017.
26. STJ, AgRg no REsp 1639356/MG, Rel. Min. Jorge Mussi, 5ª Turma, j. 08/02/2018.

ESTUPRO – TEMAS RELEVANTES	
Estupro qualificado pela lesão grave ou pela morte	É um exemplo de crime preterdoloso: dolo no antecedente (estupro) e **culpa quanto ao resultado agravador (lesão grave ou morte)**. O resultado deve ter sido causado em virtude do estupro (*"se da conduta resulta"*).
Coleta de perfil genético (Lei 12.654/12)	Admite-se a coleta de perfil genético como forma de **identificação criminal**, seja durante as investigações, para apurar a autoria do delito, seja quando o réu já tiver sido condenado pela prática de determinados crimes, quais sejam, os dolosos, com violência de natureza grave contra pessoa ou hediondos (arts. 1º e 3º), dentre eles o estupro.
Prescrição (art. 111)	Nos casos em que o crime for praticado contra **menor de 18 anos** (§1º), incide a regra prevista no art. 111 do CP[27].
Omissão imprópria	A título de exemplo, o STJ, recentemente, condenou a genitora da vítima pelo crime de atentado violento ao pudor (anterior à Lei 12.015/09) por omissão imprópria (art. 13, §2º), em razão da condição de ascendente da vítima (garantidora)[28].
Reação	"Falta de reação enérgica da vítima e consentimento inicial não afastam o crime de estupro"[29].

ESTUPRO DE VULNERÁVEL (ART. 217-A)	ESTUPRO (ART. 213)
"Se completamente inerte e incapaz de usar seu potencial motor (oferecer resistência) contra a violência sexual, haverá crime de estupro de vulnerável (art. 217-A do CP)"[30].	"Se ainda lhe restar capacidade de discernir sobre a ilicitude da conduta, possibilidade de ofertar alguma resistência e não houver elementos biológicos incapacitantes, haverá o crime de estupro do art. 213 do CP"[31].

27. ► ***Art. 111. A prescrição, antes de transitar em julgado a sentença final, começa a correr: V - nos crimes contra a dignidade sexual de crianças e adolescentes, previstos neste Código ou em legislação especial, da data em que a vítima completar 18 anos, salvo se a esse tempo já houver sido proposta a ação penal.***
28. STJ, AgRg no REsp 1519853/GO, Rel. Min. Nefi Cordeiro, 6ª Turma, j. 10/10/2017.
29. STJ, AgRg no REsp 2105317/DF, Rel. Min. Jesuíno Rissato (Desembargador convocado do TJDFT), red. p/ o ac. Min. Sebastião Reis Júnior, 6ª Turma, j. 13/08/2024.
30. STJ, REsp 1706266/MT, Rel. Min. Ribeiro Dantas, 5ª Turma, j. 18/10/2018.
31. Idem.

CRIMES SIMILARES	
CPM	Art. 232. Constranger mulher a conjunção carnal, mediante violência ou grave ameaça: Pena - reclusão, de 3 a 8 anos, sem prejuízo da correspondente à violência. Art. 233. Constranger alguém, mediante violência ou grave ameaça, a presenciar, a praticar ou permitir que com ele pratique ato libidinoso diverso da conjunção carnal: Pena - reclusão, de 2 a 6 anos, sem prejuízo da correspondente à violência.

VIOLAÇÃO SEXUAL MEDIANTE FRAUDE (ART. 215)	
▶ ***Art. 215. Ter conjunção carnal ou praticar outro ato libidinoso com alguém, mediante fraude ou outro meio que impeça ou dificulte a livre manifestação de vontade da vítima:*** ***Pena - reclusão, de 2 a 6 anos.***	
Tipicidade	Da mesma forma que a Lei 12.015/09 unificou as figuras de estupro e atentado violento ao pudor, também houve a unificação da posse sexual mediante fraude (antigo art. 215) e do atentado ao pudor mediante fraude (antigo art. 216). Trata-se do chamado **"estelionato sexual"**. Ex.: "simular casamento"[32], fingir ser o irmão gêmeo, violação sexual mediante fraude praticada na condição de médico ginecologista durante consulta[33] etc.
Bem jurídico	A liberdade sexual.
Sujeito ativo	Qualquer pessoa (crime **comum**).
Sujeito passivo	Qualquer pessoa.
Elemento subjetivo	Dolo, direto ou eventual. Não há finalidade especial. Não há modalidade culposa.
Consumação	Ocorre com a prática de qualquer ato de libidinagem, desde que mediante fraude ou outro meio que impeça ou dificulte a livre manifestação de vontade da vítima (crime **instantâneo** e **material**). Admite tentativa (crime **plurissubsistente**).
Omissão	Pode ser praticado na forma omissiva (omissão **imprópria**).
Execução	Crime de forma livre.

32. Item 70 da Exposição de Motivos da Parte Especial.
33. STJ, HC 278684/SP, Rel. Min. Jorge Mussi, 5ª Turma, j. 03/12/2013.

VIOLAÇÃO SEXUAL MEDIANTE FRAUDE (ART. 215)	
Concurso de pessoas	Crime de concurso eventual (**unissubjetivo**).
Competência	Juízo comum.
Lei 9.099/95	Não é infração de menor potencial ofensivo.
Ação penal	**Pública incondicionada** (art. 225).
ANPP	É cabível o acordo de não persecução penal, se preenchidos os requisitos do art. 28-A do CPP.

VIOLAÇÃO SEXUAL MEDIANTE FRAUDE (ART. 215)	ESTUPRO DE VULNERÁVEL (ART. 217-A)
►***Art. 215. Ter conjunção carnal ou praticar outro ato libidinoso com alguém, mediante fraude ou outro meio que impeça ou dificulte a livre manifestação de vontade da vítima:*** ***Pena - reclusão, de 2 a 6 anos.***	►***Art. 217-A. Ter conjunção carnal ou praticar outro ato libidinoso com menor de 14 anos:*** ***Pena - reclusão, de 8 a 15 anos.*** ***§1º - Incorre na mesma pena quem pratica as ações descritas no caput com alguém que, por enfermidade ou deficiência mental, não tem o necessário discernimento para a prática do ato, ou que, por qualquer outra causa, não pode oferecer resistência.***
"Busca-se uma ausência de discernimento para a prática do ato ou uma completa falta de resistência"[34].	"Está-se diante de aspectos **relativos** da livre manifestação, ou seja, a vítima, mesmo enferma ou deficiente, tem condições mínimas para perceber o que se passa e manifestar a sua vontade"[35].

VIOLAÇÃO SEXUAL MEDIANTE FRAUDE – TEMAS RELEVANTES	
Interpretação analógica	"***Fraude***" é um exemplo de "***meio que impeça ou dificulte a livre manifestação de vontade da vítima***".
Animus lucrandi	► ***Art. 215, parágrafo único - Se o crime é cometido com o fim de obter vantagem econômica, aplica-se também multa.***

34. NUCCI, Guilherme de Souza (op. cit., vol. 3, p. 42).
35. Idem.

VIOLAÇÃO SEXUAL MEDIANTE FRAUDE – TEMAS RELEVANTES	
Tipo misto alternativo	No mesmo sentido do que foi exposto no crime de estupro (art. 213), se o agente pratica mais de um núcleo do tipo penal dentro de um mesmo contexto fático, haverá **crime único**, pois a Lei 12.015/2009 unificou os crimes de posse sexual mediante fraude (antigo art. 215) e atentado ao pudor mediante fraude (antigo art. 216). Por ser mais benéfica, a regra deve **retroagir** para alcançar os fatos anteriores.
Fraude grosseira	A fraude deve ser idônea para ludibriar a vítima. Se for grosseira, a depender da análise do caso concreto, estará configurado o **crime impossível** (meio absolutamente ineficaz).
Fraude e estupro	A conjunção carnal ou o ato libidinoso deve ser praticado mediante fraude ou outro meio que impeça ou dificulte a livre manifestação de vontade da vítima. Se houver **violência ou grave ameaça**, a conduta se amolda ao crime de **estupro** (art. 213). Da mesma forma, haverá estupro se a vítima perceber a fraude e tentar interromper o ato sexual, sendo impedida pelo agressor mediante violência ou grave ameaça.
Causas especiais de aumento de pena	Atenção às alterações promovidas pela **Lei 13.718/2018** nas majorantes aplicáveis aos capítulos I e II (art. 226) e a todos os crimes contra a dignidade sexual (art. 234-A).

IMPORTUNAÇÃO SEXUAL (ART. 215-A)	
► ***Art. 215-A. Praticar contra alguém e sem a sua anuência ato libidinoso com o objetivo de satisfazer a própria lascívia ou a de terceiro:*** ***Pena - reclusão, de 1 a 5 anos, se o ato não constitui crime mais grave.***	
Tipicidade	Tipo penal incluído pela **Lei 13.718/2018**. "A Lei n.º 13.718, de 24 de setembro 2018, entre outras inovações, tipificou o crime de importunação sexual, punindo-o de forma mais branda do que o estupro, na forma de praticar ato libidinoso, sem violência ou grave ameaça"[36]. O "*ato libidinoso*" pode ser entendido como "toda ação atentatória contra o pudor praticada com o propósito lascivo, seja sucedâneo da conjunção carnal ou não, evidenciando-se com o contato físico entre o agente e a vítima durante o apontado ato voluptuoso"[37]. Ex.: passar a mão nos seios da vítima[38].

36. STJ, AgRg no AREsp 1361865/MG, Rel. Min. Laurita Vaz, 6ª Turma, j. 07/02/2019.
37. STJ, AgRg no REsp 1668018/PR, Rel. Min. Sebastião Reis Júnior, 6ª Turma, j. 19/09/2017.
38. STJ, AgRg no REsp 1730341/PR, Rel. Min. Laurita Vaz, 6ª Turma, j. 23/10/2018.

IMPORTUNAÇÃO SEXUAL (ART. 215-A)	
Bem jurídico	A liberdade sexual.
Sujeito ativo	Qualquer pessoa (crime **comum**).
Sujeito passivo	Qualquer pessoa.
Elemento subjetivo	Dolo, direto ou eventual. Finalidade especial: "***com o objetivo de satisfazer a própria lascívia ou a de terceiro***". Não há modalidade culposa.
Consumação	Ocorre com a prática do ato libidinoso (crime **instantâneo** e **material**). Embora de difícil configuração, admite tentativa (crime **plurissubsistente**).
Omissão	Pode ser praticado na forma omissiva (omissão **imprópria**).
Execução	Crime de forma livre.
Concurso de pessoas	Crime de concurso eventual (**unissubjetivo**).
Competência	Juízo comum.
Lei 9.099/95	Não é infração de menor potencial ofensivo, mas admite a suspensão condicional do processo (se preenchidos os requisitos do art. 89 da Lei 9.099/95).
Ação penal	**Pública incondicionada** (art. 225).
ANPP	É cabível o acordo de não persecução penal, se preenchidos os requisitos do art. 28-A do CPP.

IMPORTUNAÇÃO SEXUAL – TEMAS RELEVANTES	
Crime subsidiário	O tipo penal é subsidiário (***"se o ato não constitui crime mais grave"***). A depender do caso concreto, a conduta pode se amoldar, por exemplo, aos crimes de satisfação da lascívia mediante presença de criança ou adolescente (art. 218-A), estupro (art. 213), estupro de vulnerável (art. 217-A) etc.
Importunação ofensiva ao pudor (art. 61 da LCP)	Em 2017, foi objeto de intenso debate jurídico a conduta do "ejaculador do ônibus" em São Paulo/SP[39]. A lamentável conduta não se adequava com exatidão ao crime de **estupro** (ausente a violência ou grave ameaça), tampouco configurava o crime de **violação sexual mediante fraude** (o ato não era praticado *"com alguém"*). A figura penal que mais se assemelhava à conduta era a contravenção penal prevista no **art. 61 da LCP**[40] ("importunação ofensiva ao pudor"). A Lei 13.718/18 criou o tipo penal de importunação sexual (art. 215-A do CP) e **revogou o art. 61 da LCP**, em nítida **continuidade típico-normativa**.
Vítima vulnerável	Para o STJ, o delito não se aplica aos vulneráveis, tanto que está inserido não no Capítulo II (Dos Crimes Sexuais Contra Vulnerável), mas no Capítulo I (Dos Crimes Contra a Liberdade Sexual), o que significa dizer que o sujeito passivo pode ser qualquer pessoa, com exceção dos vulneráveis. Assim, em se tratando de vítima vulnerável, o "fato se amolda ao tipo penal do **art. 217-A** do CP, devendo ser observado o princípio da especialidade"[41].
Lei penal benéfica	Para os casos pretéritos em que houve a condenação pelo crime de **estupro** (pena mais severa), deve haver a readequação da classificação do tipo penal, tendo em vista que a criação do tipo penal representa *novatio legis in mellius* em relação ao crime de estupro.
Causas especiais de aumento de pena	Atenção às alterações promovidas pela **Lei 13.718/18** nas majorantes aplicáveis aos capítulos I e II (art. 226) e a todos os crimes contra a dignidade sexual (art. 234-A).

39. https://g1.globo.com/sao-paulo/noticia/homem-e-preso-suspeito-de-ato-obsceno-contra-mulher-em-onibus--3-caso-em-sp.ghtml
40. Art. 61. Importunar alguem, em lugar público ou acessivel ao público, de modo ofensivo ao pudor: (Revogado pela Lei nº 13.718, de 2018)
Pena – multa, de duzentos mil réis a dois contos de réis. (Revogado pela Lei nº 13.718, de 2018)
41. STJ, AgRg nos EDcl no AREsp 1225717/RS, Rel. Min. Joel Ilan Paciornik, 5ª Turma, j. 21/02/2019.

ASSÉDIO SEXUAL (ART. 216-A)	
▶ ***Art. 216-A. Constranger alguém com o intuito de obter vantagem ou favorecimento sexual, prevalecendo-se o agente da sua condição de superior hierárquico ou ascendência inerentes ao exercício de emprego, cargo ou função.*** ***Pena – detenção, de 1 a 2 anos.***	
Tipicidade	O assédio limita-se ao âmbito do emprego, cargo ou função e deve ser praticado **sem violência ou grave ameaça** (ou se amoldará ao crime de estupro – art. 213). Não incide nas relações entre líder religioso e seguidor.
Bem jurídico	A liberdade sexual.
Sujeito ativo	Apenas o superior hierárquico ou ascendente no exercício de emprego, cargo ou função (crime **próprio**)[42].
Sujeito passivo	Apenas o inferior hierárquico ou subalterno em relação ao sujeito ativo no exercício de emprego, cargo ou função.
Elemento subjetivo	Dolo, direto ou eventual. Finalidade específica: *"com o intuito de obter vantagem ou favorecimento sexual".* Não há modalidade culposa.
Consumação	Ocorre com o constrangimento, ainda que não se verifique a vantagem ou favorecimento sexual, que configura mero exaurimento (crime **formal** e **instantâneo**). Admite tentativa (crime **plurissubsistente**).
Omissão	Pode ser praticado na forma omissiva (omissão **imprópria**).
Execução	Crime de forma livre.
Concurso de pessoas	Crime de concurso eventual (**unissubjetivo**).
Competência	Juizado Especial Criminal.
Lei 9.099/95	Infração de menor potencial ofensivo (salvo quando incidir a causa especial de aumento de pena do §2º).
Ação penal	**Pública incondicionada** (art. 225).

42. Não custa reforçar: o assédio sexual pode ser cometido **por** homem ou mulher e **contra** homem ou mulher, heterossexual, homossexual ou transexual.

ASSÉDIO SEXUAL (ART. 216-A)	
ANPP	Admitida transação penal no *caput*, é incabível o acordo de não persecução penal (art. 28-A, § 2º, I, do CPP). Na figura majorada (§ 2º), é possível o acordo se preenchidos os requisitos do art. 28-A do CPP.

CAUSA ESPECIAL DE AUMENTO DE PENA (ART. 216-A, §2º)
►Art. 216-A, §2º - A pena é aumentada em até 1/3 se a vítima é menor de 18 anos. A majorante foi incluída pela Lei 12.015/2009. Por ser gravosa ao réu, **não deve retroagir**. Se a idade da vítima (menos de 18 anos) não estiver compreendida no dolo do agente, estará caracterizado o erro de tipo e não incidirá a majorante. Quanto à **prescrição**, aplica-se a regra prevista no art. 111[43].

ASSÉDIO SEXUAL – TEMAS RELEVANTES	
Causas especiais de aumento de pena	Atenção às alterações promovidas pela **Lei 13.718/2018** nas majorantes aplicáveis aos capítulos I e II (art. 226) e a todos os crimes contra a dignidade sexual (art. 234-A).

43. *►Art. 111. A prescrição, antes de transitar em julgado a sentença final, começa a correr:*
V - nos crimes contra a dignidade sexual de crianças e adolescentes, previstos neste Código ou em legislação especial, da data em que a vítima completar 18 anos, salvo se a esse tempo já houver sido proposta a ação penal.

1-A

DA EXPOSIÇÃO DA INTIMIDADE SEXUAL

REGISTRO NÃO AUTORIZADO DA INTIMIDADE SEXUAL (ART. 216-B)	
► ***Art. 216-B. Produzir, fotografar, filmar ou registrar, por qualquer meio, conteúdo com cena de nudez ou ato sexual ou libidinoso de caráter íntimo e privado sem autorização dos participantes:*** ***Pena - detenção, de 6 meses a 1 ano, e multa.***	
Tipicidade	Criação da **Lei 13.772/2018**. Busca punir a prática cada vez mais rotineira da instalação de câmeras em vestiários, banheiros, quartos etc. O consentimento afasta o crime. **Tipo misto alternativo ou crime de ação múltipla ou de conteúdo variado**: se o sujeito praticar mais de um núcleo do tipo penal, responderá por crime único.
Bem jurídico	A intimidade sexual.
Sujeito ativo	Qualquer pessoa (crime **comum**).
Sujeito passivo	Qualquer pessoa.
Elemento subjetivo	Dolo, direto ou eventual. Não há modalidade culposa.
Consumação	Ocorre com a produção, fotografia, filmagem ou registro de cena de nudez ou ato sexual ou libidinoso de caráter íntimo e privado (crime **formal** e **instantâneo**). Admite tentativa (crime **plurissubsistente**).
Omissão	Pode ser praticado na forma omissiva (omissão **imprópria**).
Execução	Crime de forma livre (*"por qualquer meio"*).

REGISTRO NÃO AUTORIZADO DA INTIMIDADE SEXUAL (ART. 216-B)	
Concurso de pessoas	Crime de concurso eventual (**unissubjetivo**).
Competência	Juizado Especial Criminal.
Lei 9.099/95	Infração de menor potencial ofensivo.
Ação penal	**Pública incondicionada** (art. 225).
ANPP	Admitida transação penal, é incabível o acordo de não persecução penal (art. 28-A, § 2º, I, do CPP).

CONDUTA EQUIPARADA (ART. 216-B, PARÁGRAFO ÚNICO)
► ***Art. 216-B, parágrafo único. Na mesma pena incorre quem realiza montagem em fotografia, vídeo, áudio ou qualquer outro registro com o fim de incluir pessoa em cena de nudez ou ato sexual ou libidinoso de caráter íntimo.***

REGISTRO NÃO AUTORIZADO DA INTIMIDADE SEXUAL – TEMAS RELEVANTES	
Violência doméstica	Além de criar o delito em comento, a Lei 13.772/2018 alterou o art. 7º, II da Lei 11.340/06 para incluir a violação da intimidade como forma de violência doméstica e familiar contra a mulher.
Lei 15.035/2024	Para os condenados em primeira instância pelo crime, passa a ser de acesso público o nome completo do réu, seu número de CPF e a tipificação penal do fato, inclusive com os dados da pena ou da medida de segurança imposta, ressalvada a possibilidade de o juiz fundamentadamente determinar a manutenção do sigilo (art. 234-B, §1º). Caso o réu seja absolvido em grau recursal, será restabelecido o sigilo sobre as informações (§2º). O réu condenado passará a ser monitorado por dispositivo eletrônico (§3º).

REGISTRO NÃO AUTORIZADO DA INTIMIDADE SEXUAL – TEMAS RELEVANTES	
Art. 218-C	Atenção ao princípio da especialidade: a exposição da cena amolda-se ao crime previsto no art. 218-C: "oferecer, trocar, disponibilizar, transmitir, vender ou expor à venda, distribuir, publicar ou divulgar, por qualquer meio – inclusive por meio de comunicação de massa ou sistema de informática ou telemática –, fotografia, vídeo ou outro registro audiovisual que contenha cena de estupro ou de estupro de vulnerável ou que faça apologia ou induza a sua prática, ou, sem o consentimento da vítima, cena de sexo, nudez ou pornografia: Pena – reclusão, de 1 (um) a 5 (cinco) anos, se o fato não constitui crime mais grave".
Consunção e concurso material	Há controvérsia quanto à aplicação do princípio da consunção quando o sujeito filma/fotografa (art. 216-B) e divulga (art. 218-C) a filmagem/foto. Deve ser analisada a interligação entre as condutas no caso concreto. Ex.: se o sujeito filma com a finalidade de expor a filmagem, o art. 216-B é absorvido. Em situações em que não há esse nexo entre as condutas, o sujeito deve responder pelos dois crimes em concurso material.
Art. 240 do ECA	Quando o sujeito passivo for criança ou adolescente, atenção ao crime previsto no art. 240 do ECA: "produzir, reproduzir, dirigir, fotografar, filmar ou registrar, por qualquer meio, cena de sexo explícito ou pornográfica, envolvendo criança ou adolescente: Pena – reclusão, de 4 a 8 anos, e multa".
Pluralidade de vítimas	O crime é formal e consuma-se com a produção, fotografia, filmagem ou registro de cena de nudez ou ato sexual ou libidinoso de caráter íntimo e privado. A quantidade de vítimas fotografadas ou filmadas não altera a subsunção típica, devendo apenas influir na pena-base[44].
***Novatio legis* incriminadora**	A Lei, por ser mais gravosa, é irretroativa.

INFORMATIVOS DO STJ
Info. 772: O delito de registro não autorizado da intimidade sexual (art. 216-B do CP) possui a natureza de ação penal pública incondicionada. Processo em segredo de justiça, Rel. Min. Sebastião Reis Júnior, 6ª Turma, j. 25/04/2023.

44. STJ, PExt no HC 438080/MG, Rel. Min. Ribeiro Dantas, 5ª Turma, j. 04/06/2019.

2

DOS CRIMES SEXUAIS CONTRA VULNERÁVEL

PRESCRIÇÃO E A LEI 12.650/2012

► ***Art. 111. A prescrição, antes de transitar em julgado a sentença final, começa a correr:***

V - nos crimes contra a dignidade sexual de crianças e adolescentes, previstos neste Código ou em legislação especial, da data em que a vítima completar 18 anos, salvo se a esse tempo já houver sido proposta a ação penal.

O dispositivo aplica-se aos crimes contra a dignidade sexual de **crianças e adolescentes, e não aos vulneráveis em geral**. A Lei busca concretizar o princípio da proteção integral da criança e adolescente (art. 227 da CF/88) e evitar a impunidade dos agressores, pois "fenômeno bastante comum em casos de violência sexual intrafamiliar é o da "síndrome do segredo", que ilustra o modo pelo qual crianças e adolescentes vitimados (e até mesmo as famílias) permanecem em silêncio, diante da fragilidade física, e principalmente psicológica"[1].

AÇÃO PENAL PÚBLICA INCONDICIONADA

► ***Art. 225. Nos crimes definidos nos Capítulos I e II deste Título, procede-se mediante ação penal pública incondicionada.***

Dispositivo alterado pela Lei 13.718/2018. Atenção: recentemente, o STJ publicou uma nova súmula sobre o tema.

■ Súmula 670 do STJ: Nos crimes sexuais cometidos contra a vítima em situação de vulnerabilidade temporária, em que ela recupera suas capacidades físicas e mentais e o pleno discernimento para decidir acerca da persecução penal de seu ofensor, a ação penal é pública condicionada à representação se o fato houver sido praticado na vigência da redação conferida ao art. 225 do Código Penal pela Lei n. 12.015, de 2009.

1. STJ, AgRg no AREsp 951071/PI, Rel. Min. Ribeiro Dantas, 5ª Turma, j. 03/10/2017.

CAUSAS DE AUMENTO (APLICÁVEIS A TODOS OS CRIMES CONTRA A LIBERDADE SEXUAL – CAPÍTULO I)		
Art. 226	**Art. 234-A**	**Estatuto do Índio**
►Art. 226. A pena é aumentada: ***I – de quarta parte, se o crime é cometido com o concurso de 2 ou mais pessoas;*** ***II - de metade, se o agente é ascendente, padrasto ou madrasta, tio, irmão, cônjuge, companheiro, tutor, curador, preceptor ou empregador da vítima ou por qualquer outro título tiver autoridade sobre ela;*** ***IV - de 1/3 a 2/3, se o crime é praticado:*** ***a) mediante concurso de 2 ou mais agentes;*** ***b) para controlar o comportamento social ou sexual da vítima.***	***►Art. 234-A. Nos crimes previstos neste Título a pena é aumentada:*** ***III - de metade a 2/3, se do crime resulta gravidez;*** ***IV - de 1/3 a 2/3, se o agente transmite à vítima doença sexualmente transmissível de que sabe ou deveria saber ser portador, ou se a vítima é idosa ou pessoa com deficiência.***	Art. 59. No caso de crime contra a pessoa, o patrimônio ou os costumes, em que o ofendido seja índio não integrado ou comunidade indígena, a pena será agravada de 1/3.

ESTUPRO DE VULNERÁVEL (ART. 217-A)	
►Art. 217-A. Ter conjunção carnal ou praticar outro ato libidinoso com menor de 14 anos: ***Pena - reclusão, de 8 a 15 anos.*** ***§1º - Incorre na mesma pena quem pratica as ações descritas no caput com alguém que, por enfermidade ou deficiência mental, não tem o necessário discernimento para a prática do ato, ou que, por qualquer outra causa, não pode oferecer resistência.***	
Tipicidade	"A modernidade, a evolução moral dos costumes sociais e o acesso à informação não podem ser vistos como fatores que se contrapõem à natural tendência civilizatória de proteger certos segmentos da população física, biológica, social ou psiquicamente fragilizados. No caso de crianças e adolescentes com idade inferior a 14 anos, o reconhecimento de que são pessoas ainda imaturas - em menor ou maior grau - legitima a proteção penal contra todo e qualquer tipo de iniciação sexual precoce a que sejam submetidas por um adulto, dados os riscos imprevisíveis sobre o desenvolvimento futuro de sua personalidade e a impossibilidade de dimensionar as cicatrizes físicas e psíquicas decorrentes de uma decisão que um adolescente ou uma criança de tenra idade ainda não é capaz de livremente tomar"[2].

2. STJ, REsp 1480881/PI, Rel. Min. Rogerio Schietti Cruz, 3ª Seção, j. 26/08/2015. **Recurso repetitivo.**

ESTUPRO DE VULNERÁVEL (ART. 217-A)	
Bem jurídico	A dignidade sexual dos vulneráveis.
Sujeito ativo	Qualquer pessoa (crime **comum**).
Sujeito passivo	O menor de 14 anos ou a pessoa que, por enfermidade ou deficiência mental, não tem o necessário discernimento para a prática do ato, ou que, por qualquer outra causa, não pode oferecer resistência.
Elemento subjetivo	Dolo, direto ou eventual. Não há finalidade específica. Não há modalidade culposa.
Consumação	Ocorre com a prática de qualquer ato de libidinagem ofensivo à dignidade sexual da vítima (crime **material** e **instantâneo**). Admite tentativa (crime **plurissubsistente**).
Omissão	Pode ser praticado na forma omissiva (omissão **imprópria**).
Execução	Crime de forma livre.
Concurso de pessoas	Crime de concurso eventual (**unissubjetivo**).
Competência	Juízo comum.
Lei 9.099/95	Não é infração de menor potencial ofensivo.
Ação penal	Pública incondicionada (art. 225).
ANPP	É incabível o acordo de não persecução penal, pois a pena mínima cominada não é inferior a 4 anos (art. 28-A, *caput*, do CPP).

SUJEITOS PASSIVOS		
Menores de 14 anos.	Enfermos ou deficientes mentais sem discernimento para a prática do ato, independentemente da idade.	Pessoas que, por qualquer outra causa, não podem oferecer resistência, independentemente da idade.

IDADE DA VÍTIMA		
Estupro simples (*caput* do art. 213)	**Estupro qualificado (art. 213, §1º)**	**Estupro de vulnerável (art. 217-A)**
Maior de 18 anos.	Mais de 14 anos e menos de 18 anos.	Menor de 14 anos.
Reclusão, de 6 a 10 anos.	Reclusão, de 8 a 12 anos.	Reclusão, de 8 a 15 anos.

FORMAS QUALIFICADAS (ART. 217-A, §§3º E 4º)	
Lesão grave (§3º)	**Morte (§4º)**
► ***Art. 217-A, §3º - Se da conduta resulta lesão corporal de natureza grave: Pena - reclusão, de 10 a 20 anos.***	► ***Art. 217-A, §4º - Se da conduta resulta morte: Pena - reclusão, de 12 a 30 anos.***
Crimes **preterdolosos**: **dolo** quanto à conduta antecedente (conjunção carnal ou ato libidinoso) e **culpa** quanto ao resultado agravador (morte ou lesão grave).	

VIOLÊNCIA PRESUMIDA E LEI 12.015/2009
Antes da Lei 12.015/2009, o art. 224 trazia hipóteses de presunção de violência, dentre elas a **idade inferior a 14 anos** (alínea *a*). O STF[3] e o STJ[4] pacificaram que, nesse caso, **a presunção de violência era absoluta**, ou seja, presumia-se a violência ainda que o menor de 14 anos consentisse com o ato sexual. Houve mera alteração conceitual: antes, utilizava-se a presunção de violência para tipificar o estupro ou o atentado violento ao pudor; agora, há um tipo penal (art. 217-A) que pune a conduta independentemente de violência ou grave ameaça, mas pelo simples fato de ter sido praticada contra vulnerável. Na essência, nada mudou: "em qualquer hipótese (anterior ou posterior à Lei 12.015/2009), **o consentimento da vítima menor impúbere não tem relevância para infirmar a prática do crime de estupro**"[5].

3. STF, ARE 940701 AgR/SP, Rel. Min. Gilmar Mendes, 2ª Turma, j. 08/03/2016.
4. STJ, AgRg nos EREsp 1577738/MS, Rel. Min. Rogerio Schietti Cruz, 3ª Seção, j. 27/09/2017.
5. Idem. No mesmo sentido, o STF (ARE 940701 AgR/SP, Rel. Min. Gilmar Mendes, 2ª Turma, j. 08/03/2016).

VIOLÊNCIA PRESUMIDA E LEI 12.015/2009	
Antes da Lei 12.015/2009	**Depois da Lei 12.015/2009**
Art. 213 ou 214 c/c art. 224.	Art. 217-A.
Conjugava-se o tipo penal do estupro (**art. 213** – 6 a 10 anos) ou do atentado violento ao pudor (**art. 214** – 6 a 10 anos) com o **art. 224** (norma de extensão que previa hipóteses de presunção de violência).	O estupro e o atentado violento ao pudor praticados contra vulnerável foram unificados no **mesmo tipo penal** (8 a 15 anos – art. 217-A). Em vez de utilizar a presunção de violência, o legislador optou por agregar a vulnerabilidade no próprio tipo penal e revogou o art. 224.
Aplicava-se a causa de aumento prevista no art. 9º da Lei 8.072/90[6], aumentando a pena em **metade**.	A causa de aumento prevista no art. 9º da Lei 8.072/90 foi revogada.
Não houve *abolitio criminis* quanto à presunção de violência nos casos do art. 224, mas continuidade típico-normativa. Embora o dispositivo tenha sido revogado, houve a tipificação no art. 217-A (estupro de vulnerável)[7]. Frise-se que o estupro de vulnerável é crime hediondo na modalidade simples ou qualificada (art. 1º, VI da Lei 8.072/90), ainda que cometido antes da vigência da Lei 12.015/09[8].	

NORMA PENAL EXPLICATIVA (ART. 217-A, §5º)
► ***Art. 217-A, §5º - As penas previstas no caput e nos §§ 1º, 3º e 4º deste artigo aplicam-se independentemente do consentimento da vítima ou do fato de ela ter mantido relações sexuais anteriormente ao crime.*** Dispositivo incluído pela Lei 13.718/2018.

6. Art. 9º As penas fixadas no art. 6º para os crimes capitulados nos arts. 157, § 3º, 158, § 2º, 159, *caput* e seus §§ 1º, 2º e 3º, 213, *caput* e sua combinação com o art. 223, *caput* e parágrafo único, 214 e sua combinação com o art. 223, *caput* e parágrafo único, todos do Código Penal, são **acrescidas de metade**, respeitado o limite superior de 30 anos de reclusão, **estando a vítima em qualquer das hipóteses referidas no art. 224** também do Código Penal.
7. STF, Ext 1402/DF, Rel. Min. Dias Toffoli, 2ª Turma, j. 24/11/2015.
8. STJ, HC 256402/PR, Rel. Min. Nefi Cordeiro, 6ª Turma, j. 05/04/2016.

TESE FIXADA NO RESP 1480881/PI
Sob a sistemática do recurso repetitivo, a 3ª Seção do STJ fixou a seguinte tese: "para a caracterização do crime de estupro de vulnerável previsto no art. 217-A, *caput*, do Código Penal, **basta que o agente tenha conjunção carnal ou pratique qualquer ato libidinoso com pessoa menor de 14 anos. O consentimento da vítima, sua eventual experiência sexual anterior ou a existência de relacionamento amoroso entre o agente e a vítima não afastam a ocorrência do crime**"[9].
No mesmo sentido: ■ Súmula 593 do STJ: O crime de estupro de vulnerável configura-se com a conjunção carnal ou prática de ato libidinoso com menor de 14 anos, sendo irrelevante o eventual consentimento da vítima para a prática do ato, experiência sexual anterior ou existência de relacionamento amoroso com o agente.
"Expressões como 'amadurecimento sexual da adolescente', 'experiência sexual pretérita da vítima' ou mesmo a utilização das expressões 'criança prostituta' ou 'criança sedutora' ainda frequentam o discurso jurisprudencial, como se o reconhecimento de tais circunstâncias, em alguma medida, justificasse os crimes sexuais perpetrados. Esse posicionamento, todavia, implica a impropriedade de se julgar a vítima da ação delitiva para, a partir daí, julgar-se o agente. Refuta-se, ademais, o frágil argumento de que o desenvolvimento da sociedade e dos costumes possa configurar fator que não permita a subsistência de uma presunção que toma como base a *innocentia consilli* da vítima".
Ainda no REsp 1480881/PI, o STJ destaca que "**não afasta a responsabilização penal de autores de crimes a aclamada aceitação social da conduta imputada** ao réu por moradores de sua pequena cidade natal, ou mesmo pelos familiares da ofendida, sob pena de permitir-se a sujeição do poder punitivo estatal às regionalidades e diferenças socioculturais existentes em um país com dimensões continentais e de tornar írrita a proteção legal e constitucional outorgada a específicos segmentos da população".

TESE FIXADA NO RESP 1480881/PI - *DISTINGUISHING* (EXEMPLOS)
A orientação firmada pela 3ª Seção do STJ no REsp 1480881/PI **continua** a ser utilizada como parâmetro normativo. Não obstante, há diversos casos concretos que ensejam *distinguishing* quanto ao acórdão paradigma da orientação jurisprudencial. Abaixo, serão analisados **exemplos** em que o STJ entendeu que a tese deveria ceder diante das **particularidades do caso concreto**.

9. STJ, REsp 1480881/PI, Rel. Min. Rogerio Schietti Cruz, 3ª Seção, j. 26/08/2015.

TESE FIXADA NO RESP 1480881/PI – *DISTINGUISHING* (EXEMPLOS)
Exemplo 1: "verifica-se que o réu possuía, ao tempo do fato, 19 anos de idade, ao passo que a vítima, adolescente, contava com 12 anos de idade, sendo que, do relacionamento amoroso, resultou no nascimento de um filho, devidamente reconhecido, fato social relevante que deve ser considerado no cenário da acusação. [...] Considerando as particularidades do presente feito, em especial, a vontade da vítima de conviver com o recorrente e o nascimento do filho do casal, somados às condições pessoais do acusado, denotam que não houve afetação relevante do bem jurídico a resultar na atuação punitiva estatal"[10].
Exemplo 2: "trata-se de dois jovens namorados, cujo relacionamento foi aprovado pela família da vítima, com constituição de núcleo familiar, com o nascimento de uma filha, sendo o acusado um bom pai, na acepção moral e material. [...] A condenação de um jovem que, na época dos fatos, tinha 19 anos, hoje com 25 anos, que não oferece nenhum risco à sociedade, ao cumprimento de uma pena de, no mínimo, 8 anos de reclusão, revela uma completa subversão do direito penal, em afronta aos princípios fundamentais mais basilares, em rota de colisão direta com o princípio da dignidade humana. [...] Nesse encadeamento de ideias, considero que a tese firmada no Recurso Especial 1480881/PI não se aplica à hipótese dos presentes autos, haja vista as particularidades trazidas, que retiram a tipicidade material da conduta. [...] Submeter a conduta do recorrente à censura penal levará ao esfacelamento da relação entre o pai, a mãe e a criança, ocasionando traumas muito mais danosos que se imagina que eles teriam em razão da conduta imputada ao impugnante. No jogo de pesos e contrapesos jurídicos não há, neste caso, outra medida a ser tomada: a opção absolutória na perspectiva da atipicidade material"[11].
Exemplo 3: "verifica-se que o réu possuía, ao tempo do fato, 19 anos de idade, ao passo que a vítima, adolescente, contava com 12 anos de idade, sendo que, do relacionamento amoroso, resultou no nascimento de uma filha, devidamente reconhecida, fato social relevante que deve ser considerado no cenário da acusação. [...] Considerando as particularidades do presente feito, em especial o fato de a vítima viver maritalmente com o acusado desde o nascimento da filha do casal, denota que não houve afetação relevante do bem jurídico a resultar na atuação punitiva estatal"[12].
Nos exemplos apresentados, é digno de nota que o STJ realizou uma **análise global** do caso concreto, tendo a soma das particularidades de cada caso levado ao *distinguishing*. Logo, não se deve analisar cada fator isoladamente. Por exemplo: a constituição de família e o nascimento de uma criança não exclui, *per se*, a punibilidade do crime de estupro de vulnerável. É necessário um exame acurado de **todas** as nuances do caso concreto.

10. STJ, REsp 1977165/MS, Rel. Min. Olindo Menezes (Desembargador convocado do TRF 1ª Região), 6ª Turma, j. 16/05/2023.
11. STJ, AgRg no AREsp 2405738/MG, Rel. Min. Reynaldo Soares da Fonseca, 5ª Turma, j. 24/10/2023.
12. STJ, AgRg no REsp 2015310/MG, Rel. Min. Jesuíno Rissato (Desembargador convocado do TJDFT), 6ª Turma, j. 12/19/2023.

ESTUPRO DE VULNERÁVEL – TEMAS RELEVANTES	
Enfermos e deficientes mentais	Em relação às vítimas enfermas ou deficientes mentais sem discernimento para a prática do ato, adota-se o critério **biopsicológico**. Deve-se conjugar a análise da doença com a capacidade de entendimento e autodeterminação.
Vulnerabilidade	O §1º do art. 217-A "**não fez qualquer distinção entre a vulnerabilidade temporária ou permanente**, haja vista que a condição de vulnerável é aferível no momento do cometimento do crime, ocasião em que há a prática dos atos executórios com vistas à consumação do delito. [...] Agressão sexual contra vítima completamente impossibilitada de esboçar reação (vítima amarrada com as mãos para trás) configura estupro de vulnerável"[13].
Crime hediondo (Lei 8.072/1990)	O estupro de vulnerável é crime hediondo, em todas suas modalidades (*caput* e §§ 1º, 2º 3º e 4º).
Idade da vítima e dosimetria	"A questão fundamental gira em torno dos diferentes graus de vulnerabilidade a que estão sujeitos crianças e adolescentes, de forma a se permitir uma maior reprimenda na primeira hipótese. [...] O delito em questão (estupro de vulnerável) está caracterizado quando cometido contra pessoa menor de 14 anos, o que significa que ele pode ser praticado contra crianças e adolescentes. Quando praticado contra os mais precoces física e psiquicamente, ou seja, os mais vulneráveis, evidencia-se uma maior reprovabilidade da conduta do agente, de forma a **autorizar** o recrudescimento da basilar"[14].
Ligeireza ou superficialidade da conduta	Sob a sistemática do recurso repetitivo, a 3ª Seção do STJ fixou a seguinte tese: "**presente o dolo específico de satisfazer à lascívia, própria ou de terceiro, a prática de ato libidinoso com menor de 14 anos configura o crime de estupro de vulnerável (art. 217-A do CP), independentemente da ligeireza ou da superficialidade da conduta, não sendo possível a desclassificação para o delito de importunação sexual (art. 215-A do CP)**"[15].

13. STJ, REsp 1706266/MT, Rel. Min. Ribeiro Dantas, 5ª Turma, j. 18/10/2018.
14. STJ, AgRg no REsp 2066898/SC, Rel. Min. Joel Ilan Paciornik, 5ª Turma, j. 11/09/2023.
15. STJ, REsp 1954997/SC, Rel. Min. Ribeiro Dantas, 3ª Seção, j. 08/06/2022.

ESTUPRO DE VULNERÁVEL – TEMAS RELEVANTES	
Desconhecimento da idade da vítima e erro de tipo	O desconhecimento da idade da vítima pode circunstancialmente excluir o dolo do acusado quanto à condição de vulnerável, mediante a ocorrência do chamado **erro de tipo**.
	Porém, a jurisprudência costuma ser bastante rigorosa ao reconhecer a sua ocorrência. No AgRg no REsp 2112802/MG[16], o Min. Rogerio Schietti Cruz teceu comentários sobre o tema: "no contexto fático apresentado, admitir o erro de tipo implicaria assumir, na espécie e em casos similares, a legitimidade de um escrutínio nada disfarçado das vítimas do sexo feminino de crimes sexuais e reconhecer que existe um paradigma de mulher apta ao sexo, de acordo com seu aspecto físico, de seu fenótipo, e, consequentemente, definidor de sua idade. Importaria, outrossim, a objetificação do corpo feminino e o reconhecimento, essencialmente, da impossibilidade da contenção da libido masculina. [...] **O erro, quanto ao elemento objetivo do tipo, deve ser inescusável** e que, aceitar, com largueza, a incidência dessa excludente de tipicidade nos delitos de natureza sexual pode, com muita facilidade e conveniência, definir a responsabilidade penal do ato a partir da avaliação subjetiva do agente sobre o corpo da vítima. [...] E, **à exceção da exibição de documento de identidade falso, ou ante circunstâncias excepcionais que realmente permitam dar efetiva credibilidade ao erro de tipo, entendo não ser razoável alegar, por mera e simplória argumentação de que a vítima teria compleição física não compatível com sua verdadeira idade, o erro sobre a idade da pessoa abusada**, e dessa forma dar curso a uma discricionariedade não compatível com o critério já definido como objetivo (etário) pelas Cortes Superiores. A franquia a essa tese defensiva, com semelhante generalidade, importaria também relativizar, de modo oportuno, o atributo inescusável do erro, autorizando a avaliação subjetiva, pelo agente, da maturidade física e psíquica da vítima para assentir ao conúbio sexual. [...] A partir da genética de cada organismo, as características físicas se revelam das mais variadas formas e cabe ao agente, e jamais à vítima (mesmo diante de eventual afirmação de maioridade e de comportamento revelador de interesse sexual), vencer todos os meios razoáveis para tornar o erro, realmente, inescusável".

16. STJ, AgRg no REsp 2112802/MG, Rel. Min. Rogerio Schietti Cruz, 6ª Turma, j. 11/03/2024.

ESTUPRO DE VULNERÁVEL – TEMAS RELEVANTES	
Tentativa	"Não é cabível a modalidade tentada para o crime de estupro de vulnerável, uma vez que qualquer contato libidinoso com menor de 14 anos já consuma o delito, sendo irrelevante se a conduta foi interrompida ou superficial, pois o bem jurídico da dignidade e liberdade sexual da vítima já se encontra violado"[17].
Tipo misto alternativo	À semelhança do que ocorreu com o crime de estupro (art. 213), o crime de estupro de vulnerável também passou a ser de conduta múltipla ou de conteúdo variado com a Lei 12.015/2009. Desse modo, se o agente praticar mais de um núcleo do tipo (conjunção carnal e/ou outros atos libidinosos) dentro de um **mesmo contexto fático**, haverá **crime único**.
Materialidade	O STJ assentou que "não é possível afastar a materialidade do crime de estupro de vulnerável na hipótese de o laudo pericial concluir pela ausência de vestígios de prática sexual ou, mesmo diante da ausência de exame de corpo de delito. Primeiro, porque **a consumação do referido crime pode ocorrer com a prática de atos libidinosos diversos da conjunção carnal**. Segundo, nos crimes contra a dignidade sexual, a jurisprudência desta Corte Superior entende ser possível atestar a materialidade e a autoria delitiva por **outros meios de prova, a despeito da inexistência de prova pericial**"[18].
Estupro qualificado e estupro de vulnerável	"**Não** é possível a aplicação da continuidade delitiva entre os delitos de **estupro qualificado** (art. 213, §1º, do CP) e **estupro de vulnerável** (art. 217-A do CP), pois se tratam de tipos penais que tutelam bens jurídicos diversos e que possuem circunstâncias elementares bastante distintivas. Enquanto o estupro de vulnerável tutela a dignidade sexual e o direito ao desenvolvimento da personalidade livre de abusos, o estupro qualificado tutela a liberdade sexual e o direito ao exercício da sexualidade sem coações"[19].
Art. 241-D do ECA	O ECA (art. 241-D) tipifica a conduta de "aliciar, assediar, instigar ou constranger, por qualquer meio de comunicação, criança, com o fim de com ela praticar ato libidinoso". Se o ato libidinoso vier a se consumar, a conduta se amoldará ao crime de estupro de vulnerável (art. 217-A).

17. STJ, Processo em segredo de justiça, Rel. Min. Daniela Teixeira, 5ª Turma, j. 10/12/2024.
18. STJ, AgRg no HC 847588/PE, Rel. Min. Messod Azulay Neto, 5ª Turma, j. 15/04/2024.
19. STJ, REsp 2029482/RJ, Rel. Min. Laurita Vaz, 3ª Seção, j. 17/10/2023.

ESTUPRO DE VULNERÁVEL – TEMAS RELEVANTES	
Continuidade delitiva simples	Sob a sistemática do recurso repetitivo, a 3ª Seção do STJ fixou a seguinte tese: "**no crime de estupro de vulnerável, é possível a aplicação da fração máxima de majoração prevista no art. 71, *caput*, do Código Penal, ainda que não haja a delimitação precisa do número de atos sexuais praticados, desde que o longo período de tempo e a recorrência das condutas permita concluir que houve 7 ou mais repetições**"[20]. No mesmo sentido, o STF[21].
	Observou-se que "a proximidade que o autor do delito de estupro de vulnerável normalmente possui com a vítima, a facilidade de acesso à sua residência e a menor capacidade que os vulneráveis possuem de se insurgir contra o agressor são condições que favorecem a repetição silenciosa, cruel e indeterminada de abusos sexuais. Não raras vezes, cria-se um ambiente de submissão perene da vítima ao agressor, naturalizando-se a repetição da violência sexual como parte da rotina cotidiana de crianças e adolescentes. Nessas hipóteses, a vítima, completamente subjugada e objetificada, não possui sequer condições de quantificar quantas vezes foi violentada. A violência contra ela deixou ser um fato extraordinário, convertendo-se no modo cotidiano de vida que lhe foi imposto".
Continuidade delitiva específica	A continuidade delitiva específica, prevista no art. 71, parágrafo único, do CP, pressupõe que, além dos requisitos exigidos para o reconhecimento da continuidade delitiva simples, os crimes dolosos tenham sido praticados contra vítimas diferentes, com **violência ou grave ameaça à pessoa**.
	Contudo, "a violência de que trata a continuidade delitiva especial (art. 71, parágrafo único, do CP) é **real**, sendo inviável aplicar limites mais gravosos do benefício penal da continuidade delitiva com base, exclusivamente, na ficção jurídica de violência do legislador utilizada para criar o tipo penal de estupro de vulnerável, se efetivamente a conjunção carnal ou ato libidinoso executado contra vulnerável foi desprovido de qualquer violência real"[22]. Portanto, **em se tratando de crime cometido com violência presumida, não incide a regra da continuidade delitiva específica**.

20. STJ, REsp 2029482/RJ, Rel. Min. Laurita Vaz, 3ª Seção, j. 17/10/2023.
21. STF, HC 239409 AgR/SP, Rel. Min. Alexandre de Moraes, 1ª Turma, j. 29/04/2024.
22. STJ, AgRg no AREsp 2165385/MG, Rel. Min. Reynaldo Soares da Fonseca, 5ª Turma, j. 05/09/2023.

ESTUPRO DE VULNERÁVEL – TEMAS RELEVANTES	
Retroatividade	**Em tese, a Lei 12.015/2009 é mais benéfica**: embora tenha cominado pena mais gravosa ao estupro de vulnerável, a Lei revogou a causa de aumento prevista no art. 9º da Lei 8.072/90[23]. Antes da Lei, a pena mínima alcançava 9 anos em virtude da causa de aumento (*versus* a pena mínima de 8 anos do art. 217-A). Ademais, a possibilidade de unificação das condutas de estupro e atentado violento ao pudor pode levar a pena inferior ao resultado da condenação em concurso material pela lei anterior[24]. Todavia, na análise da benignidade da lei, é sempre mais prudente analisar o **caso concreto**.
Súmula 670 do STJ	▪ Súmula 670 do STJ: Nos crimes sexuais cometidos contra a vítima em situação de vulnerabilidade temporária, em que ela recupera suas capacidades físicas e mentais e o pleno discernimento para decidir acerca da persecução penal de seu ofensor, a ação penal é pública condicionada à representação se o fato houver sido praticado na vigência da redação conferida ao art. 225 do Código Penal pela Lei n. 12.015, de 2009.
Causa de aumento de pena (art. 226, II)	"O motorista de van escolar, ao cometer o crime de estupro de vulnerável contra criança ou adolescente sob sua vigilância, está sujeito à causa de aumento de pena prevista no art. 226, II, do Código Penal, devido à sua posição de autoridade e garantidor da segurança e incolumidade moral das vítimas"[25].
Lei 15.035/2024	Para os condenados em primeira instância pelo crime, passa a ser de acesso público o nome completo do réu, seu número de CPF e a tipificação penal do fato, inclusive com os dados da pena ou da medida de segurança imposta, ressalvada a possibilidade de o juiz fundamentadamente determinar a manutenção do sigilo (art. 234-B, §1º). Caso o réu seja absolvido em grau recursal, será restabelecido o sigilo sobre as informações (§2º). O réu condenado passará a ser monitorado por dispositivo eletrônico (§3º).

23. STJ, AgRg no HC 395670/RJ, Rel. Min. Ribeiro Dantas, 5ª Turma, j. 04/09/2018.
24. STF, RHC 105916/RJ, Rel. Min. Rosa Weber, 1ª Turma, j. 04/12/2012. No mesmo sentido, exemplo do STJ: "com a superveniência da Lei n. 12.015/2009, os fatos delineados no acórdão passaram a ser tipificados no art. 217-A do CP, sob a denominação de "estupro de vulnerável", razão pela qual as condutas praticadas pelo paciente passaram a configurar crime único. Transitada em julgado a condenação, cabe ao juízo das execuções realizar nova dosimetria das penas, para a aplicação da lei nova mais benéfica" (STJ, HC 160491/MS, Rel. Min. Nefi Cordeiro, 6ª Turma, j. 17/12/2015).
25. STJ, AREsp 2593050/RS, Rel. Min. Ribeiro Dantas, 5ª Turma, j. 08/10/2024.

CRIMES SIMILARES	
CPM	Art. 236. Presume-se a violência, se a vítima: I - não é maior de 14 anos, salvo fundada suposição contrária do agente; II - é doente ou deficiente mental, e o agente conhecia esta circunstância; III - não pode, por qualquer outra causa, oferecer resistência.

INFORMATIVOS DO STJ
Info. 837: Não é cabível a modalidade tentada para o crime de estupro de vulnerável, uma vez que qualquer contato libidinoso com menor de 14 anos já consuma o delito, sendo irrelevante se a conduta foi interrompida ou superficial, pois o bem jurídico da dignidade e liberdade sexual da vítima já se encontra violado. Processo em segredo de justiça, Rel. Min. Daniela Teixeira, 5ª Turma, j. 10/12/2024.
Info. 829: O motorista de van escolar, ao cometer o crime de estupro de vulnerável contra criança ou adolescente sob sua vigilância, está sujeito à causa de aumento de pena prevista no art. 226, II, do Código Penal, devido à sua posição de autoridade e garantidor da segurança e incolumidade moral das vítimas. AREsp 2593050/RS, Rel. Min. Ribeiro Dantas, 5ª Turma, j. 08/10/2024.
Info. 820: É possível o reconhecimento da atipicidade de conduta que poderia configurar o crime de estupro de vulnerável, quando as circunstâncias fáticas verificadas (consentimento da família da vítima, inclusive abrigando o casal por período de tempo, e a manutenção do relacionamento até os dias atuais, inclusive com nascimento de filho fruto da relação), indicam que o bem jurídico tutelado não foi vulnerado. REsp 2144411/AL, Rel. Min. Sebastião Reis Júnior, 6ª Turma, j. 06/08/2024.
Info. 807: A conduta de estupro de vulnerável imputada a um jovem de 20 anos, trabalhador rural e com pouca escolaridade, que se relacionou com uma adolescente de 12 anos, que havia sido, em um primeiro momento, aceito pela família da adolescente, sobrevindo uma filha e a efetiva constituição de núcleo familiar, apesar de não estarem mais juntos como casal, embora formalmente típica, não constitui infração penal, tendo em vista o reconhecimento da ausência de culpabilidade por erro de proibição, bem como pelo fato de que se deve garantir proteção integral à criança que nasceu dessa relação. Processo em segredo de justiça, Rel. Min. Reynaldo Soares da Fonseca, 5ª Turma, j. 12/03/2024.
Info. 806: Em delitos sexuais, a retratação da vítima autoriza a revisão criminal para absolvição do réu, quando o conjunto probatório se limita à sua declaração e a testemunhos, sem outras provas materiais. Processo em segredo de justiça, Rel. Min. Ribeiro Dantas, 5ª Turma, j. 02/04/2024.

INFORMATIVOS DO STJ
Info. 803: A constituição de família não exclui, per se, a punibilidade do crime de estupro de vulnerável. Processo em segredo de justiça, Rel. Min. Rogerio Schietti Cruz, 6ª Turma, j. 20/02/2024.
Info. 792: No crime de estupro de vulnerável, é possível a aplicação da fração máxima de majoração prevista no art. 71, *caput*, do Código Penal, ainda que não haja a delimitação precisa do número de atos sexuais praticados, desde que o longo período de tempo e a recorrência das condutas permita concluir que houve 7 (sete) ou mais repetições. REsp 2029482/RJ e 2050195/RJ, Rel. Min. Laurita Vaz, 3ª Seção, j. 17/10/2023.
Info. 787: Não cabe a distinção realizada no julgamento do REsp 1.977.165/MS - caso de dois jovens namorados, cujo relacionamento tinha aquiescência dos genitores da vítima, sobrevindo um filho - na hipótese em que não há consentimento da responsável legal - o que impossibilita qualquer relativização da presunção de vulnerabilidade de menor de 14 anos no crime de estupro de vulnerável. Processo em segredo de justiça, Rel. Min. Laurita Vaz, 6ª Turma, j. 14/08/2023.
Info. 777: Admite-se o *distinguishing* quanto ao Tema 918/STJ (REsp 1.480.881/PI), na hipótese em que a diferença de idade entre o acusado e a vítima não se mostrou tão distante quanto do acórdão paradigma (o réu possuía 19 anos de idade, ao passo que a vítima contava com 12 anos de idade), bem como há concordância dos pais da menor somado a vontade da vítima de conviver com o réu e o nascimento do filho do casal, o qual foi registrado pelo genitor. Processo em segredo de justiça, Rel. Min. Olindo Menezes (Desembargador convocado do TRF1), red. p/ ac. Min. Sebastião Reis Júnior, 6ª Turma, j. 16/05/2023.
Info. 773: Tratando-se de estupro de vulnerável (art. 217-A do CP) e não havendo na localidade Vara especializada em delitos contra a criança e o adolescente, as ações penais distribuídas até 30/11/2022 tramitarão nas Varas às quais foram distribuídas originalmente ou após determinação definitiva do Tribunal local ou superior. Processo em segredo de justiça, Rel. Min. Jesuíno Rissato (Desembargador convocado do TJDFT), 6ª Turma, j. 18/04/2023.
Info. 792: No crime de estupro de vulnerável, é possível a aplicação da fração máxima de majoração prevista no art. 71, *caput*, do Código Penal, ainda que não haja a delimitação precisa do número de atos sexuais praticados, desde que o longo período de tempo e a recorrência das condutas permita concluir que houve 7 (sete) ou mais repetições. STJ, REsp 2029482/RJ e 2050195/RJ, Rel. Min. Laurita Vaz, 3ª Seção, j. 17/10/2023.
Info. 786: Não incide a regra a continuidade delitiva específica nos crimes de estupro praticados com violência presumida. STJ, Processo em segredo de justiça, Rel. Min. Reynaldo Soares da Fonseca, 5ª Turma, j. 05/09/2023.
Info. 782: Nos casos de estupro de vulnerável praticado em continuidade delitiva em que não é possível precisar o número de infrações cometidas, tendo os crimes ocorrido durante longo período de tempo, deve-se aplicar a causa de aumento de pena no patamar máximo de 2/3. Processo em segredo de justiça, Rel. Min; Jesuíno Rissato (Desembargador convocado do TJDFT), 6ª Turma, j. 08/08/2023.

INFORMATIVOS DO STJ
Info. 769: Não se admite o *distinguishing* realizado no julgamento do AgRg no REsp 1.919.722/SP - caso de dois jovens namorados, cujo relacionamento foi aprovado pelos pais da vítima, sobrevindo um filho e a efetiva constituição de núcleo familiar - nas hipóteses em que não há consentimento dos responsáveis legais somado ao fato do acusado possuir gritante diferença de idade da vítima - o que invalida qualquer relativização da presunção de vulnerabilidade do menor de 14 anos no crime de estupro de vulnerável. Processo em segredo de justiça, Rel. Ministro Reynaldo Soares da Fonseca, 5ª Turma, j. 14/03/2023.

CORRUPÇÃO DE MENORES (ART. 218)	
► ***Art. 218. Induzir alguém menor de 14 anos a satisfazer a lascívia de outrem:*** ***Pena - reclusão, de 2 a 5 anos.***	
Tipicidade	"O art. 218 do CP visa evitar a mácula sexual daqueles em processo de desenvolvimento"[26], punindo o **proxeneta** (aquele age no intuito de satisfazer lascívia **alheia**). É a "participação moral no estupro de vulnerável"[27].
Bem jurídico	A dignidade sexual do menor de 14 anos.
Sujeito ativo	Qualquer pessoa (crime **comum**).
Sujeito passivo	O menor de 14 anos.
Elemento subjetivo	Dolo, direto ou eventual. Não há finalidade específica. Não há modalidade culposa.
Consumação	Ocorre quando a vítima pratica qualquer ato tendente a satisfazer a lascívia de outrem (crime **instantâneo** e **material**). Não exige habitualidade. Admite tentativa (crime **plurissubsistente**).
Omissão	Pode ser praticado na forma omissiva (omissão **imprópria**).
Execução	Crime de forma livre.
Concurso de pessoas	Crime de concurso eventual (**unissubjetivo**).

26. STJ, REsp 1218392/PR, Rel. Min. Laurita Vaz, 5ª Turma, j. 17/05/2012.
27. NUCCI, Guilherme de Souza (op. cit., vol. 3, p. 75).

CORRUPÇÃO DE MENORES (ART. 218)	
Competência	Juízo comum.
Lei 9.099/95	Não é infração de menor potencial ofensivo.
Ação penal	**Pública incondicionada** (art. 225).
ANPP	É cabível o acordo de não persecução penal, se preenchidos os requisitos do art. 28-A do CPP.

IDADE DA VÍTIMA		
Menor de 14 anos	**Maior de 14 anos e menor de 18 anos**	**Maior de 18 anos**
Crime de corrupção de menores (art. 218).	Mediação para servir a lascívia de outrem qualificada (art. 227, §1º).	Mediação para servir a lascívia de outrem (art. 227, *caput*).

CORRUPÇÃO DE MENORES – TEMAS RELEVANTES	
O terceiro	O terceiro "beneficiado" **não responde por este crime**. Poderá responder por estupro de vulnerável apenas se vier a praticar conjunção carnal ou atos libidinosos com o menor.
Menor de 14 anos	Atenção: se a conduta for praticada no dia do aniversário de 14 anos da vítima, o fato será atípico. O tipo penal exige que a vítima tenha idade **inferior** a 14 anos.
"Participação moral no estupro de vulnerável"	Para Nucci, "terminou-se por dar origem a uma **exceção pluralística à teoria monística**, ou seja, a participação moral no estupro de vulnerável passa a ter pena mais branda. Afinal, se utilizássemos apenas o disposto no art. 29 do CP, no tocante ao induzimento de menor de 14 anos a ter relação sexual com outra pessoa, poder-se-ia tipificar na figura do art. 217-A (consumado ou tentado). No entanto, passa a existir figura autônoma, beneficiando o partícipe"[28].
Idade e erro de tipo	Se a idade da vítima não integrar o dolo do agente, estará caracterizado o erro de tipo, a afastar a tipicidade do delito.

28. NUCCI, Guilherme de Souza (op. cit., vol. 3, p. 75)

CORRUPÇÃO DE MENORES – TEMAS RELEVANTES	
Animus lucrandi	É **irrelevante** se o sujeito tem ou não finalidade econômica, mas nada impede que essa circunstância seja sopesada na dosimetria.
Satisfação de lascívia mediante presença de criança ou adolescente (art. 218-A)	Se o agente praticar, na presença de alguém menor de 14 anos, ou induzi-lo a presenciar, conjunção carnal ou outro ato libidinoso, a fim de satisfazer lascívia própria ou de outrem, cometerá o crime previsto no art. 218-A.
Favorecimento da prostituição (art. 218-B)	A indução deve se dirigir a **pessoa(s) determinada(s)**. Caso contrário, a conduta se amoldará ao crime de favorecimento da prostituição (art. 218-B).
Corrupção de menores (art. 244-B do ECA)[29]	Não confundir com o crime de corrupção de menores previsto no ECA: Art. 244-B. Corromper ou facilitar a corrupção de menor de 18 anos, com ele praticando infração penal ou induzindo-o a praticá-la: Pena - reclusão, de 1 a 4 anos.
Causas especiais de aumento de pena	Atenção às alterações promovidas pela **Lei 13.718/18** nas majorantes aplicáveis aos capítulos I e II (art. 226) e a todos os crimes contra a dignidade sexual (art. 234-A).

CRIMES SIMILARES	
CPM	Art. 234. Corromper ou facilitar a corrupção de pessoa menor de 18 e maior de 14 anos, com ela praticando ato de libidinagem, ou induzindo-a a praticá-lo ou presenciá-lo: Pena - reclusão, até 3 anos.

SATISFAÇÃO DE LASCÍVIA MEDIANTE PRESENÇA DE CRIANÇA OU ADOLESCENTE (ART. 218-A)
►***Art. 218-A. Praticar, na presença***[30] ***de alguém menor de 14 anos, ou induzi-lo a presenciar, conjunção carnal ou outro ato libidinoso, a fim de satisfazer lascívia própria ou de outrem:*** ***Pena - reclusão, de 2 a 4 anos.***

29. Sobre o tema, a ■ **Súmula 500 do STJ: A configuração do crime do art. 244-B do ECA independe da prova da efetiva corrupção do menor, por se tratar de delito formal.**

30. **Não há consenso doutrinário sobre a possibilidade de configuração do crime quando a vítima, apesar de não estar presente fisicamente, assiste ao ato de outra forma** (ex.: internet, filmes pornográficos). Nesse sentido, Rogério Greco (GRECO, Rogério. Curso de Direito Penal. 7. ed. Niterói: Impetus, 2010, v. III, p. 540).

SATISFAÇÃO DE LASCÍVIA MEDIANTE PRESENÇA DE CRIANÇA OU ADOLESCENTE (ART. 218-A)	
Tipicidade	A vítima não se envolve fisicamente no ato sexual. **Tipo misto alternativo ou crime de ação múltipla ou de conteúdo variado**: se o **proxeneta** *"praticar"* e *"induzi-lo a presenciar"* no mesmo contexto, responderá por **crime único**.
Bem jurídico	A dignidade sexual do menor de 14 anos.
Sujeito ativo	Qualquer pessoa (crime **comum**).
Sujeito passivo	O menor de 14 anos.
Elemento subjetivo	Dolo, direto ou eventual. Finalidade específica: *"a fim de satisfazer lascívia própria ou de outrem"*. Não há modalidade culposa.
Consumação	Ocorre quando a vítima presencia o ato sexual (crime **instantâneo** e **formal**[31]). Não exige habitualidade. Admite tentativa (crime **plurissubsistente**).
Omissão	Pode ser praticado na forma omissiva (omissão **imprópria**).
Execução	Crime de forma livre.
Concurso de pessoas	Crime de concurso eventual (**unissubjetivo**).
Competência	Juízo comum.
Lei 9.099/95	Não é infração de menor potencial ofensivo.
Ação penal	**Pública incondicionada** (art. 225).
ANPP	É cabível o acordo de não persecução penal, se preenchidos os requisitos do art. 28-A do CPP.

31. "É impossível a absolvição do paciente pelo crime do artigo 218-A sob o argumento de que **a vítima, uma bebê de cerca de 8 meses de idade**, não teve o seu desenvolvimento ou a sua dignidade sexual atingidos pelo ato libidinoso, uma vez que o objeto jurídico do delito em questão é a liberdade sexual, tratando-se de **ilícito formal, que prescinde do efetivo comprometimento do menor ou da satisfação da lascívia do agente para a sua configuração**" (STJ, HC 360626/SP, Rel. Min. Jorge Mussi, 5ª Turma, j. 13/12/2016).

SATISFAÇÃO DE LASCÍVIA MEDIANTE PRESENÇA DE CRIANÇA OU ADOLESCENTE (ART. 218-A) – TEMAS RELEVANTES	
Idade e erro de tipo	Se a idade da vítima não integrar o dolo do agente, estará caracterizado o erro de tipo, a afastar a tipicidade do delito.
Menor de 14 anos	Atenção: se a conduta for praticada no dia do aniversário de 14 anos da vítima, o fato será atípico. O tipo penal exige que a vítima tenha idade **inferior** a 14 anos.
Majorantes	Atenção às alterações promovidas pela **Lei 13.718/18** nas majorantes aplicáveis aos capítulos I e II (art. 226) e a todos os crimes contra a dignidade sexual (art. 234-A).

FAVORECIMENTO DA PROSTITUIÇÃO OU DE OUTRA FORMA DE EXPLORAÇÃO SEXUAL DE CRIANÇA OU ADOLESCENTE OU DE VULNERÁVEL (ART. 218-B)	
►Art. 218-B. Submeter, induzir ou atrair à prostituição ou outra forma de exploração sexual alguém menor de 18 anos ou que, por enfermidade ou deficiência mental, não tem o necessário discernimento para a prática do ato, facilitá-la, impedir ou dificultar que a abandone: ***Pena - reclusão, de 4 a 10 anos.***	
Tipicidade	"Da análise da previsão típica do art. 218-B do CP, especialmente do inciso I do § 2º, extrai-se que o fato de já ser a vítima corrompida, atuante na prostituição, é irrelevante para o tipo penal. Não se pune a provocação de deterioração moral, mas o incentivo à atividade de prostituição, inclusive por aproveitamento eventual dessa atividade como cliente. Pune-se não somente **quem atua para a prostituição do adolescente** - induzindo, facilitando ou submetendo à prática ou, ainda, dificultando ou impedindo seu abandono -, mas também **quem se serve desta atividade**"[32].
Bem jurídico	A dignidade sexual dos vulneráveis.
Sujeito ativo	Qualquer pessoa (crime **comum**).
Sujeito passivo	O menor de 18 anos ou aquele que, por enfermidade ou deficiência mental, não tem o necessário discernimento para a prática do ato.

32. STJ, HC 288374/AM, Rel. Min. Nefi Cordeiro, 6ª Turma, j. 05/06/2014. Noticiado no Informativo n. 543.

FAVORECIMENTO DA PROSTITUIÇÃO OU DE OUTRA FORMA DE EXPLORAÇÃO SEXUAL DE CRIANÇA OU ADOLESCENTE OU DE VULNERÁVEL (ART. 218-B)	
Elemento subjetivo	Dolo, direto ou eventual. Não há finalidade específica. Não há modalidade culposa.
Consumação	Ocorre quando a vítima passa a se dedicar à prostituição ou à exploração sexual (1ª parte) ou quando o sujeito passivo pratica algum ato que facilite a exploração, impeça ou dificulte o abandono pela vítima (2ª parte). O crime é **material** e pode ser **permanente** (*'impedir'* e *'dificultar'*) ou **instantâneo** (demais núcleos). **Não exige habitualidade.** Admite tentativa (crime **plurissubsistente**).
Omissão	Pode ser praticado na forma omissiva (omissão **imprópria**).
Execução	Crime de forma livre.
Concurso de pessoas	Crime de concurso eventual (**unissubjetivo**).
Competência	Juízo comum.
Lei 9.099/95	Não é infração de menor potencial ofensivo.
Ação penal	**Pública incondicionada** (art. 225).
ANPP	É incabível o acordo de não persecução penal, pois a pena mínima cominada não é inferior a 4 anos (art. 28-A, *caput*, do CPP).

CONDUTAS EQUIPARADAS (ART. 218-B, §2º)	
► ***Art. 218-B, §2º - Incorre nas mesmas penas:***	
I - quem pratica conjunção carnal ou outro ato libidinoso com alguém menor de 18 e maior de 14 anos[33] na situação descrita no caput deste artigo;	***II - o proprietário, o gerente ou o responsável pelo local em que se verifiquem as práticas referidas no caput deste artigo.***

33. "O tipo do art. 218-B, § 2º, I, do Código Penal, tem a condição de vulnerabilidade admitida por **critério biológico ou etário**, neste último caso pela constatação objetiva da faixa etária, de 14 a 18 anos, independentemente de demonstração concreta dessa condição de incapacidade plena de auto-gestão" (STJ, HC 288374/AM, Rel. Min. Nefi Cordeiro, 6ª Turma, j. 05/06/2014).

CONDUTAS EQUIPARADAS (ART. 218-B, §2º)	
"Basta que o agente, mediante pagamento, convença a vítima, dessa faixa etária, a praticar com ele conjunção carnal ou outro ato libidinoso"[34]. Se a vítima for enferma ou deficiente mental sem discernimento para a prática do ato, a conduta amolda-se ao estupro de vulnerável (art. 217-A).	O sujeito deve saber que ocorre a exploração sexual de vulneráveis no local.

1ª SITUAÇÃO	**2ª SITUAÇÃO**
Aquele que pratica conjunção carnal ou outro ato libidinoso com **menor de 14 anos**, enfermo ou deficiente mental sem discernimento para a prática do ato, ou pessoa que não pode oferecer resistência, incorre nas penas do crime de **estupro de vulnerável** (art. 217-A).	Aquele que pratica conjunção carnal ou outro ato libidinoso com **menor de 18 anos e maior de 14 anos** submetido à prostituição incorre nas penas do art. 218-B, §2º (**conduta equiparada**).

FAVORECIMENTO DA PROSTITUIÇÃO OU DE OUTRA FORMA DE EXPLORAÇÃO SEXUAL DE CRIANÇA OU ADOLESCENTE OU DE VULNERÁVEL (ART. 218-B)	**FAVORECIMENTO DA PROSTITUIÇÃO OU OUTRA FORMA DE EXPLORAÇÃO SEXUAL (ART. 228)**
A vítima é menor de 18 anos ou por enfermidade ou deficiência mental, não tem o necessário discernimento para a prática do ato. É **crime hediondo** (art. 1º, VIII da Lei 8.072/1990) desde a edição da Lei 12.978/2012.	A vítima é maior de 18 anos e tem discernimento para a prática do ato. **Não é crime hediondo**.

FAVORECIMENTO DA PROSTITUIÇÃO OU DE OUTRA FORMA DE EXPLORAÇÃO SEXUAL DE CRIANÇA OU ADOLESCENTE OU DE VULNERÁVEL – TEMAS RELEVANTES	
Animus lucrandi	***► Art. 218-B, §1º - Se o crime é praticado com o fim de obter vantagem econômica, aplica-se também multa.***
Interpretação analógica	Caso de **interpretação analógica**: a *"prostituição"* é apenas uma *"forma de exploração sexual"* (fórmula mais genérica). Logo, estão compreendidos no tipo penal atos que dispensam o contato físico. Ex.: submeter o menor à realização de shows de *strip-tease*.

34. STJ, REsp 1490891/SC, Rel. Min. Rogerio Schietti Cruz, 6ª Turma, j. 17/04/2018.

FAVORECIMENTO DA PROSTITUIÇÃO OU DE OUTRA FORMA DE EXPLORAÇÃO SEXUAL DE CRIANÇA OU ADOLESCENTE OU DE VULNERÁVEL – TEMAS RELEVANTES	
Tipo misto alternativo	Se o **proxeneta**, no mesmo contexto, praticar mais de uma das condutas descritas no tipo penal praticará um **único crime** (crime de **ação múltipla ou de conteúdo variado**).
Consumação	Basta um único contato consciente com adolescente submetido à prostituição para que se configure o crime[35].
Crime hediondo (Lei 8.072/1990)	O crime foi acrescentado ao rol de crimes hediondos (art. 1º, VIII) pela Lei 12.978/**2014**. A mudança, gravosa, não se aplica aos fatos praticados antes da vigência da Lei.
Vítima que já atuava na prostituição	"Desimporta atuar a vítima previamente na prostituição, pois não se pune a provocação de deterioração moral, mas o incentivo à atividade de prostituição de adolescente, inclusive por aproveitamento eventual dessa atividade, como cliente"[36] (conduta equiparada - §2º, I).
Idade da vítima e art. 228	Se a vulnerabilidade da vítima não integrar o dolo do agente, haverá desclassificação para o crime de favorecimento da prostituição ou outra forma de exploração sexual (art. 228).
Art. 244-A do ECA	O art. 218-B revogou tacitamente o art. 244-A do ECA.
Retroatividade	O tipo penal (art. 218-B) foi introduzido no CP pela Lei 12.015/2009, não podendo retroagir para regular fatos anteriores à sua edição por ser mais gravoso[37].
Corrupção de menores (art. 218)	O tipo penal previsto no art. 218 (corrupção de menores) pune o sujeito que "*induzir alguém menor de 14 anos a satisfazer a lascívia de outrem*". No caso, a indução deve se dirigir a pessoa(s) determinada(s). Caso contrário, a conduta se amoldará ao crime de favorecimento da prostituição (art. 218-B).
Causas especiais de aumento de pena	Atenção às alterações promovidas pela **Lei 13.718/2018** nas majorantes aplicáveis aos capítulos I e II (art. 226) e a todos os crimes contra a dignidade sexual (art. 234-A).

35. STJ, HC 288374/AM, Rel. Min. Nefi Cordeiro, 6ª Turma, j. 05/06/2014. Noticiado no Informativo n. 543.
36. STJ, HC 288374/AM, Rel. Min. Nefi Cordeiro, 6ª Turma, j. 05/06/2014. Noticiado no Informativo n. 543.
37. STJ, RHC 80481/PR, Rel. Min. Felix Fischer, 5ª Turma, j. 04/04/2017.

FAVORECIMENTO DA PROSTITUIÇÃO OU DE OUTRA FORMA DE EXPLORAÇÃO SEXUAL DE CRIANÇA OU ADOLESCENTE OU DE VULNERÁVEL – TEMAS RELEVANTES	
Efeito da condenação	***►Art. 218-B, §3º - Na hipótese do inciso II do §2º, constitui efeito obrigatório da condenação a cassação da licença de localização e de funcionamento do estabelecimento.***
"Sugar baby"	"O relacionamento entre adolescente maior de 14 e menor de 18 anos (*sugar baby*) e um adulto (*sugar daddy* ou *sugar mommy*) que oferece vantagens econômicas configura o tipo penal previsto no art. 218-B, §2º, I, do Código Penal, porquanto essa relação se constrói a partir de promessas de benefícios econômicos diretos e indiretos, induzindo o menor à prática de conjunção carnal ou qualquer outro ato libidinoso"38.
Lei 15.035/2024	Para os condenados em primeira instância pelo crime, passa a ser de acesso público o nome completo do réu, seu número de CPF e a tipificação penal do fato, inclusive com os dados da pena ou da medida de segurança imposta, ressalvada a possibilidade de o juiz fundamentadamente determinar a manutenção do sigilo (art. 234-B, §1º). Caso o réu seja absolvido em grau recursal, será restabelecido o sigilo sobre as informações (§2º). O réu condenado passará a ser monitorado por dispositivo eletrônico (§3º).

INFORMATIVOS DO STJ
Info. 830: O fato de a vítima, menor de 18 e maior de 14 anos de idade, atuar na prostituição e ter conhecimento dessa condição é irrelevante para a configuração do crime de favorecimento à prostituição de adolescentes (art. 218-B, § 2º, I, do Código Penal). AgRg no AREsp 2618243/RS, Rel. Min. Rogerio Schietti Cruz, 6ª Turma, j. 20/08/2024.
Info. 825: O relacionamento entre adolescente maior de 14 e menor de 18 anos (*sugar baby*) e um adulto (*sugar daddy* ou *sugar mommy*) que oferece vantagens econômicas configura o tipo penal previsto no art. 218-B, § 2º, I, do Código Penal, porquanto essa relação se constrói a partir de promessas de benefícios econômicos diretos e indiretos, induzindo o menor à prática de conjunção carnal ou qualquer outro ato libidinoso. AREsp 2529631/RJ, Rel. Min. Ribeiro Dantas, 5ª Turma, j. 10/09/2024.

38. STJ, AREsp 2529631/RJ, Rel. Min. Ribeiro Dantas, 5ª Turma, j. 10/09/2024.

DIVULGAÇÃO DE CENA DE ESTUPRO OU DE CENA DE ESTUPRO DE VULNERÁVEL, DE CENA DE SEXO OU DE PORNOGRAFIA (ART. 218-C)	
►Art. 218-C. Oferecer, trocar, disponibilizar, transmitir, vender ou expor à venda, distribuir, publicar ou divulgar, por qualquer meio - inclusive por meio de comunicação de massa ou sistema de informática ou telemática -, fotografia, vídeo ou outro registro audiovisual que contenha cena de estupro ou de estupro de vulnerável ou que faça apologia ou induza a sua prática, ou, sem o consentimento da vítima, cena de sexo, nudez ou pornografia: ***Pena - reclusão, de 1 a 5 anos, se o fato não constitui crime mais grave.***	
Tipicidade	Tipo penal incluído pela **Lei 13.718/2018.** **Tipo misto alternativo ou crime de ação múltipla ou de conteúdo variado**: se o agente praticar mais de um núcleo do art. 218-C no mesmo contexto, responderá por **crime único**.
Bem jurídico	A dignidade sexual.
Sujeito ativo	Qualquer pessoa (crime **comum**).
Sujeito passivo	Qualquer pessoa. Obs.: se a cena envolver criança ou adolescente, configura o crime previsto no art. 241 e 241-A do ECA.
Elemento subjetivo	Dolo, direto ou eventual. Não há finalidade específica. Não há modalidade culposa.
Consumação	Ocorre quando o sujeito pratica um dos núcleos do tipo penal (crime material). Pode ser **permanente** (*"expor à venda"*, *"disponibilizar"* e *"divulgar"*) ou **instantâneo** (demais núcleos). **Não exige habitualidade.** Admite tentativa (crime **plurissubsistente**).
Omissão	Pode ser praticado na forma omissiva (omissão **imprópria**).
Execução	Crime de forma livre (*"qualquer meio"*).
Concurso de pessoas	Crime de concurso eventual (**unissubjetivo**).
Competência	Juízo comum.
Lei 9.099/95	Não é infração de menor potencial ofensivo, mas admite a suspensão condicional do processo (se preenchidos os requisitos do art. 89 da Lei 9.099/1995).

DIVULGAÇÃO DE CENA DE ESTUPRO OU DE CENA DE ESTUPRO DE VULNERÁVEL, DE CENA DE SEXO OU DE PORNOGRAFIA (ART. 218-C)	
Ação penal	**Pública incondicionada** (art. 225).
ANPP	É cabível o acordo de não persecução penal, se preenchidos os requisitos do art. 28-A do CPP.

CAUSA ESPECIAL DE AUMENTO DE PENA (ART. 218-C, §1º)
►***Art. 218-C, §1º - A pena é aumentada de 1/3 a 2/3 se o crime é praticado por agente que mantém ou tenha mantido relação íntima de afeto com a vítima ou com o fim de vingança ou humilhação.***

EXCLUSÃO DE ILICITUDE (ART. 218-C, §2º)
►***Art. 218-C, §2º - Não há crime quando o agente pratica as condutas descritas no caput deste artigo em publicação de natureza jornalística, científica, cultural ou acadêmica com a adoção de recurso que impossibilite a identificação da vítima, ressalvada sua prévia autorização, caso seja maior de 18 anos.***

DIVULGAÇÃO DE CENA DE ESTUPRO OU DE CENA DE ESTUPRO DE VULNERÁVEL, DE CENA DE SEXO OU DE PORNOGRAFIA – TEMAS RELEVANTES	
Causas especiais de aumento de pena	Atenção às alterações promovidas pela **Lei 13.718/18** nas majorantes aplicáveis aos capítulos I e II (art. 226) e a todos os crimes contra a dignidade sexual (art. 234-A).
Configuração do crime	"Para a configuração do art. 218-C do CP **não interessa a forma como o agente obteve a fotografia ou vídeo**. Haverá o delito tanto no caso em que o agente recebeu a mídia da própria vítima (ex: mulher enviou ao seu então namorado uma fotografia sua despida) como também na hipótese em que o sujeito a obteve clandestinamente (ex: invadiu o computador da vítima e dali extraiu o vídeo). Vale ressaltar, no entanto, que se o agente obteve a mídia invadindo um dispositivo informático e depois repassou as fotografias/vídeos, neste caso ele responderá por dois delitos em concurso material (art. 154-A e art. 218-C do CP)"[39].

39. CAVALCANTE, Márcio André Lopes. As mudanças nos crimes sexuais promovidas pela Lei 13.718/2018. Disponível em: <https://www.dizerodireito.com.br/2018/10/ola-amigos-do-dizer-o-direito-lei-n-13.html>. Acesso em 02/10/2018.

<table>
<tr><th colspan="2">CRIMES SIMILARES</th></tr>
<tr><td rowspan="2">ECA</td><td>Art. 241. Vender ou expor à venda fotografia, vídeo ou outro registro que contenha cena de sexo explícito ou pornográfica envolvendo criança ou adolescente:
Pena – reclusão, de 4 (quatro) a 8 (oito) anos, e multa.</td></tr>
<tr><td>Art. 241-A. Oferecer, trocar, disponibilizar, transmitir, distribuir, publicar ou divulgar por qualquer meio, inclusive por meio de sistema de informática ou telemático, fotografia, vídeo ou outro registro que contenha cena de sexo explícito ou pornográfica envolvendo criança ou adolescente:
Pena – reclusão, de 3 (três) a 6 (seis) anos, e multa.</td></tr>
</table>

3

DO RAPTO

DO RAPTO (CAPÍTULO III)
Os crimes previstos no Capítulo III foram **revogados** pela Lei 11.106/05.

4

DAS DISPOSIÇÕES GERAIS

DAS DISPOSIÇÕES GERAIS (CAPÍTULO IV)
Os arts. 225 e 226 trazem disposições aplicáveis aos crimes contra a liberdade sexual (capítulo I) e aos crimes sexuais contra vulnerável (capítulo II). Os dispositivos já foram analisados nos tópicos pertinentes.

5

DO LENOCÍNIO E DO TRÁFICO DE PESSOA PARA FIM DE PROSTITUIÇÃO OU OUTRA FORMA DE EXPLORAÇÃO SEXUAL

<table>
<tr><th colspan="2">DISPOSIÇÕES GERAIS
(APLICÁVEIS A TODOS OS CRIMES CONTRA A DIGNIDADE SEXUAL)</th></tr>
<tr><td>► Art. 234-A. Nos crimes previstos neste Título a pena é aumentada:
III - de metade a 2/3, se do crime resulta gravidez;
IV - de 1/3 a 2/3, se o agente transmite à vítima doença sexualmente transmissível de que sabe ou deveria saber ser portador, ou se a vítima é idosa ou pessoa com deficiência.</td><td>O Estatuto do Índio prevê que "no caso de crime contra a pessoa, o patrimônio ou os costumes, em que o ofendido seja índio não integrado ou comunidade indígena, a pena será agravada de 1/3" (art. 59).</td></tr>
<tr><td colspan="2">► Art. 234-B. Os processos em que se apuram crimes definidos neste Título correrão em segredo de justiça.</td></tr>
</table>

MEDIAÇÃO PARA SERVIR A LASCÍVIA DE OUTREM (ART. 227)
► ***Art. 227. Induzir alguém a satisfazer a lascívia de outrem:*** ***Pena - reclusão, de 1 a 3 anos.***

MEDIAÇÃO PARA SERVIR A LASCÍVIA DE OUTREM (ART. 227)	
Tipicidade	O tipo penal trata do **lenocínio** (também denominado proxenetismo, rufianismo ou cafetinagem). *"Satisfazer a lascívia"* pode abranger conjunção carnal, atos libidinosos ou até mesmo outras formas de satisfação. Ex.: voyeurismo.
Bem jurídico	A dignidade sexual.
Sujeito ativo	Qualquer pessoa (crime **comum**).
Sujeito passivo	Qualquer pessoa, ressalvado o menor de 14 anos (corrupção de menores – art. 218).
Elemento subjetivo	Dolo, direto ou eventual. Não há finalidade específica. Não há modalidade culposa.
Consumação	Ocorre quando a vítima pratica qualquer ato tendente a satisfazer a lascívia de outrem (crime **instantâneo** e **material**). Não exige habitualidade. Admite tentativa (crime **plurissubsistente**).
Omissão	Pode ser praticado na forma omissiva (omissão **imprópria**).
Execução	Crime de forma livre.
Concurso de pessoas	Crime de concurso eventual (**unissubjetivo**).
Competência	Juízo comum.

MEDIAÇÃO PARA SERVIR A LASCÍVIA DE OUTREM (ART. 227)	
Lei 9.099/95	Não é infração de menor potencial ofensivo, mas a modalidade simples (*caput*) admite a suspensão condicional do processo (se preenchidos os requisitos do art. 89 da Lei 9.099/1995).
Ação penal	Pública incondicionada.
ANPP	É cabível o acordo de não persecução penal, se preenchidos os requisitos do art. 28-A do CPP.

IDADE DA VÍTIMA		
Menor de 14 anos	**Maior de 14 anos e menor de 18 anos**	**Maior de 18 anos**
Crime de **corrupção de menores** (art. 218).	Mediação para servir a lascívia de outrem qualificada (art. 227, **§1º**).	Mediação para servir a lascívia de outrem (art. 227, ***caput***).

FORMAS QUALIFICADAS (ART. 227, §§1º E 2º)	
►Art. 227, §1º - Se a vítima é maior de 14 e menor de 18 anos, ou se o agente é seu ascendente, descendente, cônjuge ou companheiro, irmão, tutor ou curador ou pessoa a quem esteja confiada para fins de educação, de tratamento ou de guarda: ***Pena - reclusão, de 2 a 5 anos.***	***►Art. 227, §2º - Se o crime é cometido com emprego de violência, grave ameaça ou fraude:*** ***Pena - reclusão, de 2 a 8 anos, além da pena correspondente à violência.***

MEDIAÇÃO PARA SERVIR A LASCÍVIA DE OUTREM – TEMAS RELEVANTES	
Lenocínio mercenário ou *questuarium*	***►Art. 227, §3º - Se o crime é cometido com o fim de lucro, aplica-se também multa.*** O dispositivo aplica-se às modalidades simples (*caput*) e qualificadas (§§1º e 2º).
Favorecimento da prostituição (art. 218-B)	A indução deve se dirigir a **pessoa(s) determinada(s).** Caso contrário, a conduta se amoldará ao crime de favorecimento da prostituição (art. 218-B).
Terceiro beneficiado	O art. 227 pune o sujeito (denominado proxeneta) que induz a vítima a satisfazer a lascívia de "*outrem*". Logo, aquele cuja lascívia se pretende satisfazer não comete crime. Ainda que venha a praticar conjunção carnal com maior de 14 anos e menor de 18 anos, sua conduta não se amolda ao estupro qualificado (art. 213, §1º), pois ausente a violência ou a grave ameaça. Por outro lado, o proxeneta que induziu responderá pela forma qualificada do art. 227 (§1º).

MEDIAÇÃO PARA SERVIR A LASCÍVIA DE OUTREM – TEMAS RELEVANTES	
Prescrição (art. 111)	Nos casos em que o crime for praticado contra **menor de 18 anos** (§1º), incide a regra prevista no art. 111 do CP[1].
Intervenção mínima	"Esse tipo penal fere o princípio da intervenção mínima, pois a sua prática não tem o condão de lesar o bem jurídico tutelado (dignidade sexual). Incentivar um adulto a ter relação sexual com outro não significa nada em matéria de prejuízo para qualquer das partes envolvidas. Logicamente, a única forma que seria viável de se proteger penalmente diria respeito ao emprego de violência, grave ameaça ou fraude; porém, nesse caso, já não seria mera mediação, passando-se à esfera do estupro"[2].
Causas especiais de aumento de pena	Atenção às alterações promovidas pela **Lei 13.718/18** nas majorantes aplicáveis a todos os crimes contra a dignidade sexual (art. 234-A).
Lei 15.035/2024	Para os condenados em primeira instância pelo crime, passa a ser de acesso público o nome completo do réu, seu número de CPF e a tipificação penal do fato, inclusive com os dados da pena ou da medida de segurança imposta, ressalvada a possibilidade de o juiz fundamentadamente determinar a manutenção do sigilo (art. 234-B, §1º). Caso o réu seja absolvido em grau recursal, será restabelecido o sigilo sobre as informações (§2º). O réu condenado passará a ser monitorado por dispositivo eletrônico (§3º).

MEDIAÇÃO PARA SERVIR A LASCÍVIA DE OUTREM (ART. 227)	RUFIANISMO (ART. 230)
►Art. 227. Induzir alguém a satisfazer a lascívia de outrem: ***Pena - reclusão, de 1 a 3 anos.***	***►Art. 230. Tirar proveito da prostituição alheia, participando diretamente de seus lucros ou fazendo-se sustentar, no todo ou em parte, por quem a exerça:*** ***Pena - reclusão, de 1 a 4 anos, e multa.***
A vítima não se prostitui e basta que realize um ato tendente a satisfazer a lascívia de outrem.	A vítima dedica-se a prostituição (habitualidade) e o sujeito tira proveito dessa atividade.

1. ***►Art. 111. A prescrição, antes de transitar em julgado a sentença final, começa a correr: V - nos crimes contra a dignidade sexual de crianças e adolescentes, previstos neste Código ou em legislação especial, da data em que a vítima completar 18 anos, salvo se a esse tempo já houver sido proposta a ação penal.***
2. NUCCI, Guilherme de Souza (op. cit., vol. 3, p. 96-97).

FAVORECIMENTO DA PROSTITUIÇÃO OU OUTRA FORMA DE EXPLORAÇÃO SEXUAL (ART. 228)
►Art. 228. Induzir ou atrair alguém à prostituição ou outra forma de exploração sexual, facilitá-la, impedir ou dificultar que alguém a abandone: ***Pena - reclusão, de 2 a 5 anos, e multa.***

FAVORECIMENTO DA PROSTITUIÇÃO OU OUTRA FORMA DE EXPLORAÇÃO SEXUAL (ART. 228)	
Tipicidade	Embora a prostituição não seja ilícita por si só, o seu incentivo merece repressão penal. Caso de **interpretação analógica**: a "*prostituição*" é apenas uma "*forma de exploração sexual*" (fórmula mais genérica). Assim, estão compreendidos no tipo penal atos que dispensam o contato físico. Ex.: atrair a vítima à realização de shows de *strip-tease*.
Bem jurídico	A dignidade sexual.
Sujeito ativo	Qualquer pessoa (crime **comum**).
Sujeito passivo	Qualquer pessoa, ressalvados os menores de 18 anos e incapazes sem discernimento para o ato (art. 218-B).
Elemento subjetivo	Dolo, direto ou eventual. Não há finalidade específica. Não há modalidade culposa.
Consumação	Ocorre quando a vítima passa a se dedicar à prostituição ou à exploração sexual (1ª parte) ou quando o sujeito passivo pratica algum ato que facilite a exploração, impeça ou dificulte o abandono pela vítima (2ª parte). O crime é **material** e pode ser **permanente** (impedir e dificultar) ou **instantâneo** (demais núcleos). Admite tentativa (crime **plurissubsistente**).
Omissão	Pode ser praticado na forma omissiva (omissão **imprópria**).
Execução	Crime de forma livre.
Concurso de pessoas	Crime de concurso eventual (**unissubjetivo**).

FAVORECIMENTO DA PROSTITUIÇÃO OU OUTRA FORMA DE EXPLORAÇÃO SEXUAL (ART. 228)	
Competência	Juízo comum.
Lei 9.099/95	Não é infração de menor potencial ofensivo.
Ação penal	Pública incondicionada.
ANPP	Em princípio, é cabível o acordo de não persecução penal, se preenchidos os requisitos do art. 28-A do CPP. Porém, na hipótese do § 2º, o acordo é inadmissível, pois a pena mínima não é inferior a 4 anos.

FORMAS QUALIFICADAS (ART. 228, §§1º E 2º)	
► Art. 228, §1º - Se o agente é ascendente, padrasto, madrasta, irmão, enteado, cônjuge, companheiro, tutor ou curador, preceptor ou empregador da vítima, ou se assumiu, por lei ou outra forma, obrigação de cuidado, proteção ou vigilância: ***Pena - reclusão, de 3 a 8 anos.***	***► Art. 228, §2º - Se o crime é cometido com emprego de violência, grave ameaça ou fraude:*** ***Pena - reclusão, de 4 a 10 anos, além da pena correspondente à violência.***

ART. 228	ART. 218-B
A vítima é maior de 18 anos e tem discernimento para a prática do ato.	A vítima é menor de 18 anos ou por enfermidade ou deficiência mental, não tem o necessário discernimento para a prática do ato.
Não é crime hediondo.	É crime hediondo (art. 1º, VIII da Lei 8.072/90) desde a edição da Lei 12.978/12.

FAVORECIMENTO DA PROSTITUIÇÃO OU OUTRA FORMA DE EXPLORAÇÃO SEXUAL – TEMAS RELEVANTES	
Lenocínio mercenário ou *questuarium*	► ***Art. 228, §3º - Se o crime é cometido com o fim de lucro, aplica-se também multa.*** É indispensável o efetivo recebimento da vantagem. O dispositivo aplica-se às modalidades simples (*caput*) e qualificadas (§§1º e 2º).
Tipo misto alternativo	Se o **proxeneta**, no mesmo contexto, praticar mais de uma das condutas descritas no tipo penal praticará um **único crime** (crime de **ação múltipla ou de conteúdo variado**).
Tipicidade	O STJ, em julgado didático, faz apontamentos sobre os núcleos do tipo penal: "O núcleo verbal "***induzir***" significa incutir a ideia; o "***atrair***", estimular a prática da prostituição ou exploração sexual. Trata-se de situações muito próximas, pois, em regra, a atração não deixa de ser um meio de induzimento da vítima. O núcleo "***facilitar***", denominado **lenocínio acessório**, é **subsidiário** aos dois outros, pois ocorre a facilitação quando o agente, sem induzir ou atrair a vítima, proporciona-lhe meios eficazes de exercer a prostituição, verdadeiro auxílio material para o desempenho da prostituição ou exploração sexual. A diferença fulcral entre os comportamentos típicos de induzir e atrair e o verbo facilitar encontra-se na situação da vítima: nos dois primeiros verbos, a vítima ainda não se encontrava em situação de prostituição ou exploração sexual; diversamente, na facilitação, o agente permite que a vítima, já entregue ao comércio carnal, nele se mantenha com seu auxílio e facilidades proporcionadas"[3].
Lei 15.035/2024	Para os condenados em primeira instância pelo crime, passa a ser de acesso público o nome completo do réu, seu número de CPF e a tipificação penal do fato, inclusive com os dados da pena ou da medida de segurança imposta, ressalvada a possibilidade de o juiz fundamentadamente determinar a manutenção do sigilo (art. 234-B, §1º). Caso o réu seja absolvido em grau recursal, será restabelecido o sigilo sobre as informações (§2º). O réu condenado passará a ser monitorado por dispositivo eletrônico (§3º).

3. STJ, HC 332512/ES, Rel. Min. Ribeiro Dantas, 5ª Turma, j. 16/02/2016.

CASA DE PROSTITUIÇÃO (ART. 229)	
► *Art. 229. Manter, por conta própria ou de terceiro, estabelecimento em que ocorra exploração sexual, haja, ou não, intuito de lucro ou mediação direta do proprietário ou gerente:* ***Pena - reclusão, de 2 a 5 anos, e multa.***	
Tipicidade	"Mesmo após as alterações legislativas introduzidas pela Lei nº 12.015/2009, a conduta consistente em manter Casa de Prostituição segue sendo crime tipificado no artigo 229 do CP. Todavia, com a novel legislação, passou-se a exigir a "*exploração sexual*" como elemento normativo do tipo, de modo que a conduta consistente em manter casa para fins libidinosos, por si só, não mais caracteriza crime, **sendo necessário, para a configuração do delito, que haja exploração sexual**, assim entendida como a violação à liberdade das pessoas que ali exercem a mercancia carnal"[4].
Bem jurídico	A dignidade sexual.
Sujeito ativo	Qualquer pessoa (crime **comum**).
Sujeito passivo	A coletividade (crime **vago**).
Elemento subjetivo	Dolo, direto ou eventual. Não há finalidade específica. Não há modalidade culposa.
Consumação	Ocorre com a manutenção de casa de prostituição[5] (crime **formal**, **habitual** e **permanente**[6]). Admite tentativa[7] (crime **plurissubsistente**).
Omissão	Pode ser praticado na forma omissiva (omissão **imprópria**).
Execução	Crime de forma livre.

4. STJ, REsp 1683375/SP, Rel. Min. Maria Thereza de Assis Moura, 6ª Turma, j. 14/08/2018.
5. "[...] Ou seja, **basta que se mantenha estabelecimento onde ocorra exploração sexual para que o delito seja consumado**. 4. No caso, se evidenciou a mercancia sexual, com aferição de proveito e lucro, seja com a cobrança de percentual sobre a utilização dos quartos para a realização dos programas sexuais, seja indiretamente, com o consumo de bebidas pelos clientes" (STJ, REsp 1464450/SC, Rel. Min. Joel Ilan Paciornik, 5ª Turma, j. 17/08/2017).
6. "O crime de manutenção de casa de prostituição tipifica objetivamente uma **conduta permanente, pouco importando o momento da fiscalização do poder público e a comprovação de haver, no instante da prisão, relacionamento sexual das aliciadas**" (STJ, HC 42995/RJ, Rel. Min. José Arnaldo da Fonseca, 5ª Turma, j. 27/09/2005).
7. **A doutrina diverge quanto à possibilidade de configuração da tentativa, tendo em vista que o crime é habitual. Todavia, prevalece que a conduta é plurissubsistente, podendo ser fracionada.**

CASA DE PROSTITUIÇÃO (ART. 229)	
Concurso de pessoas	Crime de concurso eventual (**unissubjetivo**).
Competência	Juízo comum.
Lei 9.099/95	Não é infração de menor potencial ofensivo.
Ação penal	Pública incondicionada.
ANPP	É cabível o acordo de não persecução penal, se preenchidos os requisitos do art. 28-A do CPP.

CASA DE PROSTITUIÇÃO – TEMAS RELEVANTES	
Adequação social e atipicidade	Críticas à manutenção do tipo penal: a conduta não é mais dotada de **reprovação social**, sendo inclusive **tolerada** pelas autoridades locais e **consentida**, estimulada e divulgada pela mídia. Nesse sentido, haveria desrespeito ao princípio da **intervenção mínima**, não podendo o legislador realizar uma incriminação de ordem moral. Todavia, para o STF[8] e o STJ[9], **o costume e a aceitação social não têm o condão de revogar tipos penais**. A manutenção de casa de prostituição continua sendo crime.
Erro de tipo	Se o estabelecimento for custeado por terceiro, este só será punido se tiver conhecimento de que ocorre exploração sexual no local.
Exploração sexual de vulnerável	"Se o sujeito passivo for pessoa menor de 18 e maior de 14 anos, o crime será o do art. 218-B, §2º, inciso II, do CP. Se menor de 14, o responsável pelo estabelecimento em que ocorra a exploração sexual responderá como partícipe do crime de estupro de vulnerável"[10].
Causas especiais de aumento de pena	Atenção às alterações promovidas pela **Lei 13.718/18** nas majorantes aplicáveis a todos os crimes contra a dignidade sexual (**art. 234-A**).

8. STF, HC 104467/RS, Rel. Min. Cármen Lúcia, 1ª Turma, j. 08/02/2011.
9. STJ, HC 238688/RJ, Rel. Min. Felix Fischer, 5ª Turma, j. 06/08/2015. "De mais a mais, a manutenção de estabelecimento em que ocorra a exploração sexual de outrem vai de encontro ao princípio da dignidade da pessoa humana, sendo incabível a conclusão de que é um comportamento considerado correto por toda a sociedade" (STJ, REsp 1435872/MG, Rel. Min. Sebastião Reis Júnior, 6ª Turma, j. 03/06/2014).
10. CUNHA, Rogério Sanches (op. cit. p. 527).

CASA DE PROSTITUIÇÃO – TEMAS RELEVANTES	
Lei 15.035/2024	Para os condenados em primeira instância pelo crime, passa a ser de acesso público o nome completo do réu, seu número de CPF e a tipificação penal do fato, inclusive com os dados da pena ou da medida de segurança imposta, ressalvada a possibilidade de o juiz fundamentadamente determinar a manutenção do sigilo (art. 234-B, §1º). Caso o réu seja absolvido em grau recursal, será restabelecido o sigilo sobre as informações (§2º). O réu condenado passará a ser monitorado por dispositivo eletrônico (§3º).

RUFIANISMO (ART. 230)	
►***Art. 230. Tirar proveito da prostituição alheia, participando diretamente de seus lucros ou fazendo-se sustentar, no todo ou em parte, por quem a exerça:*** ***Pena - reclusão, de 1 a 4 anos, e multa.***	
Tipicidade	O "*proveito*" deve ser de ordem econômica, consistente em lucros ou no sustento material.
Bem jurídico	A dignidade sexual.
Sujeito ativo	Qualquer pessoa (crime **comum**).
Sujeito passivo	A pessoa que exerce a prostituição.
Elemento subjetivo	Dolo, direto ou eventual. Não há finalidade específica. Não há modalidade culposa.
Consumação	Ocorre com o efetivo proveito, de forma reiterada (crime **material, habitual** e **permanente**). Admite tentativa[11] (crime **plurissubsistente**).
Omissão	Pode ser praticado na forma omissiva (omissão **imprópria**).
Execução	Crime de forma livre.

11. **A doutrina diverge quanto à possibilidade de configuração da tentativa, tendo em vista que o crime é habitual. Todavia, prevalece que a conduta é plurissubsistente, podendo ser fracionada.**

RUFIANISMO (ART. 230)	
Concurso de pessoas	Crime de concurso eventual (**unissubjetivo**).
Competência	Juízo comum.
Lei 9.099/95	Não é infração de menor potencial ofensivo, mas a modalidade simples (*caput*) admite a suspensão condicional do processo (se preenchidos os requisitos do art. 89 da Lei 9.099/95).
Ação penal	Pública incondicionada.
ANPP	É cabível o acordo de não persecução penal, se preenchidos os requisitos do art. 28-A do CPP.

FORMAS QUALIFICADAS (ART. 230, §§1º E 2º)	
►Art. 230, §1º - Se a vítima é menor de 18 e maior de 14 anos ou se o crime é cometido por ascendente, padrasto, madrasta, irmão, enteado, cônjuge, companheiro, tutor ou curador, preceptor ou empregador da vítima, ou por quem assumiu, por lei ou outra forma, obrigação de cuidado, proteção ou vigilância: Pena - reclusão, de 3 a 6 anos, e multa.	***►Art. 230, §2º - Se o crime é cometido mediante violência, grave ameaça, fraude ou outro meio que impeça ou dificulte a livre manifestação da vontade da vítima: Pena - reclusão, de 2 a 8 anos, sem prejuízo da pena correspondente à violência.***

RUFIANISMO – TEMAS RELEVANTES	
Rufianismo ativo e passivo	A doutrina costuma distinguir o **rufianismo ativo** (o sujeito – "cafetão" – tem participação direta na prostituição da vítima) do **rufianismo passivo** (o sujeito – "gigolô – não tem participação direta na prostituição da vítima, mas é por ela sustentado, no todo ou em parte).
Erro de tipo	Se, por exemplo, Cláudio é sustentado por Flávia sem ter conhecimento de que os lucros de Flávia são oriundos de sua atividade de prostituição, Cláudio incidirá em erro de tipo e deve ser absolvido, por ausência de dolo.

RUFIANISMO – TEMAS RELEVANTES	
Prescrição (art. 111)	Nos casos em que o crime for praticado contra **menor de 18 anos e maior de 14 anos** (§1º), incide a regra prevista no art. 111 do CP[12].
Rufianismo e casa de prostituição (art. 229)	O STJ já decidiu que "o delito de rufianismo não é um mero exaurimento tampouco está na linha de desdobramento regular do delito tipificado no art. 229 do CP. Inaplicável, portanto, o princípio da consunção"[13].
Causas especiais de aumento de pena	Atenção às alterações promovidas pela **Lei 13.718/18** nas majorantes aplicáveis a todos os crimes contra a dignidade sexual (**art. 234-A**).
Lei 15.035/2024	Para os condenados em primeira instância pelo crime, passa a ser de acesso público o nome completo do réu, seu número de CPF e a tipificação penal do fato, inclusive com os dados da pena ou da medida de segurança imposta, ressalvada a possibilidade de o juiz fundamentadamente determinar a manutenção do sigilo (art. 234-B, §1º). Caso o réu seja absolvido em grau recursal, será restabelecido o sigilo sobre as informações (§2º). O réu condenado passará a ser monitorado por dispositivo eletrônico (§3º).

PROMOÇÃO DE MIGRAÇÃO ILEGAL (ART. 232-A)	
►Art. 232-A. Promover, por qualquer meio, com o fim de obter vantagem econômica, a entrada ilegal de estrangeiro em território nacional ou de brasileiro em país estrangeiro: Pena - reclusão, de 2 a 5 anos, e multa.	
Tipicidade	Tipo penal criado pela **Lei 13.445/2017** e erroneamente inserido no título de crimes contra a dignidade sexual. O novo crime, como se depreende de sua leitura, não tem essa conotação. Busca-se coibir a migração ilegal realizada pelos "coiotes". É norma penal em branco: é necessária a complementação da Lei de Migração para perquirir quando a entrada do estrangeiro é "*ilegal*".
Bem jurídico	A soberania nacional e a política de migração.

12. ***►Art. 111. A prescrição, antes de transitar em julgado a sentença final, começa a correr: V - nos crimes contra a dignidade sexual de crianças e adolescentes, previstos neste Código ou em legislação especial, da data em que a vítima completar 18 anos, salvo se a esse tempo já houver sido proposta a ação penal.***
13. STJ, HC 238688/RJ, Rel. Min. Felix Fischer, 5ª Turma, j. 06/08/2015.

PROMOÇÃO DE MIGRAÇÃO ILEGAL (ART. 232-A)	
Sujeito ativo	Qualquer pessoa (crime **comum**).
Sujeito passivo	O Estado.
Elemento subjetivo	Dolo, direto ou eventual. Finalidade específica: *"com o fim de obter vantagem econômica"*. Não há modalidade culposa.

PROMOÇÃO DE MIGRAÇÃO ILEGAL (ART. 232-A)	
Consumação	Ocorre com a promoção, por qualquer meio, da entrada ilegal de estrangeiro em território nacional ou de brasileiro em país estrangeiro (crime **formal** e **instantâneo**). É irrelevante o efetivo recebimento de vantagem econômica. Admite tentativa (crime **plurissubsistente**).
Omissão	Pode ser praticado na forma omissiva (omissão **imprópria**).
Execução	Crime de forma livre (*'por qualquer meio'*).
Concurso de pessoas	Crime de concurso eventual (**unissubjetivo**).
Competência	Juízo comum.
Lei 9.099/95	Não é infração de menor potencial ofensivo.
Ação penal	Pública incondicionada.
ANPP	É cabível o acordo de não persecução penal, se preenchidos os requisitos do art. 28-A do CPP.

CONDUTAS EQUIPARADAS (ART, 232-A, §1º)
►Art. 232-A, §1º - Na mesma pena incorre quem promover, por qualquer meio, com o fim de obter vantagem econômica, a saída de estrangeiro do território nacional para ingressar ilegalmente em país estrangeiro.

DOS CRIMES CONTRA A DIGNIDADE SEXUAL

CAUSAS ESPECIAIS DE AUMENTO DE PENA (ART. 232-A, §2º)	
▶ ***Art. 232-A, §2º - A pena é aumentada de 1/6 a 1/3 se:***	
I - o crime é cometido com violência; ou	***II - a vítima é submetida a condição desumana ou degradante.***

FORMAS DE COMETIMENTO DO CRIME		
Caput.	***Caput.***	**Forma equiparada (§1º)**
Promover a entrada ilegal de estrangeiro no Brasil.	**Promover a entrada ilegal de brasileiro em país estrangeiro.**	**Promover a saída de estrangeiro do Brasil para entrar ilegalmente em país estrangeiro.**
São de forma livre (*'por qualquer meio'*). Para as 3 formas há o dolo específico de **obter vantagem econômica.**		

PROMOÇÃO DE MIGRAÇÃO ILEGAL – TEMAS RELEVANTES	
'Território nacional'	O conceito de *'território nacional'* está no art. 5º do CP[14].
Causas especiais de aumento de pena	Atenção às alterações promovidas pela **Lei 13.718/18** nas majorantes aplicáveis a todos os crimes contra a dignidade sexual (**art. 234-A**).
Concurso de crimes	▶ ***Art. 232-A, §3º - A pena prevista para o crime será aplicada sem prejuízo das correspondentes às infrações conexas.*** Ex.: falsificação de documentos para a entrada ilegal (art. 297) ou até mesmo o tráfico de pessoas (art. 149-A), quando a vítima for aliciada com a finalidade de remoção de órgãos, tecidos ou partes do corpo, submissão a trabalho em condições análogas à de escravo, submissão a qualquer tipo de servidão, adoção ilegal ou exploração sexual.

14. ▶ ***Art. 5º. Aplica-se a lei brasileira, sem prejuízo de convenções, tratados e regras de direito internacional, ao crime cometido no território nacional.***
§1º - Para os efeitos penais, consideram-se como extensão do território nacional as embarcações e aeronaves brasileiras, de natureza pública ou a serviço do governo brasileiro onde quer que se encontrem, bem como as aeronaves e as embarcações brasileiras, mercantes ou de propriedade privada, que se achem, respectivamente, no espaço aéreo correspondente ou em alto-mar.
§2º - É também aplicável a lei brasileira aos crimes praticados a bordo de aeronaves ou embarcações estrangeiras de propriedade privada, achando-se aquelas em pouso no território nacional ou em vôo no espaço aéreo correspondente, e estas em porto ou mar territorial do Brasil.

6

DO ULTRAJE PÚBLICO AO PUDOR

<table>
<tr><th colspan="2">DISPOSIÇÕES GERAIS (APLICÁVEIS A TODOS OS CRIMES CONTRA A DIGNIDADE SEXUAL)</th></tr>
<tr><td>► Art. 234-A. Nos crimes previstos neste Título a pena é aumentada:
III - de metade a 2/3, se do crime resulta gravidez;
IV - de 1/3 a 2/3, se o agente transmite à vítima doença sexualmente transmissível de que sabe ou deveria saber ser portador, ou se a vítima é idosa ou pessoa com deficiência.</td><td>O Estatuto do Índio prevê que "no caso de crime contra a pessoa, o patrimônio ou os costumes, em que o ofendido seja índio não integrado ou comunidade indígena, a pena será agravada de 1/3" (art. 59).</td></tr>
<tr><td colspan="2">► Art. 234-B. Os processos em que se apuram crimes definidos neste Título correrão em segredo de justiça.</td></tr>
</table>

<table>
<tr><th colspan="2">ATO OBSCENO (ART. 233)</th></tr>
<tr><td colspan="2">► Art. 233. Praticar ato obsceno em lugar público, ou aberto ou exposto ao público:
Pena - detenção, de 3 meses a 1 ano, ou multa.</td></tr>
<tr><td>Tipicidade</td><td>"Ato obsceno" é o ato com conotação sexual[1]. Trata-se de um elemento normativo do tipo que deve passar pelo filtro da adequação social, o qual varia de acordo com a localidade.</td></tr>
<tr><td>Bem jurídico</td><td>O pudor público.</td></tr>
</table>

1. Ex.: o agente que exibe e manipula os órgãos genitais em via pública (STF, ARE 861014 AgR/DF, Rel. Min. Luiz Fux, 1ª Turma, j. 24/03/2015); o nudismo em praia que não seja nudista; a prática de atos sexuais em locais públicos abertos etc.

ATO OBSCENO (ART. 233)	
Sujeito ativo	Qualquer pessoa (crime **comum**).
Sujeito passivo	As pessoas presentes no local ou a coletividade (crime **vago**).
Elemento subjetivo	Dolo, direto ou eventual. Não há finalidade específica. Não há modalidade culposa.
Consumação	Ocorre com a mera prática do ato obsceno (crime **de mera conduta** e **instantâneo**). Admite tentativa (crime **plurissubsistente**)[2].
Omissão	Pode ser praticado na forma omissiva (omissão **imprópria**).
Execução	Crime de forma livre.
Concurso de pessoas	Crime de concurso eventual (**unissubjetivo**).
Competência	Juizado Especial Criminal.
Lei 9.099/95	Infração de menor potencial ofensivo.
Ação penal	Pública incondicionada.
ANPP	Admitida transação penal, é incabível o acordo de não persecução penal (art. 28-A, § 2º, I, do CPP).

ATO OBSCENO – TEMAS RELEVANTES	
"Ato obsceno"	É o ato que "ofenda o pudor público objetivamente, considerando-se o sentimento comum vigente no meio social. Obsceno é o que ofende o pudor ou a vergonha, ou seja, um sentimento de repulsa e humilhação criado por um comportamento indecoroso. Só pode ser ato obsceno aquele que se refira à sexualidade, **não o caracterizando a manifestação verbal obscena**"[3].

2. A (im)possibilidade da tentativa é objeto de divergência na doutrina. Prevalece que a conduta é fracionável (crime plurissubsistente).
3. BITENCOURT, Cezar Roberto (op. cit. p. 233).

ATO OBSCENO – TEMAS RELEVANTES	
Publicidade e crime impossível	A doutrina leciona que o crime se configura com a mera prática do ato obsceno, pouco importando se havia pessoas presentes ou se o ato foi visto por alguém. Todavia, o entendimento não deve prosperar. "a publicidade é essencial à figura típica, ou seja, se o agente pratica o ato obsceno em lugar público, pela sua natureza mas completamente longe das vistas de qualquer pessoa, é crime impossível. Não tem cabimento punir o agente que fica nu no meio de um estádio de futebol vazio, sem que ninguém tenha visto o seu ato. [...] O objeto jurídico protegido é a moralidade pública, exigindo-se **potencialidade lesiva** nessa conduta, pois, do contrário, trata-se de objeto absolutamente impróprio (art. 17, CP)[4].
Dosimetria	Nos casos em que a conduta praticada na presença do menor de 14 anos não se amoldar ao tipo penal do art. 218-A (ex.: por ausência da finalidade específica), é possível a exasperação da pena-base. Ex.: "o acusado praticou o ato obsceno para uma criança, que, à época dos fatos, contava com menos de 10 anos, o que justifica a valoração negativa de circunstância judicial, motivo pelo qual pode ser sopesada, pois aponta para maior reprovabilidade da conduta"[5].
Satisfação de lascívia mediante presença de criança ou adolescente	Se o sujeito praticar, na presença de alguém menor de 14 anos, ou induzi-lo a presenciar, conjunção carnal ou outro ato libidinoso, a fim de satisfazer lascívia própria ou de outrem, cometerá o crime previsto no art. 218-A.
Causas especiais de aumento de pena	Atenção às alterações promovidas pela **Lei 13.718/18** nas majorantes aplicáveis a todos os crimes contra a dignidade sexual (**art. 234-A**).

ESCRITO OU OBJETO OBSCENO (ART. 234)
► ***Art. 234. Fazer, importar, exportar, adquirir ou ter sob sua guarda, para fim de comércio, de distribuição ou de exposição pública, escrito, desenho, pintura, estampa ou qualquer objeto obsceno:***   ***Pena - detenção, de 6 meses a 2 anos, ou multa.***

4. NUCCI, Guilherme de Souza (op. cit., vol. 3, p. 134).
5. STJ, AgRg no REsp 1612912/SC, Rel. Min. Reynaldo Soares da Fonseca, 5ª Turma, j. 11/10/2016.

ESCRITO OU OBJETO OBSCENO (ART. 234)	
Tipicidade	*"Escrito, desenho, pintura, estampa ou qualquer objeto obsceno"* são **elementos normativos do tipo** a serem valorados pelo julgador no caso concreto sob o crivo da **adequação social**. De qualquer forma, é inegável que o tipo penal está ultrapassado e já deveria ter sido abolido, pois os escritos ou objetos obscenos estão por tudo (sex shops; livrarias, novelas e programas televisivos). Trata-se de **tipo misto alternativo ou crime de ação múltipla ou de conteúdo variado** (se o agente praticar mais de um núcleo do art. 234 no mesmo contexto, responderá por **crime único**).
Bem jurídico	O pudor público.
Sujeito ativo	Qualquer pessoa (crime **comum**).
Sujeito passivo	A coletividade (crime **vago**).
Elemento subjetivo	Dolo, direto ou eventual. Finalidade específica: *"para fim de comércio, de distribuição ou de exposição pública"*. Não há modalidade culposa.
Consumação	Ocorre quando o agente faz, importa, exporta, adquire (crime **instantâneo**) ou tem sob sua guarda (crime **permanente**) o escrito ou objeto obsceno. O crime é **formal** e independe de o escrito ou objeto ser efetivamente comercializado, distribuído ou exposto. Admite tentativa (crime **plurissubsistente**).
Omissão	Pode ser praticado na forma omissiva (omissão **imprópria**).
Execução	Crime de forma livre.
Concurso de pessoas	Crime de concurso eventual (**unissubjetivo**).
Competência	Juizado Especial Criminal.
Lei 9.099/95	Infração de menor potencial ofensivo.
Ação penal	Pública incondicionada.
ANPP	Admitida transação penal, é incabível o acordo de não persecução penal (art. 28-A, § 2º, I, do CPP).

CONDUTAS EQUIPARADAS (ART. 234, PARÁGRAFO ÚNICO)		
► ***Art. 234, parágrafo único - Incorre na mesma pena quem:***		
I - vende, distribui ou expõe à venda ou ao público qualquer dos objetos referidos neste artigo;	***II - realiza, em lugar público ou acessível ao público, representação teatral, ou exibição cinematográfica de caráter obsceno, ou qualquer outro espetáculo, que tenha o mesmo caráter;***	***III - realiza, em lugar público ou acessível ao público, ou pelo rádio, audição ou recitação de caráter obsceno.***

TÍTULO VII

DOS CRIMES CONTRA A FAMÍLIA

INTRODUÇÃO AOS CRIMES CONTRA A FAMÍLIA

DOS CRIMES CONTRA A FAMÍLIA (TÍTULO VII)	
DOS CRIMES CONTRA O CASAMENTO (capítulo I).	**DOS CRIMES CONTRA O ESTADO DE FILIAÇÃO** (capítulo II).
DOS CRIMES CONTRA A ASSISTÊNCIA FAMILIAR (capítulo III).	**DOS CRIMES CONTRA O PÁTRIO PODER, TUTELA E CURATELA** (capítulo IV).

DOS CRIMES CONTRA O CASAMENTO (I)	
Bigamia (art. 235).	Induzimento a erro essencial e ocultação de impedimento (art. 236).
Conhecimento prévio de impedimento (art. 237).	Simulação de autoridade para celebração de casamento (art. 238).
Simulação de casamento (art. 239).	

DOS CRIMES CONTRA O ESTADO DE FILIAÇÃO (II)		
Registro de nascimento inexistente (art. 241).	Parto suposto. Supressão ou alteração de direito inerente ao estado civil de recém-nascido (art. 242).	Sonegação de estado de filiação (art. 243).

DOS CRIMES CONTRA A ASSISTÊNCIA FAMILIAR (III)			
Abandono material (art. 244).	Entrega de filho menor a pessoa inidônea (art. 245).	Abandono intelectual (art. 246).	Abandono moral (art. 247).

DOS CRIMES CONTRA O PÁTRIO PODER, TUTELA OU CURATELA (IV)	
Induzimento a fuga, entrega arbitrária ou sonegação de incapazes (art. 248).	Subtração de incapazes (art. 249).

1

DOS CRIMES CONTRA O CASAMENTO

OS CRIMES CONTRA O CASAMENTO E A UNIÃO ESTÁVEL
A despeito do art. 226, §3º da CF/88[1], a proteção penal consagrada neste Capítulo **não alcança a união estável** (vedação da analogia *in malam partem*).

BIGAMIA (ART. 235)	
► ***Art. 235. Contrair alguém, sendo casado, novo casamento: Pena - reclusão, de 2 a 6 anos.***	
Tipicidade	Pressupõe a existência de um **casamento anterior vigente**, de acordo com a lei civil.
Bem jurídico	O casamento.
Sujeito ativo	Apenas a pessoa casada (crime **próprio**).
Sujeito passivo	O Estado e os cônjuges do primeiro e do segundo casamento (se de boa-fé).

1. Art. 226, §3º - Para efeito da proteção do Estado, é reconhecida a união estável entre o homem e a mulher como entidade familiar, devendo a lei facilitar sua conversão em casamento.

BIGAMIA (ART. 235)	
Elemento subjetivo	Dolo, direto ou eventual. Não há finalidade específica. Não há modalidade culposa.
Consumação	Ocorre quando o sujeito contrai novo casamento (crime **material** e **instantâneo de efeitos permanentes**). Admite tentativa (crime **plurissubsistente**)[2].
Omissão	Pode ser praticado na forma omissiva (omissão **imprópria**).
Execução	Crime de forma **vinculada**.
Concurso de pessoas	Crime de concurso necessário (**plurissubjetivo**). O crime é **bilateral, de encontro ou de convergência**, pois supõe a presença de duas pessoas.
Competência	Juízo comum.
Lei 9.099/95	Não é infração de menor potencial ofensivo.
Ação penal	Pública incondicionada.
ANPP	É cabível o acordo de não persecução penal, se preenchidos os requisitos do art. 28-A do CPP.

FORMA PRIVILEGIADA (ART. 235, §1º)
►***Art. 235, §1º - Aquele que, não sendo casado, contrai casamento com pessoa casada, conhecendo essa circunstância, é punido com reclusão ou detenção, de 1 a 3 anos***. **Exceção pluralística à teoria monista**: o contraente casado responde pelo crime do *caput* enquanto o contraente não casado incide na forma privilegiada, **desde que saiba da existência do casamento anterior do primeiro**. Admite suspensão condicional do processo (se preenchidos os requisitos do art. 89 da Lei 9.099/95).

2. A tentativa pode ser verificada, por exemplo, durante a solenidade de celebração de casamento, contanto que seja antes da declaração final.

BIGAMIA – TEMAS RELEVANTES	
Causa excludente da tipicidade	▶ ***Art. 235, §2º - Anulado por qualquer motivo o primeiro casamento, ou o outro por motivo que não a bigamia, considera-se inexistente o crime.*** Se o casamento for **anulado ou declarado nulo**, o sujeito nunca esteve casado com duas pessoas ao mesmo tempo (efeitos *ex tunc*).
Prescrição (art. 111)	▶ ***Art. 111. A prescrição, antes de transitar em julgado a sentença final, começa a correr:*** ***IV - nos de bigamia e nos de falsificação ou alteração de assentamento do registro civil, da data em que o fato se tornou conhecido.***
Casamento anterior	Por óbvio, não podem casar as pessoas casadas (art. 1521, VI do CC). A habilitação para o casamento deve ser instruída por certidão de **óbito do cônjuge falecido**, de sentença declaratória de **nulidade ou de anulação** de casamento, transitada em julgado, ou do registro da sentença de **divórcio** (art. 1525, V do CC). Fora desses casos (óbito do cônjuge, anulação ou divórcio), há casamento anterior.
Erro de proibição (art. 21)	Há erro de proibição quando o sujeito acredita que, por estar separado judicialmente, pode contrair novo casamento e efetivamente o contrai. Nesse caso, a análise do caso concreto indicará se o erro é escusável ou não.
Erro de tipo	Causa estranheza, mas é possível visualizar o erro de tipo quando o sujeito não sabe que é casado. Exemplo de Cleber Masson: "uma pessoa vem a se casar após ser enganada pelo seu advogado, que lhe cobra honorários sob argumento de que prestou serviços correspondentes à decretação judicial do seu divórcio. Nesse exemplo, o agente incidiu em falsa percepção acerca de uma situação fática, nota marcante do erro de tipo, excludente do dolo"[3].
Separação judicial	A separação judicial **não dissolve o vínculo conjugal**. Assim, o cônjuge separado judicialmente que contrai novo casamento comete o crime de bigamia.
Casamento religioso	O casamento religioso pode ter efeito civil se atender às **exigências previstas na lei civil**[4] (art. 1515 do CC). Se as formalidades não forem observadas, o sujeito não é civilmente casado e, portanto, não pode cometer o crime de bigamia.

3. MASSON, Cleber (op. cit. 2015 p. 162).
4. Art. 226, §2º da CF/88 - O casamento religioso tem efeito civil, nos termos da lei.

DOS CRIMES CONTRA A FAMÍLIA

BIGAMIA – TEMAS RELEVANTES	
Falsidade ideológica e princípio da consunção	"O delito de bigamia exige para se consumar a precedente falsidade, isto é: a declaração falsa, no processo preliminar de habilitação do segundo casamento, de que inexiste impedimento legal. Constituindo-se a falsidade ideológica (crime-meio) etapa da realização da prática do crime de bigamia (crime-fim), não há concurso do crime entre estes delitos"[5]. No caso, aplica-se o princípio da consunção.
Poligamia	Se o sujeito casado contrair vários casamentos, responderá pelo crime de bigamia em **concurso material**.

INDUZIMENTO A ERRO ESSENCIAL E OCULTAÇÃO DE IMPEDIMENTO (ART. 236)	
►***Art. 236. Contrair casamento, induzindo em erro essencial o outro contraente, ou ocultando-lhe impedimento que não seja casamento anterior: Pena - detenção, de 6 meses a 2 anos.***	
Tipicidade	**Norma penal em branco homogênea heteróloga**: o conceito de "*erro essencial*" está no CC (art. 1557), bem como as hipóteses de impedimento (art. 1521).
Bem jurídico	O casamento.
Sujeito ativo	Qualquer pessoa (crime **comum**).
Sujeito passivo	O Estado e o cônjuge que contraiu casamento de boa-fé.
Elemento subjetivo	Dolo, direto ou eventual. Não há finalidade específica. Não há modalidade culposa.
Consumação	Ocorre quando os sujeitos ativo e passivo contraem casamento (crime **material** e **instantâneo de efeitos permanentes**). Embora a conduta seja fracionável (crime **plurissubsistente**), **não admite tentativa** por força do parágrafo único do art. 236, o qual condiciona a ação penal ao prévio trânsito em julgado da sentença que anula o casamento.
Omissão	Pode ser praticado na forma omissiva (omissão **imprópria**).

5. STJ, HC 39583/MS, Rel. Min. Laurita Vaz, 5ª Turma, j. 08/03/2005.

INDUZIMENTO A ERRO ESSENCIAL E OCULTAÇÃO DE IMPEDIMENTO (ART. 236)	
Execução	Crime de forma **vinculada**.
Concurso de pessoas	Crime de concurso eventual (**unissubjetivo**).
Competência	Juizado Especial Criminal.
Lei 9.099/95	Infração de menor potencial ofensivo.
Ação penal	**Ação penal privada personalíssima** (art. 236, parágrafo único).
ANPP	Admitida transação penal, é incabível o acordo de não persecução penal (art. 28-A, § 2º, I, do CPP).

INDUZIMENTO A ERRO ESSENCIAL E OCULTAÇÃO DE IMPEDIMENTO – TEMAS RELEVANTES	
Erro bilateral	É possível que os cônjuges enganem um ao outro, simultaneamente. Nesse caso, cada um incidirá no tipo penal previsto no art. 236.
Erro essencial (art. 1557 do CC)	"Considera-se erro essencial sobre a pessoa do outro cônjuge: I - o que diz respeito à sua identidade, sua honra e boa fama, sendo esse erro tal que o seu conhecimento ulterior torne insuportável a vida em comum ao cônjuge enganado; II - a ignorância de crime, anterior ao casamento, que, por sua natureza, torne insuportável a vida conjugal; III - a ignorância, anterior ao casamento, de defeito físico irremediável que não caracterize deficiência ou de moléstia grave e transmissível, por contágio ou por herança, capaz de pôr em risco a saúde do outro cônjuge ou de sua descendência".
Impedimentos (art. 1521 do CC)	"Não podem casar: I - os ascendentes com os descendentes, seja o parentesco natural ou civil; II - os afins em linha reta; III - o adotante com quem foi cônjuge do adotado e o adotado com quem o foi do adotante; IV - os irmãos, unilaterais ou bilaterais, e demais colaterais, até o terceiro grau inclusive; V - o adotado com o filho do adotante; VI - as pessoas casadas (nesse caso, a conduta amolda-se ao crime de bigamia); VII - o cônjuge sobrevivente com o condenado por homicídio ou tentativa de homicídio contra o seu consorte".

INDUZIMENTO A ERRO ESSENCIAL E OCULTAÇÃO DE IMPEDIMENTO – TEMAS RELEVANTES	
Ação penal privada personalíssima	**Único caso no direito penal brasileiro. Apenas a vítima pode exercer o direito de ação.** Em caso de óbito, tal direito não é transmissível e a punibilidade é extinta.
Condição de procedibilidade	► ***Art. 236, parágrafo único - A ação penal depende de queixa do contraente enganado e não pode ser intentada senão depois de transitar em julgado a sentença que, por motivo de erro ou impedimento, anule o casamento.***

CONHECIMENTO PRÉVIO DE IMPEDIMENTO (ART. 237)	
► ***Art. 237. Contrair casamento, conhecendo a existência de impedimento que lhe cause a nulidade absoluta:*** ***Pena - detenção, de 3 meses a 1 ano.***	
Tipicidade	**Norma penal em branco homogênea heteróloga**: as hipóteses de impedimento estão listadas no CC (art. 1521)[6]. Basta a omissão do sujeito que tem ciência do impedimento e, ainda assim, contrai casamento, independentemente de emprego de fraude. É possível que ambos os cônjuges ocultem impedimento (coautoria). É **crime subsidiário** em relação ao art. 236.
Bem jurídico	O casamento.
Sujeito ativo	Qualquer pessoa (crime **comum**).
Sujeito passivo	O Estado e o cônjuge que desconhece o impedimento.
Elemento subjetivo	**Dolo direto** ("*conhecendo*"). Não há finalidade específica. Não há modalidade culposa.
Consumação	Ocorre quando os sujeitos ativo e passivo contraem casamento (crime **material** e **instantâneo de efeitos permanentes**). Admite tentativa (crime **plurissubsistente**)[7].
Omissão	Pode ser praticado na forma omissiva (omissão **imprópria**).

6. O dispositivo foi transcrito na página anterior. Aplica-se, inclusive, a ressalva quanto à bigamia.
7. A tentativa pode ser verificada, por exemplo, durante a solenidade de celebração de casamento, contanto que seja antes da declaração final.

CONHECIMENTO PRÉVIO DE IMPEDIMENTO (ART. 237)	
Execução	Crime de forma **vinculada**.
Concurso de pessoas	Crime de concurso eventual (**unissubjetivo**).
Competência	Juizado Especial Criminal.
Lei 9.099/95	Infração de menor potencial ofensivo.
Ação penal	Pública incondicionada.
ANPP	Admitida transação penal, é incabível o acordo de não persecução penal (art. 28-A, § 2º, I, do CPP).

SIMULAÇÃO DE AUTORIDADE PARA CELEBRAÇÃO DE CASAMENTO (ART. 238)	
► Art. 238. Atribuir-se falsamente autoridade para celebração de casamento*[8]*: ***Pena - detenção, de 1 a 3 anos, se o fato não constitui crime mais grave****.*	
Tipicidade	**Crime subsidiário** (*"se o fato não constitui crime mais grave"*).
Bem jurídico	O casamento.
Sujeito ativo	Qualquer pessoa (crime **comum**).
Sujeito passivo	O Estado e os contraentes enganados pela falsa autoridade do sujeito ativo.
Elemento subjetivo	Dolo, direto ou eventual. Não há finalidade específica. Não há modalidade culposa.
Consumação	Ocorre quando o sujeito passivo pratica um ato que evidencia a falsa atribuição de autoridade, independentemente da efetiva celebração (crime **formal** e **instantâneo**). Admite tentativa (crime **plurissubsistente**).
Omissão	Pode ser praticado na forma omissiva (omissão **imprópria**).
Execução	Crime de forma livre.

8. Sobre o tema, dispõe o art. 98 CF/88: A União, no Distrito Federal e nos Territórios, e os Estados criarão: II - justiça de paz, remunerada, composta de cidadãos eleitos pelo voto direto, universal e secreto, com mandato de 4 anos e competência para, na forma da lei, **celebrar casamentos**, verificar, de ofício ou em face de impugnação apresentada, o processo de habilitação e exercer atribuições conciliatórias, sem caráter jurisdicional, além de outras previstas na legislação.

SIMULAÇÃO DE AUTORIDADE PARA CELEBRAÇÃO DE CASAMENTO (ART. 238)	
Concurso de pessoas	Crime de concurso eventual (**unissubjetivo**).
Competência	Juízo comum.
Lei 9.099/95	Não é infração de menor potencial ofensivo, mas admite suspensão condicional do processo (se preenchidos os requisitos do art. 89 da Lei 9.099/95).
Ação penal	Pública incondicionada.
ANPP	É cabível o acordo de não persecução penal, se preenchidos os requisitos do art. 28-A do CPP.

SIMULAÇÃO DE CASAMENTO (ART. 239)	
► Art. 239. Simular casamento mediante engano de outra pessoa: ***Pena - detenção, de 1 a 3 anos, se o fato não constitui elemento de crime mais grave.***	
Tipicidade	**Crime subsidiário** (*"se o fato não constitui crime mais grave"*).
Bem jurídico	O casamento.
Sujeito ativo	Qualquer pessoa (crime **comum**).
Sujeito passivo	O Estado e a pessoa enganada pela simulação de casamento.
Elemento subjetivo	Dolo, direto ou eventual. Não há finalidade específica. Não há modalidade culposa.

SIMULAÇÃO DE CASAMENTO (ART. 239)	
Consumação	Ocorre com "a simulação de qualquer ato constante da celebração do casamento, independentemente de se o agente conseguiu um ou não alcançar a simulação do ato considerado culminante, vale dizer, a declaração falsa de casados"[9] (crime **formal** e **instantâneo**). Admite tentativa (crime **plurissubsistente**).
Omissão	Pode ser praticado na forma omissiva (omissão **imprópria**).
Execução	Crime de forma livre.
Concurso de pessoas	Crime de concurso eventual (**unissubjetivo**).
Competência	Juízo comum.
Lei 9.099/95	Não é infração de menor potencial ofensivo, mas admite suspensão condicional do processo (se preenchidos os requisitos do art. 89 da Lei 9.099/95).
Ação penal	Pública incondicionada.
ANPP	É cabível o acordo de não persecução penal, se preenchidos os requisitos do art. 28-A do CPP.

9. GRECO, Rogério (op. cit. p. 287).

2

DOS CRIMES CONTRA O ESTADO DE FILIAÇÃO

REGISTRO DE NASCIMENTO INEXISTENTE (ART. 241)	
► ***Art. 241. Promover no registro civil a inscrição de nascimento inexistente: Pena - reclusão, de 2 a 6 anos.***	
Tipicidade	Se o sujeito comete o crime de **falsidade ideológica** (crime-meio) com o intuito de promover o registro do nascimento inexistente (crime-fim), só responde por este último (princípio da consunção).
Bem jurídico	O estado de filiação.
Sujeito ativo	Qualquer pessoa (crime **comum**).
Sujeito passivo	O Estado e pessoas eventualmente prejudicadas.
Elemento subjetivo	Dolo, direto ou eventual. Não há finalidade específica. Não há modalidade culposa.
Consumação	Ocorre com a inscrição no registro civil (crime **material** e **instantâneo de efeitos permanentes**). Admite tentativa (crime **plurissubsistente**).
Omissão	Pode ser praticado na forma omissiva (omissão **imprópria**).
Execução	Crime de forma livre.
Concurso de pessoas	Crime de concurso eventual (**unissubjetivo**).
Competência	Juízo comum.

REGISTRO DE NASCIMENTO INEXISTENTE (ART. 241)	
Lei 9.099/95	Não é infração de menor potencial ofensivo.
Ação penal	Pública incondicionada.
ANPP	É cabível o acordo de não persecução penal, se preenchidos os requisitos do art. 28-A do CPP.

REGISTRO DE NASCIMENTO INEXISTENTE – TEMAS RELEVANTES	
Prescrição (art. 111)	► ***Art. 111. A prescrição, antes de transitar em julgado a sentença final, começa a correr: [...] IV - nos de bigamia e nos de falsificação ou alteração de assentamento do registro civil, da data em que o fato se tornou conhecido.***
Natimorto e morte durante o parto	O natimorto e a criança que morre na ocasião do parto **devem ser registrados**, de acordo com as disposições da Lei 6.015/73[1].

PARTO SUPOSTO. SUPRESSÃO OU ALTERAÇÃO DE DIREITO INERENTE AO ESTADO CIVIL DE RECÉM-NASCIDO (ART. 242)	
► ***Art. 242. Dar parto alheio como próprio; registrar como seu o filho de outrem; ocultar recém-nascido ou substituí-lo, suprimindo ou alterando direito inerente ao estado civil: Pena - reclusão, de 2 a 6 anos.***	
Tipicidade	**Tipo penal misto cumulativo**: se o sujeito praticar mais de um núcleo do tipo penal, responderá em **concurso de crimes**.
Bem jurídico	O estado de filiação.
Sujeito ativo	Qualquer pessoa (crime **comum**), salvo no caso de *"dar parto alheio como próprio"*, que apenas pode ser praticado por mulher (crime **próprio**).
Sujeito passivo	O Estado e pessoas eventualmente prejudicadas.

1. Art. 53. No caso de ter a criança nascido morta ou no de ter morrido na ocasião do parto, será, não obstante, feito o assento com os elementos que couberem e com remissão ao do óbito.
§1º No caso de ter a **criança nascido morta**, será o registro feito no livro "**C Auxiliar**", com os elementos que couberem.
§2º No caso de a **criança morrer na ocasião do parto**, tendo, entretanto, respirado, serão feitos os **dois assentos, o de nascimento e o de óbito**, com os elementos cabíveis e com remissões recíprocas.

PARTO SUPOSTO. SUPRESSÃO OU ALTERAÇÃO DE DIREITO INERENTE AO ESTADO CIVIL DE RECÉM-NASCIDO (ART. 242)	
Elemento subjetivo	Dolo, direto ou eventual. Há **finalidade específica** apenas quanto às condutas de *"ocultar"* e *"substituir"*, as quais devem ser praticadas com o intuito de suprimir ou alterar direito inerente ao estado civil. Não há modalidade culposa.
Consumação	Ocorre "quando criada situação duradoura que realmente implique alteração do *status familiae* da criança"[2], com o registro do neonato ou, ainda, com a prática de ato de supressão ou alteração de direito inerente ao estado civil (**crime material**, em todos os casos). Pode ser **permanente** (*"ocultar"*) ou **instantâneo** (demais núcleos). Admite tentativa (crime **plurissubsistente**).
Omissão	Pode ser praticado na forma omissiva (omissão **imprópria**).
Execução	Crime de forma livre.
Concurso de pessoas	Crimes de concurso eventual (**unissubjetivo**).
Competência	Juízo comum.
Lei 9.099/95	Não é infração de menor potencial ofensivo.
Ação penal	Pública incondicionada.
ANPP	É cabível o acordo de não persecução penal, se preenchidos os requisitos do art. 28-A do CPP.

FORMA PRIVILEGIADA E PERDÃO JUDICIAL (ART. 242, PARÁGRAFO ÚNICO)
▶ ***Art. 242, parágrafo único - Se o crime é praticado por motivo de reconhecida nobreza: Pena - detenção, de 1 a 2 anos, podendo o juiz deixar de aplicar a pena.*** A primeira hipótese (detenção, de 1 a 2 anos) é infração de menor potencial ofensivo, de competência do Juizado Especial Criminal.

2. PRADO, Luiz Regis. Comentários ao Código Penal. 2. Ed. São Paulo: RT, 2003. p. 557.

PARTO SUPOSTO. SUPRESSÃO OU ALTERAÇÃO DE DIREITO INERENTE AO ESTADO CIVIL DE RECÉM-NASCIDO – TEMAS RELEVANTES	
"Adoção à brasileira"	O registro do filho de outrem como próprio (segundo núcleo do tipo penal) é conhecido por "adoção à brasileira". Na maior parte das vezes, a conduta é motivada por causa nobre, o que enseja a aplicação da forma privilegiada ou a concessão do perdão judicial, nos termos do parágrafo único.
Prescrição (art. 111)	►***Art. 111. A prescrição, antes de transitar em julgado a sentença final, começa a correr: [...] IV - nos de bigamia e nos de falsificação ou alteração de assentamento do registro civil, da data em que o fato se tornou conhecido***.

SONEGAÇÃO DE ESTADO DE FILIAÇÃO (ART. 243)	
►***Art. 243. Deixar em asilo de expostos*[3] *ou outra instituição de assistência filho próprio ou alheio, ocultando-lhe a filiação ou atribuindo-lhe outra, com o fim de prejudicar direito inerente ao estado civil:*** ***Pena - reclusão, de 1 a 5 anos, e multa.***	
Tipicidade	O filho abandonado não precisa ser recém-nascido, pois o poder familiar extingue-se pela maioridade ou emancipação (art. 1635, II e III do CC). O abandono em outro local que não seja instituição de assistência pode configurar **abandono de incapaz** (art. 133) ou **exposição ou abandono de recém-nascido** (art. 134).
Bem jurídico	O estado de filiação.
Sujeito ativo	Qualquer pessoa (crime **comum**). Não é cometido necessariamente pelos pais, pois o tipo penal prevê a possibilidade de o sujeito abandonar filho alheio.
Sujeito passivo	O Estado e o filho abandonado.
Elemento subjetivo	Dolo, direto ou eventual. Finalidade específica: "*com o fim de prejudicar direito inerente ao estado civil*". Não há modalidade culposa.

3. Expressão em desuso. Hoje, é conhecido por **orfanato**.

SONEGAÇÃO DE ESTADO DE FILIAÇÃO (ART. 243)	
Consumação	Ocorre quando o sujeito abandona a vítima em instituição de assistência, ocultando-lhe a filiação ou atribuindo-lhe outra, ainda que não haja efetivo prejuízo a direito inerente ao estado civil (crime **formal** e **instantâneo de efeitos permanentes**). Admite tentativa (crime **plurissubsistente**).
Omissão	Pode ser praticado na forma omissiva (omissão **imprópria**).
Execução	Crime de forma livre.
Concurso de pessoas	Crimes de concurso eventual (**unissubjetivo**).
Competência	Juízo comum.
Lei 9.099/95	Não é infração de menor potencial ofensivo, mas admite suspensão condicional do processo (se preenchidos os requisitos do art. 89 da Lei 9.099/95).
Ação penal	Pública incondicionada.
ANPP	É cabível o acordo de não persecução penal, se preenchidos os requisitos do art. 28-A do CPP.

3

DOS CRIMES CONTRA A ASSISTÊNCIA FAMILIAR

ABANDONO MATERIAL (ART. 244)	
►***Art. 244. Deixar, sem justa causa, de prover a subsistência do cônjuge, ou de filho menor de 18 anos ou inapto para o trabalho, ou de ascendente inválido ou maior de 60 anos, não lhes proporcionando os recursos necessários ou faltando ao pagamento de pensão alimentícia judicialmente acordada, fixada ou majorada; deixar, sem justa causa, de socorrer descendente ou ascendente, gravemente enfermo:*** ***Pena - detenção, de 1 a 4 anos e multa, de uma a dez vezes o maior salário mínimo vigente no País.***	
Tipicidade	**Tipo penal misto cumulativo**: se o sujeito praticar mais de um núcleo do tipo penal, responderá em **concurso de crimes**. A *"subsistência"* restringe-se às necessidades básicas indispensáveis à sobrevivência. É imprescindível a comprovação de que a omissão foi *"sem justa causa"*[1] (elemento normativo do tipo).
Bem jurídico	A assistência familiar.
Sujeito ativo	O cônjuge, genitor(a) e filho(a) nas situações descritas (crime **próprio**).

1. "Na hipótese, embora o *Parquet* tenha feito menção de que o denunciado, sem justa causa, tenha faltado com o pagamento de pensão alimentícia, **não logrou demonstrar que a omissão foi feita de forma deliberada e sem amparo legal, restando, portanto, ausente na descrição da conduta, o elemento normativo do tipo penal, sem o qual não há falar em crime, mas tão somente em ilícito civil**" (STJ, RHC 55974/SP, Rel. Min. Ericson Maranho, 6ª Turma, j. 10/03/2015).

ABANDONO MATERIAL (ART. 244)	
Sujeito passivo	1) O cônjuge[2]; 2) O filho menor de 18 anos ou inapto para o trabalho; 3) O ascendente inválido ou maior de 60 anos[3]; 4) Qualquer descendente (ex.: neto) ou ascendente (ex.: avô) gravemente enfermo.
Elemento subjetivo	Dolo, direto ou eventual. Não há finalidade específica. Não há modalidade culposa.
Consumação	Ocorre quando o sujeito, sem justa causa, descumpre o dever legal de prover a subsistência ou deixa de socorrer o descendente e o ascendente gravemente enfermo (crime **formal** e **permanente**). É necessário que a omissão crie **perigo concreto** à integridade física e moral da vítima. Não admite tentativa (crime **unissubsistente**).
Omissão	O crime é **omissivo próprio**.
Execução	Crime de forma livre.
Concurso de pessoas	Crimes de concurso eventual (**unissubjetivo**).
Competência	Juízo comum.
Lei 9.099/95	Não é infração de menor potencial ofensivo, mas admite suspensão condicional do processo (se preenchidos os requisitos do art. 89 da Lei 9.099/95).
Ação penal	Pública incondicionada.
ANPP	É cabível o acordo de não persecução penal, se preenchidos os requisitos do art. 28-A do CPP.

2. **Não se pode incluir o convivente (união estável) no rol dos sujeitos passivos (vedação à analogia *in malam partem*).**
3. Art. 229 da CF/88 - Os pais têm o dever de assistir, criar e educar os filhos menores, e os filhos maiores têm o dever de ajudar e amparar os pais na velhice, carência ou enfermidade.

CONDUTA EQUIPARADA (ART. 244, PARÁGRAFO ÚNICO)
▶ ***Art. 244, parágrafo único - Nas mesmas penas incide quem, sendo solvente, frustra ou ilide, de qualquer modo, inclusive por abandono injustificado de emprego ou função, o pagamento de pensão alimentícia judicialmente acordada, fixada ou majorada.***

ENTREGA DE FILHO MENOR A PESSOA INIDÔNEA (ART. 245)	
▶ ***Art. 245. Entregar filho menor de 18 anos a pessoa em cuja companhia saiba ou deva saber que o menor fica moral ou materialmente em perigo:*** ***Pena - detenção, de 1 a 2 anos.***	
Tipicidade	É difícil definir a "má companhia" ao menor, a qual deve ser analisada no caso concreto. Possíveis exemplos: dependentes químicos, pessoas violentas, psicóticos etc. De qualquer forma, é indispensável a comprovação de que o menor foi exposto a **perigo concreto** à sua integridade física ou moral.
Bem jurídico	A assistência familiar.
Sujeito ativo	Apenas os pais do menor de 18 anos (crime **próprio**).
Sujeito passivo	O filho menor de 18 anos de idade.
Elemento subjetivo	Dolo, direto ("*saiba*") ou eventual ("*deva saber*"). Não há finalidade específica. Não há modalidade culposa.
Consumação	Ocorre quando o sujeito efetivamente entrega o filho menor de 18 anos à "má companhia" (crime **material**). Não é necessário que a situação perdure por lapso de tempo considerável, bastando a mera entrega (crime **instantâneo**[4]). Admite tentativa (crime **plurissubsistente**).
Omissão	Pode ser praticado na forma omissiva (omissão **imprópria**).
Execução	Crime de forma livre.
Concurso de pessoas	Crimes de concurso eventual (**unissubjetivo**).

4. "[...] além de entregarem a filha menor a pessoa que sabiam ser inidônea, consumando, neste momento, o delito do art. 245 do CP, que é **instantâneo** [...]" (STJ, AgRg no AREsp 672170/SC, Rel. Min. Reynaldo Soares da Fonseca, 5ª Turma, j. 02/02/2016).

ENTREGA DE FILHO MENOR A PESSOA INIDÔNEA (ART. 245)	
Competência	Juizado Especial Criminal.
Lei 9.099/95	Infração de menor potencial ofensivo.
Ação penal	Pública incondicionada.
ANPP	Admitida transação penal no *caput*, é incabível o acordo de não persecução penal (art. 28-A, § 2º, I, do CPP). Na figura qualificada (§ 1º), é possível o acordo se preenchidos os requisitos do art. 28-A do CPP.

FORMAS QUALIFICADAS (ART. 245, §§1º E 2º)
► ***~~Art. 245, §1º - A pena é de 1 a 4 anos de reclusão, se o agente pratica delito para obter lucro, ou se o menor é enviado para o exterior.~~*** ***~~§2º - Incorre, também, na pena do parágrafo anterior quem, embora excluído o perigo moral ou material, auxilia a efetivação de ato destinado ao envio de menor para o exterior, com o fito de obter lucro~~***. **As formas qualificadas acima foram tacitamente revogadas pelos arts. 238 e 239 do ECA.**

ABANDONO INTELECTUAL (ART. 246)	
► ***Art. 246. Deixar, sem justa causa, de prover à instrução primária de filho em idade escolar:*** ***Pena - detenção, de 15 dias a 1 mês, ou multa***.	
Tipicidade	A *"idade escolar"* consiste na educação básica dos **4 aos 17 anos** (art. 208, I da CF/88). *"Sem justa causa"* é elemento normativo do tipo a ser analisado pelo julgador no caso concreto.
Bem jurídico	A assistência familiar.
Sujeito ativo	Apenas os pais do filho em idade escolar (crime **próprio**).
Sujeito passivo	O filho em idade escolar.

ABANDONO INTELECTUAL (ART. 246)	
Elemento subjetivo	Dolo, direto ou eventual. Não há finalidade específica. Não há modalidade culposa.
Consumação	Ocorre quando o sujeito deixa de providenciar a matrícula do filho, em idade escolar, em estabelecimento de ensino[5] (crime **formal** e **permanente**). Não admite tentativa (crime **unissubsistente**).
Omissão	O crime é **omissivo próprio**.
Execução	Crime de forma livre.
Concurso de pessoas	Crimes de concurso eventual (**unissubjetivo**).
Competência	Juizado Especial Criminal.
Lei 9.099/95	Infração de menor potencial ofensivo.
Ação penal	Pública incondicionada.
ANPP	Admitida transação penal, é incabível o acordo de não persecução penal (art. 28-A, § 2º, I, do CPP).

ABANDONO MORAL (ART. 247)	
►Art. 247. Permitir alguém que menor de 18 anos, sujeito a seu poder ou confiado à sua guarda ou vigilância: ***I - frequente casa de jogo ou mal-afamada, ou conviva com pessoa viciosa ou de má vida;*** ***II - frequente espetáculo capaz de pervertê-lo ou de ofender-lhe o pudor, ou participe de representação de igual natureza;*** ***III - resida ou trabalhe em casa de prostituição;*** ***IV - mendigue ou sirva a mendigo para excitar a comiseração pública:*** ***Pena - detenção, de 1 a 3 meses, ou multa.***	
Tipicidade	Há, no tipo penal, diversos elementos normativos. Cabe ao julgador, no caso concreto, avaliar se a casa é *"mal-afamada"* ou se a pessoa é de *"má vida"*, por exemplo.

5. **"Inexiste previsão constitucional e legal, como reconhecido pelos impetrantes, que autorizem os pais ministrarem aos filhos as disciplinas do ensino fundamental, no recesso do lar, sem controle do poder público mormente quanto à frequência no estabelecimento de ensino e ao total de horas letivas indispensáveis à aprovação do aluno"** (STJ, MS 7407/DF, Rel. Min. Francisco Peçanha Martins, 1ª Seção, j. 24/04/2002).

ABANDONO MORAL (ART. 247)	
Bem jurídico	A assistência familiar.
Sujeito ativo	Apenas o sujeito que detém o poder, a guarda ou vigilância de menor de 18 anos (crime **próprio**).
Sujeito passivo	O menor de 18 anos.
Elemento subjetivo	Dolo, direto ou eventual. Há finalidade específica no inciso IV: "***para excitar a comiseração pública***". Não há modalidade culposa.
Consumação	Ocorre quando o menor frequenta os locais indicados nos incisos I e II (crime **habitual**); convive com pessoa viciosa ou de má vida, bem como quando reside ou trabalha em casa de prostituição (crime **permanente**); ou participa de representação ofensiva ao pudor ou, ainda, mendiga ou serve a mendigo (crime **instantâneo**). Em qualquer hipótese, o crime é **formal**. Diante da dificuldade de classificá-lo omissivo ou comissivo, a configuração da tentativa depende da possibilidade de fracionamento do *iter criminis* no caso concreto (crime **unissubsistente ou plurissubsistente**).
Omissão	A conduta de "*permitir*" pode ser interpretada como uma atuação positiva (crime **comissivo**) ou negativa (crime **omissivo puro**).
Execução	Crime de forma livre.
Concurso de pessoas	Crimes de concurso eventual (**unissubjetivo**).
Competência	Juizado Especial Criminal.
Lei 9.099/95	Infração de menor potencial ofensivo.
Ação penal	Pública incondicionada.
ANPP	Admitida transação penal, é incabível o acordo de não persecução penal (art. 28-A, § 2º, I, do CPP).

4

DOS CRIMES CONTRA O PÁTRIO PODER, TUTELA OU CURATELA

<table>
<tr><th colspan="2">INDUZIMENTO A FUGA, ENTREGA ARBITRÁRIA OU SONEGAÇÃO DE INCAPAZES (ART. 248)</th></tr>
<tr><td colspan="2">►Art. 248. Induzir menor de 18 anos, ou interdito, a fugir do lugar em que se acha por determinação de quem sobre ele exerce autoridade, em virtude de lei ou de ordem judicial; confiar a outrem sem ordem do pai, do tutor ou do curador algum menor de 18 anos ou interdito, ou deixar, sem justa causa, de entregá-lo a quem legitimamente o reclame:
Pena - detenção, de 1 mês a 1 ano, ou multa.</td></tr>
<tr><td>Tipicidade</td><td>Trata-se de tipo penal misto cumulativo e alternativo. A conduta inicial (induzir menor ou interdito a fugir) pode ser associada à segunda, que é alternativa (confiar a outrem ou deixar de entregá-lo), caracterizando dois delitos, em concurso material.</td></tr>
<tr><td>Bem jurídico</td><td>A proteção do poder familiar, tutela ou curatela.</td></tr>
<tr><td>Sujeito ativo</td><td>Qualquer pessoa (crime comum).</td></tr>
<tr><td>Sujeito passivo</td><td>Os pais, tutores ou curadores e o menor ou interdito.</td></tr>
<tr><td>Elemento subjetivo</td><td>Dolo, direto ou eventual.
Não há finalidade específica.
Não há modalidade culposa.</td></tr>
</table>

INDUZIMENTO A FUGA, ENTREGA ARBITRÁRIA OU SONEGAÇÃO DE INCAPAZES (ART. 248)	
Consumação	Ocorre com a fuga do menor de 18 anos ou interdito (crime **material**[6]), com a entrega arbitrária (crime **material**) ou quando o sujeito deixa de entregar o menor ou interdito a quem o reclama (crime **formal**). Em qualquer caso, é crime **instantâneo**. Admite tentativa (crime **plurissubsistente**), ressalvada a sonegação de incapazes, crime omissivo **próprio** e **unissubsistente**.
Omissão	O crime é **omissivo próprio quanto ao núcleo *"deixar de entregar"*** (sonegação de incapazes). Nos demais casos, é comissivo.
Execução	Crime de forma livre.
Concurso de pessoas	Crimes de concurso eventual (**unissubjetivo**).
Competência	Juizado Especial Criminal.
Lei 9.099/95	Infração de menor potencial ofensivo.
Ação penal	Pública incondicionada.
ANPP	Admitida transação penal, é incabível o acordo de não persecução penal (art. 28-A, § 2º, I, do CPP).

SUBTRAÇÃO DE INCAPAZES (ART. 249)	
►***Art. 249. Subtrair menor de 18 anos ou interdito ao poder de quem o tem sob sua guarda em virtude de lei ou de ordem judicial:*** ***Pena - detenção, de 2 meses a 2 anos, se o fato não constitui elemento de outro crime.***	
Tipicidade	**Crime subsidiário** (*"se o fato não constitui crime mais grave"*). A guarda de fato não está protegida pelo tipo penal, o qual exige que **a guarda emane de lei ou de ordem judicial**.
Bem jurídico	A proteção do poder familiar, tutela ou curatela.
Sujeito ativo	Qualquer pessoa (crime **comum**).

6. Há certa divergência. A doutrina (minoritária) entende que o crime é formal e consuma-se com o mero induzimento, independentemente da efetiva fuga do sujeito passivo. Todavia, se o menor ou interdito for induzido e quedar-se inerte, não haverá qualquer lesão ou perigo de lesão ao bem jurídico.

SUBTRAÇÃO DE INCAPAZES (ART. 249)	
Sujeito passivo	O detentor da guarda e o menor ou interdito.
Elemento subjetivo	Dolo, direto ou eventual. Não há finalidade específica. Não há modalidade culposa.
Consumação	Ocorre no momento em que o menor ou interdito é retirado da esfera de vigilância do detentor da guarda (crime **material** e **instantâneo**). Admite tentativa (crime **plurissubsistente**).
Omissão	Pode ser praticado na forma omissiva (omissão **imprópria**).
Execução	Crime de forma livre.
Concurso de pessoas	Crimes de concurso eventual (**unissubjetivo**).
Competência	Juizado Especial Criminal.
Lei 9.099/95	Infração de menor potencial ofensivo.
Ação penal	Pública incondicionada.
ANPP	Admitida transação penal, é incabível o acordo de não persecução penal (art. 28-A, § 2º, I, do CPP).

PERDÃO JUDICIAL (ART. 249, §2º)
►Art. 249, §2º - No caso de restituição do menor ou do interdito, se este não sofreu maus-tratos ou privações, o juiz pode deixar de aplicar pena.

SUBTRAÇÃO DE INCAPAZES – TEMAS RELEVANTES	
Norma penal explicativa	***►Art. 249, §1º - O fato de ser o agente pai ou tutor do menor ou curador do interdito não o exime de pena, se destituído ou temporariamente privado do pátrio poder, tutela, curatela ou guarda.***
Art. 237 do ECA	O art. 237 do ECA traz crime bastante semelhante ("subtrair criança ou adolescente ao poder de quem o tem sob sua guarda em virtude de lei ou ordem judicial, com o fim de colocação em lar substituto: Pena - reclusão de 2 a 6 anos, e multa). A distinção reside na **finalidade específica: com o fim de colocação em lar substituto**.

TÍTULO VIII

DOS CRIMES CONTRA A INCOLUMIDADE PÚBLICA

INTRODUÇÃO AOS CRIMES CONTRA A INCOLUMIDADE PÚBLICA

DOS CRIMES CONTRA A INCOLUMIDADE PÚBLICA (TÍTULO VIII)[1]		
DOS CRIMES DE PERIGO COMUM (capítulo I)	**DOS CRIMES CONTRA A SEGURANÇA DOS MEIOS DE COMUNICAÇÃO E TRANSPORTE E OUTROS SERVIÇOS PÚBLICOS** (capítulo II)	**DOS CRIMES CONTRA A SAÚDE PÚBLICA** (capítulo III)

DOS CRIMES DE PERIGO COMUM (I)		
Incêndio (art. 250).	Explosão (art. 251).	Uso de gás tóxico ou asfixiante (art. 252).
Fabrico, fornecimento, aquisição posse ou transporte de explosivos ou gás tóxico, ou asfixiante (art. 253).	Inundação (art. 254).	Perigo de inundação (art. 255).
Desabamento ou desmoronamento (art. 256).	Subtração, ocultação ou inutilização de material de salvamento (art. 257).	Difusão de doença ou praga (art. 259).
A todos os crimes aplicam-se as formas qualificadas previstas no art. 258.		

1. Os crimes faltantes foram revogados.

DOS CRIMES CONTRA A SEGURANÇA DOS MEIOS DE COMUNICAÇÃO E TRANSPORTE E OUTROS SERVIÇOS PÚBLICOS (II)	
Perigo de desastre ferroviário (art. 260, *caput* e incisos I a III).	Desastre ferroviário (art. 260, §§1º a 2º).
Atentado contra a segurança de transporte marítimo, fluvial ou aéreo (art. 261).	Sinistro em transporte marítimo, fluvial ou aéreo (art. 261, §1º).
Atentado contra a segurança de outro meio de transporte (art. 262).	Arremesso de projétil (art. 264).
Atentado contra a segurança de serviço de utilidade pública (art. 265).	Interrupção ou perturbação de serviço telegráfico, telefônico, informático, telemático ou de informação de utilidade pública (art. 266).
Aos crimes previstos nos arts. 260 a 262, aplica-se a forma qualificada prevista no art. 263.	

DOS CRIMES CONTRA A SAÚDE PÚBLICA (III)	
Epidemia (art. 267).	Infração de medida sanitária preventiva (art. 268).
Omissão de notificação de doença (art. 269).	Envenenamento de água potável ou de substância alimentícia ou medicinal (art. 270).
Corrupção ou poluição de água potável (art. 271).	Falsificação, corrupção, adulteração ou alteração de substância ou produtos alimentícios (art. 272).
Falsificação, corrupção, adulteração ou alteração de produto destinado a fins terapêuticos ou medicinais (art. 273).	Emprego de processo proibido ou de substância não permitida (art. 274).
Invólucro ou recipiente com falsa indicação (art. 275).	Produto ou substância nas condições dos dois artigos anteriores (art. 276).
Substância destinada à falsificação (art. 277).	Outras substâncias nocivas à saúde pública (art. 278).
Medicamento em desacordo com receita médica (art. 280).	Exercício ilegal da medicina, arte dentária ou farmacêutica (art. 282).
Charlatanismo (art. 283).	Curandeirismo (art. 284).

1

DOS CRIMES DE PERIGO COMUM

<table>
<tr><th colspan="2">FORMAS QUALIFICADAS (ART. 258)</th></tr>
<tr><td colspan="2">► Art. 258. Se do crime doloso de perigo comum resulta lesão corporal de natureza grave, a pena privativa de liberdade é aumentada de metade; se resulta morte, é aplicada em dobro. No caso de culpa, se do fato resulta lesão corporal, a pena aumenta-se de metade; se resulta morte, aplica-se a pena cominada ao homicídio culposo, aumentada de 1/3.</td></tr>
<tr><th>Crimes dolosos</th><th>Crimes culposos</th></tr>
<tr><td>Lesão corporal grave: aumenta metade.</td><td>Lesão corporal: aumenta metade.</td></tr>
<tr><td>Morte: a pena dobra.</td><td>Morte: pena do homicídio culposo aumentada de 1/3.</td></tr>
<tr><td colspan="2">Obs.: "os crimes de perigo comum são qualificados pelo resultado, nos termos do art. 258 do CP. Exige-se dolo ou culpa na conduta antecedente, devendo a conduta consequente ser culposa"[1].</td></tr>
</table>

<table>
<tr><th>INCÊNDIO (ART. 250)</th></tr>
<tr><td>► Art. 250. Causar incêndio, expondo a perigo a vida, a integridade física ou o patrimônio de outrem:
Pena - reclusão, de 3 a 6 anos, e multa.</td></tr>
</table>

1. STJ, REsp 945311/SP, Rel. Min. Laurita Vaz, 5ª Turma, j. 27/03/2008.

INCÊNDIO (ART. 250)	
Tipicidade	"É um delito de **perigo concreto**, bastando, para sua configuração, que o fogo tenha a **potencialidade de colocar em risco** os bens jurídicos tutelados [...]. Cumpre assinalar, ainda, que o delito em questão é um crime de **perigo comum**, sendo prescindível que a conduta seja dirigida a determinadas vítimas"[2]. Aplicam-se as qualificadoras do art. 258.
Bem jurídico	A incolumidade pública. Secundariamente, tutela-se a vida, a integridade física e o patrimônio.
Sujeito ativo	Qualquer pessoa (crime **comum**), até mesmo o proprietário do bem atingido.
Sujeito passivo	A coletividade (crime **vago**) e, secundariamente, a vida, a integridade física e o patrimônio de indivíduos eventualmente atingidos pelo incêndio.
Elemento subjetivo	Dolo (**dolo de perigo**[3]), direto ou eventual. Não há finalidade específica. A forma culposa está prevista no §2º.
Consumação	Ocorre com o incêndio (crime **material** e **instantâneo**). É indispensável a comprovação de que o incêndio expôs a vida, a integridade física ou o patrimônio de terceiros a **perigo concreto**. Admite tentativa (crime **plurissubsistente**).
Omissão	Pode ser praticado na forma omissiva (omissão **imprópria**).
Execução	Crime de forma livre.
Concurso de pessoas	Crimes de concurso eventual (**unissubjetivo**).

2. STJ, AgRg no HC 192574/ES, Rel. Min. Marilza Maynard, 5ª Turma, j. 25/06/2013.
3. "É exigível para a configuração do crime tão somente o dolo de perigo, **independentemente de qualquer finalidade específica, sendo bastante a consciência da possibilidade de prejudicar terceiro, assim como a comprovação do efetivo risco de expor a vida, a integralidade física e o patrimônio do ofendido a perigo**" (STJ, HC 437468/SP, Rel. Min. Ribeiro Dantas, 5ª Turma, j. 19/06/2018).

INCÊNDIO (ART. 250)	
Competência	Juízo comum.
Lei 9.099/95	Não é infração de menor potencial ofensivo.
Ação penal	Pública incondicionada.
ANPP	É cabível o acordo de não persecução penal na figura do *caput*, se preenchidos os requisitos do art. 28-A do CPP. Admitida transação penal no §2º, é incabível o acordo (art. 28-A, § 2º, I, do CPP).

CAUSAS ESPECIAIS DE AUMENTO DE PENA (ART. 250, §1º)
►Art. 250, §1º - As penas aumentam-se de 1/3: ***I - se o crime é cometido com intuito de obter vantagem pecuniária em proveito próprio ou alheio;*** ***II - se o incêndio é:*** ***a) em casa habitada ou destinada a habitação[4];*** ***b) em edifício público ou destinado a uso público ou a obra de assistência social ou de cultura;*** ***c) em embarcação, aeronave, comboio ou veículo de transporte coletivo;*** ***d) em estação ferroviária ou aeródromo;*** ***e) em estaleiro, fábrica ou oficina;*** ***f) em depósito de explosivo, combustível ou inflamável;*** ***g) em poço petrolífico ou galeria de mineração;*** ***h) em lavoura, pastagem, mata ou floresta.***

INCÊNDIO CULPOSO (ART. 250, §2º)
►Art. 250, §2º - Se culposo o incêndio, é pena de detenção, de 6 meses a 2 anos. Infração de menor potencial ofensivo. Competência do Juizado Especial Criminal.

4. "A expressão "casa habitada ou destinada à habitação", inserida na letra *a*, do inc. II, do § 1.º, do art. 250 do CP, abrange as edificações que sirvam de habitação, **ainda que eventualmente**" (STJ, REsp 109867/DF, Rel. Min. Gilson Dipp, 5ª Turma, j. 04/12/2001).

INCÊNDIO – TEMAS RELEVANTES	
Dolo de homicídio	Se o sujeito provoca o incêndio com o intuito de matar alguém e cria perigo comum com sua conduta, deve responder pelo homicídio qualificado (art. 121, §2º, III) e pelo incêndio (art. 250) em **concurso formal**.
Dano qualificado	O crime de dano é qualificado se cometido "*com emprego de substância inflamável ou explosiva, **se o fato não constitui crime mais grave***" (art. 163, parágrafo único, II). Se o sujeito provoca o incêndio com o **intuito de provocar dano, responderá apenas pelo crime de incêndio**, por ser o crime mais grave.
Perícia	"**A ausência de perícia no crime de incêndio, somente pode ser suprida por outros meios de prova, nos casos em que se justificar a impossibilidade de realização de exame** [...]. Isso porque, nos termos do que dispõe o art. 173 do CP[5], os peritos devem verificar, de forma minuciosa, todas as circunstâncias que forem de interesse para a solução do caso, entre elas, a causa do incêndio, o perigo resultante para a vida e patrimônio alheio, bem como a extensão e valor do dano"[6]. Se a perícia não for realizada sem qualquer justificativa, não estará comprovada a materialidade do delito[7].

CRIMES SIMILARES	
CPM	Art. 268. Causar incêndio em lugar sujeito à administração militar, expondo a perigo a vida, a integridade física ou o patrimônio de outrem: Pena - reclusão, de 3 a 8 anos.
Lei 9.605/1998	Art. 41. Provocar incêndio em floresta ou em demais formas de vegetação: Pena - reclusão, de 2 a 4 anos, e multa. Parágrafo único. Se o crime é culposo, a pena é de detenção de 6 meses a 1 ano, e multa.
	Art. 42. Fabricar, vender, transportar ou soltar balões que possam provocar incêndios nas florestas e demais formas de vegetação, em áreas urbanas ou qualquer tipo de assentamento humano: Pena - detenção de 1 a 3 anos ou multa, ou ambas as penas cumulativamente.

5. Art. 173. **No caso de incêndio, os peritos verificarão a causa e o lugar em que houver começado, o perigo que dele tiver resultado para a vida ou para o patrimônio alheio, a extensão do dano e o seu valor e as demais circunstâncias que interessarem à elucidação do fato.**
6. STJ, HC 360603/PR, Rel. Min. Joel Ilan Paciornik, 5ª Turma, j. 21/02/2017.
7. STJ, HC 440501/RS, Rel. Min. Felix Fischer, 5ª Turma, j. 24/05/2018.

CRIMES SIMILARES	
Lei 10.826/2003	Art. 16. Possuir, deter, portar, adquirir, fornecer, receber, ter em depósito, transportar, ceder, ainda que gratuitamente, emprestar, remeter, empregar, manter sob sua guarda ou ocultar arma de fogo, acessório ou munição de uso proibido ou restrito, sem autorização e em desacordo com determinação legal ou regulamentar: Pena – reclusão, de 3 a 6 anos, e multa. Parágrafo único. Nas mesmas penas incorre quem: III – possuir, detiver, fabricar ou empregar artefato explosivo ou **incendiário**, sem autorização ou em desacordo com determinação legal ou regulamentar.

EXPLOSÃO (ART. 251)	
►Art. 251. Expor a perigo a vida, a integridade física ou o patrimônio de outrem, mediante explosão, arremesso ou simples colocação de engenho de dinamite ou de substância de efeitos análogos: ***Pena - reclusão, de 3 a 6 anos, e multa.***	
Tipicidade	"Estando o tipo do art. 251 do CP, crime de explosão, entre aqueles denominados de **perigo comum**, é de se exigir, como circunstância elementar, a comprovação de que a conduta explosiva causou efetiva afronta à vida e à integridade física das pessoas ou **concreto dano** ao patrimônio de outrem, sob pena de faltar à acusação a devida demonstração da tipicidade"[8]. Aplicam-se as qualificadoras do art. 258.
Bem jurídico	A incolumidade pública. Secundariamente, tutela-se a vida, a integridade física e o patrimônio.
Sujeito ativo	Qualquer pessoa (crime **comum**), até mesmo o proprietário do bem atingido.
Sujeito passivo	A coletividade (crime **vago**) e, secundariamente, a vida, a integridade física e o patrimônio de indivíduos eventualmente atingidos.

8. "Por isso, **ação de arremessar fogos e artifícios em local ocasionalmente despovoado, cuja consequência danosa ao ambiente foi nenhuma, não pode ser tido pela vertente do crime de explosão**, podendo, no máximo se referir à contravenção do art. 28 do Decreto-Lei 3688/41, a qual se encontra abrangida pela prescrição. Ordem concedida para trancar a ação penal" (STJ, HC 104952/SP, Rel. Min. Maria Thereza de Assis Moura, 6ª Turma, j. 10/02/2009).

EXPLOSÃO (ART. 251)	
Elemento subjetivo	Dolo, direto ou eventual. Não há finalidade específica. A forma culposa está prevista no §3º.
Consumação	Ocorre com a explosão, o arremesso ou a simples colocação de engenho de dinamite ou de substância de efeitos análogos (crime **material** e **instantâneo**). É indispensável a comprovação de que a explosão expôs a vida, a integridade física ou o patrimônio de terceiros a **perigo concreto**. Admite tentativa (crime **plurissubsistente**).
Omissão	Pode ser praticado na forma omissiva (omissão **imprópria**).
Execução	Crime de forma **vinculada**[9].
Concurso de pessoas	Crimes de concurso eventual (**unissubjetivo**).
Competência	Juízo comum.
Lei 9.099/95	Não é infração de menor potencial ofensivo.
Ação penal	Pública incondicionada.
ANPP	No *caput* e no § 1º, é possível o acordo de não persecução penal se preenchidos os requisitos do art. 28-A do CPP. Admitida transação penal no § 3º, é incabível o acordo de não persecução penal (art. 28-A, § 2º, I, do CPP).

FORMA PRIVILEGIADA (ART. 251, §1º)
►***Art. 251, §1º - Se a substância utilizada não é dinamite ou explosivo***[10] ***de efeitos análogos:*** ***Pena - reclusão, de 1 a 4 anos, e multa.*** Admite suspensão condicional do processo (se preenchidos os requisitos do art. 89 da Lei 9.099/1995).

9. Diferentemente do crime de incêndio ("*causar incêndio*"), o núcleo do tipo penal de explosão é "*expor a perigo*". Logo, pode-se dizer que o crime é de **forma vinculada**, pois o legislador especificou as formas de execução da conduta ("*mediante explosão [...]*").

10. "**Explosivo** é, em sentido amplo, um material extremamente instável, que pode se decompor rapidamente, formando produtos estáveis. Esse processo é denominado de explosão e é acompanhado por uma intensa liberação de energia, que pode ser feita sob diversas formas e gera uma considerável destruição decorrente da liberação dessa energia" (STJ, REsp 1627028/SP, Rel. Min. Maria Thereza de Assis Moura, 6ª Turma, j. 21/02/2017).

CAUSAS ESPECIAIS DE AUMENTO (ART. 251, §2º)
► ***Art. 251, §2º - As penas aumentam-se de 1/3, se ocorre qualquer das hipóteses previstas no §1º, I, do artigo anterior, ou é visada ou atingida qualquer das coisas enumeradas no nº II do mesmo parágrafo***[11].

EXPLOSÃO CULPOSA (ART. 251, §3º)
► ***Art. 251, §3º - No caso de culpa, se a explosão é de dinamite ou substância de efeitos análogos, a pena é de detenção, de 6 meses a 2 anos; nos demais casos, é de detenção, de 3 meses a 1 ano.*** Infração de menor potencial ofensivo. Competência do Juizado Especial Criminal.

EXPLOSÃO – TEMAS RELEVANTES	
Perícia	É necessária a realização de perícia[12], cuja ausência somente pode ser suprida por outros meios de prova nos casos em que for justificada a impossibilidade de realização do exame.
Dolo de homicídio	Se o sujeito provoca a explosão com o intuito de matar alguém e cria perigo comum com sua conduta, deve responder pelo homicídio qualificado (art. 121, §2º, III) e pela explosão (art. 251) em **concurso formal**.
Incêndio e explosão	Para o STJ[13], se o sujeito praticar incêndio e explosão, ainda que no mesmo contexto, deverá responder em concurso formal de crimes. **Não se aplica o princípio da consunção**, pois as condutas são independentes e não há relação de progressividade.

11. ► ***Art. 250, §1º - As penas aumentam-se de 1/3: I - se o crime é cometido com intuito de obter vantagem pecuniária em proveito próprio ou alheio; II - se o incêndio é: a) em casa habitada ou destinada a habitação; b) em edifício público ou destinado a uso público ou a obra de assistência social ou de cultura; c) em embarcação, aeronave, comboio ou veículo de transporte coletivo; d) em estação ferroviária ou aeródromo; e) em estaleiro, fábrica ou oficina; f) em depósito de explosivo, combustível ou inflamável; g) em poço petrolífico ou galeria de mineração; h) em lavoura, pastagem, mata ou floresta.***
12. Art. 175 do CPP - Serão sujeitos a exame os instrumentos empregados para a prática da infração, a fim de se lhes verificar a natureza e a eficiência.
13. STJ, HC 50557/SC, Rel. Min. Og Fernandes, 6ª Turma, j. 01/10/2009.

EXPLOSÃO – TEMAS RELEVANTES	
Explosão de caixa eletrônico	Ainda que a explosão constitua meio para a subtração do dinheiro contido no caixa eletrônico, o delito **não deve ser absorvido pelo crime patrimonial** quando a explosão é de grande potencial destruidor e expõe a risco, **de forma concreta**, o patrimônio de outrem[14]. Nesse caso, são atingidos bens jurídicos distintos (o patrimônio e a incolumidade pública).
Dano qualificado	O crime de dano é qualificado se cometido "*com emprego de substância inflamável ou explosiva,* ***se o fato não constitui crime mais grave***" (art. 163, parágrafo único, II). Se o sujeito provoca a explosão com o **intuito de provocar dano, responderá apenas pelo crime de explosão**, por ser o crime mais grave.

CRIMES SIMILARES	
CPM	Art. 269. Causar ou tentar causar explosão, em lugar sujeito à administração militar, expondo a perigo a vida, a integridade ou o patrimônio de outrem: Pena - reclusão, até 4 anos.
Lei 9.605/1998	Art. 35. Pescar mediante a utilização de: I - explosivos ou substâncias que, em contato com a água, produzam efeito semelhante; [...] Pena - reclusão de 1 ano a 5 anos.
Lei 13.260/2016	Art. 2º, §1º - São atos de terrorismo: I - usar ou ameaçar usar, transportar, guardar, portar ou trazer consigo explosivos, gases tóxicos, venenos, conteúdos biológicos, químicos, nucleares ou outros meios capazes de causar danos ou promover destruição em massa; Pena - reclusão, de 12 a 30 anos, além das sanções correspondentes à ameaça ou à violência.
Lei 10.826/2003	Art. 16. Possuir, deter, portar, adquirir, fornecer, receber, ter em depósito, transportar, ceder, ainda que gratuitamente, emprestar, remeter, empregar, manter sob sua guarda ou ocultar arma de fogo, acessório ou munição de uso proibido ou restrito, sem autorização e em desacordo com determinação legal ou regulamentar: Pena – reclusão, de 3 a 6 anos, e multa. Parágrafo único. Nas mesmas penas incorre quem: III – possuir, detiver, fabricar ou empregar artefato explosivo ou incendiário, sem autorização ou em desacordo com determinação legal ou regulamentar.

14. STJ, REsp 1647539/SP, Rel. Min. Nefi Cordeiro, 6ª Turma, j. 21/11/2017.

USO DE GÁS TÓXICO OU ASFIXIANTE (ART. 252)	
▶ ***Art. 252. Expor a perigo a vida, a integridade física ou o patrimônio de outrem, usando de gás tóxico ou asfixiante:*** ***Pena - reclusão, de 1 a 4 anos, e multa.***	
Tipicidade	À semelhança dos tipos penais anteriores, trata-se de **crime de perigo concreto**. Aplicam-se as qualificadoras do art. 258.
Bem jurídico	A incolumidade pública. Secundariamente, tutela-se a vida, a integridade física e o patrimônio.
Sujeito ativo	Qualquer pessoa (crime **comum**), até mesmo o proprietário do bem atingido.
Sujeito passivo	A coletividade (crime **vago**) e, secundariamente, a vida, a integridade física e o patrimônio de indivíduos eventualmente atingidos.
Elemento subjetivo	Dolo, direto ou eventual. Não há finalidade específica. A forma culposa está prevista no parágrafo único.
Consumação	Ocorre com a utilização de gás tóxico ou asfixiante (crime **material** e **instantâneo**). É indispensável a comprovação de que o gás expôs a vida, a integridade física ou o patrimônio de terceiros a **perigo concreto**. Admite tentativa (crime **plurissubsistente**).
Omissão	Pode ser praticado na forma omissiva (omissão **imprópria**).
Execução	Crime de forma **vinculada**[15].
Concurso de pessoas	Crimes de concurso eventual (**unissubjetivo**).
Competência	Juízo comum.
Lei 9.099/95	Não é infração de menor potencial ofensivo, mas admite suspensão condicional do processo (se preenchidos os requisitos do art. 89 da Lei 9.099/95).
Ação penal	Pública incondicionada.

15. O núcleo do tipo penal é "*expor a perigo*". Logo, pode-se dizer que o crime é de **forma vinculada**, pois o legislador especificou as formas de execução da conduta ("***usando de gás tóxico ou asfixiante*** *[...]*").

USO DE GÁS TÓXICO OU ASFIXIANTE (ART. 252)	
ANPP	É possível o acordo de não persecução penal no *caput*, se preenchidos os demais requisitos do art. 28-A do CPP. Admitida transação penal no parágrafo único, é incabível o acordo (art. 28-A, § 2º, I, do CPP).

MODALIDADE CULPOSA (ART. 252, PARÁGRAFO ÚNICO)
► ***Art. 252, parágrafo único - Se o crime é culposo:***   ***Pena - detenção, de 3 meses a 1 ano***.   Infração de menor potencial ofensivo. Competência do Juizado Especial Criminal.

USO DE GÁS TÓXICO OU ASFIXIANTE – TEMAS RELEVANTES	
Perícia	À semelhança dos crimes anteriores, é necessária a realização de perícia[16], cuja ausência somente pode ser suprida por outros meios de prova nos casos em que for justificada a impossibilidade de realização do exame.
Dolo de homicídio	Se o sujeito utiliza o gás tóxico ou asfixiante com o intuito de matar alguém e cria perigo comum com sua conduta, deve responder pelo homicídio qualificado (art. 121, §2º, III) e pelo uso de gás tóxico ou asfixiante (art. 252) em **concurso formal**.
Contravenção (art. 38 da LCP)	É contravenção prevista no art. 38 da LCP "**provocar, abusivamente, emissão de fumaça, vapor ou gás, que possa ofender ou molestar alguém**: Pena – multa, de duzentos mil réis a dois contos de réis".

CRIMES SIMILARES	
Lei 11.254/2005	Art. 4º. Constitui crime: I - fazer uso de armas químicas ou realizar, no Brasil, atividade que envolva a pesquisa, produção, estocagem, aquisição, transferência, importação ou exportação de armas químicas ou de substâncias químicas abrangidas pela CPAQ com a finalidade de produção de tais armas; II - contribuir, direta ou indiretamente, por ação ou omissão, para o uso de armas químicas ou para a realização, no Brasil ou no exterior, das atividades arroladas no inciso I: Pena – reclusão, de 1 a 10 anos.

16. Art. 175 do CPP - Serão sujeitos a exame os instrumentos empregados para a prática da infração, a fim de se lhes verificar a natureza e a eficiência.

CRIMES SIMILARES	
CPM	Art. 270. Expor a perigo a vida, a integridade física ou o patrimônio de outrem, em lugar sujeito à administração militar, usando de gás tóxico ou asfixiante ou prejudicial de qualquer modo à incolumidade da pessoa ou da coisa: Pena - reclusão, até 5 anos.

FABRICO, FORNECIMENTO, AQUISIÇÃO, POSSE OU TRANSPORTE DE EXPLOSIVOS OU GÁS TÓXICO, OU ASFIXIANTE (ART. 253)	
►Art. 253. Fabricar, fornecer, adquirir, possuir ou transportar, sem licença da autoridade, substância ou engenho explosivo, gás tóxico ou asfixiante, ou material destinado à sua fabricação: ***Pena - detenção, de 6 meses a 2 anos, e multa.***	
Tipicidade	Diferentemente dos crimes anteriores, o tipo penal previsto no art. 253 traz crime de **perigo abstrato**. **Tipo misto alternativo ou crime de ação múltipla ou de conteúdo variado**: se o agente praticar mais de um núcleo do art. 253 no mesmo contexto, responderá por **crime único**. Aplicam-se as qualificadoras do art. 258.
Bem jurídico	A incolumidade pública.
Sujeito ativo	Qualquer pessoa (crime **comum**).
Sujeito passivo	A coletividade (crime **vago**).
Elemento subjetivo	Dolo, direto ou eventual. Não há finalidade específica. Não há modalidade culposa.
Consumação	Ocorre com a fabricação, fornecimento, aquisição, posse ou transporte de substância ou engenho explosivo, gás tóxico ou asfixiante, ou material destinado à sua fabricação (crime **formal**). Pode ser **permanente** (*"possuir ou transportar"*) ou **instantâneo** (demais núcleos). **Não admite tentativa** (crime **unissubsistente**).
Omissão	Pode ser praticado na forma omissiva (omissão **imprópria**).
Execução	Crime de forma livre.
Concurso de pessoas	Crime de concurso eventual (**unissubjetivo**).

FABRICO, FORNECIMENTO, AQUISIÇÃO, POSSE OU TRANSPORTE DE EXPLOSIVOS OU GÁS TÓXICO, OU ASFIXIANTE (ART. 253)	
Competência	Juizado Especial Criminal.
Lei 9.099/95	Infração de menor potencial ofensivo.
Ação penal	Pública incondicionada.
ANPP	Admitida transação penal, é incabível o acordo de não persecução penal (art. 28-A, § 2º, I, do CPP).

CRIMES SIMILARES	
Lei 10.826/2003	Art. 16. Possuir, deter, portar, adquirir, fornecer, receber, ter em depósito, transportar, ceder, ainda que gratuitamente, emprestar, remeter, empregar, manter sob sua guarda ou ocultar arma de fogo, acessório ou munição de uso proibido ou restrito, sem autorização e em desacordo com determinação legal ou regulamentar: Pena – reclusão, de 3 a 6 anos, e multa. Parágrafo único. Nas mesmas penas incorre quem: III – possuir, detiver, fabricar ou empregar artefato explosivo ou incendiário, sem autorização ou em desacordo com determinação legal ou regulamentar.
ECA	Art. 242. Vender, fornecer, ainda que gratuitamente ou entregar, de qualquer forma, a criança ou adolescente arma, munição ou explosivo: Pena - reclusão, de 3 a 6 anos.
Lei 6.453/1977	Art. 22. Possuir, adquirir, transferir, transportar, guardar ou trazer consigo material nuclear, sem a necessária autorização. Pena: reclusão, de 2 a 6 anos. Art. 26. Deixar de observar as normas de segurança ou de proteção relativas à instalação nuclear ou ao uso, transporte, posse e guarda de material nuclear, expondo a perigo a vida, a integridade física ou o patrimônio de outrem. Pena: reclusão, de 2 a 8 anos.

CRIMES SIMILARES	
Lei 13.260/2016	Art. 2º. O terrorismo consiste na prática por um ou mais indivíduos dos atos previstos neste artigo, por razões de xenofobia, discriminação ou preconceito de raça, cor, etnia e religião, quando cometidos com a finalidade de provocar terror social ou generalizado, expondo a perigo pessoa, patrimônio, a paz pública ou a incolumidade pública. 1º - São atos de terrorismo: I - usar ou ameaçar usar, transportar, guardar, portar ou trazer consigo explosivos, gases tóxicos, venenos, conteúdos biológicos, químicos, nucleares ou outros meios capazes de causar danos ou promover destruição em massa; Pena - reclusão, de 12 a 30 anos, além das sanções correspondentes à ameaça ou à violência.

INUNDAÇÃO (ART. 254)	
►***Art. 254. Causar inundação, expondo a perigo a vida, a integridade física ou o patrimônio de outrem:*** ***Pena - reclusão, de 3 a 6 anos, e multa, no caso de dolo, ou detenção, de 6 meses a 2 anos, no caso de culpa.***	
Tipicidade	Trata-se de **crime de perigo concreto**. Aplicam-se as qualificadoras do art. 258.
Bem jurídico	A incolumidade pública. Secundariamente, tutela-se a vida, a integridade física e o patrimônio.
Sujeito ativo	Qualquer pessoa (crime **comum**), até mesmo o proprietário do bem atingido.
Sujeito passivo	A coletividade (crime **vago**) e, secundariamente, a vida, a integridade física e o patrimônio de indivíduos eventualmente atingidos.
Elemento subjetivo	Dolo, direto ou eventual. Não há finalidade específica. A forma culposa está prevista no preceito secundário.

INUNDAÇÃO (ART. 254)	
Consumação	Ocorre com a inundação (crime **material** e **instantâneo**). É indispensável a comprovação de que a inundação expôs a vida, a integridade física ou o patrimônio de terceiros a **perigo concreto**. Admite tentativa (crime **plurissubsistente**).
Omissão	Pode ser praticado na forma omissiva (omissão **imprópria**).
Execução	Crime de forma livre.
Concurso de pessoas	Crimes de concurso eventual (**unissubjetivo**).
Competência	Juízo comum (modalidade dolosa) ou Juizado Especial Criminal (modalidade culposa).
Lei 9.099/95	A **forma culposa** é infração de menor potencial ofensivo.
Ação penal	Pública incondicionada.
ANPP	É possível o acordo de não persecução penal apenas se não for cabível a transação penal e forem preenchidos os demais requisitos do art. 28-A do CPP.

INUNDAÇÃO – TEMAS RELEVANTES	
Perícia	À semelhança dos crimes anteriores, é necessária a realização de perícia[17], cuja ausência somente pode ser suprida por outros meios de prova nos casos em que for justificada a impossibilidade de realização do exame.
Dolo de homicídio	Se o sujeito provoca a inundação com o intuito de matar alguém e cria perigo comum com sua conduta, deve responder pelo homicídio qualificado (art. 121, §2º, III) e pela inundação (art. 254) em **concurso formal**.
Usurpação de águas (art. 161, §1º, I)	Comete o crime de usurpação de águas aquele que "desvia ou represa, em proveito próprio ou de outrem, águas alheias" (pena - detenção, de 1 a 6 meses, e multa).

17. Art. 175 do CPP - Serão sujeitos a exame os instrumentos empregados para a prática da infração, a fim de se lhes verificar a natureza e a eficiência.

CRIMES SIMILARES	
CPM	Art. 272. Causar inundação, em lugar sujeito à administração militar, expondo a perigo a vida, a integridade física ou o patrimônio de outrem: Pena - reclusão, de 3 a 8 anos.

PERIGO DE INUNDAÇÃO (ART. 255)	
►Art. 255. Remover, destruir ou inutilizar, em prédio próprio ou alheio, expondo a perigo a vida, a integridade física ou o patrimônio de outrem, obstáculo natural ou obra destinada a impedir inundação: ***Pena - reclusão, de 1 a 3 anos, e multa.***	
Tipicidade	**Tipo misto alternativo ou crime de ação múltipla ou de conteúdo variado**: se o agente praticar mais de um núcleo do art. 255 no mesmo contexto, responderá por **crime único**. Aplicam-se as qualificadoras do art. 258.
Bem jurídico	A incolumidade pública. Secundariamente, tutela-se a vida, a integridade física e o patrimônio.
Sujeito ativo	Qualquer pessoa (crime **comum**), até mesmo o proprietário do bem atingido.
Sujeito passivo	A coletividade (crime **vago**) e, secundariamente, a vida, a integridade física e o patrimônio de indivíduos eventualmente atingidos.
Elemento subjetivo	Dolo, direto ou eventual. Não há finalidade específica. Não há modalidade culposa.
Consumação	Ocorre com a remoção, destruição ou inutilização, em prédio próprio ou alheio, de obstáculo natural ou obra destinada a impedir inundação, independentemente de sua concretização (crime **formal** e **instantâneo**). É indispensável a comprovação de que a conduta expôs a vida, a integridade física ou o patrimônio de terceiros a **perigo concreto**. Considerando que o tipo penal consiste na punição de atos preparatórios (**crime obstáculo**), **a tentativa não é admitida**.
Omissão	Pode ser praticado na forma omissiva (omissão **imprópria**).
Execução	Crime de forma livre.
Concurso de pessoas	Crimes de concurso eventual (**unissubjetivo**).

PERIGO DE INUNDAÇÃO (ART. 255)	
Competência	Juízo comum.
Lei 9.099/95	Não é infração de menor potencial ofensivo, mas admite suspensão condicional do processo (se preenchidos os requisitos do art. 89 da Lei 9.099/95).
Ação penal	Pública incondicionada.
ANPP	É cabível o acordo de não persecução penal, se preenchidos os requisitos do art. 28-A do CPP.

PERIGO DE INUNDAÇÃO – TEMAS RELEVANTES	
Perícia	À semelhança dos crimes anteriores, é necessária a realização de perícia[18], cuja ausência somente pode ser suprida por outros meios de prova nos casos em que for justificada a impossibilidade de realização do exame.
Efetiva inundação	Se o sujeito destrói uma barreira e causa uma inundação, deve responder pelos crimes de perigo de inundação (art. 255) e inundação culposa (art. 254), em **concurso formal**.

CRIMES SIMILARES	
CPM	Art. 273. Remover, destruir ou inutilizar obstáculo natural ou obra destinada a impedir inundação, expondo a perigo a vida, a integridade física ou o patrimônio de outrem, em lugar sujeito à administração militar: Pena - reclusão, de 2 a 4 anos.

18. Art. 175 do CPP - Serão sujeitos a exame os instrumentos empregados para a prática da infração, a fim de se lhes verificar a natureza e a eficiência.

DESABAMENTO OU DESMORONAMENTO (ART. 256)	
► ***Art. 256. Causar desabamento ou desmoronamento, expondo a perigo a vida, a integridade física ou o patrimônio de outrem:*** ***Pena - reclusão, de 1 a 4 anos, e multa.***	
Tipicidade	Trata-se de **crime de perigo concreto**. Aplicam-se as qualificadoras do art. 258.
Bem jurídico	A incolumidade pública. Secundariamente, tutela-se a vida, a integridade física e o patrimônio.
Sujeito ativo	Qualquer pessoa (crime **comum**), até mesmo o proprietário do bem atingido.
Sujeito passivo	A coletividade (crime **vago**) e, secundariamente, a vida, a integridade física e o patrimônio de indivíduos eventualmente atingidos.

MODALIDADE CULPOSA (ART. 256, PARÁGRAFO ÚNICO)
► ***Art. 256, parágrafo único - Se o crime é culposo:*** ***Pena - detenção, de 6 meses a 1 ano.*** Infração de menor potencial ofensivo. Competência do Juizado Especial Criminal.

MODALIDADE CULPOSA (ART. 256, PARÁGRAFO ÚNICO)
► ***Art. 256, parágrafo único - Se o crime é culposo:*** ***Pena - detenção, de 6 meses a 1 ano.*** Infração de menor potencial ofensivo. Competência do Juizado Especial Criminal.

DESABAMENTO OU DESMORONAMENTO – TEMAS RELEVANTES	
Perícia	À semelhança dos crimes anteriores, é necessária a realização de perícia[19], cuja ausência somente pode ser suprida por outros meios de prova nos casos em que for justificada a impossibilidade de realização do exame.

19. Art. 175 do CPP - Serão sujeitos a exame os instrumentos empregados para a prática da infração, a fim de se lhes verificar a natureza e a eficiência.

DESABAMENTO OU DESMORONAMENTO – TEMAS RELEVANTES	
Dano qualificado	Se o sujeito provoca o desabamento ou desmoronamento com o intuito de provocar dano a coisa alheia, criando perigo comum com sua conduta, responderá pelos crimes em **concurso formal** (art. 256 e art. 163, possivelmente com a qualificadora do inciso IV do parágrafo único[20]).
Dolo de homicídio	Se o sujeito provoca o desabamento ou desmoronamento com o intuito de matar alguém e cria perigo comum com sua conduta, deve responder pelo homicídio qualificado (art. 121, §2º, III) e pelo desabamento ou desmoronamento (art. 256) em **concurso formal**.
Contravenção (art. 29 da LCP)	É contravenção prevista no art. 29 da LCP "provocar o desabamento de construção ou, por erro no projeto ou na execução, dar-lhe causa: Pena – multa, de um a dez contos de réis, se o fato não constitui crime contra a incolumidade pública". A contravenção é **subsidiária** em relação ao crime do art. 256, apenas para os casos em que não for verificado perigo a vida, a integridade física ou ao patrimônio de outrem.

CRIMES SIMILARES	
CPM	Art. 274. Causar desabamento ou desmoronamento, em lugar sujeito à administração militar, expondo a perigo a vida, a integridade física ou o patrimônio de outrem: Pena - reclusão, até 5 anos.

SUBTRAÇÃO, OCULTAÇÃO OU INUTILIZAÇÃO DE MATERIAL DE SOCORRO (ART. 257)
►***Art. 257. Subtrair, ocultar ou inutilizar, por ocasião de incêndio, inundação, naufrágio, ou outro desastre ou calamidade, aparelho, material ou qualquer meio destinado a serviço de combate ao perigo, de socorro ou salvamento; ou impedir ou dificultar serviço de tal natureza:*** ***Pena - reclusão, de 2 a 5 anos, e multa.***

20. Art. 163, parágrafo único - Se o crime é cometido: IV - **por motivo egoístico ou com prejuízo considerável para a vítima**: Pena - detenção, de 6 meses a 3 anos, e multa, além da pena correspondente à violência.

SUBTRAÇÃO, OCULTAÇÃO OU INUTILIZAÇÃO DE MATERIAL DE SOCORRO (ART. 257)	
Tipicidade	Diferentemente dos crimes anteriores, o art. 257 traz crime de **perigo abstrato. Tipo misto alternativo ou crime de ação múltipla ou de conteúdo variado**: se o agente praticar mais de um núcleo do art. 257 no mesmo contexto, responderá por **crime único**. Aplicam-se as qualificadoras do art. 258.
Bem jurídico	A incolumidade pública.
Sujeito ativo	Qualquer pessoa (crime **comum**).
Sujeito passivo	A coletividade (crime **vago**).
Elemento subjetivo	Dolo, direto ou eventual. Não há finalidade específica. Não há modalidade culposa.
Consumação	Ocorre quando o sujeito subtrai, oculta ou inutiliza, por ocasião de incêndio, inundação, naufrágio, ou outro desastre ou calamidade, aparelho, material ou qualquer meio destinado a serviço de combate ao perigo, de socorro ou salvamento, ou impede ou dificulta serviço de tal natureza (crime **formal**). Pode ser **permanente** (*"ocultar"*) ou **instantâneo** (demais núcleos). Admite tentativa (crime **plurissubsistente**).
Omissão	Pode ser praticado na forma omissiva (omissão **imprópria**).
Execução	Crime de forma livre.
Concurso de pessoas	Crimes de concurso eventual (**unissubjetivo**).
Competência	Juízo comum.
Lei 9.099/95	Não é infração de menor potencial ofensivo.
Ação penal	Pública incondicionada.
ANPP	É cabível o acordo de não persecução penal, se preenchidos os requisitos do art. 28-A do CPP.

SUBTRAÇÃO, OCULTAÇÃO OU INUTILIZAÇÃO DE MATERIAL DE SOCORRO – TEMAS RELEVANTES	
Desastre efetivo	Se o sujeito pratica conduta prevista no art. 157 e sobrevém o desastre (ex.: incêndio ou inundação), responderá pelos crimes em **concurso material**.

CRIMES SIMILARES	
CPM	Art. 275. Subtrair, ocultar ou inutilizar, por ocasião de incêndio, inundação, naufrágio, ou outro desastre ou calamidade, aparelho, material ou qualquer meio destinado a serviço de combate ao perigo, de socorro ou salvamento; ou impedir ou dificultar serviço de tal natureza: Pena - reclusão, de 3 a 6 anos.

DIFUSÃO DE DOENÇA OU PRAGA (ART. 259)
► ~~Art. 259. Difundir doença ou praga que possa causar dano a floresta, plantação ou animais de utilidade econômica:~~ ~~Pena - reclusão, de 2 a 5 anos, e multa.~~ ~~Parágrafo único - No caso de culpa, a pena é de detenção, de 1 a 6 meses, ou multa.~~ Dispositivo revogado tacitamente pelo art. 61 da Lei 9.605/1998.

2

DOS CRIMES CONTRA A SEGURANÇA DOS MEIOS DE COMUNICAÇÃO E TRANSPORTE E OUTROS SERVIÇOS PÚBLICOS

<table>
<tr><th colspan="2">PERIGO DE DESASTRE FERROVIÁRIO (ART. 260)</th></tr>
<tr><td colspan="2">► Art. 260. Impedir ou perturbar serviço de estrada de ferro:
I - destruindo, danificando ou desarranjando, total ou parcialmente, linha férrea, material rodante ou de tração, obra-de-arte ou instalação;
II - colocando obstáculo na linha;
III - transmitindo falso aviso acerca do movimento dos veículos ou interrompendo ou embaraçando o funcionamento de telégrafo, telefone ou radiotelegrafia;
IV - praticando outro ato de que possa resultar desastre:
Pena - reclusão, de 2 a 5 anos, e multa.</td></tr>
<tr><td>Tipicidade</td><td>Trata-se de crime de perigo concreto. O tipo penal traz uma norma explicativa:
► Art. 260, §3º - Para os efeitos deste artigo, entende-se por estrada de ferro qualquer via de comunicação em que circulem veículos de tração mecânica, em trilhos ou por meio de cabo aéreo.</td></tr>
<tr><td>Bem jurídico</td><td>A incolumidade pública. Indiretamente, também são tuteladas a vida e a integridade física das vítimas do desastre[1].</td></tr>
<tr><td>Sujeito ativo</td><td>Qualquer pessoa (crime comum).</td></tr>
</table>

1. STJ, RHC 50054/SP, Rel. Min. Nefi Cordeiro, 6ª Turma, j. 04/11/2014.

PERIGO DE DESASTRE FERROVIÁRIO (ART. 260)	
Sujeito passivo	A coletividade (crime **vago**) e, secundariamente, a vida e a integridade física de indivíduos eventualmente atingidos.
Elemento subjetivo	Dolo, direto ou eventual. Não há finalidade específica. Há modalidade culposa prevista no §2º.
Consumação	Ocorre quando o sujeito impede ou perturba serviço de estrada de ferro, mediante a prática das condutas previstas nos incisos (crime **material** e **instantâneo**). É indispensável a comprovação de que a conduta expôs o bem jurídico tutelado a **perigo concreto**. Admite tentativa (crime **plurissubsistente**).
Omissão	Pode ser praticado na forma omissiva (omissão **imprópria**).
Execução	Crime de forma **vinculada**.
Concurso de pessoas	Crime de concurso eventual (**unissubjetivo**).
Competência	Juízo comum.
Lei 9.099/95	Não é infração de menor potencial ofensivo.
Ação penal	Pública incondicionada.
ANPP	É possível o acordo de não persecução penal apenas se não for cabível a transação penal e restarem preenchidos os demais requisitos do art. 28-A do CPP. Somente na hipótese do § 1º, é inadmissível, pois a pena mínima não é inferior a 4 anos.

FORMA QUALIFICADA (ART. 260, §1º)
►***Art. 260, §1º - Se do fato resulta desastre:*** ***Pena - reclusão, de 4 a 12 anos e multa.***

FORMA CULPOSA (ART. 260, §2º)
►***Art. 260, §2º - No caso de culpa, ocorrendo desastre:*** ***Pena - detenção, de 6 meses a 2 anos.*** Infração de menor potencial ofensivo. Competência do Juizado Especial Criminal.

FORMA QUALIFICADA (ART. 263)	
► ***Art. 263. Se de qualquer dos crimes previstos nos arts. 260 a 262, no caso de desastre ou sinistro, resulta lesão corporal ou morte, aplica-se o disposto no art. 258.*** Em resumo (art. 258):	
Crimes dolosos	**Crimes culposos**
Lesão corporal **grave**: aumenta **metade**.	Lesão corporal: aumenta **metade**.
Morte: a pena **dobra**.	Morte: pena do homicídio culposo aumentada de **1/3**.

CRIMES SIMILARES	
CPM	Art. 282. Impedir ou perturbar serviço de estrada de ferro, sob administração ou requisição militar emanada de ordem legal: I - danificando ou desarranjando, total ou parcialmente, linha férrea, material rodante ou de tração, obra de arte ou instalação; II - colocando obstáculo na linha; III - transmitindo falso aviso acerca do movimento dos veículos, ou interrompendo ou embaraçando o funcionamento dos meios de comunicação; IV - praticando qualquer outro ato de que possa resultar desastre: Pena - reclusão, de 2 a 5 anos.

ATENTADO CONTRA A SEGURANÇA DE TRANSPORTE MARÍTIMO, FLUVIAL OU AÉREO (ART. 261)	
► ***Art. 261. Expor a perigo embarcação ou aeronave, própria ou alheia, ou praticar qualquer ato tendente a impedir ou dificultar navegação marítima, fluvial ou aérea: Pena - reclusão, de 2 a 5 anos.***	
Tipicidade	Trata-se de crime de **perigo concreto**. **Tipo misto alternativo ou crime de ação múltipla ou de conteúdo variado**: se o agente praticar mais de um núcleo do art. 261 no mesmo contexto, responderá por **crime único**.
Bem jurídico	A incolumidade pública. Indiretamente, também são tuteladas a vida e a integridade física das pessoas eventualmente atingidas.

ATENTADO CONTRA A SEGURANÇA DE TRANSPORTE MARÍTIMO, FLUVIAL OU AÉREO (ART. 261)	
Sujeito ativo	Qualquer pessoa (crime **comum**).
Sujeito passivo	A coletividade (crime **vago**) e, secundariamente, a vida e a integridade física de indivíduos eventualmente atingidos.
Elemento subjetivo	Dolo, direto ou eventual. Não há finalidade específica. Há modalidade culposa prevista no §3º.
Consumação	Ocorre quando o sujeito pratica algum ato que exponha a perigo, impeça ou dificulte a navegação marítima, fluvial ou aérea (crime **formal** e **instantâneo**). É indispensável a comprovação de que a conduta expôs o bem jurídico tutelado a **perigo concreto**. Admite tentativa (crime **plurissubsistente**).
Omissão	Pode ser praticado na forma omissiva (omissão **imprópria**).
Execução	Crime de forma livre.
Concurso de pessoas	Crime de concurso eventual (**unissubjetivo**).
Competência	Juízo comum[2].
Lei 9.099/95	Não é infração de menor potencial ofensivo.
Ação penal	Pública incondicionada.
ANPP	É possível o acordo de não persecução penal apenas se não for cabível a transação penal e restarem preenchidos os demais requisitos do art. 28-A do CPP. Contudo, nas hipóteses dos §§ 1º e 2º, é inadmissível, pois a pena mínima não é inferior a 4 anos.

2. "3. A despeito do interesse estadual genérico em garantir a segurança dos usuários de transportes públicos e de terceiros por eles eventualmente afetados, não é qualquer delito, doloso ou culposo, envolvendo o transporte marítimo, fluvial ou aéreo que atrairá a competência da Justiça Federal, pois esta Corte vem entendendo ser necessária lesão ou ofensa direta a bens, serviços ou interesses da União para que se caracterize a competência da Justiça Federal para julgamento do delito, não bastando, para tanto, ofensa meramente reflexa ou indireta (STJ, CC 145787/SP, Rel. Min. Reynaldo Soares da Fonseca, 3ª Seção, j. 11/05/2016).

FORMA QUALIFICADA (ART. 261, §1º)
► *Art. 261, §1º - Se do fato resulta naufrágio, submersão ou encalhe de embarcação ou a queda ou destruição de aeronave:*   ***Pena - reclusão, de 4 a 12 anos.***

FORMA CULPOSA (ART. 261, §3º)
► *Art. 261, §3º - No caso de culpa, se ocorre o sinistro:*   ***Pena - detenção, de 6 meses a 2 anos.***   Infração de menor potencial ofensivo. Competência do Juizado Especial Criminal.

FORMA QUALIFICADA (ART. 263)	
► *Art. 263. Se de qualquer dos crimes previstos nos arts. 260 a 262, no caso de desastre ou sinistro, resulta lesão corporal ou morte, aplica-se o disposto no art. 258.* Em resumo (art. 258):	
Crimes dolosos	**Crimes culposos**
Lesão corporal **grave**: aumenta **metade**.	Lesão corporal: aumenta **metade**.
Morte: a pena **dobra**.	Morte: pena do homicídio culposo aumentada de **1/3**.

ATENTADO CONTRA A SEGURANÇA DE TRANSPORTE MARÍTIMO, FLUVIAL OU AÉREO – TEMAS RELEVANTES	
Animus lucrandi	**► *Art. 261, §2º - Aplica-se, também, a pena de multa, se o agente pratica o crime com intuito de obter vantagem econômica, para si ou para outrem*.**
Contravenção (art. 35 da LCP)	É contravenção prevista no art. 35 da LCP "entregar-se na prática da aviação, a acrobacias ou a voos baixos, fora da zona em que a lei o permite, ou fazer descer a aeronave fora dos lugares destinados a esse fim: Pena – prisão simples, de 15 dias a 3 meses, ou multa, de quinhentos mil réis a cinco contos de réis.

CRIMES SIMILARES	
CPM	Art. 283. Expor a perigo aeronave, ou navio próprio ou alheio, sob guarda, proteção ou requisição militar emanada de ordem legal, ou em lugar sujeito à administração militar, bem como praticar qualquer ato tendente a impedir ou dificultar navegação aérea, marítima, fluvial ou lacustre sob administração, guarda ou proteção militar: Pena - reclusão, de 2 a 5 anos.

ATENTADO CONTRA A SEGURANÇA DE OUTRO MEIO DE TRANSPORTE (ART. 262)	
►Art. 262. Expor a perigo outro meio de transporte público, impedir-lhe ou dificultar-lhe o funcionamento: ***Pena - detenção, de 1 a 2 anos.***	
Tipicidade	É um **crime subsidiário**: aplica-se ao transporte público não abrangido pelos arts. 260 e 261. Trata-se de crime de **perigo concreto**. **Tipo misto alternativo ou crime de ação múltipla ou de conteúdo variado**: se o agente praticar mais de um núcleo do art. 262 no mesmo contexto, responderá por **crime único**.
Bem jurídico	A incolumidade pública. Indiretamente, também são tuteladas a vida e a integridade física das pessoas eventualmente atingidas.
Sujeito ativo	Qualquer pessoa (crime **comum**).
Sujeito passivo	A coletividade (crime **vago**) e, secundariamente, a vida e a integridade física de indivíduos eventualmente atingidos.
Elemento subjetivo	Dolo, direto ou eventual. Não há finalidade específica. Há modalidade culposa prevista no §2º.
Consumação	Ocorre quando o sujeito pratica algum ato que exponha a perigo, impeça ou dificulte o funcionamento de transporte público (crime **formal** e **instantâneo**). É indispensável a comprovação de que a conduta expôs o bem jurídico tutelado a **perigo concreto**. Admite tentativa (crime **plurissubsistente**).
Omissão	Pode ser praticado na forma omissiva (omissão **imprópria**).

ATENTADO CONTRA A SEGURANÇA DE OUTRO MEIO DE TRANSPORTE (ART. 262)	
Execução	Crime de forma livre.
Concurso de pessoas	Crime de concurso eventual (**unissubjetivo**).
Competência	Juizado Especial Criminal.
Lei 9.099/95	Infração de menor potencial ofensivo.
Ação penal	Pública incondicionada.
ANPP	Admitida transação penal no *caput* e no § 2º, é incabível o acordo de não persecução penal (art. 28-A, § 2º, I, do CPP). Na figura qualificada (§ 1º), é possível o acordo se preenchidos os requisitos do art. 28-A do CPP.

FORMA QUALIFICADA (ART. 262, §1º)
► ***Art. 262, §1º - Se do fato resulta desastre, a pena é de reclusão, de 2 a 5 anos.*** Diferentemente do *caput*, não é infração de menor potencial ofensivo.

FORMA CULPOSA (ART. 262, §2º)
► ***Art. 262, §2º - No caso de culpa, se ocorre desastre: Pena - detenção, de 3 meses a 1 ano.***

FORMA QUALIFICADA (ART. 263)	
► ***Art. 263. Se de qualquer dos crimes previstos nos arts. 260 a 262, no caso de desastre ou sinistro, resulta lesão corporal ou morte, aplica-se o disposto no art. 258.*** Em resumo (art. 258):	
Crimes dolosos	**Crimes culposos**
Lesão corporal **grave**: aumenta **metade**.	Lesão corporal: aumenta **metade**.
Morte: a pena **dobra**.	Morte: pena do homicídio culposo aumentada de **1/3**.

CRIMES SIMILARES	
CPM	Art. 284. Expor a perigo viatura ou outro meio de transporte militar, ou sob guarda, proteção ou requisição militar emanada de ordem legal, impedir-lhe ou dificultar-lhe o funcionamento: Pena - reclusão, até 3 anos.

ARREMESSO DE PROJÉTIL (ART. 264)	
► ***Art. 264. Arremessar projétil contra veículo, em movimento, destinado ao transporte público por terra, por água ou pelo ar:*** ***Pena - detenção, de 1 a 6 meses.***	
Tipicidade	Diferentemente dos tipos penais anteriores, trata-se de crime de **perigo abstrato**.
Bem jurídico	A incolumidade pública. Indiretamente, também são tuteladas a vida e a integridade física das pessoas eventualmente atingidas.
Sujeito ativo	Qualquer pessoa (crime **comum**).
Sujeito passivo	A coletividade (crime **vago**).
Elemento subjetivo	Dolo, direto ou eventual. Não há finalidade específica. Não há modalidade culposa.
Consumação	Ocorre quando o sujeito arremessa projétil contra veículo, em movimento, destinado ao transporte público por terra, por água ou pelo ar (crime **formal** e **instantâneo**). É desnecessário que o projétil atinja alguma pessoa ou coisa, bem como a comprovação de perigo concreto. Admite tentativa (crime **plurissubsistente**).
Omissão	Pode ser praticado na forma omissiva (omissão **imprópria**).
Execução	Crime de forma livre.
Concurso de pessoas	Crime de concurso eventual (**unissubjetivo**).
Competência	Juizado Especial Criminal.
Lei 9.099/95	Infração de menor potencial ofensivo.

ARREMESSO DE PROJÉTIL (ART. 264)	
Ação penal	Pública incondicionada.
ANPP	É possível o acordo de não persecução penal apenas se não for cabível a transação penal e forem preenchidos os demais requisitos do art. 28-A do CPP.

FORMA QUALIFICADA (ART. 264, PARÁGRAFO ÚNICO)	
►***Art. 264, parágrafo único - Se do fato resulta lesão corporal, a pena é de detenção, de 6 meses a 2 anos; se resulta morte, a pena é a do art. 121, §3º, aumentada de 1/3.***	
Lesão corporal	**Morte**
Detenção, de 6 meses a 2 anos.	Pena do homicídio culposo (detenção, de 1 a 3 anos), aumentada de 1/3.

CRIMES SIMILARES	
Lei 10.826/2003	Art. 15. Disparar arma de fogo ou acionar munição em lugar habitado ou em suas adjacências, em via pública ou em direção a ela, desde que essa conduta não tenha como finalidade a prática de outro crime: Pena - reclusão, de 2 a 4 anos, e multa.
CPM	Art. 286. Arremessar projétil contra veículo militar, em movimento, destinado a transporte por terra, por água ou pelo ar: Pena - detenção, até 6 meses.

ATENTADO CONTRA A SEGURANÇA DE SERVIÇO DE UTILIDADE PÚBLICA (ART. 265)	
►***Art. 265. Atentar contra a segurança ou o funcionamento de serviço de água, luz, força ou calor, ou qualquer outro de utilidade pública:*** ***Pena - reclusão, de 1 a 5 anos, e multa.***	
Tipicidade	Trata-se de crime de **perigo abstrato**. Interpretação analógica ou *intra legem*: "*serviço de água, luz, força ou calor*" são exemplos de serviço de "*utilidade pública*" (fórmula genérica).
Bem jurídico	A incolumidade pública.

ATENTADO CONTRA A SEGURANÇA DE SERVIÇO DE UTILIDADE PÚBLICA (ART. 265)	
Sujeito ativo	Qualquer pessoa (crime **comum**).
Sujeito passivo	A coletividade (crime **vago**).
Elemento subjetivo	Dolo, direto ou eventual. Não há finalidade específica. Não há modalidade culposa.
Consumação	Ocorre quando o sujeito atenta, de qualquer forma, contra a segurança ou o funcionamento de serviço de água, luz, força ou calor, ou qualquer outro de utilidade pública, independentemente de efetivo dano (crime **formal** e **instantâneo**). Admite tentativa (crime **plurissubsistente**).
Omissão	Pode ser praticado na forma omissiva (omissão **imprópria**).
Execução	Crime de forma livre.
Concurso de pessoas	Crime de concurso eventual (**unissubjetivo**).
Competência	Juízo comum.
Lei 9.099/95	Não é infração de menor potencial ofensivo, mas admite suspensão condicional do processo (se preenchidos os requisitos do art. 89 da Lei 9.099/95).
Ação penal	Pública incondicionada.
ANPP	É cabível o acordo de não persecução penal, se preenchidos os requisitos do art. 28-A do CPP.

CAUSA ESPECIAL DE AUMENTO DE PENA (ART. 265, PARÁGRAFO ÚNICO)
► ***Art. 265, parágrafo único - Aumentar-se-á a pena de 1/3 até a metade, se o dano ocorrer em virtude de subtração de material essencial ao funcionamento dos serviços.***

CRIMES SIMILARES	
CPM	Art. 287. Atentar contra a segurança ou o funcionamento de serviço de água, luz, força ou acesso, ou qualquer outro de utilidade, em edifício ou outro lugar sujeito à administração militar: Pena - reclusão, até 5 anos.
Lei 6.453/1977	Art. 27. Impedir ou dificultar o funcionamento de instalação nuclear ou o transporte de material nuclear. Pena - reclusão, de 4 a 10 anos.

INTERRUPÇÃO OU PERTURBAÇÃO DE SERVIÇO TELEGRÁFICO, TELEFÔNICO, INFORMÁTICO, TELEMÁTICO OU DE INFORMAÇÃO DE UTILIDADE PÚBLICA (ART. 266)	
► ***Art. 266. Interromper ou perturbar serviço telegráfico, radiotelegráfico ou telefônico, impedir ou dificultar-lhe o restabelecimento:*** ***Pena - detenção, de 1 a 3 anos, e multa.***	
Tipicidade	Trata-se de crime de **perigo abstrato**. **Tipo misto alternativo ou crime de ação múltipla ou de conteúdo variado**: se o agente praticar mais de um núcleo do art. 266 no mesmo contexto, responderá por **crime único**.
Bem jurídico	A incolumidade pública.
Sujeito ativo	Qualquer pessoa (crime **comum**).
Sujeito passivo	A coletividade (crime **vago**).
Elemento subjetivo	Dolo, direto ou eventual. Não há finalidade específica. Não há modalidade culposa.
Consumação	Ocorre quando o sujeito interrompe ou perturba serviço telegráfico, radiotelegráfico ou telefônico, bem como quando impede ou dificulta-lhe o restabelecimento (crime **formal**[3] e **instantâneo**). Admite tentativa (crime **plurissubsistente**).
Omissão	Pode ser praticado na forma omissiva (omissão **imprópria**).

3. Na doutrina, prevalece o entendimento de que o crime é formal. Contudo, os núcleos do tipo penal ("*interromper*", "*perturbar*", "*impedir*" e "*dificultar*") expressam condutas que compreendem um resultado naturalístico.

INTERRUPÇÃO OU PERTURBAÇÃO DE SERVIÇO TELEGRÁFICO, TELEFÔNICO, INFORMÁTICO, TELEMÁTICO OU DE INFORMAÇÃO DE UTILIDADE PÚBLICA (ART. 266)	
Execução	Crime de forma livre.
Concurso de pessoas	Crime de concurso eventual (**unissubjetivo**).
Competência	Juízo comum.
Lei 9.099/95	Não é infração de menor potencial ofensivo, mas admite suspensão condicional do processo (se preenchidos os requisitos do art. 89 da Lei 9.099/95).
Ação penal	Pública incondicionada.
ANPP	É cabível o acordo de não persecução penal, se preenchidos os requisitos do art. 28-A do CPP.

CONDUTA EQUIPARADA (ART. 266, §1º)
►***Art. 266, §1º - Incorre na mesma pena quem interrompe serviço telemático ou de informação de utilidade pública, ou impede ou dificulta-lhe o restabelecimento***.

CAUSA ESPECIAL DE AUMENTO (ART. 266, §2º)
►***Art. 266, §2º - Aplicam-se as penas em dobro se o crime é cometido por ocasião de calamidade pública***.

CRIMES SIMILARES	
CPM	Art. 288. Interromper, perturbar ou dificultar serviço telegráfico, telefônico, telemétrico, de televisão, telepercepção, sinalização, ou outro meio de comunicação militar; ou impedir ou dificultar a sua instalação em lugar sujeito à administração militar, ou desde que para esta seja de interesse qualquer daqueles serviços ou meios: Pena - detenção, de 1 a 3 anos.
Lei 4.117/1962	Art. 70. Constitui crime punível com a pena de detenção de 1 a 2 anos, aumentada da metade se houver dano a terceiro, a instalação ou utilização de telecomunicações, sem observância do disposto nesta Lei e nos regulamentos.

3

DOS CRIMES CONTRA A SAÚDE PÚBLICA

<table>
<tr><th colspan="2">FORMAS QUALIFICADAS (ART. 258)</th></tr>
<tr><td colspan="2">►Art. 285. Aplica-se o disposto no art. 258 aos crimes previstos neste Capítulo, salvo quanto ao definido no art. 267.
A única ressalva, portanto, diz respeito ao crime de epidemia (art. 267). Por sua vez, dispõe o art. 258:
►Art. 258. Se do crime doloso de perigo comum resulta lesão corporal de natureza grave, a pena privativa de liberdade é aumentada de metade; se resulta morte, é aplicada em dobro. No caso de culpa, se do fato resulta lesão corporal, a pena aumenta-se de metade; se resulta morte, aplica-se a pena cominada ao homicídio culposo, aumentada de 1/3.</td></tr>
<tr><th>Crimes dolosos</th><th>Crimes culposos</th></tr>
<tr><td>Lesão corporal grave: aumenta metade.</td><td>Lesão corporal: aumenta metade.</td></tr>
<tr><td>Morte: a pena dobra.</td><td>Morte: pena do homicídio culposo aumentada de 1/3.</td></tr>
<tr><td colspan="2">Obs.: "os crimes de perigo comum são qualificados pelo resultado, nos termos do art. 258 do CP. Exige-se dolo ou culpa na conduta antecedente, devendo a conduta consequente ser culposa"[1].</td></tr>
</table>

1. STJ, REsp 945311/SP, Rel. Min. Laurita Vaz, 5ª Turma, j. 27/03/2008.

EPIDEMIA (ART. 267)	
►***Art. 267. Causar epidemia, mediante a propagação de germes patogênicos:*** ***Pena - reclusão, de 10 a 15 anos.***	
Tipicidade	Trata-se de crime de **perigo concreto**. Epidemia é "o surto de uma doença **transitória** que ataca simultaneamente número indeterminado de indivíduos em certa localidade"[2].
Bem jurídico	A saúde pública.
Sujeito ativo	Qualquer pessoa (crime **comum**).
Sujeito passivo	A coletividade (crime **vago**).
Elemento subjetivo	Dolo, direto ou eventual. Não há finalidade específica. Há modalidade culposa prevista no §2º.
Consumação	Ocorre quando o sujeito provoca epidemia, propagando germes patogênicos (crime **material** e **instantâneo**). É indispensável a ocorrência do resultado naturalístico (a epidemia) e a comprovação de **perigo concreto** causado a um número indeterminado de pessoas. Admite tentativa (crime **plurissubsistente**).
Omissão	Pode ser praticado na forma omissiva (omissão **imprópria**).
Execução	Crime de forma livre.
Concurso de pessoas	Crime de concurso eventual (**unissubjetivo**).
Competência	Juízo comum.
Lei 9.099/95	Não é infração de menor potencial ofensivo.
Ação penal	Pública incondicionada.
ANPP	Na figura do *caput*, é incabível o acordo de não persecução penal, pois a pena mínima cominada não é inferior a 4 anos (art. 28-A, *caput*, do CPP). Admitida transação penal na modalidade culposa (§ 2º), é incabível o acordo de não persecução penal (art. 28-A, § 2º, I, do CPP), exceto se resulta morte.

2. CUNHA, Rogério Sanches (op. cit. p. 267).

FORMA QUALIFICADA (ART. 267, §1º)
► ***Art. 267, §1º - Se do fato resulta morte, a pena é aplicada em dobro.***
Não se aplicam as formas qualificadas do art. 258.
A epidemia com resultado morte é crime hediondo (art. 1º, VII da Lei 8.072/90).

FORMA CULPOSA (ART. 267, §2º)
► ***Art. 267, §2º - No caso de culpa, a pena é de detenção, de 1 a 2 anos, ou, se resulta morte, de 2 a 4 anos.***
A epidemia culposa com resultado morte **não é crime hediondo**, pois o art. 1º, VII da Lei 8.072/90 refere-se expressamente ao §1º.

CRIMES SIMILARES	
CPM	Art. 292. Causar epidemia, em lugar sujeito à administração militar, mediante propagação de germes patogênicos: Pena - reclusão, de 5 a 15 anos.

INFRAÇÃO DE MEDIDA SANITÁRIA PREVENTIVA (ART. 268)
► ***Art. 268. Infringir determinação do poder público, destinada a impedir introdução ou propagação de doença contagiosa:***
Pena - detenção, de 1 mês a 1 ano, e multa.

INFRAÇÃO DE MEDIDA SANITÁRIA PREVENTIVA (ART. 268)	
Tipicidade	Trata-se de crime de **perigo abstrato. Norma penal em branco**, a ser complementada pela determinação do poder público (lei, decreto, regulamento etc). **Aplica-se o art. 258**[3] (formas qualificadas).
Bem jurídico	A saúde pública.

3. ► ***Art. 258. Se do crime doloso de perigo comum resulta lesão corporal de natureza grave, a pena privativa de liberdade é aumentada de metade; se resulta morte, é aplicada em dobro. No caso de culpa, se do fato resulta lesão corporal, a pena aumenta-se de metade; se resulta morte, aplica-se a pena cominada ao homicídio culposo, aumentada de 1/3.***

INFRAÇÃO DE MEDIDA SANITÁRIA PREVENTIVA (ART. 268)	
Sujeito ativo	Qualquer pessoa (crime **comum**).
Sujeito passivo	A coletividade (crime **vago**).
Elemento subjetivo	Dolo, direto ou eventual. Não há finalidade específica. Não há modalidade culposa.
Consumação	Ocorre com a simples infringência da determinação do poder público (crime **formal** e **instantâneo**), independentemente da comprovação de perigo ao bem jurídico tutelado (crime de **perigo abstrato**). Admite tentativa (crime **plurissubsistente**).
Omissão	Pode ser praticado na forma omissiva (omissão **imprópria**).
Execução	Crime de forma livre.
Concurso de pessoas	Crime de concurso eventual (**unissubjetivo**).
Competência	Juizado Especial Criminal.
Lei 9.099/95	Infração de menor potencial ofensivo.
Ação penal	Pública incondicionada.
ANPP	Admitida transação penal, é incabível o acordo de não persecução penal (art. 28-A, § 2º, I, do CPP).

CAUSA ESPECIAL DE AUMENTO DE PENA (ART. 268, PARÁGRAFO ÚNICO)
► ***Art. 268, parágrafo único - A pena é aumentada de 1/3, se o agente é funcionário da saúde pública ou exerce a profissão de médico, farmacêutico, dentista ou enfermeiro.***

OMISSÃO DE NOTIFICAÇÃO DE DOENÇA (ART. 269)
► ***Art. 269. Deixar o médico de denunciar à autoridade pública doença cuja notificação é compulsória:*** ***Pena - detenção, de 6 meses a 2 anos, e multa.***

OMISSÃO DE NOTIFICAÇÃO DE DOENÇA (ART. 269)	
Tipicidade	Trata-se de crime de **perigo abstrato.** O crime é **omissivo próprio ou puro. Norma penal em branco**: a lista das doenças consideradas de notificação compulsória está na Portaria 2.472/10 do Ministério da Saúde. **Aplica-se o art. 258**[4] (formas qualificadas).
Bem jurídico	A saúde pública.
Sujeito ativo	Apenas o médico (crime **próprio**).
Sujeito passivo	A coletividade (crime **vago**).
Elemento subjetivo	Dolo, direto ou eventual. Não há finalidade específica. Não há modalidade culposa.
Consumação	Ocorre quando o médico deixa de denunciar à autoridade pública doença cuja notificação é compulsória (crime **de mera conduta** e **instantâneo**). **Não admite tentativa** (crime **unissubsistente**).
Omissão	O crime é **omissivo próprio**.
Execução	Crime de forma **vinculada**.
Concurso de pessoas	Crime de concurso eventual (**unissubjetivo**).
Competência	Juizado Especial Criminal.
Lei 9.099/95	Infração de menor potencial ofensivo.
Ação penal	Pública incondicionada.
ANPP	Admitida transação penal no *caput*, é incabível o acordo de não persecução penal (art. 28-A, § 2º, I, do CPP).

CRIMES SIMILARES	
CPM	Art. 297. Deixar o médico militar, no exercício da função, de denunciar à autoridade pública doença cuja notificação é compulsória: Pena - detenção, de 6 meses a 2 anos.

4. ► ***Art. 258. Se do crime doloso de perigo comum resulta lesão corporal de natureza grave, a pena privativa de liberdade é aumentada de metade; se resulta morte, é aplicada em dobro. No caso de culpa, se do fato resulta lesão corporal, a pena aumenta-se de metade; se resulta morte, aplica-se a pena cominada ao homicídio culposo, aumentada de 1/3.***

ENVENENAMENTO DE ÁGUA POTÁVEL OU DE SUBSTÂNCIA ALIMENTÍCIA OU MEDICINAL (ART. 270)	
►***Art. 270. Envenenar água potável, de uso comum ou particular, ou substância alimentícia ou medicinal destinada a consumo:*** ***Pena - reclusão, de 10 a 15 anos.***	
Tipicidade	Trata-se de crime de **perigo abstrato**. O crime **deixou de ser hediondo** com a edição da Lei 8.930/1994. **Aplica-se o art. 258**[5] (formas qualificadas).
Bem jurídico	A saúde pública.
Sujeito ativo	Qualquer pessoa (crime **comum**).
Sujeito passivo	A coletividade (crime **vago**).
Elemento subjetivo	Dolo, direto ou eventual. Não há finalidade específica. Há modalidade culposa prevista no §2º.
Consumação	Ocorre com o envenenamento de água potável, de uso comum ou particular[6], ou substância alimentícia ou medicinal destinada a consumo (crime **formal** e **instantâneo**). Admite tentativa (crime **plurissubsistente**).
Omissão	Pode ser praticado na forma omissiva (omissão **imprópria**).
Execução	Crime de forma livre.
Concurso de pessoas	Crime de concurso eventual (**unissubjetivo**).
Competência	Juízo comum.
Lei 9.099/95	Não é infração de menor potencial ofensivo.
Ação penal	Pública incondicionada.

5. ►***Art. 258. Se do crime doloso de perigo comum resulta lesão corporal de natureza grave, a pena privativa de liberdade é aumentada de metade; se resulta morte, é aplicada em dobro. No caso de culpa, se do fato resulta lesão corporal, a pena aumenta-se de metade; se resulta morte, aplica-se a pena cominada ao homicídio culposo, aumentada de 1/3.***
6. "No caso dos autos, apesar de se tratar de poço situado em propriedade particular, verifica-se que **o consumo da sua água era destinado a todos os que a ele tinham acesso**, de modo que eventual envenenamento dessa água configuraria, em tese, o crime do art. 270 do Código Penal, cuja ação penal é pública incondicionada, nos termos do art. 100 do Código Penal" (STJ, HC 55504/PI, Rel. Min. Laurita Vaz, 5ª Turma, j. 11/12/2007).

ENVENENAMENTO DE ÁGUA POTÁVEL OU DE SUBSTÂNCIA ALIMENTÍCIA OU MEDICINAL (ART. 270)	
ANPP	Na figura do *caput* e do § 1º, é incabível o acordo de não persecução penal, pois a pena mínima cominada não é inferior a 4 anos (art. 28-A, *caput*, do CPP). Admitida transação penal no § 2º, também é incabível o acordo (art. 28-A, § 2º, I, do CPP).

CONDUTA EQUIPARADA (ART. 270, §1º)
►Art. 270, §1º - Está sujeito à mesma pena quem entrega a consumo ou tem em depósito, para o fim de ser distribuída, a água ou a substância envenenada.

FORMA CULPOSA (ART. 270, §2º)
►Art. 270, §2º - Se o crime é culposo: ***Pena - detenção, de 6 meses a 2 anos.*** Infração de menor potencial ofensivo. Competência do Juizado Especial Criminal.

CORRUPÇÃO OU POLUIÇÃO DE ÁGUA POTÁVEL (ART. 271)
►Art. 271. Corromper ou poluir água potável, de uso comum ou particular, tornando-a imprópria para consumo ou nociva à saúde: ***Pena - reclusão, de 2 a 5 anos.***

CORRUPÇÃO OU POLUIÇÃO DE ÁGUA POTÁVEL (ART. 271)	
Tipicidade	Trata-se de crime de **perigo abstrato**. **Tipo misto alternativo ou crime de ação múltipla ou de conteúdo variado**: se o agente praticar mais de um núcleo do art. 271 no mesmo contexto, responderá por **crime único**. **Aplica-se o art. 258**[7] (formas qualificadas).
Bem jurídico	A saúde pública.

7. ***►Art. 258. Se do crime doloso de perigo comum resulta lesão corporal de natureza grave, a pena privativa de liberdade é aumentada de metade; se resulta morte, é aplicada em dobro. No caso de culpa, se do fato resulta lesão corporal, a pena aumenta-se de metade; se resulta morte, aplica-se a pena cominada ao homicídio culposo, aumentada de 1/3.***

CORRUPÇÃO OU POLUIÇÃO DE ÁGUA POTÁVEL (ART. 271)	
Sujeito ativo	Qualquer pessoa (crime **comum**).
Sujeito passivo	A coletividade (crime **vago**).
Elemento subjetivo	Dolo, direto ou eventual. Não há finalidade específica. Há modalidade culposa prevista no parágrafo único.
Consumação	Ocorre com a corrupção ou poluição de água potável, de uso comum ou particular, tornando-a imprópria para o consumo ou nociva à saúde (crime **formal** e **instantâneo**). Admite tentativa (crime **plurissubsistente**).
Omissão	Pode ser praticado na forma omissiva (omissão **imprópria**).
Execução	Crime de forma livre.
Concurso de pessoas	Crime de concurso eventual (**unissubjetivo**).
Competência	Juízo comum.
Lei 9.099/95	Não é infração de menor potencial ofensivo.
Ação penal	Pública incondicionada.
ANPP	Na figura do *caput*, é possível o acordo de não persecução penal se preenchidos os requisitos do art. 28-A do CPP. Admitida transação penal no parágrafo único, é incabível o acordo (art. 28-A, § 2º, I, do CPP).

FORMA CULPOSA (ART. 271, PARÁGRAFO ÚNICO)
► ***Art. 271, parágrafo único - Se o crime é culposo:*** ***Pena - detenção, de 2 meses a 1 ano.*** Infração de menor potencial ofensivo. Competência do Juizado Especial Criminal.

CORRUPÇÃO OU POLUIÇÃO DE ÁGUA POTÁVEL – TEMAS RELEVANTES	
Ab-rogação	Para o STJ (em sentido contrário à doutrina majoritária), o tipo penal foi **revogado** pelo art. 54 da Lei 9.605/98, lei posterior e específica[8].

8. STJ, HC 178423/GO, Rel. Min. Gilson Dipp, 5ª Turma, j. 06/12/2011.

FALSIFICAÇÃO, CORRUPÇÃO, ADULTERAÇÃO OU ALTERAÇÃO DE SUBSTÂNCIA OU PRODUTOS ALIMENTÍCIOS (ART. 272)	
►Art. 272. Corromper, adulterar, falsificar ou alterar substância ou produto alimentício destinado a consumo, tornando-o nociva à saúde ou reduzindo-lhe o valor nutritivo: Pena - reclusão, de 4 a 8 anos, e multa.	
Tipicidade	Trata-se de crime de **perigo concreto**. **Tipo misto alternativo ou crime de ação múltipla ou de conteúdo variado**: se o agente praticar mais de um núcleo do art. 272 no mesmo contexto, responderá por **crime único**. **Aplica-se o art. 258**[9] (formas qualificadas).
Bem jurídico	A saúde pública.
Sujeito ativo	Qualquer pessoa (crime **comum**).
Sujeito passivo	A coletividade (crime **vago**).
Elemento subjetivo	Dolo, direto ou eventual. Não há finalidade específica. Há modalidade culposa prevista no §2º.
Consumação	Ocorre a corrupção, adulteração, falsificação ou alteração de substância ou produto alimentício destinado a consumo (crime **material** e **instantâneo**), tornando-o nociva à saúde ou reduzindo-lhe o valor nutritivo (crime de **perigo concreto**). Admite tentativa (crime **plurissubsistente**).
Omissão	Pode ser praticado na forma omissiva (omissão **imprópria**).
Execução	Crime de forma livre.
Concurso de pessoas	Crime de concurso eventual (**unissubjetivo**).
Competência	Juízo comum.
Lei 9.099/95	Não é infração de menor potencial ofensivo.
Ação penal	Pública incondicionada.

9. ***►Art. 258. Se do crime doloso de perigo comum resulta lesão corporal de natureza grave, a pena privativa de liberdade é aumentada de metade; se resulta morte, é aplicada em dobro. No caso de culpa, se do fato resulta lesão corporal, a pena aumenta-se de metade; se resulta morte, aplica-se a pena cominada ao homicídio culposo, aumentada de 1/3.***

FALSIFICAÇÃO, CORRUPÇÃO, ADULTERAÇÃO OU ALTERAÇÃO DE SUBSTÂNCIA OU PRODUTOS ALIMENTÍCIOS (ART. 272)	
ANPP	Na figura do *caput* e dos §§ 1º-A e 1º, é incabível o acordo de não persecução penal, pois a pena mínima não é inferior a 4 anos (art. 28-A, *caput*, do CPP). Na modalidade culposa (§ 2º), é admissível o acordo, se presentes os requisitos do artigo 28-A do CPP.

CONDUTAS EQUIPARADAS (ART. 272, §1º-A E 1º)
►***Art. 272, §1º-A - Incorre nas penas deste artigo quem fabrica, vende, expõe à venda, importa, tem em depósito para vender ou, de qualquer forma, distribui ou entrega a consumo a substância alimentícia ou o produto falsificado, corrompido ou adulterado.*** ***§1º - Está sujeito às mesmas penas quem pratica as ações previstas neste artigo em relação a bebidas, com ou sem teor alcoólico.***

FORMA CULPOSA (ART. 272, §2º)
►***Art. 272, §2º - Se o crime é culposo:*** ***Pena - detenção, de 1 a 2 anos, e multa.*** Infração de menor potencial ofensivo. Competência do Juizado Especial Criminal.

FALSIFICAÇÃO, CORRUPÇÃO, ADULTERAÇÃO OU ALTERAÇÃO DE SUBSTÂNCIA OU PRODUTOS ALIMENTÍCIOS – TEMAS RELEVANTES	
Crime contra a economia popular (Lei 1.521/1951)	A Lei 1.521/1951 prevê como crimes as condutas de "expor à venda ou vender mercadoria ou produto alimentício, cujo fabrico haja desatendido a determinações oficiais, quanto ao peso e composição" (art. 2º, III e V) e "misturar gêneros e mercadorias de espécies diferentes, expô-los à venda ou vendê-los, como puros; misturar gêneros e mercadorias de qualidades desiguais para expô-los à venda ou vendê-los por preço marcado para os de mais alto custo". Nesses casos, **não há perigo concreto à incolumidade pública**.

FALSIFICAÇÃO, CORRUPÇÃO, ADULTERAÇÃO OU ALTERAÇÃO DE SUBSTÂNCIA OU PRODUTOS ALIMENTÍCIOS – TEMAS RELEVANTES	
Exame pericial	Para o STJ, trata-se de um delito que deixa vestígios, sendo indispensável a realização de **exame pericial** que ateste a materialidade delitiva, não bastando, para tanto, mero laudo de constatação[10].

FALSIFICAÇÃO, CORRUPÇÃO, ADULTERAÇÃO OU ALTERAÇÃO DE PRODUTO DESTINADO A FINS TERAPÊUTICOS OU MEDICINAIS (ART. 273)	
► Art. 273. Falsificar, corromper, adulterar ou alterar produto destinado a fins terapêuticos ou medicinais: ***Pena - reclusão, de 10 a 15 anos, e multa.***	
Tipicidade	Trata-se de crime de **perigo abstrato. Tipo misto alternativo ou crime de ação múltipla ou de conteúdo variado**: se o agente praticar mais de um núcleo do art. 273 no mesmo contexto, responderá por **crime único**. **Aplica-se o art. 258**[11] (formas qualificadas).
Bem jurídico	A saúde pública.
Sujeito ativo	Qualquer pessoa (crime **comum**).
Sujeito passivo	A coletividade (crime **vago**).
Elemento subjetivo	Dolo, direto ou eventual. Não há finalidade específica. Há modalidade culposa prevista no §2º.
Consumação	Ocorre com a falsificação, corrupção, adulteração ou alteração de produto destinado a fins terapêuticos ou medicinais (crime **formal**[12] e **instantâneo**). Admite tentativa (crime **plurissubsistente**).

10. STJ, RHC 45171/SC, Rel. Min. Nefi Cordeiro, 6ª Turma, j. 03/05/2016.
11. ***► Art. 258. Se do crime doloso de perigo comum resulta lesão corporal de natureza grave, a pena privativa de liberdade é aumentada de metade; se resulta morte, é aplicada em dobro. No caso de culpa, se do fato resulta lesão corporal, a pena aumenta-se de metade; se resulta morte, aplica-se a pena cominada ao homicídio culposo, aumentada de 1/3.***
12. Na doutrina, prevalece o entendimento de que o crime é formal. Contudo, os núcleos do tipo penal (*"falsificar, corromper, adulterar ou alterar"*) expressam condutas que compreendem um resultado naturalístico.

FALSIFICAÇÃO, CORRUPÇÃO, ADULTERAÇÃO OU ALTERAÇÃO DE PRODUTO DESTINADO A FINS TERAPÊUTICOS OU MEDICINAIS (ART. 273)	
Omissão	Pode ser praticado na forma omissiva (omissão **imprópria**).
Execução	Crime de forma livre.
Concurso de pessoas	Crime de concurso eventual (**unissubjetivo**).
Competência	Juízo comum.
Lei 9.099/95	Não é infração de menor potencial ofensivo.
Ação penal	Pública incondicionada.
ANPP	Na figura do *caput* e do § 1º, é incabível o acordo de não persecução penal, pois a pena mínima não é inferior a 4 anos (art. 28-A, *caput*, do CPP). Na modalidade culposa (§ 2º), é possível, se presentes os requisitos legais.

NORMA PENAL EXPLICATIVA (ART. 273, §1º-A)
►Art. 273, §1º-A - Incluem-se entre os produtos a que se refere este artigo os medicamentos, as matérias-primas, os insumos farmacêuticos, os cosméticos, os saneantes e os de uso em diagnóstico.

CONDUTAS EQUIPARADAS (ART. 273, §1º E 1º-B)
►Art. 273, §1º - Nas mesmas penas incorre quem importa, vende, expõe à venda, tem em depósito para vender ou, de qualquer forma, distribui ou entrega a consumo o produto falsificado, corrompido, adulterado ou alterado. ***§1º-B - Está sujeito às penas deste artigo quem pratica as ações previstas no § 1º em relação a produtos em qualquer das seguintes condições:*** ***I - sem registro, quando exigível, no órgão de vigilância sanitária competente;*** ***II - em desacordo com a fórmula constante do registro previsto no inciso anterior;*** ***III - sem as características de identidade e qualidade admitidas para a sua comercialização;*** ***IV - com redução de seu valor terapêutico ou de sua atividade;*** ***V - de procedência ignorada;*** ***VI - adquiridos de estabelecimento sem licença da autoridade sanitária competente.***

CONDUTAS EQUIPARADAS (ART. 273, §1º E 1º-B)
Em repercussão geral, o STF fixou que "**é inconstitucional a aplicação do preceito secundário do art. 273 do Código Penal, com redação dada pela Lei nº 9.677/98 (reclusão, de 10 a 15 anos, e multa), à hipótese prevista no seu §1º-B, I, que versa sobre a importação de medicamento sem registro no órgão de vigilância sanitária. Para esta situação específica, fica repristinado o preceito secundário do art. 273, na redação originária (reclusão, de 1 a 3 anos, e multa)**".

FORMA CULPOSA (ART. 273, §2º)
► Art. 273, §2º - Se o crime é culposo: ***Pena - detenção, de 1 a 3 anos, e multa.*** Não é infração de menor potencial ofensivo, mas admite suspensão condicional do processo (se preenchidos os requisitos do art. 89 da Lei 9.099/95).

FALSIFICAÇÃO, CORRUPÇÃO, ADULTERAÇÃO OU ALTERAÇÃO DE PRODUTO DESTINADO A FINS TERAPÊUTICOS OU MEDICINAIS – TEMAS RELEVANTES	
Crime hediondo	O crime previsto no art. 273 é **hediondo** (art. 1º, VII-B da Lei 8.072/1990), **salvo em sua forma culposa**.
Art. 334 e princípio da especialidade	"Em observância ao princípio da especialidade, a conduta de introduzir no país produtos destinados a fins terapêuticos ou medicinais sem registro no órgão de vigilância sanitária competente ou de procedência ignorada se subsome ao delito do art. 273, § 1º-B, I, II e V, do CP, sendo equivocado desclassificar para a conduta do art. 334 do Código Penal"[13].

13. STJ, AgInt nos EDcl no REsp 1387149/SC, Rel. Min. Felix Fischer, 5ª Turma, j. 17/10/2017.

EMPREGO DE PROCESSO PROIBIDO OU DE SUBSTÂNCIA NÃO PERMITIDA (ART. 274)	
►Art. 274. Empregar, no fabrico de produto destinado a consumo, revestimento, gaseificação artificial, matéria corante, substância aromática, anti-séptica, conservadora ou qualquer outra não expressamente permitida pela legislação sanitária: Pena - reclusão, de 1 a 5 anos, e multa.	
Tipicidade	Trata-se de crime de **perigo abstrato. Norma penal em branco** ("*permitida pela legislação sanitária*"). **Aplica-se o art. 258**[14] (formas qualificadas).
Bem jurídico	A saúde pública.
Sujeito ativo	Qualquer pessoa (crime **comum**).
Sujeito passivo	A coletividade (crime **vago**).
Elemento subjetivo	Dolo, direto ou eventual. Não há finalidade específica. Não há modalidade culposa.
Consumação	Ocorre quando o sujeito emprega, no fabrico de produto destinado a consumo, revestimento, gaseificação artificial, matéria corante, substância aromática, anti-séptica, conservadora ou qualquer outra não expressamente permitida pela legislação sanitária (crime **formal** e **instantâneo**). Admite tentativa (crime **plurissubsistente**).
Omissão	Pode ser praticado na forma omissiva (omissão **imprópria**).
Execução	Crime de forma livre.
Concurso de pessoas	Crime de concurso eventual (**unissubjetivo**).
Competência	Juízo comum.
Lei 9.099/95	Não é infração de menor potencial ofensivo, mas admite suspensão condicional do processo (se preenchidos os requisitos do art. 89 da Lei 9.099/95).

14. ► ***Art. 258. Se do crime doloso de perigo comum resulta lesão corporal de natureza grave, a pena privativa de liberdade é aumentada de metade; se resulta morte, é aplicada em dobro. No caso de culpa, se do fato resulta lesão corporal, a pena aumenta-se de metade; se resulta morte, aplica-se a pena cominada ao homicídio culposo, aumentada de 1/3.***

EMPREGO DE PROCESSO PROIBIDO OU DE SUBSTÂNCIA NÃO PERMITIDA (ART. 274)	
Ação penal	Pública incondicionada.
ANPP	É cabível o acordo de não persecução penal, se preenchidos os requisitos do art. 28-A do CPP.

EMPREGO DE PROCESSO PROIBIDO OU DE SUBSTÂNCIA NÃO PERMITIDA - TEMAS RELEVANTES	
Crime contra a economia popular (Lei 1.521/1951)	A Lei 1.521/51 prevê como crime a conduta de "expor à venda ou vender mercadoria ou produto alimentício, cujo fabrico haja desatendido a determinações oficiais, quanto ao peso e composição" (art. 2º, III).

INVÓLUCRO OU RECIPIENTE COM FALSA INDICAÇÃO (ART. 275)	
►Art. 275. Inculcar, em invólucro ou recipiente de produtos alimentícios, terapêuticos ou medicinais, a existência de substância que não se encontra em seu conteúdo ou que nele existe em quantidade menor que a mencionada: ***Pena - reclusão, de 1 a 5 anos, e multa.***	
Tipicidade	Trata-se de crime de **perigo abstrato**. **Aplica-se o art. 258**[15] (formas qualificadas).
Bem jurídico	A saúde pública.
Sujeito ativo	Qualquer pessoa (crime **comum**).
Sujeito passivo	A coletividade (crime **vago**).
Elemento subjetivo	Dolo, direto ou eventual. Não há finalidade específica. Não há modalidade culposa.

15. ***►Art. 258. Se do crime doloso de perigo comum resulta lesão corporal de natureza grave, a pena privativa de liberdade é aumentada de metade; se resulta morte, é aplicada em dobro. No caso de culpa, se do fato resulta lesão corporal, a pena aumenta-se de metade; se resulta morte, aplica-se a pena cominada ao homicídio culposo, aumentada de 1/3.***

INVÓLUCRO OU RECIPIENTE COM FALSA INDICAÇÃO (ART. 275)	
Consumação	Ocorre quando o sujeito inculca (informa, indica), em invólucro ou recipiente de produtos alimentícios, terapêuticos ou medicinais, a existência de substância que não se encontra em seu conteúdo ou que nele existe em quantidade menor que a mencionada (crime **formal** e **instantâneo**). Admite tentativa (crime **plurissubsistente**).
Omissão	Pode ser praticado na forma omissiva (omissão **imprópria**).
Execução	Crime de forma **vinculada**.
Concurso de pessoas	Crime de concurso eventual (**unissubjetivo**).
Competência	Juízo comum.
Lei 9.099/95	Não é infração de menor potencial ofensivo, mas admite suspensão condicional do processo (se preenchidos os requisitos do art. 89 da Lei 9.099/95).
Ação penal	Pública incondicionada.
ANPP	É cabível o acordo de não persecução penal, se preenchidos os requisitos do art. 28-A do CPP.

INVÓLUCRO OU RECIPIENTE COM FALSA INDICAÇÃO – TEMAS RELEVANTES	
Código de Defesa do Consumidor	O CDC prevê como crime a conduta de "fazer afirmação falsa ou enganosa, ou omitir informação relevante sobre a natureza, característica, qualidade, quantidade, segurança, desempenho, durabilidade, preço ou garantia de produtos ou serviços" (art. 66). A distinção reside na elementar "***produtos alimentícios, terapêuticos ou medicinais***" presente no art. 275 do CP.

PRODUTO OU SUBSTÂNCIA NAS CONDIÇÕES DOS DOIS ARTIGOS ANTERIORES (ART. 276)
▶ ***Art. 276. Vender, expor à venda, ter em depósito para vender ou, de qualquer forma, entregar a consumo produto nas condições dos arts. 274 e 275.*** ***Pena - reclusão, de 1 a 5 anos, e multa.***

PRODUTO OU SUBSTÂNCIA NAS CONDIÇÕES DOS DOIS ARTIGOS ANTERIORES (ART. 276)	
Tipicidade	Crime **remetido** e de **perigo abstrato**. **Tipo misto alternativo ou crime de ação múltipla ou de conteúdo variado**: se o agente praticar mais de um núcleo do art. 276 no mesmo contexto, responderá por **crime único**. **Aplica-se o art. 258**[16] (formas qualificadas).
Bem jurídico	A saúde pública.
Sujeito ativo	Qualquer pessoa (crime **comum**).
Sujeito passivo	A coletividade (crime **vago**).
Elemento subjetivo	Dolo, direto ou eventual. Não há finalidade específica. Não há modalidade culposa.
Consumação	Ocorre quando o sujeito vende, expõe à venda, tem em depósito para vender ou, de qualquer forma, entrega a consumo produto nas condições dos arts. 274 e 275 (crime **formal** e **instantâneo**). Pode ser **instantâneo** (*"vender"* e *"entrega a consumo"*) ou **permanente** (*"expor a venda"* e *"ter em depósito"*). Admite tentativa (crime **plurissubsistente**).
Omissão	Pode ser praticado na forma omissiva (omissão **imprópria**).
Execução	Crime de forma livre.
Concurso de pessoas	Crime de concurso eventual (**unissubjetivo**).
Competência	Juízo comum.
Lei 9.099/95	Não é infração de menor potencial ofensivo, mas admite suspensão condicional do processo (se preenchidos os requisitos do art. 89 da Lei 9.099/95).
Ação penal	Pública incondicionada.

16. ► ***Art. 258. Se do crime doloso de perigo comum resulta lesão corporal de natureza grave, a pena privativa de liberdade é aumentada de metade; se resulta morte, é aplicada em dobro. No caso de culpa, se do fato resulta lesão corporal, a pena aumenta-se de metade; se resulta morte, aplica-se a pena cominada ao homicídio culposo, aumentada de 1/3.***

PRODUTO OU SUBSTÂNCIA NAS CONDIÇÕES DOS DOIS ARTIGOS ANTERIORES (ART. 276)	
ANPP	É cabível o acordo de não persecução penal, se preenchidos os requisitos do art. 28-A do CPP.

SUBSTÂNCIA DESTINADA À FALSIFICAÇÃO (ART. 277)	
►***Art. 277. Vender, expor à venda, ter em depósito ou ceder substância destinada à falsificação de produtos alimentícios, terapêuticos ou medicinais:*** ***Pena - reclusão, de 1 a 5 anos, e multa.***	
Tipicidade	Trata-se de crime de **perigo abstrato**. **Tipo misto alternativo ou crime de ação múltipla ou de conteúdo variado**: se o agente praticar mais de um núcleo do art. 277 no mesmo contexto, responderá por **crime único**. **Aplica-se o art. 258**[17] (formas qualificadas).
Bem jurídico	A saúde pública.
Sujeito ativo	Qualquer pessoa (crime **comum**).
Sujeito passivo	A coletividade (crime **vago**).
Elemento subjetivo	Dolo, direto ou eventual. Não há finalidade específica. Não há modalidade culposa.
Consumação	Ocorre quando o sujeito vende, expõe à venda, tem em depósito ou cede substância destinada à falsificação de produtos alimentícios, terapêuticos ou medicinais (crime **formal** e **instantâneo**), independentemente da comprovação de perigo ao bem jurídico tutelado (crime de **perigo abstrato**). Pode ser **instantâneo** ("*vender*" e "*ceder*") ou **permanente** ("*expor a venda*" e "*ter em depósito*"). Admite tentativa (crime **plurissubsistente**).

17. ►***Art. 258. Se do crime doloso de perigo comum resulta lesão corporal de natureza grave, a pena privativa de liberdade é aumentada de metade; se resulta morte, é aplicada em dobro. No caso de culpa, se do fato resulta lesão corporal, a pena aumenta-se de metade; se resulta morte, aplica-se a pena cominada ao homicídio culposo, aumentada de 1/3.***

SUBSTÂNCIA DESTINADA À FALSIFICAÇÃO (ART. 277)	
Omissão	Pode ser praticado na forma omissiva (omissão **imprópria**).
Execução	Crime de forma livre.
Concurso de pessoas	Crime de concurso eventual (**unissubjetivo**).
Competência	Juízo comum.
Lei 9.099/95	Não é infração de menor potencial ofensivo, mas admite suspensão condicional do processo (se preenchidos os requisitos do art. 89 da Lei 9.099/95).
Ação penal	Pública incondicionada.
ANPP	É cabível o acordo de não persecução penal, se preenchidos os requisitos do art. 28-A do CPP.

OUTRAS SUBSTÂNCIAS NOCIVAS À SAÚDE PÚBLICA (ART. 278)	
►Art. 278. Fabricar, vender, expor à venda, ter em depósito para vender ou, de qualquer forma, entregar a consumo coisa ou substância nociva à saúde, ainda que não destinada à alimentação ou a fim medicinal: ***Pena - detenção, de 1 a 3 anos, e multa.***	
Tipicidade	Trata-se de crime de **perigo concreto**. **Tipo misto alternativo ou crime de ação múltipla ou de conteúdo variado**: se o agente praticar mais de um núcleo do art. 278 no mesmo contexto, responderá por **crime único**. **Aplica-se o art. 258**[18] (formas qualificadas).
Bem jurídico	A saúde pública.
Sujeito ativo	Qualquer pessoa (crime **comum**).
Sujeito passivo	A coletividade (crime **vago**).

18. ***►Art. 258. Se do crime doloso de perigo comum resulta lesão corporal de natureza grave, a pena privativa de liberdade é aumentada de metade; se resulta morte, é aplicada em dobro. No caso de culpa, se do fato resulta lesão corporal, a pena aumenta-se de metade; se resulta morte, aplica-se a pena cominada ao homicídio culposo, aumentada de 1/3.***

OUTRAS SUBSTÂNCIAS NOCIVAS À SAÚDE PÚBLICA (ART. 278)	
Elemento subjetivo	Dolo, direto ou eventual. Não há finalidade específica. Há modalidade culposa prevista no parágrafo único.
Consumação	Ocorre quando o sujeito fabrica, vende, expõe a venda, tem em depósito para vender ou, de qualquer forma, entrega a consumo coisa ou substância nociva à saúde, ainda que não destinada à alimentação ou a fim medicinal (crime **formal**). É indispensável a comprovação de que a conduta expôs o bem jurídico tutelado a **perigo concreto**. Pode ser **permanente** ("*expor à venda*", "*ter em depósito para vender*") ou **instantâneo** ("*fabricar*", "*vender*" e "*entregar à saúde*"). Admite tentativa (crime **plurissubsistente**).
Omissão	Pode ser praticado na forma omissiva (omissão **imprópria**).
Execução	Crime de forma livre.
Concurso de pessoas	Crime de concurso eventual (**unissubjetivo**).
Competência	Juízo comum.
Lei 9.099/95	Não é infração de menor potencial ofensivo, mas admite suspensão condicional do processo (se preenchidos os requisitos do art. 89 da Lei 9.099/95).
Ação penal	Pública incondicionada.
ANPP	Na figura do *caput*, é possível o acordo de não persecução penal, se preenchidos os requisitos do art. 28-A do CPP. Admitida transação penal no parágrafo único, é incabível o acordo (art. 28-A, § 2º, I, do CPP).

FORMA CULPOSA (ART. 278, PARÁGRAFO ÚNICO)
► ***Art. 278, parágrafo único - Se o crime é culposo:*** ***Pena - detenção, de 2 meses a 1 ano.*** Infração de menor potencial ofensivo. Competência do Juizado Especial Criminal.

MEDICAMENTO EM DESACORDO COM RECEITA MÉDICA (ART. 280)	
► ***Art. 280. Fornecer substância medicinal em desacordo com receita médica:*** ***Pena - detenção, de 1 a 3 anos, ou multa.***	
Tipicidade	Trata-se de crime de **perigo abstrato**. **Aplica-se o art. 258**[19] (formas qualificadas).
Bem jurídico	A saúde pública.
Sujeito ativo	Qualquer pessoa (crime **comum**).
Sujeito passivo	A coletividade (crime **vago**).
Elemento subjetivo	Dolo, direto ou eventual. Não há finalidade específica. Há modalidade culposa prevista no parágrafo único.
Consumação	Ocorre quando o sujeito fornece substância medicinal em desacordo com receita médica (crime **formal** e **instantâneo**). Admite tentativa (crime **plurissubsistente**).
Omissão	Pode ser praticado na forma omissiva (omissão **imprópria**).
Execução	Crime de forma livre.
Concurso de pessoas	Crime de concurso eventual (**unissubjetivo**).
Competência	Juízo comum.
Lei 9.099/95	Não é infração de menor potencial ofensivo, mas admite suspensão condicional do processo (se preenchidos os requisitos do art. 89 da Lei 9.099/95).
Ação penal	Pública incondicionada.
ANPP	Na figura do *caput*, é possível o acordo de não persecução penal, se preenchidos os requisitos do art. 28-A do CPP. Admitida transação penal no parágrafo único, é incabível o acordo (art. 28-A, § 2º, I, do CPP).

19. ► ***Art. 258. Se do crime doloso de perigo comum resulta lesão corporal de natureza grave, a pena privativa de liberdade é aumentada de metade; se resulta morte, é aplicada em dobro. No caso de culpa, se do fato resulta lesão corporal, a pena aumenta-se de metade; se resulta morte, aplica-se a pena cominada ao homicídio culposo, aumentada de 1/3.***

FORMA CULPOSA (ART. 280, PARÁGRAFO ÚNICO)
► ***Art. 280, parágrafo único - Se o crime é culposo:*** ***Pena - detenção, de 2 meses a 1 ano.*** Infração de menor potencial ofensivo. Competência do Juizado Especial Criminal.

EXERCÍCIO ILEGAL DA MEDICINA, ARTE DENTÁRIA OU FARMACÊUTICA (ART. 282)	
► ***Art. 282. Exercer, ainda que a título gratuito, a profissão de médico, dentista ou farmacêutico, sem autorização legal ou excedendo-lhe os limites:*** ***Pena - detenção, de 6 meses a 2 anos.***	
Tipicidade	Crime **habitual** e de **perigo abstrato**[20]. "É livre o exercício de qualquer trabalho, ofício ou profissão, atendidas as qualificações profissionais que a lei estabelecer" (art. 5º, XIII da CF/88). Trata-se de **norma penal em branco**, pois depende do complemento de outra lei ("*sem autorização legal*"). **Aplica-se o art. 258**[21] (formas qualificadas).
Bem jurídico	A saúde pública.
Sujeito ativo	Qualquer pessoa ("*exercer [...] sem autorização legal*"- crime **comum**) ou apenas o médico, dentista ou farmacêutico ("*exercer [...] excedendo-lhe os limites*" – crime **próprio**).
Sujeito passivo	A coletividade (crime **vago**).
Elemento subjetivo	Dolo, direto ou eventual. Não há finalidade específica. Não há modalidade culposa.
Consumação	Ocorre quando o sujeito exerce, ainda que a título gratuito e **com habitualidade**, a profissão de médico, dentista ou farmacêutico, sem autorização legal ou excedendo-lhe os limites (crime **formal** e **instantâneo**). Independe da comprovação de perigo ao bem jurídico tutelado (crime de **perigo abstrato**). Embora haja divergências, admite tentativa[22] (crime **plurissubsistente**).

20. STJ, HC 139667/RJ, Rel. Min. Felix Fischer, 5ª Turma, j. 17/12/2009.

21. ► ***Art. 258. Se do crime doloso de perigo comum resulta lesão corporal de natureza grave, a pena privativa de liberdade é aumentada de metade; se resulta morte, é aplicada em dobro. No caso de culpa, se do fato resulta lesão corporal, a pena aumenta-se de metade; se resulta morte, aplica-se a pena cominada ao homicídio culposo, aumentada de 1/3.***

22. **A doutrina majoritária entende que os crimes habituais não comportam a modalidade tentada. Todavia, deve-se analisar o caso concreto.** Exemplo de Rogério Greco: "imagine-se a situação do agente que, após montar

EXERCÍCIO ILEGAL DA MEDICINA, ARTE DENTÁRIA OU FARMACÊUTICA (ART. 282)	
Omissão	Pode ser praticado na forma omissiva (omissão **imprópria**).
Execução	Crime de forma livre.
Concurso de pessoas	Crime de concurso eventual (**unissubjetivo**).
Competência	Juizado Especial Criminal.
Lei 9.099/95	Infração de menor potencial ofensivo.
Ação penal	Pública incondicionada.
ANPP	Admitida transação penal no *caput*, é incabível o acordo (art. 28-A, § 2º, I, do CPP).

EXERCÍCIO ILEGAL DA MEDICINA, ARTE DENTÁRIA OU FARMACÊUTICA – TEMAS RELEVANTES	
Animus lucrandi	***► Art. 282, parágrafo único - Se o crime é praticado com o fim de lucro, aplica-se também multa.***
Alcance do tipo penal	O tipo penal restringe-se ao exercício ilegal da medicina, arte dentária ou farmacêutica. **Estão excluídos, por exemplo, os médicos veterinários, enfermeiros, massagistas e as parteiras.**
Acupuntura	"No que concerne ao crime de exercício ilegal da medicina, ausente complementação da norma penal em branco, por **ausência de regulamentação** acerca do exercício da acupuntura, a conduta é **atípica**"[23].

um consultória dentário, não tendo a necessária habilitação legal, seja surpreendido ao dar início ao primeiro tratamento. Não tendo havido a regularidade do exercício ilegal da profissão de dentista, não podemos considerar o delito como consumado. Contudo, podemos afirmar que essa regularidade somente não ocorreu por circunstâncias alheias à vontade do agente, bem como raciocinar no sentido de que o primeiro tratamento já poderia ser considerado o ato que inauguraria a cadeia habitual, entendendo-o, portanto, como um ato de execução, e, não, de mera preparação" (p. 527).

23. STJ, RHC 66641/SP, Rel. Min. Nefi Cordeiro, 6ª Turma, j. 03/03/2016.

EXERCÍCIO ILEGAL DA MEDICINA, ARTE DENTÁRIA OU FARMACÊUTICA - TEMAS RELEVANTES	
Prescrição de drogas	O STF[24] e o STJ[25] concordam que para a configuração do tipo penal do art. 282, basta o exercício ilegal da medicina, arte dentária ou farmacêutica. **É desnecessária a prescrição de substância** considerada droga para os fins da Lei 11.343/06. Se o agente praticar as duas condutas (exercício irregular e prescrição de drogas), deverá responder pelo art. 282 e pelo art. 33 da Lei 11.343/06 em **concurso formal**.
Contravenção (art. 47 da LCP)	É contravenção prevista no art. 47 "exercer **profissão ou atividade econômica** ou anunciar que a exerce, sem preencher as condições a que por lei está subordinado o seu exercício: Pena – prisão simples, de 15 a 3 meses, ou multa, de quinhentos mil réis a cinco contos de réis". O tipo penal previsto no art. 282 é mais específico, restrito à "***a profissão de médico, dentista ou farmacêutico***".
Falsificação de documento público e princípio da consunção	"A falsificação de documentos públicos (diploma de conclusão do curso superior de medicina) visando ao exercício ilegal da profissão de médico, consubstanciado no requerimento de exames clínicos, prescrição de medicamentos e realização de plantões médicos em hospital, constitui crime-meio, que deve ser **absorvido** pelo crime-fim, pois a falsificação em questão se exauriu no exercício ilegal da medicina, sem mais potencialidade lesiva"[26].
Curandeirismo e exercício ilegal de arte farmacêutica	Para o STJ, é possível haver **concurso de crimes** entre o curandeirismo e o exercício ilegal de arte farmacêutica "se o agente também não tem habilitação profissional específica para exercer tal atividade. Reconhecida a prática de duas condutas distintas e independentes, não há como se proclamar ilegal a condenação por cada uma delas, não se mostrando, *in casu*, ter havido *bis in idem* ou indevida atribuição de concurso de crimes, não cabendo, ainda, aplicação da consunção entre os delitos"[27].

24. STF, HC 104382/RJ, Rel. Min. Ricardo Lewandowski, 1ª Turma, j. 17/08/2010.
25. STJ, HC 139667/RJ, Rel. Min. Felix Fischer, 5ª Turma, j. 17/12/2009.
26. STJ, HC 138221/RS, Rel. Min. Laurita Vaz, 5ª Turma, j. 29/09/2009.
27. STJ, HC 36244/DF, Rel. Min. José Arnaldo da Fonseca, 5ª Turma, j. 22/02/2005.

CHARLATANISMO (ART. 283)	
► ***Art. 283. Inculcar ou anunciar cura por meio secreto ou infalível:*** ***Pena - detenção, de 3 meses a 1 ano, e multa.***	
Tipicidade	Trata-se de crime de perigo **abstrato**. **Tipo misto alternativo ou crime de ação múltipla ou de conteúdo variado**: se o agente praticar mais de um núcleo do art. 283 no mesmo contexto, responderá por **crime único**. **Aplica-se o art. 258**[28] (formas qualificadas).
Bem jurídico	A saúde pública.
Sujeito ativo	Qualquer pessoa (crime **comum**).
Sujeito passivo	A coletividade (crime **vago**).
Elemento subjetivo	Dolo, direto ou eventual. Não há finalidade específica. Não há modalidade culposa.
Consumação	Ocorre quando o sujeito inculca ou anuncia cura por meio secreto ou infalível (crime **formal** e **instantâneo**), independentemente de a vítima vir a ser "atendida" ou de qualquer outro dano ao bem jurídico tutelado (crime de **perigo abstrato**). Admite tentativa (crime **plurissubsistente**).
Omissão	Pode ser praticado na forma omissiva (omissão **imprópria**).
Execução	Crime de forma livre.
Concurso de pessoas	Crime de concurso eventual (**unissubjetivo**).
Competência	Juizado Especial Criminal.
Lei 9.099/95	Infração de menor potencial ofensivo.
Ação penal	Pública incondicionada.
ANPP	Admitida transação penal, é incabível o acordo de não persecução penal (art. 28-A, § 2º, I, do CPP).

28. ► ***Art. 258. Se do crime doloso de perigo comum resulta lesão corporal de natureza grave, a pena privativa de liberdade é aumentada de metade; se resulta morte, é aplicada em dobro. No caso de culpa, se do fato resulta lesão corporal, a pena aumenta-se de metade; se resulta morte, aplica-se a pena cominada ao homicídio culposo, aumentada de 1/3.***

CURANDEIRISMO (ART. 284)	
► ***Art. 284. Exercer o curandeirismo:*** ***I - prescrevendo, ministrando ou aplicando, habitualmente, qualquer substância;*** ***II - usando gestos, palavras ou qualquer outro meio;*** ***III - fazendo diagnósticos:*** ***Pena - detenção, de 6 meses a 2 anos.***	
Tipicidade	Crime **habitual** e de **perigo abstrato**. **Aplica-se o art. 258**[29] (formas qualificadas).
Bem jurídico	A saúde pública.
Sujeito ativo	Qualquer pessoa (crime **comum**).
Sujeito passivo	A coletividade (crime **vago**).
Elemento subjetivo	Dolo, direto ou eventual. Não há finalidade específica. Não há modalidade culposa.
Consumação	Ocorre quando o sujeito exerce, **com habitualidade**, o curandeirismo, mediante a prática de conduta prevista nos incisos (crime **formal** e **instantâneo**). Independe da comprovação de perigo ao bem jurídico tutelado (crime de **perigo abstrato**). Embora haja divergências, admite tentativa (crime **plurissubsistente**).
Omissão	Pode ser praticado na forma omissiva (omissão **imprópria**).
Execução	Crime de forma **vinculada**.
Concurso de pessoas	Crime de concurso eventual (**unissubjetivo**).
Competência	Juizado Especial Criminal.
Lei 9.099/95	Infração de menor potencial ofensivo.
Ação penal	Pública incondicionada.
ANPP	Admitida transação penal no *caput*, é incabível o acordo de não persecução penal (art. 28-A, § 2º, I, do CPP).

29. ► ***Art. 258. Se do crime doloso de perigo comum resulta lesão corporal de natureza grave, a pena privativa de liberdade é aumentada de metade; se resulta morte, é aplicada em dobro. No caso de culpa, se do fato resulta lesão corporal, a pena aumenta-se de metade; se resulta morte, aplica-se a pena cominada ao homicídio culposo, aumentada de 1/3.***

CURANDEIRISMO – TEMAS RELEVANTES	
Animus lucrandi	► ***Art. 284, parágrafo único - Se o crime é praticado mediante remuneração, o agente fica também sujeito à multa.***
Curandeirismo e exercício ilegal de arte farmacêutica	Para o STJ, é possível haver **concurso de crimes** entre o curandeirismo e o exercício ilegal de arte farmacêutica "se o agente também não tem habilitação profissional específica para exercer tal atividade. Reconhecida a prática de duas condutas distintas e independentes, não há como se proclamar ilegal a condenação por cada uma delas, não se mostrando, *in casu*, ter havido *bis in idem* ou indevida atribuição de concurso de crimes, não cabendo, ainda, aplicação da consunção entre os delitos"[30].

30. STJ, HC 36244/DF, Rel. Min. José Arnaldo da Fonseca, 5ª Turma, j. 22/02/2005.

TÍTULO IX

DOS CRIMES CONTRA A PAZ PÚBLICA

DOS CRIMES CONTRA A PAZ PÚBLICA

DOS CRIMES CONTRA A PAZ PÚBLICA (TÍTULO IX)	
Incitação ao crime (art. 286)	Apologia de crime ou criminoso (art. 287)
Associação criminosa (art. 288)	Constituição de milícia privada (art. 288-A)

INCITAÇÃO AO CRIME (ART. 286)	
► ***Art. 286. Incitar, publicamente, a prática de crime:*** ***Pena - detenção, de 3 a 6 meses, ou multa.***	
Tipicidade	Trata-se de crime de **perigo abstrato**[1]. O sujeito deve incitar **crime determinado** em **local público**[2]. "A incitação ao crime abrange tanto a influência psíquica, com o objetivo de fazer surgir no indivíduo (determinação ou **induzimento**) o propósito criminoso antes inexistente, quanto a **instigação** propriamente dita, que reforça eventual propósito existente. Consectariamente, o tipo penal do art. 286 do CP alcança qualquer conduta apta a provocar ou a reforçar a intenção da prática criminosa"[3]. O tipo penal **não abrange a contravenção**.
Bem jurídico	A paz pública.
Sujeito ativo	Qualquer pessoa (crime **comum**).

1. STF, Inq 3932/DF, Rel. Min. Luiz Fux, 1ª Turma, j. 21/06/2016.
2. STF, Inq 3811/DF, Rel. Min. Marco Aurélio, 1ª Turma, j. 24/11/2015.
3. Idem.

INCITAÇÃO AO CRIME (ART. 286)	
Sujeito passivo	A coletividade (crime **vago**).
Elemento subjetivo	Dolo, direto ou eventual. Não há finalidade específica[4]. Não há modalidade culposa.
Consumação	Ocorre quando o sujeito incita (induz, instiga), publicamente, a prática de crime, independentemente da efetiva prática do crime pela vítima (crime **formal** e **instantâneo**). Independe da comprovação de perigo ao bem jurídico tutelado (crime de **perigo abstrato**). Admite tentativa (crime **plurissubsistente**).
Omissão	Pode ser praticado na forma omissiva (omissão **imprópria**).
Execução	Crime de forma livre.
Concurso de pessoas	Crime de concurso eventual (**unissubjetivo**).
Competência	Juizado Especial Criminal.
Lei 9.099/95	Infração de menor potencial ofensivo.
Ação penal	Pública incondicionada.
ANPP	Admitida transação penal, é incabível o acordo de não persecução penal (art. 28-A, § 2º, I, do CPP).

CONDUTA EQUIPARADA (ART. 286, PARÁGRAFO ÚNICO)
► ***Art. 286, parágrafo único - Incorre na mesma pena quem incita, publicamente, animosidade entre as Forças Armadas, ou delas contra os poderes constitucionais, as instituições civis ou a sociedade.*** Dispositivo incluído pela **Lei 14.197/2021**.

4. Basta o dolo genérico "consistente na **consciência de que o comportamento do agente instigará outros a praticar crimes**" (STF, Inq 3932/DF e Pet 5243/DF, Rel. Min. Luiz Fux, 1ª Turma, j. 21/06/2016. Noticiado no Informativo n. 831).

INCITAÇÃO AO CRIME – TEMAS RELEVANTES	
Crimes específicos	"É indispensável que o agente instigue pessoas determinadas ou indeterminadas da coletividade a praticar crimes específicos. Assim, havendo somente menção genérica a crimes, não há conduta típica"[5]. É indispensável que o "crime alegadamente estimulado pelo agente seja claro, preciso, determinado, com todas as suas dimensões bem delineadas (ato típico e antijurídico), não se prestando o encorajamento genérico"[6].

CRIMES SIMILARES	
CPM	Art. 155. Incitar à desobediência, à indisciplina ou à prática de crime militar: Pena - reclusão, de 2 a 4 anos.
Lei 2.889/1956	Art. 3º. Incitar, direta e publicamente alguém a cometer qualquer dos crimes de que trata o art. 1º: Pena: Metade das penas ali cominadas.
Lei 7.716/1989	Art. 20. Praticar, induzir ou incitar a discriminação ou preconceito de raça, cor, etnia, religião ou procedência nacional. Pena: reclusão de 1 a 3 anos e multa.

APOLOGIA DE CRIME OU CRIMINOSO (ART. 287)	
►Art. 287. Fazer, publicamente, apologia de fato criminoso ou de autor de crime: Pena - detenção, de 3 a 6 meses, ou multa.	
Tipicidade	Trata-se de crime de **perigo abstrato**. O tipo penal **não abrange a contravenção**.
Bem jurídico	A paz pública.
Sujeito ativo	Qualquer pessoa (crime **comum**).
Sujeito passivo	A coletividade (crime **vago**).
Elemento subjetivo	Dolo, direto ou eventual. Não há finalidade específica. Não há modalidade culposa.

5. STJ, Sd 748/DF, Rel. Min. Og Fernandes, Corte Especial, j. 16/10/2019.
6. Idem.

APOLOGIA DE CRIME OU CRIMINOSO (ART. 287)	
Consumação	Ocorre quando o sujeito faz, publicamente, apologia de fato criminoso ou de autor de crime (crime **formal** e **instantâneo**). Independe da comprovação de perigo ao bem jurídico tutelado (crime de **perigo abstrato**). Admite tentativa (crime **plurissubsistente**).
Omissão	Pode ser praticado na forma omissiva (omissão **imprópria**).
Execução	Crime de forma livre.
Concurso de pessoas	Crime de concurso eventual (**unissubjetivo**).
Competência	Juizado Especial Criminal.
Lei 9.099/95	Infração de menor potencial ofensivo.
Ação penal	Pública incondicionada.
ANPP	Admitida transação penal, é incabível o acordo de não persecução penal (art. 28-A, § 2º, I, do CPP).

CRIMES SIMILARES	
CPM	Art. 156. Fazer apologia de fato que a lei militar considera crime, ou do autor do mesmo, em lugar sujeito à administração militar: Pena - detenção, de seis meses a um ano.

ASSOCIAÇÃO CRIMINOSA (ART. 288)	
► ***Art. 288. Associarem-se 3 ou mais pessoas, para o fim específico de cometer crimes:*** ***Pena - reclusão, de 1 a 3 anos.***	
Tipicidade	Com o advento da Lei 12.850/2013, estabeleceu-se nova sistemática quanto ao crime de **quadrilha ou bando** previsto no art. 288 e hoje denominado 'associação criminosa'. Trata-se de crime de **perigo abstrato**.

ASSOCIAÇÃO CRIMINOSA (ART. 288)	
Bem jurídico	A paz pública.
Sujeito ativo	Qualquer pessoa (crime **comum**).
Sujeito passivo	A coletividade (crime **vago**).
Elemento subjetivo	Dolo, direto ou eventual. Finalidade específica: *"para o fim específico de cometer crimes"*. Não há modalidade culposa.
Consumação	Ocorre "com a **reunião ou a associação do grupo, de forma permanente e estável, para a prática de crimes, e independentemente do cometimento de algum dos crimes acordados** [...] tendo em vista que a convergência de vontades já apresenta perigo suficiente para conturbar a paz pública"[7] (crime **formal**, **permanente** e de **perigo abstrato**). Não admite tentativa (crime **unissubsistente**).
Omissão	Pode ser praticado na forma omissiva (omissão **imprópria**).
Execução	Crime de forma livre.
Concurso de pessoas	Crime de concurso necessário (**plurissubjetivo**).
Competência	Juízo comum.
Lei 9.099/95	Não é infração de menor potencial ofensivo, mas o *caput* admite suspensão condicional do processo (se preenchidos os requisitos do art. 89 da Lei 9.099/95).
Ação penal	Pública incondicionada.
ANPP	É cabível o acordo de não persecução penal, se preenchidos os requisitos do art. 28-A do CPP.

7. STJ, HC 186197/MA, Rel. Min. Assusete Magalhães, 6ª Turma, j. 28/05/2013.

CAUSAS ESPECIAIS DE AUMENTO DE PENA (ART. 288, PARÁGRAFO ÚNICO)
► ***Art. 288, parágrafo único - A pena aumenta-se até a metade se a associação é armada ou se houver a participação de criança ou adolescente.*** Se houver a participação de criança ou adolescente (2ª parte), os demais membros responderão pelo crime de corrupção de menores (**art. 244-B do ECA**[8]).

FORMA QUALIFICADA (ART. 8º DA LEI 8.072/1990)
O art. 8º da Lei 8.072/1990 (Lei de Crimes Hediondos) prevê que "será de **3 a 6 anos de reclusão** a pena prevista no art. 288 do CP, quando se tratar de **crimes hediondos, prática da tortura, tráfico ilícito de entorpecentes e drogas afins ou terrorismo**". Excetua-se o tráfico de drogas, pois em relação a ele há crime específico (art. 35 da Lei 11.343/2006).

QUADRILHA OU BANDO (ANTES DA LEI 12.850/2013)	ASSOCIAÇÃO CRIMINOSA (APÓS A LEI 12.850/2013)
Art. 288. Associarem-se mais de 3 pessoas, em quadrilha ou bando, para fim de cometer crimes: Pena - reclusão, de 1 a 3 anos.	► ***Art. 288. Associarem-se 3 ou mais pessoas, para o fim específico de cometer crimes: Pena - reclusão, de 1 a 3 anos.***
Parágrafo único - A pena aplica-se em dobro, se a quadrilha ou bando é armado.	***Parágrafo único - A pena aumenta-se até a metade se a associação é armada ou se houver a participação de criança ou adolescente.***

ASSOCIAÇÃO CRIMINOSA (ART. 288)	ORGANIZAÇÃO CRIMINOSA (LEI 12.850/2013)
► ***Art. 288. Associarem-se 3 ou mais pessoas, para o fim específico de cometer crimes: Pena - reclusão, de 1 a 3 anos.***	Art. 1º, §1º - Considera-se organização criminosa a associação de 4 ou mais pessoas estruturalmente ordenada e caracterizada pela divisão de tarefas, ainda que informalmente, com objetivo de obter, direta ou indiretamente, vantagem de qualquer natureza, mediante a prática de infrações penais cujas penas máximas sejam superiores a 4 anos, ou que sejam de caráter transnacional.
3 ou mais pessoas.	**4 ou mais pessoas.**

8. Art. 244-B. Corromper ou facilitar a corrupção de menor de 18 anos, com ele praticando infração penal ou induzindo-o a praticá-la: Pena - reclusão, de 1 a 4 anos.

ASSOCIAÇÃO CRIMINOSA (ART. 288)	ASSOCIAÇÃO CRIMINOSA PARA O TRÁFICO DE DROGAS (ART. 35 DA LEI 11.343/2006)
► ***Art. 288. Associarem-se 3 ou mais pessoas, para o fim específico de cometer crimes: Pena - reclusão, de 1 a 3 anos. Parágrafo único - A pena aumenta-se até a metade se a associação é armada ou se houver a participação de criança ou adolescente***	Art. 35. Associarem-se duas ou mais pessoas para o fim de praticar, reiteradamente ou não, qualquer dos crimes previstos nos arts. 33, *caput* e § 1º, e 34 desta Lei: Pena - reclusão, de 3 a 10 anos, e pagamento de 700 a 1.200 dias-multa.
3 ou mais pessoas.	**4 ou mais pessoas.**

ASSOCIAÇÃO CRIMINOSA – TEMAS RELEVANTES	
Prática de crime	"Quando a associação criminosa pratica algum crime, somente o integrante que concorre, *in concreto*, para sua efetivação responde por ele e, nesse caso, em **concurso material** com o crime previsto no art. 288 do CP. Os demais membros, que não participaram da execução de determinado crime, responderão exclusivamente pelo crime de associação criminosa, que é somente de perigo, e não de dano"[9].
Crime obstáculo	Nos crimes obstáculo, os atos preparatórios são punidos como crime autônomo ("delitos de impaciência"). A associação criminosa é um exemplo de crime obstáculo.
Estabilidade e permanência	"Para caracterização do delito de associação criminosa, indispensável a demonstração de **estabilidade** e **permanência** do grupo formado por 3 ou mais pessoas, além do elemento subjetivo especial consistente no **ajuste prévio** entre os membros com a finalidade específica de cometer crimes indeterminados"[10].

9. BITENCOURT, Cezar Roberto. Associação criminosa e responsabilidade pelos crimes por ela praticados. http://www.cezarbitencourt.adv.br/index.php/artigos/46-associacao-criminosa-e-responsabilidade-pelos-crimes-por-ela-praticados
10. STJ, RHC 76678/SP, Rel. Min. Reynaldo Soares da Fonseca, 5ª Turma, j. 16/05/2017.

ASSOCIAÇÃO CRIMINOSA – TEMAS RELEVANTES	
Concurso de pessoas	"Diferentemente do concurso de agentes, que exige, apenas, um **ocasional e transitório encontro de vontades para a prática de determinado crime**, a configuração do delito de quadrilha pressupõe a estabilidade ou permanência do vínculo associativo, com o fim de prática de delitos"[11].
Integrantes não identificados	O crime configura-se ainda que apenas um dos coautores tenha sido identificado, bastando a comprovação de que havia 3 ou mais associados.
Inimputáveis	A lei não exige a associação de 3 ou mais agentes imputáveis, mas apenas o *animus* associativo de 3 ou mais pessoas para o fim específico de cometer crimes. Assim, **basta que um dos membros seja imputável**[12].
Lei penal no tempo	A Lei 12.850/2013 reduziu o *quantum* da causa de aumento prevista no **parágrafo único** (antes, aumentava o dobro; agora, aumenta a metade). Por ser ***novatio legis in mellius*** nesse ponto, deve retroagir para alcançar os delitos praticados anteriormente à sua vigência[13]. No caso do *caput*, não há falar em *novatio legis in mellius*[14], pois "o crime de quadrilha ou bando, segundo a redação do art. 288 vigente à época dos fatos, exigia a associação de 4 ou mais pessoas com o fim de cometer crimes, ao contrário do atual crime de associação criminosa, que condiciona a tipicidade da conduta à presença de apenas 3 agentes"[15].
Roubo e emprego de arma	Conforme posição consolidada no STJ, "**não há *bis in idem*** na apuração do crime de associação criminosa e roubo qualificado pelo uso de arma e concurso de agentes, pois os delitos são autônomos, aperfeiçoando-se o primeiro independentemente do cometimento de qualquer crime subsequente. Ademais, os bens jurídicos protegidos pelas normas incriminadoras são distintos – no caso do crime de associação criminosa, a paz pública e do roubo, o patrimônio, a integridade física e a liberdade do indivíduo"[16].

11. STJ, HC 186197/MA, Rel. Min. Assusete Magalhães, 6ª Turma, j. 28/05/2013.
12. STJ, HC 406213/AL, Rel. Min. Ribeiro Dantas, 5ª Turma, j. 10/10/2017.
13. STJ, HC 216996/BA, Rel. Min. Rogerio Schietti Cruz, 6ª Turma, j. 18/09/2014.
14. STJ, HC 396300/RJ, Rel. Min. Maria Thereza de Assis Moura, 6ª Turma, j. 03/08/2017.
15. STJ, HC 362976/SP, Rel. Min. Ribeiro Dantas, 5ª Turma, j. 03/08/2017.
16. STJ, AgRg no AREsp 1425424/SP, Rel. Min. Jorge Mussi, 5ª Turma, j. 06/08/2019.

ASSOCIAÇÃO CRIMINOSA – TEMAS RELEVANTES	
Subsidiariedade	Após a criação do tipo penal previsto no art. 288-A (constituição de milícia privada) com a Lei 12.720/12, o crime de associação criminosa passou a ser subsidiário. Assim, só subsistirá no caso da não configuração do crime maior, qual seja, constituição de milícia privada.

CRIMES SIMILARES	
Lei 2.889/1956	Art. 2º. Associarem-se mais de 3 pessoas para prática dos crimes mencionados no artigo anterior: Pena: Metade da cominada aos crimes ali previstos.

CONSTITUIÇÃO DE MILÍCIA PRIVADA (ART. 288-A)	
► Art. 288-A. Constituir, organizar, integrar, manter ou custear organização paramilitar, milícia particular, grupo ou esquadrão com a finalidade de praticar qualquer dos crimes previstos neste Código: ***Pena - reclusão, de 4 a 8 anos.***	
Tipicidade	Tipo penal criado pela Lei 12.720/12. Trata-se de crime de **perigo abstrato**. **Tipo misto alternativo ou crime de ação múltipla ou de conteúdo variado**: se o agente praticar mais de um núcleo do art. 288-A no mesmo contexto, responderá por **crime único**.
Bem jurídico	A paz pública.
Sujeito ativo	Qualquer pessoa (crime **comum**).
Sujeito passivo	A coletividade (crime **vago**).
Elemento subjetivo	Dolo, direto ou eventual. Finalidade específica: *"com a finalidade de praticar qualquer dos crimes previstos neste Código"*. Não há modalidade culposa.

CONSTITUIÇÃO DE MILÍCIA PRIVADA (ART. 288-A)	
Consumação	Ocorre com a constituição, organização, integração, manutenção ou custeio de organização paramilitar, milícia particular, grupo ou esquadrão com a finalidade de praticar qualquer dos crimes previstos no CP, **ainda que nenhum crime venha a ser praticado** (crime **formal, permanente** e de **perigo abstrato**). **Não admite tentativa** (crime **unissubsistente**).
Omissão	Pode ser praticado na forma omissiva (omissão **imprópria**).
Execução	Crime de forma livre.
Concurso de pessoas	Crime de concurso necessário (**plurissubjetivo**).
Competência	Juízo comum.
Lei 9.099/95	Não é infração de menor potencial ofensivo.
Ação penal	Pública incondicionada.
ANPP	É incabível o acordo de não persecução penal, pois a pena mínima não é inferior a 4 anos (art. 28-A, *caput*, do CPP).

CONSTITUIÇÃO DE MILÍCIA PRIVADA – TEMAS RELEVANTES	
Prática de crime	Se a organização paramilitar, milícia particular, grupo ou esquadrão cometer crimes, responderá em **concurso material** de delitos.
"Crimes previstos neste Código"	O tipo penal **não inclui as contravenções e os crimes culposos**, ainda que previstos no CP.
Número de integrantes	A doutrina divide-se quanto ao número mínimo de integrantes, se **3 ou 4**, em consonância com o crime de associação criminosa ou com o conceito de organização criminosa, respectivamente.
Inimputáveis	**Basta que um dos membros seja imputável**.
Estabilidade e permanência	Naturalmente, a *"organização paramilitar, milícia particular, grupo ou esquadrão"* denota um **vínculo estável e permanente**.

CONSTITUIÇÃO DE MILÍCIA PRIVADA – TEMAS RELEVANTES	
Integrantes não identificados	O crime configura-se ainda que apenas um dos coautores tenha sido identificado, bastando a comprovação de que havia no mínimo 3 ou 4 membros com o intuito de praticar qualquer dos crimes previstos no CP.
Homicídio qualificado (art. 121, §6º)	**A pena do homicídio é aumentada de 1/3 até a metade** se o crime for praticado por milícia privada, sob o pretexto de prestação de serviço de segurança, ou por grupo de extermínio. Conforme lição irretocável de Cezar Bitencourt, "na aplicação desta majorante deve-se agir com extremo cuidado para não incorrer *em bis in idem*, aplicando dupla punição pelo mesmo fato, isto é, condenar o agente pelo art. 288-A e, ao mesmo tempo, condenar pelo homicídio com o acréscimo da majorante aqui prevista. No caso, a condenação deverá ser somente pela prática do crime de constituição de milícia privada (art. 288-A) e pelo de homicídio (simples ou qualificado, dependendo das demais circunstâncias), mas sem esta nova majorante, pois, a nosso juízo, configura um odioso *bis in idem*"[17]. O mesmo raciocínio aplica-se à lesão corporal qualificada (art. 129, §7º).
Crime obstáculo	Nos crimes obstáculo, os atos preparatórios são punidos como crime autônomo ("delitos de impaciência"). A constituição de milícia privada é um exemplo de crime obstáculo.

INFORMATIVOS DO STJ
Info. 788: Somente configura o crime de constituição de milícia privada se a atuação do grupo criminoso se restringe aos delitos previstos no Código Penal. REsp 1986629/RJ, Rel. Min. Joel Ilan Paciornik, 5ª Turma, j. 08/08/2023.

17. BITENCOURT, Cezar Roberto. Homicídio doloso praticado por milícia privada. Disponível em: https://cezarbitencourt.jusbrasil.com.br/artigos/121935990/homicidio-doloso-praticado-por-milicia-privada

TÍTULO X

DOS CRIMES CONTRA A FÉ PÚBLICA

INTRODUÇÃO AOS CRIMES CONTRA A FÉ PÚBLICA

DOS CRIMES CONTRA A FÉ PÚBLICA (TÍTULO X)	
DA MOEDA FALSA (capítulo I).	**DA FALSIDADE DE TÍTULOS E OUTROS PAPÉIS PÚBLICOS** (capítulo II).
DA FALSIDADE DOCUMENTAL (capítulo III).	**DE OUTRAS FALSIDADES** (capítulo IV).
DAS FRAUDES EM CERTAMES DE INTERESSE PÚBLICO (capítulo V).	

DA MOEDA FALSA (I)	
Moeda Falsa (art. 289).	Crimes assimilados ao de moeda falsa (art. 290).
Petrechos para falsificação de moeda (art. 291).	Emissão de título ao portador sem permissão legal (art. 292).

DA FALSIDADE DE TÍTULOS E OUTROS PAPÉIS PÚBLICOS (II)	
Falsificação de papéis públicos (art. 293).	Petrechos de falsificação (art. 294).

DA FALSIDADE DOCUMENTAL (III)	
Falsificação do selo ou sinal público (art. 296).	Falsificação de documento público (art. 297).
Falsificação de documento particular (art. 298).	Falsidade ideológica (art. 299).
Falso reconhecimento de firma ou letra (art. 300).	Certidão ou atestado ideologicamente falso (art. 301).
Falsidade material de atestado ou certidão (art. 301, §1º).	Falsidade de atestado médico (art. 302).
Reprodução ou adulteração de selo ou peça filatélica (art. 303).	Uso de documento falso (art. 304).
Supressão de documento (art. 305).	

DE OUTRAS FALSIDADES (IV)	
Falsificação do sinal empregado no contraste de metal precioso ou na fiscalização alfandegária, ou para outros fins (art. 306).	Falsa identidade (art. 307).
Fraude de lei sobre estrangeiro (art. 309).	Adulteração de sinal identificador de veículo automotor (art. 311).

DAS FRAUDES EM CERTAMES DE INTERESSE PÚBLICO (V)
Fraudes em certames de interesse público (art. 311-A).

1

DA MOEDA FALSA

MOEDA FALSA (ART. 289)	
▶ ***Art. 289. Falsificar, fabricando-a ou alterando-a, moeda metálica ou papel-moeda de curso legal no país[1] ou no estrangeiro:*** ***Pena - reclusão, de 3 a 12 anos, e multa.***	
Tipicidade	A **União** é competente para emissão da moeda (art. 48, XIV e art. 164 da CF/88). Trata-se de crime de perigo **abstrato**.
Bem jurídico	A fé pública, o patrimônio particular e a celeridade das relações empresariais e civis (crime **pluriofensivo**)[2].
Sujeito ativo	Qualquer pessoa (crime **comum**).
Sujeito passivo	O Estado e, secundariamente, eventuais prejudicados[3].
Elemento subjetivo	Dolo, direto ou eventual. Não há finalidade específica. Não há modalidade culposa.

1. Ex.: o **Real** é a moeda de curso legal no Brasil. **As moedas retiradas de circulação não podem ser objeto do crime.**
2. "Trata-se de **crime pluridimensional**, pois, além de proteger preponderantemente a fé pública, de forma mediata, assegura o patrimônio particular e a celeridade das relações empresariais e civis. Por conseguinte, a quantidade de notas falsificadas e o valor do negócio jurídico celebrado são fatores coadjuvantes da tutela penal do tipo, não havendo falar, pois, em ausência de periculosidade social da ação, diante da **pluriofensividade** do crime" (STJ, HC 210764/SP, Rel. Min. Ribeiro Dantas, 5ª Turma, j. 21/06/2016).
3. "Em virtude da diversidade de meios com que a introdução da moeda falsa em circulação pode ser perpetrada, não há como negar que **vítima pode ser, além do Estado, uma pessoa física, ou um estabelecimento comercial**, dado o notório prejuízo experimentado por esses últimos" (STJ, HC 211052/RO, Rel. Min. Sebastião Reis Júnior, 6ª Turma, j. 05/06/2014. Noticiado no informativo n. 546).

MOEDA FALSA (ART. 289)	
Consumação	Ocorre com a falsificação da moeda metálica ou papel-moeda de curso legal no país ou no estrangeiro, mediante fabricação (contrafação) ou alteração (crime **formal** e **instantâneo**). "A mera execução da conduta típica presume absolutamente o perigo ao bem jurídico tutelado, sendo **prescindível a obtenção de vantagem ou prejuízo a terceiros** para a consumação"[4]. Admite tentativa (crime **plurissubsistente**).
Omissão	Pode ser praticado na forma omissiva (omissão **imprópria**).
Execução	Crime de forma livre.
Concurso de pessoas	Crime de concurso eventual (**unissubjetivo**).
Competência	Juízo comum.
Lei 9.099/95	Não é infração de menor potencial ofensivo.
Ação penal	Pública incondicionada.
ANPP	É cabível o acordo de não persecução penal, se preenchidos os requisitos do art. 28-A do CPP.

CONDUTA EQUIPARADA (ART. 289, §1º)
►***Art. 289, §1º - Nas mesmas penas incorre quem, por conta própria ou alheia, importa ou exporta, adquire, vende, troca, cede, empresta, guarda ou introduz na circulação moeda falsa.*** **Tipo misto alternativo ou crime de ação múltipla ou de conteúdo variado**: se o agente praticar mais de um núcleo do §1º no mesmo contexto, responderá por **crime único**.

4. STJ, HC 210764/SP, Rel. Min. Ribeiro Dantas, 5ª Turma, j. 21/06/2016.

FORMA PRIVILEGIADA (ART. 289, §2º)
►Art. 289, §2º - Quem, tendo recebido de boa-fé, como verdadeira, moeda falsa ou alterada, a restitui à circulação, depois de conhecer a falsidade, é punido com detenção, de 6 meses a 2 anos, e multa. Exige **dolo direto** ("*depois de conhecer a falsidade*"). Infração de menor potencial ofensivo. Competência do Juizado Especial Criminal.

FORMAS QUALIFICADAS (ART. 289, §3º)
►Art. 289, §3º - É punido com reclusão, de 3 a 15 anos, e multa, o funcionário público ou diretor, gerente, ou fiscal de banco de emissão que fabrica, emite ou autoriza a fabricação ou emissão: ***I - de moeda com título ou peso inferior ao determinado em lei;*** ***II - de papel-moeda em quantidade superior à autorizada.*** Pode ser praticado apenas pelo "*funcionário público ou diretor, gerente, ou fiscal de banco de emissão*" (**crime próprio**).
►Art. 289, §4º - Nas mesmas penas incorre quem desvia e faz circular moeda, cuja circulação não estava ainda autorizada. Pode ser praticado por qualquer pessoa (**crime comum**).

MOEDA FALSA – TEMAS RELEVANTES	
Princípio da insignificância	O STF[5] e o STJ[6] **afastam** a incidência do princípio da insignificância ao crime de moeda falsa, independentemente do valor ou quantidade de cédulas apreendidas.
Competência	O crime de moeda falsa evidencia lesão a bens, serviços ou interesses da União, devendo ser processado na **Justiça Federal**.

5. STF, HC 126285/MG, Rel. Min. Marco Aurélio, 1ª Turma, j. 13/09/2016.
6 STJ, HC 439958/SP, Rel. Min. Ribeiro Dantas, 5ª Turma, j. 26/06/2018.

MOEDA FALSA – TEMAS RELEVANTES	
Proporcionalidade	Para o STF[7] e o STJ, "a redação do artigo 289 do CP **não ofende o princípio da proporcionalidade** ao aplicar pena mais severa ao agente que promove a circulação de moeda falsa para obter vantagem financeira indevida, em comparação ao que, após receber uma cédula falsa de boa-fé, para não sofrer prejuízo, a repassa a terceiros"[8].
Crime não transeunte	"O STJ possui entendimento de que a verificação se a falsificação é ou não capaz de enganar um homem médio cabe apenas ao Juiz da causa, sendo desnecessária a elaboração de um terceiro laudo quando já estiver comprovada a falsificação das notas por outras perícias"[9].
Agravantes genéricas	"Nos casos de prática do crime de introdução de moeda falsa em circulação (art. 289, §1º, do CP), é possível a aplicação das agravantes dispostas nas alíneas *e* e *h* do inciso II do art. 61 do CP, incidentes quando o delito é cometido 'contra ascendente, descendente, irmão ou cônjuge' ou 'contra criança, maior de 60 anos, enfermo ou mulher grávida'"[10].
Dosimetria	O STJ já julgou que "a grande quantidade de cédulas falsas apreendidas deve ser considerada como demonstrativa de maior reprovabilidade da conduta, apta a ensejar a majoração da pena-base, em razão da finalidade na norma legal, que busca proteção da fé pública"[11].
Arrependimento posterior	"Os crimes contra a fé pública, assim como nos demais crimes não patrimoniais em geral, são **incompatíveis** com o instituto do arrependimento posterior, dada a impossibilidade material de haver reparação do dano causado ou a restituição da coisa subtraída"[12]. No mesmo sentido, é **inaplicável a atenuante relativa à reparação do dano** (art. 65, III, *b*)[13].

7. "Não se há falar em aplicação do princípio da proporcionalidade, com a aplicação de pena abstrata prevista em delito diverso, eis que a situação em concreto indica grande lesividade da conduta" (STF, AI 860862 AgR/RS, Rel. Min. Luiz Fux, 1ª Turma, j. 07/10/2014).
8. STJ, AgRg no AREsp 815155/SP, Rel. Min. Maria Thereza de Assis Moura, 6ª Turma, j. 01/02/2016.
9. STJ, RHC 27099/SP, Rel. Min. Gurgel de Faria, 5ª Turma, j. 12/05/2015.
10. STJ, HC 211052/RO, Rel. Min. Sebastião Reis Júnior, 6ª Turma, j. 05/06/2014.
11. STJ, AgRg no AREsp 1083941/SP, Rel. Min. Felix Fischer, 5ª Turma, j. 24/10/2017.
12. STJ, REsp 1242294/PR, Rel. Min. Sebastião Reis Júnior, 6ª Turma, j. 18/11/2014.
13. STJ, AgRg no HC 390589/SP, Rel. Min. Rogerio Schietti Cruz, 6ª Turma, j. 07/08/2018.

MOEDA FALSA – TEMAS RELEVANTES	
Imitatio veri	Para a configuração do crime, é necessário que se evidencie a "***imitatio veri***, ou seja, é preciso que a falsidade seja **apta a enganar terceiros**, dada a semelhança da cédula falsa com a verdadeira"[14]. A falsificação não precisa ser perfeita, bastando que apresente possibilidade de ser aceita como verdadeira[15].
Falsificação grosseira	Se a falsificação for grosseira, estará configurado o crime de estelionato. ■ Súmula 73 do STJ: A utilização de papel moeda grosseiramente falsificado configura, em tese, o crime de estelionato, da competência da Justiça Estadual.

MOEDA FALSA	ESTELIONATO	CRIME IMPOSSÍVEL
A falsificação do papel-moeda não é constatável a olho nu e é **capaz de ludibriar o homem médio** (*imitatio veri*).	A falsificação do papel-moeda é **grosseira**, isto é, **incapaz de ludibriar o homem médio.** Todavia, algumas pessoas (abaixo da "média" por condições pessoais específicas) podem ser ludibriadas.	A falsificação do papel--moeda é **incapaz de ludibriar qualquer pessoa**, por absoluta ineficácia do meio.
Competência da **Justiça Federal**.	Competência da **Justiça Estadual** (súmula 73 do STJ).	

CRIMES ASSIMILADOS AO DE MOEDA FALSA (ART. 290)
►***Art. 290. Formar cédula, nota ou bilhete representativo de moeda com fragmentos de cédulas, notas ou bilhetes verdadeiros; suprimir, em nota, cédula ou bilhete recolhidos, para o fim de restituí-los à circulação, sinal indicativo de sua inutilização; restituir à circulação cédula, nota ou bilhete em tais condições, ou já recolhidos para o fim de inutilização:*** ***Pena - reclusão, de 2 a 8 anos, e multa.***

14. STJ, CC 117751/PR, Rel. Min. Marco Aurélio Bellizze, 3ª Seção, j. 28/03/2012.
15. STJ, HC 177686/SP, Rel. Min. Napoleão Nunes Maia Filho, 5ª Turma, j. 21/10/2010.

DOS CRIMES CONTRA A FÉ PÚBLICA

CRIMES ASSIMILADOS AO DE MOEDA FALSA (ART. 290)	
Tipicidade	Trata-se de crime de perigo **abstrato**. **Tipo misto alternativo ou crime de ação múltipla ou de conteúdo variado**: se o agente praticar mais de um núcleo do art. 290 no mesmo contexto, responderá por **crime único**. É necessário que a falsidade seja apta a enganar terceiros (***imitatio veri***).
Bem jurídico	A fé pública.
Sujeito ativo	Qualquer pessoa (crime **comum**).
Sujeito passivo	O Estado e, secundariamente, eventuais prejudicados.
Elemento subjetivo	Dolo, direto ou eventual. Há finalidade específica apenas quanto ao segundo núcleo (*"suprimir [...] para o fim de restituí-los à circulação"*). Não há modalidade culposa.
Consumação	Ocorre quando o sujeito forma cédula, nota ou bilhete representativo de moeda com fragmentos de cédulas, notas ou bilhetes verdadeiros; suprime, em nota, cédula ou bilhete recolhidos, para o fim de restituí-los à circulação, sinal indicativo de sua inutilização; ou restitui à circulação cédula, nota ou bilhete em tais condições, ou já recolhidos para o fim de inutilização (crime **formal** e **instantâneo**). Admite tentativa (crime **plurissubsistente**).
Omissão	Pode ser praticado na forma omissiva (omissão **imprópria**).
Execução	Crime de forma livre.
Concurso de pessoas	Crime de concurso eventual (**unissubjetivo**).
Competência	Juízo comum.
Lei 9.099/95	Não é infração de menor potencial ofensivo.
Ação penal	Pública incondicionada.
ANPP	É cabível o acordo de não persecução penal, se preenchidos os requisitos do art. 28-A do CPP.

FORMA QUALIFICADA (ART. 290, PARÁGRAFO ÚNICO)
► ***Art. 290, parágrafo único - O máximo da reclusão é elevado a 12 anos e multa, se o crime é cometido por funcionário que trabalha na repartição onde o dinheiro se achava recolhido, ou nela tem fácil ingresso, em razão do cargo.***

CRIMES ASSIMILADOS AO DE MOEDA FALSA – TEMAS RELEVANTES	
Princípio da insignificância	O STF[16] e o STJ[17] **afastam** a aplicação do princípio dos crimes contra a **fé pública**.

PETRECHOS PARA FALSIFICAÇÃO DE MOEDA (ART. 291)	
► ***Art. 291. Fabricar, adquirir, fornecer, a título oneroso ou gratuito, possuir ou guardar maquinismo, aparelho, instrumento ou qualquer objeto especialmente destinado à falsificação de moeda:*** ***Pena - reclusão, de 2 a 6 anos, e multa.***	
Tipicidade	**Tipo misto alternativo ou crime de ação múltipla ou de conteúdo variado**: se o agente praticar mais de um núcleo do art. 291 no mesmo contexto, responderá por **crime único**.
Bem jurídico	A fé pública.
Sujeito ativo	Qualquer pessoa (crime **comum**).
Sujeito passivo	O Estado e, secundariamente, eventuais prejudicados.
Elemento subjetivo	Dolo, direto ou eventual. Não há finalidade específica. Não há modalidade culposa.
Consumação	Ocorre quando o sujeito fabrica, adquire, fornece, a título oneroso ou gratuito, possui ou guarda maquinismo, aparelho, instrumento ou qualquer objeto especialmente destinado à falsificação de moeda (crime **formal**). Pode ser **instantâneo** (*"fabricar, adquirir, fornecer"*) ou **permanente** (*"possuir ou guardar"*). Admite tentativa (crime **plurissubsistente**).

16. STF, HC 117638/RJ, Rel. Min. Gilmar Mendes, 2ª Turma, j. 11/03/2014.
17. STJ, AgRg no REsp 1644250/RS, Rel. Min. Sebastião Reis Júnior, 6ª Turma, j. 23/05/2017.

PETRECHOS PARA FALSIFICAÇÃO DE MOEDA (ART. 291)	
Omissão	Pode ser praticado na forma omissiva (omissão **imprópria**).
Execução	Crime de forma livre.
Concurso de pessoas	Crime de concurso eventual (**unissubjetivo**).
Competência	Juízo comum.
Lei 9.099/95	Não é infração de menor potencial ofensivo.
Ação penal	Pública incondicionada.
ANPP	É cabível o acordo de não persecução penal, se preenchidos os requisitos do art. 28-A do CPP.

PETRECHOS PARA FALSIFICAÇÃO DE MOEDA – TEMAS RELEVANTES	
Princípio da consunção	"Na hipótese em que o sujeito é surpreendido com os petrechos para falsificação e se constata já haver ocorrido a contrafação de moeda, este crime será absorvido pelo disposto no art. 289 do CP"[18].
"Especialmente destinado"	"A expressão *especialmente destinado* não diz respeito a uma característica intrínseca ou inerente do objeto. Se assim fosse, só o maquinário exclusivamente voltado para a fabricação ou falsificação de moedas consubstanciaria o crime, o que implicaria a absoluta inviabilidade de sua consumação (crime impossível), pois nem mesmo o maquinário e insumos utilizados pela Casa de Moeda são direcionados exclusivamente para a fabricação de moeda. A dicção legal está relacionada ao uso que o agente pretende dar ao objeto, ou seja, a consumação depende da análise do elemento subjetivo do tipo (dolo), de modo que, se o agente detém a posse de impressora, ainda que manufaturada visando ao uso doméstico, mas com o propósito de a utilizar precipuamente para contrafação de moeda, incorre no referido crime"[19].

18. CUNHA, Rogério Sanches (op. cit. p. 690).
19. STJ, REsp 1758958/SP, Rel. Min. Sebastião Reis Júnior, 6ª Turma, j. 11/09/2018.

PETRECHOS PARA FALSIFICAÇÃO DE MOEDA – TEMAS RELEVANTES	
Crime obstáculo	Nos crimes obstáculo, os atos preparatórios são punidos como crime autônomo ("delitos de impaciência"). O crime de petrechos para falsificação de moeda é um exemplo de crime obstáculo.
Princípio da insignificância	O STF[20] e o STJ[21] **afastam** a aplicação do princípio dos crimes contra a **fé pública**.

EMISSÃO DE TÍTULO AO PORTADOR SEM PERMISSÃO LEGAL (ART. 292)	
►***Art. 292. Emitir, sem permissão legal, nota, bilhete, ficha, vale ou título que contenha promessa de pagamento em dinheiro ao portador ou a que falte indicação do nome da pessoa a quem deva ser pago:*** ***Pena - detenção, de 1 a 6 meses, ou multa.***	
Tipicidade	Norma penal em branco ("*sem permissão legal*").
Bem jurídico	A fé pública.
Sujeito ativo	Qualquer pessoa (crime **comum**).
Sujeito passivo	O Estado e, secundariamente, eventuais prejudicados.
Elemento subjetivo	Dolo, direto ou eventual. Não há finalidade específica. Não há modalidade culposa.
Consumação	Ocorre quando o sujeito emite (**coloca em circulação**), sem permissão legal, nota, bilhete, ficha, vale ou título que contenha promessa de pagamento em dinheiro ao portador ou a que falte indicação do nome da pessoa a quem deva ser pago (crime **formal** e **instantâneo**). Admite tentativa (crime **plurissubsistente**).
Omissão	Pode ser praticado na forma omissiva (omissão **imprópria**).
Execução	Crime de forma livre.
Concurso de pessoas	Crime de concurso eventual (**unissubjetivo**).

20. STF, HC 117638/RJ, Rel. Min. Gilmar Mendes, 2ª Turma, j. 11/03/2014.
21. STJ, AgRg no REsp 1644250/RS, Rel. Min. Sebastião Reis Júnior, 6ª Turma, j. 23/05/2017.

EMISSÃO DE TÍTULO AO PORTADOR SEM PERMISSÃO LEGAL (ART. 292)	
Competência	Juizado Especial Criminal.
Lei 9.099/95	Infração de menor potencial ofensivo.
Ação penal	Pública incondicionada.
ANPP	Admitida transação penal, é incabível o acordo de não persecução penal (art. 28-A, § 2º, I, do CPP).

FORMA PRIVILEGIADA (ART. 292, PARÁGRAFO ÚNICO)
► ***Art. 292, parágrafo único - Quem recebe ou utiliza como dinheiro qualquer dos documentos referidos neste artigo incorre na pena de detenção, de 15 dias a 3 meses, ou multa.***

EMISSÃO DE TÍTULO AO PORTADOR SEM PERMISSÃO LEGAL – TEMAS RELEVANTES	
Princípio da insignificância	O STF[22] e o STJ[23] **afastam** a aplicação do princípio dos crimes contra a **fé pública**.

22. STF, HC 117638/RJ, Rel. Min. Gilmar Mendes, 2ª Turma, j. 11/03/2014.
23. STJ, AgRg no REsp 1644250/RS, Rel. Min. Sebastião Reis Júnior, 6ª Turma, j. 23/05/2017.

2

DA FALSIDADE DE TÍTULOS E OUTROS PAPÉIS PÚBLICOS

FALSIFICAÇÃO DE PAPÉIS PÚBLICOS (ART. 293)	
►Art. 293. Falsificar, fabricando-os ou alterando-os: ***I – selo destinado a controle tributário, papel selado ou qualquer papel de emissão legal destinado à arrecadação de tributo;*** ***II - papel de crédito público que não seja moeda de curso legal;*** ***~~III - vale postal;~~***[1] ***IV - cautela de penhor, caderneta de depósito de caixa econômica ou de outro estabelecimento mantido por entidade de direito público;*** ***V - talão, recibo, guia, alvará ou qualquer outro documento relativo a arrecadação de rendas públicas ou a depósito ou caução por que o poder público seja responsável;*** ***VI - bilhete, passe ou conhecimento de empresa de transporte administrada pela União, por Estado ou por Município:*** ***Pena - reclusão, de 2 a 8 anos, e multa.***	
Tipicidade	É necessário que a falsidade seja apta a enganar terceiros (***imitatio veri***).
Bem jurídico	A fé pública.
Sujeito ativo	Qualquer pessoa (crime **comum**).
Sujeito passivo	O Estado e, secundariamente, eventuais prejudicados.
Elemento subjetivo	Dolo, direto ou eventual. Não há finalidade específica. Não há modalidade culposa.

1. O inciso III foi **revogado** pelo art. 36 da Lei 6.538/76.

FALSIFICAÇÃO DE PAPÉIS PÚBLICOS (ART. 293)	
Consumação	Ocorre quando o sujeito falsifica os papéis públicos previstos nos incisos, fabricando-os ou alterando-os (crime **formal** e **instantâneo**). Admite tentativa (crime **plurissubsistente**).
Omissão	Pode ser praticado na forma omissiva (omissão **imprópria**).
Execução	Crime de forma livre.
Concurso de pessoas	Crime de concurso eventual (**unissubjetivo**).
Competência	Juízo comum.
Lei 9.099/95	Não é infração de menor potencial ofensivo.
Ação penal	Pública incondicionada.
ANPP	É possível o acordo de não persecução penal apenas se não for cabível a transação penal e forem preenchidos os demais requisitos do art. 28-A do CPP.

CONDUTAS EQUIPARADAS (ART. 293, §1º)
►Art. 293, §1º - Incorre na mesma pena quem: ***I – usa, guarda, possui ou detém qualquer dos papéis falsificados a que se refere este artigo;***   ***II – importa, exporta, adquire, vende, troca, cede, empresta, guarda, fornece ou restitui à circulação selo falsificado destinado a controle tributário;***   ***III – importa, exporta, adquire, vende, expõe à venda, mantém em depósito, guarda, troca, cede, empresta, fornece, porta ou, de qualquer forma, utiliza em proveito próprio ou alheio, no exercício de atividade comercial ou industrial, produto ou mercadoria:***   ***a) em que tenha sido aplicado selo que se destine a controle tributário, falsificado;***   ***b) sem selo oficial, nos casos em que a legislação tributária determina a obrigatoriedade de sua aplicação.***

NORMA PENAL EXPLICATIVA (ART. 293, §5º)
►Art. 293, §5º - Equipara-se a atividade comercial, para os fins do inciso III do §1º, qualquer forma de comércio irregular ou clandestino, inclusive o exercido em vias, praças ou outros logradouros públicos e em residências.

FORMA PRIVILEGIADA (ART. 293, §§2º E 3º)
►Art. 293, §2º - Suprimir, em qualquer desses papéis, quando legítimos, com o fim de torná-los novamente utilizáveis, carimbo ou sinal indicativo de sua inutilização: Pena - reclusão, de 1 a 4 anos, e multa. ***§3º - Incorre na mesma pena quem usa, depois de alterado, qualquer dos papéis a que se refere o parágrafo anterior.*** Não é infração de menor potencial ofensivo, mas admite suspensão condicional do processo (se preenchidos os requisitos do art. 89 da Lei 9.099/95).

FORMA PRIVILEGIADA (ART. 293, §4º)
►Art. 293, §4º - Quem usa ou restitui à circulação, embora recibo de boa-fé, qualquer dos papéis falsificados ou alterados, a que se referem este artigo e o seu §2º, depois de conhecer a falsidade ou alteração, incorre na pena de detenção, de 6 meses a 2 anos, ou multa. Infração de menor potencial ofensivo. Competência do Juizado Especial Criminal.

CAUSA ESPECIAL DE AUMENTO (ART. 295)
►Art. 295. Se o agente é funcionário público, e comete o crime prevalecendo-se do cargo, aumenta-se a pena de sexta parte.

FALSIFICAÇÃO DE PAPÉIS PÚBLICOS – TEMAS RELEVANTES	
Princípio da insignificância	O STF[2] e o STJ[3] **afastam** a aplicação do princípio dos crimes contra a **fé pública**.
Art. 293, §1º, III, *b*	Para o STJ, "**é dispensável a constituição definitiva do crédito tributário para que esteja consumado o crime previsto no art. 293, § 1º, III, '*b*', do CP**. Isso porque o referido delito possui natureza formal, de modo que já estará consumado quando o agente importar, exportar, adquirir, vender, expuser à venda, mantiver em depósito, guardar, trocar, ceder, emprestar, fornecer, portar ou, de qualquer forma, utilizar em proveito próprio ou alheio, no exercício de atividade comercial ou industrial, produto ou mercadoria sem selo oficial. Não incide na hipótese, portanto, a Súmula Vinculante 24 do STF"[4].

2. STF, HC 117638/RJ, Rel. Min. Gilmar Mendes, 2ª Turma, j. 11/03/2014.
3. STJ, AgRg no REsp 1644250/RS, Rel. Min. Sebastião Reis Júnior, 6ª Turma, j. 23/05/2017.
4. STJ, REsp 1332401/ES, Rel. Min. Maria Thereza de Assis Moura, 6ª Turma, j. 19/08/2014. Noticiado no Informativo n. 546.

PETRECHOS DE FALSIFICAÇÃO (ART. 294)	
►***Art. 294. Fabricar, adquirir, fornecer, possuir ou guardar objeto especialmente destinado à falsificação de qualquer dos papéis referidos no artigo anterior:*** ***Pena - reclusão, de 1 a 3 anos, e multa.***	
Tipicidade	**Tipo misto alternativo ou crime de ação múltipla ou de conteúdo variado**: se o agente praticar mais de um núcleo do art. 294 no mesmo contexto, responderá por **crime único**.
Bem jurídico	A fé pública.
Sujeito ativo	Qualquer pessoa (crime **comum**).
Sujeito passivo	O Estado e, secundariamente, eventuais prejudicados.
Elemento subjetivo	Dolo, direto ou eventual. Não há finalidade específica. Não há modalidade culposa.
Consumação	Ocorre quando o sujeito fabrica, adquire, fornece, possui ou guarda objeto especialmente destinado à falsificação de qualquer dos papéis públicos previstos no art. 293 (crime **formal**). Pode ser **instantâneo** (*"**fabricar, adquirir, fornecer**"*) ou **permanente** (*"possuir ou guardar"*). Admite tentativa (crime **plurissubsistente**).
Omissão	Pode ser praticado na forma omissiva (omissão **imprópria**).
Execução	Crime de forma livre.
Concurso de pessoas	Crime de concurso eventual (**unissubjetivo**).
Competência	Juízo comum.
Lei 9.099/95	Não é infração de menor potencial ofensivo, mas admite suspensão condicional do processo (se preenchidos os requisitos do art. 89 da Lei 9.099/95).
Ação penal	Pública incondicionada.
ANPP	É cabível o acordo de não persecução penal, se preenchidos os requisitos do art. 28-A do CPP.

CAUSA ESPECIAL DE AUMENTO (ART. 295)
►***Art. 295. Se o agente é funcionário público, e comete o crime prevalecendo-se do cargo, aumenta-se a pena de sexta parte.***

PETRECHOS DE FALSIFICAÇÃO – TEMAS RELEVANTES	
Crime obstáculo	Nos crimes obstáculo, os atos preparatórios são punidos como crime autônomo ("delitos de impaciência"). O crime de petrechos de falsificação é um exemplo de crime obstáculo.
Princípio da insignificância	O STF[5] e o STJ[6] **afastam** a aplicação do princípio dos crimes contra a **fé pública**.

5. STF, HC 117638/RJ, Rel. Min. Gilmar Mendes, 2ª Turma, j. 11/03/2014.
6. STJ, AgRg no REsp 1644250/RS, Rel. Min. Sebastião Reis Júnior, 6ª Turma, j. 23/05/2017.

3

DA FALSIDADE DOCUMENTAL

FALSIFICAÇÃO DO SELO OU SINAL PÚBLICO (ART. 296)	
► ***Art. 296. Falsificar, fabricando-os ou alterando-os:*** ***I - selo público destinado a autenticar atos oficiais da União, de Estado ou de Município;*** ***II - selo ou sinal atribuído por lei a entidade de direito público, ou a autoridade, ou sinal público de tabelião:*** ***Pena - reclusão, de 2 a 6 anos, e multa.***	
Tipicidade	É necessário que a falsidade seja apta a enganar terceiros (***imitatio veri***). Para a caracterização do crime, "é suficiente a utilização de símbolos ou sinais, que são apostos por meio de sinetes, cunhos, marcas d'água, chancelas, carimbos, etc."[1].
Bem jurídico	A fé pública.
Sujeito ativo	Qualquer pessoa (crime **comum**).
Sujeito passivo	O Estado e, secundariamente, eventuais prejudicados.
Elemento subjetivo	Dolo, direto ou eventual. Não há finalidade específica. Não há modalidade culposa.
Consumação	Ocorre quando o sujeito falsifica selo ou sinal público, fabricando-os ou alterando-os, independentemente de qualquer prejuízo (crime **de mera conduta**[2] e **instantâneo**). Admite tentativa (crime **plurissubsistente**).
Omissão	Pode ser praticado na forma omissiva (omissão **imprópria**).

1. STJ, AgRg no AREsp 401175/SP, Rel. Min. Felix Fischer, 5ª Turma, j. 13/09/2016.
2. STF, HC 68433/DF, Rel. Min. Marco Aurélio, 2ª Turma, j. 19/02/1991.

FALSIFICAÇÃO DO SELO OU SINAL PÚBLICO (ART. 296)	
Execução	Crime de forma livre.
Concurso de pessoas	Crime de concurso eventual (**unissubjetivo**).
Competência	Juízo comum.
Lei 9.099/95	Não é infração de menor potencial ofensivo.
Ação penal	Pública incondicionada.
ANPP	É cabível o acordo de não persecução penal, se preenchidos os requisitos do art. 28-A do CPP.

CONDUTAS EQUIPARADAS (ART. 296, §1º)
►***Art. 296, §1º - Incorre nas mesmas penas:*** ***I - quem faz uso do selo ou sinal falsificado;*** ***II - quem utiliza indevidamente o selo ou sinal verdadeiro em prejuízo de outrem ou em proveito próprio ou alheio.*** ***III - quem altera, falsifica ou faz uso indevido de marcas, logotipos, siglas ou quaisquer outros símbolos utilizados ou identificadores de órgãos ou entidades da Administração Pública.***

CAUSA ESPECIAL DE AUMENTO DE PENA (ART. 296, §2º)
►***Art. 296, §2º - Se o agente é funcionário público, e comete o crime prevalecendo-se do cargo, aumenta-se a pena de sexta parte.***

FALSIFICAÇÃO DO SELO OU SINAL PÚBLICO – TEMAS RELEVANTES	
Distrito Federal	O tipo penal não abrange selo público destinado a autenticar atos oficiais do **Distrito Federal** (vedação à analogia *in malam partem*).
Prova pericial	"O delito do art. 296, §1º, I, do CP dispensa prova pericial quando outros elementos probatórios se mostrarem suficientes a embasar o reconhecimento da falsificação de selo ou de sinal público"[3].

3. STJ, REsp 1552157/RJ, Rel. Min. Nefi Cordeiro, 6ª Turma, j. 15/12/2016.

FALSIFICAÇÃO DE DOCUMENTO PÚBLICO (ART. 297)	
▶ ***Art. 297. Falsificar, no todo ou em parte, documento público, ou alterar documento público verdadeiro:*** ***Pena - reclusão, de 2 a 6 anos, e multa.***	
Tipicidade	É necessário que a falsidade seja apta a enganar terceiros (***imitatio veri***).
Bem jurídico	A fé pública.
Sujeito ativo	Qualquer pessoa (crime **comum**).
Sujeito passivo	O Estado e, secundariamente, eventuais prejudicados.
Elemento subjetivo	Dolo, direto ou eventual. Não há finalidade específica. Não há modalidade culposa.
Consumação	Ocorre quando o sujeito falsifica, no todo ou em parte, documento público, ou altera documento público verdadeiro, sendo dispensável a comprovação de efetivo dano[4] (crime **formal** e **instantâneo**). Admite tentativa (crime **plurissubsistente**).
Omissão	Pode ser praticado na forma omissiva (omissão **imprópria**). Ademais, **o §4º traz crime omissivo próprio**.
Execução	Crime de forma livre.
Concurso de pessoas	Crime de concurso eventual (**unissubjetivo**).
Competência	Juízo comum.
Lei 9.099/95	Não é infração de menor potencial ofensivo.
Ação penal	Pública incondicionada.
ANPP	É cabível o acordo de não persecução penal, se preenchidos os requisitos do art. 28-A do CPP.

4. "O delito de falsificação de documento público é crime **formal**, cuja consumação se dá no momento da falsificação ou da alteração do documento" (STF, RHC 91189/PR, Rel. Min. Cezar Peluso, 2ª Turma, j. 09/03/2010). No mesmo sentido, o STJ (REsp 702525/PR, Rel. Min. Arnaldo Esteves Lima, 5ª Turma, j. 06/06/2006).

CAUSA ESPECIAL DE AUMENTO DE PENA (ART. 297, §1º)
►***Art. 297, §1º - Se o agente é funcionário público, e comete o crime prevalecendo-se do cargo, aumenta-se a pena de sexta parte.***

CONDUTAS EQUIPARADAS (ART. 297, §3º)
►***Art. 297, §3º - Nas mesmas penas incorre quem insere ou faz inserir:*** ***I – na folha de pagamento ou em documento de informações que seja destinado a fazer prova perante a previdência social, pessoa que não possua a qualidade de segurado obrigatório;*** ***II – na Carteira de Trabalho e Previdência Social do empregado ou em documento que deva produzir efeito perante a previdência social, declaração falsa ou diversa da que deveria ter sido escrita;*** ***III - em documento contábil ou em qualquer outro documento relacionado com as obrigações da empresa perante a previdência social, declaração falsa ou diversa da que deveria ter constado.***

CONDUTAS EQUIPARADAS (ART. 297, §4º)
►***Art. 297, §4º - Nas mesmas penas incorre quem omite, nos documentos mencionados no §3º, nome do segurado e seus dados pessoais, a remuneração, a vigência do contrato de trabalho ou de prestação de serviços.*** O §4º traz crime **omissivo próprio.** A 3ª Seção do STJ pacificou que "no caso do crime previsto no art. 297, §4 º, do CP, o sujeito passivo é o ente público e, em segundo plano, o particular, o que atrai a competência da **Justiça Federal** para o julgamento do feito"[5].

NORMA PENAL EXPLICATIVA (ART. 297, §2º)
►***Art. 297, §2º - Para os efeitos penais, equiparam-se a documento público o emanado de entidade paraestatal, o título ao portador ou transmissível por endosso, as ações de sociedade comercial, os livros mercantis e o testamento particular.***

"DOCUMENTO PÚBLICO"
Documento público é aquele "**criado por funcionário público, no desempenho das suas atividades, em conformidade com as formalidades previstas em lei**"[6]. Deve ser **escrito** e o autor deve estar **identificado**.

5. STJ, CC 139401/SP, Rel. Min. Felix Fischer, 3ª Seção, j. 28/10/2015.
6. STF, AP 530/MS, Rel. Min. Rosa Weber, 1ª Turma, j. 09/09/2014.

DOCUMENTOS FORMAL E SUBSTANCIALMENTE PÚBLICOS	DOCUMENTOS FORMALMENTE PÚBLICOS E SUBSTANCIALMENTE PRIVADOS
"São os documentos criados por funcionários públicos, no desempenho de suas atribuições legais, com conteúdo e **relevância de direito público**. Exemplos: atos do Poder Executivo, Legislativo, Judiciário e do Ministério Público, entre outros"[7].	"São os documentos elaborados por funcionários públicos, no desempenho de suas atribuições legais, mas com **conteúdo de natureza privada**. Exemplos: escritura pública de compra e venda de bem particular, reconhecimento de firma pelo tabelião em escrita particular etc"[8].

FALSIFICAÇÃO DE DOCUMENTO PÚBLICO – TEMAS RELEVANTES	
Princípio da insignificância	O STF[9] e o STJ[10] **afastam** a aplicação do princípio dos crimes contra a **fé pública**.
Documento público estrangeiro	"O art. 297 do CP não distingue procedência do documento, se emitido por autoridade nacional ou estrangeira"[11]. Ex.: passaporte emitido por outro país.
Prontuário médico	"O prontuário médico, sob responsabilidade de Hospital Municipal, elaborado por sua equipe médica, formada por profissionais da saúde concursados, **é um documento público**, no caso, formalmente público e substancialmente privado"[12].
Crime não transeunte	O crime de falso deixa vestígios, sendo indispensável o exame pericial, de acordo com o art. 158 do CPP[13]. Todavia, não são raros os casos em que o STJ dispensa a prova pericial à luz dos outros elementos de prova[14].

7. MASSON, Cleber (op. cit. 2015 p. 468).
8. Idem.
9. STF, HC 117638/RJ, Rel. Min. Gilmar Mendes, 2ª Turma, j. 11/03/2014.
10. STJ, AgRg no REsp 1644250/RS, Rel. Min. Sebastião Reis Júnior, 6ª Turma, j. 23/05/2017.
11. STJ, REsp 1568954/SP, Rel. Min. Nefi Cordeiro, 6ª Turma, j. 18/10/2016.
12. STJ, AgRg no REsp 1464143/SP, Rel. Min. Reynaldo Soares da Fonseca, 5ª Turma, j. 18/10/2016.
13. Art. 158. Quando a infração deixar vestígios, será indispensável o exame de corpo de delito, direto ou indireto, não podendo supri-lo a confissão do acusado.
14. "**A falta de perícia, por si só, não obstaculiza a constatação da falsidade documental**, notadamente quando foi possível comprovar a existência do crime por outros elementos de prova permitidos por lei, os quais podem ser tão convincentes quanto o exame de corpo de delito" (STJ, REsp 1305836/SC, Rel. Min. Maria Thereza de Assis Moura, 6ª Turma, j. 06/02/2014).

FALSIFICAÇÃO DE DOCUMENTO PÚBLICO – TEMAS RELEVANTES	
Uso do documento falso	Para o STF e o STJ[15], "o **uso dos papéis falsificados**, quando praticado pelo próprio autor da falsificação, configura *post factum* não punível, mero **exaurimento** do *crimen falsi*, respondendo o falsário, em tal hipótese, pelo delito de falsificação de documento público (CP, art. 297) ou, conforme o caso, pelo crime de falsificação de documento particular (CP, art. 298)"[16].
Falso como crime-meio	Não raras vezes, o falso é o crime-meio para a execução de vários outros delitos, neles esgotando sua potencialidade lesiva. Ex.: sonegação fiscal[17], descaminho[18], peculato[19], exercício ilegal da medicina[20] etc. Nesses casos, deverá ser absorvido pelo crime-fim.
Estelionato e princípio da consunção	■ Súmula 17 do STJ: Quando o falso se exaure no estelionato, sem mais potencialidade lesiva, é por este absorvido.
Descaminho e insignificância	Para o STJ, "na hipótese em que aplicado o princípio da insignificância ao delito de descaminho, é possível afastar a tipicidade do crime de falso quando praticado como conduta-meio à consecução daquele. Ademais, é irrelevante, para tanto, o momento de apresentação do documento falso perante a autoridade fazendária"[21].
Competência	Para o STJ, "a falsificação de documentos emitidos por órgão vinculado à União **não** tem o condão de, por si só, atrair a competência da Justiça Federal para o processo e julgamento da respectiva ação penal"[22].

15. STJ, HC 371623/AL, Rel. Min. Ribeiro Dantas, 5ª Turma, j. 08/08/2017.
16. STF, HC 84533/MG, Rel. Min. Celso de Mello, 2ª Turma, j. 14/09/2004.
17. STJ, AgRg no AREsp 386863/MG, Rel. Min. Sebastião Reis Júnior, 6ª Turma, j. 06/08/2015.
18. STJ, AgRg no REsp 1361383/PR, Rel. Min. Laurita Vaz, 5ª Turma, j. 03/12/2013.
19. "Caso em que os alvarás judiciais foram objeto de contrafação exclusivamente com a finalidade de desviar dinheiro público, estando clara a existência de um nexo de dependência entre os ilícitos praticados pela Recorrida" (STJ, AgRg no REsp 1191421/SC, Rel. Min. Laurita Vaz, 5ª Turma, j. 19/11/2013).
20. STJ, HC 138221/RS, Rel. Min. Laurita Vaz, 5ª Turma, j. 29/09/2009.
21. STJ, AgRg no REsp 1379107/PR, Rel. Min. Rogerio Schietti Cruz, 6ª Turma, j. 06/06/2017.
22. STJ, AgRg no CC 144065/RS, Rel. Min. Jorge Mussi, 3ª Seção, j. 22/03/2017.

FALSIFICAÇÃO DE DOCUMENTO PÚBLICO – TEMAS RELEVANTES	
CIR ou CHA	▪ Súmula vinculante 36: Compete à Justiça Federal comum processar e julgar civil denunciado pelos crimes de falsificação e de uso de documento falso quando se tratar de falsificação da Caderneta de Inscrição e Registro (CIR) ou de Carteira de Habilitação de Amador (CHA), ainda que expedidas pela Marinha do Brasil.
Estabelecimento particular de ensino	▪ Súmula 104 do STJ: Compete à Justiça Estadual o processo e julgamento dos crimes de falsificação e uso de documento falso relativo a estabelecimento particular de ensino.
Omissão de anotação na CTPS	"A simples omissão de anotação na Carteira de Trabalho e Previdência Social (CTPS) não configura, por si só, o crime de falsificação de documento público (art. 297, § 4º, do CP). Isso porque é imprescindível que a conduta do agente preencha não apenas a tipicidade formal, mas antes e principalmente a tipicidade material, ou seja, deve ser demonstrado o **dolo** de falso e a efetiva possibilidade de **vulneração da fé pública**"[23].
Falsa anotação na CTPS	▪ Súmula 62 do STJ: Compete à Justiça Estadual processar e julgar o crime de falsa anotação na Carteira de Trabalho e Previdência Social, atribuído à empresa privada.
Guias de recolhimento das contribuições previdenciárias	▪ Súmula 107 do STJ: Compete à Justiça Comum Estadual processar e julgar crime de estelionato praticado mediante falsificação das guias de recolhimento das contribuições previdenciárias, quando não ocorrente lesão à autarquia federal.

FALSIFICAÇÃO DE DOCUMENTO PÚBLICO (ART. 297)	SUPRESSÃO DE DOCUMENTO (ART. 305)
►Art. 297. Falsificar, no todo ou em parte, documento público, ou alterar documento público verdadeiro: Pena - reclusão, de 2 a 6 anos, e multa.	***►Art. 305. Destruir, suprimir ou ocultar, em benefício próprio ou de outrem, ou em prejuízo alheio, documento público ou particular verdadeiro, de que não podia dispor: Pena - reclusão, de 2 a 6 anos, e multa, se o documento é público, e reclusão, de um a cinco anos, e multa, se o documento é particular.***

23. STJ, REsp 1252635/SP, Rel. Min. Marco Aurélio Bellizze, 5ª Turma, j. 24/04/2014.

DOS CRIMES CONTRA A FÉ PÚBLICA

CRIMES SIMILARES	
Código Eleitoral	Art. 348. Falsificar, no todo ou em parte, documento público, ou alterar documento público verdadeiro, para fins eleitorais: Pena - reclusão de 2 a 6 anos e pagamento de 15 a 30 dias-multa.
CPM	Art. 311. Falsificar, no todo ou em parte, documento público ou particular, ou alterar documento verdadeiro, desde que o fato atente contra a administração ou o serviço militar: Pena - sendo documento público, reclusão, de 2 a 6 anos; sendo documento particular, reclusão, até cinco anos.

FALSIFICAÇÃO DE DOCUMENTO PARTICULAR (ART. 298)	
► ***Art. 298. Falsificar, no todo ou em parte, documento particular ou alterar documento particular verdadeiro:*** ***Pena - reclusão, de 1 a 5 anos, e multa.***	
Tipicidade	*"Documento particular"* é o documento que não pode ser considerado público (conceito por exclusão). É necessário que a falsidade seja apta a enganar terceiros (***imitatio veri***).
Bem jurídico	A fé pública.
Sujeito ativo	Qualquer pessoa (crime **comum**).
Sujeito passivo	O Estado e, secundariamente, eventuais prejudicados.
Elemento subjetivo	Dolo, direto ou eventual. Não há finalidade específica. Não há modalidade culposa.
Consumação	Ocorre quando o sujeito falsifica, no todo ou em parte, documento particular ou altera documento particular verdadeiro, sendo dispensável a comprovação de efetivo dano (crime **formal** e **instantâneo**). Admite tentativa (crime **plurissubsistente**).
Omissão	Pode ser praticado na forma omissiva (omissão **imprópria**).
Execução	Crime de forma livre.
Concurso de pessoas	Crime de concurso eventual (**unissubjetivo**).
Competência	Juízo comum.

FALSIFICAÇÃO DE DOCUMENTO PARTICULAR (ART. 298)	
Lei 9.099/95	Não é infração de menor potencial ofensivo, mas admite suspensão condicional do processo (se preenchidos os requisitos do art. 89 da Lei 9.099/95).
Ação penal	Pública incondicionada.
ANPP	É cabível o acordo de não persecução penal, se preenchidos os requisitos do art. 28-A do CPP.

NORMA PENAL EXPLICATIVA (ART. 298, PARÁGRAFO ÚNICO)
►***Art. 298, parágrafo único - Para fins do disposto no caput, equipara-se a documento particular o cartão de crédito ou débito.*** **Incluído pela Lei 12.737/12**. Todavia, a conduta **já era típica** antes da entrada em vigor da referida Lei, pois a jurisprudência já entendia que cartão de crédito era considerado *"documento"* (elemento normativo do tipo)[24].

FALSIFICAÇÃO DE DOCUMENTO PARTICULAR – TEMAS RELEVANTES	
Contrato social	Para o STF[25], o contrato social de uma sociedade empresária é documento particular.
Princípio da insignificância	O STF[26] e o STJ[27] **afastam** a aplicação do princípio dos crimes contra a **fé pública**.
Uso do documento falso	Para o STF e o STJ[28], "o **uso dos papéis falsificados**, quando praticado pelo próprio autor da falsificação, configura *post factum* não punível, mero **exaurimento** do *crimen falsi*, respondendo o falsário, em tal hipótese, pelo delito de falsificação de documento público (CP, art. 297) ou, conforme o caso, pelo crime de falsificação de documento particular (CP, art. 298)"[29].

24. STJ, REsp 1578479/SC, Rel. Min. Maria Thereza de Assis Moura, 6ª Turma, j. 02/08/2016. Noticiado no Informativo n. 591.
25. STF, AP 530/MS, Rel. orig. Min. Rosa Weber, red. p/ o acórdão Min. Roberto Barroso, 1ª Turma, j. 09/09/2014. Noticiado no Informativo n. 758.
26. STF, HC 117638/RJ, Rel. Min. Gilmar Mendes, 2ª Turma, j. 11/03/2014.
27. STJ, AgRg no REsp 1644250/RS, Rel. Min. Sebastião Reis Júnior, 6ª Turma, j. 23/05/2017.
28. STJ, HC 371623/AL, Rel. Min. Ribeiro Dantas, 5ª Turma, j. 08/08/2017.
29. STF, HC 84533/MG, Rel. Min. Celso de Mello, 2ª Turma, j. 14/09/2004.

FALSIFICAÇÃO DE DOCUMENTO PARTICULAR – TEMAS RELEVANTES	
Estelionato e princípio da consunção	▪ Súmula 17 do STJ: Quando o falso se exaure no estelionato, sem mais potencialidade lesiva, é por este absorvido.
Crime não transeunte	O crime de falso deixa vestígios, sendo indispensável o exame pericial, de acordo com o art. 158 do CPP[30]. Todavia, não são raros os casos em que o STJ dispensa a prova pericial à luz dos outros elementos de prova[31].

CRIMES SIMILARES	
Código Eleitoral	Art. 349. Falsificar, no todo ou em parte, documento particular ou alterar documento particular verdadeiro, para fins eleitorais: Pena – reclusão até 5 anos e pagamento de 3 a 10 dias-multa.
Lei 8.137/1990	Art. 1°. Constitui crime contra a ordem tributária suprimir ou reduzir tributo, ou contribuição social e qualquer acessório, mediante as seguintes condutas: III - falsificar ou alterar nota fiscal, fatura, duplicata, nota de venda, ou qualquer outro documento relativo à operação tributável; [...] Pena - reclusão de 2 a 5 anos, e multa.
CPM	Art. 311. Falsificar, no todo ou em parte, documento público ou particular, ou alterar documento verdadeiro, desde que o fato atente contra a administração ou o serviço militar: Pena - sendo documento público, reclusão, de 2 a 6 anos; sendo documento particular, reclusão, até cinco anos.

30. Art. 158. Quando a infração deixar vestígios, será indispensável o exame de corpo de delito, direto ou indireto, não podendo supri-lo a confissão do acusado.
31. "A falta de perícia, por si só, não obstaculiza a constatação da falsidade documental, notadamente quando foi possível comprovar a existência do crime por outros elementos de prova permitidos por lei, os quais podem ser tão convincentes quanto o exame de corpo de delito" (STJ, REsp 1305836/SC, Rel. Min. Maria Thereza de Assis Moura, 6ª Turma, j. 06/02/2014).

FALSIDADE IDEOLÓGICA (ART. 299)	
▶ ***Art. 299. Omitir, em documento público ou particular, declaração que dele devia constar, ou nele inserir ou fazer inserir declaração falsa ou diversa da que devia ser escrita, com o fim de prejudicar direito, criar obrigação ou alterar a verdade sobre fato juridicamente relevante:*** ***Pena - reclusão, de 1 a 5 anos, e multa, se o documento é público, e reclusão de 1 a 3 anos, e multa, se o documento é particular.***	
Tipicidade	Diferentemente dos tipos penais anteriores (falsificação de documento público e privado), na falsidade ideológica **o documento é materialmente verdadeiro**. A declaração contida nele é que é não corresponde à verdade. Por esta razão, também é denominado **falso ideal, intelectual ou moral**.
Bem jurídico	A fé pública.
Sujeito ativo	Qualquer pessoa (crime **comum**).
Sujeito passivo	O Estado e, secundariamente, eventuais prejudicados[32].
Elemento subjetivo	Dolo, direto ou eventual. Finalidade específica: *"com o fim de prejudicar direito, criar obrigação ou alterar a verdade sobre fato juridicamente relevante"*[33]. Não há modalidade culposa.
Consumação	O crime "consuma-se no momento da prática de qualquer das condutas estabelecidas no tipo penal em apreço, independente da utilização do documento, seja ele público ou particular, sendo desnecessária a ocorrência do prejuízo, ainda que potencial"[34] (crime **formal** e **instantâneo**). Admite tentativa (crime plurissubsistente), salvo quanto ao núcleo *"omitir"* (omissão própria, crime unissubsistente).
Omissão	O crime é omissivo próprio quanto ao núcleo *"omitir"*.
Execução	Crime de forma livre.

32. "**O tipo objetiva proteger a segurança jurídica, na medida em que os documentos públicos, diante da presunção de legitimidade e veracidade de que gozam, são aptos para produzir efeitos desde o momento em que são lavrados**" (STJ, RHC 78502/BA, Rel. Min. Felix Fischer, 5ª Turma, j. 20/02/2018).

33. "Como é cediço, para tipificar o crime de falsidade ideológica, tem-se que não basta a falsa declaração prestada pelo agente, uma vez que a norma exige que a ação perpetrada tenha um fim especial, consistente em prejudicar direito, criar obrigação ou alterar a verdade sobre fato juridicamente relevante. Dessarte, verifica-se **devidamente descritos, em tese, todos os elementos do tipo penal do art. 299 do CP, porquanto expressamente utilizado o documento ideologicamente falso em processo de execução penal, com o objetivo de alterar a verdade sobre fato juridicamente relevante**" (STJ, HC 427559/SP, Rel. Min. Reynaldo Soares da Fonseca, 5ª Turma, j. 06/02/2018).

34. STJ, AgRg no AREsp 1483277/SP, Rel. Min. Jorge Mussi, 5ª Turma, j. 15/08/2019.

FALSIDADE IDEOLÓGICA (ART. 299)	
Concurso de pessoas	Crime de concurso eventual (**unissubjetivo**).
Competência	Juízo comum.
Lei 9.099/95	Não é infração de menor potencial ofensivo, mas admite suspensão condicional do processo (se preenchidos os requisitos do art. 89 da Lei 9.099/95).
Ação penal	Pública incondicionada.
ANPP	É cabível o acordo de não persecução penal, se preenchidos os requisitos do art. 28-A do CPP.

CAUSA ESPECIAL DE AUMENTO DE PENA (ART. 299, PARÁGRAFO ÚNICO)
► ***Art. 299, parágrafo único - Se o agente é funcionário público, e comete o crime prevalecendo-se do cargo, ou se a falsificação ou alteração é de assentamento de registro civil, aumenta-se a pena de sexta parte.***

FALSIDADE IDEOLÓGICA – TEMAS RELEVANTES	
Requisitos	"São quatro os requisitos exigidos para que possa haver denúncia pelo art. 299, do CP: a) alteração da verdade sobre fato juridicamente relevante[35]; b) imitação da verdade; c) potencialidade de dano; d) dolo específico"[36].
Princípio da insignificância	O STF[37] e o STJ[38] **afastam** a aplicação do princípio dos crimes contra a **fé pública**.

35. "Verifica-se o delito de falsidade ideológica quando os acusados, na elaboração de contrato social de empresa, inserem falsamente o nome de terceira pessoa na condição de sócia, mediante a promessa de pagamento da quantia mensal pelo "empréstimo do nome", com o fim de alterar a verdade sobre fato juridicamente relevante, isto é, a condição de verdadeiros sócios e proprietários da empresa" (STJ, HC 436024/SP, Rel. Min. Nefi Cordeiro, 6ª Turma, j. 12/06/2018).
36. STJ, Apn 418/MT, Rel. Min José Delgado, Corte Especial, j. 15/03/2006.
37. STF, HC 117638/RJ, Rel. Min. Gilmar Mendes, 2ª Turma, j. 11/03/2014.
38. STJ, AgRg no REsp 1644250/RS, Rel. Min. Sebastião Reis Júnior, 6ª Turma, j. 23/05/2017.

FALSIDADE IDEOLÓGICA – TEMAS RELEVANTES	
Configuração	O STJ, em julgado didático, explica que "o crime de falsidade ideológica não, obrigatoriamente, deve ser apto a alterar a verdade sobre fato juridicamente relevante, pois, composto de outras figuras nucleares que, uma vez praticadas, já ensejam a tipificação do ato, pois a conjunção "ou", constante do citado dispositivo legal, traz, justamente, a ideia de alternância/de exclusão entre os elementos subjetivos do tipo ali previstos, estando perfectibilizado o delito quando, da conduta, haja aptidão para prejudicar direito de outrem ou para a criação de obrigação ou a alteração de fato juridicamente relevante"[39].
Perícia	O falso ideológico é crime **transeunte**. Logo, é **desnecessária** a realização de perícia, uma vez que, diferentemente do que se passa com a falsidade documental, a alteração é no conteúdo (e não na forma) do documento. A comprovação deve se dar pelo cotejo de outros elementos da realidade[40].
Documento digital	O documento público não se restringe a documento físico[41]. O documento digital é aquele "**assinado digitalmente**, conforme a Infraestrutura de Chaves Públicas Brasileira (ICP-Brasil)"[42].
Declaração sujeita a confirmação	O STF[43] e o STJ concordam que "somente se configura o crime de falsidade ideológica se a declaração prestada **não estiver sujeita a confirmação** pela parte interessada, gozando, portanto, de presunção absoluta de veracidade"[44].
Currículo *Lattes*	**Não é típica a conduta de inserir, em currículo *Lattes*, dado que não condiz com a realidade**[45].

39. STJ, HC 355140/SP, Rel. Min. Reynaldo Soares da Fonseca, 5ª Turma, j. 18/08/2016.
40. STJ, AgRg no REsp 1669729/SP, Rel. Min. Felix Fischer, 5ª Turma, j. 19/06/2018.
41. STJ, AgRg no REsp 1676385/RS, Rel. Maria Thereza Assis Moura, 6ª Turma, j. 21/09/2017.
42. STJ, RHC 81451/RJ, Rel. Min. Maria Thereza de Assis Moura, 6ª Turma, j. 22/08/2017.
43. STF, HC 85976/MT, Rel. Min. Ellen Gracie, 2ª Turma, j. 13/12/2005.
44. STJ, HC 218570/SP, Rel. Min. Maria Thereza de Assis Moura, 6ª Turma, j. 16/12/2012.
45. STJ, RHC 81451/RJ, Rel. Min. Maria Thereza de Assis Moura, 6ª Turma, j. 22/08/2017. Noticiado no Informativo n. 610.

FALSIDADE IDEOLÓGICA – TEMAS RELEVANTES	
Petição apresentada em juízo	O STF[46] e o STJ entendem que "a petição apresentada em Juízo não caracteriza documento para fins penais, uma vez que não é capaz de produzir prova por si mesma, **dependendo de outras verificações** para que sua fidelidade seja atestada"[47]. A petição contém alegações que serão objeto de análise pelo Poder Judiciário, bem como "poderão ser contraditadas pela parte adversa e por todos os meios de prova admitidos em Direito"[48].
Indicação de endereço incorreto	"A indicação de endereço incorreto em petição inicial para fins de alteração da competência para processar e julgar determinada ação **não caracteriza o crime previsto no artigo 299** do CP, pois a veracidade do domicílio poderá ser objeto de verificação"[49].
Declaração falsa de pobreza	O STF[50] e o STJ concordam que "a mera declaração de estado de pobreza para fins de obtenção dos benefícios da justiça gratuita **não é considerada conduta típica**, diante da presunção relativa de tal documento, que comporta prova em contrário"[51].
Falso ideológico como crime-meio	Não raras vezes, o falso ideológico é o crime-meio para a execução de vários outros delitos, neles esgotando sua potencialidade lesiva. Ex.: sonegação fiscal[52], peculato[53], crimes ambientais[54], descaminho[55] etc. Nesses casos, deverá ser absorvido pelo crime-fim.
Descaminho como crime-fim	Se o falso ideológico for o crime-meio para a consumação do descaminho e este tiver a punibilidade extinta pelo pagamento do imposto, "não há se falar em justa causa para a ação penal pelo crime de falso, porquanto carente de autonomia"[56].

46. STF, HC 85064/SP, Rel. Min. Joaquim Barbosa, 2ª Turma, j. 13/12/2005.
47. STJ, RHC 70596/MS, Rel. Min. Jorge Mussi, 5ª Turma, j. 01/06/2016.
48. STJ, HC 222613/TO, Rel. Min. Vasco Della Giustina, 6ª Turma, j. 24/04/2012.
49. STJ, RHC 70596/MS, Rel. Min. Jorge Mussi, 5ª Turma, j. 01/09/2016.
50. STF, HC 85976/MT, Rel. Min. Ellen Gracie, 2ª Turma, j. 13/12/2005.
51. STJ, AgRg no RHC 43279/SP, Rel. Min. Ribeiro Dantas, 5ª Turma, j. 13/12/2016.
52. "Segundo entendimento pacificado deste Superior Tribunal de Justiça, há a absorção dos crimes de uso de documento falso e falsificação de documentos pelo crime contra a ordem tributária, quando aqueles, mesmo que praticados posteriormente, configurarem crime-meio, perpetrados específica e unicamente para viabilizar a supressão de tributos" (STJ, AgRg no REsp 1313387/MT, Rel. Min. Ribeiro Dantas, 5ª Turma, j. 10/10/2017).
53. STJ, AgRg no Ag 1284943/RS, Rel. Min. Sebastião Reis Júnior, 6ª Turma, j. 21/03/2013.
54. STJ, AgRg no AREsp 300077/RO, Rel. Min. Sebastião Reis Júnior, 6ª Turma, j. 04/09/2014.
55. "O STJ já se pronunciou no sentido de que o agente responderá apenas pelo crime de descaminho - e não por este em concurso com o de falsidade ideológica - na hipótese **de a falsidade, consistente na alteração da verdade sobre o preço da mercadoria, ter sido praticada com o fim exclusivo de proporcionar a realização do crime de descaminho**" (STJ, RHC 96063/SC, Rel. Min. Joel Ilan Paciornik, 5ª Turma, j. 05/04/2018).
56. STJ, RHC 31321/PR, Rel. Min. Marco Aurélio Bellizze, 5ª Turma, j. 16/05/2013.

FALSIDADE IDEOLÓGICA – TEMAS RELEVANTES	
Prescrição	Na **falsificação ou alteração de assentamento do registro civil** (causa de aumento de pena – art. 299, parágrafo único), a prescrição começa a correr da **data em que o fato se tornou conhecido** (art. 111, IV).
Prestação de contas	"A conduta praticada por prefeito municipal de declarar falsamente, em documento público, ao Tribunal de Contas Estadual a prévia prestação de contas à Câmara Municipal configura, ao menos em tese, a figura típica do art. 299 do CP"[57].
Recibos falsos (contribuinte)	"A conduta do agente de apresentar recibos ideologicamente falsos à Receita Federal, como forma de comprovar a dedução de despesas para a redução da base de cálculo do Imposto de Renda, visou unicamente perpetrar o crime previsto no art. 1º da Lei n. 8.137/90, configurando as demais condutas, pois, simples fase do *iter criminis*"[58]. Assim, o crime de falso deve ser **absorvido pelo crime contra a ordem tributária** (crime-fim).
Recibos falsos (médico)	Em contrapartida, "a conduta do médico consistente em emitir e comercializar os recibos ideologicamente falsos configura crime de **falsidade ideológica**"[59].
Pedido de remição e LEP	De acordo com o art. 130 da LEP, "constitui o crime do artigo 299 do Código Penal declarar ou atestar falsamente prestação de serviço para fim de instruir pedido de remição".
Contrato de doação	"A celebração de contrato de doação mediante a inserção de dados falsos possui potencialidade lesiva, pois, a despeito da obrigatoriedade de colação dos bens doados em vida pelo doador quando da morte deste e por ocasião do processo de inventário, não menos verdade, que estando tais bens dentro da reserva disponível da herança, estes se consolidarão na propriedade do donatário que os recebeu indevidamente, devendo providenciar a colação e devolução apenas daqueles bens que porventura tenham invadido a legítima dos herdeiros necessários, situação apta a causar prejuízos aos demais herdeiros"[60].

57. STJ, REsp 1373009/MA, Rel. Min. Gurgel de Faria, 5ª Turma, j. 15/12/2015.
58. STJ, AgRg no AREsp 350165/PE, Rel. Min. Og Fernandes, 6ª Turma, j. 15/08/2013.
59. STJ, REsp 1259101/DF, Rel. Min. Maria Thereza de Assis Moura, 6ª Turma, j. 15/10/2013.
60. STJ, HC 355140/SP, Rel. Min. Reynaldo Soares da Fonseca, 5ª Turma, j. 18/08/2016.

FALSIDADE IDEOLÓGICA – TEMAS RELEVANTES	
Registro de nascimento inexistente (art. 241)	Os crimes previstos nos arts. 241 (registro de nascimento inexistente) e 242 (Parto suposto. Supressão ou alteração de direito inerente ao estado civil de recém-nascido) representam o falso ideológico com elementos específicos.

CRIMES SIMILARES	
Código Eleitoral	Art. 350. Omitir, em documento público ou particular, declaração que dele devia constar, ou nele inserir ou fazer inserir declaração falsa ou diversa da que devia ser escrita, para fins eleitorais: Pena – reclusão até 5 anos e pagamento de 5 a 15 dias-multa, se o documento é público, e reclusão até três anos e pagamento de 3 a 10 dias-multa, se o documento é particular.
CPM	Art. 312. Omitir, em documento público ou particular, declaração que dele devia constar, ou nele inserir ou fazer inserir declaração falsa ou diversa da que devia ser escrita, com o fim de prejudicar direito, criar obrigação ou alterar a verdade sobre fato juridicamente relevante, desde que o fato atente contra a administração ou o serviço militar: Pena - reclusão, até 5 anos, se o documento é público; reclusão, até 3 anos, se o documento é particular.
Lei 7.492/1986	Art. 9º. Fraudar a fiscalização ou o investidor, inserindo ou fazendo inserir, em documento comprobatório de investimento em títulos ou valores mobiliários, declaração falsa ou diversa da que dele deveria constar: Pena - Reclusão, de 1 a 5 anos, e multa. Art. 10. Fazer inserir elemento falso ou omitir elemento exigido pela legislação, em demonstrativos contábeis de instituição financeira, seguradora ou instituição integrante do sistema de distribuição de títulos de valores mobiliários: Pena - Reclusão, de 1 a 5 anos, e multa.
Lei 11.101/2005	Art. 171. Sonegar ou omitir informações ou prestar informações falsas no processo de falência, de recuperação judicial ou de recuperação extrajudicial, com o fim de induzir a erro o juiz, o Ministério Público, os credores, a assembléia-geral de credores, o Comitê ou o administrador judicial: Pena – reclusão, de 2 a 4 anos, e multa.

CRIMES SIMILARES	
Lei 9.605/1998	Art. 49. Para os efeitos da emissão, substituição ou anotação de Carteiras de Trabalho e Previdência Social, considerar-se-á, crime de falsidade, com as penalidades previstas no art. 299 do Código Penal: II - Afirmar falsamente a sua própria identidade, filiação, lugar de nascimento, residência, profissão ou estado civil e beneficiários, ou atestar os de outra pessoa; V - Anotar dolosamente em Carteira de Trabalho e Previdência Social ou registro de empregado, ou confessar ou declarar em juízo ou fora dele, data de admissão em emprego diversa da verdadeira.
	Art. 66. Fazer o funcionário público afirmação falsa ou enganosa, omitir a verdade, sonegar informações ou dados técnico-científicos em procedimentos de autorização ou de licenciamento ambiental: Pena - reclusão, de 1 a 3 anos, e multa.

FALSO RECONHECIMENTO DE FIRMA OU LETRA (ART. 300)	
►***Art. 300. Reconhecer, como verdadeira, no exercício de função pública, firma ou letra que o não seja:*** ***Pena - reclusão, de 1 a 5 anos, e multa, se o documento é público; e de 1 a 3 anos, e multa, se o documento é particular.***	
Tipicidade	O crime será ao imputado ao sujeito apenas se este tiver conhecimento da falsidade da firma ou letra.
Bem jurídico	A fé pública.
Sujeito ativo	Apenas os funcionários públicos (crime **próprio**). Ex.: tabeliães.
Sujeito passivo	O Estado e, secundariamente, eventuais prejudicados.
Elemento subjetivo	Dolo, direto ou eventual. Não há finalidade específica. Não há modalidade culposa.
Consumação	Ocorre quando o sujeito, no exercício de função pública, reconhece como verdadeira firma ou letra que não o seja (crime **formal** e **instantâneo**). Admite tentativa (crime **plurissubsistente**).
Omissão	Pode ser praticado na forma omissiva (omissão **imprópria**).
Execução	Crime de forma **vinculada**.

FALSO RECONHECIMENTO DE FIRMA OU LETRA (ART. 300)	
Concurso de pessoas	Crime de concurso eventual (**unissubjetivo**).
Competência	Juízo comum.
Lei 9.099/95	Não é infração de menor potencial ofensivo, mas admite suspensão condicional do processo (se preenchidos os requisitos do art. 89 da Lei 9.099/95).
Ação penal	Pública incondicionada.
ANPP	É cabível o acordo de não persecução penal, se preenchidos os requisitos do art. 28-A do CPP.

FALSO RECONHECIMENTO DE FIRMA OU LETRA – TEMAS RELEVANTES	
Princípio da insignificância	O STF[61] e o STJ[62] **afastam** a aplicação do princípio dos crimes contra a **fé pública**.

CRIMES SIMILARES	
Código Eleitoral	Art. 352. Reconhecer, como verdadeira, no exercício da função pública, firma ou letra que o não seja, para fins eleitorais: Pena - reclusão até 5 anos e pagamento de 5 a 15 dias-multa se o documento é público, e reclusão até três anos e pagamento de 3 a 10 dias-multa se o documento é particular.

CERTIDÃO OU ATESTADO IDEOLOGICAMENTE FALSO (ART. 301)	
► ***Art. 301. Atestar ou certificar falsamente, em razão de função pública, fato ou circunstância que habilite alguém a obter cargo público, isenção de ônus ou de serviço de caráter público, ou qualquer outra vantagem:*** ***Pena - detenção, de 2 meses a 1 ano.***	
Tipicidade	Interpretação analógica (termina com a fórmula genérica *"ou qualquer outra vantagem"*). *"Falsamente"* é um elemento normativo do tipo.

61. STF, HC 117638/RJ, Rel. Min. Gilmar Mendes, 2ª Turma, j. 11/03/2014.
62. STJ, AgRg no REsp 1644250/RS, Rel. Min. Sebastião Reis Júnior, 6ª Turma, j. 23/05/2017.

CERTIDÃO OU ATESTADO IDEOLOGICAMENTE FALSO (ART. 301)	
Bem jurídico	A fé pública.
Sujeito ativo	Apenas os funcionários públicos (crime **próprio**).
Sujeito passivo	O Estado e, secundariamente, eventuais prejudicados.
Elemento subjetivo	Dolo, direto ou eventual. Não há finalidade específica. Não há modalidade culposa.
Consumação	Ocorre quando o sujeito, em razão de função pública, atesta ou certifica falsamente fato ou circunstância que habilite alguém a obter cargo público, isenção de ônus ou de serviço de caráter público, ou qualquer outra vantagem (crime **formal** e **instantâneo**). Admite tentativa (crime **plurissubsistente**).
Omissão	Pode ser praticado na forma omissiva (omissão **imprópria**).
Execução	Crime de forma **vinculada**.
Concurso de pessoas	Crime de concurso eventual (**unissubjetivo**).
Competência	Juizado Especial Criminal.
Lei 9.099/95	Infração de menor potencial ofensivo.
Ação penal	Pública incondicionada.
ANPP	Admitida transação penal, é incabível o acordo de não persecução penal (art. 28-A, § 2º, I, do CPP).

FORMA QUALIFICADA (ART. 301, §1º)
►Art. 301, §1º - Falsificar, no todo ou em parte, atestado ou certidão, ou alterar o teor de certidão ou de atestado verdadeiro, para prova de fato ou circunstância que habilite alguém a obter cargo público, isenção de ônus ou de serviço de caráter público, ou qualquer outra vantagem: ***Pena - detenção, de 3 meses a 2 anos.*** Pode ser praticado por qualquer pessoa (crime **comum**).

CERTIDÃO OU ATESTADO IDEOLOGICAMENTE FALSO – TEMAS RELEVANTES	
Animus lucrandi	► ***Art. 301, §2º - Se o crime é praticado com o fim de lucro, aplica-se, além da pena privativa de liberdade, a de multa.***
Princípio da insignificância	O STF[63] e o STJ[64] **afastam** a aplicação do princípio dos crimes contra a **fé pública**.

CRIMES SIMILARES	
CPM	Art. 314. Atestar ou certificar falsamente, em razão de função, ou profissão, fato ou circunstância que habilite alguém a obter cargo, posto ou função, ou isenção de ônus ou de serviço, ou qualquer outra vantagem, desde que o fato atente contra a administração ou serviço militar: Pena - detenção, até 2 anos.

FALSIDADE DE ATESTADO MÉDICO (ART. 302)	
► ***Art. 302. Dar o médico, no exercício da sua profissão, atestado falso:*** ***Pena - detenção, de 1 mês a 1 ano.***	
Tipicidade	Não importa a especialização do médico. Ex.: um ortopedista pode dar atestado em relação a uma falsa gravidez.
Bem jurídico	A fé pública.
Sujeito ativo	Apenas o médico (crime **próprio**).
Sujeito passivo	O Estado e, secundariamente, eventuais prejudicados.
Elemento subjetivo	Dolo, direto ou eventual. Não há finalidade específica. Não há modalidade culposa.
Consumação	Ocorre quando o médico dá atestado falso no exercício da sua profissão, independentemente da efetiva utilização do atestado (crime **formal** e **instantâneo**). Admite tentativa (crime **plurissubsistente**).

63. STF, HC 117638/RJ, Rel. Min. Gilmar Mendes, 2ª Turma, j. 11/03/2014.
64. STJ, AgRg no REsp 1644250/RS, Rel. Min. Sebastião Reis Júnior, 6ª Turma, j. 23/05/2017.

FALSIDADE DE ATESTADO MÉDICO (ART. 302)	
Omissão	Pode ser praticado na forma omissiva (omissão **imprópria**).
Execução	Crime de forma livre.
Concurso de pessoas	Crime de concurso eventual (**unissubjetivo**).
Competência	Juizado Especial Criminal.
Lei 9.099/95	Infração de menor potencial ofensivo.
Ação penal	Pública incondicionada.
ANPP	Admitida transação penal, é incabível o acordo de não persecução penal (art. 28-A, § 2º, I, do CPP).

FALSIDADE DE ATESTADO MÉDICO – TEMAS RELEVANTES	
Animus lucrandi	***► Art. 302, parágrafo único - Se o crime é cometido com o fim de lucro, aplica-se também multa.***

REPRODUÇÃO OU ADULTERAÇÃO DE SELO OU PEÇA FILATÉLICA (ART. 303)
► ~~Art. 303. Reproduzir ou alterar selo ou peça filatélica que tenha valor para coleção, salvo quando a reprodução ou a alteração está visivelmente anotada na face ou no verso do selo ou peça:~~   ***~~Pena - detenção, de 1 a 3 anos, e multa.~~***   ***~~Parágrafo único - Na mesma pena incorre quem, para fins de comércio, faz uso do selo ou peça filatélica.~~***   Dispositivo **revogado** pelo art. 39 da Lei 6.538/78.

USO DE DOCUMENTO FALSO (ART. 304)
► Art. 304. Fazer uso de qualquer dos papéis falsificados ou alterados, a que se referem os arts. 297 a 302:   ***Pena - a cominada à falsificação ou à alteração.***

USO DE DOCUMENTO FALSO (ART. 304)	
Tipicidade	Trata-se de tipo penal **remetido**, o qual depende da verificação do conteúdo de outros tipos para a compreensão de seu alcance[65]. É necessário que a falsidade seja apta a enganar terceiros (***imitatio veri***).
Bem jurídico	A fé pública.
Sujeito ativo	Qualquer pessoa (crime **comum**).
Sujeito passivo	O Estado e, secundariamente, eventuais prejudicados.
Elemento subjetivo	Dolo, direto ou eventual. Não há finalidade específica. Não há modalidade culposa.
Consumação	Ocorre quando o sujeito faz **efetivo uso** de documento falso (crime **formal**[66] e **instantâneo**). Admite tentativa (crime **plurissubsistente**).
Omissão	Pode ser praticado na forma omissiva (omissão **imprópria**).
Execução	Crime de forma livre.
Concurso de pessoas	Crime de concurso eventual (**unissubjetivo**).
Competência	Analisar a qual tipo penal se remete (arts. 297 a 302).
Lei 9.099/95	Analisar a qual tipo penal se remete (arts. 297 a 302).
Ação penal	Pública incondicionada.
ANPP	É possível o acordo de não persecução penal apenas se não for cabível a transação penal e forem preenchidos os demais requisitos do art. 28-A do CPP.

USO DE DOCUMENTO FALSO – TIPO PENAL REMETIDO		
Falsificação de documento público (art. 297).	Falsificação de documento particular (art. 298).	Falsidade ideológica (art. 299).
Falso reconhecimento de firma ou letra (art. 300).	Certidão ou atestado ideologicamente falso (art. 301).	Falsidade material de atestado ou certidão (art. 302).

65. STJ, HC 300848/DF, Rel. Min. Reynaldo Soares da Fonseca, 5ª Turma, j. 10/05/2016.

66. "O crime de uso de documento falso (art. 304 do Código Penal) se consuma com a simples utilização de documentos comprovadamente falsos, dada a sua natureza de **delito formal**" (STJ, AgRg no AREsp 1022036/SP, Rel. Min. Joel Ilan Paciornik, 5ª Turma, j. 09/03/2017).

USO DE DOCUMENTO FALSO – TEMAS RELEVANTES	
Norma duplamente incompleta	O art. 304 é uma norma penal em branco quanto ao preceito **primário** (*"a que se referem os arts. 297 a 302"*) e **secundário** (*"Pena - a cominada à falsificação ou à alteração"*).
Princípio da insignificância	O STF[67] e o STJ[68] **afastam** a aplicação do princípio dos crimes contra a **fé pública**.
Falsificação e uso	O uso do documento falsificado pelo próprio autor da falsificação é mero **exaurimento** do crime de falso. O sujeito deve responder pelo art. 297 (documento público) ou 298 (documento particular), e não pelo art. 304[69].
Uso de documento falso como crime-meio	Não raras vezes, o uso de documento falso é o crime-meio para a execução de vários outros delitos, neles esgotando sua potencialidade lesiva. Ex.: crimes contra a ordem tributária[70], estelionato[71] etc. Nesses casos, deverá ser absorvido pelo crime-fim.
Petição apresentada em juízo	Não se pode confundir os documentos juntados em processo judicial com a **petição.** O STF[72] e o STJ entendem que **"a petição apresentada em Juízo não caracteriza documento para fins penais**, uma vez que não é capaz de produzir prova por si mesma, **dependendo de outras verificações** para que sua fidelidade seja atestada"[73]. Todavia, conforme explicitado nas tabelas anteriores, é necessário verificar se a petição é acompanhada por outros documentos falsos.
Perícia	É "**prescindível a realização de exame pericial** quando for possível comprovar a falsidade do documento através de outros meios de prova"[74]. Ex.: documentos e testemunhos constantes do processo, confissão do acusado etc.
Cópia sem autenticação (regra geral)	**Cópias xerográficas ou reprográficas sem autenticação não servem como objeto material de crime de uso de documento falso.** O entendimento é consolidado no STF e no STJ.

67. STF, HC 117638/RJ, Rel. Min. Gilmar Mendes, 2ª Turma, j. 11/03/2014.
68. STJ, AgRg no REsp 1644250/RS, Rel. Min. Sebastião Reis Júnior, 6ª Turma, j. 23/05/2017.
69. STJ, HC 226128/TO, Rel. Min. Rogerio Schietti Cruz, 6ª Turma, j. 07/04/2016.
70. STJ, AgRg no REsp 1313387/MT, Rel. Min. Ribeiro Dantas, 5ª Turma, j. 10/10/2017.
71. STJ, HC 373024/MS, Rel. Min. Ribeiro Dantas, 5ª Turma, j. 17/08/2017.
72. STF, HC 85064/SP, Rel. Min. Joaquim Barbosa, 2ª Turma, j. 13/12/2005.
73. STJ, RHC 70596/MS, Rel. Min. Jorge Mussi, 5ª Turma, j. 01/06/2016.
74. STJ, HC 455267/SC, Rel. Min. Laurita Vaz, 6ª Turma, j. 09/10/2018.

USO DE DOCUMENTO FALSO – TEMAS RELEVANTES	
Cópia sem autenticação (ressalva)	A despeito da regra geral, deve-se analisar se o uso da fotocópia apresenta **resultado lesivo no caso concreto**. Exemplo recente julgado pelo STJ: um advogado forjou comprovantes de residência de clientes e juntou referidos comprovantes em processo judicial eletrônico com o objetivo de garantir que os feitos ajuizados seriam distribuídos ao Juizado Especial de Florianópolis/SC (quando, na verdade, os clientes residiam em outras comarcas e não tinham ciência da falsidade). As ações foram julgadas pelo Juizado de Florianópolis/SC, como pretendido, e o STJ considerou que "tratando-se de fotocópia com potencialidade lesiva concreta, produzida por advogado e utilizada em processo judicial eletrônico, que **efetivamente foi capaz de ludibriar** uma magistrada no exercício de sua atividade jurisdicional, não há que se falar na atipicidade da conduta"[75]. Frise-se, ainda, a **força probante aos documentos acostados aos autos de processos judiciais**: fazem a mesma prova que os originais as cópias reprográficas de peças do próprio processo judicial declaradas autênticas pelo advogado, sob sua responsabilidade pessoal, se não lhes for impugnada a autenticidade (art. 425 do CPC). Portanto, a circunstância de ser juntado aos autos de um processo judicial confere veracidade ao documento.
Descaminho como crime-fim	"O delito de uso de documento falso, cuja pena em abstrato é mais grave, **pode ser absorvido pelo crime-fim de descaminho**, com menor pena comparativamente cominada, desde que etapa preparatória ou executória deste, onde se exaure sua potencialidade lesiva"[76].
Passaporte estrangeiro	Para o STJ, "é **típica** a conduta de uso de documento falso, consistente em passaporte expedido pela República do Uruguai, apresentado à Polícia Federal por ocasião de abordagem realizada em aeroporto, mediante tentativa de saída irregular do país e burla ao controle aeroportuário de fronteiras"[77]. Em casos semelhantes, "a consumação do crime ocorre com a apresentação do documento adulterado perante autoridade nacional, ainda que constatada a sua falsidade apenas em território estrangeiro"[78].

75. STJ, AgRg nos EDcl no AREsp 929123/SC, Rel. Min. Jorge Mussi, 5ª Turma, j. 25/09/2018.
76. STJ, REsp 1378053/PR, Rel. Min. Nefi Cordeiro, 3ª Seção, j. 10/08/2016. **Recurso repetitivo**.
77. STJ, REsp 1568954/SP, Rel. Min. Nefi Cordeiro, 6ª Turma, j. 18/10/2016.
78. STJ, AgRg no REsp 1224321/RJ, Rel. Min. Jorge Mussi, 5ª Turma, j. 20/08/2013.

USO DE DOCUMENTO FALSO – TEMAS RELEVANTES	
Falso grosseiro (exemplo)	José, com o intuito de adiar e audiência em ACP na qual figura como réu pela prática de improbidade administrativa, apresentou um convite falso para o comparecimento em inauguração de uma obra pública no mesmo horário da aludida audiência. Todavia, o convite levantou suspeitas da Juíza por várias razões. Diante da desconfiança, a Vara diligenciou para verificar a veracidade das informações e constatou que a despeito de o evento ser real, o convite oficial destoava completamente daquele juntado por José, inclusive quanto ao horário do evento. A audiência designada ocorreu (sem a presença do réu) e o Juízo determinou a extração de cópias e remessa ao MP. José foi denunciado por uso de documento falso (art. 304 do CP). Sobre o caso, o STJ decidiu que "para a configuração do tipo penal de uso de documento falso, **a falsificação deve ser apta para iludir, enganar, ludibriar. Do contrário, está configurada a hipótese de falso grosseiro, caso em que não haverá crime**"[79].
Foragido e autodefesa	Para o STF e o STJ[80], "a utilização de documento falso para ocultar a condição de foragido **não descaracteriza** o delito de uso de documento falso (art. 304 do CP)"[81].
Efetiva utilização (exemplo)	"Se o investigado, em abordagem de rotina, afirma ao agente da Polícia Rodoviária Federal não possuir CNH, identificando-se por meio de Carteira de Identidade, e, logo em seguida, o policial avista, em sua carteira aberta, documento similar à CNH que o investigado lhe entrega, **admitindo tratar-se de documento falso**, não há como se reconhecer na conduta, *a priori*, o elemento de vontade (de fazer uso de documento falso) necessário à caracterização do delito do art. 304 do CP" [...] Remanesce, assim, no caso concreto, apenas o interesse, em tese, no prosseguimento da investigação do delito previsto no art. 297 do CP (falsificação de documento público)"[82].

79. STJ, HC 384567/SP, Rel. Min. Joel Ilan Paciornik, 5ª Turma, j. 20/09/2018.
80. STJ, HC 169068/SP, Rel. Min. Nefi Cordeiro, 6ª Turma, j. 17/12/2015.
81. STF, HC 119970/SP, Rel. Min. Ricardo Lewandowski, 2ª Turma, j. 04/02/2014.
82. STJ, CC 148592/RJ, Rel. Min. Reynaldo Soares da Fonseca, 3ª Seção, j. 08/02/2017.

USO DE DOCUMENTO FALSO – TEMAS RELEVANTES	
Efetiva utilização	Para o STJ[83] e o STJ, o crime de uso de documento falso **pressupõe tanto a efetiva utilização do documento, *sponte propria*, quanto que o documento falso seja apresentado como autêntico**"[84]. A mera posse do documento não configura o crime. Todavia, é irrelevante se a exibição ocorreu mediante **exigência do policial ou por iniciativa do próprio agente**[85].

USO DE DOCUMENTO FALSO - COMPETÊNCIA	
Competência – regra geral	▪ Súmula 546 do STJ: A competência para processar e julgar o crime de uso de documento falso é firmada em razão da entidade ou órgão ao qual foi apresentado o documento público, não importando a qualificação do órgão expedidor.
CIR ou CHA	▪ Súmula vinculante 36: Compete à Justiça Federal comum processar e julgar civil denunciado pelos crimes de falsificação e de uso de documento falso quando se tratar de falsificação da Caderneta de Inscrição e Registro (CIR) ou de Carteira de Habilitação de Amador (CHA), ainda que expedidas pela Marinha do Brasil.
Passaporte falso	▪ Súmula 200 do STJ: O Juízo Federal competente para processar e julgar acusado de crime de uso de passaporte falso é o do lugar onde o delito se consumou.
Estabelecimento particular de ensino	▪ Súmula 104 do STJ: Compete a Justiça Estadual o processo e julgamento dos crimes de falsificação e uso de documento falso relativo a estabelecimento particular de ensino.
Certificado de ensino médio e curso de vigilante	"O entendimento do STF é no sentido de que cabe à **Justiça Federal** julgar o delito de uso de documento falso de instituição de ensino médio com o intuito de obter certificação em curso de vigilante por empresa fiscalizada pela Polícia Federal"[86].

83. "**A simples posse de documento falso não basta à caracterização do delito previsto no art. 304 do CP, sendo necessária sua utilização visando atingir efeitos jurídicos**" (STF, Ext 1183/REPÚBLICA FEDERAL DA ALEMANHA, Rel. Min. Dias Toffoli, Pleno, j. 24/06/2010).
84. STJ, CC 148592/RJ, Rel. Min. Reynaldo Soares da Fonseca, 3ª Seção, j. 08/02/2017.
85. STJ, AgRg no REsp 1758686/SP, Rel. Min. Reynaldo Soares da Fonseca, 5ª Turma, j. 25/09/2018.
86. STF, ARE 798817 AgR/AM, Rel. Min. Roberto Barroso, 1ª Turma, j. 02/05/2017.

USO DE DOCUMENTO FALSO (ART. 304)	FALSA IDENTIDADE (ART. 307)
►Art. 304. Fazer uso de qualquer dos papéis falsificados ou alterados, a que se referem os arts. 297 a 302: Pena - a cominada à falsificação ou à alteração.	***►Art. 307. Atribuir-se ou atribuir a terceiro falsa identidade para obter vantagem, em proveito próprio ou alheio, ou para causar dano a outrem: Pena - detenção, de 3 meses a 1 ano, ou multa, se o fato não constitui elemento de crime mais grave.***
Há efetiva **apresentação de documento falso** pelo sujeito[87].	Há apenas alegação falsa quanto à identidade, sem a apresentação de qualquer documento (crime subsidiário em relação ao art. 304).

CRIMES SIMILARES	
CPM	Art. 315. Fazer uso de qualquer dos documentos falsificados ou alterados por outrem, a que se referem os artigos anteriores: Pena - a cominada à falsificação ou à alteração.
Lei 7.492/1986	Art. 14. Apresentar, em liquidação extrajudicial, ou em falência de instituição financeira, declaração de crédito ou reclamação falsa, ou juntar a elas título falso ou simulado: Pena - Reclusão, de 2 a 8 anos, e multa.
Lei 8.137/1990	Art. 1°. Constitui crime contra a ordem tributária suprimir ou reduzir tributo, ou contribuição social e qualquer acessório, mediante as seguintes condutas: [...] IV - elaborar, distribuir, fornecer, emitir ou utilizar documento que saiba ou deva saber falso ou inexato; [...] Pena - reclusão de 2 a 5 anos, e multa.
Lei 11.101/2005	Art. 175. Apresentar, em falência, recuperação judicial ou recuperação extrajudicial, relação de créditos, habilitação de créditos ou reclamação falsas, ou juntar a elas título falso ou simulado: Pena – reclusão, de 2 a 4 anos, e multa.

87. STJ, REsp 1710259/SP, Rel. Min. Jorge Mussi, 5ª Turma, j. 11/09/2018.

SUPRESSÃO DE DOCUMENTO (ART. 305)	
►Art. 305. Destruir, suprimir ou ocultar, em benefício próprio ou de outrem, ou em prejuízo alheio, documento público ou particular verdadeiro, de que não podia dispor: Pena - reclusão, de 2 a 6 anos, e multa, se o documento é público, e reclusão, de 1 a 5 anos, e multa, se o documento é particular.	
Tipicidade	A rigor, o art. 305 não está relacionado a falsidade, pois o documento suprimido, destruído ou ocultado deve ser **verdadeiro**. **Tipo misto alternativo ou crime de ação múltipla ou de conteúdo variado**: se o agente praticar mais de um núcleo do art. 305 no mesmo contexto, responderá por **crime único**.
Bem jurídico	A fé pública.
Sujeito ativo	Qualquer pessoa (crime **comum**).
Sujeito passivo	O Estado e, secundariamente, eventuais prejudicados.
Elemento subjetivo	Dolo, direto ou eventual. Finalidade específica: *"em benefício próprio ou de outrem"*. Não há modalidade culposa.
Consumação	Ocorre "com simples destruição, supressão ou ocultação do documento, não se exigindo um dano efetivo"[88] (crime **formal**). Pode ser **instantâneo** (*"destruir"* e *"suprimir"*) ou **permanente** (*"ocultar"*). Admite tentativa (crime **plurissubsistente**).
Omissão	Pode ser praticado na forma omissiva (omissão **imprópria**).
Execução	Crime de forma livre.
Concurso de pessoas	Crime de concurso eventual (**unissubjetivo**).
Competência	Juízo comum.
Lei 9.099/95	Não é infração de menor potencial ofensivo, mas a supressão de documento **particular** admite suspensão condicional do processo (se preenchidos os requisitos do art. 89 da Lei 9.099/95).
Ação penal	Pública incondicionada.
ANPP	É cabível o acordo de não persecução penal, se preenchidos os requisitos do art. 28-A do CPP.

88. STJ, AgRg no AREsp 606549/MS, Rel. Min. Joel Ilan Paciornik, 5ª Turma, j. 06/11/2018.

SUPRESSÃO DE DOCUMENTO (ART. 305)	SONEGAÇÃO DE PAPEL OU OBJETO DE VALOR PROBATÓRIO (ART. 356)
►Art. 305. Destruir, suprimir ou ocultar, em benefício próprio ou de outrem, ou em prejuízo alheio, documento público ou particular verdadeiro, de que não podia dispor: ***Pena - reclusão, de 2 a 6 anos, e multa, se o documento é público, e reclusão, de 1 a 5 anos, e multa, se o documento é particular.***	***►Art. 356. Inutilizar, total ou parcialmente, ou deixar de restituir autos, documento ou objeto de valor probatório, que recebeu na qualidade de advogado ou procurador:*** ***Pena - detenção, de 6 meses a 3 anos, e multa.***

CRIMES SIMILARES	
CPM	Art. 316. Destruir, suprimir ou ocultar, em benefício próprio ou de outrem, ou em prejuízo alheio, documento verdadeiro, de que não podia dispor, desde que o fato atente contra a administração ou o serviço militar: Pena - reclusão, de 2 a 6 anos, se o documento é público; reclusão, até 5 anos, se o documento é particular.
Lei 8.137/1990	Art. 3°. Constitui crime funcional contra a ordem tributária, além dos previstos no Decreto-Lei n° 2.848, de 7 de dezembro de 1940 - Código Penal (Título XI, Capítulo I): I - extraviar livro oficial, processo fiscal ou qualquer documento, de que tenha a guarda em razão da função; sonegá-lo, ou inutilizá-lo, total ou parcialmente, acarretando pagamento indevido ou inexato de tributo ou contribuição social; II - exigir, solicitar ou receber, para si ou para outrem, direta ou indiretamente, ainda que fora da função ou antes de iniciar seu exercício, mas em razão dela, vantagem indevida; ou aceitar promessa de tal vantagem, para deixar de lançar ou cobrar tributo ou contribuição social, ou cobrá-los parcialmente. Pena - reclusão, de 3 a 8 anos, e multa.
Código Eleitoral	Art. 339 - Destruir, suprimir ou ocultar urna contendo votos, ou documentos relativos à eleição: Pena - reclusão de 2 a 6 anos e pagamento de 5 a 15 dias-multa. Parágrafo único. Se o agente é membro ou funcionário da Justiça Eleitoral e comete o crime prevalecendo-se do cargo, a pena é agravada.

4

DE OUTRAS FALSIDADES

FALSIFICAÇÃO DO SINAL EMPREGADO NO CONTRASTE DE METAL PRECIOSO OU NA FISCALIZAÇÃO ALFANDEGÁRIA, OU PARA OUTROS FINS (ART. 306)	
► ***Art. 306. Falsificar, fabricando-o ou alterando-o, marca ou sinal empregado pelo poder público no contraste de metal precioso ou na fiscalização alfandegária, ou usar marca ou sinal dessa natureza, falsificado por outrem:*** ***Pena - reclusão, de 2 a 6 anos, e multa.***	
Bem jurídico	A fé pública.
Sujeito ativo	Qualquer pessoa (crime **comum**).
Sujeito passivo	O Estado e, secundariamente, eventuais prejudicados.
Elemento subjetivo	Dolo, direto ou eventual. Não há finalidade específica. Não há modalidade culposa.
Consumação	Ocorre quando o sujeito falsifica marca ou sinal empregado pelo poder público no contraste de metal precioso ou na fiscalização alfandegária, ou quando usa marca ou sinal dessa natureza falsificado por outrem (crime **formal** e **instantâneo**). Admite tentativa (crime **plurissubsistente**).
Omissão	Pode ser praticado na forma omissiva (omissão **imprópria**).
Execução	Crime de forma livre.
Concurso de pessoas	Crime de concurso eventual (**unissubjetivo**).

FALSIFICAÇÃO DO SINAL EMPREGADO NO CONTRASTE DE METAL PRECIOSO OU NA FISCALIZAÇÃO ALFANDEGÁRIA, OU PARA OUTROS FINS (ART. 306)	
Competência	Juízo comum.
Lei 9.099/95	Não é infração de menor potencial ofensivo.
Ação penal	Pública incondicionada.
ANPP	É cabível o acordo de não persecução penal, se preenchidos os requisitos do art. 28-A do CPP.

FORMA PRIVILEGIADA (ART. 306, PARÁGRAFO ÚNICO)
►***Art. 306, parágrafo único - Se a marca ou sinal falsificado é o que usa a autoridade pública para o fim de fiscalização sanitária, ou para autenticar ou encerrar determinados objetos, ou comprovar o cumprimento de formalidade legal:***   ***Pena - reclusão ou detenção, de 1 a 3 anos, e multa.***   Admite suspensão condicional do processo (se preenchidos os requisitos do art. 89 da Lei 9.099/95).   Cabe ao julgador, à luz do **caso concreto**, analisar se deve ser imposta pena de reclusão ou detenção.

FALSA IDENTIDADE (ART. 307)
►***Art. 307. Atribuir-se ou atribuir a terceiro falsa identidade para obter vantagem, em proveito próprio ou alheio, ou para causar dano a outrem:***   ***Pena - detenção, de 3 meses a 1 ano, ou multa, se o fato não constitui elemento de crime mais grave.***

FALSA IDENTIDADE (ART. 307)	
Tipicidade	Crime **subsidiário** (*"se o fato não constitui elemento de crime mais grave"*). "O delito de falsa identidade (art. 307, CP) [...] pressupõe o fornecimento de **informações falsas (errôneas) em relação ao conjunto de características peculiares de uma pessoa determinada**, que permite reconhecê-la e individualizá-la, envolvendo o nome, a idade, o estado civil, a filiação, o sexo, entre outros dados, com o intuito de obter vantagem, em proveito próprio ou alheio, ou mesmo causar dano a outrem"[1].
Bem jurídico	A fé pública.
Sujeito ativo	Qualquer pessoa (crime **comum**).
Sujeito passivo	O Estado e, secundariamente, eventuais prejudicados.
Elemento subjetivo	Dolo, direto ou eventual. Finalidade específica: *"para obter vantagem, em proveito próprio ou alheio, ou para causar dano a outrem"*[2]. Não há modalidade culposa.
Consumação	Ocorre quando o sujeito atribui-se ou atribui a terceiro falsa identidade, independentemente da obtenção de vantagem (crime **formal** e **instantâneo**). Admite tentativa (crime **plurissubsistente**).
Omissão	Pode ser praticado na forma omissiva (omissão **imprópria**).
Execução	Crime de forma livre.
Concurso de pessoas	Crime de concurso eventual (**unissubjetivo**).
Competência	Juizado Especial Criminal.
Lei 9.099/95	Infração de menor potencial ofensivo.
Ação penal	Pública incondicionada.
ANPP	Admitida transação penal, é incabível o acordo de não persecução penal (art. 28-A, § 2º, I, do CPP).

1. STJ, CC 139862/MT, Rel. Min. Reynaldo Soares da Fonseca, 3ª Seção, j. 25/02/2016.
2. "A obtenção de vantagem para proveito próprio é fundamento intrínseco ao tipo penal previsto no art. 307 do CP, o qual enuncia como delito de falsa identidade o fato de se atribuir ou atribuir a terceiro falsa identidade para obter vantagem, em proveito próprio ou alheio, ou para causar dano a outrem" (STJ, AgRg no HC 394216/ES, Rel. Min. Nefi Cordeiro, 6ª Turma, j. 14/11/2017).

FALSA IDENTIDADE – TEMAS RELEVANTES	
Princípio da insignificância	O STF[3] e o STJ[4] **afastam** a aplicação do princípio dos crimes contra a **fé pública**.
Autodefesa	O STF, em sede de repercussão geral, pacificou que "o princípio constitucional da autodefesa (art. 5º, inciso LXIII, da CF/88) não alcança aquele que atribui falsa identidade perante autoridade policial com o intento de ocultar maus antecedentes, sendo, portanto, **típica** a conduta praticada pelo agente"[5]. No mesmo sentido, o STJ. ▪ Súmula 522 do STJ: A conduta de atribuir-se falsa identidade perante autoridade policial é típica, ainda que em situação de alegada autodefesa.
Contravenção (art. 68 da LCP)	É contravenção prevista no art. 68 "recusar à autoridade, quando por esta, justificadamente solicitados ou exigidos, dados ou indicações concernentes à própria identidade, estado, profissão, domicílio e residência: Pena - multa, de duzentos mil réis a dois contos de réis".
Contravenção (art. 45 da LCP)	É contravenção prevista no art. 45 "fingir-se funcionário público: Pena – prisão simples, de um a três meses, ou multa, de quinhentos mil réis a três contos de réis".
Falsificação de documento	O crime de falsa identidade é expressamente subsidiário. Se o sujeito falsifica uma carteira de identidade e faz uso desse documento, atribuindo-se falsa identidade em diversas ocasiões, deve ser punido pelo crime de falsificação de documento público (art. 297), "de modo que os usos que o paciente fez posteriormente desse documento falsificado constituem exaurimento do crime de *falsum*"[6].

3. STF, HC 117638/RJ, Rel. Min. Gilmar Mendes, 2ª Turma, j. 11/03/2014.
4. STJ, AgRg no REsp 1644250/RS, Rel. Min. Sebastião Reis Júnior, 6ª Turma, j. 23/05/2017.
5. STF, RE 640139 RG/DF, Rel. Min. Dias Toffoli, Pleno, j. 22/09/2011. **Repercussão geral**.
6. STJ, HC 226128/TO, Rel. Min. Rogerio Schietti Cruz, 6ª Turma, j. 07/04/2016.

USO DE DOCUMENTO FALSO (ART. 304)	FALSA IDENTIDADE (ART. 307)
► ***Art. 304. Fazer uso de qualquer dos papéis falsificados ou alterados, a que se referem os arts. 297 a 302: Pena - a cominada à falsificação ou à alteração.***	► ***Art. 307. Atribuir-se ou atribuir a terceiro falsa identidade para obter vantagem, em proveito próprio ou alheio, ou para causar dano a outrem: Pena - detenção, de 3 meses a 1 ano, ou multa, se o fato não constitui elemento de crime mais grave.***
Há efetiva **apresentação de documento falso** pelo sujeito[7].	Há apenas alegação falsa quanto à identidade, sem a apresentação de qualquer documento (crime subsidiário em relação ao art. 304).

CRIMES SIMILARES	
CPM	Art. 318. Atribuir-se, ou a terceiro, perante a administração militar, falsa identidade, para obter vantagem em proveito próprio ou alheio, ou para causar dano a outrem: Pena - detenção, de 3 meses a 1 ano, se o fato não constitui crime mais grave.

USO DE DOCUMENTO DE IDENTIDADE ALHEIA (ART. 308)	
► ***Art. 308. Usar, como próprio, passaporte, título de eleitor, caderneta de reservista ou qualquer documento de identidade alheia ou ceder a outrem, para que dele se utilize, documento dessa natureza, próprio ou de terceiro: Pena - detenção, de 4 meses a 2 anos, e multa, se o fato não constitui elemento de crime mais grave.***	
Tipicidade	Crime **subsidiário** (*"se o fato não constitui elemento de crime mais grave"*) e caso de **interpretação analógica** (*"passaporte"*, *"título de eleitor"* e *"caderneta de reservista"* são exemplos de *"documento de identidade"*). Se o documento de identidade usado for falso, a conduta se amoldará ao tipo penal do art. 304.

7. STJ, REsp 1710259/SP, Rel. Min. Jorge Mussi, 5ª Turma, j. 11/09/2018.

USO DE DOCUMENTO DE IDENTIDADE ALHEIA (ART. 308)	
Bem jurídico	A fé pública.
Sujeito ativo	Qualquer pessoa (crime **comum**).
Sujeito passivo	O Estado e, secundariamente, eventuais prejudicados.
Elemento subjetivo	Dolo, direto ou eventual. Finalidade específica ("*ceder a outrem*"): "*para que dele se utilize*". Não há modalidade culposa.
Consumação	Ocorre quando o sujeito usa, como próprio, passaporte, título de eleitor, caderneta de reservista ou qualquer documento de identidade alheia ou cede a outrem, para que dele se utilize, documento dessa natureza, próprio ou de terceiro (crime **formal** e **instantâneo**). Admite tentativa (crime **plurissubsistente**).
Omissão	Pode ser praticado na forma omissiva (omissão **imprópria**).
Execução	Crime de forma livre.
Concurso de pessoas	Crime de concurso eventual (**unissubjetivo**).
Competência	Juizado Especial Criminal.
Lei 9.099/95	Infração de menor potencial ofensivo.
Ação penal	Pública incondicionada.
ANPP	Admitida transação penal, é incabível o acordo de não persecução penal (art. 28-A, § 2º, I, do CPP).

CRIMES SIMILARES	
CPM	Art. 317. Usar, como próprio, documento de identidade alheia, ou de qualquer licença ou privilégio em favor de outrem, ou ceder a outrem documento próprio da mesma natureza, para que dele se utilize, desde que o fato atente contra a administração ou o serviço militar: Pena - detenção, até 6 meses, se o fato não constitui elemento de crime mais grave.

FRAUDE DE LEI SOBRE ESTRANGEIRO (ART. 309)	
► ***Art. 309. Usar o estrangeiro, para entrar ou permanecer no território nacional, nome que não é o seu:*** ***Pena - detenção, de 1 a 3 anos, e multa.***	
Tipicidade	Se o estrangeiro fizer uso de documento falso, a conduta se amoldará ao tipo penal previsto no art. 304.
Bem jurídico	A fé pública.
Sujeito ativo	Apenas o estrangeiro (crime **próprio**).
Sujeito passivo	O Estado e, secundariamente, eventuais prejudicados.
Elemento subjetivo	Dolo, direto ou eventual. Finalidade específica: *"para entrar ou permanecer no território nacional"*. Não há modalidade culposa.
Consumação	Ocorre quando o sujeito usa nome que não é o seu (crime **formal** e **instantâneo**). A possibilidade de configuração da tentativa depende do caso concreto.
Omissão	Pode ser praticado na forma omissiva (omissão **imprópria**).
Execução	Crime de forma livre.
Concurso de pessoas	Crime de concurso eventual (**unissubjetivo**).
Competência	Juízo comum.
Lei 9.099/95	Não é infração de menor potencial ofensivo, mas admite suspensão condicional do processo (se preenchidos os requisitos do art. 89 da Lei 9.099/95).
Ação penal	Pública incondicionada.
ANPP	É cabível o acordo de não persecução penal, se preenchidos os requisitos do art. 28-A do CPP.

FORMA QUALIFICADA (ART. 309, PARÁGRAFO ÚNICO)
► ***Art. 309, parágrafo único - Atribuir a estrangeiro falsa qualidade para promover-lhe a entrada em território nacional:*** ***Pena - reclusão, de 1 a 4 anos, e multa.*** Crime **comum** e de **concurso necessário**.

FALSIDADE EM PREJUÍZO DA NACIONALIZAÇÃO DA SOCIEDADE[8] (ART. 310)	
►Art. 310. Prestar-se a figurar como proprietário ou possuidor de ação, título ou valor pertencente a estrangeiro, nos casos em que a este é vedada por lei a propriedade ou a posse de tais bens: ***Pena - detenção, de 6 meses a 3 anos, e multa.***	
Tipicidade	O sujeito age como um "laranja". **Norma penal em branco** ("*nos casos em que a este é vedada por lei*"). Há casos em que a própria CF/88 limita a propriedade de bens a brasileiros natos[9].
Bem jurídico	A fé pública.
Sujeito ativo	Qualquer pessoa (crime **comum**).
Sujeito passivo	O Estado e, secundariamente, eventuais prejudicados.
Elemento subjetivo	Dolo, direto ou eventual. Não há finalidade específica. Não há modalidade culposa.
Consumação	Ocorre quando o sujeito se presta a figurar como proprietário ou possuidor de ação, título ou valor pertencente a estrangeiro, nos casos em que a este é vedada por lei a propriedade ou posse de tais bens (crime **formal** e **instantâneo**). Admite tentativa (crime **plurissubsistente**).
Omissão	Pode ser praticado na forma omissiva (omissão **imprópria**).
Execução	Crime de forma livre.
Concurso de pessoas	Crime de concurso necessário (**plurissubjetivo**).
Competência	Juízo comum.
Lei 9.099/95	Não é infração de menor potencial ofensivo, mas admite suspensão condicional do processo (se preenchidos os requisitos do art. 89 da Lei 9.099/95).
Ação penal	Pública incondicionada.

8. Nomenclatura consagrada pela doutrina.
9. Exemplo: art. 222. **A propriedade de empresa jornalística e de radiodifusão sonora e de sons e imagens é privativa de brasileiros natos ou naturalizados há mais de 10 anos, ou de pessoas jurídicas constituídas sob as leis brasileiras e que tenham sede no País.**

FALSIDADE EM PREJUÍZO DA NACIONALIZAÇÃO DA SOCIEDADE[10] (ART. 310)	
ANPP	É cabível o acordo de não persecução penal, se preenchidos os requisitos do art. 28-A do CPP.

ADULTERAÇÃO DE SINAL IDENTIFICADOR DE VEÍCULO AUTOMOTOR (ART. 311)	
►Art. 311. Adulterar, remarcar ou suprimir número de chassi, monobloco, motor, placa de identificação, ou qualquer sinal identificador de veículo automotor, elétrico, híbrido, de reboque, de semirreboque ou de suas combinações, bem como de seus componentes ou equipamentos, sem autorização do órgão competente: Pena - reclusão, de 3 a 6 anos, e multa.	
Tipicidade	**Redação alterada pela Lei 14.562/2023.** **Tipo misto alternativo ou crime de ação múltipla ou de conteúdo variado**: se o agente praticar mais de um núcleo do art. 311 no mesmo contexto, responderá por **crime único**.
Bem jurídico	A fé pública.
Sujeito ativo	Qualquer pessoa (crime **comum**).
Sujeito passivo	O Estado e, secundariamente, eventuais prejudicados.
Elemento subjetivo	Dolo, direto ou eventual. Não há finalidade específica[11]. Não há modalidade culposa.
Consumação	Ocorre quando o sujeito adultera, remarca ou suprime número de chassi, monobloco, motor, placa de identificação, ou qualquer sinal identificador de veículo automotor, elétrico, híbrido, de reboque, de semirreboque ou de suas combinações, bem como de seus componentes ou equipamentos (crime **formal** e **instantâneo**). Admite tentativa (crime **plurissubsistente**).
Omissão	Pode ser praticado na forma omissiva (omissão **imprópria**).
Execução	Crime de forma livre.

10. Nomenclatura consagrada pela doutrina.
11. "Configura-se o crime de adulteração de sinal identificador de veículo automotor, previsto no art. 311 do Código Penal, a prática dolosa de adulteração e troca das placas automotivas, não exigindo o tipo penal elemento subjetivo especial ou alguma intenção específica" (STF, HC 134713/SP, Rel. Min. Rosa Weber, 1ª Turma, j. 16/08/2016).

ADULTERAÇÃO DE SINAL IDENTIFICADOR DE VEÍCULO AUTOMOTOR (ART. 311)	
Concurso de pessoas	Crime de concurso eventual (**unissubjetivo**).
Competência	Juízo comum.
Lei 9.099/95	Não é infração de menor potencial ofensivo.
Ação penal	Pública incondicionada.
ANPP	É cabível o acordo de não persecução penal, se preenchidos os requisitos do art. 28-A do CPP.

CAUSA ESPECIAL DE AUMENTO DE PENA (ART. 311, §1º)
► ***Art. 311, §1º - Se o agente comete o crime no exercício da função pública ou em razão dela, a pena é aumentada de 1/3.*** A majorante não foi alterada pela Lei 14.562/2023.

CONDUTAS EQUIPARADAS (ART. 311, §§2º AO 4º)
► ***Art. 311, §2º - Incorrem nas mesmas penas do caput deste artigo:*** ***I – o funcionário público que contribui para o licenciamento ou registro do veículo remarcado ou adulterado, fornecendo indevidamente material ou informação oficial;*** ***II – aquele que adquire, recebe, transporta, oculta, mantém em depósito, fabrica, fornece, a título oneroso ou gratuito, possui ou guarda maquinismo, aparelho, instrumento ou objeto especialmente destinado à falsificação e/ou adulteração de que trata o caput deste artigo; ou*** ***III – aquele que adquire, recebe, transporta, conduz, oculta, mantém em depósito, desmonta, monta, remonta, vende, expõe à venda, ou de qualquer forma utiliza, em proveito próprio ou alheio, veículo automotor, elétrico, híbrido, de reboque, semirreboque ou suas combinações ou partes, com número de chassi ou monobloco, placa de identificação ou qualquer sinal identificador veicular que devesse saber estar adulterado ou remarcado.*** O dispositivo foi alterado pela Lei 14.562/2023.
Quanto aos incisos II e III, a Lei 14.562/2023 também passou a prever uma forma qualificada: ► ***Art. 311, §3º - Praticar as condutas de que tratam os incisos II ou III do § 2º deste artigo no exercício de atividade comercial ou industrial:*** ***Pena - reclusão, de 4 a 8 anos, e multa.*** ***§4º - Equipara-se a atividade comercial, para efeito do disposto no § 3º deste artigo, qualquer forma de comércio irregular ou clandestino, inclusive aquele exercido em residência.***

ALTERAÇÕES PROMOVIDAS PELA LEI 14.562/2023	
Antes da Lei	**Após a Lei**
Adulteração de sinal identificador de veículo automotor ► Art. 311. Adulterar ou remarcar número de chassi ou qualquer sinal identificador de veículo automotor, de seu componente ou equipamento: Pena – reclusão, de 3 a 6 anos, e multa. §1º – Se o agente comete o crime no exercício da função pública ou em razão dela, a pena é aumentada de um terço. §2º – Incorre nas mesmas penas o funcionário público que contribui para o licenciamento ou registro do veículo remarcado ou adulterado, fornecendo indevidamente material ou informação oficial.	Adulteração de sinal identificador de veículo ***►Art. 311. Adulterar, remarcar ou suprimir número de chassi, monobloco, motor, placa de identificação, ou qualquer sinal identificador de veículo automotor, elétrico, híbrido, de reboque, de semirreboque ou de suas combinações, bem como de seus componentes ou equipamentos, sem autorização do órgão competente:*** ***Pena - reclusão, de 3 a 6 anos, e multa.*** ***§1º - Se o agente comete o crime no exercício da função pública ou em razão dela, a pena é aumentada de um terço.*** ***§2º - Incorrem nas mesmas penas do caput deste artigo:*** ***I – o funcionário público que contribui para o licenciamento ou registro do veículo remarcado ou adulterado, fornecendo indevidamente material ou informação oficial;*** ***II – aquele que adquire, recebe, transporta, oculta, mantém em depósito, fabrica, fornece, a título oneroso ou gratuito, possui ou guarda maquinismo, aparelho, instrumento ou objeto especialmente destinado à falsificação e/ou adulteração de que trata o caput deste artigo; ou*** ***III – aquele que adquire, recebe, transporta, conduz, oculta, mantém em depósito, desmonta, monta, remonta, vende, expõe à venda, ou de qualquer forma utiliza, em proveito próprio ou alheio, veículo automotor, elétrico, híbrido, de reboque, semirreboque ou suas combinações ou partes, com número de chassi ou monobloco, placa de identificação ou qualquer sinal identificador veicular que devesse saber estar adulterado ou remarcado.*** ***§3º - Praticar as condutas de que tratam os incisos II ou III do § 2º deste artigo no exercício de atividade comercial ou industrial:*** ***Pena - reclusão, de 4 a 8 anos, e multa.*** ***§4º -Equipara-se a atividade comercial, para efeito do disposto no § 3º deste artigo, qualquer forma de comércio irregular ou clandestino, inclusive aquele exercido em residência.***

5

DAS FRAUDES EM CERTAMES DE INTERESSE PÚBLICO

FRAUDES EM CERTAMES DE INTERESSE PÚBLICO (ART. 311-A)	
►***Art. 311-A. Utilizar ou divulgar, indevidamente, com o fim de beneficiar a si ou a outrem, ou de comprometer a credibilidade do certame, conteúdo sigiloso de:*** ***I - concurso público;*** ***II - avaliação ou exame públicos;*** ***III - processo seletivo para ingresso no ensino superior; ou*** ***IV - exame ou processo seletivo previstos em lei:*** ***Pena - reclusão, de 1 a 4 anos, e multa.***	
Tipicidade	Tipo penal criado pela Lei 12.550/11. **Tipo misto alternativo ou crime de ação múltipla ou de conteúdo variado**: se o agente praticar mais de um núcleo do art. 311-A no mesmo contexto, responderá por **crime único**. Elementos normativos do tipo: *"conteúdo sigiloso"* e *"indevidamente"*.
Bem jurídico	A fé pública.
Sujeito ativo	Qualquer pessoa (crime **comum**).
Sujeito passivo	O Estado e, secundariamente, eventuais prejudicados.
Elemento subjetivo	Dolo, direto ou eventual. Finalidade específica: *"com o fim de beneficiar a si ou a outrem, ou de comprometer a credibilidade do certame"*. Não há modalidade culposa.

FRAUDES EM CERTAMES DE INTERESSE PÚBLICO (ART. 311-A)	
Consumação	Ocorre quando o sujeito utiliza ou divulga, indevidamente, conteúdo sigiloso de concurso público, avaliação ou exame públicos, processo seletivo para ingresso no ensino superior ou exame ou processo seletivo previstos em lei (crime **formal** e **instantâneo**). Admite tentativa (crime **plurissubsistente**).
Omissão	Pode ser praticado na forma omissiva (omissão **imprópria**).
Execução	Crime de forma livre.
Concurso de pessoas	Crime de concurso eventual (**unissubjetivo**).
Competência	Juízo comum.
Lei 9.099/95	A modalidade simples (*caput*) não é infração de menor potencial ofensivo, mas admite suspensão condicional do processo (se preenchidos os requisitos do art. 89 da Lei 9.099/95).
Ação penal	Pública incondicionada.
ANPP	É cabível o acordo de não persecução penal, se preenchidos os requisitos do art. 28-A do CPP.

CONDUTAS EQUIPARADAS (ART. 311-A, §1º)
►***Art. 311-A, §1º - Nas mesmas penas incorre quem permite ou facilita, por qualquer meio, o acesso de pessoas não autorizadas às informações mencionadas no caput***. Podem ser praticadas por omissão.

FORMA QUALIFICADA (ART. 311-A, §2º)
►***Art. 311-A, §2º - Se da ação ou omissão resulta dano à administração pública:*** ***Pena - reclusão, de 2 a 6 anos, e multa***.

CAUSA ESPECIAL DE AUMENTO DE PENA (ART. 311-A, §3º)
► ***Art. 311-A, §3º - Aumenta-se a pena de 1/3 se o fato é cometido por funcionário público.*** A definição de '*funcionário público*' encontra-se no art. 327 (*caput* e §1º)[1].

FRAUDES EM CERTAMES DE INTERESSE PÚBLICO – TEMAS RELEVANTES	
"Cola eletrônica"	Para o STF[2] e o STJ, fraudar concurso público ou vestibular através de cola eletrônica **não é estelionato**, "pois não há como definir se esta conduta seria apta a significar algum prejuízo de ordem patrimonial, nem reconhecer quem teria suportado o revés"[3]. Todavia, a conduta amolda-se ao tipo penal descrito no art. 311-A.

1. Art. 327 - Considera-se funcionário público, para os efeitos penais, quem, embora transitoriamente ou sem remuneração, exerce cargo, emprego ou função pública. §1º - Equipara-se a funcionário público quem exerce cargo, emprego ou função em entidade paraestatal, e quem trabalha para empresa prestadora de serviço contratada ou conveniada para a execução de atividade típica da Administração Pública.
2. STF, Inq 1145/PB, Rel. Min. Maurício Corrêa, Plenário, j. 19/12/2006.
3. STJ, PExt no HC 208977/SP, Rel. Min. Gurgel de Faria, 5ª Turma, j. 11/11/2014.

TÍTULO XI

DOS CRIMES CONTRA A ADMINISTRAÇÃO PÚBLICA

INTRODUÇÃO AOS CRIMES CONTRA A ADMINISTRAÇÃO PÚBLICA

DOS CRIMES CONTRA A ADMINISTRAÇÃO PÚBLICA (TÍTULO XI)	
DOS CRIMES PRATICADOS POR FUNCIONÁRIO PÚBLICO CONTRA A ADMINISTRAÇÃO EM GERAL (capítulo I).	**DOS CRIMES PRATICADOS POR PARTICULAR CONTRA A ADMINISTRAÇÃO EM GERAL** (capítulo II).
DOS CRIMES PRATICADOS POR PARTICULAR CONTRA A ADMINISTRAÇÃO PÚBLICA ESTRANGEIRA (capítulo II-A).	**DOS CRIMES CONTRA A ADMINISTRAÇÃO DA JUSTIÇA** (capítulo III).
DOS CRIMES CONTRA AS FINANÇAS PÚBLICAS (capítulo IV).	

DOS CRIMES PRATICADOS POR FUNCIONÁRIO PÚBLICO CONTRA A ADMINISTRAÇÃO EM GERAL (I)	
Peculato (art. 312).	Peculato mediante erro de outrem (art. 313).
Inserção de dados falsos em sistema de informações (art. 313-A).	Modificação ou alteração não autorizada de sistema de informações (art. 313-B).
Extravio, sonegação ou inutilização de livro ou documento (art. 314).	Emprego irregular de verbas ou rendas públicas (art. 315).
Concussão (art. 316).	Corrupção passiva (art. 317).
Facilitação de contrabando ou descaminho (art. 318).	Prevaricação (art. 319).
Condescendência criminosa (art. 320).	Advocacia administrativa (art. 321).

DOS CRIMES PRATICADOS POR FUNCIONÁRIO PÚBLICO CONTRA A ADMINISTRAÇÃO EM GERAL (I)	
Violência arbitrária (art. 322).	Abandono de função (art. 323).
Exercício funcional ilegalmente antecipado ou prolongado (art. 324).	Violação de sigilo funcional (art. 325).
Violação do sigilo de proposta de concorrência (art. 326).	

DOS CRIMES PRATICADOS POR PARTICULAR CONTRA A ADMINISTRAÇÃO EM GERAL (II)	
Usurpação de função pública (art. 328).	Resistência (art. 329).
Desobediência (art. 330).	Desacato (art. 331).
Tráfico de influência (art. 332).	Corrupção ativa (art. 333).
Descaminho (art. 334).	Contrabando (art. 334-A).
Impedimento, perturbação ou fraude de concorrência (art. 335).	Inutilização de edital ou de sinal (art. 336).
Subtração ou inutilização de livro ou documento (art. 337).	Sonegação de contribuição previdenciária (art. 337-A).

DOS CRIMES PRATICADOS POR PARTICULAR CONTRA A ADMINISTRAÇÃO PÚBLICA ESTRANGEIRA (II-A)	
Corrupção ativa em transação comercial internacional (art. 337-B).	Tráfico de influência em transação comercial internacional (art. 337-C).

DOS CRIMES PRATICADOS EM LICITAÇÕES E CONTRATOS ADMINISTRATIVOS (II-B)	
Contratação direta ilegal (art. 337-E).	Frustração do caráter competitivo de licitação (art. 337-F).
Patrocínio de contratação indevida (art. 337-G).	Modificação ou pagamento irregular em contrato administrativo (art. 337-H).
Perturbação de processo licitatório (art. 337-I).	Violação de sigilo em licitação (art. 337-J).
Afastamento de licitante (art. 337-K).	Fraude em licitação ou contrato (art. 337-L).
Contratação inidônea (art. 337-M).	Impedimento indevido (art. 337-N).
Omissão grave de dado ou de informação por projetista (art. 337-O).	

DOS CRIMES CONTRA A ADMINISTRAÇÃO DA JUSTIÇA (III)	
Reingresso de estrangeiro expulso (art. 338).	Denunciação caluniosa (art. 339).
Comunicação falsa de crime ou de contravenção (art. 340).	Auto-acusação falsa (art. 341).
Falso testemunho ou falsa perícia (art. 342).	Corrupção de testemunha, perito, contador, tradutor ou intérprete (art. 343)
Coação no curso do processo (art. 344).	Exercício arbitrário das próprias razões (art. 345).
Fraude processual (art. 347).	Favorecimento pessoal (art. 348).

DOS CRIMES CONTRA A ADMINISTRAÇÃO DA JUSTIÇA (III)	
Favorecimento real (art. 349).	Exercício arbitrário ou abuso de poder (art. 350).
Fuga de pessoa presa ou submetida a medida de segurança (art. 351).	Evasão mediante violência contra a pessoa (art. 352).
Arrebatamento de preso (art. 353).	Motim de presos (art. 354).
Patrocínio infiel (art. 355).	Patrocínio simultâneo ou tergiversação (art. 355, parágrafo único).
Sonegação de papel ou objeto de valor probatório (art. 356).	Exploração de prestígio (art. 357).
Violência ou fraude em arrematação judicial (art. 358).	Desobediência a decisão judicial sobre perda ou suspensão de direito (art. 359).

DOS CRIMES CONTRA AS FINANÇAS PÚBLICAS (IV)	
Contratação de operação de crédito (art. 359-A).	Inscrição de despesas não empenhadas em restos a pagar (art. 359-B).
Assunção de obrigação no último ano do mandato ou legislatura (art. 359-C).	Ordenação de despesa não autorizada (art. 359-D).
Prestação de garantia graciosa (art. 359-E).	Não cancelamento de restos a pagar (art. 359-F).
Aumento de despesa total com pessoal no último ano do mandato ou legislatura (art. 359-G).	Oferta pública ou colocação de títulos no mercado (art. 359-H).

ADMINISTRAÇÃO PÚBLICA	
Direta	**Indireta**
São os entes políticos da Administração (União, Estados, Municípios e o Distrito Federal).	São as autarquias, fundações públicas, empresas públicas e sociedade de economia mista.

FUNCIONÁRIO PÚBLICO
► Art. 327. Considera-se funcionário público, para os efeitos penais, quem, embora transitoriamente ou sem remuneração, exerce cargo, emprego ou função pública. ***§1º - Equipara-se a funcionário público quem exerce cargo, emprego ou função em entidade paraestatal, e quem trabalha para empresa prestadora de serviço contratada ou conveniada para a execução de atividade típica da Administração Pública.*** "O conceito de funcionário público ora disposto é diverso e mais amplo que aquele do Direito Administrativo e se aplica tanto ao sujeito ativo como ao sujeito passivo"[1].

CRIMES FUNCIONAIS
Nem todos os crimes contra a Administração Pública (Título XI) são praticados por funcionários públicos. Basta pensar em crimes como o descaminho (art. 334), a denunciação caluniosa (art. 339), o desacato (art. 331) etc.. Todavia, há um grupo de crimes chamados de 'crimes funcionais', isto é, **crimes que só podem ser praticados por funcionários públicos** (*delicta in officio*). São, portanto, crimes próprios. Todos os crimes previstos no **capítulo I** (arts. 312 a 326) são crimes funcionais ("crimes funcionais típicos").

1. STJ, HC 402964/MT, Rel. Min. Felix Fischer, 5ª Turma, j. 21/11/2017.

CRIMES FUNCIONAIS PRÓPRIOS	CRIMES FUNCIONAIS IMPRÓPRIOS
Sem a condição diferenciada do sujeito ativo (funcionário público), o fato é **atípico**. Ex.: não há tipo penal semelhante à prevaricação (art. 319) a ser cometido por particulares.	"A figura do funcionário público não é imprescindível para a tipicidade da conduta, pois, uma vez ausente, há desclassificação da conduta para outro tipo previsto no ordenamento jurídico"[2]. Ex.: se o indivíduo não for funcionário público, não poderá responder por peculato (art. 312), mas o mesmo fato pode se subsumir ao crime de furto (art. 155) ou de apropriação indébita (art. 168).

CRIMES CONTRA A ADMINISTRAÇÃO PÚBLICA – TEMAS RELEVANTES	
Rito próprio	Os crimes funcionais típicos (arts. 312 a 326) são processados mediante rito próprio, previsto nos arts. 513 a 518 do CPP.
Exemplos de *"funcionário público"*	A definição de 'funcionário público' é muito ampla. Exemplos recentes do STJ: dirigentes de entidades paraestatais[3], administrador de loteria[4], padre destacado pela FUNAI para compor Grupo de Trabalho[5], estagiário de órgão público[6] etc.
Crimes funcionais e concurso de pessoas	Os crimes funcionais podem ser imputados aos funcionários públicos e particulares em concurso de agentes. Estes, porém, apenas respondem pelo crime se tiverem **ciência da condição de funcionário público** daqueles, pois referida condição é **elementar** do crime. No caso, vale a lição do art. 30 do CP[7]. Ex.: Frederico, funcionário público, convida Rafael para subtrair um bem da repartição pública em que trabalha. Rafael conhece a condição de funcionário público de Frederico (elementar). Ambos responderão por peculato (art. 312).

2. STJ, HC 81746/SP, Rel. Min. Reynaldo Soares da Fonseca, 5ª Turma, j. 20/06/2017 [Relatório].
3. STJ, EDcl no AgRg no HC 412566/DF, Rel. Min. Laurita Vaz, 6ª Turma, j. 25/09/2018.
4. STJ, AREsp 679651/RJ, Rel. Min. Joel Ilan Paciornik, 5ª Turma, j. 11/09/2018.
5. STJ, HC 402964/MT, Rel. Min. Felix Fischer, 5ª Turma, j. 21/11/2017.
6. STJ, REsp 1303748/AC, Rel. Min. Sebastião Reis Júnior, 6ª Turma, j. 25/06/2012.
7. ► ***Art. 30. Não se comunicam as circunstâncias e condições de caráter pessoal, salvo quando elementares do crime.***

CRIMES CONTRA A ADMINISTRAÇÃO PÚBLICA – TEMAS RELEVANTES	
Independência das instâncias	A perda de cargo, função pública ou mandato eletivo é um efeito da condenação penal. Se declarada, sobrepõe-se à instância administrativa. Se não declarada, contudo, nada impede a imposição de punição disciplinar.
Perda do cargo, função pública ou mandato eletivo	São **efeitos da condenação** a perda de cargo, função pública ou mandato eletivo (art. 92): a) quando aplicada PPL por tempo igual ou superior a 1 ano, nos crimes praticados com abuso de poder ou violação de dever para com a Administração Pública; ou b) quando for aplicada PPL por tempo superior a 4 anos nos demais casos. De qualquer forma, tais efeitos **não são automáticos**, devendo ser motivadamente declarados na sentença (parágrafo único).
Princípio da insignificância	▪ Súmula 599 do STJ: O princípio da insignificância é inaplicável aos crimes contra a administração pública. Não obstante, o STF[8] já admitiu a aplicação do princípio ao crime de peculato.

JURISPRUDÊNCIA EM TESES DO STJ – CRIMES CONTRA A ADMINISTRAÇÃO PÚBLICA
1) O princípio da insignificância é inaplicável aos crimes cometidos contra a Administração Pública, ainda que o valor seja irrisório, porquanto a norma penal busca tutelar não somente o patrimônio, mas também a moral administrativa.
2) É possível o agravamento da pena-base nos delitos praticados contra a Administração Pública com fundamento no elevado prejuízo causado aos cofres públicos, a título de consequências do crime.
3) A regularidade contábil atestada pelo Tribunal de Contas não obsta a persecução criminal promovida pelo Ministério Público, ante o princípio da independência entre as instâncias administrativa e penal.
4) A agravante prevista no art. 61, II, g, do Código Penal não é aplicável nos casos em que o abuso de poder ou a violação de dever inerente ao cargo configurar elementar do crime praticado contra a Administração Pública.

8. STF, HC 112388/SP, Rel. Min. Ricardo Lewandowski, 2ª Turma, j. 21/08/2012.

JURISPRUDÊNCIA EM TESES DO STJ – CRIMES CONTRA A ADMINISTRAÇÃO PÚBLICA
5) Somente após o advento da Lei n. 9.983/2000, que alterou a redação do art. 327 do Código Penal, é possível a equiparação de médico de hospital particular conveniado ao Sistema Único de Saúde - SUS a funcionário público para fins penais.
6) Os advogados dativos, nomeados para exercer a defesa de acusado necessitado nos locais onde não existe Defensoria Pública, são considerados funcionários públicos para fins penais, nos termos do art. 327 do Código Penal.
7) A notificação do funcionário público, nos termos do art. 514 do Código de Processo Penal, não é necessária quando a ação penal for precedida de inquérito policial. (Súmula n. 330/STJ)
8) A prática de crime contra a Administração Pública por ocupantes de cargos de elevada responsabilidade ou por membros de poder justifica a majoração da pena-base.
9) A elementar do crime de peculato se comunica aos coautores e partícipes estranhos ao serviço público.
10) A consumação do crime de peculato-apropriação (art. 312, *caput*, 1.ª parte, do Código Penal) ocorre no momento da inversão da posse do objeto material por parte do funcionário público.
11) A consumação do crime de peculato-desvio (art. 312, *caput*, 2ª parte, do CP) ocorre no momento em que o funcionário efetivamente desvia o dinheiro, valor ou outro bem móvel, em proveito próprio ou de terceiro, ainda que não obtenha a vantagem indevida.
12) A reparação do dano antes do recebimento da denúncia não exclui o crime de peculato doloso, diante da ausência de previsão legal, podendo configurar arrependimento posterior, nos termos do art. 16 do CP.
13) A instauração de ação penal individualizada para os crimes de peculato e sonegação fiscal em relação aos valores indevidamente apropriados não constitui *bis in idem*.
14) Compete à Justiça Federal o julgamento do crime de peculato se houver possibilidade de utilização da prova do referido delito para elucidar sonegação fiscal consistente na falta de declaração à Receita Federal do recebimento dos valores indevidamente apropriados.
15) Compete à Justiça Federal processar e julgar desvios de verbas públicas transferidas por meio de convênio e sujeitas a fiscalização de órgão federal.
16) Não há bilateralidade entre os crimes de corrupção passiva e ativa, uma vez que estão previstos em tipos penais distintos e autônomos, são independentes e a comprovação de um deles não pressupõe a do outro.
17) No crime de corrupção passiva, é indispensável haver nexo de causalidade entre a conduta do servidor e a realização de ato funcional de sua competência.

JURISPRUDÊNCIA EM TESES DO STJ – CRIMES CONTRA A ADMINISTRAÇÃO PÚBLICA
18) O crime de corrupção passiva praticado pelas condutas de 'aceitar promessa' ou 'solicitar' é formal e se consuma com a mera solicitação ou aceitação da vantagem indevida.
19) O crime de corrupção ativa é formal e instantâneo, consumando-se com a simples promessa ou oferta de vantagem indevida.
20) Não há flagrante quando a entrega de valores ocorre em momento posterior a exigência, pois o crime de concussão é formal e o recebimento se consubstancia em mero exaurimento.
21) Comete o crime de extorsão e não o de concussão, o funcionário público que se utiliza de violência ou grave ameaça para obter vantagem indevida.

JURISPRUDÊNCIA EM TESES DO STJ – CRIMES CONTRA A ADMINISTRAÇÃO PÚBLICA - II
1) A competência para o processo e julgamento por crime de contrabando ou descaminho define-se pela prevenção do juízo federal do lugar da apreensão dos bens. (Súmula n. 151/ STJ)
2) Configura crime de contrabando (art. 334-A, CP) a importação não autorizada de arma de pressão por ação de gás comprimido ou por ação de mola, independentemente do calibre.
3) A importação não autorizada de cigarros ou de gasolina constitui crime de contrabando, insuscetível de aplicação do princípio da insignificância.
4) A importação clandestina de medicamentos configura crime de contrabando, aplicando-se, excepcionalmente, o princípio da insignificância aos casos de importação não autorizada de pequena quantidade para uso próprio.
5) Para a caracterização do delito de contrabando de máquinas programadas para exploração de jogos de azar, é necessária a demonstração de fortes indícios (e/ou provas) da origem estrangeira das máquinas ou dos seus componentes eletrônicos e a entrada, ilegalmente, desses equipamentos no país.
6) É desnecessária a constituição definitiva do crédito tributário na esfera administrativa para a configuração dos crimes de contrabando e de descaminho.
~~7) Aplica-se o princípio da insignificância ao crime de descaminho (art. 334, CP) quando o valor do débito tributário não ultrapasse o limite de R$ 10.000,00 (dez mil reais), a teor do disposto no art. 20 da Lei n. 10.522/2002, ressalvados os casos de habitualidade delitiva.~~ **Obs.: o STJ passou a considerar o patamar de R$20.000 no REsp 1709029/MG**, Rel. Min. Sebastião Reis Júnior, 3ª Seção, j. 28/02/2018.

JURISPRUDÊNCIA EM TESES DO STJ - CRIMES CONTRA A ADMINISTRAÇÃO PÚBLICA - II
8) O pagamento ou o parcelamento dos débitos tributários não extingue a punibilidade do crime de descaminho, tendo em vista a natureza formal do delito.
9) Quando o falso se exaure no descaminho, sem mais potencialidade lesiva, é por este absorvido, como crime-fim, condição que não se altera por ser menor a pena a este cominada. (Tese julgada sob o rito do art. 543-C do CPC/73 - TEMA 933)
10) O crime de sonegação de contribuição previdenciária, previsto no art. 337-A do CP, não exige dolo específico para a sua configuração.
11) O crime de sonegação de contribuição previdenciária é de natureza material e exige a constituição definitiva do débito tributário perante o âmbito administrativo para configurar-se como conduta típica.
12) Aplica-se o princípio da insignificância ao crime de sonegação de contribuição previdenciária quando o valor do tributo ilidido não ultrapassa o patamar de R$ 10.000,00 (dez mil reais) previsto no art. 20 da Lei n. 10.522/2002. **Obs.: o STJ passou a considerar o patamar de R$20.000 no REsp 1709029/MG**, Rel. Min. Sebastião Reis Júnior, 3ª Seção, j. 28/02/2018.
13) O delito de sonegação de contribuição previdenciária não exige qualidade especial do sujeito ativo, podendo ser cometido por qualquer pessoa, particular ou agente público, inclusive prefeitos.
14) O crime de falso, quando cometido única e exclusivamente para viabilizar a prática do crime de sonegação de contribuição previdenciária, é por este absorvido, consoante diretrizes do princípio penal da consunção.

1

DOS CRIMES PRATICADOS POR FUNCIONÁRIO PÚBLICO CONTRA A ADMINISTRAÇÃO EM GERAL

CAUSA DE AUMENTO DE PENA APLICÁVEL A TODOS OS CRIMES DO CAPÍTULO I
► ***Art. 327, §2º - A pena será aumentada da terça parte quando os autores dos crimes previstos neste Capítulo forem ocupantes de cargos em comissão ou de função de direção ou assessoramento de órgão da administração direta, sociedade de economia mista, empresa pública ou fundação instituída pelo poder público.***

PECULATO (ART. 312)	
► ***Art. 312. Apropriar-se o funcionário público de dinheiro, valor ou qualquer outro bem móvel, público ou particular, de que tem a posse em razão do cargo, ou desviá-lo, em proveito próprio ou alheio:*** ***Pena - reclusão, de 2 a 12 anos, e multa.***	
Tipicidade	O *caput* traz o peculato **próprio** (peculato-**apropriação** e peculato-**desvio**): o cargo público e a **posse ou detenção**[1] do bem ou valor **em razão** dele são requisitos essenciais para a configuração do crime.
Bem jurídico	A Administração Pública[2].

1. Embora o dispositivo mencione apenas a posse, a doutrina majoritária entende que **a posse deve ser entendida em sentido lato**, abrangendo também a detenção. Nesse sentido, NUCCI, Guilherme de Souza (op. cit., vol. 3, p. 473).
2. Em uma análise mais apurada, pode-se também afirmar que "o crime de peculato é delito **pluriofensivo**, destinado à tutela do patrimônio público e da **moralidade administrativa**" (STJ, HC 234861/SP, Rel. Min. Jorge Mussi, 5ª Turma, j. 02/10/2012).

PECULATO (ART. 312)	
Sujeito ativo	Apenas o funcionário público[3] (crime **próprio**).
Sujeito passivo	O Estado e, secundariamente, eventuais prejudicados.
Elemento subjetivo	Dolo, direto ou eventual. Finalidade específica: *"em proveito próprio ou alheio"* (peculato-**desvio**)[4] e o *animus rem sibi habendi* ou ânimo de assenhoramento (peculato-**apropriação**). A modalidade culposa está prevista no §2º.
Consumação	No peculato-**apropriação**, ocorre "no momento em que o funcionário público, em virtude do cargo, começa a dispor do dinheiro, valores ou qualquer outro bem móvel apropriado, como se proprietário fosse"[5]. No peculato-**desvio**, ocorre "no momento em que o funcionário efetivamente desvia o dinheiro, valor ou outro bem móvel"[6]. Em ambos os casos, o crime é **material** e **instantâneo**. Admite tentativa (crime **plurissubsistente**).
Omissão	Pode ser praticado na forma omissiva (omissão **imprópria**).
Execução	Crime de forma livre.
Concurso de pessoas	Crime de concurso eventual (**unissubjetivo**).
Competência	Juízo comum.
Lei 9.099/95	Não é infração de menor potencial ofensivo.
Ação penal	Pública incondicionada.
ANPP	É cabível o acordo de não persecução penal, se preenchidos os requisitos do art. 28-A do CPP.

3. **Sem prejuízo da comunicabilidade da elementar '*funcionário público*' a terceiros que tenham ciência dessa condição.**
4. "O dolo é representado pela consciência e vontade de empregar a coisa para fim diverso daquele determinado, aliado ao elemento subjetivo do injusto, consistente no especial fim de agir, que é a obtenção do proveito próprio ou alheio" (STJ, REsp 1257003/RJ, Rel. Min. Nefi Cordeiro, 6ª Turma, j. 20/11/2014).
5. STJ, HC 185343/PA, Rel. Min. Laurita Vaz, 5ª Turma, j. 15/10/2013.
6. STJ, RHC 36755/AP, Rel. Min. Jorge Mussi, 5ª Turma, j. 16/12/2014.

PECULATO-FURTO (ART. 312, §1º)
►Art. 312, §1º - Aplica-se a mesma pena, se o funcionário público, embora não tendo a posse do dinheiro, valor ou bem, o subtrai, ou concorre para que seja subtraído, em proveito próprio ou alheio, valendo-se de facilidade que lhe proporciona a qualidade de funcionário. Também é chamado de **peculato impróprio**: "não é necessário que o agente detenha a posse de dinheiro, valor ou outro bem móvel em razão do cargo que ocupa, exigindo-se apenas que a sua qualidade de funcionário público **facilite** a prática da subtração"[7]. Quando a subtração é realizada por terceiro, o crime é de concurso necessário. Em qualquer caso, a consumação ocorre com a posse sobre a coisa, ainda que por breve espaço de tempo[8].

PECULATO PRÓPRIO	PECULATO IMPRÓPRIO
É o **peculato-apropriação**[9] e o **peculato-desvio**[10] (*caput*).	É o **peculato-furto** (§1º).
O funcionário público, no exercício do cargo, **tem a posse** do objeto ou valor.	O funcionário público **não tem a posse** do objeto ou valor, mas seu cargo lhe proporciona alguma facilidade para subtrair ou concorrer para a subtração.
Ambas as modalidades são **dolosas** e recebem a **mesma pena** (reclusão, de 2 a 12 anos, e multa).	

7. STJ, HC 145275/MS, Rel. Min. Jorge Mussi, 5ª Turma, j. 04/05/2010.
8. Idem.
9. **Exemplo de peculato-apropriação**: "a descrição de conduta de conselheiro de tribunal de contas que, no exercício da presidência, em conjunto com servidores, saca e se apropria de vultosas quantias em espécie oriundas do próprio tribunal preenche o tipo do peculato-apropriação (art. 312, *caput*, 1ª parte, do CP)" (STJ, APn 702/AP, Rel. Min. João Otávio de Noronha, Corte Especial, j. 03/06/2015).
10. **Exemplo de peculato-desvio**: "utilizar-se do mesmo expediente para pagar ajuda de custo, estruturação de gabinete, segurança pessoal, despesas médicas e estéticas em proveito de conselheiros, passagens aéreas e verbas em favor de servidores inexistentes ou "fantasmas", entre outras despesas sem amparo legal" (STJ, APn 702/AP, Rel. Min. João Otávio de Noronha, Corte Especial, j. 03/06/2015).

PECULATO CULPOSO (ART. 312, §2º)
► ***Art. 312, §2º - Se o funcionário concorre culposamente para o crime de outrem: Pena - detenção, de 3 meses a 1 ano.*** Quando o funcionário público concorre culposamente para o crime doloso de outrem, há dois crimes: **peculato culposo** (funcionário público) e **apropriação indébita ou furto** (terceiro). **Não há concurso de pessoas**, pois ausente o vínculo subjetivo entre os envolvidos.

PECULATO CULPOSO E REPARAÇÃO DO DANO (ART. 312, §3º)
► ***Art. 312, §3º - No caso do parágrafo anterior, a reparação do dano, se precede à sentença irrecorrível, extingue a punibilidade; se lhe é posterior, reduz de metade a pena imposta.***

REPARAÇÃO DO DANO	
Peculato doloso (§§1º e 2º)	**Peculato culposo (§3º)**
Antes do **recebimento da denúncia ou queixa** → pena reduzida de 1 a 2/3 (art. 16).	Antes da **sentença irrecorrível** → extinção da punibilidade.
Após o recebimento da denúncia ou queixa → atenuante genérica (art. 65, III, *b*).	Após a sentença irrecorrível → redução da pena (metade).

PECULATO – TEMAS RELEVANTES	
Crime funcional impróprio	O peculato, assim como todos os crimes previstos no capítulo I ('Dos crimes praticados por funcionário público contra a administração em geral' – arts. 312 a 326), é um **crime funcional**, só podendo ser praticado por **funcionário público**. É, ainda, um crime funcional **impróprio**: retirada a elementar '*funcionário público*', a conduta amolda-se ao crime de apropriação indébita ou furto.
Concurso de agentes	A condição de funcionário público, por ser **elementar** do tipo penal, é **comunicável** em concurso de pessoas[11]. Logo, **o particular pode ser punido por peculato, desde que em concurso com funcionário público e ciente de sua condição**.

11. ► ***Art. 30.*** *Não se comunicam as circunstâncias e as condições de caráter pessoal, salvo quando elementares do crime.*

PECULATO – TEMAS RELEVANTES	
Funcionário público	O sujeito ativo deve ocupar **legalmente** o cargo público.
Dano patrimonial à Administração	Embora o peculato não seja propriamente um crime contra o patrimônio, "o objeto jurídico do delito contido no art. 312 do CP deve ter **expressão econômica**, ou seja, a coisa móvel, assim como o dinheiro e o valor, precisa ter significação patrimonial"[12].
Lucro e vantagem	Para a consumação do crime, deve-se verificar se houve prejuízo patrimonial à Administração Pública[13]. Por outro lado, **é prescindível a obtenção de lucro ou de vantagem** pelo agente[14].
Dosimetria e prejuízo ao erário	Embora o prejuízo causado ao erário seja consequência ínsita ao tipo penal, é possível exacerbar a pena-base quando o valor do prejuízo representar montante **elevado**, dada a maior reprovabilidade da conduta[15].
Peculato de uso	"Analogamente ao furto de uso, o peculato de uso também **não configura ilícito penal**, tão-somente administrativo. Todavia, o peculato desvio é modalidade típica, submetendo o autor do fato à pena do artigo 312 do CP"[16].
Funcionário público que não presta serviços	Para o STJ, o "servidor público que se apropria dos salários que lhe foram pagos e não presta os serviços, **não comete peculato**, porquanto o crime de peculato exige, para sua configuração em qualquer das modalidades (peculato furto, peculato apropriação ou peculato desvio), a apropriação, desvio ou furto de valor, dinheiro ou outro bem móvel"[17].
Utilização de servidor para serviços particulares	Se um servidor público se utiliza da mão-de-obra de outro servidor subordinado para o **exclusivo** desempenho de **serviços particulares**, cometerá peculato[18]. No caso, há nítido **desvio de dinheiro público**.

12. STJ, RHC 23500/SP, Rel. Min. Jorge Mussi, 5ª Turma, j. 05/05/2011.
13. STJ, AgRg no Ag 905635/SC, Rel. Min. Nilson Naves, 6ª Turma, j. 16/09/2008.
14. STJ, HC 18032/RO, Rel. Min. Hamilton Carvalhido, 6ª Turma, j. 03/06/2002.
15. STJ, AgRg no HC 440883/PA, Rel. Min. Reynaldo Soares da Fonseca, 5ª Turma, j. 21/08/2018.
16. STJ, HC 94168/MG, Rel. Min. Jane Silva, 6ª Turma, j. 01/04/2008.
17. STJ, RHC 60601/SP, Rel. Min. Nefi Cordeiro, 6ª Turma, j. 09/08/2016.
18. CAVALCANTE, Márcio André Lopes. Deputado Federal que utiliza do trabalho de assessor parlamentar para serviços particulares pratica crime de peculato?. Buscador Dizer o Direito, Manaus. Disponível em: <https://www.buscadordizerodireito.com.br/jurisprudencia/detalhes/5e76bef6e019b2541ff53db39f407a98>. Acesso em: 16/03/2018

PECULATO – TEMAS RELEVANTES	
Utilização de servidor para serviços públicos e particulares	Se o servidor público se utiliza da mão-de-obra de outro servidor subordinado para o desempenho de **serviços públicos (inerentes ao cargo) e também particulares**, a conduta é **atípica**[19]. Ressalva-se o caso do **Prefeito**, que incide no crime previsto no art. 1º, II do Decreto-lei 201/67.
Princípio da insignificância	O STJ é rígido quanto à **impossibilidade** de aplicação do princípio aos crimes contra a Administração Pública (súmula 599[20]). Por sua vez, o STF já aplicou o princípio diante de peculiaridades do caso concreto[21].
Despesa não autorizada	Para o STJ, "ordenação de despesa não autorizada é, em princípio, **crime meio** para o peculato"[22], sendo por ele absorvido.
Emprego irregular de verbas ou rendas públicas (art. 315)	**"O desvio de recursos para finalidades públicas não configura o crime de peculato.** O proveito à administração pública não se enquadra no conceito de proveito próprio ou alheio exigido pelo tipo penal"[23]. No caso, a conduta amolda-se ao delito previsto no art. 315 do CP (emprego irregular de verbas ou rendas públicas).
Prefeitos	A apropriação ou o desvio de verbas públicas por prefeitos amolda-se ao crime previsto no art. 1º, I do **Decreto-lei 201/1967** (princípio da especialidade).
Aprovação do Tribunal de Contas	Diante do princípio da independência entre as instâncias administrativa e penal, a aprovação de contas pelo Tribunal de Contas **não obsta a persecução penal** promovida pelo MP[24].
Peculato e CLT	"Os atos que importem em **malversação ou dilapidação do patrimônio das associações ou entidades sindicais** ficam equiparados ao crime de peculato julgado e punido na conformidade da legislação penal" (art. 552 da CLT).

19. Idem.
20. ■ **Súmula 599 do STJ: O princípio da insignificância é inaplicável aos crimes contra a administração pública.**
21. "Apropriação, por carcereiro, de farol de milha que guarnecia motocicleta apreendida. Coisa estimada em treze reais. Res furtiva de valor insignificante. Periculosidade não considerável do agente. Circunstâncias relevantes. Crime de bagatela. Caracterização. Dano à probidade da administração. Irrelevância no caso. Aplicação do princípio da insignificância. Atipicidade reconhecida. Absolvição decretada" (STF, HC 112388/SP, Rel. Min. Ricardo Lewandowski, 2ª Turma, j. 21/08/2012).
22. STJ, APn 702/AP, Rel. Min. João Otávio de Noronha, Corte Especial, j. 03/06/2015.
23. STF, Inq 3731/DF, Rel. Min. Gilmar Mendes, 2ª Turma, j. 02/02/2016.
24. STJ, HC 346501/RJ, Rel. Min. Ribeiro Dantas, 5ª Turma, j. 07/02/2017.

PECULATO – TEMAS RELEVANTES	
Causa de aumento de pena (art. 327, §2º)	***► Art. 327, §2º - A pena será aumentada da terça parte quando os autores dos crimes previstos neste Capítulo forem ocupantes de cargos em comissão ou de função de direção ou assessoramento de órgão da administração direta, sociedade de economia mista, empresa pública ou fundação instituída pelo poder público.***

CRIMES SIMILARES	
CPM	Art. 303. Apropriar-se de dinheiro, valor ou qualquer outro bem móvel, público ou particular, de que tem a posse ou detenção, em razão do cargo ou comissão, ou desviá-lo em proveito próprio ou alheio: Pena - reclusão, de 3 a 15 anos. **Há causa de aumento, forma equiparada e culposa nos §§1º a 4º.**

PECULATO MEDIANTE ERRO DE OUTREM (ART. 313)	
► Art. 313. Apropriar-se de dinheiro ou qualquer utilidade que, no exercício do cargo, recebeu por erro de outrem: ***Pena - reclusão, de 1 a 4 anos, e multa.***	
Tipicidade	Conhecido por "**peculato-estelionato**". Guarda correspondência com o crime de **apropriação de coisa havida por erro** (art. 169), com a peculiaridade de ser cometido por funcionário público no exercício do cargo. À semelhança do crime de peculato (art. 312), a elementar '*qualquer utilidade*' deve ser compreendida como **utilidade patrimonial**, com expressão econômica[25]. O erro do terceiro deve ser **espontâneo**. É aplicável a majorante do art. 327, §2º[26].
Bem jurídico	A Administração Pública.
Sujeito ativo	Apenas o funcionário público[27] (crime **próprio**).
Sujeito passivo	O Estado e, secundariamente, eventuais prejudicados.

25. STJ, RHC 23500/SP, Rel. Min. Jorge Mussi, 5ª Turma, j. 05/05/2011.
26. ***► Art. 327, §2º - A pena será aumentada da terça parte quando os autores dos crimes previstos neste Capítulo forem ocupantes de cargos em comissão ou de função de direção ou assessoramento de órgão da administração direta, sociedade de economia mista, empresa pública ou fundação instituída pelo poder público.***
27. **Sem prejuízo da comunicabilidade da elementar '*funcionário público*' a terceiros que tenham ciência dessa condição.**

PECULATO MEDIANTE ERRO DE OUTREM (ART. 313)	
Elemento subjetivo	Dolo, direto ou eventual. Não há finalidade específica. Não há modalidade culposa.
Consumação	Ocorre com a apropriação do dinheiro ou da utilidade (crime **material** e **instantâneo**). Admite tentativa (crime **plurissubsistente**).
Omissão	Pode ser praticado na forma omissiva (omissão **imprópria**).
Execução	Crime de forma livre.
Concurso de pessoas	Crime de concurso eventual (**unissubjetivo**).
Competência	Juízo comum.
Lei 9.099/95	Não é infração de menor potencial ofensivo, mas admite suspensão condicional do processo (se preenchidos os requisitos do art. 89 da Lei 9.099/95).
Ação penal	Pública incondicionada.
ANPP	É cabível o acordo de não persecução penal, se preenchidos os requisitos do art. 28-A do CPP.

CRIMES SIMILARES	
CPM	Art. 304. Apropriar-se de dinheiro ou qualquer utilidade que, no exercício do cargo ou comissão, recebeu por erro de outrem: Pena - reclusão, de 2 a 7 anos.

INSERÇÃO DE DADOS FALSOS EM SISTEMA DE INFORMAÇÕES (ART. 313-A)	
►Art. 313-A. Inserir ou facilitar, o funcionário autorizado, a inserção de dados falsos, alterar ou excluir indevidamente dados corretos nos sistemas informatizados ou bancos de dados da Administração Pública com o fim de obter vantagem indevida para si ou para outrem ou para causar dano: ***Pena – reclusão, de 2 a 12 anos, e multa.***	
Tipicidade	Tipo penal criado pela Lei 9.983/2000, conhecido por **"peculato-eletrônico". Tipo misto alternativo ou crime de ação múltipla ou de conteúdo variado**: se o agente praticar mais de um núcleo do art. 313-A no mesmo contexto, responderá por **crime único**. É aplicável a majorante do art. 327, §2º.
Bem jurídico	A Administração Pública.
Sujeito ativo	Apenas o funcionário público[28] **autorizado** a cuidar dos sistemas informatizados ou banco de dados da Administração Pública[29] (crime **próprio**). O funcionário não autorizado, portanto, incidirá nas penas do crime de falsidade ideológica (art. 299)[30].
Sujeito passivo	O Estado e, secundariamente, eventuais prejudicados.
Elemento subjetivo	Dolo, direto ou eventual. Finalidade específica: *"com o fim de obter vantagem indevida para si ou para outrem ou para causar dano"*[31]. Não há modalidade culposa.
Consumação	Ocorre com a inserção ou facilitação de dados falsos ou com a alteração ou exclusão de dados corretos nos sistemas informatizados ou bancos de dados da Administração Pública, independentemente de obtenção de vantagem indevida (crime **formal** e **instantâneo**). Admite tentativa (crime **plurissubsistente**).

28. **Sem prejuízo da comunicabilidade da elementar '*funcionário público*' a terceiros que tenham ciência dessa condição**. Julgado do STJ: "as elementares do tipo se comunicam ao partícipe, desde que ele tenha delas conhecimento, no caso a peça acusatória trouxe a descrição dos fatos imputados ao recorrente de forma suficiente, atribuindo a acusação de **inserção de dados falsos no sistema de informação da Receita Federal, sabendo ele da qualidade de servidora pública da corré que detinha autorização para tal, e sabendo da falsidade dos dados inseridos**" (STJ, RHC 65312/RJ, Rel. Min. Nefi Cordeiro, 6ª Turma, j. 06/09/2016).
29. STJ, HC 100062/SP, Rel. Min. Laurita Vaz, 5ª Turma, j. 29/04/2009.
30. STJ, HC 100062/SP, Rel. Min. Laurita Vaz, 5ª Turma, j. 29/04/2009.
31. Exemplo interessante: "réu (MILTON) que, agindo com a participação do corréu NILTON, prevalecendo-se da condição de funcionário público, por várias vezes, **inseriu dados falsos em sistema informatizado da administração pública, direcionando a distribuição de ações à 3ª Vara Cível da Comarca de Araçatuba**" (STF, ARE 743711 AgR/SP, Rel. Min. Luiz Fux, 1ª Turma, j. 17/09/2013).

INSERÇÃO DE DADOS FALSOS EM SISTEMA DE INFORMAÇÕES (ART. 313-A)	
Omissão	Pode ser praticado na forma omissiva (omissão **imprópria**).
Execução	Crime de forma livre.
Concurso de pessoas	Crime de concurso eventual (**unissubjetivo**).
Competência	Juízo comum.
Lei 9.099/95	Não é infração de menor potencial ofensivo.
Ação penal	Pública incondicionada.
ANPP	É cabível o acordo de não persecução penal, se preenchidos os requisitos do art. 28-A do CPP.

CRIMES SIMILARES	
Lei 9.504/1997	Art. 72. Constituem crimes, puníveis com reclusão, de 5 a 10 anos: I - obter acesso a sistema de tratamento automático de dados usado pelo serviço eleitoral, a fim de alterar a apuração ou a contagem de votos; II - desenvolver ou introduzir comando, instrução, ou programa de computador capaz de destruir, apagar, eliminar, alterar, gravar ou transmitir dado, instrução ou programa ou provocar qualquer outro resultado diverso do esperado em sistema de tratamento automático de dados usados pelo serviço eleitoral; III - causar, propositadamente, dano físico ao equipamento usado na votação ou na totalização de votos ou a suas partes.

MODIFICAÇÃO OU ALTERAÇÃO NÃO AUTORIZADA DE SISTEMA DE INFORMAÇÕES (ART. 313-B)	
► ***Art. 313-B. Modificar ou alterar, o funcionário, sistema de informações ou programa de informática sem autorização ou solicitação de autoridade competente:*** ***Pena – detenção, de 3 meses a 2 anos, e multa.***	
Tipicidade	Tipo penal criado pela Lei 9.983/2000. **Tipo misto alternativo ou crime de ação múltipla ou de conteúdo variado**: se o agente praticar mais de um núcleo do art. 313-B no mesmo contexto, responderá por **crime único**. É aplicável a majorante do art. 327, §2º[32].
Bem jurídico	A Administração Pública.
Sujeito ativo	Apenas o funcionário público[33] (crime **próprio**).
Sujeito passivo	O Estado e, secundariamente, eventuais prejudicados.
Elemento subjetivo	Dolo, direto ou eventual. Não há finalidade específica. Não há modalidade culposa.
Consumação	Ocorre com a modificação ou alteração de sistema de informações ou programa de informática sem autorização ou solicitação de autoridade competente (crime **formal** e **instantâneo**). Se causar dano, a pena será aumentada (parágrafo único). Admite tentativa (crime **plurissubsistente**).
Omissão	Pode ser praticado na forma omissiva (omissão **imprópria**).
Execução	Crime de forma livre.
Concurso de pessoas	Crime de concurso eventual (**unissubjetivo**).
Competência	Juizado Especial Criminal.
Lei 9.099/95	Infração de menor potencial ofensivo.
Ação penal	Pública incondicionada.
ANPP	Admitida transação penal no *caput*, é incabível o acordo de não persecução penal (art. 28-A, § 2º, I, do CPP). Na figura majorada (p. único), o acordo é cabível se preenchidos os requisitos legais.

32. ► ***Art. 327, §2º - A pena será aumentada da terça parte quando os autores dos crimes previstos neste Capítulo forem ocupantes de cargos em comissão ou de função de direção ou assessoramento de órgão da administração direta, sociedade de economia mista, empresa pública ou fundação instituída pelo poder público.***
33. Sem prejuízo da comunicabilidade da elementar '*funcionário público*' a terceiros que tenham ciência dessa condição.

CAUSA ESPECIAL DE AUMENTO DE PENA (ART. 313-B, PARÁGRAFO ÚNICO)
►Art. 313-B, parágrafo único - As penas são aumentadas de 1/3 até a metade se da modificação ou alteração resulta dano para a Administração Pública ou para o administrado.

EXTRAVIO, SONEGAÇÃO OU INUTILIZAÇÃO DE LIVRO OU DOCUMENTO (ART. 314)	
►Art. 314. Extraviar livro oficial ou qualquer documento, de que tem a guarda em razão do cargo; sonegá-lo ou inutilizá-lo, total ou parcialmente: Pena - reclusão, de 1 a 4 anos, se o fato não constitui crime mais grave.	
Tipicidade	Crime **subsidiário** (*"se o fato não constitui elemento de crime mais grave"*). **Tipo misto alternativo ou crime de ação múltipla ou de conteúdo variado**: se o agente praticar mais de um núcleo do art. 314 no mesmo contexto, responderá por **crime único**. É aplicável a majorante do art. 327, §2º[34].
Bem jurídico	A Administração Pública.
Sujeito ativo	Apenas o funcionário público[35] (crime **próprio**).
Sujeito passivo	O Estado e, secundariamente, eventuais prejudicados.
Elemento subjetivo	Dolo, direto ou eventual. Não há finalidade específica. Não há modalidade culposa.
Consumação	Ocorre com o extravio, sonegação ou inutilização de livro oficial ou qualquer documento de que o sujeito ativo tenha a guarda em razão do cargo (crime **formal** e **instantâneo**). Admite tentativa (crime **plurissubsistente**).
Omissão	Pode ser praticado na forma omissiva (omissão **imprópria**).
Execução	Crime de forma livre.

34. ► *Art. 327, §2º - A pena será aumentada da terça parte quando os autores dos crimes previstos neste Capítulo forem ocupantes de cargos em comissão ou de função de direção ou assessoramento de órgão da administração direta, sociedade de economia mista, empresa pública ou fundação instituída pelo poder público.*
35. **Sem prejuízo da comunicabilidade da elementar '*funcionário público*' a terceiros que tenham ciência dessa condição.**

EXTRAVIO, SONEGAÇÃO OU INUTILIZAÇÃO DE LIVRO OU DOCUMENTO (ART. 314)	
Concurso de pessoas	Crime de concurso eventual (**unissubjetivo**).
Competência	Juízo comum.
Lei 9.099/95	Não é infração de menor potencial ofensivo, mas admite suspensão condicional do processo (se preenchidos os requisitos do art. 89 da Lei 9.099/95).
Ação penal	Pública incondicionada.
ANPP	É cabível o acordo de não persecução penal, se preenchidos os requisitos do art. 28-A do CPP.

CRIMES SIMILARES	
CPM	Art. 321. Extraviar livro oficial, ou qualquer documento, de que tem a guarda em razão do cargo, sonegá-lo ou inutilizá-lo, total ou parcialmente: Pena - reclusão, de 2 a 6 anos, se o fato não constitui crime mais grave.

EMPREGO IRREGULAR DE VERBAS OU RENDAS PÚBLICAS (ART. 315)	
► Art. 315. Dar às verbas ou rendas públicas aplicação diversa da estabelecida em lei: Pena - detenção, de 1 a 3 meses, ou multa.	
Tipicidade	Norma penal em branco (*"diversa da estabelecida em lei"*). Diferentemente do peculato, o desvio de verbas ou rendas públicas destina-se a **finalidades públicas**. Ex.: Secretária de Estado que desvia verbas de convênio federal que tinha destinação específica e as utiliza para pagamento da folha de servidores[36]. É aplicável a majorante do art. 327, §2º[37].
Bem jurídico	A Administração Pública.

36. STF, Inq 3731/DF, Rel. Min. Gilmar Mendes, 2ª Turma, j. 02/02/2016. Noticiado no Informativo n. 813.

37. ***► Art. 327, §2º - A pena será aumentada da terça parte quando os autores dos crimes previstos neste Capítulo forem ocupantes de cargos em comissão ou de função de direção ou assessoramento de órgão da administração direta, sociedade de economia mista, empresa pública ou fundação instituída pelo poder público.***

EMPREGO IRREGULAR DE VERBAS OU RENDAS PÚBLICAS (ART. 315)	
Sujeito ativo	Apenas o funcionário público[38] (crime **próprio**).
Sujeito passivo	O Estado e, secundariamente, eventuais prejudicados.
Elemento subjetivo	Dolo, direto ou eventual. Não há finalidade específica. Não há modalidade culposa.
Consumação	Ocorre com a aplicação de verbas ou rendas públicas em desconformidade com a lei (crime **material** e **instantâneo**). Admite tentativa (crime **plurissubsistente**).
Omissão	Pode ser praticado na forma omissiva (omissão **imprópria**).
Execução	Crime de forma livre.
Concurso de pessoas	Crime de concurso eventual (**unissubjetivo**).
Competência	Juizado Especial Criminal.
Lei 9.099/95	Infração de menor potencial ofensivo.
Ação penal	Pública incondicionada.
ANPP	Admitida transação penal, é incabível o acordo de não persecução penal (art. 28-A, § 2º, I, do CPP).

EMPREGO IRREGULAR DE VERBAS OU RENDAS PÚBLICAS – TEMAS RELEVANTES	
Prefeitos	Se o sujeito ativo for prefeito, o desvio de verbas públicas para finalidade diversa da estabelecida em lei amolda-se ao crime previsto no art. 1º, IIII do **Decreto-lei 201/1967** (princípio da especialidade).

CRIMES SIMILARES	
CPM	Art. 331. Dar às verbas ou ao dinheiro público aplicação diversa da estabelecida em lei: Pena - detenção, até 6 meses.

38. Sem prejuízo da comunicabilidade da elementar '*funcionário público*' a terceiros que tenham ciência dessa condição.

CONCUSSÃO (ART. 316)	
►***Art. 316. Exigir, para si ou para outrem, direta ou indiretamente, ainda que fora da função ou antes de assumi-la, mas em razão dela, vantagem indevida:*** ***Pena - reclusão, de 2 a 12 anos, e multa.***	
Tipicidade	"O art. 316 do CP tem como núcleo do tipo o verbo 'exigir'. A exigência pode ser **direta ou indireta**, não se fazendo mister a promessa de mal determinado"[39]. É aplicável a majorante do art. 327, §2º[40].
Bem jurídico	A Administração Pública.
Sujeito ativo	Apenas o funcionário público[41] (crime **próprio**).
Sujeito passivo	O Estado e, secundariamente, eventuais prejudicados[42].
Elemento subjetivo	Dolo, direto ou eventual. Não há finalidade específica. Não há modalidade culposa.
Consumação	Ocorre com a simples exigência de vantagem indevida (crime **formal**[43] e **instantâneo**). O recebimento da vantagem é mero exaurimento do crime. Embora de difícil configuração, admite-se a tentativa[44] (crime **plurissubsistente**).
Omissão	Pode ser praticado na forma omissiva (omissão **imprópria**).
Execução	Crime de forma livre.
Concurso de pessoas	Crime de concurso eventual (**unissubjetivo**).
Competência	Juízo comum.
Lei 9.099/95	Não é infração de menor potencial ofensivo.

39. STJ, APn 825/DF, Rel. Min. Herman Benjamin, Corte Especial, j. 02/12/2015.
40. ► ***Art. 327, §2º - A pena será aumentada da terça parte quando os autores dos crimes previstos neste Capítulo forem ocupantes de cargos em comissão ou de função de direção ou assessoramento de órgão da administração direta, sociedade de economia mista, empresa pública ou fundação instituída pelo poder público.***
41. **Sem prejuízo da comunicabilidade da elementar '*funcionário público*' a terceiros que tenham ciência dessa condição.**
42. Exemplo de concussão: "Os réus [...] foram denunciados como incursos nas penas do crime de concussão (art. 316, do Código Penal), decorrente da exigência de que as servidoras Célia Maria Bombonati e Djanira Cruz **repassassem parte de seus vencimentos como condição para permanecerem nos respectivos cargos em comissão**" (STJ, APn 422/RR, Rel. Min. Mauro Campbell Marques, Corte Especial, j. 04/10/2017).
43. STF, RHC 118595/SP, Rel. Min. Ricardo Lewandowski, 2ª Turma, j. 01/10/2013 e STJ, RHC 48159/MT, Rel. Min. Sebastião Reis Júnior, 6ª Turma, j. 15/03/2018.
44. Exemplo: o sujeito exige vantagem indevida por meio de carta, a qual vem a ser interceptada ou extraviada.

CONCUSSÃO (ART. 316)	
Ação penal	Pública incondicionada.
ANPP	É incabível o acordo de não persecução penal, pois o crime é praticado com grave ameaça (art. 28-A, *caput*, do CPP).

EXCESSO DE EXAÇÃO (ART. 316, §1º)
► ***Art. 316, §1º - Se o funcionário exige tributo ou contribuição social que sabe ou deveria saber indevido, ou, quando devido, emprega na cobrança meio vexatório ou gravoso, que a lei não autoriza:***   ***Pena - reclusão, de 3 a 8 anos, e multa.***   Apesar de estar localizado em um parágrafo do art. 316, é um **crime autônomo** em relação ao *caput*.

EXCESSO DE EXAÇÃO – FORMAS	
"Exige tributo ou contribuição social que sabe ou deveria saber indevido".	***"Quando devido, emprega na cobrança meio vexatório ou gravoso, que a lei não autoriza".***
A quantia indevida deve ser **recolhida para os cofres públicos**, e não em proveito do sujeito ativo.	O funcionário público extrapola a legalidade, seja através da cobrança constrangedora, seja através da imposição de condições gravosas ao contribuinte[45].
É cabível o acordo de não persecução penal, se preenchidos os requisitos do art. 28-A do CPP.	

FORMA QUALIFICADA (ART. 316, §2º)
► ***Art. 316, §2º - Se o funcionário desvia, em proveito próprio ou de outrem, o que recebeu indevidamente para recolher aos cofres públicos:***   ***Pena - reclusão, de 2 a 12 anos, e multa.***   É uma forma qualificada em relação 'ao **§1º**. No primeiro momento, o sujeito exige tributo ou contribuição social indevido (excesso de exação consumado – crime formal). O recebimento dos valores e o recolhimento aos cofres públicos é mero exaurimento do excesso de exação. Todavia, se o valor for desviado pelo sujeito em proveito próprio ou alheio, estará configurada a forma qualificada (§2º).

45. Ex.: exigir que o pagamento do tributo seja realizado apenas entre 10h e 11h.

CONCUSSÃO – TEMAS RELEVANTES	
Crime formal	Considerando que o crime de concussão é formal, **a situação de flagrante delito configura-se pela exigência - e não pela entrega** - da vantagem indevida (mero exaurimento do crime)[46].
"Vantagem indevida"	A doutrina divide-se acerca do caráter econômico da *"vantagem indevida"*. Todavia, parece ser mais correto entender que a exigência de **qualquer vantagem** aperfeiçoa o delito.
Violência ou grave ameaça	Pratica o crime de **extorsão** (e não concussão) o funcionário público que, valendo-se dessa condição para a obtenção da vantagem indevida, emprega **violência ou grave ameaça**[47].
Preceito secundário	A **Lei 13.964/2019** ("pacote anticrime") agravou a pena cominada ao crime: de 2 a **8** anos, passou a ser de 2 a **12** anos (*novatio legis in pejus*).
Aspecto temporal	O crime pode ser praticado ***"ainda que fora da função ou antes de assumi-la"***. "Cuidou o legislador de explicitar que o crime se caracteriza ainda que o agente esteja fora da função ou até de a assumir. Tal cuidado traduz a ideia de que o crime pode se afigurar mesmo que a exigência seja feita por agente que ainda não tenha, por questões circunstanciais, a atribuição de praticar o ato que ensejou a intimidação da vítima"[48].
Crime impossível e registro visual	O STJ já julgou que "a conduta ilícita de exigir, para si ou para outrem, direta ou indiretamente, vantagem indevida, aproveitando-se de função pública, partindo de iniciativa exclusiva do agente, não torna tal crime (de concussão) - que é formal por natureza - de impossível realização pelo só fato de existirem câmeras registrando a indevida conduta"[49].
Dosimetria – intenção de obter lucro	"A cobiça, a ganância e a intenção de obter lucro fácil constituem elementares dos delitos, não podendo, assim, serem utilizadas novamente na apreciação das circunstâncias judiciais para justificar a elevação da pena-base"[50].

46. STJ, HC 266460/ES, Rel. Min. Reynaldo Soares da Fonseca, 5ª Turma, j. 11/06/2015.
47. STJ, HC 54776/SP, Rel. Min. Nefi Cordeiro, 6ª Turma, j. 18/09/2014.
48. STJ, EREsp 1417380/RJ, Rel. Min. Rogerio Schietti Cruz, 3ª Seção, j. 08/08/2018.
49. STJ, AgRg no REsp 1196136/RO, Rel. Min. Alderita Ramos de Oliveira, 6ª Turma, j. 06/08/2013.
50. STJ, EDv nos EREsp 1196136/RO, Rel. Min. Reynaldo Soares da Fonseca, 3ª Seção, j. 24/05/2017. Noticiado no Informativo n. 608.

CONCUSSÃO – TEMAS RELEVANTES	
Dosimetria – qualidade funcional	"Embora a condição de funcionário público integre o tipo penal, não configura *bis in idem* a elevação da pena na primeira fase da dosimetria quando, em razão da qualidade funcional ocupada pelo agente, exigir-se-ia dele maior grau de observância dos deveres e obrigações relacionados ao cargo que ocupa"[51].

CONCUSSÃO (ART. 316)	CORRUPÇÃO PASSIVA (ART. 317)
►Art. 316. <u>Exigir</u>, para si ou para outrem, direta ou indiretamente, ainda que fora da função ou antes de assumi-la, mas em razão dela, vantagem indevida: ***Pena - reclusão, de 2 a 12 anos, e multa.***	***►Art. 317. <u>Solicitar ou receber</u>, para si ou para outrem, direta ou indiretamente, ainda que fora da função ou antes de assumi-la, mas em razão dela, vantagem indevida, ou aceitar promessa de tal vantagem:*** ***Pena - reclusão, de 2 a 12 anos, e multa.***

EXTORSÃO (ART. 158)	CONCUSSÃO (ART. 316)
►Art. 158. Constranger alguém, mediante violência ou grave ameaça, e com o intuito de obter para si ou para outrem indevida vantagem econômica, a fazer, tolerar que se faça ou deixar de fazer alguma coisa: ***Pena - reclusão, de 4 a 10 anos, e multa.***	***►Art. 316. Exigir, para si ou para outrem, direta ou indiretamente, ainda que fora da função ou antes de assumi-la, mas em razão dela, vantagem indevida:*** ***Pena - reclusão, de 2 a 12 anos, e multa.***
Qualquer um pode ser sujeito ativo (crime comum).	Apenas o **funcionário público** pode ser sujeito ativo (crime próprio).
O agente emprega **violência ou grave ameaça** para obter a vantagem[52].	Não há emprego de violência ou grave ameaça para obter a vantagem.

51. STF, HC 132990, Rel. Min. Edson Fachin, 1ª Turma, j. 16/08/2016. Noticiado no Informativo n. 835.
52. "O entendimento desta Corte é no sentido de que "**o emprego de violência ou grave ameaça é elementar do crime tipificado no art. 158 do Código Penal. Assim, se o funcionário público se utiliza desse meio para obter vantagem indevida, comete o crime de extorsão, e não o de concussão**" (STJ, AgRg no REsp 1048381/RS, Rel. Min. Antonio Saldanha Palheiro, 6ª Turma, j. 17/04/2018).

CRIMES SIMILARES	
CPM	Art. 305. Exigir, para si ou para outrem, direta ou indiretamente, ainda que fora da função ou antes de assumi-la, mas em razão dela, vantagem indevida: Pena - reclusão, de 2 a 8 anos. Art. 306. Exigir imposto, taxa ou emolumento que sabe indevido, ou, quando devido, empregar na cobrança meio vexatório ou gravoso, que a lei não autoriza: Pena - detenção, de 6 meses a 2 anos. Art. 307. Desviar, em proveito próprio ou de outrem, o que recebeu indevidamente, em razão do cargo ou função, para recolher aos cofres públicos: Pena - reclusão, de dois 2 a 12 anos.
Lei 8.137/1990	Art. 3°. Constitui crime funcional contra a ordem tributária [...] II - exigir, solicitar ou receber, para si ou para outrem, direta ou indiretamente, ainda que fora da função ou antes de iniciar seu exercício, mas em razão dela, vantagem indevida; ou aceitar promessa de tal vantagem, para deixar de lançar ou cobrar tributo ou contribuição social, ou cobrá-los parcialmente. Pena - reclusão, de 3 a 8 anos, e multa.

CORRUPÇÃO PASSIVA (ART. 317)	
►Art. 317. Solicitar ou receber, para si ou para outrem, direta ou indiretamente, ainda que fora da função ou antes de assumi-la, mas em razão dela, vantagem indevida, ou aceitar promessa de tal vantagem: Pena – reclusão, de 2 a 12 anos, e multa.	
Tipicidade	**Tipo misto alternativo ou crime de ação múltipla ou de conteúdo variado**: se o agente praticar mais de um núcleo do art. 317 no mesmo contexto, responderá por **crime único**. É aplicável a majorante do art. 327, §2º[53].
Bem jurídico	A Administração Pública.

53. ***►Art. 327, §2º - A pena será aumentada da terça parte quando os autores dos crimes previstos neste Capítulo forem ocupantes de cargos em comissão ou de função de direção ou assessoramento de órgão da administração direta, sociedade de economia mista, empresa pública ou fundação instituída pelo poder público.***

CORRUPÇÃO PASSIVA (ART. 317)	
Sujeito ativo	Apenas o funcionário público[54] (crime **próprio**).
Sujeito passivo	O Estado e, secundariamente, eventuais prejudicados, **incluindo a pessoa constrangida pelo funcionário público, desde que não tenha praticado o crime de corrupção ativa**[55].
Elemento subjetivo	Dolo, direto ou eventual. Finalidade específica: *"para si ou para outrem"*. Não há modalidade culposa.
Consumação	Ocorre com a solicitação, o recebimento ou a aceitação de promessa de vantagem indevida, independentemente do efetivo recebimento da vantagem ou da prática do ato funcional (crime **formal**[56] e **instantâneo**). Embora de difícil configuração, admite-se a tentativa[57] (crime **plurissubsistente**).
Omissão	Pode ser praticado na forma omissiva (omissão **imprópria**).
Execução	Crime de forma livre.
Concurso de pessoas	Crime de concurso eventual (**unissubjetivo**).
Competência	Juízo comum.
Lei 9.099/95	Não é infração de menor potencial ofensivo.
Ação penal	Pública incondicionada.
ANPP	No *caput*, é possível o acordo de não persecução penal se preenchidos os requisitos do art. 28-A do CPP. Admitida transação penal na figura privilegiada (§ 2º), é incabível o acordo (art. 28-A, § 2º, I, do CPP).

54. **Sem prejuízo da comunicabilidade da elementar '*funcionário público*' a terceiros que tenham ciência dessa condição.** Nesse sentido, especificamente quanto ao crime de corrupção passiva: STJ, RHC 78959/SP, Rel. Min. Felix Fischer, 5ª Turma, j. 19/09/2017.

55. STJ, REsp 1689365/RR, Rel. Min. Reynaldo Soares da Fonseca, 5ª Turma, j. 12/12/2017.

56. **"Conforme a jurisprudência do STF, para a consumação do crime de corrupção passiva, basta a solicitação ou recebimento de vantagem ilícita em razão da função pública"** (STF, AO 2057/RN, Rel. Min. Luiz Fux, 1ª Turma, j. 02/10/2018). No mesmo sentido, o STJ (APn 675/GO, Rel. Min. Nancy Andrighi, Corte Especial, j. 18/11/2015).

57. Exemplo: o sujeito solicita vantagem indevida por meio de carta, a qual vem a ser interceptada ou extraviada.

CORRUPÇÃO PASSIVA – FORMAS	
O funcionário público **solicita** vantagem indevida. O recebimento da vantagem é mero exaurimento do crime, pois o crime consuma-se com a mera solicitação.	O funcionário público **recebe** ou **aceita promessa** de vantagem indevida. Aqui, é possível punir o sujeito **ainda que este não tenha solicitado** a referida vantagem.

CORRUPÇÃO PASSIVA PRÓPRIA	CORRUPÇÃO PASSIVA IMPRÓPRIA
O ato funcional a ser praticado pelo funcionário público é **ilícito**. Ex.: o policial solicita vantagem indevida para não multar por excesso de velocidade condutor que trafegava regularmente.	O ato funcional a ser praticado pelo funcionário público é **lícito**. Ex.: o policial solicita vantagem indevida para recuperar gado furtado[58].
A distinção tem apenas relevância na dosimetria da pena.	

CAUSA ESPECIAL DE AUMENTO DE PENA (ART. 317, §1º)
►Art. 317, §1º - A pena é aumentada de 1/3, se, em consequência da vantagem ou promessa, o funcionário retarda ou deixa de praticar qualquer ato de ofício ou o pratica infringindo dever funcional.   O crime de corrupção passiva é **formal**: consuma-se com a solicitação, o recebimento ou a aceitação de promessa de vantagem indevida, independentemente do recebimento da vantagem (nos casos de solicitação ou aceitação de promessa) ou da prática de ato funcional pelo funcionário público. A conduta é mais reprovável quando o sujeito ativo efetivamente retarda ou deixa de praticar qualquer ato de ofício ou o pratica infringindo dever funcional, razão pela qual a pena deve ser majorada[59]. É a "**corrupção exaurida**".

58. STJ, RHC 70059/GO, Rel. Min. Sebastião Reis Júnior, 6ª Turma, j. 11/10/2016.
59. O STF já chamou a forma privilegiada de "**corrupção passiva exaurida**" (HC 71125/RJ, Rel. Min. Ilmar Galvão, 1ª Turma, j. 05/04/1994).

SOLICITAÇÃO, RECEBIMENTO DA VANTAGEM E PRÁTICA DO ATO		
O funcionário público solicitou a vantagem. **Não a recebeu** e nem praticou o ato funcional.	O funcionário público solicitou a vantagem. **Recebeu**, mas **não praticou** o ato funcional.	O funcionário público solicitou a vantagem. **Recebeu** e **praticou** o ato funcional.
O crime está **consumado**. Basta a solicitação (crime formal). Nesse momento	O crime está **consumado**. Além de o recebimento ser mero exaurimento da solicitação, o tipo penal é misto alternativo.	O crime está **consumado** e a pena será **majorada** (art. 317, §1º).

FORMA PRIVILEGIADA (ART. 317, §2º)
►***Art. 317, §2º - Se o funcionário pratica, deixa de praticar ou retarda ato de ofício, com infração de dever funcional, cedendo a pedido ou influência de outrem:*** ***Pena - detenção, de 3 meses a 1 ano, ou multa.*** "A motivação da conduta do agente não é constituída pela venda da função (v.g.: "venda de decisões ou votos") mas, ao contrário, transige o agente com o seu dever funcional perante a Administração Pública para atender pedido de terceiro, normalmente um amigo, influente ou não"[60]. O funcionário público efetivamente deixa de praticar ou retarda ato de ofício (crime **material**). Infração de menor potencial ofensivo.

60. STJ (Denun na APn 549/SP, Rel. Min. Felix Fischer, Corte Especial, j. 21/10/2009) citando Damásio E. de Jesus (in "Direito Penal - Volume 4", Ed. Saraiva, 6ª edição, 1995, página. 137).

"ATO DE OFÍCIO"[61]	
Corrupção passiva	**Corrupção ativa (art. 333)**
►Art. 317. Solicitar ou receber, para si ou para outrem, direta ou indiretamente, ainda que fora da função ou antes de assumi-la, mas em razão dela, vantagem indevida, ou aceitar promessa de tal vantagem: Pena – reclusão, de 2 a 12 anos, e multa.	***►Art. 333. Oferecer ou prometer vantagem indevida a funcionário público, para determiná-lo a praticar, omitir ou retardar ato de ofício: Pena - reclusão, de 2 a 12 anos, e multa.***
Para a configuração do crime "**não é necessária a descrição de um específico ato de ofício**, bastando uma vinculação causal entre as vantagens indevidas e as atribuições do funcionário público, passando este a atuar não mais em prol do interesse público, mas em favor de seus interesses pessoais"[62].	A vantagem indevida solicitada, recebida ou aceita pelo funcionário público **deve estar causalmente vinculada à prática, omissão ou retardamento de *"ato de ofício"***, ou seja, ato formalmente inserido em suas atribuições.

"ATO DE OFÍCIO" (ANÁLISE DE CASO CONCRETO[63])
Farid, estrangeiro, oferece a **Marcelo** uma quantia de dinheiro para que facilite sua entrada irregular no território nacional. Marcelo (auxiliar de serviços gerais em empresa encarregada de operação de carga e descarga no Aeroporto) aceita a proposta e auxilia Farid a furtar-se ao controle imigratório, conduzindo-o por áreas internas e restritas do aeroporto.

61. Ato de ofício é o "ato inerente às típicas atividades do servidor público" NUCCI, Guilherme de Souza (op. cit. p. 512).
62. STF, Inq 4506/DF, Rel. Min. Marco Aurélio, 1ª Turma, j. 17/04/2018. No mesmo sentido, o STJ: "Não é lícito ao intérprete simplesmente pressupor que, no crime de corrupção passiva, o legislador praticou alguma sorte de atecnia, ou que falou menos do que desejava, ou que é possível "deduzir" do dispositivo a exigência de ato de ofício, como se ali estivesse uma limitação implícita ao poder-dever de punir. Ao contrário, **a redação do dispositivo constitui nítida opção legislativa direcionada a ampliar a abrangência da incriminação por corrupção passiva, quando comparada ao tipo de corrupção ativa, a fim de potencializar a proteção ao aspecto moral do bem jurídico protegido, é dizer, a probidade da Administração Pública**" (STJ, REsp 1745410/SP, Rel. Min. Sebastião Reis Júnior, 6ª Turma, j. 02/10/2018).
63. Idem.

"*ATO DE OFÍCIO*" (ANÁLISE DE CASO CONCRETO[64])	
Farid não praticou o crime de corrupção ativa. Para a configuração do crime, a vantagem indevida deve ser oferecida ou prometida para determinar que funcionário público pratique, omita ou retarde "*ato de ofício*", isto é, ato que está dentro de suas atribuições funcionais formais. Marcelo não exercia função inerente ao controle imigratório no Aeroporto. Portanto, ausente o elemento normativo "*ato de ofício*".	**Marcelo praticou o crime de corrupção passiva.** Embora não exercesse função inerente ao controle imigratório, detinha facilidades, em razão de sua função, para auxiliar o ingresso irregular de Farid no território nacional. Configurado, portanto, o nexo causal entre a oferta (ou promessa) de vantagem indevida e a função pública do agente.

CORRUPÇÃO PASSIVA – TEMAS RELEVANTES	
Exceção à teoria monista	O CP optou por distinguir as figuras do corruptor e do corrompido e criou dois tipos penais: corrupção passiva (art. 317) e corrupção ativa (art. 333). Trata-se de uma **exceção à teoria unitária ou monista**.
Independência entre os tipos penais	A existência de crime de corrupção passiva não pressupõe necessariamente o de corrupção ativa. "Eventual bilateralidade das condutas de corrupção passiva e ativa é apenas fático-jurídica, não se estendendo ao plano processual, visto que a investigação de cada fato terá o seu curso, com os percalços inerentes a cada procedimento, sendo que **para a condenação do autor de corrupção passiva é desnecessária a identificação ou mesmo a condenação do corruptor ativo**"[65]. No mesmo sentido, "o reconhecimento da inépcia da denúncia em relação ao acusado de corrupção ativa (art. 333 do CP) não induz, por si só, o trancamento da ação penal em relação ao denunciado, no mesmo processo, por corrupção passiva (art. 317 do CP)"[66].
Antecedente ou subsequente	"O delito de corrupção passiva (art. 317 do CP) não faz distinção quanto ao momento do recebimento da vantagem indevida, ou seja, se **antecedente** ou **subsequente** à pratica do ato funcional"[67].

64. Idem.
65. STJ, AgInt no AREsp 1064109/GO, Rel. Min. Reynaldo Soares da Fonseca, 5ª Turma, j. 12/09/2017.
66. STJ, RHC 52465/PE, Rel. Min. Jorge Mussi, 5ª Turma, j. 23/10/2014. Noticiado no Informativo n. 551.
67. STJ, RHC 70059/GO, Rel. Min. Sebastião Reis Júnior, 6ª Turma, j. 11/10/2016.

CORRUPÇÃO PASSIVA – TEMAS RELEVANTES	
"Vantagem indevida"	A doutrina divide-se acerca do caráter econômico da *"vantagem indevida"*. Todavia, parece ser mais correto entender que a exigência de **qualquer vantagem** aperfeiçoa o delito.
Evidências do recebimento de vantagem indevida	Em tempos de graves escândalos de corrupção submetidos ao crivo do STF, o Tribunal tem entendido que "o crime de corrupção passiva se configura quando a vantagem indevida é recebida em razão da função, **o que pode ser evidenciado pelo recebimento de vantagem indevida sem explicação razoável e pela prática de atos que beneficiam o responsável pelo pagamento**"[68]. Ex.: o repasse de propinas por meio de doações eleitorais conjugado com a atuação do Parlamentar para beneficiar a empreiteira do "doador".
Mais de uma solicitação	O crime pode envolver "mais de uma solicitação de vantagens pecuniárias, em montantes e momentos distintos. Embora, nessa hipótese, **não ocorra concurso de crimes**, pois ambas as supostas demandas se referem à mesma contrapartida ilícita, a **renovação da solicitação** – especialmente para aumentar o valor da exigência indevida – gera um **novo momento consumativo**. Fixa-se, portanto, na data da última solicitação de vantagem indevida o dia em que o crime de corrupção passiva se consumou, sendo este o primeiro termo *a quo* fixado no CP para o início do prazo prescricional"[69].
Dosimetria – intenção de obter lucro	"Não há fundamentação idônea para a valoração negativa dos motivos do crime, pois o lucro fácil é elemento ínsito ao crime de corrupção passiva"[70].
Falso testemunho ou falsa perícia (art. 343)	Comete o crime de falso testemunho ou falsa perícia o sujeito que dá, oferece ou promete dinheiro ou qualquer outra vantagem a testemunha, perito, contador, tradutor ou intérprete, para fazer afirmação falsa, negar ou calar a verdade em depoimento, perícia, cálculos, tradução ou interpretação.
Exploração de prestígio (art. 357)	Comete o crime de exploração de prestígio o sujeito que solicita ou recebe dinheiro ou qualquer outra utilidade, a pretexto de influir em juiz, jurado, órgão do MP, funcionário de justiça, perito, tradutor, intérprete ou testemunha.

68. STF, **Inq 4141**/DF, Rel. Min. Roberto Barroso, 1ª Turma, j. 12/12/2017. No mesmo sentido: STF, **AP 695**/MT, Rel. Min. Rosa Weber, 1ª Turma, j. 06/09/2016; STF, **AP 694**/MT, Rel. Min. Rosa Weber, 1ª Turma, j. 02/05/2017.
69. STJ, AgRg na APn 827/DF, Rel. Min. Maria Thereza de Assis Moura, Corte Especial, j. 07/06/2017.
70. STJ, REsp 1465966/PE, Rel. Min. Sebastião Reis Júnior, 6ª Turma, j. 10/10/2017.

CORRUPÇÃO PASSIVA PRIVILEGIADA (ART. 317, §2º)	PREVARICAÇÃO (ART. 319)
►Art. 317, §2º - Se o funcionário pratica, deixa de praticar ou retarda ato de ofício, com infração de dever funcional, cedendo a pedido ou influência de outrem: Pena - detenção, de 3 meses a 1 ano, ou multa.	***►Art. 319. Retardar ou deixar de praticar, indevidamente, ato de ofício, ou praticá-lo contra disposição expressa de lei, para satisfazer interesse ou sentimento pessoal: Pena - detenção, de 3 meses a 1 ano, e multa.***

CONCUSSÃO (ART. 316)	CORRUPÇÃO PASSIVA (ART. 317)
►Art. 316. Exigir, para si ou para outrem, direta ou indiretamente, ainda que fora da função ou antes de assumi-la, mas em razão dela, vantagem indevida: Pena - reclusão, de 2 a 8 anos, e multa.	***►Art. 317. Solicitar ou receber, para si ou para outrem, direta ou indiretamente, ainda que fora da função ou antes de assumi-la, mas em razão dela, vantagem indevida, ou aceitar promessa de tal vantagem: Pena - reclusão, de 2 a 12 anos, e multa.***

CRIMES SIMILARES	
CPM	Art. 308. Receber, para si ou para outrem, direta ou indiretamente, ainda que fora da função, ou antes de assumi-la, mas em razão dela vantagem indevida, ou aceitar promessa de tal vantagem: Pena - reclusão, de 2 a 8 anos.
Código Eleitoral	Art. 299. Dar, oferecer, prometer, solicitar ou receber, para si ou para outrem, dinheiro, dádiva, ou qualquer outra vantagem, para obter ou dar voto e para conseguir ou prometer abstenção, ainda que a oferta não seja aceita: Pena - reclusão até 4 anos e pagamento de 5 a 15 dias-multa.
Lei 8.137/1990	Art. 3°. Constitui crime funcional contra a ordem tributária [...] II - exigir, solicitar ou receber, para si ou para outrem, direta ou indiretamente, ainda que fora da função ou antes de iniciar seu exercício, mas em razão dela, vantagem indevida; ou aceitar promessa de tal vantagem, para deixar de lançar ou cobrar tributo ou contribuição social, ou cobrá-los parcialmente. Pena - reclusão, de 3 a 8 anos, e multa.

CRIMES SIMILARES	
Lei 12.299/2010	Art. 41-C. Solicitar ou aceitar, para si ou para outrem, vantagem ou promessa de vantagem patrimonial ou não patrimonial para qualquer ato ou omissão destinado a alterar ou falsear o resultado de competição esportiva: Pena - reclusão de 2 a 6 anos e multa.

INFORMATIVOS DO STJ
Info. 726: Na autolavagem não ocorre a consunção entre a corrupção passiva e a lavagem de dinheiro. APn 989/DF, Rel. Min. Nancy Andrighi, Corte Especial, j. 16/02/2022.

FACILITAÇÃO DE CONTRABANDO OU DESCAMINHO (ART. 318)	
►***Art. 318. Facilitar, com infração de dever funcional, a prática de contrabando ou descaminho (art. 334):*** ***Pena - reclusão, de 3 a 8 anos, e multa.***	
Tipicidade	Crime **remetido**. Antes da Lei 13.008/14, os crimes de descaminho e contrabando eram unificados no art. 334. O legislador esqueceu-se de adaptar a redação do art. 318, mas este continua a reportar-se a ambos os crimes, ante a referência expressa. É aplicável a majorante do art. 327, §2º.
Bem jurídico	A Administração Pública.
Sujeito ativo	Apenas o funcionário público[71] (crime **próprio**).
Sujeito passivo	O Estado e, secundariamente, eventuais prejudicados.

71. **Sem prejuízo da comunicabilidade da elementar '*funcionário público*' a terceiros que tenham ciência dessa condição.**

FACILITAÇÃO DE CONTRABANDO OU DESCAMINHO (ART. 318)	
Elemento subjetivo	Dolo, direto ou eventual. Não há finalidade específica. Não há modalidade culposa.
Consumação	Ocorre com a facilitação da prática de contrabando ou descaminho, independentemente do seu êxito (crime **formal** e **instantâneo**). Admite tentativa (crime **plurissubsistente**).
Omissão	Pode ser praticado na forma omissiva (omissão **imprópria**).
Execução	Crime de forma livre.
Concurso de pessoas	Crime de concurso eventual (**unissubjetivo**).
Competência	Juízo comum. Evidenciado o interesse da União relativo ao crime previsto no art. 334, firma-se a competência da **Justiça Federal**[72].
Lei 9.099/95	Não é infração de menor potencial ofensivo.
Ação penal	Pública incondicionada.
ANPP	É cabível o acordo de não persecução penal, se preenchidos os requisitos do art. 28-A do CPP.

FACILITAÇÃO DE CONTRABANDO OU DESCAMINHO – TEMAS RELEVANTES	
Exceção à teoria monista	À semelhança dos crimes de corrupção passiva e ativo, o CP também distingue as figuras do autor do contrabando ou descaminho (arts. 334 e 334-A) e o funcionário público facilitador (art. 318). Trata-se de uma exceção à teoria unitária ou monista.

72. STJ, CC 109150/PR, Rel. Min. Maria Thereza de Assis Moura, 3ª Seção, j. 10/03/2010.

PREVARICAÇÃO (ART. 319)	
► ***Art. 319. Retardar ou deixar de praticar, indevidamente, ato de ofício, ou praticá-lo contra disposição expressa de lei, para satisfazer interesse ou sentimento pessoal: Pena - detenção, de 3 meses a 1 ano, e multa.***	
Tipicidade	"No delito de prevaricação (art. 319 do CP), o servidor público, embora atuando nessa condição, desborda dos limites de suas atribuições cometidas ao cargo público"[73]. **Tipo misto alternativo ou crime de ação múltipla ou de conteúdo variado**: se o agente praticar mais de um núcleo do art. 319 no mesmo contexto, responderá por **crime único**. É aplicável a majorante do art. 327, §2º[74].
Bem jurídico	A Administração Pública.
Sujeito ativo	Apenas o funcionário público (crime **de mão própria**[75]).
Sujeito passivo	O Estado e, secundariamente, eventuais prejudicados.
Elemento subjetivo	Dolo, direto ou eventual. Finalidade específica: "*para satisfazer interesse ou sentimento pessoal*". Não há modalidade culposa.
Consumação	Ocorre quando o sujeito retarda ou deixa de praticar ato de ofício, ou, ainda, quando o pratica contra disposição expressa de lei (crime **formal**[76] e **instantâneo**)[77]. A forma comissiva ("*praticá-lo contra disposição expressa de lei*") admite tentativa (crime **plurissubsistente**).

73. STJ, APn 741/DF, Rel. Min. Og Fernandes, Corte Especial, j. 19/09/2018.
74. ► ***Art. 327, §2º - A pena será aumentada da terça parte quando os autores dos crimes previstos neste Capítulo forem ocupantes de cargos em comissão ou de função de direção ou assessoramento de órgão da administração direta, sociedade de economia mista, empresa pública ou fundação instituída pelo poder público.***
75. **Somente pode ser praticado pelo funcionário público. Não admite coautoria, mas admite participação.**
76. O crime é "**formal e, portanto, não exige para seu aperfeiçoamento um resultado que configure dano ao erário ou ao interesse público**" (STJ, APn 860/DF, Rel. Min. Og Fernandes, Corte Especial, j. 06/06/2018).
77. "A peça acusatória descreveu os seguintes aspectos essenciais ao suposto cometimento do delito de prevaricação, por duas vezes: o alegado retardamento no julgamento do Processo n. 36.374/2008, no âmbito do Tribunal de Contas do Distrito Federal, ao pedir vista dos autos em 12/8/2014, o que se prolongara até o dia 16/8/2015, com a finalidade de satisfazer um interesse pessoal do acusado, na condição de permissionário do serviço público de táxi, objeto de discussão do mencionado procedimento administrativo, que se encontra em trâmite naquela Corte de Contas distrital; a alegada prática de ato de ofício contra expressa disposição de lei, o que teria ocorrido quando o acusado votara na sessão realizada no dia 17/8/2015 pelo arquivamento do processo, mesmo sendo impedido de fazê-lo, o que somente veio a reconhecer, ao final, depois de a notícia ter sido divulgada pela imprensa local" (STJ, APn 860/DF, Rel. Min. Og Fernandes, Corte Especial, j. 06/06/2018).

PREVARICAÇÃO (ART. 319)	
Omissão	**O crime é omissivo próprio quanto aos núcleos *"retardar ou deixar de praticar"*.**
Execução	Crime de forma livre.
Concurso de pessoas	Por ser crime de mão própria, admite apenas a **participação**.
Competência	Juizado Especial Criminal.
Lei 9.099/95	Infração de menor potencial ofensivo.
Ação penal	Pública incondicionada.
ANPP	Admitida transação, é incabível o acordo de não persecução penal (art. 28-A, § 2º, I, do CPP).

PREVARICAÇÃO – TEMAS RELEVANTES	
Funcionário público	O *"ato de ofício"* deve estar compreendido na esfera de atribuição do funcionário público.
Denúncia	É imprescindível a indicação, de forma concreta, de qual seria o interesse ou sentimento pessoal a ser satisfeito com a conduta do sujeito[78].
"Disposição expressa de lei"	"O delito de prevaricação, na modalidade "praticar ato violando disposição expressa de lei", exige que o funcionário público tenha praticado conduta comissiva peremptoriamente vedada em lei, **não restando caracterizado o elemento normativo do tipo se houver qualquer dúvida sobre a exegese do dispositivo legal alegadamente contrariado**"[79].

78. STF, HC 81504/SP, Rel. Min. Ilmar Galvão, 1ª Turma, j. 16/04/2002. STJ, HC 390950/SP, Rel. Min. Jorge Mussi, 5ª Turma, j. 16/05/2017.
79. STJ, RHC 82377/MA, Rel. Min. Ribeiro Dantas, 5ª Turma, j. 10/10/2017.

CRIMES SIMILARES	
CPM	Art. 319. Retardar ou deixar de praticar, indevidamente, ato de ofício, ou praticá-lo contra expressa disposição de lei, para satisfazer interesse ou sentimento pessoal: Pena - detenção, de 6 meses a 2 anos.
Lei 7.492/1986	Art. 23. Omitir, retardar ou praticar, o funcionário público, contra disposição expressa de lei, ato de ofício necessário ao regular funcionamento do sistema financeiro nacional, bem como a preservação dos interesses e valores da ordem econômico-financeira: Pena - Reclusão, de 1 a 4 anos, e multa.
Código Eleitoral	Art. 345. Não cumprir a autoridade judiciária, ou qualquer funcionário dos órgãos da Justiça Eleitoral, nos prazos legais, os deveres impostos por este Código, se a infração não estiver sujeita a outra penalidade: Pena - pagamento de 30 a 90 dias-multa.

PREVARICAÇÃO ESPECIAL OU IMPRÓPRIA (ART. 319-A)	
►Art. 319-A. Deixar o Diretor de Penitenciária e/ou agente público, de cumprir seu dever de vedar ao preso o acesso a aparelho telefônico, de rádio ou similar, que permita a comunicação com outros presos ou com o ambiente externo: Pena - detenção, de 3 meses a 1 ano.	
Tipicidade	Tipo penal criado pela Lei 11.466/2007. O legislador não conferiu um *nomen iuris* ao crime. A doutrina passou a denominá-lo '**prevaricação especial**', '**prevaricação imprópria**' ou, ainda, '**omissão de dever de vedar ao preso o acesso a aparelho telefônico, de rádio ou similar**'. É aplicável a majorante do art. 327, §2º[80].
Bem jurídico	A Administração Pública.
Sujeito ativo	Apenas o Diretor de Penitenciária ou o agente público que tenha a responsabilidade de vedar aparelhos de comunicação ao preso, como agentes penitenciários e policiais (crime **próprio**).
Sujeito passivo	O Estado e, secundariamente, eventuais prejudicados.

80. ► ***Art. 327, §2º - A pena será aumentada da terça parte quando os autores dos crimes previstos neste Capítulo forem ocupantes de cargos em comissão ou de função de direção ou assessoramento de órgão da administração direta, sociedade de economia mista, empresa pública ou fundação instituída pelo poder público.***

PREVARICAÇÃO ESPECIAL OU IMPRÓPRIA (ART. 319-A)	
Elemento subjetivo	Dolo, direto ou eventual. Não há finalidade específica. Não há modalidade culposa.
Consumação	Ocorre quando o sujeito ativo permite, de alguma forma, que o preso tenha acesso indevido a aparelho telefônico, de rádio ou similar (crime **formal** e **instantâneo**). Não admite tentativa (crime **unissubsistente**).
Omissão	**O crime é omissivo próprio**.
Execução	Crime de forma livre.
Concurso de pessoas	Crime de concurso eventual (**unissubjetivo**).
Competência	Juizado Especial Criminal.
Lei 9.099/95	Infração de menor potencial ofensivo.
Ação penal	Pública incondicionada.
ANPP	Admitida transação penal, é incabível o acordo de não persecução penal (art. 28-A, § 2º, I, do CPP).

CONDESCENDÊNCIA CRIMINOSA (ART. 320)	
►Art. 320. Deixar o funcionário, por indulgência, de responsabilizar subordinado que cometeu infração no exercício do cargo ou, quando lhe falte competência, não levar o fato ao conhecimento da autoridade competente: ***Pena - detenção, de 15 dias a 1 mês, ou multa.***	
Tipicidade	Segundo o art. 143 da Lei 8.112/1990, "a autoridade que tiver ciência de irregularidade no serviço público é **obrigada** a promover a sua apuração imediata, mediante sindicância ou processo administrativo disciplinar, assegurada ao acusado ampla defesa". É aplicável a majorante do art. 327, §2º[81].
Bem jurídico	A Administração Pública.

81. ►*Art. 327, §2º - A pena será aumentada da terça parte quando os autores dos crimes previstos neste Capítulo forem ocupantes de cargos em comissão ou de função de direção ou assessoramento de órgão da administração direta, sociedade de economia mista, empresa pública ou fundação instituída pelo poder público.*

CONDESCENDÊNCIA CRIMINOSA (ART. 320)	
Sujeito ativo	Apenas o funcionário público (crime **próprio**).
Sujeito passivo	O Estado e, secundariamente, eventuais prejudicados.
Elemento subjetivo	Dolo, direto ou eventual. Não há finalidade específica, mas a omissão deve ser norteada pelo espírito de indulgência. Não há modalidade culposa.
Consumação	Ocorre quando o sujeito deixa de responsabilizar subordinado que cometeu infração no exercício do cargo ou, quando lhe falta competência, não leva o fato ao conhecimento da autoridade competente (crime **formal** e **instantâneo**). O CP não determina prazo, mas o art. 143 da Lei 8.112/90 preconiza que a apuração deve ser **imediata**. Não admite tentativa (crime **unissubsistente**).
Omissão	**O crime é omissivo próprio**.
Execução	Crime de forma livre.
Concurso de pessoas	Crime de concurso eventual (**unissubjetivo**).
Competência	Juizado Especial Criminal.
Lei 9.099/95	Infração de menor potencial ofensivo.
Ação penal	Pública incondicionada.
ANPP	Admitida transação penal, é incabível o acordo de não persecução penal (art. 28-A, § 2º, I, do CPP).

CRIMES SIMILARES	
Lei 1.079/1950	Art. 9º. São crimes de responsabilidade contra a probidade na administração: 3 - não tornar efetiva a responsabilidade dos seus subordinados, quando manifesta em delitos funcionais ou na prática de atos contrários à Constituição;

CRIMES SIMILARES	
CPM	Art. 322. Deixar de responsabilizar subordinado que comete infração no exercício do cargo, ou, quando lhe falte competência, não levar o fato ao conhecimento da autoridade competente: Pena - se o fato foi praticado por indulgência, detenção até 6 meses; se por negligência, detenção até 3 meses.

ADVOCACIA ADMINISTRATIVA (ART. 321)	
►Art. 321. Patrocinar, direta ou indiretamente, interesse privado perante a administração pública, valendo-se da qualidade de funcionário: Pena - detenção, de 1 a 3 meses, ou multa.	
Tipicidade	É aplicável a majorante do art. 327, §2º[82].
Bem jurídico	A Administração Pública.
Sujeito ativo	Apenas o funcionário público[83] (crime **próprio**).
Sujeito passivo	O Estado e, secundariamente, eventuais prejudicados.
Elemento subjetivo	Dolo, direto ou eventual. Não há finalidade específica. Não há modalidade culposa.
Consumação	Ocorre quando o sujeito patrocina (defende), direta ou indiretamente, interesse privado perante a Administração Pública (crime **formal** e **instantâneo**). Admite tentativa (crime **plurissubsistente**).
Omissão	Pode ser praticado na forma omissiva (omissão **imprópria**).
Execução	Crime de forma livre.
Concurso de pessoas	Crime de concurso eventual (**unissubjetivo**).
Competência	Juizado Especial Criminal.

82. ***►Art. 327, §2º - A pena será aumentada da terça parte quando os autores dos crimes previstos neste Capítulo forem ocupantes de cargos em comissão ou de função de direção ou assessoramento de órgão da administração direta, sociedade de economia mista, empresa pública ou fundação instituída pelo poder público.***
83. Sem prejuízo da comunicabilidade da elementar '*funcionário público*' a terceiros que tenham ciência dessa condição.

ADVOCACIA ADMINISTRATIVA (ART. 321)	
Lei 9.099/95	Infração de menor potencial ofensivo.
Ação penal	Pública incondicionada.
ANPP	Admitida transação penal, é incabível o acordo de não persecução penal (art. 28-A, § 2º, I, do CPP).

FORMA QUALIFICADA (ART. 321, PARÁGRAFO ÚNICO)
►Art. 321, parágrafo único - Se o interesse é ilegítimo: ***Pena - detenção, de 3 meses a 1 ano, além da multa.***

ADVOCACIA ADMINISTRATIVA – TEMAS RELEVANTES	
Patrocínio direto e indireto	"O patrocínio do interesse privado e alheio, legítimo ou não, por funcionário público, perante a Administração Pública, pode ser **direto**, concretizado pelo ele próprio, ou **indireto**, valendo-se ele de interposta pessoa, para escamotear a atuação. Fundamental que o funcionário se valha das facilidades que a função pública lhe oferece, em **qualquer setor** da Administração Pública, **mesmo que não seja especificamente o de atuação do agente**"[84].
Vantagem econômica	"A conduta típica do delito de advocacia administrativa é patrocinar, ou seja, **defender, advogar, facilitar, favorecer um interesse privado**, ainda que de forma indireta, perante a administração pública, aproveitando-se das facilidades que a sua condição de funcionário público lhe propicia. **O patrocínio não exige, em contrapartida, qualquer ganho ou vantagem econômica**"[85]

84. STJ, HC 376927/ES, Rel. Min. Ribeiro Dantas, 5ª Turma, j. 17/10/2017.
85. STJ, Denun na APn 549/SP, Rel. Min. Felix Fischer, Corte Especial, j. 21/10/2009.

ADVOCACIA ADMINISTRATIVA – TEMAS RELEVANTES	
Crime contra a ordem tributária (Lei 8.137/90)	Constitui crime contra a ordem tributária "patrocinar, direta ou indiretamente, interesse privado perante a administração fazendária, valendo-se da qualidade de funcionário público" (art. 3º, III). Trata-se da "**advocacia administrativa fazendária**"[86].
Infração disciplinar	"O crime de advocacia administrativa, previsto no art. 321 do CP, não se confunde, necessariamente, com a infração disciplinar prevista no art. 117, XI, da Lei 8.112/90[87]. A infração disciplinar, para configurar-se, não exige que o agente patrocine interesse privado, nem que se valha da sua condição de funcionário público. Basta, para tanto, que atue como procurador ou intermediário junto a repartições públicas"[88].

CRIMES SIMILARES	
CPM	Art. 334. Patrocinar, direta ou indiretamente, interesse privado perante a administração militar, valendo-se da qualidade de funcionário ou de militar: Pena - detenção, até 3 meses. Parágrafo único. Se o interesse é ilegítimo: Pena - detenção, de 3 meses a 1 ano.
Licitações e contratos	Pratica o crime previsto no **art. 337-G**, o sujeito que patrocina, direta ou indiretamente, interesse privado perante a Administração Pública, dando causa à instauração de licitação ou à celebração de contrato cuja invalidação vier a ser decretada pelo Poder Judiciário.

86. STJ, RHC 82377/MA, Rel. Min. Ribeiro Dantas, 5ª Turma, j. 10/10/2017.
87. Art. 117. Ao servidor é proibido: XI - atuar, como procurador ou intermediário, junto a repartições públicas, salvo quando se tratar de benefícios previdenciários ou assistenciais de parentes até o segundo grau, e de cônjuge ou companheiro; [...].
88. STJ, MS 15437/DF, Rel. Min. Castro Meira, 1ª Seção, j. 27/10/2010.

VIOLÊNCIA ARBITRÁRIA (ART. 322)	
► Art. 322. Praticar violência, no exercício de função ou a pretexto de exercê-la: Pena - detenção, de 6 meses a 3 anos, além da pena correspondente à violência.	
Tipicidade	Concurso material de crimes: violência arbitrária + crime correspondente à violência (ex.: lesão corporal, homicídio etc). É aplicável a majorante do art. 327, §2º[89]. Prevalece que **o crime foi tacitamente revogado com a Lei 13.869/2019 (abuso de autoridade)**.
Bem jurídico	A Administração Pública e a integridade física (crime **pluriofensivo**).
Sujeito ativo	Apenas o funcionário público[90] (crime **próprio**).
Sujeito passivo	O Estado e, secundariamente, eventuais prejudicados.
Elemento subjetivo	Dolo, direto ou eventual. Não há finalidade específica. Não há modalidade culposa.
Consumação	Ocorre quando o sujeito pratica violência, no exercício de função ou a pretexto de exercê-la (crime **material** e **instantâneo**). Admite tentativa (crime **plurissubsistente**).
Omissão	Pode ser praticado na forma omissiva (omissão **imprópria**).
Execução	Crime de forma livre.
Concurso de pessoas	Crime de concurso eventual (**unissubjetivo**).
Competência	Juízo comum.
Lei 9.099/95	Não é infração de menor potencial ofensivo, mas admite a suspensão condicional do processo (se preenchidos os requisitos do art. 89 da Lei 9.099/95).
Ação penal	Pública incondicionada.
ANPP	É incabível o acordo de não persecução penal, pois o crime é praticado com violência (art. 28-A, *caput*, do CPP).

89. ***► Art. 327, §2º - A pena será aumentada da terça parte quando os autores dos crimes previstos neste Capítulo forem ocupantes de cargos em comissão ou de função de direção ou assessoramento de órgão da administração direta, sociedade de economia mista, empresa pública ou fundação instituída pelo poder público.***
90. Sem prejuízo da comunicabilidade da elementar '*funcionário público*' a terceiros que tenham ciência dessa condição.

CRIMES SIMILARES	
CPM	Art. 333. Praticar violência, em repartição ou estabelecimento militar, no exercício de função ou a pretexto de exercê-la: Pena - detenção, de 6 meses a 2 anos, além da correspondente à violência.

ABANDONO DE FUNÇÃO (ART. 323)	
►Art. 323. Abandonar cargo público, fora dos casos permitidos em lei: Pena - detenção, de 15 dias a 1 mês, ou multa.	
Tipicidade	É indispensável a comprovação de que o abandono expôs a Administração Pública a **perigo concreto**. É aplicável a majorante do art. 327, §2º[91].
Bem jurídico	A Administração Pública.
Sujeito ativo	Apenas o funcionário público (crime **de mão própria**).
Sujeito passivo	O Estado e, secundariamente, eventuais prejudicados.
Elemento subjetivo	Dolo, direto ou eventual. Não há finalidade específica. Não há modalidade culposa.
Consumação	Ocorre quando o sujeito abandona cargo público, fora dos casos permitidos em lei (crime **formal** e **instantâneo**). Não admite tentativa (crime **unissubsistente**).
Omissão	**O crime é omissivo próprio**.
Execução	Crime de forma livre.
Concurso de pessoas	Por ser crime de mão própria, admite apenas a **participação**.
Competência	Juizado Especial Criminal.
Lei 9.099/95	Infração de menor potencial ofensivo.
Ação penal	Pública incondicionada.
ANPP	É possível o acordo de não persecução penal apenas se não for cabível a transação penal e forem preenchidos os demais requisitos do art. 28-A do CPP.

91. ***►Art. 327, §2º - A pena será aumentada da terça parte quando os autores dos crimes previstos neste Capítulo forem ocupantes de cargos em comissão ou de função de direção ou assessoramento de órgão da administração direta, sociedade de economia mista, empresa pública ou fundação instituída pelo poder público.***

FORMAS QUALIFICADAS (ART. 323, §§1º E 2º)	
►Art. 323, §1º - Se do fato resulta prejuízo público: Pena - detenção, de 3 meses a 1 ano, e multa.	***►Art. 323, §2º - Se o fato ocorre em lugar compreendido na faixa de fronteira: Pena - detenção, de 1 a 3 anos, e multa.***

CRIMES SIMILARES	
CPM	Art. 330. Abandonar cargo público, em repartição ou estabelecimento militar: Pena - detenção, até 2 meses.

EXERCÍCIO FUNCIONAL ILEGALMENTE ANTECIPADO OU PROLONGADO (ART. 324)	
►Art. 324. Entrar no exercício de função pública antes de satisfeitas as exigências legais, ou continuar a exercê-la, sem autorização, depois de saber oficialmente que foi exonerado, removido, substituído ou suspenso: Pena - detenção, de 15 dias a 1 mês, ou multa.	
Tipicidade	Norma penal em branco ("*exigências legais*"). É aplicável a majorante do art. 327, §2º[92].
Bem jurídico	A Administração Pública.
Sujeito ativo	Apenas o funcionário público (crime **de mão própria**).
Sujeito passivo	O Estado e, secundariamente, eventuais prejudicados.
Elemento subjetivo	Dolo, direto ou eventual. Não há finalidade específica. Não há modalidade culposa.

92. ***►Art. 327, §2º - A pena será aumentada da terça parte quando os autores dos crimes previstos neste Capítulo forem ocupantes de cargos em comissão ou de função de direção ou assessoramento de órgão da administração direta, sociedade de economia mista, empresa pública ou fundação instituída pelo poder público.***

EXERCÍCIO FUNCIONAL ILEGALMENTE ANTECIPADO OU PROLONGADO (ART. 324)	
Consumação	Ocorre quando o sujeito entra no exercício de função pública antes de satisfeitas as exigências legais, ou continua a exercê-la, sem autorização, depois de saber oficialmente que foi exonerado, removido, substituído ou suspenso (crime **formal** e **instantâneo**). Admite tentativa (crime **plurissubsistente**).
Omissão	Pode ser praticado na forma omissiva (omissão **imprópria**).
Execução	Crime de forma livre.
Concurso de pessoas	Por ser crime de mão própria, admite apenas a **participação**.
Competência	Juizado Especial Criminal.
Lei 9.099/95	Infração de menor potencial ofensivo.
Ação penal	Pública incondicionada.
ANPP	Admitida transação penal, é incabível o acordo de não persecução penal (art. 28-A, § 2º, I, do CPP).

VIOLAÇÃO DE SIGILO FUNCIONAL (ART. 325)	
►Art. 325. Revelar fato de que tem ciência em razão do cargo e que deva permanecer em segredo, ou facilitar-lhe a revelação: ***Pena - detenção, de 6 meses a 2 anos, ou multa, se o fato não constitui crime mais grave.***	
Tipicidade	Crime **subsidiário** ("*se o fato não constitui elemento de crime mais grave*"). É indispensável a comprovação de que a violação de sigilo funcional expôs a Administração Pública a **perigo concreto**. É aplicável a majorante do art. 327, §2º[93].
Bem jurídico	A Administração Pública.
Sujeito ativo	Apenas o funcionário público (crime **de mão própria**).
Sujeito passivo	O Estado e, secundariamente, eventuais prejudicados.

93. ***►Art. 327, §2º - A pena será aumentada da terça parte quando os autores dos crimes previstos neste Capítulo forem ocupantes de cargos em comissão ou de função de direção ou assessoramento de órgão da administração direta, sociedade de economia mista, empresa pública ou fundação instituída pelo poder público.***

VIOLAÇÃO DE SIGILO FUNCIONAL (ART. 325)	
Elemento subjetivo	Dolo, direto ou eventual. Não há finalidade específica. Não há modalidade culposa.
Consumação	Ocorre quando o sujeito revela fato de que tem ciência em razão do cargo e que deva permanecer em segredo, ou facilita-lhe a revelação (crime **formal** e **instantâneo**). O resultado danoso qualifica o crime. Admite tentativa (crime **plurissubsistente**).
Omissão	Em regra, é comissivo, mas **pode ser omissivo próprio quanto ao núcleo *"facilitar"***.
Execução	Crime de forma livre.
Concurso de pessoas	Por ser crime de mão própria, admite apenas a **participação**.
Competência	Juizado Especial Criminal.
Lei 9.099/95	Infração de menor potencial ofensivo.
Ação penal	Pública incondicionada.
ANPP	É possível o acordo de não persecução penal apenas se não for cabível a transação penal e forem preenchidos os demais requisitos do art. 28-A do CPP.

CONDUTAS EQUIPARADAS (ART. 325, §1º)
►Art. 325, §1º - Nas mesmas penas deste artigo incorre quem: ***I - permite ou facilita, mediante atribuição, fornecimento e empréstimo de senha ou qualquer outra forma, o acesso de pessoas não autorizadas a sistemas de informações ou banco de dados da Administração Pública;*** ***II - se utiliza, indevidamente, do acesso restrito.***

FORMA QUALIFICADA (ART. 325, §2º)
►Art. 325, §2º - Se da ação ou omissão resulta dano à Administração Pública ou a outrem: ***Pena - reclusão, de 2 a 6 anos, e multa.***

VIOLAÇÃO DE SIGILO FUNCIONAL – TEMAS RELEVANTES	
Segredo particular	O tipo penal limita-se a **informações sigilosas que dizem respeito à Administração Pública e que tenham sido obtidas pelo funcionário público em razão do cargo**. Se o sujeito revelar segredo particular, poderá incidir no tipo penal previsto no art. 153 (divulgação de segredo).
Lei 13.964/2019	De acordo com o art. 3º, §2º da Lei 11.671/2008 (redação pela Lei 13.964/2019 – "Pacote Anticrime"), "os estabelecimentos penais federais de segurança máxima deverão dispor de monitoramento de áudio e vídeo no parlatório e nas áreas comuns, para fins de preservação da ordem interna e da segurança pública, vedado seu uso nas celas e no atendimento advocatício, salvo expressa autorização judicial em contrário". Segundo o §2º do mesmo artigo, configura o crime de violação de sigilo funcional (art. 325 do CP) a violação ao disposto no §2º.

CRIMES SIMILARES	
CPM	Art. 326. Revelar fato de que tem ciência em razão do cargo ou função e que deva permanecer em segredo, ou facilitar-lhe a revelação, em prejuízo da administração militar: Pena - detenção, de 6 meses a 2 anos, se o fato não constitui crime mais grave.
Lei 7.492/1986	Art. 18. Violar sigilo de operação ou de serviço prestado por instituição financeira ou integrante do sistema de distribuição de títulos mobiliários de que tenha conhecimento, em razão de ofício: Pena - Reclusão, de 1 a 4 anos, e multa.
Lei 11.101/2005	Art. 169. Violar, explorar ou divulgar, sem justa causa, sigilo empresarial ou dados confidenciais sobre operações ou serviços, contribuindo para a condução do devedor a estado de inviabilidade econômica ou financeira: Pena – reclusão, de 2 a 4 anos, e multa.
Violação de sigilo em licitação (art. 337-J)	***►Art. 337-J. Devassar o sigilo de proposta apresentada em processo licitatório ou proporcionar a terceiro o ensejo de devassá-lo:*** ***Pena – detenção, de 2 anos a 3 anos, e multa.***

CRIMES SIMILARES	
Lei 9.296/1996	Art. 10. Constitui crime realizar interceptação de comunicações telefônicas, de informática ou telemática, ou quebrar segredo da Justiça, sem autorização judicial ou com objetivos não autorizados em lei. Pena - reclusão, de 2 a 4 anos, e multa.
Lei 6.453/1977	Art. 23. Transmitir ilicitamente informações sigilosas, concernentes à energia nuclear. Pena - reclusão, de 4 a 8 anos.

VIOLAÇÃO DO SIGILO DE PROPOSTA DE CONCORRÊNCIA (ART. 326)

▶ ~~***Art. 326. Devassar o sigilo de proposta de concorrência pública, ou proporcionar a terceiro o ensejo de devassá-lo:***~~

~~***Pena - Detenção, de 3 meses a 1 ano, e multa.***~~

Dispositivo tacitamente revogado pela Lei 14.133/2021, que passou a tipificar a conduta no art. 337-J ao CP.

2

DOS CRIMES PRATICADOS POR PARTICULAR CONTRA A ADMINISTRAÇÃO EM GERAL

USURPAÇÃO DE FUNÇÃO PÚBLICA (ART. 328)	
► ***Art. 328. Usurpar o exercício de função pública:*** ***Pena - detenção, de 3 meses a 2 anos, e multa.***	
Tipicidade	"Comete o delito previsto no art. 328 do CP (usurpação de função pública) aquele que pratica função própria da administração indevidamente, ou seja, sem estar legitimamente investido na função de que se trate. Não bastando, portanto, que o agente se arrogue na função, **sendo imprescindível que este pratique atos de ofício como se legitimado fosse**, com o ânimo de usurpar, consistente na vontade deliberada de praticá-lo"[1].
Bem jurídico	A Administração Pública.
Sujeito ativo	Qualquer pessoa (crime **comum**).
Sujeito passivo	O Estado e, secundariamente, eventuais prejudicados.
Elemento subjetivo	Dolo, direto ou eventual. Não há finalidade específica. Não há modalidade culposa.

1. STJ, RHC 20818/AC, Rel. Min. Felix Fischer, 5ª Turma, j. 22/05/2007.

USURPAÇÃO DE FUNÇÃO PÚBLICA (ART. 328)	
Consumação	Ocorre quando o sujeito usurpa o exercício de função pública, praticando atos de ofício (crime **formal** e **instantâneo**). A obtenção de vantagem qualifica o crime. Admite tentativa (crime **plurissubsistente**).
Omissão	Pode ser praticado na forma omissiva (omissão **imprópria**).
Execução	Crime de forma livre.
Concurso de pessoas	Crime de concurso eventual (**unissubjetivo**).
Competência	Juizado Especial Criminal.
Lei 9.099/95	Infração de menor potencial ofensivo.
Ação penal	Pública incondicionada.
ANPP	Admitida transação penal no *caput*, é incabível o acordo de não persecução penal (art. 28-A, § 2º, I, do CPP). Na figura qualificada (p. único), é possível o acordo se preenchidos os requisitos legais.

FORMA QUALIFICADA (ART. 328, PARÁGRAFO ÚNICO)
►***Art. 328, parágrafo único - Se do fato o agente aufere vantagem:*** ***Pena - reclusão, de 2 a 5 anos, e multa***. Diferentemente do *caput*, a forma qualificada é um **crime material**. A vantagem pode ser de qualquer natureza.

USURPAÇÃO DE FUNÇÃO PÚBLICA – TEMAS RELEVANTES	
Sujeito ativo	"O crime de usurpação de função pública, em não se tratando de crime próprio, **pode ser praticado por funcionário público, desde que usurpe função estranha à sua**"[2].
Contravenção (art. 45 da LCP)	É contravenção prevista no art. 45 "**fingir-se funcionário público**: Pena – prisão simples, de 1 a 3 meses, ou multa, de quinhentos mil réis a três contos de réis".
Estelionato	Ensina Rogério Greco que "o crime de usurpação de função pública se distingue do delito de estelionato, haja vista que, embora no primeiro, o agente possa, efetivamente, auferir alguma vantagem, esta advém do exercício indevido de alguma função pública. No estelionato, o agente não exerce qualquer função, mas, sim, faz-se passar por um funcionário com a finalidade de induzir ou manter a vítima em erro para obter uma vantagem ilícita"[3].
Desobediência a decisão judicial sobre perda ou suspensão de direito	Pratica o crime previsto no art. 359 aquele que exerce função, atividade, direito, autoridade ou múnus, de que foi suspenso ou privado por decisão judicial.
Competência	"Não obstante o acusado se apresente como agente público federal, esse fato, por si só, não configura lesão a bens, serviços e interesses da União, pois deve estar demonstrado o efetivo prejuízo causado para esse ente federado"[4].

CRIMES SIMILARES	
CPM	Art. 335. Usurpar o exercício de função em repartição ou estabelecimento militar: Pena - detenção, de 3 meses a 2 anos.

2 . STJ, APn 329/PB, Rel. Min. Hamilton Carvalhido, Corte Especial, j. 20/09/2006.
3. GRECO, Rogério (op. cit. p. 871).
4. STJ, CC 101196/PR, Rel. Min. Arnaldo Esteves Lima, 3ª Seção, j. 28/10/2009.

RESISTÊNCIA (ART. 329)	
► ***Art. 329. Opor-se à execução de ato legal, mediante violência ou ameaça a funcionário competente para executá-lo ou a quem lhe esteja prestando auxílio:*** ***Pena - detenção, de 2 meses a 2 anos.***	
Tipicidade	Pode ser praticada mediante **violência contra a pessoa** (*vis corporalis*) ou **ameaça** (*vis compulsiva*).
Bem jurídico	A Administração Pública e a integridade física (crime **pluriofensivo**).
Sujeito ativo	Qualquer pessoa (crime **comum**).
Sujeito passivo	O Estado e, secundariamente, eventuais prejudicados.
Elemento subjetivo	Dolo, direto ou eventual. Não há finalidade específica. Não há modalidade culposa.
Consumação	Ocorre quando o sujeito, mediante violência ou ameaça, opõe-se à execução de ato legal (crime **formal** e **instantâneo**). Se este não for executado, o crime será qualificado (§1º). Admite tentativa (crime **plurissubsistente**).
Omissão	Pode ser praticado na forma omissiva (omissão **imprópria**).
Execução	Crime de forma livre.
Concurso de pessoas	Crime de concurso eventual (**unissubjetivo**).
Competência	Juizado Especial Criminal.
Lei 9.099/95	Infração de menor potencial ofensivo.
Ação penal	Pública incondicionada.
ANPP	É incabível o acordo de não persecução penal, pois o crime é praticado com violência ou grave ameaça (art. 28-A, *caput*, do CPP).

FORMA QUALIFICADA (ART. 329, §1º)
► ***Art. 329, §1º - Se o ato, em razão da resistência, não se executa:*** ***Pena - reclusão, de 1 a 3 anos.*** A forma qualificada nada mais é que o exaurimento do crime de resistência. Diferentemente do *caput*, a forma qualificada traz um crime **material**.

RESISTÊNCIA – TEMAS RELEVANTES	
Concurso material de crimes	***►Art. 329, §2º - As penas deste artigo são aplicáveis sem prejuízo das correspondentes à violência.***

RESISTÊNCIA (ART. 329)	DESACATO (ART. 331)
►Art. 329. Opor-se à execução de ato legal, mediante violência ou ameaça a funcionário competente para executá-lo ou a quem lhe esteja prestando auxílio: Pena - detenção, de 2 meses a 2 anos.	***►Art. 331. Desacatar funcionário público no exercício da função ou em razão dela: Pena - detenção, de 6 meses a 2 anos, ou multa.***
O sujeito, mediante violência ou ameaça, objetiva **impedir a execução do ato legal.**	O sujeito objetiva **ofender** o funcionário público no exercício de sua função ou em razão dela.

RESISTÊNCIA (ART. 329)	DESOBEDIÊNCIA (ART. 330)
►Art. 329. Opor-se à execução de ato legal, mediante violência ou ameaça a funcionário competente para executá-lo ou a quem lhe esteja prestando auxílio: Pena - detenção, de 2 meses a 2 anos.	***►Art. 330. Desobedecer a ordem legal de funcionário público: Pena - detenção, de 15 dias a 6 meses, e multa.***
É uma "**desobediência belicosa**". A oposição dá-se mediante violência ou ameaça.	É uma "**resistência passiva**", sem violência ou ameaça.

CRIMES SIMILARES	
Lei 1.579/1952	Art. 4º. Constitui crime: I - Impedir, ou tentar impedir, mediante violência, ameaça ou assuadas, o regular funcionamento de Comissão Parlamentar de Inquérito, ou o livre exercício das atribuições de qualquer dos seus membros. Pena - A do art. 329 do Código Penal.
ECA	Art. 236. Impedir ou embaraçar a ação de autoridade judiciária, membro do Conselho Tutelar ou representante do Ministério Público no exercício de função prevista nesta Lei: Pena - detenção de 6 meses a 2 anos.

CRIMES SIMILARES	
CPM	Art. 177. Opor-se à execução de ato legal, mediante ameaça ou violência ao executor, ou a quem esteja prestando auxílio: Pena - detenção, de 6 meses a 2 anos.

DESOBEDIÊNCIA (ART. 330)	
►Art. 330. Desobedecer a ordem legal de funcionário público: ***Pena - detenção, de 15 dias a 6 meses, e multa.***	
Tipicidade	Para a configuração do crime, exige-se que a ordem legal seja **dirigida expressamente a quem tem o dever de obedecê-la**[5] e, ainda, que haja a **notificação pessoal** do responsável pelo cumprimento da ordem, de modo a se demonstrar que teve ciência inequívoca da sua existência e, após, teve a intenção deliberada de não cumpri-la[6].
Bem jurídico	A Administração Pública.
Sujeito ativo	Qualquer pessoa (crime **comum**).
Sujeito passivo	O Estado e, secundariamente, eventuais prejudicados.
Elemento subjetivo	Dolo, direto ou eventual. Não há finalidade específica. Não há modalidade culposa.
Consumação	Ocorre quando o sujeito desobedece a ordem legal de funcionário público (crime **formal** e **instantâneo**). Admite tentativa apenas em sua forma comissiva (crime **plurissubsistente**).
Omissão	Pode ser praticado na forma **comissiva** (quando a ordem é para não agir) ou **omissiva** (quando a ordem é para agir)[7].
Execução	Crime de forma livre.

5. STF, AP 633/RS, Rel. Min. Teori Zavascki, Pleno, j. 24/10/2013. Exemplo do STJ: "Estando o paciente na garupa de uma motocicleta, conduzida por um menor de idade, não tem como responder pelo crime de desobediência à ordem de parada da polícia, pois não estava na condução do veículo" (STJ, HC 432168/CE, Rel. Min. Maria Thereza de Assis Moura, 6ª Turma, j. 12/06/2018).
6. STJ, HC 226512/RJ, Rel. Min. Sebastião Reis Júnior, 6ª Turma, j. 09/10/2012. Noticiado no Informativo n. 506.
7. Exemplo do STF: estagiário que se recursou a abrir a pasta após ultrapassar detector de metais instalado no foro e que sinalizou a existência de metal (RHC 85624/SP, Rel. Min. Ellen Gracie, 2ª Turma, j. 02/08/2005).

DESOBEDIÊNCIA (ART. 330)	
Concurso de pessoas	Crime de concurso eventual (**unissubjetivo**).
Competência	Juizado Especial Criminal.
Lei 9.099/95	Infração de menor potencial ofensivo.
Ação penal	Pública incondicionada.
ANPP	Admitida transação penal, é incabível o acordo de não persecução penal (art. 28-A, § 2º, I, do CPP).

DESOBEDIÊNCIA – TEMAS RELEVANTES	
Funcionário público como sujeito ativo	"O funcionário público pode ser sujeito ativo do crime de desobediência, desde que [...] **não seja hierarquicamente subordinado ao emitente da ordem legal e tenha atribuições para cumpri-la**"[8]. Ex.: delegado de polícia que desobedece à ordem regularmente emanada por promotor de justiça. Caso houvesse uma relação de subordinação hierárquica, existiria tão somente irregularidade administrativa. Ex.: o oficial de justiça em relação ao juiz.
Tipo penal subsidiário	É pacífico que "o crime de desobediência apenas se configura quando, desrespeitada ordem judicial, **não existir previsão de outra sanção em lei específica, ressalvada a previsão expressa de cumulação**"[9].
Ordem de parada por policiais - trânsito	"A desobediência de ordem de parada dada pela autoridade de trânsito ou por seus agentes, ou mesmo por policiais ou outros agentes públicos no exercício de atividades relacionadas ao trânsito, **não constitui crime de desobediência**, pois há previsão de sanção administrativa específica no art. 195 do CTB, o qual não estabelece a possibilidade de cumulação de sanção penal"[10].

8. STJ, RHC 85031/DF, Rel. Min. Maria Thereza de Assis Moura, 6ª Turma, j. 19/10/2017.
9. STJ, HC 338613/SC, Rel. Min. Antonio Saldanha Palheiro, 6ª Turma, j. 12/12/2017.
10. STJ, AgRg no REsp 1872022/MS, Rel. Min. Reynaldo Soares da Fonseca, 5ª Turma, j. 16/06/2020.

DESOBEDIÊNCIA – TEMAS RELEVANTES	
Ordem de parada por policiais - segurança pública	Sob a sistemática do recurso repetitivo, o STJ fixou a seguinte tese: **"a desobediência à ordem legal de parada, emanada por agentes públicos em contexto de policiamento ostensivo, para a prevenção e repressão de crimes, constitui conduta penalmente típica, prevista no art. 330 do Código Penal Brasileiro"**[11].
Acordo judicial	**Não é possível incluir no conceito de "*ordem legal*" o acordo judicial**[12].
Requisição	"A requisição de servidor público, ato de natureza administrativa, **não constitui ordem legal** para fins de caracterização de crime de desobediência, conforme disciplinado no art. 330 do CP"[13].
Ordem de oficial de justiça	Comete crime de desobediência o indivíduo que não atende a ordem dada pelo oficial de justiça na ocasião do cumprimento de mandado de entrega de veículo, expedido no juízo cível. Ver info. 975 do STF (abaixo).
Testemunha faltosa	Segundo o art. 219 do CPP, "o juiz poderá aplicar à testemunha faltosa a multa prevista no art. 453, sem prejuízo do processo penal por crime de desobediência, e condená-la ao pagamento das custas da diligência".
Habeas corpus	"A simples intimação genérica para cumprimento de decisão jurisdicional, sob pena de eventual caracterização de crime de desobediência, **não constitui constrangimento** à liberdade de locomoção passível de correção pela via do *Habeas Corpus*"[14].
Desobediência a decisão judicial sobre perda ou suspensão de direito (art. 359)	Comete o crime previsto no art. 359 aquele que "exercer função, atividade, direito, autoridade ou múnus, de que foi suspenso ou privado por decisão judicial: Pena - detenção, de 3 meses a 2 anos, ou multa".
Prefeitos (Decreto-lei 201/1967)	Se o sujeito ativo for prefeito, a negativa de execução de lei ou o descumprimento de ordem judicial amolda-se ao crime previsto no art. 1º, XIV do **Decreto-lei 201/1967** (princípio da especialidade).

11. STJ, REsp 1859933/SC, Rel. Min. Antonio Saldanha Palheiro, 3ª Seção, j. 09/03/2022.
12. STJ RHC 67452/RJ, Rel. Min. Rogerio Schietti Cruz, 6ª Turma, j. 01/09/2016.
13. STJ, HC 161448/MS, Rel. Min. Laurita Vaz, 5ª Turma, j. 04/10/2011.
14. STJ, HC 299519/AC, Rel. Min. Humberto Martins, 2ª Turma, j. 20/11/2014.

DESOBEDIÊNCIA – TEMAS RELEVANTES	
Crime contra a ordem tributária (Lei 8.137/90)	A falta de atendimento da exigência feita pela autoridade fiscal para que seja apresentada a documentação solicitada configura o crime previsto no art. 1º, parágrafo único, da Lei 8.137/90.

CRIMES SIMILARES	
CPM	Art. 301. Desobedecer a ordem legal de autoridade militar: Pena - detenção, até 6 meses.
Lei 7.347/1985	Art. 10. Constitui crime, punido com pena de reclusão de 1 a 3 anos, mais multa de 10 a 1.000 Obrigações Reajustáveis do Tesouro Nacional - ORTN, a recusa, o retardamento ou a omissão de dados técnicos indispensáveis à propositura da ação civil, quando requisitados pelo Ministério Público.
Estatuto da Pessoa Idosa	Art. 100. Constitui crime punível com reclusão de 6 meses a 1 ano e multa: IV – deixar de cumprir, retardar ou frustrar, sem justo motivo, a execução de ordem judicial expedida na ação civil a que alude esta Lei; V – recusar, retardar ou omitir dados técnicos indispensáveis à propositura da ação civil objeto desta Lei, quando requisitados pelo Ministério Público.
Lei 12.016/2009	Art. 26. Constitui crime de desobediência, nos termos do art. 330 do Decreto-Lei no 2.848, de 7 de dezembro de 1940, o não cumprimento das decisões proferidas em mandado de segurança, sem prejuízo das sanções administrativas e da aplicação da Lei nº 1.079, de 10 de abril de 1950, quando cabíveis.
Código Eleitoral	Art. 347. Recusar alguém cumprimento ou obediência a diligências, ordens ou instruções da Justiça Eleitoral ou opor embaraços à sua execução: Pena - detenção de 3 meses a 1 ano e pagamento de 10 a 20 dias-multa.

INFORMATIVOS DO STJ
Info. 732: A desobediência à ordem legal de parada, emanada por agentes públicos em contexto de policiamento ostensivo, para a prevenção e repressão de crimes, constitui conduta penalmente típica, prevista no art. 330 do Código Penal Brasileiro. REsp 1859933/SC, Rel. Min. Antonio Saldanha Palheiro, 3ª Seção, j. 09/03/2022.

DESACATO (ART. 331)	
► ***Art. 331. Desacatar funcionário público no exercício da função ou em razão dela: Pena - detenção, de 6 meses a 2 anos, ou multa.***	
Tipicidade	"O desacato é especial forma de injúria, caracterizado como uma ofensa à honra e ao prestígio dos órgãos que integram a Administração Pública"[15].
Bem jurídico	A Administração Pública.
Sujeito ativo	Qualquer pessoa (crime **comum**).
Sujeito passivo	O Estado e, secundariamente, o funcionário público desacatado.
Elemento subjetivo	Dolo[16], direto ou eventual. Não há finalidade específica. Não há modalidade culposa.
Consumação	Ocorre quando o sujeito encaminha palavras ou gestos ofensivos contra funcionário público, **no exercício da função ou em razão dela**[17] (crime **formal** e **instantâneo**). **É necessária a presença do funcionário público e é irrelevante se este se sentiu ofendido ou não.** Admite tentativa (crime **plurissubsistente**).
Omissão	Pode ser praticado na forma omissiva (omissão **imprópria**).
Execução	Crime de forma livre[18].
Concurso de pessoas	Crime de concurso eventual (**unissubjetivo**).
Competência	Juizado Especial Criminal.
Lei 9.099/95	Infração de menor potencial ofensivo.

15. STJ, HC 379269/MS, Rel. Min. Reynaldo Soares da Fonseca, 3ª Seção, j. 24/05/2017.
16. "**O delito de desacato pressupõe o dolo de ultrajar, faltar com o respeito ou menosprezar funcionário público, sendo fundamental a demonstração da vontade livre do agente**" (STJ, RHC 81292/DF, Rel. Min. Ribeiro Dantas, 5ª Turma, j. 05/10/2017).
17. "Na espécie, durante sessão de julgamento do Tribunal do Júri, o paciente, Defensor Público, diante da negativa do magistrado em formular quesito defensivo, após consignar em ata seu protesto, retirou-se da assentada. Não houve encaminhamento de palavras ou gestos ofensivos contra o juiz, o promotor ou jurados, a corporificar conduta tipicamente relevante" (STJ, HC 290108/ES, Rel. Min. Maria Thereza de Assis Moura, 6ª Turma, j. 04/12/2014).
18. "O desacato é **crime de forma livre**, porquanto admite qualquer meio de execução, **podendo ser cometido através de palavras, gestos, símbolos, ameaças, vias de fato ou lesão corporal**. Se a ofensa foi perpetrada na presença de funcionário público, no exercício de suas funções ou em razão delas, **ainda que se trate de comportamento que importe em afronta à sua honra subjetiva**, deve ser reconhecida a subsunção do fato ao tipo penal do art. 331 do CP" (STJ, HC 462665/SP, Rel. Min. Ribeiro Dantas, 5ª Turma, j. 18/09/2018).

DESACATO (ART. 331)	
Ação penal	Pública incondicionada.
ANPP	Admitida transação penal, é incabível o acordo de não persecução penal (art. 28-A, § 2º, I, do CPP).

DESACATO – PACTO DE SAN JOSÉ DA COSTA RICA	
Pacto de São José da Costa Rica e CIDH	O Brasil é signatário da **Convenção** Americana de Direitos Humanos (**CADH**), denominada Pacto de São José da Costa Rica, promulgada por intermédio do Decreto n. 678/1992. O art. 13 da Convenção consagra a liberdade de pensamento e de expressão. A **Comissão** Interamericana de Direitos Humanos (**CIDH**), em relatório realizado em 1995, concluiu que as leis que criminalizam o desacato são incompatíveis com a Convenção por diversas razões. Desde então, a CIDH vem expedindo diversas recomendações e informes ratificando a incompatibilidade do crime de desacato com a CADH. No mesmo sentido da CADH, a Corte IDH vem decidindo que a tipificação do desacato é desproporcional e desnecessária na sociedade democrática[19].
CADH – STF e STJ	Após oscilações, o STF (ver info. 992 abaixo) e o STJ[20] uniformizaram o entendimento pela **manutenção da tipificação do crime de desacato no ordenamento jurídico pátrio**. Para os Tribunais, a conservação do crime na legislação vigente não acarreta o descumprimento do art. 13 da CADH.

DESACATO – TEMAS RELEVANTES	
Funcionário público como sujeito ativo	O STJ já decidiu que "é **possível** a prática do crime de desacato por funcionário público contra pessoa no exercício de função pública, pois se trata de crime comum em que a vítima imediata é o Estado e a mediata aquela que está sendo ofendida"[21].

19. Exemplos: Herrera Ulloa vs. Costa Rica (sentença de 2 de julho de 2004); **Palamara Iribarne vs. Chile** (sentença de 22 de novembro de 2005), Kimel vs. Argentina (sentença de 2 de maio de 2008); Usón Ramírez vs. Venezuela (sentença de 20 de novembro de 2009).
20. STJ, HC 379269/MS, Rel. Min. Reynaldo Soares da Fonseca, 3ª Seção, j. 24/05/2017.
21. STJ, HC 104921/SP, Rel. Min. Jane Silva, 6ª Turma, j. 21/05/2009.

DESACATO – TEMAS RELEVANTES	
Estatuto da OAB	O Pleno do STF declarou a **inconstitucionalidade** da expressão "ou desacato" contido no §2º do artigo 7º do Estatuto da OAB, retirando do ordenamento jurídico a imunidade profissional em relação a fatos que se enquadram no tipo penal correspondente[22].
Exceção da verdade	**Não há previsão legal** de exceção da verdade para o crime de desacato.
Perda do autocontrole ou exaltação do sujeito ativo	O STF já decidiu que é "dispensável a exigência de ânimo calmo para incidência da figura típica do crime de desacato, não excluída pelo estado de exaltação ou cólera do agente"[23]. No mesmo sentido, o STJ[24].

CRIMES SIMILARES	
CPM	Art. 298. Desacatar superior, ofendendo-lhe a dignidade ou o decoro, ou procurando deprimir-lhe a autoridade: Pena - reclusão, até 4 anos, se o fato não constitui crime mais grave. Parágrafo único. A pena é agravada, se o superior é oficial general ou comandante da unidade a que pertence o agente. Art. 299. Desacatar militar no exercício de função de natureza militar ou em razão dela: Pena - detenção, de 6 meses a 2 anos, se o fato não constitui outro crime. Art. 300. Desacatar assemelhado ou funcionário civil no exercício de função ou em razão dela, em lugar sujeito à administração militar: Pena - detenção, de 6 meses a 2 anos, se o fato não constitui outro crime.

TRÁFICO DE INFLUÊNCIA (ART. 332)
► ***Art. 332. Solicitar, exigir, cobrar ou obter, para si ou para outrem, vantagem ou promessa de vantagem, a pretexto de influir em ato praticado por funcionário público no exercício da função:*** ***Pena - reclusão, de 2 a 5 anos, e multa.***

22. STF, ADI 1127/DF, Rel. Min. Ricardo Lewandowski, Pleno, j. 17/05/2006.
23. STF, ARE 741098 AgR/DF, Rel. Min. Luiz Fux, 1ª Turma, j. 18/11/2014.
24. STJ, RHC 81292/DF, Rel. Min. Ribeiro Dantas, 5ª Turma, j. 05/10/2017.

TRÁFICO DE INFLUÊNCIA (ART. 332)	
Tipicidade	**Tipo misto alternativo ou crime de ação múltipla ou de conteúdo variado**[25]: se o agente praticar mais de um núcleo do art. 332 no mesmo contexto, responderá por **crime único**.
Bem jurídico	A Administração Pública.
Sujeito ativo	Qualquer pessoa (crime **comum**).
Sujeito passivo	O Estado e, secundariamente, eventuais prejudicados.
Elemento subjetivo	Dolo, direto ou eventual. Finalidade específica: "*para si ou para outrem*". Não há modalidade culposa.
Consumação	Ocorre "com a solicitação, exigência, cobrança ou obtenção de vantagem, a pretexto de influir em ato praticado por funcionário público no exercício da função"[26]. Pode ser **formal** ("*solicitar, exigir, cobrar*") ou **material** ("*obter*"). Em qualquer caso, o crime é **instantâneo**. Admite tentativa (crime **plurissubsistente**).
Omissão	Pode ser praticado na forma omissiva (omissão **imprópria**).
Execução	Crime de forma livre.
Concurso de pessoas	Crime de concurso eventual (**unissubjetivo**).
Competência	Juízo comum.
Lei 9.099/95	Não é infração de menor potencial ofensivo.
Ação penal	Pública incondicionada.
ANPP	É cabível o acordo de não persecução penal, se preenchidos os requisitos do art. 28-A do CPP.

CAUSA ESPECIAL DE AUMENTO DE PENA (ART. 332, PARÁGRAFO ÚNICO)
►***Art. 332, parágrafo único - A pena é aumentada da metade, se o agente alega ou insinua que a vantagem é também destinada ao funcionário.***

25. STJ, HC 146038/SP, Rel. Min. Og Fernandes, 6ª Turma, j. 13/04/2010.
26. STJ, CC 108664/SP, Rel. Min. Jorge Mussi, 3ª Seção, j. 09/02/2011.

TRÁFICO DE INFLUÊNCIA – TEMAS RELEVANTES	
Poder de influência	O STJ já decidiu que é irrelevante o fato de o sujeito passivo secundário acreditar, ou não, no poder de influência do agente"[27].
Tráfico de influência em transação comercial internacional (art. 337-C)	Pratica o crime previsto no art. 337-C aquele que "solicitar, exigir, cobrar ou obter, para si ou para outrem, direta ou indiretamente, vantagem ou promessa de vantagem a pretexto de influir em ato praticado por funcionário público estrangeiro no exercício de suas funções, relacionado a transação comercial internacional: Pena – reclusão, de 2 a 5 anos, e multa".

CRIMES SIMILARES	
CPM	Art. 336. Obter para si ou para outrem, vantagem ou promessa de vantagem, a pretexto de influir em militar ou assemelhado ou funcionário de repartição militar, no exercício de função: Pena - reclusão, até 5 anos.

CORRUPÇÃO ATIVA (ART. 333)	
►***Art. 333. Oferecer ou prometer vantagem indevida a funcionário público, para determiná-lo a praticar, omitir ou retardar ato de ofício: Pena – reclusão, de 2 a 12 anos, e multa.***	
Tipicidade	**Tipo misto alternativo ou crime de ação múltipla ou de conteúdo variado**: se o agente praticar mais de um núcleo do art. 333 no mesmo contexto, responderá por **crime único**.
Bem jurídico	A Administração Pública.
Sujeito ativo	Qualquer pessoa (crime **comum**).
Sujeito passivo	O Estado e, secundariamente, eventuais prejudicados.

27. STJ, HC 202519/DF, Rel. Min. Laurita Vaz, 5ª Turma, j. 10/12/2013.

CORRUPÇÃO ATIVA (ART. 333)	
Elemento subjetivo	Dolo, direto ou eventual. Finalidade específica: *"para determiná-lo a praticar, omitir ou retardar ato de ofício"*. Não há modalidade culposa.
Consumação	Ocorre com a simples promessa ou oferta de vantagem indevida (crime **formal**[28] e **instantâneo**). Admite tentativa (crime **plurissubsistente**).
Omissão	Pode ser praticado na forma omissiva (omissão **imprópria**).
Execução	Crime de forma livre.
Concurso de pessoas	Crime de concurso eventual (**unissubjetivo**).
Competência	Juízo comum.
Lei 9.099/95	Não é infração de menor potencial ofensivo.
Ação penal	Pública incondicionada.
ANPP	É cabível o acordo de não persecução penal, se preenchidos os requisitos do art. 28-A do CPP.

CAUSA ESPECIAL DE AUMENTO DE PENA (ART. 333, PARÁGRAFO ÚNICO)
►***Art. 333, parágrafo único - A pena é aumentada de 1/3, se, em razão da vantagem ou promessa, o funcionário retarda ou omite ato de ofício, ou o pratica infringindo dever funcional.*** O crime de corrupção ativa é **formal**: consuma-se com o oferecimento ou a promessa de vantagem indevida, independentemente de sua aceitação ou da prática, retardo ou omissão prática de ato de ofício. A conduta é mais reprovável quando o funcionário público retarda ou omite ato de ofício, ou o pratica infringindo dever funcional, razão pela qual a pena deve ser majorada.

28. "O delito de corrupção ativa, enquanto **crime formal**, prescinde, para sua consumação, da efetiva obtenção da indevida vantagem, sendo esta mero exaurimento da conduta criminosa" (STJ, RHC 47432/SP, Rel. Min. Felix Fischer, 5ª Turma, j. 16/12/2014).

CORRUPÇÃO ATIVA – TEMAS RELEVANTES	
Exceção à teoria monista	O CP optou por distinguir as figuras do corruptor e do corrompido e criou dois tipos penais: corrupção passiva (art. 317) e corrupção ativa (art. 333). Trata-se de uma **exceção à teoria unitária ou monista**.
Nexo causal	O STJ destaca que o crime pressupõe a existência de nexo de causalidade entre a **oferta ou promessa** de vantagem indevida a funcionário público (anterior), e **a prática, o retardo ou a omissão de ato de ofício** de sua competência (posterior)[29].
Independência entre os tipos penais	A existência de crime de corrupção passiva não pressupõe necessariamente o de corrupção ativa. "Eventual bilateralidade das condutas de corrupção passiva e ativa é apenas fático-jurídica, não se estendendo ao plano processual, visto que a investigação de cada fato terá o seu curso, com os percalços inerentes a cada procedimento, sendo que **para a condenação do autor de corrupção passiva é desnecessária a identificação ou mesmo a condenação do corruptor ativo**"[30]. No mesmo sentido, "o reconhecimento da inépcia da denúncia em relação ao acusado de corrupção ativa (art. 333 do CP) não induz, por si só, o trancamento da ação penal em relação ao denunciado, no mesmo processo, por corrupção passiva (art. 317 do CP)"[31].
Testemunha, perito, contador ou intérprete	É crime previsto no art. 343 "dar, oferecer ou prometer dinheiro ou qualquer outra vantagem a testemunha, perito, contador, tradutor ou intérprete, para fazer afirmação falsa, negar ou calar a verdade em depoimento, perícia, cálculos, tradução ou interpretação: Pena - reclusão, de 3 a 4 anos, e multa".
"Vantagem indevida"	Para o STJ, a vantagem indevida pode ser "qualquer lucro, ganho, privilégio ou benefício ilícito"[32].
Interposta pessoa	"O delito de corrupção ativa **pode ser praticado por interposta pessoa**, não carecendo, necessariamente, para o seu aperfeiçoamento, que a pessoa - por intermédio da qual o agente oferece ou promete a vantagem indevida a funcionário público - filie-se à sua vontade no crime já em execução"[33].

29. STJ, HC 134985/AM, Rel. Min. Jorge Mussi, 5ª Turma, j. 31/05/2011.
30. STJ, AgRg no REsp 1613927/RS, Rel. Min. Maria Thereza de Assis Moura, 6ª Turma, j. 20/09/2016.
31. STJ, RHC 52465/PE, Rel. Min. Jorge Mussi, 5ª Turma, j. 23/10/2014. Noticiado no Informativo n. 551.
32. STJ, AgRg no REsp 1493020/ES, Rel. Min. Reynaldo Soares da Fonseca, 5ª Turma, j. 14/09/2017.
33. STJ, AgRg no REsp 1154263/SC, Rel. Min. Sebastião Reis Júnior, 6ª Turma, j. 16/05/2013.

"ATO DE OFÍCIO"[34]	
Corrupção passiva	**Corrupção ativa (art. 333)**
►Art. 317. Solicitar ou receber, para si ou para outrem, direta ou indiretamente, ainda que fora da função ou antes de assumi-la, mas em razão dela, vantagem indevida, ou aceitar promessa de tal vantagem: Pena – reclusão, de 2 a 12 anos, e multa.	***►Art. 333. Oferecer ou prometer vantagem indevida a funcionário público, para determiná-lo a praticar, omitir ou retardar ato de ofício: Pena - reclusão, de 2 a 12 anos, e multa.***

"ATO DE OFÍCIO"	
Corrupção passiva	**Corrupção ativa (art. 333)**
Para a configuração do crime "**não é necessária a descrição de um específico ato de ofício,** bastando uma vinculação causal entre as vantagens indevidas e as atribuições do funcionário público, passando este a atuar não mais em prol do interesse público, mas em favor de seus interesses pessoais"[35].	A vantagem indevida solicitada, recebida ou aceita pelo funcionário público **deve estar causalmente vinculada à prática, omissão ou retardamento de *"ato de ofício"***, ou seja, ato formalmente inserido em suas atribuições.

34. Ato de ofício é o "ato inerente às típicas atividades do servidor público" (NUCCI, op. cit., vol. 3, p. 512).
35. STF, Inq 4506/DF, Rel. Min. Marco Aurélio, 1ª Turma, j. 17/04/2018. No mesmo sentido, o STJ: "Não é lícito ao intérprete simplesmente pressupor que, no crime de corrupção passiva, o legislador praticou alguma sorte de atecnia, ou que falou menos do que desejava, ou que é possível "deduzir" do dispositivo a exigência de ato de ofício, como se ali estivesse uma limitação implícita ao poder-dever de punir. Ao contrário, **a redação do dispositivo constitui nítida opção legislativa direcionada a ampliar a abrangência da incriminação por corrupção passiva, quando comparada ao tipo de corrupção ativa, a fim de potencializar a proteção ao aspecto moral do bem jurídico protegido, é dizer, a probidade da Administração Pública**" (STJ, REsp 1745410/SP, Rel. Min. Sebastião Reis Júnior, 6ª Turma, j. 02/10/2018).

"ATO DE OFÍCIO" (ANÁLISE DE CASO CONCRETO[36])	
Farid, estrangeiro, oferece a **Marcelo** uma quantia de dinheiro para que facilite sua entrada irregular no território nacional. Marcelo (auxiliar de serviços gerais em empresa encarregada de operação de carga e descarga no Aeroporto) aceita a proposta e auxilia Farid a furtar-se ao controle imigratório, conduzindo-o por áreas internas e restritas do aeroporto.	
Farid não praticou o crime de corrupção ativa. Para a configuração do crime, a vantagem indevida deve ser oferecida ou prometida para determinar que funcionário público pratique, omita ou retarde *"ato de ofício"*, isto é, ato que está dentro de suas atribuições funcionais formais. Marcelo não exercia função inerente ao controle imigratório no Aeroporto. Portanto, ausente o elemento normativo *"ato de ofício"*.	**Marcelo praticou o crime de corrupção passiva.** Embora não exercesse função inerente ao controle imigratório, detinha facilidades, em razão de sua função, para auxiliar o ingresso irregular de Farid no território nacional. Configurado, portanto, o nexo causal entre a oferta (ou promessa) de vantagem indevida e a função pública do agente.

INFORMATIVOS DO STJ
Info. 735: Configura o crime de corrupção ativa o oferecimento de vantagem indevida a funcionário público para determiná-lo a omitir ou retardar ato de ofício relacionado com o cometimento do crime de posse de drogas para uso próprio. AREsp 2007599/RJ, Rel. Min. Jesuíno Rissato (Desembargador convocado do TJDFT), 5ª Turma, j. 03/05/2022.

CRIMES SIMILARES	
Código Eleitoral	Art. 299. Dar, oferecer, prometer, solicitar ou receber, para si ou para outrem, dinheiro, dádiva, ou qualquer outra vantagem, para obter ou dar voto e para conseguir ou prometer abstenção, ainda que a oferta não seja aceita: Pena - reclusão até 4 anos e pagamento de 5 a 15 dias-multa.
CPM	Art. 309. Dar, oferecer ou prometer dinheiro ou vantagem indevida para a prática, omissão ou retardamento de ato funcional: Pena - reclusão, até 8 anos.
Lei 12.299/2010	Art. 41-D. Dar ou prometer vantagem patrimonial ou não patrimonial com o fim de alterar ou falsear o resultado de uma competição desportiva: Pena - reclusão de 2 a 6 anos e multa

36. Idem.

DESCAMINHO (ART. 334)	
►***Art. 334. Iludir, no todo ou em parte, o pagamento de direito ou imposto devido pela entrada, pela saída ou pelo consumo de mercadoria:*** ***Pena - reclusão, de 1 a 4 anos.***	
Tipicidade	Antes da Lei 13.008/2014, o descaminho e o contrabando eram previstos no mesmo tipo penal (art. 334). Após a Lei, o art. 334 do CP passou a disciplinar exclusivamente o crime de descaminho, enquanto o art. 334-A, passou a tipificar o crime de contrabando, em continuidade normativo-típica. **Norma penal em branco homogênea**: necessita de complemento da legislação tributária.
Bem jurídico	A ordem tributária[37].
Sujeito ativo	Qualquer pessoa (crime **comum**).
Sujeito passivo	O Estado.
Elemento subjetivo	Dolo, direto ou eventual. Não há finalidade específica. Não há modalidade culposa.
Consumação	Ocorre quando o sujeito burla o Estado quanto ao pagamento do imposto devido pela entrada, pela saída ou pelo consumo de mercadoria (crime **formal** e **instantâneo**). Admite tentativa (crime **plurissubsistente**).
Omissão	O crime pode ser praticado mediante **ação ou omissão.**
Execução	Crime de forma livre.
Concurso de pessoas	Crime de concurso eventual (**unissubjetivo**).
Competência	Juízo comum.
Lei 9.099/95	Não é infração de menor potencial ofensivo, mas admite suspensão condicional do processo (se preenchidos os requisitos do art. 89 da Lei 9.099/95).

37. **"O bem jurídico tutelado pelo art. 334 do CP vai além do valor do imposto sonegado, pois, além de lesar o Fisco, atinge a estabilidade das atividades comerciais dentro do país, dá ensejo ao comércio ilegal e à concorrência desleal, gerando uma série de prejuízos para a atividade empresarial brasileira"** (STJ, RHC 43558/SP, Rel. Min. Jorge Mussi, 5ª Turma, j. 05/02/2015).

DESCAMINHO (ART. 334)	
Ação penal	Pública incondicionada.
ANPP	É cabível o acordo de não persecução penal, se preenchidos os requisitos do art. 28-A do CPP.

CONDUTAS EQUIPARADAS (ART. 334, §1º)
► ***Art. 334, §1º - Incorre na mesma pena quem:***   ***I - pratica navegação de cabotagem, fora dos casos permitidos em lei;***   ***II - pratica fato assimilado, em lei especial, a descaminho;***   ***III - vende, expõe à venda, mantém em depósito ou, de qualquer forma, utiliza em proveito próprio ou alheio, no exercício de atividade comercial ou industrial, mercadoria de procedência estrangeira que introduziu clandestinamente no País ou importou fraudulentamente ou que sabe ser produto de introdução clandestina no território nacional ou de importação fraudulenta por parte de outrem;***   ***IV - adquire, recebe ou oculta, em proveito próprio ou alheio, no exercício de atividade comercial ou industrial, mercadoria de procedência estrangeira, desacompanhada de documentação legal ou acompanhada de documentos que sabe serem falsos.***

NORMA PENAL EXPLICATIVA (ART. 334, §2º)
► ***Art. 334, §2º - Equipara-se às atividades comerciais, para os efeitos deste artigo, qualquer forma de comércio irregular ou clandestino de mercadorias estrangeiras, inclusive o exercido em residências.***

CAUSA ESPECIAL DE AUMENTO DE PENA (ART. 334, §3º)
► ***Art. 334, §3º - A pena aplica-se em dobro se o crime de descaminho é praticado em transporte aéreo, marítimo ou fluvial.***   Quanto ao transporte aéreo, o STJ entende que "se a lei não faz restrições quanto à espécie de voo que enseja a aplicação da majorante, não cabe ao intérprete restringir a aplicação do dispositivo legal, sendo **irrelevante que o transporte seja clandestino ou regular**"[38].

38. STJ, HC 390899/SP, Rel. Min. Ribeiro Dantas, 5ª Turma, j. 23/11/2017.

DESCAMINHO – TEMAS RELEVANTES	
Mercadoria permitida	No crime de descaminho, a *"mercadoria"* é **permitida**. A conduta criminosa consiste na sua importação ou exportação sem o pagamento do imposto devido.
Fraude e dolo	"Iludir traduz ideia de enganar, mascarar a realidade, simular, dissimular, enfim, o agente valer-se de expediente para dar impressão, na espécie, de não praticar conduta tributável. Há, pois, **fraude**. Esta, por seu turno, no sentido de valer-se de "*mise-en-scène*", pode acontecer tanto por **ação**, como por **omissão**. No primeiro caso, ilustrativamente, procurar evidenciar a mercadoria "a", como "b", no segundo, se a pessoa indagada pelo agente alfandegário se porta objeto tributável, fingindo não compreender, deixar de responder, ou não tomar a iniciativa de evidenciar o fato. Num caso, como noutro, evidente o dolo. Há, configuração, **nítido propósito de não efetuar o pagamento**. Exigível, pois, o dolo de iludir"[39].
Exceção à teoria monista	À semelhança dos crimes de corrupção passiva e ativa, o CP também distingue as figuras do autor do contrabando ou descaminho (arts. 334 e 334-A) e o funcionário público facilitador (art. 318). Trata-se de uma exceção à teoria unitária ou monista.
Exame pericial	"Nos casos de crimes de contrabando ou descaminho, que não deixam vestígios, **não se mostra necessária a realização de exame pericial nas mercadorias apreendidas**, notadamente quando a materialidade delitiva estiver comprovada por outros meios de prova, como, no caso, o auto de apreensão e o termo de retenção e guarda fiscal"[40].
Perdimento das mercadorias	"Havendo indícios de infração penal punível com a pena de perdimento, grupo em que se insere a prática de descaminho, cabe à fiscalização, efetivada pela Secretaria da Receita Federal, **apreender, quando possível, os produtos ou as mercadorias importadas/exportadas**. A apreensão de bens pelos agentes fiscais enseja a lavratura de representação fiscal ou auto de infração, a desaguar em duplo de procedimento: 1º) envio ao MP e 2º) instauração de procedimento de perdimento"[41].

39. STJ, REsp 111501/SE, Rel. Min. Luiz Vicente Cernicchiaro, 6ª Turma, j. 09/03/1999.
40. STJ, AgRg no AREsp 1111758/BA, Rel. Min. Joel Ilan Paciornik, 5ª Turma, j. 19/10/2017.
41. STJ, AgRg no REsp 1435165/PR, Rel. Min. Rogerio Schietti Cruz, 6ª Turma, j. 18/11/2014.

DESCAMINHO – TEMAS RELEVANTES	
Procedência da mercadoria	A despeito da desnecessidade de perícia, "é necessário um mínimo de comprovação de que a mercadoria tem **procedência externa**, já que a tipicidade resulta justamente da ação de introduzir no território nacional mercadoria sem o devido recolhimento do tributo, no todo ou em parte"[42].
Perdimento de veículo	O STJ entende que "**comprovada a responsabilidade do proprietário**, deve ser aplicada a pena de perdimento de veículo utilizado em contrabando ou descaminho, independentemente de não ser o proprietário o dono das mercadorias apreendidas"[43]. O perdimento pode atingir inclusive os veículos sujeitos ao contrato de alienação fiduciária[44].
Crime formal - constituição do crédito tributário (1)	Considerando que o crime é **formal** (posição do STF e do STJ), é **desnecessária** a constituição definitiva do crédito tributário por processo administrativo-fiscal para a configuração do delito de descaminho[45].
Crime formal - constituição do crédito tributário (2)	"Todavia, a existência de decisão administrativa ou judicial favorável ao contribuinte provoca inegável repercussão na própria tipificação do delito, caracterizando **questão prejudicial externa facultativa** que autoriza a suspensão do processo penal, a teor do art. 93 do CPP"[46].
Crime formal - Súmula vinculante 24	**Não é aplicável a Súmula Vinculante 24**[47], pois a exigência da prévia constituição definitiva do crédito tributário para o início da ação penal aplica-se apenas aos crimes tributários de natureza material, previstos no art. 1º, I a IV, da Lei n. 8.137/1990[48].
Parcelamento e pagamento do tributo	"Cuidando-se de crime formal, mostra-se **irrelevante** o parcelamento e pagamento do tributo, não se inserindo, ademais, o crime de descaminho entre as hipóteses de extinção da punibilidade listadas na Lei n. 10.684/2003"[49].

42. STJ, CC 126278/RJ, Rel. Min. Alderita Ramos de Oliveira, 3ª Seção, j. 13/03/2013.
43. STJ, AgInt no REsp 1604493/MG, Rel. Min. Herman Benjamin, 2ª Turma, j. 16/02/2017.
44. STJ, AgRg no REsp 1486131/PR, Rel. Min. Sérgio Kukina, 1ª Turma, j. 23/06/2015.
45. STF, HC 121798/BA, Rel. Min. Marco Aurélio, 1ª Turma, j. 29/05/2018. No mesmo sentido, o STJ: (AgRg no REsp 1426834/ES, Rel. Min. Ribeiro Dantas, 5ª Turma, j. 07/06/2018).
46. STJ, REsp 1413829/CE, Rel. Min. Maria Thereza de Assis Moura, 6ª Turma, j. 11/11/2014. Noticiado no Informativo n. 552.
47. ■ **Súmula vinculante 24: Não se tipifica crime material contra a ordem tributária, previsto no art. 1º, incisos I a IV, da Lei nº 8.137/90, antes do lançamento definitivo do tributo.**
48. STJ, RHC 47893/SP, Rel. Min. Ribeiro Dantas, 5ª Turma, j. 14/02/2017.
49. STF, EDcl no AgRg no AREsp 769526/SP, Rel. Min. Nefi Cordeiro, 6ª Turma, j. 27/02/2018.

DESCAMINHO – TEMAS RELEVANTES	
Princípio da consunção – descaminho e crime de falso	O STJ, na sistemática do procedimento previsto para os recursos repetitivos, fixou a seguinte tese: "**quando o falso se exaure no descaminho, sem mais potencialidade lesiva, é por este absorvido, como crime-fim, condição que não se altera por ser menor a pena a este cominada**"[50]. Nesse caso, se for aplicado o princípio da insignificância ao crime de descaminho (crime-fim), deve ser afastada a tipicidade do crime de falso (crime-meio)[51].
Princípio da insignificância	Para a 2ª Turma do **STF**[52] e o **STJ**[53], incide o princípio da insignificância quando o débito tributário verificado não ultrapassar o limite de **R$ 20.000,00**, a teor do disposto no art. 20 da Lei 10.522/2002, com as atualizações efetivadas pelas Portarias n. 75 e 130, ambas do Ministério da Fazenda. Na 1ª Turma do STF[54], julgados recentes vedam a aplicação do princípio, mas ainda não parece ser um entendimento consolidado na Turma.
	Sob a sistemática do recurso repetitivo, a 3ª Seção do STJ[55] fixou a seguinte tese: "a reiteração da conduta delitiva obsta a aplicação do princípio da insignificância ao crime de descaminho - independentemente do valor do tributo não recolhido -, ressalvada a possibilidade de, no caso concreto, se concluir que a medida é socialmente recomendável. A contumácia pode ser aferida a partir de procedimentos penais e fiscais pendentes de definitividade, sendo inaplicável o prazo previsto no art. 64, I, do CP, incumbindo ao julgador avaliar o lapso temporal transcorrido desde o último evento delituoso à luz dos princípios da proporcionalidade e razoabilidade".
	Atenção: **a reiteração delitiva não se confunde com a reincidência**, bastando, para caracterizá-la, a existência de outras **ações penais, inquéritos policiais em curso ou procedimentos administrativos fiscais**[56].

50. STJ, REsp 1378053/PR, Rel. Min. Nefi Cordeiro, 3ª Seção, j. 10/08/2016.
51. STJ, AgRg no REsp 1379107/PR, Rel. Min. Rogerio Schietti Cruz, 6ª Turma, j. 06/06/2017.
52. STF, HC 136843/MG, Rel. Min. Ricardo Lewandowski, 2ª Turma, j. 08/08/2017.
53. STJ, REsp 1709029/MG, Rel. Min. Sebastião Reis Júnior, 3ª Seção, j. 28/02/2018.
54. STF, HC 144385/SC, Rel. Min. Marco Aurélio, 1ª Turma, j. 12/03/2019.
55. STJ, REsp 2083701/SP, 2091651/SP e 2091652/MS, Rel. Min. Sebastião Reis Júnior, 3ª Seção, j. 28/02/2024.
56. STJ, REsp 1728402/PR, Rel. Min. Jorge Mussi, 5ª Turma, j. 23/10/2018.

DESCAMINHO – TEMAS RELEVANTES	
Competência	Trata-se de **crime federal, ainda que inexistentes indícios de transnacionalidade na conduta**[57]. Cabe à **União** (arts. 21, XXII e 22, VII, ambos da CF) definir os produtos de ingresso proibido no país, além de exercer a fiscalização aduaneira e das fronteiras, mediante atuação da Receita Federal e Polícia Federal.
	■ Súmula 151 do STJ: A competência para o processo e julgamento por crime de contrabando ou descaminho define-se pela prevenção do juízo federal do lugar da apreensão dos bens.

INFORMATIVOS DO STJ
Info. 802: A reiteração da conduta delitiva obsta a aplicação do princípio da insignificância ao crime de descaminho - independentemente do valor do tributo não recolhido -, ressalvada a possibilidade de, no caso concreto, se concluir que a medida é socialmente recomendável. A contumácia pode ser aferida a partir de procedimentos penais e fiscais pendentes de definitividade, sendo inaplicável o prazo previsto no art. 64, I, do CP, incumbindo ao julgador avaliar o lapso temporal transcorrido desde o último evento delituoso à luz dos princípios da proporcionalidade e razoabilidade. REsp 2083701/SP, 2091651/SP e 2091652/MS, Rel. Min. Sebastião Reis Júnior, 3ª Seção, j. 28/02/2024.
Info. 765: Incide a causa especial de aumento de pena prevista no § 3º do art. 334 do Código Penal quando se tratar de descaminho praticado em transporte aéreo, não sendo relevante o fato de o voo ser regular ou clandestino. AgRg no AREsp 2197959/SP, Rel. Min. Reynaldo Soares da Fonseca, 5ª Turma, j. 28/02/2023.

CONTRABANDO (ART. 334-A)
► ***Art. 334-A. Importar ou exportar mercadoria proibida:*** ***Pena - reclusão, de 2 a 5 anos.***

57. STJ, CC 159680/MG, Rel. Min. Reynaldo Soares da Fonseca, 3ª Seção, j. 08/08/2018.

CONTRABANDO (ART. 334-A)	
Tipicidade	Antes da Lei 13.008/2014, o descaminho e o contrabando eram previstos no mesmo tipo penal (art. 334). Após a referida Lei, o art. 334 do CP passou a disciplinar exclusivamente o crime de descaminho, enquanto o art. 334-A, passou a tipificar o crime de contrabando, em continuidade normativo-típica. **Norma penal em branco homogênea**: necessita de complemento da legislação (*"mercadoria proibida"*).
Bem jurídico	Além da Administração Pública, "assegura-se a proteção à saúde, segurança e moralidade públicas, no que tange à proibição de que se introduza em território nacional determinadas mercadorias"[58].
Sujeito ativo	Qualquer pessoa (crime **comum**).
Sujeito passivo	O Estado.
Elemento subjetivo	Dolo, direto ou eventual. Não há finalidade específica. Não há modalidade culposa.
Consumação	Ocorre quando o sujeito importa ou exporta mercadoria proibida (crime **formal** e **instantâneo**). Admite tentativa (crime **plurissubsistente**).
Omissão	Pode ser praticado na forma omissiva (omissão **imprópria**).
Execução	Crime de forma livre.
Concurso de pessoas	Crime de concurso eventual (**unissubjetivo**).
Competência	Juízo comum.
Lei 9.099/95	Não é infração de menor potencial ofensivo.
Ação penal	Pública incondicionada.
ANPP	É cabível o acordo de não persecução penal, se preenchidos os requisitos do art. 28-A do CPP.

58. STJ, AgRg no AREsp 753897/PR, Rel. Min. Jorge Mussi, 5ª Turma, j. 10/03/2016.

CONDUTAS EQUIPARADAS (ART. 334-A, §1º)
► Art. 334-A, §1º - Incorre na mesma pena quem: ***I - pratica fato assimilado, em lei especial, a contrabando[59];***   ***II - importa ou exporta clandestinamente mercadoria que dependa de registro, análise ou autorização de órgão público competente;***   ***III - reinsere no território nacional mercadoria brasileira destinada à exportação;***   ***IV - vende, expõe à venda, mantém em depósito ou, de qualquer forma, utiliza em proveito próprio ou alheio, no exercício de atividade comercial ou industrial, mercadoria proibida pela lei brasileira;***   ***V - adquire, recebe ou oculta, em proveito próprio ou alheio, no exercício de atividade comercial ou industrial, mercadoria proibida pela lei brasileira.***

NORMA PENAL EXPLICATIVA (ART. 334-A, §2º)
► Art. 334-A, §2º - Equipara-se às atividades comerciais, para os efeitos deste artigo, qualquer forma de comércio irregular ou clandestino de mercadorias estrangeiras, inclusive o exercido em residências.

CAUSA ESPECIAL DE AUMENTO DE PENA (ART. 334-A, §3º)
► Art. 334-A, §3º - A pena aplica-se em dobro se o crime de contrabando é praticado em transporte aéreo, marítimo ou fluvial.   "Se a lei não faz restrições quanto à espécie de voo que enseja a aplicação da majorante, não cabe ao intérprete restringir a aplicação do dispositivo legal, sendo **irrelevante que o transporte seja clandestino ou regular**"[60].

59. Exemplo (art. 39 do decreto-lei 288/1967): "será considerado contrabando a saída de mercadorias da Zona Franca sem a autorização legal expedida pelas autoridades competentes".
60. STJ, HC 390899/SP, Rel. Min. Ribeiro Dantas, 5ª Turma, j. 23/11/2017.

CONTRABANDO – TEMAS RELEVANTES	
Competência	Trata-se de **crime federal, ainda que inexistentes indícios de transnacionalidade na conduta**[61]. Cabe à **União** (arts. 21, XXII e 22, VII, ambos da CF) definir os produtos de ingresso proibido no país, além de exercer a fiscalização aduaneira e das fronteiras, mediante atuação da Receita Federal e Polícia Federal. ▪ Súmula 151 do STJ: A competência para o processo e julgamento por crime de contrabando ou descaminho define-se pela prevenção do juízo federal do lugar da apreensão dos bens.
"Mercadoria proibida"	O agente deve **saber** que a mercadoria é proibida, seja a proibição **absoluta ou relativa** (mercadoria sujeita a restrições). Exemplos mais comuns de mercadorias proibidas: cigarros, gasolina, medicamentos, máquinas caça-níqueis, simulacros de arma de fogo, armas de ar comprimido[62] etc.
Tributos iludidos	"Cuidando-se, ao menos em tese, de delito de contrabando, **não se apresenta necessário discutir o montante dos tributos iludidos** com o ingresso da mercadoria em território nacional, na medida em que tal aferição é pertinente ao crime de descaminho"[63].
Dosimetria e quantidade de mercadorias	"A expressiva quantidade de mercadorias apreendidas no delito de contrabando é fundamentação válida para justificar a exasperação da pena-base"[64].
Princípio da insignificância	**Em regra, não é admitido**, "pois tal conduta não implica apenas lesão ao erário e à atividade arrecadatória do Estado, como na hipótese de descaminho. De fato, outros bens jurídicos são tutelados pela norma penal, notadamente a saúde pública, a moralidade administrativa e a ordem pública, independentemente da quantidade do produto proibido introduzido no território nacional"[65]. Todavia, **há situações em que os Tribunais aplicam o princípio em observância às peculiaridades do caso concreto**.

61. STJ, CC 160748/SP, Rel. Min. Sebastião Reis Júnior, 3ª Seção, j. 26/09/2018.
62. STJ, REsp 1428628/RS, Rel. Min. Gurgel de Fria, 5ª Turma, j. 28/04/2015.
63. STJ, AgRg no AREsp 517207/PR, Rel. Min. Ribeiro Dantas, 5ª Turma, j. 15/09/2016.
64. STJ, AgRg no AREsp 684972/RS, Rel. Min. Nefi Cordeiro, 6ª Turma, j. 15/08/2017.
65. STJ, RHC 77554/SP, Rel. Min. Ribeiro Dantas, 5ª Turma, j. 13/12/2016.

CONTRABANDO – TEMAS RELEVANTES	
Princípio da insignificância e cigarro	Sob a sistemática do recurso repetitivo, a 3ª Seção do STJ fixou a seguinte tese: "o princípio da insignificância é aplicável ao crime de contrabando de cigarros quando a quantidade apreendida não ultrapassar 1.000 (mil) maços, seja pela diminuta reprovabilidade da conduta, seja pela necessidade de se dar efetividade à repressão a o contrabando de vulto, excetuada a hipótese de reiteração da conduta, circunstância apta a indicar maior reprovabilidade e periculosidade social da ação"[66].
Pneumáticos	Para o STJ "a importação de pneumáticos usados de procedência estrangeira, perigosos à saúde humana ou ao meio ambiente, em desacordo com as exigências legais, subsume-se ao tipo penal do art. 56 da Lei 9.605/98, que é norma especial em relação ao delito de contrabando"[67].
Produtos terapêuticos ou medicinais	"A conduta de introduzir no país produtos destinados a fins terapêuticos ou medicinais sem registro no órgão de vigilância sanitária competente ou de procedência ignorada, se subsume ao delito do art. 273, §§ 1º, 1º-B, I e V, do CP, não cabendo desclassificação para o delito de contrabando, em obediência ao Princípio da Especialidade"[68].
Tráfico internacional de arma de fogo	É crime previsto no art. 18 da Lei 10.826/03 "importar, exportar, favorecer a entrada ou saída do território nacional, a qualquer título, de arma de fogo, acessório ou munição, sem autorização da autoridade competente. Pena – reclusão de 4 a 8 anos, e multa".
Máquinas para exploração de jogos de azar	"Para a caracterização do delito de contrabando de máquinas programadas para exploração de jogos de azar, é necessária a demonstração da sua **origem estrangeira ou dos seus componentes eletrônicos**"[69].

66. STJ, REsp 1971993/SP, 1977652/SP, Rel. Min. Joel Ilan Paciornik, red. p/ o ac Min. Sebastião Reis Junior, 3ª Seção, j. 13/09/2023.
67. STJ, REsp 1524517/BA, Rel. Min. Nefi Cordeiro, 6ª Turma, j. 17/08/2017.
68. STJ, REsp 1728166/SP, Rel. Min. Jorge Mussi, 5ª Turma, j. 11/09/2018.
69. STJ, AgRg no AREsp 543312/ES, Rel. Min. Jorge Mussi, 5ª Turma, j. 10/05/2016.

CONTRABANDO – TEMAS RELEVANTES	
Exame pericial	"Nos casos de crimes de contrabando ou descaminho, que não deixam vestígios, **não se mostra necessária a realização de exame pericial nas mercadorias apreendidas**, notadamente quando a materialidade delitiva estiver comprovada por outros meios de prova, como, no caso, o auto de apreensão e o termo de retenção e guarda fiscal"[70].
Perdimento de veículo	O STJ entende que comprovada a responsabilidade do proprietário, deve ser aplicada a pena de perdimento de veículo utilizado em contrabando ou descaminho, independentemente de não ser o proprietário o dono das mercadorias apreendidas. O perdimento pode atingir inclusive os veículos sujeitos ao contrato de alienação fiduciária.

DESCAMINHO (ART. 334)	CONTRABANDO (ART. 334-A)
►Art. 334. Iludir, no todo ou em parte, o pagamento de direito ou imposto devido pela entrada, pela saída ou pelo consumo de mercadoria: ***Pena - reclusão, de 1 a 4 anos.***	***►Art. 334-A. Importar ou exportar mercadoria proibida:*** ***Pena - reclusão, de 2 a 5 anos.***
A mercadoria é **permitida**. A ilicitude repousa no ato de iludir o imposto devido pela sua entrada, saída ou consumo.	A mercadoria é **proibida**. A proibição pode ser absoluta ou relativa (sujeita a restrições).
A importação ou exportação de mercadoria sem o pagamento do imposto devido ofende o **erário público**. Trata-se de um **crime tributário**.	A importação ou exportação de mercadoria proibida atenta contra a **saúde, segurança, ordem e moralidade públicas**, valores protegidos com a proibição de certas mercadorias.

70. STJ, AgRg no AREsp 1111758/BA, Rel. Min. Joel Ilan Paciornik, 5ª Turma, j. 19/10/2017.

DESCAMINHO (ART. 334)	CONTRABANDO (ART. 334-A)
O STF e o STJ admitem a aplicação do **princípio da insignificância**, a depender do valor do tributo iludido, da reiteração delitiva e das circunstâncias do caso concreto.	Em regra, o STF e o STJ **não admitem a aplicação do princípio da insignificância** devido à tutela de outros bens jurídicos além do erário público.
Admite suspensão condicional do processo.	Não admite suspensão condicional do processo.
A competência para processar e julgar os crimes de descaminho e contrabando é da **Justiça Federal**.	

IMPEDIMENTO, PERTURBAÇÃO OU FRAUDE DE CONCORRÊNCIA (ART. 335)
► ~~***Art. 335. Impedir, perturbar ou fraudar concorrência pública ou venda em hasta pública, promovida pela administração federal, estadual ou municipal, ou por entidade paraestatal; afastar ou procurar afastar concorrente ou licitante, por meio de violência, grave ameaça, fraude ou oferecimento de vantagem:***~~ ~~***Pena - detenção, de 6 meses a 2 anos, ou multa, além da pena correspondente à violência.***~~ ~~***Parágrafo único - Incorre na mesma pena quem se abstém de concorrer ou licitar, em razão da vantagem oferecida***~~. Dispositivo revogado pelos arts. 93 e 95 da Lei 8.666/93 (corresponde aos arts. 337-I e 337-K do CP – acrescentados pela Lei 14.133/2021).

INUTILIZAÇÃO DE EDITAL OU DE SINAL (ART. 336)	
► ***Art. 336. Rasgar ou, de qualquer forma, inutilizar ou conspurcar edital afixado por ordem de funcionário público; violar ou inutilizar selo ou sinal empregado, por determinação legal ou por ordem de funcionário público, para identificar ou cerrar qualquer objeto:*** ***Pena - detenção, de 1 mês a 1 ano, ou multa.***	
Bem jurídico	A Administração Pública.
Sujeito ativo	Qualquer pessoa (crime **comum**).

INUTILIZAÇÃO DE EDITAL OU DE SINAL (ART. 336)	
Sujeito passivo	O Estado.
Elemento subjetivo	Dolo, direto ou eventual. Não há finalidade específica. Não há modalidade culposa.
Consumação	Ocorre quando o sujeito rasga, inutiliza ou conspurca (suja, mancha, macula) edital ou quando viola ou inutiliza sinal ou sinal (crime **material** e **instantâneo**). Admite tentativa (crime **plurissubsistente**).
Omissão	Pode ser praticado na forma omissiva (omissão **imprópria**).
Execução	Crime de forma livre.
Concurso de pessoas	Crime de concurso eventual (**unissubjetivo**).
Competência	Juizado Especial Criminal.
Lei 9.099/95	Infração de menor potencial ofensivo.
Ação penal	Pública incondicionada.
ANPP	Admitida transação penal, é incabível o acordo de não persecução penal (art. 28-A, § 2º, I, do CPP).

CRIMES SIMILARES	
CPM	Art. 338. Rasgar, ou de qualquer forma inutilizar ou conspurcar edital afixado por ordem da autoridade militar; violar ou inutilizar sêlo ou sinal empregado, por determinação legal ou ordem de autoridade militar, para identificar ou cerrar qualquer objeto: Pena - detenção, até 1 ano.

SUBTRAÇÃO OU INUTILIZAÇÃO DE LIVRO OU DOCUMENTO (ART. 337)	
► ***Art. 337. Subtrair, ou inutilizar, total ou parcialmente, livro oficial, processo ou documento confiado à custódia de funcionário, em razão de ofício, ou de particular em serviço público:*** ***Pena - reclusão, de 2 a 5 anos, se o fato não constitui crime mais grave.***	
Tipicidade	Crime **subsidiário** ("*se o fato não constitui elemento de crime mais grave*").
Bem jurídico	A Administração Pública.
Sujeito ativo	Qualquer pessoa (crime **comum**).
Sujeito passivo	O Estado.
Elemento subjetivo	Dolo, direto ou eventual. Não há finalidade específica. Não há modalidade culposa.
Consumação	Ocorre quando o sujeito subtrai ou inutiliza livro oficial, processo ou documento confiado à custódia de funcionário, em razão de ofício, ou de particular em serviço público (crime **material** e **instantâneo**). Admite tentativa (crime **plurissubsistente**).
Omissão	Pode ser praticado na forma omissiva (omissão **imprópria**).
Execução	Crime de forma livre.
Concurso de pessoas	Crime de concurso eventual (**unissubjetivo**).
Competência	Juízo comum.
Lei 9.099/95	Não é infração de menor potencial ofensivo.
Ação penal	Pública incondicionada.
ANPP	É cabível o acordo de não persecução penal, se preenchidos os requisitos do art. 28-A do CPP.

EXTRAVIO, SONEGAÇÃO OU INUTILIZAÇÃO DE LIVRO OU DOCUMENTO (ART. 314)	SUBTRAÇÃO OU INUTILIZAÇÃO DE LIVRO OU DOCUMENTO (ART. 337)	SONEGAÇÃO DE PAPEL OU OBJETO DE VALOR PROBATÓRIO (ART. 356)
► Art. 314. Extraviar livro oficial ou qualquer documento, de que tem a guarda em razão do cargo; sonegá-lo ou inutilizá-lo, total ou parcialmente: Pena - reclusão, de 1 a 4 anos, se o fato não constitui crime mais grave.	***► Art. 337. Subtrair, ou inutilizar, total ou parcialmente, livro oficial, processo ou documento confiado à custódia de funcionário, em razão de ofício, ou de particular em serviço público: Pena - reclusão, de 2 a 5 anos, se o fato não constitui crime mais grave.***	***► Art. 356. Inutilizar, total ou parcialmente, ou deixar de restituir autos, documento ou objeto de valor probatório, que recebeu na qualidade de advogado ou procurador: Pena - detenção, de 6 meses a 3 anos, e multa.***
Crime praticado por funcionário público.	Crime praticado por qualquer pessoa.	Crime praticado por advogado ou procurador.

CRIMES SIMILARES	
CPM	Art. 337. Subtrair ou inutilizar, total ou parcialmente, livro oficial, processo ou qualquer documento, desde que o fato atente contra a administração ou o serviço militar: Pena - reclusão, de 2 a 5 anos, se o fato não constitui crime mais grave.

<table>
<tr><th colspan="2">SONEGAÇÃO DE CONTRIBUIÇÃO PREVIDENCIÁRIA (ART. 337-A)</th></tr>
<tr><td colspan="2">►Art. 337-A. Suprimir ou reduzir contribuição social previdenciária e qualquer acessório, mediante as seguintes condutas:
I – omitir de folha de pagamento da empresa ou de documento de informações previsto pela legislação previdenciária segurados empregado, empresário, trabalhador avulso ou trabalhador autônomo ou a este equiparado que lhe prestem serviços[71];
II – deixar de lançar mensalmente nos títulos próprios da contabilidade da empresa as quantias descontadas dos segurados ou as devidas pelo empregador ou pelo tomador de serviços[72];
III – omitir, total ou parcialmente, receitas ou lucros auferidos, remunerações pagas ou creditadas e demais fatos geradores de contribuições sociais previdenciárias:
Pena – reclusão, de 2 a 5 anos, e multa.</td></tr>
<tr><td>Tipicidade</td><td>"Após a edição da Lei n. 11.457/2007, os débitos decorrentes de contribuições previdenciárias serão considerados como dívida ativa da União, atribuindo-se-lhes tratamento semelhante ao dos créditos tributários"[73].
Norma penal em branco heterogênea: necessita de complemento do decreto 3.048/99 (Regulamento da Previdência Social).
Tipo misto alternativo ou crime de ação múltipla ou de conteúdo variado: se o agente praticar mais de um núcleo do art. 337-A no mesmo contexto, responderá por crime único.</td></tr>
<tr><td>Bem jurídico</td><td>A Administração Pública ou, mais especificamente, a previdência social e a própria ordem tributária (crime pluriofensivo).</td></tr>
<tr><td>Sujeito ativo</td><td>Qualquer pessoa.</td></tr>
<tr><td>Sujeito passivo</td><td>A Receita Federal do Brasil (União).</td></tr>
<tr><td>Elemento subjetivo</td><td>Dolo, direto ou eventual. Para o STF[74] e o STJ[75], o tipo penal previsto no art. 337-A prescinde de dolo específico, bastando o dolo genérico de omitir voluntariamente o recolhimento do tributo. Não há modalidade culposa.</td></tr>
</table>

71. A obrigação está no art. 225, I e IV do Decreto 3.048/1999.
72. A obrigação está no art. 225, II do Decreto 3.048/99.
73. STJ, AgRg no REsp 1350606/RS, Rel. Min. Rogerio Schietti Cruz, 6ª Turma, j. 15/03/2016.
74. STF, HC 113418/PB, Rel. Min. Luiz Fux, 1ª Turma, j. 24/09/2013.
75. STJ, AgRg no AREsp 1111582/RS, Rel. Min. Maria Thereza de Assis Moura, 6ª Turma, j. 12/06/2018.

SONEGAÇÃO DE CONTRIBUIÇÃO PREVIDENCIÁRIA (ART. 337-A)	
Consumação	Para o STF[76] e o STJ[77], ocorre na data da **constituição definitiva do crédito tributário, com o exaurimento da via administrativa** (crime **material** e **instantâneo**). Por se tratar de crime omissivo próprio, **não admite a tentativa** (crime unissubsistente).
Omissão	O crime é **omissivo próprio** (*"omitir"* e *"deixar de"*).
Execução	Crime de forma **vinculada**.
Concurso de pessoas	Crime de concurso eventual (**unissubjetivo**).
Competência	Juízo comum.
Lei 9.099/95	Não é infração de menor potencial ofensivo.
Ação penal	Pública incondicionada.
ANPP	É cabível o acordo de não persecução penal, se preenchidos os requisitos do art. 28-A do CPP.

EXTINÇÃO DA PUNIBILIDADE (ART. 337-A, PARÁGRAFO ÚNICO)
▶ ~~***Art. 337-A, §1º - É extinta a punibilidade se o agente, espontaneamente, declara e confessa as contribuições, importâncias ou valores e presta as informações devidas à previdência social, na forma definida em lei ou regulamento, antes do início da ação fiscal.***~~ Atualmente, a suspensão da pretensão punitiva estatal e a extinção da punibilidade são disciplinadas no art. 83 da Lei 9.430/96, com alterações promovidas pela **Lei 12.382/11**[78].

76. STF, Inq 3102/MG, Rel. Min. Gilmar Mendes, Pleno, j. 25/04/2013.

77. "O delito de sonegação de contribuição previdenciária, por se tratar de crime material, somente se consuma após a constituição definitiva do crédito tributário mediante o esgotamento da via administrativa" (STJ, EDcl no AgInt no REsp 1569916/PE, Rel. Min. Nefi Cordeiro, 6ª Turma, j. 19/06/2018).

78. Art. 83. A representação fiscal para fins penais relativa aos crimes contra a ordem tributária previstos nos arts. 1º e 2º da Lei 8.137/1990, e aos crimes contra a Previdência Social, previstos nos arts. 168-A e **337-A** do CP, será encaminhada ao Ministério Público **depois de proferida a decisão final, na esfera administrativa, sobre a exigência fiscal do crédito tributário correspondente**.
§1º Na hipótese de concessão de **parcelamento** do crédito tributário, a representação fiscal para fins penais somente será encaminhada ao Ministério Público após a exclusão da pessoa física ou jurídica do parcelamento.
§2º **É suspensa a pretensão punitiva do Estado referente aos crimes previstos no *caput*, durante o período em que a pessoa física ou a pessoa jurídica relacionada com o agente dos aludidos crimes estiver incluída no parcelamento, desde que o pedido de parcelamento tenha sido formalizado antes do recebimento da denúncia criminal.**
§3º **A prescrição criminal não corre durante o período de suspensão da pretensão punitiva.**

SUSPENSÃO DA PRETENSÃO PUNITIVA	EXTINÇÃO DA PUNIBILIDADE
Parcelamento do crédito tributário, desde que o pedido de parcelamento tenha sido formalizado **antes do recebimento da denúncia**. Durante a suspensão, não corre prescrição.	**Pagamento integral** dos débitos, **a qualquer tempo** (até mesmo após o trânsito em julgado).

PERDÃO JUDICIAL (ART. 337-A, §2º)
►Art. 337-A, §2º - É facultado ao juiz deixar de aplicar a pena ou aplicar somente a de multa se o agente for primário e de bons antecedentes, desde que: ***I – (vetado)***   ***II – o valor das contribuições devidas, inclusive acessórios, seja igual ou inferior àquele estabelecido pela previdência social, administrativamente, como sendo o mínimo para o ajuizamento de suas execuções fiscais.***   Dispositivo de pouca aplicação, pois nesses casos é mais benéfica ao réu a aplicação do princípio da insignificância, a afastar a tipicidade material do crime.

CAUSA ESPECIAL DE DIMINUIÇÃO DE PENA OU APLICAÇÃO DA PENA DE MULTA (ART. 337-A, §3º)
►Art. 337-A, §3º - Se o empregador não é pessoa jurídica e sua folha de pagamento mensal não ultrapassa R$ 1.510,00, o juiz poderá reduzir a pena de 1/3 até a metade ou aplicar apenas a de multa.   ***§4º - O valor a que se refere o parágrafo anterior será reajustado nas mesmas datas e nos mesmos índices do reajuste dos benefícios da previdência social.***   Dispositivo de pouca aplicação, pois nesses casos é mais benéfica ao réu a aplicação do princípio da insignificância, a afastar a tipicidade material do crime.

§4º Extingue-se a punibilidade dos crimes referidos no *caput* quando a pessoa física ou a pessoa jurídica relacionada com o agente efetuar o pagamento integral dos débitos oriundos de tributos, inclusive acessórios, que tiverem sido objeto de concessão de parcelamento.
§5º O disposto nos §§1º a 4º não se aplica nas hipóteses de vedação legal de parcelamento.
§6º As disposições contidas no *caput* do art. 34 da Lei no 9.249, de 26 de dezembro de 1995, aplicam-se aos processos administrativos e aos inquéritos e processos em curso, desde que não recebida a denúncia pelo juiz.

SONEGAÇÃO DE CONTRIBUIÇÃO PREVIDENCIÁRIA – TEMAS RELEVANTES	
Súmula vinculante 24	A sonegação de contribuição previdenciária é um crime tributário **material**. Logo, **aplica-se** a súmula vinculante 24. ▪ Súmula Vinculante 24: Não se tipifica crime material contra a ordem tributária, previsto no art. 1º, incisos I a IV, da Lei nº 8.137/90, antes do lançamento definitivo do tributo.
Extinção da punibilidade	Atualmente, o STF[79] e o STJ[80] concordam que **o pagamento integral do débito tributário, a qualquer tempo, até mesmo após o trânsito em julgado da condenação, é causa de extinção da punibilidade do agente**.
Adesão ao REFIS	Para o STF[81] e o STJ[82], **o parcelamento (ex.: adesão ao REFIS) não extingue a punibilidade. É necessária a quitação integral do débito.** Na verdade, o parcelamento **suspende** a pretensão punitiva do Estado, desde que o pedido de parcelamento tenha sido formalizado **antes do recebimento da denúncia**. Durante o período de suspensão, **não corre prescrição.**
Princípio da insignificância	Para o STJ, deve ser aplicado nos mesmos moldes em que é aplicado ao crime de descaminho (atualmente, até **R$ 20.000**[83]).
Inciso I	"Para a configuração do crime previsto no inciso I do art. 337-A do CP, é preciso conjugar a supressão ou redução da contribuição previdenciária com a conduta fraudulenta de omitir, excluir os segurados de folhas de pagamento ou documentação pertinente, para a redução tributária. Indicando as instâncias ordinárias que a empresa procedeu à anotação das remunerações em folhas de pagamento e na escrituração contábil, apenas descumprindo a obrigação acessória de lançar os montantes nas GFIPS, tem-se simples hipótese de não pagamento da contribuição previdenciária - fato atípico"[84].
Prefeitos	O prefeito municipal pode, em tese, ser sujeito ativo do delito de sonegação de contribuição previdenciária[85].

79. STF, RHC 128245, Rel. Min. Dias Toffoli, 2ª Turma, j. 23/08/2016.
80. STJ, RHC 91237/SP, Rel. Min. Reynaldo Soares da Fonseca, 5ª Turma, j. 20/02/2018.
81. HC 99943/RS, Rel. Min. Joaquim Barbosa, 2ª Turma, j. 08/02/2011.
82. STJ, AgRg no REsp 1245008/RJ, Rel. Min. Nefi Cordeiro, 6ª Turma, j. 15/03/2016.
83. STJ, REsp 1709029/MG, Rel. Min. Sebastião Reis Júnior, 3ª Seção, j. 28/02/2018. Recurso repetitivo.
84. STJ, REsp 1171750/SP, Rel. Min. Nefi Cordeiro, 6ª Turma, j. 20/10/2015.
85. STJ, RHC 43741/RJ, Rel. Min. Nefi Cordeiro, 6ª Turma, j. 13/03/2016.

SONEGAÇÃO DE CONTRIBUIÇÃO PREVIDENCIÁRIA – TEMAS RELEVANTES	
Crime continuado e apropriação indébita previdenciária	Não parece haver um consenso no STJ quanto à (im)possibilidade de reconhecimento da continuidade delitiva entre os crimes de sonegação de contribuição previdenciária e apropriação indébita previdenciária. Recentemente, a 5ª Turma negou o reconhecimento[86]. Em contrapartida, há julgado mais antigo da 6ª Turma que reconhece a continuidade delitiva entre os crimes[87].
Dosimetria	"O elevado prejuízo causado aos cofres públicos constitui fundamentação idônea para a exasperação da pena-base em razão da desfavorabilidade das consequências do delito"[88].
Lei 14.112/2020	De acordo com a nova Lei de Falência (Lei 14.112/2020), o empresário ou a sociedade empresária que pleitear ou tiver deferido o processamento da recuperação judicial, nos termos dos 51, 52 e 70 da Lei 11.101/2005, poderá liquidar os seus débitos para com a Fazenda Nacional existentes, ainda que não vencidos até a data do protocolo da petição inicial da recuperação judicial, de natureza tributária ou não tributária, constituídos ou não, inscritos ou não em dívida ativa. O pagamento pode ser realizado mediante parcelamento da dívida consolidada, nos moldes dos artigos 10-A, 10-B e 10-C da Lei 10.522/2002 (introduzidos pela Lei 14.112/2020). A adesão ao parcelamento enseja a suspensão da pretensão punitiva, podendo gerar extinção da punibilidade do crime tributário (caso haja a quitação do débito) ou a retomada da persecução penal (se descumpridos os seus termos).
Inexigibilidade de conduta diversa	O STF já decidiu que "a inexigibilidade de conduta diversa consistente na precária condição financeira da empresa, **quando extrema** ao ponto de não restar alternativa socialmente menos danosa do que o não recolhimento das contribuições previdenciárias, **pode ser admitida** como causa supralegal de exclusão da culpabilidade do agente"[89]. Todavia, o STJ[90] possui julgado recente em sentido contrário.

86. "Os delitos de apropriação indébita previdenciária e de sonegação de contribuição previdenciária, previsto nos arts. 168-A e 337-A, ambos do CP, **embora sejam do mesmo gênero, são de espécies diversas, porquanto os tipos penais descrevem condutas absolutamente distintas**. II - Esta Corte Superior tem entendimento consolidado no sentido de que é impossível o reconhecimento da continuidade delitiva entre crimes de espécies distintas (STJ, AgRg no AREsp 1172428/SP, Rel. Min. Felix Fischer, 5ª Turma, j. 12/06/2018).
87. STJ, REsp 859050/RS, Rel. Min. Rogerio Schietti Cruz, 6ª Turma, j. 03/12/2013.
88. STJ, AgRg no AREsp 840609/SP, Rel. Min. Jorge Mussi, 5ª Turma, j. 14/03/2017.
89. STF, HC 113418/PB, Rel. Min. Luiz Fux, 1ª Turma, j. 24/09/2013.
90. "**Não é possível a aplicação da referida excludente de culpabilidade ao delito do art. 337-A do CP**, porque a supressão ou redução da contribuição social e quaisquer acessórios são implementadas por meio de condutas

COMPETÊNCIA	
Justiça Federal	**Justiça Estadual**
Regra geral, pois se trata de crime detrimento de interesse da União[91].	Quando se tratar de contribuição para custeio do regime previdenciário dos servidores dos Estados, DF e Municípios[92].

fraudulentas – incompatíveis com a boa-fé - instrumentais à evasão, descritas nos incisos do *caput* da norma incriminadora" (STJ, AgRg no AREsp 1156788/SP, Rel. Min. Reynaldo Soares da Fonseca, 5ª Turma, j. 14/11/2017).

91. Art. 149 da CF/88: "compete exclusivamente à União instituir contribuições sociais, de intervenção no domínio econômico e de interesse das categorias profissionais ou econômicas, como instrumento de sua atuação nas respectivas áreas, observado o disposto nos arts. 146, III, e 150, I e III, e sem prejuízo do previsto no art. 195, § 6º, relativamente às contribuições a que alude o dispositivo".

92 Art. 149, §1º da CF/88: "os Estados, o Distrito Federal e os Municípios instituirão contribuição, cobrada de seus servidores, para o custeio, em benefício destes, do regime previdenciário de que trata o art. 40, cuja alíquota não será inferior à da contribuição dos servidores titulares de cargos efetivos da União".

2-A

DOS CRIMES PRATICADOS POR PARTICULAR CONTRA A ADMINISTRAÇÃO PÚBLICA ESTRANGEIRA

CONVENÇÃO SOBRE O COMBATE DA CORRUPÇÃO DE FUNCIONÁRIOS PÚBLICOS ESTRANGEIROS EM TRANSAÇÕES COMERCIAIS INTERNACIONAIS
Com o Decreto 3.678/2000 foi promulgada a **Convenção sobre o Combate da Corrupção de Funcionários Públicos Estrangeiros em Transações Comerciais Internacionais.** De acordo com o item 1 "cada Parte deverá tomar todas as medidas necessárias ao estabelecimento de que, segundo suas leis, é delito criminal qualquer pessoa intencionalmente oferecer, prometer ou dar qualquer vantagem pecuniária indevida ou de outra natureza, seja diretamente ou por intermediários, a um funcionário público estrangeiro, para esse funcionário ou para terceiros, causando a ação ou a omissão do funcionário no desempenho de suas funções oficiais, com a finalidade de realizar ou dificultar transações ou obter outra vantagem ilícita na condução de negócios internacionais". O **capítulo II-A**, incluído no CP pela **Lei 10.467/2002**, foi um reflexo da Convenção.

NORMA PENAL EXPLICATIVA (ART. 337-D)
►***Art. 337-D. Considera-se funcionário público estrangeiro, para os efeitos penais, quem, ainda que transitoriamente ou sem remuneração, exerce cargo, emprego ou função pública em entidades estatais ou em representações diplomáticas de país estrangeiro.*** ***Parágrafo único. Equipara-se a funcionário público estrangeiro quem exerce cargo, emprego ou função em empresas controladas, diretamente ou indiretamente, pelo Poder Público de país estrangeiro ou em organizações públicas internacionais.***

CORRUPÇÃO ATIVA EM TRANSAÇÃO COMERCIAL INTERNACIONAL (ART. 337-B)	
► ***Art. 337-B. Prometer, oferecer ou dar, direta ou indiretamente, vantagem indevida a funcionário público estrangeiro, ou a terceira pessoa, para determiná-lo a praticar, omitir ou retardar ato de ofício relacionado à transação comercial internacional:*** ***Pena – reclusão, de 1 a 8 anos, e multa.***	
Tipicidade	**Tipo misto alternativo ou crime de ação múltipla ou de conteúdo variado**: se o agente praticar mais de um núcleo do art. 337-B no mesmo contexto, responderá por **crime único**. É desnecessária a punição do funcionário público estrangeiro pelo crime de corrupção passiva segundo a lei de seu país.
Bem jurídico	A Administração Pública estrangeira.
Sujeito ativo	Qualquer pessoa (crime **comum**).
Sujeito passivo	O país estrangeiro.
Elemento subjetivo	Dolo, direto ou eventual. Finalidade específica: *"para determiná-lo a praticar, omitir ou retardar ato de ofício relacionado à transação comercial internacional"*. Não há modalidade culposa.
Consumação	Ocorre com a promessa ou o oferecimento (crime **formal**) ou com a efetiva entrega de vantagem indevida (crime **material**) a funcionário público estrangeiro ou a terceira pessoa. Em qualquer caso, o crime é **instantâneo**. Admite tentativa (crime **plurissubsistente**).
Omissão	Pode ser praticado na forma omissiva (omissão **imprópria**).
Execução	Crime de forma livre.
Concurso de pessoas	Crime de concurso eventual (**unissubjetivo**).
Competência	Juízo comum.
Lei 9.099/95	Não é infração de menor potencial ofensivo, mas admite suspensão condicional do processo (se preenchidos os requisitos do art. 89 da Lei 9.099/95).
Ação penal	Pública incondicionada.
ANPP	É cabível o acordo de não persecução penal, se preenchidos os requisitos do art. 28-A do CPP.

CAUSA ESPECIAL DE AUMENTO DE PENA (ART. 337-B, PARÁGRAFO ÚNICO)
► ***Art. 337-B, parágrafo único - A pena é aumentada de 1/3 se, em razão da vantagem ou promessa, o funcionário público estrangeiro retarda ou omite o ato de ofício, ou o pratica infringindo dever funcional.*** O crime consuma-se quando o sujeito promete, oferece ou dá vantagem indevida a funcionário público estrangeiro ou a terceira pessoa, para determiná-lo a praticar, omitir ou retardar ato de ofício relacionado à transação comercial internacional. Todavia, é inegável que a conduta é mais reprovável quando o funcionário público estrangeiro **efetivamente** retarda ou deixa de praticar qualquer ato de ofício ou o pratica infringindo dever funcional (**exaurimento** do crime), razão pela qual a pena deve ser majorada.

CORRUPÇÃO ATIVA EM TRANSAÇÃO COMERCIAL INTERNACIONAL - TEMAS RELEVANTES	
Pessoa jurídica	Segundo a Convenção, "cada Parte deverá tomar todas as **medidas necessárias ao estabelecimento das responsabilidades de pessoas jurídicas** pela corrupção de funcionário público estrangeiro, de acordo com seus princípios jurídicos" (art. 2). Todavia, no direito brasileiro, a responsabilização da pessoa jurídica está prevista no art. 225, §3º da CF/88[1] e restringe-se aos crimes ambientais. A solução é aplicar o art. 3, item 2[2].

CORRUPÇÃO ATIVA (ART. 333)	CORRUPÇÃO ATIVA EM TRANSAÇÃO COMERCIAL INTERNACIONAL (ART. 337-B)
► ***Art. 333. Oferecer ou prometer vantagem indevida a funcionário público, para determiná-lo a praticar, omitir ou retardar ato de ofício: Pena – reclusão, de 2 a 12 anos, e multa.***	► ***Art. 337-B. Prometer, oferecer ou dar, direta ou indiretamente, vantagem indevida a funcionário público estrangeiro, ou a terceira pessoa, para determiná-lo a praticar, omitir ou retardar ato de ofício relacionado à transação comercial internacional: Pena – reclusão, de 1 a 8 anos, e multa.***

1. Art. 225, §3º. As condutas e atividades consideradas lesivas ao meio ambiente sujeitarão os infratores, pessoas físicas ou **jurídicas**, a sanções penais e administrativas, independentemente da obrigação de reparar os danos causados.
2. 2. Caso a responsabilidade criminal, sob o sistema jurídico da Parte, não se aplique a pessoas jurídicas, a Parte deverá assegurar que as pessoas jurídicas estarão sujeitas a sanções não-criminais efetivas, proporcionais e dissuasivas contra a corrupção de funcionário público estrangeiro, inclusive sanções financeiras.

CORRUPÇÃO ATIVA (ART. 333)	CORRUPÇÃO ATIVA EM TRANSAÇÃO COMERCIAL INTERNACIONAL (ART. 337-B)
Pune apenas o sujeito que **oferece ou promete** vantagem indevida a funcionário público.	Pune também o sujeito que **dá** vantagem indevida a funcionário público estrangeiro.
O destinatário da vantagem é apenas o funcionário público.	O destinatário da vantagem pode ser terceira pessoa, em consonância com o art. 1, item 1 da Convenção.

TRÁFICO DE INFLUÊNCIA EM TRANSAÇÃO COMERCIAL INTERNACIONAL (ART. 337-C)	
►Art. 337-C. Solicitar, exigir, cobrar ou obter, para si ou para outrem, direta ou indiretamente, vantagem ou promessa de vantagem a pretexto de influir em ato praticado por funcionário público estrangeiro no exercício de suas funções, relacionado a transação comercial internacional: ***Pena – reclusão, de 2 a 5 anos, e multa.***	
Tipicidade	**Tipo misto alternativo ou crime de ação múltipla ou de conteúdo variado**: se o agente praticar mais de um núcleo do art. 337-C no mesmo contexto, responderá por **crime único**.
Bem jurídico	A Administração Pública estrangeira.
Sujeito ativo	Qualquer pessoa (crime **comum**).
Sujeito passivo	O país estrangeiro.
Elemento subjetivo	Dolo, direto ou eventual. Não há finalidade específica. Não há modalidade culposa.
Consumação	Ocorre com a solicitação, exigência, cobrança (crime **formal**) ou com a obtenção de vantagem ou promessa de vantagem (crime **material**). Em qualquer caso, o crime é **instantâneo**. Admite tentativa (crime **plurissubsistente**).
Omissão	Pode ser praticado na forma omissiva (omissão **imprópria**).
Execução	Crime de forma livre.

TRÁFICO DE INFLUÊNCIA EM TRANSAÇÃO COMERCIAL INTERNACIONAL (ART. 337-C)	
Concurso de pessoas	Crime de concurso eventual (**unissubjetivo**).
Competência	Juízo comum.
Lei 9.099/95	Não é infração de menor potencial ofensivo.
Ação penal	Pública incondicionada.
ANPP	É cabível o acordo de não persecução penal, se preenchidos os requisitos do art. 28-A do CPP.

CAUSA ESPECIAL DE AUMENTO DE PENA (ART. 337-C, PARÁGRAFO ÚNICO)
►***Art. 337-C, parágrafo único - A pena é aumentada da metade, se o agente alega ou insinua que a vantagem é também destinada a funcionário estrangeiro.***

2-B

DOS CRIMES EM LICITAÇÕES E CONTRATOS ADMINISTRATIVOS

A LICITAÇÃO NA CF/88
Ao tratar da Administração Pública, a CF/88, no art. 37, estabelece que "a administração pública direta e indireta de qualquer dos Poderes da União, dos Estados, do Distrito Federal e dos Municípios obedecerá aos princípios de legalidade, impessoalidade, moralidade, publicidade e eficiência e, também, ao seguinte: [...] XXI - ressalvados os casos especificados na legislação, **as obras, serviços, compras e alienações serão contratados mediante processo de licitação pública** que assegure igualdade de condições a todos os concorrentes, com cláusulas que estabeleçam obrigações de pagamento, mantidas as condições efetivas da proposta, nos termos da lei, o qual somente permitirá as exigências de qualificação técnica e econômica indispensáveis à garantia do cumprimento das obrigações".

LEIS SOBRE O TEMA
A Lei 8.666/1993 esmiuçava as normas gerais de licitações e contratações públicas. Tratava, inclusive, de aspectos penais (crimes previstos nos arts. 89 a 98) e processuais penais (arts. 100 a 108) específicos. Há, ainda, outras normas, a exemplo da Lei 10.520/02 (normas gerais sobre a modalidade pregão) e 12.462/11(Regime Diferenciado de Contratações Públicas – RDC).

LEI 14.133/2021
Recentemente, sobreveio a Lei 14.133/2021, que **revogou os arts. 89 a 108 da Lei 8.666/93** (aspectos penais e processuais penais) **na data de sua publicação**. Ao título XI do CP ("Dos crimes contra a Administração Pública"), foi acrescentado o **capítulo II-B** ("crimes em licitações e contratos administrativos"), composto por **onze crimes** (arts. 337-E ao 337-O).
Em geral, os preceitos primários dos delitos assemelham-se bastante aos da Lei 8.666/93. Eis um caso clássico de **continuidade típico-normativa**: os tipos penais previstos na Lei 8.666/93 migraram para o CP, não podendo se falar em *abolitio criminis*. O que se observa é uma sensível diferença nos preceitos secundários, majoritariamente mais gravosos (*novatio legis in pejus*). Esses detalhes serão estudados crime a crime. Houve, ainda, a criação de um novo tipo penal sem correspondência na Lei 8.666/96 (***novatio legis* incriminadora**): omissão grave de dado ou de informação por projetista (art. 337-O).
Em relação às outras disposições, a Lei 14.133/2021 revogou a Lei 8.666/1993, a Lei 10.520/2002 e os arts. 1º ao 47-A da Lei 12.462/2011 em 30/12/2023 (período de *vacatio legis* estabelecido pela LC 198/2023).

PENA DE MULTA
A Lei 14.133/2021 também trouxe uma regra específica no tocante à aplicação da pena de multa. ***►Art. 337-P. A pena de multa cominada aos crimes previstos neste Capítulo seguirá a metodologia de cálculo prevista neste Código e não poderá ser inferior a 2% do valor do contrato licitado ou celebrado com contratação direta.*** Em síntese: considera-se o sistema bifásico de dias-multa do CP (sobre a fixação da pena de multa, ver capítulo correspondente). Se o valor alcançado para a multa for superior a 2% do valor do contrato licitado ou celebrado com contratação direta, não haverá problemas. Se for inferior, o juiz deverá fixá-lo em 2%, atendendo à regra especial.

CONTRATAÇÃO DIRETA ILEGAL	
Art. 89 da Lei 8.666/93	**Art. 337-E do CP (Lei 14.133/2021)**
Art. 89. Dispensar ou inexigir licitação fora das hipóteses previstas em lei, ou deixar de observar as formalidades pertinentes à dispensa ou à inexigibilidade: Pena - detenção, de **3 a 5 anos**, e multa.	**Contratação direta ilegal** ***►Art. 337-E. Admitir, possibilitar ou dar causa à contratação direta fora das hipóteses previstas em lei:*** ***Pena – reclusão, de 4 a 8 anos, e multa.***
Parágrafo único. Na mesma pena incorre aquele que, tendo comprovadamente concorrido para a consumação da ilegalidade, beneficiou-se da dispensa ou inexigibilidade ilegal, para celebrar contrato com o Poder Público.	–

CONTRATAÇÃO DIRETA ILEGAL (ART. 337-E)	
►Art. 337-E. Admitir, possibilitar ou dar causa à contratação direta fora das hipóteses previstas em lei: ***Pena – reclusão, de 4 a 8 anos, e multa.***	
Tipicidade	É ***novatio legis in pejus*** em relação ao **art. 89 da Lei 8.666/93**. A regra para a contratação pelo poder público é que os contratos sejam precedidos de licitação, assegurando a concorrência entre os participantes, com o objetivo de obter a proposta mais vantajosa para a Administração Pública. É o mais comum dos crimes contra a licitação.
Bem jurídico	A Administração Pública, em especial a lisura do processo licitatório e das contratações.
Sujeito ativo	O agente público que detém poderes de decidir sobre a dispensa ou a inexigibilidade da licitação (crime **próprio**).
Sujeito passivo	O Estado.

CONTRATAÇÃO DIRETA ILEGAL (ART. 337-E)	
Elemento subjetivo	Dolo, direto ou eventual. Sob a égide da Lei 8.666/93, o STF[1] e o STJ[2] consolidaram o entendimento de que o tipo penal previsto no art. 89 (correspondente ao art. 337-E) exige a demonstração do **dolo específico**, ou seja, **a intenção de causar dano ao erário**. Não há modalidade culposa.
Consumação	Ocorre quando o sujeito admite, possibilita ou dá causa à contratação fora das hipóteses previstas em lei. Há discussão sobre a necessidade de efetivo dano ao erário (próxima tabela). Admite tentativa (crime **plurissubsistente**).
Omissão	Pode ser praticado na forma omissiva (omissão **imprópria**).
Execução	Crime de forma livre.
Concurso de pessoas	Crime de concurso eventual (**unissubjetivo**).
Competência	Juízo comum.
Lei 9.099/95	Não é infração de menor potencial ofensivo.
Ação penal	Pública incondicionada.
ANPP	Não é cabível o acordo de não persecução penal.

CONSUMAÇÃO E DANO AO ERÁRIO	
Em relação ao crime previsto no art. 89 da Lei 8.666/93 (correspondente ao art. 337-E do CP), a jurisprudência dividia-se quanto à necessidade de resultado danoso (dano ao erário) para a consumação.	
2ª Turma do STF[3] e STJ[4]	**1ª Turma do STF[5]**
A consumação depende da efetiva ocorrência de prejuízo aos cofres públicos. O crime é **material**.	O delito pode se consumar ainda que não ocorra dano ao erário. O crime é **formal**.

1. STF, Inq 3965, Rel. Min. Teori Zavascki, 2ª Turma, j. 22/11/2016; STF, AP 580/SP, Rel. orig. Min. Rosa Weber, red. p/ o ac. Min. Roberto Barroso, 1ª Turma, j. 13/12/2016.
2. STJ, HC 588359/PE, Rel. Min. Sebastião Reis Júnior, 6ª Turma, j. 08/09/2020.
3. STF, Inq 3731/DF, Rel. Min. Gilmar Mendes, 2ª Turma, j. 02/02/2016 (Info 813).
4. STJ, HC 588359/PE, Rel. Min. Sebastião Reis Júnior, 6ª Turma, j. 08/09/2020.
5. STF, RE 696533/SC, rel. orig. Min. Luiz Fux, red. p/ o ac. Min. Roberto Barroso, 1ª Turma, j. 06/02/2018; STF, AP 580/SP, Rel. orig. Min. Rosa Weber, red. p/ o ac. Min. Roberto Barroso, 1ª Turma, j. 13/12/2016.

TEMAS RELEVANTES	
Crime praticado por Prefeito	Segundo o art. 1º, XI, do Decreto-lei 201/1967, comete crime o Prefeito que adquire bens ou realiza serviços e obras, sem concorrência ou coleta de preços, nos casos exigidos em lei. Na vigência da Lei 8.666/93, o STJ consolidou o entendimento de que o art. 89 da Lei "revogou o inciso XI do art. 1º do Decreto-Lei n. 201/1967, devendo, portanto, ser aplicado às condutas típicas praticadas por prefeitos após sua vigência"[6].
Parecer	Há diversos precedentes do STF no sentido de que o parecer jurídico do órgão técnico especializado, favorável à inexigibilidade ou à dispensa, **impede a tipificação** criminosa por afastar o **dolo específico**[7]. Ressalvam-se os casos em que há elementos que indiquem a possibilidade de desvio de finalidade ou de conluio entre o gestor e o responsável pelo parecer.

FRUSTRAÇÃO DO CARÁTER COMPETITIVO DA LICITAÇÃO	
Art. 90 da Lei 8.666/93	**Art. 337-F do CP (Lei 14.133/2021)**
Art. 90. Frustrar ou fraudar, mediante ajuste, combinação ou qualquer outro expediente, o caráter competitivo do procedimento licitatório, com o intuito de obter, para si ou para outrem, vantagem decorrente da adjudicação do objeto da licitação: Pena - detenção, de 2 a 4 anos, e multa.	**Frustração do caráter competitivo de licitação** ► ***Art. 337-F. Frustrar ou fraudar, com o intuito de obter para si ou para outrem vantagem decorrente da adjudicação do objeto da licitação, o caráter competitivo do processo licitatório:*** ***Pena – reclusão, de 4 anos a 8 anos, e multa.***

6. STJ, EDcl no AgRg no REsp 1745232/CE, Rel. Min. Reynaldo Soares da Fonseca, 5ª Turma, j. 09/10/2018.
7. STF, Inq 3674/RJ, Rel. Min. Luiz Fux, 1ª Turma, j. 07/03/2017. No mesmo sentido: STF, Inq 2482/MG, re. orig. Min. Ayres Britto, red. p/ o ac. Min. Luiz Fux, Pleno, j. 15/09/2011.

FRUSTRAÇÃO DO CARÁTER COMPETITIVO DE LICITAÇÃO (ART. 337-F)	
►***Art. 337-F. Frustrar ou fraudar, com o intuito de obter para si ou para outrem vantagem decorrente da adjudicação do objeto da licitação, o caráter competitivo do processo licitatório:*** ***Pena – reclusão, de 4 anos a 8 anos, e multa.***	
Tipicidade	É ***novatio legis in pejus*** em relação ao **art. 90 da Lei 8.666/93**. O tipo penal salvaguarda o tratamento isonômico entre os licitantes, bem como a justa competição (objetivos do processo licitatório - art. 11, II, da Lei 14.133/2021). Ex.: "a escolha de modalidade licitatória diversa daquela exigida pela lei, com o fracionamento de despesa, constitui fraude ao caráter competitivo inerente à licitação"[8].
Bem jurídico	A Administração Pública, em especial a lisura do processo licitatório.
Sujeito ativo	Qualquer pessoa (crime **comum**[9]).
Sujeito passivo	O Estado.
Elemento subjetivo	Dolo, direto ou eventual. Há finalidade específica ("***com o intuito de obter para si ou para outrem vantagem decorrente da adjudicação do objeto da licitação***"). Não há modalidade culposa.
Consumação	Ocorre com a simples quebra do caráter competitivo entre os licitantes interessados em contratar, causada pela frustração ou pela fraude no processo licitatório (crime **formal**). O STF[10] e o STJ[11] concordam que é **desnecessário efetivo prejuízo ao erário**. Admite tentativa (crime **plurissubsistente**).
Omissão	Pode ser praticado na forma omissiva (omissão **imprópria**).
Execução	Crime de forma livre.
Concurso de pessoas	Crime de concurso eventual (**unissubjetivo**).

8. STF, AP 565/RO, Rel. Min. Cármen Lúcia, Pleno, j. 08/08/2013.
9. "O crime previsto no art. 90 da Lei n. 8.666/1993 classifica-se como **comum**, não se exigindo do sujeito ativo nenhuma característica específica, podendo ser praticado por qualquer pessoa que participe do certame" (STJ, AgRg no REsp 1795894/PB, Rel. Min. Antonio Saldanha Palheiro, 6ª Turma, j. 26/03/2019).
10. STF, RE 696533/SC, rel. orig. Min. Luiz Fux, red. p/ o ac. Min. Roberto Barroso, 1ª Turma, j. 06/02/2018.
11. STJ, AgRg no REsp 1824310/MG, Rel. Min. Sebastião Reis Júnior, 6ª Turma, j. 09/06/2020.

FRUSTRAÇÃO DO CARÁTER COMPETITIVO DE LICITAÇÃO (ART. 337-F)	
Competência	Juízo comum.
Lei 9.099/95	Não é infração de menor potencial ofensivo.
Ação penal	Pública incondicionada.
ANPP	Não é cabível o acordo de não persecução penal.

ENTENDIMENTOS DO STJ ACERCA DO ART. 90 DA LEI 8.666/93	
Violação de dever inerente à função pública	Em relação ao crime correspondente previsto na Lei 8.666/96 (art. 90), o STJ consolidou o entendimento de que é **possível a incidência da agravante genérica** prevista no art. 61, II, *g*, do CP quando violado dever inerente à função pública, circunstância que não integra o tipo penal[12].
Crime formal	Recentemente (10/02/2021), porém ainda sob a vigência da Lei 8.666/93, o STJ editou a seguinte súmula: ■ Súmula 645 do STJ: O crime de fraude à licitação é formal, e sua consumação prescinde da comprovação do prejuízo ou da obtenção de vantagem.
Prescrição	Ainda em relação ao crime correspondente previsto na Lei 8.666/96 (art. 90), o STJ decidiu que "o termo inicial para contagem do prazo prescricional deve ser a **data em que o contrato administrativo foi efetivamente assinado**"[13].

PATROCÍNIO DE CONTRATAÇÃO INDEVIDA	
Art. 91 da Lei 8.666/93	**Art. 337-G do CP (Lei 14.133/2021)**
Art. 91. Patrocinar, direta ou indiretamente, interesse privado perante a Administração, dando causa à instauração de licitação ou à celebração de contrato, cuja invalidação vier a ser decretada pelo Poder Judiciário: Pena - detenção, de 6 meses a 2 anos, e multa.	**Patrocínio de contratação indevida** ***▶Art. 337-G. Patrocinar, direta ou indiretamente, interesse privado perante a Administração Pública, dando causa à instauração de licitação ou à celebração de contrato cuja invalidação vier a ser decretada pelo Poder Judiciário: Pena – reclusão, de 6 meses a 3 anos, e multa.***

12. STJ, AgRg no REsp 1793069/PR, Rel. Min. Jorge Mussi, 5ª Turma, j. 10/09/2019.
13. STJ, HC 484690/SC, Rel. Min. Ribeiro Dantas, 5ª Turma, j. 30/05/2019.

PATROCÍNIO DE CONTRATAÇÃO INDEVIDA (ART. 337-G)	
► ***Art. 337-G. Patrocinar, direta ou indiretamente, interesse privado perante a Administração Pública, dando causa à instauração de licitação ou à celebração de contrato cuja invalidação vier a ser decretada pelo Poder Judiciário:*** ***Pena – reclusão, de 6 meses a 3 anos, e multa.***	
Tipicidade	É ***novatio legis in pejus*** em relação ao **art. 91 da Lei 8.666/93.** Tanto faz se o "***interesse privado***" e alheio patrocinado é legítimo ou ilegítimo. Assemelha-se ao crime de advocacia administrativa (art. 321 – ver próxima tabela).
Bem jurídico	A Administração Pública, em especial a lisura do processo licitatório e das contratações.
Sujeito ativo	O funcionário público (crime **próprio**).
Sujeito passivo	O Estado.
Elemento subjetivo	Dolo, direto ou eventual. Não há finalidade específica. Não há modalidade culposa.
Consumação	Ocorre com a prática de um ato inequívoco de patrocínio, direto ou indireto, de interesse privado perante a Administração Pública. Depende, ainda, da instauração de licitação ou da celebração de contrato, e da invalidação da licitação ou do contrato pelo Poder Judiciário (**condição objetiva de punibilidade**). O crime é **material**. Não há consenso quanto à possibilidade de configuração da modalidade tentada.
Omissão	Pode ser praticado na forma omissiva (omissão **imprópria**).
Execução	Crime de forma livre.
Concurso de pessoas	Crime de concurso eventual (**unissubjetivo**).
Competência	Juízo comum.
Lei 9.099/95	Não é infração de menor potencial ofensivo, mas admite suspensão condicional do processo (se preenchidos os requisitos do art. 89 da Lei 9.099/95).
Ação penal	Pública incondicionada.
ANPP	É cabível o acordo de não persecução penal, se preenchidos os requisitos do art. 28-A do CPP.

ADVOCACIA ADMINISTRATIVA (ART. 321)	PATROCÍNIO DE CONTRATAÇÃO INDEVIDA (ART. 337-G)
►Art. 321. Patrocinar, direta ou indiretamente, interesse privado perante a administração pública, valendo-se da qualidade de funcionário: ***Pena - detenção, de 1 a 3 meses, ou multa.*** ***Parágrafo único - Se o interesse é ilegítimo:*** ***Pena - detenção, de 3 meses a 1 ano, além da multa.***	***►Art. 337-G. Patrocinar, direta ou indiretamente, interesse privado perante a Administração Pública, dando causa à instauração de licitação ou à celebração de contrato cuja invalidação vier a ser decretada pelo Poder Judiciário:*** ***Pena – reclusão, de 6 meses a 3 anos, e multa.***

MODIFICAÇÃO OU PAGAMENTO IRREGULAR EM CONTRATO ADMINISTRATIVO	
Art. 92 da Lei 8.666/93	**Art. 337-H do CP (Lei 14.133/2021)**
Art. 92. Admitir, possibilitar ou dar causa a qualquer modificação ou vantagem, inclusive prorrogação contratual, em favor do adjudicatário, durante a execução dos contratos celebrados com o Poder Público, sem autorização em lei, no ato convocatório da licitação ou nos respectivos instrumentos contratuais, ou, ainda, pagar fatura com preterição da ordem cronológica de sua exigibilidade, observado o disposto no art. 121 desta Lei: Pena - detenção, de 2 a 4 anos, e multa.	**Modificação ou pagamento irregular em contrato administrativo** ***►Art. 337-H. Admitir, possibilitar ou dar causa a qualquer modificação ou vantagem, inclusive prorrogação contratual, em favor do contratado, durante a execução dos contratos celebrados com a Administração Pública, sem autorização em lei, no edital da licitação ou nos respectivos instrumentos contratuais, ou, ainda, pagar fatura com preterição da ordem cronológica de sua exigibilidade:*** ***Pena – reclusão, de 4 anos a 8 anos, e multa.***
Parágrafo único. Incide na mesma pena o contratado que, tendo comprovadamente concorrido para a consumação da ilegalidade, obtém vantagem indevida ou se beneficia, injustamente, das modificações ou prorrogações contratuais.	-

MODIFICAÇÃO OU PAGAMENTO IRREGULAR EM CONTRATO ADMINISTRATIVO (ART. 337-H)	
► ***Art. 337-H. Admitir, possibilitar ou dar causa a qualquer modificação ou vantagem, inclusive prorrogação contratual, em favor do contratado, durante a execução dos contratos celebrados com a Administração Pública, sem autorização em lei, no edital da licitação ou nos respectivos instrumentos contratuais, ou, ainda, pagar fatura com preterição da ordem cronológica de sua exigibilidade:*** ***Pena – reclusão, de 4 anos a 8 anos, e multa.***	
Tipicidade	É ***novatio legis in pejus*** em relação ao **art. 92** da Lei 8.666/93. A Lei 14.133/2021 disciplina pormenorizadamente a execução dos contratos, os quais apenas poderão ser modificados e/ou prorrogados nas hipóteses previstas em lei, edital ou em suas cláusulas. Já os pagamentos realizados pela Administração devem observar uma ordem cronológica disciplinada nos arts. 140 ao 145 da Lei.
Bem jurídico	A Administração Pública, em especial a lisura dos contratos por ela celebrados.
Sujeito ativo	O funcionário público (crime **próprio**).
Sujeito passivo	O Estado.
Elemento subjetivo	Dolo, direto ou eventual. Sob a égide da Lei 8.666/93, o STJ[14] consolidou o entendimento de que o tipo penal previsto no art. 92 (correspondente ao art. 337-H) exige **o dolo específico de causar dano ao erário**. Não há modalidade culposa.
Consumação	Ocorre quando o sujeito admite, possibilita ou dá causa a indevida modificação ou vantagem, inclusive prorrogação contratual, em favor do contratado, durante a execução do contrato (1ª parte) ou quando paga fatura com preterição da ordem cronológica de sua exigibilidade (2ª parte). Para o STJ[15], a consumação depende de efetivo prejuízo causado à administração pública (crime **material**). Admite tentativa (crime **plurissubsistente**).
Omissão	Pode ser praticado na forma omissiva (omissão **imprópria**).
Execução	Crime de forma livre.

14. STJ, AgRg no AREsp 1279151/RS, Rel. Min. Joel Ilan Paciornik, 5ª Turma, j. 05/09/2019.
15. Idem.

MODIFICAÇÃO OU PAGAMENTO IRREGULAR EM CONTRATO ADMINISTRATIVO (ART. 337-H)	
Concurso de pessoas	Crime de concurso eventual (**unissubjetivo**).
Competência	Juízo comum.
Lei 9.099/95	Não é infração de menor potencial ofensivo.
Ação penal	Pública incondicionada.
ANPP	Não é cabível o acordo de não persecução penal.

PERTURBAÇÃO DE PROCESSO LICITATÓRIO	
Art. 93 da Lei 8.666/93	**Art. 337-I do CP (Lei 14.133/2021)**
Art. 93. Impedir, perturbar ou fraudar a realização de qualquer ato de procedimento licitatório: Pena - detenção, de 6 meses a 2 anos, e multa.	**Perturbação de processo licitatório** ***►Art. 337-I. Impedir, perturbar ou fraudar a realização de qualquer ato de processo licitatório:*** ***Pena – detenção, de 6 meses a 3 anos, e multa.***

PERTURBAÇÃO DE PROCESSO LICITATÓRIO (ART. 337-I)	
►Art. 337-I. Impedir, perturbar ou fraudar a realização de qualquer ato de processo licitatório: ***Pena – detenção, de 6 meses a 3 anos, e multa.***	
Tipicidade	É ***novatio legis in pejus*** em relação ao **art. 93** da Lei 8.666/93. Em relação ao mencionado art. 93, o STJ[16] entende que o crime configura-se apenas se as condutas previstas forem praticadas **no curso** do processo licitatório (à época, "procedimento" licitatório).
Bem jurídico	A Administração Pública, em especial a lisura do processo licitatório.
Sujeito ativo	Qualquer pessoa (crime **comum**).
Sujeito passivo	O Estado.

16. STJ, HC 348414/RN, Rel. Min. Maria Thereza de Assis Moura, 6ª Turma, j. 07/04/2016.

PERTURBAÇÃO DE PROCESSO LICITATÓRIO (ART. 337-I)	
Elemento subjetivo	Dolo, direto ou eventual. Não há finalidade específica. Não há modalidade culposa.
Consumação	Ocorre quando o sujeito impede (crime **material**), perturba (crime **formal**) ou frauda (crime **material**) a realização de qualquer ato de processo licitatório. Admite tentativa (crime **plurissubsistente**).
Omissão	Pode ser praticado na forma omissiva (omissão **imprópria**).
Execução	Crime de forma livre.
Concurso de pessoas	Crime de concurso eventual (**unissubjetivo**).
Competência	Juízo comum.
Lei 9.099/95	Não é infração de menor potencial ofensivo, mas admite suspensão condicional do processo (se preenchidos os requisitos do art. 89 da Lei 9.099/95).
Ação penal	Pública incondicionada.

PERTURBAÇÃO DE PROCESSO LICITATÓRIO (ART. 337-I)	
ANPP	É cabível o acordo de não persecução penal, se preenchidos os requisitos do art. 28-A do CPP.

VIOLAÇÃO DO SIGILO EM LICITAÇÃO	
Art. 94 da Lei 8.666/93	**Art. 337-J do CP (Lei 14.133/2021)**
Art. 94. Devassar o sigilo de proposta apresentada em procedimento licitatório, ou proporcionar a terceiro o ensejo de devassá-lo: Pena - detenção, de 2 a 3 anos, e multa.	**Violação de sigilo em licitação** ***►Art. 337-J. Devassar o sigilo de proposta apresentada em processo licitatório ou proporcionar a terceiro o ensejo de devassá-lo: Pena – detenção, de 2 anos a 3 anos, e multa.***

VIOLAÇÃO DE SIGILO EM LICITAÇÃO (ART. 337-J)	
► ***Art. 337-J. Devassar o sigilo de proposta apresentada em processo licitatório ou proporcionar a terceiro o ensejo de devassá-lo: Pena – detenção, de 2 anos a 3 anos, e multa.***	
Tipicidade	Corresponde ao art. 94 da Lei 8.666/93, **sem alterações.** O art. 13 da Lei 14.133/2021 estabelece que a publicidade será diferida quanto ao conteúdo das propostas, até a respectiva abertura. O sigilo decorre da necessidade de garantir a igualdade entre os licitantes e a impessoalidade do procedimento.
Bem jurídico	A Administração Pública, em especial a lisura do processo licitatório.
Sujeito ativo	Qualquer pessoa (crime **comum**).
Sujeito passivo	O Estado.
Elemento subjetivo	Dolo, direto ou eventual. Não há finalidade específica. Não há modalidade culposa.
Consumação	Ocorre quando o sujeito devassa o sigilo da proposta apresentada em processo licitatório ou permite que terceiro a devasse (crime **formal**). Admite tentativa (crime **plurissubsistente**).
Omissão	Pode ser praticado na forma omissiva (omissão **imprópria**).
Execução	Crime de forma livre.
Concurso de pessoas	Crime de concurso eventual (**unissubjetivo**).
Competência	Juízo comum.
Lei 9.099/95	Não é infração de menor potencial ofensivo.
Ação penal	Pública incondicionada.
ANPP	É cabível o acordo de não persecução penal, se preenchidos os requisitos do art. 28-A do CPP.

DOS CRIMES CONTRA A ADMINISTRAÇÃO PÚBLICA

AFASTAMENTO DE LICITANTE	
Art. 95 da Lei 8.666/93	**Art. 337-K do CP (Lei 14.133/2021)**
Art. 95. Afastar ou procurar afastar licitante, por meio de violência, grave ameaça, fraude ou oferecimento de vantagem de qualquer tipo: Pena - detenção, de 2 a 4 anos, e multa, além da pena correspondente à violência.	**Afastamento de licitante** **► *Art. 337-K. Afastar ou tentar afastar licitante por meio de violência, grave ameaça, fraude ou oferecimento de vantagem de qualquer tipo:*** ***Pena – reclusão, de 3 anos a 5 anos, e multa, além da pena correspondente à violência.***
Parágrafo único. Incorre na mesma pena quem se abstém ou desiste de licitar, em razão da vantagem oferecida.	***Parágrafo único. Incorre na mesma pena quem se abstém ou desiste de licitar em razão de vantagem oferecida.***

AFASTAMENTO DE LICITANTE (ART. 337-K)	
► *Art. 337-K. Afastar ou tentar afastar licitante por meio de violência, grave ameaça, fraude ou oferecimento de vantagem de qualquer tipo:* ***Pena – reclusão, de 3 anos a 5 anos, e multa, além da pena correspondente à violência.***	
Tipicidade	É ***novatio legis in pejus*** em relação ao **art. 95 da Lei 8.666/93**.
Bem jurídico	A Administração Pública, em especial a lisura do processo licitatório.
Sujeito ativo	Qualquer pessoa (crime **comum**).
Sujeito passivo	O Estado.
Elemento subjetivo	Dolo, direto ou eventual. Não há finalidade específica. Não há modalidade culposa.
Consumação	Ocorre com o emprego de violência, grave ameaça, fraude ou oferecimento de vantagem de qualquer tipo para afastar ou tentar afastar licitante (crime **formal**). Admite tentativa (crime **plurissubsistente**). Quanto ao núcleo "***tentar afastar***", temos um exemplo de **crime de atentado**.
Omissão	Pode ser praticado na forma omissiva (omissão **imprópria**).
Execução	Crime de forma livre.

AFASTAMENTO DE LICITANTE (ART. 337-K)	
Concurso de pessoas	Crime de concurso eventual (**unissubjetivo**).
Competência	Juízo comum.
Lei 9.099/95	Não é infração de menor potencial ofensivo.
Ação penal	Pública incondicionada.
ANPP	É cabível o acordo de não persecução penal, se preenchidos os requisitos do art. 28-A do CPP.

CONDUTA EQUIPARADA (ART. 337-K, PARÁGRAFO ÚNICO)
► ***Art. 337-K, parágrafo único - Incorre na mesma pena quem se abstém ou desiste de licitar em razão de vantagem oferecida.***

FRAUDE EM LICITAÇÃO OU CONTRATO	
Art. 96 da Lei 8.666/93	**Art. 337-L do CP (Lei 14.133/2021)**
Art. 96. Fraudar, em prejuízo da Fazenda Pública, licitação instaurada para aquisição ou venda de bens ou mercadorias, ou contrato dela decorrente: I - elevando arbitrariamente os preços; II - vendendo, como verdadeira ou perfeita, mercadoria falsificada ou deteriorada; III - entregando uma mercadoria por outra; IV - alterando substância, qualidade ou quantidade da mercadoria fornecida; V - tornando, por qualquer modo, injustamente, mais onerosa a proposta ou a execução do contrato: Pena - detenção, de 3 a 6 anos, e multa.	**Fraude em licitação ou contrato** ► ***Art. 337-L. Fraudar, em prejuízo da Administração Pública, licitação ou contrato dela decorrente, mediante:*** ***I – entrega de mercadoria ou prestação de serviços com qualidade ou em quantidade diversas das previstas no edital ou nos instrumentos contratuais;*** ***II – fornecimento, como verdadeira ou perfeita, de mercadoria falsificada, deteriorada, inservível para consumo ou com prazo de validade vencido;*** ***III – entrega de uma mercadoria por outra;*** ***IV – alteração da substância, qualidade ou quantidade da mercadoria ou do serviço fornecido;*** ***V – qualquer meio fraudulento que torne injustamente mais onerosa para a Administração Pública a proposta ou a execução do contrato.*** ***Pena – reclusão, de 4 anos a 8 anos, e multa.***

FRAUDE EM LICITAÇÃO OU CONTRATO (ART. 337-L)	
►Art. 337-L. Fraudar, em prejuízo da Administração Pública, licitação ou contrato dela decorrente, mediante: ***I – entrega de mercadoria ou prestação de serviços com qualidade ou em quantidade diversas das previstas no edital ou nos instrumentos contratuais;*** ***II – fornecimento, como verdadeira ou perfeita, de mercadoria falsificada, deteriorada, inservível para consumo ou com prazo de validade vencido;*** ***III – entrega de uma mercadoria por outra;*** ***IV – alteração da substância, qualidade ou quantidade da mercadoria ou do serviço fornecido;*** ***V – qualquer meio fraudulento que torne injustamente mais onerosa para a Administração Pública a proposta ou a execução do contrato.*** ***Pena – reclusão, de 4 anos a 8 anos, e multa.***	
Tipicidade	Em geral, é ***novatio legis in pejus*** em relação ao **art. 96 da Lei 8.666/93.** Porém, o antigo inciso I (elevação arbitrária dos preços) não foi reproduzido pela Lei 14.133/2021.
Bem jurídico	A Administração Pública, em especial a lisura do processo licitatório.
Sujeito ativo	Apenas o licitante ou o contratado (crime **próprio**).
Sujeito passivo	O Estado.
Elemento subjetivo	Dolo, direto ou eventual. Não há finalidade específica. Não há modalidade culposa.
Consumação	Ocorre quando o sujeito frauda, em prejuízo da Administração Pública, licitação ou contrato dela decorrente, mediante a prática de condutas previstas nos incisos. Para a 6ª Turma do STJ[17], a consumação depende da ocorrência de efetivo prejuízo ao erário (crime **material**). Admite tentativa (crime **plurissubsistente**).
Omissão	Pode ser praticado na forma omissiva (omissão **imprópria**).
Execução	As formas de execução do crime estão previstas nos incisos. Porém, a fórmula ampla prevista no inciso V (*"qualquer meio fraudulento"*) permite concluir que o crime é de **forma livre**.

17. STJ, RMS 63289/MG, Rel. Min. Laurita Vaz, 6ª Turma, j. 08/09/2020.

FRAUDE EM LICITAÇÃO OU CONTRATO (ART. 337-L)	
Concurso de pessoas	Crime de concurso eventual (**unissubjetivo**).
Competência	Juízo comum.
Lei 9.099/95	Não é infração de menor potencial ofensivo.
Ação penal	Pública incondicionada.
ANPP	Não é cabível o acordo de não persecução penal.

CONTRATAÇÃO INIDÔNEA	
Art. 97 da Lei 8.666/93	**Art. 337-M do CP (Lei 14.133/2021)**
Art. 97. Admitir à licitação ou celebrar contrato com empresa ou profissional declarado inidôneo: Pena - detenção, de 6 meses a 2 anos, e multa.	**Contratação inidônea** ***► Art. 337-M Admitir à licitação empresa ou profissional declarado inidôneo:*** ***Pena – reclusão, de 1 ano a 3 anos, e multa.***
-	***§1º - Celebrar contrato com empresa ou profissional declarado inidôneo:*** ***Pena – reclusão, de 3 anos a 6 anos, e multa.***
Parágrafo único. Incide na mesma pena aquele que, declarado inidôneo, venha a licitar ou a contratar com a Administração.	***§2º - Incide na mesma pena do caput deste artigo aquele que, declarado inidôneo, venha a participar de licitação e, na mesma pena do §1º deste artigo, aquele que, declarado inidôneo, venha a contratar com a Administração Pública.***

CONTRATAÇÃO INIDÔNEA (ART. 337-M)
► Art. 337-M. Admitir à licitação empresa ou profissional declarado inidôneo: ***Pena – reclusão, de 1 ano a 3 anos, e multa.***

CONTRATAÇÃO INIDÔNEA (ART. 337-M)	
Tipicidade	É ***novatio legis in pejus*** em relação ao **art. 97 da Lei 8.666/93**. A declaração de inidoneidade para licitar ou contratar com a Administração Pública é uma sanção prevista no art. 87, IV, da Lei 8.666/93. A Lei 14.133/2021também traz a declaração de inidoneidade como penalidade, no art. 155, IV, e dispõe, no art. 160, que os órgãos e entidades dos Poderes Executivo, Legislativo e Judiciário de todos os entes federativos devem informar e manter atualizados o Cadastro Nacional de Empresas Inidôneas e Suspensas (CEIS). Nesse caso, o ente apenas poderá participar de novas licitações ou contratos perante a autoridade que aplicou a penalidade após reabilitar-se (requisitos cumulativos previstos no art. 162 da Lei 14.133/2021).
Bem jurídico	A Administração Pública, em especial a lisura do processo licitatório.
Sujeito ativo	O funcionário público (crime **próprio**).
Sujeito passivo	O Estado.
Elemento subjetivo	Dolo, direto ou eventual. Não há finalidade específica. Não há modalidade culposa.
Consumação	Ocorre quando o sujeito admite, **na fase de habilitação**, empresa ou profissional declarado inidôneo (crime **formal**). Admite tentativa (crime **plurissubsistente**).
Omissão	Pode ser praticado na forma omissiva (omissão **imprópria**).
Execução	Crime de forma livre.
Concurso de pessoas	Crime de concurso eventual (**unissubjetivo**).
Competência	Juízo comum.
Lei 9.099/95	Não é infração de menor potencial ofensivo, mas admite suspensão condicional do processo (se preenchidos os requisitos do art. 89 da Lei 9.099/95).
Ação penal	Pública incondicionada.
ANPP	É cabível o acordo de não persecução penal, se preenchidos os requisitos do art. 28-A do CPP.

FORMA QUALIFICADA (ART. 337-M, §1º)
►Art. 337-M, §1º - Celebrar contrato com empresa ou profissional declarado inidôneo: Pena – reclusão, de 3 anos a 6 anos, e multa. Enquanto a consumação da figura criminosa prevista no *caput* ocorre com a admissão (fase de habilitação), a consumação da forma qualificada ocorre com a celebração do contrato (crime **material**).

CONDUTAS EQUIPARADAS (ART. 337-M, §2º)
►Art. 337-M, §2º - Incide na mesma pena do caput deste artigo aquele que, declarado inidôneo, venha a participar de licitação e, na mesma pena do §1º deste artigo, aquele que, declarado inidôneo, venha a contratar com a Administração Pública. Pode ser praticado por qualquer pessoa que venha a participar de licitação ou contratar com a Administração Pública (crime **comum**).

IMPEDIMENTO INDEVIDO	
Art. 98 da Lei 8.666/93	**Art. 337-N do CP (Lei 14.133/2021)**
Art. 98. Obstar, impedir ou dificultar, injustamente, a inscrição de qualquer interessado nos registros cadastrais ou promover indevidamente a alteração, suspensão ou cancelamento de registro do inscrito: Pena - detenção, de 6 meses a 2 anos, e multa.	**Impedimento indevido** ***►Art. 337-N. Obstar, impedir ou dificultar injustamente a inscrição de qualquer interessado nos registros cadastrais ou promover indevidamente a alteração, a suspensão ou o cancelamento de registro do inscrito: Pena – reclusão, de 6 meses a 2 anos, e multa.***

IMPEDIMENTO INDEVIDO (ART. 337-N)	
► ***Art. 337-N. Obstar, impedir ou dificultar injustamente a inscrição de qualquer interessado nos registros cadastrais ou promover indevidamente a alteração, a suspensão ou o cancelamento de registro do inscrito:*** ***Pena – reclusão, de 6 meses a 2 anos, e multa.***	
Tipicidade	Corresponde ao **art. 98 da Lei 8.666/93**. Na Lei 8.666/1993, os registros cadastrais são objeto dos arts. 34 a 37. A Lei 14.133/2021dispõe sobre o tema nos arts. 86 e 87.
Bem jurídico	A Administração Pública, em especial a lisura do processo licitatório.
Sujeito ativo	O funcionário público com acesso aos registros cadastrais (crime **próprio**).
Sujeito passivo	O Estado.
Elemento subjetivo	Dolo, direto ou eventual. Não há finalidade específica. Não há modalidade culposa.
Consumação	Ocorre quando o sujeito obsta, impede ou dificulta injustamente a inscrição de qualquer interessado nos registros cadastrais (1ª parte) ou quando promove indevidamente a alteração, a suspensão ou o cancelamento de registro do inscrito (2ª parte). Em ambos os casos, o crime é **material**. Admite tentativa (crime **plurissubsistente**).
Omissão	Pode ser praticado na forma omissiva (omissão **imprópria**).
Execução	Crime de forma livre.
Concurso de pessoas	Crime de concurso eventual (**unissubjetivo**).
Competência	Juizado Especial Criminal.
Lei 9.099/95	Infração de menor potencial ofensivo.
Ação penal	Pública incondicionada.
ANPP	É cabível o acordo de não persecução penal, se preenchidos os requisitos do art. 28-A do CPP.

OMISSÃO GRAVE DE DADO OU DE INFORMAÇÃO POR PROJETISTA (ART. 337-O)	
► ***Art. 337-O. Omitir, modificar ou entregar à Administração Pública levantamento cadastral ou condição de contorno em relevante dissonância com a realidade, em frustração ao caráter competitivo da licitação ou em detrimento da seleção da proposta mais vantajosa para a Administração Pública, em contratação para a elaboração de projeto básico, projeto executivo ou anteprojeto, em diálogo competitivo ou em procedimento de manifestação de interesse.*** ***Pena – reclusão, de 6 meses a 3 anos, e multa.***	
Tipicidade	Trata-se de uma **nova figura criminosa**, sem correspondência na Lei 8.666/1993 (*novatio legis* incriminadora). O processo licitatório tem por objetivo "assegurar a seleção da proposta apta a gerar o resultado de contratação mais vantajoso para a Administração Pública" (art. 11, I, da Lei 14.133/2021). Para tanto, há diversas etapas minuciosamente descritas na Lei 14.133/2021 para a aferição da qualificação dos licitantes. Agindo na forma descrita no *caput*, o sujeito induz a Administração Pública em erro quanto à sua verdadeira qualificação. **Todos os termos do tipo penal são conceituados no art. 6º da Lei.**
Bem jurídico	A Administração Pública, em especial a lisura do processo licitatório.
Sujeito ativo	Qualquer pessoa (crime **comum**).
Sujeito passivo	O Estado.
Elemento subjetivo	Dolo, direto ou eventual. Não há finalidade específica. Não há modalidade culposa.
Consumação	Ocorre quando o sujeito omite, modifica ou entrega à Administração Pública levantamento cadastral ou condição de contorno em relevante dissonância com a realidade, em frustração ao caráter competitivo da licitação ou em detrimento da seleção da proposta mais vantajosa para a Administração Pública, em contratação para a elaboração de projeto básico, projeto executivo ou anteprojeto, em diálogo competitivo ou em procedimento de manifestação de interesse (crime **material**). Salvo no que diz respeito ao núcleo "*omitir*", admite-se a tentativa (crime **plurissubsistente**).
Omissão	O crime é omissivo próprio quanto ao núcleo "*omitir*" e pode ser omissivo impróprio quanto as núcleos "*modificar*" ou "*entregar*".
Execução	Crime de forma livre.

OMISSÃO GRAVE DE DADO OU DE INFORMAÇÃO POR PROJETISTA (ART. 337-O)	
Concurso de pessoas	Crime de concurso eventual (**unissubjetivo**).
Competência	Juízo comum.
Lei 9.099/95	Não é infração de menor potencial ofensivo, mas admite suspensão condicional do processo (se preenchidos os requisitos do art. 89 da Lei 9.099/95).
Ação penal	Pública incondicionada.
ANPP	É cabível o acordo de não persecução penal, se preenchidos os requisitos do art. 28-A do CPP.

NORMA EXPLICATIVA (ART. 337-O, §1º)
►***Art. 337-O, §1º - Consideram-se condição de contorno as informações e os levantamentos suficientes e necessários para a definição da solução de projeto e dos respectivos preços pelo licitante, incluídos sondagens, topografia, estudos de demanda, condições ambientais e demais elementos ambientais impactantes, considerados requisitos mínimos ou obrigatórios em normas técnicas que orientam a elaboração de projetos.***

CAUSA DE AUMENTO DE PENA (ART. 337-O, §2º)
►***Art. 337-O, §2º - Se o crime é praticado com o fim de obter benefício, direto ou indireto, próprio ou de outrem, aplica-se em dobro a pena prevista no caput deste artigo.***

3

DOS CRIMES CONTRA A ADMINISTRAÇÃO DA JUSTIÇA

REINGRESSO DE ESTRANGEIRO EXPULSO (ART. 338)	
► ***Art. 338. Reingressar no território nacional o estrangeiro que dele foi expulso:*** ***Pena - reclusão, de 1 a 4 anos, sem prejuízo de nova expulsão após o cumprimento da pena.***	
Tipicidade	Segundo o art. 54 da Lei 13.445/17, "a expulsão consiste em medida administrativa de retirada compulsória de migrante ou visitante do território nacional, conjugada com o **impedimento de reingresso por prazo determinado**". É imprescindível o "*reingresso*", ou seja, o estrangeiro expulso deve ter efetivamente saído do país e reingressado.
Bem jurídico	A administração da justiça.
Sujeito ativo	Apenas o estrangeiro expulso (crime **de mão própria**).
Sujeito passivo	O Estado.
Elemento subjetivo	Dolo, direto ou eventual. Não há finalidade específica. Não há modalidade culposa.
Consumação	Ocorre quando o estrangeiro expulso reingressa no território nacional (crime **material** e **permanente**). Admite tentativa (crime **plurissubsistente**).
Omissão	Pode ser praticado na forma omissiva (omissão **imprópria**).
Execução	Crime de forma livre.

REINGRESSO DE ESTRANGEIRO EXPULSO (ART. 338)	
Concurso de pessoas	Crime de concurso eventual (**unissubjetivo**).
Competência	Juízo comum.
Lei 9.099/95	Não é infração de menor potencial ofensivo, mas admite suspensão condicional do processo (se preenchidos os requisitos do art. 89 da Lei 9.099/95).
Ação penal	Pública incondicionada.
ANPP	É cabível o acordo de não persecução penal, se preenchidos os requisitos do art. 28-A do CPP.

REINGRESSO DE ESTRANGEIRO EXPULSO – TEMAS RELEVANTES	
Lei de Migração - hipóteses de expulsão	Poderá dar causa à expulsão a condenação com **sentença transitada em julgado** relativa à prática de (art. 54, §1º): I - crime de **genocídio**, **crime contra a humanidade**, **crime de guerra** ou **crime de agressão**, nos termos definidos p)elo Estatuto de Roma do Tribunal Penal Internacional, de 1998, promulgado pelo Decreto 4.388/2002; ou II - **crime comum doloso passível de pena privativa de liberdade, consideradas a gravidade e as possibilidades de ressocialização em território nacional**.
Lei de Migração - Período de impedimento	De acordo com o art. 54, §4º "o prazo de vigência da medida de impedimento vinculada aos efeitos da expulsão será **proporcional ao prazo total da pena aplicada e nunca será superior ao dobro de seu tempo**".
Análise de mérito	Para o STJ, "**não cabe ao magistrado avaliar se o decreto de expulsão do paciente do território nacional foi justo ou não**, para caracterização de eventual tipificação do crime previsto no art. 338 do CP"[1].

1. STJ, HC 290849/DF, Rel. Min. Benedito Gonçalves, 1ª Seção, j. 11/06/2014.

DENUNCIAÇÃO CALUNIOSA (ART. 339)	
► ***Art. 339. Dar causa à instauração de inquérito policial, de procedimento investigatório criminal, de processo judicial, de processo administrativo disciplinar, de inquérito civil ou de ação de improbidade administrativa contra alguém, imputando-lhe crime, infração ético-disciplinar ou ato ímprobo de que o sabe inocente:*** ***Pena - reclusão, de 2 a 8 anos, e multa.***	
Tipicidade	A redação do preceito primário foi alterada pela **Lei 14.110/2020** (***novatio legis in pejus*** - ver tabela comparativa abaixo). A concretização do tipo descrito na denunciação caluniosa demanda a presença de três requisitos: a) que a imputação do ilícito seja dirigida à **pessoa determinada ou determinável**; b) que a denúncia aponte a prática de **crime, infração ético-disciplinar ou ato ímprobo** (antes da Lei 14.110/2020, apenas a imputação de crime configurava o delito); e c) que o agente ativo detenha ciência da inocência daquele a quem se atribui a infração penal.
Bem jurídico	A administração da justiça.
Sujeito ativo	Qualquer pessoa (crime **comum**).
Sujeito passivo	O Estado e, secundariamente, a pessoa sobre quem é feita a imputação de crime, infração ético-disciplinar ou ato ímprobo.
Elemento subjetivo	**Dolo direto**[2] (*"de que o sabe inocente"*). Para a configuração do crime, é imprescindível que o sujeito ativo **saiba que a imputação do crime, infração ético-disciplinar ou ato ímprobo é objetivamente falsa ou que tenha certeza de que a vítima é inocente**"[3]. Logo, **não há crime se o acusado realmente está convicto de suas alegações**[4]. Não há finalidade específica. Não há modalidade culposa.

2. "O crime de denunciação caluniosa (art. 339 do CP) exige, para sua configuração, que o agente tenha **dolo direto** de imputar a outrem, que efetivamente sabe ser inocente, a prática de fato definido como crime, não se adequando ao tipo penal a conduta daquele que vivencia uma situação conflituosa e reporta-se à autoridade competente para dar o seu relato sobre os acontecimentos" (STF, Inq 3133/AC, Rel. Min. Luiz Fux, 1ª Turma, j. 05/08/2014).
3. STJ, RHC 106998/MA, Rel. Min. Rogerio Schietti Cruz, 6ª Turma, j. 21/02/2019.
4. STJ, AgRg no AREsp 789607/PR, Rel. Min. Sebastião Reis Júnior, 6ª Turma, j. 17/11/2015. No mesmo sentido, o STF (Inq 3133/AC, Rel. Min. Luiz Fux, 1ª Turma, j. 05/08/2014).

DENUNCIAÇÃO CALUNIOSA (ART. 339)	
Consumação	Ocorre com a efetiva instauração de inquérito policial, de procedimento investigatório criminal, de processo judicial, de processo administrativo disciplinar, de inquérito civil ou de ação de improbidade administrativa contra alguém (crime **material** e **instantâneo**)[5]. Admite tentativa (crime **plurissubsistente**).
Omissão	Pode ser praticado na forma omissiva (omissão **imprópria**).
Execução	Crime de forma livre.
Concurso de pessoas	Crime de concurso eventual (**unissubjetivo**).
Competência	Juízo comum.
Lei 9.099/95	Não é infração de menor potencial ofensivo.
Ação penal	Pública incondicionada.
ANPP	É cabível o acordo de não persecução penal, se preenchidos os requisitos do art. 28-A do CPP.

ALTERAÇÕES PROMOVIDAS PELA LEI 14.110/2020	
Antes da Lei 14.110/2020	**Após a Lei 14.110/2020**
Art. 339. Dar causa à instauração de investigação policial, de processo judicial, instauração de investigação administrativa, inquérito civil ou ação de improbidade administrativa contra alguém, imputando-lhe crime de que o sabe inocente: ***Pena - reclusão, de 2 a 8 anos, e multa.***	►***Art. 339. Dar causa à instauração de inquérito policial, de procedimento investigatório criminal, de processo judicial, de processo administrativo disciplinar, de inquérito civil ou de ação de improbidade administrativa contra alguém, imputando-lhe crime, infração ético-disciplinar ou ato ímprobo de que o sabe inocente:*** ***Pena - reclusão, de 2 a 8 anos, e multa.***

5. STJ, AgRg no RHC 55609/RJ, Rel. Min. Rogerio Schietti Cruz, 6ª Turma, j. 01/12/2020.

CONDUTAS ABRANGIDAS PELO TIPO PENAL	
Antes da Lei 14.110/2020	**Após a Lei 14.110/2020**
Investigação policial	**Inquérito policial** **Procedimento investigatório criminal**
Processo judicial	Processo judicial
Investigação administrativa	**Processo administrativo disciplinar**
Inquérito civil	Inquérito civil
Ação de improbidade administrativa	Ação de improbidade administrativa
...Contra alguém, imputando-lhe **crime** de que o sabe inocente	...Contra alguém, imputando-lhe **crime, infração ético-disciplinar ou ato ímprobo** de que o sabe inocente

ATOS INVESTIGATÓRIOS	
Antes da Lei 14.110/2020: *"investigação policial"*	**Após a Lei 14.110/2020: *"inquérito policial"* e *"procedimento investigatório criminal"***
Antes da Lei 14.110/2020, configurava crime dar causa a ***"investigação policial"***. Apesar das oscilações, os julgados mais recentes do STF[6] e do STJ[7] sinalizavam que era prescindível a instauração formal do inquérito policial. Bastava que fossem deflagrados atos investigatórios para a configuração do crime.	Com a Lei, o dispositivo foi reescrito para referir-se ao ***"inquérito policial"*** e ao ***"procedimento investigatório criminal"***. Para que o crime se configure com base em ***"inquérito policial"***, este deve ser efetivamente instaurado (embora seja desnecessário o indiciamento[8]). Todavia, ainda é possível a configuração do crime com a mera deflagração de atos investigatórios, pois nesse caso o sujeito terá dado causa a ***"procedimento investigatório criminal"***.

6. STF, HC 153559/RJ, Rel. Min. Marco Aurélio, 1ª Turma, j. 18/02/2020.
7. STJ, AgRg no AREsp 1222635/ES, Rel. Min. Nefi Cordeiro, 6ª Turma, j. 04/09/2018.
8. STJ, REsp 1482925/MG, Rel. Min. Sebastião Reis Júnior, 6ª Turma, j. 06/10/2016.

ATOS INVESTIGATÓRIOS	
Antes da Lei 14.110/2020: *"investigação administrativa"*	**Após a Lei 14.110/2020: *"processo administrativo disciplinar"***
A expressão é ampla e englobava a **sindicância**[9] e o **processo administrativo disciplinar**.	Neste ponto, a nova Lei adotou uma concepção mais restritiva: apenas a efetiva instauração de processo administrativo disciplinar configura o crime.

CAUSA ESPECIAL DE AUMENTO DE PENA (ART. 339, §1º)
►***Art. 339, §1º - A pena é aumentada de sexta parte, se o agente se serve de anonimato ou de nome suposto.***

CAUSA ESPECIAL DE DIMINUIÇÃO DE PENA (ART. 339, §2º)
►***Art. 339, §2º - A pena é diminuída de metade, se a imputação é de prática de contravenção.***

DENUNCIAÇÃO CALUNIOSA – TEMAS RELEVANTES	
Denúncia	A denúncia deve especificar qual crime, infração ético-disciplinar ou ato ímprobo teria sido falsamente imputado pelo sujeito[10].
PIC	Antes da Lei 14.110/2020, quando configurava crime dar causa a "investigação policial", havia uma polêmica: o sujeito que dá causa a instauração de PIC (**procedimento investigatório criminal conduzido pelo MP**[11]) comete o crime? A nova Lei encerrou a discussão ao acrescentar ao art. 339 o ***"procedimento investigatório criminal"***. Todavia, não se deve entender o termo como restrito ao PIC conduzido pelo MP. A expressão deve ser entendida de forma ampla.

9. "A instauração de sindicância administrativa, com a prática efetiva de atos, visando à apuração dos fatos, satisfaz o elemento objetivo do tipo previsto no art. 339 do Código Penal" (STJ, HC 477243/DF, Rel. Min. Sebastião Reis Júnior, 6ª Turma, j. 23/04/2019).).
10. STJ, RHC 72729/DF, Rel. Min. Felix Fischer, 5ª Turma, j. 17/08/2017.
11. Disciplinado na Resolução nº 181/2016, do Conselho Nacional do Ministério Público (CNMP).

DENUNCIAÇÃO CALUNIOSA – TEMAS RELEVANTES	
Direito de petição	Não se amolda ao tipo penal "a conduta daquele que vivencia uma situação conflituosa e reporta-se à autoridade competente para dar o seu relato sobre os acontecimentos. A Constituição assegura, no seu art. 5º, XXXIV, 'a', o direito fundamental de petição aos poderes públicos, de modo que o seu exercício regular é causa justificante do oferecimento de *notitia criminis* (art. 23, III, do CP), não sendo o arquivamento do feito instaurado capaz de tornar ilícita a conduta do noticiante"[12]. Nesse caso, também falta o dolo direto de imputar crime a terceiro sabidamente inocente.
Advogado	"O advogado, mesmo no exercício do mandato, em tese, **pode ser coautor do crime de denunciação caluniosa**"[13].
Autodefesa	O réu, em seu interrogatório, não tem o dever de dizer a verdade. Todavia, o exercício da **autodefesa não permite que impute falsamente o crime a pessoa que sabe ser inocente**.
Lei de improbidade	Segundo o art. 19 da Lei 8.429/92, "constitui crime a **representação por ato de improbidade** contra agente público ou terceiro beneficiário, quando o autor da denúncia o sabe inocente. Pena: detenção de 6 a 10 meses e multa". Com a Lei 14.110/2020, essa conduta foi abrangida pelo tipo penal previsto no art. 339 do CP. O dispositivo foi tacitamente revogado.

CRIMES SIMILARES	
Lei 13.869/2019	Art. 27. Requisitar instauração ou instaurar procedimento investigatório de infração penal ou administrativa, em desfavor de alguém, à falta de qualquer indício da prática de crime, de ilícito funcional ou de infração administrativa: Pena - detenção, de 6 meses a 2 anos, e multa.
Lei 13.869/2019	Art. 30. Dar início ou proceder à persecução penal, civil ou administrativa sem justa causa fundamentada ou contra quem sabe inocente: Pena - detenção, de 1 a 4 anos, e multa.

12. STF, Inq 3133/AC, Rel. Min. Luiz Fux, 1ª Turma, j. 05/08/2014.
13. STF, RHC 129043/PR, Rel. Min. Dias Toffoli, 2ª Turma, j. 04/10/2016.

CRIMES SIMILARES	
Código Eleitoral	Art. 326-A. Dar causa à instauração de investigação policial, de processo judicial, de investigação administrativa, de inquérito civil ou ação de improbidade administrativa, atribuindo a alguém a prática de crime ou ato infracional de que o sabe inocente, com finalidade eleitoral: Pena - reclusão, de 2 a 8 anos, e multa. §1º - A pena é aumentada de sexta parte, se o agente se serve do anonimato ou de nome suposto. §2º - A pena é diminuída de metade, se a imputação é de prática de contravenção. §3º - Incorrerá nas mesmas penas deste artigo quem, comprovadamente ciente da inocência do denunciado e com finalidade eleitoral, divulga ou propala, por qualquer meio ou forma, o ato ou fato que lhe foi falsamente atribuído.
CPM	Art. 343. Dar causa à instauração de inquérito policial ou processo judicial militar contra alguém, imputando-lhe crime sujeito à jurisdição militar, de que o sabe inocente: Pena - reclusão, de 2 a 8 anos.
Lei 12.850/2013	Art. 19. Imputar falsamente, sob pretexto de colaboração com a Justiça, a prática de infração penal a pessoa que sabe ser inocente, ou revelar informações sobre a estrutura de organização criminosa que sabe inverídicas: Pena - reclusão, de 1 a 4 anos, e multa.

COMUNICAÇÃO FALSA DE CRIME OU DE CONTRAVENÇÃO (ART. 340)	
► Art. 340. Provocar a ação de autoridade, comunicando-lhe a ocorrência de crime ou de contravenção que sabe não se ter verificado: Pena - detenção, de 1 a 6 meses, ou multa.	
Tipicidade	Diferentemente do art. 339, a comunicação falsa pode recair sobre "*crime*" ou "*contravenção*". A "*autoridade*" é, em regra, a policial ou o MP.
Bem jurídico	A administração da justiça.
Sujeito ativo	Qualquer pessoa (crime **comum**).
Sujeito passivo	O Estado.

COMUNICAÇÃO FALSA DE CRIME OU DE CONTRAVENÇÃO (ART. 340)	
Elemento subjetivo	**Dolo direto** (*'crime ou de contravenção que sabe não se ter verificado'*). Não há finalidade específica. Não há modalidade culposa.
Consumação	Ocorre com a ação da autoridade provocada no sentido de apurar a ocorrência do crime ou da contravenção (crime **material e instantâneo**). Admite tentativa (crime **plurissubsistente**).
Omissão	Pode ser praticado na forma omissiva (omissão **imprópria**).
Execução	Crime de forma livre.
Concurso de pessoas	Crime de concurso eventual (**unissubjetivo**).
Competência	Juizado Especial Criminal.
Lei 9.099/95	Infração de menor potencial ofensivo.
Ação penal	Pública incondicionada.
ANPP	Admitida transação penal, é incabível o acordo de não persecução penal (art. 28-A, § 2º, I, do CPP).

COMUNICAÇÃO FALSA DE CRIME OU DE CONTRAVENÇÃO – TEMAS RELEVANTES	
Fraude para recebimento de indenização ou valor de seguro	Pratica o crime previsto no art. 171, §2º, V aquele que "destrói, total ou parcialmente, ou oculta coisa própria, ou lesa o próprio corpo ou a saúde, ou agrava as consequências da lesão ou doença, com o intuito de haver indenização ou valor de seguro".

CRIMES SIMILARES	
CPM	Art. 344. Provocar a ação da autoridade, comunicando-lhe a ocorrência de crime sujeito à jurisdição militar, que sabe não se ter verificado: Pena - detenção, até 6 meses.

AUTO-ACUSAÇÃO FALSA (ART. 341)	
► ***Art. 341. Acusar-se, perante a autoridade, de crime inexistente ou praticado por outrem: Pena - detenção, de 3 meses a 2 anos, ou multa.***	
Tipicidade	A "*autoridade*" pode ser a policial, o MP ou o juiz.
Bem jurídico	A administração da justiça.
Sujeito ativo	Qualquer pessoa (crime **comum**).
Sujeito passivo	O Estado.
Elemento subjetivo	Dolo, direto ou eventual. Não há finalidade específica. Não há modalidade culposa.
Consumação	Ocorre quando o sujeito se autoacusa falsamente perante a autoridade, independentemente de qualquer providência por parte desta (crime **formal e instantâneo**). Admite tentativa (crime **plurissubsistente**).
Omissão	Pode ser praticado na forma omissiva (omissão **imprópria**).
Execução	Crime de forma livre.
Concurso de pessoas	Crime de concurso eventual (**unissubjetivo**).
Competência	Juizado Especial Criminal.
Lei 9.099/95	Infração de menor potencial ofensivo.
Ação penal	Pública incondicionada.
ANPP	Admitida transação penal, é incabível o acordo de não persecução penal (art. 28-A, § 2º, I, do CPP).

CRIMES SIMILARES	
CPM	Art. 345. Acusar-se, perante a autoridade, de crime sujeito à jurisdição militar, inexistente ou praticado por outrem: Pena - detenção, de 3 meses a 1 ano.

FALSO TESTEMUNHO OU FALSA PERÍCIA (ART. 342)	
► ***Art. 342. Fazer afirmação falsa, ou negar ou calar a verdade como testemunha, perito, contador, tradutor ou intérprete em processo judicial, ou administrativo, inquérito policial, ou em juízo arbitral:*** ***Pena - reclusão, de 2 a 4 anos, e multa.***	
Tipicidade	**Tipo misto alternativo ou crime de ação múltipla ou de conteúdo variado**: se o agente praticar mais de um núcleo do art. 342 no mesmo contexto, responderá por **crime único**.
Bem jurídico	A administração da justiça.
Sujeito ativo	Apenas a testemunha, o perito, o contador, o tradutor ou intérprete em processo judicial (crime **de mão própria**).
Sujeito passivo	O Estado e eventuais prejudicados pelo falso testemunho ou falsa perícia.
Elemento subjetivo	Dolo, direto ou eventual. Não há finalidade específica. Não há modalidade culposa.
Consumação	Para o STF[14] e o STJ, ocorre "no momento da afirmação falsa a respeito de fato juridicamente relevante, aperfeiçoando-se quando encerrado o depoimento"[15]. Quanto ao crime de falsa perícia, ocorre quando o perito/contador entrega o laudo ou quando o tradutor/intérprete faz afirmação falsa, nega ou cala a verdade. Em ambos os casos, o crime é **formal** e **instantâneo**. Tentativa de difícil configuração, especialmente quanto ao núcleo *"calar a verdade"* (omissão própria).
Omissão	Pode ser omissivo **próprio** (*"calar a verdade"*).
Execução	Crime de forma livre.
Concurso de pessoas	Crime de concurso eventual (**unissubjetivo**).
Competência	Juízo comum.

14. STF, HC 81951/SP, Rel. Min. Ellen Gracie, 1ª Turma, j. 10/02/2004.
15. STJ, AgRg no AREsp 1428315/SP, Rel. Min. Ribeiro Dantas, 5ª Turma, j. 20/08/2019.

FALSO TESTEMUNHO OU FALSA PERÍCIA (ART. 342)	
Lei 9.099/95	Não é infração de menor potencial ofensivo.
Ação penal	Pública incondicionada.
ANPP	É cabível o acordo de não persecução penal, se preenchidos os requisitos do art. 28-A do CPP.

CAUSA ESPECIAL DE AUMENTO DE PENA (ART. 342, §1º)
► ***Art. 342, §1º - As penas aumentam-se de 1/6 a 1/3, se o crime é praticado mediante suborno ou se cometido com o fim de obter prova destinada a produzir efeito em processo penal, ou em processo civil em que for parte entidade da administração pública direta ou indireta***.

EXTINÇÃO DA PUNIBILIDADE (ART. 342, §2º)
► ***Art. 342, §2º - O fato deixa de ser punível se, antes da sentença no processo em que ocorreu o ilícito, o agente se retrata ou declara a verdade***.

TEORIA OBJETIVA	TEORIA SUBJETIVA
Basta a comprovação do contraste entre o depoimento prestado e a realidade dos fatos.	É necessário, ainda, que a testemunha tenha **ciência** de que as informações prestadas não coadunam com o conhecimento dos fatos de que é possuidora. É a teoria adotada[16].

TESTEMUNHAS
Tratando-se de falso testemunho cometido em processo cível, deve ser aferida a qualidade de testemunha nos termos do CPC. Lado outro, se o falso testemunho tiver sido praticado em processo criminal, a qualidade de testemunha tem que ser verificada de acordo com o CPP, sem necessidade de aplicação analógica do CPC[17].

16. STJ, HC 315456/SP, Rel. Min. Reynaldo Soares da Fonseca, 5ª Turma, j. 01/09/2016.
17. STJ, AgRg no RHC 108823/SP, Rel. Min. Reynaldo Soares da Fonseca, 5ª Turma, j. 15/08/2019.

TESTEMUNHAS E INFORMANTES NO PROCESSO PENAL
A testemunha tem a **obrigação de dizer a verdade**, nos termos do art. 203 do CPP[18], sendo desobrigada apenas quanto a fatos que possam incriminá-la[19] (*nemo tenetur se detegere* – nesse caso a conduta será atípica[20]). Todavia, há pessoas que não prestam esse compromisso. Segundo o art. 208 do CPP, "não se deferirá o compromisso a que alude o art. 203 aos **doentes e deficientes mentais** e aos **menores de 14 anos**, nem às pessoas a que se refere o art. 206" (**"o ascendente ou descendente, o afim em linha reta, o cônjuge, ainda que desquitado, o irmão e o pai, a mãe, ou o filho adotivo do acusado"**). Essas pessoas são chamadas de informantes, declarantes ou testemunhas não compromissadas. Questiona-se: podem praticar o crime de falso testemunho?

TESTEMUNHAS E INFORMANTES NO PROCESSO PENAL	
1ª corrente: sim	**2ª corrente: não**
O compromisso de dizer a verdade não é pressuposto do crime de falso testemunho. Nesse sentido, um precedente antigo do STF[21].	O compromisso de dizer a verdade é um formalismo necessário e pressuposto do crime. Portanto, apenas a testemunha compromissada pode responder pelo crime de falso testemunho. Nesse sentido, Guilherme Nucci[22], Nestor Távora e Rosmar Rodrigues Alencar[23].
Obs.: o STJ[24] tem julgados nos dois sentidos.	

18. Art. 203. A testemunha fará, sob palavra de honra, a promessa de dizer a verdade do que souber e lhe for perguntado, devendo declarar seu nome, sua idade, seu estado e sua residência, sua profissão, lugar onde exerce sua atividade, se é parente, e em que grau, de alguma das partes, ou quais suas relações com qualquer delas, e relatar o que souber, explicando sempre as razões de sua ciência ou as circunstâncias pelas quais possa avaliar-se de sua credibilidade.
19. STJ, HC 326956/SP, Rel. Min. Jorge Mussi, 5ª Turma, j. 05/11/2015.
20. Nesse sentido STF, HC 73035/DF, Rel. Min. Carlos Velloso, Pleno, j. 13/11/1996; STJ, RHC 66908/SP, Rel. Min. Sebastião Reis Júnior, 6ª Turma, j. 10/11/2016.
21. STF, HC 69358/RS, Rel. Min. Paulo Brossard, 2ª Turma, j. 30/03/1993.
22. NUCCI, Guilherme de Souza. Curso de direito processual penal. 17. ed. Rio de Janeiro: Forense, 2020. p. 513.
23. TÁVORA, Nestor; ALENCAR, Rosmar Rodrigues. Curso de direito processual penal. 15. ed. São Paulo: Ed. Juspodivm, 2020, p. 890.
24. "O crime disposto no artigo 342 do Código Penal é de mão própria, só podendo ser cometido por quem possui a qualidade legal de testemunha, a qual não pode ser estendida a simples declarantes ou informantes, cujos depoimentos, que são excepcionais, apenas colhidos quando indispensáveis, devem ser apreciados pelo Juízo conforme o valor que possam merecer" (STJ, HC 192659/ES, Rel. Min. Jorge Mussi, 5ª Turma, j. 06/12/2011). **Em sentido contrário**: "de acordo com o entendimento firmado pelo STJ, mostra-se prescindível o compromisso, para a configuração do delito de falso testemunho" (STJ, AgRg no HC 190766/RS, Rel. Min. Assusete Magalhães, 6ª Turma, j. 25/06/2013).

FALSO TESTEMUNHO OU FALSA PERÍCIA – TEMAS RELEVANTES	
Exceção à teoria monista	Trata-se de exceção à teoria monista: crime de falso testemunho (art. 342) e corrupção de testemunha (art. 343).
Procedimento investigativo prévio	"A cópia integral dos autos no qual foi constatada a suposta prática criminosa fornece elementos suficientes para a persecução penal, dispensando, de consequência, a instauração de qualquer procedimento investigativo prévio, notadamente o inquérito"[25].
Falso testemunho na Justiça do Trabalho	■ Súmula 165 do STJ: Compete à Justiça Federal processar e julgar crime de falso testemunho cometido no processo trabalhista.
Carta precatória	O STJ pacificou que "sobressai a competência do **Juízo do local onde foi prestado o depoimento**, sendo irrelevante o fato de ter sido realizado por intermédio de carta precatória"[26].
Coautoria	**Os crimes de mão própria, em regra, são incompatíveis com a coautoria, comportando apenas a participação.** Não obstante, o STF[27] e o STJ[28] concordam que é possível, em tese, atribuir a **advogado** a **coautoria** pelo crime de falso testemunho. Também é possível verificar a coautoria no crime de falsa perícia quando dois peritos elaboram um laudo falso em conjunto.
Crime formal	Considerando a natureza formal do delito, **"é irrelevante aferir a potencialidade lesiva do falso testemunho ou seu grau de influência no convencimento do magistrado para que se configure o crime"**[29]. Logo, "não é necessária a prolação de sentença condenatória no processo em que o depoimento foi prestado para que o delito se configure"[30].
Vítima ou ofendido	**A vítima não é "*testemunha*"**. Portanto, não responderá pelo crime se fizer afirmação falsa, negar ou calar a verdade.
Fato narrado pela testemunha	A ausência de responsabilização da testemunha pelo crime de falso testemunho não implica necessariamente em se considerar provado o fato por ela narrado[31].

25. STJ, RHC 82027/SC, Rel. Min. Felix Fischer, 5ª Turma, j. 03/05/2018.
26. STJ, CC 30309/PR, Rel. Min. Gilson Dipp, 3ª Seção, j. 28/11/2001.
27. STF, HC 75037/SP, Rel. Min. Marco Aurélio, 2ª Turma, j. 10/06/1997.
28. STJ, REsp 402783/SP, Rel. Min. José Arnaldo da Fonseca, 5ª Turma, j. 09/09/2003.
29. STJ, AgRg no AREsp 1428315/SP, Rel. Min. Ribeiro Dantas, 5ª Turma, j. 20/08/2019.
30. STJ, AgRg no RHC 122081/MG, Rel. Min. Jorge Mussi, 5ª Turma, j. 18/02/2020.
31. STJ, RHC 116262 AgR/SP, Rel. Min. Rosa Weber, 1ª Turma, j. 06/11/2018.

CRIMES SIMILARES	
CPM	Art. 346. Fazer afirmação falsa, ou negar ou calar a verdade, como testemunha, perito, tradutor ou intérprete, em inquérito policial, processo administrativo ou judicial, militar: Pena - reclusão, de 2 a 6 anos.
CPI	Art. 4º. Constitui crime: II - fazer afirmação falsa, ou negar ou calar a verdade como testemunha, perito, tradutor ou intérprete, perante a Comissão Parlamentar de Inquérito: Pena - A do art. 342 do Código Penal. Obs.: temos aqui um caso de **norma penal secundariamente remetida ou norma penal ao revés**.

CORRUPÇÃO DE TESTEMUNHA, PERITO, CONTADOR, TRADUTOR OU INTÉRPRETE[32] (ART. 343)	
► ***Art. 343. Dar, oferecer ou prometer dinheiro ou qualquer outra vantagem a testemunha, perito, contador, tradutor ou intérprete, para fazer afirmação falsa, negar ou calar a verdade em depoimento, perícia, cálculos, tradução ou interpretação:*** ***Pena - reclusão, de 3 a 4 anos, e multa.***	
Tipicidade	**Tipo misto alternativo ou crime de ação múltipla ou de conteúdo variado**: se o agente praticar mais de um núcleo do art. 343 no mesmo contexto, responderá por **crime único**.
Bem jurídico	A administração da justiça.
Sujeito ativo	Qualquer pessoa (crime **comum**).
Sujeito passivo	O Estado e eventuais prejudicados pelo falso testemunho ou falsa perícia.
Elemento subjetivo	Dolo, direto ou eventual. Não há finalidade específica. Não há modalidade culposa.

32. **O legislador não conferiu um *nomen iuris* ao crime**. Este nome é comumente adotado na doutrina e na jurisprudência (ou até mesmo corrupção '**ativa**' de testemunha, perito, contador, tradutor ou intérprete - STF, ARE 742192 AgR/SC, Rel. Min. Luiz Fux, 1ª Turma, j. 15/10/2013).

CORRUPÇÃO DE TESTEMUNHA, PERITO, CONTADOR, TRADUTOR OU INTÉRPRETE (ART. 343)	
Consumação	Ocorre quando o sujeito dá, oferece ou promete dinheiro ou outra vantagem, **independentemente da prática do ato pelo subornado ou sequer a sua aceitação**[33] (crime **formal e instantâneo**). Admite tentativa (crime **plurissubsistente**).
Omissão	Pode ser praticado na forma omissiva (omissão **imprópria**).
Execução	Crime de forma livre.
Concurso de pessoas	Crime de concurso eventual (**unissubjetivo**).
Competência	Juízo comum.
Lei 9.099/95	Não é infração de menor potencial ofensivo.
Ação penal	Pública incondicionada.
ANPP	É cabível o acordo de não persecução penal, se preenchidos os requisitos do art. 28-A do CPP.

CAUSA ESPECIAL DE AUMENTO DE PENA (ART. 343, PARÁGRAFO ÚNICO)
►***Art. 343, parágrafo único - As penas aumentam-se de 1/6 a 1/3, se o crime é cometido com o fim de obter prova destinada a produzir efeito em processo penal ou em processo civil em que for parte entidade da administração pública direta ou indireta.***

33. STJ, REsp 769281/AC, Rel. Min. Arnaldo Esteves Lima, 5ª Turma, j. 16/06/2009.

CORRUPÇÃO DE TESTEMUNHA, PERITO, CONTADOR, TRADUTOR OU INTÉRPRETE – TEMAS RELEVANTES	
Exceção à teoria monista	Trata-se de exceção à teoria monista: crime de falso testemunho (art. 342) e corrupção de testemunha (art. 343).
Retratação	Ainda que a testemunha, perito, contador, tradutor ou intérprete corrompido se retrate antes da sentença (art. 342, §2º), a extinção da punibilidade não se estenderá ao corruptor (art. 343).
Condição de testemunha	"O fato de a testemunha já ter prestado o seu depoimento não lhe retira essa condição, uma vez que, até o final do processo, pode ser chamada a depor novamente ou mesmo comparecer em Juízo, espontaneamente, a fim de apresentar uma nova versão dos fatos. [...] No caso específico do processo penal, **a condição de testemunha não se perde nem mesmo com o trânsito em julgado da condenação ou a execução da pena**, uma vez que, nos termos do art. 622 do CPP, a revisão criminal pode ser requerida a qualquer tempo". Assim, há crime se a testemunha é ouvida mais de uma vez no processo e modifica seu depoimento após o recebimento da vantagem pelo sujeito ativo[34].

CRIMES SIMILARES	
CPM	Art. 347. Dar, oferecer ou prometer dinheiro ou qualquer outra vantagem a testemunha, perito, tradutor ou intérprete, para fazer afirmação falsa, negar ou calar a verdade em depoimento, perícia, tradução ou interpretação, em inquérito policial, processo administrativo ou judicial, militar, ainda que a oferta não seja aceita: Pena - reclusão, de 2 a 8 anos.

COAÇÃO NO CURSO DO PROCESSO (ART. 344)
►Art. 344. Usar de violência ou grave ameaça, com o fim de favorecer interesse próprio ou alheio, contra autoridade, parte, ou qualquer outra pessoa que funciona ou é chamada a intervir em processo judicial, policial ou administrativo, ou em juízo arbitral: Pena - reclusão, de 1 a 4 anos, e multa, além da pena correspondente à violência.

34. STJ, REsp 1188125/ES, Rel. Min. Sebastião Reis Júnior, 6ª Turma, j. 05/03/2013.

COAÇÃO NO CURSO DO PROCESSO (ART. 344)	
Tipicidade	**Concurso material de crimes**[35]: coação no curso do processo + crime correspondente à violência (ex.: lesão corporal, homicídio etc). **Interpretação analógica** (*'autoridade'* e *'parte'* são exemplos de *'pessoa que funciona ou é chamada a intervir [...]'*).
Bem jurídico	A administração da justiça e a integridade física (crime **pluriofensivo**).
Sujeito ativo	Qualquer pessoa (crime **comum**).
Sujeito passivo	O Estado e a pessoa que sofreu o constrangimento reputado ilegal.
Elemento subjetivo	Dolo, direto ou eventual. Finalidade específica: *"com o fim de favorecer interesse próprio ou alheio"*. Não há modalidade culposa.
Consumação	Para o STF[36] e o STJ[37], ocorre com a simples ameaça praticada contra qualquer pessoa que intervenha no processo (crime **formal e instantâneo**). Admite tentativa (crime **plurissubsistente**).
Omissão	Pode ser praticado na forma omissiva (omissão **imprópria**).
Execução	Crime de forma livre.
Concurso de pessoas	Crime de concurso eventual (**unissubjetivo**).
Competência	Juízo comum.
Lei 9.099/95	Não é infração de menor potencial ofensivo, mas admite suspensão condicional do processo (se preenchidos os requisitos do art. 89 da Lei 9.099/95).
Ação penal	Pública incondicionada.
ANPP	É incabível o acordo de não persecução penal, pois o crime é praticado com violência ou grave ameaça (art. 28-A, *caput*, do CPP).

35. STJ, HC 388983/SP, Rel. Min. Ribeiro Dantas, 5ª Turma, j. 19/09/2017.
36. "O crime de coação no curso do processo é **formal** [...] bastando a simples ameaça praticada contra qualquer pessoa que intervenha no processo, seja autoridade, parte ou testemunha. **É irrelevante que a conduta produza o resultado pretendido**" (STF, RHC 124487 AgR/ES, Rel. Min. Roberto Barroso, 1ª Turma, j. 09/06/2015).
37. STJ, REsp 1113734/SP, Rel. Min. Og Fernandes, 6ª Turma, j. 28/09/2010.

COAÇÃO NO CURSO DO PROCESSO – TEMAS RELEVANTES	
Finalidade específica	O sujeito deve agir com a finalidade de obter favorecimento a interesse próprio ou alheio **em processo judicial, policial ou administrativo ou juízo arbitral**. "Quando a conduta delitiva do agente visa atingir somente a vítima, não se evidencia o crime do art. 344 do CP, pois o objeto jurídico tutelado é a administração da Justiça"[38].
Procedimento Investigatório Criminal (PIC)	"**Mesmo ameaças proferidas antes da formalização do inquérito policial**, desde que realizadas com o intuito de influenciar o resultado de eventual investigação criminal, **caracterizam** o crime de coação no curso do processo"[39].
Violência e grave ameaça	"Não configura crime de coação no curso do processo o simples contato de familiares do réu com testemunhas arroladas no processo criminal, inexistindo violência ou grave ameaça [...]"[40].
Grave ameaça	A ameaça deve ser "grave o suficiente a ponto de incutir justificável receio a um *homo medius*, ou seja, factível e considerável"[41]. Todavia, **é irrelevante perquirir, no caso, se a vítima de fato se sentiu ou não intimidada**.
Perda do emprego	Para o STJ, "a possibilidade concreta de perda do emprego é ameaça grave o bastante para intimidar qualquer pessoa"[42], configurando o crime.
Danos morais	Para a configuração do crime, **a ameaça não precisa constituir conduta ilícita**. Ex.: a ameaça de persecução civil (danos morais) em desfavor de testemunhas caso estas retifiquem seus depoimentos prestados em sede policial[43].

CRIMES SIMILARES	
CPM	Art. 342. Usar de violência ou grave ameaça, com o fim de favorecer interesse próprio ou alheio, contra autoridade, parte, ou qualquer outra pessoa que funciona, ou é chamada a intervir em inquérito policial, processo administrativo ou judicial militar: Pena - reclusão, até 4 anos, além da pena correspondente à violência.

38. STJ, CC 109022/RS, Rel. Min. Arnaldo Esteves Lima, 3ª Seção, j. 26/05/2010.
39. STJ, HC 315743/ES, Rel. Min. Nefi Cordeiro, 6ª Turma, j. 06/08/2015. Noticiado no Informativo n. 568.
40. STF, HC 87711/SC, Rel. Min. Cezar Peluso, 2ª Turma, j. 08/09/2009.
41. STJ, REsp 1177612/SP, Rel. Min. Og Fernandes, 6ª Turma, j. 01/09/2011.
42. STJ, REsp 1113734/SP, Rel. Min. Og Fernandes, 6ª Turma, j. 28/09/2010.
43. "Ocorre que não se faz necessário para configuração do crime que a ameaça, com o fim de favorecer interesse próprio, constitua conduta ilícita. Logo, **em que pese o direito de ação a todos assegurado, não é em princípio atípica a ameaça de persecução civil contra aqueles chamados para depor em seu desfavor, quando as testemunhas estejam falando a verdade**" (STJ, RHC 39101/SC, Rel. Min. Laurita Vaz, 5ª Turma, j. 06/05/2014).

EXERCÍCIO ARBITRÁRIO DAS PRÓPRIAS RAZÕES (ART. 345)	
►***Art. 345. Fazer justiça pelas próprias mãos, para satisfazer pretensão, embora legítima, salvo quando a lei o permite:*** ***Pena - detenção, de 15 dias a 1 mês, ou multa, além da pena correspondente à violência.***	
Tipicidade	**Concurso material de crimes**: exercício arbitrário das próprias razões + crime correspondente à violência.
Bem jurídico	A administração da justiça.
Sujeito ativo	Qualquer pessoa (crime **comum**).
Sujeito passivo	O Estado.
Elemento subjetivo	Dolo, direto ou eventual. Finalidade específica: "*para satisfazer pretensão, embora legítima*". Não há modalidade culposa.
Consumação	O núcleo "*fazer justiça*" denota um crime **material** cuja consumação depende da efetiva satisfação da pretensão. Por outro lado, o crime é **formal** se considerarmos que basta que a conduta seja praticada "*para satisfazer pretensão*", ou seja, independentemente de sua efetiva satisfação. A doutrina divide-se. De qualquer forma, o crime é **instantâneo**. Admite tentativa (crime **plurissubsistente**).
Omissão	Pode ser praticado na forma omissiva (omissão **imprópria**).
Execução	Crime de forma livre.
Concurso de pessoas	Crime de concurso eventual (**unissubjetivo**).
Competência	Juizado Especial Criminal.
Lei 9.099/95	Infração de menor potencial ofensivo.
Ação penal	Pública incondicionada (*caput*) e privada (parágrafo único).
ANPP	Admitida transação penal, é incabível o acordo de não persecução penal (art. 28-A, § 2º, I, do CPP).

EXERCÍCIO ARBITRÁRIO DAS PRÓPRIAS RAZÕES – TEMAS RELEVANTES	
Ação penal privada	***►Art. 345, parágrafo único - Se não há emprego de violência, somente se procede mediante queixa.***
Pretensão legítima	A pretensão (direito ou interesse) que o sujeito deseja satisfazer deve ser **possível de ser alcançada em juízo**. Exemplo clássico: **cobrança forçada de dívida**. Em contrapartida, a cobrança de dívida prescrita não configura o crime.
Pagamento por serviço sexual	Para o STJ, "ajusta-se à figura típica prevista no art. 345 do CP (exercício arbitrário das próprias razões) - e não à prevista no art. 157 do CP (roubo) - a conduta da prostituta maior de 18 anos e não vulnerável que, ante a falta do pagamento ajustado com o cliente pelo serviço sexual prestado, considerando estar exercendo pretensão legítima, **arrancou um cordão com pingente folheado a ouro do pescoço dele como forma de pagamento pelo serviço sexual** praticado mediante livre disposição de vontade dos participantes e desprovido de violência não consentida ou grave ameaça"[44].
'Salvo quando a lei o permite'	Exemplos mais comuns: **legítima defesa**, **desforço imediato para proteção da posse** (art. 1210, §1º do CC), **direito de retenção** (arts. 319 e 1219 do CC).

SUBTRAÇÃO OU DANO DE COISA PRÓPRIA EM PODER DE TERCEIRO (ART. 346)	
►Art. 346. Tirar, suprimir, destruir ou danificar coisa própria, que se acha em poder de terceiro por determinação judicial ou convenção: Pena - detenção, de 6 meses a 2 anos, e multa.	
Tipicidade	**Tipo misto alternativo ou crime de ação múltipla ou de conteúdo variado**: se o agente praticar mais de um núcleo do art. 346 no mesmo contexto, responderá por **crime único**.
Bem jurídico	A administração da justiça.
Sujeito ativo	Apenas o proprietário da coisa que está em poder de terceiro por determinação judicial ou convenção (crime **próprio**).
Sujeito passivo	O Estado.

44. STJ, HC 211888/TO, Rel. Min. Rogerio Schietti Cruz, 6ª Turma, j. 17/5/2016. Noticiado no Informativo 584.

SUBTRAÇÃO OU DANO DE COISA PRÓPRIA EM PODER DE TERCEIRO (ART. 346)	
Elemento subjetivo	Dolo, direto ou eventual. Não há finalidade específica. Não há modalidade culposa.
Consumação	Ocorre quando o sujeito tira, suprime, destrói ou danifica coisa própria que se acha em poder de terceiro por determinação judicial ou convenção (crime **material** e **instantâneo**). Admite tentativa (crime **plurissubsistente**).
Omissão	Pode ser praticado na forma omissiva (omissão **imprópria**).
Execução	Crime de forma livre.
Concurso de pessoas	Crime de concurso eventual (**unissubjetivo**).
Competência	Juizado Especial Criminal.
Lei 9.099/95	Infração de menor potencial ofensivo.
Ação penal	Pública incondicionada.
ANPP	Admitida transação penal, é incabível o acordo de não persecução penal (art. 28-A, § 2º, I, do CPP).

SUBTRAÇÃO OU DANO DE COISA PRÓPRIA EM PODER DE TERCEIRO – TEMAS RELEVANTES	
Prisão por dívida	Segundo o STJ, não há que se falar em inconstitucionalidade da parte final do art. 346 do CP (*"ou convenção"*) porque **não importa em prisão por dívida**, sendo o objeto jurídico tutelado a boa administração da justiça, que possui dignidade penal[45].

FRAUDE PROCESSUAL (ART. 347)
► ***Art. 347. Inovar artificiosamente, na pendência de processo civil ou administrativo, o estado de lugar, de coisa ou de pessoa, com o fim de induzir a erro o juiz ou o perito:*** ***Pena - detenção, de 3 meses a 2 anos, e multa.***

45. STJ, HC 128937/SP, Rel. Min. Maria Thereza de Assis Moura, 6ª Turma, j. 02/06/2009.

FRAUDE PROCESSUAL (ART. 347)	
Tipicidade	"O caráter **subsidiário** do crime de fraude processual (art. 347 do CP) impõe sua absorção pelo crime mais grave, nos casos em que, da prática dos atos delitivos, sobrevier conduta tipificada por dispositivo penal específico"[46].
Bem jurídico	A administração da justiça.
Sujeito ativo	Qualquer pessoa (crime **comum**).
Sujeito passivo	O Estado.
Elemento subjetivo	Dolo, direto ou eventual. Finalidade específica: *"com o fim de induzir a erro o juiz ou o perito"*. Não há modalidade culposa.
Consumação	Ocorre com a inovação artificiosa (crime **formal**[47] e **instantâneo**), independentemente da produção de resultado. Admite tentativa (crime **plurissubsistente**).
Omissão	Pode ser praticado na forma omissiva (omissão **imprópria**).
Execução	Crime de forma livre.
Concurso de pessoas	Crime de concurso eventual (**unissubjetivo**).
Competência	Juizado Especial Criminal.
Lei 9.099/95	Infração de menor potencial ofensivo.
Ação penal	Pública incondicionada.
ANPP	Admitida transação penal no *caput*, é incabível o acordo de não persecução penal (art. 28-A, § 2º, I, do CPP). Na figura majorada (p. único), é possível o acordo se preenchidos os requisitos legais.

46. STF, HC 121592 AgR/RJ, Rel. Min. Teori Zavascki, 2ª Turma, j. 24/11/2015. Ex.: "o suposto homicida que, para ocultar o cadáver, apaga ou elimina vestígios de sangue, não pode ser denunciado pela prática, em concurso, dos crimes de fraude processual penal e ocultação de cadáver, senão apenas deste, do qual aquele constitui mero ato executório" (STF, HC 88733/SP, Rel. Min. Gilmar Mendes, 2ª Turma, j. 17/10/2006).

47. **"A fraude processual é crime comum e formal, não se exigindo para a sua consumação, que o Juiz ou o perito tenham sido efetivamente induzidos a erro, bastando que a inovação seja apta, num primeiro momento, a produzir tal resultado, podendo o crime ser cometido por qualquer pessoa que tenha, ou não, interesse no processo"** (STJ, HC 137206/SP, Rel. Min. Napoleão Nunes Maia Filho, 5ª Turma, j. 01/12/2009).

CAUSA ESPECIAL DE AUMENTO DE PENA (ART. 347, PARÁGRAFO ÚNICO)
► ***Art. 347, parágrafo único - Se a inovação se destina a produzir efeito em processo penal, ainda que não iniciado, as penas aplicam-se em dobro.*** Para o STJ, "o parágrafo único do art. 347 do CPB é **autônomo em relação ao seu *caput*.** Embora reflita uma causa de aumento de pena, o faz especificamente para o caso de a inovação artificiosa ocorrer em processo penal, sendo desnecessária a instauração de qualquer procedimento civil ou administrativo, para a sua caracterização"[48].

CAPUT	PARÁGRAFO ÚNICO
Fraude processual na **pendência de processo civil ou administrativo.**	Fraude processual **em processo penal, ainda que não iniciado.** **Pena aplicada em dobro.**
Infração de menor potencial ofensivo.	Não é infração de menor potencial ofensivo.

FRAUDE PROCESSUAL – TEMAS RELEVANTES	
Configuração	O delito previsto no art. 347 **não se confunde com o outro crime que esteja em apuração** e resguarda a "atuação dos agentes judiciários contra fatores estranhos, capazes de comprometer a lisura da prova ou a correção do pronunciamento judicial futuro, estorvando ou iludindo o seu trâmite"[49].
Auto- -incriminação	"O direito à não auto-incriminação **não abrange a possibilidade de os acusados alterarem a cena do crime**, inovando o estado de lugar, de coisa ou de pessoa, para, criando artificiosamente outra realidade, levar peritos ou o próprio juiz a erro de avaliação relevante"[50].

48. STJ, HC 137206/SP, Rel. Min. Napoleão Nunes Maia Filho, 5ª Turma, j. 01/12/2009.
49. Idem.
50. Idem.

CRIMES SIMILARES	
CTB	Art. 312. Inovar artificiosamente, em caso de acidente automobilístico com vítima, na pendência do respectivo procedimento policial preparatório, inquérito policial ou processo penal, o estado de lugar, de coisa ou de pessoa, a fim de induzir a erro o agente policial, o perito, ou juiz: Penas - detenção, de 6 meses a 1 ano, ou multa.
Estatuto do Desarmamento (Lei 10.826/03)	Art. 16. [...] Pena – reclusão, de 3 a 6 anos, e multa. Parágrafo único. Nas mesmas penas incorre quem: II – modificar as características de arma de fogo, de forma a torná-la equivalente a arma de fogo de uso proibido ou restrito ou para fins de dificultar ou de qualquer modo induzir a erro autoridade policial, perito ou juiz; [...].

FAVORECIMENTO PESSOAL (ART. 348)	
►***Art. 348. Auxiliar a subtrair-se à ação de autoridade pública autor de crime a que é cominada pena de reclusão:*** ***Pena - detenção, de 1 a 6 meses, e multa.***	
Tipicidade	Pressupõe o **prévio** cometimento do crime **por terceiro**[51] (**crime acessório**). Se o sujeito ativo houver participado deste primeiro crime, responderá por ele na qualidade de coautor ou partícipe, e não pelo crime de favorecimento pessoal. O auxílio deve dirigir-se à **pessoa** que cometeu o crime, e não à sua prática.
Bem jurídico	A administração da justiça.
Sujeito ativo	Qualquer pessoa (crime **comum**).
Sujeito passivo	O Estado.
Elemento subjetivo	Dolo, direto ou eventual. Não há finalidade específica. Não há modalidade culposa.

51. **É atípico o autofavorecimento.**

FAVORECIMENTO PESSOAL (ART. 348)	
Consumação	Ocorre com o efetivo auxílio (crime **material** e **instantâneo**). Admite tentativa (crime **plurissubsistente**).
Omissão	Pode ser praticado na forma omissiva (omissão **imprópria**).
Execução	Crime de forma livre.
Concurso de pessoas	Crime de concurso eventual (**unissubjetivo**).
Competência	Juizado Especial Criminal.
Lei 9.099/95	Infração de menor potencial ofensivo.
Ação penal	Pública incondicionada.
ANPP	Admitida transação penal, é incabível o acordo de não persecução penal (art. 28-A, § 2º, I, do CPP).

FORMA PRIVILEGIADA (ART. 348, §1º)
►***Art. 348, §1º - Se ao crime não é cominada pena de reclusão: Pena - detenção, de 15 dias a 3 meses, e multa.***

ISENÇÃO DE PENA (ART. 348, §2º)
►***Art. 348, §2º - Se quem presta o auxílio é ascendente, descendente, cônjuge ou irmão do criminoso, fica isento de pena.*** A doutrina divide-se quanto à natureza da isenção de pena, se causa de exclusão da culpabilidade ou escusa absolutória. De qualquer forma, prevalece que o rol é **exemplificativo** e pode abranger, por exemplo, a união estável (analogia *in bonam partem*).

FAVORECIMENTO PESSOAL – TEMAS RELEVANTES	
Crime acessório	O crime de favorecimento pessoal tem como pressuposto a prática de um **crime** (**fato típico, ilícito e culpável**) por terceiro. Se o terceiro for absolvido, não subsistirá a elementar *"autor de crime"* e será forçosa a absolvição quanto ao crime de favorecimento pessoal. Por isso, **é recomendável que se aguarde o desfecho da ação penal relativa ao primeiro crime**.

CRIMES SIMILARES	
CPM	Art. 350. Auxiliar a subtrair-se à ação da autoridade autor de crime militar, a que é cominada pena de morte ou reclusão: Pena - detenção, até 6 meses.

FAVORECIMENTO REAL (ART. 349)	
► ***Art. 349. Prestar a criminoso, fora dos casos de coautoria ou de receptação, auxílio destinado a tornar seguro o proveito do crime:*** ***Pena - detenção, de 1 a 6 meses, e multa.***	
Tipicidade	Pressupõe o **prévio** cometimento do crime **por terceiro** (**crime acessório**). Se o sujeito ativo houver participado deste primeiro crime, responderá por ele na qualidade de coautor ou partícipe, e não pelo crime de favorecimento real. Em outras palavras, o sujeito deve participar apenas no momento do **exaurimento** do crime. O auxílio deve dirigir-se ao criminoso no sentido de auxiliá-lo a tornar seguro o proveito do crime (qualquer vantagem obtida). Ex.: permitir que os objetos roubados sejam armazenados em sua residência.
Bem jurídico	A administração da justiça.
Sujeito ativo	Qualquer pessoa (crime **comum**).
Sujeito passivo	O Estado.
Elemento subjetivo	Dolo, direto ou eventual. Finalidade específica: "*auxílio destinado a tornar seguro o proveito do crime*". Não há modalidade culposa.
Consumação	Ocorre quando o sujeito presta auxílio, ainda que não tenha tornado seguro o proveito do crime (crime **formal** e **instantâneo**). Admite tentativa (crime **plurissubsistente**).
Omissão	Pode ser praticado na forma omissiva (omissão **imprópria**).
Execução	Crime de forma livre.
Concurso de pessoas	Crime de concurso eventual (**unissubjetivo**).

FAVORECIMENTO REAL (ART. 349)	
Competência	Juizado Especial Criminal.
Lei 9.099/95	Infração de menor potencial ofensivo.
Ação penal	Pública incondicionada.
ANPP	Admitida transação penal, é incabível o acordo de não persecução penal (art. 28-A, § 2º, I, do CPP).

FAVORECIMENTO PESSOAL (ART. 348)	FAVORECIMENTO REAL (ART. 349)
►Art. 348. Auxiliar a subtrair-se à ação de autoridade pública autor de crime a que é cominada pena de reclusão: ***Pena - detenção, de 1 a 6 meses, e multa.***	***►Art. 349. Prestar a criminoso, fora dos casos de coautoria ou de receptação, auxílio destinado a tornar seguro o proveito do crime:*** ***Pena - detenção, de 1 a 6 meses, e multa.***
O sujeito auxilia o criminoso a **subtrair-se à ação de autoridade pública**.	O sujeito auxilia o criminoso com a finalidade de **tornar seguro o proveito do crime**.
O crime anterior pode ser **consumado ou tentado**.	O crime anterior só pode ser **consumado** (ou não haveria proveito do crime).
Crime anterior: punido com **reclusão** (*caput*) ou **detenção** (forma privilegiada - §1º)	Crime anterior: punido com **detenção ou reclusão**, sem distinções.
Isenção de pena (§2º).	Não há hipótese de isenção de pena.
Em ambos os casos, o sujeito não é coautor ou partícipe do crime anterior. Sua atuação é posterior.	

FAVORECIMENTO REAL (ART. 349)	RECEPTAÇÃO (ART. 180)
►Art. 349. Prestar a criminoso, fora dos casos de coautoria ou de receptação, auxílio destinado a tornar seguro o proveito do crime: ***Pena - detenção, de 1 a 6 meses, e multa.***	***►Art. 180. Adquirir, receber, transportar, conduzir ou ocultar, em proveito próprio ou alheio, coisa que sabe ser produto de crime, ou influir para que terceiro, de boa-fé, a adquira, receba ou oculte:*** ***Pena - reclusão, de 1 a 4 anos, e multa.***
O agente deseja apenas auxiliar o sujeito ativo do crime anterior a tornar seguro o proveito do crime.	O receptador tem a finalidade especial de lucro (*"em proveito próprio ou alheio"*).

CRIMES SIMILARES	
CPM	Art. 351. Prestar a criminoso, fora dos casos de coautoria ou de receptação, auxílio destinado a tornar seguro o proveito do crime: Pena - detenção, de 3 meses a 1 ano.

INGRESSO DE APARELHO CELULAR EM ESTABELECIMENTO PRISIONAL (ART. 349-A)	
► ***Art. 349-A. Ingressar, promover, intermediar, auxiliar ou facilitar a entrada de aparelho telefônico de comunicação móvel, de rádio ou similar, sem autorização legal, em estabelecimento prisional.*** ***Pena - detenção, de 3 meses a 1 ano.***	
Tipicidade	Modalidade de **favorecimento real** incluída pela Lei 12.012/09. **Tipo misto alternativo ou crime de ação múltipla ou de conteúdo variado**: se o agente praticar mais de um núcleo do art. 349-A no mesmo contexto, responderá por **crime único**.
Bem jurídico	A administração da justiça.
Sujeito ativo	Qualquer pessoa (crime **comum**).
Sujeito passivo	O Estado.
Elemento subjetivo	Dolo, direto ou eventual. Finalidade específica: *"auxílio destinado a tornar seguro o proveito do crime"*. Não há modalidade culposa.
Consumação	Ocorre quando ingressa, promove, intermedeia, auxilia ou facilita a entrada de aparelho telefônico de comunicação móvel, de rádio ou similar (crime **formal** e **instantâneo**). Independe da ocorrência do resultado. Admite tentativa (crime **plurissubsistente**).
Omissão	O núcleo *"facilitar"* pode expressar uma **omissão própria**. Nos demais casos, pode ser praticado por **omissão imprópria**.
Execução	Crime de forma livre.
Concurso de pessoas	Crime de concurso eventual (**unissubjetivo**).
Competência	Juizado Especial Criminal.

INGRESSO DE APARELHO CELULAR EM ESTABELECIMENTO PRISIONAL (ART. 349-A)	
Lei 9.099/95	Infração de menor potencial ofensivo.
Ação penal	Pública incondicionada.
ANPP	Admitida transação penal, é incabível o acordo de não persecução penal (art. 28-A, § 2º, I, do CPP).

INGRESSO DE APARELHO CELULAR EM ESTABELECIMENTO PRISIONAL – TEMAS RELEVANTES	
Sujeito ativo	O **preso** pode ser sujeito ativo do delito. Ex.: retorna da saída temporária com aparelho celular.
Falta grave	Comete falta grave o preso que tiver em sua posse, utilizar ou fornecer aparelho telefônico, de rádio ou similar, que permita a comunicação com outros presos ou com o ambiente externo (art. 5º, VII da LEP).
	■ Súmula 660 do STJ: A posse, pelo apenado, de aparelho celular ou de seus componentes essenciais constitui falta grave.
Prevaricação especial ou imprópria (art. 319-A)	Comete o crime de prevaricação especial ou imprópria (art. 319-A) o **Diretor de Penitenciária e/ou agente público** que deixar de cumprir seu dever de vedar ao preso o acesso a aparelho telefônico, de rádio ou similar, que permita a comunicação com outros presos ou com o ambiente externo.
Pluralidade de aparelhos	Comete **crime único** o sujeito que ingressa, promove, intermedeia, auxilia ou facilita a entrada de mais de um aparelho.
Perícia	■ Súmula 661 do STJ: A falta grave prescinde da perícia do celular apreendido ou de seus componentes essenciais.
"Estabelecimento prisional"	Podem ser enquadrados na categoria as penitenciárias; as colônias agrícolas, industriais ou similares; as casas do albergado e as cadeias públicas.

EXERCÍCIO ARBITRÁRIO OU ABUSO DE PODER (ART. 350)

► ~~***Art. 350. Ordenar ou executar medida privativa de liberdade individual, sem as formalidades legais ou com abuso de poder:***~~

~~***Pena - detenção, de 1 mês a 1 ano.***~~

~~***Parágrafo único - Na mesma pena incorre o funcionário que:***~~

~~***I - ilegalmente recebe e recolhe alguém a prisão, ou a estabelecimento destinado a execução de pena privativa de liberdade ou de medida de segurança;***~~

~~***II - prolonga a execução de pena ou de medida de segurança, deixando de expedir em tempo oportuno ou de executar imediatamente a ordem de liberdade;***~~

~~***III - submete pessoa que está sob sua guarda ou custódia a vexame ou a constrangimento não autorizado em lei;***~~

~~***IV - efetua, com abuso de poder, qualquer diligência.***~~

~~***Pena - detenção, de 3 meses a 1 ano***~~.

Dispositivo **revogado** pela Lei 13.869/2019 (Lei de **abuso de autoridade**).

FUGA DE PESSOA PRESA OU SUBMETIDA A MEDIDA DE SEGURANÇA (ART. 351)

► ***Art. 351. Promover ou facilitar a fuga de pessoa legalmente presa ou submetida a medida de segurança detentiva:***

Pena - detenção, de 6 meses a 2 anos.

Tipicidade	**Tipo misto alternativo ou crime de ação múltipla ou de conteúdo variado**: se o agente praticar mais de um núcleo do art. 351 no mesmo contexto, responderá por **crime único**.
Bem jurídico	A administração da justiça.
Sujeito ativo	Qualquer pessoa (crime **comum**).
Sujeito passivo	O Estado.
Elemento subjetivo	Dolo, direto ou eventual. Não há finalidade específica. Não há modalidade culposa.
Consumação	Ocorre com a efetiva fuga do preso ou da pessoa submetida a medida de segurança detentiva (crime **material** e **instantâneo**). Admite tentativa (crime **plurissubsistente**).

FUGA DE PESSOA PRESA OU SUBMETIDA A MEDIDA DE SEGURANÇA (ART. 351)	
Omissão	O núcleo *"facilitar"* pode, no caso concreto, expressar uma **omissão própria**. Quanto a *"promover"*, pode ser praticado por **omissão imprópria**.
Execução	Crime de forma livre.
Concurso de pessoas	Crime de concurso eventual (**unissubjetivo**).
Competência	Juizado Especial Criminal.
Lei 9.099/95	Infração de menor potencial ofensivo.
Ação penal	Pública incondicionada.
ANPP	É possível o acordo de não persecução penal apenas se não for cabível a transação penal, o crime não for praticado com violência ou grave ameaça e restarem preenchidos os demais requisitos do art. 28-A do CPP.

FORMAS QUALIFICADAS (ART. 351, §§1º E 3º)	
►Art. 351, §1º - Se o crime é praticado a mão armada, ou por mais de uma pessoa, ou mediante arrombamento, a pena é de reclusão, de 2 a 6 anos.	***►Art. 351, §3º - A pena é de reclusão, de 1 a 4 anos, se o crime é praticado por pessoa sob cuja custódia ou guarda está o preso ou o internado.***

FORMA PRIVILEGIADA (ART. 351, §4º)
►Art. 351, §4º - No caso de culpa do funcionário incumbido da custódia ou guarda, aplica-se a pena de detenção, de 3 meses a 1 ano, ou multa. Ex.: "o carcereiro que enseja a libertação de preso sem a pesquisa necessária de antecedentes penais, tal qual determinado pela autoridade policial, realiza conduta que se ajusta ao tipo do artigo 351, §3º, do CP"[52].

52. STJ, HC 40274/SP, Rel. Min. Hamilton Carvalhido, 6ª Turma, j. 27/09/2005.

FUGA DE PESSOA PRESA OU SUBMETIDA A MEDIDA DE SEGURANÇA – TEMAS RELEVANTES	
Concurso material	***►Art. 351, §2º - Se há emprego de violência contra pessoa, aplica-se também a pena correspondente à violência.*** O STF[53] e o STJ[54] concordam que o §2º impõe um concurso **material** de crimes.
Medida socioeducativa	"A expressão "pessoa legalmente presa ou submetida a medida de segurança detentiva", contida no *caput* do art. 351 do CP, **não abrange os menores internados em razão do cumprimento de medida socioeducativa** decorrente da prática de ato infracional"[55] (analogia *in malam partem*).

CRIMES SIMILARES	
CPM	Art. 178. Promover ou facilitar a fuga de pessoa legalmente presa ou submetida a medida de segurança detentiva: Pena - detenção, de 6 meses a 2 anos.

EVASÃO MEDIANTE VIOLÊNCIA CONTRA A PESSOA (ART. 352)	
►Art. 352. Evadir-se ou tentar evadir-se o preso ou o indivíduo submetido a medida de segurança detentiva, usando de violência contra a pessoa: ***Pena - detenção, de 3 meses a 1 ano, além da pena correspondente à violência.***	
Tipicidade	É atípica a fuga ou a tentativa de fuga de preso ou de indivíduo submetido a medida de segurança detentiva. A conduta adquire relevância penal quando o sujeito emprega violência **contra a pessoa**. Nesse caso, há um concurso **material** de crimes: evasão mediante violência contra a pessoa + crime correspondente à violência (ex.: lesão corporal).
Bem jurídico	A administração da justiça e a integridade física (crime **pluriofensivo**).
Sujeito ativo	Apenas o preso ou o indivíduo submetido a medida de segurança detentiva (crime **próprio**).

53. STF, HC 86566/SP, Rel. Min. Eros Grau, 1ª Turma, j. 25/10/2005.
54. STJ, HC 33515/SP, Rel. Min. Hamilton Carvalhido, 6ª Turma, j. 14/06/2005.
55. STJ, RHC 86991/SE, Rel. Min. Ribeiro Dantas, 5ª Turma, j. 10/10/2017.

EVASÃO MEDIANTE VIOLÊNCIA CONTRA A PESSOA (ART. 352)	
Sujeito passivo	O Estado e, secundariamente, as pessoas agredidas.
Elemento subjetivo	Dolo, direto ou eventual. Não há finalidade específica. Não há modalidade culposa.
Consumação	Ocorre com a tentativa de evasão (crime **formal** e **instantâneo**). As modalidades tentada e consumada recebem a mesma punição.
Omissão	Pode ser praticado na forma omissiva (omissão **imprópria**).
Execução	Crime de forma livre.
Concurso de pessoas	Crime de concurso eventual (**unissubjetivo**).
Competência	Juizado Especial Criminal.
Lei 9.099/95	Infração de menor potencial ofensivo.
Ação penal	Pública incondicionada.
ANPP	É incabível o acordo de não persecução penal, pois o crime é praticado com violência (art. 28-A, *caput*, do CPP).

EVASÃO MEDIANTE VIOLÊNCIA CONTRA A PESSOA – TEMAS RELEVANTES	
Crime de atentado ou de empreendimento	A evasão mediante violência contra a pessoa é o exemplo clássico de crime de atentado ou de empreendimento (a punição do crime tentado é igual à do crime consumado). A distinção ganha relevância apenas na dosimetria da pena.

CRIMES SIMILARES	
CPM	Art. 180. Evadir-se, ou tentar evadir-se o preso ou internado, usando de violência contra a pessoa: Pena - detenção, de 1 a 2 anos, além da correspondente à violência.

ARREBATAMENTO DE PRESO (ART. 355)	
▶ ***Art. 353. Arrebatar preso, a fim de maltratá-lo, do poder de quem o tenha sob custódia ou guarda:*** ***Pena - reclusão, de 1 a 4 anos, além da pena correspondente à violência.***	
Tipicidade	Concurso **material** de crimes: arrebatamento de preso + crime correspondente à violência (ex.: lesão corporal). Diferentemente do tipo penal anterior, o art. 353 não abrange o arrebatamento de indivíduo submetido a medida de segurança detentiva.
Bem jurídico	A administração da justiça e a integridade física (crime **pluriofensivo**).
Sujeito ativo	Qualquer pessoa (crime **comum**).
Sujeito passivo	O Estado e, secundariamente, o preso arrebatado.
Elemento subjetivo	Dolo, direto ou eventual. Finalidade específica: "*a fim de maltratá-lo*". Não há modalidade culposa.
Consumação	Ocorre quando o sujeito arrebata preso, isto é, retira-lhe do poder de quem o tenha sob custódia ou guarda para maltratá-lo (crime **formal** e **instantâneo**). Admite tentativa (crime **plurissubsistente**).
Omissão	Pode ser praticado na forma omissiva (omissão **imprópria**).
Execução	Crime de forma livre.
Concurso de pessoas	Crime de concurso eventual (**unissubjetivo**).
Competência	Juízo comum.
Lei 9.099/95	Não é infração de menor potencial ofensivo, mas admite suspensão condicional do processo (se preenchidos os requisitos do art. 89 da Lei 9.099/95).
Ação penal	Pública incondicionada.
ANPP	É incabível o acordo de não persecução penal, pois o crime é praticado com violência (art. 28-A, *caput*, do CPP).

CRIMES SIMILARES	
CPM	Art. 181. Arrebatar preso ou internado, a fim de maltratá-lo, do poder de quem o tenha sob guarda ou custódia militar: Pena - reclusão, até 4 anos, além da correspondente à violência.

MOTIM DE PRESOS (ART. 354)	
► ***Art. 354. Amotinarem-se presos, perturbando a ordem ou disciplina da prisão:*** ***Pena - detenção, de 6 meses a 2 anos, além da pena correspondente à violência.***	
Tipicidade	Amotinar-se significa provocar um motim, revoltar-se, rebelar-se ou provocar a desordem. Concurso **material** de crimes: motim de presos + crime correspondente à violência (ex.: lesão corporal).
Bem jurídico	A administração da justiça e a integridade física (crime **pluriofensivo**).
Sujeito ativo	Apenas os presos (crime **próprio**).
Sujeito passivo	O Estado.
Elemento subjetivo	Dolo, direto ou eventual. Não há finalidade específica. Não há modalidade culposa.
Consumação	Ocorre com a efetiva perturbação da ordem ou da disciplina (crime **material** e **instantâneo**). Admite tentativa (crime **plurissubsistente**).
Omissão	Pode ser praticado na forma omissiva (omissão **imprópria**).
Execução	Crime de forma livre.
Concurso de pessoas	Crime de concurso necessário ("*presos*" - **plurissubjetivo**).
Competência	Juizado Especial Criminal.
Lei 9.099/95	Infração de menor potencial ofensivo.
Ação penal	Pública incondicionada.
ANPP	Admitida transação penal, é incabível o acordo de não persecução penal (art. 28-A, § 2º, I, do CPP).

CRIMES SIMILARES	
CPM	Art. 182. Amotinarem-se presos, ou internados, perturbando a disciplina do recinto de prisão militar: Pena - reclusão, até 3 anos, aos cabeças; aos demais, detenção de 1 a 2 anos.

PATROCÍNIO INFIEL (ART. 355)	
►Art. 355. Trair, na qualidade de advogado ou procurador, o dever profissional, prejudicando interesse, cujo patrocínio, em juízo, lhe é confiado: Pena - detenção, de 6 meses a 3 anos, e multa.	
Tipicidade	A relação entre o advogado ou cliente pressupõe **confiança.** "Para a caracterização do delito de patrocínio infiel, deve haver a traição do dever profissional"[56].
Bem jurídico	A administração da justiça.
Sujeito ativo	Apenas o advogado ou procurador (crime **próprio**).
Sujeito passivo	Qualquer pessoa (física ou jurídica) prejudicada.
Elemento subjetivo	Dolo, direto ou eventual. Não há finalidade específica. Não há modalidade culposa.
Consumação	Ocorre quando o sujeito trai o dever profissional e causa **efetivo prejuízo** ao interesse de seu cliente (crime **material** e **instantâneo**). O interesse lesado deve ter sido patrocinado **em juízo** pelo sujeito ativo. Admite tentativa (crime **plurissubsistente**).
Omissão	Pode ser praticado na forma omissiva (omissão **imprópria**).
Execução	Crime de forma livre.
Concurso de pessoas	Crime de concurso eventual (**unissubjetivo**).
Competência	Juízo comum.
Lei 9.099/95	Não é infração de menor potencial ofensivo, mas admite suspensão condicional do processo (se preenchidos os requisitos do art. 89 da Lei 9.099/95).

56. STJ, REsp 1716072/MG, Rel. Min. Sebastião Reis Júnior, 6ª Turma, j. 15/03/2018.

PATROCÍNIO INFIEL (ART. 355)	
Ação penal	Pública incondicionada.
ANPP	É cabível o acordo de não persecução penal, se preenchidos os requisitos do art. 28-A do CPP.

PATROCÍNIO SIMULTÂNEO OU TERGIVERSAÇÃO (ART. 355, PARÁGRAFO ÚNICO)
► ***Art. 355, parágrafo único - Incorre na pena deste artigo o advogado ou procurador judicial que defende na mesma causa, simultânea ou sucessivamente, partes contrárias.*** É necessária a vontade consciente do agente em patrocinar **defesas antagônicas**[57]. Exemplo: "a nomeação de uma das advogadas constituídas da parte autora, como curadora da parte ré, por si só, evidencia um desvirtuamento do real propósito do instituto da curatela, porquanto patente o conflito de interesses"[58]. Diferentemente do *caput*, não exige a comprovação de prejuízo (crime **formal**).

PATROCÍNIO INFIEL, SIMULTÂNEO OU TERGIVERSAÇÃO – TEMAS RELEVANTES	
Mandato	"Os tipos do artigo 355 do CP pressupõem o instrumento de mandato – a procuração – outorgado ao profissional da advocacia ou, no processo-crime, o fato de o acusado o haver indicado por ocasião do interrogatório, constando essa circunstância da ata respectiva"[59].
Processo perante a OAB	"A decisão absolutória proferida em processo instaurado perante a OAB não obriga aos órgãos da Justiça, assim como a prolatada no processo penal não interfere naquele julgamento, dada a independência entre uma e outra"[60].
"Em juízo"	O interesse da vítima deve ter sido patrocinado em juízo. A traição do dever profissional **fora de juízo** pode se amoldar ao crime de violação de segredo profissional (art. 154).
Tergiversação e *"mesma causa"*	*"Mesma causa"* não significa mesma ação. Assim, é possível que o patrocínio das partes contrárias se dê em processos diferentes. Ex.: processo desmembrado em relação a uma parte[61].

57. STJ, HC 79765/MG, Rel. Min. Arnaldo Esteves Lima, 5ª Turma, j. 08/11/2007.
58. STJ, REsp 1006833/RJ, Rel. Min. Maria Thereza de Assis Moura, 6ª Turma, j. 22/08/2011.
59. STF, HC 110196/PA, Rel. Min. Marco Aurélio, 1ª Turma, j. 14/05/2013.
60. STJ, HC 113424/RS, Rel. Min. Jane Silva, 6ª Turma, j. 06/02/2009.
61. "Por certo, depreende-se que o investigado teria atuado em favor dos dois agentes no curso do inquérito policial e nas ações penais posteriormente instauradas, ainda que os indícios até então colhidos demonstrassem que o

PATROCÍNIO INFIEL, SIMULTÂNEO OU TERGIVERSAÇÃO – TEMAS RELEVANTES	
Tergiversação e competência	"Patrocínio simultâneo **praticado em processo trabalhista** configura afronta à Justiça do Trabalho, cuja competência para julgamento é da **Justiça Federal**"[62].
Conflito de pretensões	"O delito de patrocínio simultâneo ou sucessivo implica em trair interesses das partes ou de uma delas **somente quando há conflito de pretensões**"[63]. Ex.: não pratica o crime "o advogado que, depois de paga a prestação alimentícia pleiteada por sua cliente, comunica o fato ao Juiz do processo e requer a expedição de alvará de soltura em favor do executado, posto que não mais existiam direitos em conflito"[64].

SONEGAÇÃO DE PAPEL OU OBJETO DE VALOR PROBATÓRIO (ART. 356)	
►Art. 356. Inutilizar, total ou parcialmente, ou deixar de restituir autos, documento ou objeto de valor probatório, que recebeu na qualidade de advogado ou procurador: Pena - detenção, de 6 meses a 3 anos, e multa.	
Tipicidade	Além da conduta de sonegar autos, é necessário verificar se houve **efetiva lesão ao bem jurídico**, pois "não se tipifica o crime do art. 356 do CP quando a ação do agente é incapaz de atingir a atuação normal e regular da administração da justiça"[65].
Bem jurídico	A administração da justiça.
Sujeito ativo	Apenas o advogado ou procurador (crime **próprio**).
Sujeito passivo	O Estado e eventuais prejudicados.
Elemento subjetivo	Dolo, direto ou eventual. Não há finalidade específica. Não há modalidade culposa.

homicídio sob apuração teria sido praticado por um dos dois investigados, **tendo apresentado defesa prévia e pedido de liberdade provisória em benefício de Orlado Paulo Mariano e, após o desmembramento do processo-crime, teria deixado o réu Nivaldo ser citado por edital e o orientado a permanecer foragido.** Forçoso destacar que o preceito primário do tipo penal emprega a expressão "mesma causa" e não "mesma ação" (STJ, RHC 82874/MS, Rel. Min. Ribeiro Dantas, 5ª Turma, j. 27/06/2017).

62. STJ, HC 56541/SP, Rel. Min. Maria Thereza de Assis Moura, 6ª Turma, j. 19/05/2009.
63. STJ, HC 62655/RJ, Rel. Min. Jane Silva, 5ª Turma, j. 25/09/2007.
64. Idem.
65. "No caso, a despeito de os "autos formados com cópias" não terem sido devolvidos após as notificações, extrai-se que o processo original em nenhum momento saiu das dependências do cartório da Seção de Justiça e Disciplina da 3ª Companhia da Policia Militar do Estado de São Paulo. Nesses termos, **mesmo na hipótese de extravio das cópias por parte da Recorrente, permaneceriam incólumes os autos originais, sem que houvesse qualquer ofensa ao regular prosseguimento do feito e, por conseguinte, ao bem jurídico tutelado pela norma**" (STJ, RHC 45651/SP, Rel. Min. Laurita Vaz, 5ª Turma, j. 12/08/2014).

SONEGAÇÃO DE PAPEL OU OBJETO DE VALOR PROBATÓRIO (ART. 356)	
Consumação	Ocorre quando o sujeito inutiliza (crime **material** e **instantâneo**) ou deixa de restituir (crime **formal** e **permanente**) autos, documento ou objeto de valor probatório. Admite tentativa apenas na forma comissiva (crime **plurissubsistente** ou **unissubsistente**).
Omissão	Pode ser omissivo **próprio** (*'deixar de restituir'*).
Execução	Crime de forma livre.
Concurso de pessoas	Crime de concurso eventual (**unissubjetivo**).
Competência	Juízo comum.
Lei 9.099/95	Não é infração de menor potencial ofensivo, mas admite suspensão condicional do processo (se preenchidos os requisitos do art. 89 da Lei 9.099/95).
Ação penal	Pública incondicionada.
ANPP	É cabível o acordo de não persecução penal, se preenchidos os requisitos do art. 28-A do CPP.

SONEGAÇÃO DE PAPEL OU OBJETO DE VALOR PROBATÓRIO – TEMAS RELEVANTES	
Princípio da insignificância	O STJ já decidiu que **não se aplica** ao crime previsto no art. 356[66].
Intimação prévia	Para o STJ, **"a intimação prévia é essencial para que se possa reconhecer o dolo**, que resta caracterizado no momento em que, ciente da necessidade de devolução, o agente opta por reter dos autos. Nesse passo, inexistindo dúvida acerca da intimação prévia e diante da inércia do réu, há que ser reconhecido o dolo da conduta e a consumação do delito previsto no art. 356 do CP"[67].

66. Idem.
67. STJ, HC 75847/DF, Rel. Min. Ribeiro Dantas, 5ª Turma, j. 08/08/2017.

CRIMES SIMILARES	
CPM	Art. 352. Inutilizar, total ou parcialmente, sonegar ou dar descaminho a autos, documento ou objeto de valor probante, que tem sob guarda ou recebe para exame: Pena - detenção, de 6 meses a 3 anos, se o fato não constitui crime mais grave. Há modalidade culposa no parágrafo único.

EXPLORAÇÃO DE PRESTÍGIO (ART. 357)	
► ***Art. 357. Solicitar ou receber dinheiro ou qualquer outra utilidade, a pretexto de influir em juiz, jurado, órgão do Ministério Público, funcionário de justiça, perito, tradutor, intérprete ou testemunha:*** ***Pena - reclusão, de 1 a 5 anos, e multa.***	
Tipicidade	"O crime de exploração de prestígio é, por assim dizer, uma subespécie do crime previsto no art. 332 do CP (**tráfico de influência**). É a exploração de prestígio, a venda de influência, a ser exercida especificamente sobre pessoas que possuem destacada importância no desfecho de processo judicial"[68].
Bem jurídico	A administração da justiça.
Sujeito ativo	Qualquer pessoa (crime **comum**).
Sujeito passivo	O Estado e eventuais prejudicados.
Elemento subjetivo	Dolo, direto ou eventual. Finalidade específica: '*a pretexto de influir*'. Não há modalidade culposa.
Consumação	Ocorre quando o sujeito solicita (crime **formal**) ou recebe (crime **material**) dinheiro ou qualquer outra utilidade, a pretexto de influir em juiz, jurado, órgão do MP, funcionário de justiça, perito, tradutor, intérprete ou testemunha. Em qualquer caso, o crime é **instantâneo**. Admite tentativa (crime **plurissubsistente**).
Omissão	Pode ser praticado na forma omissiva (omissão **imprópria**).

68. STJ, RHC 55940/SP, Rel. Min. Antonio Saldanha Palheiro, 6ª Turma, j. 04/09/2018.

EXPLORAÇÃO DE PRESTÍGIO (ART. 357)	
Execução	Crime de forma livre.
Concurso de pessoas	Crime de concurso eventual (**unissubjetivo**).
Competência	Juízo comum.
Lei 9.099/95	Não é infração de menor potencial ofensivo, mas admite suspensão condicional do processo (se preenchidos os requisitos do art. 89 da Lei 9.099/95).
Ação penal	Pública incondicionada.
ANPP	É cabível o acordo de não persecução penal, se preenchidos os requisitos do art. 28-A do CPP.

CAUSA ESPECIAL DE AUMENTO DE PENA (ART. 357, PARÁGRAFO ÚNICO)
►Art. 357, parágrafo único - As penas aumentam-se de 1/3, se o agente alega ou insinua que o dinheiro ou utilidade também se destina a qualquer das pessoas referidas neste artigo.

EXPLORAÇÃO DE PRESTÍGIO – TEMAS RELEVANTES	
Prestígio direto ou indireto	"O tipo penal do art. 357 do CP **não exige o prestígio direto**, bastando para sua configuração que o pedido ou recebimento de dinheiro ou outra utilidade se dê **a pretexto de influir**, de qualquer modo, junto a autoridade ou a pessoa que vai atuar em processo cível ou criminal"[69].
Funcionário público imaginário	O STJ já decidiu que "em se tratando do crime de exploração de prestígio, **não é necessário que o funcionário exista**, podendo ser uma figura puramente imaginária"[70].
Corrupção ativa (art. 333)	Se o sujeito efetivamente oferecer ou prometer vantagem indevida a funcionário público, para determiná-lo a praticar, omitir ou retardar ato de ofício, praticará o crime de corrupção ativa (art. 333).

69. STF, RHC 75128/RJ, Rel. Min. Ilmar Galvão, 1ª Turma, j. 01/04/1997.
70. STJ, HC 92194/CE, Rel. Min. Maria Thereza de Assis Moura, 6ª Turma, j. 18/08/2018.

CRIMES SIMILARES	
CPM	Art. 353. Solicitar ou receber dinheiro ou qualquer outra utilidade, a pretexto de influir em juiz, órgão do Ministério Público, funcionário de justiça, perito, tradutor, intérprete ou testemunha, na Justiça Militar: Pena - reclusão, até 5 anos.

VIOLÊNCIA OU FRAUDE EM ARREMATAÇÃO JUDICIAL (ART. 358)	
►Art. 358. Impedir, perturbar ou fraudar arrematação judicial; afastar ou procurar afastar concorrente ou licitante, por meio de violência, grave ameaça, fraude ou oferecimento de vantagem: ***Pena - detenção, de 2 meses a 1 ano, ou multa, além da pena correspondente à violência.***	
Tipicidade	**Tipo misto alternativo ou crime de ação múltipla ou de conteúdo variado**: se o agente praticar mais de um núcleo do art. 358 no mesmo contexto, responderá por **crime único**. Concurso **material** de crimes: violência ou fraude em arrematação judicial + crime correspondente à violência (ex.: lesão corporal, homicídio etc).
Bem jurídico	A administração da justiça.
Sujeito ativo	Qualquer pessoa (crime **comum**).
Sujeito passivo	O Estado e eventuais prejudicados.
Elemento subjetivo	Dolo, direto ou eventual. Não há finalidade específica. Não há modalidade culposa.
Consumação	Ocorre quando o sujeito impede, perturba ou frauda arrematação judicial (crime **material**) ou, ainda, quando afasta ou procura afastar concorrente ou licitante por meio de violência, grave ameaça, fraude ou oferecimento de vantagem (crime **formal**). Em qualquer caso, o crime é **instantâneo.** Admite tentativa (crime **plurissubsistente**).
Omissão	Pode ser praticado na forma omissiva (omissão **imprópria**).
Execução	Crime de forma livre.
Concurso de pessoas	Crime de concurso eventual (**unissubjetivo**).

VIOLÊNCIA OU FRAUDE EM ARREMATAÇÃO JUDICIAL (ART. 358)	
Competência	Juizado Especial Criminal.
Lei 9.099/95	Infração de menor potencial ofensivo.
Ação penal	Pública incondicionada.
ANPP	Admitida transação penal, é incabível o acordo de não persecução penal (art. 28-A, § 2º, I, do CPP).

DESOBEDIÊNCIA À DECISÃO JUDICIAL SOBRE PERDA OU SUSPENSÃO DE DIREITO (ART. 359)	
►Art. 359. Exercer função, atividade, direito, autoridade ou múnus, de que foi suspenso ou privado por decisão judicial: ***Pena - detenção, de 3 meses a 2 anos, ou multa.***	
Bem jurídico	A administração da justiça.
Sujeito ativo	Apenas a pessoa que foi suspensa ou privada, por decisão judicial, de exercer função, atividade, direito, autoridade ou múnus (crime **próprio**).
Sujeito passivo	O Estado.
Elemento subjetivo	Dolo, direto ou eventual. Não há finalidade específica. Não há modalidade culposa.
Consumação	Ocorre quando o sujeito exerce função, atividade, direito, autoridade ou múnus de que foi suspenso ou privado por decisão judicial (crime **formal** e **instantâneo**). Admite tentativa (crime **plurissubsistente**).
Omissão	Pode ser praticado na forma omissiva (omissão **imprópria**).
Execução	Crime de forma livre.
Concurso de pessoas	Crime de concurso eventual (**unissubjetivo**).
Competência	Juizado Especial Criminal.
Lei 9.099/95	Infração de menor potencial ofensivo.
Ação penal	Pública incondicionada.
ANPP	Admitida transação penal, é incabível o acordo de não persecução penal (art. 28-A, § 2º, I, do CPP).

STF	STJ
O crime definido no art. 359 do CP pressupõe decisão judiciária de **natureza penal**[71].	A *"decisão judicial"* **não precisa ter cunho criminal,** bastando que imponha a suspensão ou a privação de alguma função, atividade, direito ou múnus[72].

DESOBEDIÊNCIA À DECISÃO JUDICIAL SOBRE PERDA OU SUSPENSÃO DE DIREITO – TEMAS RELEVANTES	
Crime subsidiário	É pacífico no STJ que "o crime de desobediência é subsidiário, configurando-se apenas quando, desrespeitada ordem judicial, **não existir sanção específica ou não houver ressalva expressa no sentido da aplicação cumulativa do CP**"[73].

DESOBEDIÊNCIA À DECISÃO JUDICIAL SOBRE PERDA OU SUSPENSÃO DE DIREITO – TEMAS RELEVANTES	
Medidas protetivas (Lei 11.340/06)	No mesmo sentido, é pacífico que "**o descumprimento de decisão que impõe medida protetiva de urgência prevista na Lei n. 11.340/2006 não configura o crime de desobediência** previsto no art. 359 do CP, podendo importar a imposição de outras medidas legais cabíveis"[74]. Recentemente, a **Lei 13.641/2018** tipificou o crime de descumprimento de medidas protetivas de urgência, acrescendo o art. 34-A à Lei 13.340/2006.
Ordem judicial e multa	No mesmo sentido, "não configura crime de desobediência o comportamento da pessoa que, suposto desatenda a ordem judicial que lhe é dirigida, se sujeita, com isso, ao pagamento de multa cominada com a finalidade de a compelir ao cumprimento do preceito"[75].

71. STF, HC 88572/RS, Rel. Min. Cezar Peluso, 2ª Turma, j. 08/08/2006.
72. STJ, HC 220392/RJ, Rel. Min. Jorge Mussi, 5ª Turma, j. 25/02/2014.
73. STJ, AgRg no AREsp 539828/MG, Rel. Min. Jorge Mussi, 5ª Turma, j. 05/10/2017.
74. STJ, AgRg no AREsp 1226600/MG, Rel. Min. Sebastião Reis Júnior, 6ª Turma, j. 05/06/2018.
75. STF, HC 88572/RS, Rel. Min. Cezar Peluso, 2ª Turma, j. 08/08/2006. No mesmo sentido, o STJ (RHC 68228/PA, Rel. Min. Maria Thereza de Assis Moura, 6ª Turma, j. 26/04/2016).

DESOBEDIÊNCIA À DECISÃO SOBRE PERDA OU SUSPENSÃO DE ATIVIDADE OU DIREITO (ART. 359)	DESOBEDIÊNCIA (ART. 330)
► ***Art. 359. Exercer função, atividade, direito, autoridade ou múnus, de que foi suspenso ou privado por decisão judicial:*** ***Pena - detenção, de 3 meses a 2 anos, ou multa.***	► ***Art. 330. Desobedecer a ordem legal de funcionário público:*** ***Pena - detenção, de 15 dias a 6 meses, e multa.***

DESOBEDIÊNCIA À DECISÃO SOBRE PERDA OU SUSPENSÃO DE ATIVIDADE OU DIREITO (ART. 359)	EXERCÍCIO DE ATIVIDADE COM INFRAÇÃO DE DECISÃO ADMINISTRATIVA (ART. 205)
► ***Art. 359. Exercer função, atividade, direito, autoridade ou múnus, de que foi suspenso ou privado por decisão judicial:*** ***Pena - detenção, de 3 meses a 2 anos, ou multa.***	► ***Art. 205. Exercer atividade, de que está impedido por decisão administrativa:*** ***Pena - detenção, de 3 meses a 2 anos, ou multa.***

CRIMES SIMILARES	
Lei 11.101/2005	Art. 176. Exercer atividade para a qual foi inabilitado ou incapacitado por decisão judicial, nos termos desta Lei: Pena – reclusão, de 1 a 4 anos, e multa.
CTB	Art. 307. Violar a suspensão ou a proibição de se obter a permissão ou a habilitação para dirigir veículo automotor imposta com fundamento neste Código: Penas - detenção, de 6 meses a 1 ano e multa, com nova imposição adicional de idêntico prazo de suspensão ou de proibição.
CPM	Art. 354. Exercer função, atividade, direito, autoridade ou múnus, de que foi suspenso ou privado por decisão da Justiça Militar: Pena - detenção, de 3 meses a 2 anos.

4

DOS CRIMES CONTRA AS FINANÇAS PÚBLICAS

CONTRATAÇÃO DE OPERAÇÃO DE CRÉDITO (ART. 359-A)	
► ***Art. 359-A. Ordenar, autorizar ou realizar operação de crédito, interno ou externo, sem prévia autorização legislativa:*** ***Pena – reclusão, de 1 a 2 anos.***	
Tipicidade	**Tipo misto alternativo ou crime de ação múltipla ou de conteúdo variado**: se o agente praticar mais de um núcleo do art. 359-A no mesmo contexto, responderá por **crime único**.
Bem jurídico	As finanças públicas.
Sujeito ativo	Apenas o funcionário público com atribuição para realizar os núcleos do tipo penal (crime **próprio**).
Sujeito passivo	O Estado.
Elemento subjetivo	Dolo, direto ou eventual. Não há finalidade específica. Não há modalidade culposa.
Consumação	Ocorre quando o sujeito ordena, autoriza ou realiza operação de crédito, interno ou externo, sem prévia autorização legislativa (crime **formal** e **instantâneo**). Admite tentativa (crime **plurissubsistente**).

CONTRATAÇÃO DE OPERAÇÃO DE CRÉDITO (ART. 359-A)	
Omissão	Pode ser praticado na forma omissiva (omissão **imprópria**).
Execução	Crime de forma **vinculada**.
Concurso de pessoas	Crime de concurso eventual (**unissubjetivo**).
Competência	Juizado Especial Criminal.
Lei 9.099/95	Infração de menor potencial ofensivo.
Ação penal	Pública incondicionada.
ANPP	Admitida transação penal, é incabível o acordo de não persecução penal (art. 28-A, § 2º, I, do CPP).

FORMAS EQUIPARADAS (ART. 359-A, PARÁGRAFO ÚNICO)	
►***Art. 359-A, parágrafo único - Incide na mesma pena quem ordena, autoriza ou realiza operação de crédito, interno ou externo***:	
I – com inobservância de limite, condição ou montante estabelecido em lei ou em resolução do Senado Federal;	***II – quando o montante da dívida consolidada ultrapassa o limite máximo autorizado por lei.***

CONTRATAÇÃO DE OPERAÇÃO DE CRÉDITO – TEMAS RELEVANTES	
Prefeitos (Decreto-lei 201/1967)	Se o sujeito ativo for prefeito, a conduta amolda-se ao crime previsto no art. 1º, XX do **Decreto-lei 201/1967** (princípio da especialidade).

CONTRATAÇÃO DE OPERAÇÃO DE CRÉDITO – TEMAS RELEVANTES	
Operação de crédito	**Operação de crédito** é o "compromisso financeiro assumido em razão de mútuo, abertura de crédito, emissão e aceite de título, aquisição financiada de bens, recebimento antecipado de valores provenientes da venda a termo de bens e serviços, arrendamento mercantil e outras operações assemelhadas, inclusive com o uso de derivativos financeiros" (art. 29, III da LC 101/00)[1].
Presidente da República (Lei 1.079/50)	Se o sujeito ativo for o Presidente da República, a conduta amolda-se ao crime previsto no art. 10 da **Lei 1.079/50**.

INSCRIÇÃO DE DESPESAS NÃO EMPENHADAS EM RESTOS A PAGAR (ART. 359-B)	
▶ ***Art. 359-B. Ordenar ou autorizar a inscrição em restos a pagar, de despesa que não tenha sido previamente empenhada ou que exceda limite estabelecido em lei: Pena – detenção, de 6 meses a 2 anos.***	
Tipicidade	Norma penal em branco homogênea (*"que exceda limite estabelecido em lei"*). **Tipo misto alternativo ou crime de ação múltipla ou de conteúdo variado**: se o agente praticar mais de um núcleo do art. 359-B no mesmo contexto, responderá por **crime único**.
Bem jurídico	As finanças públicas.
Sujeito ativo	Apenas o funcionário público com atribuição para realizar os núcleos do tipo penal (crime **próprio**).
Sujeito passivo	O Estado.
Elemento subjetivo	Dolo, direto ou eventual. Não há finalidade específica. Não há modalidade culposa.

1. Art. 29, §1º - Equipara-se a operação de crédito a assunção, o reconhecimento ou a confissão de dívidas pelo ente da Federação, sem prejuízo do cumprimento das exigências dos arts. 15 e 16.

INSCRIÇÃO DE DESPESAS NÃO EMPENHADAS EM RESTOS A PAGAR (ART. 359-B)	
Consumação	Ocorre quando o sujeito ordena ou autoriza a inscrição em restos a pagar, de despesa que não tenha sido previamente empenhada ou que exceda limite estabelecido em lei (crime **formal** e **instantâneo**). Admite tentativa (crime **plurissubsistente**).
Omissão	Pode ser praticado na forma omissiva (omissão **imprópria**).
Execução	Crime de forma **vinculada**.
Concurso de pessoas	Crime de concurso eventual (**unissubjetivo**).
Competência	Juizado Especial Criminal.
Lei 9.099/95	Infração de menor potencial ofensivo.
Ação penal	Pública incondicionada.
ANPP	Admitida transação penal, é incabível o acordo de não persecução penal (art. 28-A, § 2º, I, do CPP).

INSCRIÇÃO DE DESPESAS NÃO EMPENHADAS EM RESTOS A PAGAR – TEMAS RELEVANTES	
Restos a pagar	De acordo com o art. 30 da Lei 4.320/64, "consideram-se restos a pagar as despesas empenhadas mas não pagas até o dia 31 de dezembro distinguindo-se as processadas das não processadas".

ASSUNÇÃO DE OBRIGAÇÃO NO ÚLTIMO ANO DO MANDATO OU LEGISLATURA (ART. 359-C)	
► Art. 359-C. Ordenar ou autorizar a assunção de obrigação, nos dois últimos quadrimestres do último ano do mandato ou legislatura, cuja despesa não possa ser paga no mesmo exercício financeiro ou, caso reste parcela a ser paga no exercício seguinte, que não tenha contrapartida suficiente de disponibilidade de caixa: Pena - reclusão, de 1 a 4 anos.	
Tipicidade	**Tipo misto alternativo ou crime de ação múltipla ou de conteúdo variado**: se o agente praticar mais de um núcleo do art. 359-C no mesmo contexto, responderá por **crime único**.
Bem jurídico	As finanças públicas.
Sujeito ativo	Apenas o agente público com atribuição para realizar os núcleos do tipo penal (crime **próprio**).
Sujeito passivo	O Estado.
Elemento subjetivo	Dolo, direto ou eventual. Não há finalidade específica. Não há modalidade culposa.
Consumação	Ocorre quando o sujeito ordena ou autoriza a assunção de obrigação nos dois últimos quadrimestres do último ano do mandato ou legislatura, cuja despesa não possa ser paga no mesmo exercício financeiro ou, caso reste parcela a ser paga no exercício seguinte, que não tenha contrapartida suficiente de disponibilidade de caixa (crime **formal** e **instantâneo**). Admite tentativa (crime **plurissubsistente**).
Omissão	Pode ser praticado na forma omissiva (omissão **imprópria**).
Execução	Crime de forma **vinculada**.
Concurso de pessoas	Crime de concurso eventual (**unissubjetivo**).
Competência	Juízo comum.
Lei 9.099/95	Não é infração de menor potencial ofensivo, mas admite suspensão condicional do processo (se preenchidos os requisitos do art. 89 da Lei 9.099/95).
Ação penal	Pública incondicionada.

ASSUNÇÃO DE OBRIGAÇÃO NO ÚLTIMO ANO DO MANDATO OU LEGISLATURA (ART. 359-C)	
ANPP	É cabível o acordo de não persecução penal, se preenchidos os requisitos do art. 28-A do CPP.

INFORMATIVOS DO STJ
Info. 766: A condenação pelo art. 359-C do Código Penal deve especificar despesas contraídas nos dois últimos quadrimestres do mandato, que não puderam ser pagas no mesmo exercício financeiro ou no exercício seguinte. Essa análise não pode ser global, considerando a iliquidez total do caixa, sob pena de prejudicar a ampla defesa. HC 723644/SP, Rel. Min. Sebastião Reis Júnior, 6ª Turma, j. 07/03/2023.

ORDENAÇÃO DE DESPESA NÃO AUTORIZADA (ART. 359-D)	
►Art. 359-D. Ordenar despesa não autorizada por lei: ***Pena – reclusão, de 1 a 4 anos.***	
Tipicidade	Norma penal em branco **homogênea** (*"não autorizada por lei"*).
Bem jurídico	As finanças públicas.
Sujeito ativo	Apenas o agente público com atribuição para ordenar despesa (crime **próprio**).
Sujeito passivo	O Estado.
Elemento subjetivo	Dolo, direto ou eventual. Não há finalidade específica. Não há modalidade culposa.
Consumação	Ocorre quando o sujeito ordena despesa não autorizada por lei (crime **formal** e **instantâneo**). Admite tentativa (crime **plurissubsistente**).
Omissão	Pode ser praticado na forma omissiva (omissão **imprópria**).
Execução	Crime de forma **vinculada**.
Concurso de pessoas	Crime de concurso eventual (**unissubjetivo**).
Competência	Juízo comum.

ORDENAÇÃO DE DESPESA NÃO AUTORIZADA (ART. 359-D)	
Lei 9.099/95	Não é infração de menor potencial ofensivo, mas admite suspensão condicional do processo (se preenchidos os requisitos do art. 89 da Lei 9.099/95).
Ação penal	Pública incondicionada.
ANPP	É cabível o acordo de não persecução penal, se preenchidos os requisitos do art. 28-A do CPP.

PRESTAÇÃO DE GARANTIA GRACIOSA (ART. 359-E)	
►Art. 359-E. Prestar garantia em operação de crédito sem que tenha sido constituída contragarantia em valor igual ou superior ao valor da garantia prestada, na forma da lei: Pena – detenção, de 3 meses a 1 ano.	
Tipicidade	Norma penal em branco **homogênea** (*"na forma da lei"*).
Bem jurídico	As finanças públicas.
Sujeito ativo	Apenas o agente público com atribuição para prestar garantia em operação de crédito (crime **próprio**).
Sujeito passivo	O Estado.
Elemento subjetivo	Dolo, direto ou eventual. Não há finalidade específica. Não há modalidade culposa.
Consumação	Ocorre quando o sujeito presta garantia em operação de crédito sem que tenha sido constituída contragarantia em valor igual ou superior ao valor da garantia prestada, na forma da lei (crime **formal** e **instantâneo**). Admite tentativa (crime **plurissubsistente**).
Omissão	Pode ser praticado na forma omissiva (omissão **imprópria**).
Execução	Crime de forma **vinculada**.
Concurso de pessoas	Crime de concurso eventual (**unissubjetivo**).
Competência	Juizado Especial Criminal.
Lei 9.099/95	Infração de menor potencial ofensivo.

PRESTAÇÃO DE GARANTIA GRACIOSA (ART. 359-E)	
Ação penal	Pública incondicionada.
ANPP	Admitida transação penal, é incabível o acordo de não persecução penal (art. 28-A, § 2º, I, do CPP).

NÃO CANCELAMENTO DE RESTOS A PAGAR (ART. 359-F)	
► ***Art. 359-F. Deixar de ordenar, de autorizar ou de promover o cancelamento do montante de restos a pagar inscrito em valor superior ao permitido em lei:*** ***Pena – detenção, de 6 meses a 2 anos.***	
Tipicidade	Norma penal em branco **homogênea** (*"valor superior ao permitido em lei"*).
Bem jurídico	As finanças públicas.
Sujeito ativo	Apenas o agente público com atribuição para praticar o núcleo previsto no tipo penal (crime **próprio**).
Sujeito passivo	O Estado.
Elemento subjetivo	Dolo, direto ou eventual. Não há finalidade específica. Não há modalidade culposa.
Consumação	Ocorre quando o sujeito deixa de ordenar, de autorizar ou de promover o cancelamento do montante de restos a pagar inscrito em valor superior ao permitido em lei (crime **formal** e **instantâneo**). **Não admite tentativa** (crime **unissubsistente**).
Omissão	O crime é **omissivo próprio**.
Execução	Crime de forma **vinculada**.
Concurso de pessoas	Crime de concurso eventual (**unissubjetivo**).
Competência	Juizado Especial Criminal.
Lei 9.099/95	Infração de menor potencial ofensivo.
Ação penal	Pública incondicionada.
ANPP	Admitida transação penal, é incabível o acordo de não persecução penal (art. 28-A, § 2º, I, do CPP).

AUMENTO DE DESPESA TOTAL COM PESSOAL NO ÚLTIMO ANO DO MANDATO OU LEGISLATURA (ART. 359-G)	
► ***Art. 359-G. Ordenar, autorizar ou executar ato que acarrete aumento de despesa total com pessoal, nos 180 dias anteriores ao final do mandato ou da legislatura:*** ***Pena – reclusão, de 1 a 4 anos.***	
Tipicidade	**Tipo misto alternativo ou crime de ação múltipla ou de conteúdo variado**: se o agente praticar mais de um núcleo do art. 359-G no mesmo contexto, responderá por **crime único**.
Bem jurídico	As finanças públicas.
Sujeito ativo	Apenas o agente público com atribuição para praticar os núcleos previstos no tipo penal (crime **próprio**).
Sujeito passivo	O Estado.
Elemento subjetivo	Dolo, direto ou eventual. Não há finalidade específica. Não há modalidade culposa.
Consumação	Ocorre quando o sujeito ordena, autoriza ou executa ato que acarrete aumento de despesa total com pessoal, nos 180 dias anteriores ao final do mandato ou da legislatura (crime **formal** e **instantâneo**). Admite tentativa (crime **plurissubsistente**).
Omissão	Pode ser praticado na forma omissiva (omissão **imprópria**).
Execução	Crime de forma **vinculada**.
Concurso de pessoas	Crime de concurso eventual (**unissubjetivo**).
Competência	Juízo comum.
Lei 9.099/95	Não é infração de menor potencial ofensivo, mas admite suspensão condicional do processo (se preenchidos os requisitos do art. 89 da Lei 9.099/95).
Ação penal	Pública incondicionada.
ANPP	É cabível o acordo de não persecução penal, se preenchidos os requisitos do art. 28-A do CPP.

<table>
<tr><th colspan="2">OFERTA PÚBLICA OU COLOCAÇÃO DE TÍTULOS NO MERCADO (ART. 359-H)</th></tr>
<tr><td colspan="2">► Art. 359-H. Ordenar, autorizar ou promover a oferta pública ou a colocação no mercado financeiro de títulos da dívida pública sem que tenham sido criados por lei ou sem que estejam registrados em sistema centralizado de liquidação e de custódia:
Pena – reclusão, de 1 a 4 anos.</td></tr>
<tr><td>Tipicidade</td><td>Tipo misto alternativo ou crime de ação múltipla ou de conteúdo variado: se o agente praticar mais de um núcleo do art. 359-H no mesmo contexto, responderá por crime único.</td></tr>
<tr><td>Bem jurídico</td><td>As finanças públicas.</td></tr>
<tr><td>Sujeito ativo</td><td>Apenas o agente público com atribuição para praticar os núcleos previstos no tipo penal (crime próprio).</td></tr>
<tr><td>Sujeito passivo</td><td>O Estado.</td></tr>
<tr><td>Elemento subjetivo</td><td>Dolo, direto ou eventual.
Não há finalidade específica.
Não há modalidade culposa.</td></tr>
<tr><td>Consumação</td><td>Ocorre quando o sujeito ordena, autoriza ou promove a oferta pública ou a colocação no mercado financeiro de títulos da dívida pública sem que tenham sido criados por lei ou sem que estejam registrados em sistema centralizado de liquidação e de custódia (crime formal e instantâneo).
Admite tentativa (crime plurissubsistente).</td></tr>
<tr><td>Omissão</td><td>Pode ser praticado na forma omissiva (omissão imprópria).</td></tr>
<tr><td>Execução</td><td>Crime de forma vinculada.</td></tr>
<tr><td>Concurso de pessoas</td><td>Crime de concurso eventual (unissubjetivo).</td></tr>
<tr><td>Competência</td><td>Juízo comum.</td></tr>
<tr><td>Lei 9.099/95</td><td>Não é infração de menor potencial ofensivo, mas admite suspensão condicional do processo (se preenchidos os requisitos do art. 89 da Lei 9.099/95).</td></tr>
<tr><td>Ação penal</td><td>Pública incondicionada.</td></tr>
<tr><td>ANPP</td><td>É cabível o acordo de não persecução penal, se preenchidos os requisitos do art. 28-A do CPP.</td></tr>
</table>

TÍTULO XII

DOS CRIMES CONTRA O ESTADO DEMOCRÁTICO DE DIREITO

DOS CRIMES CONTRA O ESTADO DEMOCRÁTICO DE DIREITO

DOS CRIMES CONTRA O ESTADO DEMOCRÁTICO DE DIREITO (TÍTULO XII)		
Dos crimes contra a soberania nacional.	Dos crimes contra as instituições democráticas.	Dos crimes contra o funcionamento das instituições democráticas no processo eleitoral.
Dos crimes contra o funcionamento dos serviços essenciais.	Dos crimes contra a cidadania (vetado).	Disposições comuns.

LEI 14.197/2021
Os crimes contra a segurança nacional eram previstos na Lei 7.170/1983. A Lei 14.197/2021 **revogou a Lei 7.170/1983** e acrescentou o Título XII na Parte Especial do Código Penal.
Alguns tipos penais previstos na nova Lei são semelhantes àqueles previstos na Lei 7.170/1983 (**continuidade típico-normativa**). Contudo, algumas condutas deixaram de configurar crime (***abolitio criminis***) e outras foram criadas sem correspondência na lei anterior (***novatio legis* incriminadora**).

EXCLUDENTE DE TIPICIDADE
► ***Art. 359-T. Não constitui crime previsto neste Título a manifestação crítica aos poderes constitucionais nem a atividade jornalística ou a reivindicação de direitos e garantias constitucionais por meio de passeatas, de reuniões, de greves, de aglomerações ou de qualquer outra forma de manifestação política com propósitos sociais.*** A CF/88 consagra a liberdade de manifestação do pensamento (art. 5º, IV), o direito de acesso à informação (art. 5º, XIV), o direito de reunião (art. 5º XVI) e a liberdade de informação jornalística (art. 220). A excludente aplica-se a todos os crimes contra o Estado Democrático de Direito.

1

DOS CRIMES CONTRA A SOBERANIA NACIONAL

<table>
<tr><th colspan="2">ATENTADO À SOBERANIA</th></tr>
<tr><td colspan="2">► Art. 359-I. Negociar com governo ou grupo estrangeiro, ou seus agentes, com o fim de provocar atos típicos de guerra contra o País ou invadi-lo:
Pena - reclusão, de 3 a 8 anos.</td></tr>
<tr><td>Tipicidade</td><td>A figura criminosa é semelhante ao tipo penal previsto no art. 8º da revogada Lei 7.170/1983.</td></tr>
<tr><td>Bem jurídico</td><td>A soberania nacional.</td></tr>
<tr><td>Sujeito ativo</td><td>Qualquer pessoa (crime comum).</td></tr>
<tr><td>Sujeito passivo</td><td>O Estado.</td></tr>
<tr><td>Elemento subjetivo</td><td>Dolo, direto ou eventual.
Há finalidade especial: "com o fim de provocar atos típicos de guerra contra o País ou invadi-lo".
Não há modalidade culposa.</td></tr>
<tr><td>Consumação</td><td>Ocorre com a negociação com governo ou grupo estrangeiro, ou seus agentes (crime formal e instantâneo).
Admite tentativa (crime plurissubsistente).</td></tr>
<tr><td>Omissão</td><td>Pode ser praticado na forma omissiva (omissão imprópria).</td></tr>
<tr><td>Execução</td><td>Crime de forma livre.</td></tr>
<tr><td>Concurso de pessoas</td><td>Crime de concurso eventual (unissubjetivo).</td></tr>
</table>

ATENTADO À SOBERANIA	
Competência	Juízo comum.
Lei 9.099/1995	Não é infração de menor potencial ofensivo.
Ação penal	Pública incondicionada.
ANPP	Na figura prevista no *caput*, é cabível o acordo de não persecução penal, se preenchidos os requisitos do art. 28-A do CPP.

CAUSA ESPECIAL DE AUMENTO DE PENA (§1º)
►***Art. 359-I, §1º - Aumenta-se a pena de metade até o dobro, se declarada guerra em decorrência das condutas previstas no caput deste artigo.***

FORMA QUALIFICADA (§2º)
►***Art. 359-I, §2º - Se o agente participa de operação bélica com o fim de submeter o território nacional, ou parte dele, ao domínio ou à soberania de outro país:*** ***Pena - reclusão, de 4 a 12 anos.***

ALTERAÇÕES PROMOVIDAS (LEI 14.197/2021)	
Art. 8º da Lei 7.170/1983	**Art. 359-I do Código Penal (Lei 14.197/2021)**
Art. 8º. Entrar em entendimento ou negociação com governo ou grupo estrangeiro, ou seus agentes, para provocar guerra ou atos de hostilidade contra o Brasil. Pena: reclusão, de 3 a 15 anos.	►***Art. 359-I. Negociar com governo ou grupo estrangeiro, ou seus agentes, com o fim de provocar atos típicos de guerra contra o País ou invadi-lo:*** ***Pena - reclusão, de 3 a 8 anos.***
Parágrafo único. Ocorrendo a guerra ou sendo desencadeados os atos de hostilidade, a pena aumenta-se até o dobro.	***§1º - Aumenta-se a pena de metade até o dobro, se declarada guerra em decorrência das condutas previstas no caput deste artigo.***

ALTERAÇÕES PROMOVIDAS (LEI 14.197/2021)	
Art. 8º da Lei 7.170/1983	**Art. 359-I do Código Penal (Lei 14.197/2021)**
-	***§2º - Se o agente participa de operação bélica com o fim de submeter o território nacional, ou parte dele, ao domínio ou à soberania de outro país:*** ***Pena - reclusão, de 4 a 12 anos.***

ATENTADO À INTEGRIDADE NACIONAL	
► ***Art. 359-J. Praticar violência ou grave ameaça com a finalidade de desmembrar parte do território nacional para constituir país independente:*** ***Pena - reclusão, de 2 a 6 anos, além da pena correspondente à violência.***	
Tipicidade	A figura criminosa é semelhante ao tipo penal previsto no art. 11 da revogada Lei 7.170/1983.
Bem jurídico	A integridade nacional.
Sujeito ativo	Qualquer pessoa (crime **comum**).
Sujeito passivo	O Estado.
Elemento subjetivo	Dolo, direto ou eventual. Há finalidade especial: ***"com a finalidade de desmembrar parte do território nacional para constituir país independente"***. Não há modalidade culposa.
Consumação	Ocorre com a prática de violência ou grave ameaça (crime **formal** e **instantâneo**). Admite tentativa (crime **plurissubsistente**).
Omissão	Pode ser praticado na forma omissiva (omissão **imprópria**).
Execução	Crime de forma livre.

ATENTADO À INTEGRIDADE NACIONAL	
Concurso de pessoas	Crime de concurso eventual (**unissubjetivo**).
Competência	Juízo comum.
Lei 9.099/1995	Não é infração de menor potencial ofensivo.
Ação penal	Pública incondicionada.
ANPP	É incabível o acordo de não persecução penal, pois o crime é praticado com violência (art. 28-A, *caput*, do CPP).

ALTERAÇÕES PROMOVIDAS (LEI 14.197/2021)	
Art. 11 da Lei 7.170/1983	**Art. 359-J do Código Penal (Lei 14.197/2021)**
Art. 11. Tentar desmembrar parte do território nacional para constituir país independente. Pena: reclusão, de 4 a 12 anos.	► ***Art. 359-J. Praticar violência ou grave ameaça com a finalidade de desmembrar parte do território nacional para constituir país independente:*** ***Pena - reclusão, de 2 a 6 anos, além da pena correspondente à violência.***

ESPIONAGEM	
►***Art. 359-K. Entregar a governo estrangeiro, a seus agentes, ou a organização criminosa estrangeira, em desacordo com determinação legal ou regulamentar, documento ou informação classificados como secretos ou ultrassecretos nos termos da lei, cuja revelação possa colocar em perigo a preservação da ordem constitucional ou a soberania nacional:*** ***Pena - reclusão, de 3 a 12 anos.***	
Tipicidade	Norma penal em branco homogênea: o documento ou informação devem ser "***classificados como secretos ou ultrassecretos nos termos da lei***". O art. 24 da Lei 12.257/2021 dispõe sobre a classificação da informação como ultrassecreta, secreta ou reservada. A figura criminosa é semelhante ao tipo penal previsto no art. 13 da revogada Lei 7.170/1983.

ESPIONAGEM	
Bem jurídico	O Estado Democrático de Direito.
Sujeito ativo	Qualquer pessoa (crime **comum**).
Sujeito passivo	O Estado.
Elemento subjetivo	Dolo, direto ou eventual. Não há finalidade especial. Não há modalidade culposa.
Consumação	Ocorre com a efetiva entrega do documento ou informação referidos no tipo penal a governo estrangeiro, a seus agentes, ou a organização criminosa estrangeira (crime **material** e **instantâneo**). Admite tentativa (crime **plurissubsistente**).
Omissão	Pode ser praticado na forma omissiva (omissão **imprópria**).
Execução	Crime de forma livre.
Concurso de pessoas	Crime de concurso eventual (**unissubjetivo**).
Competência	Juízo comum.
Lei 9.099/1995	Não é infração de menor potencial ofensivo.
Ação penal	Pública incondicionada.
ANPP	É cabível o acordo de não persecução penal, se preenchidos os requisitos do art. 28-A do CPP.

CONDUTA EQUIPARADA (§1º)
► ***Art. 359-K, §1º - Incorre na mesma pena quem presta auxílio a espião, conhecendo essa circunstância, para subtraí-lo à ação da autoridade pública.*** A figura equiparada assemelha-se ao crime de favorecimento pessoal (art. 348).

FIGURA QUALIFICADA (§2º)
►***Art. 359-K, §2º - Se o documento, dado ou informação é transmitido ou revelado com violação do dever de sigilo:*** ***Pena - reclusão, de 6 a 15 anos.*** Trata-se de um **crime próprio** (apenas pode ser praticado por aquele que tenha o dever de preservar o sigilo do documento, dado ou informação).
A figura qualificada não admite acordo de não persecução penal.

FIGURA PRIVILEGIADA (§3º)
►***Art. 359-K, §3º - Facilitar a prática de qualquer dos crimes previstos neste artigo mediante atribuição, fornecimento ou empréstimo de senha, ou de qualquer outra forma de acesso de pessoas não autorizadas a sistemas de informações:*** ***Pena - detenção, de 1 a 4 anos.*** O crime é de forma vinculada e representa uma exceção à teoria monista: enquanto o espião responde pelo crime do *caput* ou do §2º, o facilitador responde pela forma privilegiada do §3º.
O crime é formal: consuma-se com a facilitação da prática de qualquer dos crimes previstos neste artigo, ainda que o crime não se aperfeiçoe.
A figura privilegiada admite a suspensão condicional do processo (se preenchidos os requisitos do art. 89 da Lei 9.099/1995).

EXCLUDENTE DE TIPICIDADE (§4º)
►***Art. 359-K, §4º - Não constitui crime a comunicação, a entrega ou a publicação de informações ou de documentos com o fim de expor a prática de crime ou a violação de direitos humanos.***

ALTERAÇÕES PROMOVIDAS (LEI 14.197/2021)	
Art. 13 da Lei 7.170/1983	**Art. 359-K do Código Penal (Lei 14.197/2021)**
Art. 13. Comunicar, entregar ou permitir a comunicação ou a entrega, a governo ou grupo estrangeiro, ou a organização ou grupo de existência ilegal, de dados, documentos ou cópias de documentos, planos, códigos, cifras ou assuntos que, no interesse do Estado brasileiro, são classificados como sigilosos. Pena: reclusão, de 3 a 15 anos. Parágrafo único - Incorre na mesma pena quem: I - com o objetivo de realizar os atos previstos neste artigo, mantém serviço de espionagem ou dele participa; II - com o mesmo objetivo, realiza atividade aerofotográfica ou de sensoreamento remoto, em qualquer parte do território nacional; III - oculta ou presta auxílio a espião, sabendo-o tal, para subtraí-lo à ação da autoridade pública; IV - obtém ou revela, para fim de espionagem, desenhos, projetos, fotografias, notícias ou informações a respeito de técnicas, de tecnologias, de componentes, de equipamentos, de instalações ou de sistemas de processamento automatizado de dados, em uso ou em desenvolvimento no País, que, reputados essenciais para a sua defesa, segurança ou economia, devem permanecer em segredo.	***► Art. 359-K. Entregar a governo estrangeiro, a seus agentes, ou a organização criminosa estrangeira, em desacordo com determinação legal ou regulamentar, documento ou informação classificados como secretos ou ultrassecretos nos termos da lei, cuja revelação possa colocar em perigo a preservação da ordem constitucional ou a soberania nacional:*** ***Pena - reclusão, de 3 a 12 anos.*** ***§1º - Incorre na mesma pena quem presta auxílio a espião, conhecendo essa circunstância, para subtraí-lo à ação da autoridade pública.*** ***§2º - Se o documento, dado ou informação é transmitido ou revelado com violação do dever de sigilo:*** ***Pena - reclusão, de 6 a 15 anos.*** ***§3º - Facilitar a prática de qualquer dos crimes previstos neste artigo mediante atribuição, fornecimento ou empréstimo de senha, ou de qualquer outra forma de acesso de pessoas não autorizadas a sistemas de informações:*** ***Pena - detenção, de 1 a 4 anos.*** ***§4º - Não constitui crime a comunicação, a entrega ou a publicação de informações ou de documentos com o fim de expor a prática de crime ou a violação de direitos humanos.***

2

DOS CRIMES CONTRA AS INSTITUIÇÕES DEMOCRÁTICAS

ABOLIÇÃO VIOLENTA DO ESTADO DEMOCRÁTICO DE DIREITO	
► ***Art. 359-L. Tentar, com emprego de violência ou grave ameaça, abolir o Estado Democrático de Direito, impedindo ou restringindo o exercício dos poderes constitucionais: Pena - reclusão, de 4 a 8 anos, além da pena correspondente à violência.***	
Tipicidade	A figura criminosa é semelhante aos tipos penais previstos nos artigos 16 a 18 da revogada Lei 7.170/1983. Trata-se de um **crime de atentado ou de empreendimento**.
Bem jurídico	O Estado Democrático de Direito.
Sujeito ativo	Qualquer pessoa (crime **comum**).
Sujeito passivo	O Estado.
Elemento subjetivo	Dolo, direto ou eventual. Não há finalidade especial. Não há modalidade culposa.
Consumação	Ocorre com a tentativa de abolição do Estado Democrático de Direito (crime **formal** e **instantâneo**). **Não admite tentativa**.
Omissão	Pode ser praticado na forma omissiva (omissão **imprópria**).
Execução	Crime de forma vinculada.

ABOLIÇÃO VIOLENTA DO ESTADO DEMOCRÁTICO DE DIREITO	
Concurso de pessoas	Crime de concurso eventual (**unissubjetivo**).
Competência	Juízo comum.
Lei 9.099/1995	Não é infração de menor potencial ofensivo.
Ação penal	Pública incondicionada.
ANPP	É incabível o acordo de não persecução penal, pois o crime é praticado com violência (art. 28-A, *caput*, do CPP).

ALTERAÇÕES PROMOVIDAS (LEI 14.197/2021)	
Arts. 16 a 18 da Lei 7.170/1983	**Art. 359-L do Código Penal (Lei 14.197/2021)**
Art. 16. Integrar ou manter associação, partido, comitê, entidade de classe ou grupamento que tenha por objetivo a mudança do regime vigente ou do Estado de Direito, por meios violentos ou com o emprego de grave ameaça. Pena: reclusão, de 1 a 5 anos. Art. 17. Tentar mudar, com emprego de violência ou grave ameaça, a ordem, o regime vigente ou o Estado de Direito. Pena: reclusão, de 3 a 15 anos. Parágrafo único. Se do fato resulta lesão corporal grave, a pena aumenta-se até a metade; se resulta morte, aumenta-se até o dobro. Art. 18. Tentar impedir, com emprego de violência ou grave ameaça, o livre exercício de qualquer dos Poderes da União ou dos Estados. Pena: reclusão, de 2 a 6 anos	***►Art. 359-L. Tentar, com emprego de violência ou grave ameaça, abolir o Estado Democrático de Direito, impedindo ou restringindo o exercício dos poderes constitucionais: Pena - reclusão, de 4 a 8 anos, além da pena correspondente à violência.***

GOLPE DE ESTADO	
►***Art. 359-M. Tentar depor, por meio de violência ou grave ameaça, o governo legitimamente constituído:*** ***Pena - reclusão, de 4 a 12 anos, além da pena correspondente à violência.***	
Tipicidade	Não existia crime correspondente na revogada Lei 7.170/1983. Protege apenas o governo na esfera da **União**. Trata-se de um **crime de atentado ou de empreendimento**. Se da violência resultar outro delito (ex.: lesão corporal ou homicídio), será aplicada a regra do cúmulo material de penas.
Bem jurídico	O Estado Democrático de Direito.
Sujeito ativo	Qualquer pessoa (crime **comum**).
Sujeito passivo	O Estado.
Elemento subjetivo	Dolo, direto ou eventual. Não há finalidade especial. Não há modalidade culposa.
Consumação	Ocorre com a tentativa de depor o governo legitimamente constituído (crime **formal** e **instantâneo**). **Não admite tentativa**.
Omissão	Pode ser praticado na forma omissiva (omissão **imprópria**).
Execução	Crime de forma livre.
Concurso de pessoas	Crime de concurso eventual (**unissubjetivo**).
Competência	Juízo comum.
Lei 9.099/1995	Não é infração de menor potencial ofensivo.
Ação penal	Pública incondicionada.
ANPP	É incabível o acordo de não persecução penal, pois o crime é praticado com violência (art. 28-A, *caput*, do CPP).

3

DOS CRIMES CONTRA O FUNCIONAMENTO DAS INSTITUIÇÕES DEMOCRÁTICAS NO PROCESSO ELEITORAL

INTERRUPÇÃO DO PROCESSO ELEITORAL	
► ***Art. 359-N. Impedir ou perturbar a eleição ou a aferição de seu resultado, mediante violação indevida de mecanismos de segurança do sistema eletrônico de votação estabelecido pela Justiça Eleitoral:*** ***Pena - reclusão, de 3 a 6 anos, e multa.***	
Tipicidade	Não existia crime correspondente na revogada Lei 7.170/1983. **Tipo misto alternativo ou crime de ação múltipla ou de conteúdo variado**: se o agente praticar mais de um núcleo do art. 359-N no mesmo contexto, responderá por crime único.
Bem jurídico	O Estado Democrático de Direito.
Sujeito ativo	Qualquer pessoa (crime **comum**).
Sujeito passivo	O Estado.
Elemento subjetivo	Dolo, direto ou eventual. Não há finalidade especial. Não há modalidade culposa.
Consumação	Ocorre com o efetivo impedimento ou perturbação à eleição ou a aferição de seu resultado (crime **material** e **instantâneo**). Admite tentativa (crime **plurissubsistente**).

INTERRUPÇÃO DO PROCESSO ELEITORAL	
Omissão	Pode ser praticado na forma omissiva (omissão **imprópria**).
Execução	Crime de forma vinculada ("***mediante violação indevida de mecanismos de segurança do sistema eletrônico de votação estabelecido pela Justiça Eleitoral***").
Concurso de pessoas	Crime de concurso eventual (**unissubjetivo**).
Competência	Juízo comum.
Lei 9.099/1995	Não é infração de menor potencial ofensivo.
Ação penal	Pública incondicionada.
ANPP	É cabível o acordo de não persecução penal, se preenchidos os requisitos do art. 28-A do CPP.

COMUNICAÇÃO ENGANOSA EM MASSA (ART. 359-O – VETADO)
► ***Art. 359-O.*** ~~***Promover ou financiar, pessoalmente ou por interposta pessoa, mediante uso de expediente não fornecido diretamente pelo provedor de aplicação de mensagem privada, campanha ou iniciativa para disseminar fatos que sabe inverídicos, e que sejam capazes de comprometer a higidez do processo eleitoral:***~~ ~~***Pena – reclusão, de 1 (um) a 5 (cinco) anos, e multa.***~~ O dispositivo foi **vetado** pelo Presidente da República.

VIOLÊNCIA POLÍTICA
► ***Art. 359-P. Restringir, impedir ou dificultar, com emprego de violência física, sexual ou psicológica, o exercício de direitos políticos a qualquer pessoa em razão de seu sexo, raça, cor, etnia, religião ou procedência nacional:*** ***Pena - reclusão, de 3 a 6 anos, e multa, além da pena correspondente à violência.***

VIOLÊNCIA POLÍTICA	
Tipicidade	Não existia crime correspondente na revogada Lei 7.170/1983. **Tipo misto alternativo ou crime de ação múltipla ou de conteúdo variado**: se o agente praticar mais de um núcleo do art. 359-P no mesmo contexto, responderá por crime único. Se da violência resultar outro delito (ex.: lesão corporal ou homicídio), será aplicada a regra do cúmulo material de penas.
Bem jurídico	O Estado Democrático de Direito.
Sujeito ativo	Qualquer pessoa (crime **comum**).
Sujeito passivo	O Estado.
Elemento subjetivo	Dolo, direto ou eventual. Não há finalidade especial. Não há modalidade culposa.
Consumação	Ocorre com a efetiva restrição, impedimento ou dificuldade para o exercício de direitos políticos (crime **material** e **instantâneo**). Admite tentativa (crime **plurissubsistente**).
Omissão	Pode ser praticado na forma omissiva (omissão **imprópria**).
Execução	Crime de forma livre.
Concurso de pessoas	Crime de concurso eventual (**unissubjetivo**).
Competência	Juízo comum.
Lei 9.099/1995	Não é infração de menor potencial ofensivo.
Ação penal	Pública incondicionada.
ANPP	É incabível o acordo de não persecução penal, pois o crime é praticado com violência (art. 28-A, *caput*, do CPP).

4

DOS CRIMES CONTRA O FUNCIONAMENTO DOS SERVIÇOS ESSENCIAIS

SABOTAGEM	
► ***Art. 359-R. Destruir ou inutilizar meios de comunicação ao público, estabelecimentos, instalações ou serviços destinados à defesa nacional, com o fim de abolir o Estado Democrático de Direito:*** ***Pena - reclusão, de 2 a 8 anos.***	
Tipicidade	A figura criminosa é semelhante ao tipo penal previsto no art. 15 da revogada Lei 7.170/1983. **Tipo misto alternativo ou crime de ação múltipla ou de conteúdo variado**: se o agente praticar mais de um núcleo do art. 359-R no mesmo contexto, responderá por crime único.
Bem jurídico	O Estado Democrático de Direito.
Sujeito ativo	Qualquer pessoa (crime **comum**).
Sujeito passivo	O Estado.
Elemento subjetivo	Dolo, direto ou eventual. Há finalidade especial: *"**com o fim de abolir o Estado Democrático de Direito**"*. Não há modalidade culposa.

SABOTAGEM	
Consumação	Ocorre com a destruição ou inutilização dos meios de comunicação ao público, estabelecimentos, instalações ou serviços destinados à defesa nacional, mesmo que o agente não consigo abolir o Estado Democrático de Direito (crime **formal** e **instantâneo**). Admite tentativa (crime **plurissubsistente**).
Omissão	Pode ser praticado na forma omissiva (omissão **imprópria**).
Execução	Crime de forma livre.
Concurso de pessoas	Crime de concurso eventual (**unissubjetivo**).
Competência	Juízo comum.
Lei 9.099/1995	Não é infração de menor potencial ofensivo.
Ação penal	Pública incondicionada.
ANPP	É cabível o acordo de não persecução penal, se preenchidos os requisitos do art. 28-A do CPP.

ATENTADO A DIREITO DE MANIFESTAÇÃO (ART. 359-S – VETADO)
► ***Art. 359-S.*** ~~***Impedir, mediante violência ou grave ameaça, o livre e pacífico exercício de manifestação de partidos políticos, de movimentos sociais, de sindicatos, de órgãos de classe ou de demais grupos políticos, associativos, étnicos, raciais, culturais ou religiosos:***~~ ~~***Pena – reclusão, de 1 (um) a 4 (quatro) anos.***~~ ~~***§ 1º Se resulta lesão corporal grave:***~~ ~~***Pena – reclusão, de 2 (dois) a 8 (oito) anos.***~~ ~~***§ 2º Se resulta morte:***~~ ~~***Pena – reclusão, de 4 (quatro) a 12 (doze) anos.***~~ O dispositivo foi **vetado** pelo Presidente da República.

BIBLIOGRAFIA

ALVES, Jamil Chaim. Manual de Direito Penal - Parte Geral e Parte Especial. São Paulo: Editora Juspodivm, 2020.

AVENA, Norberto. Execução Penal. 5. ed., rev., atual. e ampl. – Rio de Janeiro: Forense, São Paulo: Método, 2018. [VitalSource Bookshelf]

BARROS, Francisco Dirceu. O crime de aborto *versus* a majorante do feminicídio cometido durante a gestação. Revista Jus Navigandi, ISSN 1518-4862, Teresina, ano 20, n. 4384, 3 jul. 2015. Disponível em: <https://jus.com.br/artigos/37573>. Acesso em: 22 jul. 2017.

BITENCOURT, Cezar Roberto. Tratado de Direito Penal - 17. ed. rev., ampl. e atual. São Paulo: Saraiva, 2017.

_______. Tratado de Direito Penal: parte geral. 23. ed. São Paulo: Saraiva, 2019.

_______. Associação criminosa e responsabilidade pelos crimes por ela praticados. http://www.cezarbitencourt.adv.br/index.php/artigos/46-associacao-criminosa--e-responsabilidade-pelos-crimes-por-ela-praticados

BRUNO, Aníbal. Direito penal - Parte geral. Rio de Janeiro: Forense, 1967. *In*: GRECO, Rogério. Curso de Direito Penal - Parte Geral. Vol. 1. 17. ed. Rio de Janeiro: Impetus, 2015.

CAVALCANTE, Márcio André Lopes. Buscador Dizer o Direito, Manaus. Disponível em: <https://www.buscadordizerodireito.com.br>

CUNHA, Rogério Sanches. Manual de direito penal: parte especial (arts. 121 ao 361). 9. Ed. rev, ampl. e atual. Salvador: Juspodivm, 2017.

_______. Execução Penal para Concursos: LEP. 9. ed. rev., atual. e ampl. - São Paulo: Juspodivm, 2020.

_______. Manual de direito penal: parte geral (arts. 1º ao 120). 8. ed. rev., ampl. e atual. São Paulo: Juspodivm, 2020.

_______. Código Penal para Concursos. 9. ed. Salvador: Editora Juspodivm, 2016.

FRANCO, Alberto da Silva. Comentários ao Código Penal e sua jurisprudência. 5. ed. São Paulo: RT, 1995.

GOMES, Luiz Flávio. Direito penal: parte geral. Vol. 2. São Paulo: RT, 2007.

_______. Feminicídio: entenda as questões controvertidas da Lei 13.104/2015. Disponível em: <https://professorlfg.jusbrasil.com.br/artigos/173139525/feminicidio-entenda-as-questoes-controvertidas-da-lei-13104-2015>

_______; CUNHA, Rogério Sanches (Coord.). Legislação Criminal Especial. São Paulo: RT, 2009.

GRECO, Rogério. Curso de Direito Penal - Parte Geral. Vol. I. 17. ed. Rio de Janeiro: Impetus, 2015.

_______. Curso de Direito Penal – Parte especial, Vol. II e III. 14. ed. Niterói, RJ: Impetus, 2017.

_______. Comentários sobre a Lei nº 13.104, de 9 de março de 2015. Disponível em: <http://www.rogeriogreco.com.br/?p=2906>. Acesso em 06/07/2017.

JESUS, Damásio. Direito Penal - vol. 2. 22. ed. São Paulo: Saraiva, 1999.

LIMA, Renato Brasileiro de. Manual de processo penal: volume único. 8. ed. rev., ampl. e atual. São Paulo: Editora Juspodivm, 2020.

MASSON, Cleber. Direito penal: parte geral (arts. 1º a 120). 14. ed. Rio de Janeiro: Forense; São Paulo: Método, 2020.

_______. Direito penal esquematizado: parte especial - vol. 2. 7. ed. rev., atual. e ampl. Rio de Janeiro: Forense; São Paulo: Método, 2015.

_______. Direito penal esquematizado: parte especial - vol. 3. 7. ed. rev., atual. e ampl. Rio de Janeiro: Forense; São Paulo: Método, 2015.

MUNHOZ NETTO, Alcidez. A ignorância da antijuridicidade em matéria penal. Rio de Janeiro: Forense, 1978. *In*: CUNHA, Rogério Sanches. Manual de Direito Penal – Parte Geral, volume único. 3. ed. Salvador: Editora Juspodivm, 2015.

NORONHA, Magalhães. Direito Penal; Parte Especial. 15. ed. São Paulo: Saraiva, 1992.

_______. Direito penal, v. 1, São Paulo: Saraiva, 1980. *In*: GRECO, Rogério. Curso de Direito Penal - Parte Geral. Vol. 1. 17. ed. Rio de Janeiro: Impetus, 2015.

NUCCI, Guilherme de Souza. Código Penal Comentado – versão compacta. São Paulo: RT, 2009.

_______. Manual de Direito Penal. 6. ed. São Paulo: RT, 2009.

_______. Curso de direito penal: volume 3: parte especial arts. 213 a 361 do Código Penal. 2. ed. rev., atual. e ampl. Rio de Janeiro: Forense, 2018.

_______. Curso de direito penal: volume 2: parte especial arts. 121 a 213 do Código Penal. 2. ed. rev., atual. e ampl. Rio de Janeiro: Forense, 2018.

PRADO, Luiz Regis. Comentários ao Código Penal. 2. Ed. São Paulo: RT, 2003. p. 557.

RIBEIRO, Gustavo de Almeida. Disponível em: < https://gustavoalmribeiro.wordpress.com/>.

TÁVORA, Nestor; ALENCAR, Rosmar Rodrigues. Curso de direito processual penal. 15. ed. São Paulo: Ed. Juspodivm, 2020.

TOLEDO, Francisco de Assis. Princípios básicos de direito penal. 5. Ed. São Paulo: Saraiva, 2007. *In*: MASSON, Cleber. Direito penal esquematizado - Parte Geral. Vol. 1. 7. ed. Rio de Janeiro: Forense; São Paulo: Método, 2013.

WELZEL, Hans. Derecho penal alemán. Chile: Jurídica de Chile, 1987. *In*: GRECO, Rogério. Curso de Direito Penal - Parte Geral. Vol. 1. 17. ed. Rio de Janeiro: Impetus, 2015.

WESSELS, Johannes. Derecho penal - Parte general. Buenos Aires: De Palma, 1980. *In*: GRECO, Rogério. Curso de Direito Penal - Parte Geral. Vol. 1. 17. ed. Rio de Janeiro: Impetus, 2015.

ZAFFARONI, Eugenio Raúl; PIERANGELI, José Henrique. Manual de direito penal brasileiro. Parte Geral. 7. Ed. São Paulo: RT, 2007. *In*: MASSON, Cleber. Direito penal esquematizado - Parte Geral. Vol. 1. 7. ed. Rio de Janeiro: Forense; São Paulo: Método, 2013.

Jurisprudência consultada nos sites dos Tribunais (<http://www.stj.jus.br> e <http://www.stf.jus.br>).

A legislação utilizada foi consultada no site do Planalto <www.planalto.gov.br>.

Exposição de Motivos da Parte Especial.

Todos os julgados do STF e do STJ foram extraídos dos sites oficiais dos Tribunais.

EDITORA JusPODIVM
www.editorajuspodivm.com.br
COLOR system
JUS4301